贞石留芳

胡可先 杨琼 著

唐代诗人四十家墓志疏证与研究

上海古籍出版社

国家社会科学基金重大项目
"考古发现与中古文学研究"（14ZDB065）成果

靳能撰《王之涣墓志》

丘丹撰《韦应物墓志》

侯钊撰《耿沣墓志》

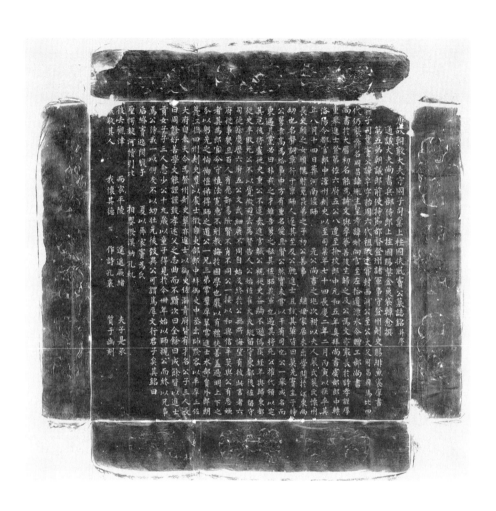

韩愈撰《窦牟墓志》

目　录

导　论

饶宗颐先生在《远东学院藏唐宋墓志目引言》中说："向来谈文献学者，辄举甲骨、简牍、敦煌写卷、档案四者为新出史料之渊薮。余谓宜增入碑志为五大类。碑志之文，多与史传相表里，阐幽表微，补阙正误。"①20世纪以来，中古墓志特别是唐代墓志大量出土，日本学者气贺泽保规先生编纂《新编唐代墓志综合目录》（2017年刊行），收录时间截止于2015年，搜录墓志12523件。从专书收集和报刊公布，加上流散在各地的唐代墓志原石拓片，迄至目前估计应该超过15000件。利用墓志文献以研究文学，有助于探索文学史的原生状态，挖掘被历史掩埋的文学史现象。我们从这15000余件唐代墓志当中披沙简金，爬梳剔取，搜得唐代诗人墓志194方，编成《唐代诗人墓志汇编·出土文献卷》，由上海古籍出版社出版。在充分整理的基础上，进一步选取四十家诗人墓志进行综合深入的研究。

一、编　写　缘　起

唐诗研究，诗人与诗作是主体和对象。诗人事迹的记载，大致有传记、行状、碑铭、墓志等。史书很少为诗人立传，行状等文章存世又较少，故当时人撰写的墓志就成为诗人研究的主要内容。二十世纪以来，随着考古发现的进展，诗人墓志也不断出现，为唐诗研究提供了新材料与新视

---

① 饶宗颐：《饶宗颐20世纪学术文集》，中国人民大学出版社2009年版，第448—449页。

野。这些墓志是出土文献的精华所在，也是唐代文学史研究得以凭借的最有价值的原始资料。其中很多重要的诗人墓志，记载了诗人的立身行事、文学活动、交游情况、科第出身、家世籍贯、生卒年月等诸多方面。从这些墓志当中，既可以看到诗人人生的进取与落寞，生活的沧桑与浮沉，精神的高昂与淡泊，文学的情趣与素养，又可以看到历史的兴衰，人事的代谢。这些刻在石头上的诗人传记，具有永恒的人生意义与不朽的文学价值。对于这些墓志进行系统、全面、深入的疏证与研究，是唐代文学研究的重要内容。

选择疏证与研究的诗人墓志着眼于四点：一是著名诗人墓志，如《王之涣墓志》《李华墓志》《韦应物墓志》《耿湋墓志》《姚合墓志》；二是著名诗人撰写的诗人墓志，如韩愈撰《窦牟墓志》、柳宗元撰《独孤申叔墓志》、徐浩撰《徐浚墓志》；三是既是诗人又是重臣的墓志，如《薛元超墓志》《张说墓志》《许景先墓志》《白敏中墓志》《杨汉公墓志》《杨收墓志》《高璩墓志》；四是特殊诗人的墓志，如交趾诗人《廖有方墓志》、诗书画"三绝"诗人《郑虔墓志》、诗画兼长诗人《程修己墓志》。这样的选择具有代表性，并且兼顾初唐、盛唐、中唐、晚唐四个时期。

疏证与研究的内容侧重四个方面：第一是诗人事迹的印证。对于诗人事迹而言，墓志是最真实、最可靠的记录，但由于墓志篇幅的限制，记载也不一定很详细，需要通过各种典籍相互印证才能再现复杂多元的人生。第二是历史事实的发掘。很多诗人墓志，记载了诗人经历的历史事件，这些事件对于研究唐代政治、历史、文化、社会、家族等方面都具有重要意义，如诗人墓志中涉及唐隆政变、安史之乱、永贞革新、甘露之变、牛李党争，墓志中记载的只言片语的史事，与传世文献相印证，可以探讨超越墓志本身而具有重要意义的事件。第三是重要事迹的补充。古代记载诗人事迹的典籍很多，但各种典籍的记载往往是零散的，片断的，墓志记载的诗人事迹可以与之相互补充。第四是相关背景的探索，墓志记载诗人事迹之外，还会涉及家世、婚姻、子嗣的叙写，另外还有墓志的题署、末署等重要内容，对于这些相关内容的考证，也是疏证的重要内容。综合起来，本书旨在以新出土的诗人墓志为研究对象,集中搜集并梳理诗人生平事迹与文学活动的各种线索,从而建立唐代诗人研究的材料库。

本书的体例大致包括:全书根据时代特点分为初唐、盛唐、中唐、晚唐四卷;依据《唐代诗人墓志汇编·出土文献卷》释文,在此基础上,对墓志出土的来龙去脉进行简要的梳理;对于墓志内容进行分段疏证;对于墓志当中涉及的重要问题进行延伸探讨;对于墓志的撰书者进行专门研究。

为了呈现诗人墓志的研究价值,我们在导论中以四十方墓志为重点,拓展到我们能够搜集到的诗人墓志,进行综合论证,揭示诗人墓志当中所记载的家世传承、婚姻缔结,诗人的生平仕历、政治活动、文学活动、交游还往等情况,论证诗人墓志的撰者,考察诗人墓志所呈现的文学环境等内容。

二、唐代诗人的家族世系

唐代是家族重谱系、婚姻重阀阅的时代,魏晋南北朝时期积淀下来的名家大族文化传统在唐代仍然有所传承并在新的时代环境下实现了转型和超越。郑樵《通志·氏族序》曰:

> 自隋唐而上,官有簿状,家有谱系。官之选举,必由于簿状;家之婚姻,必由于谱系。历代并有图谱局,置郎、令史以掌之,仍用博古通今之儒知撰谱事。凡百官族姓之有家状者则上之,官为考定详实,藏于秘阁,副在左户。若私书有滥,则纠之以官籍;官籍不及,则稽之以私书。此近古之制,以绳天下,使贵有常尊、贱有等威者也。所以人尚谱系之学,家藏谱系之书。自五季以来,取士不问家世,婚姻不问阀阅,故其书散佚而其学不传。[①]

---

① [宋]郑樵:《通志》卷二五,中华书局1987年版,第439页。

这段话给我们提供了四个方面的事实：第一，唐代是重视家族谱系的时代，官有簿状，家有谱系，选官重谱系，婚姻重阀阅；第二，五代是中国家族观念变化的转折点，此前属于宗族社会，此后属于平民社会；第三，唐代官府与私门各自保存家族谱系的典籍，官家由秘阁保存，私门由左户保存。第四，谱系簿状是士族社会存在的一种表现，就取士问家世、婚姻问阀阅而言，士族社会应该一直保留到五代时期，只是唐代的士族与唐以前的士族差异较大。唐朝到了末年，由于藩镇军阀的兴起，中央政权的旁落，作为大唐帝国整体国力的强盛已不复存在，很快就过渡到五代时期武人统治的局面，重视文化传承、婚姻阀阅的世家大族，在武人统治的政治格局中也就逐渐衰落。因此，五代时期是中国家族社会动态变化的重大转折关头。

唐代碑志的撰写，首言世系，后言婚娶，也是家族重谱系、婚姻重阀阅的重要表现。唐代的文学家尤其是诗人，也都是特定家族的成员，其中存诗较多影响较大的诗人不少出于名门望族，其家族的文学传统和文化传统源远流长，长盛不衰，故而以新出碑志为基础来研究唐代文学家族，也就成为唐代文学研究的重要环节。

对于唐代诗人墓志研究而言，家世源流的追溯和考证，就是一项重要工作，从中不仅可以看出家族传承，而且可以了解文学传承。我们列举河东薛氏、京兆韦氏、赵郡李氏、吴兴姚氏为例加以说明。

（一）河东薛氏

河东薛氏诗人的代表是薛元超。薛氏文学家族是六朝至隋唐时期的重要政治世家和文学世家之一，墓志载其家世云：

> 高祖聪，魏给事黄门侍郎、御史中尉、散骑常侍、直阁辅国二将军、都督齐州诸军事、齐州刺史，赠车骑将军、仪同三司，谥曰简懿。曾祖孝通，中书黄门二侍郎、银青光禄大夫、散骑常侍、关西道大行台右丞、常山太守、汾阴侯，赠车骑将军、仪同三司、青郑二州刺史。祖

道衡,齐中书黄门二侍郎,随吏部内史二侍郎①、上开府仪同三司、都督陵邛番襄四州诸军事、四州刺史、襄州总管、司隶大夫,皇朝赠上开府、临河公。父收,上开府兼陕东道大行台金部郎中、天策上将府记室、文学馆学士、上柱国、汾阴男,赠定州刺史、太常卿,谥曰献。②

就政治而言,薛元超的高祖薛聪,做到齐州刺史,曾祖薛孝通,做到常山太守,并且封汾阴侯,祖父薛道衡做到襄州总管,父亲薛收,做到天策府上将纪室。其中三代皆为中书或黄门侍郎。其父薛收还担任文学馆学士,成为唐太宗的顾命大臣。就文学而言,薛氏在隋代产生了大文学家薛道衡,初唐有大文学家兼政治家薛元超,薛元超的成就也影响了他的子孙辈如薛曜、薛奇童、薛稷等。《薛元超墓志》的出土,为我们研究河东薛氏文学家族打开了新的窗口。从墓志看出,优越的家学渊源、特定的时代环境与特有的宫廷氛围,使得薛元超成为初唐诗坛上领袖群伦的一代宗主。

(二) 京兆韦氏

京兆韦氏诗人的代表是韦应物。韦氏家族属于"城南韦杜,去天尺五"的关中望族,随着《韦应物墓志》的出土,作为唐代士族之一韦应物家族的家世及婚姻状况就清晰地展示在我们的面前,墓志记载其家世云:

> 汉初有韦孟者,孙贤为邹鲁大儒,累迁代蔡义为丞相。子玄成,学习父业,又代于定国为丞相。奕世继位,家于杜陵。后十七代至逍遥公夐,抗迹丘园,周明帝屡降玄纁之礼,竟不能屈,以全黄绮之志。公弟郇公孝宽,名著周随,爵位崇显,备于国史。逍遥公有子六人,俱为尚书。五子世冲,民部尚书、义丰公,则君之五代祖。皇刑部尚书

---

① 随吏部内史二侍郎:按,墓志中作为朝代,"随""隋"通用,本书所引原文,悉依原貌;非引原文,则统一作"隋"。
② 导论引用诗人墓志原文,凡属本书研究的四十方墓志,均据各章节之"墓志释文",其他墓志,则明确注明出处。

兼御史大夫、黄门侍郎、扶阳公，君之高祖。皇尚书左仆射、同中书门
下三品待价，[君]之曾祖。皇梁州都督令仪，君之烈祖。皇宣州司法
参军銮，君之烈考。君司法之第三子也。

从中也可以窥见唐代门阀士族虽逐渐衰落，但高门大姓矜阀阅、重门
第的社会风尚并没有消减。韦应物的家世，可以追溯到西汉时期的韦孟，
韦孟之孙韦贤更为邹鲁的大儒家，位至丞相，其子韦玄成承袭父业，也达
到丞相之位。后来延续十七代到北周时韦夐以隐逸为高，志不出仕，而韦
夐之弟韦孝宽则爵位崇显，名著周隋，所生六子，都官至尚书。其中第五
子韦世冲就是韦应物的五代祖，官至民部尚书。韦应物高祖韦挺，官至黄
门侍郎；曾祖韦待价，官至尚书左仆射、同中书门下三品。自韦世冲到韦
挺，都是唐朝的高级官僚。祖父韦令仪，官至梁州都督；其父韦銮，官至宣
州司法参军。可见韦应物先世，到其祖父一代才渐趋衰落。韦应物家族，
也有一定的儒学、文学、艺术渊源。《汉书·韦贤传》记载："自孟至贤五
世。贤为人质朴少欲，笃志于学，兼通《礼》《尚书》，以《诗》教授，号称邹鲁
大儒。征为博士、给事中，进授昭帝《诗》，稍迁光禄大夫詹事，至大鸿
胪。……(孝宣)帝初即位，贤以与谋议，安宗庙，赐爵关内侯，食邑。……
本始三年，代蔡义为丞相，封扶阳侯，食邑七百户。"[1]韦应物的父亲韦銮
则是一位著名画家，唐朱景玄《唐朝名画录》载："韦銮官至少监，善图花鸟
山水，俱得其深旨。可为边鸾之亚，韦銮次之，其画并居能品。"[2]可知韦
应物出生于文学艺术氛围良好的家庭，对其后来文学创作的发展具有一
定的影响。

(三) 陇西李氏

陇西李氏的代表诗人是李益。李益家族墓志出土了多方，包括李玄
道墓志、李亶墓志、李存墓志、李益墓志、李当墓志，因为李益墓志研究成

---

① ［汉］班固：《汉书》卷七三，中华书局 1962 年版，第 3107 页。
② ［唐］朱景玄：《唐朝名画录》，《景印文渊阁四库全书》第 812 册，第 371 页。

果较多,难有新的开拓,故本书就选取李当墓志加以疏证。然几方墓志都记载了陇西李氏世系,相互参证,则更能表现其家族传承。新出土《李玄道墓志》记载其家世云:

> 七代祖凉武昭王,五代祖墩煌宣公宝。并大功大禄,至圣至贤。盛德光于图史,家声播于海内。曾祖韶,后魏司空,姑臧文恭公。祖瑾,后魏齐州刺史。或材称栋干,擅一德而无爽;或望归领袖,轶八俊而不追。父行之,随下淉郡太守,固始县男。[①]

崔融撰《李亶墓志》记载其家世云:

> 府君讳亶,字景信,陇西成纪人,凉武昭王之九代孙。高祖瑾,魏通直散骑侍郎、领尚书三公郎中,赠冠军将军、都督齐州诸军事、齐州刺史。曾祖行之,齐尚书左仕郎中、卫大将军、都水使者、齐郡太守,宇文朝司卉下大夫,随下淉郡太守、固始县开国男,食邑三百户。祖玄道,唐秦王府主簿、兼文学馆学士、太子中允、给事中、银青光禄大夫、蕲常二州刺史,姑臧县开国男,食邑三百户,文集十卷。父正基,唐太子斋率、城门郎、太子舍人,袭姑臧男。[②]

崔郾撰《李益墓志》记载其家世云:

> 公讳益,字君虞,陇西狄道人。凉武昭王十二代孙。尔后龙骧列郡于荣阳,学士显名于秦府,中允翱翔于宫署,给事论驳于黄门,皆重芳累叶,迭代辉焯,焕乎史策,为时休光。给事赠兵部尚书讳亶,即公之曾王父也。皇朝虞部郎中讳成绩,即公之大父也。烈考讳存,皇大

---

① 赵君平、赵文成:《秦晋豫新出墓志搜佚》,国家图书馆出版社 2012 年版,第 311 页。

② 胡可先、杨琼:《唐代诗人墓志汇编·出土文献卷》卷一,上海古籍出版社 2021 年版,第 82 页。

理司直赠太子少师。①

李益撰《李存墓志》记载其家世云：

> 府君讳存，世为陇西狄道人。曾祖皇朝太子中允正基，祖给事中亶，烈考虞部郎中成绩。府君即虞部长子。……二子曰益曰节。②

李昭撰《李当墓志》记载其家世云：

> 六代祖讳玄道，武德中为秦府学士，与杜如晦等同号十八学士，位至给事中。开元中，诏隶属籍，今为宗正寺姑臧公房。高祖亶，皇朝给事中，赠兵部尚书。曾祖成绩，皇尚书虞部郎中。王父存，皇大理司直，累赠太子少师。自武昭而下，世有贤哲，以文儒礼乐为海内冠冕。其婚阀衣缨之盛，举时无伦，故搢绅间语族望者，我为称首。烈考益，大历中四登文科，贞元、元和间以歌诗擅名，为一时独步。其所赋咏，流在人口，播为乐章。德宗、宪宗尝命中使取去，仍诏以副本置于集贤阁。元和中，参掌纶诰，焕发书命，位至礼部尚书致政，赠太子少师，谥文公。以公之贵，累赠太傅。皇妣范阳卢氏，追封魏国太夫人。

由李益一族墓志的记载，我们可看出这一家族在文学方面有所传承。如李玄道，《李玄道墓志》赞其文学成就："词锋爽秀，不谢金署之荣；理窟宏深，宁愧昆山之玉。""征至分庭，擢为记室。对军驰檄，思逸于据鞍；临堞裁书，词惊于飞箭。"因才华被秦王李世民召至文学馆："即召补秦王府主簿，与房玄龄等同为文学馆学士。各图其容，兼为其赞。昔德祖聪赡，

---

① 胡可先、杨琼：《唐代诗人墓志汇编·出土文献卷》卷四，第 290—291 页。
② 毛阳光：《洛阳流散唐代墓志汇编续集》，国家图书馆出版社 2018 年版，第 502 页。

无闻绘素之恩;公幹才能,莫奉颂歌之泽。援今望古,罕见其伦。"①《李当墓志》也记载李玄道在唐初武德时,与杜如晦等担任秦王李世民的文学馆学士。而这十八学士是兼具政治才能和文学才能的卓越之人。李亶,《李亶墓志》记载:"生而聪晤,幼而孝友,美风仪,工草隶,猎书传,能文章。……唐显庆中,以门调选千牛。时宰燕国于公闻君词藻,因试咏《后行雁》,揽笔立成,深加叹赏,乃补太子右千牛,时年十六。"②十六岁能够在宰相面前试咏《后行雁》诗。李益,为中唐时期的大诗人,《李益墓志》赞其文学成就:"地望清华,推鼎甲之族;天才秀出,为文章之杰。尤以缘情绮靡、吟咏情性为意。自典谟绝,风雅缺,作者之制,稍稍而变。公未尝不根六律、正五声,以古之比兴,合今之律度,涵孕风骚,宪章颜谢,一赋一咏,必腾于众口。"③《李当墓志》云:"烈考益,大历中四登文科,贞元、元和间以歌诗擅名,为一时独步。其所赋咏,流在人口,播为乐章。德宗、宪宗尝命中使取去,仍诏以副本寘于集贤阁。元和中,参掌纶诰,焕发书命,位至礼部尚书致政,赠太子少师,谥文公。"李当,《李当墓志》赞其文学成就:"前后赋诗七百篇,并制诰表疏碑志,勒成四十卷,行于世。"今湖南永州零陵朝阳岩尚有咸通十四年李当诗刻。李当夫人墓志业已出土,题为《唐故范阳君夫人卢氏墓志铭并序》,题署"夫金紫光禄大夫检校尚书右仆射兼太常卿上柱国陇西县开国子食邑五百户李当撰"④。

(四) 吴兴姚氏

吴兴姚氏诗人的代表是姚合。姚合一族出土墓志已有三十方,为研究其家族文学提供雄厚的基础和丰富的资料,本书选择《姚合墓志》加以疏证。《姚合墓志》记载其世系云:

① 赵君平、赵文成:《秦晋豫新出墓志搜佚》,第311页。
② 赵君平、赵文成:《秦晋豫新出墓志搜佚》,第352页。
③ 崔郾:《李益墓志》,《书法丛刊》2009年第5期,第38页。
④ 赵君平、赵文成:《秦晋豫新出墓志搜佚续编》,第1303页。

　　惟姚氏由吴郎中讳敷，始渡江居吴兴，五世至宋渤海太守五城侯
讳裡之，生后魏祠部郎中讳滂，七世至我唐初巂州都督赠吏部尚书、
长沙文献公讳善意。文献公生宗正少卿赠博州刺史讳元景，即开元
初中书令、梁国文贞公之母弟，而公之曾王父也。汝州别驾讳算，公
之王父也。相州临河令赠右庶子讳闉，公之烈考也。

　　墓志的出土使姚合的直系世系一目了然。从中，我们可以了解到姚
合与盛唐宰相姚崇（元崇）是同一家族，是姚崇异母弟姚元景的后裔。与
此同时，我们还可以观察到墓志铭在建构文学家族谱系过程中的几个层
面：一是通过个人墓志以追溯直系祖先。我们研究一位文学人物，会考
察其家风家学，因而了解其祖先就非常重要。比如姚合先祖可追溯至姚
崇一族，这一族在晋宋时渡江居于吴兴之后，由姚裡之、姚滂、姚善意延续
至姚元崇、姚元景，再到姚算、姚闉、姚合。二是结合传世墓志和新出文献
以构建其家族世系。比如姚合一族，新出土墓志多达二十九方，加上《全
唐文》所载的《姚崇墓志》，就有三十方。这三十方墓志，每一方都有世系
的追溯，通过这些墓志的相互联系，唐代陕郡姚氏家族的世系网络就被清
楚地梳理出来。三是在家族网络的基础上，考察该族文学人物如姚崇、姚
潜、姚勖，以及姚潜妻文学家马婉等，研究他们的传世篇章，钩稽他们的散
佚作品，就能够了解到这一家族在唐代文学发展过程中的地位。

三、唐代诗人的婚姻缔结

　　婚姻关系是家族结构最重要的组成部分，唐人墓志在墓主婚姻情况
的叙述上更是不惜笔墨。为了家学、家风的传承，士族在婚姻对象的选择
上颇为慎重，注重家族女性的文学修养以及在家庭教育中发挥的作用。
其中继母教子与寡母抚孤是唐代贵族家庭教育的特殊方面，众多的文学
家如韦承庆、颜真卿、元稹、杨收、李景让等皆受母教影响。从中可以看出
唐代文学家成长过程中，母教与母系家族起到的重要作用。如近年出土

的韦应物家族墓志揭示了韦氏与裴氏、杨氏、元氏的姻娅关系及其对韦应物一族文学传承的影响。由韦应物的家族婚姻圈,还可以探讨中唐文学家杨凌、杨敬之、柳宗元等人的文学渊源。丘丹撰《韦应物墓志》云:

> 夫人河南元氏,父挹,吏部员外郎。嘉姻柔则,君子是宜。先君即世,以龟筮不叶,未从合祔。

韦应物撰《元蘋墓志》云:

> 有唐京兆韦氏,曾祖金紫光禄大夫、尚书右仆射、同中书门下三品、扶阳郡开国公讳待价,祖银青光禄大夫、梁州都督、袭扶阳公讳令仪,父宣州司法参军讳銮,乃生小子前京兆府功曹参军曰应物。娶河南元氏夫人讳蘋,字佛力。魏昭成皇帝之后,有尚舍奉御延祚,祚生简州别驾、赠太子宾客平叔,叔生尚书吏部员外郎挹。夫人吏部之长女。①

韦应物子《韦庆复墓志》云:

> 夫人故河南令河东裴君澡女。生二子,未童,其长者后公十六日而不胜丧。故夫人被不可忍之痛,痛极有词于天。②

韦应物媳《裴棣墓志》云:

> 太君讳棣,裴氏之先,食邑于绛,以家为姓。烈祖以德行济美于晋,其闻不绝,以至国朝。又以儒家显,至于怀州刺史讳恂。怀州生

---

① 西安碑林博物馆:《纪念西安碑林九百二十周年华诞国际学术研讨会论文集》,文物出版社 2008 年版,第 308 页。
② 西安碑林博物馆:《纪念西安碑林九百二十周年华诞国际学术研讨会论文集》,第 309 页。

司门员外讳育，司门生河南县令讳澡，河南府君娶赵郡李氏而生太君。未五岁而失所恃，河南府君再娶同郡薛氏。后夫人治家以严见惮，太君承顺颜色，无毫发过失，以是遂移爱如己子。年十六而归于先君。①

　　裴棣墓志为其子韦退之撰，故墓志称其为"太君"。由韦应物家族墓志可以考察该族与元氏、裴氏的婚姻状况，因韦应物妻《元蘋墓志》、韦庆复妻《裴棣墓志》都已出土，故而我们更清楚地了解他们妻族的情况。

　　值得注意的是，韦应物家族墓志叙写有关母教的情况，韦应物撰《元蘋墓志》云："又可悲者，有小女年始五岁，以其惠淑，偏所恩爱，尝手教书札，口授《千文》。见余哀泣，亦复涕咽。试问知有所失，益不能胜。天乎忍此，夺去如弃。"②可见元蘋在家中自觉地担负起培养和教育儿女的任务。韦应物之所以在为官时能有淡泊的心境，以及在文学创作上取得很大的成就，与妻子元蘋的辅佐和帮助也是分不开的。韦退之所撰《裴棣墓志》云："抚育小子，濡煦以节，训诱以义。故小子以明经换进士第，受业皆不出门内。初，先君以元和岁即世，自己丑至丙寅三纪有奇。而太君食不求甘，衣不重茧，孜孜不怠，以成就门户为念。"③韦退之为其母裴棣撰写墓志，回忆裴棣对自己的教育过程，使得自己学有所成，先中明经，再中进士。这两篇墓志所载母亲教育子女的情况，很有代表性，说明唐代贵族女性小时候受到一些文化熏陶，而唐代贵族相互通婚，大概也与这些贵族都有较高的文化品位有关。同时，她们对于子女也有较高的要求，故而其子女也"以成就门户为念"。我们再举诗人韦承庆为其母王婉所撰墓志为例："前夫人子承庆，八岁偏罚，十岁便为夫人所养。抚存训奖，慈爱兼隆。学宦婚娶，并夫人所成立。常谓所生子嗣立、淑等曰：'时俗妇人，罕有明

---

① 西安碑林博物馆：《纪念西安碑林九百二十周年华诞国际学术研讨会论文集》，第 310 页。
② 西安碑林博物馆：《纪念西安碑林九百二十周年华诞国际学术研讨会论文集》，第 309 页。
③ 西安碑林博物馆：《纪念西安碑林九百二十周年华诞国际学术研讨会论文集》，第 310 页。

识。前妻之子,多被憎嫌。孝己、伯奇,即其人也。此吾之所深诫,亦尔辈所明知。昆季友于,骨肉深至。既称同气,何限异生。宜识我心,倍加敦睦。幼事长以敬,长抚幼以仁。使外无闲言,则吾无忧矣。'"①则不仅教育亲生子女,还一心教育非亲生子女,这样使得家族保持良好的家风。

　　唐代杨氏家族的婚姻也具有代表性,本书收录的杨汉公墓志,是晚唐时期的重要墓志。杨汉公一生凡两娶,先娶郑本柔,郑氏卒后,再取韦媛。郑氏属于山东士族,韦氏属于关中士族。《郑本柔墓志》为杨汉公撰,《韦媛墓志》为其子杨篆撰。郑薰撰《杨汉公墓志》对其婚姻叙述得非常详细:"前夫人郑氏,后魏中书令羲十代孙,初定氏族,甲于众姓;北齐尚书令、平简公述祖八代孙,皇秘书少监綝曾孙,秘书监审之孙。先公以雄文硕学,洁行全德,不求闻达,屈居下位,至抚王府长史,赠右仆射。夫人即仆射之幼女,余之姊也。以婉顺闲淑,归于公之室十有一年,主中馈之理。公亦以清阀鼎望,敬之加隆。先公三十有九年而没。生二子:曰筹,曰範,皆登进士第,有令名于当时。筹长安尉,範今襄州节度蒋公係从事,试大理评事。公之长子思愿,郑夫人鞠之同于己子,有清文懿行,今为国子周易博士。继夫人韦氏,开元宰相安石之玄孙,歙州刺史同则之女也。贤德令范,达于六姻。生二子:曰符,曰篆,皆禀训端悫,以文学举进士。一女适前进士周慎辞。又别四女,长适前凤翔从事、检校礼部员外张温,其三女未笄。别七子曰谭,以志学取礼科,今为著作佐郎;曰郡,曰同,曰艮,曰巽,曰涣,曰升。皆用和敏孝敬,率诸兄之教导,萼不之列,熙熙然无尤违焉,亦可谓余庆之门矣。"杨氏门楣壮大,当然与这两位夫人有关。我们以这段记载,再比照郑本柔墓志和韦媛墓志,对于士族婚姻会有更全面的理解。杨汉公撰《郑本柔墓志》述郑氏家世:"清白继代,礼法传家。时称德门,望冠他族。曾祖綝,皇博州刺史。祖审,皇秘书监。皆学深壶奥,文得精华。儒林宗师,士族领袖。"墓志又云:"夫人出博陵崔氏,外祖鹏,鄜坊殿中侍御史,以清直称。夫人从母故工部尚书裴公佶之夫人,爱隆诸甥,

①　陈忠凯:《唐韦承庆及继母王婉两方墓志铭文释读》,《出土文献研究》第7辑,上海古籍出版社2005年版,第347页。

情若己子。"①是郑氏之母崔氏，为山东士族，其从母裴氏，为关中士族。
杨篆撰其母《韦媛墓志》述婚姻情况："烈考讳同则，皇任大理卿致仕，赠右
仆射。先夫人河东裴氏。外祖讳通，以儒术著世，清规素范，表率士风。
夫人讳媛，释号圆明性，仆射公之长女也。特禀异气，实为间生。况乎籍
中外之基，极见闻之本，未笄而四德备矣。我外族与京兆杜氏俱世家于长
安城南。谚有云：'城南韦杜，去天尺五。'望之比也。所居别墅，一水西
注，占者以为多贵婿之象。其实姻妻之盛，他家不侔。"②从杨汉公及其两
位夫人墓志所载婚姻情况，足证唐代以名门贵族联姻成为普遍现象。

关于杨氏，本书还着重研究《杨收墓志》，该墓志叙述其婚姻云："公夫
人京兆韦氏，封韩国夫人。父审规，皇寿州刺史兼御史中丞，赠左散骑常
侍，族望高华，缨缕百世，女仪妇道，为时表则，克尽孝敬，以奉尊嫜，鸾凤
协德，和鸣喈喈。"杨收夫人《韦东真墓志》也已出土，该志在列举韦氏先世
之后，叙述其婚姻状况："韦氏之钟鼎轩裳，休功茂烈，世济其美，古无与
邻。惟散骑府君畏忌盛大，敦尚谦约，不却傥来之贵，而高秉哲之规，故能
以关中之华显，兼山东之仪范，则氏族之所贵者，吾首出于其间矣。总是
群懿，诞钟淑德，故夫人孝慈恭俭，冲顺柔明，得于生知，炯然异禀，令问既
洽于闺壸，和鸣必俟于英贤。迨笄而归我弘农公焉。"③婚姻门族相当，能
以关中之华显，兼山东之仪范，而韦东真出于是族，受其家风熏陶，故能
"动循法度，玄合典经，稽于四德，四德有融，纳于九族，九族咸义"④。这
样韦杨联姻的实例还可以举出来一些，如安史之乱以后韦应物之女嫁与
杨凌。前揭《韦应物墓志》："长女适大理评事杨凌。"又前揭《韦庆复墓
志》，题撰人为"外生前乡贡进士杨敬之撰"，志云："杨氏甥小子敬之实闻
太夫人及公夫人之词，遂刻于石。"韦庆复为韦应物之子，则杨敬之是韦应
物外甥。韦应物有《送杨氏女》诗，因韦应物之女嫁于杨凌，故称"杨氏

① 吴钢主编：《全唐文补遗》第8辑，三秦出版社2005年版，第132页。
② 吴钢主编：《全唐文补遗》第6辑，三秦出版社1999年版，第199页。
③ 赵君平、赵文成：《秦晋豫新出墓志所搜佚》，第1067页。
④ 赵君平、赵文成：《秦晋豫新出墓志所搜佚》，第1067页。

女",杨氏女生杨敬之,即韦应物外甥,也是唐代较为有名的诗人。

关于杨氏,诗人墓志还有《杨宇墓志》《杨牢墓志》等。《杨宇墓志》述其婚姻情况:"夫人京兆杜氏,故相国黄裳之孙,复州刺史宝符之女,柔顺之德,与君为宜。"①杜氏也是关中士族,属于士族联姻。《杨牢墓志》述其婚姻情况:"夫人荥阳郑氏,故殿中侍御史、盐铁推官博古之女,和柔淑德。"②大抵联姻与杨宇类似。《郑氏墓志》也已出土,是杨牢所撰,述其婚姻非常特殊:"牢年三十,在洛阳尝于外有子,既龀,夫人未之知。一日,为侍婢失语所漏,方甚愧恐,夫人曰:久以君无男,用忧几成病。今则且愈当贺,奈何愧为? 因以锦缬二幅赏侍儿能言:不弃隔我子于外,盖令知母,恩由此婢,遂收养之。其爱抚之道,非亲戚莫知其不自出。"③叙写的是正妻对于丈夫婚外生子的态度。杨牢为其妻撰写的这段文字,情感非常复杂,既表现出妻子内向的性格,又赞扬其接纳在外所生之子的度量,最后写出因性格软弱而惧不寿因以信佛的情况。这种表现,在杨牢是视为妇德而极力表彰的,而如果放在我们现代,则会显得有些怪异。因而这样的墓志,不仅是文学研究的重要材料,而且是唐代婚姻形态研究的重要文献,同时也是对于唐代特殊性格的女性进行心理学研究的绝好素材。

四、唐代诗人的科举出身

唐代实行科举制度,尤其重视进士科,进士出身对于提升家族声望与地位具有重要作用,加以进士考诗赋,故而唐代的家族、科举与文学是三位一体的。比如前揭《杨汉公墓志》记述其科举经历云:

> 廿九,登进士第,时故相国韦公贯之主贡士,以鲠直公正称。谓人曰:"杨生之清规懿行,又有《梦鲁赋》之瑰丽,宜其首选,屈居三人

---

① 胡可先、杨琼:《唐代诗人墓志汇编·出土文献卷》卷四,第353页。
② 胡可先、杨琼:《唐代诗人墓志汇编·出土文献卷》卷四,第365—366页。
③ 吴钢主编:《全唐文补遗》第1辑,三秦出版社1994年版,第324页。

之下，非至公也。"其秋，辟鄜坊裴大夫武府，得试秘书省校书郎。罢归，就吏部选判，考入第四等，与故相国郑公肃同送名，而郑公居其首。阁下众覆以为公之书判精甚，改就首选，而郑公次之。授秘书省校书郎。

《杨收墓志》记述其科举经历云：

> 公伯仲叔季，皆以人物、至行、孝睦、文章、礼乐，推重于时，譬犹珪璋琼璧，无有瑕玼，光明特达，各擅其美。公未龀喜学，一览无遗，五行俱下，洎卝而贯通百家，傍精六艺，至于礼仪乐律，星算卜祝，靡不究穷奥妙。宿儒老生，唇腐齿脱，洎星翁乐师辈，皆见而心服，自以为不可偕。为儿时，已有章句传咏于江南，为闻人矣。以伯仲未捷，誓不议乡赋，尚积廿年，涵泳霶渍于文学百家之说。洎伯氏仲氏各登高科后，公乃跃而喜曰：吾今而后，知不免矣。亦犹谢文靖在江东之旨，时人莫可量也。将随计吏，以乡先生书至有司，阅公名且喜。未至京师，群公卿士交口称赞，荐章叠委，唯恐后时。至有北省谏官始三日以补衮举公自代，时未之有也。由是一上而登甲科。同升名者，皆闻公之声华而未面，榜下跂踵，叠足相押，于万众中争望见之。

两篇墓志对于科举经历的记载都非常详细，前者记载杨汉公及第排列第四，知贡举韦贯之犹以为憾。及第之后，又到吏部考判，与其同时参加考试者还有后来做到宰相的郑肃，吏部先排郑肃第一，后来众人覆判，以为杨汉公书判精甚，故将其改为第一，而将郑肃移为第二。后者记载杨收科举情况，因杨收儿时贯通六艺，擅长诗文，故而其章句传于江南，但因在兄弟中年幼，兄弟未得科第，他就不议乡赋，等到兄弟得第后，他赴京应试，一上而登甲科，在京城引起很大反响。墓志还兼记其兄弟之时誉，说明杨氏家族对于科第出身至为重视。

更可拓展而论者，诗人《杨宇墓志》记载其父子两代登进士第的情况：

皇考讳茂卿，字士羕，元和六年登进士科，天不福文，故位不称德，止于监察御史，仍带职宾诸侯。君幼以孝谨闻，先公比诸子尤爱。及弱冠，好学，敏于文义，六经微奥，有从师久不能辨者，反复机席间，心惟目想，已自晓解。又善属文，每下笔辄有新意，锋彩明健，如摭霞振英，虽铓刃不拘，而理必归正。繇是当时文士如李甘、来择辈，咸推尚之。时陇西李公名汉称最重，一见所作，遂心许不可破。明年，为礼部，主司果擢居上第，年方廿八。在诸生为少俊。①

杨宇之兄《杨牢墓志》同样记载几代人科举经历：

祖稷，皇乡贡进士。考茂卿，皇进士及第、监察里行，名震于时，不幸□难，护丧之礼，公能独出古□，虽出死入生之□，□时安宁也。往时侍御史陇西李甘已具论之矣，三年之□□□，以家世进士，□可不承。始自乡荐，便归人望，数年而得之甲科也。其文好古，其书以诗，自得于天，不□□辙，时辈之中，所谓拔乎其萃也，其自负之心又愈于此矣。有集卅卷，名□□集，则其后可知也。学深《左传》，尤博史书，百家诸子，咸在于口，儒流硕学，莫不谓公为济时之器。②

杨稷为乡贡进士，杨茂卿元和六年（811）及进士第，杨宇大和五年（831）及进士第，杨牢已中了进士，从这两段记载中还可以看出杨氏的科举传承和文学传承。尤其是文学传承方面，可以考察韩愈古文运动的谱系，陈尚君《石刻所见唐代诗人资料零札》称："来择即师皇甫湜古文并传之孙樵的来无择，李汉为韩愈婿，知杨宇颇为韩愈后学所器重。"③李甘则是性情鲠直的文人，大和九年（835）因反对李训、郑注被贬封州，杜牧有

---

① 胡可先、杨琼：《唐代诗人墓志汇编·出土文献卷》卷四，第353页。
② 胡可先、杨琼：《唐代诗人墓志汇编·出土文献卷》卷四，第365页。
③ 陈尚君：《石刻所见唐代诗人资料零札》，《唐代文学研究》第1辑，山西人民出版社1988年版，第433页。

《李甘诗》纪其事。参以刘禹锡赞颂杨茂卿《过华山下作》为"佳句"，以及姚合《寄杨茂卿校书》诗，可知杨茂卿在诗坛具有重要的影响。

唐代杨氏家族，新出土墓志超过七十方，参证传世文献看出，杨氏在中晚唐科场中非常活跃，进士及第者多达数十人，杨嗣复、杨涉等还多次知贡举。他们因才华杰出，受到主司与社会的重视。杨氏家族属于关中望族，由汉至唐，一直兴盛，在唐代能够保持繁盛，也是望族融合科举的结果，可以说，唐代杨氏家族是集士族、科举、文化、文学于一体的家族。

唐代诗人墓志当中，还记载一些特殊的科举活动，对于这些活动进行考察，有助于了解当时的科举生态。现举三例进行说明：

一是因避家讳而放弃科举考试。如诗人《李郃墓志》："府君生五年，能念诗书。九年，有文章。历落沉厚，举止度度，必见远大。十五年，则以生物为己任。廿七年，举进士，文压流辈，敌乞避路。再试京兆府，以殊等荐。会礼部题目有家讳，其日径出。主司留试不得。明年就试，主司考第，擢居第一。"李郃二十七岁参加进士考试，已经进入考场，发现试卷题目犯了家讳，就毅然放弃考试，第二年又参加考试，得了状元。参考《南部新书》卷丙所言："凡进士入试，遇题目有家讳（谓之"文字不便"），即托疾，下将息状求出，云：'牒某，忽患心痛，请出试院将息，谨牒如的。'暴疾亦如是。"①说明唐代避家讳甚严的习俗。

二是科举腐败得而复失的情况。如诗人《卢公亮墓志》："早以文学从乡里之赋。长庆元年，得高第于宗伯钱公。钱公与时之内庭臣不协，诬以选第与夺先定。穆宗命重试，公与时之名声显白者十人受黜，而钱公就贬江州。物论冤塞，公处之恬然。"这里涉及长庆元年（821）影响甚大的科举案，《旧唐书·穆宗纪》记载：长庆元年（821）四月，"丁丑，诏：'国家设文学之科，本求才实，苟容侥幸，则异至公。访闻近日浮薄之徒，扇为朋党，谓之关节，干扰主司，每岁策名，无不先定。永言败俗，深用兴怀。郑朗等昨令重试，意在精核艺能，不于异常之中，固求深僻题目，贵令所试成就，

---

① ［宋］钱易：《南部新书》卷丙，中华书局2002年版，第35页。

以观学艺浅深。孤竹管是祭天之乐,出于《周礼》正经,阅其呈试之文,都
不知其本事。辞律鄙浅,芜累何多。亦令宣示钱徽,庶其深自怀愧。诚宜
尽弃,以警将来。但以四海无虞,人心方泰,用弘宽假,式示殊恩。孔温
业、赵存约、窦洵直所试粗通,与及第;卢公亮等十一人可落下。自今后礼
部举人,宜准开元二十五年敕,及第人所试杂文并策,送中书门下详覆。'
贬礼部侍郎钱徽为江州刺史,中书舍人李宗闵为剑州刺史,右补阙杨汝士
为开州开江令"①。结合《旧唐书·钱徽传》记载,长庆元年(821)进士科
第详情,知其初试并无明显不公之处,因为钱徽知贡举,虽有官僚请托,但
段文昌、李绅请托之人,并没有擢第,因此本年的重试是由段文昌等请托
未成而迁怒于钱徽,再加以朋党之争造成的。这与墓志记载钱徽受朋党
所诬颇相一致。但既令重试,而落下之人,也必定会有受屈者,而卢公亮
就是其中之一。这也是政治影响科举的典型事例,而像卢公亮这样的个
人在这一政治旋涡中就成了牺牲品。

三是特殊诗人的科举情况。如《廖有方墓志》:"逮弱冠,始事宗人廖
从正于□□,既习通经传,后有谈于廉郡者,遂馆于郡学,由是仍振文笔,
闻□交趾。次游太学,知文战可必,故南启二亲,尽室而北。元和十一年
岁,岁次景申,今太师李公掌贡,果登名天子,为进士及第。"廖有方是交趾
人,应该是以安南交州籍人士参加科举考试,在元和十一年(816)李逢吉
知贡举时及第。当时交趾属于安南都护府管辖,地处唐代统治的最南端,
现在已位于越南的河内。墓志记载廖有方以文笔闻名于交趾后,才再游
太学,举家北迁,接着应进士举的,这在唐代科举史上也是独特的情况,具
有特殊的意义。

五、唐代诗人的出仕经历

墓志是墓主的个人传记,志主的生平经历就是墓志的核心内容。

---

① ［后晋］刘昫:《旧唐书》卷一六,中华书局 1975 年版,第 488—489 页。长庆元年重试诏
书,《册府元龟》《唐会要》《全唐文》等典籍都有记载,大体与《旧唐书》本纪相同。

(一) 史书有传的诗人

初唐时期《薛元超墓志》。薛元超是兼具政治家和文学家双重身份的人物，政治上颇有建树，文学上堪称"文宗"。因此，新、旧《唐书》都为他设置了列传，杨炯还为他撰写了行状，这些都为墓志的疏证与研究奠定了雄厚的基础。墓志从薛元超六岁开始记载，一直到六十二岁薨逝，事迹非常详细，其列举在墓志中的仕历就有：十六岁，补神尧皇帝挽郎；廿一岁，除太子通事舍人；廿二岁，迁太子舍人；廿六岁，迁给事中，中书舍人，弘文馆学士；卅二岁，丁忧；卅四岁，出为饶州刺史；卅岁，授右成务；卅一岁，复为东台侍郎，出为简州刺史，以上官仪事放于越嶲之邛都；五十三岁，赦还，拜正议大夫；五十四岁，拜中书侍郎、同中书门下三品；五十九岁，加正议大夫、中书令，兼户部尚书；六十一岁，以金紫光禄大夫致仕；六十二岁，薨于洛阳。墓志对于仕历的记载详于史传，而在总体平衡详略的格局中，又特别重视政治活动和文学活动的记载，对于他入相以后的记载，重其功绩，墓志中篇幅也最大，而对其贬谪经历，也花了不少笔墨，以表现其大起大落的一生。

盛唐时期《张说墓志》。张九龄撰写《张说墓志》时叙述张说"起家太子校书，迄于左丞相，官政卅有一，而人臣之位极矣"，"升降数四，守正而见逐者一，遇坎而左迁者二。其余总戎于外，为国作藩，所平除者，唯幽并秉节钺而已。至若三登左右丞相，三作中书令，唐兴已来，朝右莫比"。与《薛元超墓志》相较，张说官历升迁频数更多，而张九龄为其撰写墓志，并没有将其仕历细加排列，而是总其大者，即出将入相给予评说。这样就通过张九龄的仕历叙述，将其生平大节展示给读者。而张说的官历，史书记载较为详细，本书就可以比照参证，以补充事实，将张说一生的主要贡献呈现出来。

晚唐时期《崔元略墓志》。崔元略，《旧唐书》卷一六三、《新唐书》卷一六〇有传。墓志列举其自进士入官太子正字以后，为渭南尉、陕虢观察从事，入为刑部郎中兼侍御史知杂事，御史中丞，京兆少尹知府事，兼御史大夫,除左散骑常侍,出为黔中观察使,转让鄂岳观察使,入拜大理卿,改京兆尹,迁户部侍郎,除户部尚书判度支,附检校吏部尚书、东都留守,出为郑滑节度使,年六十卒于任。墓志叙事非常详尽,以体现出崔元略不仅仕于朝廷还是历任地方官,多能尽其才用。墓志特地赞誉其担任宪官过程中举人之贤:“其在宪司,凡请僚属,唯善所在,必归至公,当时美谈,前后无继。今之尚书左丞王公璠、吏部侍郎高公钛、户部侍郎杨公嗣复、故中书舍人李公肇,皆所举也,朝廷谓之知人。”说明崔元略胸襟开阔,知人善任,所举之人,也成为中晚唐政坛和文坛上的闻人。

晚唐时期《白敏中墓志》。白敏中,《旧唐书》卷一六六、《新唐书》卷一一九有传。《白敏中墓志》在唐代墓志中属于篇幅较长的墓志。白敏中享年七十,仕历频数较多,但墓志不是简单排列其官职,而是选择仕历数任加以评述:一是受义成节义使李听之辟为从事,又随李听移镇邠宁节度使事;二是入相以后,征还被逐五位宰相,收复河湟事;三是担任邠宁节度使时平定党羌事;四是担任荆南节度使时平定地方叛乱事。这些都是晚唐时期的重要政治事件。至于其为侍御史、左司员外郎、职方郎中、中书舍人、户部侍郎、兵部侍郎,六任仕历,仅一笔带过。墓志为白敏中门人高璩所撰,表现出高璩对白敏中立身行事的评判,故对仕历的叙述体现了独有的风格特点。

(二) 正史无传的诗人

盛唐时期《丁仙之墓志》。丁仙之是《丹阳集》诗人,不仅正史无传,就是其他典籍偶有记载,也经常出现错误,包括将其名讹为“丁仙芝”。墓志官位不高,墓志仅记载其为武义主簿和馀杭县尉。这样就要搜讨散见典籍以印证其仕历,这就是同时诗人储光羲《贻丁主簿仙芝别》诗,表现其在武义县主簿任上的情况。墓志言丁仙之第二任官历:“廉察使刘日正以名献于天庭,寻改馀杭郡馀杭尉。”在史籍中没有直接记载,我们就可以通过刘日正的行事来考证丁仙之担任馀杭县尉的时间。《册府元龟》卷一六二:“(开元二十三年)辛亥初,置十道采访处置使。……润州刺史刘日正为江南道采访使。"①卷一三一："二十四年正月,敕诸道采访使、信安郡王祎、嗣鲁王道坚、牛仙客、宋询、刘日正、班景倩、唐昭各赐一子官,赏其巡察之劳也。"②由此可以推论丁仙之得刘日正推荐改馀杭尉当在开元二十三(735)、二十四年(736)之间。

中唐时期《耿沣墓志》。墓志记载其一生官历六任:左卫率府仓曹、鳌厔尉、左拾遗、郑州司仓、河中府兵曹、京兆府功曹。史籍虽有零星记载,但疑义甚多。这在本书的疏证中都做了详细考证。这里列举耿沣为左拾遗事加以说明:传统史籍记载耿沣历官"拾遗",有"左"与"右"的不同,姚合《极玄集》卷上称"官至左拾遗"③,晁公武《郡斋读书志》卷四上称"为左拾遗"④,《唐才子传》卷四称"仕终左拾遗"⑤,而《新唐书·卢纶传》称"沣,右拾遗"⑥,《直斋书录解题》卷一九称"《耿沣集》二卷,唐右拾遗河东耿沣撰"⑦,《全唐诗·耿沣小传》称"官右拾遗"⑧。今据新出《耿沣墓志》,可以确证"左拾遗"为是。由这样的印证,也可以说明墓志石本与传世文献相较,其可信度更高。所以,石刻文献历来受到学者们的重视。如欧阳修《集古录跋尾》卷九《唐张九龄碑》云:"按《唐书》列传所载,大节多同,而时时小异。……碑长庆中立,而公薨在开元二十八年,至长庆三年实八十四年。所传或有同异,至于年寿、官爵,子孙宜不谬,当以碑为是也。"⑨

晚唐时期《卢公亮墓志》。墓志记载卢公亮的仕宦经历主要有振武观察推官、四门馆博士、万年尉。我们举一例说明,墓志云:"时张将军之在单于,聆公之休厚礼嘉,辟署观察推官。不数月,奏授太常寺奉礼郎,实掌

---

① 〔宋〕王钦若编:《册府元龟》卷一六二,中华书局1960年版,第1955页。
② 〔宋〕王钦若编:《册府元龟》卷一三一,第1571页。
③ 傅璇琮、陈尚君、徐俊:《唐人选唐诗新编》(增订本),中华书局2014年版,第681页。
④ 〔宋〕晁公武:《郡斋读书志》卷四上,《四部丛刊三编》本,第22页。
⑤ 傅璇琮主编:《唐才子传校笺》卷四,中华书局1989年版,第33页。
⑥ 〔宋〕欧阳修、宋祁:《新唐书》卷二〇三,中华书局1975年版,第5786页。
⑦ 〔宋〕陈振孙:《直斋书录解题》卷一九,上海古籍出版社1987年版,第563页。
⑧ 〔清〕彭定求:《全唐诗》卷二六八,中华书局1960年版,第2973页。
⑨ 〔宋〕欧阳修:《欧阳修全集》卷一四二,中华书局2001年版,第2282页。

管记之任。公嘉猷令谋,竭诚奉主,广开运漕,移筑受降城,大小之政,必公之由。故张将军之经略闻于当时,以公之在其府也。后将公事朝京师,张将军在镇,与戎落豪长,高下不等,诸酋帅率众叛振武。公闻之,驰往复命。时北边骚然,将军之存亡声问不至。或劝公缓赴以免祸。公以为从知报德之赴夷险一致,去乃穷日之力,与将军相见于城下,君子以为贞。"墓志仅言"张将军",我们根据史料可以考证出"张将军"为张惟清,其名或作"张维清"。《旧唐书·穆宗纪》:元和十五年(820)正月,"丙寅,以右神策大将军张维清为单于大都护,充振武麟胜节度使"①。同书《敬宗纪》:宝历元年(825)十月,"丁巳,振武节度使张惟清以东受降城滨河,岁久雉堞摧坏,乃移置于绥远烽南,及是功成"②。《新唐书·地理志一》:丰州九原郡,"东受降城,景云三年,朔方军总管张仁愿筑三受降城。宝历元年,振武节度使张惟清以东城滨河,徙置绥远烽南"③。《山右金石记》载有《唐振武节度使单于大都护张维清政绩碑》,宝历二年(826)高钺撰。根据墓志记载,卢公亮受张惟清辟署在长庆元年进士覆落后一二年间,而史载张惟清移置东受降城完成于宝历元年(825)十月。故知卢公亮应为长庆三年受辟,直至宝历二年(826)因裴度擢置四门馆博士时,卢公亮一直为张惟清振武幕吏。晚唐以后,史籍对于受降城的记载甚少,墓志详细记载了卢公亮辅助张惟清广开漕运,移筑受降城的经过,对于唐代北方边事的研究,具有重要意义。

六、唐代诗人的交游往还

唐代诗人的交游往还,是他们社会活动与文学活动的重要方面,墓志对于这方面的记载也较为常见。我们研究文学的发生、发展与演变,要做到知人论世,对作家交游往还的研究就是重要内容。对于诗人墓志记载

---

① ［后晋］刘昫:《旧唐书》卷一六,第476页。
② ［后晋］刘昫:《旧唐书》卷一七上,第517页。
③ ［宋］欧阳修、宋祁:《新唐书》卷三七,第976页。

的诗人交游，印证、比照、补充、拓展，都是我们进行墓志研究应有之义。
这里我们列举五方墓志加以说明：

（一）徐浚墓志

《徐浚墓志》云："至于制作侔造化，兴致穷幽微，往往警策，蔚为佳句。
常与太子宾客贺公、中书侍郎族兄安贞、吴郡张谔、会稽贺朝、万齐融、馀
杭何謇为文章之游，凡所唱和，动盈卷轴。"这里是说徐浚颇为擅长诗歌，
常与贺知章等人唱和。墓志列举了徐安贞、张谔、贺朝、万齐融、何謇，加
上徐浚共六人，形成了一个文学群体。最值得注意的是提到的几个诗人，
他们都是吴越一带人，且以越州为主，说明开元、天宝时期，吴越一带，唐
诗非常繁盛。这段墓志的重要诗学意义在于其证明以贺知章为首的吴越
之士，已经形成了一个文学群体。当然这个文学群体，不仅是墓志中所提
到的几个人，《旧唐书·贺知章传》云："先是神龙中，知章与越州贺朝、万
齐融、扬州张若虚、邢巨，湖州包融，俱以吴越之士，文词俊秀，名扬于上
京。朝万止山阴尉，齐融昆山令。……数子人间往往传其文，独知章最
贵。"①文学史上的"吴中四士"，应该是这个群体中的中坚力量。由这个
群体可以看出，唐代文学，特别是盛唐文学，之所以呈现出极为繁盛的局
面，与各地形成大大小小的文学群体有关，由这些群体再汇集成不同的文
学中心，最后百川入海似地朝一个总的中心发展。

（二）韦济墓志

《韦济墓志》云："其所游者，若吴郡陆景融、范阳张均、彭城刘昇、陇西
李昇期、京兆田宾庭、陇西李道邃、邃之族子岘、河东裴侨卿、范阳卢僎等，
皆一时之彦也。或得意于登临之际，或忘言于姻娅之间。风期一交，岁寒
无改。"这一段是叙述韦济与文人的交游。诸人当中。张均是盛唐名相张
说之子，与其兄垍"俱能文，说在中书，兄弟已掌纶翰之任"②。《全唐诗》

---

① ［后晋］刘昫：《旧唐书》卷一九〇中，第 5035 页。
② ［后晋］刘昫：《旧唐书》卷九七，第 3057 页。

卷九〇收其诗七首,《全唐文》卷四〇八收其文一篇。刘昇,徐州彭城人。《全唐诗》卷一〇八存诗一首。李岘,《全唐诗》卷二一五收其《剑池》诗一首,《全唐文》卷三七二收其《请宥陷贼官僚奏》一篇。卢僎,著有《卢公家范》一卷。《全唐诗》卷九九收其诗十四首。李昇期,《全唐文》卷四〇二收其《对自比管仲判》一篇。这些文人对于韦济的文学活动与文学创作都具有一定的影响。当然,与韦济交往密切的诗人还有杜甫,杜甫有《奉寄河南韦尹丈人》《奉赠韦左丞丈二十二韵》《赠韦左丞丈济》等诗,都是名篇,前者有"读书破万卷,下笔如有神"等千古名句,非常值得探讨。可能是因为杜甫官位甚微,墓志没有列入交游人物之中。

(三) 崔尚墓志

《崔尚墓志》云:"调补秘书省著作局校书郎。校理无阙,鱼鲁则分。著《初入著作局》诗十韵,深为文公所赏。时有知音京兆杜审言、中山刘宪、吴兴沈铨(佺)期赞美焉。"这里的"文公"指崔融,当时文坛领袖人物,杜审言、刘宪与沈佺期都是初唐时期的大诗人,唐中宗景龙年间又同为修文馆学士,引领文坛前沿。崔尚《初入著作局》诗十韵,能够得到崔融嘉赏,杜审言、刘宪、沈佺期视为知音,足见在当时具有一定的文学地位。值得注意的是,杜审言是盛唐伟大诗人杜甫的祖父,杜甫《壮游》诗:"往昔十四五,出游翰墨场。斯文崔魏徒,以我似班扬。"自注:"崔郑州尚,魏豫州启心。"[1]崔尚与杜审言、杜甫祖孙均有交往,崔尚诗受到杜审言称道,崔尚又称道杜甫诗,可见初盛唐诗人之间相互奖掖的情况。杜甫能够成为伟大诗人,不仅受到其祖父杜审言的影响,而且受到杜审言文学交游圈的熏陶。

(四) 苑咸墓志

《苑咸墓志》云:"每接曲江,论文章体要,亦尝代为之文。洎王维、卢

---

[1] 〔清〕仇兆鳌:《杜诗详注》卷一六,中华书局 1979 年版,第 1438 页。

象、崔国辅、郑审，遍相属和，当时文士，望风不暇，则文学可知也。"这里所提到的人物都有作品传世，张九龄是当时的文坛领袖，同时也是玄宗开元时期的宰相；是盛唐时期堪与李白、杜甫媲美的著名的诗人；卢象也是盛唐时期的著名诗人，刘禹锡称其"始以章句振起于开元中，与王维、崔颢比肩骧首"①；崔国辅以诗闻名于时，殷璠所称"国辅诗，婉娈清楚，深宜讽味，乐府数章，古人不能过也"②；郑审诗名为杜甫所敬重，杜甫有《敬赠郑谏议十韵》言其"谏官非不达，诗义早知名"③。苑咸所交游的文人如卢象、崔国辅、郑审等，都是当时著名的诗人。惜诸人文集均不传，故存诗并不多，与苑咸往还之作，也没有传下来。然即此也可以推知，苑咸的诗文在当时应该是有一定的地位与知名度的。王维诗赞其"楚词共许胜扬马，梵字何人辨鲁鱼"④，亦并非虚誉。苑咸因为受到李林甫的器重，故传世文献对其人品与文学成就的记载，正面的评价并不多，而我们从近年出土的《苑咸墓志》所记载的文学交游当中，可以了解到他与当时文人的关系与其在文学方面的努力。

（五）独孤申叔墓志

《独孤申叔墓志》云："君之寿，廿有七，行道之日未久，故其道信于其友，而未信于天下。今记其知君者于墓：左司员外郎李君直方贞白，陇西人；韩泰安平，南阳人；李行纯元固，其弟行敏中明，赵郡赞皇人；柳宗元子厚，河东解人；韩愈退之，昌黎人；王涯广津，太原人；吕温和叔，东平人；刘禹锡梦得，中山人；李景俭致用，陇西人；韦词默用，京兆杜陵人。"这篇墓志《柳宗元集》中也收入，故而在这一墓志石本没有出土之前，都由文集写本流传。独孤申叔卒时仅二十七岁，其仕历值得书写者不多，故柳宗元撰此墓志，就重视两个方面，一是对独孤申叔才学的评价，二是记载生前的

---

① ［唐］刘禹锡：《刘禹锡集》卷一九，中华书局 1990 年版，第 233 页。
② 傅璇琮、陈尚君、徐俊：《唐人选唐诗新编》（增订本），第 236 页。
③ ［清］仇兆鳌：《杜诗详注》卷二，第 110 页。
④ ［唐］王维：《王维集校注》卷三，中华书局 1997 年版，第 256 页。

朋友。其生前旧友，出土墓志与传世文集记载有所不同，二者合参，共得十四人，都是与独孤申叔及柳宗元交游甚密的文人，而且这十四人都是与独孤申叔同时的著名文学家。这是一篇以交游为主的墓志铭，柳宗元的这样处理，既增加了墓志的实际内涵，又提升了独孤申叔的文学地位，体现出柳宗元撰写墓志的创造性。

七、唐代诗人的政治活动

出土文献中有不少是兼具政治家和文学家双重身份的诗人墓志，这些墓志以记载政治活动为主，包括诗人宰相墓志、宫廷诗人墓志和贬谪诗人墓志等。

（一）宰相诗人墓志

张九龄撰《张说墓志》，由著名书家梁昇卿书，被称为"三绝"，即墓主、撰者、书家都是非常著名的人物。墓志对张说的总体评价："公义有忘身之勇，忠为社稷之卫。文武可宪之政，公侯作扞之勋，皆已昭昭于天文，虽与日月争光可矣。"这在唐代墓志中罕有其匹。政治的经历："起家太子校书，迄于左丞相，官政卌有一，而人臣之位极矣。"历官四十一政，这在唐代的政治家中也是非常少见的。"休声与偕，升降数四，守正而见逐者一，遇坎而左迁者二。"在政治活动中，也有大起大落之时。张说的政治活动是与他的文学活动紧密相连的，故而使得唐玄宗开元时期，达到繁荣的局面，被称为"文治"。"始公之从事，实以懿文，而风雅陵夷，已数百年矣。时多吏议，摈落文人，肤引雕虫，沮我胜气，丘明有耻，子云不为，乃未知宗匠所作，王霸尽在。及公大用，激仰后来，天将以公为木铎矣。斯文岂丧，而今也则亡。"他既是政治宰辅，又是文坛宗匠，振起数百年的风雅陵夷，恢复文学上的王霸之风，号令天下，激仰后人。

高璩撰《白敏中墓志》，是唐代墓志中篇幅较长的一篇，主要记载其官历与政治活动。我们列举两项活动加以说明：一是初入相时召还南贬五相。墓志称："首命公入相，以兵部侍郎同中书门下平章事。是日，当延英抗言曰：'今岭表穷民，实前朝旧相。当事主时，轻家族如毛缕。及为奸人所得，顾柄任乃焚溺之本耳。此非必有缺陷，假令小不直，亦未伤大体。且今日瘳前日，岂继圣所宜言耶。'上惊喜，即日诏还五宰相。"这是他入相后所做的第一件事，就是召还在武宗时被贬谪的五位宰相。这五位宰相是牛僧孺、李宗闵、崔珙、杨嗣复、李珏，都是晚唐党争时牛党的骨干人物。从这里就可以看出白敏中在武宗朝和宣宗朝党争剧烈时期的一些政治活动，他利用李德裕罢相并出任地方官的时机，以拉拢牛党要人，使其量移，也由此透露出李德裕在武宗朝，地位也有动摇的时候，越是到后来，武宗的信任越减弱，白敏中就是利用这些机会，拉拢牛党旧人，树立自己党羽的。到了宣宗朝，在李德裕失势之时，迅速召还牛党要人，以打击李德裕。故而五相召还之前的量移一节，对于研究牛李党争，是一个至关重要的情节。二是乘吐蕃内乱收复三州七关事，墓志云："属吐蕃有大丧，大臣争废立事，纪律四坏。有兵众者，相起为盗，蔓延波泊，亭障失措。论者以朝廷久无边患，缘镇因循，不事粮甲，若一日问罪，必取笑奴虏。公奉神算，征天下兵，捉险徼利，纳七关与秦、武、渭三州，度陇山还为内地，降男女羊马无多少。理□州，立天雄军，置威州。先是，故老望西郡县，皆冤痛泣血。及是，谓开元风日，可屈指取。"这在当时是一个重大的政治事件，不仅新、旧《唐书·白敏中传》中有所记载，即使唐代诗文说部，也会有歌颂称扬之举。如康骈《剧谈录》卷上"李朱崖知白令公"条：

　　大中初，边鄙不宁，吐蕃尤甚恣其倔强。宣宗欲致讨伐，遂于延英殿先问宰臣。公首奏兴师，请为统帅，沿边藩镇兵士数万，鼓行而前。时犬戎列阵平川，以生骑数千伏藏山谷，既而得于谍者，遂设奇兵待之。有蕃中酋帅，衣绯茸裘系宝装带，所乘白马，骏异无比，锋镝未交，扬鞭出于阵面者数四，频召汉军斗将，白公诫兵士无得应之。俄而驻军指挥，背我师百余步而立，有潞州小将骁勇善射，驰快马弯弧而出，连发两矢，皆中其项，跃马而前，抽短剑踏于鞍上，以手扶挟，如斗殴之状,蕃将士卒但呼噪助之。于是脱绯袭,解金带,夺马而还,师旅无不奋勇。既大战沙漠,虏阵瓦解,乘胜追奔,几及黑山之下。所获驼马辎重,不可胜计,束手而降三四千人。先是,河湟郡界在匈奴,自此悉为内地。宣皇初览捷书,云:"我知敏中必殄凶丑。"白公凯旋,与同列宰相进诗云:"一诏皇城四海颁,丑戎无数束身还。戍楼吹笛人休战,牧野嘶风马自闲。河水九盘收数曲,陇山千里锁诸关。西边北塞今无事,为报东南夷与蛮。"马相植诗云:"舜德尧仁化犬戎,许提河陇款皇风。指挥犭昆武皆神算,开拓乾坤是圣功。四帅有征无汗马,七关虽戍已弢弓。天留此事还英主,不在他年在大中。"魏相扶诗云:"萧关新复旧山川,古戍秦原景象鲜。戎虏乞降归惠化,皇威渐被慑腥膻。穹庐远戍烟尘灭,神武光扬竹帛传。左衽尽知歌帝泽,从兹不更备三边。"崔相铉诗云:"边陲万里注恩波,宇宙群方洽凯歌。右地名王争解辫,远方戎垒尽投戈。烟尘永息三秋戍,瑞气遥清九折河。共偶圣明千载运,更观俗阜与时和。"①

这段记载,对于白敏中收复河湟之事虽有渲染夸饰,因为收复河湟主要是吐蕃内乱造成的,正史记载与墓志叙述都没有明确说白敏中与吐蕃直接发生战争之事。但河湟归顺唐朝是在白敏中担任宰相期间发生的事情,也是唐代历史上非常重要的政治事件之一,当然也是白敏中政治活动的一部分。《剧谈录》所记马植、魏扶、崔铉三相公作诗庆贺则是事实。不仅如此,当时诗人杜牧亦在朝为司勋员外郎,写有《奉和白相公圣德和平致兹休运岁终功就合咏盛明呈上三相公长句四韵》:"行看腊破好年光,万寿南山对未央。黠戛可汗修职贡,文思天子复河湟。应须日御西巡狩,不假星弧北射狼。吉甫裁诗歌盛业,一篇《江汉》美宣王。"②大中三年(849)二月,吐蕃内乱,陇西人民以秦、原、安乐三州及石门等七关来归。朝廷以太仆卿陆耽为宣谕使,诏泾原、灵武、凤翔、邠宁、振武皆出兵应接。六月,

① [唐]康骈:《剧谈录》卷上,古典文学出版社1958年版,第29—31页。
② [清]彭定求:《全唐诗》卷五二一,第5954页。

泾原节度使康季荣取原州及石门等六关。七月，灵武节度使朱叔明取安乐州，邠宁节度使张君绪取萧关，凤翔节度使李玭取秦州。八月，河、陇收复后，老幼千余人来长安，脱胡服，易汉服，宣宗登延喜门楼见之，皆舞蹈呼万岁。杜牧亲睹其盛，故作此诗。

刘邺撰《高璩墓志》也是晚唐重要政治人物的墓志，根据墓志记载高璩的仕宦经历，可以看出，高璩大中三年（849）高中进士至咸通五年（864）卒于相位，仅用了十五年时间。而他能超迁进入最核心的中枢机构参与密命，皆得益于白敏中。高璩为高元裕之子，元裕曾推荐白敏中为御史。《新唐书·白敏中传》："御史中丞高元裕荐为侍御史。"[①]《白敏中墓志铭》云："时璩先司徒公职中丞事，前御史有帖削近俗，悉解去。上章请公真为侍御史，寻治留台事，改户部右司员外郎。"故白敏中显贵时便对故人之子尤为眷顾提携。唐懿宗继位后，白敏中回朝，任门下侍郎、同平章事，又升侍中、中书令，至咸通二年（861）病逝，恰是高璩以右拾遗入翰林院，然后一路升迁的阶段。从《高璩墓志》可以看出唐代政治活动中，长官与门吏之间的援引对于文人仕宦有着举足轻重的作用。当然，高璩对于白敏中的援引，一生感恩，故白氏卒后，高璩为其撰写墓志铭，题署"门吏翰林学士承旨朝议郎守尚书工部侍郎知制诰柱国赐紫金鱼袋高璩撰"。

（二）宫廷诗人墓志

出土的《上官婉儿墓志》是宫廷诗人中影响最大的墓志，上官婉儿是武则天到唐中宗时期最重要的政治人物与文学人物之一。《上官婉儿墓志》记载了上官婉儿家族的遭遇，从上官弘到上官婉儿四世，政治上都是不幸的，文学上都是幸运的。他们都热心投身政治活动，最后都以失败被杀而告终。上官弘在隋代官至比部郎中，辅佐吐万绪平定江南，颇著功绩，但却最后为将军陈稜所杀。上官仪为唐太宗亲近的大臣，高宗时官至宰相，但因为武则天指使许敬宗诬奏其谋反而被杀。上官庭芝则在上官

---

① ［宋］欧阳修、宋祁：《新唐书》卷一一九，第 4306 页。

仪谋反案中一同被杀。上官婉儿虽然是武则天器重的重要人物,后来成为唐中宗的昭容,但也因为政治上的因素在唐隆政变中被处死。上官婉儿的祖孙四代都在文学上有所作为,尤其是上官仪和上官婉儿都以文名而流传后世,成为中国诗歌史上难以替代的重要诗人。但是墓志对于上官婉儿在唐隆政变中被杀的遭遇,只是一笔带过:"且陪清禁,委运于乾坤之间;遽冒铦锋,亡身于仓卒之际。时春秋四十七。"这是墓志为尊者讳、为死者讳所采用的曲笔。而墓志对于上官婉儿谏立皇太女之事的叙述却非常详细:"以韦氏侮弄国权,摇动皇极。贼臣递构,欲立爱女为储;爱女潜谋,欲以贼臣为党。昭容泣血极谏,扣心竭诚,乞降纶言,将除蔓草。先帝自存宽厚,为掩瑕疵,昭容觉事不行,计无所出。上之,请摛伏而理,言且莫从;中之,请辞位而退,制未之许;次之,请落发而出,卒为挫衄;下之,请饮鸩而死,几至颠坠。先帝惜其才用,慜以坚贞。广求入膝之医,才救悬丝之命。屡移晷魄,始就痊平。"这样的一段文字,将上官婉儿的刚强、果敢、机智、决断的性格表现得淋漓尽致。但对于唐隆政治本身,因为事涉非常,加以上官婉儿横死的结局,不便对其细节作过多的记述,故而采取曲笔方式表现,可见墓志的作者在行文过程之中是应势而变化的。

出土的《宋若昭墓志》也是一篇宫廷女诗人的墓志,墓志记载了宋若昭五姊妹入宫的经历,是政治活动与文学活动密切联系在一起的。"贞元四年,尝从先大理客于上党,节将李尚书抱真,录其所著书与所业之文,列状慰荐。德宗在位,方敦尚辞学,彤管女史之职,尤爱其才,即日降诏,疾征姊妹五人。传乘而入,引谒内殿。礼荣闲雅,繇是锡以学士之号。"[1]她们"咸酷嗜文学,贯穿坟史,约先儒旨要,撰《女论语》廿篇。其发为词华,着于翰简,虽班谢之家,不能过也"[2]。这样就把以宋若昭为主的姊妹五人的传奇经历和过人才华较为全面地展现出来。同时墓志还澄清了宋若昭的年龄等史实,为我们研究唐代女诗人的事迹与成就提供了详尽而征实的史料。他们姊妹以《女论语》而影响中国唐代以后女性的道德伦理,

① 胡可先、杨琼:《唐代诗人墓志汇编·出土文献卷》卷四,第288页。
② 胡可先、杨琼:《唐代诗人墓志汇编·出土文献卷》卷四,第288页。

他们在宫廷中的政治活动与文学活动都在长期影响中国社会某些规则与教化。再看墓志题署："从侄朝议郎守中书舍人翰林学士上柱国赐紫金鱼袋申锡撰，侄女婿朝散大夫行扬州大都督府法曹参军翰林学士院待诏上柱国赐鱼袋徐幼文书。"①宋申锡是唐文宗时期重要的政治人物，后来在甘露之变中遇害，徐幼文当时也是翰林待诏，他们与宋若昭本身应该没有亲缘关系，因为宋若昭是由上党节将李抱真奏进于朝廷的。但宋若昭姊妹在进宫以后，应该是与宋申锡攀援亲戚的，故而宋申锡为其撰写墓志自称"从侄"。这样的攀亲关系，也应该是宫廷人物与朝臣政治活动的一部分。

（三）贬谪诗人墓志

卢季长撰《郑虔墓志》，郑虔因为陷身于安史之乱而被贬官。墓志云："无何，狂寇凭陵，二京失守，公奔窜不暇，遂陷身戎虏。初胁授兵部郎中，次国子司业。国家克复日，贬公台州司户。非其罪也，国之宪也。经一考，遘疾于台州官舍，终于官舍。"这一经历事关郑虔命运结局，故而传世文献记载也较为详细。《新唐书·郑虔传》："安禄山反，遣张通儒劫百官置东都，伪授虔水部郎中，因称风缓，求摄市令，潜以密章达灵武。贼平，与张通、王维并囚宣阳里。三人者，皆善画，崔圆使绘斋壁，虔等方悸死，即极思祈解于圆，卒免死，贬台州司户参军事，维止下迁。后数年卒。"②唐郑处诲《明皇杂录》卷下："安禄山之陷两京，王维、郑虔、张通皆处于贼庭。洎克复，俱因于杨国忠旧宅。崔相国圆因召于私第令画，各画数壁。当时皆以圆勋贵莫二，望其救解。故运思精深，颇极能事，故皆获宽典，至于贬降，必获善地。"③后者列举了王维、郑虔与张通，说明郑虔的经历也是安史之乱当中较为普遍的现象。郑虔的贬谪，也获得了时人的深切同

---

① 胡可先、杨琼：《唐代诗人墓志汇编·出土文献卷》卷四，第 288 页。
② ［宋］欧阳修、宋祁：《新唐书》卷二〇二，第 5766 页。
③ ［唐］郑处诲：《明皇杂录》卷下，《开元天宝遗事十种》本，上海古籍出版社 1985 年版，第 24 页。

情,杜甫作了《送郑十八虔贬台州司户伤其临老陷贼之故阙为面别情见于诗》《有怀台州郑十八司户》,又《题郑十八著作丈故居》诗有"台州地阔海冥冥,云水长和岛屿青。乱后故人双别泪,春深逐客一浮萍"等句①。又《所思》原注:"得台州司户虔消息。"②

　　李景让撰《裴夷直墓志》,记载裴夷直被贬官情况,也是因为党争的原因。墓志云:"开成五年,出为杭州刺史。寻窜逐南裔,无所不及。十年之间,恬然处顺,戮辱之地,澹乎忘忧。有以见贤达所难也。洎大中皇帝即位,荡雪冤抑,征于崇山,且以潮、循、韶、江四授郡佐,换硖州刺史,转历阳、姑苏。"所幸的是裴夷直夫人《李弘墓志》也已出土,记载裴夷直贬谪经历云:"裴公当文宗朝,宠遇特异,旦夕将大用。时相每欲敷奏政事,必倚以为援。持权者由是多忌之。及武宗即位,李德裕任用,斥逐忠贤,故说正之徒,罕在朝列。裴公自中书舍人牧馀杭,未几,中以非罪流播九真。夫人不以万里为远,区区劝导保护,裴公不知谪逐之苦,嬉怡自适,无所憾焉。十年海壖,方遂归北。水陆崎岖,未尝疲厌。"③则明确说明是因为李德裕斥逐而被贬。《资治通鉴·唐纪》记载此事,以为:武宗贬杨嗣复为湖南观察使、李珏为桂管观察使后,又听信仇士良谮言,想遣中使就潭、桂诛嗣复及珏。此时李德裕与崔珙、崔郸、陈夷行三宰相入奏阻止,武宗才有所变化:"叹曰:'朕嗣位之际,宰相何当比数! 李珏、季棱志在陈王,嗣复、弘逸志在安王。陈王犹是文宗遗意,安王则专附杨妃。嗣复乃与妃书云:姑何不效则天临朝! 向使安王得志,朕那复有今日?'德裕等曰:'兹事暧昧,虚实难知。'……更贬嗣复为潮州刺史,李珏为昭州刺史,裴夷直为驩州司户。"④这样将墓志与典籍相参证,裴夷直因为李德裕斥逐而被贬为驩州司户就比较清楚。

① ［清］仇兆鳌:《杜诗详注》卷六,第470页。
② ［清］仇兆鳌:《杜诗详注》卷八,第666页。
③ 吴钢主编:《全唐文补遗·千唐志斋新藏专辑》,三秦出版社2006年版,第412—413页。
④ ［宋］司马光:《资治通鉴》卷二四六,中华书局1956年版,第7949—7950页。

八、唐代诗人的文学活动

唐代诗人墓志是诗人的传记材料，墓志中记载的诗人文学活动是我们研究唐代文学生态的原典文献。

（一）朝廷文学活动

诗人墓志中有好几方记载朝廷的文学活动，崔融撰《薛元超墓志》云："廿一，除太子通事舍人，仍为学士，修晋史。太宗尝夜宴王公于玄武内殿，诏公咏烛，赏彩卅段。他日，赋《公泛鹢金塘》诗成，谓高宗曰：'元超父事我，雅杖名节；我令元超事汝，汝宜重之。'"是说唐太宗夜间召集王公大臣于玄武内殿吟咏蜡烛，较为重视文学氛围的营造，薛元超创作《泛鹢金塘》诗，得到太宗的赏赐。墓志还说："时吐蕃作梗河源，诏英王为元率。公赋《出征》诗一首，帝览而嘉之，亲纡圣笔，代王为和。"唐太宗派遣英王出征吐蕃时，薛元超赋《出征》诗壮行，受到太宗的嘉赏，并且亲笔抄录，还代替英王作诗唱和，可以想见当时出征时的盛况。这是唐太宗朝廷的文学活动。

阙名撰《孙处约墓志》云："又尝御制诗，而奉敕令和。和讫表进，蒙手敕曰：'朕才轻《黄竹》，辞浅《白云》。直以驻辇兹川，遂为此作。卿栖情□海，浪秋月而华金；养志言泉，花春露而皎玉。本望润色，故示斯文。忽见比温洛于短章，喻荣河于拙句。十枝照景，五□□星。色以真龙，音之仪凤。循虚顾鄙，何褒饰之过欤！'"①刘献臣撰《刘应道墓志》云："朝廷以府君文章高绝，仪凤中降敕，与中书薛令君及当时文匠数人，制郊庙乐章。府君所制祀黄帝青哥，并编乐官，奏于郊祀。"②这是唐高宗朝廷的文学活动。

韩休撰《许景先墓志》云："属中宗立圣善寺报慈阁，公遂制《报慈阁

---

① 胡可先、杨琼：《唐代诗人墓志汇编·出土文献卷》卷一，第43页。
② 胡可先、杨琼：《唐代诗人墓志汇编·出土文献卷》卷一，第52页。

赋》,当时以为绝唱。兵部尚书李迥秀,当代文宗,表荐公赋,以为相如《上林》不是过也。"其时许景先由夏县尉丁忧服阕,故而趁着中宗立报慈寺阁的机会,向朝廷献赋。当然其目的也是为丁忧之后再入仕途。从中也可以看出唐代入仕转官,可以通过献赋渠道实施。这篇赋献上之后,受到了既是高级官僚也是文学宗匠的李迥秀的称赞,许景先也就得到了京官的位置:"有制付史官,仍令选日,优与一京官。其年,授左拾遗。"因而这次献赋,既是文学活动,也是政治活动。这件事影响很大,当时典籍多有记载。《旧唐书·文苑传》:"神龙初,东都起圣善寺报慈阁。景先诣阙献《大像阁赋》,词甚美丽,擢拜左拾遗。"①《新唐书·许景先传》:"神龙初,东都造服慈阁,景先献赋,李迥秀见其文,畏叹曰:'是宜付太史!'擢左拾遗。"②《太平御览》卷二二三引《唐书》曰:"神龙初,东都起圣善寺报慈阁,景先诣阙献《大像阁赋》,词甚美丽,擢拜左拾遗。"③《许景先墓志》还记载了一项创作活动:"寻除中书舍人。有诏令中书门下词臣撰《睿宗皇帝集序》,时中书令燕国公张说,当代词宗,遂命公为之。序成奏闻,大承优赏。专掌文诰,尤推敏速。"因为撰写《睿宗皇帝集序》得到玄宗皇帝赞赏,故得使其专掌文诰。这是唐玄宗朝廷的文学活动。

温宪撰《程修己墓志》云:"上又令作竹障数十幅,既成,因自为诗,命翰林学士陈夷行等和之,盛传于世。"这里是说唐文宗命程修己作画以后,自己题诗,又让朝臣翰林学士陈夷行等唱和,而唱和诗作盛传于世。这是一次宫廷唱和的文学活动,说明唐文宗时,宫廷作诗的氛围依旧浓厚。唐文宗之诗,《唐朝名画录》有载:"尝画竹障于文思殿,文宗有歌云:'良工运精思,巧极似有神。临窗时乍睹,繁阴合再明。'"④《全唐诗》卷四唐文宗诗卷亦收入,题为《题程修己竹障》,诗云:"良工运精思,巧极似有神。临窗忽睹繁阴合,再盼真假殊未分。"⑤陈夷行等人的唱和诗,现已散佚,无

①　[后晋]刘昫:《旧唐书》卷一九〇中,第5031页。
②　[宋]欧阳修、宋祁:《新唐书》卷一二八,第4464页。
③　[宋]李昉:《太平御览》卷二二三,中华书局1960年版,第1062页。
④　[唐]朱景玄:《唐朝名画录》,《景印文渊阁四库全书》第812册,第370页。
⑤　[清]彭定求:《全唐诗》卷四,第48页。

从得知其详。陈夷行诗迄今亦不存一首，如果不是这篇墓志的出土，我们压根儿就不知陈夷行也是晚唐的一位诗人。这是唐文宗朝廷的文学活动。

（二）科举文学活动

唐代进士考试重诗赋，加以考卷不糊名制，以至举子为了应考，会在社会上扩大影响，故而在应举前后就会进行频繁的文学活动。姚勖撰《姚合墓志》云："元和中，以进士随贡来京师，就春闱试，而能诗，声振辇下。为诗脱俗韵，如洗尘滓，旨义必辅教化，学诗者望门而趋，若奔洙泗然。数岁登第。"墓志所记载姚合的文学活动，是在应进士第时。然姚合虽很有时名，但数岁才登第，这对于了解姚合的创作历程很有帮助。姚合入京赴举是以乡贡进士的身份，即墓志所言"以进士随贡来京师"。姚合《下第》诗云："枉为乡里举，射鹄艺浑疏。归路羞人问，春城赁舍居。"①亦可证其乡贡的身份。然姚合虽下第，但在京城颇有文学声名。其《寄杨茂卿校书》诗所言"到京就省试，落籍先有名"②，又《亲仁里居》诗："轩车无路通门巷，亲友因诗道姓名。"③与墓志所言其在京声名颇相吻合。墓志又言："韩文公尹京兆，爱清才，奏为万年尉。"透露了姚合与韩孟诗派群体联系密切，这对于姚合诗风的形成具有一定影响。姚合与韩愈有诗歌唱酬，姚合有《和前吏部韩侍郎夜泛南溪》诗云："辞得官来疾渐平，世间难有此高情。新秋月满南溪里，引客乘船处处行。"④韩愈原诗为《南溪始泛三首》，魏本引樊汝霖曰："公长庆四年八月，病满百日假。既罢，十二月，薨于靖安里第。"⑤同赋诗者，除姚合外，张籍有《同韩侍郎南溪夜赏篇》，贾岛有《韩侍郎夜泛南溪》诗。这是韩愈临终前最后一次文人集会。由《姚合墓志》记载其由韩愈所擢拔，以及与韩愈集会和诗的情况，可知姚合与韩孟

---

① ［清］彭定求：《全唐诗》卷五〇二，第 5713 页。
② ［清］彭定求：《全唐诗》卷四九七，第 5634 页。
③ ［清］彭定求：《全唐诗》卷四九八，第 5661 页。
④ ［清］彭定求：《全唐诗》卷五〇一，第 5696 页。
⑤ 钱仲联：《韩昌黎诗系年集释》卷一二，上海古籍出版社 1984 年版，第 1278 页。

诗派群体联系密切,这对于姚合诗风的形成具有一定的影响,故而这一墓志是我们研究姚合与韩孟诗派关系的重要材料。

李夷遇撰《张晔墓志》是记载科举文学活动的重要过程:"公应进士举,天下知名。著古律诗千余篇,风雅其来,莫之能上,览者靡不师服。于是乎今鄂州观察判官卢端公庠,顷为河南府掾充考试官,公因就试,遂投一轴。卢公谓诸僚友曰:'张子之文,自梁宋已来,未之有也。'复课一诗送公赴举云:'一直照千曲,一雅肃群俗。如君一轴诗,把出奸妖服。'又云:'乃知诗日月,瞳瞳出平地。'又今尚书右司郎中杨戴为淮安太守时,制一叙奖公之文曰:'张氏子用古调诗应进士举,大中十三年,余为监察御史,自台暮归,门者执一轴,曰:张某文也。阅于灯下,第二篇云《寄征衣》:'开箱整霞绮,欲制万里衣。愁剪鸳鸯破,恐为相背飞。'余遂瞿然掩卷,不知所以,为激叹之词。乃自疢曰:'余为诗未尝有此一句,中第二纪,为明时御史,张子尚困于尘坌,犹是相校,得无愧于心乎。'"①陈尚君论述此志的价值时称:"文中叙唐人行卷的情况及受卷者阅卷后的感触,十分具体,为研究唐人行卷及其与文学关系提供了极为珍贵的记载,值得重视。"②墓志中的这些诗作,《全唐诗》都没有收录,故有很高的辑佚价值。但这篇墓志更为重要的方面是对于诗歌来源的记载和本事的叙述,这样就把张晔的作诗过程以及科举失意的情况都表现了出来,而且与卢庠交往的细节也在墓志当中映现出来。

(三) 文学群体活动

韩愈撰《窦牟墓志》不仅记载窦牟的文学活动,而且记载窦牟之父窦叔向的文学活动:"皇考讳叔向,官至左拾遗,溧水令,赠工部尚书。尚书于大历初名,能为诗文,与李华善,后生归之。及公为文,亦最长于诗,孝谨厚重。"窦叔向在大历初很有文名,并与古文家李华厚善,引领了当时的

---

① 河南省文物研究所:《千唐志斋藏志》,文物出版社 1984 年版,第 1179 页。
② 陈尚君:《石刻所见唐代诗人资料零札》,《唐代文学研究》第 1 辑,山西人民出版社 1988 年版,第 431 页。

文风，故而"后生归之"。窦牟受其家学的影响，也擅长于诗歌。墓志还称："初公善事继母，家居未出，学问于江东，尚幼也。名声词章，行于京师，人迟其至。及公就进士，且试，其辈皆曰：'莫先窦生。'"他在应进士举之前，文章学术已经遍传江左，名闻京师。这样的一篇墓志记载了父子二人的文学活动，说明窦氏文学传承有自。目前流传的窦牟兄弟五人有《窦氏联珠集》，加以墓志为韩愈所撰，这样的文学活动对于我们现在研究文学的家族性和群体性都有很大帮助。

温宪撰《程修己墓志》云："性夷雅疏淡，白晳美风姿。赵郡李远见之，以为沈约、谢朓之流。大中初，词人李商隐每从公游，以为清言玄味，可雪缁垢。宪严君有盛名于世，亦朝夕与公中莫逆之契。高游胜引，非公不得预其伍。"这里实际上是讲到了晚唐时期以程修己为中心的文学交游活动，"宪严君"即温庭筠，说明程修己与李远、李商隐、温庭筠都关系密切。

（四）文学创作历程

墓志主要是记述墓主立身行事的人物传记，而文学创作是诗人立身行事的重要部分，故不少墓志都对诗人创作进行了或多或少的记载，对我们研究诗人的创作历程颇为有用。

郭□书《唐刘复墓志》，是刘复自述创作历程较为详细的文字："年六岁能诵□论，至十二岁，习《古文尚书》《周易》，每日所诵，逾于万言。性解义理，闻诸儒夜中谈论，不寝寐者，动经数宿。性好图画及道书，鄙于疏注及诸经谶纬，见《经典释文》，知学徒无师授矣；见《切韵》，知《说文》古篆不行矣；观时文，知《雅》《颂》《国风》废矣。廿有四，通马迁《史记》、班固《汉书》。天靖其性，少于交结，未尝与人论及此学。时吴郡大儒陆皞知之，每列坐，则劝令学文，遂入吴容山，深居一年，制文四十首，为时人所重。后游晋陵、丹杨，与处士琅耶颜冑、广陵曹评往来赠答。江宁县丞王昌龄、剑南李白、天水赵象、琅耶王偃多所器异。江宁云：'后来主文者子矣。'然性孤直，勉于所忤。尔后五六年，凋丧略尽，唯公孙独存。仕至兰台正字。"①这段文字，主要说明了三个方面的问题。第一是重经术。刘复十二岁就诵习《古文尚书》《周易》，以通其义理；稍长以后，沉潜于《经典释文》《切韵》与《说文》，这也是为其通经术服务的。因为对经学的贯通，也就得到吴郡大儒陆皞的知遇与器重。第二是读史书。尤其重视司马迁的《史记》与班固的《汉书》。第三是治文学。因为陆皞的勉励，刘复于中年以后转治文学。先是入吴容山沉潜读书，进而制文十四首，得到王昌龄、李白、赵象、王偃的赏识。刘复的创作历程是由治经学，转而治史学，最后治文学，达到文史哲融会贯通的境地。墓志叙述其因治经学得到大儒陆皞的赏识，而陆皞反而劝勉他治文学，说明其才性适宜于文学创作。尤其是墓志所载："余家山阳，少而孤贫，临厨浣濯，与家人析薪汲井，而乐在其中。长好山水，游无远近。尝登天台石门，以观沧溟，后诣庐山东林，独游虎溪，山多修竹巨木，每聆幽风湍濑之声，云霞出没之状，则忘寝与食。夜行幽阴之中，若睹群灵之仿佛焉。"②表现出安贫乐道的心理状态与遨游山水的高尚志趣，更对其文学创作个性的形成具有促进作用。

裴虔馀撰《裴岩墓志》，对裴岩作诗过程的表述："会昌元年，我家君以直道被谗，谴于海外。江陵叔父君以季弟之故，亦贬为睦州建德尉。君侍行于睦州。性聪明，弱冠，嗜学为文，不舍昼夜。数年之间，遂博通群籍，能效古为歌诗，迥出时辈，多诵于人口。前辈有李白、李贺，皆名工文，时人以此方之。"③这是裴岩学诗的特殊环境和特殊时期。因为墓志撰者是裴岩"堂弟孟怀泽等州观察判官将仕郎试大理评事虔馀"，故墓志叙述的"我家君"就是裴虔馀之父裴夷直。裴夷直在会昌元年由杭州刺史再贬驩州司户，裴岩之父则由裴夷直的牵连而被贬为睦州建德尉，裴岩随至建德贬所，李白与李贺的身世和遭遇引起裴岩的共鸣，故而他在山间小城也以作诗吟诵为事。

① 胡可先、杨琼：《唐代诗人墓志汇编·出土文献卷》卷三，第252页。
② 胡可先、杨琼：《唐代诗人墓志汇编·出土文献卷》卷三，第253页。
③ 胡可先、杨琼：《唐代诗人墓志汇编·出土文献卷》卷四，第311页。

（五）诗歌唱酬活动

唐代诗人，有相互赠答、酬唱往复的风气，由此促进了诗歌的繁荣，现存的唐诗当中，蔚为大宗。诗人墓志中所记载的诗歌赠答，往往与他的生活经历结合在一起，也体现出一些诗坛风会。

阳奉润撰《阳修己墓志》记载阳修己与崔融赠答诗："至如清河崔融、琅琊王方损、长乐冯元凯、安陆郝懿，并相友善。尝遗笔于崔，并赠诗曰：'秋豪调且利，霜管贞而直。赠子嗣芳音，揽掇时相忆。'崔还答云：'绿豪欣有赠，白凤耻非才。况乃相思夕，疑是梦中来。'词人吟绎以为双美。"①墓志记载了阳修己与崔融等人的交游，体现了初唐时期典型的诗歌创作环境。崔融是当时的文坛领袖，诗文都堪称大手笔。墓志叙述高宗时重文的环境："属高宗御天，海内无事，方向文学，大征儒雅。总四部之图书，考百家之踳驳。诏书始下，公实为首，时议荣之。"②这是产生崔融、王方损、冯元凯、郝懿与阳修己一批文人而且相互友善，同时推动文学发展的良好氛围。墓志所载的两首佚诗，说明当时诗坛以崔融为中心聚集了一大批诗人，这对于研究初唐时期人们通过诗歌而交往的情况，是极具意义的。不仅如此，墓志还叙写了"王、郝、冯公，俱有临池之妙，公与书札来往，翰墨盈积。虽孟公之日（口）占百封，季和之贤于十步，比之为贵，何以尚兹"③。说明王方损、冯元凯、郝懿又长于书法，常与阳修己书札往还。诗歌唱和、书札往还是他们为官之余的另一种生活，这种生活也构成了文学发展环境的一个侧面。

丘丹撰《韦应物墓志》记载丘丹与韦应物的诗歌赠答："余，吴士也，尝忝州牧之旧，又辱诗人之目，登临酬和，动盈卷轴。公诗原于曹刘，参于鲍谢，加以变态，意凌丹霄，忽造佳境，别开户牖。"这里叙述作者与韦应物的登临酬和活动。丘丹为苏州嘉兴人，韦应物曾担任过苏州刺史，故称"州

---

① 胡可先、杨琼：《唐代诗人墓志汇编·出土文献卷》卷二，第 176 页。
② 胡可先、杨琼：《唐代诗人墓志汇编·出土文献卷》卷二，第 175 页。
③ 胡可先、杨琼：《唐代诗人墓志汇编·出土文献卷》卷二，第 176 页。

牧之旧",丘丹也是诗人,故与韦应物唱和,其与韦应物赠还诗有《和韦使君秋夜见寄》《奉酬韦苏州使君》《和韦使君听江笛送陈侍御》《奉酬韦使君送归山之作》《奉酬重送归山》。而韦应物诗则有《秋夜寄丘二十二员外》《赠丘员外二首》《复理西斋寄丘员外》《送丘员外还山》《重送丘二十二还临平山居》《送丘员外归山居》。

九、唐代诗人墓志的撰者

唐代诗人墓志,多数都有撰者题署,还有一部分有书者署名,撰者属于墓志的创作者,故而我们着重加以论述。

(一) 诗人的亲戚

李鄂撰《李郃墓志》:"弟鄂泣血为铭以志。"并述说作铭之原委:"吾兄之道塞于时,名可耀万古,而年位偕不至。俾及夫子之门,德行不愧颜闵,文学不愧游夏。遭其用,术业不愧伊咎稷契。扬吾兄之道,冀传于世,传于家,宜吻其毒而文于铭也。吾名不高,道不光,文不售于时,宜有文乎?苟为之,则虆吾兄之德,且卑吾兄之道。是吾之文冀传于世不可也。然吾之文,信于吾兄,著于吾家。吾冀吾兄之道,不朽于吾家而传于吾子孙。则又宜文于铭也。"李郃是经历特殊的人物,他与晚唐的牛李党争、宦官专权以及科举风波都有很大的联系,由此而仕途失意,但也磨砺了刚毅的人格。要把这些过程通过简短的墓志真实地表现出来,则以其弟的身份最为合适了。

苑论撰《苑咸墓志》题署:"遗孙朝议郎前殿中侍御史内供奉赐绯鱼袋论撰。"其述撰志过程云:"遗孙论等承姑之命,奉公之槿葬于兹,不唯虞陵谷,亦虑后之人有疑双坟,故为铭。"唐代夫妇死后,有合葬的习俗,而苑咸夫妇则要起双坟,缘由较为复杂,其遗孙苑论撰写墓志叙述得较为清楚:"公于西方教,深入总持秘密之行,齐荣辱是非之观,又不可得而窥也。夫人汝阴令谅之第二女,学兼内外,识洞玄微,教授甥侄,颇有达者。晚岁尤精禅理，究无生学。公薨后十年而夫人殁，遗命左右曰：'归祔乡园，勿我同穴。'论等恭闻斯语也，久不敢违先旨。故兆域之内，公居庚，夫人居壬，相近四十尺，遵遗令，征历者之吉也。"由宗教信仰的原因，遗命不能同穴，而形式上的不同穴，又易引起社会与后代的误会，故在墓志中说明这一情况。但苑咸卒时，其孙苑论尚幼，迁墓时苑咸之子苑籍已卒，故这一遗命只有苑论之姑母最为清楚，因此苑论等遵从遗命而起双坟安葬，距苑咸初卒已超过半个世纪。这一墓志对于撰写原因的叙述是颇为详尽的。

徐浩撰《徐浚墓志》题署："季弟朝散大夫检校尚书金部员外郎上柱国浩撰。"徐浩为徐浚季弟，也是唐代著名的文学家与书法家。《旧传》称："浩少举明经，工草隶，以文学为张说所器重。""肃宗即位，召拜中书舍人，时天下事殷，诏令多出于浩。浩属词赡给，又工楷隶，肃宗悦其能，加兼尚书右丞。玄宗传位诰册，皆浩为之，参两宫文翰，宠遇罕与为比。"①

《韦济墓志》题署："族叔银青光禄大夫行工部侍郎述撰。"韦述是韦济的族叔，也是《韦济墓志》的撰者。他是唐代一位大史学家，其文学成就当时也很瞩目。

《崔尚墓志》题署："从父弟尚书左丞上柱国清河男翘撰。"志云："从父弟翘从王有限，涕泗题铭。"崔翘，两《唐书》有传，他本人的墓志也已出土，所叙生平事迹甚详，从墓志中可以看出崔翘也是当时名噪一时的著名文人："四岁敏嘲咏，七岁善隶书，八岁工文章，遂穷览载籍。十四明经高第，十六拔萃甲科。……惟公读圣人之书，行先王之道，三叶掌诰，一家工文，代宗学府，人称墨妙。高风雅望，四海具瞻；逸韵清词，一时特绝。斯可谓文学矣。"

庾承宣撰《崔元略墓志》题署："外表生兖海沂密等州节度观察处置等使银青光禄大夫检校户部尚书使持节都督兖州诸军事兼兖州刺史御史大夫上柱国南阳县开国侯食邑一千户庾承宣撰。"志文云："予之于公，中外之亲也。少而爱狎，长而敬慕，规过讲艺，推美让位。终始之分，雪霜松

---

① ［后晋］刘昫：《旧唐书》卷一三七，第 3759 页。

笱,襟怀之中,无有隐事,今则已矣,谁其与言?抚鸣琴而绝弦,望寝门而加恸。爱弟金部郎元式纂录行实,俾予铭墓。知公者也,其敢辞乎?写悲抒诚,亦在于此。"庾承宣,为崔元略外表生,也是唐代文学家。贞元十年(794)及进士第,大和中终检校吏部尚书、天平军节度使。所存《赋得冬日可爱》诗一首。承宣从小就受到崔元略的器重,元略卒后,其弟元式又将行状实录提供给庾承宣,承宣就在这个基础上撰写了墓志。

姚勖撰《姚合墓志》题署:"族子朝议郎守尚书右司郎中上柱国赐紫金鱼袋勖撰。"姚勖自撰《唐故通议大夫守夔王傅分司东都上柱国赐紫金鱼袋吴兴姚府君墓志》:"叙宗族:勖本吴兴人,始虞帝生姚墟得姓。后裔遏父封陈为氏,至厉公之子完仕齐为田,后有其地。齐太公和十四代,至西汉执金吾代睦侯讳丰,生东汉散骑常侍讳邕,避新室乱,遂家吴兴武康成山,五代至吴郎中讳敷,举家复姚氏。"①所叙与姚合宗族关系甚深。

郑薰撰《杨汉公墓志》题署:"正议大夫守尚书刑部侍郎上柱国赐紫金鱼袋郑薰撰。"志文云:"将葬,其孤思愿、筹、範等号踊崩擗,收涕告于其舅薰曰:'先公之盛德大业,布于寰中,然莫如舅知之备。流美万祀,愿假刀札。'余实能详之,著录不让,非敢以文。"是郑薰为杨汉公之舅。郑薰既是晚唐的政治人物,也是诗文兼擅的文学家。他有担任翰林承旨学士的经历,是朝廷颇为重用的散文作家。其文《全唐文》收录三篇:《移颜鲁公诗纪》《内侍省监楚国公仇士良神道碑》《祭梓华府君神文》。

(二) 诗人的友人

撰志的友人当中,有的是同门进士,如李景让所撰的《裴夷直墓志》:"景让辱公之相知,分逾骨肉,忘形久矣,又陪出相国崔公门下。今老且病,无以哭公。为文叙德,千古不尽。向风洒泪,其可止耶?"李景让撰志时题款的身份为:"银青光禄大夫、前剑南西川节度观察处置等使、检校尚书右仆射、兼成都尹、御史大夫、酒泉县男李景让撰。"而裴夷直因牛李党

---

① 墓志拓片及录文载张应桥《唐名相姚崇五世孙姚勖自撰墓志简释》,《河南科技大学学报》2010年第5期,第10—11页。

争的关系，长期被贬，直至宣宗时雪冤，官职逐渐恢复至州郡刺史、散骑常侍，其地位已逊于李景让不少，故李景让为裴夷直撰志，主要是年轻时相知相遇，又于元和十年（815）同于崔群门下登进士第的缘故。

有的是忘年交，如韩愈所撰的《窦牟墓志》："愈少公十九岁，以童子得见，于今卅年，始以师视公，而终以兄事焉。公待我一以朋友，不以幼壮先后致异。公可谓笃厚文行君子矣。"韩愈与窦牟是亦师亦友的关系，其童年时就受到窦牟的器重，一直保持了四十年的交情。窦氏兄弟四人，都与韩愈要好，这在唐代诗人中，也是很难能可贵的。后人对韩愈有谀墓之讥，而从这篇墓志可知，其撰志仍以出于友情为多。至于像传世文献记载的《柳子厚墓志铭》，写得深挚感人，而柳与韩政治立场、思想观点互有参差，甚或完全相反，这也不是谀墓之说所能解释的。故韩愈所撰墓志的研究还有广阔的空间。

有的是文友，刘迥撰《李华墓志》题署："检校仓部员外郎兼侍御史刘迥述。"志文云："所纂文凡数百篇。河南独孤及，河东柳识，渤海高参，分为三集，各冠之以序。其历官次第、沦胥幽遐之迹，独孤言之最详。冰夷从掇其遗事，著铭于穴尔。"刘迥字冰夷，从墓志可以看出，刘迥为李华撰志是因二人的"文友"之谊。刘迥与李华又同为古文作家，《旧唐书》本传云："迥少聪颖志学，暗记《六经》，日数千言。及长，文章清雅，为当时推重。"[1]故而刘迥为李华撰写墓志最得李华古文之精髓。

同样是文友，柳识为李幼卿也撰写墓志。《李幼卿墓志》题署："尚书水部员外郎河东柳识述。"志云："遗言令予撰述其志，伤恸直书。"柳识也是中唐古文家，《旧唐书·柳浑传》："浑母兄识，笃意文章，有重名于开元、天宝间，与萧颖士、元德秀、刘迅相亚。其练理创端，往往诣极，当时作者，咸伏其简拔，而趣尚辨博。"[2]

裴坦撰《杨收墓志》题署："东都留守东都畿汝州都防御使银青光禄大夫检校刑部尚书兼判东都尚书省事御史大夫裴坦撰。"志文云："坦早与公

---

①　［后晋］刘昫：《旧唐书》卷一五三，第 4083 页。
②　［后晋］刘昫：《旧唐书》卷一二五，第 3555 页。

伯仲游友,遂皆兄余而加敬焉。以愚尝铭广州之墓详实,乃与其孤鉴等议文志,而哀号泣余而请,固谢不敢当。使者往复四三,讫让不获,又以世系历官行事功状而至,是何敢辞! 谨序而为铭。"是知撰者裴坦不仅与杨收兄弟都相友善,并且曾为杨收之兄杨发撰写墓志,杨收卒后,其子杨鉴泣求裴坦,故而又为杨收撰志。

(三) 诗人的门吏

作为下属关系最有代表性的是高璩为白敏中撰写的墓志。该志题署:"门吏翰林学士承旨朝议郎守尚书工部侍郎知制诰柱国赐紫金鱼袋高璩撰。"志云:"璩实以文从公。公加太师,复入相,复大司徒,璩忝职内廷,皆获视草。则铭勋撰世,承卫国夫人请,其何以辞。"又末署:"门吏朝议郎行侍御史上柱国于璲书。"此志书者也是白敏中的下属。高璩为高元裕之子,元裕曾推荐白敏中为侍御史,故白敏中显贵时对高璩尤为眷顾,高璩也成为白敏中的门吏。于璲也是晚唐诗人,《全唐诗》存诗 1 首。《唐诗纪事》卷五三《于璲》条:"璲,字正德,敖之子也。大中七年进士第一人。时为校书郎。"[①]于璲大中七年(853)及第后,又于咸通五年(864)三月为吏部员外郎,十五年(874)由湖南观察使贬袁州刺史。而《白敏中墓志》作于咸通二年(861)十月,其时尚在侍御史任。盖于璲之前期仕历也与白敏中提携有关。

李昭撰《李当墓志》题署:"从侄中大夫权知尚书礼部侍郎上柱国赐紫金鱼袋昭撰。"志文云:"诸孤以昭忝游公之门,尝叨一顾之重,猥以刊述重事,属于芜鄙。永惟见托之旨,诚不在于斯文,庸可辞乎!"是李昭既是李当的门吏,又为李当从侄。但根据志文所述重于"忝游公之门,尝叨一顾之重",推测题署自称"从侄"盖与墓主同姓李氏,自攀门户。这与张九龄撰写《张说墓志》题署"工部侍郎集贤院学士族孙九龄撰",同一类型。实则上张说与张九龄并非同一族源,只是后人朝为官,互叙昭穆,成为族孙。

---

① [宋] 计有功:《唐诗纪事》卷五三,上海古籍出版社 1987 年版,第 805 页。

（四）诗人的同年

陈讽撰《席夔墓志》题署："朝议郎守尚书司勋郎中赐绯鱼袋陈讽撰。"志文云："昔公丱岁，与余有畴年之欢，均骨肉之爱，俱出蜀路，交臂文场，声尘荣瘁，相为引重，同籍登第，联曹校文，相台推代，文昌同舍。理论之揣摩，翰墨之酬赠，清言在耳，华藻犹湿。公爰始感疾，余奉职刊文，涉旬间言，存殁永诀。良友长逝，可胜恸耶！承家藐孤，在室五女，天至之酷，茕然孝思。以余齿均分故，辞究行实，见托纪事，以志幽窀。"陈讽与席夔同年登第，且为当年状头，《广卓异记》卷一九又言："右按《登科记》，陈讽。贞元十年进士状元及第，当年中词头登科。"①

十、唐诗发生的特定环境

唐代诗人墓志文学价值的一个重要方面表现在这些墓志记载了墓主创作的诗篇，这些诗篇与传世的总集别集相较，更清楚地叙述了诗歌发生的特殊语境。

（一）以诗试才

崔融撰《薛元超墓志》："六岁，袭汾阴男。受《左传》于同郡韩文汪，便质大义。闻天王狩于河阳，乃叹曰：'周朝岂无良相，何得以臣召君！'文汪异焉。宰辅之器，基于此矣。八岁，善属文，时房玄龄、虞南试公咏竹，援豪立就，卒章云：'别有邻人笛，偏伤怀旧情。'玄龄等即公之父党，深所感叹。名流辣动，始揖王公之孙；明主殷勤，俄称耀卿之子。"墓志述说薛元超的师承关系和早慧才华。因为受教育较早，故而打下较为坚实的基础，读书养成了较高的识见，儿童时就表现出质疑精神。并且能够创作诗歌，受到了当时名人房玄龄、虞世南等诗坛前辈的嘉赏。诗中所引《咏竹》二

---

① ［宋］乐史：《广卓异记》卷一九，《四库全书存目丛书》史部第87册，齐鲁书社1996年版，第581页。

句诗,确实也表现出竹的韵味,竹的用途,以及由竹而生出的情感。这样在儿童时期所受到的经学训练和文章熏陶,确实也为薛元超后来的政治生涯、学术成就、文学贡献打下了坚实的基础。

阙名撰《张敬之墓志》:"年十一,中书舍人王德本闻其俊材,当时有制举天下奇佚,召与相见。赋《城上乌》,勒'归''飞'二字,仍遣七步成篇。君借书于手,不盈跬息。其诗曰:'灵台自可依,爰止竟何归?只由城上冷,故向日轮飞。'王公嗟昧,乃推为举首。文昌以其年幼,第不入科。"①从这篇墓志中,可以看出唐代重视诗歌的风气。张敬之作诗敏速,七步成诗,受到王德本的赏识,仅因奉敕作了一首好诗,王公即推为举首。但因年仅十一岁,不合入科条例,只好作罢,而补为成均生。

崔融撰《李亶墓志》:"生而聪晤,幼而孝友,美风仪,工草隶,猎书传,能文章。髫龀,丁舍人府君忧,水浆不入于口者四日,亲戚敦喻,以毁灭非礼,于是乃进溢米焉。唐显庆中,以门调选千牛。时宰燕国于公闻君词藻,因试咏《后行雁》,揽笔立成,深加叹赏,乃补太子右千牛,时年十六。"②是说李亶年仅十六岁就以词藻闻名,宰相于志宁召试咏《后行雁》诗,得到嘉赏,而补太子右千牛。体现出唐代以诗选官的环境。

(二) 以诗纪行

卢若虚撰《李浑金墓志》:"年廿一,乃求古岷嶓,访道巴汉,行至成都,作《春江晓望》诗曰:明发眺江滨,年华入望新。地文生草树,天色列星辰。烟雾澄空碧,池塘变晓春。别有栖遑者,东西南北人。时蜀中有李崇嗣、陈子昂者,并文章之伯,高视当代,见君藻翰,遂丧魄褫精,不敢举笔。则天闻其风而悦之,追直弘文馆学士。"墓志称李浑金年二十一,时当唐高宗永隆二年(681),其年春天李浑金漫游蜀地,故作《春江晓望》诗。从墓志可见,初唐时期,李浑金因为善于作诗,产生了较大的社会影响,以至受到当时文坛领袖陈子昂、李崇嗣等人的敬畏,其声名达于朝廷,又受到武

---

① 胡可先、杨琼:《唐代诗人墓志汇编·出土文献卷》卷一,第47页。
② 胡可先、杨琼:《唐代诗人墓志汇编·出土文献卷》卷一,第83页。

则天的器重，任用他为弘文馆学士。这里称蜀中文人有李崇嗣、陈子昂，将陈排于李之后，说明李崇嗣在当时是颇有影响的文坛领袖。但因他作品散佚甚多，罕见流传，故后世影响与陈子昂无法相提并论。

丁羽客撰《丁元裕墓志》曰："（开元）七年，升集州刺史。公被之以宽简，示之以清平。未劝而群物钦风，不严而下人知惧。泽及枯肆，惠覃旱苗。比虎豹为灾，族行他境；户口逃者，纷归旧庐。公初之官，至于利州传舍，题绝句云：'闻道巴赍地，由来猛兽多。待余为政日，方遣渡江河。'逮乎下车，果如所述，巴蜀之地，到今称之。"①需要特别说明的是，墓志以制伏虎豹为灾作为地方官的政绩，是古代褒扬人物的模式之一。这篇墓志记载的丁元裕所作诗一首，不仅是珍贵的唐人诗作，对于地方政事和文学研究也提供了难得的经典案例。相似的案例还有白居易《祷仇王神文》："馀杭县自去年冬逮今秋，虎暴者非一，神其知之乎？人死者非一，神其念之乎？居易与师儒猥居牧宰，惭无政化，不能使渡江出境，是用虔告于神。"②白居易为杭州刺史时，馀杭县有虎，居易不能直接驱之出境，而祷之于仇王之神。相较于白居易的行为，丁元裕未到任时就对其即将治理之地充满信心，作诗以表现自己驱虎出境的信心。

梁宁撰《王素墓志》："君筮仕河南府参军，尔后多于东洛，与河南元志有中外之旧，复性情颇同，优游晤言，余在其间。比君避地襄汉，而元公时为河南少尹，君有《陆浑即事》诗云：'一夜山中雪，无人见落时。'元公每咏此清句，与余思人。今元公既殁，君又次之，逝川不息，何痛如是。"③墓志不仅记载了王素《陆浑即事》的诗句，还追溯作诗时的渊源背景，并由诗句延伸到王素与元志的交游。因为元志与王素有中外之亲，加以情性相投，故而优游晤言。河南洛阳的陆浑山是风景优美适合隐逸的名胜佳地，故而王素与元志应常游于此间。王素作《陆浑即事》诗，得到元志的激赏。其中"一夜山中雪，无人见落时"两句诗，清新淡雅，富有哲理意味，洵为名

---

① 胡可先、杨琼：《唐代诗人墓志汇编·出土文献卷》卷二，第124—125页。
② 朱金城：《白居易集笺校》卷四〇，上海古籍出版社1988年版，第2670页。
③ 胡可先、杨琼：《唐代诗人墓志汇编·出土文献卷》卷三，第239页。

句。墓志就是通过这样的诗歌实例,表现志文作者梁宁在王素、元志卒后的伤悼之情。故而这首诗作联系着王素、元志、梁宁三位友人的交往与情感。

卢蕃撰《卢广墓志》:"补越州剡县尉。之官,遂吟曰:'挂席日千里,长江乘便风。无心羡鸾凤,自若腾虚空。'时人望其止足之分,反若在丹霄之上。"①墓志所载诗作是卢广赴剡县尉时所作,也表现出虚空出世的情怀。诗中值得注意的是作者对于浙东剡县风景的期待,借江上顺风而一日千里,但其刚赴任时即有挂帆东去之念想。这种出世的情怀正好与剡县的山水风景融为一体。这种对山水风景的期待与退隐的思想情怀当然也会受到他的前辈诗人的影响。

(三) 以诗应制

阙名撰《卢照己墓志》:"授金州刺史。七年遇疾,罢郡归于洛京。病闻就闲,闭门谢世。时圣制《平胡诗》《偃松诗》二章,词臣毕和,君感音进和。上深叹美,赐物四十段。"《韦希损墓志》亦云:"诏除京兆府功曹,士叹后时也。尝应制和蔡孚《偃松篇》曰:'大厦已成无所用,唯将献寿答尧心。'作者称之,深以为遗贤雅刺矣。"②两篇墓志记载了同一次诗歌唱和环境。有关这一活动的来源,《太平御览》记载:"蔡孚赋《偃松篇》,玄宗赐和,御书刻石记之,公卿咸和焉。"③通过《平胡诗》还可以考证《偃松诗》唱和诗的写作时间。《全唐诗》卷三唐玄宗有《平胡诗序》,卷一〇八裴漼、卷一一一韩休都有《奉和御制平胡》,岑仲勉认为《平胡》唱和诗作于开元九年(721)七月唐朝平定康待宾叛乱之后,"平胡"就是平定康待宾之乱④。而据《旧唐书》卷八《玄宗纪》,平定康待宾之乱在开元九年(721)七月。其时韦希损在长安奉和《偃松诗》,卢照己在洛阳奉和《平胡诗》《偃松篇》。

---

① 胡可先、杨琼:《唐代诗人墓志汇编·出土文献卷》卷三,第280—281页。
② 胡可先、杨琼:《唐代诗人墓志汇编·出土文献卷》卷二,第117页。
③ [宋] 李昉:《太平御览》卷九五三,第4233页。
④ 岑仲勉:《突厥集史》,中华书局,1958年,第417—418页。

由《韦希损墓志》和《卢照己墓志》推知唱和者有张说、蔡孚、卢照己等人，再现当时朝廷文质彬彬的局面，亦可知唐玄宗初期重文治的背景下，朝廷亦沿袭武后、中宗时的宫廷唱酬风尚。

封言道撰《大唐故淮南大长公主（李澄霞）墓志铭》："尝□□□，公主等侍宴奉上寿，仍令催酒唱歌。公主随即作歌唱云：'今宵送故，明旦迎新。漏移善积，年来庆臻。院梅开花袭蕊，檐竹挺翠含筠。二圣欢娱百福，九族献寿千春。'又于洛城门陪宴，御制《洛城新制》，群官并和，亦令公主等同作。公主应时奉和云：'承恩侍奉乐嘉筵。'凡诸敏速，皆此类也。"①这篇墓志不仅保存了两首唐诗佚作佚句，更为重要的是表现了唐代宫廷具有较为浓厚的文学氛围，公主也是诗歌的创作者和诗坛的参与者。

（四）以诗呈献

崔翘撰《崔尚墓志》："会驾幸温泉宫，猎骑张皇，杂以尘雾，君上疏直谏，诏赐帛及彩九十匹。献《温泉诗》，其略曰：'形胜乾坤造，光辉日月临。愿将涓滴助，长此沃尧心。'帝嘉其旨意，赍杂彩三十匹。时录诗者多，咸称纸贵。补衮之职，非君而谁？历秘书郎、起居舍人、著作郎。载笔西掖，舒锦东观；帝难其选，金谓得人。无何，外转竟陵郡太守。俗好堕胎，境多暴虎，下车未几，虎去风移。时金部郎贾升廉问，作诗颂美，略云：'育子变颓俗，渡兽旌深恩。'其从政有如此者。"这篇墓志记载了两首诗，第一首说明唐代朝廷具有鼓励献诗的制度，故而崔尚献了《温泉诗》，并产生了很大的影响，既受到了皇帝的嘉赏，又受到了社会的关注，录诗者众多，以至于"洛阳纸贵"的境地，崔尚也因为这样的献诗而使得自己仕途升迁。第二首是说崔尚担任竟陵郡太守时，政绩卓著，能够移风易俗，故而受到当时文人贾升的作诗颂美。故而同样这一篇墓志，再现了唐代朝廷和地方两个层面的文学环境。

---

① 胡可先、杨琼：《唐代诗人墓志汇编·出土文献卷》卷一，第75页。

（五）以诗赠答

赵骅撰《李符彩墓志》："公讳符彩,字粲。……父问政,和州刺史。咸有令德,代高文儒。公即和州府君第二子也。弱冠,南郊辇脚,解褐洺州龙兴县尉。时太守齐公崔日用许其明敏,因遗和州府君书曰:'公尝为诗云:五文何彩彩,十影忽昂昂。今于符彩见之矣。'"①这篇墓志在叙述李符彩家世时,记载了其父李问政的一联诗句。而且这段叙述非常有趣,李问政担任龙兴县尉时,受到太守崔日用的赏识,并在书信中引用其诗加以称誉,而诗句又与墓主李符彩的名字相互关联。这是李问政仅存的一联诗。可惜其诗传世文献已经不存,幸赖其子李符彩墓志保存了他的一联诗句,使我们对于这位诗人有了零星的了解。

李都撰《杨筹墓志》："元和中,有殷尧藩由进士科历柱下史,从君伯氏游,善章句,于五七言,往往流于群唱,雅有遗君诗,其大略曰:'假如不共儿童戏,争肯长将笔砚亲。'自尔炯然有名字骧首于弟兄间。"②墓志所称"伯氏""杨尚书"即汉公之兄杨虞卿,杨虞卿为中唐诗人。墓志的这一段文字不仅保存了殷尧藩的诗句,而且叙述了殷尧藩与杨虞卿的交游,通过这样的诗句更能体现杨筹少年时期聪颖出众的才华,推测他也应该是一位诗人,只可惜没有诗作传世。墓志所载诗歌是殷尧藩与杨筹的交往诗。殷尧藩是中晚唐时期著名诗人,与杨汉公关系密切,殷尧藩被覆落后还能够进士及第,主要是杨汉公之力,并以文才受到重视。故殷尧藩对杨氏家族颇为感恩。李都撰志时也就特地拈出殷尧藩与杨氏家族的这层关系。

（六）以诗述感

元璐撰《崔文龟墓志》："大中十二年冬,君始被疾,不果与计偕。明年三月□极,四日谓璐曰:'予之疾不可为也。前十一月时,赋咏题诗云:惆怅春烟暮,流波亦暗随。'是日殼血,盖有征焉。……读浮图书,雅得其奥。

---

① 陈长安主编:《隋唐五代墓志汇编》(洛阳卷)第 11 册,天津古籍出版社,1991 年,第 12 页。
② 胡可先、杨琼:《唐代诗人墓志汇编·出土文献卷》卷四,第 424 页。

每自咏曰：'莲花虽在水，元不湿莲花。但使存真性，何须厌俗家。'旨哉斯言，可以味于人矣。"①墓志所载诗歌"惆怅春烟暮，流波亦暗随"，是他病重前的情感抒发，同时在春景的描写中透露出对于世事的洞察，感伤意味非常浓厚；"莲花虽在水，元不湿莲花。但使存真性，何须厌俗家"，是其读浮图书以后的感悟之作，颇具禅意和玄味。这样的诗作是以佛教思想作为底色，融会了明丽的风光景物，表现出自己对真性的追求。

　　寇泚撰《韦志洁墓志》："至十六，又丁资州府君艰。《礼》：'童子不杖。'而君几乎灭性，水浆绝口者七日，泣血无声者三年，泪尽丧明，因眇一目。逮乎服阕，居常鲜欢。曾参读诗，辄闻流涕；毛公辟命，于是辞焉。乃举手谢人，父老尧舜。探禹穴，次殊庭，登太行而见王烈，绝崆峒而逢若士。花源且盛，弃归路而甘心；春草萋其，伴王孙而一去。因赋诗曰：'江上一目龙，日中三足鸟。三足不言多，一目何嫌少。''左慈瞎一眼，师旷无两目。贤达尚犹然，如何怀耻辱？''耻贵不耻贫，贵义安贵身。故故闭一眼，不看天下人。'遗形骸而齐是非，有如此者。时文士王适、陈子昂，虎据词场，高视天下，睹斯而叹，许以久太之致焉。"②陈尚君《最近二十年新见之唐佚诗》："这里录一位残疾诗人的作品……难得的是他能正视盲一目的残疾，以龙鸟和左慈、师旷为喻，不以为耻辱，自强不息，得到陈子昂的赞赏。这也是有关陈子昂当代影响的新记录。"③实际上，这是一篇以三首诗为中心所撰写的人物传记，表现韦志洁的至亲孝道和文学才华。也正因为他有着"遗形骸而齐是非"的人生态度和擅长作诗的文学才华，得到了王适与陈子昂的赞赏。由此我们还可以进一步了解当时重要文人王适与陈子昂的影响。对于陈子昂，因其作品传世甚多，故声名垂于后世，而王适的后世影响则甚为寂寞，不能与陈子昂相提并论。这篇墓志则可以帮助我们复原当时王适与陈子昂声名并重的文学生态。

---

① 胡可先、杨琼：《唐代诗人墓志汇编·出土文献卷》卷四，第 370 页。
② 胡可先、杨琼：《唐代诗人墓志汇编·出土文献卷》卷一，第 99 页。
③ 陈尚君《最近二十年新见之唐佚诗》，录有韦志洁诗，载《东方早报》2013 年 9 月 29 日。

卷一　初　唐

一、薛元超墓志

墓志释文

大唐故中书令兼检校太子左庶子户部尚书汾阴男赠光禄大夫
使持节都督秦成武渭四州诸军事秦州刺史薛公墓志铭 并序

天之纲者日月,其道可以烛大纮;地之纪者河海,其才可以营中国。然则和上下,燮阴阳,三阶平,四方晏,非贤臣孰能为此哉!公讳震,字元超,河东汾阴人也。高祖聪,魏给事黄门侍郎、御史中尉、散骑常侍、直阁辅国二将军、都督齐州诸军事、齐州刺史,赠车骑将军、仪同三司,谥曰简懿。曾祖孝通,中书黄门二侍郎、银青光禄大夫、散骑常侍、关西道大行台右丞、常山太守、汾阴侯,赠车骑将军、仪同三司、青郑二州刺史。祖道衡,齐中书黄门二侍郎,随吏部内史二侍郎、上开府仪同三司、都督陵邛番襄四州诸军事、四州刺史、襄州总管、司隶大夫,皇朝赠上开府、临河公。父收,上开府兼陕东道大行台金部郎中、天策上将府记室、文学馆学士、上柱国、汾阴男,赠定州刺史、太常卿,谥曰献。勋高事夏,道盛匡殷。鲁国来朝,滕侯共薛侯争长;魏君请见,薛公与毛公并游。能传其业,谋孙而翼子;不陨其名,象贤而种德。尊官厚禄,熏灼宇内;盛族高门,荣耀天下。公藉祖宗之休烈,禀岳渎之胜灵,含淳光,吸元气。邹人之里,夫子幼孤;汉相之家,少翁初袭。六岁,袭汾阴男。受《左传》于同郡韩文汪,便质大义。闻天王狩于河阳,乃叹曰:"周朝岂无良相,何得以臣召君!"文汪异焉。宰辅之器，基于此矣。八岁，善属文，时房玄龄、虞南试公咏竹，援豪立就，卒章云："别有邻人笛，偏伤怀旧情。"玄龄等即公之父党，深所感叹。名流辣动，始揖王公之孙；明主殷勤，俄称耀卿之子。九岁，以莫府子弟，太宗召见与语。十一，弘文馆读书，一览不遗，万言咸讽。通人谓之颜冉，识者知其管乐。十六，补神尧皇帝挽郎。十九，尚和静县主。衣冠之秀，公子为郎；车服之仪，王姬作配。廿一，除太子通事舍人，仍为学士，修晋史。太宗尝夜宴王公于玄武内殿，诏公咏烛，赏彩卅段。他日，赋公《泛鹔金塘》诗成，谓高宗曰："元超父事我，雅杖名节；我令元超事汝，汝宜重之。"廿二，迁太子舍人。永徽纂历，加朝散大夫，迁给事中，时年廿六。寻迁中书舍人、弘文馆学士，兼修国史。仍与上官仪同入阁供奉，从容诏制，肃穆图书。清晨入龙凤之池，薄暮下麒麟之阁。东京辞赋，孟坚共武仲齐名；西国文儒，刘向与王褒并进。中书内省旧有磐石，相传云内史府君常踞以草诏。公每游于斯，未尝不潜然下泣。时高宗初违谅暗，庶政惟新，公抗疏言社稷安危，君臣得失。帝登召赐坐曰："得卿疏，若处暗室睹三光，览明镜见万象。能长如此，台铉而谁？"公之姑河东夫人，神尧之婕好也。博学知礼，常侍帝翰墨。帝每谓曰："不见婕好伫一日，即疑社稷不安。"卅（卅）二，丁太夫人忧，哭辄欧血。有敕慰谕。起为黄门侍郎。累表后拜。帝见公过礼，泣而言曰："朕殆不识卿。"遂至毁灭，曾是为孝。邻居辍事，怆吴隐之哀号；天子相忧，叹何曾之毁瘠。修《东殿新书》成，进爵为侯，赐物七百段，敕与许敬宗润色玄奘法师所译经论。疏荐高智周、任希古、王义方、顾胤、郭正一、孟利贞等有才干。河东夫人谓所亲曰："元超为黄门虽早，方高祖适晚二年。以居丧羸疾，多不视事。"卅四，出为饶州刺史。在职以仁恩简惠称，有芝草生鄱阳县。卅，帝梦公，追授右成务。卅一，复为东台侍郎。献《封禅书》《平东夷策》。以事复出为简州刺史。岁余，上官仪伏法，以公尝词翰往复，放于越嶲之邛都。耽味《易》象，以诗酒为事。有《醉后集》三卷，行于时。五十三，上元敕还，诣洛阳，帝召见，拜正谏大夫。孝敬崩，诏公为哀策。时闻说议，初求贡禹之言；朝有大文，即命王珣之笔。五十四，拜守中书侍郎，寻同中书门下三品。此后独知国政者五年，诏敕日占数百。帝曰："得卿一人足矣。"赐良田甲第，恩礼甚隆。驾幸汝，观射猛兽，公上疏以为不宜亲临，手敕答曰："忠诚显著，深纳至言。"加中大夫，守中书侍郎兼检校太子左庶子。绿绨苍佩，下西掖而生光；乌仗黄麾，入东朝而动色。诏公河北道安抚大使。公状荐才宜文武者二千余人。帝尝机务余，语及人间盛衰事，不觉凄然，顾谓公曰："忆昔我在春宫，髭犹未出；卿初事我，须亦未长。倏忽光阴卅余载，畴日良臣名将，并成灰土，唯我与卿白首相见。卿历观书记，君臣偕老者几人？我看卿事我大忠赤，我托卿亦甚厚。"公感咽稽首，谢曰："先臣攀附，文帝委之心膂；微臣多幸，天皇任以股肱。父子承恩，荣被幽显。誓期煞身奉国，致一人于尧舜。窃观天仪贬损，良以旰食宵衣；惟愿遵黄老之术，养生卫寿，则天下幸甚。"赐黄金二百溢。明年，召公知内外百官考。驾幸九成宫，尝急召太子赴行所在，帝于箭括岭帐殿候之。及至，置酒张乐，会王公等，有诏酬谑尽欢，即目各言一事。时太子、英王、今上侍。公曰："天皇正合《易》象，臣闻乾将三男震、坎、亘（艮），今日是也。"帝大悦，群臣称万岁，声溢岩谷间，传闻数十里。赐物百段及银镂钟一枚。时吐蕃作梗河源，诏英王为元率。公赋《出征》诗一首，帝览而嘉之，亲纾圣笔，代王为和。天文烂烂，月合而星连；睿思飘飘，云飞而风起。君臣之际，朝野称荣。大理尝奏疑狱，理官请论以死，公对御诘之，吏不能应。帝凛然改容曰："向不得元超在，几令我杀无辜！"百僚震肃。时北胡未静，公亟请塞垣备兵。俄而伏念南侵，适会王师北首，不日戡殄，朝廷翳赖之。疏荐郑祖玄、贺敳、沈伯仪、邓玄挺、颜强学、杨炯、崔融等十人为崇文学士。帝可其奏。五十九，加正议大夫，守中书令，余如故。驾幸洛阳，诏公兼户部尚书，留侍太子居守。清警后，丹凤门外，倾都拜辞，特诏公骖乘，谓公曰："朕留卿，若去一目，断一臂，关西之事，悉以委卿。"赐物一百段。公数上疏谏太子，手敕褒喻，赐绢百匹。时方有事中岳，诏公草《封禅碑》。岁余，忽风疾不言，中使相望于道，赐绢百匹。太子令医药就第，赐绢百匹。帝崩，公如丧考妣，舆疾赴神都。寻加汾阴男，食邑三百户。痼恙久，公意若曰辞位。县主抗表，至于再三，优诏加金紫光禄大夫，致仕。天之将丧，祷河岳而无征；人之云亡，托星辰而忽远。以光宅元年十一月二日薨于洛阳之丰财里，春秋六十有二。呜呼哀哉！秦亡蹇叔，郑殒国侨，知与不知，莫不流涕。有敕赐敛衣一袭，诏赠光禄大夫、使持节都督秦成武渭四州诸军事、秦州刺史，赐物四百段，米粟四百石，赐东园秘器，凶事、葬事所须，并宜官给，仪仗送至墓所往还，京官四品一人摄司宾卿监护，并赍玺书吊祭。还京之日，为造灵舆，给传递发遣。以垂拱元年岁次乙酉四月景子朔廿二日丁酉，诏陪葬于乾陵，礼也。惟公享阴德，承大名，渐之者甘露醴泉，训之者辒车乘马。杜称武库，积庆高于五叶；崔号文宗，宏才掩于三代。天下之人，谓公为地矣。惟公秀眉目，伟须髯，长七尺四寸，神明如也。定容止，齐颜色，龙章凤姿，瑶林琼树，皎若开云而望月，廓若披雾而观山。天下之人，谓公为貌矣。惟公神韵萧洒，天才磊硌，陈琳评其大巫，阮籍称其王佐。立辞比事，润色太平之业；述礼正乐，歌咏先王之道。擅一时之羽仪，光百代之宗匠。天下之人，谓公为文矣。惟公下帷帐，列绨缃，覃思研精，该通博极。三皇五帝之坟典，指于掌内；四海九州之图籍，吞若胸中。献替王公之言，谋猷庙堂之议。天下之人，谓公为学矣。惟公鸟有凤，鱼有鲲，陂澄万顷，壁立千仞，穷达不易其心，喜愠不形其色。山纳海受，物疏道亲。天下之人，谓公为量矣。惟公善词令，美声姿，莫见旗鼓，自闻琴瑟，苟非利社稷，安国家，感神明，动天地，则未尝论人物，辩是非。天下之人，谓公为言矣。惟公备九德，兼百行。立天之道，曰阴与阳；立地之道，曰柔与刚；立人之道，曰仁与义。始于事亲，捧檄而干禄；中于事君，悬车而谢病；终于立身，既没而不朽。天下之人，谓公为贤矣。惟公居守太子，有相国之任；会计群吏，有冢宰之托；澄清天下，有使臣之誉；弼谐君上，有谏臣之名；平狱称允，有于公之断；举才得宜，有山公之启；天规地典，有力牧之用；君歌臣诚，有咎繇之德。运动兵略，其当周之太公乎；考核政事，其当轩之天老乎；梦公形像，其当殷之傅说乎；得卿一足，其当尧之后夔乎？天下之人，谓公为相矣。长子曜，中子毅，少子俊，朝暮假息，柴毁不容，至性无改于三年，淳心有加于一等，以高宗敕书一轴、《孝子忠臣传》两卷、《周易》一部、明镜一匣送终焉。十里开茔，三河聚卒。苍苍松竹，居然

孝子之坟;郁郁樵苏,还作名臣之陇。铭曰:

于铄我祖,系自中古。作相于殷,来朝于鲁。既开其国,亦胙其土。涉河而东,家汾之浦。我家存存,道义之门。地望人杰,名高德尊。言满当代,庆流后昆。丞相有子,伯侯有孙。天资卓荦,随珠卞璞。日用精灵,上仁先觉。道合经纬,文成礼乐。泉海富才,丘山积学。佩玉锵锵,将翱将翔。青襟齿胄,素帻为郎。地列金榜,宫开画堂。上天有命,前辉后光。圣皇继作,贤臣纵壑。鸢渚四游,凤池三跃。二典州郡,再升台阁。时和物阜,政调人乐。光照六合,宦成两宫。已陟元宰,言登上公。葛龚少气,满奋疑风。乘星忽远,梦日俄穷。山河一望,冢茔相向。皇轩既终,国侨且丧。生也同德,没而陪葬。千载游魂,一陵之上。

崔融篹,曜、骆、缤书序,毅、俊书铭。万三奴镌,万元抗镌。

《薛元超墓志》,薛震(623—684),字元超,河东汾阴人。官至中书令兼检校太子左庶、子户部尚书、秦州刺史。光宅元年(684)十一月二日卒,享年六十二,垂拱元年(685)四月二十二日陪葬乾陵。崔融撰,薛曜、薛骆、薛演书序,薛毅、薛俊书铭,万三奴、万元抗镌。墓志及志盖均长 88 厘米、宽 88 厘米;志厚 15 厘米,盖厚 13 厘米,四刹宽 13 厘米。盖文 5 行,满行 4 字。篆书。盖顶及周边、四刹均为蔓草及草叶纹。志文 57 行,满行 57 字。正书。1972 年乾县乾陵永泰公主墓之东南 1100 米处出土。现藏乾陵博物馆。墓志拓片图版,载于《新中国出土墓志》陕西一,文物出版社 2000 年版,第 83 页,录文又载廖彩梁《乾陵稽古》,黄山书社 1986 年版,第 94—99 页;吴钢《全唐文补遗》第一册,第 69—72 页;《唐代墓志汇编续集》第 278—281 页;陈尚君《全唐文补编》卷二二,中华书局 2005 年版,第 269—272 页(据《乾陵稽古》录文)。有关《薛元超墓志》及相关史实,可参考樊英峰《唐薛元超墓志考述》,《人文杂志》1995 年第 3 期,第 88—91 页;杜文玉《关于薛元超几个问题的考证》,《渭南师专学报》1996 年第 1 期,第 64—68 页;牛致功《薛元超与武则天:读〈薛元超墓志铭〉》,《碑林集刊》第六辑,陕西人民美术出版社 2000 年版,第 228—234 页;陶敏《初唐文坛盟主薛元超》,《古典文学知识》2000 年第 5 期,第 60—64 页;李慧《论墓志铭变革破体的文学现象:从〈薛元超墓志铭〉谈起》,《中华文学史料》第二辑,学苑出版社 2007 年版,第 201—212 页。胡可先《薛元超墓志与初唐文学述论》,《唐代文学研究》

第十三辑，广西师范大学出版社 2010 年版，第 309—327 页。西安碑林 2017 年 10 月 29 日开幕《桃花依旧——唐代诗人墓志特展》贰《青石不朽，斯人永恒：墓志上的诗人影像》展出。薛元超诗，载于《全唐诗》卷三九，第 501 页。

墓 志 疏 证

公讳震，字元超，河东汾阴人也。

新、旧《唐书·薛元超传》等传世史料，均未见有过其"名震"的记载，杨炯《中书令汾阴公薛振行状》（以下简称《薛振行状》）："河东郡汾阴县薛振年六十二字元超状。"[①]《新唐书·宰相世系表》称："振字元超，相高宗。"[②]以墓志证之，"振"为"震"之误。盖元超在当时以字行，故史籍多称薛元超。墓志的出土，其重要价值之一就是对其名有一个征信的记载，从墓志与传世文献的记载，可以了解到他名与字的关系及以字行的情况。宋赵明诚《金石录》卷二四《唐薛收碑》条："收之子元超，据唐史及此碑皆云名元超，而杨炯《盈川集》载炯所为《元超行状》，乃云名振字元超，盖唐初人多以字为名耳。"[③]

然宋周必大《文忠集》卷一七九《薛元超不以字行》条云："《唐书》以字行者必明言之，微如阎让字立德是也。薛收之子名振字元超，见杨炯所作《行状》，而史直作元超，不云以字行也。"[④]

高祖聪，魏给事黄门侍郎、御史中尉、散骑常侍、直阁辅国二将军、都督齐州诸军事、齐州刺史，赠车骑将军、仪同三司，谥曰简懿。

杨炯《薛振行状》："高祖德，魏给事中、黄门侍郎、御史中尉、散骑常侍、直阁辅国二将军、齐州刺史，赠车骑将军、仪同三司、华州刺史，谥曰简懿。"[⑤]作"德"，盖为"聪"形误。《北史·薛聪传》："太和十五年，释褐著作佐郎。于时，孝文留心氏族，正定官品，士大夫解巾，优者不过奉朝请，聪

---

① ［唐］杨炯：《杨炯集》卷一〇，《卢照邻集·杨炯集》，中华书局 1980 年版，第 158 页。
② ［宋］欧阳修、宋祁：《新唐书》卷七三下，第 3007 页。
③ ［宋］赵明诚撰，金文明校证：《金石录校证》卷二四，中华书局 2019 年版，第 456 页。
④ ［宋］周必大：《文忠集》卷一七九，《景印文渊阁四库全书》第 1149 册，第 41 页。
⑤ ［唐］杨炯：《杨炯集》卷一〇，《卢照邻集·杨炯集》，第 158 页。

起家便佐著作,时论美之。后迁书侍御史,……累迁直阁将军,兼给事黄门侍郎、散骑常侍,直阁如故。聪深为孝文所知,外以德器遇之,内以心膂为寄。亲卫禁兵,委总管领。……又除羽林监。……二十三年,从驾南征,兼御史中尉。及宣武即位,除都督齐州刺史,政存简静,卒于州。吏人追思,留其所坐榻以存遗爱。赠征虏将军、华州刺史,谥曰简懿侯。魏前二年,重赠车骑大将军、仪同三司、延州刺史。"①

曾祖孝通,中书、黄门二侍郎、银青光禄大夫、散骑常侍、关西道大行台右丞、常山太守、汾阴侯,赠车骑将军、仪同三司、青郑二州刺史。

杨炯《薛振行状》:"曾祖孝通,魏中书黄门二侍郎、银青光禄大夫、散骑常侍、关西道大行台右丞、常山太守、汾阴侯、赠车骑将军、仪同三司、齐郑二州刺史。"②《北史·薛孝通传》:"孝通字士达,博学有俊才。萧宝夤征关中,引参骠骑大将军府事,礼遇甚隆。及宝夤将有异志,孝通悟其萌,托以拜扫求归,乃见许。同僚咸怪,止之,但笑而不答,遽还乡里。宝夤后果逆命。……及宝夤平定,元颢退走,预其事者咸罹祸,唯同孝通者皆免。事宁入洛,除员外散骑侍郎。尔朱天光镇关右,表为关西大行台郎中,深见任遇。关中平定,预有其力,以功赐爵汾阴侯。……太昌元年,孝通因使入朝,仍被留京师,重除中书侍郎。永熙三年三月,出为常山太守,仍以经节闵任遇故也。……兴和二年,卒于邺。魏前二年,周文帝追轸旧好,奏赠车骑将军、仪同三司、青州刺史。齐武平初,又赠郑州刺史。文集八十卷,行于时。"③

祖道衡,齐中书黄门二侍郎、随吏部内史二侍郎、上开府仪同三司、都督陵邛番襄四州诸军事、四州刺史、襄州总管、司隶大夫,皇朝赠上开府、临河公。

杨炯《薛振行状》:"祖道衡,齐中书黄门二侍郎,隋吏部内史二侍郎、上开府仪同三司、陵邛潘襄四州刺史、襄州总管、司隶大夫,皇朝赠上开

① [唐]李延寿:《北史》卷三六,中华书局1974年版,第1332—1333页。
② [唐]杨炯:《杨炯集》卷一〇,《卢照邻集·杨炯集》,第158页。
③ [唐]李延寿:《北史》卷三六,第1334—1337页。

府、临河县开国公。"①"潘州"应为"番州"之误。《隋书·薛道衡传》："薛道衡字玄卿，河东汾阴人也。……（齐）武平初，诏与诸儒修定《五礼》，除尚书左外兵郎。陈使傅绰聘齐，以道衡兼主客郎接对之。……复以本官直中书省，寻拜中书侍郎，仍参太子侍读。后主之时，渐见亲用，于时颇有附会之讥。后与侍中斛律孝卿参预政事，道衡具陈备周之策，孝卿不能用。及齐亡，周武引为御史二命士。后归乡里，自州主簿入为司禄上士。高祖作相，从元帅梁睿击王谦，摄陵州刺史。大定中，授仪同，摄邛州刺史。高祖受禅，坐事除名。河间王弘北征突厥，召典军书，还除内史舍人。……及八年伐陈，授淮南道行台尚书吏部郎，兼掌文翰。……还除吏部侍郎。……后数岁，授内史侍郎，加上仪同三司。……仁寿中，杨素专掌朝政，道衡既与素善，上不欲道衡久知机密，因出检校襄州总管。……炀帝嗣位，转番州刺史。岁余，上表求致仕。……上《高祖文皇帝颂》，……帝览之不悦。……及奏，帝令自尽。道衡殊不意，未能引诀。宪司重奏，缢而杀之，妻子徙且末。时年七十。天下冤之。有集七十卷，行于世。"②

父收，上开府兼陕东道大行台金部郎中、天策上将府记室、文学馆学士、上柱国、汾阴男、赠定州刺史、太常卿，谥曰献。

杨炯《薛振行状》："父收，皇朝上开府兼陕东道大行台金部郎中、天策上将军府纪室参军、文学馆学士、上柱国、汾阴县开国男，赠定州刺史、大常寺卿，谥曰献。"③《旧唐书·薛收传》："薛收字伯褒，蒲州汾阴人。隋内史侍郎道衡子也。事继从父孺以孝闻。年十二，解属文。以父在隋非命，乃洁志不仕。……秦府记室房玄龄荐之于太宗，即日召见，问以经略，收辩对纵横，皆合旨要。授秦府主簿，判陕东道大行台金部郎中。时太宗专任征伐，檄书露布，多出于收，言辞敏速，还同宿构，马上即成，曾无点窜。"④

---

① ［唐］杨炯：《杨炯集》卷一○，《卢照邻集·杨炯集》，第158页。
② ［唐］魏徵：《隋书》卷五七，第1405—1413页。
③ ［唐］杨炯：《杨炯集》卷一○，《卢照邻集·杨炯集》，第158页。
④ ［后晋］刘昫：《旧唐书》卷七三，第2587页。

"从平刘黑闼，封汾阴县男。武德六年，以本官兼文学馆学士，与房玄龄、杜如晦特蒙殊礼，受心腹之寄。……七年，寝疾，……寻卒，年三十三。……贞观七年，赠定州刺史。永徽六年，又赠太常卿，陪葬昭陵。文集十卷。"①《新唐书·薛收传》："薛收字伯褒，蒲州汾阴人。……授天策府记室参军。从平刘黑闼，封汾阴县男。尝上书谏王止畋猎，王答曰：'览所陈，知成我者卿也。明珠兼乘，未若一言，今赐黄金四十挺。'武德七年，寝疾，王遣使临问，相望于道。命舆疾至府，亲举袂抚之，论叙生平，感激涕泗。卒，年三十三。……贞观七年，赠定州刺史。永徽中，又赠太常卿，陪葬昭陵。"②《唐诗纪事》卷三《薛收》条云："善属文，为秦王府主簿，陕东大行台金部郎中。武德七年卒。太宗即位，语玄龄曰：'收若在，朕当以中书令处之。'收与弟德音、元敬齐名，号'河东三凤'。收为长离，德音为鹙鸑，元敬年最少，为鹓雏。"③

六岁，袭汾阴男。受《左传》于同郡韩文汪，便质大义。闻天王狩于河阳，乃叹曰："周朝岂无良相，何得以臣召君！"文汪异焉。宰辅之器，基于此矣。

杨炯《薛振行状》："六岁，袭爵汾阴男。""公袭封之年也，受《左传》于同郡韩文汪，至天王狩河阳，乃废书而叹曰：'周朝岂无良相，何得以臣召君？'文汪异焉。"④按，新、旧《唐书》本传皆言其九岁袭汾阴县男，今以墓志和行状参证，当以"六岁"为是。

八岁，善属文，时房玄龄、虞南试公咏竹，援豪立就，卒章云："别有邻人笛，偏伤怀旧情。"玄龄等即公之父党，深所感叹。名流竦动，始揖王公之孙；明主殷勤，俄称耀卿之子。

墓志所述《咏竹》诗中的两句，颇有思致。这首诗《全唐诗》不载，是薛元超的佚作，具有重要的辑佚价值。陈尚君《全唐诗续拾》卷四即据《薛元

① ［后晋］刘昫：《旧唐书》卷七三，第 2588—2589 页。
② ［宋］欧阳修、宋祁：《新唐书》卷九八，第 3890—3892 页。
③ ［宋］计有功：《唐诗纪事》卷三，第 37 页。
④ ［唐］杨炯：《杨炯集》卷一〇，《卢照邻集·杨炯集》，第 159—160 页。

超墓志》辑补。

九岁，以莫府子弟，太宗召见与语。十一，弘文馆读书，一览不遗，万言咸讽。通人谓之颜冉，识者知其管乐。十六，补神尧皇帝挽郎。

杨炯《薛振行状》："十一，太宗召见，敕弘文馆读书。十六，为神尧皇帝挽郎。"①

十九，尚和静县主。衣冠之秀，公子为郎；车服之仪，王姬作配。

杨炯《薛振行状》："十九，尚和静县主。"②《旧传》："及长，好学善属文。太宗甚重之，令尚巢刺王女和静县主。"③《新传》："尚巢王女和静县主，累授太子舍人。"④张说《祭和静县主文》："维年月朔日，敬祭薛氏太夫人和静县主之灵：惟夫人轩庭繁祉，嬴台茂淑。承训公宫，宜家卿族。博士学艺，尚书题目。法度苹蘩，仪刑松菊。夫拜中令，昔同鲍妇；子升琐闼，今类冯母。举案如宾，爆门诚友。在贵能降，居贫施厚。天道初革，王风变韶。维城落构，若木疏条。钦闻积善，智洽仁昭。克庇二族，命服两朝。肃肃柔和，如风是畅；娥娥女师，如月斯望。潘舆献寿，仲禄方养。不吊昊天，何德之丧！呜呼哀哉！洛邑启殡，长安归陌。哭恸高台，旌悬旧宅。阶湿夜露，庭阴晓魄。嗟我外姻，俱成吊客。"⑤

然薛元超尚和静公主，也给其带来未能与士族大姓联姻的遗憾。《隋唐嘉话》卷中："薛中书元超谓所亲曰：'吾不才，富贵过分，然平生有三恨：始不以进士擢第，不得娶五姓女，不得修国史。'"⑥《绀珠集》卷一〇《元超三恨》条："薛元超自谓平生有三恨：不以进士擢第，不得娶五姓女，及不得预修国史。"⑦曾慥《类说》卷五四《三恨》条："薛元超曰：吾富贵过分，然平生有三恨：不以进士擢第，不得娶五姓女，不得修国史。"⑧

---

① ［唐］杨炯：《杨炯集》卷一〇，《卢照邻集·杨炯集》，第 159 页。
② ［唐］杨炯：《杨炯集》卷一〇，《卢照邻集·杨炯集》，第 159 页。
③ ［后晋］刘昫：《旧唐书》卷七三，第 2590 页。
④ ［宋］欧阳修、宋祁：《新唐书》卷九八，第 3892 页。
⑤ 熊飞：《张说集校注》卷二三，中华书局 2013 年版，第 1145 页。
⑥ ［唐］刘𫗠：《隋唐嘉话》卷中，中华书局 1979 年版，第 28 页。
⑦ ［宋］佚名：《绀珠集》卷一〇，《景印文渊阁四库全书》第 872 册，第 470 页。
⑧ ［宋］曾慥：《类说》卷五四，《景印文渊阁四库全书》第 873 册，第 929 页。

廿一，除太子通事舍人，仍为学士，修晋史。

杨炯《薛振行状》："高宗升储之日也，敕公为太子通事舍人。"①《旧传》："累授太子舍人，预撰《晋书》。"②《晋书》的修撰情况，据《新唐书·艺文志二》记载："《晋书》一百三十卷，房玄龄、褚遂良、许敬宗、来济、陆元仕、刘子翼、令狐德棻、李义府、薛元超、上官仪、崔行功、李淳风、辛丘驭、刘引之、阳仁卿、李延寿、张文恭、敬播、李安期、李怀俨、赵弘智等修，而名为御撰。"③可与墓志相参证。《唐会要》记载诸人分工更为详明："（贞观）二十年闰三月四日，诏令修史所更撰《晋书》，铨次旧闻，裁成义类。其所须，可依修《五代史》故事。若少学士，量事追取。于是司空房玄龄、中书令褚遂良、太子左庶子许敬宗掌其事。又中书舍人来济、著作郎陆元仕、著作郎刘子翼、主客郎中卢承基、太史令李淳风、太子舍人李义府、薛元超、起居郎上官仪、主客员外郎崔行功、刑部员外郎辛丘驭，著作郎刘胤之、光禄寺主簿杨仁卿、御史台主簿李延寿、校书郎张文恭，并分功撰录。又令前雅州刺史令狐德棻、太子司仪郎敬播、主客员外郎李安期、屯田员外郎李怀俨，详其条例，量加考正。以臧荣绪《晋书》为本，捃摭诸家，及晋代文集，为十纪、十志、七十列传、三十载纪。其太宗所著宣、武二帝及陆机、王羲之四论，称制旨焉。房玄龄已下，称史臣，凡起例皆播独创焉。"④据《薛元超墓志》推之，其二十一岁当唐太宗贞观十七年（643），而唐太宗下诏是贞观二十年（646），可见《晋书》的编纂，贞观二十年（646）之前就在弘文馆开始了，到贞观二十年（646）才由太宗下诏加以确认，并成为国家修史的大事。薛元超在弘文馆，一直是参加修史活动的，故墓志记载他二十六岁迁中书舍人时，仍为弘文馆学士兼修国史。

有关《晋书》的编纂时间及完成时间，历来学术界有争议，编纂时间或称贞观十七年（643），或称贞观十八年（644），而据此墓志，应在贞观十七

---

① ［唐］杨炯：《杨炯集》卷一〇，《卢照邻集·杨炯集》，第 159 页。
② ［后晋］刘昫：《旧唐书》卷七三，第 2590 页。
③ ［宋］欧阳修、宋祁：《新唐书》卷五八，第 1456 页。
④ ［宋］王溥：《唐会要》卷六三，上海古籍出版社 1991 年版，第 1288 页。

年(643)；完成时间在薛元超三十二岁时，即高宗永徽五年(654)。墓志的出土对于《晋书》编纂研究，是一个很重要的文献。

太宗尝夜宴王公于玄武内殿，诏公咏烛，赏彩卅段；他日，赋公《泛鹢金塘》诗成，谓高宗曰："元超父事我，雅杖名节；我令元超事汝，汝宜重之。"

墓志这一段记载薛元超赋诗的情况，表现出唐太宗朝宫廷文学产生的环境。其时皇帝常召王公大臣夜宴，在宴会上令文士作诗，取材亦与宴会相关。诗成以后，赐予各种物件。这样的氛围，无疑会刺激人们从事诗歌创作的兴趣。墓志中所载薛元超的两首诗，《全唐诗》均失载，墓志描述的作诗氛围，对于我们了解初唐文学发展的原生状态，是很有意义的。墓志中"他日，赋公《泛鹢金塘》诗成，谓高宗曰：'元超父事我，雅杖名节；我令元超事汝，汝宜重之。'"这一段话对于我们考察薛元超父子与弘文馆的关系也很重要。所谓"元超父事我"即指元超父薛收为文学馆学士以事太宗事，这在《旧唐书·薛收传》中有所记载："授天策府记室参军。……武德六年，以本官兼文学馆学士，与房玄龄、杜如晦特蒙殊礼，受心腹之寄。……七年，……寻卒，年三十三。……及后，遍图学士等形像，太宗叹曰：'薛收遂成故人，恨不早图其像。'及登极，顾谓房玄龄曰：'薛收若在，朕当以中书令处之。'"①可知薛收与薛元超，两代都受到唐太宗的器重，都入文学馆与弘文馆为学士。

廿二，迁太子舍人。永徽纂历，加朝散大夫，迁给事中，时年廿六。

杨炯《薛振行状》："二十二，除太子舍人。高宗践位，诏迁朝散大夫，守给事中，年二十六。寻拜中书舍人、弘文馆学士。"②《旧传》："高宗即位，擢拜给事中，时年二十六。数上书陈君臣政体及时事得失，高宗皆嘉纳之。"③《册府元龟》卷四六七："薛元超拜给事中，时年二十六岁。数上

---

① ［后晋］刘昫：《旧唐书》卷七三，第2588—2589页。
② ［唐］杨炯：《杨炯集》卷一〇，《卢照邻集·杨炯集》，第159页。
③ ［后晋］刘昫：《旧唐书》卷七三，第2590页。

书陈君臣政体,及时事得失。高宗皆嘉纳之。"①

　　寻迁中书舍人、弘文馆学士,兼修国史。仍与上官仪同入阁供奉,从容诏制,肃穆图书。清晨入龙凤之池,薄暮下麒麟之阁。东京辞赋,孟坚共武仲齐名;西国文儒,刘向与王褒并进。中书内省旧有磐石,相传云内史府君常踞以草诏。公每游于斯,未尝不潸然下泣。时高宗初违谅暗,庶政惟新,公抗疏言社稷安危,君臣得失。帝登召赐坐曰:"得卿疏若处暗室睹三光,览明镜见万象。能长如此,台铉而谁?"

　　杨炯《薛振行状》:"公有事君之节也,不亦忠乎? 每读孝子忠臣传,未尝不慷慨流涕,以为帝舜非孝子,朱云非忠臣。客有讥之者,公曰:'宁有扬君父之过,而称忠孝哉!'太夫人薨,公每哭呕血,杖而后起。上见公柴毁,泣曰:'朕遂不识卿。卿事朕,君父一致,遂至于灭性,可谓孝子。'中书省有一磐石,隋内史府君常踞而草诏,及公挥翰跃鳞,每见此石,未尝不泫然流涕。公有立身之道也,不亦孝乎? 其年修《晋史》,笔削之美,为当时最。孝敬崩,诏公为哀册。"②《旧传》:"俄转中书舍人,加弘文馆学士,兼修国史。中书省有一磐石,初,道衡为内史侍郎,尝踞而草制,元超每见此石,未尝不泫然流涕。"③《新传》:"高宗即位,迁给事中,数上书陈当世得失,帝嘉纳。转中书舍人、弘文馆学士。省中有磐石,道衡为侍郎时,常据以草制,元超每见辄泫然流涕。"④

　　公之姑河东夫人,神尧之婕妤也,博学知礼,常侍帝翰墨,帝每谓曰:"不见婕妤侄一日,即疑社稷不安。"

　　杨炯《薛振行状》:"神尧皇帝婕妤河东郡夫人,公之姑也,每侍高宗词翰,高祖尝顾曰:'不见婕妤侄经数日,便谓社稷不安。'其见重如此。"⑤牛致功云:"这种记载,似乎有理,高祖的婕妤,侍高祖词翰,高祖直接对她说

---

①　[宋]王钦若:《册府元龟》卷四六七,第5560页。
②　[唐]杨炯:《杨炯集》卷一〇,《卢照邻集·杨炯集》,第161页。
③　[后晋]刘昫:《旧唐书》卷七三,第2590页。
④　[宋]欧阳修、宋祁:《新唐书》卷九八,第3892页。
⑤　[唐]杨炯:《杨炯集》卷一〇,《卢照邻集·杨炯集》,第160页。

话，顺理成章。但深入考虑，就不可能是事实。薛元超生于武德六年（623），武德九年（626）高祖退位。在这期间，薛元超是一岁至四岁的儿童，根本不具备受宠于高祖的条件，所以高祖是不可能说这番话的，看来，墓志铭的记载应当可信。至于高祖的婕妤为什么会侍高宗翰墨，容易理解。如果说武则天能够以太宗的才人而成为高宗的皇后，高祖的婕妤为什么不可能从'侍高祖词翰'到'侍帝（高宗）翰墨'呢？①

卌（卅）二，丁太夫人忧，哭辄欧血。有敕慰喻。起为黄门侍郎。累表后拜。帝见公过礼，泣而言曰："朕殆不识卿。"遂至毁灭，曾是为孝。邻居辍事，怆吴隐之哀号；天子相忧，叹何曾之毁瘠。修《东殿新书》成，进爵为侯，赐物七百段，敕与许敬宗润色玄奘法师所译经论。疏荐高智周、任希古、王义方、顾胤、郭正一、孟利贞等有才干。河东夫人谓所亲曰："元超为黄门虽早，方高祖适晚二年。以居丧羸疾，多不视事。"

杨炯《薛振行状》："三十二，丁太夫人忧去职，起为黄门侍郎，固辞不许，修东殿新书毕，进爵为侯。公毁瘠过礼，多不视事。"②《旧传》："永徽五年，丁母忧解。明年，起授黄门侍郎，兼检校太子左庶子。元超既擅文辞，兼好引寒俊，尝表荐任希古、高智周、郭正一、王义方、孟利贞等十余人，由是时论称美。"③《新传》："以母丧解，夺服授黄门侍郎、检校太子左庶子。所荐豪俊士，若任希古、高智周、郭正一、王义方、孟利贞、郑祖玄、邓玄挺、崔融等，皆以才自名于时。"④《唐会要》卷七五："永徽元年，中书舍人薛元超好汲引寒微，尝表荐任希古、高智周、郭正一、王义方、孟利贞十余人，时论称美。"⑤《册府元龟》卷四六八："薛元超高宗永徽中为黄门侍郎兼简较（检校）太子左庶子。元超既擅文词，兼好汲引寒酸，尝表荐任希古、高智周、郭正一、王义方、孟利贞等十余人，繇是时论称美。"⑥

① 牛致功：《薛元超与武则天：读〈薛元超墓志铭〉》，《碑林集刊》第 6 辑，第 229 页。
② ［唐］杨炯：《杨炯集》卷一〇，《卢照邻集·杨炯集》，第 159 页。
③ ［后晋］刘昫：《旧唐书》卷七三，第 2590 页。
④ ［宋］欧阳修、宋祁：《新唐书》卷九八，第 3892 页。
⑤ ［宋］王溥：《唐会要》卷七五，第 1608 页。
⑥ ［宋］王钦若：《册府元龟》卷四六八，第 5576 页。

薛元超疏荐高智周、任希古等,都是初唐时期重要的文学家。这些寒俊之士,所作诗文存于今者,就有任希古、高智周、郭正一、王义方、孟利贞等人。① 他们的文学活动也较频繁。"(郭)正一在中书累年,明习旧事,兼有词学,制敕多出其手,当时号为称职。"②孟利贞为太子司议郎时,"受诏与少师许敬宗、崇贤馆学士郭瑜、顾胤、董思恭等撰《瑶山玉彩》五百卷","又撰《续文选》十三卷"③。又《旧唐书·刘祎之传》称:"祎之少与孟利贞、高智周、郭正一俱以文藻知名,时人号为刘、孟、高、郭。寻与利贞等同直昭文馆。"④由墓志所称疏任希古、高智周、郭正一、王义方、孟利贞等有才干,以及下文所考证的"疏荐郑祖玄、贺敳、沈伯仪、邓玄挺、颜强学、杨炯、崔融等十人为崇文学士"的情况看,这一批人,大都是初唐时期的诗人,其中不少人还有诗文传世。

薛元超与许敬宗"润色玄奘法师所译经论"事,新、旧《唐书·薛元超传》虽无记载,而在《旧唐书·玄奘传》有记载:"显庆元年,高宗又令左仆射于志宁,侍中许敬宗,中书令来济、李义府、杜正伦,黄门侍郎薛元超等,共润色玄奘所定之经。"⑤

卅四,出为饶州刺史。在职以仁恩简惠称。有芝草生鄱阳县。卅,帝梦公,追授右成务。卅一,复为东台侍郎。献《封禅书》《平东夷策》。以事复出为简州刺史。

杨炯《薛振行状》:"出为饶州刺史。上梦公,征为右成务。四十,复为东台侍郎。是岁也,放李义府于邛笮,旧制流人禁乘马,公为之言,左

---

① 任希古著有《注周易》十卷、《越王孝经新义》十卷、《任希古集》十卷。《全唐诗》卷四四存其诗6首,《全唐文》卷二三六存其文1篇。高智周著有《高智周集》五卷。《全唐诗续拾》卷七存其《湖州精舍寺诗》残句1则。郭正一,《全唐诗》卷五四四存其《奉和太子纳妃太平公主出降》诗1首,《全唐文》卷一六八收其《对酃肆策》1篇。《昭陵碑石》载其《大唐故临川郡长公主墓志铭并序》及《大唐故右威卫将军上柱国安府君(元寿)墓志铭并序》。王义方著有《笔海》十卷,《旧唐书》本传记载有文集十卷。《全唐文》卷一六一存其文3篇,《全唐文补编》卷一二补1篇。孟利贞著有《碧玉芳林》四百五十卷、《续文选》十三卷。《唐文续拾》卷一存其《龙门敬善寺石龛阿弥陀佛观音大至二菩萨像铭并序》1篇。
② [后晋]刘昫:《旧唐书》卷一九〇中,第5010页。
③ [后晋]刘昫:《旧唐书》卷一九〇上,第4997页。
④ [后晋]刘昫:《旧唐书》卷八七,第2846页。
⑤ [后晋]刘昫:《旧唐书》卷一九一,第5109页。

迁简州刺史。"①墓志之"以事复出"即因李义府而左贬事。墓志书法为尊者讳，运用曲笔，此其一斑。所言"四十"，与墓志"四十一"不相吻合。又《行状》："在饶州六年，以仁明驭下，鄱阳北岗上，忽生芝草一株，郡人以为善政所感，共起一舍，号曰'芝亭'，因立碑颂德。公有驭人之术也，不亦惠乎？"②又《行状》称："公为右成务，献《封禅书》及《平夷策》，上深纳焉。"③《旧传》："后以疾出为饶州刺史。三年，拜东台侍郎。"④《新传》："累拜东台侍郎。李义府流嶲州，旧制，流人不得乘马，元超为请，坐贬简州刺史。"⑤

岁余，上官仪伏法，以公尝词翰往复，放于越嶲之邛都。

杨炯《薛振行状》："岁余，上官仪伏诛，坐词翰往来，徙居越嶲。"⑥《旧传》："右相李义府以罪配流嶲州，旧制流人禁乘马，元超奏请给之，坐贬为简州刺史。岁余，西台侍郎上官仪伏诛，又坐与文章款密，配流嶲州。"⑦《新传》："岁余，又坐与上官仪文章款密，流嶲州。上元初，赦还，拜正谏大夫。"⑧《册府元龟》卷九二五："薛元超拜东台侍郎，岁余，西台侍郎上官仪伏诛，坐与文章款密，配流嶲州。"⑨按，上官仪被诛及与薛元超牵连，《册府元龟》卷九三三有所记载："许敬宗永徽中为礼部尚书，上官仪为西台侍郎，同东西二台三品。时有道士郭行真出入宫掖，尝为皇后行厌胜之法，中官王伏胜奏言之，高宗大怒，密召仪议其事。将废后为庶人，仍遣仪具诏草。俄而后申诉见纳，帝又自悔，恐后怨怒，遽诒云：'此并上官仪教我也。'繇是深为后所恶。初仪尝为陈王府咨议，与王伏胜俱事梁王忠府，繇是许敬宗构仪云：'与忠通谋。'遂下狱死，家口籍没。于是左肃机郑钦泰、

①　[唐] 杨炯：《杨炯集》卷一〇，《卢照邻集·杨炯集》，第 159 页。
②　[唐] 杨炯：《杨炯集》卷一〇，《卢照邻集·杨炯集》，第 162 页。
③　[唐] 杨炯：《杨炯集》卷一〇，《卢照邻集·杨炯集》，第 161 页。
④　[后晋] 刘昫：《旧唐书》卷七三，第 2590 页。
⑤　[宋] 欧阳修、宋祁：《新唐书》卷九八，第 3892 页。
⑥　[唐] 杨炯：《杨炯集》卷一〇，《卢照邻集·杨炯集》，第 159 页。
⑦　[后晋] 刘昫：《旧唐书》卷七三，第 2590 页。
⑧　[宋] 欧阳修、宋祁：《新唐书》卷九八，第 3892 页。
⑨　[宋] 王钦若：《册府元龟》卷九二五，第 10925 页。

西台舍人高正业、司虞大夫魏玄同、张希乘、长安尉崔道默并除名,长流岭南远界,与仪结托故也。简州刺史薛元超及姑河东夫人坐与仪(父)[交]通,元超长流寯州,薛氏削邑号,幽于静安宫。右相刘祥道为司礼太尝伯,鄁国公郭广敬为隰州刺史,详行正卿尔朱仪深为沁州刺史,司宰正卿窦斌解职事,授银青光禄大夫,以散官依前陇右简较(检校),并坐与仪交游故也。"①其事在麟德元年(664),上官仪因事被武则天所杀。

关于薛元超被贬之真相,樊英峰《唐薛元超墓志考述》云:"从两《唐书·薛元超传》中知,由于右相李义府被流配,按旧制,流配之人禁乘马,大概是因为元超与李义府交情至深,因而奏请给李乘马而遭贬,出任简州刺史,这是元超第一次被坐贬的原因。这件事发生在薛元超复任东台侍郎的第一年,即龙朔三年(663)。第二年,即麟德元年(664),上官仪等人密谋草诏废武后。东窗事发后,自然就有一大批人被牵连。根据墓志来看,薛元超与上官仪有书信往来,那么,就被列在了株连之内。这样,元超再次遭贬。本来就是被贬之人,现在又遇此事,结果成为罪上加罪之人,从而在外流放长达十年之久。"②推论合理,可以参考。

耽味《易》象,以诗酒为事。有《醉后集》三卷行于时。

杨炯《薛振行状》:"在邛筜十余载,沉研《易》象,韦编三绝,赋诗纵酒,以乐当年。有《醉后集》三卷行于世。公有安和之德也,不亦康乎?"③薛元超受牵连而贬官,即当在麟德元年,受牵连的原因是与上官仪"词翰往复"。命运的落差,放逐的痛苦,使得他耽味于《易》象,寄情于诗酒,因而作了《醉后集》三卷。从墓志所言其耽于《易》象和诗酒的关系中,薛元超这时所作的诗,应该是真情实感的抒发,与前此在上官体影响下的宫廷诗是不同的。

薛元超的《醉后集》,在中土散佚,后来传到日本,在日本的目录书中有所记载。有关薛元超《醉后集》的情况,可参看陈尚君《〈新唐书·艺文

① ［宋］王钦若:《册府元龟》卷九三三,第10998页。
② 樊英峰:《唐薛元超墓志考述》,《人文杂志》1995年第3期,第90—91页。
③ ［唐］杨炯:《杨炯集》卷一〇,《卢照邻集·杨炯集》,第162页。

志〉未著录唐人别集辑存》①及《石刻所见唐人著述辑考》②。

　　五十三，上元赦还，诣洛阳，帝召见，拜正谏大夫。孝敬崩，诏公为哀
策。时闻谠议，初求贡禹之言；朝有大文，即命王珣之笔。

　　杨炯《薛振行状》："五十三，赦还，拜谏议大夫。"③《旧传》："上元初，
遇赦还，拜正谏大夫。"④《新传》："上元初，赦还，拜正谏大夫。三年，迁中
书侍郎、同中书门下三品。"⑤薛元超在麟德元年（664）贬官，一直到上元
元年（674）八月改元赦天下时，才回朝任职，其间被放逐了十年。回朝以
后，仕途颇顺，且掌文翰："时闻谠议，初求贡禹之言；朝有大文，即命王珣
之笔。"直至"拜守中书侍郎，寻同中书门下三品。此后独知国政者五年"。

　　五十四，拜守中书侍郎，寻同中书门下三品。此后独知国政者五年，
诏敕日占数百，帝曰："得卿一人足矣。"赐良田甲第，恩礼甚隆。驾幸汝，
观射猛兽，公上疏以为不宜亲临，手敕答曰："忠诚显著，深纳至言。"加中
大夫，守中书侍郎兼检校太子左庶子。

　　杨炯《薛振行状》："五十四，迁中书侍郎，寻同中书门下三品兼检校太
子左庶子。五十九，迁中书令。车驾幸洛阳，诏公兼户部尚书，与皇太子
居守，俄以风疾不视事。"⑥《旧传》："（上元）三年，迁中书侍郎，寻同中书
门下三品。时高宗幸温泉校猎，请蕃酋长亦持弓矢而从。元超以为既非
族类，深可为虞，上疏切谏，帝纳焉。时元超特承恩遇，常召入与诸王同预
私讌。又重其文学政理之才，曾谓元超曰：'长得卿在中书，固不藉多人
也。'"⑦《新纪》：仪凤元年，"三月癸卯，黄门侍郎来恒、中书侍郎薛元超同
中书门下三品"⑧。《新传》："三年，迁中书侍郎、同中书门下三品。帝校

①　陈尚君：《陈尚君自选集》，桂林，广西师范大学出版社 2000 年版，第 107 页。
②　陈尚君：《石刻所见唐人著述辑考》，《出土文献研究》第 4 辑，中华书局 1998 年版，第
　　134 页。
③　［唐］杨炯：《杨炯集》卷一〇，《卢照邻集·杨炯集》，第 159 页。
④　［后晋］刘昫：《旧唐书》卷七三，第 2590 页。
⑤　［宋］欧阳修、宋祁：《新唐书》卷九八，第 3892 页。
⑥　［唐］杨炯：《杨炯集》卷一〇，《卢照邻集·杨炯集》，第 159—160 页。
⑦　［后晋］刘昫：《旧唐书》卷七三，第 2590 页。
⑧　［宋］欧阳修、宋祁：《新唐书》卷三，第 72 页。

猎温泉,诸蕃酋长得持弓矢从。元超奏:'夷狄野心,而使挟兵在围中,非所宜。'帝纳可。尝宴诸王,召元超与,从容谓曰:'任卿中书,宁藉多人哉!'俄拜中书令兼左庶子。"①《唐会要》卷五三:"永隆二年八月,高宗尝谓中书令薛元超曰:'长得卿在中书,不籍多人也。'"②《册府元龟》卷三一九:"薛元超高宗时为中书侍郎、同中书门下三品,特承恩遇。尝召入与诸王同预私宴,又重其文学政理之才,尝谓元超曰:'长得卿在中书,固不藉多人也。'"③

绿绨苍佩,下西掖而生光;乌仗黄麾,入东朝而动色。诏公河北道安抚大使。公状荐才宜文武者二千余人。

《旧唐书·高宗纪》:仪凤元年十二月,"戊午,遣使分道巡抚,宰相来恒河南道,薛元超河北道,左丞崔知悌等江南道"。④ 新出土《王洛客墓志》(先天元年十月十三日):"至仪凤年,属帝道文明,海内贞观,求材而理,野无遗贤。爰下明制,使中书侍郎河东薛元超求遗材于天下,君乃迫时命而应征焉。从下笔成章举,解褐敕授许州长社尉。"⑤《新唐书·徐彦伯传》:"七岁能为文,结庐太行山下,薛元超安抚河北,表其贤,对策高第。"⑥《册府元龟》卷六五八:"薛元超为河北道安抚大使,兖州瑕丘人徐彦伯以文章擅名,元超表荐之,对策擢第。"⑦张九龄《故辰州泸溪令赵公碣铭并序》:"是时中书侍郎河东薛元超,人伦之表也,将命河朔,实举废滞,企我休风,延以殊礼,立谈体要,大见嗟称,以故表闻。"⑧

薛元超按察河北时,还存抚百姓,秉公执法。《旧唐书·员半千传》载:"半千便发仓粟,以给饥人。怀州刺史郭齐宗大惊,因而按之。时黄门侍郎薛元超为河北道存抚使,谓齐宗曰:'公百姓不能救之,而使惠归一

---

① [宋]欧阳修、宋祁:《新唐书》卷九八,第3892页。
② [宋]王溥:《唐会要》卷五三,第1074页。
③ [宋]王钦若:《册府元龟》卷三一九,第3771页。
④ 《旧唐书》卷五,第102页。
⑤ [唐]马克麈:《唐〈王洛客墓志〉》,《书法丛刊》2002年第3期,第84页。
⑥ [宋]欧阳修、宋祁:《新唐书》卷一一四,第4201页。
⑦ [宋]王钦若:《册府元龟》卷六五八,第7879页。
⑧ [唐]张九龄著、熊飞校注:《张九龄集校注》卷二〇,中华书局2008年版,第1081页。

尉,岂不愧也。'遽令释之。"①

帝尝机务余,语及人间盛衰事,不觉凄然,顾谓公曰:"忆昔我在春宫,髭犹未出;卿初事我,须亦未长。倏忽光阴卅余载。畴日良臣名将,并成灰土,唯我与卿白首相见。卿历观书记,君臣偕老者几人? 我看卿事我大忠赤,我托卿亦甚厚。"公感咽稽首,谢曰:"先臣攀附,文帝委之心膂;微臣多幸,天皇任以股肱。父子承恩,荣被幽显。誓期煞身奉国,致一人于尧舜。窃观天仪贬损,良以旰食宵衣;惟愿遵黄老之术,养生卫寿,则天下幸甚。"赐黄金二百溢。

杨炯《薛振行状》:"上幸温泉,射猛兽,公奏疏极谏,上深纳焉。后因闲居,谓公曰:'我昔在春宫,与卿俱少壮,光阴倏忽,已三十年。往日贤臣良将,索然俱尽。我与卿白首相见,卿历观书传,君臣共终白首者几人? 我观卿大怜我,我亦记卿深。'公鸣咽稽首谢曰:'老臣早参麾盖,文皇委之以心膂,臣又多幸,天皇任之以股肱。誓期杀身报国,致一人于尧舜。伏愿天皇遵黄老之术,养生卫寿,则天下幸甚。'赐黄金二百镒。"②《册府元龟》卷三二七:"薛元超为中书侍郎、同中书门下三品。高宗幸温泉较猎,诸蕃猷长亦持弓矢而从,元超以为既非族类,深为可虞,上疏切谏。帝纳焉。"③《古今事文类聚前集》卷二〇:"薛振,字元超,收之子。高宗谓元超曰:'我昔在春宫,与卿俱少壮。倏忽已三十年,与卿白首相见。历观书传,共白首者几人?'"④

明年,诏公知内外百官考。驾幸九成宫,尝急召太子赴行所在,帝于箭括岭帐殿候之。及至,置酒张乐会王公等,有诏酤谑尽欢。即目各言一事,时太子、英王、今上侍。公曰:"天皇正合《易》象,臣闻乾将三男震、坎、亘(艮),今日是也。"帝大悦,群臣称万岁,声溢岩谷间,传闻数十里。赐物百段及银镂钟一枚。时吐蕃作梗河源,诏英王为元率。公赋《出征》诗一

① ［后晋］刘昫:《旧唐书》卷一九〇中,第 5014 页。
② ［唐］杨炯:《杨炯集》卷一〇,《卢照邻集·杨炯集》,第 160—161 页。
③ ［宋］王钦若:《册府元龟》卷三二七,第 3872 页。
④ ［宋］祝穆:《古今事文类聚前集》卷二〇,《景印文渊阁四库全书》第 925 册,第 317 页。

首,帝览而嘉之,亲纡圣笔,代王为和。天文烂烂,月合而星连;睿思飘飘,云飞而风起。君臣之际,朝野称荣。

杨炯《薛振行状》:"上幸九成宫,敕皇太子赴行在所,置酒别殿,享王公以下。时太子、英王侍皇帝酒,酒酣,公献寿曰:'天皇合《易》象,乾将三男震坎艮,今日是也。'上大悦,百官舞蹈称万岁,赐杂物百段、银镂钟一枚。吐蕃不庭,诏英王为元帅,总戎西讨。公赋《西征诗》一首,上称善,嗟叹者久之。因代英王属和,御笔缮写,朝以为荣。公有属词之美也,不亦文乎?"①按,《文苑英华辨证》卷一〇云:"杨炯《薛元超行状》'上幸九成宫,时太子、英王侍皇帝酒,酒酣,公献寿曰:天皇合《易》象,乾将三男震坎艮,今日是也'。集作'太子、英王、皇帝侍酒酣',皇帝盖谓睿宗也,当如集本,乃合三男之说。"②徐明霞点校《杨炯集》则谓:"英王为唐中宗李显于仪凤二年(六七七)所封号,李显于永隆元年(六八〇)又立为皇太子;高宗卒,即帝位。杨炯文中'太子英皇'皆指李显,即使《辨证》所引集作'太子英王皇帝',亦指李显一人。而《辨证》却以'太子''英王''皇帝'分指三人,且谓'皇帝'系指睿宗,不知睿宗初立为帝乃在嗣圣元年(六八四),已在高宗卒后,《辨证》之说显误。"③

大理尝奏疑狱,理官请论以死,公对御诘之,吏不能应。帝凛然改容曰:"向不得元超在,几令我杀无辜!"百僚震肃。时北胡未静,公亟请塞垣备兵。俄而伏念南侵,适会王师北首,不日歼殄。朝廷翳赖之。

杨炯《薛振行状》:"或有抵罪者,同类数百,经赦令,狱官评经年不决,竟以死论;公上疏陈其滥,诏百官廷议,狱官及宰臣未有所决,公酬对如响,众咸服焉。上叹息曰:'几令我杀无辜之人。'百寮莫不震惧。又上疏陈请备塞垣,未几而匈奴背诞。公有神通之鉴也,不亦明乎?"④

按,这里的疑狱,实际上是指李贤被废的政治事件。樊英峰《唐薛元

① 〔唐〕杨炯:《杨炯集》卷一〇,《卢照邻集·杨炯集》,第161页。
② 〔宋〕李昉:《文苑英华》附录,中华书局1960年版,第5300页。
③ 〔唐〕杨炯:《杨炯集》卷一〇,《卢照邻集·杨炯集》,第164页。
④ 〔唐〕杨炯:《杨炯集》卷一〇,《卢照邻集·杨炯集》,第161—162页。

超墓志考述》云："因元超曾任东宫左庶子，参与《后汉书》注，那么当在株连之列。但此事发生后，武则天曾命薛元超等人搜查太子宅，并担任此案的主审。表面看起来，这个功劳应归于武则天，其实仔细分析，当是高宗的庇护。纵观薛元超一生，他少年得志，仕途顺利，依靠的是唐高宗，特别是上官仪事件的株连，更说明他不是亲武派。以后又被任命为京师留守。可说是高宗的亲信，那么，元超与李贤被废事件，未受株连，得到赦免，应归功于唐高宗而不是武则天。"①

疏荐郑祖玄、贺敳、沈伯仪、邓玄挺、颜强学、杨炯、崔融等十人为崇文学士。帝可其奏。

杨炯《薛振行状》："黄门侍郎上疏荐高智周、任希古、郭正一、王义方、顾彻、孟利贞等，后皆有重名，历登清贵。及兼左庶子，又表郑祖玄、沈伯仪、贺敳、邓玄挺、颜强学、崔融等十人为学士，天下服其知人。"②《唐会要》卷六四："永隆二年二月六日，皇太子亲行释奠之礼。礼毕，上表请博延耆硕英髦之士为崇文馆学士，许之。于是薛元超表荐郑祖元（玄）、邓玄挺、杨炯、崔融等并为崇文学士。"③

薛元超所推荐的郑祖玄诸人，亦有事迹可考。

郑祖玄，曾为太学助教、太子谕德④。参与《尚书正义》编纂。事见《新唐书》卷五七《艺文志》。

贺敳，越州山阴人。《旧唐书·文苑传》："贺德仁，越州山阴人也。……德仁弟子纪、敳，亦以博学知名。高宗时，纪官至太子洗马，修《五礼》。敳至率更令，兼太子侍读。兄弟并为崇贤馆学士，学者荣之。"⑤《新唐书·文艺传》："贺德仁……从子纪、敳亦博学。高宗时，纪为太子洗马，豫修《五礼》，敳率更令、兼太子侍读，皆为崇贤馆学士。"⑥《全唐诗》卷

① 樊英峰：《唐薛元超墓志考述》，《人文杂志》1995 年第 3 期，第 91 页。
② ［唐］杨炯：《杨炯集》卷一〇，《卢照邻集·杨炯集》，第 161 页。
③ ［宋］王溥：《唐会要》卷六四，第 1320 页。
④ 新出土《李延光墓志》："夫人荥阳郑氏，太子谕德祖玄之女。"（周绍良、赵超主编：《唐代墓志汇编续集》，上海古籍出版社 2001 年版，第 472 页。）
⑤ ［后晋］刘昫：《旧唐书》卷一九〇上，第 4987 页。
⑥ ［宋］欧阳修、宋祁：《新唐书》卷二〇一，第 5729 页。

四五收贺敳《奉和九月九日应制》诗一首，小传云："贺敳，山阴人。历官率更令，崇文馆学士。"①

沈伯仪，湖州吴兴人。《新唐书·儒学传》："武后时，为太子右谕德。……历国子祭酒、修文馆学士，卒。"②《元和姓纂》卷七："国子祭酒、修史学士沈伯仪，称彦后。"③《嘉泰吴兴志》卷一六云："沈伯仪，湖州吴兴人。武后时为太子右谕德。……伯仪历修文馆学士。"④《千唐志斋藏志》七九二收《大唐故中散大夫行汾州长史□府君(浩丰)墓志铭并序》："□讳浩丰，字宽饶，吴兴武康人也。……曾祖弘爽，随临颍令，皇赠扬州大(下泐)。□父伯仪，皇国子祭酒、武康县开国男、食邑三百户，历嘉、婺、亳、许四州刺史，赠礼(下泐)。"⑤此处志主即沈浩丰，伯仪当为其祖父。《全唐文》卷二〇八收其《郊丘明堂严配议》一篇。

邓玄挺，雍州蓝田人。《旧唐书·文苑传》："少善属文，累迁左史。坐与上官仪善，出为顿丘令，有善政，玺书劳问。累授中书舍人。……则天临朝，迁吏部侍郎。既不称职，甚为时谈所鄙。……永昌元年得罪，下狱死。"⑥《新唐书·艺文志》载："《邓玄挺集》十卷"⑦。

颜强学，曾应进士、制科举及第，又为学士。颜真卿《颜惟贞碑》："君之诸祖父，群、从、扬、庭、颐，并侍读；强学、益期，并学士。……强学、希庄、日损、隐朝、邻几、知微……并进士、制举。"⑧

五十九，加正议大夫、守中书令，余如故。驾幸洛阳，诏公兼户部尚书，留侍太子居守。清警后，丹凤门外，倾都拜辞，特诏公骖乘，谓公曰："朕留卿，若去一目，断一臂。关西之事，悉以委卿。"赐物一百段。公数上

① [清]彭定求：《全唐诗》卷四五，第554页。
② [宋]欧阳修、宋祁：《新唐书》卷一九九，第5663—5665页。
③ [唐]林宝：《元和姓纂(附四校记)》卷七，中华书局1994年版，第1141页。
④ [宋]谈钥：《嘉泰吴兴志》卷一六，《宋元方志丛刊》第5册，中华书局1990年版，第4820页。
⑤ 河南省文物研究所：《千唐志斋藏志》，第792页。
⑥ [后晋]刘昫：《旧唐书》卷一九〇上，第5007页。
⑦ [宋]欧阳修、宋祁：《新唐书》卷六〇，第1599页。
⑧ [清]董诰：《全唐文》卷三四〇，上海古籍出版社1990年版，第1526页。

疏谏太子，手敕褒喻，赐绢百匹。

《旧传》："永隆二年，拜中书令，兼太子左庶子。高宗幸东都，太子于京师监国，因留元超以侍太子。帝临行谓元超曰：'朕之留卿，如去一臂。但吾子未闲庶务，关西之事，悉以委卿。所寄既深，不得默尔。'于是元超表荐郑祖玄、邓玄挺、崔融为崇文馆学士。又数上疏谏太子，高宗知而称善，遣使慰谕，赐物百段。"①《新纪》：开耀元年，"闰月丁未，裴炎为侍中，崔知温、薛元超守中书令"②。《新传》："帝幸东都，留辅太子监国，手敕曰：'朕留卿，若失一臂。顾太子未习庶务，关中事，卿悉专之。'时太子射猎，诏得入禁籞，故太子稍怠政事。元超谏曰：'内苑之地，缭丛薄，冒翳荟，绝磴险途。殿下截轻禽，逐狡兔，衔橛之变，讵无可虞？又户奴多反逆余族，或夷狄遗丑，使凶谋窃发，将何以御哉？夫为人子者，不登高，不临深，谓其近危辱也。天皇所赐书戒丁宁，惟殿下罢驰射之劳，留情坟典，岂不美欤！'帝知之，遣使厚赐慰其意，召太子还东都。"③《册府元龟》卷七八："薛元超为中书令兼太子左庶子，高宗幸东都，太子于京师监国，因留元超以侍太子。帝临行谓元超曰：'朕之留卿，如去一臂，但吾子未闲庶务，关西之事悉以委卿，所寄既深，不得不然也。'"④

薛元超在中书时，亦颇为识拔寒隽和才士。苏颋《唐紫微侍郎赠黄门监李乂神道碑》："十一从学，极奥研几，十二属词，含商咀徵，中书令薛元超谓人曰：'此子必负海内盛名。'"⑤《桂林风土记·张篤》："弱冠应举，下笔成章，中书侍郎薛元超特授襄乐尉。"⑥《靖康缃素杂记》："唐李峤为儿时，梦人遗双笔，自是有文辞。十五通《五经》，薛元超称之。"⑦陈子昂由蜀中赴长安应试，亦曾得到薛元超的嘉惠。其《上薛令文章启》云："一昨

---

① ［后晋］刘昫：《旧唐书》卷七三，第2590—2591页。
② ［宋］欧阳修、宋祁：《新唐书》卷三，第76页。
③ ［宋］欧阳修、宋祁：《新唐书》卷九八，第3892—3893页。
④ ［宋］王钦若：《册府元龟》卷七八，第897页。
⑤ ［清］董诰：《全唐文》卷二五八，第1153页。
⑥ ［唐］莫休符：《桂林风土记》，《丛书集成初编》本，第16页。
⑦ ［宋］黄朝英：《靖康缃素杂记》卷一〇，上海古籍出版社1986年版，第83页。

恭承显命,垂索拙文。……以小人之浅才,承令君之嘉惠,岂不幸甚。"①

时方有事中岳,诏公草《封禅》碑。岁余,忽风疾不言,中使相望于道,赐绢百匹。太子令医药就第,赐绢百匹。帝崩,公如丧考妣,舆疾赴神都。寻加汾阴男,食邑二百户。痾恙久,公意若曰辞位。县主抗表,至于再三,优诏加金紫光禄大夫,致仕。天之将丧,祷河岳而无征;人之云亡,托星辰而忽远。以光宅元年十二月二日薨于洛阳之丰财里,春秋六十有二。呜呼哀哉!秦亡蹇叔,郑殒国侨,知与不知,莫不流涕。有敕赐敛衣一袭,诏赠光禄大夫、使持节都督秦成武渭四州诸军事、秦州刺史,赐物四百段,米粟四百石,赐东园秘器,凶事葬事所须,并宜官给,仪仗送至墓所往还,京官四品一人摄司宾卿监护,并赍玺书吊祭。还京之日,为造灵舆,给传递发遣。以垂拱元年岁次乙酉四月景子朔廿二日丁酉,诏陪葬于乾陵,礼也。

《旧唐书·则天皇后纪》:光宅元年,"十二月,前中书令薛元超卒"②。《旧传》:"弘道元年,以疾乞骸,加金紫光禄大夫,听致仕。其年冬卒,年六十二,赠光禄大夫、秦州都督,陪葬乾陵。"③弘道元年后是光宅元年,故《旧传》所记与墓志相差一年。墓志为当时人所撰,又记其卒葬时间和过程甚为清楚,当可订正《旧唐书》之误。又《新传》:"帝疾剧,政出武后。因阳喑,乞骸骨。加金紫光禄大夫。卒,年六十二,赠光禄大夫、秦州都督,陪葬乾陵。"④《册府元龟》卷八九九:"薛元超中宗嗣圣初为中书令,以疾致仕,加授金紫光禄大夫。"⑤《资治通鉴》卷二〇三:弘道元年七月甲辰,"中书令兼太子左庶子薛元超病瘖,乞骸骨,许之"⑥。

薛元超致仕的原因,墓志称其因为喑病,《新传》称因"政出武后",即政治局势发生变化。故而其原因是值得探讨的,就是墓志用了曲笔。樊

① [唐]陈子昂著:《陈子昂集》(修订本)卷一〇,上海古籍出版社2013年版,第253页。
② 《旧唐书》卷六,第117页。
③ 《旧唐书》卷七三,第2591页。
④ [宋]欧阳修、宋祁:《新唐书》卷九八,第3893页。
⑤ [宋]王钦若:《册府元龟》卷八九九,第10647页。
⑥ [宋]司马光:《资治通鉴》卷二〇三,第6415页。

英峰曾推测薛元超曾上长篇《谏显太子笺》以谏其游猎，受到高宗的慰劳，太子也不得不停止狩猎的行动。但"这一次的劝猎，导致李哲对元超记下私仇。高宗驾崩后，元超很可能是看到权力转移，自己不容于新皇帝之故，而提出退休"①。杜文玉则说"薛元超自仪凤元年（676）任宰相以来，多年辅佐高宗和武则天处理政事，高宗晚年主要和武则天合作，如对武氏不满，要辞职早就应该申请，何必合作多年后到其将死才提出。……可见，薛元超是因病而辞职致仕的，《新唐书》的说法有误"②。而笔者认为，其致仕过程较为复杂，关键是因为太子李显，因为高宗驾崩，李显有可能即位，故而元超致仕。元超与武则天并没有根本的冲突，故而卒后仍可陪葬乾陵。其辞职与武则天无关，但与太子李显则应有关，加以暗病作借口，就顺理成章地乞求致仕了。

薛元超卒后，杨炯作《中书令汾阴公薛振行状》及《祭汾阴公文》，崔融作墓志铭。《行状》文字较多，相关事迹已录入本书疏证，可以参考。今录《祭汾阴公文》如下："维大唐光宅之元祀，太岁甲申，冬十有二月戊寅朔，丁亥御辰，杨炯以柔毛清酒之奠，敢昭告于故中书令汾阴公之贵神：惟公含纯德而载诞兮，禀元精而秀出。备五行而立身兮，半千年而委质。属天地之贞观兮，逢圣人之得一。若夔龙稷卨之寅亮舜朝兮，若萧曹魏邴之谋猷汉室。悬大名于宇宙兮，立大勋于辅弼。如何斯人而有斯疾，曾未遐寿中年殒卒。呜呼哀哉！若夫家传宝鼎，地辟金楼。文则属词而比事兮，学则八索而九丘。入则东藩之上相兮，出则南面之诸侯。唯尽善兮未善，固虽休而勿休。既知退而知进兮，亦能刚而能柔。大才则九功惟叙兮，大智则万物潜周。崇德广业兮，乐天知命而不忧。呜呼哀哉！门馆虚兮寂寞，岁穷阴兮摇落。备物俨兮如存，光灵眇兮焉托？垂穗帷与祖帐兮，罢歌台与舞阁。天子惜其毗余兮，群臣思其可作。呜呼哀哉！俯循兮弱龄，叨袭兮簪缨。公夕拜之时也，既齿迹于渠阁；公春华之日也，又陪游于层城。参两宫而承顾盼兮，历二纪而洽恩荣。郭有道之青目兮，蔡中郎之下迎。

---

① 樊英峰：《唐薛元超墓志考述》，《人文杂志》1995 年第 3 期，第 91 页。
② 杜文玉：《关于薛元超几个问题的考证》，《渭南师专学报》1996 年第 1 期，第 66 页。

倏焉今古,非复平生。无德不报兮,愿摩顶而至足;有生必死兮,空饮恨而吞声。天惨惨兮气冥冥,月穷纪兮日上丁。藉白茅兮无咎,和黍稷兮非馨。呜呼哀哉!"①

惟公享阴德,承大名,渐之者甘露醴泉,训之者辒车乘马。杜称武库,积庆高于五叶;崔号文宗,宏才掩于三代。天下之人谓公为地矣。

惟公秀眉目,伟须髯,长七尺四寸,神明如也。定容止,齐颜色,龙章凤姿,瑶林琼树,皎若开云而望月,廓若披雾而观山,天下之人谓公为貌矣。

杨炯《薛振行状》:"仪表魁杰,须眉若画,身长七尺四寸,望之俨然。喜愠不形于色,虽至于近习左右,胥徒仆妾,莫不待之以礼。公有行己之方也,不亦恭乎?"②

惟公神韵萧洒,天才磊硌,陈琳评其大巫,阮籍称其王佐。立辞比事,润色太平之业;述礼正乐,歌咏先王之道。擅一时之羽仪,光百代之宗匠,天下之人谓公为文矣。

惟公下帷帐,列绨缃,覃思研精,该通博极。三皇五帝之坟典,指于掌内;四海九州之图籍,吞若胸中。献替王公之言,谋猷庙堂之议,天下之人谓公为学矣。

惟公鸟有凤,鱼有鲲,陂澄万顷,壁立千仞,穷达不易其心,喜愠不形其色,山纳海受,物疏道亲,天下之人谓公为量矣。

惟公善词令,美声姿,莫见旗鼓,自闻琴瑟,苟非利社稷,安国家,感神明,动天地,则未尝论人物,辩是非,天下之人谓公为言矣。

惟公备九德,兼百行,立天之道,曰阴与阳,立地之道,曰柔与刚,立人之道,曰仁与义。始于事亲,捧檄而干禄;中于事君,悬车而谢病;终于立身,既没而不朽。天下之人谓公为贤矣。

惟公居守太子,有相国之任;会计群吏,有冢宰之托;澄清天下,有使臣之誉;弼谐君上,有谏臣之名;平狱称允,有于公之断;举才得宜,有山公

① 〔唐〕杨炯:《杨炯集》卷一〇,《卢照邻集·杨炯集》,第172—173页。
② 〔唐〕杨炯:《杨炯集》卷一〇,《卢照邻集·杨炯集》,第162页。

之启；天规地典，有力牧之用；君歌臣诚，有咎繇之德；运动兵略，其当周之太公乎？考核政事，其当轩之天老乎？梦公形像，其当殷之傅说乎？得卿一足，其当尧之后夔乎？天下之人谓公为相矣。

杨炯《薛振行状》："上初览万机，公上疏论社稷安危、君臣得失，上大惊，即日召见，不觉膝之前席，叹曰：'览卿疏，若暗室而照天光，临明镜而睹万象。'此后宠遇日隆，每军国大事，必参谋帷幄，在中书独掌机务者五年，出纳帝命，口占数首，上曰：'使卿长在中书，一夔足矣。'大驾东巡，诏公骖乘，上曰：'朕之留卿，若去一目，若断一臂，关西事重，一以委卿。'因赐物百段。公有社稷之勋也，不亦重乎？"①

长子曜，中子毅，少子俊，朝暮假息，柴毁不容，至性无改于三年，淳心有加于一等，以高宗敕书一轴，《孝子忠臣传》两卷、《周易》一部、明镜一匣送终焉。

《旧传》："子曜，亦以文学知名，圣历中，修《三教珠英》，官至正谏大夫。"②《新传》："子曜，圣历中，附会张易之，官正谏大夫。"③按，薛曜以文学知名，圣历中，与张昌宗、李峤、崔湜、徐彦伯、张说、沈佺期、宋之问等预修《三教珠英》，官至正谏大夫。朱关田《唐代书法家年谱》录有《唐薛曜薛稷事迹系年稿》，可参阅。《全唐诗》卷八〇收薛曜《奉和圣制夏日游石淙山》《子夜冬歌》《舞马篇》《正夜侍宴应诏》《送道士入天台》诗 5 首，同书卷八八二又收《登绵州富乐山别李道士策》《九城寻山水》《邙山古意》诗 3 首。《全唐文》卷二三九收其《服乳石号性论》文 1 篇。

薛氏文学世家与个人素质

（一）文学世家

薛元超家族，是六朝至隋唐时期的重要文学世家之一。不仅数代都

---

① ［唐］杨炯：《杨炯集》卷一〇，《卢照邻集·杨炯集》，第 162 页。
② ［后晋］刘昫：《旧唐书》卷七三，第 2591 页。
③ ［宋］欧阳修、宋祁：《新唐书》卷九八，第 3893 页。

有著名文人出现,而且还产生了大文学家薛道衡,这是薛元超取得文学成就的重要家学渊源。薛元超的成就也影响了他的子孙辈,如薛曜、薛奇童、薛稷等。文学传家源远流长。墓志备载其家世。

薛元超祖辈

薛元超祖辈仕于北朝,不仅具有重要的政治地位,而且以文学名家者就有薛孝通、薛慎、薛道衡等人。薛孝通是元超的曾祖父。《北史》记载其"文集八十卷,行于时"①。薛慎是元超的从曾祖父。好学,能属文,善草书,又长于佛学,"周文雅好谈论,并简名僧深识玄宗者一百人,于第内讲说,又命慎等十二人兼学佛义,使内外俱通。由是四方竞为大乘学"②,"有文集,颇为世所传"③。薛道衡是元超的祖父。道衡六岁而孤,专精好学。年十岁,讲《左氏传》,见子产相郑之功,作《国侨赞》,颇有词致,见者奇之。北齐武平年间,以主客郎接对南朝陈使者傅縡。縡赠诗五十韵,道衡和之,南北称美。历仕北齐、北周。隋朝建立,任内史侍郎,加开府仪同三司。炀帝时,出为番州刺史,改任司隶大夫。后因得罪炀帝,下狱缢死,时年七十,天下冤之。有集三十卷。事迹见《北史》及《隋书》本传。《隋诗》卷四收其诗 20 首,《全隋文》卷一九收其文 6 篇,《全隋文补遗》卷一又补 4 篇。明人辑有《薛司隶集》传于世。薛道衡是隋代最著名的诗人之一,与卢思道齐名。他是北方人,又受南方风气的熏陶,故而兼有南北诗风之长。唐李延寿《北史·薛憕传》论云:"道衡雅道弈叶,世擅文宗,令望攸归,岂徒然矣,而运逢季叔,卒蹈诛戮,痛乎!"④

薛元超父辈

薛元超父辈以文学名家者主要有薛收、薛濬、薛德音等。薛收在兄弟中最知名,"年十二,解属文。以父在隋非命,乃洁志不仕。……秦府记室房玄龄荐之于太宗,即日召见,问以经略,收辩对纵横,皆合旨要。授秦府

---

① 〔唐〕李延寿:《北史》卷三六,第 1337 页。
② 〔唐〕李延寿:《北史》卷三六,第 1342 页。
③ 〔唐〕李延寿:《北史》卷三六,第 1343 页。
④ 〔唐〕李延寿:《北史》卷三六,第 1346 页。

主簿,判陕东道大行台金部郎中。时太宗专任征伐,檄书露布,多出于收,言辞敏速,还同宿构,马上即成,曾无点窜"①。薛收为文敏速,"太宗初授天策上将、尚书令,命收与(虞)世南并作第一让表,竟用收者。太宗曾侍高祖游后园中,获白鱼,命收为献表,收援笔立就,不复停思,时人推其二表赡而速"②。武德时,官至天策府记室参军,兼文学馆学士。七年卒,年三十三。有文集十卷。《全唐文》卷一三三收其《琵琶赋》《上秦王书》《隋故征君文中子碣铭》文 3 篇,《唐文拾遗》卷一二收其《骠骑将军王怀文碑铭并序》1 篇。《唐诗纪事》卷三《薛收》条云:"善属文,为秦王府主簿,陕东大行台金部郎中。武德七年卒。太宗即位,语玄龄曰:'收若在,朕当以中书令处之。'收与弟德音、元敬齐名,号'河东三凤'。收为长雏,德音为鹥鹭,元敬年最少,为鹓雏。"③薛濬,字道赜,幼好学,有志行。周天和中,袭爵虞城侯,位新丰令。隋开皇中,历尚书虞部、考功侍郎。其母丧,濬不胜哀,哀且卒。其弟谟时为晋王府兵曹参军事,在扬州,濬遗书于谟,书成而绝。其文今存于《北史》本传,述己之身世、手足之情及丧母之哀,至诚感人。《全隋文》卷一九收其文 1 篇。薛德音,道衡从子。有俊才,少与薛收及薛元敬齐名,时人谓之"河东三凤"。为游骑尉,迁著作佐郎。后仕越王侗、王世充,军书羽檄,皆出其手。官至黄门侍郎。《全隋文》卷一九收其《为越王侗下书李密》《为越王侗别与李密书》2 篇。

薛元超同辈

薛元超同辈以文学知名者主要有薛元敬。元敬为隋选部侍郎薛迈之子,武德中,元敬为秘书郎,太宗召为天策府参军,兼直记室。收与元敬俱为文学馆学士。太宗入东宫,除太子舍人。时军国之务,总于东宫,元敬专掌文翰,号为称职。元敬"有文学,少与收及收族兄德音齐名,时人谓之'河东三凤'。收为长离,德音为鹥鹭,元敬以年最小为鹓雏"④。

① ［后晋］刘昫:《旧唐书》卷七三,第 2587 页。
② ［后晋］刘昫:《旧唐书》卷七三,第 2588 页。
③ ［宋］计有功:《唐诗纪事》卷三,第 37 页。
④ ［后晋］刘昫:《旧唐书》卷七三,第 2589 页。

薛元超子辈

薛元超子辈以文学知名者主要有薛曜。薛曜于圣历中，与张昌宗、李峤、崔湜、徐彦伯、张说、沈佺期、宋之问等预修《三教珠英》，官至正谏大夫。《全唐诗》卷八〇收其《奉和圣制夏日游石淙山》《子夜冬歌》《舞马篇》《正夜侍宴应诏》《送道士入天台》诗5首，同书卷八八二又收《登绵州富乐山别李道士策》《九城寻山水》《邙山古意》诗3首。《全唐文》卷二三九收其《服乳石号性论》文1篇。《薛元超墓志铭》末署书者"曜、骆、演书序，毅、俊书铭"，是薛元超的几个儿子，都是擅长于文学与书法的。惜除了薛曜之外，其他人的事迹难以确考。

薛元超孙辈

薛元超孙辈以文学知名者主要有薛奇童和薛稷。薛奇童，是薛元超之孙。其名一作"薛奇章"，盖误①。官大理司直、慈州刺史。《全唐诗》卷二〇二存其诗七首。其诗在唐时就颇具影响，唐人芮挺章在肃宗时编选《国秀集》就选了薛奇童《拟古》《和李起居秋夜之作》《吴声子夜歌》3首。薛稷是薛元超的族孙。"与从祖兄曜更践两省，俱以辞章自名。景龙末，为谏议大夫、昭文馆学士。初，贞观、永徽间，虞世南、褚遂良以书颛家，后莫能继。稷外祖魏徵家多藏虞、褚书，故锐精临仿，结体遒丽，遂以书名天下。画又绝品。"②薛稷是唐代诗、书、画及文章都颇为擅长的文人，《全唐诗》卷九三存其诗14首。唐张彦远《历代名画记》卷九："薛稷，字嗣通，河东汾阴人。道衡之曾孙，元超之从子。词学名家，轩冕继代。景龙末，为谏议大夫、昭文馆学士。多才藻，工书画。"③宋人时少章（字天彝）书《唐百家诗选》后云："薛稷诗明健激昂，有建安七子之风，不类唐人。"④其诗文《全唐文》卷二七五存6篇，《唐文拾遗》卷一七又补1篇，《全唐文补编》卷二六又补1篇。新出土文献中还有薛稷撰《大周故瀛州文安县令王府

① 据《新唐书·宰相世系表》，其兄弟均以"童"字排行，可证作"薛奇章"误。又可参傅璇琮《唐人选唐诗新编》（增订本）之《国秀集》，中华书局2014年版，第313页。
② ［宋］欧阳修、宋祁：《新唐书》卷九八，第3893—3894页。
③ ［唐］张彦远：《历代名画记》卷九，人民美术出版社1963年版，第181页。
④ ［元］吴师道：《吴礼部诗话》，《历代诗话续编》，中华书局2006年第2版，第611页。

君（德表）墓志铭并序》（圣历二年三月二十九日），题："凤阁舍人兼控鹤内供奉河东薛稷篆。"①他的文章在唐时就得到称赞，并与李峤、崔融、宋之问相提并论，正如张说所云："李峤、崔融、薛稷、宋之问，皆如良金美玉，无施不可。"②薛稷之书画，时人誉为"神品"。《唐朝名画录·神品下》云："薛稷，天后朝位至宰辅，文章学术，名冠时流。学书师褚河南，时称'买褚得薛，不失其节'。"③

（二）个人素质

薛元超生于优越的家庭环境之中，从小就养成了良好的素质，并在文学方面表现出来。墓志云："公藉祖宗之休烈，禀岳渎之胜灵，含淳光，吸元气，邹人之里，夫子幼孤；汉相之家，少翁初袭。六岁，袭汾阴男。受《左传》于同郡韩文汪，便质大义。闻天王狩于河阳，乃叹曰：周朝岂无良相，何得以臣召君！文汪异焉。宰辅之器，基于此矣。八岁，善属文，时房玄龄、虞南试公咏竹，援豪立就，卒章云：'别有邻人笛，偏伤怀旧情。'玄龄等即公之父党，深所感叹。名流竦动，始揖王公之孙；明主殷勤，俄称耀卿之子。九岁，以莫府子弟，太宗召见与语。"这是他十岁以前的经历，可见他个人素质的养成，取决于三个方面：一是家庭环境。藉祖宗之休烈，禀岳渎之胜灵，六岁就袭汾阴县男的爵位④。二是良好教育。学术方面，六岁时就受《左传》于同郡韩文汪。文学方面，八岁（贞观四年）得到了既为其父之友，又是唐初著名文人士大夫房玄龄、虞世南的测试。时房玄龄在尚书左仆射任，虞世南在秘书少监任。一个八岁的儿童，受到两位开国重臣，又是著名文学家的召试与赏识，这对于后来文学道路的发展，无疑会起很大作用的。三是个人天赋。他六岁对《左传》就能提出质疑，使得其

---

① 周绍良主编：《唐代墓志汇编》，上海古籍出版社1992年版，第946页。
② ［唐］刘肃：《大唐新语》卷八，中华书局1984年版，第130页。
③ ［唐］朱景玄：《唐朝名画录》，《景印文渊阁四库全书》第812册，第367页。
④ ［后晋］刘昫：《旧唐书》卷七三《薛元超传》："元超早孤，九岁袭爵汾阴男。"（中华书局1975年版，第2590页）《新唐书》卷九八《薛元超传》："九岁袭爵。"（中华书局1975年版，第3892页）记载与《薛元超墓志》不同。

师韩文汪都感到惊异。八岁能赋诗,墓志所述咏竹诗中的两句,颇有思致。这首诗《全唐诗》不载,是薛元超的佚作,具有重要的辑佚价值。

薛元超的个人素质,崔融在撰写的墓志中用"地""貌""文""学""量""言""贤""相"八个方面来表述,非常全面,述其文学云:"惟公神韵萧洒,天才磊砢,陈琳评其大巫,阮籍称其王佐。立辞比事,润色太平之业;述礼正乐,歌咏先王之道。擅一时之羽仪,光百代之宗匠,天下之人谓公为文矣。惟公下帷帐,列绵绁,覃思研精,该通博极。三皇五帝之坟典,指于掌内;四海九州岛之图籍,吞若胸中。献替王公之言,谋猷庙堂之议,天下之人谓公为学矣。"正因如此,在他一生中,经常会有受皇帝召见而赋诗的机会。二十一岁时除太子通事舍人,为弘文馆学士,修《晋书》。太宗尝夜宴王公于玄武内殿,诏其咏烛。后来,他又以《泛鹔金塘》诗上太宗,受到太宗赞赏。当吐蕃作梗河源时,高宗诏英王为元率,薛元超又赋《出征》诗一首,帝览而嘉之,亲纤圣笔,代英王为和。这些都是墓志中记载的事情。《唐诗纪事》卷五还记载有这样一件事:"高宗为太子也,元超为舍人。太宗亲征时,元超、韩王元嘉同太子监守,赋《违恋》诗。"①《违恋》诗即今存《奉和同太子监守违恋》。

薛元超与上官仪

薛元超与上官仪的关系,是墓志叙述的重要内容,对于考察初唐宫廷诗坛的演变历程,颇有启迪作用。值得注意的内容主要有两个方面:一是与上官仪同事,二是受上官仪牵连。

就第一方面来说,墓志云:"永徽纂历,加朝散大夫,迁给事中,时年廿六。寻迁中书舍人、弘文馆学士兼修国史。仍与上官仪同入阁供奉,从容诏制,肃穆图书。清晨入龙凤之池,薄暮下麒麟之阁。东京辞赋,孟坚共武仲齐名;西国文儒,刘向与王褒并进。"

上官仪是太宗至高宗时期主盟文坛的重要政治人物与文学人物,墓

---

① ［宋］计有功:《唐诗纪事》卷五,第66页。

志所叙述的薛元超与上官仪同事，是在高宗初期，这时上官仪无论在政治上还是文学上都保持着独尊的地位。唐刘𫗧《隋唐嘉话》卷中记载说："高宗承贞观之后，天下无事，上官侍郎仪独持国政，尝凌晨入朝，巡洛水堤，步月徐辔，咏诗云：'脉脉广川流，驱马历长洲。鹊飞山月晓，蝉噪野风秋。'音韵清亮，群公望之，犹神仙焉。"①上官仪字游韶，陕州人。贞观初，擢进士第，召授弘文馆学士，迁秘书郎。太宗每属文，遣仪视稿，私宴未尝不预。高宗即位，为秘书少监，进西台侍郎，同东西台三品。麟德元年，坐梁王忠事下狱死。其词绮错婉媚，人多效之，谓为上官体。他的成就多在诗歌方面，又在太宗、高宗朝有很高的地位，故当时的诗风、文风都受其影响。《旧唐书·上官仪传》称："本以词彩自达，工于五言诗，好以绮错婉媚为本。仪既贵显，故当时多有效其体者，时人谓为上官体。"②

在《薛元超墓志》没有出土之前，我们仅知道他所存留的一首《奉和同太子监守违恋》诗。从这首诗中，不仅看不出他与上官体诗风有什么样的关系，更看不出他在初唐诗坛的地位。这篇墓志的出土，为我们进一步了解薛元超的文坛地位提供了帮助，并为研究初唐文学的发展打开了一扇窗口。这时薛元超与上官仪同为弘文馆学士，同掌图书，同修国史，共同进行文学创作。由墓志所言"东京辞赋，孟坚共武仲齐名；西国文儒，刘向与王褒并进"，可知薛元超与上官仪在文学与学术方面都是齐名的。薛元超是太宗与高宗之际的重要宫廷诗人之一，由《薛元超墓志》所记载他的出身、经历、仕历，以及与上官仪等人的交游，我们就可以清楚地看出初唐宫廷诗所产生的典型环境。

就第二方面来说，墓志云："卌一，复为东台侍郎。献《封禅书》《平东夷策》。以事复出为简州刺史。岁余，上官仪伏法，以公尝词翰往复，放于越嶲之邛都。耽味《易》象，以诗酒为事。有《醉后集》三卷行于时。五十三，上元赦还，诣洛阳，帝召见，拜正谏大夫。"麟德元年（664），上官仪因事被武则天所杀。其事《新唐书·上官仪传》记载较详："麟德元年，坐梁王

---

① ［唐］刘𫗧：《隋唐嘉话》卷中，中华书局 1979 年版，第 32 页。
② ［后晋］刘昫：《旧唐书》卷八〇，第 2743 页。

忠事下狱死,籍其家。初,武后得志,遂牵制帝,专威福,帝不能堪;又引道
士行厌胜,中人王伏胜发之。帝因大怒,将废为庶人,召仪与议。仪曰:
'皇后专恣,海内失望,宜废之以顺人心。'帝使草诏。左右奔告后,后自申
诉,帝乃悔;又恐后怨恚,乃曰:'上官仪教我。'后由是深恶仪。始,忠为陈
王时,仪为咨议,与王伏胜同府。至是,许敬宗构仪与忠谋大逆,后志也。
自褚遂良等元老大臣相次屠覆,公卿莫敢正议,独仪纳忠,祸又不旋踵,由
是天下之政归于后,而帝拱手矣。"①可见上官仪之死,是当时的政治斗争
造成的,他是宫廷诗人,而成为宫廷斗争的牺牲品。

薛元超受牵连而贬官,即当在麟德元年(664),受牵连的原因是与上
官仪"词翰往复"。这里的"词翰"当指文学作品,说明薛元超与上官仪,不
仅在同官时"从容诏制,肃穆图书",即使在不同官时,也有不少文学作品
的往来。如薛元超为中书舍人时,就与上官仪有诗歌唱酬,上官仪有《酬
薛舍人万年宫晚景寓直怀友》诗②。二人同重文辞,在文坛上都有重要影
响,则不待言。但从墓志所载薛元超被贬以后的情况看,诗风应该有较大
的转变。命运的落差,放逐的痛苦,使得他耽味于《易》象,寄情于诗酒,因
而作了《醉后集》三卷。从墓志所言其耽于《易》象和诗酒的关系中,薛元
超这时所作的诗,应该是真情实感的抒发,与此前在上官体影响下的宫廷
诗是不同的。"初唐诗歌从应制咏物转向个人情志的抒写,薛元超应当是
一位开风气之先的人物。"③这是薛元超在特定环境下对上官体诗风的超
越,也是对初唐文学发展进程的推进。

薛元超在麟德元年(664)贬官,一直到上元元年(674)八月改元赦天
下时,才回朝任职,其间被放逐了十年。回朝以后,仕途颇顺,且掌文翰:
"时闻谠议,初求贡禹之言;朝有大文,即命王珣之笔。"直至"拜守中书侍
郎,寻同中书门下三品。此后独知国政者五年"。这时,墓志记载与文学
相关者主要有两件事,其一是侍宴,"驾幸九成宫,尝急召太子赴行所在,

① [宋]欧阳修、宋祁:《新唐书》卷一〇五,第 4035 页。
② [清]彭定求:《全唐诗》卷四〇,第 506 页。
③ 陶敏:《初唐文坛盟主薛元超》,《古典文学知识》2000 年第 5 期,第 62 页。

帝于箭括岭帐殿候之。及至，置酒张乐会王公等，有诏酣谑尽欢，即目各言一事，时太子、英王、今上侍。公曰：天皇正合《易》象，臣闻乾将三男震、坎、亘（艮），今日是也。帝大悦，群臣称万岁，声溢岩谷间，传闻数十里。赐物百段及银镂钟一枚。"其二是作诗，"时吐蕃作梗河源，诏英王为元率。公赋《出征》诗一首，帝览而嘉之，亲纡圣笔，代王为和。天文烂烂，月合而星连；睿思飘飘，云飞而风起。君臣之际，朝野称荣。"侍宴与作诗是当时文学产生的环境与结果，二者相辅相成，密不可分。此时的薛元超，与作《醉后集》时的薛元超已判若两人，而又回到了与上官仪同僚及往还时的创作状态。由此可见，文学创作是离不开具体环境的。

薛元超与崔融

《薛元超墓志》的撰者，是当时著名的文学家崔融。墓志铭称于垂拱元年四月丙子朔二十二日丁酉诏陪葬乾陵。是即崔融所撰墓志之年。

崔融，字安成，齐州全节人。擢八科高第。累补宫门丞、崇文馆学士。授著作佐郎，迁右史，进凤阁舍人，除司礼少卿。因近张易之兄弟，左授袁州刺史。寻召拜国子司业，兼修国史。崔融以善作文而称名于时，《旧唐书·崔融传》称："累补宫门丞，兼直崇文馆学士。中宗在春宫，制融为侍读，兼侍属文，东朝表疏，多成其手。圣历中，则天幸嵩岳，见融所撰《启母庙碑》，深加叹美，及封禅毕，乃命融撰朝觐碑文。"[1]又云："融为文典丽，当时罕有其比，朝廷所须《洛出宝图颂》《则天哀册文》及诸大手笔，并手敕付融。撰哀册文，用思精苦，遂发病卒。"[2]

薛元超与崔融的关系，主要表现为两个方面。

其一是元超生前，推荐崔融为崇文馆学士。元超生前推荐崔融为崇文馆学士，是十位学士之一。除了上文所引墓志记载外，亦见于多种文献。《旧唐书·薛元超传》："永隆二年，拜中书令兼太子左庶子。高宗幸东都，太子于京师监国，因留元超以侍太子。……于是元超表荐郑祖玄、

---

① ［后晋］刘昫：《旧唐书》卷九四，第 2996 页。
② ［后晋］刘昫：《旧唐书》卷九四，第 3000 页。

邓玄挺、崔融为崇文馆学士。"①《新唐书·杨炯传》："永隆二年,皇太子已释奠,表豪俊充崇文馆学士。中书侍郎薛元超荐炯及郑祖玄、邓玄挺、崔融等,诏可,迁詹事司直。"②《唐会要》卷六四《崇文馆》："永隆二年二月六日,皇太子亲行释奠之礼。礼毕,上表请博延耆硕英髦之士,为崇文馆学士,许之。于是薛元超表荐郑祖元[玄]、邓玄挺、杨炯、崔融等并为崇文学士。"③杨炯《中书令汾阴公薛振行状》："及兼左庶子,又表郑祖玄、沈伯仪、贺颛[敱]、邓玄挺、颜强学、崔融等十人为学士,天下服其知人。"④薛元超将崔融等人推荐给中宗(当时为皇太子),对后来的文学发展起到了不小的作用。中宗虽在政治上没有多大作为,而对文学的发展却颇有推进之功,这也得力于崔融等一批文人的努力。

　　其二是薛元超死后,崔融为其撰写墓志。为薛元超撰写墓志的原因,墓志中并没有明确说明,但从墓志述及的推荐崔融为崇文馆学士等事来看,崔融是颇受薛元超擢拔的初唐文学家兼政治家,二人关系自当非同一般。崔融撰写《薛元超墓志》,于文末题款仅书"崔融篆",未署官职。据墓志所述,元超于垂拱元年受诏陪葬于乾陵,志即撰于其时。考《新唐书·崔融传》："累补宫门丞、崇文馆学士。中宗为太子时,选侍读,典东朝章疏。武后幸嵩高,见融铭《启母碣》,叹美之。及已封,即命铭《朝觐碑》。授著作佐郎。"⑤参《道家金石略》载《唐嵩高山启母庙碑铭并序》,题署:"登仕郎崇文馆直学士臣崔融奉敕撰。"⑥则崔融撰薛元超墓志时仍为崇文馆学士。其时即颇有声名,受到武则天的重视,未始不与此前薛元超的推荐以任崇文馆学士相关。不仅如此,崔融在武则天时还与薛元超之子薛曜同官于朝廷,其文才颇受武则天重视。久视元年,武则天游石淙,群臣扈从,并作《夏日游石淙》组诗以刻石,其中即有崔融、薛曜《七言侍游应

---

① ［后晋］刘昫:《旧唐书》卷七三,第 2590—2591 页。
② ［宋］欧阳修、宋祁:《新唐书》卷二〇一,第 5741 页。
③ ［宋］王溥:《唐会要》卷六四,第 1320 页。
④ ［唐］杨炯著:《杨炯集》卷一〇,《卢照邻集·杨炯集》,第 161 页。
⑤ ［宋］欧阳修、宋祁:《新唐书》卷一一四,第 4195 页。
⑥ 陈垣:《道家金石略》,文物出版社 1988 年版,第 96 页。

制》诗各一首。崔融后来在初唐文坛上具有崇高的地位，文笔华婉典丽，称为"大手笔"。他还写了《唐朝新定诗格》等书，论述"十体""九对""文病""调声"等，总结六朝至唐初诗体方面的规律，为时人写诗提供典范，它突破了上官仪论诗仅限于对仗字句方面的琢磨，而扩展到了诗歌表现的全部，标志着唐人在诗歌形体探索方面的重大发展。他的这些成就，虽没有直接的证据以说明受薛元超的影响，但从其撰写薛元超墓志中提供的受元超引荐，以及对薛元超文学成就的赞美中，也可以推知崔融是受到薛元超的影响并从而发展超越的。

二、卢照己墓志

墓 志 释 文

唐故银青光禄大夫金州刺史上柱国卢君墓志铭 并序

　　君讳照己，字炅之，范阳涿人。汉侍中府君植之十六代孙。炎皇启其胤绪，圣德天齐；尚父大其门闾，深仁海浚。忠贤踵武，台鼎连踪。昌之以汉侍中，承之以晋司空。世炳丕业，以至于公。故万业归其鼎绪，六籍咏其家风。曾祖旦，齐本州大中正，赠殷州刺史。祖子元，随龙山、新宁二令。父仁勖，唐江都尉，临颍丞。文学继业，游夏扬名，才命不齐，郡县偕诎。古不云乎，明德之后，必有达人。君之昆弟八人，咸能知名当代，有若照乘、照邻、照容洎君，并弱冠秀出，皆擅词宗。翰墨浃于寰瀛，文集藏于天阁。晋朝二陆，未方群秀；荀门八龙，多惭鸿笔。故天下休之以为荣观。君仪凤三年，起家举词殚文律、藻思清华科，对策高第。授德州平昌尉，时刺史赵崇道、长孙宪累以孝悌词学闻，荐于朝。垂拱初，举器标瑚琏、材堪栋干科，对策高第，授太常太祝。满岁，选授国子主簿。长寿二年，举匡过补阙、犯颜无隐科，对策高第，授并州司仓参军事。满岁，选授雍州司兵参军，加朝散大夫。迁太子舍人，转起居郎。出为豳州司马。迁魏州长史。神龙初，迁复州刺史，以良政闻。入为国子司业，进所撰文集，敕书褒美，特付秘阁,赐物四十段。寻迁光禄少卿,出为豫州刺史。先天中,敕使陈提伽有犯于境,左授宣州别驾。开元初,有司明白,制还旧资。授房州刺史,加银青光禄大夫,授金州刺史。七年遇疾,罢郡归于洛京。病间就闲,闭门谢世。时圣制《平胡诗》《偃松诗》二章,词臣毕和,君感音进和。上深叹美,赐物四十段。他日又撰进亡兄照邻、照容等文集,又降使慰赏,赐杂彩六十段。洎十有一年九月一日寝疾终于康俗里第,春秋七十有三。君冠族英华,翰林宗匠。文章秀发,受气于东壁之星;桢干森然,比劲于南山之竹。年始志学,博究群书。探六籍之菁华,漱百氏之芳润。振丽藻而风烟动色,写清辩而笙竽合响。则已名闻寰宇,价重朝廷。为陆氏之龙鸾,连翔抚翼;充谢庭之兰玉,齐芳吐秀。挹其门者,兴喻虎之谈;升其堂者,均附骥之远。故弱冠从政,清猷允塞,三□明扬,甲科咸据。累登清贯,良政备闻。若乃薄游下位,则丑夷不争,跼足无言;载笔中朝,则章奏推工,含光有裕。贰郡则百城繁赖,邦国兴谣;作牧则千里偃风,循良入奏。胗庠序之寄,则国胄知习;登河海之列,则卿寺有光。升降委运,喜愠无色;出入惟时,光尘莫碍。献词赋,而皇恩屡赐玉帛,盈乎筐篚;赏声律,而天文累降星辰,光乎翰简。既而位登七命,年及悬车,遐想二疏,辞荣览止。浩然养气,心王玄虚;紫芝兴歌,神期黄老。日月无常丰之势,夜壑不留;仁贤有同尽之期,晨歌奄回。悲夫!其名也立,搦札飞文,擅一时之才子;其生也贵,腰金佩玉,继百代之诸侯。有令德闻于宇县,有高文悬于日月。何必乎台辅,然后为贵哉?夫人太原王氏,后魏黄门侍郎、并州刺史遵业之六代孙,唐华阴丞弘安之子。宾天灵系,佐魏高门。世德盛于衣冠,嫔仪映于中外。言容备举,起谢蕴之林风;训试聿修,嗣班昭之女范。沉龙失匣,东岱先游;灵龟启期,西阶终合。粤以十二年四月廿日合祔于河南县定鼎原,礼也。嗣子湜、漪、澂、汴等,清才懿行,克承家业,棘心柴毁,永切天经。有感樗里之宫,惧启滕公之室。勒贞石兮泉壤,与厚地兮终毕。呜呼哀哉,为之铭曰:

圣贤丕系,明德继世,振家声兮。积庆降灵,兰玉充庭,皆兄弟兮。才子济美,圣朝秀起,作时英兮。甲科三登,清贯备升,天下荣兮。象河高位,剖符重寄,德政成兮。紫芝载歌,悬车养和,遂远情兮。文藏天阁,魂归夜壑,伤簪缨兮。柔嫔具德,邦家内则,凤和鸣兮。失翼中天,同穴下泉,闭佳城兮。德实不朽,庆流厥后,垂令名兮。

《卢照己墓志》,卢照己(651—723),字炅之,范阳涿人。"初唐四杰"卢照邻之弟。官至金州刺史。墓志2005年1—6月出土于洛阳洛南新区,现藏洛阳市考古研究院第二文物工作队。墓志青石质,方形。志盖盝顶,中央阴刻篆书"唐故府君卢君墓志铭",四刹饰卷草纹。底边长74.5厘米,厚15.5厘米。志石四边饰卷草纹,志文楷书,纵35行,满行36字,共1194字。边长74.5厘米,厚15.5厘米。首题"唐故银青光禄大夫金州刺史上柱国卢君墓志铭并序"。拓片载洛阳市第二文物工作队《洛阳唐卢照己墓发掘简报》,《文物》2007年第6期,第7页;释文载同书第5—8页。拓片又见《丝绸之路视域中的洛阳石刻》,上海古籍出版社2018年版,第104页。卢照己,传世文献中未见载录其作品,而新出墓志载其曾作《平胡诗》,又其所作《大唐故襄城公主墓志铭并序》亦于近年出土。

墓 志 疏 证

君讳照己,字炅之,范阳涿人。

卢照己,卢照邻之弟,为范阳涿人。《旧唐书·卢照邻传》:"卢照邻字昇之,幽州范阳人也。"[①]《新唐书·卢照邻传》:"(卢)照邻字昇之,范阳人。"[②]《朝野佥载》卷六:"卢照邻字昇之,范阳人。"[③]而宋晁公武《郡斋读书志》宋袁州刻本,谓卢照邻为"洛阳人"[④]。是知卢照邻籍贯,传世文献记载尚有歧异。《卢照己墓志》云:"范阳涿人。"则可确证照邻籍贯为范阳涿人。这较各种传世文献的记载都更切实具体,为卢照邻的籍贯是"范阳涿人"提供了铁证。据《旧唐书》卷三九《地理志》:"涿州,本幽州之范阳县。大历四年,幽州节度使朱希彩,奏请于范阳县置涿州,仍割幽州之范

---

① [后晋]刘昫:《旧唐书》卷一九〇上,第5000页。
② [宋]欧阳修、宋祁:《新唐书》卷二〇一,第5742页。
③ [唐]张鷟:《朝野佥载》卷六,中华书局1979年版,第141页。
④ 孙猛:《郡斋读书志校证》卷一七,上海古籍出版社1990年版,第831页。

阳、归义、固安三县以隶涿,属幽州都督。……范阳,汉涿郡之涿县也。郡
所治。曹魏文帝改为范阳郡,晋为范阳国,后魏为范阳郡,隋为涿县。武
德七年,改为范阳县,大历四年,复于县置涿州。"①

卢照邻《五悲文·悲穷通》云:"子非有唐之文士与?燕地之高门与?
昔也子之少则玉树金枝,及其长则龙章凤姿,立身则淹中不足言其礼,挥
翰则江左莫敢论其诗。"②所谓"燕地之高门"即指卢照邻郡望为燕地,即
范阳,属于中古时期的名门望族。

**汉侍中府君植之十六代孙。炎皇启其胤绪,圣德天齐;尚父大其门
闾,深仁海浚。忠贤踵武,台鼎连踪。昌之以汉侍中,承之以晋司空。世
炳丕业,以至于公。**

卢照己远祖为东汉时期名臣卢植。据《后汉书·卢植传》,卢植,字子
幹,涿郡涿县人。历任九江、庐江太守,平定蛮族叛乱。后与马日磾、蔡邕
校刊东观典籍,参与续写《汉记》。卢植师从太尉陈球、大儒马融等,与郑
玄、管宁、华歆同门,为汉末大儒。初平三年卒。著有《尚书章句》《三礼解
诂》等③。

卢照己为北祖卢偃的九世孙,祝尚书《卢照邻年谱》:"范阳卢氏'北
祖'之九代孙。《释疾文·粤若》言其远祖为共工、四岳、齐姜太公、秦博士
卢敖(以上多为传说)、东汉末尚书卢植、西晋末从事中郎卢谌。又曰:'暨
中朝之颠覆,家不坠乎良箕。……弥九叶而逮余兮,代增丽以光熙。'中朝
颠覆,指晋室南渡;不坠良箕,指卢谌之子卢偃在范阳重振家业,号称'北
祖'。卢照邻谓'弥九叶而逮余',当从'北祖'卢偃算起。考《元和姓纂》及
《新唐书·宰相世系表》,自卢偃至唐高宗时宰相卢承庆为九代,则卢照邻
当为卢承庆族弟。然因其父、祖无考,故所属支派不明。卢照邻为初唐著
名文士,《元和姓纂》《新唐书·宰相世系表》竟不列名,恐其已为卢氏别
房。又唐人喜攀附门第,故其自述亦不可尽信;但既出范阳卢氏,则似当

---

① ［后晋］刘昫:《旧唐书》卷三九,第 1517 页。
② 祝尚书:《卢照邻集笺注》卷四,上海古籍出版社 1994 年版,第 223 页。
③ 《后汉书》卷六四,第 2113 页。

为‘北祖’卢偃后裔。”①

曾祖旦，齐本州大中正，赠殷州刺史。祖子元，随龙山、新宁二令。父仁勖，唐江都尉，临颍丞。

卢照己为卢照邻之弟，故可以卢照邻之世系与照己相参证。傅璇琮《卢照邻杨炯简谱》：“其父约卒于咸亨中，不知其名。兄弟数人，其兄有名光乘者，曾为州刺史。”②祝尚书《卢照邻年谱》：“范阳卢氏，‘北祖’之九代孙。父某，咸亨中卒于太白山下。兄及弟妹数人。兄弟仕途坎坷，有名光乘者，曾为陇州刺史。”③李云逸《卢照邻年谱》：“远祖为东汉卢植，灵帝时官尚书，西晋卢谌，为并州刺史刘琨从事中郎。自谓系谌之七世孙。父某，似一命未沾，约卒于上元初。兄字杲之，当即《旧唐书》本传中之光乘。弟某，字昂之，并博学能文。调露中已入仕，为畿县掾，永淳元年前后，杲之为京兆乾封县掾，昂之以事谪武陵。杲之即光乘，长寿中累迁陇州刺史。”④

按，《卢照己墓志》云：“汉侍中府君植之十六代孙。……曾祖旦，齐本州大中正，赠殷州刺史。祖子元，随龙山、新宁二令。父仁勖，唐江都尉，临颍丞。文学继业，游夏扬名，才命不齐，郡县偕诎。古不云乎明德，之后，必有达人。君之昆弟八人，咸能知名当代，有若照乘、照邻、照容，洎君并弱冠秀出，皆擅词宗。”述其远祖世系，与文献记载相同。而其曾祖以下之姓名官职，颇为清楚，填补了长期以来卢照邻研究有关世系方面的空缺。据此墓志，亦可订正传世文献之异同及研究论著之错讹。

李云逸言：“父某，似一命未沾，约卒于上元初。……范阳卢氏为北魏、北齐以来之世家望族。后虽累叶衰微，子孙犹恃其旧地，好自矜夸。照邻于《释疾文·粤若》中亦颇有炫耀之意。然于其父之仕履，曾无一字及之，是以推知乃父盖一命未沾也。”⑤按，据《卢照己墓志》，卢照邻之父

---

① 祝尚书：《卢照邻集笺注》附录，第 555 页。
② 傅璇琮：《卢照邻杨炯简谱》，《杨炯集卢照邻集》附录，第 196 页。
③ 祝尚书：《卢照邻集笺注》，第 555—556 页。
④ 李云逸：《卢照邻集校注》，中华书局 1998 年版，第 482—484 页。
⑤ 李云逸：《卢照邻集校注》，第 482—483 页。

仁昫,官至唐江都尉,临颍丞。

君之昆弟八人,咸能知名当代,有若照乘、照邻、照容泪君,并弱冠秀出,皆擅词宗。

卢照乘,应即卢光乘,见《旧唐书·卢照邻传》:"兄光乘,亦知名,长寿为陇州刺史。"①又卢照邻《五悲·悲才难》:"余之昆兮曰杲之,余之季兮曰昂之。杲也杲杲兮如三足之乌,昂也昂昂焉如千里之驹。杲之为人也,风流儒雅,为一代之和玉;昂之为人也,文章卓荦,为四海之随珠。"②傅璇琮《卢照邻杨炯简谱》云:"此处杲之、昂之当为其兄、其弟之字(照邻字昇之);或杲之即光乘,名与字亦相应,昂之则未能考其名及其行事。"③李云逸《卢照邻年谱》亦云:"兄字杲之,当即《旧唐书》本传中之光乘。《诗·卫风·伯兮》曰:'其雨其雨,杲杲出日。'杲杲,日光明貌。《说文》:'杲,明也,从日在木上。'光乘,字杲之,名字取义恰相应,应即同一人。"④祝尚书《卢照邻集笺注》卷四注云:"杲之,未详是否即卢光乘之字。光乘武后长寿中尝为陇州刺史,见《旧唐书·卢照邻传》。昂之事迹未详。"⑤按,据《卢照己墓志》,卢照邻兄弟八人,其中有"照乘",据照乘、照邻、照容、照己推之,其兄弟排行皆从"照",而《旧唐书》作"光乘",未详何因。至于照乘(或光乘)是否字"杲之",则有待详考。李云逸所引《诗》与《说文》所训"杲"字词义,皆切"照"字,非必即照乘(或光乘)之字。墓志记载照己之字为"炅之",亦可作旁证。若以字义推之,"炅之"似乎更切光乘,但事实却并非如此。

君仪凤三年,起家举词殚文律、藻思清华科,对策高第。授德州平昌尉,时刺史赵崇道、长孙宪累以孝悌词学闻,荐于朝。

卢照己举词殚文律、藻思清华科,对策高第事,清人徐松《登科记考》缺考,可以补入。仪凤三年至垂拱元年之间,德州刺史为赵崇道、长孙宪

① [后晋]刘昫:《旧唐书》卷一九〇上,第5000页。
② 李云逸:《卢照邻集校注》卷四,第190页。
③ 徐明霞:《杨炯集卢照邻集》,中华书局1980年版,第196页。
④ 李云逸:《卢照邻集校注》,第483页。
⑤ 祝尚书:《卢照邻集笺注》卷四,第213页。

二人。郁贤皓《唐刺史考全编》卷一一〇德州："长孙宪，约武后时。《姓纂》卷七河南洛县［阳］长孙氏：'宪，屯田郎中、德州刺史。'按《新表》二上作屯田员外郎。其父长孙操仕武德、贞观中，卒永徽初。"①赵崇道为德州刺史，《唐刺史考全编》缺载，应补入。

垂拱初，举器标瑚琏、材堪栋干科，对策高第，授太常太祝。满岁，选授国子主簿。

卢照己举器标瑚琏、材堪栋干科，对策高第并授官事，清人徐松《登科记考》缺考，可以补入。

长寿二年，举匡过补阙、犯颜无隐科，对策高第，授并州司仓参军事。满岁，选授雍州司兵参军，加朝散大夫。迁太子舍人，转起居郎。出为幽州司马。迁魏州长史。

卢照己举匡过补阙、犯颜无隐科，对策高第并授官事，清人徐松《登科记考》缺考，可以补入。

按，根据墓志，卢照己连登三科。而其所登三科，清徐松《登科记考》均失载，孟二冬《登科记考补正》亦未及，可以补二书之缺。更为重要的是，唐代制科名目复杂，尤其是武则天时期，更是如此。《登科记考》卷二，仪凤三年（678），未言有词殚文律、藻思清华科；垂拱共四年，垂拱初当即垂拱元年（685），《登科记考》卷三亦未言有器标瑚琏、材堪栋干科；《登科记考》卷三，长寿二年（693），又未言匡过补阙、犯颜无隐科。是墓志均可补其缺。宋人赵彦卫《云麓漫钞》卷六云："唐科目至繁，《唐书》志多不载，或略见于列传，今衰集于此。"②其所录有 107 个科目，真可谓繁多。但《卢照己墓志》中所记的科目，亦不在其中。因而这一墓志，无疑是唐代重要的科举史文献。

神龙初，迁复州刺史，以良政闻。入为国子司业，进所撰文集，敕书褒美，特付秘阁，赐物四十段。寻迁光禄少卿，出为豫州刺史。

卢照己为光禄少卿，其具体年月，可见新出土《大唐故襄城县主墓志

---

① 郁贤皓：《唐刺史考全编》卷一一〇，安徽大学出版社 2000 年版，第 1526 页。
② ［宋］赵彦卫：《云麓漫钞》卷六，中华书局 1996 年版，第 99 页。

铭并序》，题撰人为："正议大夫行光禄少卿上柱国卢昺之撰。"末署："景云二年五月廿七日。"①卢昺之即卢照己之字，据此，知其景云二年（711）在光禄少卿任。

卢照己神龙初为复州刺史，先天前为豫州刺史，开元初为房州刺史，开元七年（719）前为金州刺史，郁贤皓《唐刺史考全编》均缺，应补入。

先天中，敕使陈提伽有犯于境，左授宣州别驾。开元初，有司明白，制还旧资。授房州刺史，加银青光禄大夫，授金州刺史。七年遇疾，罢郡归于洛京。病间就闲，闭门谢世。

卢照己授房州刺史、金州刺史事，《唐刺史考全编》均缺载，可以补入。

夫人太原王氏，后魏黄门侍郎、并州刺史遵业之六代孙，唐华阴丞弘安之子……嗣子滉、漪、澂、汴等。

据《魏书·王慧龙传》，慧龙长子王遵业位著作佐郎，预修《起居注》。迁右军将军、散骑常侍。北魏武泰元年，遇害于"河阴之变"。著有《三晋记》十卷。②《魏书·李宝传》："玙弟瑾，字道瑜。……稍迁通直散骑侍郎，与给事黄门侍郎王遵业、尚书郎卢观典领仪注。临淮王或谓瑾等曰：'卿等三俊，共掌帝仪，可谓舅甥之国。'王、卢即瑾之外兄也。"③王弘安及卢照己诸子，事迹无考。

《卢照己墓志》与卢照邻名字及生卒年

卢照邻研究，一直是唐代文学研究的热点，当今学者颇为关注，仅编写年谱者，即有多家。④ 但因传世文献绝少，故各种著述，对于卢照邻的世系都没有考证清楚。《卢照己墓志》的出土，则彻底解决了卢照邻的世系问题。今以墓志与史籍参证，对卢照邻的世系、籍贯、名字、生年等作进一步研

① 西安碑林博物馆：《碑林集刊》第八辑，第182—183页。
② ［北齐］魏收：《魏书》卷三八，第878—879页。
③ ［北齐］魏收：《魏书》卷三九，第888页。
④ 傅璇琮：《卢照邻杨炯简谱》，《杨炯集卢照邻集》附录，中华书局1980年版，第195—233页；祝尚书：《卢照邻年谱》，《卢照邻集笺注》附录四，上海古籍出版社1994年版，第554—575页；李云逸：《卢照邻年谱》，《卢照邻集校注》附录二，中华书局1998年版，第482—510页；张志烈：《初唐四杰年谱》，巴蜀书社1993年版。

究。其世系、籍贯已见上文疏证，这里着重考证卢照邻的名字及生年。

（一）卢照邻名字

卢照邻字昇之，亦有作卢子昇字照邻者。宋赵明诚《金石录》卷四《目录》：“《唐黎尊师碑》，卢子昇字照邻撰，王大义行书。仪凤二年正月。”①同书卷二四《跋尾》：“右《唐黎尊师碑》，题云‘卢子昇字照邻撰’。案《唐史》，卢照邻，字昇之，与此碑不合。盖唐初人多以字为名尔。至以‘子昇’为‘昇之’，则疑史之误。”②按，今据《卢照己墓志》记载，其弟照己字炅之，又卢照邻《五悲·悲才难》自述其兄字杲之，其弟字昂之，推之，应作“字昇之”为是。又卢照邻《释疾文·粤若》云：“皇考庆余以弄璋兮，肇赐予以嘉词；名余以照邻，字余以昇之。”③亦可证定其名为照邻，字昇之。高步瀛《唐宋文举要》乙编卷一云：“卢照邻，字昇之，或曰子昇，字照邻，幽州范阳人。”④亦不确。

（二）卢照邻生年

卢照邻的生年，学术界歧说甚多，概括起来，约有以下七种：1. 贞观四年（630）说。傅璇琮先生《卢照邻杨炯简谱》推测为唐太宗贞观四年庚寅（630），骆祥发的《初唐四杰研究》附录《初唐四杰年谱》沿用其说。2. 贞观六年（632）说。祝尚书《卢照邻年谱》推测为唐太宗贞观六年壬辰（632）。3. 贞观七年（633）说。陶敏、傅璇琮《唐五代文学编年史》初盛唐卷推测为唐太宗贞观七年癸巳（633 年）。4. 贞观八年（634）说。任国绪《卢照邻诗文系年及生平行迹》推测卢照邻约生于贞观八年（634）⑤，《唐才子传校笺》卷一任国绪《卢照邻传笺证》推测为唐太宗贞观八年（634），张志烈《初唐四杰年谱》也持此说。5. 贞观九年（635）说。刘开扬在 1957

---

① 金文明：《金石录校证》卷四，第 72 页。
② 金文明：《金石录校证》卷二四，第 462 页。
③ 李云逸：《卢照邻集校注》卷五，第 245—246 页。
④ 高步瀛：《唐宋文举要》乙编卷一，上海古籍出版社 1982 年版，第 1247 页。
⑤ 任国绪：《卢照邻集编年笺注》附录，黑龙江人民出版社 1989 年版，第 514 页。

年发表的《论初唐四杰及其诗》认为卢照邻当生于 635 年[1]，即贞观九年，刘大杰《中国文学发展史》、马茂元《读两〈唐书·文艺(苑)传〉札记》[2]、李云逸《卢照邻集校注》及《关于卢照邻生平的若干问题》[3]均持此说。6. 贞观十一年(637)说。闻一多《唐诗大系》及《初唐四杰合谱》推测为贞观十一年丁酉(637)。陆侃如、冯沅君《中国诗史》、周祖譔《隋唐五代文学史》、游国恩等主编的《中国文学史》、王士菁《唐代诗歌》等均沿用其说。7. 永徽元年说(650)。苏雪林《唐诗概论》定卢照邻约生于 650 年，未言具体依据，郑振铎《插图本中国文学史》、陈子展《唐宋文学史》也持此说。

新出土《卢照己墓志》，称其开元十一年(723)卒，年七十三。以此逆推，其生年应为唐高宗永徽二年辛亥(651)。而其墓志又载其兄至少有"照乘、照邻、照容"三人，照邻排在照容前。故而持照邻生于永徽元年(650)说者，未免过迟。但若以唐太宗贞观四年照邻生，则比其弟照己年长二十余岁，似亦不确切。故照邻生年虽难以确考，但以闻一多先生所定贞观十一年(637)为近是。其兄弟有八人，照邻长其弟照己十四岁，也是能说得通的。

卢照己的文学成就

卢照己兄弟八人，都有文学成就，而尤以照乘、照邻、照容、照己弱冠秀出，可惜除照邻外，其他兄弟均无作品传世，今据墓志与出土文献，尚可略见卢照己文学成就之一斑。

(一) 以词学起家，举词殚文律、藻思清华科

《卢照己墓志》云："君之昆弟八人，咸能知名当代，有若照乘、照邻、照容泪君，并弱冠秀出，皆擅词宗。翰墨浃于寰瀛，文集藏于天阁。晋朝二

---

① 刘开扬：《唐诗论文集》，上海古籍出版社 1979 年版，第 1—4 页。
② 马茂元：《读两〈唐书·文艺(苑)传〉札记》，《文史》第 8 辑，中华书局 1980 年版，第 146—147 页。
③ 李云逸：《关于卢照邻生平的若干问题》，《西北大学学报》1988 年第 2 期，第 24—31 页。

陆，未方群秀；荀门八龙，多惭鸿笔。故天下休之以为荣观。君仪凤三年，起家举词殚文律、藻思清华科，对策高第。"这里所说的"晋朝二陆"，指著名的文学家陆机、陆云；"荀门八龙"指东汉荀淑有八子：荀俭、荀绲、荀靖、荀焘、荀汪、荀爽、荀肃、荀旉，当时皆颇著名声，时称"荀氏八龙"。墓志以陆氏及荀氏兄弟来比拟卢照己兄弟八人，并言"未方群秀""多惭鸿笔"，且弱冠时就"翰墨浃于寰瀛，文集藏于天阁"，可知卢氏兄弟年轻时就在初唐文坛有一定的地位与影响。初唐时期以初唐四杰为代表的早慧文人颇多，卢氏兄弟中照乘、照邻、照容、照己等都是才华早著的文人。

（二）工于诗歌

卢照己工于诗歌，并随名家应制，而进和唐玄宗《平胡》《偃松》等诗。《卢照己墓志》云："七年遇疾，罢郡归于洛京。病间就闲，闭门谢世。时圣制《平胡诗》《偃松诗》二章，词臣毕和，君感音进和。上深叹美，赐物四十段。"

按，唐玄宗及群臣唱和应制之《平胡诗》，今尚可考知一斑。唐玄宗有《平胡并序》："戎羯不虔，窃我荒服。命偏师之俘翦，彼应期而咸殄，一麾克定，告捷相仍，爰作是诗，聊以言志。杂虏忽猖狂，无何敢乱常。羽书朝继入，烽火夜相望。将出凶门勇，兵因死地强。蒙轮皆突骑，按剑尽鹰扬。鼓角雄山野，龙蛇入战场。流膏润沙漠，溅血染锋铓。雾扫清玄塞，云开静朔方。武功今已立，文德愧前王。"①群臣唱和之作，今尚见有裴漼《奉和御制平胡》、韩休《奉和御制平胡》二首。裴漼有《奉和御制平胡》："玄漠圣恩通，由来书轨同。忽闻窥月满，相聚寇云中。庙略占黄气，神兵出绛宫。将军行逐虏，使者亦和戎。一举辖辒灭，再麾沙漠空。直将威禁暴，非用武为雄。饮至明军礼，酬勋锡武功。干戈还载戢，文德在唐风。"②韩休《奉和御制平胡》："南牧正纷纷，长河起塞氛。玉符征选士，金钺拜将军。叠鼓摇边吹，连旌暗朔云。祅星乘夜落，害气入朝分。始见幽烽警，俄看烈火焚。功成奏凯乐，战罢策归勋。盛德陈清庙，神谟属大君。叩荣

① ［清］彭定求：《全唐诗》卷三，第 39 页。
② ［清］彭定求：《全唐诗》卷一〇八，第 1115 页。

逢偓羽,率舞咏时文。"①

　　《太平御览》记载:"蔡孚赋《偃松篇》,玄宗赐和,御书刻石记之,公卿咸和焉。"②又《古今事文类聚》别集卷五《玄宗和诗》条:"开元初,蔡孚赋东海龙兴观《偃松篇》,玄宗赐和,御书刻石记之。"③知蔡孚先作《偃松篇》,唐玄宗赐和,随后群臣应制。然玄宗之《偃松诗》,今已不存。张说《遥同蔡起居偃松篇》:"清都众木总荣芬,传道孤松最出群。名接天庭长景色,气连宫阙借氛氲。悬池的的停华露,偃盖重重拂瑞云。不借流膏助仙鼎,愿将桢干捧明君。莫比冥灵楚南树,朽老江边代不闻。"④张说此诗有"愿将桢干捧明君"句,疑当为与蔡孚一起应制之作,或与玄宗时应制诗有关。又《唐代墓志汇编》开元〇九五《大唐故朝议郎京兆府功曹上柱国韦君(希损)墓志铭并序》:"尝应制和蔡孚《偃松篇》曰:'大厦已成无所用,唯将献寿答尧心。'作者称之,深以为遗贤雅刺矣。"⑤均可与《卢照己墓志》参证。《卢照己墓志》记载玄宗作《平胡》《偃松诗》,群臣毕和。推其和者有张说、蔡孚、卢照己等人,形成了当时朝廷文质彬彬的局面,亦可知唐玄宗初期重文治的背景下,朝廷亦沿袭武后、中宗时的宫廷唱酬的文学风尚。又墓志中,言玄宗作诗后,词臣毕和,而照己感音进和的情况,说明唐代应制诗,除朝廷君臣唱和外,亦有京城以外的文人士大夫进和的情况。

(三) 擅长作文

　　新出土《大唐故襄城县主墓志铭并序》,题撰人为:"正议大夫行光禄少卿上柱国卢炅之撰。"末署:"景云二年五月廿七日。"⑥卢炅之即卢照

---

①　[清]彭定求:《全唐诗》卷一一一,第 1133 页。

②　[宋]李昉:《太平御览》卷九五三:中华书局 1960 年版,第 4233 页。

③　[宋]祝穆:《古今事文类聚》别集卷五,《景印文渊阁四库全书》第 927 册,第 574 页。

④　[清]彭定求:《全唐诗》卷八六,第 941 页。

⑤　周绍良主编:《唐代墓志汇编》,第 1219 页。

⑥　按此文首揭于赵力光《唐襄城县主李令晖墓志》,云:"1996 年秋长安县细柳乡羊元村出土,2001 年 6 月 28 日入藏西安碑林博物馆。"(《碑林集刊》第 9 辑,陕西人民美术出版社 2003 年版,第 182 页)然赵文称:"志文撰者卢炅之,当时结衔为'正议大夫行光禄少卿上柱国',史籍无载。"(同前第 184 页)盖尚未见到《卢照己墓志》之出土。录文又载于《全唐文补遗》第 8 辑,三秦出版社 2005 年版,第 14 页。

己，盖照己或以字行。《卢照己墓志》云："入为国子司业，进所撰文集，敕书褒美，特付秘阁，赐物四十段。寻迁光禄少卿，出为豫州刺史。先天中，敕使陈提伽有犯于境，左授宣州别驾。"与《襄城县主墓志》题款正合。志主李令晖，是皇唐宗室，太宗曾孙、高宗之孙，地位显要。卢照己撰志时为太常少卿，也占据朝廷要津，才有这样一个机会。由《襄城县主墓志》的撰写，也可以推知卢照己在当时的文坛是具有一席之地的。景云二年(711)，正是初唐骈体文繁盛之时，加以墓志撰作，必定会受时风左右，趋于当时之体。这对卢照己的文章都有较大的影响，今略录《襄城县主墓志》中的一段文字，以见一斑："张宵架极，罄域裁基。郁函关紫气之兆，纂高丘白云之胤。咸池演庆，疏睿派于银潢；若木分晖，擢仙柯于琼圃。邦家之美，无得而称；图箓所存，斯焉为盛。县主凭华宸极，宅粹璇郊。合巽之贞，受坤之顺。韶姿月满，疏桂影于神轩；逸韵霜横，肃松标于智宇。吐词而箴训有作，动容而规矩斯存。事无细而不晓，物有形而必工。听声达音，琴生意匠；应机体物，雪落文锋。"参以王勃的《滕王阁序》、骆宾王的《讨武曌檄》，可以看出当时文坛重骈体文的风气，也就是杜甫《戏为六绝句》中所说的"当时体"。如果不是卢照己墓志的出土，我们难以知道卢炅之就是卢照邻之弟；而没有《襄城县主墓志铭》的发现，卢照己的文名更将埋没千古。由此一端，就可以说明出土文献对于文学研究意义重大。

(四) 编纂其兄照乘、照邻文集

墓志中提到卢照己编纂《卢照邻文集》事："七年遇疾，罢郡归于洛京。……他日又撰进亡兄照邻、照容等文集，又降使慰赏，赐杂彩六十段。"是其开元七年罢金州刺史归洛闲居时撰写并进奉朝廷的。又据墓志，卢照己曾自编文集进奉朝廷，"敕书褒美，特付秘阁"。而诸人文集，仅有卢照邻文集传世。《朝野佥载》卷六云："著《幽忧子》以释愤焉，文集二十卷。"[①]《旧唐书·卢照邻传》："文集二十卷。"[②]《新唐书·艺文志》："《卢

---

① [唐]张鷟：《朝野佥载》卷六，第141页。

② [后晋]刘昫：《旧唐书》卷一九〇上，第5000页。

照邻集》二十卷,又《幽忧子》三卷。"①是《幽忧子》为卢照邻自编,文集二十卷当为卢照己所编。历代考证卢照邻作品的流传,最早亦仅溯源于《朝野佥载》,而对文集二十卷的早期编纂情况,并未了然。《卢照己墓志》的发现,为我们考订卢照邻文集的版本源流,提供了重要的文献依据。

三、马怀素墓志

墓 志 释 文

故银青光禄大夫秘书监兼昭文馆学士侍读上柱国常山县开国公赠润州刺史马公墓志铭 并序

公讳怀素,字贞规,本原扶风。其先自伯翳马服,具诸史载,暨汉南郡太守融,命代大儒,公即其后也。十一代祖机,抗直不挠,晋御史中丞,扈元帝渡江,家南徐州丹徒,故今为郡人也。代以学闻。高祖涓,博综坟典,仕陈为奉朝请;曾祖法雄,慷慨倜傥,好孙吴,不事笔研,陈横野将军;祖果,颛学礼经,不陨素业,即学士枢之从父兄也。少为尚书毛喜所知,陈本州文学从事;父文超,果行毓德,精意《易》道及《洪范》,颇晓气候,贞观中,以有事辽沩,策名勋府;龙朔初,黜陟使举检校江州寻阳丞,弃官从好,遂寓居广陵,与学士孟文意、魏令谟专为讨论,具有撰著。公即寻阳府君第三子也。幼聪颖,六岁能诵书,一见不忘。气韵和雅,乡党以为必兴此宗。十五,遍诵《诗》《礼》《骚》《雅》,能属文,有史力,长史鱼承曙特见器异,举孝廉,引同载入洛。□尚书仓部河东裴炎之,博学深识,见名知人,音旨仪形,海内籍甚。公年甫弱冠,便蒙引汲,令与子□研覃,遂博游史籍,无不毕综,以文学优赡,对策乙科,乃尉郿。无何,丁太夫人□□忧,即陈学士宏直曾孙女也。本自名家,贞高博识。公在艰疚,骨立柴毁,殆不胜丧。服阕,授麟台正字、少监。京兆韦方直好学爱士,善飞白书,以公既及冠

---

① [宋]欧阳修、宋祁:《新唐书》卷六〇,第 1600 页。

礼,未尝立字,遂大署飞白云：怀素字贞规,扶风之学士也。封以相遗。其为时贤所重如此。以忠鲠举左鹰扬卫兵曹参军,转咸阳尉。昔则天太后大崇谏职,授左拾遗,深尽规讽。寻改左台监察御史,历殿中,弹纠不避强御。加朝散大夫,转詹尹丞,朝论称屈。迁礼部员外郎,与范阳卢怀慎、陇西李杰俱以清白严明分为十道按察。以公词学赡洽,精核文章,转授考功员外郎、修文馆直学士,迁中书舍人。与李乂同掌黄画。逾年,检校吏部侍郎,实允金属。朝廷以刑政所急,改授大理少卿,关畿仁材,除虢州刺史,惠实在人。入为太子少詹事,判刑部侍郎,加银青光禄大夫兼判礼部,寻而正除刑部,时称慎恤。转户部侍郎。上以河南蝗旱,令公驰驿赈给,宣布圣泽,所至甘雨。使回,拜光禄卿,迁左散骑常侍,转秘书监。四部舛杂,颇多残蠹,公备加校定,广内充积。加兼昭文馆学士。与右散骑常侍褚无量更日入内侍读,每至宫门,恩敕令□小舆上殿,自车丞相以来,殆将千载,始见此礼。公畴日自序云：慕善嫉恶,好学洁己,自谓不惭古人,无负幽明矣。直哉是言！不骞厥信,以开元六年三月十日遘疾,中旨遣御医赐药,相望道路。以开元六年七月廿七日终于河南之毓财里第,春秋六十。皇上辍朝二日,举哀□次。乃下制曰："存树高烈,君子所以立身；没垂令名,古人所以贻范。银青光禄大夫、故秘书监兼昭文馆学士、侍读、上柱国、常山县开国公马怀素,越箭含贞,楚材登用,清芬独映,至德可师。自服勤典籍,纳训帷扆,辅政以媺道,弼予以正言,允资惠迪,实表泉懿。而曾不慭留,欻焉彫落。思甘盘之旧学,临宣明以增叹,兴言感怆,用震悼于厥怀,可赠使持节润州诸军事、润州刺史,赠物三百廿段,米粟三百廿硕；丧葬所须,并令官给,京官六品一人检校。"公虽累登台阁,率身俭素,俸禄之资,赒赡亲友,及启手归全,家无赀产,唯有书数千卷以为燕翼。以其年十月十三日窆于洛阳古城之北原,礼也。有子巽等,虽年在童孺,礼过成人,棘心栾栾,感于邻巷,敬勒行事,以旌泉户。铭曰：

益佐理水,功施生人。羡于马服,守赵却秦。东京戚贵,南郡儒珍。德先惟永,奕奕振振。其一。朝请风素,横野矛戟。从事颛礼,寻阳洞易。公自名家,伏膺经籍。鼓钟外远,纯漆内积。其二。用材南楚,待问东堂。

持斧作宪,含香拜郎。再飞禁掖,七践文昌。国传茅土,巷拥旗常。其三。井春纷纶,桓荣稽古。行儒师逸,高迹谁伍。公实躔之,堂奥斯睹。匪徒外润,爰归内补。其四。惟昔殷后,学于甘盘。一期千载,遇君则难。充堂何那,其臭如兰。懿哉君子,斯言不刊。其五。仁谓必寿,神期式榖。生寄虽浮,夜趋何远。宠锡韩赐,恩深卫哭。徒望邢山,岂忘乔木。其六。峥嵘徂岁,寂历空岑。白日无影,寒云半阴。燕城表灭,汉水碑沉。贞臣之墓,樵牧谁侵。其七。

　　维大唐开元六年,岁次戊午,十月辛酉朔,十三日癸酉,葬于洛阳县古城北五里双乐村之原。

　　《马怀素墓志》,马怀素(659—718),字贞规,本原扶风。官至秘书监。按,《马怀素墓志》本于《古志石华》卷九、《筠清馆金石记》,收录于周绍良主编的《唐代墓志汇编》开元〇七四第 1205—1206 页、毛汉光《唐代墓志铭汇编附考》第 16 册第 499—507 页。墓志明末出土,传拓极稀,清初原石可能已佚,拓本极为珍贵,有明代顾苓虎丘塔影园旧藏"明拓孤本"。此志《全唐文》卷九九五亦收入,可与出土文献参证。张琼琼有《唐马怀素墓志铭考》,载于《吉林广播电视大学学报》2010 年第 3 期第 98—99 页。曹圆的硕士论文《唐代诗人墓志丛考》(2008 年)第一章第一节有《马怀素墓志考》。马怀素诗,载于《全唐诗》卷九三,第 1008 页。

墓 志 疏 证

公讳怀素,字贞规,本原扶风。其先自伯翳马服,具诸史载。

　　《旧唐书·马怀素传》:"马怀素,润州丹徒人也。"[①]《新唐书·马怀素传》:"马怀素字惟白,润州丹徒人。"[②]载其字与墓志不同,按墓志下文云:"京兆韦方直好学爱士,善飞白书,以公既及冠礼,未尝立字,遂大署飞白云:怀素字贞规,扶风之学士也。"是其确曾字贞规,且在其行冠礼时。而其字惟白则仅见《新传》记载。叶奕苞《金石录补》卷一二云:"按碑与两

---

① 〔后晋〕刘昫:《旧唐书》卷一〇二,第 3163 页。
② 〔宋〕欧阳修、宋祁:《新唐书》卷一九九,第 5680 页。

《唐书》异者，《旧书》不及公字，《新书》云'字惟白'。碑云'讳怀素，字贞规'，又云'年甫弱冠，以文学优赡对策乙科，为郡尉。丁太夫人忧，服阕，授麟台正字、少监。京兆韦方直好学爱士，善飞白书，以公既及冠礼，未尝立字，遂大书飞白云：怀素字贞规，扶风之学士也。封以相贻。'其为时贤所推重如此，则公决不改字，未知宋公何据，遽曰惟白。"①

　　马氏郡望为扶风，诸书记载亦有稍异者。《元和姓纂》卷七马氏："广陵：唐吏部侍郎、秘书监、常山文公马怀素，生观。"②则又称"广陵"，广陵为其父马文超寓居之地，见墓志下文。又《文苑英华》卷七〇一张说《孔补阙集序》有"广陵马怀素"语③。同书卷八九三苏颋《唐紫微侍郎赠黄门监李乂神道碑》有"散骑常侍扶风马怀素"语④。

　　清吴荣光《筠清馆金石记》："马怀素见《新唐书·儒学传》，云：'润州丹徒人，客居江都。'而不详其郡望。先世据墓志云：'本原扶风，其先自伯翳马服，具诸史载。暨汉南郡太守融，命代大儒，公即其后也。十壹代祖机，抗直不挠，晋御史中丞，扈元帝渡江，家南徐州丹徒，故今为郡人。'考《广韵》言：马姓，扶风人，本自伯益（与翳通）之裔，赵奢封马服君，后遂氏焉；秦灭赵，徙奢孙兴于咸阳，为右内史，遂为扶风人。《唐书·宰相世系表》言：兴徙咸阳，后子孙又徙扶风茂陵。《元和姓纂》载马氏有扶风茂陵一望，云：后魏平州刺史马荣之，状称南郡太守雄后；又别出广陵之望，即举怀素，不知其为晋御史中丞机始居于丹徒也。"⑤

　　暨汉南郡太守融，命代大儒，公即其后也。

　　马融，字季长，扶风茂陵人。安帝时任校书郎，典校秘书十余年，拜郎中。桓帝时出为南郡太守。因忤大将军梁冀免官，髡徙朔方。得赦后拜议郎，重在东观著述。《后汉书·马融传》："融才高博洽，为世通儒，教养

---

①　［清］叶奕苞：《金石录补》卷一二，《丛书集成初编》本，中华书局 1985 年版，第 116 页。
②　［唐］林宝：《元和姓纂》卷七，第 1043 页。
③　［宋］李昉：《文苑英华》卷七〇一，第 3612 页。
④　《文苑英华》卷八九三，第 4701 页。
⑤　转引毛汉光：《唐代墓志铭汇编附考》第 16 册，"中央研究院"历史语言研究所 1994 年版，第 503 页。

诸生,常有千数。涿郡卢植,北海郑玄,皆其徒也。善鼓琴,好吹笛,达生任性,不拘儒者之节。居宇器服,多存侈饰。常坐高堂,施绛纱帐,前授生徒,后列女乐,弟子以次相传,鲜有入其室者。尝欲训《左氏春秋》,及见贾逵、郑众注,乃曰:'贾君精而不博,郑君博而不精。既精既博,吾何加焉!'但著《三传异同说》。注《孝经》《论语》《诗》《易》《三礼》《尚书》《列女传》《老子》《淮南子》《离骚》,所著赋、颂、碑、诔、书、记、表、奏、七言、琴歌、对策、遗令,凡二十一篇。"①

十一代祖机,抗直不挠,晋御史中丞,扈元帝渡江,家南徐州丹徒,故今为郡人也。

史书对于马怀素先世记载甚少,此志可补史阙。南徐州丹徒,《元和郡县图志》卷二五《润州》:"晋永嘉乱后,幽、冀、青、并、兖五州流人过江者,多侨居此处,吴、晋以后,皆为重镇。晋咸和中,郗鉴自广陵镇于此,为侨徐州理所。升平二年,徐州刺史北镇下邳,京口常有留局,后徐州寄理建业,又为南兖州,后又为南徐州。隋开皇九年,贺若弼自广陵来袭,陷之,遂灭陈,废南徐州,改为延陵镇。十五年罢镇,置润州,城东有润浦口,因以为名。……丹徒县,望。郭下。本朱方地,后名谷阳。……初,秦以其地有王气,始皇遣赭衣徒三千人凿破长陇,故名丹徒。"②《资治通鉴》卷二〇七"监察御史丹徒马怀素鞫之"下胡三省注:"丹徒,春秋时吴之朱方也。汉为丹徒县,属会稽郡;吴为京口戍,晋以下为南徐州,隋为延陵县,属江都郡。唐为丹徒县,带润州。"③《册府元龟》卷七六八:"马怀素,润州丹徒人。博览经书,善属文,举进士,文学优赡科,历秘书监、昭文馆学士。"④

代以学闻。高祖涓,博综坟典,仕陈为奉朝请;曾祖法雄,慷慨倜傥,好孙吴,不事笔研,陈横野将军;祖果,颛学礼经,不陨素业,即学士枢之从父兄也。少为尚书毛喜所知,陈本州文学从事;父文超,果行毓德,精意

① [南朝宋]范晔:《后汉书》卷六〇上,中华书局1965年版,第1972页。
② [唐]李吉甫:《元和郡县图志》卷二五,中华书局1983年版,第590—591页。
③ [宋]司马光:《资治通鉴》卷二〇七,第6566页。
④ [宋]王钦若:《册府元龟》卷七六八,第9128页。

《易》道及《洪范》，颇晓气候，贞观中，以有事辽沨，策名勋府；龙朔初，黜陟使举检校江州寻阳丞，弃官从好，遂寓居广陵，与学士孟文意、魏令谟专为讨论，具有撰著。

清吴荣光《筠清馆金石记》："志言其高祖涓，仕陈为奉朝请；曾祖法雄，陈横埜将军；祖果愿，即学士枢之从父兄，陈本州文学从事；父超，检校江州寻阳丞，弃官从好，寓居广陵。则马氏有广陵之望，当溯怀素之父，不当言怀素。而机与涓、法雄、果愿、文超之名，皆不见于晋、陈、唐诸史。惟其祖之从父弟枢，《陈书》有传。但言其祖灵庆，齐竟陵王录事参军；枢数岁而父母俱丧；又言梁邵陵王纶引为学士，然则枢之先必亦出于晋御史中丞机之后。而居南徐州，故为南徐州刺史官也。与志所言合。"①

尚书毛喜，《陈书》有传，云："毛喜，字伯武，荥阳阳武人也。……喜少好学，善草隶，起家梁中卫西昌侯行参军，寻迁记室参军。高祖素知于喜，及镇京口，命喜与高宗俱往江陵。……（太建）十二年，加侍中。十三年，授散骑常侍、丹阳尹。迁吏部尚书，常侍如故。"②

公即寻阳府君第三子也。幼聪颖，六岁能诵书，一见不忘。气韵和雅，乡党以为必兴此宗。十五，遍诵《诗》《礼》《骚》《雅》，能属文，有史力，长史鱼承曦特见器异，举孝廉，引同载入洛。

《旧传》："寓居江都，少师事李善。家贫无灯烛，昼采薪苏，夜燃读书，遂博览经史，善属文。举进士，又应制举，登文学优赡科，拜郿尉。"③《新传》："客江都，师事李善，贫无资，昼樵，夜辄然以读书，遂博通经史。擢进士第，又中文学优赡科，补郿尉。"④马怀素少师李善事，墓志未述，《册府元龟》卷七九八云："马怀素，少师事李善，贫无灯烛，昼采薪苏，夜燃读书，遂博览经史，解属文。开元中为秘书监兼昭文馆学士。怀素虽居吏职，而笃学手不释卷。"⑤

① 转引毛汉光：《唐代墓志铭汇编附考》，第 503—504 页。
② ［唐］姚思廉：《陈书》卷二九，中华书局 1972 年版，第 388—390 页。
③ ［后晋］刘昫：《旧唐书》卷一〇二，第 3163 页。
④ ［宋］欧阳修、宋祁：《新唐书》卷一九九，第 5680 页。
⑤ ［宋］王钦若：《册府元龟》卷七九八，第 9485 页。

马怀素科举情况较为复杂,盖其举明经科又登文学优赡科,后又举进士。徐松《登科记考》卷二咸亨四年:"《旧书》本传:'润州丹徒人。'墓志铭:'……十五,遍诵《诗》《礼》《骚》《雅》,能属文,有史力,长史鱼承晔特见器异,举孝廉,引同载入洛。'按,咸亨四年怀素年十五。《旧书》本传言举进士,墓志不载,盖即举孝廉之误也。今从墓志。"①孟二冬《登科记考补正》云:"此言'举孝廉',实为明经科,今移正。"②其应制举登文学优赡科,据徐松《登科记考》卷二,在上元三年。其举进士或在调露二年,陈尚君《登科记考正补》云:"《至顺镇江志》卷十九《科目》:'马怀素,调露二年进士第,又应制举中文学博赡科。'《旧唐书》一百二《马怀素传》云:'举进士,又应制举登文学优赡科。'与此合。《全唐文》卷九九五佚名《马怀素墓志铭》则云年十五后举孝廉(明经),弱冠后'以文学优赡对策乙科'。不言其进士及第事。徐氏据以录入咸亨四年及仪凤元年,而疑本传为误。今参元时方志,尚难遽疑《旧传》为误。姑并存,俟考详。"③

鱼承晔,《姓纂》卷二冯翊下邳鱼氏:"晔,度支郎中、司农少卿。"④按《马怀素志》有润州长史鱼承晔。当即此人。

□尚书仓部河东裴炎之,博学深识,见名知人,音旨仪形,海内籍甚。公年甫弱冠,便蒙引汲,令与子□研覃,遂博游史籍,无不毕综,以文学优赡,对策乙科,乃尉鄩。

《旧传》:"举进士,又应制举,登文学优赡科,拜鄩尉。"⑤《新传》:"擢进士第,又中文学优赡科,补鄩尉。"⑥《册府元龟》卷六五〇:"马怀素应文学优赡科举及第,拜鄩尉。"⑦

裴炎之,即裴琰之,因避讳省"王"旁。《旧唐书·裴灌传》:"父琰

① 〔清〕徐松:《登科记考》卷二,中华书局1984年版,第59页。
② 孟二冬:《登科记考补正》卷二,第64页。
③ 陈尚君:《登科记考正补》,《唐代文学研究》第4辑,广西师范大学出版社1993年版,第304页。
④ 〔唐〕林宝:《元和姓纂》卷二,第196页。
⑤ 〔后晋〕刘昫:《旧唐书》卷一〇二,第3163页。
⑥ 〔宋〕欧阳修、宋祁:《新唐书》卷一九九,第5680页。
⑦ 〔宋〕王钦若:《册府元龟》卷六五〇,第7796页。

之，……历任仓部郎中。"①《新唐书·裴潍传》同。参劳格《唐尚书省郎官石柱题名考》卷一七《仓部郎中》。又吴荣光《筠清馆金石记》："韦方直、裴琰之，并见《宰相世系表》。……尚书仓部郎裴琰之，系南来吴裴之后，《表》下无注；而前有瑾之，似其兄，注云：'仓部郎中。'疑刊本误以其注错于前名下也。"②

无何，丁太夫人□□忧，即陈学士宏直曾孙女也。本自名家，贞高博识。公在艰疚，骨立柴毁，殆不胜丧。服阕，授麟台正字、少监。

"陈学士宏直"为周弘直，《陈书》卷二四《周弘正传》："周弘正字思行，汝南安城人。……宏正幼孤，及弟弘让、弘直俱为伯父侍中护军舍所养。"③《周弘直传》："弘直字思方，幼而聪敏，解褐梁太学博士，稍迁西中郎湘东王外兵记室参军。与东海鲍泉、南阳宗懔、平原刘缓、沛郡刘毅同掌书记，入为尚书仪曹郎。……天嘉中历国子博士、庐陵王长史、尚书左丞、领羽林监、中散大夫、秘书监，掌国史。迁太常卿、光禄大夫，加金章紫绶。太建七年遇疾且卒。……有集二十卷。"④是知墓志"丁太夫人□□忧"应补为"丁太夫人周氏忧"。

京兆韦方直好学爱士，善飞白书，以公既及冠礼，未尝立字，遂大署飞白云：怀素字贞规，扶风之学士也。封以相遗。其为时贤所重如此。

韦方直，《筠清馆金石记》："韦方直、裴琰之，并见《宰相世系表》。京兆韦方直，系东眷韦氏彭城公房之后，官兵部郎中；武后时相方质之弟也。"⑤又《元和姓纂》卷二韦氏："云起，益州行台兵部尚书、司农卿；生师宝，虞部郎中。师宝生方质、方直。方质，地官尚书、平章事。……方直，兵部郎中。"⑥怀素之字情况，详上文疏证。

以忠鲠举左鹰扬卫兵曹参军，转咸阳尉。昔则天太后大崇谏职，授左

---

①　［后晋］刘昫：《旧唐书》卷一〇〇，第 3128 页。
②　转引毛汉光：《唐代墓志铭汇编附考》，第 505 页。
③　［唐］姚思廉：《陈书》卷二四，第 305—306 页。
④　［唐］姚思廉：《陈书》卷二四，第 310—311 页。
⑤　转引毛汉光：《唐代墓志铭汇编附考》，第 505 页。
⑥　［唐］林宝：《元和姓纂》卷二，第 178 页。

拾遗，深尽规讽。寻改左台监察御史，历殿中，弹纠不避强御。加朝散大夫，转詹尹丞，朝论称屈。

《旧传》："四迁左台监察御史。长安中，御史大夫魏元忠为张易之所构，配徙岭表，太子仆崔贞慎、东宫率独孤祎[祎]之饯于郊外。易之怒，使人诬告贞慎等与元忠同谋，则天令怀素按鞫，遣中使促迫，讽令构成其事，怀素执正不受命。则天怒，召怀素亲加诘问，怀素奏曰：'元忠犯罪配流，贞慎等以亲故相送，诚为可责，若以为谋反，臣岂诬罔神明？……陛下当生杀之柄，欲加之罪，取决圣衷可矣。若付臣推鞫，臣敢不守陛下之法？'则天意解，贞慎等由是获免。时夏官侍郎李迥秀恃张易之之势，受纳货贿，怀素奏劾之，迥秀遂罢知政事。"①《新传》略同。墓志所言"不避强御"事，当指此。又《唐会要》卷六二："长安三年九月八日，魏元忠为张易之所构，配流岭表。太子仆射崔贞慎、东宫率府独孤祎等送至郊外。易之大怒，复使人诬告。则天令监察御史马怀素推问，续使中使促迫，讽令构成其事。怀素执正不受命，则天怒，怀素奏曰：'元忠犯罪配流，贞慎等以亲故相送，诚为可责。若以为谋反，臣岂诬罔神明。昔彭越以反伏诛，栾布犹奏事，哭于其尸下，汉朝不坐。况元忠罪非彭越，陛下岂加追送之罪。'则天意解，由是获免。"②《册府元龟》卷五一五："马怀素为左台监察御史。长安中，御史大夫魏元忠为张易之所构，配徙岭表。太子仆射崔贞慎、东宫率独孤祎等送之郊外。易之大怒，后使人诬告贞慎与元忠谋反。则天令怀素按鞫，又遣中使促迫，讽令构成其事。怀素执政不受，则天怒召怀素，亲命加诘问。怀素奏曰：'元忠犯罪配流，贞慎等以亲故相送，诚为可责，若以为谋反，臣岂诬罔神明？昔彭越以反伏诛，栾布奏事于其尸下，汉朝不坐，况元忠罪非彭越，陛下岂加追送之罪？陛下当生杀之柄，欲加之罪，取决圣衷可矣，若付臣推鞫，臣敢不守陛下之法！'则天意解，贞慎等繇是获免。"③又见同书卷五二〇上、卷六一九。而此事，刘肃《大唐新语》卷

① ［后晋］刘昫：《旧唐书》卷一〇二，第3163—3164页。
② ［宋］王溥：《唐会要》卷六二，第1273页。
③ ［宋］王钦若：《册府元龟》卷五一五，第6159页。

四记载最详："魏元忠、张说为二张所构，流放岭南。夏官侍郎崔贞慎、将军独孤祎之、郎中皇甫伯琼等八人并追送于郊外。易之乃假作告事人柴明状，称贞慎等与元忠谋反。则天命马怀素按之，曰：'此事并实，可略问，速以闻。'斯须，中使催迫者数焉，曰：'反状皎然，何费功夫，遂至许时？'怀素奏请柴明对问，则天曰：'我亦不知柴明处，但据此状，何须柴明！'怀素执贞慎等无反状，则天怒曰：'尔宽纵反者耶？'怀素曰：'魏元忠以国相流放，贞慎等以亲故相送，诚则可责，若以为谋反，臣岂诬罔神明？只如彭越以反伏诛，栾布奏事尸下，汉朝不坐。况元忠罪非彭越，陛下岂加追送者罪耶？陛下当生杀之柄，欲加之罪，取决圣衷足矣。今付臣推勘，臣但守法耳。'则天曰：'尔欲总不与罪耶？'怀素曰：'臣识见庸浅，不见贞慎等罪。'则天意解，曰：'卿守我法。'乃赦之。时朱敬则知政事，对朝堂执怀素手曰：'马子，马子，可爱，可爱！'时人深赏之。"①

有关詹尹丞事，《筠清馆金石记》云："历殿中、詹尹丞，当皆在武后临朝时。而《唐书·百官志》注言：詹事府，龙朔二年曰端尹府，詹事曰端尹，少詹事曰少尹。武后光宅九年改曰宫尹府，詹事曰宫尹，少詹曰少尹。詹事有二丞，而此云詹尹丞，当是少詹事之丞。不云少尹而云詹尹，可知武后既改詹事为宫尹，又改少詹事为詹尹，必不仍称少尹。盖史志作少尹实詹尹之误也。据志可以正之。"②

迁礼部员外郎，与范阳卢怀慎、陇西李杰俱以清白严明分为十道按察。以公词学赡洽，精核文章，转授考功员外郎、修文馆直学士，迁中书舍人。与李乂同掌黄画。逾年，检校吏部侍郎，实允金属。朝廷以刑政所急，改授大理少卿，关畿伫材，除虢州刺史，惠实在人。入为太子少詹事，判刑部侍郎，加银青光禄大夫兼判礼部，寻而正除刑部，时称慎恤。

《旧传》："怀素累转礼部员外郎，与源乾曜、卢怀慎、李杰等充十道黜陟使。怀素处事平恕，当时称之。使还，迁考功员外郎。时贵戚纵恣，请

_____

① ［唐］刘肃：《大唐新语》卷四，第59—60页。
② 转引毛汉光：《唐代墓志铭汇编附考》，第504页。

托公行,怀素无所阿顺,典举平允,擢拜中书舍人。"①《新传》:"转礼部员外郎。以十道使黜陟江西,处决平恕。迁考功,核取实才,权贵谒请不能阿桡。擢中书舍人内供奉,为修文馆直学士。"②《册府元龟》卷六五四:"马怀素为礼部员外郎,与源乾曜、卢怀慎、李杰等充十道黜陟使,素处事平恕,当时称之。"③《资治通鉴》卷二〇八:神龙二年二月,"选左、右台及内外五品以上官二十人为十道巡察使,委之察吏抚人,荐贤直狱,二年一代,考其功罪而进退之。易州刺史魏人姜师度、礼部员外郎马怀素、殿中侍御史临漳源乾曜、监察御史灵昌卢怀慎、卫尉少卿滏阳李杰皆预焉"。④

修文馆学士建置,《新唐书·李适传》云:"中宗景龙二年,始于修文馆置大学士四员、学士八员、直学士十二员,象四时、八节、十二月。于是李峤、宗楚客、赵彦昭、韦嗣立为大学士;适、刘宪、崔湜、郑愔、卢藏用、李乂、岑羲、刘子玄为学士;薛稷、马怀素、宋之问、武平一、杜审言、沈佺期、阎朝隐为直学士。"⑤

卢怀慎,《旧唐书·卢怀慎传》:"卢怀慎,滑州灵昌人。其先家于范阳,为山东著姓。……举进士,历监察御史、吏部员外郎。景龙中,迁右御史台中丞。……累迁黄门侍郎,赐爵渔阳伯。先天二年,与侍中魏知古于东都分掌选事,寻征还同中书门下三品。开元三年,迁黄门监。……四年,兼吏部尚书。其秋,以疾笃,累表乞骸骨,许之。旬日而卒。"⑥

李杰,《旧唐书·李杰传》:"李杰,本名务光,相州滏阳人。……神龙初,累迁卫尉少卿,为河东道巡察黜陟使,奏课为诸使之最。开元初,为河南尹。"⑦《新唐书·李杰传》:"迁累天官员外郎,为吏详敏,有治誉,以采访使行山南,时户口逋荡,细弱下户为豪力所兼,杰为设科条区处,检防亡

①　〔后晋〕刘昫:《旧唐书》卷一〇二,第3164页。
②　〔宋〕欧阳修、宋祁:《新唐书》卷一九九,第5681页。
③　〔宋〕王钦若:《册府元龟》卷六五四,第7837页。
④　〔宋〕司马光:《资治通鉴》卷二〇八,第6598页。
⑤　〔宋〕欧阳修、宋祁:《新唐书》卷二〇二,第5748页。
⑥　〔后晋〕刘昫:《旧唐书》卷九八,第3064—3068页。
⑦　〔后晋〕刘昫:《旧唐书》卷一〇〇,第3111页。

匿，复业者十七八。神龙中，为河东巡察黜陟使，课最诸道。"①

李乂，《新唐书·李乂传》："李乂字尚真，赵州房子人。……迁中书舍人、修文馆学士。……进吏部侍郎，仍知制诰。与宋璟等同典选事，请谒不行，时人语曰：'李下无蹊径。'改黄门侍郎，封中山郡公。制敕不便，辄驳正。贵幸有求官者，睿宗曰：'朕非有靳，顾李乂不可过耳！'……除刑部尚书。卒，年六十八，赠黄门监，谥曰贞。……毕构、马怀素往祖之，哭曰：'非公为恸而谁恸欤！'"②

转户部侍郎。上以河南蝗旱，令公驰驿赈给，宣布圣泽，所至甘雨。使回，拜光禄卿，迁左散骑常侍，转秘书监。四部舛杂，颇多残蠹，公备加校定，广内充积。加兼昭文馆学士。

《新传》："开元初，为户部侍郎，封常山县公，进兼昭文馆学士。笃学，手未尝废卷。谦恭慎畏，推为长者。……有诏句校秘书。是时，文籍盈漫，皆炱朽蟫断，签胜纷舛，怀素建白：'愿下紫微、黄门，召宿学巨儒就校缪缺。'又言：'自齐以前旧籍，王俭《七志》已详。请采近书篇目及前志遗者，续俭《志》以藏秘府。'诏可。即拜怀素秘书监。"③《册府元龟》卷六〇四："马怀素，开元初为秘书监，以书籍散逸，条流无叙，怀素上疏曰：'南齐已前，坟籍旧编，王俭《七志》，已后著述，其数盈多，《隋志》所书亦未详悉。或古书近出，前志阙而未编，或近人相传，浮词鄙而犹记，若无编录，难辨淄渑，望简括近书篇目，并前志所遗者，续王俭《七志》，藏之秘府。'于是召学涉之士、国子博士尹知章等分部撰录，并刊正经史，粗创首尾。"④又见同书卷六〇八。

马怀素为光禄卿事，《旧书·玄宗纪上》：开元三年十月，"以光禄卿马怀素为左散骑常侍。"⑤《唐会要》卷二六《侍读》："开元三年十月敕：'朕

---

① 〔宋〕欧阳修、宋祁：《新唐书》卷一二八，第4461页。
② 〔宋〕欧阳修、宋祁：《新唐书》卷一一九，第4296—4297页。
③ 〔宋〕欧阳修、宋祁：《新唐书》卷一九九，第5681页。
④ 〔宋〕王钦若：《册府元龟》卷六〇四，第7250页。
⑤ 〔后晋〕刘昫：《旧唐书》卷八，第175页。

每读史籍，中有阙疑，时须质问，宜选耆儒博学一人，每日侍读。'遂命光禄卿马怀素、右散骑常侍褚无量更日入"。①《唐文拾遗》卷二玄宗《命马怀素侍读制》："光禄卿马怀素……可左散骑常侍。"②清魏锡曾《绩语堂碑录》有《大唐大理卿崔公故夫人荥阳县君郑氏墓志铭并序》："光禄卿上柱国常山县开国公马怀素撰。"并云墓主崔升夫人郑氏："以长安三年八月廿四日终于京兆府永乐里之私第，以开元三年十月廿五窆于恒州之旧茔，礼也。"又引《常山贞石志》："大理卿崔升夫人郑氏墓志铭，在获鹿县北新城村三官庙内。马怀素撰，侄璆书。怀素，两《唐书》有传。据碑列衔有常山县开国公，传有之，惟不载其为光禄卿、上柱国。《旧书·元宗本纪》：开元三年冬十月甲寅，制以光禄卿马怀素左散骑常侍，褚无量并充侍读。所称光禄卿正与碑合。"③《大唐新语》卷一一："开元初，左常侍褚无量与光禄卿马怀素隔日侍读。"④《册府元龟》卷五九九："马怀素为光禄卿，开元三年十月，制曰：'……光禄卿马怀素，静专动直，资忠履信。词赋成于鼓吹，典坟富于泉海。'"⑤

马怀素为右散骑常侍事，《唐会要》卷三五："开元三年，右散骑常侍褚无量、马怀素侍宴，言及内库及秘书坟籍。上曰：'内库书皆是太宗、高宗前代旧书，整比日，常令宫人主掌，所有残缺，未能补缉，篇卷错乱，检阅甚难。卿试为朕整比之。'"⑥

马怀素为秘书监，苏颋行制。《文苑英华》卷三九九苏颋《授马怀素秘书监制》："黄门迺眷文籍，填于外府，旁求儒雅，掌彼中绳。左散骑常侍、常山县开国公、仍每日入内侍读马怀素，有舒向之风，擅东南之美。贯穿从学，博而多能，沉郁成章，丽而有则。自朝趋锁闼，日侍金华，事必讨论，言惟润色。故可以发挥秘奥，详核异同，俾征荀勖之才，更允潘尼之拜。

① 〔宋〕王溥：《唐会要》卷二六，第595页。
② 〔清〕陆心源：《唐文拾遗》卷二，第9页。
③ 〔清〕魏锡曾：《绩语堂碑录》，《石刻史料新编》第2辑第1册，新文丰出版社公司1979年版，第186—187页。
④ 〔唐〕刘肃：《大唐新语》卷一一，第165页。
⑤ 〔宋〕王钦若：《册府元龟》卷五九九，第7196页。
⑥ 〔宋〕王溥：《唐会要》卷三五，第752页。

可秘书监,余如故,主者施行。"①《旧唐书·韦述传》:"开元五年,为栎阳
尉。秘书监马怀素受诏编次图书,乃奏用左散骑常侍元行冲、左庶子齐
澣、秘书少监王珣、卫尉少卿吴兢并述等二十六人,同于秘阁详录四部书。
怀素寻卒。"②

马怀素为秘书监时,兼任丽正殿修书使。《通典》卷二一:"开元五年
十一月,于乾元殿东廊下写四部书,仍令秘书监马怀素、右散骑常侍褚无
量总其事,七年,于丽正殿安置,为修书使。至十三年,学士张说等宴于集
仙殿,于是改殿名集贤,改修书使为集贤殿书院学士。"③

新出石刻中有马怀素撰写的墓志,新出土《唐故河南尹上柱国鄿县开
国男萧公(璿)墓志铭》题署:"秘书监上柱国常山县开国公兼昭文馆学士
马怀素撰。"④墓主以开元五年五月卒,同年十一月葬。是志文作于开元
五年五月至十一月之间。

**与右散骑常侍褚无量更日入内侍读,每至宫门,恩敕令□小舆上殿,
自车丞相以来,殆将千载,始见此礼。公畴日自序云:慕善嫉恶,好学洁
己,自谓不惭古人,无负幽明矣。直哉是言! 不骞厥信。**

《旧传》:"怀素虽居吏职,而笃学,手不释卷,谦恭谨慎,深为玄宗所
礼,令与左散骑常侍褚无量同为侍读。每次阁门,则令乘肩舆以进。上居
别馆,以路远,则命宫中乘马,或亲自送迎,以申师资之礼。"⑤《新传》:"玄
宗诏与褚无量同为侍读,更日番入。既叩阁,肩舆以进,或行在远,听乘
马。宫中每宴见,帝自送迎以师臣礼。"⑥《旧唐书·褚无量传》:"初,无量
与马怀素俱为侍读,顾待甚厚;及无量等卒后,秘书少监康子元、国子博士
侯行果等又入侍讲,虽屡加赏赐,而礼遇不逮褚焉。"⑦《新传》略同。

---

① 〔宋〕李昉:《文苑英华》卷三九九,第2023页。
② 〔后晋〕刘昫:《旧唐书》卷一〇二,第3183页。
③ 〔唐〕杜佑:《通典》卷二一,第567页。
④ 墓志拓片载《唐史论丛》第18辑,三秦出版社2014年版,第323页;录文载同书第315—
   317页。
⑤ 〔后晋〕刘昫:《旧唐书》卷一〇二,第3164页。
⑥ 〔宋〕欧阳修、宋祁:《新唐书》卷一九九,第5681页。
⑦ 〔后晋〕刘昫:《旧唐书》卷一〇二,第3168页。

有关侍读之起源,宋吴曾《能改斋漫录》卷二《侍读》条:"高承《事物纪原》云:'侍读之始,本唐明皇开元三年七月敕:每读史籍中有阙,宜选耆儒博硕一人,每日侍读。故马怀素、褚无量更日入直,此侍读之始也。'以上高说。予按,《南史》:'宜都王鉴初出阁时,陶弘景为侍读。'乃知侍读之名,自梁朝已有之矣。"①

以开元六年三月十日遘疾,中旨遣御医赐药,相望道路。以开元六年七月廿七日终于河南之毓财里第,春秋六十。皇上辍朝二日,举哀□次。

《旧唐书·玄宗纪上》:开元六年"秋七月己未,秘书监马怀素卒"。②《新传》:"会卒,帝举哀洛阳南城门,赠润州刺史,谥曰文,给舆还乡里,丧事官办。"③《旧传》:"会怀素病卒,年六十,上特为之举哀,废朝一日,赠润州刺史,谥曰文。"④

徐松《唐两京城坊考》卷五《毓材坊》:"秘书监、常山县公马怀素宅。《马怀素墓志》:终于河南之毓材里第。"⑤

乃下制曰:"存树高烈,君子所以立身;没垂令名,古人所以贻范。银青光禄大夫、故秘书监兼昭文馆学士、侍读、上柱国、常山县开国公马怀素,越箭含贞,楚材登用,清芬独映,至德可师。自服勤典籍,纳训帷扆,辅政以媺道,弼予以正言,允资惠迪,实表泉懿。而曾不愁留,欻焉彫落。思甘盘之旧学,临宣明以增叹,兴言感恸,用震悼于厥怀,可赠使持节润州诸军事、润州刺史,赠物三百廿段,米粟三百廿硕;丧葬所须,并令官给,京官六品一人检校。"公虽累登台阁,率身俭素,俸禄之资,赒赠亲友,及启手归全,家无赀产,唯有书数千卷以为燕翼。

《旧传》:"开元初,为户部侍郎,加银青光禄大夫,累封常山县公,三迁秘书监,兼昭文馆学士。"⑥《新传》:"开元初,为户部侍郎,封常山县公,进

① [宋]吴曾:《能改斋漫录》卷二,上海古籍出版社1979年版,第26页。
② [后晋]刘昫:《旧唐书》卷八,第179页。
③ [宋]欧阳修、宋祁:《新唐书》卷一九九,第5681—5682页。
④ [后晋]刘昫:《旧唐书》卷一〇二,第3164页。
⑤ [清]徐松:《唐两京城坊考》卷五,中华书局1985年版,第176页。
⑥ [后晋]刘昫:《旧唐书》卷一〇二,第3164页。

兼昭文馆学士。"①按，《筠清馆金石记》："唐制，郡王之子袭爵，封国公，从一品，食邑三千户；而开国县公从二品，食邑一千五百户；高卑不同。则志言：怀素封常山县开国公。《传》去'开国'二字，亦非。"②

《旧唐书·马怀素传赞》云："前代文学之士气壹矣！然以道义偶乖，遭遇斯难，马怀素、褚无量好古嗜学，博识多闻，遇好文之君，隆师资之礼，儒者之荣，可谓际会矣。"③亦可与制文相参证。

以其年十月十三日窆于洛阳古城之北原，礼也。

按，铭辞之后，又有"维大唐开元六年，岁次戊午，十月辛酉朔，十三日癸酉，葬于洛阳县古城北五里双乐村之原"。又《筠清馆金石记》："怀素既葬河南，则丹徒必无冢墓。为志乘者如误据史传'给舆还乡'之语，而欲于本贯求其冢墓，岂不缪哉。此皆于文献有关之事，故金石文字为可贵。曩孙渊如观察作《续古文苑》，似即据此本录入。而志末'维大唐'云云三十八字不录，非。是志无撰书人姓名，然文词简净，隶书亦秀整有法。……制诏称马怀素为马素，而铭词用井大春五纷纶语，作'井春纷纶'，皆去名之上一字以成句。古人行文之不拘，往往有之，无足怪也。"④

有子巽等，虽年在童孺，礼过成人，棘心栾栾，感于邻巷，敬勒行事，以旌泉户。

马怀素之子，新、旧《唐书》本传无载，他书记载亦有所不同。《元和姓纂》卷七马氏："广陵：唐吏部侍郎、秘书监、常山文公马怀素，生观。"⑤与墓志不合。据《唐代墓志汇编》开元五〇八《大唐故南齐随郡王曾孙兰陵萧君墓志铭并序》，末署："宣义郎行大理评事马巽撰。"⑥墓主以开元廿八年迁葬。同书开元五三三《大唐故李府君夫人严氏墓志铭并序》，题署：

---

①　［宋］欧阳修、宋祁：《新唐书》卷一九九，第5681页。
②　转引毛汉光：《唐代墓志铭汇编附考》，第505页。
③　［后晋］刘昫：《旧唐书》卷一〇二，第3185页。
④　转引毛汉光：《唐代墓志铭汇编附考》，第505—506页。
⑤　［唐］林宝：《元和姓纂》卷七，第1043页。
⑥　周绍良主编：《唐代墓志汇编》，第1504—1505页。

"前大理评事扶风马巽撰。"①墓主以开元廿九年葬。同书开元五三八《唐故右监门卫兵曹参军张君墓志铭》,题署:"右威卫仓曹参军张楚金序,大理评事马巽铭。"②墓主以开元廿九年葬。诸志撰人所题"扶风马巽"当即马怀素之子。

马怀素的文学与学术

(一) 马怀素的文学

马怀素是开元时期的重要文学家,其诗,《全唐诗》卷九三存 12 首;其文,《全唐文》卷二九六存 1 篇,《唐文拾遗》卷一八补 1 篇。

就其所存诗而言,以应制诗居多,计有《九日幸临渭亭登高应制得酒字》《奉和九月九日登慈恩寺浮图应制》《奉和人日讌大明宫恩赐彩缕人胜应制》《奉和圣制春日幸望春宫应制》《奉和幸安乐公主山庄应制》《奉和送金城公主适西蕃应制》《奉和立春游苑迎春应制》,共 7 首,占其存诗数量近三分之二。加以当时的联句群体,其与马怀素相关最值得注意的是这些群体唱和对于诗歌繁荣的影响。

(1) 九月九日幸临渭亭,群臣应制,分韵赋诗。据《唐诗纪事》卷一《中宗》条记载:"《九月九日幸临渭亭登高作》云:'九日正乘秋,三杯兴已周。泛桂迎樽满,吹花向酒浮。长房萸早熟,彭泽菊初收。何藉龙沙上,方得恣淹留。'得秋字。时景龙三年也。御制序云:'陶潜盈把,既浮九酝之欢;毕卓持螯,须尽一生之兴。人题四韵,同赋五言,其最后成,罚之引满。'"其后群臣应制,分韵赋诗:韦安石得枝字,苏瓌得晖字,李峤得欢字,萧至忠得余字,窦希玠得明字,韦嗣立得深字,李迥秀得风字,赵彦伯得花字,杨廉得亭字,岑羲得浃字,卢藏用得开字,李咸得直字,阎朝隐得筵字,沈佺期得长字,薛稷得历字,苏颋得时字,李乂得浓字,马怀素得酒

---

① 周绍良主编:《唐代墓志汇编》,第 1522 页。
② 周绍良主编:《唐代墓志汇编》,第 1527 页。

字,陆景初得臣字,韦元旦得月字,李适得高字,郑南金得日字,于经野得樽字,卢怀慎得还字。① 群体应制共二十四人,其中"韦安石、苏瓌诗先成,于经野、卢怀慎最后成,罚酒"。

　　(2) 慈恩寺建成后,唐高宗多次登览,并作《谒慈恩寺题奘法师房》《谒大慈恩寺》诗,后诗写得很有气势:"日宫开万仞,月殿耸千寻。花盖飞团影,幡虹曳曲阴。绮霞遥笼帐,丛珠细网林。寥廓烟云表,超然物外心。"②群臣与文人一并奉和,有《奉和九月九日登慈恩寺浮图应制》,作者有上官昭容、宋之问、崔日用、李峤、李适、刘宪、李乂、卢藏用、岑羲、薛稷、马怀素、赵彦昭、萧至忠、李迥秀、杨廉(一作庶)、辛替否、王景、毕乾泰、魏瞻、樊忱、孙佺、李从远、周利用、张景源、李恒、张锡、解琬、郑愔等 28 人,可谓极一时之盛。

　　(3) 人日重宴大明宫赐彩缕人胜应制。《文苑英华》卷一七二载《人日重宴大明宫恩赐彩缕人胜应制》,同题者有李峤、赵彦昭、刘宪、崔日用、韦元旦、马怀素、苏颋、李乂、郑愔、李适、阎朝隐、沈佺期,共 12 人③。这组诗是应制之作,写于中宗景龙四年正月七日④。这些诗作都从不同的角度与层面展开描写:宫殿的恢弘,"万宇千门平旦开,天容辰象列朝回"(马怀素),"疏龙磴道切朝回,建凤旗门绕帝台"(苏颋);风景的秀丽,"夹路桃花千树发,垂轩弱柳万条新"(赵彦昭),"七叶仙冥承月吐,千株御柳拂烟开"(苏颋);气氛的热烈,"新年宴乐正东朝,锺鼓铿锽大乐调"(崔日用),"鸾凤旌旗拂晓陈,鱼龙角觝大明辰"(韦元旦);君臣的谐和,"千官黼帐杯前寿,百福香金胜里人"(沈佺期),"宸极此时飞圣藻,微臣窃抃预闻韶"(崔日用)。

　　(4) 春日幸望春宫应制。《文苑英华》卷一七四载《奉和春日幸望春

① ［宋］计有功:《唐诗纪事》卷一,第 8 页。
② ［清］彭定求:《全唐诗》卷二,第 22 页。
③ 《文苑英华》卷一七二,第 831—832 页。
④ ［宋］计有功:《唐诗纪事》卷九《李适》条:"中宗景龙二年,始于修文馆置大学士四员,学士八员,直学士十二员,象四时、八节、十二月。……帝有所感,即赋诗,学士皆属和,当时人所钦慕。……四年正月朔,赐群臣柏树;五日,蓬莱宫宴吐蕃使,因为柏梁体。七日,重宴大明殿,赐彩镂人胜,又观打球。"(上海古籍出版社 1987 年版,第 113—115 页)

宫》诗,计有岑羲、崔湜、张说、武平一、刘宪、苏颋、郑愔、薛稷、韦元旦、崔日用、马怀素、李适、李乂、沈佺期等共 14 首①。

（5）侍宴安乐公主山庄应制。《文苑英华》卷一七六载《侍宴安乐公主庄应制》诗,计有李峤、赵彦昭、宗楚客、卢藏用、苏颋、萧至忠、岑羲、李乂、马怀素、韦元旦、李迥秀、李适、薛稷、沈佺期、刘宪等共 15 首②。

（6）奉和送金城公主适西蕃应制。《文苑英华》卷一七六载《奉和送金城公主适西蕃应制》诗,计有李峤、崔湜、刘宪、张说、薛稷、阎朝隐、苏颋、韦元旦、徐坚、崔日用、郑愔、李适、马怀素、武平一、徐彦伯、唐远悊、沈佺期等共 17 人③。

（7）内殿宴群臣联句。《唐诗纪事》卷一《中宗》条记载其联句内容及作者云：

润色鸿业寄贤才。帝云。

叨居右弼愧盐梅。李峤。

运筹帷幄荷时来。宗楚客。

职掌图籍滥蓬莱。刘宪。

两司谬忝谢锺裴。崔湜。

礼乐铨管效尘埃。郑愔。

陈师振旅清九垓。赵彦昭。

忻承顾问侍天杯。李适。

衔恩献寿柏梁台。苏颋。

黄缣青简奉康哉。卢藏用。

鲰生侍从忝王枚。李乂。

右掖司言实不才。马怀素。

宗伯秩礼天地开。薛稷。

---

① 《文苑英华》卷一七四,第 843—844 页。
② 《文苑英华》卷一七六,第 857—858 页。
③ 《文苑英华》卷一七六,第 860—861 页。

帝歌难续仰昭回。宋之问。

微臣捧日变寒灰。陆景初。

远惭班左愧游陪。上官婕妤。

参加联句者也有 16 人之多。"帝谓侍臣曰：'今天下无事，朝野多欢，欲与卿等词人，时赋诗宴乐，可识朕意，不须惜醉。'大学士李峤、宗楚客等跪奏曰：'臣等多幸，同遇昌期。谬以不才，策名文馆。思励驽朽，庶裨河岳。既陪天欢，不敢不醉。'此后每游别殿，幸离宫，驻跸芳苑，鸣笳仙禁，或戚里宸筵，王门蓉席，无不毕从。"①

《唐诗纪事》卷九《李适》条记载：

初，中宗景龙二年，始于修文馆置大学士四员，学士八员，直学士十二员，象四时、八节、十二月。于是李峤、宗楚客、赵彦昭、韦嗣立为大学士，适、刘宪、崔湜、郑愔、卢藏用、李乂、岑羲、刘子玄为学士，薛稷、马怀素、宋之问、武平一、杜审言、沈佺期、阎朝隐、韦安石为直学士，又召徐坚、韦元旦、徐彦伯、刘允济等满员，其后被选者不一。凡天子飨会游豫，唯宰相、直学士得从。春幸梨园并渭水祓除，则赐柳圈辟疠；夏宴蒲萄园，赐朱樱；秋登慈恩浮图，献菊花酒称寿；冬幸新丰，历白鹿观，上骊山，赐浴汤池，给香粉兰泽。从行给翔麟马、品官黄衣各一。帝有所感，即赋诗，学士皆属和，当时人所钦慕。然皆狎猥佻佞，忘君臣礼法，惟以文华取幸，若韦元旦、刘允济、沈佺期、宋之问、阎朝隐等，无它称。景龙二年七夕，御两仪殿赋诗，李峤献诗云："谁言七襄咏，流入五弦歌。"九月，幸慈恩寺塔，上官氏献诗，群臣并赋。闰九月，幸总持，登浮图，李峤等献诗。十月三日，幸三会寺。十一月十五日，中宗诞辰，内殿联句为柏梁体。二十一日，安乐公主出降武延秀。是月以婕妤上官为昭容。十二月六日，上幸荐福寺，郑愔

---

① ［宋］计有功：《唐诗纪事》卷一，第 9 页。

诗先成,宋之问后进。立春侍宴赋诗。二十一日,幸临渭亭,李峤等应制。三十日,幸长安故城。十二月晦,诸学士入阁守岁,以皇后乳母戏适御史大夫窦从一。三年人日,清晖阁登高遇雪,宗楚客诗云"蓬莱雪作山"是也,因赐金彩人胜。李峤等七言诗。是日甚欢,上令学士递起屡舞,至沈佺期赋《回波》,有"齿绿""牙绯"之语。晦日,幸昆明池,宋之问诗"自有夜珠来"之句,至今传之。二月八日,送沙门玄奘等归荆州,李峤等赋诗。十一日,幸太平公主南庄。七月,幸望春宫,送朔方节度使张仁亶赴军。八月三日,幸安乐公主西庄。九月九日,幸临渭亭,分韵赋诗。十一月一日,安乐公主入新宅,赋诗。十五日,中宗诞辰,长宁公主满月,李峤诗"龙神见像日,仙凤养雏年"是也。二十三日,南郊,徐彦伯上《南郊赋》。十二月十二日,幸温泉宫,敕蒲州刺史徐彦伯入仗,同学士例,因与武平一等五人献诗,上官昭容献七言绝句三首。十四日,幸韦嗣立庄,拜嗣立逍遥公,名其居曰"清虚原""幽栖谷"。十五日,幸白鹿观。十八日,幸秦始皇陵。四年正月朔,赐群臣柏树。五日,蓬莱宫宴吐蕃使,因为柏梁体。七日,重宴大明殿,赐彩镂人胜,又观打球。八日,立春,内殿赐彩花。二十九日晦,幸浐水。二月一日,送金城公主。三日,幸司农少卿王光辅庄,是夕岑羲设茗饮,讨论经史,武平一论《春秋》,崔日用请北面,日用赠平一歌曰"彼名流兮《左氏》癖,意玄远兮冠今昔"。二十一日,张仁亶至自朔方,宴于桃花园,赋七言诗。明日,宴承庆殿,李峤桃花园词,因号《桃花行》。三月一日清明,幸梨园,命侍臣为拔河之戏。三日上巳,祓禊于渭滨,赋七言诗,赐细柳圈。八日,令学士寻胜,同宴于礼部尚书窦希玠亭,赋诗,张说为之序。十一日,宴于昭容之别院。二十七日,李峤入都祔庙,徐彦伯等饯之,赋诗。四月一日,幸长宁公主庄。六日,幸兴庆池观竞渡之戏,其日过希玠宅,学士赋诗。二十九日,御宴,祝钦明为八风舞,诸学士曰:祝公斯举,五经扫地尽矣![1]

① [宋]计有功:《唐诗纪事》卷九,第113—115页。

这段文字全面地记述了中宗时朝廷内部的诗酒文会活动，大约朝廷每次较大的活动，都要设著饮，或赋诗，这就在宫廷中形成了一个重视诗歌的文学氛围。而这些活动，也大部分有马怀素参加。值得注意的是，这几次诗歌唱和活动，都在唐中宗的景龙二年、三年、四年间。而这一段时间的群体唱和，对于唐代七律诗的形成和成熟，具有重要的作用①，故而我们可以确定马怀素在唐诗演进过程中，还是具有一定的地位的。

(二) 马怀素的学术

1. 弘扬儒学

马怀素是唐代前期的一位大儒，他是汉代大儒马融之后，因而有着较为深厚的学术素养。墓志称："暨汉南郡太守融，命代大儒，公即其后也。"并且代以学闻，"高祖涓，博综坟典，仕陈为奉朝请"，"祖果，颛学礼经，不陨素业，即学士枢之从父兄也。少为尚书毛喜所知，陈本州文学从事；父文超，果行毓德，精意易道及洪范，颇晓气候，……遂寓居广陵，与学士孟文意、魏令谟专为讨论，具有撰著"。马融自己更是精于儒学，"十五，遍诵诗、礼、骚、雅，能属文，有史力，长史鱼承曦特见器异，举孝廉，引同载入洛。□尚书仓部河东裴炎之博学深识，见名知人，音旨仪形，海内籍甚。公年甫弱冠，便蒙引汲，令与子□研覃，遂博游史籍，无不毕综"。也正因为如此，《旧唐书》在传赞中作出论断说："马怀素、褚无量好古嗜学，博识多闻，遇好文之君，隆师资之礼，儒者之荣，可谓际会矣。"②《新唐书》将其列入《儒学传》，其《儒学传序》称："玄宗诏群臣及府郡举通经士，而褚无量、马怀素等劝讲禁中，天子尊礼，不敢尽臣之。"③

2. 校刊图书

马怀素曾担任秘书监的官职，志称："四部舛杂，颇多残蠹，公备加校定，广内充积。加兼昭文馆学士。与右散骑常侍褚无量更日入内侍读。"

---

① 赵昌平：《初唐七律的成熟及其风格溯源》，《中华文史论丛》1986 年第 4 辑，第 17—38 页。
② 《旧唐书》卷一〇二，第 3185 页。
③ ［宋］欧阳修、宋祁：《新唐书》卷一九八，第 5637 页。

据《新唐书·百官志》，秘书省有监一人，从三品，"监掌经籍图书之事，领著作局"①。其在秘书监中校定图书之功，《新传》记载较为详尽："即拜怀素秘书监。乃召国子博士尹知章、四门助教王直、直国子监赵玄默、陆浑丞吴绰、桑泉尉韦述、扶风丞马利徵、湖州司功参军刘彦直、临汝丞宋辞玉、恭陵令陆绍伯、新郑尉李子钊、杭州参军殷践猷、梓潼尉解崇质、四门直讲余钦、进士王惬、刘仲丘、右威卫参军侯行果、邢州司户参军袁晖、海州录事参军晁良、右率府胄曹参军毋煚、荣阳主簿王湾、太常寺太祝郑良金等分部撰次；践猷从弟秘书丞承业、武陟尉徐楚璧是正文字。怀素奏秘书少监卢俌、崔沔为修图书副使，秘书郎田可封、康子元为判官。然怀素不善著述，未能有所绪别。"②说明在马怀素为秘书监期间，图书的整理编辑与刊定是颇有成效的，马怀素卒后，统一整理和刊定的事宜渐趋废弛，《新传》称："怀素卒后，诏秘书官并号修书学士，草定四部，人人意自出，无所统一，逾年不成。有司疲于供拟，太仆卿王毛仲奏罢内料。又诏右常侍褚无量、大理卿元行冲考绌不应选者，无量等奏：'修撰有条，宜得大儒综治。'诏委行冲。乃令煚、述、钦总缉部分，践猷、惬治经，述、钦治史，煚、彦直治子，湾、仲丘治集。八年，《四录》成，上之。学士无赏擢者。"马怀素以四部分藏校刊图书，各有所掌。《锦绣万花谷》后集卷二九《四部书》条引《景龙文馆记》："薛稷知集库，马怀素知经库，沈佺期知史库，武平一知子库，通谓之四部书。"③柳宗元《龙城录》卷下《开元藏书七万卷》条也赞叹云："有唐惟开元最备文籍，集贤院所藏至七万卷。当时之学士，盖为褚无量、裴煜之、郑谭、马怀素、张说、侯行果、陆坚、康子元辈，凡四十七人，分司典籍，靡有阙文。而贼逆遽兴，兵火交萦，两都灰烬无存，惜哉！"④此事对后世也影响颇大，《宋史·谢泌传》称："唐景龙中，尝分经史子集为四

① ［宋］欧阳修、宋祁：《新唐书》卷四七，第1214页。
② ［宋］欧阳修、宋祁：《新唐书》卷一九九，第5681—5682页。
③ ［宋］佚名：《锦绣万花谷》后集卷二九，上海辞书出版社1992年版，第491页。
④ ［唐］柳宗元：《龙城录》卷下，《景印文渊阁四库全书》第1077册，第287页。按，此为宋魏仲举注本，题为《龙城录》，正文为《柳先生龙城录》。

库,命薛稷、沈佺期、武平一、马怀素分掌,望遵复故事。"①

马怀素为秘书监时,还与褚无量等官员负责搜集古代书法名家的真迹。《法书要录》卷三载:"玄宗开元五年十一月五日,收缀大小二王真迹,得一百五十八卷。大王正书三卷、行书一百五卷、草书一百五十卷,小王书都三十卷、正书两卷。"并署:"右散骑常侍崇文馆学士舒国公臣褚无量、秘书监兼侍读昭文馆学士上柱国常山县公臣马怀素、开府仪同三司上柱国梁国公臣姚崇、银青光禄大夫行中书侍郎同中书门下平章事监修国史上柱国许国公臣(颋)、银青光禄大夫守吏部尚书兼侍中监修国史上柱国广平郡开国公臣璟。"②同书卷四载:"齐高帝姓萧氏讳道成字绍伯书一卷。"并署"秘书监侍读昭文馆学士上柱国常山县开国公臣冯(马)怀素"等十人题款。③

《全唐文》卷二九六所载马怀素的一篇奏疏即为《请编录典籍疏》:"南齐已前,坟籍旧编,王俭《七志》,已后著述,其数盈多,《隋志》所书,亦未详悉。或古书近出,前志阙而未编;或近人相传,浮词鄙而犹记。若无编录,难辨淄渑。望括检近书篇目,并前志所遗者,续王俭《七志》,藏之秘府。"④此疏又载于《旧唐书·马怀素传》及《册府元龟》卷六〇四、卷六〇八。

四、李浑金墓志

墓志释文

大唐故通直郎行并州阳曲县令陇西李府君墓志铭 并序

朝议郎行洛州缑氏县丞卢若虚撰

君讳浑金,字全真,陇西姑臧人也。其先出自帝颛顼,及陶唐氏昝繇

---

① [元]脱脱:《宋史》卷三〇六,第10093页。
② [唐]张彦远:《法书要录》卷三,人民美术出版社1984年版,第121—122页。
③ [唐]张彦远:《法书要录》卷四,第168—169页。
④ [清]董诰:《全唐文》卷二九六,第1324页。

为理,宥五宅,清三就,画冠不犯,以授于虞。世载其庸,则有官族。盛德必嗣,懋功克昌。指李臣周,仙宗降于魁极;祚茅师赵,世禘叶于人谋。至于鸿勋美事,轩裳接武,典谋史策,披卷有之。六代祖虔,魏太尉,休其家声,和其衽实。曾祖子谭,齐广德将军,秦州司马。祖德基,皇朝雍州同官县丞。父思贞,上骑都尉。并融心与道,故大位不跻。君体醇和之精,蕴上德之粹,故盱覃岐嶷之质,诗书篆隶之工,天与其真,不待保傅。弱岁而孤,养于舅氏,棘心栾栾,殆不胜也。年廿一,乃求古岷嶓,访道巴汉,行至城都^①,作《春江晓望》诗曰:"明发眺江滨,年华入望新。地文生草树,天色列星辰。烟雾澄空碧,池溏变晓春。别有栖遑者,东西南北人。"时蜀中有李崇嗣、陈子昂者,并文章之伯,高视当代,见君藻翰,遂丧魄褫精,不敢举笔。则天闻其风而悦之,追直弘文馆学士。先曰:九流纷纶,百氏杂习。君阐其微旨,振其颓纲,刊削数周,鲁亥斯辩。敕授相州安阳县丞,仍旧直馆。又迁北都清源县丞,佑理畿甸,俗以化宁。遗爱不忘,立碑颂德。俄护寿阳县令,惠不惠,茂不茂,刑以礼格,政以简从。帝曰:俞哉!优尔阶秩,正除阳曲县令。方期补兹衮职,归老上庠,禀命不融,春秋五十壹,以景云元年九月十四日遘疾终于官舍,寮吏哀悼,搢绅时恫。家无余禄,唯书法数百卷。呜呼!可谓能以素业遗子孙矣。夫人中山张氏,右仆射行成之孙,隆山令希謇之女。承钟鼎之胤,席柔嘉之资。惠心有孚,洵美昭铄。天夺其寿,碧树先秋。年四十,君前而殁。以其年十二月卅日合葬于洛阳之茔,礼也。嗣子岳,循屺岵以泣血,吟蓼莪以永慕。惧世范家风迁于陵谷,乃镌纪琬琰,以垂无穷。若虚忝预门间之宾,备闻笃行,见询以铭勒之事,安敢不作。其辞曰:

于昭茂绪,灵庆氤氲。弈世绍业,载缵其勋。为龙为光,允武允文。延祉积善,钟美于君。清汙惟君,含秀育德。孝友昭融,柔嘉伊则。浩气泉铄,玄机精默。志高运并,莫不伤恻。云台往履,日观今倾。偶鹤先逝,沉龙此并。他山寂寂,孤子惸惸。敢题幽石,式寄神茔。

---

① 城都:应为"成都"之误。

《李浑金墓志》,李浑金(660—710),字全真,陇西姑臧人。官至并州阳曲县令。景云元年(710)九月十四日卒,享年五十一。同年十二月三十日葬于洛阳。墓志题为《大唐故通直郎行并州阳曲县令陇西李府君墓志铭并序》,题署:"朝议郎行洛州缑氏县丞卢若虚撰。"墓志高、宽均73厘米,厚17厘米。志文共28行,满行28字,志盖高、宽均76厘米,篆书"大唐故李府君之志铭",3行,行3字。拓片图版载《秦晋豫新出墓志搜佚续编》,第494页。图版与释文又见于《洛阳流散唐代墓志汇编续集》,第136—137页。张丹阳、龙成松有《新见〈李浑金墓志〉及其家族书法考——兼论唐代前期"弘文体"问题》,载《南京艺术学院学报》2021年第3期,第77—82页;于文哲有《新见墓志所见初唐诗人李浑金及其诗作考索》,载《唐史论丛》第34辑,三秦出版社2021年版,第340—349页;马振颖、郑炳林有《唐代诗人李浑金墓志相关问题再研究》,载《中华文史论丛》2023年第2期,第127—151页。墓志载李浑金作诗过程云:"年廿一,乃求古岷嶓,访道巴汉,行至城(成),作《春江晓望》诗曰:'明发眺江滨,年华入望新。地文生草树,天色列星辰。烟雾澄空碧,池塘变晓春。别有栖遑者,东西南北人。'时蜀中有李崇嗣、陈子昂者,并文章之伯,高视当代,见君藻翰,遂丧魄褫精,不敢举笔。则天闻其风而悦之,追直弘文馆学士。"李浑金诗,《全唐诗》没有收录。

墓 志 疏 证

君讳浑金,字全真,陇西姑臧人也。

李浑金,新、旧《唐书》无传。其事迹传世文献记载甚少。李浑金的名字,来源于南朝宋刘义庆《世说新语·赏誉》:"王戎目山巨源:'如璞玉浑金,人皆钦其宝,莫知名其器。'"①南朝梁元帝《为东宫荐石门侯启》:"点漆凝脂,事逾卫玠;浑金璞玉,才匹山涛。"②也就是比喻人的品质淳朴善良,具有天然美质,未加修饰。"全真"作为表字,也是表明他能够保持天性,品质善良之义。"浑金"之名与"全真"之字,内涵关联,前后相应。

陇西姑臧为李氏郡望,《新唐书·宰相世系表》陇西李氏:陇西李氏定著四房:其一曰武阳,二曰姑臧,三曰敦煌,四曰丹阳。"姑臧大房出自

① 余嘉锡:《世说新语笺疏》,上海古籍出版社1993年版,第423页。
② [唐]欧阳询:《艺文类聚》卷五三,上海古籍出版社1982年版,第962页。

兴圣皇帝第八子翻,字士举,东晋祁连、酒泉、晋昌太守。三子:宝、怀达、抗。……宝七子:承、茂、辅、佐、公业、冲、仁宗。承号姑臧房。承字伯业,后魏荥阳太守、姑臧穆侯。"①《册府元龟》卷六二一《卿监部·司宗》载:"天宝元年七月诏曰……自今以后,凉武昭王孙宝已下,绛郡、姑臧、敦煌、武阳等四房子孙,并宜隶入宗正,编诸属籍,以明尊本之道,用广亲亲之化。"②

其先出自帝颛顼,及陶唐氏咎繇为理,宥五宅,清三就,画冠不犯,以授于虞。世载其庸,则有官族。盛德必嗣,懋功克昌。指李臣周,仙宗降于魁极;祚茅师赵,世禄叶于人谋。至于鸿勋美事,轩裳接武,典谋史策,披卷有之。

《元和姓纂》卷一"李氏":"帝颛顼高阳之裔,颛顼生大业,大业生女莘,女莘生咎繇,为尧理官,子孙因姓理氏云云。裔孙理徵得罪于纣,其子利贞逃难伊侯之墟,食木子得全,因变姓李氏。利贞十一代孙老君,名耳,字伯阳,居苦县赖乡曲仁里。曾孙昙,生二子:崇、玑。崇子孙居陇西,玑子孙居赵郡。"③这是李氏出于颛顼以及陇西郡望的由来。

六代祖虔,魏太尉,休其家声,和其任实。曾祖子谭,齐广德将军,秦州司马。祖德基,皇朝雍州同官县丞。父思贞,上骑都尉。并融心与道,故大位不跻。

李虔一支,《新唐书·宰相世系表》未载。考《北史·李虔传》:"虔,字叔恭。太和初,为中书学生,迁秘书中散,转冀州骠骑府长史、太子中舍人。宣武初,迁太尉从事中郎,出为清河太守。属京兆王愉反,虔弃郡奔阙。宣武闻虔至,谓左右曰:'李虔在冀州日久,恩信著物,今拔难而来,众情自解矣。'乃授虔别将,令军前慰劳。事平,转长乐太守。延昌初,冀州大乘贼起,令虔以本官为别将,与都督元遥讨平之。迁后将军、燕州刺史;还为光禄大夫,加平西将军,兼大司农;出为散骑常侍、安东将军、兖州刺

① ［宋］欧阳修、宋祁:《新唐书》卷七二上,第2443页。
② ［宋］王钦若:《册府元龟》卷六二一第7470页。
③ ［唐］林宝:《元和姓纂》卷一,第1页。

史。追论平冀州之功，赐爵高平男。还京，除河南邑中正，迁领军将军、金紫光禄大夫。孝庄初，授特进、车骑大将军、仪同三司、散骑常侍，又进号骠骑大将军、开府仪同三司。永安三年薨，年七十四，赠侍中、骠骑大将军、太尉公、都督冀定瀛三州诸军事、冀州刺史，谥宣景。"①

李浑金先世，自曾祖而下，官职不高，史籍无载。可从新出土李浑金家族墓志中得以印证。《大唐故朝议郎润州司功陇西李公（魏相）墓志铭并序》："公讳魏相，字齐舒，行名楚琼，魏雍州牧姑臧公承七代孙，太尉宣景公虔六代孙。……曾祖子谭，齐秦州司马。祖德基，皇朝雍州同官县丞。……父思文，高尚不仕。"②《大唐故陇西李公（珣）墓志铭并序》："公讳珣，字守玉，陇西狄道人也。昔者庭坚仕殷之年，厥有命氏；伯阳处周之日，初标得姓。其后分枝锡派，开国承家。时称盛门，代不绝矣。曾祖子谭，永安、隆化二县令。祖德基，隆龛县丞。父思礼，何州安乡主簿。"③

君体醇和之精，蕴上德之粹，故盱覃岐嶷之质，诗书篆隶之工，天与其真，不待保傅。弱岁而孤，养于舅氏，棘心栾栾，殆不胜也。

墓志后面还有记载李浑金卒后："家无余禄，唯书法数百卷。呜呼！可谓能以素业遗子孙矣。"是其一生擅长书法。其书法成就，张丹阳《新见〈李浑金墓志〉及其家族书法考》④专门论及这一问题，可以参考。

年廿一，乃求古岷嶓，访道巴汉，行至城都，作《春江晓望》诗曰："明发眺江滨，年华入望新。地文生草树，天色列星辰。烟雾澄空碧，池溏变晓春。别有栖遑者，东西南北人。"

这里的"城都"应为"成都"之音误。这一段文字是墓志中难得的记载诗歌的内容。陈尚君《最近十五年来出土石刻所见唐诗文献举例》对此诗

---

① ［唐］李延寿：《北史》卷一〇〇，第 3324 页。
② 郭茂育、赵水森：《洛阳出土鸳鸯志辑录》，国家图书馆出版社 2012 年版，第 43—44 页。
③ 吴钢主编：《全唐文补遗》第 8 辑，三秦出版社 2005 年版，第 354 页。
④ 张丹阳：《新见〈李浑金墓志〉及其家族书法考》，《南京艺术学院学报》2021 年第 3 期，第 77—82 页。

即有所关注,认为是近十五年以来所发现最为重要的佚诗之一。① 对于这首诗的分析,我们将在下一部分中展开。这里所录之诗是李浑金二十一岁时所作。据墓志记载李浑金卒于景云元年(710),享年五十一岁推之,其二十一岁当为唐高宗调露二年(680)。

时蜀中有李崇嗣、陈子昂者,并文章之伯,高视当代,见君藻翰,遂丧魄褫精,不敢举笔。则天闻其风而悦之,追直弘文馆学士。先曰:九流纷纶,百氏杂习。君阐其微旨,振其颓纲,刊削数周,鲁亥斯辩。

调露二年春天,李浑金漫游蜀地,故作《春江晓望》诗。从墓志可见,初唐时期,李浑金因为善于作诗,产生了较大的社会影响,以至受到当时文坛领袖陈子昂、李崇嗣等人的敬畏,其声名达于朝廷,又受到武则天的器重,任用他为弘文馆学士。墓志赞美李浑金的藻翰,以李崇嗣、陈子昂作为比较对象,并称二人“丧魄褫精,不敢举笔”,当然是撰写墓志时对于墓主夸耀之言,但也是因为李浑金作这首诗时,陈子昂创作的成就尚未彰显,故而见到李浑金的藻翰而赞叹不已。而“文章之伯”则是陈子昂、李崇嗣后来的影响。由墓志的这一段叙事也可以看到初唐时期的蜀中文学较为繁盛,说明新出墓志能够成为文学史研究的一个新的窗口。我们在下文中专门展开论述。

敕授相州安阳县丞,仍旧直馆。又迁北都清源县丞,佑理畿甸,俗以化宁。遗爱不忘,立碑颂德。俄护寿阳县令,惠不惠,茂不茂,刑以礼格,政以简从。帝曰:俞哉! 优尔阶秩,正除阳曲县令。

墓志记载李浑金三任县官的经历,因其职位较低,故不见典籍记载,无法用来印证。然墓志所记载,说明李浑金在县官任上,颇能为百姓做好事,即在任之上“佑理畿甸,俗以化宁”,“刑以礼格,政以简从”,而且受到皇帝的称誉,故而能够在离任之后“遗爱不忘,立碑颂德”。

方期补兹衮职,归老上庠,禀命不融,春秋五十壹,以景云元年九月十四日遘疾终于官舍,寮吏哀悼,搢绅时恫。家无余禄,唯书法数百卷。呜

---

① 陈尚君:《唐诗求是》,上海古籍出版社 2018 年版,第 185 页。

呼！可谓能以素业遗子孙矣。

这里突出了李浑金遗留下来的是"书法数百卷"，对此，张丹阳《新见〈李浑金墓志〉及其家族书法考》作了较为合理的解释：第一，与其任职弘文馆经历有关，即墓志所言"则天闻其风而悦之，追直弘文馆学士。先曰：九流纷纶，百氏杂习。君阐其微旨，振其颓纲。刊削数周，鲁亥斯辩。"进入弘文馆，应该是李浑金书法"素业"成立的又一重要原因。唐代前期，弘文馆在书法图籍的收藏和教育方面有重要的影响，也是唐代"院体"书法的滥觞。太宗继位后，聚四部群书二十余万卷于馆，又选京官五品以上子嗣入馆，由虞世南、欧阳询等教授书法；还令弘文馆书手冯承素等人复制王羲之《兰亭序》摹本传赐朝臣。第二，李浑金书法对于其子李岳的影响。新出土文献还发现开元十四年（726）正月李浑金子李岳书其叔父李魏相之夫人张氏墓志，是典型的八分书。第三，李浑金族人擅长书法。除了其子李岳之外还有下面三位。李瑜，开元二年（714）书其堂弟《李魏相墓志》；李汇，贞元五年（789）书其父《李峦墓志》；李嗣之，元和九年（814）撰其叔父《李玄就墓志》。

夫人中山张氏，右仆射行成之孙，隆山令希謇之女。承钟鼎之胤，席柔嘉之资。惠心有孚，洵美昭铄。天夺其寿，碧树先秋。年四十，君前而殁。以其年十二月卅日合葬于洛阳之茔，礼也。

李浑金夫人为中山张氏，高宗朝宰相张行成的孙女。《新唐书·张行成传》："张行成，字德立，定州义丰人。……家贫，代计吏集京师，擢制举乙科，改陈仓尉。高祖谓吏部侍郎张锐曰：'今选吏岂无才用特达者？朕将用之。'锐言行成，调富平主簿，有能名。召补殿中侍御史，纠劾严正。太宗以为能，谓房玄龄曰：'古今用人未尝不因介绍，若行成者，朕自举之，无先容也。'尝侍宴，帝语山东及关中人，意有同异。行成曰：'天子四海为家，不容以东西为限，是示人以隘矣。'帝称善，赐名马一、钱十万、衣一称。自是有大政事，令与议焉。累迁给事中。……迁侍中、兼刑部尚书。……高宗即位，封北平县公，监修国史。……永徽四年，自三月不雨至五月，行成惧，以老乞身。……未几，卒于尚书省舍，年六十七。诏九品以上就第哭。比敛,三遣使赐内衣服,尚宫宿其家护视。赠开府仪同三司、并州都督,祭以少牢,谥曰定。"①张行成在高宗时具有极高的地位,李浑金娶名门之女,也是基于其才。

张氏之父希詧,官只做到隆山令,因其职位不高,故而史籍未有记载。这里可以补正张行成之世系。

嗣子岳,循屺岵以泣血,唫蓼莪以永慕。惧世范家风迁于陵谷,乃镌纪琬琰,以垂无穷。

李浑金之子李岳,传世典籍亦未见其事迹,出土文献当中发现李岳所书《大唐故润州司功参军李府君(魏相)夫人张氏墓志铭并序》,题署:"李君弟鲁山县令昉词。"末署:"侄安府参军岳书。"②墓主卒于开元十年(722)七月廿四日,葬于开元十四年(726)正月十八日。其时李岳为安府参军。

若虚忝预门间之宾,备闻笃行,见询以铭勒之事,安敢不作。

墓志题署:"朝议郎行洛州缑氏县丞卢若虚撰。"这里说"忝预门间之宾",是叙述其与李浑金父子的关系,故而能够为李浑金撰写墓志。

卢若虚为卢藏用之弟,为唐代山东望族。《新唐书·卢藏用传》:"弟若虚,多才博物。陇西辛怡谏为职方,有获异鼠者,豹首虎臆,大如拳。怡谏谓之鼮鼠而赋之。若虚曰:'非也,此许慎所谓鼸鼠,豹文而形小。'一坐惊服。终起居郎,集贤院学士。"③新出土卢若虚撰其母《卢璥妻李晋墓志》叙述自己的经历颇详:"府君先有两子,曰微明、藏用。夫人自诞一子曰若虚。而抚养偏露,逾己生。在卢氏五十余年,至于蘋藻粢盛,织纴缵组,必躬亲临,不信诸妇。故九族尊敬取则,号为大家。睿宗时,藏用迁黄门,微明任御史,并宦达,有恩诏授赞皇县太夫人,寻又加赵郡太夫人。每正朔朝觐皤皤然,微明戴铁冠,藏用拽朱绶,左右自扶侍入禁内,儒者荣之。开元八年,从微明宰浚仪,崇信释典,深悟泡幻,常口诵《金刚般若

① [宋]欧阳修、宋祁:《新唐书》卷一○四,第4012—4013页。
② 郭茂育、赵水森:《洛阳出土鸳鸯志辑录》,第45页。
③ [宋]欧阳修、宋祁:《新唐书》卷一二三,第4375页。

经》。其明年，又随若虚述职罩怀。至十三年秋七月，寝疾大渐，遗令曰：
'夫逝者圣贤不免，精气无所不之，安以形骸为累，不须袝葬，全吾平生戒
行焉。时服充敛送终，唯须俭省。祠祭不得用肉。'以其月廿九日夜，奄垂
弃背于武德丞廨宇，春秋七十三。孤子微明等号天叩地，无所逮及，谨遵
先惜，以其年十月廿三日，奉迁归洛城东北，厝于先茔之旁。昔者墓板无
文，唯题爵里，肇魏缪袭，始赠词绚。情所不取，令但直书实行，以申罔极
之思。庶清风盛德，传乎万古。若虚愚劣，复属荒谬，不能仰记万一
云。"①赵明诚《金石录》卷五："《唐杯渡师墓石柱颂》，卢若虚撰，卢重玄八
分书。开元五年四月。"②

卢若虚颇有史才，《新唐书·艺文志》二："卢若虚《南宫故事》三十
卷。"③同卷："《六典》三十卷。"注云："开元十年，起居舍人陆坚被诏集贤
院修《六典》，玄宗手写六条，曰理典、教典、礼典、政典、刑典、事典。张说
知院，委徐坚，经岁无规制，乃命毋煚、余钦、咸廙业、孙季良、韦述参撰。
始以令式象《周礼》六官为制。萧嵩知院，加刘郑兰、萧晟、卢若虚。张九
龄知院，加陆善经。李林甫代九龄，加苑咸。二十六年书成。"④

李浑金与蜀中文学

这篇墓志对于文学研究极为重要，着重在这一段的叙事："年廿一，乃
求古岷嶓，访道巴汉，行至城都，作《春江晓望》诗曰：'明发眺江滨，年华入
望新。地文生草树，天色列星辰。烟雾澄空碧，池塘变晓春。别有栖遑
者，东西南北人。'时蜀中有李崇嗣、陈子昂者，并文章之伯，高视当代，见
君藻翰，遂丧魄递精，不敢举笔。则天闻其风而悦之，追直弘文馆学士。"
因为这一段叙事，既立足于李浑金，又集中于蜀中文学的叙述。

① 吴钢主编：《全唐文补遗》第 6 辑，三秦出版社 1999 年版，第 44 页。
② 金文明：《金石录校证》卷五，第 94 页。
③ ［宋］欧阳修、宋祁：《新唐书》卷五八，第 1475 页。
④ ［宋］欧阳修、宋祁：《新唐书》卷五八，第 1477 页。

（一）《春江晓望》诗分析

对于李浑金的《春江晓望》诗，我们做三个方面的分析。

第一是背景分析。墓志点明了作诗的背景："弱岁而孤，养于舅氏。棘心栾栾，殆不胜也。年廿一，乃求古岷嶓，访道巴汉，行至城都，作《春江晓望》诗。"这是墓志引诗的特点，能够把作诗的来龙去脉表现出来。李浑金弱冠之龄丧父，依靠舅舅生活，因而思亲之心非常强烈，其"求古岷嶓，访道巴汉"当与其舅氏相关。故而李浑金虽然不是蜀人，便因为母系关系，与蜀中较有牵连。他在寻访岷嶓巴汉时经过成都时写了这首感人的诗篇。

第二是形式分析。这是一首成熟的五言律诗，从平仄而言，每一句的平仄都合乎规则；从粘对而言，对偶工整，相粘精切；从韵律而言，属于仄起入韵的格式，上平声"十一真"部。说明五言律诗在初唐的高宗时期已臻于成熟的境地，而文学史上将律诗成熟归功于沈佺期和宋之问等个人的努力，是不符合唐诗发展事实的。

诗　句	平　仄	粘　对	韵　律
明发眺江滨	⵨平⵨仄仄平平	与下句对	仄起入韵
年华入望新	平平仄仄平	与下句粘	押十一真韵
地文生草树	⵨仄⵨平平仄仄	与下句对	
天色列星辰	⵨平⵨仄仄平平	与下句粘	
烟雾澄空碧	⵨平⵨仄平平仄	与下句对	
池塘变晓春	平平仄仄平	与下句粘	
别有栖遑者	仄仄平平仄	与下句对	
东西南北人	平平⵨平⵩仄平	与上句对	

第三是内容分析。首联"明发眺江滨，年华入望新"。开篇即入题，诗

题为《春江晓望》，第一句切"江"，第二句切"春"，"明发"谓天明即发，切"晓"字。"年华"二字又透露出是初春时节。诗的开头就将成都初春时节的勃勃生机展现了出来。颔联"地文生草树，天色列星辰"。颔联写景，上句描写成都地上之景，表现出草木旺盛的繁华；下句描写成都天空之景，表现出碧空澄澈的景象。这样写景，视野开阔，格局恢弘。同时这里还暗用了北齐刘昼《新论·慎言》事："日月者，天之文也；山川者，地之文也；言语者，人之文也。天文失，则有谪蚀之变；地文失，必有崩竭之灾；人文失，必有伤身之患。"①实际上将天文、地文、人文有机地融合在一起。颈联"烟雾澄空碧，池塘变晓春"。这一联仍然是写景，但与前一联有所变化，是上句写空中，下句写池塘。早晨有些烟雾而使得天空更显空碧，池塘春晓景色更加迷人。尾联"别有栖遑者，东西南北人"。这一联点明自己的身份与感受，因为自己是在"求古"，是在"访道"，是一位过客，故而定位于"栖遑者"，从中也透露出自己的苦闷情怀。这苦闷一方面来源于自己的漫游所感，另一方面也应该与自己丧父之后依于舅氏而生出的孤独无依之感有关。同时，这两句也是用典的，而且都与孔子周游列国有关。"栖遑"，《论语·宪问》："丘何为是栖栖者与？"②汉班固《答宾戏》："圣哲之治，栖栖遑遑。孔席不暖，墨突不黔。"③"东西南北人"，《礼记·檀弓》："今丘也，东西南北之人也。"④故而诗的最后两句，既切李浑金游历成都之事，同时虽然感到苦闷，但仍然表现出儒者入世的情怀。总体而言，这首诗平仄调谐，粘对精切，写景清新，抒情自然，已经是非常成熟的五律诗，无怪乎受到陈子昂、李崇嗣的称赞。

（二）墓志与初唐蜀中文学

首先，我们考察墓志中叙述的三个主要人物的年龄。李浑金，以其景

---

① ［北齐］刘昼：《刘子校释》卷六，中华书局 1998 年版，第 306 页。
② ［清］刘宝楠：《论语正义》卷一七，中华书局 1990 年版，第 590 页。
③ ［梁］萧统编，［唐］李善等注：《六臣注文选》卷四五，中华书局 1987 年版，第 847 页。
④ ［汉］郑玄：《礼记注》卷二《檀弓上》，中华书局 2001 年版，第 64 页。

云元年(710)卒,享年五十一推之,其生年应为唐高宗显庆五年(660)。陈子昂的生年,据罗庸《陈子昂年谱》考证,在龙朔元年(661)。李崇嗣的生年不详,根据墓志叙述的语气推测,应该与李浑金、陈子昂的年龄相仿。也就是说,回到李浑金二十一岁作诗的永隆元年(680),其时李浑金、陈子昂、李崇嗣也都是二十余岁的青年。墓志记载是回溯三人在当时的情况。但李浑金作诗与其卒年已有三十年之远隔,故叙述时对其影响有夸张之处,也在所难免。

其次,我们再考察三人离蜀的情况。李浑金入蜀写了这首成都诗之后,名登朝廷,受到武则天的赏识,将其安排在弘文馆。陈子昂出蜀的时间,据卢藏用《陈子昂别传》:"年二十一,始东入咸京,游太学,历抵群公,都邑靡然属目矣。由是为远近所籍甚。"①罗庸《陈子昂年谱》考订陈子昂生于龙朔元年辛酉(661),其离蜀时间在开耀元年(681)。这样李浑金与陈子昂离蜀时间应该较为相近。陈子昂离蜀后入京游太学,李浑金离蜀后入京入弘文馆。李崇嗣离蜀时间难以确考,但我们知道他在武则天时为奉宸府主簿,圣历中曾奉敕预东观修书。因此三人的经历具有相似之处,故而墓志将其三人进行对比描写。

再者,我们考察李崇嗣的文学成就。在李浑金墓志当中,将李崇嗣与陈子昂相提并论,以为都是"文章之伯",而且将李排在陈前。但由于传世作品差异很大,导致后人对于李崇嗣了解甚少,因此有必要加以探掘。墓志称蜀中文人有李崇嗣、陈子昂,将陈排于李之后,说明李崇嗣在当时是颇有影响的文坛领袖。但因他作品散佚甚多,罕见流传,故后世影响与陈子昂无法相提并论。我们现在仅知道李崇嗣在武则天时为奉宸府主簿。圣历中,曾奉敕预东观修书。陈子昂有《酬李参军崇嗣旅馆见赠》《夏日晖上人房别李参军崇嗣并序》《题李三书斋》诗三首。《夏日晖上人房别李参军崇嗣并序》云:"李参军白云英胄,紫气仙人。爱江海而高寻,顿风尘而未息。来从许下,月旦出于龙泉;言入蜀中,星文见于牛斗。"②沈佺期《黄

---

① [唐]卢藏用:《陈子昂别传》,《文苑英华》卷七九三,中华书局1966年版,第4191页。
② [清]彭定求:《全唐诗》卷八三,第900页。

口赞序》云："圣历中，有敕东观修书。黄口飞落铅椠间，奉宸主簿李崇嗣命采花哺之。"①稍能见其风采。

最后，考察一下初唐时期的蜀中文学。陈尚君《唐诗人占籍考》考出剑南道诗人共有66人，其中最多是益州32人，其次是梓州13人。这两个州是蜀中文学的代表区域。然而初唐诗人却很少，大约益州有间丘均，梓州有陈子昂、李义府，仅此而已。据张仲裁《唐五代文人入蜀考论》统计，从唐朝开国到玄宗开元三年，入蜀文人存留诗作者有21位，即陈子昂、郑世翼、卢照邻、王勃、邵大震、元兢、骆宾王、刘希夷、薛登、张说、王适、王无竞、沈佺期、乔备、薛曜、苏颋、王维、胡皓、卢象、李邕。这些文人当中，留下10首以上诗作者仅有卢照邻和王勃两人，因而王勃与卢照邻就是初唐时期蜀中文学的杰出代表。我们举卢照邻《还京赠别》诗为例："风月清江夜，山水白云朝。万里同为客，三秋契不凋。戏凫分断岸，归骑别高标。一去仙桥道，还望锦城遥。"②首联描写蜀地山川秀丽之景，颔联抒写情谊永驻之感，颈联表现离情别绪之绵长，尾联表现不得不别的感伤。山川丽景与感伤愁绪融会，构成了诗歌清新俊爽的风格，并透露出绵绵不绝的离情与乡思。再举王勃的《麻平晚行》诗为例："百年怀土望，千里倦游情。高低寻戍道，远近听泉声。涧叶才分色，山花不辨名。羁心何处尽，风急暮猿清。"③麻平即麻坪，今四川乐山。诗用五言律体以表现短暂的旅程。首联融合时间与空间着笔，"百年"形容时间之长，"千里"形容空间之远，羁游之意与故乡之感寓于其中。颔联专从空间着笔，"高低"指空间的上下维度，"远近"指空间的前后维度，加以"寻戍道""听泉声"，写景给人以咫尺千里之感。颈联具体描写"涧叶"和"山花"，叙说置身于烂漫美景中的既真切又模糊的感受。尾联以晚风吹拂下的凄清猿声进一步表现出景色之美，从而衬托出自己倦于宦游的羁情和苦闷。《李浑金墓志》所载的诗歌，也是一首漫游之诗，与卢照邻、王勃的诗作异曲同工，加

---

① ［宋］计有功：《唐诗纪事》卷六，第83页。
② ［清］彭定求：《全唐诗》卷四二，第525页。
③ ［清］彭定求：《全唐诗》卷五六，第675页。

以墓志所记本土诗人陈子昂、李崇嗣的影响,对于考察初唐蜀中诗歌就具有特殊的意义。对于陈子昂的评述,卢藏用《陈子昂别传》:"奇杰过人,姿状岳立,始以豪家子驰侠使气。至年十七八未知书。尝从博徒入乡学,慨然立志。因谢绝门客,专精坟典。数年之间,经史百家罔不该览。尤善属文,雅有相如、子云之风骨。"①《新唐书·陈子昂传》云:"子昂十八未知书,以富家子,尚气决,弋博自如。它日入乡校,感悔,即痛修饬。"②而李浑金游蜀时,子昂才二十岁,当然不会创作很多诗歌,以至于在蜀地有很大的影响。而我们现在考察罗庸的《陈子昂年谱》,二十岁之前的作品一篇也没有见到。这时陈子昂还没有及第,这样就无怪乎看到李浑金的诗歌表现出惊讶之情了。而从这篇墓志当中,我们可以看出来在唐高宗时期,李浑金、李崇嗣、陈子昂对于蜀地文学有着突出的贡献,他们三人都是唐代蜀中诗坛引领风气的开创人物。墓志中所说李崇嗣、陈子昂为"文章之伯",是撰写墓志时期李崇嗣与陈子昂在诗坛的地位,而不是看到李浑金《春江晓望》诗时的诗坛影响。

五、上官婉儿墓志

墓 志 释 文

大唐故婕妤上官氏墓志铭 并序

夫道之妙者,乾坤得之而为形质;气之精者,造化取之而为识用。挺埴陶铸,合散消息,不可备之于人。备之于人矣,则光前绝后,千载其一。婕妤姓上官,陇西上邽人也。其先高阳氏之后。子为楚上官大夫,因生得姓之相继;女为汉昭帝皇后,富贵勋庸之不绝。曾祖弘,随藤王府记室参军、襄州总管府属、华州长史、会稽郡赞持、尚书比部郎中,与毂城公吐万绪平江南,授通议大夫。学备五车,文穷三变。曳裾入侍,载清长坂之衣

① [唐]卢藏用:《陈子昂别传》,《文苑英华》卷七九三,第4191页。
② [宋]欧阳修、宋祁:《新唐书》卷一〇七,第4067页。

冠；杖剑出征，一扫平江之氛祲。祖仪，皇朝晋府参军、东阁祭酒、弘文馆学士、给事中、太子洗马、中书舍人、秘书少监、银青光禄大夫、行中书侍郎、同中书门下三品，赠中书令、秦州都督、上柱国、楚国公、食邑三千户。波涛海运，崖岸山高。为木则揉作良弓，为铁则砺成利剑。采摭弹于糟粕，一令典籍困穷；错综极于烟霞，载使文章全盛。至于跨蹑簪笏，谋猷庙堂。以石投水而高视，以梅和羹而独步。宫寮府佐，问望相趋；麟阁龙楼，辉光递袭。富不期侈，贵不易交。生有令名，天书满于华屋；没有遗爱，玺诰及于穷泉。父庭芝，左千牛、周王府属。人物本源，士流冠冕。宸极以侍奉为重，道在腹心；王庭以吐纳为先，事资喉舌。落落万寻之树，方振国风；昂昂千里之驹，始光人望。属楚国公数奇运否，解印褰裳。近辞金阙之前，远窜石门之外，并从流迸，同以忧卒。赠黄门侍郎、天水郡开国公，食邑三千户。访以荒陬，无复藤城之樣；藏之秘府，空余竹简之书。婕妤懿淑天资，贤明神助。诗书为苑囿，捃拾得其菁华；翰墨为机杼，组织成其锦绣。年十三为才人，该通备于龙蛇，应卒逾于星火。先皇拨乱返正，除旧布新，救人疾苦，绍天明命。神龙元年，册为昭容。以韦氏侮弄国权，摇动皇极。贼臣递构，欲立爱女为储；爱女潜谋，欲以贼臣为党。昭容泣血极谏，扣心竭诚，乞降纶言，将除蔓草。先帝自存宽厚，为掩瑕疵，昭容觉事不行，计无所出。上之，请擿伏而理，言且莫从；中之，请辞位而退，制未之许；次之，请落发而出，卒为挫衄；下之，请饮鸩而死，几至颠坠。先帝惜其才用，慜以坚贞。广求入腠之医，才救悬丝之命。屡移晷魄，始就痊平。表请退为婕妤，再三方许。暨宫车晏驾，土宇衔哀。政出后宫，思屠害黎庶；事连外戚，欲倾覆宗社。皇太子冲规参圣，上智伐谋。既先天不违，亦后天斯应。拯皇基于倾覆，安帝道于艰虞。昭容居危以安，处险而泰。且陪清禁，委运于乾坤之间；遽冒铦锋，亡身于仓卒之际。时春秋四十七。皇鉴昭临，圣慈轸悼，爰迁制命，礼葬赠官。太平公主哀伤，赙赠绢五百匹，遣使吊祭，词旨绸缪。以大唐景云元年八月二十四日，窆于雍州咸阳县茂道乡洪渎原，礼也。龟龙八卦，与红颜而并销；金石五声，随白骨而俱葬。其词曰：

　　巨阀鸿勋，长源远系。冠冕交袭，公侯相继。爰诞贤明，是光锋锐。宫闱以得，若合符契。其一。潇湘水断，宛委山倾。珠沉圆折，玉碎连城。甫瞻松槚，静听坟茔。千年万岁，椒花颂声。其二。

　　《上官婉儿墓志》，上官婉儿(664—710)，陇西上邽人。曾为中宗昭容，唐隆政变时被杀。2013 年 8—9 月，陕西省考古研究院在咸阳市渭城区北杜镇邓村发掘了唐昭容上官氏墓，出土了墓志。志石青石质，正方形。志盖盝顶，高 75、广 73、厚 12.5 厘米。顶面正中阴刻篆书"大唐故昭容上官氏铭"，3 行，行 3 字。志石高、广皆 74、厚 15.5 厘米，划细线棋格，阴刻。志文正书 32 行，满行 33 字，共计 982 字。四侧在整体联珠纹框内减地线刻十二生肖，衬以缠枝忍冬。志盖拓片图版载于《考古与文物》2013 年第 6 期封 2，志文拓片图版载于同书封 3，释文载于该书第 86—87 页。拓片又载张永华、赵文成、赵君平编著《秦晋豫新出墓志蒐佚三编》第二册，国家图书馆出版社 2020 年版，第 415—416 页；毛远明、李海峰编著《西南大学藏石刻拓本汇释》图版卷，中华书局 2019 年版，第 164—165 页，释文见同书释文卷，第 179—181 页；胡海帆、汤燕编《北京大学图书馆新藏金石拓本菁华续编：1996—2017》，北京大学出版社 2018 年版，第 206—207 页。李明、耿庆刚有《〈唐昭容上官氏墓志〉笺释——兼谈唐昭容上官氏墓相关问题》，载《考古与文物》2012 年第 6 期，第 86—91 页；李明、耿庆刚有《陕西发掘唐昭容上官氏墓》，载《中国文物报》2013 年 9 月 11 日第 1 版；李明有《来自大唐的秘密：上官婉儿墓考古解读》，载《大众考古》2014 年第 4 期，第 33—40 页；仇鹿鸣有《碑传与史传：上官婉儿的生平与形象》，载《学术月刊》2014 年第 5 期，第 157—168 页。《考古与文物》2014 年第 1 期又刊载了《"〈唐昭容上官氏墓志〉及其相关问题"学术研讨会纪要》。陆扬《上官婉儿和她的制作者》，收入《清流文化和唐帝国》，北京大学出版社 2016 年版，第 264—282 页。西安碑林 2017 年 10 月 29 日开幕《桃花依旧——唐代诗人墓志特展》壹《巾帼文宗，后宫才女：上官婉儿的诗歌艺术》展出该墓志原石及拓片。上官婉儿诗，载于《全唐诗》卷五，第 60 页。

墓 志 疏 证

大唐故婕妤上官氏墓志铭并序

墓志首题称上官氏为"婕妤"而不称"昭容"是因为"婕妤"是其最后宫

内女官等级。李明、耿庆刚《〈唐昭容上官氏墓志〉笺释》云："《墓志》首题称'婕妤'而不称'昭容'，缘于后文有言：'请退为婕妤，再三方许。'唐制，昭容为皇帝九嫔第二级，仅次于昭仪，正二品阶；婕妤为代世妇之一，正三品阶。《新唐书》卷七六《上官昭容传》：'郑（按指上官昭容母郑氏）卒，谥节义夫人。婉儿请降秩行服，诏起为婕妤，俄还昭容。'《墓志》又言：'昭容居危以安，处险而泰。'则又以昭容称之，《新唐书》本传所言不虚，径称昭容可也。"①按，据墓志记载，上官婉儿卒亡时，其宫内官职为婕妤，故墓志称其终官，而《新唐书》本传称其最高官，就制度而言，墓志更为准确。

婕妤姓上官，陇西上邽人也。

《旧唐书·上官仪传》："上官仪，本陕州陕人也。"②《新唐书·上官仪传》："上官仪，字游韶，陕州陕人。"③与墓志记载不同。李明《笺释》云："《元和姓纂》将上官仪一支著籍东都。按陕州陕县即今河南陕县，陇西上邽即今甘肃天水，汉代东郡即今河南濮阳。依《元和姓纂》所记，上官氏总籍'陇西之上邽'，东郡一支亦是由天水所分，溯其源流，盖自称'陇西上邽人'亦不为过。"按，《元和姓纂》卷七："楚怀王子兰为上官邑大夫，因氏焉。秦灭楚，徙陇西之上邽。"④此为上官氏郡望之由来，唐人好称郡望，故墓志书之如此。

其先高阳氏之后。子为楚上官大夫，因生得姓之相继；女为汉昭帝皇后，富贵勋庸之不绝。

上官氏出于楚国王室，因封官为上官邑大夫，而氏上官。楚之先祖为高阳氏，此即墓志"其先高阳氏之后"之由来。《元和姓纂》卷七"上官氏"条："楚怀王子兰为上官邑大夫，因氏焉。秦灭楚，徙陇西之上邽。汉右将军、安阳侯桀，生安，桑乐侯。女为昭帝皇后，拜车骑将军，以反诛。裔孙胜。"⑤《史记·楚世家》："楚之先祖出自帝颛顼高阳。高阳者，黄帝之孙，

---

① 李明、耿庆刚：《〈唐昭容上官氏墓志〉笺释》，《考古与文物》2013年第6期，第86—91页。
② ［后晋］刘昫：《旧唐书》卷八〇，第2743页。
③ ［宋］欧阳修、宋祁：《新唐书》卷一〇五，第4035页。
④ ［唐］林宝：《元和姓纂》卷七，第1082页。
⑤ ［唐］林宝：《元和姓纂》卷七，第1082页。

昌意之子也。"①

曾祖弘，随藤王府记室参军、襄州总管府属、华州长史、会稽郡赞持、尚书比部郎中，与縠城公吐万绪平江南，授通议大夫。学备五车，文穷三变。曳裾入侍，载清长坂之衣冠；杖剑出征，一扫平江之氛祲。

墓志特地表彰上官弘"与縠城公吐万绪平江南，授通议大夫"事，这是隋朝末年所发生的重要事件。《隋书·吐万绪传》："时刘元进作乱江南，以兵攻润州，帝征绪讨之。绪率众至杨子津，元进自茅浦将渡江，绪勒兵击走。绪因济江，背水为栅。明旦，元进来攻，又大挫之，贼解润州围而去。绪进屯曲阿，元进复结栅拒。绪挑之，元进出战，阵未整，绪以骑突之，贼众遂溃，赴江水而死者数万。元进挺身夜遁，归保其垒。伪署仆射朱燮、管崇等屯于毗陵，连营百余里。绪乘势进击，复破之，贼退保黄山。绪进军围之，贼穷蹙请降，元进、朱燮仅以身免。于阵斩管崇及其将军陆颛等五千余人，收其子女三万余口，送江都宫。进解会稽围。"②

祖仪，皇朝晋府参军、东阁祭酒、弘文馆学士、给事中、太子洗马、中书舍人、秘书少监、银青光禄大夫、行中书侍郎、同中书门下三品，赠中书令、秦州都督、上柱国、楚国公、食邑三千户，波涛海运，崖岸山高，为木则揉作良弓，为铁则砺成利剑……至于跨蹑簪笏，谋猷庙堂，以石投水而高视，以梅和羹而独步，宫寮府佐，问望相趋，麟阁龙楼，辉光递袭，富不期侈，贵不易交。生有令名，天书满于华屋；没有遗爱，玺诰及于穷泉。

《旧唐书·上官仪传》："太宗闻其名，召授弘文馆直学士，累迁秘书郎。……俄又预撰《晋书》成，转起居郎，加级赐帛。高宗嗣位，迁秘书少监。龙朔二年，加银青光禄大夫、西台侍郎、同东西台三品，兼弘文馆学士如故。……麟德元年，宦者王伏胜与梁王忠抵罪，许敬宗乃构仪与忠通谋，遂下狱而死，家口籍没。"③又见《新唐书·上官仪传》。

父庭芝，左千牛、周王府属，人物本源，士流冠冕。宸极以侍奉为重，

① ［汉］司马迁：《史记》卷四〇，中华书局1982年版，第1689页。
② ［唐］魏徵：《隋书》卷六五，第1538—1539页。
③ ［后晋］刘昫：《旧唐书》卷八〇，第2743—2744页。

道在腹心；王庭以吐纳为先，事资喉舌。落落万寻之树，方振国风；昂昂千里之驹，始光人望。属楚国公数奇运否，解印褰裳，近辞金阙之前，远窜石门之外，并从流进，同以忧卒。赠黄门侍郎、天水郡开国公，食邑三千户。访以荒陬，无复藤城之榇；藏之秘府，空余竹简之书。

《旧唐书·上官仪传》："子庭芝，历位周王府属，与仪俱被杀。庭芝有女，中宗时为昭容，每侍帝草制诰，以故追赠仪为中书令、秦州都督、楚国公，庭芝黄门侍郎、岐州刺史、天水郡公。仍令以礼改葬。"①又见《新唐书·上官仪传》。

婕妤懿淑天资，贤明神助。诗书为苑囿，捃拾得其菁华；翰墨为机杼，组织成其锦绣。年十三为才人，该通备于龙蛇，应卒逾于星火。

《旧唐书·上官昭容传》："中宗上官昭容名婉儿，西台侍郎仪之孙也。父庭芝，与仪同被诛，婉儿时在襁褓，随母配入掖庭。及长，有文词，明习吏事。则天时，婉儿忤旨当诛，则天惜其才不杀，但黥其面而已。自圣历已后，百司表奏，多令参决。"②《新唐书·上官昭容传》："婉儿始生，与母配掖廷，天性韶警，善文章。年十四，武后召见，有所制作，若素构。自通天以来，内掌诏命，掞丽可观。尝忤旨当诛，后惜其才，止黥而不杀也。然群臣奏议及天下事皆与之。"③

先皇拨乱返正，除旧布新，救人疾苦，绍天明命。神龙元年，册为昭容。

《旧唐书·上官昭容传》："中宗即位，又令专掌制命，深被信任。寻拜为昭容，封其母郑氏为沛国夫人。"④《新唐书·上官昭容传》："帝即位，大被信任，进拜昭容，封郑沛国夫人。……郑卒，谥节义夫人。婉儿请降秩行服，诏起为婕妤，俄还昭容。"⑤还昭容的时间是景龙二年十一月，《资治

---

① ［后晋］刘昫：《旧唐书》卷八〇，第 2744 页。
② ［后晋］刘昫：《旧唐书》卷五一，第 2175 页。
③ ［宋］欧阳修、宋祁：《新唐书》卷七六，第 3488 页。
④ ［后晋］刘昫：《旧唐书》卷五一，第 2175 页。
⑤ ［宋］欧阳修、宋祁：《新唐书》卷七六，第 3488 页。

通鉴》卷二○九：中宗景龙二年十一月，"以婕妤上官氏为昭容"①。

以韦氏侮弄国权，摇动皇极。贼臣递构，欲立爱女为储；爱女潜谋，欲以贼臣为党。

韦氏即韦后，爱女即安乐公主。有关韦后及安乐公主毒害中宗事，《旧唐书·中宗纪》："丁卯，前许州司兵参军燕钦融上书，言皇后干预国政，安乐公主、武延秀、宗楚客等同危宗社。帝怒，召钦融廷见，扑杀之。时安乐公主志欲皇后临朝称制，而求立为皇太女，自是与后合谋进鸩。六月壬午，帝遇毒，崩于神龙殿，年五十五。"②《资治通鉴》记载："安乐公主欲韦后临朝，自为皇太女，乃相与合谋，于饼饺中进毒。"③"自请为皇太女，上虽不从，亦不谴责。"《考异》曰："《统纪》云：'安乐公主私请废皇太子而立己为皇太女，帝以问魏元忠，元忠曰：'皇太子国之储君，生人之本，今既无罪，岂得辄有动摇，欲以公主为皇太女，驸马复若为名号？天下必甚怪愕，恐非公主自安之道。'公主知之，乃奏曰：'元忠，山东木强田舍汉，岂足与论国家权宜盛事、仪注好恶！阿母子尚自为天子，况儿是公主，作皇太女，有何不可？'按中宗虽愚，岂不知立皇太女为不可，何必待元忠之言！今从《旧传》。"④

安乐公主墓志已出土，题为《大唐故勃逆宫人志文并序》："宫人讳某，字某，姓李氏。中宗孝和皇帝之第某女也。神龙初载，汤沐加荣，进为安乐公主。禀性骄纵，立志矜奢。倾国府之资财，为第宇之雕饰。其夫武延秀与韦温等谋危宗社，潜结回邪，交构凶徒，排挤端善。密行鸩毒，中宗暴崩。六合摧心，三光掩色。又欲拥羽林万骑，率左右屯营，内宅之中，潜贮兵甲，期以唐隆元年六月廿三日，先危今上圣躬，并及太平公主。皇太子密闻其计，先难奋发。以其月廿日，挺身鞠旅，众应如归。七庙安宁，群凶殄灭。宫人以其夜死。圣上仁慈德远，骨肉情深，爰命有司，式陈葬礼，以

① ［宋］司马光：《资治通鉴》卷二○九，第 6630 页。
② ［后晋］刘昫：《旧唐书》卷七，第 150 页。
③ ［宋］司马光：《资治通鉴》卷二○九，第 6641—6642 页。
④ ［宋］司马光：《资治通鉴》卷二○八，第 6608 页。

景云元年十一月十三日，葬于某所。羲舒易往，陵谷有迁。翠石式题，玄扃用纪。铭曰：德不建兮身招耻，葬礼陈兮迈千祀。皇泽降兮鸿德施，贞石勒兮幽坟纪。"①有关安乐公主墓志中透露的当时政治事件，孟宪实有《〈安乐公主墓志〉初探》②叙述较详，可以参看。

昭容泣血极谏，扣心竭诚，乞降纶言，将除蔓草。先帝自存宽厚，为掩瑕疵，昭容觉事不行，计无所出。上之，请擿伏而理，言且莫从；中之，请辞位而退，制未之许；次之，请落发而出，卒为挫衄；下之，请饮鸩而死，几至颠坠。先帝惜其才用，慜以坚贞，广求入腠之医，才救悬丝之命，屡移朏魄，始就痊平。表请退为婕妤，再三方许。

墓志所述极谏细节，史籍不见记载。其表请退为婕妤事，中宗有《起复上官氏为婕妤制》："前昭容上官氏，相门积善，儒宗雅训，文学冠时，柔嘉顺则。内守恬淡，外防奢侈，发于少长，持以周旋。乐无靡嫚，衣必瀚濯，珠玑不珍，坟籍为宝。故能诚切一室，功宣两朝。谠议日闻，屡援楚笔，忠规岁纳，方轻汉辇。惟此邦媛，郁为宫师。遂能德综十伦，孝高百行。顷罹创巨，爰命权夺。秩茂左嫔，思被光宠；志齐班女，恳陈执挹。而贤明之业，经济之才，素风逾迈，清辉益远。不成厥美，将蔽斯言，今依表奏，以宪图史。可起复婕妤，主者施行。"③

暨宫车晏驾，土宇衔哀。政出后宫，思屠害黎庶；事连外戚，欲倾覆宗社。皇太子冲规参圣，上智伐谋，既先天不违，亦后天斯应，拯皇基于倾覆，安帝道于艰虞。

《旧唐书·睿宗纪》："景龙四年夏六月，中宗崩，韦庶人临朝，引用其党，分握政柄，忌帝望实素高，潜谋危害。庚子夜，临淄王讳与太平公主子薛崇简、前朝邑尉刘幽求、长上果毅麻嗣宗、苑总监钟绍京等率兵入北军，诛韦温、纪处讷、宗楚客、武延秀、马秦客、叶静能、赵履温、杨均等，诸韦、

---

① 孟宪实：《〈安乐公主墓志〉初探》，《纪念西安碑林九百二十周年华诞国际学术研讨会论文集》，文物出版社 2008 年版，第 315—316 页。
② 孟宪实：《〈安乐公主墓志〉初探》，《纪念西安碑林九百二十周年华诞国际学术研讨会论文集》，第 315—323 页。
③ ［清］董诰：《全唐文》卷一六，第 81 页。

武党与皆诛之。辛丑,帝挟少帝御安福门楼慰谕百姓,大赦天下,见系囚徒常赦所不免者咸赦除之。"①这是中宗卒后,李隆基政变诛杀韦后的过程,其时相王李旦立为皇帝,是为睿宗。

　　昭容居危以安,处险而泰。且陪清禁,委运于乾坤之间;遽冒铦锋,亡身于仓卒之际。时春秋四十七。皇鉴昭临,圣慈轸悼,爰迁制命,礼葬赠官。太平公主哀伤,赙赠绢五百匹,遣使吊祭,词旨绸缪。以大唐景云元年八月二十四日,窆于雍州咸阳县茂道乡洪渎原,礼也。

　　这里是叙述上官婉儿卒葬的过程。上官婉儿被杀,史书多有记载,而墓志一笔带过,乃用曲笔手法,这在下文专门论述。

上官氏家族的政治浮沉与文学传承

　　我们先从《上官婉儿墓志》谈起。这方墓志几乎占了一半的篇幅叙述家世,这在唐代墓志中是不很多见的。也是因为这样的叙述展示了上官氏家族在初唐政坛和文坛上的显要位置。

　　首先,上官婉儿的曾祖上官弘是在隋朝集政治和文学于一身的士大夫。从政治上说,他担任滕王府记室参军、襄州总管府属、华州长史、会稽郡赞持、尚书比部郎中;从文学上说,他"学备五车,文穷三变";加以"曳裾入侍,载清长坂之衣冠;杖剑出征,一扫平江之氛祲",足证上官弘是一位文武兼擅的人物。再看史书的记载,《元和姓纂》卷七东郡上官氏:"上官先元孙回,后周定襄太守。孙弘,隋比部郎中、江都总监,因居扬州;生仪,西台侍中、平章事,二子庭芝、庭璋。庭芝,周王府属,生怡容。庭璋,太子仆射,生经野、经国、经纬。经纬生诏,侍御史。"②《旧唐书·上官仪传》称:"父弘,隋江都宫副监,因家于江都。大业末,弘为将军陈稜所杀。"③《新唐书·上官仪传》:"父弘,为隋江都宫副监,大业末,为陈稜所杀。"④

①　[后晋]刘昫:《旧唐书》卷七,第 152 页。
②　[唐]林宝:《元和姓纂》卷七,第 1084 页。
③　[后晋]刘昫:《旧唐书》卷八〇,第 2743 页。
④　[宋]欧阳修、宋祁:《新唐书》卷一〇五,第 4035 页。

墓志特地表彰上官弘"与穀城公吐万绪平江南，授通议大夫"事，这是隋朝末年所发生的重要事件。《隋书·吐万绪传》："时刘元进作乱江南，以兵攻润州，帝征绪讨之。绪率众至杨子津，元进自茅浦将渡江，绪勒兵击走。绪因济江，背水为栅。明旦，元进来攻，又大挫之，贼解润州围而去。绪进屯曲阿，元进复结栅拒。绪挑之，元进出战，阵未整，绪以骑突之，贼众遂溃，赴江水而死者数万。元进挺身夜遁，归保其垒。伪署仆射朱燮、管崇等屯于毗陵，连营百余里。绪乘势进击，复破之，贼退保黄山。绪进军围之，贼穷蹙请降，元进、朱燮仅以身免。于阵斩管崇及其将军陆颛等五千余人，收其子女三万余口，送江都宫。进解会稽围。"①

　　其次，上官婉儿的祖父上官仪是初唐诗坛的宗主。墓志对于上官仪的叙述较为详细，主要有两个方面：一是官历的记载："祖仪，皇朝晋府参军、东阁祭酒、弘文馆学士、给事中、太子洗马、中书舍人、秘书少监、银青光禄大夫、行中书侍郎、同中书门下三品，赠中书令、秦州都督、上柱国、楚国公、食邑三千户。"二是成就的评价："波涛海运，崖岸山高，为木则揉作良弓，为铁则砺成利剑。采摭殚于糟粕，一令典籍困穷；错综极于烟霞，载使文章全盛。至于跨蹑簪笏，谋猷庙堂，以石投水而高视，以梅和羹而独步，宫寮府佐，问望相趋，麟阁龙楼，辉光递袭，富不期侈，贵不易交。生有令名，天书满于华屋；没有遗爱，玺诰及于穷泉。"对于官历的记载可与史籍相参证，大致相同。而最值得重视的是对上官仪的评价，大要在四个方面：第一是学术的评价："采摭殚于糟粕，一令典籍困穷。"第二是文学的评价："错综极于烟霞，载使文章全盛。"第三是政事的评价："至于跨蹑簪笏，谋猷庙堂，以石投水而高视，以梅和羹而独步，宫寮府佐，问望相趋，麟阁龙楼，辉光递袭，富不期侈，贵不易交。"第四是影响的评价："生有令名，天书满于华屋；没有遗爱，玺诰及于穷泉。"就文学的评价而言，"错综极于烟霞，载使文章全盛"实际上是对上官仪诗歌特点概括，因为在中古时期，文章也包括诗歌的。《旧唐书·上官仪传》称："工于五言诗，好以绮错婉

---

① ［唐］魏徵：《隋书》卷六五，第1538—1539页。

媚为本，仪既贵显，故当时多有效其体者，时人谓为上官体。"①是对墓志记载的最好诠释。

再者，上官婉儿的父亲上官庭芝史籍记载虽然很少，但是墓志的记载也还是为我们提供了一些解读政治和文学的线索。墓志云："父庭芝，左千牛、周王府属，人物本源，士流冠冕。宸极以侍奉为重，道在腹心；王庭以吐纳为先，事资喉舌。落落万寻之树，方振国风；昂昂千里之驹，始光人望。属楚国公数奇运否，解印褰裳，近辞金阙之前，远窜石门之外，并从流迸，同以忧卒。赠黄门侍郎、天水郡开国公、食邑三千户。访以荒陬，无复藤城之椽；藏之秘府，空余竹简之书。"因为上官庭芝官职不高，加以与上官仪同时被贬和被杀，故而墓志的记载侧重于主观的评述。而"藏之秘府，空余竹简之书"说明上官庭芝也还是有文学著述的。尽管他前不如其父上官仪的文学地位，后不如其女上官婉儿的文学影响，但在其文学家族的传承中应该也是不可或缺的一环。

然后，上官婉儿的堂兄弟上官经野也是一位能文之士。《元和姓纂》记载上官仪生庭芝、庭璋。庭璋生经野、经国、经纬。是经野等是婉儿的堂兄弟。新出土《右武卫郎将韩公（敬峤）夫人渤海郡君王氏墓志铭并叙》，题署："右千牛中郎天水郡开国公上官经野撰。"②墓主以天宝六载七月廿八日葬，墓志即是年而作。又《容斋三笔》卷一二《紫极观钟》条："饶州紫极观有唐钟一口，形制清坚，非近世工铸可比。刻铭其上，曰：'天宝九载，岁次庚寅，二月庚申朔，十五日癸酉造，通直郎、前监察御史贬乐平员外尉李逢年铭，前乡贡进士薛彦伟述序，给事郎、行参军赵从一书，中大夫、使持节鄱阳郡诸军事、检校鄱阳郡太守、天水郡开国公上官经野妻扶风郡君韦氏奉为开元天地大宝圣文神武应道皇帝敬造洪钟一口。'其后列录事参军、司功、司法、司士参军各一人，司户参军二人，参军三人，录事一人，鄱阳县令一人，尉二人，又专检校官、鄱阳县丞宋守静，专检校内供奉

---

① ［后晋］刘昫：《旧唐书》卷八〇，第 2743 页。
② 李明、刘呆运、李举纲主编：《长安高阳原新出土隋唐墓志》，文物出版社 2016 年版，第 190 页。

道士王朝隐，又道士七人。铭文亦雅洁，字画不俗。"①上官经野为鄱阳太守时，妻韦氏造钟而其铭文序都由当时文士所撰，也可证明经野与当时文士相互还往交流的情况。

最后，上官婉儿自己是初唐宫廷诗风最为典型的代表人物。墓志云："婕好懿淑天资，贤明神助。诗书为苑囿，捃拾得其菁华；翰墨为机杼，组织成其锦绣。""诗书"和"翰墨"体现了上官婉儿具有很高的文学艺术素养和成就。她的文学成就是由其才华和其所处的特殊环境决定的，作为文学世家的传承关系也是她取得成就的不容忽视的因素之一。她的地位和影响和其祖父上官仪的情况具有很多一致的地方，尤其突出在诗风的因袭和超越方面。王梦鸥《初唐诗学著述考》云："上官体虽得名于唐高宗麟德元年（六六四）以前，实光大于万岁通天（六九五）以下。其间料量对偶，商酌声病，为新体诗厘定格律者，颇不乏人，而上官婉儿又从而鼓动帝王，侈大书馆，增添士员，引进大臣名儒充此职位，尤以中宗复位以后，迭次赐宴赋诗，皆以婉儿为词宗，品第群臣所赋，要以采丽与否为取舍之权衡，于是朝廷益靡然成风矣。"②这段论述对于阅读新出土的上官婉儿墓志，了解上官体的家学传承，颇有一定的启迪意义。

综览上官婉儿家族的遭遇，从上官弘到上官婉儿四世，政治上都是不幸的，文学上都是幸运的。他们都热心投身于政治活动，最后都以失败被杀而告终。上官弘在隋代官至比部郎中，辅佐吐万绪平定江南，颇著功绩，但却最后为将军陈稜所杀。上官仪为唐太宗亲近的大臣，高宗时官至宰相，但因为武则天指使许敬宗诬奏其谋反而被杀。上官庭芝则在上官仪谋反案中一同被杀。上官婉儿虽然是武则天器重的重要人物，后来成为唐中宗的昭容，但也因为政治上的因素在唐隆政变中被处死。上官婉儿的祖孙四代都在文学上有所作为，尤其是上官仪和上官婉儿都以文名而流传于后世，成为中国诗歌史上难以替代的重要诗人。上官弘和上官

---

① ［宋］洪迈：《容斋随笔》，中华书局 2005 年版，第 569—570 页。
② 王梦鸥：《初唐诗学著述考》，台湾商务印书馆 1977 年版，第 25 页。

庭芝虽然文名不显,但上官婉儿墓志的出土亦使得他们的文学表现得到了证实。

上官氏家族与初唐诗歌的演进

唐代的诗歌史一般分为初盛中晚四个时期,初唐时期又是绵延时间较长的特定时段,这一时期宫廷诗歌的发展呈现一枝独秀的局面,与当时的宫廷环境、诗人群体和文柄主宰有着密切的关系。在前后衔接的数十年的诗歌发展进程中,上官仪和上官婉儿嫡亲祖孙相继主宰文柄,成为最值得关注的现象。

上官仪字游韶,陕州人。贞观初,擢进士第,召授弘文馆学士,迁秘书郎。上官仪以文才受到太宗的赏识,曾参预太宗诏修的《晋书》,以至于太宗私宴,也要让他参加。他在创作的实践中,总结了律诗对偶的规律,创立了"六对""八对"之说,对当时的科举考试与诗歌普及,起到了重大的作用,他的诗也风靡全国,时人不断仿效,称为"上官体"。到太宗贞观末期,活跃于文坛的曾担任过文馆学士的诗人以及具有诗人身份的重臣如欧阳询、刘孝孙、岑文本、魏徵、高士廉、杨师道、房玄龄、李百药等相继去世,上官仪成为名副其实的文坛宗主。

高宗即位,上官仪为秘书监,龙朔二年(662)十月,又由西台侍郎同东西台三品入相。这时距太宗去世已有十三年。唐刘𫗧《隋唐嘉话》卷中记载说:"高宗承贞观之后,天下无事,上官侍郎仪独持国政,尝凌晨入朝,巡洛水堤,步月徐辔,咏诗云:'脉脉广川流,驱马历长洲。鹊飞山月晓,蝉噪野风秋。'音韵清亮,群公望之,犹神仙焉。"①元兢《古今诗人秀句序》:"余于是以情绪为先,直置为本,以物色留后,绮错为末;助之以质气,润之以流华,穷之以形似,开之以振跃。或事理俱惬,词调双举,有一于此,罔或子遗。时历十代,人将四百,自古诗为始,至上官仪为终。"②都是上官仪创作实绩和诗歌地位的体现。《古今诗人秀句》始编于龙朔元年(661),完

① [唐]刘𫗧:《隋唐嘉话》卷中,中华书局1979年版,第32页。
② 王利器:《文镜秘府论校注》,中国社会科学出版社1983年版,第361页。

成于咸亨二年(671)，属于高宗前期，代表了当时诗坛的走向，以上官仪为
十代诗坛的殿军。序中列举的"情绪""直置""物色""绮错""质气""流
华"，则体现了其所选录秀句的一些标准。无论在政治上，还是在文学上，
上官仪都是由太宗向高宗时期过渡的重要人物。

　　上官仪被杀时，上官婉儿被配入掖庭，至十三岁为宫中才人。但以其
聪明颖异得到武则天的重视，逐渐成为武则天亲近的人物。这在新出土
的《上官婉儿墓志》中较少涉及，但却是我们研究文学发展的重要内容，故
我们这里补充论述。上官婉儿在武则天时期对于诗坛文坛的贡献主要有
四个节点：第一，入宫之际受到武则天的赏识。《新唐书·上官昭容传》：
"年十四，武后召见，有所制作，若素构。"①第二，万岁通天元年，始掌诏
命。《新唐书·上官昭容传》："自通天以来，内掌诏命，掞丽可观。尝忤旨
当诛，后惜其才，止黥而不杀也。然群臣奏议及天下事皆与之。"②《太平
广记》卷二七一引《景龙文馆记》："自通天后，建景龙前，恒掌宸翰，其军国
谋猷，杀生大柄，多其决。至若幽求英隽，郁兴词藻，国有好文之士，朝希
不学之臣，二十年间，野无遗逸，此其力也。"③第三，圣历以后，参决章奏。
《旧唐书·上官昭容传》："自圣历已后，百司表奏，多令参决。"④第四，久
视元年之后，与武则天共同推进文坛建设。张说《唐昭容上官氏文集序》：
"自则天久视之后，中宗景龙之际，十数年间，六合清谧。内峻图书之府，
外辟修文之馆，搜英猎俊，野无遗才。右职以精学为先，大臣以无文为耻。
每豫游宫观，行幸河山，白云起而帝歌，翠华飞而臣赋。雅颂之盛，与三代
同风。岂惟圣后之好文，亦云奥主之协赞者也。"⑤

　　中宗时期，上官婉儿由婕妤至于昭容，这也是她政治和文学的巅峰时
期。她对于诗坛文坛的贡献主要有两个节点：第一，神龙元年中宗即位，
上官婉儿专掌制命。《旧唐书·上官昭容传》："中宗即位，又令专掌制命，

---

① ［宋］欧阳修、宋祁：《新唐书》卷七六，第 3488 页。
② ［宋］欧阳修、宋祁：《新唐书》卷七六，第 3488 页。
③ ［宋］李昉：《太平广记》卷二七一，第 2133 页。
④ ［后晋］刘昫：《旧唐书》卷五一，第 2175 页。
⑤ ［清］董诰：《全唐文》卷二二五，第 1004 页。

深被信任。寻拜为昭容,封其母郑氏为沛国夫人。"①第二,景龙二年劝中宗扩充修文馆,引入文学之士,组织文学活动。《旧唐书·上官昭容传》:"婉儿常劝广置昭文学士,盛引当朝词学之臣,数赐游宴,赋诗唱和。婉儿每代帝及后、长宁安乐二公主,数首并作,辞甚绮丽,时人咸讽诵之。"②《新唐书·上官昭容传》:"婉儿劝帝侈大书馆,增学士员,引大臣名儒充选。数赐宴赋诗,君臣赓和,婉儿常代帝及后、长宁安乐二主,众篇并作,而采丽益新。又差第群臣所赋,赐金爵,故朝廷靡然成风。当时属辞者,大抵虽浮靡,然所得皆有可观,婉儿力也。"③《资治通鉴》亦云:中宗景龙二年,"夏四月,癸未,置修文馆大学士四员,直学士八员,学士十二员,选公卿以下善文者李峤等为之"。《考异》称:"上官昭容劝帝置大学士四人以象四时,直学士八人以象八节,学士十二人以象十二时。"④自此以后,修文馆经常举行宫廷中诗歌唱和活动,对于唐诗的发展作出了重要贡献。

上官婉儿不仅从事诗歌创作,而且竭力鼓动帝王从事文学的群体活动,并以自己的品评才能使得中宗时期在朝廷上下形成了靡然成风的局面。

就诗歌创作而言,《旧唐书·上官昭容传》:"及韦庶人败,婉儿亦斩于旗下。玄宗令收其诗笔,撰成文集二十卷,令张说为之序。"⑤上官婉儿死后,唐玄宗令人编写诗集,并使张说作序。张说序称:"每豫游宫观,行幸河山,白云起而帝歌,翠华飞而臣赋。雅颂之盛,与三代同风。岂惟圣后之好文,亦云奥主之协赞者也。古者有女史记功书过,复有女尚书决事,容阁昭宫,两朝专美,一日万机。顾问不遗,应接如响,虽汉称班媛,晋誉左嫔,文章之道不殊,辅佐之功则异。迹秘九天之上,身没重泉之下,嘉猷令范,代罕得闻,庶姬后学,呜呼何仰!"⑥上官昭容文集今虽不传,但其诗

① [后晋]刘昫:《旧唐书》卷五一,第 2175 页。
② [后晋]刘昫:《旧唐书》卷五一,第 2175 页。
③ [宋]欧阳修、宋祁:《新唐书》卷七六,第 3488 页。
④ [宋]司马光:《资治通鉴》卷二〇九,第 6622 页。
⑤ [后晋]刘昫:《旧唐书》卷五一,第 2175 页。
⑥ [清]董诰:《全唐文》卷二二五,第 1004 页。

歌今存三十二首,包括三言诗二首,四言诗五首,五言绝句十九首,七言诗六首。如其五律《彩书怨》是一篇难得的佳制:"叶下洞庭初,思君万里余。露浓香被冷,月落锦屏虚。欲奏江南曲,贪封蓟北书。书中无别意,惟怅久离居。"①诗用《九歌·湘夫人》"袅袅兮秋风,洞庭波兮木叶下"之典发端,点明秋日怀远。次联"香被冷"和"锦屏虚"是主人公寂寥心境的最佳写照。三联"江南曲"和"蓟北书"表现空间远隔,"欲奏"和"贪封"表现别意绵长,思念心切。尾联"无别意"实则蕴涵着深深的别意,为反跌之笔,"久离居"更显无限怅惘之情。这是一首格律严整的五律,平仄、粘对、韵律等各方面都达到了炉火纯青的程度,真情实感又在绚丽的字句中自然流出。上官婉儿更值得注意的是《游长宁公主流杯池二十五首》,这是一组山水诗。就体裁而言,有三言二首,四言五首,五言律诗六首,五言绝句九首,七言绝句三首。整组诗描写林泉风景,颇堪入画。对于山水具有心灵的体悟和生命的融入,加以细致入微的观察和纤至毫厘的表现,呈现出一缕清新俊爽的气息,有别于南朝到初唐宫体诗的格调。"石画妆苔色,风梭织水文""水中看树影,风里听松声""风篁类长笛,流水当鸣琴""斗雪梅先吐,惊风柳未舒",物色的表现自然清丽。"暂尔游山第,淹留惜未归。霞窗明月满,涧户白云飞。书引藤为架,人将薜作衣。此真攀玩所,临眺赏光辉。"②这样的山水真是世外仙境。作为掌管朝政大权的人物,在游览林泉之际,这样忘我倾心的表现也是唐代兼有士大夫和文士身份的人物对于山水的挚爱。这样的诗歌,在唐诗演进过程中的重要性是不容低估的。盛唐时期以王维《辋川集》为代表的盛唐山水诗和园林文学中"返朴归真"和"自然平淡"的风格,在这一组诗中可以找到直接的端绪。

　　就诗歌品评而言,《唐诗纪事》卷三还记载了中宗时这样一件事:"中宗正月晦日幸昆明池赋诗,群臣应制百余篇。帐殿前结彩楼,命(上官)昭容选一首为新翻御制曲。从臣悉集其下,须臾纸落如飞,各认其名而怀之。既进,唯沈、宋二诗不下。又移时,一纸飞坠,竞取而观,乃沈诗也。

---

① ［清］彭定求:《全唐诗》卷五,第61页。
② ［清］彭定求:《全唐诗》卷五,第62页。

及闻其评曰:'二诗工力悉敌。沈诗落句云:微臣彫朽质,羞睹豫章材。盖词气已竭。宋诗云:不愁明月尽,自有夜珠来。犹陟健举。'沈乃伏,不敢复争。"①上官婉儿这样的评论非常精当,千载之下,犹令人心折。她因沈佺期诗尾联"词气已竭"、宋之问诗"犹陟健举"遂抑沈扬宋,实际上就是主张诗歌应当有"气骨",应当含蓄,做到"言有尽而意无穷"。同时表现出诗人的精思,因"明月尽"接"晦日","夜珠"接"昆明池",实际上是以池中夜明珠的景象别开生面,引人回味。这已经超越了当时大多数宫廷诗人的实际创作水平,反映了诗歌发展的新动向和必然趋势,对于"声律风骨始备"的盛唐诗歌的形成,不能不产生积极的、正面的影响。②《资治通鉴》景龙二年记载:"夏四月癸未,置修文馆大学士四员,直学士八员,学士十二员,选公卿以下善为文者李峤等为之。每游幸禁苑,或宗戚宴集,学士无不毕从,赋诗属和,使上官昭容第其甲乙,优者赐金帛;同预宴者,惟中书、门下及长参王公、亲贵数人而已,至大宴,方召八座、九列、诸司五品以上预焉。于是天下靡然争以文华相尚。"③是以中宗时重文之风,与上官婉儿的品评甲乙有着很大的关系。上官婉儿具有秤量天下、品评人物的天性,故而张说在《唐昭容上官氏文集序》中记载了这样一件颖异离奇之事:"上官昭容者,故中书侍郎仪之孙也。明淑挺生,才华绝代,敏识聪听,探微镜理。开卷海纳,宛若前闻;摇笔云飞,咸同宿构。初沛国夫人之方娠也,梦巨人俾之大秤,曰:'以是秤量天下。'既而昭容生。弥月,夫人弄之曰:'秤量天下,岂在子乎?'孩遂哑哑应之曰:'是。'"④"秤量天下"的一个方面就是对于文学人物的品评,也正因为上官婉儿的诗歌品评,在一定程度上造成了朝野上下诗坛竞争的风气。

就群体活动而言,从武则天到唐中宗时期,经常会有宫廷之中的诗歌群体活动,在这些活动中,上官婉儿担任着重要角色。主要有两个方面:

---

① [宋]计有功:《唐诗纪事》卷三,第28页。
② 参陶敏:《〈景龙文馆记〉考》,《文史》1999年第3期,第235页;贾晋华:《唐代集会总集与诗人群研究》,北京大学出版社2001年版,第70页。
③ [宋]司马光:《资治通鉴》卷二〇九,第6622页。
④ [清]彭定求:《全唐文》卷二二五,第1004页。

一是联句赋诗。《全唐诗》卷二收录《十月诞辰内殿宴群臣效柏梁体联句》，是十六位作者共同写作的联句诗："润色鸿业寄贤才（李显），叨居右弼愧盐梅（李峤）。运筹帷幄荷时来（宗楚客），职掌图籍滥蓬莱（刘宪）。两司谬忝谢钟裴（崔湜），礼乐铨管效涓埃（郑愔）。陈师振旅清九垓（赵彦昭），欣承顾问侍天杯（李适）。衔恩献寿柏梁台（苏颋），黄缣青简奉康哉（卢藏用）。鲰生侍从忝王枚（李乂），右掖司言实不才（马怀素）。宗伯秩礼天地开（薛稷），帝歌难续仰昭回（宋之问）。微臣捧日变寒灰（陆景初），远惭班左愧游陪（上官婕仔）。"①又收录《景龙四年正月五日移仗蓬莱宫御大明殿会吐蕃骑马之戏因重为柏梁体联句》，是十四位作者共同写作的联句诗："大明御宇临万方（李显），顾惭内政翊陶唐（皇后）。鸾鸣凤舞向平阳（长宁公主），秦楼鲁馆沐恩光（安乐公主）。无心为子辄求郎（太平公主），雄才七步谢陈王（温王重茂）。当熊让辇愧前芳（上官昭容），再司铨笔恩可忘（吏部侍郎崔湜）。文江学海思济航（著作郎郑愔），万邦考绩臣所详（考功员外郎武平一）。著作不休出中肠（著作郎阎朝隐），权豪屏迹肃严霜（御史大夫窦从一）。铸鼎开岳造明堂（将作大匠宗晋卿），玉醴由来献寿觞（吐蕃舍人明悉猎）。"②值得注意的是，上官婉儿不仅是联句的亲自参加者，而且在联句群体中还担任组织和代作的角色。《朝野佥载》称："逆韦诗什并上官昭容所制。昭容，上官仪孙女，博涉经史，研精文笔，班婕妤、左嫔无以加。"③明王世贞《艺苑卮言》称："中宗宴群臣'柏梁体'，帝首云'润色鸿业寄贤才'，又'大明御宇临万方'，和者皆莫及，然是上官昭容笔耳。"④又《新唐书·上官昭容传》："数赐宴赋诗，君臣赓和，婉儿常

---

① ［清］彭定求：《全唐诗》卷二，第 24 页。《唐诗纪事》卷一《中宗》条称："十月帝诞辰，内殿宴群臣联句……帝谓侍臣曰：'今天下无事，朝野多欢，欲与卿等词人，时赋诗宴乐，可识朕意，不须惜醉。'大学士李峤、宗楚客等跪奏曰：'臣等多幸，同遇昌期。谬以不才，策名文馆。思励驽朽，庶裨河岳。既陪天欢，不敢不醉。'此后每游别殿，幸离宫，驻跸芳苑，鸣笳仙禁，或戚里宸筵，王门箫席，无不毕从。"（第 9 页）这就是中宗时联句产生的环境。
② ［清］彭定求：《全唐诗》卷二，第 25 页。
③ ［唐］张鹜：《朝野佥载》，中华书局 1979 年版，第 173 页。
④ ［明］王世贞：《艺苑卮言》卷四，《历代诗话续编》，中华书局 1983 年版，第 1003 页。

代帝及后、长宁安乐二主,众篇并作,而采丽益新。"①可见在群体诗歌联句和唱和活动中,上官婉儿占据主导地位。二是扈从应制。《唐诗纪事》卷三《上官昭容》条记载:"中宗立春日游苑迎春,昭容应制云:'密叶因裁吐,新花逐剪舒。攀条虽不谬,摘蕊讵知虚。春至由来发,秋还未肯疏。借问桃将李,相乱欲何如?'"②《全唐诗》还载有上官婉儿《游长宁公主流杯池二十五首》,题注云:"筑山浚池,帝及后数临幸,令昭容赋诗,群臣属和。"③属和之群臣有李峤、崔湜、李适、郑愔、刘宪、李乂等诸多大臣。

贞元十四年,崔仁亮于东都买得《研神记》一卷,有上官昭容列名书缝处。诗人吕温大为感叹,因赋《上官昭容书楼歌》云:"汉家婕妤唐昭容,工诗能赋千载同。自言才艺是天真,不服丈夫胜妇人。歌阑舞罢闲无事,纵恣优游弄文字。玉楼宝架中天居,缄奇秘异万卷余。水精编帙绿钿轴,云母捣纸黄金书。风飘花露清旭时,绮窗高挂红绡帷。香囊盛烟绣结络,翠羽拂案青琉璃。吟披啸卷纷无已,皎皎渊机破研理。词綦彩翰紫鸾回,思耿寥天碧云起。碧云起,心悠哉,境深转苦坐自催。金梯珠履声一断,瑶阶日夜生青苔。青苔秘仙关,曾比群玉山。神仙杳何许,遗逸满人间。君不见洛阳南市卖书肆,有人买得《研神记》。纸上香多蠹不成,昭容题处犹分明,令人惆怅难为情。"④贞元十四年距上官婉儿之死已逾八十年,诗人目睹遗迹,想见其风采,写下了这首既仰慕又感叹的篇章。上官婉儿的影响不仅在初唐而且一直贯穿着整个唐代诗坛。

《上官婉儿墓志》的文学价值

《上官婉儿墓志》是一篇很好的人物传记,也是一篇很好的文学作品。无论是政治的沉浮,历史的进退,还是家世的显荣,个人的升降,都通过这九百余字墓志表现出来。又因为上官婉儿的特殊身份和墓志写作的特殊

---

① [宋]欧阳修、宋祁:《新唐书》卷七六,第3488页。
② [宋]计有功:《唐诗纪事》卷三,第26页。
③ [清]彭定求:《全唐诗》卷五,第61—62页。
④ [宋]计有功:《唐诗纪事》卷三,第29页。

环境，墓志所用的曲笔也很值得我们重视。

（一）特殊的人物传记

上官婉儿是中国历史上的一位悲剧性人物，其一生大致上经历了"显荣—悲惨—显荣—悲惨"四个阶段。童年时代，因为祖父上官仪在唐太宗至高宗前期显赫一时，有过一段显荣的经历，但因为武则天使人罗织上官仪谋反之罪而使其下狱致死，以至于其子上官庭芝一同被杀，上官婉儿也就被没入宫廷。这是致使上官氏家族毁灭崩溃的一大悲剧。然而机缘巧合，上官婉儿入宫之后，因其才华得到武则天的欣赏，又因其运转政治的能力而逐渐掌握后宫的大权，直至中宗时由婕妤到昭容，达到正二品的显要官职。然而她又处于宫廷斗争极其尖锐复杂的漩涡之中，在唐隆政变之中被杀，酿成了最后的悲剧性结局。死后还因为太平公主的关系，得到了朝廷重视的极高规格的葬礼，标志着死后的显荣。要撰写这样人物的墓志，非大手笔者难以承当。

《上官婉儿墓志》并没有完整地叙写她一生的事迹，只是重点写两个方面的内容：第一是突出其家世。她的远祖为高阳氏之后，子为楚上官大夫，此为得姓之由来；女为汉昭帝皇后，突出其先祖的女性系脉曾经有过的皇后身份，与上官婉儿的昭容身份前后呼应。曾祖上官弘、祖父上官仪都是官位较显声望甚隆的人物，父亲上官庭芝因与上官仪同时被杀故官位不高，但也因上官婉儿而追赠至黄门侍郎、天水郡开国公、食邑三千户。这都重在突出其显赫的家世。第二是叙述其后期在政治斗争中的表现。叙述政治表现时，跳过武则天时期的经历，从墓志称"先皇拨乱返正，除旧布新"，可见政治的翻覆造成时事的巨变，故而墓志主要叙述其在中宗时对待韦后专权的经历。同时墓志通过对上官婉儿死后葬仪的叙述突出的太平公主的表现。这些事实的取舍和详略的安排，从一些侧面表现出当时动荡的后宫政治对于个人命运的巨大影响。上官婉儿死后，玄宗使令人收其诗笔，编成文集二十卷，又令张说为之序。张说还作《昭容上官氏碑铭》，相互类比与印证，《上官婉儿墓志》亦应出于当朝著名文人士大夫之手。

（二）墓志文体的曲笔

上官婉儿因为政治事件遭遇被杀的结局，而墓志因为尊体的需要往往是正面叙述墓主事迹的，故而上官婉儿之死，作者运用曲笔加以表述。志云："皇太子冲规参圣，上智伐谋，既先天不违，亦后天斯应，拯皇基于倾覆，安帝道于艰虞。昭容居危以安，处险而泰。且陪清禁，委运于乾坤之间；遽冒铦锋，亡身于仓卒之际。"在正面歌颂李隆基的基础上，对于上官婉儿被杀的结局只用了"亡身于仓卒之际"进行委婉的表述。上官婉儿之死，史书记载较为明确。《旧唐书·上官昭容传》："及韦庶人败，婉儿亦斩于旗下。"①《资治通鉴》则云："及隆基入宫，昭容执烛帅宫人迎之，以制草示刘幽求。幽求为之言，隆基不许，斩于旗下。"②因为运用曲笔，仅说明其死在"仓卒之际"，故而没有记载其具体时间，这可以同新出土的《大唐故勃逆宫人志文并序》相参证："期以唐隆元年六月廿三日，先危今上圣躬，并及太平公主。皇太子密闻其计，先难奋发。以其月廿日，挺身鞠旅，众应如归。七庙安宁，群凶殄灭。宫人以其夜死。"③这就是安乐公主墓志，因其被追贬为"勃逆宫人"，故撰写墓志时不需要曲笔。这在新出土的其他墓志中也有所表现，如《集州刺史丁元裕墓志》："孝和中兴，书玉册，留内宴，仍赐绢百匹。诸王册文、功臣及卿相告身，多是公书，时人以为妙绝。景云中诛逆有功，加朝散大夫、上柱国。今在春宫赋诗，欲闻太上，知公擅书，召于殿下缮写，揽而褒美，赐譔并赍绯绅绫十匹。"④当时的墓志对于诛韦后和安乐公主，是不需要曲笔的。

墓志运用曲笔，实际上也就是我们常说的"春秋笔法"。这是中国历史叙述的一种传统和笔法，体现出为尊者讳、为亲者讳、为贤者讳的用意，

---

① ［后晋］刘昫：《旧唐书》卷五一，第 2175 页。
② ［宋］司马光：《资治通鉴》卷二〇九，第 6646 页。
③ 孟宪实：《〈安乐公主墓志〉初探》，第 315 页。
④ 赵力光：《新出唐丁元裕墓志研究》，《唐研究》第 19 卷，北京大学出版社 2013 年版，第 603 页。

将具体事实通过隐晦的文字和婉转的文笔表达出来。墓志因为死者讳的需要，这种笔法更表现出超越一般史书的特殊性，我们称之为"曲笔"。曲笔是唐代墓志中较为特殊的现象，也是针对特殊人物所用的特殊笔法，我们由《上官婉儿墓志》引发而加以申述。唐代墓志对于墓主因为政治原因被处死或不正常死亡者往往采用曲笔。总体而言，就内容方面，有关于宫廷事件的曲笔、关于党争的曲笔等；就手法方面，有通过隐语表现、通过用典表现、避重就轻以回避事实等等。略举五个实例加以印证：

1.《永泰公主墓志铭》："珠胎毁月，怨十里之无香；琼萼凋春，忿双童之秘药。女娥篹曲，乘碧烟而忽去；弄玉箫声，入彩云而不返。呜呼哀哉！以大足元年九月四日薨，春秋十有七。"①按史书曾记载永泰公主的死因，《旧唐书·张易之传》："太子男邵王重润及女弟永泰郡主窃言二张专政。易之诉于则天，付太子自鞫问处置，太子并自缢杀之。"②这里的"郡主"就是永泰公主。《新唐书·则天皇后纪》：大足元年"九月壬申，杀邵王重润及永泰郡主、主婿武延基"。③《资治通鉴》则言："太后春秋高，政事多委张易之兄弟，邵王重润与其妹永泰郡主、主婿魏王武延基窃议其事，易之诉于太后，九月壬申，太后皆逼令自杀。"④不管是自杀还是被缢杀，都是因武则天时期政治因素而不正常死亡。中宗即位之后，追封为"永泰公主"重新厚葬，对于这样的死因当然不便在墓志中直接表现，故用"珠胎毁月"（即难产）以暗示其死。又志文中"自蛟丧雄锷""槐火未移"则是通过典故的运用以暗示其夫武延基被杀的结局。

2.《雍王李贤墓志》："摇山落构，望菀摧基。一坠卯精，永托辰尾。文明元年二月廿日，薨于巴州之别馆，春秋卅有一。"⑤又《大唐故雍王赠章怀太子墓志铭》："贾生赋鵩，虽坦怀于化物；孝章愁疾，竟延悲于促龄。

①　武伯纶：《唐永泰公主墓志铭》，《文物》1963 年第 1 期，第 59 页。
②　[后晋] 刘昫：《旧唐书》卷七八，第 2707 页。
③　[宋] 欧阳修、宋祁：《新唐书》卷四，第 102 页。
④　[宋] 司马光：《资治通鉴》卷二〇七，第 6556—6557 页。
⑤　吴钢主编：《隋唐五代墓志汇编》（陕西卷）第 1 册，天津古籍出版社 1991 年版，第 84 页。

以文明元年二月廿七日,终于巴州之公馆,春秋卅有一。"①《旧唐书·章怀太子传》:"文明元年,则天临朝,令左金吾将军丘神勣往巴州检校贤宅,以备外虞。神勣遂闭于别室,逼令自杀。"②对于被杀的情况,有关李贤的两方墓志铭并没有直接点明。

3.《刘祎之墓志铭》:"然以□□府幕,兼崇定策之功;久掌丝纶,遂迫奸臣之忌。奄罹冤酷,上诉无因。以垂拱二年八月十二日薨于河南崇业里之私第,春秋五十七。"③对于刘祎之的死因隐而不详。考《旧唐书·刘祎之传》:"后祎之尝窃谓凤阁舍人贾大隐曰:'太后既能废昏立明,何用临朝称制?不如返政,以安天下之心。'大隐密奏其言,则天不悦,谓左右曰:'祎之我所引用,乃有背我之心,岂复顾我恩也!'垂拱三年,或诬告祎之受归诚州都督孙万荣金,兼与许敬宗妾有私,则天特令肃州刺史王本立推鞫其事。本立宣敕示祎之,祎之曰:'不经凤阁鸾台,何名为敕?'则天大怒,以为拒捍制使,乃赐死于家,时年五十七。"④是刘祎之为武则天赐死于家,而其子刘扬名为其父的声誉在撰写墓志时采用了曲笔隐讳的方式。

4.《王庆诜墓志铭》:"君无嗣,长女适同州司户参军陇西李先。次女先亡。次适清河崔兴嗣。次适左卫率府仓曹参军陇西李美玉。"⑤这里的"次女先亡"表现得过于隐晦,考《新唐书·来俊臣传》:"始王庆诜女适段简而美,俊臣矫诏强娶之。它日,会妻族,酒酣,(卫)遂忠诣之,阍者不肯通,遂忠直入嫚骂,俊臣耻妻见辱,已命驱而缚于廷,既乃释之,自此有隙,妻亦惭,自杀。简有妾美,俊臣遣人示风旨,简惧,以妾归之。"⑥可见,太原王庆诜之女在武则天时逼嫁于酷吏来俊臣。该女先嫁段简,因有美色,被来俊臣逼嫁。由此,卫遂忠公开搅乱宴席,致使王氏家族蒙羞,结果王

---

① 吴钢主编:《隋唐五代墓志汇编》(陕西卷)第1册,第85页。
② [后晋]刘昫:《旧唐书》卷八六,第2832页。
③ 毛阳光:《洛阳新出土唐〈刘祎之墓志〉及其史料价值》,《史学史研究》2012年第3期,第39页。
④ [后晋]刘昫:《旧唐书》卷八七,第2848页。
⑤ 吴钢主编:《全唐文补遗·千唐志斋新藏专辑》,三秦出版社2006年版,第123—124页。
⑥ [宋]欧阳修、宋祁:《新唐书》卷二〇九,第5907页。

女自杀。墓志仅用"次女先亡"曲笔带过,亦旨在维持家声。

5.《陈希烈墓志铭》:"太师属元凶放命,大□滔天,剥丧鸿猷,栋折榱坏。不然者,我太师侍讲紫极,清论皇风,则张禹、胡广之俦,曷足为盛!呜呼! 使八十之年,遭遇否理,为述何伊,且封且树,略志伊何,或当永固。"①所言其死因相当隐晦,《旧唐书·陈希烈传》:"禄山之乱,与张垍、达奚珣同掌贼之机衡。六等定罪,希烈当斩,肃宗以上皇素遇,赐死于家。"②《新唐书·陈希烈传》:"及禄山盗京师,遂与达奚珣等偕相贼。后论罪当斩,肃宗以上皇素所遇,赐死于家。"③因陈希烈在安史之乱中担任伪官,乱平后被赐死于家,墓志没有直言,采用隐晦的笔法。

(三) 墓志内容的文学表现

一般而言,盛唐以前的墓志,很少题署撰者姓名,《上官婉儿墓志》也是如此。但这方墓志文学性很强,无疑出于朝廷大手笔之手。

1. 运用骈体构建文章格局

有唐一代尤其是初盛唐时期,朝廷公文都以骈体为主。墓志虽不完全属于公文类别,但朝廷重要人物的墓志或朝中堪称大手笔的重要文学家撰写的墓志也大多以骈体为主。《上官婉儿墓志》从整体上看,就是运用骈体以构建文章格局的。文章除了其先世所历官职的部分文字用散文叙述之外,无论是序文还是铭文,都是骈体。如墓志的前半记载上官仪官职之后的评述:"波涛海运,崖岸山高,为木则揉作良弓,为铁则砺成利剑。采摭殚于糟粕,一令典籍困穷;错综极于烟霞,载使文章全盛。至于跨蹑簪笏,谋猷庙堂,以石投水而高视,以梅和羹而独步,官寮府佐,问望相趋,麟阁龙楼,辉光递袭,富不期侈,贵不易交。生有令名,天书满于华屋;没有遗爱,玺诰及于穷泉。"文字上通体属于骈体,并以四六句式为主,将上官仪的政治、学术、文学和文化的功绩展示出来。对于家世的叙述是在官

---

① 吴钢主编:《隋唐五代墓志汇编》(陕西卷)第 1 册,第 152 页。
② 〔后晋〕刘昫:《旧唐书》卷九七,第 3059 页。
③ 〔宋〕欧阳修、宋祁:《新唐书》卷二二三上,第 6350 页。

历的记述之后再进行骈体的概括与评价。墓志的后半部分对于上官婉儿的叙述和评价，都是采用骈体行文的。直到序文的末尾都是典型的四六骈文。

2. 关注细节彰显人物性格

墓志对于上官婉儿本身，主要叙述其两件事：一是中宗在世时对于韦后的态度，二是唐隆政变时的具体表现。尤其是前者，主要通过具体的细节以描写其对于重大政治事件的态度。志文描写其谏立皇太女之事云："以韦氏侮弄国权，摇动皇极。贼臣递构，欲立爱女为储；爱女潜谋，欲以贼臣为党。昭容泣血极谏，扣心竭诚，乞降纶言，将除蔓草。先帝自存宽厚，为掩瑕疵，昭容觉事不行，计无所出。上之，请擿伏而理，言且莫从；中之，请辞位而退，制未之许；次之，请落发而出，卒为挫衄；下之，请饮鸩而死，几至颠坠。先帝惜其才用，慜以坚贞，广求入腠之医，才救悬丝之命，屡移朏魄，始就痊平。表请退为婕妤，再三方许。"这样的一段文字，将上官婉儿的刚强、果敢、机智、决断的性格表现得淋漓尽致。但对于唐隆政变本身，因为事涉非常，加以上官婉儿横死的结局，不便对其细节作过多的记述，故而采取曲笔方式表现，可见墓志的作者在行文过程之中是应势而变化的。

3. 重视整饬锤炼语言文字

细读志文，感受到全篇是整饬典雅的骈体文字，但又不落俗套，在整饬中求变化，在典雅中显精致，将关涉唐代重大历史事件的关键人物有血有肉地呈现在读者面前。首先，四六句式作为文章的主体句式。如四字句式："宫寮府佐，问望相趋，麟阁龙楼，辉光递袭，富不期侈，贵不易交。"六字句式："采摭殚于糟粕，一令典籍困穷；错综极于烟霞，载使文章全盛。"而更多的是四六交错句式，如描写上官庭芝："落落万寻之树，方振国风；昂昂千里之驹，始光人望。""访以荒陬，无复藤城之榇；藏之秘府，空余竹简之书。"描写安乐公主之逆："贼臣递构，欲立爱女为储；爱女潜谋，欲以贼臣为党。"描写上官婉儿之死："龟龙八卦，与红颜而并销；金石五声，随白骨而俱葬。"其次，在注重对仗的基础上采取递进方式行文。如志文叙述上官婉儿极谏的方式："上之，请摭伏而理，言且莫从；中之，请辞位而退，制未之许；次之，请落发而出，卒为挫衄；下之，请饮鸩而死，几至颠坠。"层次是上、中、下三种，而三个层次的句式都是"二、五、四"的固定格式。再次，铭文既整饬而又富于情感的变化。铭文部分由两段四字句构成，其一是表现墓主显赫的家世传承，"公侯相继"和"宫闱以得"而"若合符契"；其二是抒写墓主死后的哀婉感伤，"潇湘水断，宛委山倾。珠沉圆折，玉碎连城"，抒情的语调通过整饬的文字出之，更具感人意味。序文侧重于上官婉儿家世，故铭文的第一段重在家世的显赫和传承；序文侧重于中宗拨乱返正及与之相关的唐隆政变的描写，故铭文的第二段重在对于上官婉儿之死的感伤和叹惋。

结　语

中国文学发展的一个重要特征就是与政治的紧密联系，在这样的联系中，特殊的政治人物又成为重要的关节点，从中体现出家族的特征，又影响文学史的演进历程，初唐的上官氏家族无疑是非常典型的。上官氏家族从上官弘到上官婉儿四世，政治上都是不幸的，而文学上却是幸运的。以上官仪为代表的"上官体"在当时产生了巨大的影响，也奠定了上官仪的诗坛宗主地位，上官婉儿则是初唐诗风转变过程中的代表性人物，同时又体现了"上官体"家学传承的因素。《上官婉儿墓志》的出土，更证实了其祖孙四代在文学上的修为，文学发展的政治背景和家族因缘在此得到了集中的体现。《上官婉儿墓志》本身也具有很高的文学价值，就传记文学而言，剪裁非常特别，通过家世的叙写和政治斗争中表现的描述，把这位复杂人物的成长历程和性格凸显出来。同时，这样一位悲剧性政治人物的一生，如果客观写实的话，又会触犯政治忌讳和墓主声誉，因而作者巧妙地采取了曲笔的表现方式。这种曲笔和史书叙事的"春秋笔法"相似，是墓志尊体的需要，也是为死者讳的需要，因而在特殊政治人物的墓志中较为常见，这种"春秋笔法"也表现出超越一般史书的特殊性。就墓志的文学表现而言，则重在运用骈体构建文章格局，关注细节彰显人物性格，重视整饬锤炼语言文字，成为一篇富有文学内涵的政治人物传记。

六、许景先墓志

墓 志 释 文

大唐故吏部侍郎高阳许公墓志铭 并序

昔仲尼称才难，不其然乎？夫才由运生，位以才叙，故明王执契以玄感，贞士因时以利见。所以黄虞代兴，而风稷踵武也。亦有异人间出，明德挺生。功未半而身先，道将亨而运往。大厦方构，劲松先凋。吾谁有悲，则在我高阳许公矣。君讳杲，字景先，高阳人也。高阳积其庆源，太岳缅其功绪。自昆吾是宅，文叔开封。始为朝宿之地，终列会盟之国。其后载德逾远，弘风则劭。世功世禄，代有其人。曾祖绪，散骑常侍。祖行师，潞州别驾。父义均，秋浦令，赠左司郎中。玄胄锡庆，大名称时。拥貂珰于禁省，立纲纪于藩服。邦君宰邑，树声政之能；嗣子克家，承宠光之赠。君风仪颎彻，神宇清霁。道为之貌，天踪其才。夫其德容温，言容侃，英秀外发，冲明内照，则幼而有大成之量也。君子曰："许氏之子，其庶乎不违仁，不贰过，好学无倦，乐道忘贫，岂当今之颜子也。"及长，好古博雅，切问近思。在心成诵，经目必览。遒文敏学，擅美一时。十八，丁秋浦府君忧，丧过乎哀，毁将殆灭。弱冠，应贤良方正举擢第，授陕州夏县尉。寻丁内艰，以其至性，殆不胜丧。服阕，属中宗立圣善寺报慈阁，公遂制《报慈阁赋》，当时以为绝唱。兵部尚书李迥秀，当代文宗，表荐公赋，以为相如《上林》不是过也。有制付史官，仍令选日，优与一京官。其年，授左拾遗。因奏论事忤执政，贬试滑州司士参军。寻以文吏兼优举对策甲科，授扬府兵曹参军。寻有制特征直中书省。俄除左补阙，转侍御史。直绳正色，台阁生风。朝廷肃然，莫不耸惧。未几，除职方员外，兼判外官考事。事毕，迁给事中，自华省升禁闱。其羽可用，其仪有序。属三九宴射，时众官既多，猥费府藏。公因是纳谏，明诏见依，朝廷嘉焉。寻除中书舍人。有诏令中书门下词臣撰《睿宗皇帝集序》，时中书令燕国公张说，当代词宗，遂命公为之。序成奏闻，大承优赏。专掌文诰，尤推敏速。同孔光之不言，与王濛而无对。俄除御史中丞，迁吏部侍郎。公有澄清天下之志，弘奖流品之道。其在中司也，则人知惧怵；其在会府也，则时无滞才。是时，天子励精为政，求才共理。询诸贤良，寄以藩牧。公时与朝贤等十人俱典郡，命公为虢州刺史。有制令宰臣已下祖饯于洛桥，御亲赋诗以宠其事。公惠迪兹吉，由衷则孚。济河而冀部用宁，闭阁而淮阳自理。时按察使以为本道之最，特表名闻，为天下第一。会右辅不理，盗窃公行。执宪者埋轮岐阳，奏停旧政。请择良牧，安彼甿黎。改为岐州刺史。寻征拜工部侍郎，兼知制诰。累践承明，再司纶绂。润饰鸿业，发挥帝载。司言之美，时议所推。遂承恩命，追赠先府君左司郎中，先夫人汝南县君。资父事君，求忠必孝。既永锡以追远，亦扬名而显亲。迁吏部侍郎。衡石既陈，淄渑自辩。大正流品之叙，再弘清简之德。方欲仪形礼阃，高步鼎国，唐肆不留，阅川俄谢。以开元十八年八月九日，遘疾终于京兆宣阳私第，春秋五十有四。惟公英明特秀，高简不伦。习于训典，乐是名教。秋阳湛照，惠风扬清。郁为词宗，懿我文德。既处泰而逾损，亦在冲而不盈。岂古之所谓身殁而名劭者矣。而道长祚短，早世沦辉。宸极轸怀，苍生何望。即以其年十一月廿日，迁窆于河南偃师首阳原，礼也。崇邙缅修，清洛洞注。霜被野草，风悲垄树。惜阳景之未颓，恨川波之不驻。有子奉礼郎孚等，藐然在疚，孺以增慕。爰凭刊刻，用代缃素。其词曰：

　　天祚明德，必生大贤。胡感召之相叶，而庆灵之不专。卓此贞懿，韫其明粹。含德抱一，邻机体二。和玉本贞，楚金则利。居然礼乐，允是名器。崇崇风力，矫矫云翼。翻飞帝乡，生我王国。移官则义，当朝正色。文雅有归，衣冠是式。谓天无亲，惟德是邻。孰此茫昧，歼于仁人。嗟蹈道之攸在，恨谋谟之不申。呜呼！天与其才明，不与其年寿！存树徽烈，殁而不朽。兰薰菊茂，天长地久。观于九原，见随武之可作；必祀百代，知臧孙之有后。

　　中大夫守兵部侍郎韩休撰，弟河南县尉景休书。

　　《许景先墓志》，许景先（677—730），名杲，字景先，以字行，高阳人。官至吏部侍郎，封高阳公。开元十八年（730）八月九日卒，享年五十有四，同年十一月廿日，葬于河南偃师首阳原。志盖高 90 厘米，宽 90 厘米。志石高 88 厘米，宽 88 厘米，厚 15 厘米。墓志拓片见于《龙门区系石刻文萃》，国家图书馆出版社 2011 年版，第 492 页。《丝绸之路视域中的洛阳石刻》，上海古籍出版社 2018 年版，第 107 页。《秦晋豫新出墓志蒐佚三编》，国家图书馆出版社 2020 年版，第 515—516 页。录文载于《全唐文补遗·千唐志斋新藏专辑》，第 160—161 页。许景先诗，载《全唐诗》卷一一一，第 1134 页。曹圆《唐代诗人墓志丛考》（2008 年复旦大学硕士学位论文）第二章第一节有《许景先墓志考》；高慎涛《洛阳出土唐代文人许景先墓志考疏》，《中国韵文学刊》2014 年第 2 期。《洛阳新获墓志续编》还载有《大唐开府仪同三司紫微令梁国公姚公（崇）夫人刘氏墓志铭》，题署："左补阙许景先撰。"北京图书馆还藏有《唐故通议大夫行广州都督府长史上柱国朱君（齐之）墓志铭并序》，题署："朝议郎殿中侍御史高阳许景先词。"又《洛阳流散唐代墓志汇编续集》载有《崔日用墓志》，题为"唐故银青光禄大夫并州大都督府长史摄御史大夫赠吏部尚书齐国公博陵崔公墓志铭并序"，题署："朝散大夫守中书舍人高阳许景先撰。国子监丞郭谦光书。"又许景先之母墓志亦已出土，题为《大唐故朝散大夫宣州秋浦县令许府君夫人周氏墓志铭并序》，云："有子景先等，昊天罔报。……太仆卿、监修国史、河间刘宪，当朝良史，海内知名，获托幽词。"墓主神龙元年（705）四月六日卒，享年卌六。拓片见《秦晋豫新出墓志蒐佚编续》，国家图书馆出版社 2015 年版，第 482 页。又《许景先墓志》为韩休撰，韩休墓已发掘并出土墓志。

墓 志 疏 证

君讳杲，字景先，高阳人也。

　　许景先，新、旧《唐书》都有传记，《旧传》云："许景先，常州义兴人，后徙家洛阳。"①《新传》云："许景先，常州义兴人。"②唐林宝《元和姓纂》卷六"许氏"："义均生景先，中书舍人、工部侍郎。"③宋李昉《太平御览》卷二二

---

①　［后晋］刘昫：《旧唐书》卷一九〇中，第 5031 页。
②　［宋］欧阳修、宋祁：《新唐书》卷一二八，第 4464 页。
③　［唐］林宝：《元和姓纂（附四校记）》卷六，第 862 页。

三引《唐书》曰："许景先，常州义兴人，后徙家洛阳。"①宋史能之《咸淳毗陵志》卷一六《人物》："许景先，义兴人。"②墓志称其高阳人，则指许氏郡望，诸书称义兴人，应为其籍贯，洛阳则是后来徙家之地。

　　该墓志出土，方知"景先"是其字，他一直以字行，故史书记载并无异词，而本名"杲"则不为后人所知。按，景先之名"杲"，《全唐文补遗》所载墓志误录为"杲"。考《龙门区系石刻文萃》作"杲"，乃张乃翥先生根据原石拓片录文。按，笔者 2016 年 8 月 4 日到千唐志斋博物馆考察，见到原石和拓片，都作"杲"而不作"杲"，以为张乃翥先生录文有误。后来见到毛阳光《洛阳流散唐代墓志汇编续集》前言说："该墓志二〇〇二年出土于洛阳偃师的首阳山，现藏洛阳华夏金石文化博物馆。千唐志斋博物馆二〇〇二年征集的是翻刻品。笔者将个人收藏的原石拓本与翻刻品照片对照可知：该石按照原石拓本进行翻刻，尽管个别字较为逼真，但大多数文字走形，整体风格卑弱。原石志主的名讳'杲'字上部'日'中间的'一'漫漶不清，翻刻者将'杲'误认为'杲'，于是遂有《许杲墓志》的名称。此外，原石中几处文字模糊不清之处，翻刻品都根据臆测来处理。如'同孔光之不言'，因'光'字漫漶，遂刻为'同孔先之不言'；'高步鼎国，唐肆不留'，因'国'字漫漶，遂刻为'高步鼎因'。而《龙门区系石刻文萃》所收则为真品拓本，读者可以参看。"③可证千唐志斋所藏翻刻之《许景先墓志》不可靠。

　　高阳积其庆源，太岳缅其功绪。自昆吾是宅，文叔开封，始为朝宿之地，终列会盟之国。其后载德逾远，弘风则劭。世功世禄，代有其人。

　　《元和姓纂》卷六许氏："姜姓，炎帝四岳之后，周武王封其裔孙文叔于许，后为楚所灭，子孙分散，以国为氏。晋有许偃，楚有许伯，郑有许瑕。"④【中山】状云许北之后，居中山。北齐武川镇将许彪，生康。康生绪、洛仁。绪，太府少卿、蔡州刺史、左常侍。孙义均，生景先，中书舍人、

①　[宋] 李昉：《太平御览》卷二二三，第 1062 页。
②　[宋] 史能之：《咸淳毗陵志》卷一六，《宋元方志丛刊》第 3 册，第 3107 页。
③　毛阳光：《洛阳流散唐代墓志汇编续集》，第 13 页。
④　[唐] 林宝：《元和姓纂（附四校记）》卷六，第 851 页。

工部侍郎；景林，司讲郎。"①

曾祖绪，散骑常侍。

《元和姓纂》卷六许氏："绪，太府少卿、蔡州刺史、左常侍。"②《新传》云："许景先，常州义兴人。曾祖绪，武德时以佐命功，历左散骑常侍，封真定公，遂家洛阳。"③宋史能之《咸淳毗陵志》卷一六《人物》："许景先，义兴人。曾祖绪，唐初以佐命功封真定公。"④又《许行师墓志》："父绪，唐司农卿、真定郡公。"⑤《许行本墓志》："父绪，皇朝散骑常侍，司农、太府等卿，瓜州都督、上柱国、真定郡公。朝阳五色，渥洼千里，早识砀皀之云，凤参垓下之算。"⑥《许府君夫人崔氏合葬铭》："考绪，太原佐命，恕死第一等功臣，左侍极外府、司农卿、瓜州都督、豫州刺史、上柱国、真定县开国公；挺生淳粹，载德英灵，负干国之材，郁冲星之气。六条垂化，千里腾英，期月政成，冰壶并洁。随车布润，湛溽露以流甘；别扇扬仁，起香风而动俗。"⑦《朱公妻许氏墓志》："皇唐恕死功臣、散骑常侍、豫州刺史、真定公绪之孙。"⑧

按，《许绪墓志》，近世出土，今录于下："《□故大（太）府卿真定郡公许府君墓志铭并序》：□□绪，字玄嗣，高阳郡人也。亹亹洪源，掩姜川而积派；岩岩□□，□太岳以疏基。祖德嘉声，葳蕤策府；连芬叠蔼，焕烛士林。曾□□，魏开府仪同三司；祖彪，魏瀛洲刺史；父康，镇西将军。或雄图武纬，参上将之珠星；或露冕塞襜，对惟梁之黑水。公纷纶王（玉）叶，出云构之隆堂；昭晰凤毛，生翰林之艳彩。弱冠辟州主簿。邓华之慷慨游赵，命

① ［唐］林宝：《元和姓纂（附四校记）》卷六，第 862 页。
② ［唐］林宝：《元和姓纂（附四校记）》卷六，第 862 页。
③ ［宋］欧阳修、宋祁：《新唐书》卷一二八，第 4464 页。
④ ［宋］史能之：《咸淳毗陵志》卷一六，《宋元方志丛刊》第 3 册，第 3107 页。
⑤ 河南省文物研究所：《千唐志斋藏志》，第 161 页。录文参周绍良主编：《唐代墓志汇编》，第 327 页。
⑥ 河南省文物研究所：《千唐志斋藏志》，第 292 页。录文参周绍良主编：《唐代墓志汇编》，第 596 页。
⑦ 河南省文物研究所：《千唐志斋藏志》，第 423 页。录文参周绍良主编：《唐代墓志汇编》，第 869 页。
⑧ 周绍良主编：《唐代墓志汇编》，第 1269 页。

偶时来；张房之攀附在留，运开王佐。于时高祖经纶大宝，初谋伐桀之师；太宗翊赞灵图，始预戡黎之业。温明殿所，遂陈耿弇之言；渭水溪前，爰申吕望之计。除左武候长史，与裴寂等同□□□之诏。义叶龙云，仍重凌台之画；运谐金砺，兼斯誓岳之盟。历司农、太府卿，转鄂、瓜、豫三州刺史，因入朝，遂婴重疾。承明谒帝，方献替于紫庐；钧天动心，奄□□于金奏。春秋六十三，追赠灵州都督，礼也。惟公幼而孤藐，英拔自然；长而贤明，器识斯远。岂谓中台应岳，翻伤摧岱之峰；上德旌门，终叹司农之殁。鸣呼哀哉！子行本等，悲深追远，敬厝高神，以显庆五年十二月十三日迁奉北邙山平乐里，佳城永阂，魂室长幽，敬勒清徽，乃为铭曰：炎皇积祉，许国余昌。源清颖溢，族茂高阳。连城振玉，九畹传芳。其一。庄公盛矣，问高朝岫。武公猗欤，业昭门构。镇西惟德，汝南□茂。其二。紫岳标秀，光河授灵。奇士载育，君子攸生。梢云晞干，上月猗名。其三。金乡末周，瑶棺已至。凉月宵上，凄风夕驶。空埋敬爱之书，犹是生平之志。其四。"①

祖行师，潞州别驾。

按，《许行师墓志》，近世出土，今录于下："公讳行师，字孝□，高阳郡人也。昔姜农启源，由耒耜而成务；许由承祉，照日月而垂徽。济美家声，问望清人物；重辉祖德，风范薄云天。曾祖彪，魏瀛州刺史；祖康，周镇西将军、梁州刺史；父绪，唐司农卿、真定郡公。或入法河海，则义缉三农；或出连城守，则光驰千里。公金柯擢秀，珠胎耀质。文高凤艳，映蔚书林。成逾麟角，纷纶学肆。释褐通直郎，行符王府户曹兼徐州仓曹。缔交陈后，摛藻冠春华之才；高步梁园，□彩映栖龙之岫。以勋庸之胄，授朝散大夫行开州司马、□真定郡公，迁宣州长史。西驭鹤乘，上岷蛾（峨）之玉宇；东驰骥趾，□吴会之云浮。迁邢、潞二州长史。邢山潞水，政以礼成，望府□□，官由德懋。岂谓屏星临职，俄增税驾之悲；天板龙征，奄□司命之务，二年五月，薨于公馆，春秋五十□。公风徽标发，□□与金声俱振，流轩与镜水同清，岂谓太岳之峰，奄成隤岫；平舆之水，翻阅回澜。鸣呼哀

---

① 河南省文物研究所：《千唐志斋藏志》，第162页。录文参周绍良主编：《唐代墓志汇编》，第329—330页。

哉！子义方等，攀松变色，凿柱承书，粤以显庆五年十一月廿三日迁□平乐里。永惟盛范，方闶幽扃，爰勒□石，敢为铭赞。其词曰：姜皇积祉，许宗永祀。其峻常羊，源清濯耳。连华国彦，弈叶高士。其一。宁公载德，穆矣清风。□公游艺，美矣良弓。司农会纪，佐命惟忠。风墟陪运，鹤鼎论功。其二。惟公嗣业，实钟门庆。积学山明，清文海镜。位资茅锡，荣承纶命。其三。逸羽凌厉，芳声射越。藻鉴人伦，留连风月。辰已悲谶，贤才遽殁。其四。虞歌挽□，滕城路遥。□山月冷，寒隧云飘。徒希再见，能类陈焦。其五。右唐故上轻车都尉潞州长史真定郡公许府君墓志并序。"①

父义均，秋浦令、赠左司郎中。玄胄锡庆，大名称时。拥貂珰于禁省，立纲纪于藩服。邦君宰邑，树声政之能；嗣子克家，承宠光之赠。

《元和姓纂》卷六许氏："绪，太府少卿、蔡州刺史、左常侍。孙义均。"②墓志云："十八，丁秋浦府君忧。"以许景先开元十八年（730）卒，年五十四推之，其十八岁为武则天延载元年（694），此即许义均之卒年。许景先之母墓志业已出土，志题《大唐故朝散大夫宣州秋浦县令许府君夫人周氏墓铭并序》，志文有"有子景先等"语，知其母周氏，卒于神龙元年（705），葬于神龙二年（706）。是其时许义均为宣州秋浦县令。志见于《洛阳流散唐代墓志汇编》，第 134 页。

弱冠，应贤良方正举擢第，授陕州夏县尉。

《旧唐书·文苑传》："许景先，常州义兴人。后徙家洛阳。少举进士，授夏阳尉。"③《新唐书·许景先传》："景先由进士第释褐夏阳尉。"④《登科记考》卷二七《附考·进士科》据此录入，未详年代。按，以其开元十八年（730）卒，年五十四推之，弱冠为武则天万岁登封元年（696）。故《登科记考》可移正。

服阕，属中宗立圣善寺报慈阁，公遂制《报慈阁赋》，当时以为绝唱。

---

① 河南省文物研究所：《千唐志斋藏志》，第 161 页。录文参周绍良主编：《唐代墓志汇编》，第 327—328 页。
② ［唐］林宝：《元和姓纂（附四校记）》卷六，第 862 页。
③ ［后晋］刘昫：《旧唐书》卷一九〇中，第 5031 页。
④ ［宋］欧阳修、宋祁：《新唐书》卷一二八，第 4464 页。

兵部尚书李迥秀，当代文宗，表荐公赋，以为相如《上林》不是过也。有制付史官。仍令选日，优与一京官。其年，授左拾遗。

《旧唐书·文苑传》："神龙初，东都起圣善寺报慈阁。景先诣阙献《大像阁赋》，词甚美丽，擢拜左拾遗。"①《新唐书·许景先传》："神龙初，东都造服慈阁，景先献赋，李迥秀见其文，畏叹曰：'是宜付太史！'擢左拾遗。"②考《旧唐书·中宗纪》：神龙二年（706）二月，"丙申，僧会范、道士史崇玄等十余人授官封公，以赏造圣善寺功也"。③ 则其作赋应在神龙二年（706），惜其赋今已不传。又《太平御览》卷二二三引《唐书》曰："神龙初，东都起圣善寺报慈阁，景先诣阙献《大像阁赋》，词甚美丽，擢拜左拾遗。"④

兵部尚书李迥秀，严耕望《唐仆尚丞郎表》卷一七《兵尚》："李迥秀，景云二年冬或先天元年春，盖由鸿胪卿迁兵尚。先天元年七月四日辛未，为朔方道后军大总管。旋卒官。……《旧传》：'景龙中，累转鸿胪卿，修文馆学士，又持节为朔方道行军大总管。……俄代姚崇为兵部尚书。病卒。'《新传》同。是朔方总管在兵尚前。而《新纪》，先天元年七月辛未，'兵部尚书李迥秀为朔方道后军大总管'。与《传》异。今姑据《纪》书之。又据员阙，迥秀代郭元振，非代元之。《旧传》小误。"⑤

因奏论事忤执政，贬试滑州司士参军。寻以文吏兼优举对策甲科，授扬府兵曹参军。

《新唐书·许景先传》："擢左拾遗。以论事切直，外补滑州司士参军。举手笔俊拔、茂才异等连中，进扬州兵曹参军。"⑥

许景先曾制策登科。朱玉麒《〈登科记考〉补遗、订正》："《记考》卷二七'附考·进士科'著录许景先，据引《旧书·文苑传》。按，《新书》本传：'景先由进士第释褐夏阳尉。神龙初，东都造服慈阁，景先献赋，李迥秀见

① ［后晋］刘昫：《旧唐书》卷一九○中，第5031页。
② ［宋］欧阳修、宋祁：《新唐书》卷一二八，第4464页。
③ ［后晋］刘昫：《旧唐书》卷七，第141页。
④ ［宋］李昉：《太平御览》卷二二三，第1062页。
⑤ 严耕望：《唐仆尚丞郎表》卷一七，中华书局1986年版，第905页。
⑥ ［宋］欧阳修、宋祁：《新唐书》卷一二八，第4464—4465页。

其文,畏叹曰:"是宜付太史!"擢左拾遗。以论事切直,外补滑州司士参军。举手笔俊拔、茂才异等连中,进扬州兵曹参军。还为左补阙。'又据《旧书·文苑传》:许景先开元初即由给事中转中书舍人、知制诰。其制举连中当在神龙后、开元前。考《记考》在此期间,惟景龙三年有茂才异等科,景云三年有手笔俊拔、超越流辈科,则景先之名,可补入此二科下(《记考》于韩琬举文艺优长、贤良方正连中,列入天册万岁二年及神龙三年相应科名下,即其例也)。"①

寻有制特征直中书省。俄除左补阙,转侍御史。直绳正色,台阁生风,朝廷肃然,莫不耸惧。未几,除职方员外兼判外官考事。

《河洛墓刻拾零》一七二《唐姚公夫人刘氏墓志》:"《大唐开府仪同三司紫微令梁国公姚公夫人沛国夫人刘氏墓志铭并序》,左补阙许景先撰。"②墓主以垂拱元年(685)八月四日卒,开元五年(717)二月十三日葬。同书一七七《唐萧元礼墓志》:"《大唐故赠银青光禄大夫使持节相州诸军事相州刺史兰陵萧府君墓志铭并序》,朝议郎行职方员外郎许景先撰并书。"③墓主以开元六年(718)十月二十二日葬。《旧唐书·许景先传》:"擢拜左拾遗。累迁给事中。"④《新唐书·许景先传》:"还为左补阙。宋璟、苏颋择殿中侍御史,久不补,以授景先,时议金惬。"⑤岑仲勉《元和姓纂四校记》卷六:"今按拓本开元五年十月《故通议大夫行广州都督府长史上柱国朱府君(齐之)墓志铭》,犹题'朝议郎、殿中侍御史高阳许景先词',是其累迁给(事)中,更在此后,史盖先略叙其历官,后再叙其行事。"⑥又《金石萃编》卷七一《移置唐兴寺碑》:"《大唐朝议大夫行闻喜县令上柱国临淄县开国男于君请移置唐兴寺碑并序》,殿中侍御史判职方员外郎高阳许景先撰。观道寺主僧师□书。"末署:"开元六年岁次戊午九月壬辰朔二

① 朱玉麒:《〈登科记考〉补遗、订正》,《文献》1994 年第 3 期,第 198—199 页。
② 赵君平、赵文成:《河洛墓刻拾零》,第 220 页。
③ 赵君平、赵文成:《河洛墓刻拾零》,第 227 页。
④ [后晋]刘昫:《旧唐书》卷一九〇中,第 5031 页。
⑤ [宋]欧阳修、宋祁:《新唐书》卷一二八,第 4465 页。
⑥ [唐]林宝:《元和姓纂(附四校记)》卷六,第 864 页。

日癸巳建。"①

　　事毕，迁给事中，自华省升禁闼。属三九宴射，时众官既多，猥费府藏，公因是纳谏，明诏见依。朝廷嘉焉，寻除中书舍人。

　　《旧唐书·许景先传》："开元初，每年赐射，节级赐物，属年俭，甚费府库。景先奏曰：……自是乃停赐射之礼。俄转中书舍人。自开元初，景先与中书舍人齐澣、王丘、韩休、张九龄掌知制诰，以文翰见称。中书令张说尝称曰：'许舍人之文，虽无峻峰激流崭绝之势，然属词丰美，得中和之气，亦一时之秀也。'"②《新唐书·许景先传》："抨按不避近强。与齐澣、王丘、韩休、张九龄更知制诰，以雅厚称。张说曰：'许舍人之文，虽乏峻峰激流，然词旨丰美，得中和之气。'"③

　　《通典》卷七七："开元八年九月，赐百官九日射，给事中许景先驳奏曰：'近三九之辰，频赐宴射，已著格令，犹降纶言。但古制虽在，礼章多阙，官员累倍，帑藏未充，水旱相仍，继之师旅，既不以观德，又未足威边，耗国损人，且为不急。夫古天子，以射选诸侯，以射饰礼乐，以射观容志，故有《驺虞》《狸首》之奏，《采蘋》《采蘩》之乐。天子则以备官为节，诸侯以时会为节，卿大夫以循法为节，士以不失职为节，皆审志固行，德美事成，阴阳克和，暴乱不作。故诸侯贡士，亦试于射宫，容体有亏，则黜其地，是以诸侯君臣，皆尽志于射，射之礼也，其大矣哉！今则不然，众官既多，鸣镝乱下，以苟获为利，以偶中为能，素无五善之容，颇失三侯之礼。凡今一箭偶中，是费一丁庸调，用之既无恻隐，获之固无惭色。'疏奏，罢之。"④又《隋唐嘉话》卷下："故事：每三月三日、九月九日，赐王公以下射，中鹿赐为第一，院赐绫，其余布帛有差。至开元八年秋，舍人许景先以为徒耗国赋，而无益于事。罢之。其礼至今遂绝。"⑤

---

① ［清］王昶：《金石萃编》卷七一，《续修四库全书》第 888 册，第 362—364 页。
② ［后晋］刘昫：《旧唐书》卷一九〇中，第 5031—5033 页。
③ ［宋］欧阳修、宋祁：《新唐书》卷一二八，第 4465 页。
④ ［唐］杜佑：《通典》卷七七，中华书局 1988 年版，第 2107 页。
⑤ ［唐］刘𫗧：《隋唐嘉话》卷下，中华书局 1979 年版，第 49 页。按，此条又见［唐］韦绚《刘宾客嘉话录》，唐兰辨其为伪，见《〈刘宾客嘉话录〉的校辑与辨伪》，《文史》第 4 辑，中华书局 1965 年版，第 102 页。

　　《唐会要》卷二六《大射》："开元四年三月三日,赐百官射。(时金部员外郎卢廙,与职方员外郎李蕃,俱非善射者,虽引满,俱不及埻,而互言工拙。蕃戏曰:'与卢箭俱三十步。'左右不晓。蕃箭去埻三十步,卢箭去身三十步也。)八年九月七日,制赐百官九日射,给事中许景先驳奏曰:'近以三九之辰,频赐宴射,已著格令,犹降纶言。但古制虽存,礼章多缺,官员累倍,帑藏未充,水旱相仍,继之师旅,既不足以观德,又未足以威边,耗国损人,且为不急。夫古天子以射选诸侯,以射饰礼乐,以射观容志,故有《驺虞》《狸首》之奏,《采蘩》《采蘋》之乐,天子则以备官为节,诸侯以时会为节,卿大夫以循法为节,士以不失职为节,皆审志固行,德美事成,阴阳克和,暴乱不作。故诸侯贡士,亦试于射宫,容礼有亏,则黜其地。是以诸侯君臣,皆重意于射,射之礼也大矣哉! 今则不然,众官既多,鸣镝乱下,以苟获为利,以偶中为能,素无五善之容,颇失三侯之礼,冗官厚秩,禁卫崇班,动盈累千,其算无数。近河南河北,水潦处多,林胡小蕃,见寇郊垒,圣人忧勤,降使招恤,犹未能安。今一箭偶中,费一工庸调,用之既无恻隐,获之固无惭色,考古循今,则为未可。且禁卫武官,随番许射,能中的者,必有赏焉! 此则训武习戎,时亦不阙,待寇宁岁稔,率由旧章,则爱礼养人,天下幸甚。'疏奏,遂罢之。至二十一年八月二十三日敕:'大射展礼。先王创仪,虽沿革或殊,而遵习无旷。往有陈奏,遂从废寝,永鉴大典,无忘旧章,将射侯以观德,岂爱羊而去礼? 缅惟古词,罔不率由,自我而阙,何以示后? 其三九射礼,即宜依旧遵行,以今年九月九日,赐射于安福楼下。'(自此已后,射礼遂废。)"①又见《册府元龟》卷四六九:"许景先为给事中,开元八年九月,制赐百官九日射。景先驳曰……。疏奏,遂罢之。"②

　　许景先《奏停赐射疏》,今载《全唐文》卷二六八。又张九龄有《和许给事中直夜简诸公》、崔颢有《奉和许给事夜直简诸公》诗,均与许景先为给事中时唱和之作。

---

① ［宋］王溥:《唐会要》卷二六,第 583—584 页。
② ［宋］王钦若:《册府元龟》卷四六九,第 5585—5586 页。

有诏令中书门下词臣撰《睿宗皇帝集序》,时中书令燕国公张说,当代词宗,遂命公为之。序成奏闻,大承优赏。专掌文诰,尤推敏速。同孔光之不言,与王濛而无对。

许景先撰《睿宗皇帝集序》,今已散佚。

中书令燕国公张说,《旧唐书·张说传》:"及(萧)至忠等伏诛,征拜中书令,封燕国公,赐实封二百户。其冬,改易官名,拜紫微令。"①"及将东封,授说为右丞相兼中书令。"②

许景先掌文诰事,《旧唐书·席豫传》:"三迁中书舍人,与韩休、许景先、徐安贞、孙逖相次掌制诰,皆有能名。"③同书《孙逖传》:"议者以为自开元已来,苏颋、齐澣、苏晋、贾曾、韩休、许景先及逖为王言之最。"④《新唐书·席豫传》:"为中书舍人,与韩休、许景先、徐安贞、孙逖名相甲乙。"⑤《新唐书·孙逖传》:"开元间,苏颋、齐澣、苏晋、贾曾、韩休、许景先及逖典诏诰,为代言最,而逖尤精密。"⑥《太平御览》卷五九三引《唐书》曰:"孙逖掌诰八年,制敕所出,为时流叹服。议者以为自开元已来,苏颋、齐澣、苏晋、贾曾、韩休、许景先及逖,为王言之最。逖尤苦思,文理精练。"⑦颜真卿《刑部侍郎赠右仆射孙文公集序》:"故燕国深赏公才,俾与张九龄、许景先、韦述同游门庭。"⑧

俄除御史中丞,迁吏部侍郎。

严耕望《唐仆尚丞郎表》卷一〇《吏侍》:"许景先,开元十三年二月二十一乙亥,由吏侍出为虢州刺史。……《旧传》:'转中书舍人,……(开元)十三年,玄宗令宰臣择刺史之任必在得人,景先首中其选,自吏部侍郎出为虢州刺史。'《新传》同。又云:'大理卿源光裕,郑州;兵部侍郎寇泚,宋

① ［后晋］刘昫:《旧唐书》卷九七,第 3052 页。
② ［后晋］刘昫:《旧唐书》卷九七,第 3054 页。
③ ［后晋］刘昫:《旧唐书》卷一九〇中,第 5035—5036 页。
④ ［后晋］刘昫:《旧唐书》卷一九〇中,第 5044 页。
⑤ ［宋］欧阳修、宋祁:《新唐书》卷一二八,4467 页。
⑥ ［宋］欧阳修、宋祁:《新唐书》卷二〇二,5760 页。
⑦ ［宋］李昉:《太平御览》卷五九三,第 2672 页。
⑧ ［宋］李昉:《文苑英华》卷七〇二,中华书局 1966 年版,第 3620 页。

州；……凡十一人。'《册府》六七一同。据《通鉴》，事在十三年二月乙亥；惟略景先。"①

是时，天子励精为政，求才共理，询诸贤良，寄以藩牧。公时与朝贤等十人俱典郡，命公为虢州刺史。有制令宰臣已下祖饯于洛桥，御亲赋诗以宠其事。

《旧唐书·许景先传》："（开元）十三年，玄宗令宰臣择刺史之任，必在得人，景先首中其选，自吏部侍郎出为虢州刺史。"②《新唐书·许景先传》："十三年，帝自择刺史，景先由吏部侍郎为刺史治虢州，大理卿源光裕郑州，兵部侍郎寇泚宋州，礼部侍郎郑温琦邠州，大理少卿袁仁敬杭州，鸿胪少卿崔志廉襄州，卫尉少卿李昇期邢州，太仆少卿郑放定州，国子司业蒋挺湖州，左卫将军裴观沧州，卫率崔诚遂州，凡十一人。治行，诏宰相、诸王、御史以上祖道洛滨，盛具，奏太常乐，帛舫水嬉，命高力士赐诗，帝亲书，且给笔纸，令自赋，赍绢三千遗之。"③《旧唐书·梁文贞传》："虢州阌乡人。……（开元）十四年，刺史许景先奏：'文贞孝行绝伦'。"④

《唐诗纪事》卷二《明皇》条："开元十六年，帝自择廷臣为诸州刺史，许景先治虢州，源光裕郑州，寇泚宋州，郑温琦邠州，袁仁恭杭州，崔志廉襄州，李升期邢州，郑放定州，蒋挺湖州，裴观沧州，崔诚遂州，凡十一人。行，诏宰相、诸王、御史以上祖道洛滨，盛供具，奏太常乐，帛舫水嬉。命高力士赐诗，令题座右，帝亲书，且给笔纸，令自赋，赍绢三千遣之。帝诗云：'眷言思共理，鉴寐想惟良。猗欤此推择，声绩著周行。贤能既俟进，黎献实仁康。视人当如子，爱人亦如伤。讲学试诵论，阡陌劝耕桑。虚誉不可饰，清知不可忘。求名迹易见，安直德自彰。狱讼必以情，教民贵有常。恤惸且存老，抚弱复绥强。勉哉各祗命，知予眷万方。'"⑤按，"开元十六年"应为"开元十三年"之误。又《珩璜新论》卷上："《唐许景先传》：开元

①　严耕望：《唐仆尚丞郎表》卷一〇，第573页。
②　[后晋]刘昫：《旧唐书》卷一九〇中，第5033页。
③　[宋]欧阳修、宋祁：《新唐书》卷一二八，第4465页。
④　[后晋]刘昫：《旧唐书》卷一八八，第4934页。
⑤　[宋]计有功：《唐诗纪事》卷二，第14—15页。

十三年,玄宗自择刺史十一人。永叔《集古目录》:明皇择县令一百六十三人,赐以丁宁之戒。守令之官,天子自择,其爱民也如此。"①

按,许景先在开元十年(722)的一段历程为墓志所缺载:《旧唐书·许景先传》:"十年夏,伊、汝泛溢,漂损居人庐舍,溺死者甚众。景先言于侍中源乾曜曰:'灾眚所降,必资修德以禳之,《左传》所载'降服出次',即其事也。诚宜发德音,遣大臣存问,忧人罪己,以答天谴。明公位存辅弼,当发明大体,以启沃明主,不可缄默也。'乾曜然其言,遽以闻奏,乃下诏遣户部尚书陆象先往赈给穷乏。"②《新唐书·许景先传》:"开元十年,伊、汝溢,坏庐舍甚众,景先见侍中源乾曜曰:'灾眚所降,王者宜修德应之,因遣大臣存问失职,罪己引咎,以答天谴。公在元弼,庸可默乎?'乾曜悟,遽白玄宗,遣陆象先持节振赡。"③

改为岐州刺史。寻征拜工部侍郎兼知制诰。……迁吏部侍郎。

《元和姓纂》卷六:中山许氏,"景先,中书舍人,工部侍郎。"④《旧唐书·许景先传》:"后转岐州,入拜吏部侍郎,卒。"⑤《新唐书·许景先传》:"后徙岐州,入为吏部侍郎,卒。"⑥缺中间工部侍郎兼知制诰一转。景先为岐州刺史,郁贤皓《唐刺史考全编》卷五系于约开元十六(728)、十七年(729)⑦。

严耕望《唐仆尚丞郎表》卷二二《工侍》:"许景先,开元十七年秋,迁工侍。十八年或稍后,迁吏侍。……《姓纂》六:中山许氏,'景先,中书舍人,工部侍郎'。《旧》一〇五《宇文融传》:拜相,荐许景先为工部侍郎。按:融以十七年六月相,九月罢,则景先为工侍必在年秋。"⑧又同书卷一

---

① ［宋］孔平仲:《珩璜新论》卷上,上海商务印书馆1925年版,第8页。
② ［后晋］刘昫:《旧唐书》卷一九〇中,第5033页。
③ ［宋］欧阳修、宋祁:《新唐书》卷一二八,第4465页。
④ ［唐］林宝:《元和姓纂(附四校记)》卷六,第862页。
⑤ ［后晋］刘昫:《旧唐书》卷一九〇中,第5033页。
⑥ ［宋］欧阳修、宋祁:《新唐书》卷一二八,第4465页。
⑦ 郁贤皓:《唐刺史考全编》,第154页。
⑧ 严耕望:《唐仆尚丞郎表》卷二二,第1071页。

〇《吏侍》:"许景元①,开元十八年或稍后,盖由工侍复迁吏侍,旋卒。此再任。……《旧传》:'十三年,……自吏部侍郎出为虢州刺史,后转岐州,入拜吏部侍郎,卒。'《新传》同。按,自十四年晋[齐?]澣为吏侍,至十七年七月澣贬出始有阙,则景先再任不能早过十七年。然十七年秋始任工侍,则迁吏侍当在后,不能早过十八年。"②

以开元十八年八月九日,遘疾终于京兆宣阳私第,春秋五十有四。

宣阳,杨鸿年《隋唐两京坊里谱》:"宣阳坊,乃朱雀门街之东第二街街东自北向南之第六坊,《长安志》卷八、《城坊考》卷三所记与五图所画均同。"③按,徐松《唐两京城坊考》及李健超《增订唐两京城坊考》均未考出宣阳里许景先宅,可以补入。

即以其年十一月廿日,迁窆于河南偃师首阳原,礼也。

首阳原,即首阳山之原。

有子奉礼郎孚等。

许景先子孚,仅见此墓志所述,史籍缺载。

许景先的文学交游与创作

许景先是盛唐时期重要的文学家,但其作品很少传世,《全唐诗》仅存其诗 5 首,《全唐文》存其文 2 篇。因此,《许景先墓志》的出土,不仅对研究许景先的生平事迹及其文学成就具有重要意义,而且对于研究盛唐文学的发展环境也具有一定的作用。

墓志记载了许景先与当时重要文人的交游情况,很值得重视。

一是李迥秀,志云:"服阕,属中宗立圣善寺报慈阁,公遂制报《慈阁赋》,当时以为绝唱。兵部尚书李迥秀,当代文宗,表荐公赋,以为相如《上林》不是过也。有制付史官。仍令选日,优与一京官。其年,授左拾遗。"李迥秀称赏许景先时,任吏部侍郎之职,已是朝廷的高级官员,他也是一

---

① 按,"元"当为"先"之误。
② 严耕望:《唐仆尚丞郎表》卷一〇,第 575 页。
③ 杨鸿年:《隋唐两京坊里谱》,上海古籍出版社 1999 年版,第 182 页。

位诗人。《全唐诗》卷一〇四尚存其《奉和九日幸临渭亭登高应制得风字》《奉和九月九日登慈恩寺浮图应制》《奉和幸安乐公主山庄应制》《夜宴安乐公主宅》诗四首。《唐诗纪事》卷九《李迥秀》条云："迥秀、崔湜、郑愔在武后、中宗时，以奸淫污名位，然皆有文。迥秀尝以鸳鸯盏一双与张易之共饮，取其常相逐也。"①可见武则天时，不少文人的立身行事，呈现出复杂的情况，也表现出在特定时期，人品与文品的分离。这也与武则天不拘一格地用人有关。李迥秀至唐中宗时已是当代文宗，故而他器重许景先，对于许景先后来的文学道路的发展有着重大的影响。

二是张说，志云："有诏令中书门下词臣撰《睿宗皇帝集序》，时中书令燕国公张说，当代词宗，遂命公为之。序成奏闻，大承优赏。专掌文诰，尤推敏速。同孔光之不言，与王濛而无对。"《许景先墓志》的撰者韩休，也是初盛唐时期著名的文学家，与张说、许景先都有一定的关系。《大唐新语》记载张说在后来回忆武则天时集贤学士的情况时言及韩休与许景先之文：

> 张说、徐坚同为集贤学士十余年，好尚颇同，情契相得。时诸学士凋落者众，唯说、坚二人存焉。说手疏诸人名，与坚同观之。坚谓说曰："诸公昔年皆擅一时之美，敢问孰为先后？"说曰："李峤、崔融、薛稷、宋之问，皆如良金美玉，无施不可。富嘉暮之文，如孤峰绝岸，壁立万仞，丛云郁兴，震雷俱发，诚可畏乎！若施于廊庙，则为骇矣。阎朝隐之文，则如丽色靓妆，衣之绮绣，燕歌赵舞，观者忘忧。然类之《风》《雅》，则为徘矣。"坚又曰："今之后进，文词孰贤？"说曰："韩休之文，有如太羹玄酒，虽雅有典则，而薄于滋味。许景先之文，有如丰肌腻体，虽秾华可爱，而乏风骨。张九龄之文，有如轻缣素练，虽济时适用，而窘于边幅。王翰之文，有如琼林玉斝，虽烂然可珍，而多有玷缺。若能箴其所阙，济其所长，亦一时之秀也。"②

① ［宋］计有功：《唐诗纪事》卷九，第122页。
② ［唐］刘肃：《大唐新语》卷八，第130页。

按，此段文字又为《旧唐书·杨炯传》所采用。又《太平御览》卷二二二引《唐书》曰："许景先转中书舍人，中书令张说常称曰：'许舍人之文，虽无峻峰激流崭绝之势，然属词丰美，得中和之气，实一时之秀也。'"①又《册府元龟》卷五五一："许景先，开元中为中书舍人。与齐澣、王丘、韩休、张九龄掌知制诰，以文翰见称。中书令张说常称曰：'许舍人之文，虽无峻峰激流斩绝之势，然属辞丰美，得中和之气，亦一时之秀也。'"②以张说的评语，衡之韩休所作的《许景先墓志铭》，二者还是比较吻合的。韩休之文，《全唐文》卷二九五尚存 10 篇。又韩休亦能诗，《全唐诗》卷一〇一存诗 3 首。《旧唐书·韩休传》："休早有词学，初应制举，累授桃林丞。又举贤良，玄宗时在春宫，亲问国政，休对策与校书郎赵冬曦并为乙第，擢授左补阙。"③韩休为许景先撰墓志时为"兵部侍郎"，而新、旧《唐书·韩休传》皆缺载，严耕望《唐仆尚丞郎表》亦未及，可补入。又《全唐文补遗·千唐志斋新藏专辑》收韩休《大唐故银青光禄大夫行薛王府长史上柱国河东县开国男柳府君（儒）墓志铭并序》，题署："尚书兵部侍郎兼知制诰韩休撰。"④墓主葬于开元二十年（732）十一月廿一日。亦撰于韩休在兵部侍郎任。

张说评许景先之文，虽称其缺点为"乏风骨"，但他是将许景先置于当时善于作文的几位代表人物如李峤、崔融、薛稷、宋之问、富嘉谟、阎朝隐、韩休、张九龄等同列而加以评论的，因而还可以窥视许景先在当时文坛上的地位。

许景先之文，除了《全唐文》所收之外，后世出土文献中又出现四篇，弥足珍贵。《金石萃编》卷七一《移置唐兴寺碑》："《大唐朝议大夫行闻喜县令上柱国临淄县开国男于君请移置唐兴寺碑并序》，殿中侍御史判职方员外郎高阳许景先撰。观道寺主僧师□书。"末署："开元六年岁次戊午九月壬辰朔二日癸巳建。"⑤《金薤琳琅》卷一五云："右唐《唐兴寺碑》，殿中

① ［宋］李昉：《太平御览》卷二二二，第 1056 页。
② ［宋］王钦若：《册府元龟》卷五五一，第 6611 页。
③ ［后晋］刘昫：《旧唐书》卷九八，第 3078 页。
④ 吴钢主编：《全唐文补遗·千唐志斋新藏专辑》，第 165 页。
⑤ ［清］王昶：《金石萃编》卷七一，《编修四库全书》第 888 册，第 362—363 页。

侍御史许景先撰，寺在山西闻喜县。县令于光庭为移置之，景先之文由是而作。光庭之在闻喜，不闻其有善政，而乃汲汲为僧移寺，非贤令也。"①《全唐文补遗》第 8 辑收许景先撰《大唐开府仪同三司紫微令梁国公姚公（崇）夫人沛国夫人刘氏墓志铭并序》，署"左补阙许景先"。② 墓主以开元五年（717）二月十三日改葬。此文又见《河洛墓刻拾零》一七二《唐姚公夫人刘氏墓志》所载："《大唐开府仪同三司紫微令梁国公姚公夫人沛国夫人刘氏墓志铭并序》，左补阙许景先撰。"③墓主以垂拱元年（685）八月四日卒，开元五年（717）二月十三日葬。同书一七七《唐萧元礼墓志》："《大唐故赠银青光禄大夫使持节相州诸军事相州刺史兰陵萧府君墓志铭并序》，朝议郎行职方员外郎许景先撰并书。"④墓主以开元六年（718）十月二十二日葬。

————————

①　［明］都穆：《金薤琳琅》卷一五，《历代碑志丛书》第 2 册，第 262 页。
②　吴钢主编：《全唐文补遗》第 8 辑，第 15 页。
③　赵君平、赵文成：《河洛墓刻拾零》，第 220 页。
④　赵君平、赵文成：《河洛墓刻拾零》，第 227 页。

卷二 盛唐

一、张说墓志

墓志释文

唐故尚书左丞相燕国公赠太师张公墓志铭 并序

工部侍郎集贤院学士族孙九龄撰
朝散大夫中书舍人梁昇卿书

大唐有天下一百一十三年,开元十有八载龙集庚午冬十二月戊申,开府仪同三司、尚书左丞相、燕国公薨于位,享年六十四。呜呼哀哉!皇帝悼焉,制赠太师。盖师傅之旧,恩礼有加也。诏葬先远,襄事有日,又特赐御辞,表章琬琰。公义有忘身之勇,忠为社稷之卫。文武可宪之政,公侯作扞之勋。皆已昭昭于天文,虽与日月争光可矣。公讳说,字说,范阳方城人。晋司空壮武公之裔孙,周通道馆学士讳戈府君之曾孙,赠庆州都督讳恪府君之孙,赠丹州刺史、刑部尚书讳骘府君之季子。自上世积庆,及公而祥发,神明所府,道德为枢。生以宁济,幼而休动,鹰扬虎视,英伟礧落,越在诸生之中,已有绝云霓之望矣。初天后称制,举郡国贤良,公时大知名,拔乎其萃者也。起家太子校书,迄于左丞相,官政卌有一,而人臣之位极矣。尚书,国之理本,公悉更之;中书,朝之枢密,公呕掌之。休声与偕,升降数四,守正而见逐者一,遇坎而左迁者二。其余总戎于外,为国作藩,所平除者,唯幽并秉节钺而已。至若三登左右丞相,三作中书令,唐兴已来,朝右莫比。盖圣贤之运有会,师臣之道欲行,人虽求多,我每余地,馨香之发，专闻自久。宜其翊戴圣后，师范百寮，功烈过于如仁，德声出于咸一。此固与板筑屈起、屠钓作合之类，亦云异也。公志玄远，而性高亮。未尝自异，会节乃有立；何所不可，体道以为宗。既定国于一言，亦保身于大雅。其于经理世务，杂以军国，决事如流，应物如响，纷纶辐凑，其犹指掌。及夫先圣微旨，稽古未传，缺文必补，坠礼咸甄，与经籍为笙簧，于朝廷为粉泽，固不可详而载也。始公之从事，实以懿文，而风雅陵夷，已数百年矣。时多吏议，摈落文人，庸引雕虫，沮我胜气，丘明有耻，子云不为，乃未知宗匠所作，王霸尽在。及公大用，激仰后来，天将以公为木铎矣。斯文岂丧，而今也则亡。呜呼！克生以辅时，而臣道不究；致用以利物，而人将安仰？上抚床以念往，下辍相而哀至，复见之于公焉。太常议行，谥曰文贞。廿年秋八月甲申，迁窆于万安山之阳，燕国夫人元氏祔焉。夫人故尚书右丞、武陵公怀景之女也。动为柔范，皆可师训。及公之贵，联姻帝室，虽处荣盛，若非在己。内执谦下，外睦亲疏，古之贤明，未始兼有。开元十九年三月壬戌，薨于东都康俗里第，享年五十二。长子均，中书舍人。次曰垍，驸马都尉、卫尉卿。季曰埱，符宝郎。泣血在疚，皆我之有后也。於戏！玄堂永闭，何事春秋？幽篆斯存，亦云不朽而已。铭曰：

天有密命，滋液百宝。时无大贤，谁与明道？我公允叶，我德孔昭。翰飞戾天，羽仪清朝。功遂身谢，名由实美。言而有立，古无不死。南山之下，诏葬于兹。后之与归，惟我太师。

郦州三川县丞卫灵鹤刻字。

《张说墓志》，张说（667—730），字说（传世文献作字道济，一字说之），河南洛阳人。开元时著名宰相，封燕国公。开元十八年（730）十二月戊申卒于东都康俗里第，享年六十四。开元廿年（732）八月甲申，迁窆于万安山之阳。墓志青石质，近方形，志盖盝顶，高 53、宽 52、斜刹 16.4、边厚 5 厘米。盖顶篆书"唐故太师燕文贞公张公墓志"，3 行 12 字。顶部四边及四刹刻变形蔓草纹，四斜刹蔓间分别饰雄狮、青龙和奔马。志高 80.8、宽 80.4、厚 16.5 厘米。志文隶书，32 行，满行 33 字，共 936 字。志四侧刻变形蔓草纹，间以雄狮、朱雀、奔马。墓志 1998 年冬出土于洛阳伊川县吕店乡万安山南麓袁庄西北。《近年新出历代碑志精选》系列丛书收有《唐张说墓志》,据初拓本影印,河南美术出版社 2008 年版。李献奇有《唐张说墓志考释》,载《文物》2000 年第 10 期,第 91—96 页;梁骥有《唐张说墓志考略》,载《中国书画》2005 年第 12 期,第 169—171 页;梁继有《唐梁昇卿书张说墓志考略》,载《鞍山师范学院学报》2007 年第 5 期,第 66—69 页。拓片又见赵君平《邙洛碑志三百种》,中华书局 2004 年版,第 154 页;赵文成、赵君平《新出唐墓志百种》,西泠印社出版社 2010 年版,第 142—143 页;《丝绸之路视域中的洛阳石刻》,上海古籍出版社 2018 年版,第 110 页。录文又载《全唐文补遗》第 8 辑,第 24—25 页;《新出唐墓志百种》,第 142 页。按,《张说墓志》已见于《全唐文》卷二九二,然新出石本与《全唐文》文字有所不同。张说诗,见《全唐诗》卷八五,第 918 页。

墓 志 疏 证

大唐有天下一百一十三年,开元十有八载龙集庚午冬十二月戊申,开府仪同三司、尚书左丞相、燕国公薨于位,享年六十四。呜呼哀哉!皇帝悼焉,制赠太师。盖师傅之旧,恩礼有加也。诏葬先远,襄事有日,又特赐御辞,表章琬琰。公义有忘身之勇,忠为社稷之卫。文武可宪之政,公侯作扞之勋。皆已昭昭于天文,虽与日月争光可矣。

张说作为唐代名相,其生平史籍记载颇多。《旧唐书》卷九七、《新唐书》卷一二五有传。《旧唐书·张说传》:"(开元)十八年,遇疾,玄宗每日令中使问候,并手写药方赐之。十二月薨,时年六十四。上悽恻久之,遂于光顺门举哀,因罢十九年元正朝会。"①《新唐书·张说传》:"十八年卒,年六十四。为停正会,赠太师,谥曰文贞,群臣驳异未决,帝为制碑,谥如太常,繇是定。"②《旧唐书·玄宗纪》上:开元十八年十二月,"戊申,尚书左丞相、燕国公张说薨"。③

唐刘肃《大唐新语》卷一《匡赞》:"张说独排太平之党,请太子监国,平定祸乱,迄为宗臣,前后三秉大政,掌文学之任,凡三十年。为文思精,老

---

① 〔后晋〕刘昫:《旧唐书》卷九七,第 3056 页。
② 〔宋〕欧阳修、宋祁:《新唐书》卷一二五,第 4409 页。
③ 〔后晋〕刘昫:《旧唐书》卷八,第 196 页。

而益壮，尤工大手笔，善用所长；引文儒之士以佐王化。得僧一行赞明阴阳律历，以敬授人时。封太山，祠睢上，举阙礼，谒五陵，开集贤，置学士，功业恢博，无以加矣。尚然诺于君臣、朋友之际，大义甚笃。及薨，玄宗为之罢元会，制曰：'弘济艰难，参其功者时杰；经纬礼乐，赞其道者人师。式瞻而百度允厘，既往而千载贻范。台衡轩鼎，垂黼藻于当年；徽策宠章，播芳蕤于后叶。故尚书左丞相燕国公说，星象降灵，云龙合契。元和体其冲粹，妙有释其至赜。挹而莫测，仰之弥高。释义探系表之微，英词鼓天下之动。昔传风讽，绸缪岁华。含春谷之声，和而必应；蕴泉源之智，启而斯沃。授命与国，则天衢以通；济同以和，则朝政惟允。司钧总六官之纪，端揆为万邦之式。方弘风纬俗，返本于上古之初；而迈德振仁，不臻于中寿之福。吁嗟不憖，既丧斯文，宣室余谈，洽若在耳；玉殿遗草，宛然留迹。言念忠贤，良深震悼。是用当宁抚几，临乐撤悬，罢称觞之仪，遵往禭之礼。可赐太师，赙物五百段。'礼有加等，儒者荣之。"①《旧唐书·张说传》亦引用玄宗所制张说赠太师文。

公讳说，字说，范阳方城人。

《旧唐书·张说传》："张说，字道济，其先范阳人，代居河东，近又徙家河南之洛阳。"②《新唐书·张说传》："张说，字道济，或字说之，其先自范阳徙河南，更为洛阳人。"③《唐才子传》卷一《张说传》："说，字道济，洛阳人。"傅璇琮笺证云："而说自称，则直云范阳人，其为父骘所作碑云：'府君讳骘，字成骘，范阳方城人也。……史有《留侯世家》，八叶至东汉司空皓，公子宇，北平太守，始居范阳。四叶至西晋司空华，公子韪，散骑常侍，乃侨江左。昆孙太常，复归河洛，故河东有司空砦，洛阳有散骑里。'其《与凤阁舍人书》称'范阳张说'，《吊陈司马书》称'孤子范阳张说'。则张说自称世系，上接西晋张华，故孙逖《唐故幽州都督河北节度使燕国文贞张公遗爱颂》谓'辩其谱系，范阳之大族也'。《墓志》亦云：'公讳说，字道济，范阳

① ［唐］刘肃：《大唐新语》卷一，第10—11页。
② ［后晋］刘昫：《旧唐书》卷九七，第3049页。
③ ［宋］欧阳修、宋祁：《新唐书》卷一二五，第4404页。

方城人。晋司空壮武公之裔孙。'"①

　　然傅先生又引张说冒越族望之说。唐封演《封氏闻见记》卷一○《讨论》条载:"著作郎孔至,二十传儒学,撰《百家类例》,品第海内族姓,以燕公张说为近代新门,不入百家之数。驸马张垍,燕公之子也,盛承宠眷。见至所撰,谓弟埱曰:'多事汉! 天下族姓,何关尔事,而妄为升降!'埱素与至善,以兄言告之。时工部侍郎韦述,谙练士族,举朝共推。每商榷姻亲,咸就咨访。至书初成,以呈韦公,韦公以为可行也。及闻垍言,至惧,将追改之,以情告韦。韦曰:'孔至休矣。大丈夫奋笔,将为千载楷则,奈何以一言而自动摇。有死而已,胡可改也!'遂不复改。"②王颜《追树十八代祖晋司空太原王公神道碑铭》:"开元中,左丞相张公说越认范阳,封燕国公;大历初,左相缙叔越认琅琊,封齐国公。……如燕、齐两公,皆名世大贤,社稷重器,尚尔为也,况中智以下薄俗者乎。"③岑仲勉《贞石证史·王颜所说太原王氏》:"越者逾也,申言之,冒也,本自为族而谓他人祖,故曰越认也。据《新唐书》七二下:'瞶,晋散骑常侍,随元帝南迁,寓居江左,六世孙隆,太常卿,复还河东。'中间缺数世名字,必有来历不明处,当时人应知之较悉,故颜斥张说以洛阳冒范阳望也。"④有关中古士人家族冒认郡望现象,可以参看何德章《伪托望族与冒袭先祖:以北族人墓志为中心——读北朝碑志札记之二》⑤,仇鹿鸣《制作郡望:中古南阳张氏的形成》⑥。但张说家族是否冒认郡望,并没有确实的证据。故清人王昶在《金石萃编》中说:"张氏自后汉世居武阳、犍为,其后有讳宇者,官北平范阳太守,避地居方城。迨晋张华二子祎、瞶,祎子孙徙居襄阳,瞶子孙自河东徙洛阳,即说之系也。然则说之先世本由范阳徙洛阳,与认族者异,碑

①　傅璇琮:《唐才子传校笺》第 1 册,第 130—131 页。
②　赵贞信:《封氏闻见记校注》卷一○,中华书局 2005 年版,第 94—95 页。
③　[清] 董诰:《全唐文》卷五四五,第 2449 页。
④　岑仲勉:《金石论丛》,上海古籍出版社 1981 年版,第 159—160 页。
⑤　何德章:《伪托望族与冒袭先祖:以北族人墓志为中心——读北朝碑志札记之二》,《魏晋南北朝隋唐史资料》第 17 辑,武汉大学出版社 2000 年版,第 135—141 页。
⑥　仇鹿鸣:《制作郡望:中古南阳张氏的形成》,《历史研究》2016 年第 3 期,第 21—39 页。

云'越认'，其义究未详。"①

张说之籍贯，又有河东之说。陈祖言《张说年谱》云："今按说于景龙年丁母忧时接连安葬父、祖、曾祖，葬曾祖弋于河东普救原（见《张弋志》），祖恪于蒲坂司空村（见《张恪志》），并各说明'成先志也'，则说之曾祖与祖'代居河东'，当无问题。至于父骘，请看《张骘志》：'调长子尉，换介休主簿、洪洞丞。太夫人在堂，官求近便，故累徙而不进也。'太夫人即说祖母董氏，据上述居蒲坂，而长子、介休、洪洞三县俱在河东道，可见骘亦为河东人。"②傅璇琮《唐才子传》笺证云："此处考证张说先世自曾祖起即定居河东，故定说之籍贯为河东人，可信从。而洛阳则或说于十四岁丧父后自河东迁徙之地。"③

由此可知，张说在唐代并非望族，因而有冒越郡望之举，托为范阳方城。其籍贯实为河东，而自其十四岁丧父之后又迁居洛阳。

晋司空壮武公之裔孙，周通道馆学士讳戈府君之曾孙。

张说《周故通道馆学士张府君墓志铭并序》："君讳弋，字嵩之，范阳方城人也。其先张仲以孝友佐周，子孙丑周仕晋，相韩，至留侯，报韩仇。秦兴，刘灭项，为汉世家，九代及于汉乱。"④校记："弋，伍刻作'戈'，非。"按，据石本《张说墓志》，作"戈"是，校记非。

赠庆州都督讳恪府君之孙。

张说《唐处士张府君墓志铭并序》："府君讳恪，其先晋人。晋有张老，韩有开地，汉有留侯，八代孙皓，为司空。司空子宇，为北平太守，遭汉乱离，家于范阳。至玄孙华，复为晋司空。遇难，子孙南渡。其处者，或寓于蒲坂。周、齐间，有归者，因从焉。君晋司空十一代孙也。曾祖征君讳子犯，祖河东郡从事讳俊，父通道馆学士讳弋，德音遗范，详诸家谍。君孤绍

---

① ［清］王昶：《金石萃编》卷一〇四，《续修四库全书》本，第 889 册，第 264 页。
② 陈祖言：《张说年谱》，中文大学出版社 1984 年版，第 3 页。
③ 傅璇琮：《唐才子传校笺》卷一，第 132 页。
④ 熊飞：《张说集校注》卷二〇，第 1000—1001 页。

单门,旁无兄弟,苗而不秀,未仕而卒。"①《新唐书·宰相世系表》二下载张说祖为"洛",误。

赠丹州刺史、刑部尚书讳骘府君之季子。

张说《府君墓志铭并序》:"府君讳骘,字成骘,姓张氏,其先晋人也。晋分,家世相韩;韩灭,留侯为汉谋主。至宇,为范阳太守,因居其郡。及华,博物亚圣,为晋司空。府君司空十二代孙也。曾祖讳俊,河东从事;大父讳弋,字嵩之,通道馆学士;考讳恪,未仕即世。先君四代早孤,单门茕立,宗祀之不绝如线。……年十九,明法擢第,解褐饶阳尉。……调长子尉,换介休主簿、洪洞丞。"②《新唐书·宰相世系表》二下:"趎,晋散骑常侍,随元帝南迁,寓居江左。六世孙隆,太常卿,复还河东,后徙洛阳。生子犯,子犯生俊,河东从事,生弋。""弋字嵩之,周通道馆学士。"生洛。洛生"骘,字成骘,洪洞丞",生"说,字道济,相睿宗、玄宗"③。

初天后称制,举郡国贤良,公时大知名,拔乎其萃者也。

永昌元年,试制举。张说作《永昌元年对词标文苑科制策》三道。按,这三道科策收于《张说集》卷二九④。《新唐书·张说传》:"永昌中,武后策贤良方正,诏吏部尚书李景谌糊名较覆,说所对第一,后署乙等,授太子校书郎。"⑤《文苑英华》卷四七七张说《词标文苑科策》下题注:"永昌元年。"⑥《郡斋读书志》卷四中《张燕公集》:"永昌元年贤良方正策第一。"⑦清徐松《登科记考》卷三系张说于垂拱四年"词标文苑科",注:"一曰学综古今科。"并云:"《记纂渊海》引《登科记》:'永昌九年,应学综古今科一人,张说第三等。考策日封进,令曰:洛阳人张说,文词清典,艺能优裕。金

① 熊飞:《张说集校注》卷二〇,第 1003—1004 页。
② 熊飞:《张说集校注》卷二〇,第 982 页。
③ [宋]欧阳修、宋祁:《新唐书》卷七二下,第 2677—2678 页。
④ 《张说集校注》卷二九,第 1371 页。
⑤ [宋]欧阳修、宋祁:《新唐书》卷一二五,第 4404 页。
⑥ [唐]张说:《词标文苑科策》,《文苑英华》卷四七七,第 2434 页。
⑦ 孙猛:《郡斋读书志校证》,上海古籍出版社 1990 年版,第 836 页。

门对策，已居高科之首；银榜效官，且加一命之秩。'按诸书所引，或曰贤良方正，或曰词标文苑，或曰学综古今，实止一科也。说卒于开元十八年，年六十四，是年二十二，故曰弱冠。"①"九"为"元"之形讹。对于张说制举登科年代与科目，历代说法有异。今据所存张说《永昌元年对词标文苑科制策》三道，定为永昌元年。

起家太子校书，迄于左丞相，官政卅有一，而人臣之位极矣。

刘肃《大唐新语》卷八《文章》："则天初革命，大搜遗逸，四方之士应制者向万人。则天御雒阳城南门，亲自临试。张说对策，为天下第一。则天以近古以来未有甲科，乃屈为第二等。其警句曰：'昔三监玩常，有司既纠之以猛；今四罪咸服，陛下宜计之以宽。'拜太子校书，仍令写策本于尚书省，颁示朝集及蕃客等，以光大国得贤之美。"②

墓志称张说历四十一政，今根据新、旧《唐书》本传，《资治通鉴》等典籍，以及今人陈祖言《张说年谱》、熊飞《张说年谱简编》列表如下：

张说历官表

序号	历　　官	时　间	依　据
1	太子校书	天授元年	《大唐新语》卷一八，《旧唐书》本传
2	京畿吏职	长寿二年	《张说年谱简编》
3	迁新职，似为同州六曹参军	万岁通天元年	《张说年谱简编》
4	右武威卫大将军、清边道行军大总管、建安王武攸宜总管府节度管记	万岁通天二年	《旧唐书·王孝杰传》
5	右补阙	圣历元年	《张说年谱简编》
6	右史、内供奉	长安元年	《旧唐书》本传
7	魏元忠任并州道行军大总管以御突厥，任张说为判官	长安二年	《资治通鉴》

① ［清］徐松：《登科记考》卷三，中华书局 1984 年版，第 86—87 页。
② ［唐］刘肃：《大唐新语》卷八，第 127 页。

续　表

序号	历　官	时　间	依　据
8	以右史、内供奉兼考功员外郎知贡举	长安三年	《张说年谱简编》
9	凤阁舍人	长安三年	《张说年谱简编》
10	配流钦州	长安三年	《资治通鉴》
11	兵部员外郎	神龙元年	《旧唐书》本传
12	兵部郎中	神龙二年	《旧唐书》本纪
13	工部侍郎	景龙元年	《唐仆尚丞郎表》
14	起复工部侍郎,转授黄门侍郎	景龙三年	《张琰墓志》《让起复除黄门侍郎表》
15	兵部侍郎兼修文馆学士	景龙三年	《唐仆尚丞郎表》
16	中书侍郎兼雍州长史	景龙四年	《旧唐书》本传
17	皇太子侍读	景龙四年	《旧唐书》本纪
18	同中书门下平章事,监修国史	景云二年	《旧唐书》本纪
19	兵部侍郎,同中书门下平章事	景云二年	《旧唐书》本纪
20	尚书左丞,分司东都	景云二年	《资治通鉴》
21	以尚书左丞检校中书令	开元元年	《旧唐书》本纪
22	监修国史	开元元年	《张说等监修国史敕》
23	贬相州刺史,河北道按察使	开元元年	《旧唐书》本纪
24	贬岳州刺史	开元三年	《旧唐书》本传,《岳州谢上表》
25	荆州大都督府长史	开元五年	陈祖言《张说年谱》
26	右羽林将军、幽州都督、河北节度使兼节度管内诸军经略大使,摄御史大夫	开元六年	《旧唐书》本传,《幽州论边事书》
27	右羽林将军、摄御史大夫、权检校并州大都督府长史、持节天兵军节度大使	开元八年	《旧唐书》本纪、本传,《新唐书》本纪等

续　表

序号	历　　官	时　　间	依　　据
28	撰修国史,责史本就并州随军修撰	开元八年	《唐会要》
29	守兵部尚书、同中书门下三品、兼修国史	开元九年	《旧唐书》本纪、《张说同三品制》
30	兼知朔方节度使	开元十年	《资治通鉴》
31	丽正殿修书使	开元十年	《职官分纪》卷一五引《集贤注记》
32	玄宗祠后土于汾阴,说为礼仪使	开元十一年	《旧唐书》本纪
33	兵部尚书、同中书门下平章事兼中书令,正除中书令	开元十一年	《旧唐书》本纪、《张说兼中书令制》
34	改丽正殿书院为集贤殿书院,张说充学士,知院事	开元十三年	《唐会要》卷六四、《职官分纪》卷一五
35	特进、尚书右丞相兼中书令、集贤院学士知院事、修国史	开元十三年	《旧唐书》本纪
36	特进、左丞相兼中书令、集贤院学士知院事、修国史	开元十七年	《旧唐书》本纪、《玉海》卷一六一

尚书,国之理本,公悉更之;中书,朝之枢密,公亟掌之。

这一段谓张说执掌尚书省和中书省之事,为国家之根本和枢密之地。《旧唐书·张说传》:"复为工部侍郎,俄拜兵部侍郎,加弘文馆学士。睿宗即位,迁中书侍郎,兼雍州长史。……玄宗在东宫,说与国子司业褚无量俱为侍读,深见亲敬。明年,同中书门下平章事,监修国史。……太平公主引萧至忠、崔湜等为宰相,以说为不附己,转为尚书左丞,罢知政事,仍令往东都留司。……及至忠等伏诛,征拜中书令,封燕国公,赐实封二百户。其冬,改易官名,拜紫微令。"①又见《新唐书·张说传》。

休声与偕,升降数四,守正而见逐者一,遇坎而左迁者二。

"守正见逐"指张说被流钦州事。《大唐新语》卷一一《褒赐》:"张说既

---

① ［后晋］刘昫:《旧唐书》卷九七,第3051—3052页。

致仕,在家修养,乃乘闲往景山之阳,于先茔建立碑表。玄宗仍赐御书碑额以宠之。其文曰:'呜呼,积善之墓。'与宣父延陵季子墓志同体也。朝野以为荣。及说薨,玄宗亲制神道碑,其略曰:'长安中,公为凤阁舍人,属麟台监张易之诬构大臣,作为飞语。御史大夫魏元忠即其丑正,必以中伤。天后致投杼之疑,中宗忧掘蛊之变。是时敕公为证,啖以右职。一言刺回,四国交乱。公重为义,死且不辞,庭辩无辜,中旨有忤,左右为之惕息,而公以之抗词。反元忠之茔魂,出太子于坑陷。人谓此举,义重于生,由是长流钦州,守正故也。'文多不尽载。"①左迁之一为景云二年以兵部侍郎、同中书门下平章事为尚书左丞、分司东都。即上文所引《旧唐书·张说传》:"太平公主引萧至忠、崔湜等为宰相,以说为不附己,转为尚书左丞,罢知政事,仍令往东都留司。"②左迁之二为开元三年被贬相州又转岳州刺史事。《旧唐书·张说传》:"俄而为姚崇所构,出为相州刺史,仍充河北道按察使。俄又坐事左转岳州刺史。"③《资治通鉴》记载:"姚崇既为相,紫微令张说惧,乃潜诣岐王申款。他日,崇对于便殿,行微蹇。上问:'有足疾乎?'对曰:'臣有腹心之疾,非足疾也。'上问其故。对曰:'岐王陛下爱弟,张说为辅臣,而密乘车入王家,恐为所误,故忧之。'癸丑,说左迁相州刺史。"④

其余总戎于外,为国作藩,所平除者,唯幽并秉节钺而已。

这一段叙述张说执掌藩镇的功绩。张说执掌藩镇多次,如为荆州大都督府长史、朔方节度使等。其中官职平除者凡二次:一为幽州节度使,《旧唐书·张说传》:"俄而为姚崇所构,出为相州刺史,仍充河北道按察使。俄又坐事左转岳州刺史,仍停所食实封三百户,迁右羽林将军,兼检校幽州都督。"⑤时在开元六年。一为并州节度使,《旧唐书·张说传》:"开元七年,检校并州大都督府长史,兼天兵军大使,摄御史大夫,兼修国

① [唐]刘肃:《大唐新语》卷一一,第165—166页。
② [后晋]刘昫:《旧唐书》卷九七,第3051页。
③ [后晋]刘昫:《旧唐书》卷九七,第3052页。
④ [宋]司马光:《资治通鉴》卷二一〇,第6692页。
⑤ [后晋]刘昫:《旧唐书》卷九七,第3052页。

史,仍赍史本随军修撰。八年秋,朔方大使王晙诛河曲降虏阿布思等千余人。时并州大同、横野等军有九姓同罗、拔曳固等部落,皆怀震惧。说率轻骑二十人,持旌节直诣其部落,宿于帐下,召酋帅以慰抚之。副使李宪以为夷虏难信,不宜轻涉不测,驰状以谏,说报书曰:'吾肉非黄羊,必不畏吃;血非野马,必不畏刺。士见危致命,是吾效死之秋也。'于是九姓感义,其心乃安。"①

至若三登左右丞相,三作中书令,唐兴已来,朝右莫比。

这一段叙述张说担任宰相的功绩。"三登左右丞相"指开元十三年,为特进、尚书右丞相兼中书令、集贤院学士知院事、修国史;十五年二月,制说致仕,十七年三月,诏说复为右丞相,依旧知集贤院事;开元十七年,特进、左丞相兼中书令、集贤院学士知院事、修国史。其事均见《旧唐书·玄宗纪》《新唐书·宰相表》所载。"三作中书令"指开元元年以尚书左丞检校中书令;开元十一年,为兵部尚书、同中书门下平章事兼中书令,正除中书令;开元十三年特进、尚书右丞相兼中书令、集贤院学士知院事、修国史。其事均见《旧唐书·玄宗纪》《新唐书·宰相表》所载。

盖圣贤之运有会,师臣之道欲行,人虽求多,我每余地。馨香之发,专闻自久。宜其翊戴圣后,师范百寮,功烈过于如仁,德声出于咸一。此固与板筑屈起、屠钓作合之类亦云异也。公志玄远,而性高亮。未尝自异,会节乃有立,何所不可,体道以为宗。既定国于一言,亦保身于大雅。其于经理世务,杂以军国,决事如流,应物如响,纷纶辐凑,其犹指掌。及夫先圣微旨,稽古未传,缺文必补,坠礼咸甄,与经籍为笙簧,于朝廷为粉泽,固不可详而载也。始公之从事,实以懿文,而风雅陵夷,已数百年矣。时多吏议,摈落文人,庸引雕虫,沮我胜气,丘明有耻,子云不为,乃未知宗匠所作,王霸尽在。及公大用,激仰后来,天将以公为木铎矣。

这一段是对张说一生功绩的概括与评价。"盖圣贤之运有会"以下重在称道其德声远扬,"公志玄远"以下重在称道其决事如流,"及夫先圣微

———
① 〔后晋〕刘昫:《旧唐书》卷九七,第3052页。

旨"以下重在称道其发扬学术,"始公之从事实以懿文"以下重在称道其激励文学。张九龄《祭张燕公文》:"应有期之运,降不世之英,坦高轨以明道,谨大节而立诚。悬镜待人,虚舟济物,妙用无数,精心惟一。明未朕而先睹,听有余而每黜,犹豹变而成文,尝凤鸣而中律。故能羽翼圣后,丹青元化,陈皋陶之谟谋,尽仲山之夙夜,道因虑于文武,业惟永于王霸,绸缪恩渥,荏苒代谢。国重元辅,门承下嫁,实大我之宗盟,与人君之姻娅。天盖福善,地益华宗。赫赫为尹,岩岩比崇。不享黄发,如何玄穹? 既道长而运短,岂祥降而惠终? 人亡令则,国失良相,学堕司南,文殒宗匠。"①可以与墓志相发明。

斯文岂丧,而今也则亡。呜呼! 克生以辅时,而臣道不究;致用以利物,而人将安仰? 上抚床以念往,下辍相而哀至,复见之于公焉。太常议行,谥曰文贞。

《旧唐书·张说传》:"太常谥议曰'文贞',左司郎中阳伯成驳议,以为不称,工部侍郎张九龄立议,请依太常为定,纷纭未决。玄宗为说自制神道碑文,御笔赐谥曰'文贞',由是方定。"②《唐会要》卷八〇《朝臣复谥》:"赠太师燕国公张说,太常卿初谥为文贞。左司郎中杨伯威驳曰:'谥者,德之表,行之迹,将以激励风俗,检束名教,固无虚誉,是存实录。准张说罢相制云:不肃细微之人,颇乖周慎之旨。又致仕制云:行亏半石,防阙周身,未免瓜李之嫌,而喧众多之口。且玉之有瑕,尚可磨也;人之斯玷,焉可逭也。谥曰文贞,何成劝沮。请下太常,更据行事定谥。'工部侍郎张九龄又议,请依太常为定,众论未决。上为制碑文,赐谥曰文贞,众议始定。"③

廿年秋八月甲申,迁窆于万安山之阳,燕国夫人元氏祔焉。夫人故尚书右丞、武陵公怀景之女也。动为柔范,皆可师训。及公之贵,联姻帝室,虽处荣盛,若非在己。内执谦下,外睦亲疏,古之贤明,未始兼有。开元十

① 熊飞:《张九龄集校注》卷一七,第944—945页。
② [后晋]刘昫:《旧唐书》卷九七,第3057页。
③ [宋]王溥:《唐会要》卷八〇,第1752页。

九年三月壬戌，薨于东都康俗里第，享年五十二。

这一段叙述张说卒葬以及夫人祔葬之事。张说《唐故左庶子赠幽州都督元府君墓志铭并序》："公讳怀景，字某。魏武陵王雄之曾孙，右卫大将军胄之孙，赠麟州刺史仁惠之季子。……其孤彦冲等克遵遗训，靡所置哀。说情睦外姻，怀深国士，既阙西阶之奠，远投东武之词。"①即叙写其姻亲关系。《金石录》卷六有《唐幽州刺史元怀景碑》，开元二十八年二月立②。《太平广记》卷一七〇引《定命录》："燕公说之少也，元怀景知其必贵，嫁女与之。后张至宰相，其男女数人婚姻荣盛，男尚公主，女为三品夫人。"③

长子均，中书舍人。次曰垍，驸马都尉、卫尉卿。季曰㙉，符宝郎。泣血在疚，皆我之有后也。於戏！玄堂永闭，何事春秋，幽篆斯存，亦云不朽而已。

张说子张均、张垍，开元时已官至中书舍人、卫尉卿。然后来安史之乱发生，二人都为乱军所获，被迫担任伪官，乱平后又被流贬赐死。此实唐代政治变幻之大事，史籍记载清楚，今略录数则如下。《旧唐书·张均传》："均、垍皆能文。说在中书，兄弟已掌纶翰之任。居父忧服阕，均除户部侍郎，转兵部。……禄山之乱，受伪命为中书令，掌贼枢衡。李岘、吕𬤇条流陷贼官，均当大辟。肃宗于说有旧恩，特免死，长流合浦郡。"④《旧唐书·张垍传》："垍，以主婿，玄宗特深恩宠，许于禁中置内宅，侍为文章，尝赐珍玩，不可胜数。……天宝十三年正月，范阳节度使安禄山入朝。时禄山立破奚、契丹功，尤加宠异。禄山求带平章事，下中书拟议。国忠进言曰：'禄山诚立军功，然眼不识字，制命若行，臣恐四夷轻国。'玄宗乃止，加左仆射而已。及禄山还镇，命中官高力士饯于浐坡。既还，帝曰：'禄山慰意否？'力士曰：'观其深心郁郁，必伺知宰相之命不行故也。'帝告国忠，

---

①   熊飞：《张说集校注》卷二〇，第 996—997 页。
②   《金石录》卷六，第 119 页。
③   ［宋］李昉：《太平广记》卷一七〇，第 1241 页。
④   ［后晋］刘昫：《旧唐书》卷九七，第 3057—3058 页。

国忠曰:'此议他人不知,必张垍所告。'帝怒,尽逐张垍兄弟。出均为建安太守,垍为卢溪郡司马,㙉为宜春郡司马。岁中召还,再迁为太常卿。"①《资治通鉴》卷二二〇《唐纪》:"上欲免张均、张垍死,上皇曰:'均、垍事贼,皆任权要。均仍为贼毁吾家事,罪不可赦。'上叩头再拜曰:'臣非张说父子,无有今日。臣不能活均、垍,使死者有知,何面目见说于九泉!'因俯伏流涕。上皇命左右扶上起,曰:'张垍为汝长流岭表,张均必不可活,汝更勿救。'上泣而从命。"②

《张说墓志》的"三绝"

(一) 张说墓志的价值

大诗人张说作为宰相,传世文献对其事迹的记载非常详细。但较为特殊的是,张说墓志既有文献传本,又有新出石本。新出土的《张说墓志》仍然具有多方面的价值。传世文献已见于《全唐文》卷二九二,石本则于1998年冬出土于洛阳伊川县吕店乡万安山南麓袁庄西北,与《全唐文》文字有所不同。墓志云:"始公之从事,实以懿文,而风雅陵夷,已数百年矣。时多吏议,摈落文人,肤引雕虫,沮我胜气,丘明有耻,子云不为,乃未知宗匠所作,王霸尽在。及公大用,激仰后来,天将以公为木铎矣。"这一段简短的文字,就将张说对于文坛的引领作用揭示出来。不仅如此,志主为一代名相,又是引领文学潮流的文学大家,撰文者是工部侍郎集贤院学士张九龄,后来也成为一代名相,同时是开启盛唐诗境的先驱人物,书丹者是朝散大夫中书舍人梁昇卿,当时以八分书名震海内,这样的墓志不仅是新出土唐代墓志中的精品,更是研究唐代文学与文化的绝好材料。

赵君平编著《邙洛碑志三百种》收录了《张说墓志》拓本,评论云:"夫墓志之佳者,贵在三名,即志主名,撰文名,书丹名。余新获之《张说墓志》拓本,即此之佳者。张说为有唐一代之名相,一生历四帝,三任宰辅,擅文

① [后晋]刘昫:《旧唐书》卷九七,第3058页。
② [宋]司马光:《资治通鉴》卷二二〇,第7049页。

字有助于文治之功，与许国公苏颋并称'燕许大手笔'。撰文者为工部侍书郎集贤院学士张九龄，文字为一时之冠，人皆钦以其文之重。书写者为'朝散大夫中书舍人梁昇卿'，为有唐一代著名之八分名家。《唐书》曾载之曰：'涉学工书，于八分尤工，历广州都督，书《东封朝觐碑》为时绝笔。'今以该志观之，不仅志主名，志载史迹于史可补，而且撰文名，文章可校《全唐文》之讹；书法精，该志与传世梁书《御史台精舍记》堪称为梁书双璧。"①该志志主、撰者、书者都是唐代最著名的人物，堪称"三绝"。这里再将撰者张九龄、书者梁昇卿简要阐述一下。

（二）张说墓志撰者张九龄

《张说墓志》题署："工部侍郎集贤院学士族孙九龄撰。"需要关注三个方面的问题：张九龄的文学地位、张九龄担任工部侍郎集贤院学士情况、张九龄与张说的家族关系。

1. 张九龄的文学地位

张九龄在盛唐时期，与张说一样，是名副其实的文坛宗主。他之所以能够成为文坛宗主，端在四个方面具有引领性：一是利用自己的政治地位汲引文学才俊。如引荐诗人王维、卢象入仕，召集孟浩然、裴迪为幕宾，奖掖王昌龄、綦毋潜、包融、皇甫冉等。二是理论上提倡去华务实的文风，追求风骨。他在《集贤殿书院奉敕送学士张说上赐燕序》中突出集贤殿"去华务实"，在《鹰鹘图赞序》中强调"虽未极其天姿，有以见其风骨"②，故而清人王士禛在《古诗笺凡例》中说："夺魏晋之风骨，变梁陈之俳优，陈伯玉之力最大，曲江公继之，太白又继之。"③三是诗歌创作的成就。张九龄在诗歌题材上开辟了山水诗的新境界，在诗歌体裁上提升了五言诗的高品位。明人胡震亨在《唐音癸签》赞曰："唐初承袭梁隋，陈子昂独开古

---

① 赵君平：《十年磨剑寸心知：关于〈邙洛碑志三百种〉》，《邙洛碑志三百种》，中华书局 2004 年版，第 2—3 页。
② ［清］董诰：《全唐文》卷二九〇，第 1304 页。
③ ［清］王士禛：《古诗笺》，上海古籍出版社 1980 年版，第 3 页。

雅之源,张子寿首创清澹之派。盛唐继起,孟浩然、王维、储光羲、常建、韦应物,本曲江之清澹,而益以风神者也。高适、岑参、王昌龄、李颀、孟云卿,本子昂之古雅,而加以气骨者也。"①清人沈德潜在《唐诗别裁集》中评说:"唐初五言古渐趋于律,风格未遒,陈正字起衰而诗品始正,张曲江继续而诗品乃醇。"②四是创作了一系列"实济时用"的文章。张说曾评价张九龄的文章"如轻缣素练,实济时用,而窘边幅"(《新唐书·文艺传》),实为精到之言。他所撰写的时论文章,既具文采而又切合时用;他所撰写的碑志祭文,朴实无华而又洞明世态;他所撰写的序记辞赋,情至生动而又宏博典雅。清人纪昀《四库全书总目》评论说:"九龄守正嫉邪,以道匡弼,称开元贤相。而文章高雅,亦不在燕许诸人下。……文笔宏博典实,有垂绅正笏气象,亦具见大雅之遗。"③清人翁方纲《石洲诗话》卷一云:"曲江公委婉深秀,远出燕许诸公之上,阮陈而后,实推一人,不得以初唐论。"④不仅诗歌如此,文章地位也不在诗之下。

2. 张九龄担任工部侍郎集贤院学士情况

墓志撰写于开元二十年张说安葬时,其时张九龄为工部侍郎集贤院学士。据严耕望《唐仆尚丞郎表》卷二二《工侍》:"张九龄,开元二十年三月至七月间某月三日,由秘书少监、集贤院学士、副知院事迁工侍,仍充学士、副知院事,时阶中大夫。(考证)八月二十庚寅,加知制诰。(《四部丛刊》本《曲江文集》附录《知制诰敕》)二十一年闰三月八日乙亥,进阶正议大夫。(《文集》附录《加正议大夫制》)五月二十七癸巳,迁检校中书侍郎,余并如故。(《文集》附录《加检校中书侍郎制》《神道碑》《新传》)……考证:《神道碑》及《新传》皆由秘书少监集贤院学士副知院事迁工侍,考《四部丛刊》本《曲江文集》附录,有《守秘书少监制》,在开元十九年三月七日;有《赐紫敕》,在开元二十年二月二十日;次有《转工部侍郎制》,原衔为'中

① ［明］胡震亨:《唐音癸签》,古典文学出版社 1957 年版,第 71—72 页。
② ［清］沈德潜:《唐诗别裁集》,上海古籍出版社 1979 年版,第 8 页。
③ ［清］纪昀:《四库全书总目》卷一四九,中华书局 1965 年版,第 1279 页。
④ ［清］翁方纲:《石洲诗话》卷一,人民文学出版社 1981 年版,第 27 页。

大夫、守秘书少监、集贤院学士、副知院事。（勋、封）赐紫金鱼袋'，时在二十年□月三日，此缺月份，但据《赐紫敕》及《后知制诰敕》，则此制当在三月至七月间。"①这段文字对于张九龄担任工部侍郎集贤院学士的时间考证得非常详明，有助于我们进一步理解张九龄为张说撰写墓志的缘由。

张说卒于开元十八年（730），其时的官职是"特进、左丞相、集贤院学士兼知院事"，在张说为集贤院学士时，常推荐张九龄为学士。《旧唐书·张九龄传》云："初，张说知集贤院事，常荐九龄堪为学士，以备顾问。说卒后，上思其言，召拜九龄为秘书少监、集贤院学士，副知院事。"②《新唐书·张九龄传》："始说知集贤院，尝荐九龄可备顾问。说卒，天子思其言，召为秘书少监、集贤院学士，知院事。会赐渤海诏，而书命无足为者，乃召九龄为之，被诏辄成。迁工部侍郎，知制诰。"③故而开元二十年（732）张说安葬时，张九龄为撰墓志铭，其时的官职就是工部侍郎、集贤院学士。也就是说，张九龄在张说卒后，逐渐代替张说的位置，直至宰相。

3. 张九龄与张说的家族关系

《张说墓志》题署："工部侍郎集贤院学士族孙九龄撰。"称自己为张说的"族孙"，表明二人存在着家族关系。《旧唐书·张九龄传》："开元十年，三迁司勋员外郎。时张说为中书令……叙为昭穆，尤亲重之。尝谓人曰：'后来词人称首也。'九龄既欣知己，亦依附焉。"④《新唐书·张九龄传》："改司勋员外郎。时张说为宰相，亲重之，与通谱系，常曰：'后出词人之冠也。'"⑤是张九龄在开元十年为司勋员外郎时，与张说叙其族系，属于同一族系，因为九龄低两世，故称"族孙"。

张说之族系已见上述，我们再看九龄家世籍贯。《新唐书·宰相世系表》二下："始兴张氏亦出自晋司空华之后，随晋南迁，至君政，因官居于韶

---

① 严耕望：《唐仆尚丞郎表》卷二二，第1071页。
② ［后晋］刘昫：《旧唐书》卷九九，第3099页。
③ ［宋］欧阳修、宋祁：《新唐书》卷一二六，第4428页。
④ ［后晋］刘昫：《旧唐书》卷九九，第3098页。
⑤ ［宋］欧阳修、宋祁：《新唐书》卷一二六，第4427页。

州曲江。"①韶州别驾君政后五世为"九龄,字子寿,相玄宗"②。而据《宰相世系表》,张说是张华次子张肂之后。故二人叙为同宗。宋祝穆《方舆胜览》卷三七:"张九龄,祖居始兴县,今坟墓宅基皆在焉。本传谓韶州曲江人,盖雄州未建之前均隶曲江,既又析曲江为雄州,则九龄乃雄州始兴县人也。今子孙尽在南雄。"③由此看来,张说与张九龄,其远祖郡望都是范阳方城,后来张说一族迁居河东,再后来又到洛阳,张九龄一族迁至岭南韶州始兴,故而张说籍贯为洛阳,张九龄籍贯为韶州曲江。

(三) 张说墓志书者梁昇卿

《张说墓志》书者为唐代著名书家梁昇卿。梁昇卿事迹,见于《旧唐书·韦抗传》:"举奉天尉梁昇卿、新丰尉王倕、金城尉王冰、华原尉王焘为判官及支使,其后升卿等皆名位通显,时人以抗有知人之鉴。"④《新唐书·韦抗传》:"所表奉天尉梁昇卿、新丰尉王倕、华原尉王焘,皆为僚属,后皆为显人。昇卿涉学工书,於八分尤工,历广州都督,书《东封朝觐碑》,为时绝笔。"⑤据清徐松《登科记考》卷五考证,梁昇卿于开元二年中贤良方正能直言极谏科。后由岐州雍县尉擢为拾遗,苏颋有《授梁昇卿等拾遗制》:"宣德郎行岐州雍县尉梁昇卿等,或敷畅学旨,或该通词艺,爰广献书之路,用开纳谏之门。不独美于雕龙,颇思齐于市骏,咸宜采择,以申甄奖。可依前件。"⑥再据出土文献梁昇卿所撰碑志题款,我们知道梁昇卿历官奉天县尉、监察御史、殿中侍御史、祠部员外郎、户部郎中、兵部郎中、中书舍人、莫州刺史、太子右庶子、河南少尹、广州都督等,卒于广州都督任。有关梁昇卿事迹的考证,可以参考熊飞《唐八分书家蔡有邻、梁昇卿、

---

① [宋]欧阳修、宋祁:《新唐书》卷七二下,第2681页。
② [宋]欧阳修、宋祁:《新唐书》卷七二下,第2687页。
③ [宋]祝穆:《方舆胜览》卷三七,中华书局2003年版,第673页。
④ [后晋]刘昫:《旧唐书》卷九二,第2963页。
⑤ [宋]欧阳修、宋祁:《新唐书》卷一二二,第4360页。
⑥ [清]彭定求:《全唐文》卷二五〇,第1118页。

韩择木生平考略》①、梁继《唐梁昇卿书〈张说墓志〉考略》②、朱关田《梁昇卿书迹考略》③。新发现徐浩撰《唐故右庶子梁公夫人河东县君薛氏墓志铭并序》，为梁昇卿夫人薛氏墓志，其中记载了梁昇卿的生平经历："年十四，归于梁公讳昇卿，人之望也。克配君子，懿是令妻。……梁公尝再登宪府，三入礼闱，挥翰披垣，褰帷郡国。饮冰衔命，酌水誓心。及公之任广府都督也，夫人遂终不衣南方之物，成其清节，古人所难，非今为易。家无仗物，岁不留储，固达士之衰来，亦夫人之内奖。初，公为兵部郎中，属先姑有羸恙之疾，累表陈请，优诏侍亲。"④这里记载了梁昇卿平生历官八任的情况，使我们对于梁昇卿有了新的了解。

　　梁昇卿所书碑刻有《唐御史台精舍碑》《东封朝观碑》《监察御史李希倩碑》《唐诚节公冯昭泰碑》等。有关梁昇卿书法的评价，唐吕总《续书评》称昇卿八分书："惊波往来，巨石前却。"⑤明王世贞《弇州山人四部稿》称："《唐史》称梁昇卿善八分，《东封朝觐碑》声华为一时冠，此帖亦可宝也。"⑥明赵崡《石墨镌华》卷四："昇卿分隶声动一时。"⑦高峡《西安碑林·十碑评略》："纵观此碑，通篇精美完整，结构严格，点画肯定，规范准确，在齐整的界格内，任其左右逢源，大匠开合的书写，仍是空灵律动，既不冲格，亦不谨细翼小，空间分割匀美，疏密得当，纵横开合，心象飞动，在极为纯熟的技法中保持着遒茂劲健，神完气足的心迹，此碑可谓唐代隶书中典法俱精，匠心独运的力作。"⑧清武亿《授堂金石跋·二跋》卷二："唐修古义士伯夷、叔齐二公庙碑，梁昇卿撰并书。今在蒲州。《碑》为二贤修庙记

---

① 熊飞：《唐八分书家蔡有邻、梁昇卿、韩择木生平考略》，《辽宁师范大学学报》1996 年第 6 期，第 56—62 页。
② 梁继：《唐梁昇卿书〈张说墓志〉考略》，《鞍山师范学院学报》2007 年第 5 期，第 66—69 页。
③ 朱关田：《唐代书法家年谱》，江苏教育出版社 2001 年版，第 638—642 页。
④ 张默涵：《唐八分书家梁昇卿散论——从夫人薛氏墓志的发现说起》，《书法》2018 年第 5 期，第 56 页。
⑤ 崔尔平：《书苑菁华校注》卷五，上海辞书出版社 2013 年版，第 75 页。
⑥ ［明］王世贞：《弇州山人四部稿》卷一三五，《明别集丛刊》第 3 辑，黄山书社 2016 年版，第 35 册，第 204 页。
⑦ ［明］赵崡：《石墨镌华》卷四，商务印书馆 1936 年版，第 47 页。
⑧ 高峡：《西安碑林·十碑评略》，《碑林集刊》第 3 辑，第 151 页。

也。其所云二公,讳伯夷、叔齐。……新是庙者,县宰太原王公,而碑之刊立,则在开元十有三年,惟一月既望云。"①《金石萃编》卷七四《御史台精舍碑》,题署:"中书令崔湜任殿中侍御史日纂文。"②王昶跋引《石墨镌华》云:"此梁昇卿追书崔湜文,湜人品殊污人齿颊,而昇卿尚追书其文,何也?岂唐世重佞佛,湜之立精舍于御史台,适投时好耶?但昇卿分隶,声动一时,《东封朝觐碑》,史册称之,今观此碑,名不虚耳。"③唐玄宗善八分书,故而八分书在盛唐时期形成一种流行的风气,当时的代表人物就有梁昇卿、韩择木、蔡有邻、韩秀实等。梁昇卿书《张说墓志》在开元二十年(732),这一墓志也正是引领当时书风的标志作品。

梁昇卿也是诗人,并与张说颇多过从。开元十三年十一月,玄宗封泰山,张说时为中书令,作诗庆贺,玄宗答诗有《南出雀鼠谷答张说》诗:"雷出应乾象,风行顺国人。川途犹在晋,车马渐归秦。背陕关山险,横汾鼓吹频。草依阳谷变,花待北岩春。闻有鹓鸾客,清词雅调新。求音思欲报,心迹竟难陈。"④昇卿有《奉和圣制答张说扈从南出雀鼠谷》诗:"何意重关道,千年过圣皇。幽林承睿泽,闲客见清光。日御仙途远,山灵寿域长。寒云入晋薄,春树隔汾香。国佐同时雨,天文属岁阳。从来汉家盛,未若此巡方。"⑤据《郎官石柱题名》,祠部员外郎和户部郎中都有梁昇卿题名。玄宗封泰山,祠部有扈从之事,故其时梁昇卿应为祠部员外郎。

不仅如此,梁昇卿还与《张说墓志》撰者张九龄友善。《旧唐书·张九龄传》云:"九龄为中书令时,天长节百僚上寿,多献珍异,唯九龄进《金镜录》五卷,言前古兴废之道,上赏异之。又与中书侍郎严挺之、尚书左丞袁仁敬、右庶子梁升卿、御史中丞卢怡结交友善。挺之等有才干,而交道终

① [清] 武亿:《授堂金石跋》,《石刻史料新编》第 1 辑第 25 册,新文丰出版股份有限公司 1986 年版,第 19125 页。
② [清] 王昶:《金石萃编》卷七四,第 406 页。
③ [清] 王昶:《金石萃编》卷七四,第 414 页。
④ [清] 彭定求:《全唐诗》卷三,第 36 页。
⑤ [清] 彭定求:《全唐诗》卷一二四,第 1230 页。

始不渝,其为当时之所称。"①

《张说墓志》与张说的文学地位

《张说墓志》云:"始公之从事,实以懿文,而风雅陵夷,已数百年矣。时多吏议,摈落文人,肤引雕虫,沮我胜气,丘明有耻,子云不为,乃未知宗匠所作,王霸尽在。及公大用,激仰后来,天将以公为木铎矣。"这里所说的时间节点是"及公大用",当指张说担任宰相之时。而张说在睿宗与玄宗时都曾担任宰相,而睿宗时仅是先天二年(713)七月至十二月不到半年时间即被贬官,故其影响文坛并被推为文宗应该在玄宗朝担任宰相时。张说在玄宗时担任宰相于开元九年(721)九月以守兵部尚书、同中书门下三品,至十一年(723)二月兼中书令,四月正除中书令,一直到开元十八年。

从开元十一年(723)到开元十八年(730),也是唐代文学发展最关键的时期。我们引用唐人殷璠在《河岳英灵集叙》中的论述:"自萧氏以还,尤增矫饰。武德初,微波尚在;贞观末,标格渐高;景云中,颇通远调;开元十五年后,声律风骨始备矣。"②开元十五年(727)是唐诗繁荣的节点,也是张说担任宰相的中间点。《张说墓志》称"天将以公为木铎",所谓"木铎",出于《周礼·天官·小宰》"徇以木铎"。唐人贾公彦疏云:"铎,皆以金为之,以木为舌则曰木铎,以金为舌则曰金铎也。"③古代打仗时用木铎以发号施令。《论语·八佾》也说:"天下之无道也久矣,天将以夫子为木铎。"是说天下无道日久,失去了方向,孔子作为导师,引领了正确的方向。而到了刘勰的《文心雕龙》,则专门用于文事,其《原道》篇云:"木铎起而千里应,席珍流而万世响。写天地之辉光,晓生民之耳目矣。"④因此,张九

① ［后晋］刘昫:《旧唐书》卷九九,第3100页。
② 傅璇琮、陈尚君、徐俊:《唐人选唐诗新编》(增订本),中华书局2014年版,第156页。
③ ［清］阮元校刻:《周礼注疏》卷三,《十三经注疏》(清嘉庆刊本),中华书局2009年版,第1409页。
④ 黄叔琳等:《增订文心雕龙校注》卷一,中华书局2012年版,第2页。

龄为张说撰写墓志时称其为"木铎",实际上是赞扬张说起到了导引文学发展的作用。

开元十五年(727)前后文学的极大发展与集贤院的推动有着很大的关系,而张说在此期间知院事,促进了文学的繁盛。开元十三年四月,诏改丽正殿书院为集贤殿书院就是集中时间节点。《唐会要》卷六四《集贤院》云:

> (开元)十三年四月五日,因奏封禅仪注,敕中书门下及礼官学士等,赐宴于集仙殿。上曰:"今与卿等贤才,同宴于此,宜改集仙殿丽正书院为集贤院。"乃下诏曰:"仙者捕影之流,朕所不取;贤者济治之具,当务其实。院内五品已上为学士,六品已下为直学士。中书令张说充学士、知院事,散骑常侍徐坚为副。礼部侍郎贺知章、中书舍人陆坚并为学士,国子博士康子元为侍讲学士。考功员外郎赵冬曦,监察御史咸廙业,左补阙韦述、李钊、陆元泰、吕向,拾遗毋煚,太学助教余钦,四门博士赵元默,校书郎孙季良,并直学士。太学博士侯行果,四门博士敬会真,右补阙冯骘,并侍讲学士。"初以张说为大学士,辞曰:"学士本无大称,中宗欲以崇宠大臣,景龙中修文馆有大学士之名,如臣岂敢以大为称。"上从之。①

张说拜学士知院事之日,玄宗赐宴,诸大臣文士陪同,极一时之盛。张九龄《集贤殿书院奉敕送学士张说上赐燕序》云:"集贤殿者,本集仙殿也。……遂改'仙'为'贤',去华务实。且有后命,增其学秩。是以集贤之庭,更为论思之室矣。中书令燕国公外弼庶绩,以奉沃心之谋;内讲六经,以成润色之业。故得出入华殿,师长翰林。惟帝用臧,固天所赖。拜命之日,荷宠有加。降圣酒之罍,颁御厨之膳。食以乐侑,人斯德饱。时有侍中安阳公等承恩预焉。学士右散骑常侍东海公等,摄职在焉。或卨稷大

---

① [宋]王溥:《唐会要》卷六四,第1322页。

贤，或泉云诸彦。文王多士，周室以宁；武帝得人，汉家为盛，而高视前古，独不在于今乎？咸可赋诗，以光鸿烈。"①从序末看出，当时文士，咸多赋诗，今诗存者还有唐玄宗《集贤书院成送张说上集贤学士赐宴得珍字》、韦抗《奉和圣制送张说上集贤学士赐宴赋得西字》、王翰《奉和圣制送张说上集贤学士赐宴得筵字》、裴漼《奉和圣制送张说上集贤学士赐宴赋得昇字》、程行谌《奉和圣制送张说上集贤学士赐宴赋得回字》、徐坚《奉和圣制送张说赴集贤院学士赐宴赋得虚字》、源乾曜《奉和圣制送张说上集贤学士赐宴赋得迎字》、褚琇《奉和圣制送张说上集贤学士赐宴赋得风字》、李元纮《奉和圣制送张说上集贤学士赐宴赋得私字》、李暠《奉和圣制送张说上集贤学士赐宴赋得催字》、韦述《奉和圣制送张说上集贤学士赐宴赋得华字》、萧嵩《奉和圣制送张说上集贤学士赐宴赋得登字》、苏颋《奉和圣制送张说上集贤学士赐宴得兹字》、贺知章《奉和圣制送张说上集贤学士赐宴赋得谟字》、赵冬曦《奉和圣制送张说上集贤学士赐宴赋得莲字》、刘昇《奉和圣制送张说上集贤学士赐宴赋得宾字》、陆坚《奉和圣制送张说上集贤学士赐宴赋得今字》，共十七首，可见当时赋诗规模之大。当然这也不是一日而就，集贤殿原为集仙殿，张说在开元九年（721）入相时就进入集仙殿丽正书院，凭借他的地位与能力，将丽正书院营造成文人活动与文学创作的优良环境。比如开元十年（722），张说巡边，本是一项军事活动，但因玄宗作诗相送，以丽正殿学士为主体的朝廷大臣奉和作诗，传世的诗作还多达十七首，从而将军事活动营造成了典型的文学活动。而到开元十三年（725）玄宗改名集贤殿，并让张说知院事，使得集贤殿书院成为文人活动和文学创作的中心。

　　集贤殿书院经常举行这样的文学活动，据《职官分纪》所载："时又频赐酒，馈学士等讌饮为乐，前后赋诗奏上凡数百首。时院内既有宰臣及侍读，屡承恩渥，赐以甘瓜绿李及四方珍异。燕公诗曰：'东壁图书府，西园翰墨林。诵诗闻国政，讲易见天心。'当时词人称为尤美。前后

---

① ［清］董诰：《全唐文》卷二九〇，第 1302 页。

令赵冬曦、张九龄、咸廙业、韦述为诗序,学士等赋诗,编成篇轴以进上,上每嘉赏焉。"①这样以皇帝领先作诗,王公大臣与文人学士集体唱和而营建的文学氛围就不是一般的诗歌酬唱,而是必定引发诗歌创作的新潮流。

能够形成这样的局面,集中于集贤殿书院这一机构的建立与诸学士的创作努力。书院既是张说的领导,也是玄宗的推动,还是院中文士的文学活动形成了影响全国的文学氛围。殷璠《河岳英灵集叙》还说:"实由主上恶华好朴,去伪从真,使海内词场,翕然尊古,南风周雅,称阐今日。"②《玉海》卷五七《唐开元十八学士图》引《翰林盛事》:"开元中,拜张说等十八人为学士,于东都上阳宫含象亭图像写御赞述之。"③宋章如愚《山堂考索》后集卷二一《唐登瀛之选》条引《翰林盛事》:"张说、徐坚、贺知章之徒十有八人为集贤殿学士,于东都上阳宫含象亭图写其貌。"④而这十八学士为:张说、徐坚、贺知章、陆坚、赵冬曦、咸廙业、韦述、李子钊、陆去泰、吕向、毋煚、余钦、赵元默、孙季良、康子元、侯行果、敬会真、冯朝隐。开元十三年(725)朝廷举行这样盛大的文学活动,推动文学发展的作用应该是其他任何活动都无可比拟的,这对开元十五年(727)文学达到全面繁盛的局面,是最巨大最核心的推动力量,而张说作为推动文学繁荣的领袖人物,无愧于文坛宗主之称。

《大唐新语》记载张说在后来回忆武则天时集贤学士的情况时说与徐坚的一段对话,也表现出集贤殿书院引领了当时的文坛风会:"张说、徐坚同为集贤学士十余年,好尚颇同,情契相得。时诸学士凋落者众,唯说、坚二人存焉。说手疏诸人名,与坚同观之。坚谓说曰:'诸公昔年皆擅一时之美,敢问孰为先后?'说曰:'李峤、崔融、薛稷、宋之问,皆如良金美玉,无施不可。富嘉谟之文,如孤峰绝岸,壁立万仞,丛云郁兴,震雷俱发,诚可

---

① [宋] 孙逢吉:《职官分纪》卷一五,中华书局 1988 年版,第 380 页。
② 傅璇琮、陈尚君、徐俊:《唐人选唐诗新编》(增订本),第 156 页。
③ [宋] 王应麟:《玉海》卷五七,中文出版社 1977 年版,第 1135 页。
④ [宋] 章如愚:《山堂考索》后集卷二一,《景印文渊阁四库全书》第 937 册,台湾商务印书馆 1986 年版,第 286—287 页。

畏乎！若施于廊庙,则为骇矣。阎朝隐之文,则如丽色靓妆,衣之绮绣,燕歌赵舞,观者忘忧。然类之《风》《雅》,则为俳矣。'坚又曰:'今之后进,文词孰贤?'说曰:'韩休之文,有如太羹玄酒,虽雅有典则,而薄于滋味。许景先之文,有如丰肌腻体,虽秾华可爱,而乏风骨。张九龄之文,有如轻缣素练,虽济时适用,而窘于边幅。王翰之文,有如琼林玉斝,虽烂然可珍,而多有玷缺。若能箴其所阙,济其所长,亦一时之秀也。"①集贤殿书院聚集了一时之秀,是当时国家最高的文学精英集团,其创作各自表现独特的风格。这段文字又为《旧唐书·杨炯传》和《新唐书·骆宾王传》所采用,也说明集贤院学士群体在中国文学史上的影响。明人黄佐《唐音类选序》云:"盛唐之诗,玄宗为主,而张说、苏颋世称'燕许'者鸣于馆阁,李白、杜甫名为'大家'者鸣于朝野,王孟高岑名亦次之。"②说明了盛唐文坛之初,玄宗主导,张说引领,馆阁学士推动之功,接着才到了李杜王孟高岑等名家朝野向风,将盛唐文学推向高峰。

当然,张说对于文学繁荣的推动,不仅仅限于其为秉大政并知集贤殿学士这几年,而是他前后三十年为唐宗臣,掌文学活动的结果。唐刘肃《大唐新语》卷一《匡赞》云:"张说独排太平之党,请太子监国,平定祸乱,迄为宗臣,前后三秉大政,掌文学之任,凡三十年。为文思精,老而益壮,尤工大手笔;善用所长,引文儒之士,以佐王化。"③从睿宗时独排太平之党请太子监国时开始,一直到开元十八年(730)去世,都在"掌文学之任"。而《大唐新语》的这段话,重点分为三层意思:一层是说张说前后掌文学之任三十年对于文学的影响;二层是说张说的创作为当时的大手笔;三层是说张说引荐文儒之士。前一层是总的成就,后二层是前一层的延伸。张说为丽正殿学士时,《大唐新语》还有一段记载:"玄宗朝,张说为丽正殿学士,常献诗曰:'东壁图书府,西垣翰墨林。讽诗关国体,讲易见天心。'

---

① ［唐］刘肃:《大唐新语》卷八,第 130 页。
② ［明］黄佐:《泰泉集》卷四一,《明别集丛刊》第 2 辑第 34 册,黄山书社 2016 年版,第511 页。
③ ［唐］刘肃:《大唐新语》卷一,第 10 页。

玄宗深佳赏之。优诏答曰：'得所进诗，甚为佳妙，《风》《雅》之道，斯焉可观。并据才能，略为赞述，具如别纸，宜各领之。'玄宗自于彩笺上八分书说赞曰：'德重和鼎，功逾济川。词林秀发，翰苑光鲜。'其徐坚以下，并有赞述，文多不尽载。"①《旧唐书·张说传》："朝廷大手笔，皆特承中旨撰述，天下词人，咸讽诵之。"②《新唐书·苏颋传》云："自景龙后，与张说以文章显，称望略等，故时号'燕许大手笔'。"③是说景龙以后，张说与苏颋文章影响极大，而且地位相当，并称"燕许大手笔"，因为张说封燕国公，苏颋封许国公。

也正因为如此，张说在唐代文学史上具有崇高的地位，受到时人与后世极大的称赞。唐代古文家皇甫湜在《谕业》中总结中唐以前文学创作的成就和经验，于当代作家盛称张说、苏颋、李邕、贾至、李华、独孤及、权德舆、韩愈、李翱等。其评论张说、苏颋云："当朝之作，则燕公悉以评之。自燕公已降，试为子论之。燕公之文，如楩木柟枝，缔构大厦，上栋下宇，孕育气象，可以燮阴阳而阅寒暑，坐天子而朝群后。许公之文，如应钟鼛鼓，笙簧錞磬，崇牙树羽，考以宫县，可以奉明神，享宗庙。"④当朝之文，把张说列为首位，足证其引领与弘扬斯文之功。古文家梁肃《补阙李君前集序》云："唐有天下几二百载，而文章三变：初则广汉陈子昂以风雅革浮侈，次则燕国张公说以宏茂广波澜，天宝已还，则李员外、萧功曹、贾常侍、独孤常州比肩而出，故其道益炽。"⑤纵览唐代建国以来二百载的文学变迁大势，确定张说具有承先启后、继往开来之功。宋代欧阳修在《新唐书·文艺传序》中说："唐有天下三百年，文章无虑三变。高祖、太宗，大难始夷，沿江左余风，缔句绘章，揣合低卬，故王、杨为之伯。玄宗好经术，群臣稍厌雕瑑，索理致，崇雅黜浮，气益雄浑，则燕、许擅其宗。是时，唐兴已百年，诸儒争自名家。大历、贞元间，美才辈出，擩哜道真，涵泳圣涯，于是

---

① ［唐］刘肃：《大唐新语》卷八，第 129 页。
② ［后晋］刘昫：《旧唐书》卷九七，第 3057 页。
③ ［宋］欧阳修、宋祁：《新唐书》卷一二五，第 4402 页。
④ ［清］董诰：《全唐文》卷六八七，第 3117 页。
⑤ ［清］董诰：《全唐文》卷五一八，第 2329 页。

韩愈倡之，柳宗元、李翱、皇甫湜等和之，排逐百家，法度森严，抵轹晋、魏，上轧汉、周，唐之文完然为一王法，此其极也。"①又将张说置于唐代三百年的文章历史中衡量，以为张说引领了唐文三变中的节点变局，前面承接王、杨，后面开启韩、柳，能够在唐朝繁盛时"擅其宗"，将唐代文学推向极盛。

二、马 挺 墓 志

墓 志 释 文

唐故河南府济源县主簿马公墓志铭 并序

扶风著姓曰马氏，在汉有中宫椒房之重。至晋永嘉丧乱，而马氏过江。其在南朝曰枢，读书至二万卷，以德行文学为鄱阳王师，《陈史》与沈炯、虞荔同传。其后枝叶盛于金陵。枢生澹，隋秘书郎。澹生楷，皇朝监察御史。楷生鸿遵，衢州司户，摄常山县令。自枢至遵五叶不替矣。遵长子曰挺，字伯登。年十岁则诵古文，十五通《诗》《易》《礼》《传》。十八以博士弟子出身。累丁内外忧，号毁过礼。礼毕而仕，仕于开元、天宝之间。一命为馀杭郡盐官主簿，再命为广陵郡江都主簿，三命为河南府济源主簿。其入官也，励精响进，政有纪律，故馀杭太守袁公仁敬假以令长之印，广陵长史韦公虚心分以按劾之权，河南尹裴公敦复委以輀输之事。事丛而益办，任重而克举，三县之遗美也。入境而日见之。当此官满岁，而奉使逾陇，尚能而行，牢让不获。波河并塞，抵冬发春，沙尘督于橐衣，霜露婴于寒泄。既复命，寝疾，天宝四载九月八日，终于永丰里私第，春秋五十一。公尤邃于文，所立卓尔，怀抱有曹褒之笔札，谈话是张华之史汉。顷盐官参调明试，属吏部藏名核才，褒然登科，首出于类，景价振发，朋从沽之，人皆许以上大夫之事。何天方愗，踣我明哲。遗孤七子，寝苦以号旻；

同气二龙,柴居而视父。葬贞远日,泪托斯文。余尝同僚,寄词幽石。铭曰:

恂恂我友,亮茂明迈。懿文宄奇,特操存介。志远千里,官微三拜。罔执鬼中,奄冥夭债。旧乡建业,新兆镱辕。洎兹两代,俄成九原。巩山高兮洛水迥,白日没兮玄夜昏。彼有才而无命,乃自古而无言。

《马挺墓志》,马挺(695—745),字伯登,其先扶风人。官至河南府济源县主簿。天宝四载(745)卒,享年五十一岁。墓志首题"唐故河南府济源县主簿马公墓志铭并序"。志文共 24 行,满行 24 字。志石长 42.5 厘米,宽 42 厘米。2008 年秋八月,河南省洛阳市偃师市出土。拓片载于《秦晋豫新出墓志蒐佚》,国家图书馆出版社 2012 年版,第 661 页。马挺,《全唐诗》不载其诗,然殷璠《丹阳集》所录十八位诗人中有马挺,则为当时著名诗人。

墓 志 疏 证

扶风著姓曰马氏,在汉有中宫椒房之重。

扶风为马氏郡望。《元和姓纂》卷七"马氏"条:"嬴姓,伯益之后。赵王子奢封马服君,子孙氏焉。奢孙兴,赵灭之徙咸阳。"又"扶风茂陵"条曰:"汉马权为将军,生阿逻、案《汉书》"阿逻"作"何逻"。通。通封重合侯,生昌。昌生况、余、援。余生歆、融。融,南郡太守。援子廖,女为明德皇后,生章帝。"[1]"在汉有中宫椒房之重"盖指马援幼女明德皇后。《后汉书·明德马皇后传》:"永平三年春,有司奏立长秋宫,帝未有所言。皇太后曰:'马贵人德冠后宫,即其人也。'遂立为皇后。"[2]

至晋永嘉丧乱,而马氏过江。其在南朝曰枢,读书至二万卷,以德行文学为鄱阳王师,《陈史》与沈炯、虞荔同传。其后枝叶盛于金陵。枢生澹,隋秘书郎。澹生楷,皇朝监察御史。楷生鸿遵,衢州司户,摄常山县令。自枢至遵五叶不替矣。

① [唐]林宝:《元和姓纂(附四校记)》,中华书局 1994 年,第 1034—1035 页。
② [南朝宋]范晔:《后汉书》卷一〇上,中华书局 1965 年,第 409 页。

马挺高祖马枢，《陈书》有载："马枢，字要理，扶风郿人也。祖灵庆，齐竟陵王录事参军。枢数岁而父母俱丧，为其姑所养。六岁，能诵《孝经》《论语》《老子》。及长，博极经史，尤善佛经及《周易》《老子》义。梁邵陵王纶为南徐州刺史，素闻其名，引为学士。……寻遇侯景之乱，纶举兵援台，乃留书二万卷以付枢。枢肆志寻览，殆将周遍。……及鄱阳王为南徐州刺史，钦其高尚，鄙不能致，乃卑辞厚意，令使者邀之，前后数反，枢固辞以疾。门人或进曰：'鄱阳王待以师友，非关爵位，市朝之间，何妨静默。'枢不得已，乃行。……太建十三年卒，时年六十。撰《道觉论》二十卷行于世。"①关于马枢，据《陈书》所载，梁邵陵王曾引为学士，侯景之乱后隐居，后鄱阳王任南徐州刺史，对其以师友相待，复出世，居南徐州。《马挺墓志》关于高祖马枢的记载与《陈书》所载基本相符。另据《墓志》所载，自马挺高祖马枢至其父辈，五代皆有官位，其中马挺父亲官至衢州司户，摄常山县令，当属中下级官员。然除其高祖马枢，其余人皆未见于诸史。

遵长子曰挺，字伯登。年十岁则诵古文，十五通《诗》《易》《礼》《传》。十八以博士弟子出身。累丁内外忧，号毁过礼。

马挺的生平，据《新唐书·艺文志》②仅可知马挺为丹徒人，官至江都（今江苏扬州一带）主簿。《唐诗纪事》中"马挺"作"马侹"，当为一人。又有陈铁民《储光羲生平事迹考辨》云："《秋庭贻马九》：'伊昔好观国，自乡西入秦。往复万余里，相逢皆众人。大君幸东岳，世哲扈时巡。予亦从此去，闲居清洛滨。'序曰：'扶风马挺，余之元伯也。挺充郑乡之赋，予乃贻此诗。'据序，知马九即马挺；又《新唐书·艺文志·包融集》下注语，称挺为丹徒人，官江都主簿，有诗名，殷璠尝汇次其诗入《丹阳集》。序曰'扶风马挺'，大概是称其郡望。"③"博士弟子"即生徒，唐代士人出身有三途，其一是生徒，出于学馆，尚汉代博士弟子制。然墓志称马挺为博士弟子后，

---

① ［唐］姚思廉：《陈书》卷一九，中华书局 1972 年版，第 264—265 页。
② ［宋］欧阳修、宋祁：《新唐书》卷六〇，第 1610 页。
③ 陈铁民：《储光羲生平事迹考辨》，《文史》第 12 辑，中华书局 1981 年版，第 197 页。

"累丁内外忧","丁内忧"犹言"丁母忧","丁外忧"犹言"丁父忧",据此可知,马挺在这一年陆续经历了母丧和父丧。古代,遭父母之丧应加丁忧,《礼记·三年问》称"三年之丧,天下之达丧也"①,《礼记·王制》亦有"父母之丧,三年不从政"②的规范。唐代礼法律令对此亦有明确规定,如《大唐开元礼》卷三《序例下》"杂制":"凡斩衰三年、齐衰三年者,并解官。齐衰杖周及为人后者为其父母、若庶子为后为其母亦解官,申其心丧。"③因此,马挺需要居丧尽礼三年,实际时间为二十五个月,礼毕后方能出仕。

礼毕而仕,仕于开元、天宝之间。一命为馀杭郡盐官主簿,再命为广陵郡江都主簿,三命为河南府济源主簿。其入官也,励精响进,政有纪律,故馀杭太守袁公仁敬假以令长之印,广陵长史韦公虚心分以按劾之权,河南尹裴公敦复委以辇输之事。事丛而益办,任重而克举,三县之遗美也。入境而日见之。当此官满岁,而奉使逾陇,尚能而行,牢让不获。波河并塞,抵冬发春,沙尘瞀于橐衣,霜露婴于寒泄。既复命,寝疾,天宝四载九月八日,终于永丰里私第,春秋五十一。

《新唐书·艺文志》所载《包融诗》注所述马挺为"江都主簿"④,其之前或之后的仕历、政绩等传世文献记载均不详。联系储光羲《秋庭贻马九》诗和《马挺墓志》所载,我们可以对马挺的经历与出身进行一番考察。《秋庭贻马九》乃储光羲所作赠别诗,其序曰:"扶风马挺,余之元伯也。舍人诸昆,知己之目,挺充郑乡之赋,予乃贻此诗。"⑤联系"挺充郑乡之赋"及诗歌正文"优游郑东里"一句,可知此处"郑乡"与"东里"当为一地,乃春秋时期郑国大夫子产所居之地。"挺充郑乡之赋"的时间,即此诗创作时间。诗歌开头曰:"大君幸东岳,世哲扈时巡。予亦从此去,闲居清洛

① [清]孙希旦:《礼记集解》卷五五,中华书局1989年版,第1377页。
② [清]孙希旦:《礼记集解》卷一四,中华书局1989年版,第387页。
③ [唐]萧嵩等:《大唐开元礼》卷三,民族出版社2000年版,第34页。
④ [宋]欧阳修、宋祁:《新唐书》卷六〇,第1610页。
⑤ [清]彭定求:《全唐诗》卷一三七,中华书局1960年版,第1390页。

滨。"①其中"大君幸东岳"指的是开元十三年(725)唐玄宗东封泰山一事，《新唐书》卷二七下载："(开元)十三年十二月庚戌朔，于历当蚀太半，时东封泰山，还次梁、宋间，皇帝彻膳，不举乐，不盖，素服，日亦不蚀。"②"予亦从此去"一句说明储光羲亦于同年前往洛阳。后又有"妙年一相得，白首定相亲。重此虚宾馆，欢言冬及春"。这四句写诗人到洛阳后，自开元十三年(725)冬至十四年(726)春与马挺相交甚欢。临近写道："孰谓忽离居，优游郑东里。"据此可知，该诗为储光羲于开元十四年(726)春后马挺前往东里时所作的赠别诗。值得注意的是储光羲诗称马挺"充郑乡之赋"事。"乡赋"即乡贡，即不由学馆而先经州县考试而后送尚书省应试称"乡贡"。唐杜甫《奉赠鲜于京兆二十韵》："学诗犹孺子，乡赋忝嘉宾。"仇兆鳌注："乡赋，谓乡举。"③唐白行简《李娃传》："其父爱而器之曰：'此吾家千里驹也。'应乡赋秀才举，将行，乃盛其服玩车马之饰。"④这种制度到天宝十二载(753)始有改变。《唐会要》于天宝十二载七月十三日诏："天下举人，不得充乡赋，皆须补国子学士及郡县学生，然后听举。"⑤储光羲赠诗时，马挺由"郑州"乡贡。从这里考察，马挺在入仕之前，曾有"生徒"和"乡贡"两种科举经历，但这两种科举经历却因为两次"丁忧"而中断了。据《新唐书·选举志上》："唐制，取士之科，多因隋旧，然其大要有三：由学馆者曰生徒，由州县者曰乡贡，皆升于有司而进退之。……此岁举之常选也。其天子自诏者曰制举，所以待非常之才焉。"⑥可见，马挺于唐代取士之三种科目中，尝试了常选两种，但都没有走通。

根据墓志记载，马挺丁忧之礼完毕之后，在开元、天宝年间前后分别担任过馀杭郡盐官主簿、广陵郡江都主簿及河南府济源主簿。其所历三任，长官为馀杭太守袁仁敬、广陵长史韦虚心、河南尹裴敦复，他们都是开

---

① ［清］彭定求：《全唐诗》卷一三七，第 1390 页。
② ［宋］欧阳修、宋祁：《新唐书》卷二七下，第 626 页。
③ ［清］仇兆鳌：《杜诗详注》卷二，中华书局 1979 年版，第 142 页。
④ ［宋］李昉：《太平广记》卷四八四，中华书局 1961 年版，第 3985 页。
⑤ ［宋］王溥：《唐会要》卷七六，上海古籍出版社 1991 年版，第 1639 页。
⑥ ［宋］欧阳修、宋祁：《新唐书》卷四四，第 1159 页。

元、天宝年间较有声望的官员。由诸人事迹参以《马挺墓志》就可以推定马挺历官的时间。

先看袁仁敬。关于袁仁敬担任馀杭太守的时间,《新唐书》载:"(开元)十三年,帝自择刺史,景先由吏部侍郎为刺史治虔州,大理卿源光裕郑州,兵部侍郎寇泚宋州,礼部侍郎郑温琦邠州,大理少卿袁仁敬杭州,鸿胪少卿崔志廉襄州,卫尉少卿李昇期邢州,太仆少卿郑放定州,国子司业蒋挺湖州,左卫将军裴观沧州,卫率崔诚遂州,凡十一人。"①袁仁敬自开元十三年(725)担任馀杭太守,马挺首官为馀杭郡盐官主簿,并得袁仁敬"假以令长之印",可见其首官应在开元十三年之后。又据储光羲《秋庭贻马九》诗考察可得,开元十三年至十四年,马挺居住在洛阳,十四年春以后,"充郑乡之赋",居于东里。因此,其担任馀杭郡盐官主簿的时间应在开元十四年之后。

再看韦虚心。马挺第二次官拜广陵郡江都主簿,期间韦虚心担任广陵(扬州)长史,有孙逖《东都留守韦虚心神道碑》载:"长人之官,以视百姓,命公作歙、曹二州刺史,荆、潞、扬三州长史,以至于太原尹。"②韦虚心之卒在开元二十九年(741)。《册府元龟》卷一六二:开元二十三年(735)二月,"辛亥,初置十道采访处置使,命……扬州长史韦虚心为淮南采访使"。③ 郁贤皓先生《唐刺史考全编》卷八九系韦虚心为扬州长史在约开元二十四年(736)④。至于韦虚心具体是何年开始担任扬州长史,何年离任,尚难以考证,故亦难以判断马挺担任广陵郡江都主簿的年份范围。又根据墓志记载裴敦复事,我们可以考知马挺天宝三载(744)已在济源主簿任,且任官一年后即去世,则其为广陵郡江都主簿应在天宝二载(743)或稍前。由此亦可推知马挺任江都主簿时间很长,大约始于开元二十三年(735),止于天宝二年(743)或稍前。根据这一任官经历,我们更可以考证

① [宋]欧阳修、宋祁:《新唐书》卷一二八,第 4465 页。
② [清]董诰:《全唐文》卷三一三,第 1405 页。
③ [宋]王钦若:《册府元龟》卷一六二,第 1955 页。
④ 郁贤皓:《唐刺史考全编》卷八九,安徽大学出版社 2000 年版,第 1290 页。

《丹阳集》的编纂时间。因《新唐书·艺文志》言"江都主簿马挺"，是《丹阳集》结集时间应在天宝二年之前。[1] 参以下文所考蔡希周由泾阳尉转监察御史在开元二十九年(741)，而《丹阳集》题"监察御史蔡希周"，则结集时间在开元二十九年(741)至天宝二年(743)之间。

最后看裴敦复。据《新唐书·玄宗纪》：天宝三载(744)二月"丁丑，河南尹裴敦复、晋陵郡太守刘同昇、南海郡太守刘巨鳞讨吴令光"。[2] 孙逖有《授裴敦复邢部尚书制》称："朝议大夫守河南尹摄御史大夫持节江南东道宣抚招讨处置使上柱国赐紫金鱼袋裴敦复，……可银青光禄大夫、守刑部尚书。"[3]严耕望《唐仆尚丞郎表》卷一九《刑尚》："裴敦复——天宝三载四月以后，由河南尹、江南东道宣抚招讨等使入迁刑尚。……敦复迁刑尚必在四月至十一月间。"[4]裴敦复罢为河南尹在天宝三载(744)，则马挺天宝三载在济源主簿任。马挺之终官，据墓志记载为河南府济源主簿，担任该官职一年后，于天宝四年(745)去世。可推得其于天宝三年(744)开始担任此官。而其为罢江都主簿则在天宝二载(743)或稍前。关于马挺的政绩，据墓志可知，其为官"励精响进，政有纪律"，极受地方长官的信赖和器重，又因其"事丛而益办，任重而克举"，在民众中有很好的口碑。在担任河南府济源主簿一年后因才能出众奉使逾陇，直至生病去世。

公尤邃于文，所立卓尔，怀抱有曹褒之笔札，谈话是张华之史汉。顷盐官参调明试，属吏部藏名核才，褒然登科，首出于类，景价振发，朋从沽之，人皆许以上大夫之事。

马挺的文学成就，《马挺墓志》评价颇高，谓其对于写文章尤为精通，可比之于曹褒和张华。曹褒，字叔通，鲁国薛人也，《后汉书》谓其："少笃志，有大度，结发传充业，博雅疏通，尤好礼事。常感朝廷制度未备，慕叔

① 有关《丹阳集》的结集时间，陈尚君《殷璠〈丹阳集〉辑考》推定在开元二十三年至二十九年之间。吕玉华《〈丹阳集〉考辨》推定在天宝元年至天宝三载。乔长阜《蔡希周兄弟事迹与〈丹阳集〉成书时间考》认为当在天宝元年、二年间，尤可能在天宝元年。可作参考。
② ［宋］欧阳修、宋祁：《新唐书》卷五，第 144 页。
③ ［清］董诰：《全唐文》卷三〇八，第 1383 页。
④ 严耕望：《唐仆尚丞郎表》卷一九，中华书局 1986 年版，第 989 页。

孙通为汉礼仪,昼夜研精,沉吟专思,寝则怀抱笔札,行则诵习文书,当其念至,忘所之适。……褒博物识古,为儒者宗。十四年,卒官。作《通义》十二篇,演经杂论百二十篇,又传《礼记》四十九篇,教授诸生千余人,庆氏学遂行于世。"①张华,字茂先,范阳方城人,西晋文学家、诗人、政治家。家贫然勤学,"学业优博,辞藻温丽,朗赡多通,图纬方伎之书,莫不详览"②。曹魏末期,因愤世嫉俗而作《鹪鹩赋》,通过对鸟禽的褒贬,抒发自己的政治观点,引起巨大反响,阮籍叹其有王佐之才,张华自此声名鹊起。后在范阳郡太守鲜于嗣推荐下任职太常博士,又屡迁佐著作郎、长史兼中书郎等职。以曹褒、张华比拟马挺,可见墓志撰写者对马挺文学成就评价之高。

《丹阳集》一书虽早已失传,但其所收作者均可考知,且有部分残文尚存,保存于《吟窗杂录》等书中。尽管如此,这些诗人的传世作品并不多,除储光羲有两百多首外,其余十五人(除马挺、张彦雄)之作,合《全唐诗》及王重民、童养年等的补遗搜索,共得四十九首、逸句二十二句。其中马挺诗歌更是无只言片语存世。

马挺非马怀素之弟

关于马挺的身世,除其籍贯及郡望的相关论述,大部分学者认为其为马怀素之弟。陈尚君《殷璠〈丹阳集〉辑考》一文同样提到了储光羲所作《秋庭贻马九》诗及序,认为:"扶风为马氏显望。'舍人'、'世哲'、'哲兄'均指马怀素。怀素,《两唐书》有传,为开元时著名文士,官位较高,曾建记修四部书录。卒年六十。储诗多次提到马舍人,均指怀素。挺为其弟,开元间当已入中年。其家居,似在荥阳一带。"③吕玉华《〈丹阳集〉考辨》一文中亦有相同论述:"储光羲的诗里还多次提到'马舍人',均指马怀素。马挺为其弟,开元中当已入中年,似居家在荥阳一带。而殷璠《丹阳集》收

---

① [南朝宋]范晔:《后汉书》卷三五,中华书局 1965 年版,第 1201—1205 页。
② [唐]房玄龄:《晋书》卷三六,中华书局 1974 年版,第 1068 页。
③ 陈尚君:《殷璠〈丹阳集〉辑考》,《唐代文学论丛》第 8 辑,陕西人民出版社 1986 年版,第 186 页。又收入陈尚君《唐代文学丛考》,中国社会科学出版社 1997 年版,第 239 页。

录马挺，不录马怀素，恐非偶然遗漏，或许是有意为名望不显者扬名，并不迎合时势。"①

然而，就新出土《马挺墓志》所见，马挺并非马怀素之弟。

墓志曰："扶风著姓曰马氏，在汉有中官椒房之重，至晋永嘉丧乱，而马氏过江，其在南朝曰枢，读书至二万卷，以德行文学为鄱阳王师，《陈史》与沈炯、虞荔同传。其后枝叶盛于金陵②。枢生澹，隋秘书郎；澹生楷，皇朝监察御史。楷生鸿遵，衢州司户，摄常山县令。自枢至遵五叶不替矣。遵长子曰挺，字伯登，年十岁则诵古文，十五通《诗》《易》《礼》《传》。十八以博士弟子出身，累丁内外忧，号毁过礼。"关于马挺的先世，史书记载甚少，此志可补史阙。墓志提及的先世和籍贯，检《马怀素墓志》云："本原扶风，其先自伯翳马服，具诸史载。暨汉南郡太守融，命代大儒，公即其后也。十一代祖机，抗直不挠，晋御史中丞，扈元帝渡江，家南徐州丹徒，故今为郡人也。代以学闻。高祖涓，博综坟典，仕陈为奉朝请；曾祖法雄，慷慨倜傥，好孙吴，不事笔研，陈横野将军；祖果，颛学礼经，不陨素业，即学士枢之从父兄也。少为尚书毛喜所知，陈本州文学从事；父文超，果行毓德，精意《易》道及《洪范》，颇晓气候，贞观中，以有事辽泇，策名勋府；龙朔初，黜陟使举检校江州寻阳丞，弃官从好，遂寓居广陵，与学士孟文意、魏令谟专为讨论，具有撰著。"③由此可知，与马挺一样，马怀素郡望亦为扶风，祖籍同为南徐州丹徒。然马怀素先祖为马融。马融，字季长，扶风茂陵人。安帝时任校书郎，典校秘书十余年，拜郎中，桓帝时出为南郡太守。因忤大将军梁冀免官，髡徒朔方。得赦后拜议郎，重在东观著述。《后汉书·马融传》对此有记载。另有《筠清馆金石记》："志言其高祖涓，仕陈为奉朝请；曾祖法雄，陈横野将军；祖果愿，即学士枢之从父兄，陈本州文学从事；父超，检校江州寻阳丞，弃官从好，寓居广陵。则马氏有广陵之望，

---

① 吕玉华：《〈丹阳集〉考辨》，《文献》2003 年第 2 期，第 50 页。
② 金陵即润州丹徒，唐人亦称润州丹徒为金陵。傅璇琮《唐才子传校笺》第 3 册，中华书局 1990 年版，第 214 页。
③ 《马怀素墓志》，收于周绍良主编的《唐代墓志汇编》，上海古籍出版社 1992 年版，第 1205 页。

当涉怀素之父,不当言怀素。而机与涓、法雄、果愿、文超之名,皆不见于晋、陈、唐诸史。惟其祖之从父弟枢,《陈书》有传。但言其祖灵庆,齐竟陵王录事参军;枢数岁而父母俱丧;又言梁邵陵王纶引为学士,然则枢之先必亦出于晋御史中丞机之后。而居南徐州,故为南徐州刺史官也。与志所言合。"①这段材料对于判断马挺与马怀素关系是十分重要的。马挺与马怀素郡望皆为扶风,其先祖又皆出于晋御史中丞机之后,后又均占籍南徐州丹徒县,故在文献材料匮乏情况下,有"马挺为马怀素之弟"的论断。然则联系《马挺墓志》与《马怀素墓志》,可见马挺之高祖马枢乃马怀素祖父果之从弟,马怀素为马挺祖父一辈,故可判断马挺并非马怀素之弟。

另据《马挺墓志》后文记载,马挺于天宝四载九月八日,终于永丰里私第,春秋五十一。由此可推算马挺生卒年为公元 694—745 年,而马怀素生卒年为公元 659—718 年,马怀素比马挺年长 35 岁,从年龄差距看,"马挺为马怀素之弟"的判断亦不甚合理。

就马怀素仕历来看,储光羲《秋庭贻马九》诗中之"舍人"亦非马怀素。因《马怀素墓志》叙其仕历甚详,并无为舍人之事。墓志记载马怀素卒年为开元六年(718),是时马挺二十五岁,储光羲仅有十三岁,故储诗《秋庭贻马九》诗与马怀素无涉。

三、蔡希周墓志

墓志释文

唐故朝请大夫尚书刑部员外郎骑都尉蔡公墓志铭 并序

前大理评事张阶字叔平撰

第七弟朝议郎行洛阳县尉希寂字季深书

呜呼!国门东道,首山北来,鲜原涤平,新兆崔嵬,有唐之尚书郎蔡公

---

① 转引毛汉光《唐代墓志铭汇编附考》第 16 册引,"中央研究院"历史语言研究所 1994 年版,第 503—504 页。

收于斯，识于斯，庶不朽于斯。公讳希周，字良傅。天宝五载，以举主得罪于朝，异时推毂居中者，等比皆罢。公自刑部员外郎贬咸安郡司马。雅有消疾，浸不自还。明年四月十五日，终于贬郡之官寺，春秋六十。以其载十月十九日，自咸安归葬焉。直先茔西南一里。晨飙夕籁，松槚相闻。公雅素之怀也。公其先，陈留济阳人。昔仲胡之迈迹自身，侯于东土，因封受氏，生德屏宗。领秦丞相，为汉侍中。晋之谟，宋之廓，修系曼延，所凭不薄。曾祖衍，随晋王府东阁祭酒。王父元凯，皇清河郡漳南县令。列考勗之，汝南郡吴房县令。藩房曳裾，时之所重，仍世与县，德将在人。公即吴房府君第四子也。少为诸生，已知名太学。天质开朗，赡于文词。于群籍泛为敏达，颇概意于知己，许与之分，行之未尝避风雨。开元中，家实不天，悯凶屡集，朝溢一茹，荷畚成坟。姻党之间，目为至性。积数岁，公犹毁而言曰：“古人所以不乐三千钟，悲不洎也，为仕者非吾节欤？”公同气九人，羁孤不振，诸兄未遇，群弟好书。生事废落，日阒无储。公繇是不得已，起就常调，补广平郡肥乡尉，以廉直闻。劝农使崔公希逸连仍辟书，请公为介，奏课第一。改蜀郡新繁尉。而西南之使臣曰：“前张公守洁，后张公敬忠，间以裴公观相踵诣部，虚心与能，皆以公职事修理，命公为采访支使，或兼节度判官。虽连率比更，而封章押至，辞烦不获，无地不芳，未有如公之甚矣。”时覆囚使王公焘衣绣持斧，皇皇蜀门，将以问一夕之苛留，书百郡之淫逞。又征公佐焉。逮今相国晋公领选，公自新繁调集，龙拱精裁，类能而与之。授公京兆泾阳尉。公之令弟曰：兹洛阳尉希寂季深，渊英茂异之士，初射策高第，尉于渭南，与公并时焉。人望双高，辉映公府，时来一举，昌大私门。泾阳满岁，迁监察御史里行，仍充河北道支度营田判官，转殿中侍御史内供奉，寻除膳部员外郎。朝廷以公吏迹详知，可以寄三尺之法，加朝请大夫，稍转刑部。夫精于事则历佐观风矣，工于画则入幕论兵矣，富刚肠则执宪登朝矣，详国体则起草亭刑矣。君子曰：兹所谓国之任使，人之董择，犹未足以偿公之勤，充公之量。望灵琐以考旦，佩申椒而自芳。万尽之期，胡不晚暮。悲夫！二子颀、颐，孺慕归梾，终天罔极。季深衔恤主办，兴言断心。以予襄县尝寮，他年得意，爰兹铭述，授简

非才。向幽础以含词,涕濡翰而莫吐。其词曰:

才不器,寿不将,惜君止位诸曹郎。安所归,山首阳。岁将落,时雪霜。气沾凝,木苍唐。寒钲翳兮昼不扬,玄扉一掩天地长。

《蔡希周墓志》,蔡希周(688—747),字良傅,其先陈留济阳人。官至朝请大夫、尚书刑部员外郎。天宝六载(747)四月十五日卒,享年六十,同年十月十九日葬。志石高 61 厘米、宽 61 厘米,厚 13.5 厘米。盖篆刻"大唐故蔡府君墓志铭",3 行,共 9 字。首题"唐故朝请大夫尚书刑部员外郎骑都尉蔡公墓志铭并序"。撰书人题"前大理评事张阶字叔平撰,第七弟朝议郎行洛阳县尉希寂字季深书"。志文楷书,32 行,满行 31 字,共 902 字。河南省洛阳市偃师县(现为偃师区)出土。原石现藏河南省洛阳市偃师县商城博物馆。拓片图版,载于《隋唐五代墓志汇编》(洛阳卷)第 11 册,第 90 页;《书法丛刊》1996 年第 2 期,第 43 页。浙江大学图书馆碑帖中心藏有《蔡希周墓志》拓片。录文见《唐代墓志汇编续集》,第 606—607 页;《全唐文补遗》第 6 辑,第 74—75 页。丛思飞有《〈蔡希周墓志〉与蔡希综〈法书论〉相关问题》,载《中国书画》2012 年第 5 期,第 54—58 页;乔长阜有《蔡希周兄弟事迹与〈丹阳集〉成书时间考》,载《镇江高专学报》2014 年第 4 期,第 18—21 页。蔡希周诗,载于《全唐诗》卷一一四,第 1158 页。

蔡希周的家世和事迹

1. 蔡希周的家世

《蔡希周墓志》云:"公其先陈留济阳人。昔仲胡之迈迹自身,侯于东土,因封受氏,生德屏宗。领秦丞相,为汉侍中。晋之谟,宋之廓,修系曼延,所凭不薄。曾祖衍,随晋王府东阁祭酒;王父元凯,皇清河郡漳南县令;列考勖之,汝南郡吴房县令;藩房曳裾,时之所重,仍世与县,德将在人。"乔长阜《蔡希周兄弟事迹与〈丹阳集〉成书时间考》加以考察:"蔡泽,燕国人,一度为秦昭王的丞相,'领秦丞相'指此。《后汉书·儒林列传》载,东汉蔡玄,汝南南顿(今河南项城西)人,顺帝时官侍中。'为汉侍中',当指蔡玄。《晋书》载,东晋蔡谟,陈留考城(今河南民权西)人,康帝时为侍中、司徒。《宋书》《南史》载蔡廓,济阳考城人,蔡谟曾孙,宋武帝时官侍中及吏部、祠部尚书。'晋之谟'云云指此。"①关于蔡氏世系，同为蔡希周兄弟的蔡希综在其《法书论》中说："余家历世皆传儒素，尤尚书法。十九代祖东汉左中郎邕，有篆籀八体之妙。六世祖陈侍中景历；五伯祖隋蜀王府记室君知，咸能楷隶，俱为时所重。从叔父右卫率府兵曹参军有邻，继于八体之迹。第四兄缑氏主簿希逸、第七兄洛阳尉希寂，并深工草隶，颇为当代所称也。"②此文提到了"十九代祖东汉左中郎邕"，墓志中并未涉及。蔡邕可谓陈留蔡氏最有代表性的人物之一，乃东汉末年著名的学者、大书法家、大经学家。据《元和姓纂》"蔡氏"载："携生稜、质。稜生邕。质始居陈留，分为济阳，因为郡人。"③这与墓志记载"公其先陈留济阳人"是一致的，可见蔡氏兄弟确为陈留济阳人蔡质之后。在魏晋南北朝时期，陈留蔡氏得到迅速发展的是蔡邕叔父蔡质这一支。蔡质不仅官至卫尉，而且也是一位学者，《汉官典职仪》就是他的名著。蔡质在蔡氏族中有很高的威信，魏晋时期的蔡氏谈家史时，一般都会追述到蔡质。如《元和姓纂》"蔡氏""丹阳"条下云："质后，唐司勋郎中希寂。"④《新唐书·艺文志·包融诗》注："曲阿有馀杭尉丁仙芝、缑氏主簿蔡隐丘、监察御史蔡希周、渭南尉蔡希寂。"⑤据《汉书》⑥及《晋书》⑦之《地理志》记载，济阳在汉晋时期属陈留郡，判断陈留济阳应为蔡氏郡望，丹阳乃是蔡氏兄弟后来移居之地。据上述资料可知，蔡希周家世可谓源远流长，最早可追溯至周初蔡叔度，往下可追溯至蔡泽、蔡玄、蔡质、蔡邕、蔡谟、蔡廓等，入汉以后可以说代代为官，是一个有文化修养的官宦世家。然，关于《法书论》所载蔡邕乃蔡氏兄弟"第十九代祖"一说当有误。岑仲勉《元和姓纂四校记》："认是邕后，与此云质后者小异。再与姓纂前文合记之，邕，质之穆也，质玄孙克，克生

---

① 乔长阜：《蔡希周兄弟事迹与〈丹阳集〉成书时间考》，《镇江高专学报》，2004 年第 4 期，第 18—19 页。

② 崔尔平：《书苑菁华校注》卷一二，上海辞书出版社 2013 年版，第 178 页。

③ ［唐］林宝：《元和姓纂（附四校记）》卷八，第 1250 页。

④ ［唐］林宝：《元和姓纂（附四校记）》卷八，第 1252 页。

⑤ ［宋］欧阳修、宋祁：《新唐书》卷六〇，第 1609 页。

⑥ ［汉］班固：《汉书》卷二八，第 1558—1559 页。

⑦ ［唐］房玄龄：《晋书》卷一四，第 418 页。

谟,谟玄孙兴宗,生搏,搏孙凝,凝子君知,而君知,希寂之五世伯祖也,由邕起计至希寂,只十七世(不连本身)。连本身亦只十八,希综述其祖德,所谓十九代祖及五世伯祖,无论连或不连本身,似应前后同用一种计法,故希综之计算与姓纂所列,最少相差一世,难以决其是非所在矣。"①可见蔡邕当为蔡氏兄弟第十八代祖的说法更为恰当。入唐以来,希周祖父、父亲仅官至县令,兄弟希逸担任缑氏主簿,希寂担任渭南尉,其本人为监察御史,均属中下级官员。

2. 蔡希周的事迹

关于蔡希周的事迹,现存资料甚少,仅《新唐书·艺文志·包融诗》注提及其为曲阿人,官至监察御史。存诗一首《奉和扈从温泉宫承恩赐浴》②,殷璠谓其诗曰"词彩明媚,殊得风规"③。至于其事迹,包融诗注并未叙及,史书亦无传记,此墓志可补史阙。关于蔡希周的字号及生卒年,志言:"公讳希周,字良傅。天宝五载(746),以举主得罪于朝,异时推毂居中者,等比皆罢。公自刑部员外郎贬咸安郡司马,雅有消疾,浸不因还。明年四月十五日,终于贬郡之官寺,春秋六十。"由此可见,蔡希周,表字良傅,卒于天宝六载(747),享年六十,推测可知蔡希周生于武后垂拱四年(688)。"少为诸生,已知名太学,天质开朗,赡于文词,于群籍泛为敏达,颇概意于知己,许与之分,行之未尝避风雨。"依墓志所言,蔡希周天资聪颖,幼年便博览群籍,知名于太学。然其科举与及第皆未见于史书,墓志亦未提及。仅《嘉定镇江志》曰:"开元十二年举进士登第官监察御史。"④开元十二年(724),蔡希周已三十六岁,三十六岁方举进士及第,与墓志所言蔡希周"少为诸生,已知名太学,天质开朗,赡于文词,于群籍泛为敏达"似乎不相符,然唐代最尊崇进士,因此进士中第难度也很大,故唐人有"三

① [唐]林宝:《元和姓纂(附四校记)》卷八,第 1252 页。
② [清]彭定求:《全唐诗》卷一一四,第 1158 页。
③ [宋]陈应行:《吟窗杂录》卷二六,中华书局 1997 年版,第 758 页。
④ [宋]卢宪:《嘉定镇江志》卷一八,《宋元方志丛刊》第 3 册,中华书局 1990 年版,第 2525 页。

十老明经，五十少进士"①之谓。因此《嘉定镇江志》所载时间亦与唐代科举实际无违。②

墓志还记载了蔡希周出仕前的家庭境遇："开元中，家实不天，悯凶屡集，朝溢一茹，荷畚成坟，姻党之间，目为至性。积数岁，公犹毁而言曰：'古人所以不乐三千钟，悲不洎也，为仕者非吾节欤？'公同气九人，羁孤不振，诸兄未遇，群弟好书，生事废落，日阒无储。"此处写到蔡家于开元中，屡次遭受灾祸，"悯凶"意为忧患凶祸，常指亲人亡故。"屡集"则表明亡故的亲人不止一人。蔡希周"古人所以不乐三千钟，悲不洎也，为仕者非吾节欤"一言亦验证了这一点。《庄子》载："曾子再仕而心再化，曰：'吾及亲仕，三釜而心乐；后仕，三千钟而不洎，吾心悲。'"……疏曰："六斗四升曰釜，六斛四斗曰钟。洎，及也。曾参至孝，求禄养亲，故前仕亲在，禄虽少而欢乐；后仕亲没，禄虽多而悲悼；所谓再化，以悲乐易心，为不及养亲故也。"③"悯凶屡集"应该是指蔡希周双亲相继离世。而"公同气九人，羁孤不振，诸兄未遇，群弟好书，生事废落，日阒无储"则是双亲离世后蔡希周兄弟们的境遇。

关于蔡希周的仕历，墓志言："公繇是不得已，起就常调，补广平郡肥乡尉，以廉直闻。"广平郡肥乡尉应是蔡希周初职。"劝农使崔公希逸连仍辟书，请公为介，奏课第一，改蜀郡新繁尉。"该句涉及了唐玄宗时期宇文融括户事件。《旧唐书》："（开元）九年，（张说）入为相，（李）憕又为长安尉。属宇文融为御史，括田户，奏知名之士崔希逸、咸廙业、宇文顺、于孺卿、李宙及憕为判官，摄监察御史，分路检察，以课并迁监察御史。"④崔希逸在开元九年被奏辟为劝农判官，摄监察御史。《通典》与《唐会要》载"岑

① 　[清]彭定求：《全唐诗》卷八七六，第 9928 页。
② 　丛思飞认为，以"知名太学"推测，蔡希周的及第有两种可能，其一是由四门学生补入太学，但从其年龄与起官品级来看，可能性不大；其二是因贡举、省试不第而游太学若干年，甚至数次科举不第亦有可能，这也更好地解释了墓志为何隐去蔡希周及第时间。参考丛思飞《〈蔡希周墓志〉与蔡希综〈法书论〉相关问题》（《中国书画·史论评》2012 年第 5 期，第 56 页）。但这种说法是否符合蔡希周的实际，还有待进一步考证。
③ 　[清]郭庆藩：《庄子集释》卷九上，中华书局 1961 年版，第 954 页。
④ 　[后晋]刘昫：《旧唐书》卷一八七下，第 4888 页。

希逸",当为"崔希逸"。《册府元龟》载崔希逸于开元十一年(723)五月"勾当租庸地税兼覆囚"①,蔡希周在担任"广平郡(洺州)肥乡尉"时,"劝农使崔公希逸连仍辟书,请公为介",洺州在当时属河北道,崔希逸很可能在开元十一年(723)时被派往河北"勾当租庸地税兼覆囚",其后转任本道劝农使。蔡希周则被崔希逸"辟为从事",协助其执行检田、括户任务。此次括户工作获得了良好的成效,"诸道括得客户凡八十余万,田亦称是……岁终征得客户钱数百万,融由是擢拜御史中丞"。② 其余参与括户工作的官员都得到了相应的拔擢,蔡希周"奏课第一,改蜀郡新繁尉"。

墓志言:"而西南之使臣曰:'前张公守洁,后张公敬忠,间以裴公观相踵诣部,虚心与能,皆以公职事修理,命公为采访支使,或兼节度判官。虽连率比更,而封章押至,辞烦不获,无地不芳,未有如公之甚矣。'"张守洁、张敬忠、裴观均在四川担任过剑南节度使一职。关于其任职的具体时间,岑仲勉《唐史馀沈》"剑南节度张敬忠"条:"《唐方镇年表》六,剑南节度下:开元十二年(724)末及十三年系张敬忠,十四、十五两年系张守洁,十六年至十八年系宋之悌,十九年不著名。惟注云:'《酉阳杂俎》:成都有唐《平南蛮碑》,开元十九年剑南节度副大使张敬忠所立。'余按四川《成都志》一一:开元十四年,以尚书左丞充朝集使张守洁授剑南节度使、益州大都督府长史,一年(据《精舍题名考》一转引),合诸吴氏所引《元龟》开元十五年九月恤制,守洁节度剑南,自应在十四五年之间。……杜光庭《历代崇道记》:开元十七年,夏四月五日,益州大都督府长史张敬忠奏,大圣祖混元皇帝应现于当管蜀州新津县兴尼寺佛殿柱上。此与吴氏原引《杂俎》一条,似均敬忠再临益州之证,故《方镇表》上所考系,有待乎审核也。"③又《唐尚书省郎官石柱题名考》"裴观"条:"开元十五年,裴观以弘文馆学士、剑南节度使、大都督府长史一年。"④张守洁、张敬忠担任剑南节度使一职

① [宋]王钦若:《册府元龟》卷一六二,第1953页。
② [后晋]刘昫:《旧唐书》卷一〇五,第3218页。
③ 岑仲勉:《唐史馀沈》卷二,中华书局2004年版,第97—98页。
④ [清]劳格、赵钺:《唐尚书省郎官石柱题名考》卷一一,中华书局1992年版,第537页。

的具体时间存有争议,岑仲勉先生的结论相对合理,三人担任该职的时间应在开元十四五年至十八九年之间。另《金石录》关于《唐平南蛮碑》的记载:"萧晋用撰序,蔡希周词,韦悟微正书,开元十八年五月。"①结合《酉阳杂俎》相关记载,直至开元十八年(730)蔡希周仍任蜀郡新繁尉一职。其间还兼任过采访支使、节度判官之职。"时覆囚使王公焘衣绣持斧,皇皇蜀门,将以问一夕之苛留,书百郡之淫逞。又征公佐焉。"王焘,唐代医学家,据《新唐书·王珪传》记载,著有《外台秘要》,官至徐州司马②。《唐会要》卷八五云:"开元九年正月二十八日,监察御史宇文融请急察色役伪滥并逃户及籍田,因令充使,于是奏劝农判官数人……至十二年,又加长安县尉王焘、河南县尉于孺卿……皆当时名士,判官得人,于此为独盛,分往天下,安辑户口,检责剩田。"③可知王焘开元十二年(723)以长安县尉充劝农使判官。在其担任剑南道覆囚使期间,亦征蔡希周为僚佐,协助其工作。

墓志又言:"逮今相国晋公领选,公自新繁调集,龙拱精裁,类能而与之。授公京兆泾阳尉。……泾阳满岁,迁监察御史里行,仍充河北道支度营田判官,转殿中侍御史内供奉,寻除膳部员外郎。朝廷以公吏迹详知,可以寄三尺之法,加朝请大夫,稍转刑部。"乔长阜《蔡希周兄弟事迹与〈丹阳集〉成书时间考》:"'相国晋公'指李林甫,据《旧唐书·玄宗本纪》,李林甫开元二十五年封晋国公,二十七年四月为吏部尚书兼中书令。又据《唐会要》卷七五'选限',唐代吏部选官,十月一日会于吏部,下年三月三十日铨毕。据此,蔡希周当是开元二十八年初授泾阳尉。"④泾阳满岁,当为开元二十九年(741),蔡希周又迁官至监察御史里行,并充任河北道支度营田判官,转殿中侍御史内供奉。关于蔡希周担任监察御史里行和殿中侍御史内供奉之职的具体情况,丛思飞《〈蔡希周墓志〉与蔡希综〈法书论〉相

①　金文明:《金石录校证》卷六,中华书局 2019 年版,第 110 页。
②　[宋]欧阳修、宋祁:《新唐书》卷九八,第 3890 页。
③　[宋]王溥:《唐会要》卷八五,第 1851—1852 页。
④　乔长阜:《蔡希周兄弟事迹与〈丹阳集〉成书时间考》,《镇江高专学报》2004 年第 4 期,第 20 页。

关问题》一文已进行了详细考证,此处不再赘述。此后,蔡希周又加朝请大夫,转刑部员外郎。《洛阳新出土墓志释录》有《唐故宣义郎守右领军卫录事参军蔡府君(启迪)墓志铭并序》:"曾祖朝散大夫、刑部员外郎、知制诰讳希周,立信好义,有德化人,邑宰邦畿,克法善政,捏猷弈弈。"①蔡启迪乃蔡希周曾孙,其墓志亦提及蔡希周朝散大夫、刑部员外郎之职。又《蔡希周墓志》开篇曰:"天宝五载,以举主得罪于朝,异时推毂居中者,等比皆罢。公自刑部员外郎贬咸安郡司马。"《旧唐书·玄宗纪》:"(天宝)五载春正月癸酉,刑部尚书韦坚贬括苍太守……秋七月丙子,韦坚为李林甫所构,配流临封郡,赐死。坚妹皇太子妃听离,坚外甥嗣薛王琄贬夷陵郡别驾,女婿巴陵太守卢幼临长流合浦郡,太子少保李適之贬宜春太守,到任,饮药死。"②《旧唐书·韦坚传》:"(天宝三载)九月,拜守刑部尚书。"③韦坚于天宝三载(744)至五载(746)担任刑部尚书一职,天宝五载(746),刑部尚书韦坚遭李林甫陷害流放临封郡并赐死。受其牵连遭贬谪或流放的人多达数十人。蔡希周于天宝五载自刑部员外郎贬至咸安郡司马应该也是被韦坚案所累。据此亦可知其担任刑部员外郎一职应在天宝三载(744)九月以后。

蔡希寂的文学和书法

蔡希寂,字季深,蔡希周弟。《至顺镇江志》卷一八:"蔡希寂,曲阿人,开元十二年登进士第,后官至御史。"④《全唐诗》:"蔡希寂,曲阿人,希周弟,为渭南尉(一云济南人,官至金部郎中),诗五首。"⑤又有《述书赋》:"蔡希寂,济阳人,金部郎中。"⑥据《蔡希周墓志》所言济阳应为蔡氏郡望,《述书赋》所言其籍贯为济阳当有误,《全唐诗》所载希寂里籍为济南,当为

①　杨作龙、赵水森:《洛阳新出土墓志释录》,北京图书馆出版社 2004 年版,第 308 页。
②　[后晋]刘昫:《旧唐书》卷九,第 219—220 页。
③　[后晋]刘昫:《旧唐书》卷一〇五,第 3224 页
④　[元]俞希鲁:《至顺镇江志》卷一八,《宋元方志丛刊》第 3 册,第 2847 页。
⑤　[清]彭定求:《全唐诗》卷一一四,第 1158 页。
⑥　[唐]窦臮:《述书赋》卷下,《景印文渊阁四库全书》第 812 册,台湾商务印书馆 1986 年版,第 95 页。

济阳之误。关于其仕历，《蔡希周墓志》云："授公京兆泾阳尉。公之令弟曰兹洛阳尉希寂季深，渊英茂异之士，初射策高第，尉于渭南，与公并时焉。人望双高，辉映公府。时来一举，昌大私门。"在古代，射策，意指应试；高第，则说明应试成绩优秀，科举中式。由此可知蔡希寂于开元二十八年（740）前后登进士第，任渭南尉，该职当为其初官。至天宝间，又历任洛阳尉、司勋员外郎、金部郎中、司勋郎中①。至于《至顺镇江志》所言其"开元十二年登进士第，后官至御史"则并无其他史料得以佐证，当存疑。

蔡希寂的存诗，《全唐诗》载有五首：《同家兄题渭南王公别业》《登福先寺上方然公禅室》《陕中作》《洛阳客舍逢祖咏留宴》《赠张敬微》。②《全唐诗补编·补全唐诗》据敦煌残卷伯氏三六一九补诗一首《扬子江夜宴》③，《全唐诗续拾》卷一三据《吟窗杂录》卷二六和《盛唐诗纪》卷三又补二句："象筵列虚白，幽偈清心胸。"④殷璠汇次其诗入《丹阳集》，由于原书已散佚，目前仅见《丹阳集》收录蔡希寂《陕中作》一诗及"象筵列虚白，幽偈清心胸"二句⑤。除此之外，蔡希寂的作品还有不少是唐诗名篇，如见录于《全唐诗》的《同家兄题渭南王公别业》《洛阳客舍逢祖咏留宴》等皆是脍炙人口的佳作。殷璠评其诗曰："希寂词句清迥，情理绵密。"⑥

蔡希寂不仅在诗歌创作上成就甚高，且"深工草隶⑦，颇为当时所称"⑧。蔡希综《法书论》："余家历世皆传儒素，尤尚书法。十九代祖东汉左中郎邕，有篆籀八体之妙。六世祖陈侍中景历；五伯祖隋蜀王府记室君知，咸能楷隶，俱为时所重。从叔父右卫率府兵曹参军有邻，继于八体之迹。第

---

① 《唐故朝请大夫尚书刑部员外郎骑都尉蔡公墓志铭并序》书者署"第七弟朝议郎行洛阳县尉希寂字季深书"，可知天宝六载，蔡希寂为洛阳县尉；《唐尚书省郎官石柱题名考》载："蔡希寂又勋外，《元和姓纂》：'唐司勋郎中'。"（卷七，第 363 页）可见蔡希寂历任司勋员外郎和司勋郎中之职；又有《述书赋》"粉署之敦阅"条："蔡希寂，济阳人，金部郎中。"（《述书赋》卷下，《景印文渊阁四库全书》第 812 册，台湾商务印书馆 1986 年版，第 95 页。）
② ［清］彭定求：《全唐诗》卷一一四，第 1158—1159 页。
③ 王重民：《补全唐诗》，中华书局 1999 年版，第 10311 页。
④ 陈尚君：《全唐诗续拾》卷一三，中华书局 1999 年版，第 11082 页。
⑤ 傅璇琮、陈尚君、徐俊：《唐人选唐诗新编》（增订本），第 139 页。
⑥ ［宋］陈应行：《吟窗杂录》卷二六，第 759 页。
⑦ 草隶，又言隶草，是隶书的草率写法，或将行草书的笔法融于隶书之中。
⑧ ［宋］陈思：《书小史》卷一〇，《景印文渊阁四库全书》第 814 册，第 274 页。

四兄缑氏主簿希逸、第七兄洛阳尉希寂,并深工草隶,颇为当代所称也。"①
蔡氏一族尤善书法,蔡希逸、蔡希寂、蔡希综兄弟亦在书法上颇有造诣:
"蔡希逸,济阳人,汉左中郎将邕十九代孙,工草隶。蔡希寂,希逸弟,官至
尉氏主簿,工草隶。蔡希综,希寂弟,亦工翰墨,兄弟三人皆为时所重。"②
蔡希寂深工草隶与其家学渊源分不开。《述书赋》称蔡希寂的书法为"粉
署之敦阅"③。粉署,尚书省之别称;敦阅,即敦悦,有尊崇爱好之意,说明
蔡希寂的书法是为当时官方所尊崇的。现所见《唐故朝请大夫尚书刑部
员外郎骑都尉蔡公(希周)墓志铭并序》与《唐故河南府洛阳县尉顿丘李公
(琚)墓志铭并序》④均由蔡希寂书写。从拓片字迹来看,属行楷,亦与蔡
希寂"深工草隶"一说相符。

蔡希逸的行第问题

关于蔡氏兄弟的排行,《蔡希周墓志》与《法书论》一文皆有所提及。
《蔡希周墓志》称蔡希周"公即吴房府君第四子也",又言"公同气九人",蔡
希寂在墓志书写过程中则称自己为蔡希周的"第七弟"。据此可见蔡氏兄
弟应该共有九人,蔡希周排行第四,蔡希寂排行第七。《法书论》言:"第四
兄缑氏主簿希逸,第七兄洛阳尉希寂"。蔡希寂为蔡希逸弟,则蔡希逸排
行应在第七之前。蔡希综为蔡希寂弟,则其排行应为第八或第九。然《法
书论》所言希逸为"第四兄"与墓志所言希周为"吴房府君第四子"明显存
在矛盾。那么,希逸与希周的排行到底谁先谁后,谁的排行才是第四呢?
乔长阜《蔡希周兄弟事迹与〈丹阳集〉成书时间考》一文认为:"如按'包融
诗'注所载蔡隐丘(据考,即希逸字)、蔡希周、蔡希寂的次第,希逸当为
兄。"⑤丛思飞《〈蔡希周墓志〉与蔡希综〈法书论〉相关问题》一文则认为乔

---

① 崔尔平:《书苑菁华校注》卷一二,第 178 页。
② [明]陶宗仪:《书史会要》卷五,《景印文渊阁四库全书》第 814 册,第 712 页。
③ [唐]窦臮:《述书赋》卷下,《景印文渊阁四库全书》第 812 册,第 95 页。
④ 周绍良主编:《唐代墓志汇编》,第 1619 页。
⑤ 乔长阜:《蔡希周兄弟事迹与〈丹阳集〉成书时间考》,《镇江高专学报》2004 年第 4 期,第
20 页。

文以"包融诗"注所载蔡氏兄弟的先后顺序来假设其长幼不甚合理。丛思飞认为，如果墓志所载蔡希周行第有误，作为墓志的书写者，蔡希寂不可能不知道，且墓志所言"诸兄未遇"的情况与希逸不符，"群弟好书"的情况与其更为吻合，结合希逸"缑氏主簿"的品阶来看，希逸行第应在希周之后，即第四或第五。蔡希综《法书论》"第四兄"或为第五、第六之讹。①

　　关于希逸与希周的长幼先后顺序，笔者认为，乔文的假设不甚合理，丛文的论述亦有偏颇。首先，丛文所言蔡希寂作为墓志书写者不可能不知道墓志所载蔡希周行第有误，那么同样作为蔡氏兄弟之一的蔡希综似乎也不应该在文中弄错兄弟长幼顺序；其次，关于蔡希逸的仕历仅可知其曾任缑氏主簿，推测"诸兄未遇"情况与其不符，较为武断。若希逸年长于希周，则根据墓志所言，在希周出仕之时，希逸还"未遇"，那么在希寂担任洛阳尉之时，希逸担任缑氏主簿这一品阶的官员也是有可能的。总之，关于蔡氏兄弟的排行问题，蔡希寂排行第七似乎没有争议，蔡希综排行为第八或第九，至于蔡希周与蔡希逸的行第，我认为还需要进一步的材料加以考察，目前尚不能加以定论。

四、丁仙之墓志

墓志释文

大唐故馀杭郡馀杭县尉丁府君墓志文 并序

承义郎前京兆府好畤县尉陈允升撰

公讳仙之，字冲用，丹杨郡丹杨县人也。昔齐有丁公，克开厥后。爰自汉魏，实繁人物。曾祖伯春，陈祯明初，举秀才，随晋陵郡太守。祖孝俭，以衣冠子弟随授奉信员外郎，皇朝秘书著作郎。父慎行，优游里闬，未遑冠冕。公在弱年，美姿仪，习文史，尤长诗赋。自国子生进士高第，有盛

① 丛思飞：《〈蔡希周墓志〉与蔡希综〈法书论〉相关问题》，《中国书画·史论评》2012 年第 5 期，第 54—58 页。

名于天下。位遇不达,调补东阳郡武义主簿。不以卑屑意,当官有正色之雄。廉察使刘日正以名献于天庭,寻改馀杭郡馀杭尉。异政尤举,黜陟使席豫亦荐于上。寻丁外忧,服未阕,以天宝三载六月廿一日遘疾终丹杨私第,春秋五十有五。呜呼!诗虽入室,仕迷其门。廊庙之器也,委于草莽;龙凤之姿也,蟠于泥沙。惜哉!嗣子充等乳臭而孤,菊芳未秀,随圣善陈氏家于洛阳,遂迁神北土。以天宝十载十二月十一日反葬于尸乡之西界首阳之南原,礼也。铭曰:

名满天下兮位何卑,才运不并兮古有之。扁舟东土兮素车洛师,稚子哀号兮仰天未立,孀妻俯孤兮临穴而泣。

《丁仙之墓志》,丁仙之(690—744),字冲用,丹杨郡丹杨县人。官至馀杭县尉。天宝三载(744)六月廿一日终,享年五十五,十载(751)十二月十一日葬。志文共 20 行,满行 20 字,正书,拓片长 40 厘米,宽 40 厘米。本书作者藏有墓志拓片。志盖:"大唐故丁府君墓志铭"。墓志题名《大唐故馀杭郡馀杭县尉丁府君墓志文并序》,题署:"承义郎前京兆府好畤县尉陈允升撰。"丁仙之为《丹阳集》诗人之一。墓志称"公在弱年,美姿仪,习文史,尤长诗赋"。诗载《全唐诗》卷一一四,第 4 册,第 1155 页。《新唐书·艺文志》云:"(包)融与储光羲皆延陵人,曲阿有馀杭尉丁仙芝、缑氏主簿蔡隐丘、监察御史蔡希周、渭南尉蔡希寂、处士张彦雄、张潮、校书郎张晕、吏部常选周瑀、长洲尉谈戭、句容有忠王府仓曹参军殷遥、硖石主簿樊光、横阳主簿沈如筠,江宁有右拾遗孙处玄、处士徐延寿,丹徒有江都主簿马挺、武进尉申堂构,十八人皆有诗名。殷璠汇次其诗,为《丹杨集》者。"可以与之相印证。

墓 志 疏 证

公讳仙之,字冲用,丹杨郡丹杨县人也。

关于丁仙之的姓名,有"丁仙芝""丁先芝""丁仙之"三种说法。史籍本作"丁仙芝",《全唐诗》卷一一四云其名"仙,一作先"[1],新出墓志有《唐

---

[1] 〔清〕彭定求:《全唐诗》卷一一四,第 1155 页。

故随州司法参军陆府君（广成）墓志铭并序》，题署："前国子进士丁仙之撰。"①陈尚君先生《石刻所见唐代诗人资料零札》云："丁仙芝。《千唐志斋藏志》收《唐故随州司法参军陆府君墓志铭》，因'年号纪年不详'而殿于唐志之末。按墓志署'前国子进士丁仙芝撰'。……《全唐诗》卷一一四云其名'仙一作先'，据此亦可定谳。"②确定其姓名为"丁仙芝"，然忽视了《陆广成墓志》所反映"之"与"芝"二字之别。实则《千唐志斋藏志》所载拓片图版即作"丁仙之"，陈先生审读有误。现据《丁仙之墓志》更可确定其名本作"丁仙之"。又墓志云"公讳仙之，字冲用，丹杨郡丹杨县人也"，知其字为"冲用"，可补史籍之阙载。

昔齐有丁公，克开厥后。爰自汉魏，实繁人物。曾祖伯春，陈祯明初，举秀才，随晋陵郡太守。祖孝俭，以衣冠子弟随授奉信员外郎，皇朝秘书著作郎。父慎行，优游里闬，未遑冠冕。

丁仙之的家世，历来无考，墓志所载家世是我们研究丁仙之成长环境最原始的材料。从墓志叙述来看，其曾祖举秀才，官至郡太守，祖父则以门荫入仕，官秘书省著作郎，虽非显宦，然对丁仙之的成长与文学才能应有一定的影响。而父亲丁慎行不再出仕为官，则使丁仙之的生活和仕宦经历相比士族出身的文人要艰难得多。

公在弱年，美姿仪，习文史，尤长诗赋。自国子生进士高第，有盛名于天下。

储光羲有《贻丁主簿仙芝别》有诗注云"同为太学诸生"③，又《陆广成墓志》署："前国子进士丁仙之撰。"④皆可与墓志印证，知其确为国子进士登第。至于登第时间，墓志未载，徐松《登科记考》卷七"开元十三年"下有："储光羲《贻丁主簿仙芝别诗》注云：'丁侯前举，予次年举。'又云：'同

---

① 　河南文物研究所编：《千唐志斋藏志》，第 1206 页。
② 　陈尚君：《石刻所见唐代诗人资料零札》，《唐代文学研究》第 1 辑，山西人民出版社 1988 年版，第 420 页。
③ 　[清]彭定求：《全唐诗》卷一三八，第 1399 页。
④ 　周绍良主编：《唐代墓志汇编》，第 2572 页。

年举而丁侯先第。'按,光羲于(开元)十四年及第,则仙芝在此年也。"①判定丁仙之及第时间为开元十三年(725)。而《至顺镇江志》卷一八《人材·科举》:"丁仙芝,曲阿人。开元十二年进士第,馀杭尉。"②与《登科记考》推论不合,似方志记载不确。

位遇不达,调补东阳郡武义主簿。不以卑屑意,当官有正色之雄。

东阳郡武义主簿乃丁仙之解褐之职。关于任武义主簿的时间,可据其撰写的《陆广成墓志》作大致考订。但《陆广成墓志》没有直接叙述卒葬之年,仅言"维岁大荒落十一月甲午,终于陕州之魏□,明年献春正月乙酉,归葬于东都北山先人之旧茔"③。故《千唐志斋藏志》将其附于无年代可考墓志之中,《唐代墓志汇编》亦将其置于无年代可考之残志之中。而据学者考证,陆广成之卒日为开元十七年(729)十一月八日,葬日为开元十八年(730)正月二十四日。④ 知其开元十八年尚未解褐授职,任东阳郡武义主簿应在开元十八年之后。就为官来看,墓志言其"不以卑屑意,当官有正色之雄",可以说是比较中肯的评价。丁仙之有《赠朱中书》诗存世,诗云:

> 十年种田滨五湖,十年遭涝尽为芜。
>
> 频年井税常不足,今年缗钱谁为输。
>
> 东邻转谷五之利,西邻贩缯日已贵。
>
> 而我守道不迁业,谁能肯敢效此事。
>
> 紫微侍郎白虎殿,出入通籍回天眷。
>
> 晨趋彩笔柏梁篇,昼出雕盘大官膳。

---

① [清]徐松:《登科记考》卷七,第 240 页。
② [元]俞希鲁:《至顺镇江志》卷一八,《宋元方志丛刊》第 3 册,第 2847 页。
③ 周绍良主编:《唐代墓志汇编》,第 2573 页。
④ 郭文镐:《千唐志斋唐志年号纪年考》云:"唯开元十七年(729 年)十一月有甲午,故大荒落指开元十七年(729 年),墓主卒于本年十一月八日。……此志墓主之葬期即开元十八年正月己酉(二十四日)。"(《文博》1987 年第 5 期,第 40 页)程章灿《陆广成墓志考》云:"此志墓主卒于玄宗开元十七年己巳十一月甲午(初八日),葬于开元十八年庚午正月己酉(二十四日)。"(《考古》1995 年第 10 期,第 943 页)

会应怜尔居素约，可即长年守贫贱。①

诗有"紫微侍郎白虎殿"语，知"朱中书"为中书侍郎。唐玄宗开元元年将中书省改为紫微省，五年又复原名，故唐代诗人常将"中书"称为"紫微"。但"朱中书"之名已很难确切考证。诗歌前四句描绘了务农者种田为生，遭遇洪涝灾害导致田园荒芜、颗粒无收的场景，面对频繁的赋税，更是无力缴纳。次四句写东西邻居靠转谷、贩缯等商业方式致富，诗人却坚守种地不转行。后六句则寄希望于"紫微侍郎"关注像诗人一样的务农者，使其能够过上安守贫贱的生活。此诗的创作大体与其个人生活经历分不开，从父亲不出仕以及自己身处下僚的情况来看，丁仙之的生活应不富裕，甚至可能需要参加劳动来补贴生活，因此他的目光更多地放在下层劳动人民身上，通过赠诗给官职较高的友人朱中书来求得统治者对农业、农民的重视。这首诗可以看作丁仙之为官之道的注脚。

廉察使刘日正以名献于天庭，寻改馀杭郡馀杭尉。

丁仙之的第二任官职为馀杭郡馀杭尉，亦是其终官，改此官是得廉察使刘日正推荐，墓志曰："廉察使刘日正以名献于天庭，寻改馀杭郡馀杭尉。"刘日正，未见史传记载，综合零散的传世史料与新出墓志可推断其在开元二十三年（735）担任过润州刺史、江南道采访使。《唐故长安县尉彭城刘府君（颢）墓志铭》载："烈考润州刺史江南东道采访使赠兖州都督，讳日正，风规存于省闼，惠泽浃于江湖。"②盖其在当时为人为官颇有声名。李华《润州鹤林寺故径山大师碑铭》载："故江东采访使、润州刺史刘日正。"③《册府元龟》卷一六二："（开元二十三年二月）辛亥，初置十道采访处置使……润州刺史刘日正为江南道采访使。"④卷一三一："（开元）二十

---

① ［清］彭定求：《全唐诗》卷一一四，第1155页。
② 周正：《刘颢墓志考释》，《书法研究》2017年第2期，第71页。
③ ［清］董诰：《全唐文》卷三二〇，第1436页。
④ ［宋］王钦若：《册府元龟》卷一六二，第1955页。

四年正月,敕诸道采访使信安郡王祎、嗣鲁王道坚、牛仙客、宋询、刘日正、班景倩、唐昭各赐一子官,赏其巡察之劳也。"①又《大唐故太子舍人李府君(霞光)墓志铭并序》曰:"刘日正廉问江介,复奏为判官。"②《大唐故银青光禄大夫行尚书左丞赠太常卿上柱国汝阳郡开国侯蒋府君(洌)墓志铭并序》:"授大理评事。江东廉使刘日正表充判官。"③其中"廉问江介"与"廉察使""江东廉使"皆指刘日正为江南道采访使一事。则丁仙之得刘日正推荐改馀杭尉当在开元二十三(735)、二十四年(736)之间。值得重视的是,刘日正亦能撰文,与当时的一些著名文人都有所还往。《大唐西市博物馆藏墓志》载有《唐故偃师县令上柱国刘公(彦参)墓志》,题署:"弟彦回撰序,侄日正铭。"④彦参葬于开元七年(719)三月八日。揆其时代,此"刘日正"当即《丁仙之墓志》中的刘日正。《刘彦参墓志铭》述及刘日正与墓主的关系:"寄词于从祖兄子日正。"铭文云:"岱宗镇海,长淮纪地。涵晶郁云,演灵通气。降生玄哲,秉是明义。文足经纶,孝能锡类。心冥数象,躬揭月日。道贯古今,化光蒲密。邻几体二,执德惟一。未践汉台,奄居滕室。楚山望远,桐乡事故。未归兆域,权开祠墓。亳京前壤,尸亭旧路。言闵泉扉,独伤庭树。"因为是为其叔父撰写墓志,故而对于刘氏先世渊源的追溯,对于墓主的评价以及怀思,都蕴涵于字里行间。当时著名文人的文章中也经常出现刘日正的形象。如高适《信安王幕府诗并序》云:"开元二十年,国家有事林胡,诏礼部尚书信安王总戎大举,时考功郎中王公、司勋郎中刘公、主客郎中魏公、侍御史李公、监察御史崔公,咸在幕府,诗以颂美数公,见于词凡三十韵。"⑤其中"司勋郎中刘公"即刘日正,为高适颂美者之一。王维《裴仆射济州遗爱碑》:"诏封东岳,……大驾还都,分遣中丞蒋钦绪、御史刘日政(正)、宋珣等巡按,皆嘉

① [宋]王钦若:《册府元龟》卷一三一,第 1571 页。
② 周绍良主编:《唐代墓志汇编》,第 1601 页。
③ 毛阳光主编:《洛阳流散唐代墓志汇编续集》,国家图书馆出版社 2018 年版,第 418 页。
④ 胡戟、荣新江主编:《大唐西市博物馆藏墓志》,第 394 页。
⑤ 刘开扬:《高适诗集编年笺注》,中华书局 1981 年版,第 39 页。

公之能，奏课第一。"①张九龄有《奉和圣制送十道采访使及朝集使》诗②，其"十道采访使"即包括刘日正。因此，刘日正是玄宗朝颇有文名的文人士大夫，故其举荐丁仙之既重丁之文才，同时也应与刘日正自己的文学素养有关。

异政尤举，黜陟使席豫亦荐于上。

席豫是盛唐著名文学家，三迁中书舍人，与韩休、许景先、徐安贞、孙逊相次掌制诰，后又得韩休举荐拜吏部侍郎，官终礼部尚书。《新唐书·席豫传》记载："长安中，举学兼流略、词擅文场科，擢上第，时年十六，以父丧罢。复举手笔俊拔科，中之……俄举贤良方正异等。为阳翟尉。开元初，观察使荐豫贤，迁监察御史，出为乐寿令。"③是其擅长文学，在科举、制举考试中表现不俗。近年来新发现席豫撰写的墓志有四方：开元八年（720）《大唐故通议大夫沂州司马清苑县开国子刘府君（敦行）神道记》，题署"堂外甥大理寺丞席豫词"④；开元十年（722）《大唐故中散大夫守少府监上柱国赵郡李府君（述）墓志铭并序》，题署"户部侍郎席豫撰"⑤；开元二十三年（735）《唐故京兆府云阳县尉李君（滔）墓志铭并序》，题署"尚书吏部侍郎席豫撰"⑥；开元二十八年（740）《大唐故太子少师赠扬州大都督昌黎韩府君（休）墓志铭并序》，题署"中散大夫守尚书左丞上柱国安定席豫撰"⑦。这四方墓志不仅补充了席豫的文章作品，同时也为其生平仕历、交游关系提供了左证以及系年线索。

席豫长于文学，诗文名动当朝。《全唐诗》卷一一一存其诗五首⑧，

① 陈铁民：《王维集校注》卷九，第771—777页。
② ［清］彭定求：《全唐诗》卷四七，第564—565页。
③ ［宋］欧阳修、宋祁：《新唐书》卷一二八，第4467页。
④ 周绍良、赵超主编：《唐代墓志汇编续集》，上海古籍出版社2001年版，第476页。
⑤ 周绍良、赵超主编：《唐代墓志汇编续集》，第522页。
⑥ 吴钢主编：《全唐文补遗·千唐志斋新藏专辑》，三秦出版社2006年版，第170页。
⑦ 赵占锐、呼啸：《唐宰相韩休及夫人柳氏墓志考释》，《唐史论丛》第23辑，三秦出版社2016年版，第249页。
⑧ ［清］彭定求：《全唐诗》卷一一一，第1142—1143页。

《全唐诗续拾》卷一二辑补二首①，《全唐文》存其文三篇②，加上新发现的四篇墓志，目前留存下来的诗文共有十四篇之多。《旧唐书·席豫传》："玄宗幸温泉宫，登朝元阁赋诗，群臣属和。帝以豫诗为工，手制褒美曰：'览卿所进，实诗人之首出，作者之冠冕也。'"③可见席豫的诗歌作品为玄宗所称道，在当时颇有影响力，唐人芮挺章《国秀集》就选录了其《蒲津迎驾》《奉和敕赐公主镜》诗④。就现存诗歌来看，天宝三载贺知章归乡入道，唐玄宗君臣于长安饯行送别，有《送贺秘监归会稽》三十余首，其中即有席豫一首。再如《奉和圣制送张说巡边》《奉和圣制答张说扈从南出雀鼠谷》，同题唱和者有宋璟、苏颋、韩休、贺知章、王丘、苏晋、崔禹锡等著名文士，皆为玄宗宫廷中君臣唱和的活跃人物，加上张说、张九龄这样的文坛领袖人物，组成了开元中后期最高规格的文士群体。宰相李林甫也有投赠歌作，即《秋夜望月忆韩席等诸侍郎因以投赠》⑤，其中席侍郎即为席豫，韩侍郎应为韩休。席豫的影响力体现在其掌纶翰、典贡举、选拔人才上。《新唐书》有"豫典选六年，拔寒远士多至台阁，当时推知人，号'席公'云。"⑥言其知人善任，使得很多文士脱颖而出。颜真卿《摄常山郡太守卫尉卿兼御史中丞赠太子太保谥忠节京兆颜公神道碑铭》："公讳杲卿……开元与兄春卿、弟曜卿、从父弟允南俱从调吏部，皆以书判超等，同日于铨庭，为侍郎席建侯所赏，翰林拭目焉。"⑦又《新唐书·萧颖士传》："萧颖士……天宝初，颖士补秘书正字。于时裴耀卿、席豫、张均、宋遥、韦述皆先进，器其材，与均礼，由是名播天下。"⑧知颜真卿兄弟与萧颖士等文学家的扬名皆与席豫的器重有关。《丁仙之墓志》是席豫推举寒士的又一例证，丁仙之能得席豫赏识，举荐上闻，与他自身的文学才能以及二人的文

① 陈尚君：《全唐诗续拾》卷一二，第835—836页。
② ［清］董诰：《全唐文》卷二三五，第1047—1048页。
③ ［后晋］刘昫：《旧唐书》卷一九〇，第5036页。
④ 傅璇琮、陈尚君、徐俊：《唐人选唐诗新编》（增订本），第300—301页。
⑤ ［清］彭定求：《全唐诗》卷一二一，第1212—1213页。
⑥ ［宋］欧阳修、宋祁：《新唐书》卷一二八，第4468页。
⑦ ［清］董诰：《全唐文》卷三四一，第1531页。
⑧ ［宋］欧阳修、宋祁：《新唐书》卷二〇二，第5767—5768页。

学交往分不开。

寻丁外忧,服未阕,以天宝三载六月廿一日遘疾终丹杨私第,春秋五十有五。

丁仙之的生卒年,历来不详,据墓志所载丁仙之于"天宝三载六月廿一日遘疾终丹杨私第,春秋五十有五",可逆推其生年为公元 690 年,即载初二年,因九月武则天登基称帝,改元"天授",故亦可作天授元年。

文学定位与文学交游

除了生平仕历,墓志撰者对于丁仙之生平事迹的总结评价为我们研究其文学地位提供了原始资料,而墓志涉及的文学家席豫则补充了其文学交往关系。

(一) 文学定位

从传世史料来看,《光绪丹阳县志》卷三五著录丁仙之有《丁馀杭集》二卷,然已亡佚。《全唐诗》尚存其诗十四首[①],《全唐诗逸》卷上有逸句一联[②],《全唐诗续拾》有佚诗一首。《陆广成墓志》是其目前可见唯一的文章作品。对于丁仙之的诗歌作品,唐人殷璠在《丹阳集》中评价道:"仙芝诗婉丽清新,迥出凡俗,恨其文多质少。"[③]肯定了丁仙之诗歌清丽脱俗的语言风格,但因殷璠推崇建安诗的"风骨弥高",故对丁仙之的"文多质少"有所遗恨。

与丁仙之同时期的墓志撰者陈允升亦对其文学才华给予了评价。《丁仙之墓志》就语言风格而言,凝练朴实,然陈允升在有限的篇幅中花费较多的笔墨评价志主的一生:"公在弱年,美姿仪,习文史,尤长诗赋。自国子生进士高第,有盛名于天下……诗虽入室,仕迷其门。廊庙之器也,委乎草莽。龙凤之姿也,蟠于泥沙……名满天下兮,位何卑。才运

---

① ［清］彭定求:《全唐诗》卷一一四,第 1155—1157 页。
② ［日］上毛河世宁:《全唐诗逸》卷上,第 10175 页。
③ 傅璇琮、陈尚君、徐俊:《唐人选唐诗新编》(增订本),第 136 页。

不并兮,古有之。"其中"尤长诗赋""诗虽入室"突出丁仙之在诗赋创作上造诣之高,"盛名于天下""名满天下"说明其诗名之盛,而作者"仕迷其门""委乎草莽""蟠于泥沙""位何卑""才运不并"诸多扼腕之语则从侧面说明丁仙之才华之高。储光羲《贻丁主簿仙芝别》诗有"高名处下位,逸翮栖卑枝"之言[1],亦与墓志相印证,可见诸人皆以丁仙之才高位卑为憾。

丁仙之对后世亦颇有影响力,明人李攀龙《古今诗删》、高棅《唐诗品汇》、钟惺《唐诗归》、清人王士禛《唐贤三昧集》等重要诗歌选本都选编了他的诗歌。对其诗歌艺术,后人评骘颇多,可参见陈伯海《唐诗汇评》[2],如唐汝询《汇编唐诗十集》评其《馀杭醉歌赠吴山人》诗曰:"唐云:高华浑雅,无法可寻,论字句者,未足语此。"叶矫然《龙性堂诗话》云:"此篇句句字字古调,唐人绝无此等笔。王元美谓此歌千古绝唱,正不在多,知音知言。"[3]足见其诗多为后人赞赏。

(二) 文学交游

传世文献记载与丁仙之有文学往来可知姓名者有储光羲。储光羲为唐代著名诗人,亦是入选《丹阳集》的十八位诗人之一。其《贻丁主簿仙芝别》诗云:

> 赫赫明天子,翘翘群秀才。昭昭皇宇广,隐隐云门开。
> 摇曳君初起,联翩予复来。兹年不得意,相命游灵台。
> 骅骝多逸气,琳琅有清响。联行击水飞,独影凌虚上。
> 关河施芳听,江海微新赏。敛衽归故山,敷言播天壤。
> 云峰虽有异,楚越幸相亲。既别复游处,道深情更殷。
> 下愚忝闻见,上德犹遭迍。偃仰东城曲,楼迟依水滨。

---

① 〔清〕彭定求:《全唐诗》卷一三八,第 1400 页。
② 陈伯海主编:《唐诗汇评》(增订本),上海古籍出版社 2015 年版,第 371—373 页。
③ 〔清〕叶矫然:《龙性堂诗话》,《清诗话续编》本,上海古籍出版社 1983 年版,第 1052 页。

> 脱巾从会府，结绶归海裔。亲知送河门，邦族迎江澨。
>
> 夫子安恬淡，他人怅迢递。飞舻既眇然，洲渚徒亏蔽。
>
> 人谋固无准，天德谅难知。高名处下位，逸翮栖卑枝。
>
> 去去水中沚，摇摇天一涯。蓬壶不可见，来泛跃龙池。①

从丁仙之任武义主簿的时间来看，此诗当作于开元十八年（730）到二十四年（736）之间。诗歌前八句写两人一前一后到长安，同年应举，然皆落第，相伴游览灵台一事，从登科时间来看，此事发生在开元十二年（724）。次八句言二人再次应举及第归乡，储光羲自注曰："同年举而丁侯先第。"则分别在开元十三年（725）、十四年（726）及第。接着转入送别主题，"楚越幸相亲"，丹阳乃楚国发源地，丁仙之任职的武义则属越国，此诗盖为储光羲送丁仙之赴武义主簿任而作。"下愚忝闻见，上德犹遭迍"言自己应制举后解官，丁仙之仍处于仕途困顿的状态。丁仙之开元十三年（725）登进士第，一直到开元十八年（730）尚未释褐，与储光羲此诗颇可相互印证。"脱巾从会府，结绶归海裔。亲知送河门，邦族迎江澨"意指丁仙之终于授官，百姓亲友在江边迎来送往。次四句描写送别的场景，丁仙之安然恬淡，送行的人惆怅相隔，一直目送他的船只远去。末八句抒发离别之情。整首诗先追溯二人共同应举的经历，再描写送别丁仙之赴任武义主簿的场面，言语之中既为友人脱离困顿感到欣慰，同时又为其才高而位卑感到遗憾，两人间的深厚友谊溢于言表。

墓 志 撰 者

墓志撰者陈允升，传世史籍记载较少，但我们还是可以通过石刻资料钩稽其大致的事迹以及文学创作等情况。

就仕宦而言，可以考知陈允升历官三任的情况。其一，天宝十载（751）为好畤县尉。《丁仙之墓志》题署："承义郎前京兆府好畤县尉陈允

---

① ［清］彭定求：《全唐诗》卷一三八，第1399—1400页。

升撰。"丁仙之为天宝十载(751)十二月葬,可知陈允升是时担任京兆府好畤县尉。其二,天宝十一载(752)至十二载(753)为河南县主簿。《洛阳新获墓志续编》载有《唐故卢氏夫人杨氏墓记铭并序》,题署:"宣义郎行河南县主簿陈允升撰。"①墓主天宝十一载(752)十一月十七日葬。又新出土《唐故清河郡司士参军车府君(玄福)志铭并序》,题署:"宣义郎行河南府河南县主簿陈允升撰。"②墓主天宝十二载(753)十一月十五日卒。其三,上元二年(675)前为馀杭县令。《宝刻丛编》卷一四《临安府》引《访碑录》:"《唐前馀杭令陈允升德政碑》,唐李纾撰,上元二年立,在本县内。"③说明陈允升在馀杭令任上为官廉洁,能够造福一方,颇有德政,故百姓为其刻石立碑。

就与墓主关系而言,《丁仙之墓志》称:"嗣子充等乳臭而孤,菊芳未秀,随圣善陈氏家于洛阳,遂迁神北土。"铭文又有"稚子哀号兮,仰天未立。媚妻俯孤兮,临穴而泣"语,可以推知其妻即为陈氏。丁仙之位卑而卒,其媚妻稚子,能求得陈允升为其撰写墓志铭,推测陈允升应该为丁仙之的妻族之人。

就文学而言,陈允升具有一定的文学才能。《宝刻丛编》卷一五《徽州》引《诸道石刻录》有《唐薛稷祠堂记》一篇,署:"陈允升撰,李灏分书,篆额,年月漫灭。"④新出土文献又见陈允升撰写的《丁仙之墓志》《车玄福墓志》《杨氏夫人卢氏墓志》三篇。薛稷为唐代著名书法家与画家,也是一位诗人,官至太子少保、礼部尚书等职。因对太平公主和窦怀贞密谋造反知情不报,被玄宗赐死于狱中。陈允升能为薛稷家族撰写祠堂记,足见其才华受到时人的重视。新出土陈允升所撰的三篇墓志,《丁仙之墓志》已如上述,虽文字简略,但寥寥数语,就将才高位下的诗人形象凸显出来。再如《唐故卢氏夫人杨氏墓记铭并序》,其中以骈文叙述

① 乔栋、李献奇、史家珍编著:《洛阳新获墓志续编》,科学出版社 2008 年版,第 156 页。
② 毛阳光:《洛阳流散唐代墓志汇编续集》,国家图书馆出版社 2018 年版,第 376—377 页。
③ [宋]陈思:《宝刻丛编》卷一四,《丛书集成初编》本,第 359 页。
④ [宋]陈思:《宝刻丛编》卷一五,《丛书集成初编》本,第 425 页。

云："规仪集门，辉光照地。函关未徙，方嗟于外臣；学市既开，寻着于儒首。衣冠望表，忠孝楷模。故得文茵畅毂，成御沟之驰骛；珥貂垂珰，通玉署之清切。"描写杨氏之家世，行文典雅。"播美族姻，有歌邦媛。对言南郡，且鄙于骤谈；偕隐东山，用俦于盛烈。享年不永，妇道未终。舜容犯于春霜，不摇而殒；雪肤征于夏景，未晛而消。"[1]描写卢氏的一生，也颇具文采。

五、王之涣墓志

墓志释文

唐故文安郡文安县尉太原王府君墓志铭 并序

宣义郎行河南府永宁县尉西河靳能撰

才命者自然冥数，轩冕者傥来寄物。故有修圣智术，讲仁义行，首四科而早世；怀公辅道，蕴人伦识，官一尉而卑栖。命与时欤，才与达欤，不可得而偕欤？公名之涣，字季凌，本家晋阳，宦徙绛郡，即后魏绛州刺史隆之五代孙。曾祖信，随朝请大夫、著作佐郎，皇蒲州安邑县令。祖表，皇朝散大夫、阳翟丞，瀛州文安县令。父昱，皇鸿胪主簿，雍州司士、汴州浚仪县令。公即浚仪第四子，幼而聪明，秀发颖晤。不盈弱冠，则究文章之精；未及壮年，已穷经籍之奥。以门子调补冀州衡水主簿。气高盖时，量过于众。异毛义捧檄之色，悲不逮亲；均陶潜屈腰之耻，勇于解印。会有诬人交构，公因拂衣去官，遂优游青山，灭裂黄绶。夹河数千里，藉其高风；在家十五年，食其旧德。雅淡珪爵，酷嗜闲放，密亲懿交，恻公井渫，劝以入仕，久而乃从，复补文安郡文安县尉。在职以清白著，理人以公平称。方将遐陟庙堂，惟兹稍渐磐陆。天不与善，国用丧贤。以天宝元年二月十四日遘疾，终于官舍，春秋五十有五。惟公孝闻于家，义闻于友，慷慨有大略，倜

---

① 乔栋、李献奇、史家珍编著：《洛阳新获墓志续编》，第156页。

觉有异才。尝或歌从军,吟出塞,瞰兮极关山明月之思,萧兮得易水寒风之声,传乎乐章,布在人口。至夫雅颂发挥之作,诗骚兴喻之致,文在斯矣,代未知焉,惜乎!以天宝二年五月廿二日,葬于洛阳北原,礼也。嗣子炎及羽等哀哀在疚,栾栾其棘,堂弟永宁主簿之咸泣奉清徽,托志幽壤,能忝畴旧,敢让其词。铭曰:

苍苍穷山,尘复尘兮。郁郁佳城,春复春兮。有斐君子,闭兹辰兮。于嗟海内,涕哀辛兮。矧伊密戚,及故人兮。

《王之涣墓志》,王之涣(688—742),字季凌,绛郡(今山西省新绛县)人。天宝元年(742)卒于文安县尉任,享年五十五岁,天宝二年五月廿二日葬于洛阳北原。墓志长宽均 36 厘米,志文 24 行,行 24 字。首题"唐故文安郡文安县尉太原王府君墓志铭并序",题署"宣义郎行河南府永宁县尉西河靳能撰"。为李根源运至曲石精庐所藏。1949 年后,李根源将其多年所藏十块汉碑和 93 块唐代志石,捐赠给苏州博物馆,后被调运到现藏地南京博物院。盛唐大诗人王之涣,在唐及以后的文献记载中,事迹极为简略,且多有歧误。岑仲勉从《曲石精庐藏唐墓志》中发现了《王之涣墓志》以后,王之涣的籍贯、仕历、生卒年等问题都昭然若揭。后来,陈尚君又从《千唐志斋藏志》中发现王之涣夫人《李氏墓志》及其族人的有关墓志,王之涣的家世与亲缘关系就非常清楚。关于《王之涣墓志》价值的论定,首见于章太炎 1932 年所撰写《四跋》,又见于岑仲勉 1945 年发表的《续贞石证史》,后来傅璇琮 1980 年出版的《唐代诗人丛考》又作了专门考证。曲石精庐主人李根源之子李希泌有《盛唐诗人王之涣家世与事迹考》(《晋阳学刊》1988 年第 3 期),都可参证。王之涣家族迄今已出土十方墓志,略见下表。这是得一墓志解决唐代文学研究重要问题的典型事例。《王之涣墓志》的相关研究,还有李希泌《王之涣墓志介绍》(《中国史研究》1980 年第 2期)、陶志固《王之涣墓志标点质疑》(《中国史研究》1981 年第 1 期)、郝毓南《王之涣墓石笺证》(《大连师专学报》1982 年第 1 期)、王尔迁《〈王之涣墓志铭〉注及其它》(《运城师专学报》1988 年第 1 期)等。王之涣诗,载于《全唐诗》卷二五三,第2849 页。

王之涣家族墓志及其家世述考

盛唐大诗人王之涣,在唐及以后的文献记载中,事迹极为简略,且多有歧误。现代唐史研究的著名学者岑仲勉，首先从《曲石精庐藏唐墓志》中发现了《王之涣墓志》，从此，王之涣的籍贯、仕历、生卒年等问题都昭然若揭。后来，陈尚君又从《千唐志斋藏志》中发现王之涣夫人《李氏墓志》及其族人的有关《墓志》，王之涣的家世与亲缘关系也非常清楚，这是研究唐代文学世家的重要文献。

著名诗人王之涣墓志题为《唐故文安郡文安县尉太原王府君墓志铭并序》，题署："宣义郎行河南府永宁县尉□河靳能撰。"①岑仲勉《金石论丛》云：

> 右《之涣志》、曲石精庐李根源先生所藏九十三种之一也。凡二十四行，题、撰各占一行，序铭占二十二行，行二十四字，有界格，末行不足四字。之涣旗亭佳话，早布艺林，然旧、新《唐书》未列专传。《唐诗纪事》二六云："之涣，并州人，与兄之咸、之贲皆有文，天宝间人。"今观志则之咸乃其堂弟，之涣卒天宝元年二月，更不得谓为天宝间人矣。《才子传》三云："之涣，蓟门人。"由志则首称徙绛，殁乃殡洛，蓟门之籍，亦难信据。靳文骈俪，未脱六代窠臼。夫文章之道，穷乃益工，断非脑满肠肥所能涉想，志首"才人者自然冥数，轩冕者傥来寄物"，可为古今来郁郁才子涤尽不平之气，且可以补唐诗人传也，兹之录其全文，与前撰《金石证史》之录《程修己志》同。《金石录》九有"《唐长安尉王之咸碑》，于邵撰，韩秀荣八分书，贞元十年正月"，当即之涣之堂弟。②

今综合出土文献与以上研究，将二十世纪以来出土的王之涣家族墓志列为《新出土王之涣家族墓志简况表》。

---

① 李希泌：《曲石精庐藏唐墓志》，齐鲁书社 1986 年版，第 53 页。
② 岑仲勉：《金石论丛》，上海古籍出版社 1981 年版，第 227—228 页。

新出土王之涣家族墓志简况表

序号	志主	墓志名称	卒年	与王之涣关系	撰者	出处
1	王之涣	唐故文安郡文安县尉太原王府君墓志铭并序	天宝元年		靳能	曲石精庐藏唐墓志第53页
2	李氏	唐故文安郡文安县尉王府君夫人勃海李氏墓志铭并序	天宝七载	妻	王缙	千唐志斋藏志第842页
3	王德表	大周故瀛州文安县令王府君墓志铭并序	圣历二年	祖父	薛稷	千唐志斋藏志第462页
4	薛氏	瀛州文安县令王府君周故夫人薛氏墓志铭并序	万岁登封元年	祖母		千唐志斋藏志第435页
5	王洛客	正议大夫试大著作上柱国太原王君墓志铭并序	景云二年	叔辈	马克麾	书法丛刊2002年第3期第84页
6	王之咸	唐故长安县尉太原王府君墓志铭并序	天宝十载	堂弟	崔恁	新中国出土墓志河南叁第177页
7	王宠宠	江陵府长林县令之次女太原王宠宠墓志（王之咸孙女）	贞元十五年	侄孙女	萧睦	http://book.kongfz.com/251438/2008493215/
8	王绍	大唐故左赞善大夫王府君墓志铭并序	贞元九年	堂侄	王仲周	新中国出土墓志河南叁第233页
9	王翱	唐故处士太原王府君墓志铭并序	会昌六年	堂四代侄孙	王恺	千唐志斋藏志第1096页
10	王恭	唐故太原王府君墓志铭并序	大和六年	堂四代侄孙	王惕	新中国出土墓志河南叁第289页

　　根据上表所列的王之涣家族墓志，我们将其叙述家世部分列出，从而考察这一家族的文学渊源。

　　靳能撰《唐故文安郡文安县尉太原王府君墓志铭并序》："公名之涣，

字季陵，本家晋阳，宦徙绛郡，即后魏绛州刺史隆之五代孙。曾祖信，隋朝请大夫、著作佐郎，□□皇蒲州安邑县令。祖表，□□皇朝散大夫、阳翟丞，瀛州文安县令。父昱，□□皇鸿胪主簿，雍州司士、汴州浚仪县令。公即浚仪第四子。……嗣子炎及羽等，哀哀在疚，栾栾其棘，堂弟永宁主簿之咸泣奉清徽，托志幽壤，能忝畴旧，敢让其词。"①按，王之涣之祖名"德表"，此处称"祖表"，盖唐时书写名字时省文。《册府元龟》卷六四三《贡举部·考试》："（开元）二十九年八月，御兴庆门楼，亲试明《道德经》及《庄》《文》《列子》举人。……有姚子彦、靳能、元载等入第，各授之以官。"②

薛稷撰《大周故瀛州文安县令王府君墓志铭并序》："公讳德表，字文甫，太原晋阳人。高祖隆，后魏行台尚书，开府仪同三司，安阳县开国伯，绛郡太守。子孙因家焉。曾祖纂，齐华州别驾，汾州刺史；祖子杰，宇文朝建威将军、徐州刺史，袭封安阳伯；父信，隋国子博士，唐安邑县令。……嫡孙之豫，次子前左台监察御史洛客、前怀州河内县内县主簿景、前洛州洛阳县尉昌等。"③叶国良先生云："查王德表卒时，之涣年已十一，德表既颇从事学问，四子皆居官，往来又有名士如薛稷其人者，则之涣学问必有受之于其祖若父者矣，以此知人有贤父兄为人生幸事也。"④

佚名撰《瀛州文安县令王府君周故夫人薛氏墓志铭并序》："嫡孙之豫，哀子左肃政台监察御史洛客、怀州河内县主簿景、并州太原县尉昌等，三贾名声，三张藻制，古云曾闵，今则荀何。"⑤

王愃撰《唐故处士太原王府君墓志铭并序》："府君讳翱，字遐举，太原晋阳人也。汉征君之嘉遁，晋汝南之晦德，仁积泽丰，遂昌来裔，九世祖讳隆，后魏绛郡太守，封安阳伯。灵源不污，枝流益清。曾祖讳之咸，

---

① 李希泌：《曲石精庐藏唐墓志》，第 53 页。
② ［宋］王钦若：《册府元龟》卷六四三，第 7711 页。
③ 周绍良主编：《唐代墓志汇编》，第 947 页。
④ 叶国良：《石学蠡探》，中华书局 2022 年版，第 375 页。
⑤ 周绍良主编：《唐代墓志汇编》，第 898 页。

皇京兆府长安县尉。祖讳纶,皇江陵府长林县令。皇考讳略,皇邢州龙岗县令。府君其家嗣也。……有子四人,男曰黝儿、坚儿,女曰停停、五女。"①

崔恁撰《唐故长安县尉太原王府君墓志铭并序》:"公讳之咸,字受之,太原晋阳人也。……烈曾讳信,随朝请大夫、著作佐郎。大父讳表,皇瀛州文安县令。马迁之述作,仲由之政事,连行接武,彼此一时。严考讳景,皇正议大夫、司门员外郎、登州莱州刺史。……公即莱州府君之长子。……嗣子绾、次纶等。"②宋赵明诚《金石录》卷九:"《唐长安尉王之咸碑》,于邵撰,韩秀荣八分书,贞元十年正月。"③《册府元龟》卷七八三:"王之咸为长安县尉,与昆弟之涣、之涣皆善属文。"④

王仲周撰《大唐故左赞善大夫王府君墓志铭并序》:"有唐左赞善大夫太原王府君讳绾,字雅卿,享年五十三。……皇朝阳翟县丞、瀛州文安县令讳德表,公之曾祖也。司门员外郎、莱州刺史、赠宋州刺史讳景,公之大父也。长安县尉、赠兵部郎中秘书少监讳之咸,公之皇考也。……公秘监府君第五子也。……生四子:曰□、曰凛、曰康、曰赓。"⑤

王缙撰《唐故文安郡文安县尉太原王府君夫人勃海李氏墓志铭并序》:"夫人其先勃海人也。祖彦,皇青州司马;父涤,皇冀州衡水县令。夫人即衡水公第三女。载十八,适于王氏。时王公衡水主簿,因而结婚也。夫人凡生一子。王公天宝二载终于文安,夫人以天宝七载十一月四日遘疾终于河南县孝水里私第,舍春秋卌有四。惟夫人性含谦顺,德蕴贤和,惜乎! 以天宝七载十一月廿四日葬于洛阳北原礼也,盖未合也,盖从权也。嗣子羽,哀哀在疚,栾栾其棘。"⑥

---

① 周绍良主编:《唐代墓志汇编》,第 2253 页。
② 赵跟喜、张永华编:《新中国出土墓志》河南叁《千唐志斋壹》,文物出版社 2002 年版,第 177 页。
③ [宋] 赵明诚撰,金文明校证:《金石录校证》卷九,中华书局 2019 年版,第 176 页。
④ [宋] 王钦若:《册府元龟》卷七八三,第 9312 页。
⑤ 赵跟喜、张永华编:《新中国出土墓志》河南叁《千唐志斋壹》,文物出版社 2002 年版,第 233 页。
⑥ 周绍良主编:《唐代墓志汇编》,第 1626 页。

马克麾撰《唐正议大夫试大著作上柱国太原王君墓志铭并序》："□讳洛客，字炅，太原祁人也。……太原王氏于今为天下冠族者，君之门胄，代则有人。曾祖杰，随任徐州刺史。海岱惟徐，蒙羽其艺，声润浮磬，德光蜯珠。载三公之车，上以耆旧露朝廷之服，诏扬君子。祖信，皇朝任蒲州安邑县令。三异有童子之仁，百里非大贤之路。宫寄不用，唇齿云亡。闵叔薄游，口腹无累。俄迁太学博士。冯独不坐，义高于说经；当代言诗，无出于汉者。父表，皇朝丹州、汾川、瀛州、文安等历四县令。夜星不戴，堂琴自鸣。迁河汾之实，行沧瀛之郡。岂惟外户不闭，浚仪生祠，盛德在人，弘农死祭而已。君即文安之第六子也。……嗣子之恒。哀疚增裂……君之弟景，卫尉丞；次弟昌，监察御史、薛王府录事，并珠玉符鉴，文章气骨。"①

王惕撰《唐故太原王府君墓志铭并序》："君讳恭，其先太原人也。曾大父之咸，皇京兆府长安县尉，赠郑州刺史。大父纬，皇检校工部尚书、润州刺史，赠太子少保。父庇，前河南府巩县令。……君即巩县之第六子也。"②

《旧唐书·王纬传》："王纬，字文卿，太原人也。祖景，司门员外、莱州刺史。父之咸，长安尉，与昆弟之贲、之涣皆善属文。"③《新唐书·王纬传》："王纬，字文卿，并州太原人。父之咸，为长安尉，与弟之贲、之奂皆有文。"④是史书所记王之涣家族世系的仅见材料，只是新传所载"之奂"名字稍异。

根据以上墓志，列《王之涣家族世系简表》。

① 胡海帆、汤燕：《北京大学图书馆新藏金石拓本菁华：1996—2012》，北京大学出版社2012年版，第168页。拓片较早刊于《书法丛刊》2002年第3期，第84页。
② 赵跟喜、张永华编：《新中国出土墓志》河南叁《千唐志斋壹》，第289页。
③ [后晋]刘昫：《旧唐书》卷一四六，第3964页。
④ [宋]欧阳修、宋祁：《新唐书》卷一五九，第4953页。

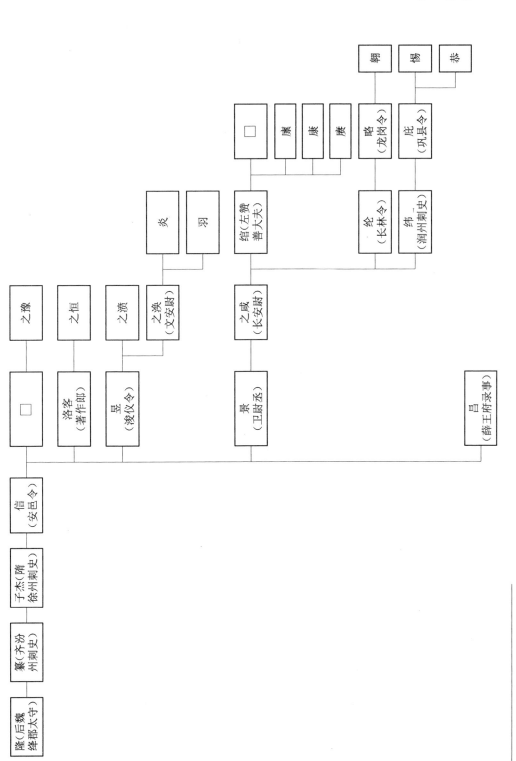

① 本表参考以下成果：陈尚君《跋王之涣祖父王德表 妻李氏墓志》，载《文学遗产》1987 年第 6 期，第 125—128 页；黄清发《王洛客墓志考》，载《纪念西安碑林九百二十周年华诞国际学术研讨会论文集》，文物出版社 2008 年版，第 375—385 页；叶国良《唐代墓志考释八则》，载《台大中文学报》1995 年第 7 期，第 51—76 页。

王之涣墓志与盛唐边塞诗

就边塞诗派而言，王之涣则是这一派中影响巨大的诗人。因为其诗仅存六首，尚难窥见全豹，故而我们参合新出土墓志加以论证。靳能所撰的《王之涣墓志》："惟公孝闻于家，义闻于友，慷慨有大略，倜傥有异才，尝或歌从军，吟出塞，曒兮极关山明月之思，萧兮得易水寒风之声，传乎乐章，布在人口，至夫雅颂发挥之作，诗骚兴喻之致，文在斯矣，代未知焉，惜乎。"①我们知道，王之涣是盛唐时期最为著名的边塞诗人之一，而对其边塞诗最早作出评价者就是靳能撰写的这篇墓志。其诗题材是"歌从军，吟出塞"，内涵则有"曒兮极关山明月之思，萧兮得易水寒风之声"，表现方法则是"雅颂发挥之作，诗骚兴喻之致"，影响达到"传乎乐章，布在人口"的境地。虽寥寥数语，评价却全面中肯。王之涣的《凉州词二首》："黄河远上白云间，一片孤城万仞山。羌笛何须怨杨柳，春风不度玉门关。"②"单于北望拂云堆，杀马登坛祭几回。汉家天子今神武，不肯和亲归去来。"③前者通过唐时边塞荒凉景色的描绘，表现出悲壮苍凉又慷慨激昂的情调；后者就唐代中受降城的拂云堆作具体的吟咏，通过与单于杀马祭天的对比，表明唐兵志在征服而不肯和亲的英勇威武气势。两首诗都有离愁别绪，但也都笼罩于壮阔的境界和悠远的情调之中，正所谓"曒兮极关山明月之思，萧兮得易水寒风之声"。再如其《九日送别》之作："蓟庭萧瑟故人稀，何处登高且送归。今日暂同芳菊酒，明朝应作断蓬飞。"④尽管分别的地点在蓟庭的边塞，别后又如断蓬飞散，而"何处登高且送归"一句，意境仍然是高远苍凉、雄浑阔大的。

王之涣的隐逸

《王之涣墓志》云："以门子调补冀州衡水主簿。气高于时，量过于众。

---

① 李希泌：《曲石精庐藏唐墓志》，第 53 页。
② ［清］彭定求：《全唐诗》卷二五三，第 2849 页。
③ ［清］彭定求：《全唐诗》卷二五三，第 2850 页。
④ ［清］彭定求：《全唐诗》卷二五三，第 2850 页。

异毛义捧檄之色,悲不逮亲;均陶潜屈腰之耻,勇于解印。会有诬人交构,公因拂衣去官,遂优游青山,灭裂黄绶。夹河数千里,藉其高风;在家十五年,食其旧德。雅淡珪爵,酷嗜闲放,密亲懿交,恻公井渫,劝以入仕,久而乃从。复补文安郡文安县尉。"①是知王之涣在解任冀州衡水主簿以后,复补文安县尉之前,退隐家乡十五年。王之涣作为边塞诗人,在其墓志没有出土之前,人们对于他的隐逸经历一无所知。文学史上常见的现象,是山水田园诗人具有隐逸经历者较多,而边塞诗人具有隐逸经历者罕见。《王之涣墓志》的发现,给我们一个重要启示就是,唐代作家因为经历的不同,造成了多层面的生活,这样的生活映现于创作当中,使得文学创作丰富多彩。王之涣传世的诗歌作只有六首,无从窥其全豹,只为留下来的诗以边塞著称,我们把他看成是边塞诗人,但我们看他的《凉州词》,在边塞诗的背景之下,呈现出的山水美景,确实令人赞叹。还有他的《宴词》:"长堤春水绿悠悠,畎入漳河一道流。莫听声声催去棹,桃溪浅处不胜舟。"②描写漳河春来,绿水荡漾,长堤逶迤,虽然不是山水诗,但对山水风景的描写也是入木三分。

值得注意的是王之涣族人也有隐逸的情况。其族叔《王洛客墓志》云:"五岁便受诗礼,诵数万言。八岁能属文,十一通经史。班固之七岁能文,杨乌之九龄言《易》,方君之慧,彼独何□。时有同郡王子安者,文场之宗匠也。力拔今古,气覃诗学。呪其润者,浮天而涸流;闻其风者,搏扶而飚起。君常与其朋游焉。不应州郡宾命,乃同隐于黄颊山谷。后又游白鹿山。每以松壑遁云,樵歌扣月,圻行山溜乳精,苏门长啸,有松石意,无宦游情。至仪凤年,属帝道文明,海内贞观,求材而理,野无遗贤。爰下明制,使中书侍郎河东薛元超求遗材于天下,君乃迫时命而应征焉。"③王洛客与王勃同隐于黄颊山与白鹿山。黄颊山,《光绪山西通志》引《河津县

① 李希泌:《曲石精庐藏唐墓志》,第 53 页。
② [清]彭定求:《全唐诗》卷二五三,第 2850 页。
③ 胡海帆、汤燕:《北京大学图书馆新藏金石拓本菁华:1996—2012》,第 168 页。拓片图版最早载于《书法丛刊》2002 年第 3 期,第 84 页。

志》："黄颇山在县东北三十五里，即文中子、东皋子隐居之处。……下流即白牛溪也。上有永兴禅寺，为文中子授经地。由峪口折而东，有石楼，有文中子洞。洞北由佛殿陟石梯而上，又架木为梁。其西有王绩洞。峪外土壤广衍，或曰即东皋也。"①白鹿山是位于河北卫州共城县。《元和郡县图志》卷一六载："白鹿山，在县西五十四里。"②由《王之涣墓志》与《王洛客墓志》所载王氏诸人隐逸情况，可以看出王氏族人，具有隐逸的传统，往往在没有入仕的时候，可以隐逸在山中读书，入仕受挫的时候，也可以通过隐逸来排遣情怀，表现清高之风。王之涣就是在衡水主簿任上，受人诬陷而失官，故而效法陶潜，拂衣去官，追慕隐逸，优游青山，其清高风概传遍黄河两岸数千里之遥。由此推测，其诗风之形成，诗名之传播，与其隐逸过程有着密切的关系。

王之涣之妻《李氏墓志》

靳能所撰的《王之涣墓志》出土之后，王之涣的夫人《李氏墓志》也相继出土。该志题为《唐故文安郡文安县尉太原王府君夫人勃海李氏墓志铭并序》，末题："大理丞王缙撰。"③天宝七载（748）十一月廿四日葬，是其时王缙为大理丞。墓志没有说明撰写的缘由，也没有说明撰者和志主的关系，但王缙为王之涣夫人撰写墓志，是一定具有特殊关系的。我们知道，王之涣卒于天宝元年（742），而夫人李氏卒于天宝七载（748），这时墓志的撰写一定是由其子弟的请托而撰的。《王之涣墓志》是由于其堂弟永宁主簿之咸请求永宁县尉靳能所撰的，而王之涣夫人李氏的墓志由王缙所撰，我们推测家族因素是最有可能的，因为王之涣和王缙同属太原王氏家族。如此，唐代山水诗名家王维、王缙兄弟与边塞诗名家王之涣或具有家族上的渊源关系。

① ［清］王轩、杨笃：《光绪山西通志》卷三二，《续修四库全书》第 642 册，上海古籍出版社1996 年，第 47 页。
② ［唐］李吉甫：《元和郡县图志》卷一六，第 462 页。
③ 周绍良主编：《唐代墓志汇编》，第 1626 页。

值得注意的是王缙所撰《李氏墓志》与靳能所撰的《王之涣墓志》的关系。《李氏墓志》因为属于权厝之志，不是合葬志，故而较为简略，但其中的志文和铭文仍然可以看出其中的渊源。《王之涣墓志》志文云："嗣子炎及羽等，哀哀在疚，栾栾其棘。"铭文云："苍苍穷山，尘复尘兮。郁郁佳城，春复春兮。有斐君子，闭兹辰兮。吁嗟海内，涕哀辛兮。矧伊密戚，及故人兮。"[①]《李氏墓志》志文云："嗣子羽，哀哀在疚，栾栾其棘。"铭文云："佳城郁郁，春复其春。穷山苍苍，松柏愁人。泉扃一闭兮开无辰，呜呼哀哉兮思慕终身。"[②]王缙所撰的这篇墓志说不上是一篇有文学价值的墓志，因其志文仅是对于李氏家世和婚姻的简略叙述，铭文又因袭靳能所撰的王之涣墓志。但这篇墓志还是具有两个方面的认识意义：一是王维家族与王之涣家族应该具有一定的关联，二是有助于了解王缙这位堪称大手笔的文章家前期和后期文章风格的差异。

六、苑 咸 墓 志

墓 志 释 文

唐故中书舍人集贤院学士安陆郡太守苑公墓志铭 并序

遗孙朝议郎前殿中侍御史内供奉赐绯鱼袋论撰

有唐故中书舍人、集贤院学士、安陆郡太守、馆陶县开国男苑公，以至德三年正月廿九日，薨于扬州之官舍，享年卌九。权窆于禅智寺北原。世难家贫，久未归葬。遗孙论、询、詘等，霜露感深，岁月逢吉，谋于龟筮，求于亲知。至元和五年十月十八日，詘自惟扬启举府君旅榇，论、询等自江陵扶护祖妣邵夫人旅榇，偕至于洛中。越明年正月十四日，葬我祖馆陶公、祖妣邵夫人于洛阳县平阴乡之邙原，礼也。呜呼！公讳咸，字咸。其先帝喾之后武丁子，名文，封于宛叶间，因以得姓。五代祖礼，仕周为振威

① 周绍良主编：《唐代墓志汇编》，第1549页。
② 周绍良主编：《唐代墓志汇编》，第1626页。

将军，镇守边徼，因家马邑，今为马邑善阳人也。生随奋武将军，从师护边，为突厥所掠。至贞观元年，率麾下将士万余人转战南归。太宗嘉之，封上柱国、芮国公，累迁左金吾卫大将军、安抚等州诸军事、安州刺史，食实封三千户，谥曰忠，讳君璋，公之高祖也。生左武卫大将军，汾、代、甘等州刺史、武威郡公讳孝文，公之曾祖也。生洺州司法参军讳问，公之王父也。生赠济阳郡太守讳操，公之皇考也。流长柢深，波委叶茂，克生才子，实为国华。呜呼哀哉！论等少孤，又不逮事。王父尝闻于宾客家相之言曰：公既龀，聪敏加于人。七岁诵诗书，日数千言，十五能文，十八应乡赋，耻以文字进，以经济为己任。开元中，声明文物，振迈汉魏；求名之士，难于登天。公当此时，年始弱冠，为曲江公张九龄表荐。玄宗亲临前殿策试，除太子校书，仍留集贤院。上以董仲舒、刘向比之，由是除右拾遗。无何，丁太夫人忧。服阕，历左拾遗、集贤院学士，旋除左补阙，迁起居舍人，仍试知制诰。时有事于南郊，撰册文。封馆陶县开国男，改考功郎中兼知制诰，拜中书舍人。诸弟犯法，公素服诣阙，请以身代，由是贬汉东司户。未几，复除中书舍人。天宝末，权臣怙恩，公道直，不容于朝，出守永阳郡，又移蕲春，旋拜安陆郡太守。属羯胡构患，两京陷覆，玄宗避狄。分命永王都统江汉，安陆地亦隶焉。永王全师下江，强制于吏。公因至扬州，将赴阙廷，会有疾，竟不果行。呜呼哀哉！公以盛德盛才，加之以政事，论琐劣，不逮郯子之言，敢以类举。天宝中，有若韦临汝斌、齐太常澣、杨司空绾，数公颇为之名矣，公与之游，有忘形之深，则德行可知也。每接曲江，论文章体要，亦尝代为之文。洎王维、卢象、崔国辅、郑审，偏相属和，当时文士，望风不暇，则文学可知也。右相李林甫在台座廿余年，百工称职，四海会同。公尝左右，实有补焉，则政事可知也。夫子设四科第学者，公兼其三，天胡不仁，何盛公之才行，亏公之年寿。若使公当时居卿相间，则羯胡岂敢南向，戎马不复生郊矣。文集十卷，行之于世。呜呼！公于西方教深，入总持秘密之行，齐荣辱是非之观，又不可得而窥也。夫人汝阴令谅之第二女，学兼内外，识洞玄微，教授甥侄，颇有达者。晚岁尤精禅理，究无生学。公薨后十年而夫人殁，遗命左右曰："归祔乡园，勿我同穴。"论等

恭闻斯语也久,不敢违先旨。故兆域之内,公居庚,夫人居壬,相近四十
尺,遵遗令,征历者之吉也。长男籍,大历中授河南府伊阳县尉,不幸早
世,亦以今日合祔清河崔夫人于南茔,相远七十丈。三女:长曰贤,早亡;
次曰广果,为比丘尼,行高释门,知名江左;季女尹庶邻妻,殁有年矣。遗
孙论等承姑之命,奉公之榇葬于兹,不唯虞陵谷,亦虑后之人有疑双坟,故
为铭曰:

邙岭南兮洛食北,启新兆兮安有德。卜永年兮千万亿,子孙拜享无终
极。遵释教兮奉遗言,匪同穴兮建双坟。虞陵谷兮疑后人,写曩意于
斯文。

河东姚宋礼镌

《苑咸墓志》,苑咸(710—758),字咸,马邑善阳人。官至中书舍人、集贤院学士。
至德三年(758)正月廿九日卒于扬州,享年卌九,元和六年(811)正月十四日迁葬于
洛阳县平阴乡之邙原。墓志正书,36 行,行 36 字;盖篆书,4 行,行 4 字。志石边长
69 厘米,厚 22 厘米。志盖题:"唐故中书舍人苑公墓志。"志石首题:"唐故中书舍人
集贤院学士安陆郡太守苑公墓志铭并序。"题署:"遗孙朝议郎前殿中侍御史内供奉
赐绯鱼袋论撰。"志石现藏于洛阳师范学院图书馆。拓本图版载于《洛阳新出土墓志
释录》,北京图书馆出版社 2004 年版,第 158 页;《秦晋豫新出墓志蒐佚》,第 869 页。
录文载于《洛阳新出土墓志释录》,第 156—157 页;吴钢《全唐文补遗》第 9 辑,三秦
出版社 2007 年版,第 389—391 页。浙江大学图书馆碑帖中心藏有《苑咸墓志》拓
片。胡可先有《新出土〈苑咸墓志〉及相关问题研究》,载《清华大学学报》2009 年第 4
期,第 57—67 页。苑咸诗,载《全唐诗》卷一二九,第 1316 页。

苑咸墓志的政治史价值

唐玄宗开元、天宝时期,无论是政治经济,还是文学艺术,都呈现出
前所未有繁盛状态,历史上称为"盛唐"。中唐文人沈既济的《词科论》
曾描述道:"以至于开元、天宝之中,上承高祖、太宗之遗烈,下继四圣治
平之化,贤人在朝,良将在边,家给户足,人无苦窳,四夷来同,海内晏

然。虽有宏猷上略无所措,奇谋雄武无所奋。百余年间,生育长养,不知金鼓之声,燧燧之光,以至于老。故太平君子唯门调户选,征文射策,以取禄位,此行己立身之美者也。父教其子,兄教其弟,无所易业,大者登台阁,小者仕郡县,资身奉家,各得其足,五尺童子,耻不言文墨焉。是以进士为士林华选,四方观听,希其风采,每岁得第之人,不浃辰而周闻天下。故忠贤隽彦韫才毓行者,咸出于是。"①这是就开元、天宝时期总体情况而言的。后世的历史研究者,无不以中国曾出现过这样的盛世而自豪,文学研究者更在为"诗必盛唐"而引吭高歌。然而人们在分析具体的历史事件与作家的创作道路时,一旦涉及文学背景,又往往指责当时政治腐败、幸臣专权的局面。对盛世的自豪感与转型时代的忧虑,一起呈现在当今的学术研究当中,相反而又相成。近年出土的《苑咸墓志》,则可为我们研究玄宗朝,尤其是开元末至天宝时期的政治与文学提供了新的视角。

苑咸是关联开元、天宝之际政治思想与文化学术的重要人物,从政治上说,他前期受到著名宰相张九龄的赏识,后期又与关涉唐代政治盛衰的关键人物李林甫具有密切的关系,还与当时重要的政治人物韦斌、齐澣、杨绾有所过从;从文学上说,他与盛唐大诗人王维、卢象、崔国辅、郑审诗歌酬唱,关系甚为密切;从思想上说,他崇奉佛教,且佛学造诣精深。因而从《苑咸墓志》中,我们可以探索开元、天宝时期文士与官吏,从政治思想到文化学术状况的某些侧面。

(一) 苑咸与张九龄

人们对于唐玄宗朝的历史,往往有一种固定的认识:就时间上说,以开元二十四年(736)张九龄罢相,李林甫代替张九龄为首相时作为唐代由盛转衰的分界线;就人物来说,则常以开元中的宰相作为坐标系,以确定研究对象的是非,大多以接近姚崇、宋璟、张说、张九龄者为是,以接近李

---

① ［唐］杜佑:《通典》卷一五,中华书局 1988 年版,第 358 页。

林甫、杨国忠者为非。① 而这种研究方式与思维模式,最易于将错综复杂的历史现象简单化,不利于恢复历史的真实面貌。《苑咸墓志》的出土,使我们得以进一步了解这位盛唐时期复杂的政治人物与文学人物的真实面貌。以苑咸为中心,从其与当时的人物、事件的关联中看待唐代的一些政治问题,以观照唐玄宗天宝前后的政治格局,可能会获得意想不到的收获。

苑咸是一位才华早著的人物,他很早就受到张九龄的赏识。《墓志》言:"公既龀,聪敏加于人。七岁诵诗书,日数千言,十五能文,十八应乡赋,耻以文字进,以经济为己任。开元中,声明文物,振迈汉魏;求名之士,难于登天。公当此时,年始弱冠,为曲江公张九龄表荐。玄宗亲临前殿策试,除太子校书,仍留集贤院。"据墓志载其至德三年(758)卒,年四十九推之,其应乡赋之年在开元十五年(727)。由墓志"耻以文字进,以经济为己任"语可知,张九龄所赏识苑咸者,主要是他的经济之才。

张九龄是开元时期著名的宰相之一,字子寿,韶州曲江人。"幼聪敏,善属文。年十三,以书干广州刺史王方庆,大嗟赏之,曰:'此子必能致远。'登进士第,应举登乙第,拜校书郎。玄宗在东宫,举天下文藻之士,亲加策问,九龄对策高第,迁右拾遗。…… 开元十年,三迁司勋员外郎。……十一年,拜中书舍人。"②张九龄的这段经历,与苑咸非常相似。九龄与宰相张说交好,而张说为宇文融弹劾罢相,九龄亦受牵连,贬为太常少卿。又出为冀州刺史,改洪州都督,转桂州都督、充岭南道按察使。张说卒后,召拜九龄为秘书少监、集贤院学士、副知院事。再迁中书侍郎,母丧归乡里。至开元二十一年(733)十二月,起复为中书侍郎,同中书门

---

① [唐]崔群:《论开元天宝讽止皇甫镈疏》云:"人皆以天宝十四年安禄山反为乱之始,臣独以为开元二十四年罢张九龄相,专用李林甫,此理乱之所分也。"(《全唐文》卷六一二,上海古籍出版社1990年版,第2739页)这段文字是后人对唐代盛衰认识的始作俑者。建国以后这种观点也是学术界的主流趋势:"以开元二十四年末张九龄因李林甫进谗言而罢相为分界线,盛唐可以分为前后两期。盛唐前期,政治开明、经济繁荣,诗人们有较多的机会进入仕途施展才能。盛唐后期,社会危机日甚一日,诗人们仕途坎坷,而诗歌创作却获得丰收。"(丁放、袁行霈:《李林甫与盛唐诗坛》,《文学遗产》2004年第5期,第47页)
② [后晋]刘昫:《旧唐书》卷九九《张九龄传》,第3097—3098页。

下平章事。二十二年,迁中书令,修国史。二十三年(735),加金紫光禄大夫,封始兴县伯。二十四年(736),迁尚书右丞相,罢知政事。后因周子谅事牵连,左迁荆州大都督府长史,请归拜墓而遇疾卒。事迹载《旧唐书》卷九九、《新唐书》卷一二六本传。

张九龄被后人称道之处,主要有三个方面:一是采用文治。汪篯对于玄宗朝吏治与文学的关系曾有过专门的研究,他认为:开元朝重视文治,以张说的用事为真正的转捩点。"张说在当时本是文士的领袖,这时凑巧碰到长久升平的时期。在太平盛世,好大喜功的君主,往往要粉饰文治。张说以其人适当其会,对于这方面特别注重,自在情理之中。"又说:"在张说死后,玄宗便已渐次起用张九龄。最先召用他做秘书少监、集贤院学士,不久又迁擢为工部侍郎知制诰;更后,又用为中书侍郎,甚得玄宗亲信。到开元二十一年(733)十二月,便正式用了张九龄做宰相。二十二年(734)正月,九龄自韶州入见玄宗于东都,正式视事。张九龄特以文学得宠信,这时虽然已经致位宰相,但还常常被召至翰林视草。"①二是识鉴知人。《旧唐书·张九龄传》载:"九龄以才鉴见推,当时吏部试拔萃选人及应举者,咸令九龄与右拾遗赵冬曦考其等第,前后数四,每称平允。开元十年(722),三迁司勋员外郎。时张说为中书令,与九龄同姓,叙为昭穆,尤亲重之,常谓人曰:'后来词人称首也。'九龄既欣知己,亦依附焉。"②三是洞察安禄山野心。《旧唐书·张九龄传》载:"明年(按即开元二十二年),迁中书令,兼修国史。时范阳节度使张守珪以裨将安禄山讨奚、契丹败衄,执送京师,请行朝典。九龄奏劾曰:'穰苴出军,必诛庄贾;孙武教战,亦斩宫嫔。守珪军令必行,禄山不宜免死。'上特舍之。九龄奏曰:'禄山狼子野心,面有逆相,臣请因罪戮之,冀绝后患。'上曰:'卿勿以王夷甫知石勒故事,误害忠良。'遂放归藩。"③后来,安史之乱爆发,玄宗

---

① 汪篯:《唐玄宗时期吏治与文学之争》,《汪篯隋唐史论稿》,中国社会科学出版社 1981 年版,第 200、202—203 页。
② [后晋]刘昫:《旧唐书》卷九九,第 3098 页。
③ [后晋]刘昫:《旧唐书》卷九九,第 3099 页。

幸蜀,回想起张九龄对安禄山的预见,下诏褒美曰:"正大厦者柱石之力,昌帝业者辅相之臣。生则保其荣名,殁乃称其盛德,饰终未允于人望,加赠实存乎国章。故中书令张九龄,维岳降神,济川作相,开元之际,寅亮成功。说言定其社稷,先觉合于蓍策,永怀贤弼,可谓大臣。竹帛犹存,樵苏必禁,爰从八命之秩,更进三台之位。可赠司徒,仍遣使就韶州致祭。"[①]

张九龄对苑咸有知遇之恩,二人的关系,就墓志与现存史料的考察,尚可了解两件事:一是弱冠时,受张九龄引荐玄宗召试,以除太子校书。《苑咸墓志》记载较为清楚。据其卒于至德三年(758),年四十九推之,弱冠在开元十七年(729)。而考张九龄事迹,开元十八年(730),由洪州都督转桂州都督。至开元十九年(731)三月始入京为秘书少监。故而张九龄推荐苑咸应为开元十九年(731)事。若早于该年,则与张九龄事迹不合,若晚于该年,又与墓志"始弱冠"相悖。[②] 二是与张九龄论文章体要,为张九龄代为之文。《苑咸墓志》云:"每接曲江,论文章体要,亦尝代为之文。"苑咸受张九龄赏识的一个重要原因,应该是他擅长文章并为张九龄代作文章。但他为张九龄代作之文,惜已只字不存,故无从窥见其风格。但我们还可以通过张九龄的文学创作与文学思想以探测他们所论的文章体要。张九龄在给张说撰写的墓志中说:"始公之从事,实以懿文,而风雅陵夷,已数百年矣。时多吏议,摈落文人,庸引雕虫,沮我胜气,丘明有耻,子云不为,乃未知宗匠所作,王霸尽在。及公大用,激仰后来。天将以公为木铎矣。"张九龄擅长作文,当时即受唐玄宗称赞:"张九龄文章,自有唐名公皆弗如也。朕终身师之,不得其一二,此人真文场之元帅也。"[③]清人纪昀云:"九龄守正嫉邪,以道匡弼,称开元贤相。而文章高雅,亦不在燕、许

---

① [后晋]刘昫:《旧唐书》卷九九,第3100页。
② 这里附带论及苑咸是否曾为司经校书的问题。《新唐书》卷六〇《艺文志》载:"《苑咸集》,卷亡。京兆人,开元末上书,拜司经校书。"据《旧唐书·职官志》,东宫官有司经局,设校书四人,正九品是《新唐书·艺文志》所言之司经校书与墓志所言之太子校书,都是指司经局校书。惟《新唐书》所言"开元末",则不确。徐松《登科记考》卷八据《新唐书》将苑咸上书拜官司经校书系于开元二十九年,则更误。
③ [五代]王仁裕等:《开元天宝遗事十种》,上海古籍出版社1985年版,第97—98页。

诸人下。""文笔宏博典实,有垂绅正笏气象,亦具见大雅之遗。"①从其论文之语重"王霸"及当时与后人的评价来看,张九龄论文之体要是在于表现王霸大略之概与追求宏博典雅之风的。

(二) 苑咸与李林甫

开元二十四年(736),张九龄罢相,玄宗始专用李林甫。苑咸之依附李林甫,当始于本年。《旧唐书·李林甫传》："林甫恃其早达,舆马被服,颇极鲜华。自无学术,仅能秉笔,有才名于时者尤忌之。而郭慎微、苑咸文士之阘茸者,代为题尺。"②《新唐书·奸臣传上》亦称："林甫无学术,发言陋鄙,闻者窃笑。善苑咸、郭慎微,使主书记。"③而墓志对苑咸的评价,与史书差异甚大。当然,《苑咸墓志》为其孙苑论所撰,当然会对苑咸有溢美之词,但史书记载,对于某些历史人物,也会有偏颇,故我们需对苑咸与李林甫的关系进行全面的考察。值得我们重视的主要有三件事。

第一,李林甫任用苑咸编纂《唐六典》。《新唐书》卷五八《艺文志》："《六典》三十卷,开元十年,起居舍人陆坚被诏集贤院修《六典》,玄宗手写六条,曰理典、教典、礼典、政典、刑典、事典。张说知院,委徐坚,经岁无规制,乃命毋煚、余钦、咸廙业、孙季良、韦述参撰。始以令式象《周礼》六官为制。萧嵩知院,加刘郑兰、萧晟、卢若虚。张九龄知院,加陆善经。李林甫代九龄,加苑咸。二十六年(738)书成。"④《大唐新语》对此事亦有记载："开元十年,玄宗诏书院撰《六典》以进,时张说为丽正学士,以其事委徐坚。沉吟岁余,谓人曰:'坚承乏,已曾七度修书,有凭准皆似不难,唯《六典》历年措思,未知所从。'说又令学士毋婴等,检前史职官,以今式分入六司,以今朝六典,象周官之制。然用功艰难,绵历数载。其后张九龄

① ［清］纪昀：《四库全书总目》卷一四九,第 1279 页。
② ［后晋］刘昫：《旧唐书》卷一〇六,第 3240 页。
③ ［宋］欧阳修、宋祁：《新唐书》卷二二三上,第 6347 页。
④ ［宋］欧阳修、宋祁：《新唐书》卷五八,第 1477 页。

委陆善经,李林甫委苑咸,至二十六年,始奏上。百寮陈贺,迄今行之。"①

第二,苑咸代李林甫作文。即前引史载"代为题尺"。按,苑咸之文,《文苑英华》与《全唐文》所载,有 14 篇,篇目为:《为李林甫让中书令表》《谢兄除补阙表》《为李卿谢三品状》《为李林甫谢兄林宗为太仆卿状》《为李林甫谢赐兄衣服状》《为李林甫让男五品官状》《为李林甫谢腊日赐药等状》《谢赐药金盏等状》《谢赐药金状》《为李林甫谢赐鹿肉状》《为李林甫谢赐鱼状》《为李林甫谢赐蟹状》《为李林甫谢赐车螯蛤蜊等状》《为李林甫谢赐食物状》②。陈尚君《全唐文补编》卷三七又补 2 篇:《孙逊除庶子制》《答李卿谢三品状》③。这些文章,大都是代李林甫所作的。

第三,苑咸辅佐李林甫处理政事。《苑咸墓志》云:"右相李林甫在台座廿余年,百工称职,四海会同。公尝左右,实有补焉,则政事可知也。"现存的史料没有见到苑咸辅佐李林甫处理政事的直接记载,但从墓志与其用苑咸预修《唐六典》,以及留存的代李林甫所作的十余篇谢表等,其辅佐李林甫处理政事是合情合理的。

(三) 苑咸与玄宗朝政治

在《苑咸墓志》没有出土之前,人们从没有将苑咸与张九龄发生联系,只是将其作为李林甫任用的文人来看待,因而持肯定态度者并不多见。即使是稍为公允的评价,也只是说"并无明显劣迹"而已。我们现在把苑咸与张九龄、李林甫两位盛唐政治人物的关系,置于唐玄宗统治的盛唐整体背景下考察,就可以得出新的认识。开元、天宝时期的政治发展情况,既难以天宝元年(742)作盛衰的划线,更难以开元二十四年(736)为其界标。

苑咸是先是受到张九龄的推荐并任用,后又得到李林甫的任用与器

---

① 〔唐〕刘肃:《大唐新语》卷九,第 136 页。按,陈振孙:《直斋书录解题》卷六记载此事为张九龄使苑咸纂修《唐六典》,盖误。
② 〔清〕董诰:《全唐文》卷三三三,第 1490—1491 页。
③ 陈尚君:《全唐文补编》卷三七,第 453 页。

重的人。《苑咸墓志》的出土，为我们提供了对李林甫进行另一番审视的视角，也为我们对于玄宗朝的政治进行总体审视提供了更多的想象空间。自从汪篯提出唐玄宗朝"吏治"与"文学"之争的命题以后，学术界往往对此多加阐释，以为姚崇重"吏治"，张说、张九龄重"文学"，李林甫又重"吏治"。因为论述的是吏治与文学之争，就把这两者对立起来。而我们现在看《苑咸墓志》，知道苑咸是既有干练之才的官吏，又精于政事，故能辅佐李林甫以处理政事。同时还是精于文学的文人。他不仅有诗文传世，更常代张九龄与李林甫作文。由张九龄与李林甫都重用苑咸的情况可以看出，唐玄宗朝的几位宰相，都是吏治与文学并用的，其间并没有严格的对立。当然，表现在不同的宰相身上，对于吏治与文治各有侧重，这与其个人的性格与整个时代环境的变化都是分不开的。

姚崇是以吏治见长的宰相，但也不废文治，他自己就有诗文传世。张说奉玄宗之命为姚崇撰写神道碑，称其"武库则矛戟森然，文房则礼乐尽在"，批评世人"但睹浑璞，谁详瑾瑜"①，一是说明姚崇吏才与文才兼长，二是说明姚崇和张说并非是完全对立的。姚崇做宰相，是在玄宗即位伊始。我们知道，姚崇是经历过武则天、中宗与睿宗朝的官吏，而武则天朝的政治是以吏治著称的，则天退位以后，又发生了太平公主之乱与韦后之乱，故而玄宗即位初期，政局尚未完全稳定，很多复杂的事务需要具有干练之才的官吏来处理。姚崇执政偏于吏治，是特定的历史渊源与时代背景造成的。

姚崇推荐代替自己的宰相宋璟，其经历与姚崇差不多，他在玄宗即位之前的睿宗时就曾经任过宰相，且不顾太平公主的阻挠，去除无德无才的官员数千人，因而被贬。唐玄宗即位，以其有吏治之才，故加以任用，再度为相。但宋璟也是"博学，工于文翰"②之人。他执政期间，亦偏于吏治，进一步开拓了唐代繁盛的初步局面，故而与姚崇并称，被誉为"前有房、杜，后有姚、宋"，而他任用的文学之士已较姚崇为多。

① ［唐］张说：《姚崇神道碑》，《文苑英华》卷八八四，中华书局1966年版，第4657—4658页。
② ［后晋］刘昫：《旧唐书》卷九六，第3029页。

　　唐代政治,经过姚、宋的治理,已从稳定走向繁荣,各种官僚机构也得到了相应的整肃,一般来说,当一个社会稳定繁荣之后,必定会重视文治武功,张说正是适应这一政治背景的需要而执掌大政的。《大唐新语》称张说:"前后三秉大政,掌文学之任,凡三十年。为文思精,老而益壮,尤工大手笔,善用所长,引文儒之士以佐王化。……开集贤,置学士,功业恢博,无以加矣。"①汪篯说:"张说在当时本是文士的领袖,这时凑巧碰到长久升平的时期。在太平盛世,好大喜功的君主,往往要粉饰文治。张说以其人适当其会,对于这方面特别注重,自在情理之中。在他任集贤学士知院事的期中,所引用的人物,大都是文采之士。"②阐述张说任用文士的个人因素与时代因素,都是很精辟的。但由此推断出与吏治的对立,则不免有煊染与夸大之嫌。

　　张九龄也是著名的文学家,气类与张说相近,因而受到张说的器重,二人交谊十分深厚,又由于同姓的关系,叙为昭穆。九龄执政,进一步发展了张说开创的文治的新局面。故二人在政事与文学方面,都并驾齐驱。

　　就玄宗朝的历史来说,自张说开元九年(721)任宰相,到张九龄开元二十四年(736)罢相,运用文治也已有十六年之久。这一段时间,因为文治的不少正面表现,加以九龄罢相以后,人们往往将安史之乱的起因归结为继任的宰相李林甫,故而张说、张九龄执政期间的局面,一直是后人歌颂的对象。而实质上,文治重教化,吏治重秩序,时间长了都会各有流弊。而要二者相互补充。张说、张九龄任职期间,也是意识到这一点的,上文述及的《唐六典》的编纂始于张说,成于张九龄,再由李林甫奏上,就说明了这一点。有关张九龄对于人才的处置,后人也颇有非议。这就是张九龄大开唐人贬谪南荒之途,他曾向皇帝提出了"放逐之臣不宜居善地"的建议,受到玄宗皇帝的采纳,从此,交通困难,气候恶劣,山川阻隔,有去难归的岭南、湖南地区,就成为罪臣的去所。《旧唐书·刘禹锡传》说:"禹锡积岁在湘、澧间,郁悒不怡,因读《张九龄文集》,乃叙其意曰:'世称曲江为

① ［唐］刘肃:《大唐新语》卷一,第10页。
② 汪篯:《汪篯隋唐史论稿》,第200页。

相，建言放臣不宜于善地，多徙五溪不毛之乡。今读其文章，自内职牧始安，有瘴疠之叹，自退相守荆州，有拘囚之思。托讽禽鸟，寄辞草树，郁然与骚人同风。嗟夫，身出于遐陬，一失意而不能堪，矧华人士族，而必致丑地，然后快意哉！"①后来歌颂张九龄，也会有夸饰的成分。即上文叙述的洞察安禄山野心一事，也是颇值得怀疑的。②

张九龄罢相后，李林甫执政，前后达十八年之久，成为后人指责的对象。但历代的文史研究者，一直陷于一种悖论之中：谈到中国历史的发展，无不以开元、天宝的盛世而自豪；谈到李林甫，又为其长期祸国殃民而痛恨。由这个悖论就昭示出学术界对于开元、天宝一朝政治的认识，很大程度上存在着偏颇，因而需要重新审视。学术界也有学者开始注意到这一点，以为对李林甫的评价要区分大节与小节。③ 当然，本书的目的并不是要为李林甫翻案，因为就李林甫个人的品质来说，确实是值得指责的与批判的。而只是就《苑咸墓志》说开去，而给这种悖论找到一个合理的解释。

李林甫执政十八年，即使是按照常理推测，也不可能完全一无是处的。《苑咸墓志》突出政事方面，正表现出李林甫治政之长。李林甫以门荫调补入仕，进入仕途较早，特殊的经历促使他处理政事以干练见长。但史载他不擅文词，"林甫恃其早达，舆马被服，颇极鲜华。自无学术，仅能秉笔"④。要让这样一位人物像张说、张九龄那样大力任用文人，就其自身素质来说，也是不可能的。再加以张说、张九龄时期过分重于文治，在朝廷内部以及朝野上下也引发了很多矛盾，即使是唐玄宗也在张九龄的

---

① ［后晋］刘昫：《旧唐书》卷一六〇，第 4211 页。
② 值得怀疑的原因有二：一是史书记载其事在开元二十二年，距离安禄山谋反的天宝十四载有二十二年时间，因而这样的预见的真实性不得而知，即使真有其事，也是不切实际的。二是《唐丞相曲江张文献公集》卷一〇载有张九龄《请诛安禄山疏》（雍正刊本，第 19—20 页），陈尚君《全唐文补编》卷三四以为"此文疑出后人依托"（《全唐文补编》，中华书局 2005 年版，第 407 页）。
③ 郭绍林：《解读盛唐须区分李林甫的小节和大节》，《河南大学学报》2005 年第 1 期，第 123—126 页。
④ ［后晋］刘昫：《旧唐书》卷一〇六《李林甫传》，第 3240 页。

用人方面作了一些调和处理,如史家经常述及的任用张守珪、牛仙客等事就说明了这一点。李林甫由为官到执政期间,值得称道的至少有以下三点:其一是振兴纲纪。唐人封演《封氏闻见记·颂德》记载了李林甫这样一件事:"在官有异政,考秩已终,吏人立碑颂德者,……谓之'颂德碑',亦曰'遗爱碑'。……开元中,右相李林甫为国子司业,颇振纲纪。泊登庙堂,见诸生好说司业时事。诸生希旨,相率署石建碑于国学都堂之前。后因释奠日,百寮毕集,林甫见碑,问之祭酒班景倩,具以事对。林甫戚然曰:'林甫何功而立碑,谁为此举?'意色甚厉。诸生大惧得罪,通夜琢灭,覆之于南廊。天宝末,其石犹在。"①其二是整顿风俗。著名诗人高适有《留上李右相》诗,前半首云:"风俗登淳古,君臣挹大庭。深沉谋九德,密勿契千龄。独立调元气,清心豁窅冥。本枝连帝系,长策冠生灵。傅说明殷道,萧何律汉刑。钧衡持国柄,柱石总贤经。隐轸江山藻,氛氲鼎鼐铭。兴中皆《白雪》,身外即丹青。"②这首诗,刘开扬、孙钦善均系于天宝八载(749)③。刘开扬笺曰:"前幅十六句颂李。可分四段,每段四句。首述唐之盛世,风俗淳厚,君圣臣贤,皇运久长。次颂李之胸怀,与皇室为同宗,其善策为生民之最。再颂其能政与执掌大权。四言其能诗赋、铭文,并好音乐、绘画,多才又多艺也。"④其三,李林甫执政,在玄宗后期怠于政事的背景下,对政治的稳定也有着特殊的作用。这一方面,《剑桥中国隋唐史》有一段论述颇为精当:"在姚崇、宋璟和张说当宰相时,首辅宰相是在一个积极参与政务处理的皇帝手下工作的。但在李林甫的漫长任期内,玄宗越来越只关心自己的家事,日益沉溺于道教和密宗佛教,并且逐渐不再起积极的政治作用。因此,李林甫对朝廷的支配远比他的几个前任全面。"⑤

---

① 赵贞信:《封氏闻见记校注》:卷五,中华书局 2005 年版,第 40 页。有关李林甫对法制的改革,可参考赵剑敏:《唐代一场被历史湮没的法制运动——李林甫执政性质新探》,《学术月刊》2004 年第 2 期,第 59—65 页。
② 孙钦善:《高适集校注》,上海古籍出版社 1984 年版,第 166 页。
③ 刘开扬:《高适诗集编年笺注》,中华书局 1981 年版,第 201 页;[唐]高适著,孙钦善校注:《高适集校注》,第 166 页。
④ 刘开扬:《高适诗集编年笺注》,第 204 页。
⑤ [英]崔瑞德:《剑桥中国隋唐史》,中国社会科学出版社 1990 年版,第 408 页。

综上所述，由《苑咸墓志》与文献史料参证，可以将开元、天宝时期的政治进程分为几个阶段，即姚崇、宋璟时期偏重于吏治，张说、张九龄时期偏重于文治，李林甫时期又偏重于吏治。之所以出现这种情况，是由于这个时期政治发展的大背景造成的，也与以上执政者的个人特性相关。但偏重吏治者也并没有废弃文学，偏重文治者也具有很好的干练之才。因而总体上不存在"吏治"与"文学"的根本对立。李林甫执政的十八年，在振兴纲纪与整顿风俗方面，也作出了较大的贡献，故在当时得到了很好的评价。至于天宝末年安史之乱发生的根源，前人往往归结于李林甫、杨国忠等一、二个政治人物身上，未免有失偏颇。这一动乱的必然性与偶然性，还必须从唐代集权制度、边疆政策、民族关系等诸多深层方面进行考虑。因为离本书的主旨较远，也就不展开论述了。

（四）苑咸的人品考察

因为苑咸长期跟随李林甫的关系，史书记载以至历代论者，对他的人品罕有称道者。大多归为李林甫一类而加以指斥，以为"苑咸是一个卖身投靠李林甫的文人"①。至于其与王维有交往，论者还从其与王维的往还诗当中，找出王维婉拒其推荐为官之意，以证明王维品德的高尚，这将在下文中论述。即使一些持论平稳的研究者也以为："至于他所任用的文人郭慎微与苑咸，主要是为其办理文案。……从现有资料看，郭、苑二人并无明显劣迹，李林甫对二人似亦未特别垂青，'阘茸'的恶谥，恐怕是受李林甫连累所致。"②现在我们考察《苑咸墓志》，可以对其人品有更为清楚的认识。

《苑咸墓志》云："公以盛德盛才，加之以政事，论琐劣，不逮郗子之言，敢以类举。天宝中，有若韦临汝斌、齐太常瀚、杨司空绾数公，颇为之名矣。公与之游，有忘形之深，则德行可知也。"当然，苑论为其祖作墓志，溢

---

① 张福庆：《关于王维"趋附"李林甫一说的考辨》，《华东师范大学学报》1999 年第 4 期，第 127 页。
② 丁放、袁行霈：《李林甫与盛唐诗坛》，《文学遗产》2004 年第 5 期，第 55 页。

美之词,在所难免。但我们从与苑咸交游的人物当中,还是可以考察其立身行事与道德品行的。

韦斌,京兆杜陵人。初以宰相子抱拜授封,加朝散大夫,封平乐郡公。累拜中书舍人,稍迁寿春太守,又迁临汝太守。《旧唐书》卷九二、《新唐书》卷一二二有传。安史之乱爆发,韦斌陷入贼中。王维《韦斌神道碑》记叙其陷贼后的遭遇:"伪疾将遁,以猜见因。勺饮不入者一旬,秽溺不离者十月;白刃临者四至,赤棒守者五人。刀环筑口,戟枝叉颈,缚送贼庭,实赖天幸,上帝不降罪疾,逆贼恫瘝在身,无暇戮人,自忧为厉。公哀予微节,私予以诚,推食饭我,致馆休我。毕今日欢,泣数行下,示予佩玦,斫手长吁,座客更衣,附耳而语。"①表现了高尚的气节与真挚的友情。

齐澣,字洗心,定州义丰人。少开敏,年十四,见特进李峤,峤称其有王佐才。圣历中,制科登第,调蒲州司法参军,历监察御史。开元中,迁中书舍人,论驳书诏,皆准古义。宋璟、苏颋并重之,与修四库群书。杜暹表宋璟为吏部尚书,澣及苏晋为侍郎,时称高选。后为江南采访使,以瓜步多风涛,乃移漕路于京口。终平阳太守。《旧唐书》卷一九○中、《新唐书》卷一二八有传。"李林甫恶其行,欲挤而废之。会其幕府坐赃,事连澣,诏矜澣老,放归田里。天宝初,召为太子少詹事,留司东都。严挺之亦为林甫所废,与澣家居,杖屡经过不缺日,林甫畏之,乃用澣为平阳太守,离其谋。更以黄老清静为治,卒,年七十二。肃宗时,录林甫所陷者,皆褒洗,故澣赠礼部尚书。"②可知齐澣是被李林甫陷害之人,而苑咸与之交好。

杨绾,字公权,华州华阴人。早孤家贫,养母以孝闻。举进士,调补太子正字。天宝十三载(754)应博通坟典等科,超授右拾遗。天宝末,安禄山反,肃宗即位于灵武,绾自贼中冒难,披榛求食,以赴行在。拜起居舍人、知制诰。历司勋员外郎、职方郎中,掌诰如故。迁中书舍人,兼修国史。故事,舍人年深者谓之"阁老",公廨杂料,归阁老者五之四。绾以为品秩同列,给受宜均,悉平分之,甚为时论归美。官至中书侍郎、同中书门

---

① 陈铁民:《王维集校注》卷一一,第 1051—1052 页。
② [宋] 欧阳修、宋祁:《新唐书》卷一二八,第 4470 页。

下平章事、集贤殿崇文馆大学士,兼修国史。《旧唐书》卷一一九、《新唐书》卷一四二有传。"缙素以德行著闻,质性贞廉,车服俭朴,居庙堂未数月,人心自化。御史中丞崔宽,剑南西川节度使宁之弟,家富于财,有别墅在皇城之南,池馆台榭,当时第一,宽即日潜遣毁拆。中书令郭子仪在邠州行营,闻缙拜相,座内音乐减散五分之四。京兆尹黎干以承恩,每出入驺驭百余,亦即日减损车骑,唯留十骑而已。其余望风变奢从俭者,不可胜数,其镇俗移风若此。"①

由苑咸与韦斌、齐澣、杨缙诸人的交谊考察,苑咸在开元、天宝时期,是一位具有独立个性的人物,他为李林甫掌文诰,辅助其处理政事,但并未完全依附李林甫。从他得到名相张九龄的赏识,到与名臣韦斌、齐澣、杨缙的交游,以至"为李林甫书记",再加上后来经历了安史之乱与永王李璘事件,则成为我们考察玄宗朝政治值得重视的最重要的人物之一。

苑咸墓志的文学史意义

由《苑咸墓志》,我们可以看到苑咸在当时是一位著名的诗文作家,又是一个文学世家。他的文章,以文诰最为著名,"唐人推咸为文诰之最"②。苑咸的文学成就表现在三个方面：其一是与张九龄论文章体要,并为张九龄、李林甫代作文章;其二是有文集十卷传世;其三是与当时著名的文学家交游。第一方面上文已经述及,第二方面其文集已经散佚,散篇流传的诗文,上文也已经作了简要的勾勒,故本节主要论述苑咸与当时文人的交游情况以及其文学世家的特点。

(一) 苑咸的文学交游

《苑咸墓志》云："泊王维、卢象、崔国辅、郑审,偏相属和,当时文士,望风不暇,则文学可知也。"所提到的人物都有作品传世,故我们分别加以考察。

---

① ［后晋］刘昫：《旧唐书》卷一一九,第 3435 页。
② ［宋］计有功：《唐诗纪事》卷一七,第 258 页。

王维,字摩诘,蒲州人,是盛唐时期最为著名的诗人之一。早慧工诗,博学多艺。开元九年(721)及进士第。历官右拾遗、监察御史、给事中等。安史之乱发生,长安沦陷,王维扈从不及,为叛军所获。乱平后责授太子中允。官终尚书右丞。《旧唐书》卷一九〇下、《新唐书》卷二〇二有传。

王维集中还留下与苑咸往还诗二首:《苑舍人能书梵字兼达梵音皆曲尽其妙戏为之赠》:"名儒待诏满公车,才子为郎典石渠。莲花法藏心悬悟,贝叶经文手自书。楚词共许胜扬马,梵字何人辨鲁鱼。故旧相望在三事,愿君莫厌承明庐。"①《重酬苑郎中并序》,题注:"时为库部员外。"序云:"顷辄奉赠,忽枉见酬。叙末云:'且久不迁,因而嘲及。'诗落句云:'应同罗汉无名欲,故作冯唐老岁年。'亦《解嘲》之类也。"诗云:"何幸含香奉至尊,多惭未报主人恩。草木岂能酬雨露,荣枯安敢问乾坤。仙郎有意怜同舍,丞相无私断扫门。扬子《解嘲》徒自遣,冯唐已老复何论。"②苑咸亦有《酬王维》诗一首,序云:"王员外兄以予尝学天竺书,有戏题见赠。然王兄当代诗匠,又精禅理,枉采知音,形于雅作。辄走笔以酬焉。且久未迁,因而嘲及。"诗云:"莲花梵字本从天,华省仙郎早悟禅。三点成伊犹有想,一观如幻自忘筌。为文已变当时体,入用还推间气贤。应同罗汉无名欲,故作冯唐老岁年。"③根据二人的传世诗作,我们拟考察以下几个问题:一,苑咸与王维赠酬诗的作年;二,苑咸与王维交友的共同点;三,苑咸与王维赠酬诗的主旨。

先看第一个方面,王维诗题称"苑舍人",则诗应作于苑咸为中书舍人时。又据《重酬苑郎中》题注,是时王维为库部员外郎。陈铁民先生《王维年谱》考证王维转库部员外郎疑在天宝五载(746),六载(747)仍在任,至七载(748)迁库部郎中。④ 张清华先生《王维年谱》考证苑咸为中书舍人在天宝五载(746),王维为库部员外郎亦在天宝五载(746),七载(748)迁

① 陈铁民:《王维集校注》卷三,第256页。
② 陈铁民:《王维集校注》卷三,第258页。
③ [清]彭定求:《全唐诗》卷一二九,第1317页。
④ 陈铁民:《王维新论》,北京师范学院出版社1990年版,第20—21页。

库部郎中。二人相酬诸诗作于天宝六载（747）。① 按，陈、王二先生所考大致不差。因而苑咸与王维赠酬之诗作于天宝六载王维在库部员外郎任上。

再看第二方面，苑咸《酬王维》诗序称："王兄当代诗匠，又精禅理，枉采知音，形于雅作。"则知苑咸许王维为"知音"。诗有"莲花梵字本从天，华省仙郎早悟禅"等句，均言王维精于禅理。而王维赠苑咸诗序则称其"能书梵字，兼达梵音，曲尽其妙"，诗誉其"莲花法藏心悬悟，贝叶经文手自书。楚词共许胜扬马，梵字何人辨鲁鱼"，则二人交友之共同点，主要在于精通禅理与擅长诗歌两个方面，而禅理尤为重要。墓志云："公于西方教，深入总持秘密之行，齐荣辱是非之观，又不可得而窥也。"西方教即指佛教，不仅如此，苑咸信奉佛教，还有很好的家庭氛围。墓志云其夫人"晚岁尤精禅理，究无生学"，其次女"比丘尼，行高释门，知名江左"。与王维中年丧妻后不娶，常与诗人僧徒往还赋诗的氛围颇有共同之处。

最后看第三方面，因苑咸诗序有"且久未迁，因而嘲及"语，王维答诗有"扬子《解嘲》徒自遣，冯唐已老复何论"，故论者对诸诗主旨的看法有两种截然不同的观点：一是王维与苑咸交往，是出于对李林甫的"趋附谄媚"；②二是王维对苑咸要引荐自己升迁，作诗婉拒，表现了崇高的气节。③实质上，将苑咸与王维酬答的三首诗综合起来看，王维并没有趋附谄媚，更不是婉拒引荐。因为王维先赠的一首诗，题为"戏作"，末二句"故旧相望在三事，愿君莫厌承明庐"，是对作为朋友苑咸说的客套话，也是在开玩笑，希望他以后能登上三公之位，故不必厌倦当下的侍从之臣。也因为王维这首诗是"戏作"，故而有苑咸诗的"嘲及"，意谓你不要与我开这样的玩

① 张清华：《王维年谱》，学林出版社 1988 年版，第 99—102 页。
② 孙昌武：《唐代文学与佛教》："（王维）结交了李的书记苑咸。……以李林甫比曹参，不只是比拟不伦，而且是诏谀过分。"（陕西人民出版社 1985 年版，第 90 页）
③ 参陈铁民：《从王维的交游看他的志趣和政治态度》，载《王维新论》，北京师范学院出版社 1990 年版，第 76 页；丁放、袁行霈：《李林甫与盛唐诗坛》载《文学遗产》2004 年第 5 期，第 55 页；张福庆：《关于王维"趋附"李林甫一说的考辨》，载《华东师范大学学报》1999 年第 4 期，第 128 页。

笑,你现在也处于和我差不多的位置,不要故作清高,以使岁月流过。王维的重酬之作则借用扬雄的《解嘲》进一步对嘲戏的回答。因此这组诗的主旨在于诗歌唱和层面上的戏作与解嘲,是建立在具有共同志趣的基础上的,表现了二人关系的密切,至于唱和中的客套与谦逊,不必求之过深,以附会过多的政治内涵。

卢象,字纬卿,汶水人。仕为校书郎、左拾遗、膳部员外郎。安史之乱中授安禄山伪官,乱平后贬永州司,后为主客员外郎。《唐才子传》卷二有传。卢象诗在当时颇为有名,殷璠评云:"象雅而不素,有大体,得国士之风。曩在校书,名充秘阁。其'灵越山最秀,新安江甚清',尽东南之数郡。"①中唐诗人刘禹锡亦称:"始以章句振起于开元中,与王维、崔颢比肩骧首,鼓行于时。妍词一发,乐府传贵。"②又云:"(董侹)尝所与游皆青云之士,闻名如卢、杜(自注:卢员外象、杜员外甫),高韵如包、李(自注:包祭酒佶、李侍郎纾),迭以章句扬于当时。"③可见卢象在开元、天宝中诗名甚著。卢象有集十二卷,今已不传,唯《全唐诗》卷一二二录其诗一卷,《全唐文》卷三〇七收其文两篇。而与苑咸往还之作,不见于其中。

崔国辅,山阴人。开元十四年(726)严迪榜进士,与储光羲、綦毋潜同时。举县令,累迁集贤直学士、礼部郎中。天宝间,坐是王鉷近亲,贬竟陵司马。《唐才子传》卷二有传。崔国辅诗颇闻名于时,殷璠评云:"国辅诗婉娈清楚,深宜讽味,乐府数章,古人不能过也。"④《新唐书·艺文志》载其集,《全唐诗》卷一一九收其诗四十一首⑤。

郑审,郑州荥阳人。开元二十五年(737),在监察御史任,以观风使检校两京馆驿。二十八年(740)正月,令两京道路并种果树,以殿中侍御史充使。天宝初,迁司勋员外郎,转吏部员外郎,迁郎中。九载(750),在谏议大夫任。乾元中,为袁州刺史。大历初秘书少监,出为江陵少尹。《全

① 傅璇琮、陈尚君、徐俊编:《唐人选唐诗新编》(增订本),第 264 页。
② [唐]刘禹锡:《刘禹锡集》卷一九,中华书局 1990 年版,第 233 页。
③ [唐]刘禹锡:《刘禹锡集》卷一九,第 238 页。
④ 傅璇琮、陈尚君、徐俊编:《唐人选唐诗新编》(增订本),第 236 页。
⑤ [清]彭定求:《全唐诗》卷一一九,第 1199—1205 页。

唐诗》卷三一〇存诗二首①。郑审与杜甫交好，杜甫有《敬赠郑谏议十韵》云："谏官非不达，诗义早知名。"②又《解闷十二首》之三："一辞故国十经秋，每见秋瓜忆故丘。今日南湖采薇蕨，何人为觅郑瓜州。"原注："郑秘监审。"③又《八哀诗·故著作郎贬台州司户荥阳郑公虔》："萧条阮咸在，出处同世网。他日访江楼，含凄述飘荡。"原注："著作与今秘监郑君审，篇翰齐价，谪江陵，故有'阮咸''江楼'之句。"④《宴胡侍御书堂》，原注："李尚书之芳、郑秘监审同集，得归字韵。"⑤又有《秋日寄题郑监湖上亭三首》⑥《秋日夔府咏怀奉寄郑监李宾客一百韵》⑦《舟出江陵南浦奉寄郑少尹审》⑧。颜真卿《颜允南神道碑》："与谏议大夫郑审、郎中祁贤之每应制及朝廷唱和，必警绝佳对，人人称说之。"⑨知郑审在天宝时诗名颇振。

由以上考述可知，苑咸所交游的文人如卢象、崔国辅、郑审等，都是当时非常著名的大诗人。惜诸人文集均不传，故存诗并不多，与苑咸往还之作，也没有传下来。然即此也可以推知，苑咸的诗文在当时应该是有一定的地位与知名度的。王维诗赞其"楚词共许胜扬马"，亦并非虚誉。因此，我们现在研究文学史，不仅要重视传世文献，而且要利用出土文献，二者排比参证，综合考订，才能不断揭开文学史中的未发之覆，以进一步逼近原生状态。

（二）苑咸的文学家世

苑咸除了自己擅长文学外，他还是一个文学世家，他的文学成就对其子孙有重要影响。首先是墓志撰者苑论，志题："遗孙朝议郎前殿中侍御

---

①　［清］彭定求：《全唐诗》卷三一〇第 3515 页。
②　［清］仇兆鳌注：《杜诗详注》卷二，第 110 页。
③　［清］仇兆鳌注：《杜诗详注》卷一七，第 1512—1513 页。
④　［清］仇兆鳌注：《杜诗详注》卷一六，第 1413—1414 页。
⑤　［清］仇兆鳌注：《杜诗详注》卷二一，第 1878 页。
⑥　［清］仇兆鳌注：《杜诗详注》卷二〇，第 1729 页。
⑦　［清］仇兆鳌注：《杜诗详注》卷一九，第 1699 页。
⑧　［清］仇兆鳌注：《杜诗详注》卷二二，第 1920—1921 页。
⑨　［清］董诰：《全唐文》卷三四一，第 1530 页。

史内供奉赐绯鱼袋论撰。"从其撰写的墓志看,苑论是颇有文才的。这篇墓志,以散文为主,可见其受中唐古文运动的影响较深。苑论,贞元九年(793)及进士第,及第后归觐,柳宗元作了《送苑论登第后归觐诗序》。据该文及注可知,苑论,字言扬,齐大夫苑何忌之后。据《登科记考》卷一三,是年及第者三十二人,试《平权衡赋》,以"昼夜平分,铢钧取则"为韵。又试《风光草际浮》诗①。故知苑论是中唐时诗、赋与文都擅长的文学家,惜其赋与诗均不存。柳宗元这篇文章,是我们了解苑论生平与文学的重要文献,其称道苑论说:"观其掉鞅于术艺之场,游刃乎文翰之林,风雨生于笔札,云霞发于简牍,左右圜视,朋侪拱手,甚可壮也。"②明章懋《送进士还乡序》:"吾少时读柳子厚《送苑论归觐诗序》,见其有所谓'风雨笔札,云烟简牍',与夫'桂枝片玉,光生于家,曳裾峨冠,荣南诸侯'之邦者,未尝不羡其文章之富,慕其登第之荣也。"③

除了苑论以外,墓志记载苑咸的遗孙还有询与䌷。苑询事迹未详。苑䌷,也是中唐时期的文学家,《全唐诗》卷七八〇存其诗一首,题为《暗投明珠》,诗云:"至宝欣怀日,良兹岂可俦。神光非易鉴,夜色信难投。错落珍寰宇,圆明隔浅流。精灵辞合浦,素彩耀神州。抱影希人识,承时望帝求。谁言按剑者,猜忌却生雠。"④《全唐诗》将苑䌷置于时代、爵里、世次均无考卷中,今可据《苑咸墓志》而移正。又"苑䌷"注:"一作范䌷。"亦误。苑䌷亦曾应进士举,此诗或为其应举之作。苑䌷在当时亦颇为有名,《太平广记》卷二四二《苑䌷》引《乾撰子》曰:"唐尚书裴胄镇江陵,常与苑论有旧。论及第后,更不相见,但书札通问而已。论弟䌷方应举,过江陵,行谒地主之礼。客因见䌷名,曰:'秀才之名,虽字不同,且难于尚书前为礼,如何?'会䌷怀中有论旧名纸,便谓客将曰:'某自别有名。'客将见日晚,仓遑遽将名入,胄喜曰:'苑大来矣,屈入。'䌷至中庭,胄见貌异。及坐,揖曰:

---

① [清]徐松:《登科记考》卷一三,第478页。
② [唐]柳宗元:《柳宗元集》卷二二,中华书局1979年版,第600页。
③ [明]章懋:《枫山集》卷四,《景印文渊阁四库全书》第1254册,第101页。
④ [清]彭定求:《全唐诗》卷七八〇,第8826页。

'足下第几？'祖对曰：'第四。'胄曰：'与苑大远近？'祖曰：'家兄。'又问曰：
'足下正名何？'对曰：'名论。'又曰：'贤兄改名乎？'祖曰：'家兄也名论。'
公庭将史，于是皆笑。及引坐，乃陈本名名祖。既逡巡于便院，俄而远近
悉知。"①

墓志关涉的其他问题

（一）李林甫卒后苑咸的情况

《苑咸墓志》云："天宝末，权臣怙恩，公道直，不容于朝，出守永阳郡，
又移蕲春，旋拜安陆郡太守。"李林甫卒后，杨国忠代为宰相，墓志中的"权
臣"当指杨国忠。《旧唐书·陈玄礼传》："杨国忠禀性奸回，才薄行秽，领
四十余使，恣弄威权，天子莫见其非，群臣由之杜口，致禄山叛逆，銮辂播
迁，枭首覆宗，莫救艰步。"②《封氏闻见记》曰："林甫薨后，杨国忠为左相，
兼总铨衡。从前注拟，皆约循资格，至国忠创为押例，选深者尽留，乃无才
与不才也。"③则杨国忠专权，在选官制度改变的情况下，苑咸被排挤出
朝。"永阳郡"即滁州，其为永阳郡太守，又见于《新唐书·艺文志》记载：
"《苑咸集》。卷亡。京兆人。开元末上书，拜司经校书、中书舍人，贬汉东
郡司户参军，复起为舍人、永阳太守。"④郁贤皓先生《唐刺史考全编》卷一
二五《滁州》据此编于天宝中⑤，微误。应据墓志编于天宝末。而墓志所
载移蕲春与拜安陆太守，则为《唐刺史考全编》缺载，可补入。其为安州刺
史，即安陆太守，在永王李璘制置江汉时。即肃宗至德元载（756）。

（二）苑咸与安史之乱

《苑咸墓志》云："属羯胡构患，两京陷覆，玄宗避狄。分命永王都统江

① ［宋］李昉：《太平广记》卷二四二，中华书局 1961 年版，第 1869 页。
② ［后晋］刘昫：《旧唐书》卷一〇六，第 3255 页。
③ 赵贞信：《封氏闻见记校注》卷五，第 40 页。
④ ［宋］欧阳修、宋祁：《新唐书》卷六〇，第 1602 页。
⑤ 郁贤皓：《唐刺史考全编》卷一二五，1708 页。

汉,安陆地亦隶焉。永王全师下江,强制于吏。公因至扬州,将赴阙廷,会有疾,竟不果行。""羯胡构患"即指安史之乱事。其时洛阳、长安相继沦陷,玄宗逃往成都,并采取分兵制置的策略,以永王李璘制置江汉,以抵抗安禄山。当时苑咸为安州刺史,属于永王李璘统辖范围,故而强行调遣其奔赴扬州,因苑咸身患疾病,未能成行。按,李璘事件是与安史之乱密切相关的政治事件,对唐代转折时期的政治与文学也产生极大的影响。安史之乱爆发后,京城沦陷,玄宗西逃。如何应付与抵御这场内乱,在玄宗与太子李亨间展开了冲突。玄宗采取的分兵制置的策略,让太子李亨制置北方,永王李璘制置江南西路,李琦制置江南东路及淮南,李珙制置河西,以谋求抵抗安禄山,逐渐消耗其实力,并图恢复。而肃宗的策略则正好相反,他急于恢复长安,以安稳地登上皇帝的宝座。天宝十五载(即至德元载,756)六月,下诏以永王璘为山南东道及岭南、黔中、江南西路四道节度采访等使、江陵大都督。肃宗闻之,诏令李璘赴蜀朝见玄宗皇帝,璘拒命不从。肃宗于是置淮南节度使以领广陵等十二郡,置淮西节度使领汝南等五郡,再与江东节度使以共同防御李璘。李璘本来就不通谋略,又擅自引师东巡,袭吴郡与广陵,故肃宗遣淮南节度使高适、淮西节度使来瑱、江东节度使韦陟合兵讨伐之。后被江西采访使皇甫侁所擒,中矢而死。唐肃宗置李璘于死地,并给李璘定了一个谋反之罪。因而跟从李璘者,即如大诗人李白,都受到重罪处置。而此时苑咸被迫离开安陆而至扬州,其时扬州镇帅即是高适。苑咸想从扬州再赴朝廷,但因疾未行,于至德三年(758)正月卒于扬州。可知在安史之乱发生时的宗室事件中,苑咸是避开李璘而追随肃宗的。从中可见,苑咸具有较强的政治洞察力。

(三) 苑咸祔葬的特殊情况

《苑咸墓志》撰者苑论记述撰志过程云:"遗孙论等承姑之命,奉公之梓葬于兹,不唯虞陵谷,亦虑后之人有疑双坟,故为铭。"唐代夫妇死后,有合葬的习俗,而苑咸夫妇则要起双坟。此中缘由较为复杂,故其遗孙苑论撰写墓志叙述得较为清楚："公于西方教，深入总持秘密之行，齐荣辱是非之观，又不可得而窥也。夫人汝阴令谅之第二女，学兼内外，识洞玄微。教授甥侄，颇有达者。晚岁尤精禅理，究无生学。公薨后十年而夫人殁。遗命左右曰：归祔乡园，勿我同穴。论等恭闻斯语也久，不敢违先旨。故兆域之内，公居庚，夫人居壬，相近四十尺，遵遗令，征历者之吉也。"因为宗教信仰问题，故而遗命不能同穴，但形式上的不同穴，又易引起社会与后代的误会，故而在墓志中加以说明。而这一特殊情况，又不是其他人所能深入了解的，加以苑咸卒时，其孙苑论尚幼，而迁葬此墓时，苑咸之子苑籍已卒，故这一遗命只有苑论之姑最为清楚，苑论兄弟就是从遗命而起双坟安葬的。这种起双坟的情况，在新出土的唐代墓志中仅此一例，但对我们了解唐代的葬俗与宗教信仰的关系，是很有启发作用的。

七、徐 浚 墓 志

墓 志 释 文

唐故朝议郎行冯翊郡司兵参军徐府君墓志铭 并序

季弟朝散大夫检校尚书金部员外郎上柱国浩撰侄璹书

府君讳浚，字孟江，其先东海郯人。因官家会稽，今居河洛。府君即银青光禄大夫、洺州刺史讳峤之府君之元子。其家风祖德，碑表详焉。府君童稚善属词，十七明经高第。性不苟合，罔沽名以用光；迹在同尘，且晦息以藏志；偎俛常调，俯偻安卑。一命宣州参军，再迁陈州司法。时太康县有小盗剽劫，逮捕飞奔，廉使急宣，州佐巧抵，非辜伏法，十有余人。府君利刃铦锋，刚肠正色，决网不问，释累勿疑，全活者盈庭，颂叹者织路。累在艰疚，备极哀毁，伤感邻里，义激人伦。选授绛郡录事参军。夏县有巨猾，颇为时蠹。讪上则郡守不能制，附下则邑吏莫敢言。恶以养成，罪以贯稔。府君密察劾问，明刑剿绝，人到于今称之。及为冯翊司兵参军，盖芬芳蔼然，上下知仰矣。公德量惇大，体气闲和。巨海纳于众流，庆云被于群物。脱略细故,深怀永图。济义不以利回,周仁不以刑放。故室有好事,家无仗物。至于制作侔造化,兴致穷幽微,往往警策,蔚为佳句。常与太子宾客贺公、中书侍郎族兄安贞、吴郡张谔、会稽贺朝、万齐融、馀杭何謇为文章之游,凡所唱和,动盈卷轴。前后调选,必超等夷。吏部侍郎席公、苗公、达奚公,皆悬衡激扬,膝席礼接,良有以也。呜呼!积德不寿,怀才无命。天乎不仁,君子其病。春秋五十八,天宝十载四月十一日,遘疾终于冯翊官舍。粤既望庚午,迁神于洛阳,八月己未,厥枢于乐城里第。庚申,归窆于偃师县首阳原,祔先大夫之茔,礼也。嗣子顼、珰、场等,年未羁贯,痛深荼蓼。藐是孩啼,切氾毓之常子;依然墟墓,得晋献之从先。词曰:

德发祥,生才子。性温克,文载美。晔春华,澹秋水。一擢第,四从仕。位未高,问不已。善冈寿,仁何恃?陟彼岗,祔崇邙,松槚千秋永相望。

《徐浚墓志》,徐浚(694—751),字孟江,其先东海郯人。因官家会稽,后居河洛。官至朝议郎、行冯翊郡司兵参军。天宝十载(751)四月十一日卒,享年五十八,同年八月十日葬。墓志首题:“唐故朝议郎行冯翊郡司兵参军徐府君墓志铭并序。”盖题:“唐冯翊郡司兵徐公铭。”题署:“季弟朝散大夫检校尚书金部员外郎上柱国浩撰,侄璹书。”志石高49.2厘米,宽48.5厘米,志文楷书,共25行,满行25字。1998年夏,出土于洛阳偃师市南蔡庄村北。原石藏于洛阳赵君平家。拓片图版载于《书法丛刊》1999年第4期,第30—31页;《洛阳新获墓志续编》,第153页;《邙洛碑志三百种》,第217页;《新出唐墓志百种》,第204—205页;《龙门区系石刻文萃》,第510页。释文见《洛阳新获墓志续编》,第422页;《全唐文补遗》第8辑,第62—63页。赵君平有《唐〈徐浚墓志〉概述》,载《书法丛刊》1999年第4期,第29—30页;胡可先有《新出土徐浚墓志考述》,载《吉首大学学报》2000年第4期,第11—15页。柳金福有《唐徐浚墓志考释》,载《洛阳新出唐志研究》,第220—233页;王楠有《徐浚墓志笺注——唐代书画家、收藏家碑志集证徐氏家族篇之一》,载《文学遗产》网络版“文献研究”栏目。按,《全唐诗》及《全唐诗补编》均不载徐浚诗,然墓志称:“至于制作侔造化,兴致穷幽微,往往警策,蔚为佳句。常与太子宾客贺公、中书侍郎族兄安贞、吴郡张谔、会稽贺朝、万齐融、馀杭何赘为文章之游,凡所唱和,动盈卷轴。"是知其颇为擅长诗歌,且在当时很有影响,惜其诗散佚不存。

徐浚,新、旧《唐书》无传,传世文献中很难找到关于他事迹的记载,因而这篇墓志对于研究徐浚其人是最为全面的史料。这篇墓志,具有极高的史料价值,主要表现在:第一,记录了徐氏家族的情况,可以订补史籍记载的阙漏;二,记载了开元、天宝期间吴越地区的文人群体活动情况,文学史料价值很高;三,本志由著名书家徐璹所书,具有较高的书法史料价值;四,记载了徐浚明经及第与调选情况,具有一定的科举史料价值。

徐 浚 世 系

墓志云:"府君讳浚,字孟江,其先东海郯人。因官家会稽,今居河洛。"《元和姓纂》卷二有所记载:"洛州刺史徐峤之,居会稽,生浩、浚、漪。"①最近得到徐浚之父徐峤之墓志拓片,墓志题名《大唐故银青光禄大夫洺州刺史上柱国徐公墓志铭并序》,志载郡望与籍贯云:"公讳峤之,字惟岳,其先东海郯人。永嘉丧乱,因居吴越,今为会稽人也。系自偃王,派方贾谊,托孤寄命之节,前通后介之材,尽出一门,流芳百代。"是始居会稽者是在永嘉之乱时。《旧唐书》卷一三七、《新唐书》卷一六〇《徐浩传》均言:"徐浩字季海,越州人。"②则著其籍贯。而墓志称"东海郯"则举其郡望。③ 今居河洛者,盖因徐浚官冯翊司兵参军之故,因冯翊处于河洛之地。

墓志云:"府君即银青光禄大夫、洺州刺史讳峤之府君之元子。"按《旧唐书》卷一三七《徐浩传》:"父峤,官至洛州刺史。"④《全唐文》卷二六七《徐峤小传》:"峤字维岳,赠吏部侍郎师道子,历赵、湖、洛、润三州刺史。

① ［唐］林宝:《元和姓纂(附四校记)》卷二,第 209 页。
② ［后晋］刘昫:《旧唐书》卷一三七,第 3759 页;［宋］欧阳修、宋祁:《新唐书》卷一六〇,第 4965 页。
③ ［唐］林宝:《元和姓纂(附四校记)》卷二《徐》:"颛顼之后,嬴姓。伯益之后夏时受封于徐,至偃王为楚所灭,以国为氏。汉有河南太守徐守、徐明,又有徐俭。【东海郯州】自明居五代孙宁过江东,生祚之,生钦之、美之。"(第 196—197 页)又《晋书》卷七四《徐宁传》:"东海郯人。"(1955 页)此即徐氏东海郯郡望之由来。
④ ［后晋］刘昫:《旧唐书》卷一三七,第 3759 页。

入为中书舍人，大理寺卿，赠左散骑常侍。"①知徐峤之也是唐代一位文学家。但《旧唐书》等记载他的名字和官职与墓志不同。今以墓志作证，可知作"峤之"为是。又因"洺""洛"二字相近，故史籍中常将徐峤之仕历误为"洛州刺史"。如《册府元龟》卷一二八：开元"二十三年十二月，命十道采访使举良刺史县令，以……洛州刺史徐峤之……等闻上"②。《宋高僧传》卷一四《唐越州法华山寺玄俨传》称："故洛州刺史徐峤。"③《徐峤之墓志》载其世系云："六代祖陵，梁左仆射、太子少傅，作弼应期，具瞻允塞。曾祖澄，隋杭州钱唐令，琴堂布政，江介驰声。祖玄敬，皇朝隐居保合，天倪无闷，而偃塞虚白。父师道，益州九陇尉，薄游王爵，垂裕而张皇善庆。"可与《徐浚墓志》相印证。

徐峤之仕历，也可进一步加以考证。《古刻丛钞·唐徐氏山口碣石题刻》："广德元年八月廿一日，制复赠公嗣子故银青光禄大夫、洺州刺史、上柱国峤之左散骑常侍。洺州府君历典赵、衢、豫、吉、湖、洺六州，开元廿四年薨。"④《全唐文》卷四四〇收入徐浩文。峤之开元五年（717）为将作少监。开元五年立《姚彝神道碑》，题书人为"正议大夫行将作少监上柱国东海徐峤之"。⑤　开元十一年（723）在赵州刺史任。《宝刻丛编》卷一三《越州》："《唐香严寺碑》，唐银青光禄大夫康希铣撰，赵州刺史东海徐峤之书。……碑以开元十一年六月立。"⑥其后不久转衢州。《全唐文》卷三一九李华《衢州龙兴寺故律师体公碑》："刺史徐峤之率参佐县吏耆艾以降，请居龙兴寺。"⑦后又转豫州。《全唐文》卷二六八武平一《徐氏法书记》：

①　[清]董诰：《全唐文》卷二六七，第1197页。
②　[宋]王钦若：《册府元龟》卷一二八，第1534页。
③　[宋]赞宁：《宋高僧传》卷一四，第344页。
④　[元]陶宗仪：《古刻丛钞》，上海古籍出版社1995年版，第13页。
⑤　《姚彝神道碑》见文物出版社1996年版《洛阳新获墓志》第56页。《全唐文》卷二七三收入崔沔文中，不录书者姓名（第1227页）。又姚彝祖父《姚懿神道碑》亦为徐峤之所书，碑现存陕县西十五公里温塘游览区刘秀峰上。
⑥　[宋]陈思：《宝刻丛编》卷一三，第332页。
⑦　[清]董诰：《全唐文》卷三一九，第1430页。

"豫州刺史东海徐公峤之，怀才蕴艺，依仁践礼，自许笔精，人称草圣。"①
其后又自吉州刺史迁湖州刺史。《嘉泰吴兴志》卷一四《郡守题名》："徐峤
之，开元十三年自吉州刺史授，迁洺州刺史。"②同书卷一八《陈孝义寺碑》
题："唐银青光禄大夫使持节湖州诸军事湖州刺史上柱国常侍十代孙峤之
书。"③徐峤之为湖州刺史时间，诸书记载不一，《金石录》卷二六《唐孝义
寺碑阴记跋》："初，陈徐陵为《孝义寺碑》，至开元二十三年徐峤之为湖州
刺史，再书而刻之。"④《宝刻丛编》卷一四《湖州》引《复斋碑录》："《陈孝义
寺碑并阴》，陈人徐陵撰，十世孙徐峤之正书，开元二十二年正月十五日
立，在乌程。"⑤可参考岑仲勉《续贞石证史·陈孝义寺碑暨徐峤之》条，然
岑氏于其刺湖时间未作断论。言其开元二十年（732）入为大理少卿，亦
误。徐峤之为唐代书法名家，除前引所撰碑外，还可考出一些，如《宝刻丛
编》卷四《清河县》引《金石录》："《唐怀州刺史陶大举碑》，唐姚崇撰，徐峤
之书。开元八年。"⑥卷一三《越州》引《金石录》："《唐高行先生徐师道
碣》，唐姚奕撰序，贺知章铭，子峤之书。开元十一年四月立。"⑦同书卷一
四《严州》引《金石录》："《唐龙兴寺碑》，唐康希铣撰，徐峤之正书，开元三
年二月立。"⑧《徐峤之墓志》载其仕历可与前面考释相比照：早年为狄仁
杰表荐为左鹰扬卫骑曹参军，后为尚方监丞。中宗时为司农寺丞，历拜太
子右监门左司御、左监门中郎将判将军，兼太子家令判光禄少卿，除将作
少匠，赵、衢、豫、吉、湖、洺六州刺史。开元二十四年七月二日卒，春秋七
十二岁。

墓志云："嗣子顼、琯、场等，年未羁贯。"则徐浚卒时，二子尚年幼。
二子皆见于《元和姓纂》。该书卷二徐氏："浚生斑、顼、场。斑，都官郎

①　［清］董诰：《全唐文》卷二六八，第 1204 页。
②　［宋］谈钥：《嘉泰吴兴志》卷一四，《宋元方志丛刊》第 5 册，第 4773 页。
③　［宋］谈钥：《嘉泰吴兴志》卷一四，《宋元方志丛刊》第 5 册，第 4837 页。
④　金文明：《金石录校证》卷二六，中华书局 2019 年版，第 498—499 页。
⑤　［宋］陈思：《宝刻丛编》卷一四，第 374 页。
⑥　［宋］陈思：《宝刻丛编》卷四，第 89 页。
⑦　［宋］陈思：《宝刻丛编》卷一三，第 332 页。
⑧　［宋］陈思：《宝刻丛编》卷一四，第 392 页。

中;顼,渭南领军;场,阆州刺史。"①顼之仕历,岑仲勉《元和姓纂四校记》卷二:"《嗣曹王皋志》,通直郎、行河南府功曹参军事、馀姚县开国男徐顼书,贞元八年立。《金石录》九顼书《登封修县记》,亦同年立。《辽居稿》跋前志云:'《佩文斋书画谱》书家传称顼官云阳令,见《唐书·宰相世系表》,考《唐表》所载官云阳令之徐顼,祖徵,父汉,虽名同,实非一人也。'"②

关于徐浚世系,《元和姓纂》卷二有所记载:"洛州刺史徐峤之,居会稽,生浩、浚、漪。浩,吏部郎、东海郡公,有传,生璹、现、玫。现,泌州刺史。浚生珽、顼、场。珽,都官郎中;顼,渭南领军;场,阆州刺史。"③此墓志可与《姓纂》所载世系互相印证与发明。

墓志云:"十七明经高第。性不苟合,罔沽名以用光;迹在同尘,且晦息以藏志;傴俛常调,俯偻安卑。"以天宝十载(751)卒推之,其十七岁在睿宗景云元年(710),是年明经高第。徐浚明经及第,徐松《登科记考》缺载,可补入。

徐浚与盛唐诗坛

墓志云:"至于制作侔造化,兴致穷幽微,往往警策,蔚为佳句。常与太子宾客贺公、中书侍郎族兄安贞、吴郡张谔、会稽贺朝、万齐融、馀杭何謇为文章之游,凡所唱和,动盈卷轴。"④这里是说徐浚颇为擅长诗歌,常与贺知章等人唱和。最值得注意的是提到的几个诗人,他们都是吴越一带人,且以越州为主,说明开元、天宝时期,吴越一带,唐诗非常繁盛。

贺知章,字季真,会稽永兴人。少以文词知名,举进士。初授国子博士,又迁太常博士。因张说引荐入丽正殿书院修书。后转太常少卿。开

① [唐]林宝撰,岑仲勉校:《元和姓纂(附四校记)》卷二,第209页。
② [唐]林宝:《元和姓纂(附四校记)》卷二,第211页。
③ [唐]林宝:《元和姓纂(附四校记)》卷二,第209页。
④ 《书法丛刊》1999年第4期,第30页。

元十三年(725)，迁礼部侍郎，加集贤院学士，又充皇太子侍读。改授工部侍郎，兼秘书监置同正员。迁太子宾客、银青光禄大夫兼正授秘书监。天宝三载(744)，请度为道士，求还乡里。至乡无几寿终，年八十六。知章是唐代著名的文学家，《全唐诗》卷一一二收其诗一卷，《全唐文》卷三〇〇收其文二篇，《唐文拾遗》卷一八又补四篇。贺知章所撰墓志，近世不断出土，如《唐代墓志汇编》开元二六三《大唐故金紫光禄大夫行郿州刺史赠户部尚书上柱国河东忠公杨府君墓志铭并序》，题撰人为"右庶子集贤学士贺知章撰"①。又同书开元三五七《皇朝秘书丞摄侍御史朱公妻太原郡君王氏墓志并序》，题撰人为"秘书监集贤学士贺知章纂"②。《唐代墓志汇编续集》开元〇四五有《大唐故银青光禄大夫行大理少卿上柱国渤海县开国公封□□□并序》，题撰人为"秘书□□会稽贺知章撰"③。1988年4月出土《大唐故中散大夫尚书比部郎中郑公(绩)墓志铭并序》，题"贺知章撰"④。《全唐文补遗》第7辑有贺知章《唐故朝议大夫给事中上柱国戴府君(令言)墓志铭并序》，题署："太常博士贺知章撰。"⑤《河洛墓刻拾零》一六七《唐许临墓志》："《□银青光禄大夫使持节曹州诸军事曹州刺史上柱国颍川县开国男许公墓志铭并序》，朝议郎行太常博士□□贺知章撰。"(第214页)⑥

徐安贞，本名楚璧，后改名安贞，史称信安龙丘人。今据墓志称徐浚为族兄，则其郡望亦应为东海郯县。《元和姓纂》卷二有"中书侍郎徐安贞，居衢州龙邱(丘)"⑦，则当后徙之地，即与徐峤之徙会稽相类。安贞尤善五言诗。尝应制举，一岁三擢甲科，人士称之。开元中为中书舍人、集贤院学士。玄宗每属文及作手诏，多命安贞视草，甚承恩顾。累迁中书侍郎。天宝初卒。《全唐诗》卷一二四存其诗十一首。《全唐文》卷三〇五收

① 周绍良主编：《唐代墓志汇编》，第1336页。
② 周绍良主编：《唐代墓志汇编》，第1403页。
③ 周绍良、赵超主编：《唐代墓志汇编续集》，第484页。
④ 志载王关成等：《〈郑公墓志铭〉及其史料价值》，《文博》1989年第4期，第36—39页。
⑤ 吴钢主编：《全唐文补遗》第7辑，三秦出版社2000年版，第32页。
⑥ 赵君平、赵文成编：《河洛墓刻拾零》，国家图书馆出版社2007年版，第214页。
⑦ 〔唐〕林宝：《元和姓纂(附四校记)》卷二，第209页。

其文十二篇。

张谔，两《唐书》无传，《唐诗纪事》卷一五称："谔，登景龙进士第。岐王范好儒士，与阎朝隐、刘廷琦、郑繇等饮酒赋诗。驸马都尉裴虚己善谶纬，坐私与范游，徙岭南，廷琦贬雅州司户，谔山茌丞，然明皇于范无间也。"①徐松《登科记考》卷四系张谔登进士第于景龙二年(708 年)②。唐芮挺章《国秀集》卷中目录称"陈王掾张谔"③，选其诗五首。《全唐诗》卷一一〇存其诗十二首。《全唐诗逸》卷上又收其残句一则。由此墓志可证其籍贯为吴郡。

贺朝，两《唐书》无传，《旧唐书》卷一九〇中《贺知章传》云："先是神龙中，知章与越州贺朝、万齐融，扬州张若虚、邢巨，湖州包融，俱以吴、越之士，文词俊秀，名扬于上京。朝万止山阴尉，齐融昆山令，若虚兖州兵曹，巨监察御史。融遇张九龄，引为怀州司户、集贤直学士。数子人间往往传其文，独知章最贵。"④唐芮挺章《国秀集》卷中目录称"会稽尉贺朝"⑤，并选其诗三首。《全唐诗》卷一一八孙逖有《酬万八贺九云门下归溪中作》，卷一五一刘长卿有《明月湾寻贺九不遇》，卷一六〇孟浩然有《与崔二十一游镜湖寄包贺二公》，贺九均为贺朝⑥。《全唐诗》卷一一七存其诗八首，《全唐文》卷四〇八收其文一篇，小传称"天宝时山阴尉"。

万齐融⑦，官秘书省正字、泾阳令、昆山令等，天宝末尚存。《宝刻丛

① ［宋］计有功：《唐诗纪事》卷一五，第 226 页。
② ［清］徐松：《登科记考》卷四，第 148 页。
③ 傅璇琮、陈尚君、徐俊：《唐人选唐诗新编》(增订本)，第 282 页。
④ ［后晋］刘昫：《旧唐书》卷一九〇中，第 5035 页。
⑤ 傅璇琮、陈尚君、徐俊：《唐人选唐诗新编》(增订本)，第 282 页。
⑥ 岑仲勉：《唐人行第录》："贺九朝，字失传，名附见《旧文苑传》。《全诗》二孙逖《酬万八贺九云门下归溪中作》，即传所谓知章与贺朝、万齐融等以吴越文词俊秀，名闻上京也。《全诗》三函刘长卿《明月湾寻贺九不遇》。《旧传》误以'贺朝万'断句，《全诗》注已引《国秀》《搜玉》二集辨之。"(中华书局 2004 年版，133 页。)
⑦ ［唐］林宝：《元和姓纂》卷九："开元有畲齐融。"亦为"万齐融"之误。岑仲勉《元和姓纂四校记》卷九："《集古录目·玄俨律师碑》，天宝十五载立，前秘书省正字万齐融撰。又《丛编》一三《阿育王寺常住田记》引《复斋碑录》云，万齐融撰，元碑乃徐峤之书。又《径山大师碑》(《文粹》六四)有故泾阳令万齐融。《旧书·贺知章传》称，齐融止昆山令。《纪事》二二引梁肃《越州开元寺僧昙一碑》，称师与泾阳令万齐融等为儒释之游。《纪事》又 (转下页)"

编》卷一三《越州》引《集古录目》："《唐法华寺玄俨律师碑》，唐前秘书省正
字万齐融撰，武部郎中徐浩书。……碑以天宝十五年六月立。"①同卷引
《诸道石刻录》："《唐龙泉寺常住田碑》，唐万齐融撰，范的书。"②《国秀集》
卷中目录称"昆山令万齐融"③，并选其诗二首。《唐诗纪事》卷二二"万齐
融"条："梁肃作《越州开元寺僧昙一碑铭》云：师与贺宾客知章、李北海
邕、褚谏议庭诲、泾阳令万齐融为儒释之游，莫逆之友。李华《为润州鹤林
寺径山大师碑铭》云：菩萨戒弟子故吏部侍郎齐澣、故刑部尚书张均、故
润州刺史徐峤、故泾阳令万齐融，道流人望，莫盛于此。以二铭观之，齐融
盖开元以来江南乐道之士也。"④《全唐诗》卷一三二李颀有《寄万齐融》
诗⑤，卷一一八孙逊有《酬万八贺九云门下归溪中作》，万八即万齐融⑥。
《全唐诗》卷一一七存其诗四首，《全唐文》卷三三五收其文三篇。

何謇，事迹不详。《全唐诗》卷一三九储光羲《送姚六昆客任会稽何大
蹇任盂县》诗，当即此，"蹇"应从墓志作"謇"。

从以上与徐浚唱和数人的考证，我们可以看出，以贺知章为首的吴越
之士，已经形成了一个文学群体。当然这个文学群体，不仅是墓志中所提
到的几个人，文学史上的"吴中四士"，应该是这个群体中的中坚力量。由
这个群体可以看出，唐代文学，特别是盛唐文学，之所以呈现出极为繁盛
的局面，与各地形成大大小小的文学群体有关，由这些群体再汇集成为不
同的文学中心，最后像百川入海似的朝一个总的中心发展。我们现在研
究文学发展的历史，在论述开元、天宝时期的作家时，往往重视以京城长

（接上页）云，齐融，越州人。《宋僧传》八《道亮传》：'门人慧远等建塔，万齐融为铭纪述。'同书
　一四《玄俨传》：'天宝十五载，岁次景申，万齐融述颂德碑焉。'"（中华书局 1994 年版，第
　1277 页）明胡震亨《唐音癸签》卷二九："贺朝、万齐融，贺、万，姓也。《旧唐书》以贺名朝
　万，而分齐融为姓名，误。今从梁肃《越州开元寺碑》、李华《润州鹤林寺碑》改正。"（上海古
　籍出版社 1981 年版，301 页）应作"万齐融"为是。今以墓志证之，岑氏考订正确。
①　［宋］陈思：《宝刻丛编》卷一三，第 333 页。
②　［宋］陈思：《宝刻丛编》卷一三，第 333 页。
③　傅璇琮、陈尚君、徐俊：《唐人选唐诗新编》（增订本），第 282 页。
④　［宋］计有功：《唐诗纪事》卷二二，第 332 页。
⑤　［清］彭定求：《全唐诗》卷一三二，第 1339 页。
⑥　岑仲勉：《唐人行第录》："万八（？）齐融，《全诗》二函孙逊《酬万八贺九云门下归溪中作》，
　按此诗万、贺同酬，相信万是齐融。"（中华书局 2004 年版，第 140 页）

安为中心的关中、中原一带的文学发展,而对于南方的文学群体的形成,较为忽视。其实,南方文学群体的发展,非常值得研究。我们知道,除了以贺知章为首的吴越文学群体以外,能证明吴越之地在开元、天宝间文学繁荣的,是唐人殷璠编选了《丹阳集》。唐人高仲武《中兴间气集序》称:"《丹阳》止录吴人。"①《新唐书》卷六〇《艺文志》四《包融诗》下注:"融与储光羲皆延陵人;曲阿有馀杭尉丁仙芝、缑氏主簿蔡隐丘、监察御史蔡希周、渭南尉蔡希寂、处士张彦雄、张潮、校书郎张晕、吏部常选周瑀、长洲尉谈戡;句容有忠王府仓曹参军殷遥、硖石主簿樊光、横阳主簿沈如筠,江宁有右拾遗孙处玄、处士徐延寿,丹徒有江都主簿马挺、武进尉申堂构,十八人皆有诗名。殷璠汇次其诗,为《丹杨(阳)集》者。"②《丹阳集》已散佚,今人陈尚君于此辑佚,用力甚勤,先有《殷璠〈丹阳集〉辑考》一文③,后整理成《丹阳集》,收入傅璇琮主编的《唐人选唐诗新编》中。吕玉华亦有《丹阳集考辨》④。由陈尚君的整理与吕玉华的考辨,我们可以大致知道开元、天宝时期吴越文学的繁盛。由徐浚墓志与《丹阳集》参证,可以看出盛唐时期人文荟萃,诗歌鼎盛的情况。

徐浚与盛唐政坛

墓志云:"前后调选,必造等夷。吏部侍郎席公、苗公、达奚公,皆悬衡激扬,膝席礼接,良有以也。"唐代参加科举考试及第后,需要经吏部调选,才能做官。这里的吏部侍郎席公即席豫,苗公即苗晋卿,达奚公即达奚珣。

席豫,《旧唐书》卷一九〇中、《新唐书》卷一二八有传。《旧传》:"转户部侍郎,充江(河)南东道巡抚使,兼郑州刺史。入为吏部侍郎。……豫典选六年,复有令誉。"⑤又张九龄《加银青光禄大夫中书令制》:尚书省长官

---

①　傅璇琮、陈尚君、徐俊:《唐人选唐诗新编》(增订本),第 451 页。

②　[宋]欧阳修、宋祁:《新唐书》卷六〇,第 1609—1610 页。

③　陈尚君:《殷璠〈丹阳集〉辑考》,《唐代文学论丛》第 8 辑,陕西人民出版社 1986 年版,第 169—190 页;又载其所著《唐代文学丛考》,中国社会科学出版社 1997 年版,第 223—243 页。

④　吕玉华:《丹阳集考辨》,《文献》2003 年第 2 期,第 48—58 页。

⑤　[后晋]刘昫:《旧唐书》卷一九〇中,第 5036 页。

署衔有"朝请大夫、检校吏部侍郎、上柱国豫。"时在"开元二十二年五月二十七日"①。《全唐文》卷三八玄宗《册荣王郑妃文》："维开元二十三年，岁次乙亥，十二月壬子朔，二十七日戊寅，……使侍中裴耀卿、副使吏部侍郎席豫持节册尔。"②严耕望《唐仆尚丞郎表》卷一〇："席豫，开元二十二年五月二十七丁亥以前，或二十一年，由右丞迁检校吏侍。……二十八年或上年，迁左丞。"③

　　苗晋卿，《旧唐书》卷一一三、《新唐书》卷一四〇有传。《旧传》："（开元）二十四年，与吏部郎中孙逖并拜中书舍人。二十七年，以本官权知吏部选事。晋卿性谦柔，选人有诉讼索好官者，虽至数千言，或声色甚厉者，晋卿必含容之，略无愠色。二十九年，拜吏部侍郎。前后典选五年。"④《唐摭言》卷一五《没用处》："天宝二年，吏部侍郎宋遥、苗晋卿等主试，禄山请重试，制举人第一等人十无二。御史中丞张倚之子奭，手持试纸，竟日不下一字，时人谓之拽帛。"⑤《资治通鉴》卷二一五《唐纪》：天宝二年（743）春正月癸亥"（苗）晋卿贬安康太守"⑥。《唐会要》卷七四《掌选善恶》："天宝元年冬选，六十四人判入等。……至来年正月二十一日，遂于勤政楼下，上亲自重试。惟二十人比类稍优，余并下第。……吏部侍郎宋遥贬武当郡太守，苗晋卿贬安康郡太守。"⑦

　　达奚珣，两《唐书》无传。《全唐文》卷三四一颜真卿《颜允南神道碑》："从调吏部。侍郎达奚珣以书判超等，荐为朝廷左补阙。玄宗尝撰《华岳碑》并书，天宝九载，令御史大夫王鉷打百本以赐朝臣。"⑧严耕望《唐仆尚丞郎表》卷一〇："达奚珣——天宝五载，由礼侍迁吏侍，时阶中大夫。六载春，见

①　熊飞：《张九龄集校注》附录，中华书局 2008 年版，第 1141 页。
②　［清］董诰：《全唐文》卷三八，第 179 页。
③　严耕望：《唐仆尚丞郎表》卷一〇，中华书局 1986 年版，第 577 页。
④　［后晋］刘昫：《旧唐书》卷一一三，第 3349 页。
⑤　［五代］王定保：《唐摭言》卷一五，上海古籍出版社 1978 年版，第 166—167 页。
⑥　［宋］司马光：《资治通鉴》卷二一五，第 6857 页。
⑦　［宋］王溥：《唐会要》卷七四，第 1594—1595 页。
⑧　［清］董诰：《全唐文》卷三四一，第 1530 页。

在吏侍任。夏仍在任。十二月十八己未,仍在任。七载,盖犹在任。"①

墓志撰书者考索

(一) 墓志撰者徐浩

墓志题撰者:"季弟朝散大夫检校尚书金部员外郎上柱国浩撰。"徐浩为唐代著名的文学家与书法家。《旧唐书》卷一三七、《新唐书》卷一六〇有传。《旧传》称:"浩少举明经,工草隶,以文学为张说所器重。""肃宗即位,召拜中书舍人,时天下事殷,诏令多出于浩。浩属词赡给,又工楷隶,肃宗悦其能,加兼尚书右丞。玄宗传位诰册,皆浩为之,参两宫文翰,宠遇罕与为比。"②《全唐诗》卷二一五存其诗二首,《全唐文》卷四四〇录其文五篇,《唐文拾遗》卷二三又补其文一篇。因其正史有传,故本书对其事迹不作详考,然浩于本志中之题衔,为新、旧《唐书》本传所阙载,故亦可补其仕历。又 1977 年出土徐浩所撰《唐故赠工部尚书张公(庭珪)墓志铭并序》题:"朝散大夫检校尚书金部员外郎上柱国徐浩纂并书。"该志为隶书。撰于天宝十载(751)墓主葬时。③ 与徐浚墓志正好同年所撰。

新出土徐浩撰书的碑志颇多,今就笔者目力所及,略录于下:《唐代墓志汇编续集》天宝〇五五《唐故河南府河阳县丞陈府君(希望)墓志铭》(天宝八载十月九日),题署:"太子司议郎徐浩撰。"④《全唐文补遗》第五辑有徐浩撰《唐故赠工部尚书张公(庭珪)墓志铭并序》,署:"朝散大夫、检校尚书金部员外郎、上柱国。"⑤又第六辑颜真卿有《汉太中大夫东方先生墓碑》,末署:"朝散大夫检校尚书都官郎中东海徐浩鉴定。"⑥《全唐文补遗·千唐志斋新藏专辑》徐浩《唐故朝议大夫行尚书膳部员外郎上柱国崔

---

① 严耕望:《唐仆尚丞郎表》卷一〇,中华书局 1986 年版,第 579—580 页。

② 〔后晋〕刘昫:《旧唐书》卷一三七,第 3759 页。

③ 李献奇、郭引强编:《洛阳新获墓志》,文物出版社 1996 年版,第 72 页。

④ 周绍良、赵超主编:《唐代墓志汇编续集》,第 620 页。

⑤ 吴钢主编:《全唐文补遗》第 5 辑,第 30 页。

⑥ 吴钢主编:《全唐文补遗》第 6 辑,第 13 页。

府君（藏之）墓志铭并序》，题署："朝散大夫、检校金部员外郎、上柱国徐浩撰并书。"①《金石萃编》卷八六《嵩阳观圣德感应颂》，题署："朝散大夫检校尚书金部员外郎上柱国臣徐浩书。"②《金石萃编》卷八九《多宝塔碑》，题署："南阳岑勋撰，朝议郎判尚书武部员外郎琅邪颜真卿书，朝散大夫检校尚书都官郎中东海徐浩题额。"③《新中国出土墓志》河南二《故银青光禄大夫前汝南郡太守杨公（仲嗣）墓志铭并序》，题署："朝散大夫行尚书金部员外郎上柱国徐浩撰并书。"④

（二）墓志撰者徐璹

墓志题书者："侄璹书。"该志为正书，徐璹亦以正书闻名于世。《宝刻丛编》卷五《滑州》引《金石录》云："《唐滑州新井铭》，唐贾耽撰，徐璹正书，李腾篆额。贞元五年九月。"⑤又引《集古录目》："《唐说文字源》，唐义成军节度使贾耽撰序，前扬府户曹参军徐璹书，秘书少监李阳冰重修。汉许慎《说文字源》，阳冰从子检校祠部员外郎腾篆，凡五百四十字。碑以贞元五年十月立。"⑥同书卷一四《湖州》引《集古录目》："《唐茶山诗并诗述》：唐湖州刺史袁高撰，前滁州长史徐璹书。……贞元七年立。"⑦又引《金石录》："《唐诗述碑阴记》，唐李吉甫撰，徐璹正书。贞元十年正月立。"⑧唐张彦远《法书要录》卷三引徐浩《古迹记》云："臣长男璹，臣自教授，幼勤学书，在于真行，颇知笔法。使定古迹，亦胜常人。"⑨《法书要录》载徐浩论其父峤之书云："先考故洛州刺史赠左常侍峤之真、行、草皆名冠古今，无与为比。"⑩清王澍《虚舟题跋》云："按赵氏《金石录》，徐季海隶书碑刻最

①　吴钢主编：《全唐文补遗·千唐志斋新藏专辑》，第 224 页。
②　［清］王昶：《金石萃编》卷八六，《续修四库全书》第 888 册，第 602 页。
③　［清］王昶：《金石萃编》卷八九，《续修四库全书》第 889 册，第 18 页。
④　李秀萍：《新中国出土墓志》河南二，文物出版社 2002 年版，第 323 页。
⑤　［宋］陈思：《宝刻丛编》卷五，《丛书集成初编》本，第 107 页。
⑥　［宋］陈思：《宝刻丛编》卷五，《丛书集成初编》本，第 108 页。
⑦　［宋］陈思：《宝刻丛编》卷一四，《丛书集成初编》本，第 378 页。
⑧　［宋］陈思：《宝刻丛编》卷一四，《丛书集成初编》本，第 378 页。
⑨　［唐］张彦远：《法书要录》卷三，人民美术出版社 1984 年版，第 124 页。
⑩　［唐］张彦远：《法书要录》卷三，第 118 页。

多,唐人隶书之盛,无如季海,隶书之工,亦无如季海,而名出史惟则、韩择木诸公下。今世所存,亦仅见此一碑(按指《嵩阳观碑》)。"①知徐浩一家乃书法世家,三代书家,各有所擅,峤之擅长真行草,浩擅长隶书,璹擅长真行。徐璹身世经历,岑仲勉《元和姓纂四校记》卷二:"《全文》四八二韩方明《授笔要诀》:'贞元十五年,授法于东海徐公璹。'则《浩碑》立时,璹似生存。《历代名画记》二,建中四年,徐浩侍郎奏用其男璹。《吴兴谈志》一八袁高《茶山述》,刺史于頔撰,前滁州长史、上柱国徐璹书,亦见《集古录目》,系贞元七年五月立。"②

八、韦 济 墓 志

墓 志 释 文

大唐故正议大夫行仪王傅上柱国奉明县开国子赐紫金鱼袋京兆韦府君墓志铭 并序

族叔银青光禄大夫行工部侍郎述撰 外甥扶风郡参军裴叔猷书

君讳济,字济,京兆杜陵人。纳言、博昌公之孙,中书令、逍遥孝公第三子也。垂拱之初,博昌以贞直忠谋,入参近密。长安之末,孝公与长兄黄门府君以公才雅望,递处台衡。十数年间,一门三相,衣冠之美,振古难俦。君膺积善之余徽,承累仁之茂绪。殊姿发于童孺,利器形于自然。少与次兄恒,皆为先府君之所爱异。常称曰:"恒也,忠信谨敬,和气积于内;济也,敏达文明,英华发于外。昔者叔慈内润,慈明外朗,吾之二子,庶无愧焉。"初以弘文明经拜太常寺奉礼郎,迁鄠县尉。秩满,调补鄄城令。入谢之日,有恩诏:"新授令长者,一切亲加策试。"君文理清丽,特简上心,褒然高标,独为称首。超授醴泉令,以家艰去职。服除,历太子司议,屯田、兵部二员外,库部郎中。时国相宇文公,君之外兄也。举不失亲,屡有闻

① [清] 王澍:《虚舟题跋》卷五,清乾隆刊本,第3页。
② [唐] 林宝撰,岑仲勉校:《元和姓纂(附四校记)》卷二,第211页。

荐。寻而宇文失位，君亦以此不迁。岁余，出为棣州刺史。未及之任，又以内忧免官。礼阕，除幽州大都督府司马，迁恒州刺史，入为京兆少尹。未几，又迁户部侍郎。版图之副，朝选所难。君详练旧章，备闻前载。毫芒必析，黍累无差。五教在宽，九赋惟简。视事六载，迁太原尹，仍充北京留守。考唐风之故事，征夏政之遗俗，布以慈惠，人知向方。上闻其能，特降中使，赐金章紫绶，并束锦杂彩等。寻而本道黜陟使复以善政表闻。又降玺书劳勉，仍与一子出身。天宝七载，转河南尹，兼水陆运使。事弥殷而政弥简，保清静而人自化。九载，迁尚书左丞，累加正议大夫，封奉明县子。十一载，出为冯翊太守。在郡无几，又除仪王傅。既至京师，以风缓不任，拜伏抗表辞职。优诏不许。顷之，京畿采访使奏以违假日深，随例停官养疾。君夙尚夷简，雅重林泉。迹虽在于寰中，心不忘于物外。霸陵骊阜之东谷，成皋岩邑之西原，二墅在焉，皆先大夫之所创也。既闲旷而出俗，亦疏敞而寡仇。初则回万乘而扬晖光，末乃通三径以示节俭。君恭守旧业，世增其勤。筑场开囿，育蔬莳药。杂树近于万株，流水周于舍下。每至岁时伏腊，美景芳辰，良朋密亲，第如其所。常谓出处之道，人世何常？将俟悬车，有以税驾，大隐之趣，于斯得矣。及其奉恩还第，解印归闲，晦明所侵，寒暑增疾。医巫假于朝夕，药饵求于里肆。且不安于寝兴，亦何遑于游瞩？东山之志，不复存矣。呜呼！事与愿违，有如此者。春秋六十七，以十三载十月十一日终于京城之兴化里第。君风韵高朗，方轨前贤，觞咏言谈，超然出众。其所游者，若吴郡陆景融、范阳张均、彭城刘昇、陇西李昇期、京兆田宾庭、陇西李道邃、邃之族子岘、河东裴侨卿、范阳卢僎等，皆一时之彦也。或得意于登临之际，或忘言于姻娅之间。风期一交，岁寒无改。加以疏财重义，至行过人。同氾毓之抚孤，类文泉之事嫂。甥侄虽众，俾婚冠之及时；姊妹既嫠，赡资粮而无乏。金以为次登相府，蹑美扶阳。继西汉之金张，比东周之桓武。末路不骋，其如命何？即以其年闰十一月十一日，安厝于铜人之原，从先茔也。夫人彭城刘氏，唐赠卫尉少卿琛之女也。主馈未几，早年无禄。卜筮既从，用迁合祔。嗣子前京兆府法曹逢等，柴毁逾礼，哀号仅存，沉石幽扃，以永徽烈。其铭曰：

黼衣朱绂,商伯之裔。洎汉扶阳,台华奕世。令名不陨,盛德相继。我祖我考,咸升鼎司。式陈忠谠,叶赞邕熙。公侯必复,谅在于兹。于昭奉明,实纂其美。仁孝友睦,以守先祀。静如珪璋,芬若兰芷。学优而仕,式践周行。超居甸服,政号循良。遂登会府,弥纶有光。乃司版图,常伯之亚。镇彼北门,尹兹东夏。导德齐礼,所居则化。爰登左辖,纲纪群寮。作牧三辅,明施六条。慈惠之政,布在人谣。日月有既,惟德为寿。璨彼金石,庶凭不朽。悠悠九原,于斯永久。

　　《韦济墓志》,韦济(688—754),字济,京兆杜陵人。官至正议大夫、行仪王傅。天宝十三载(754)十月十一日卒,享年六十七,同年闰十一月十一日葬于铜人原。墓志首题"大唐故正议大夫行仪王傅上柱国奉明县开国子赐紫金鱼袋京兆韦府君墓志铭并序",题署"族叔银青光禄大夫行工部侍郎述撰,外甥扶风郡参军裴叔猷书"。志呈正方形,拓片长、宽均为73厘米,志文37行,行36字,正书,阴刻。志石四侧线刻十二生肖图案。《韦济墓志》拓片图版,载于吴钢《隋唐五代墓志汇编》(陕西卷)第四册,第22页。录文载于《唐代墓志汇编续集》,第654—655页;《全唐文补遗》第2辑,第25—27页。又李阳有《唐韦济墓志考略》,载《碑林集刊》第6辑,第51—54页;陈铁民有《由新发现的韦济墓志看杜甫天宝中的行止》,载《文学遗产》1992年第4期,第51—54页。韦济夫人《唐故彭城县君刘氏墓志铭并序》,题署"朝散大夫守京兆少尹韦济撰"。《刘氏墓志》拓片图版载于《隋唐五代墓志汇编》(陕西卷)第三册,第160页。韦济诗,载于《全唐诗》卷二五五,第2865页。

墓 志 疏 证

君讳济,字济,京兆杜陵人。

　　《旧唐书·韦思谦传》:"韦思谦,郑州阳武人也。本名仁约,字思谦,以音类则天父讳,故称字焉。其先自京兆南徙,家于襄阳。"①乃韦济之祖父。京兆杜陵是韦氏郡望,韦思谦一系由京兆徙居襄阳。《元和姓纂》卷二"韦氏":"【京兆杜陵】孟元孙贤,汉丞相、扶阳侯,徙京兆杜陵,生元成。

---

① 〔后晋〕刘昫:《旧唐书》卷八八,第2861页。

七代孙胄,魏安城侯;生二子,潜号'西眷',穆号'东眷'。"①又云:"【襄阳】东眷穆元孙华,随宋武过江,居襄阳县。祖归生纂、阐、叡。叡生放、政。放生粲。政生鼎、载。前史并有传。"②新出土《大唐故黄门侍郎兼修国史赠礼部尚书上柱国扶阳县开国子韦府君墓志铭并序》:"公讳承庆,字延休,京兆杜陵人也。……曾祖瑗,周冬官司金上士,随阳武郡令,才实兼人,位不充量。祖德伦,皇朝瀛州任丘县令;高尚卅余年,道在礼义,贵非轩冕。父约,皇朝尚书左丞、御史大夫、右御史大夫、同凤阁鸾台三品,纳言、博昌县开国男,赠使持节幽州都督;忠谟命代,风范冠时。"③

纳言、博昌公之孙。

纳言、博昌公为韦思谦,《旧唐书·韦思谦传》:"韦思谦,郑州阳武人也。本名仁约,字思谦,以音类则天父讳,故称字焉。其先自京兆南徙,家于襄阳。举进士,累补应城令。……擢授监察御史,由是知名。……累迁右司郎中。永淳初,历尚书左丞、御史大夫。……则天临朝,转宗正卿,会官名改易,改为司属卿。光宅元年,分置左、右肃政台,复以思谦为右肃政大夫。……垂拱初,赐爵博昌县男,迁凤阁鸾台三品。二年,代苏良嗣为纳言。三年,上表告老请致仕,许之,仍加太中大夫。永昌元年九月,卒于家,赠幽州都督。"④

中书令、逍遥孝公第三子也。

中书令、逍遥孝公为韦嗣立。韦嗣立,字延构,韦承庆异母弟。少举进士,累授双流令,政有殊绩,为蜀中之最。三迁莱芜令。承庆解凤阁舍人,即拜嗣立为凤阁舍人。迁秋官侍郎,三迁凤阁侍郎、同凤阁鸾台平章事。长安中带本官检校汴州刺史。无几,承庆入知政事,嗣立转成均祭酒,兼检校魏州刺史,又徙洺州刺史,寻坐承庆左授饶州长史,征为太仆少卿,兼掌吏部选事。神龙二年(706),为相州刺史。及承庆卒,代为黄门侍

① ［唐］林宝:《元和姓纂》卷二,第126页。
② ［唐］林宝:《元和姓纂》卷二,第182页。
③ 余华青、张廷皓主编:《陕西碑石精华》,第90页。
④ ［后晋］刘昫:《旧唐书》卷八八,第2861—2862页。

郎,转太府卿,加修文馆学士。景龙三年(709),转兵部尚书、同中书门下三品。睿宗即位,拜中书令,旬日出为许州刺史。开元初入为国子祭酒。为宪司所劾,左迁岳州别驾。久之,迁陈州刺史。开元七年(719)卒。《旧唐书》卷八八、《新唐书》卷一一六有传,张说《张燕公集》卷二二有《中书令逍遥公墓志铭》。

垂拱之初,博昌以贞直忠谋,入参近密。长安之末,孝公与长兄黄门府君以公才雅望,递处台衡。十数年间,一门三相,衣冠之美,振古难俦。

墓志这一段叙述韦济父、祖辈在武则天一朝的功绩,所谓"一门三相"是指韦思谦、韦嗣立、韦承庆。《旧唐书·韦思谦传》:"嗣立、承庆俱以学行齐名。长寿中,嗣立代承庆为凤阁舍人;长安三年,承庆代嗣立为天官侍郎,顷之又代嗣立知政事;及承庆卒,嗣立又代为黄门侍郎,前后四职相代。又父子三人,皆至宰相。有唐已来,莫与为比。"[①]

韦思谦,《旧唐书·韦思谦传》:"则天临朝,转宗正卿,会官名改易,改为司属卿。光宅元年,分置左、右肃政台,复以思谦为右肃政大夫。大夫旧与御史抗礼,思谦独坐受其拜。或以为辞,思谦曰:'国家班列,自有差等,奈何以姑息为事耶?'垂拱初,赐爵博昌县男,迁凤阁鸾台三品。二年,代苏良嗣为纳言。三年,上表告老请致仕,许之,仍加太中大夫。"[②]

韦嗣立,《新唐书·韦嗣立传》:"长安中,拜凤阁侍郎、同凤阁鸾台平章事。时州县非其人,后以为忧。李峤、唐休璟曰:'今朝廷重内官,轻外职,每除牧守,皆诉不行,非过累不得遣。请选台阁贤者分典大州,自近臣始。'后曰:'谁为朕行?'嗣立曰:'内典机要,非臣所堪,请先行以示群臣。'后悦,以本官检校汴州刺史,由是左肃政大夫杨再思等十八人悉补外。……嗣立与韦后属疏,帝特诏附属籍,顾待甚渥。营别第骊山鹦鹉谷,帝临幸,命从官赋诗,制序冠篇,赐况优备,因封嗣立逍遥公,名所居曰

---

① 〔后晋〕刘昫:《旧唐书》卷八八,第2873—2874页。
② 〔后晋〕刘昫:《旧唐书》卷八八,第2862页。

清虚原幽栖谷。"①

韦承庆，《新唐书·韦承庆传》云："长安中，拜凤阁侍郎、同凤阁鸾台平章事。张易之诛，承庆以素附离，免冠待罪。时议草赦令，咸推承庆，召使为之，无桡色误辞，援笔而就，众叹其壮。"②

君膺积善之余徽，承累仁之茂绪。殊姿发于童孺，利器形于自然。少与次兄恒，皆为先府君之所爱异。常称曰："恒也，忠信谨敬，和气积于内；济也，敏达文明，英华发于外。昔者叔慈内润，慈明外朗，吾之二子，庶无愧焉。"

这里叙述的韦恒是韦济之兄。韦恒，开元初为砀山令，为政宽惠，人吏爱之。擢拜殿中侍御史。历度支左司等员外、太常少卿、给事中。二十九年（741），为陇右道河西黜陟使。出为陈留太守，未行而卒。《旧唐书》卷八八、《新唐书》卷一一六有传。《全唐文》卷三三〇收韦恒《对习星历判》一篇。

韦恒很有文学才华，与当时闻人颇有交游。韦恒为给事中时，王维有《同卢拾遗过韦给事东山别业二十韵给事首春休沐维已陪游及乎是行亦预闻命会无车马不果斯诺》："托身侍云陛，昧旦趋华轩。遂陪鹓鸿侣，霄汉同飞翻。君子垂惠顾，期我于田园。侧闻景龙际，亲降南面尊。万乘驻山外，顺风祈一言。高阳多夔龙，荆山积玙璠。盛德启前烈，大贤钟后昆。侍郎文昌宫，给事东掖垣。谒帝俱来下，冠盖盈丘樊。闺风首邦族，庭训延乡村。采地包山河，树井竟川原。岩端回绮槛，谷口开朱门。阶下群峰首，云中瀑水源。鸣玉满春山，列筵先朝暾。会舞何飒沓，击钟弥朝昏。是时阳和节，清昼犹未暄。蔼蔼树色深，嘤嘤鸟声繁。顾己负宿诺，延颈惭芳荪。蹇步守穷巷，高驾难攀援。素是独往客，脱冠情弥敦。"③诗中的"韦给事"就是韦恒。《册府元龟》卷一六二：开元二十三年（735），"十一

---

① ［宋］欧阳修、宋祁：《新唐书》卷一一六，第4231—4233页。
② ［宋］欧阳修、宋祁：《新唐书》卷一一六，第4230页。
③ ［清］彭定求：《全唐诗》卷一二五，第1246—1247页。

月,诏令给事中韦尝巡关内道。"①"尝"即通为"常",韦常即韦恒,避宋真宗讳改。

初以弘文明经拜太常寺奉礼郎,迁鄠县尉。秩满,调补鄄城令。入谢之日,有恩诏:"新授令长者,一切亲加策试。"君文理清丽,特简上心,襄然高标,独为称首。超授醴泉令,以家艰去职。

《旧唐书·韦济传》云:"早以辞翰闻。开元初,调补鄄城令。时有人密奏玄宗曰:'今岁吏部选叙太滥,县令非材,全不简择。'及县令谢官日,引入殿庭,问安人策一道,试者二百余人,独济策第一,或有不书纸者。擢济为醴泉令,二十余人还旧官,四五十人放归习读,侍郎卢从愿、李朝隐贬为刺史。济至醴泉,以简易为政,人用称之。"②《新唐书·韦济传》:"济,开元初调鄄城令。或言吏部选县令非其人,既众谢,有诏问所以安人者,对凡二百人,惟济居第一,不能对者悉免官。于是擢济醴泉令,侍郎卢从愿、李朝隐并贬为刺史。"③

服除,历太子司议,屯田、兵部二员外,库部郎中。时国相宇文公,君之外兄也。举不失亲,屡有闻荐。寻而宇文失位,君亦以此不迁。

《旧唐书·韦济传》:"三迁为库部员外郎。"④据墓志,应为"库部郎中",史传记载误。按,"相国宇文公"即宇文融,《旧唐书·宇文融传》:"十六年,复入为鸿胪卿,兼户部侍郎。明年,拜黄门侍郎,与裴光庭并兼同中书门下平章事。融既居相位,欲以天下为己任,谓人曰:'使吾居此数月,庶令海内无事矣。'于是荐宋璟为右丞相,裴耀卿为户部侍郎,许景先为工部侍郎,甚允朝廷之望。然性躁急多言,又引宾客故人,晨夕饮谑,由是为时论所讥。时礼部尚书、信安王祎为朔方节度使,殿中侍御史李宙劾之,驿召将下狱。祎既申诉得理,融坐阿党李宙,出为汝州刺史,在相凡百日

① [宋]王钦若:《册府元龟》卷一六二,第 1955 页。
② [后晋]刘昫:《旧唐书》卷八八,第 2874 页。
③ [宋]欧阳修、宋祁:《新唐书》卷一一六,第 4234 页。
④ [后晋]刘昫:《旧唐书》卷八八,第 2874 页。

而罢。裴光庭时兼御史大夫，又弹融交游朋党及男受赃等事，贬昭州平乐尉。"①《新唐书·宰相表中》：开元十七年(729)己巳，"六月甲戌……兵部侍郎裴光庭为中书侍郎，户部侍郎宇文融为黄门侍郎，并同中书门下平章事。"②"九月壬子，融贬汝州刺史。"③

岁余，出为棣州刺史。未及之任，又以内忧免官。

按，韦济除棣州刺史，仅见墓志记载。可补史阙。

礼阕，除幽州大都督府司马，迁恒州刺史，入为京兆少尹。

《旧唐书·张果传》："往来恒州山中。开元二十一年，恒州刺史韦济以状奏闻。玄宗令通事舍人裴晤往迎之。果对使绝气如死，良久渐苏。晤不敢逼，驰还奏状。又遣中书舍人徐峤赍玺书以邀迎之。果乃随峤至东都，肩舆入宫中。"④《资治通鉴》：开元二十二年(734)二月，"方士张果自言有神仙术。……恒州刺史韦济荐之，上遣中书舍人徐峤赍玺书迎之"。⑤《宝刻丛编》卷六引《诸道石刻录》："《唐白鹿泉神君祠碑》，唐韦济撰，裴抗分书，开元二十四年三月立，在获鹿。"⑥《八琼室金石补正》卷五五《白鹿泉神君祠碑》："恒州刺史韦济文。"并言："开元贰十有四年壬春三月，鹿泉县主簿杨景新监修池亭毕。"⑦高适《真定即事奉赠韦使君二十八韵》，即奉赠恒州刺史韦济之作。

未几，又迁户部侍郎。版图之副，朝选所难。君详练旧章，备闻前载。毫芒必析，黍累无差。五教在宽，九赋惟简。

孙逖《授韦济户部侍郎制》："敕：朝散大夫守京兆少尹奉明县开国男韦济，衣冠吉士，文雅清才，蕴忠信于身谋，传孝友于门德。明而克允，遇理必通；刚则近仁，临事能断。自升华省，迨佐神州，皆有令名，咸归雅望。

① 《旧唐书》卷一〇五，第 3221 页。
② ［宋］欧阳修、宋祁：《新唐书》卷六二，第 1688 页。
③ ［宋］欧阳修、宋祁：《新唐书》卷六二，第 1688 页。
④ 《旧唐书》卷一九一，第 5106 页。
⑤ ［宋］司马光：《资治通鉴》卷二一四，第 6805 页。
⑥ ［宋］陈思：《宝刻丛编》卷六，《丛书集成初编》本，第 146—147 页。
⑦ ［清］陆增祥：《八琼室金石补正》卷五五，文物出版社 1985 年版，第 378 页。

地官之亚,朝选尤难,我其试哉,无替厥命。可试尚书户部侍郎,散官封如故。"①《旧唐书·韦济传》:"二十四年,为尚书户部侍郎。累岁转太原尹。制《先德诗》四章,述祖、父之行,辞致高雅。"②《新唐书·韦济传》:"济四迁户部侍郎,为太原尹。著《先德诗》四章,世服其典懿。"③严耕望《唐仆尚丞郎表》卷一二《尚书户部侍郎》:"韦济——开元二十四年,(《旧传》。)由京兆少尹迁户侍。(两传[无原官],《全唐文》三〇八孙逖《授韦济户部侍郎制》。)时阶朝散大夫。(授制。)累年,出为太原尹。"④

　　韦恒很有文学才华,与当时闻人颇有交游。韦恒为给事中时,王维有《同卢拾遗过韦给事东山别业二十韵给事首春休沐维已陪游及乎是行亦预闻命会无车马不果斯诺》,诗见上文所引。诗中的"韦给事"就是韦恒。《册府元龟》卷一六二:开元二十三年(735),"十一月,诏令给事中韦尝巡关内道。"⑤"尝"通为"常",韦常即韦恒。诗有"侍郎文昌宫"一句,所咏为韦恒之弟韦济,是时在户部侍郎任。

　　视事六载,迁太原尹,仍充北京留守。考唐风之故事,征夏政之遗俗,布以慈惠,人知向方。上闻其能,特降中使,赐金章紫绶,并束锦杂彩等。寻而本道黜陟使复以善政表闻。又降玺书劳勉,仍与一子出身。

　　《旧唐书·韦济传》:"累岁转太原尹。制《先德诗》四章,述祖、父之行,辞致高雅。"⑥《新唐书·韦济传》:"济四迁户部侍郎,为太原尹。著《先德诗》四章,世服其典懿。"⑦孙逖《为宰相贺太原府圣容样至有庆云表》:"臣等伏见太原尹常(韦)济奉今月四日紫极宫玉石圣容样至北京,其时有庆云垂天。"⑧

　　天宝七载,转河南尹,兼水陆运使。事弥殷而政弥简,保清静而人

①　[清]董诰:《全唐文》卷三〇八,第1384页。
②　[后晋]刘昫:《旧唐书》卷八八,第2874页。
③　[宋]欧阳修、宋祁:《新唐书》卷一一六,第4234页。
④　严耕望:《唐仆尚丞郎表》卷一二,第687页。
⑤　[宋]王钦若:《册府元龟》卷一六二,第1955页。
⑥　[后晋]刘昫:《旧唐书》卷八八,第2874页。
⑦　[宋]欧阳修、宋祁:《新唐书》卷一一六,第4234页。
⑧　[清]董诰:《全唐文》卷三一一,第1395页。

自化。

《旧唐书·韦济传》："天宝七载，又为河南尹，迁尚书左丞。三代为省辖，衣冠荣之。"①《元和郡县图志》卷五"河南府偃师县"："天宝七年四月，河南尹韦济奏：于偃师县东山下开驿路通孝义桥，废北坡义堂路焉。"②《太平寰宇记》卷五"偃师县"："废北陂义堂路。此古大驿路，唐天宝七年四月，河南尹韦济奏于偃师县东山下开驿路通孝义桥，故此路废矣。"③张越祺《唐天宝时期东京留守及河南尹考》，考订韦济为河南尹时间在天宝七载(748)至天宝九载(750)。④

九载，迁尚书左丞，累加正议大夫，封奉明县子。

《旧唐书·韦济传》："天宝七载，又为河南尹，迁尚书左丞。三代为省辖，衣冠荣之。"⑤《新唐书·韦济传》："天宝中，授尚书左丞，凡三世居之。济文雅，颇能修饰政事，所至有治称。"⑥严耕望《唐仆尚丞郎表》卷七"尚书左丞"："韦济，天宝七载盖秋冬，由河南尹入迁左丞。[考证]后出为冯翊太守。（两传。）……《旧传》：'天宝七载，又为河南尹，迁尚书左丞。'《新传》：'天宝中，授尚书左丞。'考《杜工部集》有《奉寄河南韦尹丈人》《赠韦左丞丈济》《奉赠（一作呈）韦左丞丈二十二韵》，三诗。黄鹤注谓三诗皆天宝七载作，而第二诗在年冬。按：第二诗云：'左辖频虚位，今年得旧儒。'又云：'岁寒仍顾遇，日暮且踟蹰。'是济始任左丞之年冬所作，自属无疑。又第三诗：'骑驴十三载，旅食京华春。'云云。仇兆鳌云：'诸本作三十载，卢注作十三载。……公两至长安，初自开元二十三年赴京兆之贡，后以应诏到京，在天宝六载，为十三载也。他本作三十载断误。'耕望按：仇说是也。甫此时年才三十余，何能谓骑驴三十载耶？甫自称忤下考功第，则其赴贡举不能迟过二十三年冬，过此则贡举属礼部矣。是此诗不能迟过天

---

①　［后晋］刘昫：《旧唐书》卷八八，第 2874 页。
②　［唐］李吉甫：《元和郡县图志》卷五，第 132 页。
③　［宋］乐史：《太平寰宇记》卷五，中华书局 2007 年版，第 82 页。
④　张越祺：《唐天宝时期东京留守及河南尹考——以〈大唐嵩阳观纪圣德感应之颂〉为线索》，《唐研究》第 26 卷，北京大学出版社 2021 年版，第 452 页。
⑤　［后晋］刘昫：《旧唐书》卷八八，第 2874 页。
⑥　［宋］欧阳修、宋祁：《新唐书》卷一一六，第 4234 页。

宝七载之强证。盖是年济为河南尹,即是年秋冬入为左丞也。"①按,严氏考证韦氏天宝七载(748)为尚书左丞,良是,然其对韦济由左丞迁冯翊太守没有考证清楚,而其列表系于天宝八载(749),则不确。以墓志证之,应为天宝十一载(752)。

十一载,出为冯翊太守。

《旧唐书·韦济传》:"济从容雅度,所莅人推善政,后出为冯翊太守。"②《新唐书·韦济传》:"终冯翊太守。"③《新唐书·宰相世系表四上》:"济,冯翊太守。"④

在郡无几,又除仪王傅。既至京师,以风缓不任,拜伏抗表辞职。优诏不许。顷之,京畿采访使奏以违假日深,随例停官养疾。

仪王傅为韦济终官,故墓志题名为"大唐故正议大夫行仪王傅上柱国奉明县开国子赐紫金鱼袋京兆韦府君墓志铭并序"。但韦济的这一官职难以找到传世文献加以印证。

君夙尚夷简,雅重林泉。迹虽在于寰中,心不忘于物外。霸陵骊阜之东谷,成皋岩邑之西原,二墅在焉,皆先大夫之所创也。既闲旷而出俗,亦疏敞而寡仇。初则回万乘而扬晖光,末乃通三径以示节俭。君恭守旧业,世增其勤。筑场开圃,育蔬莳药。杂树近于万株,流水周于舍下。每至岁时伏腊,美景芳辰,良朋密亲,第如其所。常谓出处之道,人世何常?将俟悬车,有以税驾,大隐之趣,于斯得矣。及其奉恩还第,解印归闲,晦明所侵,寒暑增疾。医巫假于朝夕,药饵求于里肆。且不安于寝兴,亦何遑于游瞩?东山之志,不复存矣。

韦氏骊山别业,由韦济之先世经营,到其父韦嗣立达到极盛。当时皇帝诸王、王公大臣都常到此游幸。《旧唐书·韦嗣立传》:"尝于骊山构营别业,中宗亲往幸焉,自制诗序,令从官赋诗,赐绢二千四。因封嗣立为逍

① 严耕望:《唐仆尚丞郎表》卷七,第426页。
② [后晋]刘昫:《旧唐书》卷八八,第2874页。
③ [宋]欧阳修、宋祁:《新唐书》卷一一六,第4234页。
④ [宋]欧阳修、宋祁:《新唐书》卷七四上,第3111页。

遥公,名其所居为清虚原幽栖谷。"①王维有《暮春太师左右丞相诸公于韦氏逍遥谷讌集序》描写逍遥谷之景:"神皋藉其绿草,骊山启于朱户。渭之美竹,鲁之嘉树。云出于栋,水环其室。灞陵下连乎菜地,新丰半入于冢林。馆层巅,槛侧径,师古节俭,惟新丹垩。岩谷先曙,羲和不能信其时;芳卉后春,勾芒不能一其令。桃径窈窕,蘅皋涟漪,骖御延伫于丛薄,佩玉升降于苍翠。于是外仆告次,兽人献鲜,樽以大罍,烹用五鼎。木器拥肿,即天姿以为饰;沼毛蘋蘩,在山羞而可荐。伶人在位,曼姬始毅,齐瑟慷慨于座右,赵舞裵回于白云。衮旒松风,珠翠烟露,日在濛汜,群山夕岚。"②《唐诗纪事》卷九《李适》条:"初,中宗景龙二年,始于修文馆置大学士四员,学士八员,直学士十二员,象四时、八节、十二月。于是李峤、宗楚客、赵彦昭、韦嗣立为大学士,……十二月……十四日,幸韦嗣立庄,拜嗣立逍遥公,名其居曰清虚原、幽栖谷。"③张说有《扈从幸韦嗣立山庄应制》序云:"岚气入野,榛烟出谷。鱼潭竹岸,松斋药畹。虹泉电射,云木虚吟。恍惚疑梦,间关忘术。兹所谓丘壑夔龙,衣冠巢许也。"诗云:"寒灰飞玉琯,汤井驻金舆。既得方明相,还寻大隗居。悬泉珠贯下,列帐锦屏舒。骑远林逾密,笳繁谷自虚。门旗堑复磴,殿幕裹通渠。舞凤迎公主,雕龙赋婕妤。地幽天赏洽,酒乐御筵初。菲才叨侍从,连藻愧应徐。"④这首诗将韦嗣立山庄环境都生动地表现出来。而游览韦氏山庄而作诗者有多人,今简列于下:张说《奉酬韦祭酒自汤还都经龙门北溪庄见贻之作》《奉酬韦祭酒嗣立偶游龙门北溪忽怀骊山别业呈诸留守之作》《奉和圣制幸韦嗣立山庄应制》;张九龄《骊山下逍遥公旧居游集》;武平一《奉和幸韦嗣立山庄侍宴应制》《奉和圣制幸韦嗣立山庄应制》;卢僎《奉和李令扈从温泉宫赐游骊山韦侍郎别业》;崔湜《奉和幸韦嗣立山庄侍宴应制》《奉和幸韦嗣立山庄应制》;崔泰之《奉酬韦嗣立祭酒偶游龙门北溪忽怀骊山别业因

①　[后晋]刘昫:《旧唐书》卷八八,第 2873 页。
②　[清]董诰:《全唐文》卷三二五,第 1457 页。
③　[宋]计有功:《唐诗纪事》卷九,第 113—115 页。
④　[清]彭定求:《全唐诗》卷八八,第 963 页。

以言志示弟淑奉呈诸大僚之作》；崔日知《奉酬韦祭酒偶游龙门北溪忽怀骊山别业因以言志示弟淑并呈诸大僚之作》；魏奉古《奉酬韦祭酒偶游龙门北溪忽怀骊山别业因以言志示弟淑奉呈诸大僚之作》；徐彦伯《侍宴韦嗣立山庄应制》；宋之问《奉和幸韦嗣立山庄侍宴应制》；沈佺期《陪幸韦嗣立山庄》《奉和幸韦嗣立山庄应制》；李峤《奉和幸韦嗣立山庄侍宴应制》《奉和圣制幸韦嗣立山庄应制》；李乂《陪幸韦嗣立山庄应制》《奉和幸韦嗣立山庄侍宴应制》；苏颋《奉和幸韦嗣立山庄应制》《奉和圣制幸韦嗣立庄应制》；赵彦昭《奉和幸韦嗣立山庄侍燕应制》《奉和圣制幸韦嗣立山庄应制》；刘宪《奉和幸韦嗣立山庄侍宴应制》《奉和圣制幸韦嗣立山庄》。

呜呼！事与愿违，有如此者。春秋六十七，以十三载十月十一日终于京城之兴化里第。

宋敏求《长安志》卷九《唐京城》三：朱雀街西第二街次南兴化坊，"西南隅空观寺隋驸马都尉元孝恭舍宅所立，寺东尚书右仆射密国公封德彝宅中宗时嗣虢王邕居之，西门之北邠王守礼宅宅南隅街有邠王府，东门之南京兆尹孟温礼宅、晋国公裴度池亭白居易诗《宿裴相兴化池亭兼借船舫游泛》。"[①]没有记载韦济宅，据墓志可以补之。

君风韵高朗，方轨前贤，觞咏言谈，超然出众。其所游者，若吴郡陆景融、范阳张均、彭城刘昇、陇西李昇期、京兆田宾庭、陇西李道邃、邃之族子岘、河东裴侨卿、范阳卢僎等，皆一时之彦也。或得意于登临之际，或忘言于姻娅之间。风期一交，岁寒无改。

这一段是叙述韦济与文人的交游。这些文人对于韦济的文学活动与文学创作都具有一定的影响，尽管传世文献中没有留下诸人与韦济关系的痕迹，但我们对这些文人的事迹稍加勾勒，就更有助于了解韦济的文学成就。

墓志所述的文人中，有诗文传世者共五位：其一是张均，盛唐名相张

---

① ［宋］宋敏求：《长安志》卷九，《宋元方志丛刊》第1册，第124页。

说之子,与其兄垍"俱能文,说在中书,兄弟已掌纶翰之任"①。"自太子通事舍人累迁主爵郎中、中书舍人……后袭燕国公,累迁兵部侍郎,以累贬饶、苏二州刺史。久之,复为兵部侍郎。"②"(天宝)九载,迁刑部尚书。自以才名当为宰辅,常为李林甫所抑。及林甫卒,依附权臣陈希烈,期于必取。既而杨国忠用事,心颇恶之……仍以均为大理卿。均大失望,意常郁郁。禄山之乱,受伪命为中书令。"③安史乱平后,长流合浦郡。《全唐诗》卷九〇收其诗七首,《全唐文》卷四〇八收其文一篇。其二是刘昇,徐州彭城人。景云中,授右武卫骑曹参军。开元中,累迁中书舍人、太子右庶子。"昇能文,善草隶。"④《全唐诗》卷一〇八存诗一首。其三是李岘,太宗第三子吴王恪之孙。乐善下士,少有吏干。所在皆著声绩。代宗时至黄门侍郎、同中书门下平章事。为宦官所排,罢知政事,官终检校兵部尚书兼衢州刺史。《全唐诗》卷二一五收其《剑池》诗一首,《全唐文》卷三七二收其《请宥陷贼官僚奏》一篇。其四是卢僎,吏部尚书卢从愿三从父,自闻喜尉为学士,历汝州长史,终吏部员外郎。著有《卢公家范》一卷。《全唐诗》卷九九收其诗十四首。其五是李昇期,开元五年中文史兼优科。官至亳州刺史、给事中。《全唐文》卷四〇二收其《对自比管仲判》一篇。

其他四位文人虽无诗文传世,但在当时也颇有影响。陆景融,苏州吴人。历官大理正、荥阳郡太守、河南尹、宾吏部侍郎、左右丞、工部尚书、东都留守、襄阳郡太守、陈留郡太守,并兼采访使。"景融长七尺,美姿质,宽中而厚外。博学,工笔札。"⑤田宾庭,雍州长安人。开元中官至光禄卿。新、旧《唐书》附《田仁会传》。李道邃,范阳王李蔼子,"中兴初,封戴国公,以恭默自守,修山东婚姻故事,频任清列。天宝中为右丞,大理、宗正二

---

①　［后晋］刘昫：《旧唐书》卷九七,第3057页。
②　［宋］欧阳修、宋祁：《新唐书》卷一二五,第4411页。
③　［后晋］刘昫：《旧唐书》卷九七,第3058页。
④　［宋］欧阳修、宋祁：《新唐书》卷一〇六,第4055页。
⑤　［宋］欧阳修、宋祁：《新唐书》卷一一六,第4238页。

卿,卒"①。新、旧《唐书》有传。裴侨卿,开元中郑县尉,又为起居郎。著有《微言注集》二卷。事迹散见《新唐书·宰相世系表》及《艺文志》。

加以疏财重义,至行过人。同氾毓之抚孤,类文泉之事嫂。甥侄虽众,俾婚冠之及时;姊妹既嫠,赠资粮而无乏。金以为次登相府,踵美扶阳。继西汉之金张,比东周之桓武。末路不骋,其如命何?

这一段是叙述韦济对家族的贡献。因为过于私人化,故而可以印证的传世文献较少。

即以其年闰十一月十一日,安厝于铜人之原,从先茔也。

《关中记》:"秦为铜人十二,董卓坏以为钱,余二枚,魏明帝欲徙诣洛载,到霸城重不可致,今在霸城大道南。"②铜人原在汉长安城东门外偏南处,是西汉时的墓葬区。唐代也是达官显贵墓葬集中的地方。

夫人彭城刘氏,唐赠卫尉少卿琛之女也。主馈未几,早年无禄。卜筮既从,用迁合祔。

韦济夫人刘氏卒于开元二十一年(733),享年三十四岁。韦济撰写墓志,与韦济墓志同时出土,今录之于下。《唐故彭城县君刘氏墓志铭并序》,题署:"朝散大夫守京兆少尹韦济撰。"志云:"彭城县君刘氏者,讳茂,京兆少尹韦济之妻,开府仪同三司赠太傅之孙,赠卫府少卿之女也。太傅诞生肃明太后,作合于睿宗,门姻帝家,代尊王国。济皇考曰逍遥孝公。伯父曰扶阳温公。皇祖曰侍中府君。四代宰司,父子相继。皇祖妣琅琊王氏,皇妣彭城刘氏。西京帝系,南渡衣冠,人物礼乐,雅论推美。济壮室之岁也,蒙敬慎之教曰:夫合二姓之好者,上以事宗庙而下以继后代,姻不失旧,尔其宗乎。是以后五载,夫人归于我。问名纳采,所承自昔;执箕馈栗,无逮终天。夫人即先妣之犹子也。慈覆下流,孝恭旁极。恩加一等,宠无二焉。是以娣姒怀和,公妹辑穆,欢晤乐易,譲私嘉淑,阃无外言,房无私畜。以洁苹藻荐羞之品,以成丝麻布帛之事。而后妇功当矣,妇顺

①　[后晋] 刘昫:《旧唐书》卷六四,第 2435 页。
②　[宋] 宋敏求:《长安志》卷一一,《宋元方志丛刊》第 1 册,第 135 页。

备矣。若乃觞称万年，颂献三元，内姻盈堂，庶姜如堵，服被金翠，声节珩璜。若游龙之步漪澜，如韶光之照廊庑。故以仪范五服，瞻迟二门者焉。夫人凤遭闵凶，终鲜兄弟。虽云虹表于天质，琬琰成其日新。而亲鞠育之勤，致劬劳之训者，圣善之慈也。夫人母太原王氏，中年婴疾，早岁嫠居，夫人痛提婴之无能，感曾参之阙养，衣不解带，药必亲尝，荤血誓心，饮食乖节，累足惕息，绵历寒暑，结忧生疾，积疹伤年。开元廿有一年，济忝国命，起佐幽朔，比翼南洛，和鸣北徂。陟屺长谣，肥泉永叹，疾感霜露，悲断燕秦。夏四月庚戌，忽焉大渐。手未告判，目犹答视，词意精了，晷漏而终，春秋卅有四。长号朔垂，追痛修夜。貌貌童乳，呱呱疮巨。无母何怙，无室何依？彼苍者天，胡宁忍予。秋七月，余自幽府司马剖符于常山，三岁征京兆少尹。夫人历殡所任，后克同归。以廿四年夏四月壬申陪葬于先君茔之后兆。明灵嘉慰，永安兹室，操笔气索，同穴为期。"①

　　韦济撰写的墓志，新出土文献中还有所见。《唐代墓志汇编续集》开元一四三《唐故彭城县君刘氏墓志铭并序》（开元廿四年四月壬申），题："朝散大夫守京兆少尹韦济撰。"②《全唐文补遗·千唐志斋新藏专辑》载有《大唐故常州无锡县令柳府君夫人韦氏墓志铭并序》，题署："堂弟、屯田员外郎济撰文。"③此外，《宝刻丛编》卷六引《诸道石刻录》："《唐白鹿泉神君祠碑》，唐韦济撰，裴抗分书，开元二十四年三月立，在获鹿。"④也是石刻著录韦济所作的碑刻文字。又《唐代墓志汇编续集》元和〇七六《唐故辰州参军韦府君墓志铭并序》（元和十四年十一月十六日）："祖尚书左丞，讳济。"⑤则是有关韦济家世的材料。

　　嗣子前京兆府法曹逢等，柴毁逾礼，哀号仅存，沉石幽扃，以永徽烈。

　　《元和姓纂》卷二"韦氏"："【襄阳】……济，户部侍郎。生逢、士模、士

①　吴钢主编：《隋唐五代墓志汇编》（陕西卷）第 3 册，天津古籍出版社 1991 年版，第 160 页。
②　周绍良、赵超主编：《唐代墓志汇编续集》，第 550 页。
③　吴钢主编：《全唐文补遗·千唐志斋新藏专辑》，第 143 页。
④　［宋］陈思：《宝刻丛编》卷六，第 146—147 页。
⑤　周绍良、赵超主编：《唐代墓志汇编续集》，第 854 页。

勋、奥、函。逢,虞部员外,生贞伯、成季。贞伯,给事中。成季,兵部郎
中。"①《新唐书·宰相世系表》"韦氏":"济,冯翊太守。"生:"士模,彭州刺
史。""逢,虞部员外郎。""士勋,河南少尹。""涵,邵州刺史。"逢生:"贞伯,
给事中。""成季,兵部郎中。"②这里的"虞部员外郎"是韦逢后来的官职。

韦济世系考索

　　韦氏韦济一系的家世,传世文献记载主要是《元和姓纂》和《新唐书·
宰相世系表》,出土文献则有多方墓志。综合这些文献,韦济的家世将非
常清楚。

　　《元和姓纂》卷二"韦氏":"【京兆杜陵】孟元孙贤,汉丞相、扶阳侯,徙
京兆杜陵,生元成。七代孙胄,魏安城侯。生二子,潜号'西眷',穆号'东
眷'。"③又云:"【襄阳】东眷穆元孙华,随宋武过江,居襄阳县。祖规生纂、
阐、叡。叡生放、政。放生粲。政生鼎、载。前史并有传。纂曾孙弘瑗,生
德伦、知止。德伦,仁邱令;生仁慎、仁约,纳言、博昌男;生承庆、嗣立、淑。
承庆,凤阁侍郎、平章事、扶阳子。生晋、长裕。晋,常州刺史。长裕,祠部
员外。嗣立,中书令、逍遥孝公。生子恒、济、孚。孚,右司员外。恒,给事
中、陈留采访使。济,户部侍郎,生逢、士模、士勋、奥、函。逢,虞部员外,
生贞伯、成季。贞伯,给事中。成季,兵部郎中。士模,彭州刺史。士勋,
河南少尹。函,邵州刺史。"④

　　《新唐书·宰相世系表》云:"小逍遥公房出自东眷穆曾孙锺。锺生
华,随宋高祖度江居襄阳,生玄,以太尉掾召,不赴。二子:祖征,光禄勋;
祖归,宁远长史。祖归三子:纂、阐、叡。纂,南齐司徒记室参军。曾孙弘
瑗,至嗣立更号小逍遥公房。"⑤

①　[唐]林宝:《元和姓纂》卷二,第183—184页。
②　[宋]欧阳修、宋祁:《新唐书》卷七四上,第3111页。
③　[唐]林宝:《元和姓纂》卷二,第126页。
④　[唐]林宝:《元和姓纂》卷二,第182—184页。
⑤　[宋]欧阳修、宋祁:《新唐书》卷七四上,第3110页。

韦济小逍遥公房新出土墓志，笔者发现共有九方：

1.《大唐故纳言上轻车都尉博昌县开国男韦府君墓志铭》："府君讳仁约，字思谦，京兆杜陵人也。……曾祖量，梁中书黄门侍郎、司农卿、汝南县开国子。祖瑗，随光州定城、庐州慎县、绛州高梁、荥阳郡阳武四县令。考德伦，皇朝瀛州任丘县令，并有盛德重名，清猷素范。"①该志撰者较为特别，其志序为其子韦承庆所撰，其铭文为范履冰所撰，此乃二人合撰墓志之典范之作。

2.《大周故纳言博昌县开国男韦府君夫人琅耶郡太君王氏墓志铭》，墓主王婉为韦仁约之妻，韦承庆之母。该志题署："孤子前凤阁舍人承庆撰序，凤阁舍人赵郡李峤制铭。"②亦是合撰的墓志铭。

3.《大唐故黄门侍郎兼修国史赠礼部尚书上柱国扶阳县开国子韦府君墓志铭并序》："公讳承庆，字延休，京兆杜陵人也。……曾祖瑗，周冬官司金上士，随阳武郡令，才实兼人，位不充量。祖德伦，皇朝瀛州任丘县令；高尚卌余年，道在礼义，贵非轩冕。父约，皇朝尚书左丞、御史大夫、右御史大夫、同凤阁鸾台三品，纳言、博昌县开国男，赠使持节幽州都督，忠谟命代，风范冠时。"③该志题署："秘书少监兼修国史兼判刑部侍郎上柱国朝阳县开国子岑羲撰，中书舍人郑惜制铭。"一家人中三方墓志，都由二人合撰而成的，这也是较为罕见之事。而且撰志者都是当代著名文人，志文也都篇幅很长，堪称唐代墓志中鸿篇巨制。

4.《大唐故司勋郎中杨府君夫人韦氏（净光严）扶阳郡君墓志铭并序》："夫人号净光严，京兆杜陵人也。……六代祖华，晋尚书左仆射、太常卿、太尉公。……高祖量，周使持节抚军大将军、散骑常侍、汝南县开国子，食邑三百户。……曾祖瑗，阳武令，袭汝南子。……大父德伦，皇朝瀛州任丘县令。……父仁慎，皇朝雍州参军、同州司户、屯田驾部员外、朝请大

---

① 余华青、张廷皓主编：《陕西碑石精华》，第 76 页。
② 余华青、张廷皓主编：《陕西碑石精华》，第 81 页。
③ 余华青、张廷皓主编：《陕西碑石精华》，第 90 页。

夫、兵部郎中。"①墓志撰者韦希损,时为朝议郎行万年县丞,为墓主犹子。

5.《大唐故常州无锡县令柳府君夫人韦氏墓志铭并序》:"夫人京兆杜陵人也。先侍中赠太子少师博昌公之孙,黄门侍郎赠礼部尚书扶阳温公之女。"②墓志撰者屯田员外郎韦济,为墓主之堂弟。

6.《唐故朝议大夫怀州长史上柱国京兆韦公(希舟)志铭并序》:"公讳希舟,字言满,京兆杜陵人也。……曾祖知止,皇朝幽州刺史,赠幽州都督,宣风是著。祖仁俭,皇朝太子洗马,托乘同归。父嗣业,皇朝秘书郎,蓬山积誉。"③墓志为朝议郎行万年县尉雍惟良撰。

7.《大唐故正议大夫行仪王傅上柱国奉明县开国子赐紫金鱼袋京兆韦府君墓志铭并序》:"君讳济,字济,京兆杜陵人,纳言、博昌公之孙,中书令、逍遥孝公第三子也。垂拱之初,博昌以贞直忠谋,入参近密。长安之末,孝公与长兄黄门府君以公才雅望,递处台衡。十数年间,一门三相,衣冠之美,振古难俦。"④该志题署:"族叔银青光禄大夫行工部侍郎述撰,外甥扶风郡参军裴叔献书。"

8.《唐故彭城县君刘氏墓志铭并序》:"彭城县君刘氏者,讳茂,京兆少尹韦济之妻,开府仪同三司赠太傅之孙,赠卫府少卿之女也。……皇考曰逍遥孝公。伯父曰扶阳温公。皇祖曰侍中府君。四代宰司,父子相继。"⑤墓志题署:"朝散大夫守京兆少尹韦济撰。"

9.《唐故辰州参军韦府君墓志铭并序》:"公讳某,字某,京兆杜陵人也。曾祖,中书令、逍遥孝公讳嗣立。祖,尚书左丞讳济。烈考,尚书虞部员外郎讳逢。"⑥

根据《元和姓纂》《新唐书·宰相世系表》,参照新出墓志,我们可以重列出《韦氏小逍遥公房族系表》。

---

① 吴钢主编:《全唐文补遗》第2辑,三秦出版社1995年版,第15—16页。
② 吴钢主编:《全唐文补遗·千唐志斋新藏专辑》,第143—144页。
③ 吴钢主编:《全唐文补遗》第2辑,第18页。
④ 吴钢主编:《隋唐五代墓志汇编》(陕西卷)第4册,天津古籍出版社1991年版,第22页。
⑤ 吴钢主编:《隋唐五代墓志汇编》(陕西卷)第3册,第160页。
⑥ 吴钢主编:《全唐文补遗》第2辑,第40页。

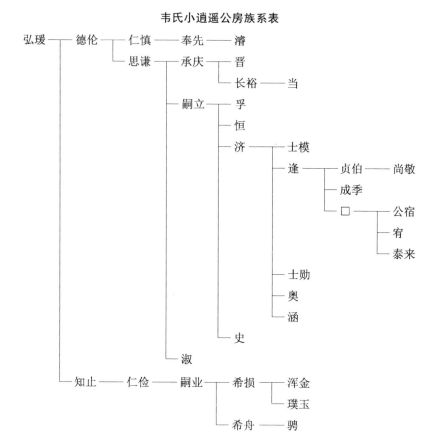

韦济家族文学钩稽

　　韦济家族是文学繁盛的望族，其先世和后裔成为以文学名家者不少，有诗文存世的文学人物还有韦思谦、韦嗣立、韦恒、韦贞伯、韦述、韦希损六人。他们的成就与地位虽不完全一样，但同样构成了以家族为纽带的文学群体，并成为唐代文学史的重要组成部分。同时，韦氏作为唐代士族的典型，其文学表现出明显的士族风尚。这里我们举韦思谦、韦嗣立、韦承庆、韦述加以说明。

　　1. 韦思谦

　　韦思谦，本名仁约，字思谦，以音类则天父讳，故以字称。① 郑州阳武

---

① 按韦思谦本名仁约，新、旧《唐书·韦思谦传》均同。《元和姓纂》卷二韦氏："德伦，任邱令；生仁慎、仁约。"（《元和姓纂》卷二，第 182 页）《韦承庆墓志》称"父约"，盖省去一字。

人,其先自京兆南徙,家于襄阳。举进士,补应城令,擢监察御史,累迁右司郎中。永淳初,历尚书左丞、御史大夫。则天垂拱初,赐爵博昌县男,迁凤阁鸾台三品。永昌元年(689)卒。《旧唐书》卷八八、《新唐书》卷一一六有传。韦承庆撰有《大唐故纳言上轻车都尉博昌县开国男韦府君墓志铭》①。《全唐文》卷一八六收韦仁约《劾张叡册回护褚遂良断判不当奏》一篇。

2. 韦嗣立

韦嗣立诗文俱擅,《全唐诗》卷九一收录其诗八首。《全唐文》卷二三六收其文四篇。《唐文拾遗》卷一六补其文一篇。《唐代墓志汇编续集》万岁通天〇〇四《大周故纳言博昌县开国男韦府君夫人琅耶郡君王氏墓志铭》(万岁通天二年一月廿四日):"孤子前凤阁舍人承庆,前来庭县令嗣立,前左羽林卫兵曹参军淑等。"②又开元〇九九《大唐故中散大夫守少府监上柱国赵郡李府君墓志铭并序》(开元十八年十一月十日):"调补洛州陆浑主簿,……未几为中书舍人韦嗣立所荐,对策甲科,授洛阳县尉。"③又天宝〇九九《大唐故正议大夫行仪王傅上柱国奉明县开国子赐紫金鱼袋京兆韦府君墓志铭并序》(天宝十三载闰十一月十一日):"纳言、博昌公之孙,中书令、逍遥孝公第三子也。垂拱之初,博昌以贞直忠谋,入参近密。长安之末,孝公与长兄黄门府君以公才雅望,递处台衡。十数年间,一门三相,衣冠之美,振古难俦。"④又元和〇七六《唐故辰州参军韦府君墓志铭并序》(元和十四年十一月十六日):"曾祖中书令、逍遥孝公,讳嗣立。"⑤

韦嗣立最为当时称道者有两个方面,第一是学行甚高。"嗣立、承庆俱以学行齐名。长寿中,嗣立代承庆为凤阁舍人;长安三年,承庆代嗣立为天官侍郎,顷之又代嗣立知政事;及承庆卒,嗣立又代为黄门侍郎,前后

---

① 吴钢主编:《隋唐五代墓志汇编》(陕西卷)第3册,第107页。
② 周绍良、赵超主编:《唐代墓志汇编续集》,第350页。
③ 周绍良、赵超主编:《唐代墓志汇编续集》,第522页。
④ 周绍良、赵超主编:《唐代墓志汇编续集》,第654页。
⑤ 周绍良、赵超主编:《唐代墓志汇编续集》,第854页。

四职相代。又父子三人，皆至宰相。有唐已来，莫与为比。"①第二是文章著名。"营别第骊山鹦鹉谷，帝临幸，命从官赋诗，制序冠篇，赐况优备，因封嗣立逍遥公，名所居曰清虚原幽栖谷。"②

3. 韦承庆

韦承庆少年就擅长文学，后以进士及第，文名益盛。墓志称："加以采摭坟史，网罗词艺，研精义窟，与荀孟而连衡，高步翰林，共扬班而方驾。年甫廿有三，太学进士，对策高第。邓林一枝，方膺大厦之构；昆山片玉，郁为连城之宝。自是价重天下，声高海内。"又《韦承庆墓志》由岑羲撰序，郑愔制铭，韦承庆继母《王婉墓志》由韦承庆撰序，李峤制铭。李峤、岑羲、郑愔都是当时著名的文学家，诗文兼擅。而两篇墓志篇幅都很长，约两千余字，其文体典雅古奥，多骈俪之语，代表当时流行的文风。由此亦可推知韦承庆在当时文坛具有较高的地位。

韦承庆之诗，《全唐诗》卷四六收其诗七首。芮挺章《国秀集》卷下选其《南行别弟》诗一首。《唐诗纪事》卷九亦载录其诗四首。其《南中咏雁诗》云："万里人南去，三春雁北飞。不知何岁月，得与尔同归。"③俞陛云《诗境浅说续编》评曰："孤客远行，难乎为别。所别者况为同气。此作不事研炼，清空如话，弥见天真。唐十龄女子诗：'所嗟人与雁，不作一行飞。'皆蔼然至性之言也。"④又其《凌朝浮江旅思》诗云："天晴上初日，春水送孤舟。山远疑无树，潮平似不流。岸花开且落，江鸟没还浮。羁望伤千里，长歌遣四愁。"⑤清黄叔灿《唐诗笺注》评曰："'山远'二句，眼前景无人道得，真名句也。'岸花'一联，妙在'且'字、'还'字，是孤舟闲望情致。末句跟第二句来，'春水送孤舟'，已有'愁'字在。"⑥即使是应制诗，也达到了"雅而典"的境界，如《寒食应制》诗云："凤城春色晚，龙禁早晖通。旧

---

① ［后晋］刘昫：《旧唐书》卷八八，第 2873—2874 页。
② ［宋］欧阳修、宋祁：《新唐书》卷一一六，第 4233 页。
③ ［清］彭定求：《全唐诗》卷四六，第 557 页。
④ 俞陛云：《诗境浅说续编》，上海书店 1984 年版，第 3 页。
⑤ ［清］彭定求：《全唐诗》卷四六，第 557 页。
⑥ 陈伯海主编：《唐诗汇评（增订本）》，第 79 页引。

火收槐燧,余寒入桂宫。莺啼正隐叶,鸡斗始开笼。蔼蔼瑶山满,仙歌始乐风。"①清谭宗《近体秋阳》评曰:"雅而典,'收'字健老,'入'字爽腻。……颇怪生新,然熟味之,要自不乏意致。"②

韦承庆之文,《全唐文》卷一八八收其《灵台赋》《枯井赋》《明堂灾极谏疏》《上东宫启》《重上直言谏东宫启》五篇。加以前述新出土墓志中有韦承庆所撰五篇,则韦承庆现存文章有十篇。《旧唐书·韦承庆传》称:"弱冠举进士,补雍王府参军。府中文翰,皆出于承庆,辞藻之美,擅于一时。累迁太子司议郎。仪凤四年五月,诏皇太子贤监国。时太子颇近声色,与户奴等款狎,承庆上书谏曰……又尝为《谕善箴》以献太子,太子善之,赐物甚厚。承庆又以人之用心,多扰浊浮躁,罕诣冲和之境,乃著《灵台赋》以广其志。……又制撰《则天皇后纪圣文》,中宗称善,特加银青光禄大夫。"③传中所叙之文,《灵台赋》《上东宫启》尚存,其余均已散佚。又《新唐书·韦承庆传》云:"长安中,拜凤阁侍郎、同凤阁鸾台平章事。张易之诛,承庆以素附离,免冠待罪。时议草赦令,咸推承庆,召使为之,无桡色误辞,援笔而就,众叹其壮。然以累犹流岭表。"④然其文因过速,也会带来一些缺陷:"累迁凤阁舍人,掌天官选。属文敏无留思,虽大诏令,未尝著稿。失大臣意,出为沂州刺史。"⑤

新出土韦承庆所撰写的墓志尚多,如《唐代墓志汇编》垂拱〇六一《唐故右金吾卫胄曹参军沈君墓志铭》,题署:"朝散大夫秋官员外郎韦承庆撰。"⑥《唐代墓志汇编续集》万岁通天〇〇四《大周故纳言博昌县开国男韦府君夫人琅耶郡君王氏墓志铭》,题署:"孤子前凤阁舍人承庆撰序,凤阁舍人赵郡李峤制铭。"⑦《唐代墓志汇编续集》圣历〇〇一《大周故朝散

① [清]彭定求:《全唐诗》卷四六,第557页。
② 陈伯海主编:《唐诗汇评》(增订本),第78页引。
③ [后晋]刘昫:《旧唐书》卷八八,第2862—2865页。
④ [宋]欧阳修、宋祁:《新唐书》卷一一六,第4230页。
⑤ [宋]欧阳修、宋祁:《新唐书》卷一一六,第4229页。
⑥ 周绍良主编:《唐代墓志汇编》,第771页。
⑦ 周绍良、赵超主编:《唐代墓志汇编续集》,第349页。

大夫行洛州陆浑县令韦府君墓志铭并序》，题署："□□□□舍人承庆撰。"①《全唐文补遗·千唐志斋新藏专辑》收韦承庆撰《大周故镇军大将军行左金吾卫大将军赠幽州都督上柱国柳城郡开国公高公（质）墓志铭并序》，题署："朝议大夫、行凤阁舍人韦承庆撰。"②《陕西碑石精华》载有《大唐故纳言上轻车都尉博昌县开国男韦府君墓志铭》，题："孤子前朝议大夫行春官员外郎承庆撰序，春官尚书弘文馆学士兼修国史南阳县开国子范履冰制铭。"③《长安新出墓志》载有《大□故朝散大夫行洛州陆浑县令韦府君墓志铭并序》，题署："□□□□舍人承庆撰。"④

4. 韦述

韦述是韦济的族叔，也是《韦济墓志》的撰者。他是唐代一位大史学家，其文学成就当时也很瞩目。

韦述，京兆杜陵人。登进士第，为栎阳尉。转右补阙，中书令张说专集贤院事，引述为直学士，迁起居舍人。说重词学之士，述与张九龄、许景先等常游其门。转屯田员外郎、职方吏部二郎中，转国子司业。天宝初，历左右庶子，九载（750），迁工部侍郎。"及禄山之乱，两京陷贼，玄宗幸蜀，述抱《国史》藏于南山，经籍资产，焚剽殆尽。述亦陷于贼庭，授伪官。至德二年，收两京，三司议罪，流于渝州，为刺史薛舒困辱，不食而卒。"⑤《旧唐书》卷一〇二、《新唐书》卷一三二有传。"述典掌图书，余四十年，任史官二十年，澹荣利，为人纯厚长者，当世宗之。接士无贵贱与均。蓄书二万卷，皆手校定，黄墨精谨，内秘书不逮也。古草隶帖、秘书、古器图谱无不备。"⑥《全唐诗》卷一〇八收其诗四首，《全唐文》卷三〇二收其文九篇。与韦承庆、韦济不同的是，前者都有墓志出土，而出土文献中未见韦

① 周绍良、赵超主编：《唐代墓志汇编续集》，第360页。宋英《唐韦憕墓志考述》："为韦憕撰此墓志时署'从□□□舍人承庆撰'，据韦氏世系及承庆墓志铭，应为'从佺凤阁舍人承庆撰'，所缺三字为'佺凤阁'。"（《考古与文物》1996年第3期，第83页）
② 吴钢主编：《全唐文补遗·千唐志斋新藏专辑》，第79页。
③ 余华青、张廷皓主编：《陕西碑石精华》，第76页。
④ 西安市长安博物编：《长安新出墓志》，文物出版社2011年版，第130页。
⑤ ［后晋］刘昫：《旧唐书》卷一〇二，第3184页。
⑥ ［宋］欧阳修、宋祁：《新唐书》卷一三二，第4529—4530页。

述墓志,但新出石刻所载韦述撰作颇多,《唐代墓志汇编》天宝一一〇《大唐故少府监范阳县伯张公墓志铭并序》,题:"正议大夫太子左庶子集贤院学士知史官事韦述撰"①。又乾符〇三一《唐故宣义郎侍御史内供奉知盐铁嘉兴监事张府君墓志铭并序》:"高祖绍宗,皇邵州武冈令,赠宜春郡太守;博学工书,著《蓬山事苑》卅卷行于世,苏许公为之制集序,韦侍郎述撰神道碑。"②《唐代墓志汇编续集》开元一七八《大唐故镇军大将军行右骁卫大将军上柱国岳阳郡开国公范公墓志铭并序》,题署:"大中大夫守国子司业集贤院学士知史馆事上柱国韦述撰。"③《唐代墓志汇编续集》天宝〇九九《大唐故正议大夫行仪王傅上柱国奉明县开国子赐紫金鱼袋京兆韦府君墓志铭并序》,题:"族叔银青光禄大夫行工部侍郎述撰,外甥扶风郡参军裴叔献书。"④《唐〈韦济墓志〉考略》:"志文撰书者韦述,为志主韦济的族叔。……述为济撰此志时,为署银青光禄大夫,行工部侍郎。"⑤《大唐故壮武将军守左威卫大将军兼五原太守郭府君(英奇)墓志铭并序》,题:"银青光禄大夫、行工部侍郎、集贤院学士、兼知史官事、仍充礼仪使、上柱国、方城县开国子卫述撰。"⑥韩若春《陕西兴平发现唐郭英奇墓志》云:"志文撰拟者韦述,为唐玄宗时的知史官,居史职达二十年,著述甚丰,并在'安史之乱'中'抱国史藏于南山',但后又接受安禄山伪职,被肃宗流放渝州,因困辱不食而卒。"⑦王月华、陈根远有《唐〈郭英奇墓志〉考释》云:"撰者韦述,两《唐书》有传,唐代杰出学者。《旧唐书·本传》记载:'述在书府四十年,居史职二十年,嗜学著书,手不释卷。'在人才济济地位显赫的韦氏家族中以博识史才著称。曾著书二百余卷。"⑧《全唐文补遗》第八辑收王良士《唐故剑南西川节度副使检校尚书吏部郎中兼御史中丞安

① 周绍良主编:《唐代墓志汇编》,第 1608 页。
② 周绍良主编:《唐代墓志汇编》,第 2494 页。
③ 周绍良、赵超主编:《唐代墓志汇编续集》,第 574 页。
④ 周绍良、赵超主编:《唐代墓志汇编续集》,第 654 页。
⑤ 《碑林集刊》第 6 辑,第 53—54 页。
⑥ 《文博》1998 年第 3 期,第 73 页。
⑦ 《文博》1998 年第 3 期,第 72 页。
⑧ 《碑林集刊》第 6 辑,第 50 页。

定皇甫公（澈）墓志铭并叙》："公名澈，皇朝洛阳丞、赠兵部侍郎讳寡过之曾孙，唐州刺史乾遂之孙，齐州刺史胤之少子，工部侍郎韦公述之甥也。"①

韦 济 与 杜 甫

　　韦济是唐代著名的官僚士大夫，也是一位具有地位的文学家，他不仅有诗文传世，近年出土文献当中，也发现他撰写的文学作品，他的墓志近年也已出土。但他的文学成就，一直没有受到文学史研究者的重视，而其墓志的出土，无疑为我们衡定他的文学地位提供了新的材料。韦济与盛唐诗人具有密切的关系，墓志中提及了文人如"吴郡陆景融、范阳张均、彭城刘昇、陇西李昇期、京兆田宾庭、陇西李道邃、邃之族子岘、河东裴侨卿、范阳卢僎等"，多有诗文传世，上文已作疏证。说明韦济在唐时的唐代文坛，是一位喜爱与文人交游也是带动文学群体引领文学潮流之人。墓志没有提及与韦济关系密切的诗人还有杜甫、王维、高适等，我们以杜甫为例加以钩稽，以彰显韦济的诗坛地位与影响。

　　韦济与杜甫的关系，是盛唐文人和文学之间的特殊现象。《韦济墓志》没有提及杜甫，而杜甫有多首诗涉及韦济，都是名篇佳制。

　　杜甫有《奉寄河南韦尹丈人》诗，原注："甫故庐在偃师，承韦公频有访问。"诗云：

<blockquote>
有客传河尹，逢人问孔融。青囊仍隐逸，章甫尚西东。
鼎食分门户，词场继国风。尊荣瞻地绝，疏放忆途穷。
浊酒寻陶令，丹砂访葛洪。江湖漂短褐，霜雪满飞蓬。
牢落乾坤大，周流道术空。谬惭知蔺子，真怯笑扬雄。
盘错神明惧，讴歌德义丰。尸乡余土室，谁话祝鸡翁。②
</blockquote>

　　韦济频访杜甫故庐，杜甫又对韦济说出真心话与知心话，二人交谊之

---

① 吴钢主编：《全唐文补遗》第8辑，第108页。
② ［清］仇兆鳌：《杜诗详注》卷一，第68—70页。

深厚,尤为感人。韦济为河南尹在天宝七载(748)至九载(750)。新出土《韦济墓志》:"天宝七载,转河南尹,兼水陆运使。九载,迁尚书左丞。"其时杜甫在长安。据《元和郡县图志》卷五河南府偃师县:"天宝七年四月,河南尹韦济奏,于偃师县东山下开驿路通孝义桥,废北坡义堂路焉。"①因为韦济于偃师县开驿路,又属杜甫故庐在偃师故而频加访问,这是杜甫作诗寄赠的缘由。但这时杜甫是在长安还是在偃师,学人们的看法不尽一致。古人注杜诗,如仇兆鳌《杜诗详注》引黄鹤注认为是时杜甫在长安。而近年陈铁民先生根据新出土《韦济墓志》与杜甫诗相印证,以为韦济到偃师访问时,杜甫正隐居于偃师。

诗的开头八句是叙述宾主二人的关系,交代作诗的缘由。"有客"四句表现韦济对于杜甫的存问,"鼎食"四句感激韦济对自己的垂注。《后汉书·孔融传》,河南尹李膺,不妄接士,融年十岁,造门与交。杜甫以李膺比韦济,以孔融自比。"章甫"又用孔子周游事,说明自己仍然漂泊隐逸,穷愁潦倒。韦济一族分为东眷、西眷,更有十房,逍遥公还分大小两房,故称"鼎食分门户"。韦济藻绘文翰,享誉当时,故称"词场继国风",即如《旧唐书·韦济传》所言:"制《先德诗》四章,述祖、父之行,辞致高雅。"②这样的高人垂青杜甫,使得杜甫十分感激,故言"尊荣瞻地绝,疏放忆途穷"。"尊荣"指韦济,"地绝"指杜甫;"疏放"指韦济,"途穷"指杜甫。"浊酒寻陶令"以下八句,承接"途穷"而自叙经历,以回答韦济所问之意。"陶令"与"葛洪"叙说隐逸,"江湖"和"霜雪"突出漂泊,"牢落"与"周流"谓流落辗转,所学无用,害怕别人嘲笑。最后四句"盘错神明惧,讴歌德义丰。尸乡余土室,谁话祝鸡翁",既歌颂韦济的德义,又对于访问故庐表示感谢。"盘错"二句用《后汉书·虞诩传》的典故:"诩为朝歌长……曰:'志不求易,事不避难,臣之职也。不遇槃根错节,何以别利器乎?'"③赞颂韦济为政有方,善于处理盘根错节的问题,使得神灵震惧。"尸乡"即偃师的尸乡

---

① 〔唐〕李吉甫:《元和郡县图志》卷五,第 132 页。
② 〔后晋〕刘昫:《旧唐书》卷八八,第 2874 页。
③ 〔南朝宋〕范晔:《后汉书》卷五八,第 1867 页。

亭，"土室"指依山而建的住宅，即指杜甫的故庐。"祝鸡翁"乃用《列仙传》典故："祝鸡翁者，洛人也。居尸乡北山下，养鸡百余年，鸡有千余头，皆立名字……欲引，呼名即依呼而至。卖鸡及子，得千余万，辄置钱去之吴。"①应是杜甫自喻，但"谁话祝鸡翁"，实则是说韦济过访偃师杜甫故庐时，杜甫并不在偃师。韦济访问杜甫偃师故庐也不是专程而去的，根据《元和郡县图志》的记载，他是到偃师开驿路而顺便访问杜甫故庐的。

韦济为尚书左丞时，杜甫赠诗二首，一首是《赠韦左丞丈济》，一首是《奉赠韦左丞丈二十二韵》，两首诗都是著名的诗篇。《赠韦左丞丈济》诗云：

> 左辖频虚位，今年得旧儒。相门韦氏在，经术汉臣须。
> 时议归前烈，天伦恨莫俱。鸰原荒宿草，凤沼接亨衢。
> 有客虽安命，衰容岂壮夫。家人忧几杖，甲子混泥途。
> 不谓矜余力，还来谒大巫。岁寒仍顾遇，日暮且踟蹰。
> 老骥思千里，饥鹰待一呼。君能微感激，亦足慰榛芜。②

诗分三层，第一层"左辖频虚位"八句，叙述韦济的事业。韦济出身于儒家高门，登上尚书左丞的高位理所应当。韦氏自汉以来就出现多位宰相，即如汉代韦贤，七十余为相，其少子韦玄成也自明经官至宰相。韦济之祖及父，四职相代，父子三人相继为相，有唐以来莫与为比。第二层"有客虽安命"八句，叙述自己受到韦济的知遇。自己这时穷老安命，而有幸受知于韦。故而乘余力而来谒拜长者者，也是因为以前受过韦济的接遇之情，遂起踟蹰盼望之意。第三层"老骥思千里"四句，有望于韦济的援引。诗用"老骥"以比自己之衰老，用"饥鹰"以况自己之困穷。用"思"，用"待"，承接上文的"踟蹰"，希望自己的干谒能够使得韦济感动激发，自己也就不沦于荆榛芜草了。

---

① 王叔岷：《列仙传校笺》卷上，中华书局 2007 年版，第 85 页。
② ［清］仇兆鳌：《杜诗详注》卷一，第 71—73 页。

《奉赠韦左丞丈二十二韵》诗云：

纨袴不饿死，儒冠多误身。丈人试静听，贱子请具陈。

甫昔少年日，早充观国宾。读书破万卷，下笔如有神。

赋料扬雄敌，诗看子建亲。李邕求识面，王翰愿为邻。

自谓颇挺出，立登要路津。致君尧舜上，再使风俗淳。

此意竟萧条，行歌非隐沦。骑驴十三载，旅食京华春。

朝扣富儿门，暮随肥马尘。残杯与冷炙，到处潜悲辛。

主上顷见征，欻然欲求伸。青冥却垂翅，蹭蹬无纵鳞。

甚愧丈人厚，甚知丈人真。每于百僚上，猥颂佳句新。

窃效贡公喜，难甘原宪贫。焉能心怏怏，只是走踆踆。

今欲东入海，即将西去秦。尚怜终南山，回首清渭滨。

常拟报一饭，况怀辞大臣。白鸥没浩荡，万里谁能驯？①

这是杜甫困居长安十年所写诗中最为著名的一首。开头四句总领全篇，重点在"儒冠多误身"，而"纨袴不饿死"是前者的铺垫和衬笔。第五句开始，就对韦济袒露胸怀，叙述自己的抱负，申言儒冠之事。是说自己学优才敏，足以驰骋古今，想要正君善俗，不仅以文辞见长。这一段备陈学问本领，直抒胸臆，与韦济真诚相见，言大而非夸，情真而意切。明人王嗣奭《杜臆》卷一云："韦丞知己，故通篇都作真语。如'读书破万卷'云云，大胆说出，绝无谦让。至于'致君尧舜，再淳风俗'，真有此稷、契之比，非口给语。"②"此意竟萧条"以下十二句，慨叹自己历年不遇，申明"儒冠多误身"之缘由。前因贡举不第，后以应诏退下，极言困厄而无能自解。"甚愧

---

① ［清］仇兆鳌：《杜诗详注》卷一，第73—77页。按，杜甫《奉赠韦左丞丈二十二韵》诗，钟来茵以为"韦左丞"应为"韦丞相"，韦左相即韦见素。说见《杜诗〈上韦见素〉考》，《福建论坛》1982年第5期；《再论"下笔如有神"是杜甫赠韦见素的诗》，《杜甫研究学刊》1995年第4期，第61—65页。可备一说。但细察二文所论，虽有宋代杜集异文，但对于杜诗内证的分析仍属推论，故今不从其说。

② ［明］王嗣奭：《杜臆》卷一，上海古籍出版社1983年版，第11页。

丈人厚"十六句，感怀韦济，同时抒写临别缱绻之情，而表现又回环往复，波折纡曲。"甚愧"四句，引韦济为知己；"窃效"四句，言自己不得志而思去；"今欲"四句，欲去而又不忍径去；"常拟"四句，欲留而又不能复留。收笔超恣奇横，极尽变化。

　　杜甫赠送韦左丞的两首诗，宋以后注家多系于天宝七载，如仇兆鳌《杜诗详注》引鹤注："此诗当是天宝七载冬作。"①而据新出土《韦济墓志》，韦济于天宝九载（750）方转尚书左丞，十一载（752）出为冯翊太守。是知此二诗应为天宝九载至十一载之间作。《赠韦左丞丈济》诗有"左辖频虚位，今年得旧儒"句，是知作于韦济为尚书左丞的当年，即天宝九载（750）。其时距杜甫应制举已有三年，杜甫终生的政治理想，当时的困顿处境，写诗的甘苦体会等，在诗中均有所表现。而作年的重新认定更有助于对杜甫生平思想与创作历程的理解。

　　宋人范温《潜溪诗眼》分析此诗的命意颇能得诗之精髓："山谷言文章必谨布置，每见后学，多告以《原道》命意曲折。后予以此概考古人法度，如杜子美《赠韦见素》诗云'纨袴不饿死，儒冠多误身'，此一篇立意也，故使人静听而具陈之耳；自'甫昔少年日'至'再使风俗淳'，皆儒冠事业也；自'此意竟萧条'，至'蹭蹬无纵鳞'，言误身如此也，则意举而文备。故已有是诗矣。然必言其所以见韦者，于是有厚愧真知之句。所以真知者，谓传诵其诗也。然宰相职在荐贤，不当徒爱人而已，士故不能无望，故曰'窃效贡公喜，难甘原宪贫'；果不能荐贤则去之可也，故曰：'焉能心怏怏，只是走踆踆'，又将入海而去秦也；然其去也，必有迟迟不忍之意，故曰'尚怜终南山，回首清渭滨'；则所知不可以不别，故曰'常拟报一饭，况怀辞大臣'；夫如此是可以相忘于江湖之外，虽见素亦不得而见矣；故曰'白鸥没浩荡，万里谁能驯'，终焉。此诗前贤录为压卷，盖布置最得正体，如官府甲第厅堂房室，各有定处，不可乱也。韩文公《原道》，与《书》之《尧典》盖如此，其他皆谓之变体可也。盖变体如行云流水，初无定质，出于精微，夺

————————

① ［清］仇兆鳌：《杜诗详注》卷一，第71页。

乎天造,不可以形器求矣。然要之以正体为本,自然法度行乎其间。"①
"诗有一篇命意,有句中命意。如老杜《上韦见素》诗,布置如此,是一篇命
意也。至其道迟迟不忍去之意,则曰'尚怜终南山,回首清渭滨';其道欲
与见素别,则曰'常拟报一饭,况怀辞大臣',此句中命意也。盖如此然后
顿挫高雅。"②这两段分析,深入杜甫《奉赠韦左丞丈二十二韵》之精髓。
只是《潜溪诗眼》将"韦济"误为"韦见素",当据杜诗以改正。

最后,通过《韦济墓志》撰者韦述推测一下杜甫"读书破万卷"的背景。
《韦济墓志》题署:"族叔银青光禄大夫行工部侍郎述撰。"了解韦述,我们
也就更了解杜甫《奉赠韦左丞丈二十二韵》诗中"读书破万卷,下笔如有
神"的意义。据《旧唐书·韦述传》记载:"家聚书二万卷,皆自校定铅椠,
虽御府不逮也。兼古今朝臣图,历代知名人画,魏、晋已来草隶真迹数百
卷,古碑、古器、药方、格式、钱谱、玺谱之类,当代名公尺题,无不毕备。"③
韦述所著书凡二百余卷,当时颇为流行。他藏书二万卷分量有多少,北京
大学荣新江教授曾经与敦煌文献做过类比:"今天让多少学者穷毕生精力
从事研究的敦煌藏经洞出土写卷,大体上是五万个编号,如果按古代书籍
的一卷卷来计算,许多残片方可算一卷,五万号相加,恐怕未必多于韦述
家藏之书。况且,韦家的书房里,不仅仅有图书,而且还有古今人物画像、
名人图画、各种法书、尺牍、法令格式、钱谱、玺谱、药方等各种写卷或图
卷,古碑、古器等实物,可谓琳琅满目,令人称羡不已。"④杜甫与韦氏关系
极为密切,我们推测韦氏的藏书,杜甫也是能够寓目的。

① 郭绍虞辑:《宋诗话辑佚》,中华书局 1980 年版,第 323—325 页。
② 郭绍虞辑:《宋诗话辑佚》,第 325—326 页。
③ [后晋]刘昫:《旧唐书》卷一〇二,第 3184 页。
④ 陕西历史博物馆等编著:《花舞大唐春:何家村遗宝精粹》,文物出版社 2003 年版,第
   51 页。

九、郑 虔 墓 志

墓 志 释 文

大唐故著作郎贬台州司户荥阳郑府君并夫人琅琊王氏墓志铭 并序

公讳虔，字赵庭，荥阳人也。本枝自周，因国氏郑，尔来千有余年，世为著族。曾父道瑗，随朗州司法参军。大父怀节，皇澧州司马，赠卫州刺史。父镜思，皇秘书郎，赠主客郎中、秘书少监。公则秘书之次子。源长庆深，世继其美。公神冲气和，行纯体素，精心文艺，克己礼乐。弱冠举秀才，进士高第。主司拔其秀逸，翰林推其独步。又工于草隶，善于丹青，明于阴阳，邃于算术，百家诸子，如指掌焉。家国以为一宝，朝野谓之三绝。解褐补率更司主簿，二转监门卫录事参军，三改尚乘直长，四除太常寺协律郎，五授左青道率府长史，六移广文馆博士，七迁著作郎。无何，狂寇凭陵，二京失守，公奔窜不暇，遂陷身戎虏。初胁授兵部郎中，次国子司业。国家克复，因贬公台州司户。非其罪也，国之宪也。经一考，遘疾于台州官舍，终于官舍，享年六十有九，时乾元二年九月廿日也。夫人琅琊王氏，皇凤阁侍郎平章事方庆之孙，皇侍御史畯之女。承大贤之后，盛德相继。母仪母则，传在六亲；妇道妇容，闻于九族。享年廿有五，以开元十四年十一月二日，先公而殁。嗣子元老、野老、魏老。有女五人。既奉胎中之教，又承庭下之训。动乃应规，言必合则。咸以世事多故，或处遐方，唯长女、次女、幼子在焉。初，公以权厝于金陵石头山之原，夫人在王城南定鼎门之右，顷以时艰，未遑合祔。昨以询于长老，卜于龟筮，得以今年协从是礼。长女、次女相谓曰："吾等虽伯仲未集，而吉岁罕逢，今誓将毕乎大事。"于是自江涉淮，逾河达洛，万里扶侍，归于故乡。昨以六月廿五日，将启城南故穸，言归郑邑新茔。大隧既开，玄堂斯俨。盘藤绕塔，彰神理之获安；蔓葛萦棺，示精诚之必感。青乌有言曰："地之吉，草木润。神之安，福后胤。"此其是也,必不可动。金曰:"此其为万代栝樻,胡造次而易哉!"于是长女、次女等叹曰:"不归故乡,亦闻古礼。"遂以大历四年八月廿五日,祔于夫人故茔,崇礼经也,议不可动也。外生卢季长备闻旧德,书此贞石。

铭曰:於昭我舅,道德是尊。才高位卑,天道奚论。茫茫野田,苍苍古原。凄凉对阙,冥寞双魂。陇月夜明,松风昼昏。千秋万祀,传于子孙。鼎门之右,龙门之侧。郁郁佳城,志荥阳茔域。

《郑虔墓志》,郑虔(691—759),字趋庭,荥阳人。官至广文博士、著作郎,贬台州司户。乾元二年(759)卒,享年六十九岁,大历四年(769)八月廿五日迁葬。墓志长、宽各45厘米,共28行,行28字,正书。郑虔外甥卢季长撰。墓志出土于河南省洛阳市关林镇。现藏千唐志斋博物馆。郑虔长子郑忠佐墓志亦出土,可以与郑虔墓志参证。《河洛墓刻拾零》载:"唐郑忠佐墓志,……贞元十一年九月十九日卒,贞元十二年十月十三日葬,卢时荣撰。1998年冬,河南省洛阳市关林镇出土。"(下册,第476页)以此参照,郑虔墓志出土时间与郑忠佐墓志约略同时。郑虔是盛唐时期的诗人兼书画家,与杜甫友善。郑虔家族墓志传世及出土者共15方。《郑虔墓志》拓片图版,载于《书法丛刊》2007年第6期,第36—37页;《秦晋豫新出墓志蒐佚》第3册,第769页。录文收录于《全唐文补遗·千唐志斋新藏专辑》,第249—250页。陈尚君有《〈郑虔墓志〉考释》,刊于《传统中国研究集刊》第3辑,第315—334页。西安碑林2017年10月29日开幕《桃花依旧:唐代诗人墓志特展》贰《青石不朽,斯人永恒:墓志上的诗人影像》即展出《郑虔墓志》。郑虔诗,载《全唐诗》卷二五五,第2863页。

墓 志 疏 证

公讳虔,字趋庭,荥阳人也。本枝自周,因国氏郑,尔来千有余年,世为著族。

《新唐书·郑虔传》:"郑虔,郑州荥阳人。"[1]《唐诗纪事》卷二〇《郑虔》条:"虔,荥阳人。"[2]《唐才子传》卷二《郑虔传》:"虔,郑州人,高士

---

① [宋]欧阳修、宋祁:《新唐书》卷二〇二,第5766页。

② [宋]计有功:《唐诗纪事》卷二〇,第280页。

也。"①杜甫《存殁口号二首》之二："郑公粉绘随长夜。"原注："高士荥阳郑
虔,善画山水。"②诸书都没有记载郑虔之字,陈尚君曰："《墓志》云郑虔字
赵庭,历代文献中没有记载,应该是很可靠的。赵庭即趋庭,用孔鲤趋庭
闻训的故事,与名相应。"③元明以后的文献记载郑虔字弱齐,或作若齐。
陶宗仪《南村辍耕录》卷八："周待制白岩先生仁荣买地于府城之郑捏儿
坊,创义塾以淑后进。筑础时,掘地深才数尺,有青石,获双砚,砚有款识,
乃唐郑司户虔故物。……虔字弱齐,俗讹为捏儿云。"④姜宸英《湛园札
记》卷四引《台州志》："郑虔字若齐。"⑤陈尚君云："唐人字有两个或更多
者,如张说字道济、说之之类,本不足怪。弱齐、若齐均晚出,虽还不能完
全否定,终不免有可疑处。"⑥陶敏云："各种家谱的说法却往往令人难以
信从。如台州《康谷郑氏宗谱》谓虔字无谦,一字若齐,'生于唐垂拱乙酉
年(元年 685)九月初九日戌时',有彧、稷二子,卒年八十三,与夫人郭氏合
葬于临海白石金鸡山之麓。竟连郑虔的生日时辰都言之凿凿,反启人疑
窦。……至《康谷郑氏宗谱》所云字、生年、享年、子嗣、妻室、葬地等,均出
杜撰。"⑦

　　《元和姓纂》卷九郑氏："周厉王少子受封于郑,是为桓公,在畿内,今
华州郑县是也。威公生武公,与晋文公夹辅平王,东迁于洛。郑徙溱洧之
间,谓之新郑。传封十三代,至幽公,为韩所灭。子孙播于陈宋,以国为
氏。"⑧又云："【荥阳开封】当时六代孙稚,汉末自陈徙河南开封,晋置荥阳
郡,开封隶焉,遂为郡人。"⑨

---

①　傅璇琮：《唐才子传校笺》卷二,第 404 页。
②　［清］仇兆鳌：《杜诗详注》卷一六,第 1452 页。
③　陈尚君：《〈郑虔墓志〉考释》,《传统中国研究集刊》第 3 辑,第 320 页。
④　［元］陶宗仪：《南村辍耕录》卷八,中华书局 1959 年版,第 102 页。
⑤　［清］姜宸英：《湛园札记》卷四,《景印文渊阁四库全书》第 859 册,第 642 页。
⑥　陈尚君：《〈郑虔墓志〉考释》,《传统中国研究集刊》第 3 辑,第 320 页。
⑦　陶敏：《全唐文补遗・千唐志斋新藏专辑》(书评),《唐研究》第 14 卷,北京大学出版社
　　2008 年版,第 606—607 页。
⑧　［唐］林宝：《元和姓纂》卷九,第 1346 页。
⑨　［唐］林宝：《元和姓纂》卷九,第 1347 页。

曾父道瑗,随朗州司法参军。大父怀节,皇澧州司马,赠卫州刺史。父镜思,皇秘书郎,赠主客郎中、秘书少监。公则秘书之次子。

郑虔先世,传世文献未见记载,出土文献可见数方墓志。《千唐志斋藏志》二六八《大唐朝议郎行周王西阁祭酒上柱国程务忠妻郑氏墓志铭并序》:"夫人讳□,字□,郑州荥阳人也。……曾祖叔武,银青光禄大夫,北豫州大中正,青、光二州刺史,谥平简公;祖道瑗,密州高密县令、泗州下邳郡丞、朗州武陵郡丞。或望重国华,或器优邦干。宣风列岳,政韫六条;敷化属城,绩超三善。父怀节,绛州曲沃县令、舒州望江县令、杨州六合县令、贝州鄃县令、邢州钜鹿县令。神襟散朗,识用淹通。理综连环,艺该群玉。历官赵北,未穷游刃之功;累政淮南,宁申利器之用。对酒肆长筵之乐,闻弦兴下调之悲。"①又《唐代墓志汇编》开元三六一《大唐故赠博州刺史郑府君墓志并序》:"高祖述祖,北齐侍中、开府仪同三司、尚书左仆射、谥平简公;曾祖武叔,冠军将军、太□□□道授隋广陵、下邳二郡守;父怀节,皇朝澧州司马□卫州刺史。府君即卫州之长子也,讳进思,字光启。……四子陪祔于新□□□□□□一名宜尊,邠州三水令,赠太子少保。□□□□□□□穴;嗣子实,少府监主簿;次子昂,字千里,□□□□□□□□穴;嗣子俊;三子颖,字三明。……四子绮……子备。"②按,此二志可与郑虔墓志相参证,然所列其曾祖,有"叔武"与"武叔"之异。又《郑进思墓志》中"郑进思"与郑虔父"镜思"同辈。盖其父辈以"思"字排行。《唐代墓志汇编》天宝二三六《唐故淮南道采访支使河东郡河东县尉荥阳郑府君墓志铭并序》:"公讳宇,荥阳人也。六代祖平简公述祖,北齐有传;曾祖怀节,皇朝卫州刺史;祖进思,皇朝博州刺史;父游,晋州临汾县令。"③同书大和〇八九《唐故荥阳郑氏女墓志铭并序》,题"从父兄登仕郎前守河南府长水县主簿纪撰"④,志云:"北齐尚书、谥平简公讳述祖八代

---

① 河南省文物研究所:《千唐志斋藏志》,第 268 页。
② 周绍良主编:《唐代墓志汇编》,第 1405—1406 页。按,此志又见《唐代墓志汇编续集》开元一〇五,第 526—527 页,实乃重出且缺字较《汇编》更多。
③ 周绍良主编:《唐代墓志汇编》,第 1695 页。
④ 周绍良主编:《唐代墓志汇编》,第 2159 页。

孙；大王父韦游，太常少卿；王父韦宠，尚书库部郎中；列考直，河南县主簿，即郎中第三子。"末署："从父兄缜书。"①《全唐文补遗》第 8 辑卢时荣撰《大唐故滑州白马县尉郑府君（忠佐）墓志铭并序》："公讳忠佐，字元老，郑州荥阳人也。曾祖怀节，唐赠卫州刺史。祖镜思，秘书少监。父虔，广文博士、著作郎。"②

　　按，郑虔为文学世家，其先世情况尚有可考知者。《北齐书·郑述祖传》："郑述祖，字恭文，荥阳开封人。祖羲，魏中书令。父道昭，魏秘书监。述祖少聪敏，好属文，有风检，为先达所称誉。……子元德，多艺术，官至琅邪守。"③又《北史·郑羲传》："郑羲字幼麟，荥阳开封人，魏将作大匠浑之八世孙也。曾祖豁，慕容垂太常卿。父晔，不仕。娶长乐潘氏，生六子，粗有志气，而羲第六，文学为优。……长子懿，字景伯，涉历经史。……懿弟道昭，字僖伯，少好学，综览群言。……道昭好为诗赋，凡数十篇。……子严祖，颇有风仪，粗观文史，轻躁薄行，不修士业。……严祖弟敬祖……敬祖弟述祖，字恭文。少聪敏，好属文，有风检，为先达所称誉。历位司徒左长史、尚书、侍中、太常卿、丞相右长史。齐天保中，历太子少保、左光禄大夫、仪同三司、兖州刺史。……述祖能鼓琴，自造《龙吟十弄》，云尝梦人弹琴，寤而写得。当时以为绝妙。所在好为山池，松竹交植，盛肴馔以待宾客，将迎不倦。……天统元年卒，年八十一……述祖子元德，多艺术，官琅邪太守。"④

弱冠举秀才，进士高第。主司拔其秀逸，翰林推其独步。

　　郑虔及进士第，未见诸书记载。而其墓志谓其"弱冠举秀才，进士高第"，以乾元二年（759）卒，年六十九推之，其弱冠在睿宗景云元年（710）。据清徐松《登科记考》卷四，本年有进士五十二人，而未考出一人。知贡举为考功员外郎武平一。

①　周绍良主编：《唐代墓志汇编》，第 2160 页。
②　吴钢主编：《全唐文补遗》第 8 辑，第 103 页。
③　［唐］李百药：《北齐书》卷二九，中华书局 1972 年版，第 397—398 页。
④　［唐］李延寿：《北史》卷三五，第 1302—1308 页。

又工于草隶，善于丹青，明于阴阳，邃于算术，百家诸子，如指掌焉。家国以为一宝，朝野谓之三绝。

郑虔工书善画，为"三绝"事，唐宋人多有记载。《新唐书·郑虔传》："虔善图山水，好书，常苦无纸，于是慈恩寺贮柿叶数屋，遂往日取叶肄书，岁久殆遍。尝自写其诗并画以献，帝大署其尾曰'郑虔三绝'。"①唐李绰《尚书故实》："郑广文学书而病无纸，知慈恩寺有柿叶数间屋，遂借僧房居止，日取红叶学书，岁久殆遍。后自写所制诗并画，同为一卷封进。玄宗御笔书其尾，曰'郑虔三绝'。"②杜甫《八哀诗·故著作郎贬台州司户荥阳郑公虔》："昔献书画图，新诗亦俱往。沧洲动玉陛，寡鹤误一响。三绝自御题，四方尤所仰。"③唐封演《封氏闻见记》卷五《图画》："郑虔亦工山水，名亚于维，劝善坊吏部尚书王方庆宅院有虔山水之迹，为时所重。虔工书画，又工诗，故有'三绝'之目。"④唐张彦远《历代名画记》卷九："郑虔，高士也，苏许公为宰相，申以忘年之契，荐为著作郎。开元二十五年，为广文馆学士。饥穷辗轲，好琴酒篇咏，工山水，进献诗篇及书画，玄宗御笔题曰：'郑虔三绝'。与杜甫、李白为诗酒友。禄山授以伪水部员外郎，国家收复，贬台州司户。"⑤唐朱景玄《唐朝名画录》以郑虔为能品："郑虔号广文，能画鱼水山石，时称奇妙，人所降叹。"⑥《宣和画谱》："郑虔，郑州荥阳人也。善画山水，好书，常苦无纸，虔于慈恩寺贮柿叶数屋，逐日取叶隶书，岁久殆遍。尝自写其诗并画，以献明皇，明皇书其尾曰'郑虔三绝'。画陶潜风气高逸，前所未见，非醉卧北窗下，自谓羲皇上人，同有是况者，何足知若人哉！此宜见画于郑虔也。"⑦宋曾肇有《题王晋卿所藏郑虔著

---

① ［宋］欧阳修、宋祁：《新唐书》卷二〇二，第5766页。
② ［唐］李绰：《尚书故实》，《大唐传载》（外三种）本，中华书局2019年版，第140页。按，此条又见［唐］韦绚：《刘宾客嘉话录》，唐兰辨其为伪，见《〈刘宾客嘉话录〉的校辑与辨伪》，《文史》第4辑，中华书局1965年版，第99页。
③ ［清］仇兆鳌：《杜诗详注》卷一六，第1410页。
④ 赵贞信：《封氏闻见记校注》卷五，第47页。
⑤ ［唐］张彦远：《历代名画记》卷九，第187页。
⑥ ［唐］朱景玄：《唐朝名画录》，《景印文渊阁四库全书》第812册，第371页。
⑦ ［宋］佚名：《宣和画谱》卷五，《丛书集成初编》本，中华书局1985年版，第159—160页。

色山水图》诗："曾访江南鸟爪仙，误随尘网落人间。红泉碧涧春风里，尚记麻源谷口山。"①

解褐补率更司主簿，二转监门卫录事参军，三改尚乘直长，四除太常寺协律郎，五授左青道率府长史，六移广文馆博士，七迁著作郎。

《新唐书·郑虔传》："天宝初，为协律郎，集掇当世事，著书八十余篇。有窥其稿者，上书告虔私撰国史，虔苍黄焚之，坐谪十年。还京师，玄宗爱其才，欲置左右，以不事事，更为置广文馆，以虔为博士。虔闻命，不知广文曹司何在，诉宰相，宰相曰：'上增国学，置广文馆，以居贤者，令后世言广文博士自君始，不亦美乎？'虔乃就职。久之，雨坏庑舍，有司不复修完，寓治国子馆，自是遂废。初，虔追绅故书可志者得四十余篇，国子司业苏源明名其书为《会粹》。虔善图山水，好书，常苦无纸，于是慈恩寺贮柿叶数屋，遂往日取叶肄书，岁久殆遍。尝自写其诗并画以献，帝大署其尾曰'郑虔三绝'。迁著作郎。"②《唐代墓志汇编》载有《大唐故江州都昌县令荥阳郑府君墓志铭并叙》，题署："通直郎行率更寺主簿骑都尉郑虔撰。"③又同书载有《大唐故□州崇儒府折冲荥阳郑府君墓志铭并序》，题署："从弟左监门录事参军虔撰。"④

唐封演《封氏闻见记》卷一〇《赞成》："天宝初，协律郎郑虔，采集异闻，著书八十余卷。人有窃窥其草稿，告虔私修国史。虔闻而遽焚之。由是贬谪十余年，方从调选，授广文馆博士。虔所焚书，既无别本，后更纂录，率多遗忘，犹成四十余卷，书未有名。及为广文博士，询于国子司业苏源明，源明请名'会粹'，取《尔雅序》'会粹旧说'也。"⑤郑虔为广文博士时，杜甫作《醉时歌》诗，题下自注："赠广文馆博士郑虔。"⑥据诸家年谱所载，其诗作于天宝十三载（754）。

---

①　[清]厉鹗：《宋诗纪事》卷二三，上海古籍出版社1983年版，第597页。
②　[宋]欧阳修、宋祁：《新唐书》卷二〇二，第5766页。
③　周绍良主编：《唐代墓志汇编》，第1292页。
④　周绍良主编：《唐代墓志汇编》，第1334页。
⑤　赵贞信：《封氏闻见记校注》卷一〇，第94页。
⑥　[清]仇兆鳌：《杜诗详注》卷三，第174页。

郑虔历官七任，其任率更寺主簿，在开元八年（720）；为监门卫录事参军，在开元十五年（727）；为太常寺协律郎，在天宝初；为广文馆博士，在天宝九载（748）。朱关田先生《唐郑虔墓志浅释》①考证颇为清楚，可以参看，兹不重录。其改著作郎时间，陈尚君《〈郑虔墓志〉考释》以为"可以确定郑虔离职（广文博士）在天宝十三载八月或稍早，在任约四年"②。

无何，狂寇凭陵，二京失守，公奔窜不暇，遂陷身戎虏。初胁授兵部郎中，次国子司业。国家克复，因贬公台州司户。

《新唐书·郑虔传》："安禄山反，遣张通儒劫百官置东都，伪授虔水部郎中，因称风缓，求摄市令，潜以密章达灵武。贼平，与张通、王维并囚宣阳里。三人者，皆善画，崔圆使绘斋壁，虔等方悸死，即极思祈解于圆，卒免死，贬台州司户参军事，维止下迁。后数年卒。"③唐郑处诲《明皇杂录》卷下："安禄山之陷两京，王维、郑虔、张通皆处于贼庭。洎克复，俱因于杨国忠旧宅。崔相国圆因召于私第令画，各画数壁。当时皆以圆勋贵莫二，望其救解。故运思精深，颇极能事，故皆获宽典，至于贬降，必获善地。"④

经一考，遘疾于台州官舍，终于官舍，享年六十有九，时乾元二年九月廿日也。

《新唐书·郑虔传》："贬台州司户参军事，维止下迁。后数年卒。"⑤未言确年。按，郑虔墓志没有出土之前，其卒年无法考知。傅璇琮《唐才子传校笺》卷二《郑虔传》笺证云："《新传》谓虔贬台州'后数年卒'，未言确年。按杜甫有《有怀台州郑十八司户》（《钱注杜诗》卷三），《所思》（同上卷一二，题下自注："得台州郑司户虔消息"），诸家诗注及年谱，以前诗作于乾元二年（759）杜甫客秦州时，以后诗作于上元二年（761）杜甫在成都时，则此时虔尚在世。至大历二年（767）作《八哀诗》，则虔已于此前去世。其

① 《书法丛刊》2007 年第 6 期，第 32—35 页。
② 陈尚君：《〈郑虔墓志〉考释》，《传统中国研究集刊》第 3 辑，第 323 页。
③ ［宋］欧阳修、宋祁：《新唐书》卷二〇二，第 5766 页。
④ ［唐］郑处诲：《明皇杂录》卷下，《开元天宝遗事十种》本，第 24 页。
⑤ ［宋］欧阳修、宋祁：《新唐书》卷二〇二，第 5766 页。

生卒年无可确考。"①而王晚霞《郑虔年谱》则云："代宗李豫广德二年
（764），年八十，卒于台州任上。葬于临海大田白石金鸡山。"②得一墓志，
郑虔之卒时卒地与享年，都确凿无疑。

夫人琅琊王氏，皇凤阁侍郎平章事方庆之孙，皇侍御史畎之女。

王方庆，《旧唐书》卷八九、《新唐书》卷一一六有传。《旧传》："王方
庆，雍州咸阳人也，周少司空石泉公褒之曾孙也。其先自琅邪南度，居于
丹阳，为江左冠族。褒北徙入关，始家咸阳焉。……万岁登封元年，转并
州长史，封琅邪县男。未行，迁鸾台侍郎、同凤阁鸾台平章事。俄转凤阁
侍郎，依旧知政事。……长子光辅，开元中官至潞州刺史。少子畎，工书
知名，尤善琴棋，而性多严整，官至殿中侍御史。"③

新出土郑虔纂《大唐故右千牛卫中郎将王府君墓志铭并序》："王氏之
作，项王甚贤。姜生太子，圣而早仙。树以为姓，缕支其连。散而为二，琅
耶即焉。君讳暐，字光。自始兴文献公导生洽，洽生珣，珣生昙首，累于僧
绰、俭、骞、规、褒、鼏、弘直、方庆，凡十世相国，六朝配享，彝鼎居庙，旗常
在府，不动如山，盖四百年。方庆位至石泉公，赠吏部尚书。即其第六子
也。"④墓主葬于开元十四年（726）二月廿三日。王暐与郑虔妻之父王畎
为兄弟，郑虔为其撰志，盖缘于此。

初，公以权厝于金陵石头山之原，夫人在王城南定鼎门之右，顷以时
艰，未遑合袝。昨以询于长老，卜于龟筮，得以今年协从是礼。长女、次女
相谓曰："吾等虽伯仲未集，而吉岁罕逢，今誓将毕乎大事。"于是自江涉
淮，逾河达洛，万里扶侍，归于故乡。昨以六月廿五日，将启城南故窆，言
归郑邑新茔。大隧既开，玄堂斯俨。盘藤绕塔，彰神理之获安；蔓葛萦棺，
示精诚之必感。青乌有言曰："地之吉，草木润。神之安，福后胤。"此其是

① 傅璇琮：《唐才子传校笺》卷二，第 411 页。
② 王晚霞：《郑广文祠集》，临海市地方志编纂办公室、临海市郑广文纪念馆 1991 年内部印
　本，第 6 页。
③ ［后晋］刘昫：《旧唐书》卷八九，第 2896—2901 页。
④ 赵跟喜、张建华编：《新中国出土墓志》河南叁《千唐志斋壹》上册，第 107 页。

也,必不可动。仝曰:"此其为万代桥栰,胡造次而易哉!"于是长女、次女等叹曰:"不归故乡,亦闻古礼。"遂以大历四年八月廿五日,祔于夫人故茔,崇礼经也,议不可动也。

此段言郑虔夫妇归葬事。对此陈尚君有较为详细的考证,事关郑虔研究的重要方面,故备录于下:"乾元二年去世到大历四年(769年)归葬洛阳,其间历经十年,墓志叙述非常清楚,即卒于台州官舍,不久即'权厝于金陵石头山之原',在今南京附近,其妻王氏则葬于洛阳王城南定鼎门之右,因为战乱未平,不及合祔。到大历四年,征询长老、龟筮之言后,于六月前自金陵启棺,'自江涉淮,逾河达洛',于八月祔于王夫人故茔。也就是说,郑虔卒于台州后,其家人完全没有考虑留葬台州。南宋时修的《赤城志》,是现存最早的台州地方志,卷三一记南宋时有'郑户曹祠,在州东一里户曹巷,祀唐郑虔,巷盖其所居也',是即其故居建祠,以表纪念。……《赤城志》卷三八专记冢墓,也没有提到郑虔墓。可以认为,临海郑虔墓是在明代郑氏宗族在台州地方势力发展后,为纪念郑虔而设置的墓冢,不是唐代墓葬的遗存。同时还要指出,临海地方各支郑氏宗谱中,不同程度地记录了一些郑虔的事迹和作品,但核以史实,大多不可信。"①

郑 虔 家 世

郑虔家世,包括先世和后世。其先世,已见上文疏证,而其后世笺证未及,故补考于此。墓志云:"嗣子元老、野老、魏老。"按,元老墓志业已出土,见《全唐文补遗》第8辑《大唐故滑州白马县尉郑府君(忠佐)墓志铭并序》,题署:"光禄寺主簿卢时荣撰。"志云:

> 公讳忠佐,字元老,郑州荥阳人也。曾祖怀节,唐赠卫州刺史。祖镜思,秘书少监。父虔,广文博士、著作郎。公即著作之长子。自保姓受氏,分茅祚土,崇勋显位,英才硕儒,无代不有,蔚为土备,族于

---

① 陈尚君:《〈郑虔墓志〉考释》,《传统中国研究集刊》第3辑,第327页。

史册，不复详载。公承祖考之令范，袭文墨之奥旨。明敏从事，刚直立诚。遂为州府交辟，参贰戎幕。凡所副佐，咸著嘉谟。累迁至彭王府咨议。公以簪缨嗣世，敢坠于冠冕；每将隐逸为志，实慕于云林。遂于寿安县西、公山之北、洛水之南创卜筑焉。弃官秩而不叙，玩琴书而自乐。门临通轨，轩骑憧憧。闻公高洁，未尝不造之；美公才器，未尝不扬之。由是为滑州节度贾公辟命，以前秩既弃，固返初筮，奏授瀛州河间尉。职参军务，非公之本志，盖以国士遇重而俯就焉。莅事星周，绩著弘益。以清白闻，改授白马尉。砥诚砺节，磨而不磷。人皆仰之，望致云汉。然公恒不怿也。秩满，借留不就，遂归林居。却挂荷服，陶陶自得，游泳其间。呜呼！天不福善，哲人云亡。以贞元十一年九月十九日，寝疾终于寿安县别业，享年六十有七。往来悼惜，闾里兴哀。夫人范阳卢氏，令仪婉顺，淑德闲和。作配良人，克扶高节。先府君四载，终于白马官舍。粤以贞元十二年十月十三日，迁合窆于洛城南，祔广文先府君之茔，礼也。遗孤三人，一男二女。男犹总丱，女且未筓。号诉无节，泣血终岁。礼或不备，哀诚有余。盖家贫不给，人莫敢非者。余忝懿亲，实奉丧事。刻石为志，衔哀寄词。铭曰：荥阳贞节，爰称高洁。范阳令德，实曰淑懿。如何数年，同穴九泉。托词刊石，泫涕潸然。①

杜牧有《郑瓘协律》诗："广文遗韵留樗散，鸡犬图书共一船。自说江湖不归事，阻风中酒过年年。"②《台临康谷郑氏宗谱上中下世传》卷三："协律郎讳瓘，字莹之。""杜牧之常与之交游，初仕唐为协律郎。""二十五岁游学康谷……蒋义山以长女妻之……筑室于郑岙（今属康谷行政村）之里，是为康谷始祖也。""葬大莱山。"③又康熙《临海县志·选举志》下"荐

---

① 吴钢主编：《全唐文补遗》第 8 辑，第 103 页。
② ［唐］杜牧：《樊川文集》卷四，上海古籍出版社 1978 年版，第 75 页。
③ 王晚霞主编：《郑虔研究》，浙江古籍出版社 1990 年版，第 48 页引。

辟"："郑瓘,虔之孙,为协律郎,文雅有祖风。"①同书"古迹"："虔终于台,世为台人。孙瓘,仕协律郎。"②首句"广文遗韵留樗散",用杜甫《送郑十八虔贬台州司户伤其临老陷贼之故阙为面别情见于诗》："郑公樗散鬓成丝,酒后常称老画师。"③本指樗木散材那样被闲置的无用之材,比喻不合世用。典出《庄子·逍遥游》："吾有大树,人谓之樗,其大本拥肿而不中绳墨,其小枝卷曲而不中规矩,立之途,匠者不顾。"④疏："樗栎之树,不材之木,根本拥肿,枝干拳卷,绳墨不加,方圆无取,立之行路之旁,匠人曾不顾盼也。"⑤又《人间世》："散木也,以为舟则沉,以为棺椁则速腐,以为器则速毁,以为门户则液樠,以为柱则蠹。是不材之木也。"⑥按,据杜牧诗,郑瓘为郑虔之后裔,自应是事实。然方志与家谱都曾言郑虔居台而留下后裔,则于墓志无征,杜牧诗亦看不出其线索。因杜牧与郑瓘交往时,郑瓘在长安为协律郎。

有关郑虔家族的墓志,近年新出土甚多,加以传世文献记载,已超过十方,现就笔者所及,列表于下:

郑虔家族墓志情况表

序号	墓主姓名	字号	墓志名称	葬地	撰者	收录典籍
1	郑进思	光启	大唐故赠博州刺史郑府君墓志并序	荥阳广武原		《唐代墓志汇编》第1405—1406页
2	郑虔	趋庭	大唐故著作郎贬台州司户荥阳郑府君有夫人琅琊王氏墓志铭并序	洛阳	卢季长	《书法丛刊》2007年第6期第36—37页

① [清]洪若皋等:《临海县志》卷六,《中国地方志丛书》本,台湾成文出版社1983年版,第435页。
② [清]洪若皋等:《临海县志》卷一〇,第942页。
③ [清]仇兆鳌:《杜诗详注》卷五,第425页。
④ [清]郭庆藩:《庄子集释》卷一上,中华书局1961年版,第39页。
⑤ [清]郭庆藩:《庄子集释》卷一上,第40页。
⑥ [清]郭庆藩:《庄子集释》卷二中,第171页。

序号	墓主姓名	字号	墓 志 名 称	葬　地	撰者	收录典籍
3	郑忠佐	元老	大唐故滑州白马县尉郑府君墓志铭并序	洛城南		《全唐文补遗》第8辑第103页
4	郑宇		唐故淮南道采访支使河东郡河东县尉荥阳郑府君墓志铭并序	河南县梓泽乡		《唐代墓志汇编》第1695页
5	郑宠	若惊	唐故尚书库部郎中荥阳郑公墓志铭		独孤及	《全唐文》卷三九二第1763页
6	郑密	慎微	唐故商州录事参军郑府君墓志铭	北邙山某原	独孤及	《全唐文》卷三九二第1764页
7	郑高	履中	大唐故侍御史江西道都团练副使郑府君墓志铭并序	缑氏县芝田乡	杜信	《唐代墓志汇编续集》第792—793页
8	郑敬	子和	唐故朝散大夫绛州刺史上柱国赐紫金鱼袋郑公墓志铭并序	邙山	郑易	《唐代墓志汇编》第2010—2011页
9	郑鲁	子隐	唐故右金吾卫仓曹参军郑府君墓志铭并叙	洛阳邙山	卢弘宣	《唐代墓志汇编》第2558—2559页
10	郑绲		唐故荥阳郑氏男墓志铭并叙	邙山北郊	郑纁	《唐代墓志汇编》第2047页
11	郑纪	龟年	故宋州砀山县令荥阳郑府君墓志铭并序	河南县梓泽乡北邙山	宋黄	《唐代墓志汇编》第2223页
12	郑□		唐故郑氏嫡长殇墓记	河南县梓泽乡续村先茔	郑易	《唐代墓志汇编》第2012页
13	郑□		大唐朝议郎行周王西阁祭酒上柱国程务忠妻郑氏墓志铭并序	北邙		《千唐志斋藏志》第268页
14	郑□		唐故荥阳郑氏女墓志铭并序	邙山	郑纪	《唐代墓志汇编》第2159—2160页
15	王暄	光	大唐故右千牛卫中郎将王府君墓志铭并序	邙山	郑虔	《新中国出土墓志》河南叁第107页

郑 虔 交 游

郑虔是身经安史之乱的重要诗人,他与当时的著名诗人有所往还,且对后世产生了很大的影响。从郑虔与杜甫等人的交往诗中,可以看出他是一位正直清廉的官吏,又是一位颇有个性的文人,诗书画三绝,且颇好饮酒。卢象《赠郑虔》诗称:"书名会粹才偏逸,酒号屠苏味更醇。"①晚唐诗人李商隐还有《过郑广文旧居》诗:"宋玉平生恨有余,远循三楚吊三闾。可怜留着临江宅,异代应教庾信居。"②堪称异代知音。今择其与杜甫、王维之交游进行考察。

(一) 郑虔与杜甫

在唐代诗人中,与郑虔关系最好的诗人要数杜甫,二人交往留下来的诗篇也较多,尤其是郑虔为广文博士时,杜甫赠诗最多,计有以下几首:《陪郑广文游何将军山林十首》,《醉时歌》,原注:"赠广文馆博士郑虔。"《戏简郑广文虔兼呈苏司业源明》,《郑驸马池台喜遇郑广文同饮》。有关杜甫与郑虔的关系,陈冠明有《杜甫亲眷交游行年考》曾有所考证③,蔡川右有《杜甫和郑虔》④、左汉林有《论郑虔事件对杜甫诗歌创作的影响》⑤、胡正武有《郑虔杜甫与台州》⑥等文章,王晚霞主编的《郑广文祠集》收有吉川幸次郎《杜甫与郑虔》、霍松林《杜甫与郑虔》等文,王晚霞、丁锡贤、郑瑛中主编的《郑虔传略》又收有《杜甫郑虔交游述略》一文,均可参看。

按陈尚君《石刻所见唐代诗人资料零札》:"郑虔。《千唐志斋藏志》收开元十五年(727)《大唐故汾州崇儒府折冲荥阳郑府君(仁颖)墓志铭》,为

---

① [清] 彭定求:《全唐诗》卷一二二,第 1222 页。
② [清] 彭定求:《全唐诗》卷五三九,第 6180 页。
③ 陈冠明、孙愫婷:《杜甫亲眷交游行年考》,上海古籍出版社 2006 年版,第 206—209 页。
④ 蔡川右:《杜甫和郑虔》,《昆明师院学报(哲学社会科学版)》1982 年第 1 期,第 50—54 页。
⑤ 左汉林:《论郑虔事件对杜甫诗歌创作的影响》,《杜甫研究学刊》2004 年第 2 期,第 12—18 页。
⑥ 胡正武:《郑虔杜甫与台州》,《台州学院学报》2007 年第 2 期,第 38 页。

'从弟左监门录事参军虔撰'。《全唐文》不收郑虔文章，此志为仅见的郑氏佚文。又叶奕苞《金石录补》载虔华山题名：'开元二十三年四月二十三日荥泽郑虔彪乡道之智觉同登华山回步而谢于神。'据叶氏云原文为四六排偶，凡一百五十余字，但未全录。毕沅、王昶等所见，前文已无，仅得三十余残字。郑虔为杜甫挚友，从上录二刻推测，其年岁比杜甫当长十岁左右。"①按以新出土郑虔墓志推算，其生年为公元691年，而杜甫则生于公元712年，其长杜甫已超过二十岁。则知杜甫与郑虔为忘年交。

《唐摭言》卷一《广文》条："天宝九年七月，诏于国子监别置广文馆，以举常修进士业者，斯亦救生徒之离散也。"②据上文疏证，郑虔为广文博士，为设立广文馆的第一人，故杜甫与其交往，应即在此后。闻一多先生以为郑虔与杜甫相识在天宝九载，其《少陵先生年谱会笺》云："虔居贬所日久，或八九年，或十年，至天宝九载，始得归京师，与公相遇而订交，则无疑也。今观凡公诗及虔者，不曰'广文'，即曰'著作'，不曰'著作'，即曰'司户'，咸九载以后之作，益足以断二公定交，至早在天宝九载。不然，以二公相知之深，相从之密，何以九载以前，了不见过从酬答之迹？"③郑虔在广文博士任上的情况，杜甫《戏简郑广文虔兼呈苏司业源明》诗描写较为全面："广文到官舍，系马堂阶下。醉则骑马归，颇遭官长骂。才名三十年，坐客寒无毡。赖有苏司业，时时乞酒钱。"④又《醉时歌》："诸公衮衮登台省，广文先生官独冷。甲第纷纷厌粱肉，广文先生饭不足。先生有道出羲皇，先生有才过屈宋。德尊一代常坎轲，名垂万古知何用。杜陵野客人更嗤，被褐短窄鬓如丝。日籴太仓五升米，时赴郑老同襟期。得钱即相觅，沽酒不复疑。忘形到尔汝，痛饮真吾师。清夜沉沉动春酌，灯前细雨檐花落。但觉高歌有鬼神，焉知饿死填沟壑。相如逸才亲涤器，子云识字终投阁。先生早赋归去来，石田茅屋荒苍苔。儒术于我何有哉，孔丘盗跖

① 陈尚君：《石刻所见唐代诗人资料零札》，《唐代文学研究》第1辑，第422页。
② ［五代］王定保：《唐摭言》卷一，第8页。
③ 闻一多：《唐诗杂论》，上海古籍出版社1998年版，第57页。
④ ［清］仇兆鳌：《杜诗详注》卷三，第249页。

俱尘埃。不须闻此意惨怆,生前相遇且衔杯。"①

郑虔被贬台州司户,杜甫非常同情他,作了《送郑十八虔贬台州司户伤其临老陷贼之故阙为面别情见于诗》《有怀台州郑十八司户》,又《题郑十八著作丈故居》诗有"台州地阔海冥冥,云水长和岛屿青。乱后故人双别泪,春深逐客一浮萍"等句②。又《所思》原注:"得台州司户虔消息。"③

郑虔死于台州,杜甫知道消息,则作诗哭之。其《哭台州郑司户苏少监》诗云:"故旧谁怜我,平生郑与苏。存亡不重见,丧乱独前途。豪俊何人在,文章扫地无。羁游万里阔,凶问一年俱。白首中原上,清秋大海隅。"④杜甫晚年,还常忆及郑虔,并形之于诗。其《寄薛三郎中璩》云:"早岁与苏郑,痛饮情相亲。二公化为土,嗜酒不失真。"⑤《九日五首》之三云:"旧与苏司业,兼随郑广文。采花香泛泛,坐客醉纷纷。野树敧还倚,秋砧醒却闻。欢娱两冥漠,西北有孤云。"⑥则忆其友情。又《存殁口号二首》之二:"郑公粉绘随长夜,曹霸丹青已白头。天下何曾有山水,人间不解重骅骝。"原注:"高士荥阳郑虔,善画山水。曹霸,善画马。"⑦则赞其丹青绘画成就。而《八哀诗·故著作郎贬台州司户荥阳郑公虔》则是郑虔一生经历与精神的概括与总结:"鹢居至鲁门,不识钟鼓飨。孔翠望赤霄,愁思雕笼养。荥阳冠众儒,早闻名公赏。地崇士大夫,况乃气精爽。天然生知资,学立游夏上。神农或阙漏,黄石愧师长。药纂西极名,兵流指诸掌。贯穿无遗恨,荟蕞何技痒。圭臬星经奥,虫篆丹青广。子云窥未遍,方朔谐太枉。神翰顾不一,体变锺兼两。文传天下口,大字犹在牓。昔献书画图,新诗亦俱往。沧洲动玉陛,寡鹤误一响。三绝自御题,四方尤所仰。嗜酒益疏放,弹琴视天壤。形骸实土木,亲近惟几杖。未曾寄官曹,突兀

① [清]仇兆鳌:《杜诗详注》卷三,第174—176页。
② [清]仇兆鳌:《杜诗详注》卷六,第470页。
③ [清]仇兆鳌:《杜诗详注》卷八,第666页。
④ [清]仇兆鳌:《杜诗详注》卷一四,第1190页。
⑤ [清]仇兆鳌:《杜诗详注》卷一八,第1621页。
⑥ [清]仇兆鳌:《杜诗详注》卷二〇,第1765页。
⑦ [清]仇兆鳌:《杜诗详注》卷一六,第1452页。

倚书幌。晚就芸香阁,胡尘昏坱莽。反复归圣朝,点染无涤荡。老蒙台州掾,退泛浙江桨。履穿四明雪,饥拾楢溪橡。空闻紫芝歌,不见杏坛丈。天长眺东南,秋色余魍魉。别离惨至今,斑白徒怀曩。春深秦山秀,叶坠清渭朗。剧谈王侯门,野税林下鞅。操纸终夕酣,时物集遐想。词场竟疏阔,平昔滥推奖。百年见存殁,牢落吾安放。萧条阮咸在,出处同世网。他日访江楼,含凄述飘荡。"①

(二) 郑虔与王维

郑虔与王维,都是诗人,又同是画家,故二人颇有交往。《新唐书·郑虔传》："安禄山反,遣张通儒劫百官置东都,伪授虔水部郎中,因称风缓,求摄市令,潜以密章达灵武。贼平,与张通、王维并囚宣阳里。三人者,皆善画,崔圆使绘斋壁,虔等方悸死,即极思祈解于圆,卒免死,贬台州司户参军事,维止下迁。后数年卒。"②唐郑处诲《明皇杂录》卷下："安禄山之陷两京,王维、郑虔、张通皆处于贼庭。洎克复,俱因于杨国忠旧宅。崔相国圆因召于私第令画,各画数壁。当时皆以圆勋贵莫二,望其救解。故运思精深,颇极能事,故皆获宽典,至于贬降,必获善地。"③知王维、郑虔等均陷入安史之乱,且同被囚于宣阳里④,并同时为崔圆作画。

有关郑虔绘画的风格特点,宋人郑刚中《画说》云："唐人能画者,不敢悉数,且以郑虔、阎立本二人论之,其用笔工拙,不可得而考,然今人借或持其遗墨售于世,则好古君子先虔而后立本无疑。何则?虔高才在诸儒间,如赤霄孔翠,酒酣意放,搜罗物象,驱入毫端,窥造化而见天性,虽片纸点墨,自然可喜。立本幼事丹青而人物阗茸,才术不鸣于时,负惭流汗,以

---

① 〔清〕仇兆鳌:《杜诗详注》卷一六,第 1409—1413 页。
② 〔宋〕欧阳修、宋祁:《新唐书》卷二○二,第 5766 页。
③ 〔唐〕郑处诲:《明皇杂录》卷下,《开元天宝遗事十种》本,第 24 页。
④ 〔清〕徐松:《唐两京城坊考》卷三:朱雀门街东第三街,街东从北第一翊善坊……次南宣阳坊。"前司空、兼右相杨国忠宅。虢国夫人居坊之左,国忠第在其南。毕氏曰:《唐书》云,国忠第在宫东门之南,与虢国相对。韩国、秦国甍栋相接。《集异记》:天宝末,禄山初陷西京,王维、郑虔、张通等皆处贼庭。洎克复,俱囚于宣阳里杨国忠旧第。"(《增订唐两京城坊考》卷三,三秦出版社 2006 年版,第 92 页)

绅笏奉研砚，是虽能摸写穷尽，亦无佳处。余操是说以验今人之画，故胸中有气味者所作必不凡，而画工之笔，终无神观也。"①则以郑虔与阎立本二人相比，郑虔是风流儒雅的文士，故其画具有文人画的特点，而阎立本则是画家画工之笔。朱景玄《唐朝名画录》云："王维，字摩诘，官至尚书右丞。……其画山水松石，踪似吴生，而风致标格特出。今京都千福寺西塔院有掩障一合，画青枫树一图。又尝写诗人襄阳孟浩然《马上吟诗图》，见传于世。复画《辋川图》，山谷郁郁盘盘，云水飞动，意出尘外，怪生笔端。……慈恩寺东院与毕庶子、郑广文各画一小壁，时号三绝。故庾右丞宅有壁画山水兼题记，亦当时之妙。故山水、松石，并居妙上品。"②故知王维、郑虔同善画山水，风格又同为文人画派，故而在诗画方面，二人颇有契合处。又同时陷入安史之乱，故后期都遭降官与贬谪的命运。

郑 虔 著 述

郑虔著述繁富，而墓志所载甚略，故尚可补考之。《新唐书》卷五九《艺文志》："郑虔《天宝军防录》，卷亡。"③"郑虔《胡本草》七卷。"④元辛文房《唐才子传》卷二《郑虔传》则云："有集行世。"傅璇琮笺证云："《新唐书·艺文志》未著录其诗文集，宋时公私书目亦无之。《唐诗纪事》卷二〇载其《闺情》诗一首（五绝）、《全唐诗》卷二五五所载者即此篇，则虔诗宋时已散佚殆尽，此云'有集行世'，殊误。"⑤而其《胡本草》等书，杜甫诗中有记载，其《八哀诗·故著作郎贬台州司户荥阳郑公虔》云："天然生知资，学立游夏上。神农或阙漏，黄石愧师长。药篆西极名，兵流指诸掌。贯穿无遗恨，荟蕞何技痒。圭臬星经奥，虫篆丹青广。"自注："公著《荟蕞》等诸书之外，又撰《胡本草》七卷。"⑥王晚霞、郑文伟有《郑虔〈荟蕞〉考》，从晚唐

① ［宋］郑刚中：《北山文集》卷五，《丛书集成初编》本，中华书局1985年版，第94页。
② ［唐］朱景玄：《唐朝名画录》，《景印文渊阁四库全书》第812册，第367—368页。
③ ［宋］欧阳修、宋祁：《新唐书》卷五九，第1551页。
④ ［宋］欧阳修、宋祁：《新唐书》卷五九，第1571页。
⑤ 傅璇琮：《唐才子传校笺》卷二，第412页。
⑥ ［清］仇兆鳌：《杜诗详注》卷一六，第1410页。

段公路的《北户录》中考得郑虔《荟蕞》佚文共 12 条①，陈尚君《〈郑虔墓志〉考释》辑录了 21 条②。

除传世文章外，新出土文献中可以辑得郑虔之文数篇。陈尚君《石刻所见唐代诗人资料零札》："郑虔。《千唐志斋藏志》收开元十五年《大唐故汾州崇儒府折冲荥阳郑府君（仁颖）墓志铭》，为'从弟左监门录事参军虔撰'。《全唐文》不收郑虔文章，此志为仅见的郑氏佚文。又叶奕苞《金石录补》载虔华山题名：'开元二十三年四月二十三日荥泽郑虔彪乡道之智觉同登华山回步而谢于神。'据叶氏云原文为四六排偶，凡一百五十余字，但未全录。毕沅、王昶等所见，前文已无，仅得三十余残字。"③

《全唐文补遗·千唐志斋新藏专辑》收郑虔《大唐故右千牛卫中郎将王府君（暄）墓志铭并序》，题署："郑虔撰。"④《唐代墓志汇编》开元一九四《大唐故江州都昌县令荥阳郑府君墓志铭并叙》，题"通直郎行率更寺主簿骑都尉郑虔撰"⑤。又开元二五九《大唐故□州崇儒府折冲荥阳郑府君墓志铭并序》，题"从弟左监门录事参军虔撰"⑥。《金石录补》卷一三《唐郑虔题名》："右题名云：开元二十三年四月二十三日，荥泽郑虔、彪乡道人智觉，同登华山，回步而谢于神云云。其词四六排偶，共百五十余字，史子华刻，分书仿史惟则，骨气卑下，非唐隶之佳者。"⑦陈尚君《全唐文补编》卷四二据《尚书故实》收郑虔《圣善寺报慈阁大像记》，又据《金石录补》卷一三收《华岳题名》，《全唐文再补》卷二据《俄藏敦煌遗书》收《舆（与）陈博士帖》一篇。

---

① 王晚霞、郑文伟：《郑虔〈荟蕞〉考》，《杜甫研究学刊》1992 年第 1 期，第 57—59 页。
② 陈尚君：《〈郑虔墓志〉考释》，《传统中国研究集刊》第 3 辑，第 330 页。
③ 陈尚君：《石刻所见唐代诗人资料零札》，《唐代文学研究》第 1 辑，第 422 页。又可参刘顺安、欧阳春：《从郑虔撰文墓志探郑氏家族根源》，《史学月刊》1994 年第 6 期，第 109—111 页。
④ 吴钢主编：《全唐文补遗·千唐志斋新藏专辑》，第 143 页。拓本见《新中国出土墓志》河南叁《千唐志斋壹》上册，第 107 页。
⑤ 周绍良主编：《唐代墓志汇编》，第 1292 页。
⑥ 周绍良主编：《唐代墓志汇编》，第 1334 页。
⑦ ［清］叶奕苞：《金石录补》卷一三，《丛书集成初编》本，第 126 页。

十、崔 尚 墓 志

墓 志 释 文

唐故陈王府长史崔君志文

从父弟尚书左丞上柱国清河男翘撰

君讳尚,字庶幾,清河东武城人。晋大司徒、忠诚公岳,即君之十二世祖。岳五世孙宋乐陵太守旷。旷南渡河,家于青齐之间,分为三祖。旷孙魏太子洗马,平原、广川、清河、魏郡四太守稚宝,即太保文宣公光之从父弟,散骑常侍、修国史鸿之叔父,而君之六世祖也。曾王父君实,随射策甲科,唐朝请大夫、许州司马,文集十卷,藏于秘府。王父悬解,进士高第,坊州宜君县丞,文集五卷,行于世。考谷神,制举高第,陕州河北县尉,文集三卷。中书舍人、修国史、太常少卿兼知制诰、国子司业、上柱国、清河子,赠卫州刺史文公融,君之叔父也。公子中书舍人、知制诰、赠定州刺史贞公禹锡,君之从父兄也。英贤间出,卿长相慙。清风激于百代,盛德流于四海。志有之:"崔为文宗,世擅雕龙。"此也。君国子进士高第,中书令燕国公张说在考功员外时,深加赏叹。调补秘书省著作局校书郎。校理无阙,鱼鲁则分。作《初入著作局》诗十韵,深为文公所赏。时有知音京兆杜审言、中山刘宪、吴兴沈铨期赞美焉。秩满,授汜水县尉,稍迁大理评事。初,陈留郡奏谋逆者,命使推劾。朝廷所难,委君此行,果雪非罪。使乎之美,复存于今。俄迁右补阙。会驾幸温泉宫,猎骑张皇,杂以尘雾。君上疏直谏,诏赐帛及彩九十匹。献《温泉诗》,其略曰:"形胜乾坤造,光辉日月临。愿将涓滴助,长此沃尧心。"帝嘉其旨意,赉杂彩三十匹。时录诗者多,咸称纸贵。补衮之职,非君而谁?历秘书郎、起居舍人、著作郎。载笔西掖,舒锦东观。帝难其选,佥谓得人。无何,外转竟陵郡太守。俗好堕胎,境多暴虎,下车未几,虎去风移。时金部郎贾昇廉问,作诗颂美,略云:"育子变颓俗,渡兽旌深恩。"其从政有如此者。及入奏咸京,攀卧移日,其惠爱有如此者。为朝集使作《上尊号表》，众以为能。寻换汝阴郡太守，其政化复如竟陵焉。入为虞部郎中，月余转祠部。中太官荐食，侍女薰衣，俊茂之选，弥纶是属。改信王府司马，出牧东平郡。岁余，授济王府司马，改通川郡太守。以疾不之任，授陈王府长史。不乐王官，其疾转痖。以天宝四载七月九日终于京师静恭里之私第，时年六十六。缙绅士大夫，莫不痛悼焉，呜呼哀哉！文集廿卷，行于时。君佩服忠义，周旋孝友，仁者见之谓之仁，智者见之谓之智。文章经国，不掌丝纶；名器在躬，未尝辅弼。庶乎药喜，俄痛哲萎，呜呼哀哉！即以其载十月乙酉十三日丁酉，葬于东京万安山之南永吉原，礼也。有子封丘主簿重，远日告期，攀号奉梌。从父弟翘从王有限，涕泗题铭。铭曰：

我祖伯夷，为尧四岳，嗣厥休兮。应期而生，含章命代，象其贤兮。衰也王门，屯如铉路，奄梦年兮。高名不朽，贻尔后昆，闭黄泉兮。

天宝四载十月十三日殡。

《崔尚墓志》，崔尚（680—745），字庶幾，清河东武城人。官至陈王府长史。天宝四载（745）七月九日卒，享年六十六。同年十月乙酉十三日葬于东京万安山之南永吉原。墓志楷书，32 行，满行 32 字。志石边长 53 厘米，厚 12 厘米。志文为其从弟尚书左丞上柱国清河男崔翘撰。墓志 2002 年出土于洛阳市伊川县彭婆乡万安山之南，原石现藏洛阳师范学院图书馆。拓本首次揭载于《洛阳新出土墓志释录》，北京图书馆出版社 2004 年版，第 114 页，录文载同书第 107—108 页。拓片又载张乃翥《龙门区系石刻文萃》，国家图书馆出版社 2011 年版，第 219 页；《新出唐墓志百种》，第 184—185 页，录文载同书第 184 页。录文又载《全唐文补遗》第九辑，第 364—365 页。崔尚之文新出土者还有开元十二年《唐故京兆府蓝田县主簿李府君（仲思）墓志铭并序》，题署："著作郎上柱国清河崔尚撰文。"（《洛阳流散唐代墓志汇编》，第 216 页）开元二十六年《唐故平原郡太君卢氏合祔之铭》，题署："太中大夫前尚书祠部祠中清河崔尚造。"（柳金福《洛阳新出唐志研究》，第 69 页）开元九年《大唐故太中大夫使持节都督梁凤兴洋等四州诸军事守梁州刺史上柱国南阳樊公（偘偘）墓志铭并序》，题署："朝议郎行秘书省秘书郎博陵崔尚撰。"（《洛阳新获墓志二〇一五》，第 162 页）咸阳博物馆藏有《冯仁杰碑》，额篆题"大唐故朝散大夫守沁州刺史冯公之碑"。

崔尚撰,郭谦光书并篆额,唐开元十一年立。崔尚诗,载《全唐诗》卷一〇八,第1122页。《崔尚墓志》所载献《温泉诗》:"形胜乾坤造,光辉日月临。愿将涓滴助,长此沃尧心。"《全唐诗》失载。

　　杜甫《壮游》诗有"斯文崔魏徒"一句,其中对于崔魏,杜甫自注曰"崔郑州尚,魏豫州启心",崔尚与魏启心二人由是受到杜甫研究者的关注。然二人生平事迹不甚详细。其中魏启心仅见于《唐会要》卷七六:"神龙二年,才膺管乐科……魏启心……及第。"①以及岑仲勉《郎官石柱题名新著录》"祠部郎中"条第六行李少康后,崔尚、李融前。崔尚记录稍多,但也十分有限,仅见于《新唐书·宰相世系表》崔氏南祖房,官署"祠部郎中"。《唐诗纪事》卷一四云:"(崔)尚,登久视六年进士第,官至祠部郎中。"②《杜诗详注》卷一六《壮游》引《唐科名记》:"崔尚擢久视二年进士。"③《全唐诗》卷一〇八存崔尚《奉和圣制同二相以下群臣乐游园宴》一诗。《全唐文》卷三〇四存其文《唐天台山新桐柏观颂》《沁州刺史冯公碑》两篇。《宝刻丛编》卷一引《复斋碑录》云:"《唐淄川郡述德记并诗序》,记崔器撰,序崔尚、蒋涣、王晃等撰,诗李邕撰。"以上便是对崔尚生平和作品的记载。新出《崔尚墓志》对其生平事迹所叙甚详,其中还有《全唐诗》失收的作品,具有较高的文学价值。

崔尚的文学家世

　　崔尚,字庶幾,清河东武城人。《新唐书·宰相世系表》,载其于崔氏南祖房下。

　　关于其家世,墓志所叙甚详,从中我们可以看出崔氏作为唐代望族,数代擅长文学,可以说是非常具有代表性的文学世家。

　　墓志云:"曾王父君实,随射策甲科,唐朝请大夫、许州司马,文集十卷,藏于秘府。"《新唐书》卷六十《艺文志》:"《崔君实集》十卷。"④《旧唐书·经籍志》:"《崔君实集》十卷。"⑤可与墓志相印证,传世文献不载其官职,墓志可补缺。从其官职来看,崔氏该支入唐当从崔君实开始。

① 〔宋〕王溥:《唐会要》卷七六,第1642页。
② 〔宋〕计有功:《唐诗纪事》卷一四,第210页。
③ 〔清〕仇兆鳌:《杜诗详注》卷一六,第1438页。
④ 〔宋〕欧阳修、宋祁:《新唐书》卷六〇,第1598页。
⑤ 〔后晋〕刘昫:《旧唐书》卷四七,第2073页。

《新表》记崔灵茂五世孙崔君实三子：崔县解、崔县象、崔县黎。据《崔尚墓志》："王父悬解，进士高第，坊州宜君县丞，文集五卷，行于世。"又《唐代墓志汇编》元和〇七三《亡妻清河崔氏墓志铭并序》："五代祖悬解。"①《唐故曹州离狐县丞盖府君（蕃）墓志铭》题署"桂房太子司直"，志云："桂坊太子司直清河崔悬黎畅之游款，府君言行，是所钦承，故敬凭为铭。"②《新唐书》所载"崔县解""崔县黎"应作"崔悬解""崔悬黎"为是，"崔县象"也应作"崔悬象"。据墓志所言，崔悬解为进士及第，官宜君丞，有文集五卷行于世。《旧唐书·经籍志》《新唐书·艺文志》均不载其文集。

《新表》载崔悬解有二子：崔谷神、崔融。墓志云："考谷神，制举高第，陕州河北县尉，文集三卷。中书舍人、修国史、太常少卿兼知制诰、国子司业、上柱国、清河子，赠卫州刺史文公融，君之叔父也。"崔谷神，《新表》不载其仕宦。《唐会要》卷七六《贡举中·制科举》载崔谷神于高宗乾封元年应制举及第，科目是幽素科③，《册府元龟》卷六四五《贡举部》同④。墓志载其官至河北县尉，《新表》不载其仕宦或因其仕宦不显。

崔谷神弟崔融，与李峤、苏味道、杜审言合称"文章四友"。《旧唐书》卷九四、《新唐书》卷一一四有传，关于其字与入仕，两者所载有出入。《新唐书》本传作"字安成"，《新表》则作"字文成"；其入仕，《旧唐书》本传作"初，应八科举擢第"，《新唐书》本传作"擢八科高第"。《唐会要》卷七六《贡举中·制科举》载："上元三年正月，辞殚文律科，崔融及第。"⑤中宗为太子时，崔融为侍读。永隆二年（681），受薛元超的举荐，任崇文馆学士。武后时，任著作佐郎、右史，进为凤阁舍人。久视元年（700），受到张昌宗的排挤，贬为婺州长史。中宗复辟，张易之被诛，崔融因近张易之兄弟而贬为袁州刺史，但不久又任国子司业，兼修国史。神龙二年（706），崔融参与修撰《则天实录》，以功封清河县子。卒时五十四岁，追赠卫州刺史，谥

① 周绍良主编：《唐代墓志汇编》，第 1999 页。
② 吴钢主编：《全唐文补遗》第 1 辑，第 64 页。
③ ［宋］王溥：《唐会要》卷七六，第 1641 页。
④ ［宋］王钦若：《册府元龟》卷六四五，第 7728 页。
⑤ ［宋］王溥：《唐会要》卷七六，第 1641 页。

曰文公。作为当时著名文人,崔融著作颇丰。《旧唐书·经籍志》下载:
"《崔融集》四十卷。"①《新唐书》卷五八有:"《则天皇后实录》二十卷。魏
元忠、武三思、祝钦明、徐彦伯、柳冲、韦承庆、崔融、岑羲、徐坚撰,刘知幾、
吴兢删正。"②同书卷六〇:"《崔融集》六十卷。"③与《旧唐书》所载卷数不
同。又《新唐书·艺文志》四:"崔融《宝图赞》一卷,王起注。"④同卷:"《珠
英学士集》五卷,崔融集武后时修《三教珠英》学士李峤、张说等诗。"⑤《全
唐文》卷二一七至卷二二〇收其文四卷。《唐文拾遗》卷一六补《荷华帖》
一篇,《唐文续拾》卷二又补《赠兵部尚书房忠公神道碑并序》一篇。此外,
新出土《大唐故中书令兼检校太子左庶子户部尚书汾阴男赠光禄大夫使
持节都督秦成武渭四州诸军事秦州刺史薛公(元超)墓志铭并序》文末署:
"崔融篆,曜、骆、缋书序,毅、俊书铭。万三奴镌,万元抗镌。"⑥新出土《大
周故特进太子太保赠太尉并州牧魏王墓志铭并序》题署:"梁王三思撰文,
朝议大夫行雍州录事参军事长孙琬书。"志云:"著作郎崔君,字重悬金,词
光积玉,庶传不朽,敬托为铭。"⑦这里的"著作郎崔君"亦是崔融。此外,
还有《周故给事中太子中允李府君墓志铭并序》,题署"朝议大夫行春官郎
中知凤阁制诰清河崔融撰"。⑧ 志主李亶为著名诗人李益的曾祖父,志文
中崔融称与李亶"婿相谓娅,妻又吾姨",知两家有姻亲关系。崔融存诗十
八首,载《全唐诗》卷六八。此外,新出土《唐故工部员外郎阳府君墓志铭
并序》,志文提及志主文学才能时,收录了其与崔融的交往诗:"至如清河
崔融、琅琊王方损、长乐冯元凯、安陆郝懿,并相友善。尝遗笔于崔,并赠
诗曰:'秋豪调且利,霜管贞而直。赠子嗣芳音,揽搦时相忆。'崔还答云:

① [后晋]刘昫:《旧唐书》卷四七,第 2075 页。
② [宋]欧阳修、宋祁:《新唐书》卷五八,第 1471 页。
③ [宋]欧阳修、宋祁:《新唐书》卷六〇,第 1600 页。
④ [宋]欧阳修、宋祁:《新唐书》卷六〇,第 1617 页。
⑤ [宋]欧阳修、宋祁:《新唐书》卷六〇,第 1623 页。
⑥ 吴钢主编:《全唐文补遗》第 1 辑,第 269—272 页。
⑦ 曹建强:《唐魏王武承嗣墓志考略》,《中国国家博物馆馆刊》2012 年第 6 期,第 59—61 页。
⑧ 赵君平、赵文成编:《秦晋豫新出墓志蒐佚》第 2 册,国家图书馆出版社 2012 年版,第 352 页。

'绿豪欣有赠，白凤耻非才。况乃相思夕，疑是梦中来。'词人吟绎，以为双美。"①该诗《全唐诗》失收，可作辑佚之用。

墓志云："公子中书舍人、知制诰、赠定州刺史贞公禹锡，君之从父兄也。英贤间出，卿长相惭。清风激于百代，盛德流于四海。"崔禹锡，字洪范，崔融之子。《新唐书·崔融传》："禹锡，开元中，中书舍人，赠定州刺史。"②《唐故银青光禄大夫礼部尚书上柱国清河县开国男赠江陵郡大都督谥曰成崔府君（翘）墓志铭并序》："先是公之元兄贞公禹锡为礼部郎，及迁中书舍人，公乃继入郎署。时从父兄尚为右史，皆盛德美才，齐加朱绂，时人谓为三张兄弟，荣耀当时。"③"三张兄弟"指的是西晋文学家张载、张协、张亢，三人是当时的文学代表人物，墓志以此比喻崔氏兄弟，足见三人在文坛的地位。崔禹锡为能文之士，所作见于宋赵明诚《金石录》卷五："第九百一《唐同州河渎纪瑞颂》，崔禹锡撰，王崇敬八分书。先天元年八月。"④同书卷七："第一千二百六十七《唐百家岩寺记》，崔禹锡撰，刘轸行书。天宝七载九月。"⑤《全唐诗》卷一一一收其《奉和圣制送张说巡边》诗一首⑥。

墓志撰者崔翘，两《唐书》有传，他本人的墓志也已出土，所叙生平事迹甚详，从墓志中可以看出崔翘也是当时名噪一时的著名文人："四岁敏嘲咏，七岁善隶书，八岁工文章，遂穷览载籍。十四明经高第，十六拔萃甲科……惟公读圣人之书，行先王之道，三叶掌诰，一家工文，代宗学府，人称墨妙。高风雅望，四海具瞻；逸韵清词，一时特绝。斯可谓文学矣。"⑦关于崔翘的入仕，《唐会要》卷七六《贡举中·制科举》载崔翘于则天大足元年（701），应制举及第，科目是拔萃科⑧。玄宗开元元年（713），又中良

---

① 齐运通编：《洛阳新获七朝墓志》，第245页。
② ［宋］欧阳修、宋祁：《新唐书》卷一一四，第4196页。
③ 吴钢主编：《全唐文补遗》第9辑，第369页。
④ 金文明：《金石录校证》卷五，第93页。
⑤ 金文明：《金石录校证》卷七，第135页。
⑥ ［清］彭定求：《全唐诗》卷一一一，第1137页。
⑦ 吴钢主编：《全唐文补遗》第9辑，第368—370页。
⑧ ［宋］王溥：《唐会要》卷七六，第1642页。

才异等科及第。《唐语林校证》卷八："及大足元年,置拔萃,始于崔翘。"①记录了崔翘为中拔萃科之第一人。上文已述及崔翘与崔禹锡、崔尚三人皆擅长文学,《全唐文》卷三二八载其文七篇:《上玄宗尊号表》《请封西岳纪荣号表》《请封西岳表》《对家僮视天判》《对伏日出何典宪判》《对县令不修桥判》《对祭器判》,陈尚君《全唐文补编》卷三六又收《五台山清凉寺碑》一篇,加上新出土的《崔尚墓志》与《崔偓墓志》,共十篇。《全唐诗》卷一二四收其《奉和圣制答张说南出雀鼠谷》《送友人使夷陵》《郑郎中山亭》三首。

综上所述,我们可以看出崔氏南祖房崔融一支是很有代表性的文学世家,自崔君实由隋入唐,至崔融进入文学发展的鼎盛时期。而从崔氏几位文学家的交往来看,家族群体性特征十分明显,与当时的高官和统治者关系也十分密切,这一点,下文考察崔尚文学实绩与交往时将进行详细论述。

崔尚的仕宦经历

关于崔尚的仕宦经历,传世文献仅见其为进士及第,官任祠部郎中和郑州刺史。然而对其仅有的两条仕宦记录,也还有比较大的争议。《崔尚墓志》的出土,无疑为我们厘清他的仕宦经历提供了翔实的资料。

关于其入仕经历,墓志云:"君国子进士高第,中书令燕国公张说在考功员外时,深加赏叹。调补秘书省著作局校书郎。"对于其进士及第时间,《唐诗纪事》卷一四云:"(崔)尚,登久视六年进士第,官至祠部郎中。"②《杜诗详注》卷一六《壮游》引《唐科名记》:"崔尚擢久视二年进士。"③武后圣历三年(700)五月改元久视,次年(701)正月改元大足,久视仅一年,徐松《登科记考》卷四"久视元年"下有崔尚条:"《唐诗纪事》:'尚登久视六年

---

①　周勋初:《唐语林校证》卷八,中华书局 1987 年版,第 713 页。

②　[宋] 计有功:《唐诗纪事》卷一四,第 210 页。

③　[清] 仇兆鳌:《杜诗详注》卷一六,第 1438 页。

进士第。'按'六'亦'元'之讹。"①同理,《杜诗详注》所言"久视二年"亦有讹误。墓志言其为时任考功员外郎的张说所赞赏,张说任考功员外郎的时间为长安初年:"长安初,修《三教珠英》毕,迁右史、内供奉,兼知考功贡举事。"②故《登科记考》以崔尚为久视元年(700)进士应该是没有问题的。崔尚的解褐之职为秘书省著作局校书郎。《洛阳新获墓志续编》有《唐故滑州匡城县丞范阳卢府君(医王)墓志铭并序》,题下署:"秘书省校书郎清河崔尚撰。"③根据墓志可知志主卢医王,景龙三年(709)十一月二日葬。故知在景龙三年,崔尚还在秘书省校书郎任上。

墓志又言:"秩满,授氾水县尉,稍迁大理评事。……初,陈留郡奏谋逆者,命使推劾。朝廷所难,委君此行,果雪非罪。使乎之美,复存于今。俄迁右补阙。……历秘书郎、起居舍人、著作郎。……无何,外转竟陵郡太守。"据《大唐故太中大夫使持节都督梁凤兴洋等四州诸军事守梁州刺史上柱国南阳樊公墓志铭并序》题下署"朝议郎行秘书省秘书郎博陵崔尚撰",志文曰:"粤以开元九年岁次辛酉二月戊寅朔七日甲申,合葬于河南万安山之南原,礼也。"④知墓志撰写时间为开元九年(721)。又《唐故京兆府蓝田县主簿李府君墓志铭并序》题下署"著作郎上柱国清河崔尚撰文",志文曰:"惟有唐开元十有二年春正月庚午,京兆府蓝田县主簿赵人李君卒于万年崇义里第,享年五十一。厥闰十有二月己卯,葬于偃师县龙池乡之原,故夫人清河崔氏祔焉。"⑤知墓志撰文时间为开元十二年(724)春正月。根据墓志所署官职,我们知道崔尚在景龙三年(709)至开元九年(721)之前历任氾水县尉、大理评事、右补阙。开元九年(721)至开元十二年(724)历任秘书郎、起居舍人和著作郎。任著作郎不久后便转任竟陵郡太守,时间应该在开元十二年(724)后。

---

① ［清］徐松:《登科记考》卷四,第 130 页。
② ［后晋］刘昫:《旧唐书》卷九七,第 3050 页。
③ 乔栋、李献奇、史家珍编著:《洛阳新获墓志续编》,第 85 页。
④ 齐运通、杨建锋:《洛阳新获墓志二〇一五》,中华书局 2017 年版,第 162 页。
⑤ 毛阳光、余扶危:《洛阳流散唐代墓志汇编》上册,国家图书馆出版社 2013 年版,第 216 页。

根据墓志所载,崔尚在竟陵郡太守任上政绩优异,之后便换汝阴郡担任太守一职:

> 寻换汝阴郡太守,其政化复如竟陵焉。入为虞部郎中,月余转祠部。中太官荐食,侍女薰衣,俊茂之选,弥纶是属。改信王府司马,出牧东平郡。岁余,授济王府司马,改通川郡太守。以疾不之任,授陈王府长史。不乐王官,其疾转殛。以天宝四载七月九日终于京师静恭里之私第,时年六十六。

汝阴郡即颍州,唐天宝元年(742)改颍州名汝阴郡,至德二载(757)复颍州。新出土崔尚撰《唐故阆州奉国县令郑府君灵志文》署:"颍州刺史崔尚撰。"①墓主郑融,开元十八年(730)六月七日葬,可知崔尚开元十二年(724)后至开元十八年(730),这段时间内分别担任了竟陵郡太守和颍州刺史。又根据新出土《唐故平原郡太君卢氏合附(祔)之铭》,题署:"太中大夫前尚书祠部郎中清河崔尚造。"②墓主以开元二十六年(738)五月葬,此时崔尚已罢祠部郎中一职。故可推知崔尚任祠部郎中当在开元十八年(730)与开元二十六年(738)之间。陶敏先生《出土墓志中所见之"斯文崔魏徒"》:"崔尚开元十八年尚在颍州刺史任,见其《卢医王墓志》,至其为祠部郎中,则已在开元末,天宝初。《金薤琳琅》卷一五《唐天台山桐柏观颂》,'守大中大夫、尚书祠部郎中、上柱国、清河崔尚造。……天宝元年太岁壬午三月二日丁未弟子毗陵道士万惠超等立'可证。"③认为崔尚在祠部郎中时间为开元末、天宝初,根据《卢氏墓志》,我们可以将这一时间提前至开元二十六年(738)之前。崔尚在祠部郎中任后便被委任信王府司马,出牧东平郡,此事当在开元二十六年(738)之后。崔尚在此任上仅一

---

① 《书法丛刊》2003 年第 4 期,第 44 页。
② 赵君平、赵文成:《秦晋豫新出墓志蒐佚》,国家图书馆出版社 2012 年版,第 584 页。
③ 陶敏:《出土墓志中所见之"斯文崔魏徒"》,《傅璇琮先生八十寿庆论文集》,中华书局 2012 年版,第 78 页。

年多，便改济王府司马，改通川郡太守，然因疾不赴，改授陈王府长史，至
天宝四载（745）卒，享年六十六。

崔尚的文学创作和文学交往

崔尚的文学创作和交往关系，传世文献记载非常有限，墓志却用了很
大的篇幅来讲述他的文学创作、交往以及诗歌在当时的接受情况。

（一）崔尚的文学创作

就其文章而言，《全唐文》卷三〇四存其文《唐天台山新桐柏观颂》《沁
州刺史冯公碑》两篇。《宝刻丛编》卷一引《复斋碑录》云："《唐淄川郡述德
记并诗序》，记崔器撰，序崔尚、蒋涣、王晃等撰，诗李邕撰。"但这篇文章仅
存标题、撰者以及立碑时间，并未见全文。此外便是新出土的崔尚所撰的
墓志，现可见《唐故滑州匡城县丞范阳卢府君（医王）墓志铭并序》[①]《大唐
故太中大夫使持节都督梁凤兴洋等四州诸军事守梁州刺史上柱国南阳樊
公墓志铭并序》[②]《唐故京兆府蓝田县主簿李府君墓志铭并序》[③]《唐故平
原郡太君卢氏合附（祔）之铭》[④]四篇，共七篇。墓志言其有"文集廿卷行
于时"，然现已不见，从宋代的著录情况来看，崔尚的文章较早就亡佚了，
在当时流传也不是很广。

就其诗作而言，《全唐诗》卷一〇八存《奉和圣制同二相已下群臣乐游
园宴》诗一首：

> 春日照长安，皇恩宠庶官。合钱承罢宴，赐帛复追欢。
> 供帐凭高列，城池入迥宽。花催相国醉，鸟和乐人弹。
> 北阙云中见，南山树杪看。乐游宜缔赏，舞咏惜将阑。[⑤]

---

① 乔栋、李献奇、史家珍编著：《洛阳新获墓志续编》，第 85 页。
② 齐运通、杨建锋：《洛阳新获墓志二〇一五》，中华书局 2017 年版，第 162 页。
③ 毛阳光、余扶危：《洛阳流散唐代墓志汇编》，第 216 页。
④ 赵君平、赵文成：《秦晋豫新出墓志蒐佚》，第 584 页。
⑤ ［清］彭定求：《全唐诗》卷一〇八，第 1122 页。

《全唐诗》卷三玄宗有《同二相已下群官乐游园宴》诗。张九龄亦有《恩赐乐游园宴应制》："朝庆千龄始,年华二月中。"①知事在二月。除了崔尚,宋璟、张说、赵冬曦、崔沔、胡皓、王翰、苏颋等均有和作,分见《全唐诗》卷六四、卷七四、卷八八、卷九八、卷一〇八、卷一五六,可与崔尚诗参读。张说、王翰开元九年(721)入朝,苏颋开元十五年(727)卒,玄宗开元十年(722)、十三年(725)、十四年(726)、十五年(727)春均在洛阳,十一年(723)春在并州,故此宴当在开元十二年(724),该诗创作时间应是此时。此外,崔尚墓志载其解褐时作有《初入著作局》诗一首,深得其叔父崔融所赏识,此诗仅得诗题,未见全诗,但作为崔尚早期的作品,还深得崔融赏识,可见崔尚颇有作诗的才能。墓志另有《温泉诗》一首,其略曰:"形胜乾坤造,光辉日月临。愿将涓滴助,长此沃尧心。"这是比较难得的墓志中出现的佚诗全篇,未见于《全唐诗》和《全唐诗补编》。对于该诗,墓志言:"帝嘉其旨意,赉杂彩三十匹。时录诗者多,咸称纸贵。"可见崔尚这首诗得到了皇帝的嘉奖,而且在当时颇受关注,传录者甚多。

戴伟华先生在《开元及天宝初诗坛的主流诗歌创作》一文中提出开元和天宝初诗坛的主流诗人活动是以上层文士为主,是强势群体的组合:"首先,以帝王为中心的创作,表现为追求政治协调、平衡的赏赐诗和出行诗以及为弘扬文化、宠幸文臣的学士赐宴诗;其次,文士为朝廷礼仪之需的乐章写作,显示出以官品取诗的政治倾向;最后以重臣为中心的文士写作活动,包括了重大送行活动和同僚官吏之间的诗歌创作。"②从崔尚的诗歌和文章作品来看,《全唐诗》仅收的一首诗歌乃应制唱和之作,墓志所载《温泉诗》是献帝王诗,又言其"为朝集使作《上尊号表》,众以为能",流传下来的《唐天台山新桐柏观颂》则是由唐玄宗亲自篆额的碑文,亦为应制之作,所见诗文,除了墓志,基本上都是以帝王和政治为中心的作品,说明崔尚在当时是处于以上层文士为主的主流文人行

---

① ［清］彭定求:《全唐诗》卷四九,第596—597页。
② 戴伟华:《开元及天宝初诗坛的主流诗歌创作》,《华南师范大学学报(社会科学版)》2013年第5期,第176页。

列的。

（二）崔尚的文学交往

崔尚的文学交往情况，墓志云："时有知音京兆杜审言、中山刘宪、吴兴沈铨期赞美焉。……时金部郎贾昇廉问，作诗颂美，略云：'育子变颓俗，渡兽旌深恩。'其从政有如此者。及入奏咸京，攀卧移日，其惠爱有如此者。"

墓志涉及三人。杜审言，字必简，乃杜甫祖父，两《唐书》有传①；刘宪，字元度，事迹见于《旧唐书》卷一九〇、《新唐书》卷二〇二；沈佺期，字云卿，事迹见于《旧唐书》卷一九〇、《新唐书》卷二〇二。这三人都是唐代著名的文人，从他们的经历来看，三人在景龙二年(708)前后都在修文馆担任学士。《唐诗纪事》"李适"条对此记载甚详："初，中宗景龙二年，始于修文馆置大学士四员、学士八员、直学士十二员，象四时、八节、十二月。于是李峤、宗楚客、赵彦昭、韦嗣立为大学士，适、刘宪、崔湜、郑愔、卢藏用、李乂、岑羲、刘子玄为学士，薛稷、马怀素、宋之问、武平一、杜审言、沈佺期、阎朝隐、韦安石为直学士，又召徐坚、韦元旦、徐彦伯、刘允济等满员。"②又《唐会要》卷六四"弘文馆"条载："至景龙二年四月二十二日，修文馆增置大学士四员、学士八员、直学士十二员，征攻文之士以充之。二十三日，敕中书令李峤、兵部尚书宗楚客并为大学士。二十五日，敕秘书监刘宪、中书侍郎崔湜、吏部侍郎岑羲、太常卿郑愔、给事中李适、中书舍人卢藏用、李乂，太子中舍刘子玄并为学士。五月五日，敕吏部侍郎薛稷、考功员外郎马怀素、户部员外郎宋之问、起居舍人武平一、国子主簿杜审言并为直学士。"③

由此可以推测崔尚与杜审言、刘宪、沈佺期诸人的交往应该在景龙二

---

① ［后晋］刘昫：《旧唐书》卷一九〇上，第 4999—5000 页；［宋］欧阳修、宋祁：《新唐书》卷二〇一，第 5735—5736 页。
② ［宋］计有功：《唐诗纪事》卷九，第 113—114 页。
③ ［宋］王溥：《唐会要》卷六四，第 1316—1317 页。

年(708)，三人都在修文馆任职。其中杜审言作为"文章四友"之一，与崔尚的叔父崔融也有颇多往来。傅璇琮先生《唐才子传校笺》卷一："审言有《送崔融》诗：'君王行出将，书记远从征。祖帐连河阙，军麾动洛城。旌旗朝朔气，箫吹夜边声。坐觉烟尘扫，秋风古北平。'此乃送崔融从军出征之诗。陈子昂《送著作佐郎崔融等从梁王东征》诗，诗前小序云：'岁七月，军出国门。……时比部郎中唐奉一、考功员外郎李迥秀、著作佐郎崔融，并参帷幕之宾，掌书记之任。燕南怅别，洛北思欢，顿旌节而少留，倾朝廷而出饯。'又据《通鉴》卷二〇五，万岁通天元年五月，营州契丹松漠都督李尽忠等反。七月，命梁王武三思率兵征讨。审言、子昂之诗皆于此时饯崔融等行。崔融亦有《留别杜审言并呈洛中旧友》诗，审言既于圣历元年由洛阳丞贬吉州司户，万岁通天元年秋又在洛阳作送崔融诗，则其任洛阳丞亦当在万岁通天元年前后。"①

崔尚诗歌受杜审言奖掖，恐与杜审言和崔融的关系分不开。又杜甫《壮游》诗中有"斯文崔魏徒，以我似班扬。"原注曰"崔郑州尚、魏豫州启心"②，讲述了崔尚和魏启心对自己诗歌的称道。有学者以崔尚从未任过郑州刺史这一点来质疑这句话的真实性，但是从崔、杜两家的交往情况来看，杜甫这句话应该是真实的。

《崔尚墓志》所载交往关系还有贾昇。贾昇，未见其传记，生平事迹不详。《元和姓纂》卷七有："水部郎中贾昇。"③《宝刻丛编》引《复斋碑录》："《唐裴观德政碑》，唐贾昇撰，僧湛然分书。开元八年立，在岘山。"④从墓志看贾昇还担任过金部郎中一职，且为崔尚赋诗赞扬其政绩："育子变颓俗，渡兽旌深恩。"是为能诗之人，此句亦可补《全唐诗》。

① 傅璇琮：《唐才子传校笺》卷一，第 69—70 页。
② ［清］彭定求：《全唐诗》卷二二二，第 2358 页。
③ ［唐］林宝：《元和姓纂》卷七，第 1054 页。
④ ［宋］陈思：《宝刻丛编》卷三，第 58 页。

十一、崔 翘 墓 志

墓 志 释 文

唐故银青光禄大夫礼部尚书上柱国清河县开国男
赠江陵郡大都督谥曰成崔府君墓志铭 并序

弟朝议郎行右拾遗至撰　　男异书

公讳翘，字明微，清河东武城人。魏中尉琰八代生宋乐陵太守旷，随慕容德南度河，家于青齐之间，即公之七代祖也。曾祖唐朝请大夫、许州司马君实。大父坊州宜君县丞悬解。考中书舍人、通议大夫、太常少卿、国子司业、修国史、上柱国、清河县开国子、赠卫州刺史、谥曰文融。文学忠信，衣冠礼乐，名香德美，四海一门，克生我公，光昭前烈。公即文公第二子也。应星象之精，钟海岱之秀。四岁敏嘲咏，七岁善隶书，八岁工文章，遂穷览载籍。十四明经高第，十六拔萃甲科，补太子右率府铠曹参军，徙陈州司户参军、右卫铠曹参军。丁文公忧，呕血崩心，柴毁骨立，君子以为难也。文公尝好食笋，属冬月祭祀，无以供焉。公淳孝求诸，信宿有感，俄而林笋坼冻而生者三。又先茔生芝草，家庭见白雀，河南尹陆馀庆将闻之帝庭，用加旌表。公涕泣固辞，乃止。服阕，授协律郎、魏州录事参军，名震京师，廉察使举公文吏高第，诏授右补阙。二年，转京兆府司录参军事。秩满，徙太子舍人，加朝散大夫，迁尚书主爵员外郎，所在必有能政。先是，公之元兄贞公禹锡为礼部郎，及迁中书舍人，公乃继入郎署。时从父兄尚为右史，皆盛德美才，齐加朱绂，时人谓为三张兄弟，荣耀当时。历水部、虞部、考功、吏部四郎中。二年，掌小选。精理明断，闲练旧章，革弊创范，垂为故事。直道重于中朝，清声扬于四海。转洛阳宰。鸣琴不下，行马必知。扇淳和以变浇浮，俗自息讼矣；崇简易以济烦剧，吏自归闲矣。三年，拜给事中，扈从祠汾阴后土。时肆赦海内，公述制立就，朝以为能。于是递相传写，帝用嘉之。乃命为中书舍人，知制诰。昔我烈考文公以春官郎中独知制诰,昔我元兄贞公以礼部员外郎兼知制诰,今我公能济其美,不陨其名,君子谓崔氏尽善矣。文宗不其然乎?昔刘向父子缵司篇籍,冯立元季继膺刺举,犹为美谈;况我清切禁垣,代掌书命,父子兄弟,一门为荣,万古独绝。时东郡岁旱,天子思良牧,乃诏为滑州刺史。于是扬仁恩以风之,敷惠化以雨之。人咸欢康,岁大丰稔。丁内忧,如执文公之丧。服阕,除大理少卿。天下用刑无滥。帝曰咨二相:"有能掌我贡品?"佥曰我公,乃命为小宗伯。"往钦哉!惟尔代擅雕龙,克缵文公之业,尔其稽古是训,唯才是与。"公乃善诱在兹,奖劝在兹,风化天下,文体一变。帝谓有国家来,未之有也。乃命吏部、兵部选曹是则之。三载为大理,用休于前政。寻而黜陟河北,作镇河东,兼采访使,澄清州郡,福蒙京师。入为尚书左丞。台阁风生,章奏日减。帝曰:"戴胄曷以尚兹。"寻封清河县开国男,邑三百户。诏为剑南、山南西道黜陟宣尉使,如河北、河东之政。帝曰:"三载考绩三考,黜陟幽明,繄公是赖。"乃诏为京官考使,遂擢礼部尚书。继我伯夷,典我三礼,神人以理,天地同和。宠金紫于朝,罗启戟于第。岁十月,天子幸华清宫,诏公京师留镇。明年,行幸,复诏焉。及王归在镐,公又守成周。无何,寝疾不愈,抗疏辞官。天子优之,乃罢居守,全其禄秩,手诏勉劳,其宠贤有如此者。公享年四百有八甲子矣。唐天宝九载冬十二月三日,薨于洛师明教里之私第。呜呼!朝野闻而出涕曰:"岱山其颓乎,梁木其坏乎,大贤其萎乎!"帝用震悼,诏赠江陵郡大都督,赗赠饰终焉。太常考行,谥曰成,礼□。惟公襟灵俊迈,风格威重,非礼勿动,非法勿言,望之俨然,即之也温。张衡不接俗流,嵇康不交人事,斯可谓□德矣。惟公善于为政,天与其能,不吐于刚,不茹于弱。至若法有所守,事有所申。则抗议无回,色不屈于万□;操刀必割,理可定于一言。斯可谓从政矣。惟公简而能通,察而能恕,闭关高枕,知命乐天,深明理体,博综群□。仲尼鼓琴,叔宝谈道。究微言于一贯,精至理于三番。斯可谓道艺矣。惟公孝通神明,行感天地,公绰不欲,胡□畏知。竭诚公忠,台有故事,备历清要,家无私积。封石窌而宠及于亲,爵茅土而贵荣于代。终实僮仆,外无田□。尊先以立身扬名,奉上以尽规匡谏,斯可谓忠孝矣。惟公读圣人之书，行先王之道，三叶掌诰，一家工文，代宗学府，人称墨妙。高风雅望，四海具瞻；逸韵清词，一时特绝。斯可谓文学矣。具兹五美，兼之百行。宜其永镇雅俗，高步台阶。天不憖遗，邦其殄瘁。呜呼哀哉！越若来十月庚午，葬我公于洛南万安山之阳，陪我文公旧茔，礼也。有子五人：曰秀，太常寺协律郎；曰陟，詹事府司直；曰同，河南府士曹；曰异，京兆府金城县尉；曰彧，左千牛。入官以才进，事亲以孝闻。哀以送之，望焉不及。铭曰：

我家崇崇，系帝神农。师保万人兮，周有太公；文章三代兮，汉为词宗。弈叶著族，传门盛者。熏灼海内，物范天下。天生文公，与我斯文。贻厥贞公，以翼我君。我君伊何，贞公之弟，文公之子。济美伊何，一家三人，掌诰于是。思皇之士，降神而生。禀天纯粹，体道孤贞。五为汉郎，一宰洛城。东垣翔集，西掖飞鸣。出守千里，入践九卿。典举精核，秉辖肃清。天子题剑，尚书履声。考绩百官，镇守二京。彼苍如何，摧我国桢。褒赠有典，牧于南荆。宠存哀亡，亦既为荣。神道犹欺，景命不与。天乎天□，有公才而不得公辅。呜呼哀哉！崔父。凡壹阡陆佰陆拾壹言。

《崔翘墓志》，崔翘（683—750），字明微，清河东武城人。官至银青光禄大夫、礼部尚书。天宝九载（750）十二月三日卒于洛阳明教里，享年六十八岁（四百有八甲子）。十载（751）十月庚午葬于洛南万安山之阳。墓志现藏于拿云美术博物馆。墓志首题"唐故银青光禄大夫礼部尚书上柱国清河县开国男赠江陵郡大都督谥曰成崔府君墓志铭并序"，题撰书者为"弟朝议郎行右拾遗至撰，男异书"。拓片图版，载于《书法丛刊》2006年第2期，第51页。释文见《全唐文补遗》第9辑，第368—370页。崔翘妻卢西华墓志亦同时出土，现藏千唐志斋博物馆，见《新中国出土墓志》河南叁上册，第219页。又新出土《唐故右清道率府仓曹参军崔公（偃）墓志》，题署"族叔虞部郎中翘撰"。新出土《唐故陈王府长史崔君（尚）志文》，题署"从父弟尚书左丞上柱国清河男翘撰"。崔翘诗，载于《全唐诗》卷一二四，第1229页。

墓 志 疏 证

公讳翘,字明微,清河东武城人。

崔翘为崔融之子,其郡望可以与崔融印证。《旧唐书·崔融传》:"崔融,齐州全节人。……二子禹锡、翘,开元中,相次为中书舍人。"①《新唐书·崔融传》:"崔融字安成,齐州全节人。……六子,其闻者禹锡、翘。禹锡,开元中,中书舍人,赠定州刺史,谥曰贞。翘,礼部尚书,赠荆州大都督,谥曰成。"②《新唐书·宰相世系表》二下:"融字文成,清河文公。"③按,崔融属清河崔氏南祖房,至其先祖崔灵茂居全节,延续下来的世系,故南祖又分全节一支。见下条引《新唐书·宰相世系表》。

魏中尉琰八代生宋乐陵太守旷,随慕容德南度河,家于青齐之间,即公之七代祖也。

崔氏世系,《新唐书·宰相世系表》二下:"南祖崔氏:泰少子景,字子成,淮阳太守,生挺,字子建。挺生破虏将军权。权生谏议大夫济,字元先,亦称南祖。济生潗,字道初。潗生安定侯融,字子长。融生中书令温,字道和。温生魏常山太守就,字伯玄。就生上谷太守公安。公安生晋大司徒、关内侯岳,字元嵩。岳生后赵尚书右仆射牧,字伯兰。牧生后赵征东大将军荫,字道崇。荫生聊城令怡,字少业。怡生宋乐陵太守旷,随慕容德度河居齐郡乌水,号乌水房。生清河太守二子:灵延、灵茂。灵茂,宋库部郎中,居全节,生稚宝,后魏祠部郎中。生遄,字景通,北齐三公郎中。生周司徒长史德仁。德仁生君实。"④记载从崔怡到崔君实世系,较为清楚。只是《崔翘墓志》崔旷为崔琰子,而《新唐书·宰相世系表》记载为崔怡子,而表所载崔琰与崔旷并同一房。

曾祖唐朝请大夫、许州司马君实。

① [后晋]刘昫:《旧唐书》卷九四,第2996—3000页。
② [宋]欧阳修、宋祁:《新唐书》卷一一四,第4195—4196页。
③ [宋]欧阳修、宋祁:《新唐书》卷七二下,第2738页。
④ [宋]欧阳修、宋祁:《新唐书》卷七二下,第2736—2737页。

《新唐书·宰相世系表》二下："德仁生君实。""君实，许州治中。"①
《崔尚墓志》："曾王父君实，随射策甲科，唐朝散大夫、许州司马，文集十
卷，藏于秘府。"《新唐书·艺文志》四亦云："《崔君实集》十卷。"②与墓志
合。然其作品今已不存。

大父坊州宜君县丞悬解。

《新唐书·宰相世系表》二下："悬解，宜君丞。"③《崔尚墓志》："王父
悬解，进士高第，坊州宜君县丞，文集五卷，行于世。"《唐代墓志汇编》元和
〇七三《亡妻清河崔氏墓志铭并序》："五代祖悬解。"④《旧唐书·经籍志》
《新唐书·艺文志》均不著录崔悬解文集，盖其集散佚颇早。

**考中书舍人、通议大夫、太常少卿、国子司业、修国史、上柱国、清河县
开国子、赠卫州刺史、谥曰文融。**

《崔尚墓志》："中书舍人、修国史、太常少卿兼知制诰、国子司业、上柱
国、清河子、赠卫州刺史文公融，君之叔父也。"按崔融，字安成，齐州全节
人。擢八科高第。累补宫门丞、崇文馆学士。授著作佐郎，迁右史，进凤
阁舍人，除司礼少卿。因近张易之兄弟左授袁州刺史。寻召拜国子司业，
兼修国史。《旧唐书》卷九四、《新唐书》卷一一四有传。崔融以善作文而
称名于时，"中宗在春宫，制融为侍读，兼侍属文，东朝表疏，多成其手。圣
历中，则天幸嵩岳，见融所撰《启母庙碑》，深加叹美，及封禅毕，乃命融撰
朝觐碑文"⑤。"融为文华婉，当时未有辈者。朝廷大笔，多手敕委之，其
《洛出宝图颂》尤工。撰《武后哀册》最高丽，绝笔而死，时谓思苦神竭云。
年五十四。……膳部员外郎杜审言为融所奖引，为服缌麻"⑥。崔融著
作，《旧唐书·经籍志》下："《崔融集》四十卷。"⑦《新唐书·艺文志》二：

①　[宋]欧阳修、宋祁：《新唐书》卷七二下，第2737页。
②　[宋]欧阳修、宋祁：《新唐书》卷六〇，第1598页。
③　[宋]欧阳修、宋祁：《新唐书》卷七二下，第2737页。
④　周绍良主编：《唐代墓志汇编》，第1999页。
⑤　[后晋]刘昫：《旧唐书》卷九四，第2996页。
⑥　[宋]欧阳修、宋祁：《新唐书》卷一一四，第4196页。
⑦　[后晋]刘昫：《旧唐书》卷四七，第2075页。

"《则天皇后实录》二十卷。魏元忠、武三思、祝钦明、徐彦伯、柳冲、韦承庆、崔融、岑羲、徐坚撰，刘知幾、吴兢删正。"①同书《艺文志》四："《崔融集》六十卷。"②与《旧唐书》所载不同。又《新唐书·艺文志》四："崔融《宝图赞》一卷。王起注。"③同卷："《珠英学士集》五卷。崔融集武后时修《三教珠英》学士李峤、张说等诗。"④晁公武《郡斋读书志》卷六："《唐则天实录》二十卷。右唐吴兢撰。初，神龙二年，诏武三思、魏元忠、祝钦明、徐彦伯、柳同（冲）、崔融、岑羲、徐坚撰录，三十卷。开元四年，兢与知幾刊修成此书上之。起嗣圣改元甲申临朝，止长安四年甲辰传位，凡二十一年。"⑤同书卷二〇："《珠英学士集》五卷。右唐武后朝，尝诏武三思等修《三教珠英》一千三百卷，预修者凡四十七人。崔融编集其所赋诗，各题爵里，以官班为次，融为之序。"⑥崔融诗，《全唐诗》卷六八收录一卷，共 18 首。崔融文，《全唐文》卷二一七至卷二二〇收录四卷。《唐文拾遗》卷一六补《荷华帖》一篇，《唐文续拾》卷二又补《赠兵部尚书房忠公神道碑并序》一篇。

公即文公第二子也。应星象之精，钟海岱之秀。四岁敏嘲咏，七岁善隶书，八岁工文章，遂穷览载籍。十四明经高第，十六拔萃甲科，补太子右率府铠曹参军，徙陈州司户参军、右卫铠曹参军。

《登科记考》卷四：大足元年拔萃科，"崔翘，《册府元龟》。《唐语林》：'大足元年置拔萃，始于崔翘。'"⑦同书卷五：开元二年良材异等科，"崔翘，见《册府元龟》《唐会要》。"⑧

丁文公忧，呕血崩心，柴毁骨立，君子以为难也。文公尝好食笋，属冬月祭祀，无以供焉。公淳孝求诸，信宿有感，俄而林笋坼冻而生者三。

崔融神龙二年卒，是年崔翘丁忧。《旧唐书·崔融传》："神龙二年，以

① ［宋］欧阳修、宋祁：《新唐书》卷五八，第 1471 页。
② ［宋］欧阳修、宋祁：《新唐书》卷六〇，第 1600 页。
③ ［宋］欧阳修、宋祁：《新唐书》卷六〇，第 1617 页。
④ ［宋］欧阳修、宋祁：《新唐书》卷六〇，第 1623 页。
⑤ 孙猛：《郡斋读书志校证》卷六，第 216 页。
⑥ 孙猛：《郡斋读书志校证》卷二〇，第 1059 页。
⑦ ［清］徐松：《登科记考》卷四，第 132 页。
⑧ ［清］徐松：《登科记考》卷五，第 174 页。

预修《则天实录》成，封清河县子，赐物五百段，玺书褒美。融为文典丽，当时罕有其比，朝廷所须《洛出宝图颂》《则天哀册文》及诸大手笔，并手敕付融。撰哀册文，用思精苦，遂发病卒，时年五十四。以侍读之恩，追赠卫州刺史，谥曰文。"①《新唐书·崔融传》略同。

又先茔生芝草，家庭见白雀，河南尹陆馀庆将闻之帝庭，用加旌表。公涕泣固辞，乃止。

《朝野佥载》卷二："尚书右丞陆馀庆转洛州长史，其子嘲之。"《太平广记》卷三二八引《御史台记》："陆馀庆，吴郡人，进士擢第。……久视中，迁凤阁舍人，历陕州刺史、洛州长史、大理卿、少府监。主睿宗辒车不精，出授沂州刺史。"郁贤皓《唐刺史考全编》卷四九系陆馀庆为洛州长史在约先天元年（712）至二年（713）。按，《唐会要》卷六八："开元元年十二月一日，改（洛州）为河南府，以李杰为尹。"②则崔翘墓志称陆馀庆为河南尹，即指其为洛州长史事。

服阕，授协律郎、魏州录事参军，名震京师，廉察使举公文吏高第，诏授右补阙。二年，转京兆府司录参军事。秩满，徙太子舍人，加朝散大夫，迁尚书主爵员外郎，所在必有能政。

墓志记载崔翘所历诸官，史籍不载，可补史阙。

先是，公之元兄贞公禹锡为礼部郎，及迁中书舍人，公乃继入郎署。时从父兄尚为右史，皆盛德美才，齐加朱绂，时人谓为三张兄弟，荣耀当时。

崔翘、崔尚、崔禹锡兄弟三人，皆有才能，并擅文章，崔尚墓志，见本书上节疏证。崔禹锡，《崔尚墓志》："公（按指崔融）子中书舍人、知制诰、赠定州刺史贞公禹锡，君之从父兄也。"《唐代墓志汇编》元和〇七三《亡妻清河崔氏墓志铭并序》："曾祖禹锡，皇中书舍人。"③崔禹锡，字洪范，融之子。登显庆三年（658）进士第。开元中为中书舍人。卒赠定州刺史。新、

---

① ［后晋］刘昫：《旧唐书》卷九四，第 3000 页。
② 《唐会要》卷六八，第 1407 页。
③ 周绍良主编：《唐代墓志汇编》，第 1999 页。

旧《唐书·崔融传》仅提及："禹锡，开元中，中书舍人，赠定州刺史。"①《全唐诗》收其《奉和圣制送张说巡边》诗一首。此为应制之作，同应制者尚有韩休、许景先、苏晋、张嘉贞、卢从愿、袁晖、王光庭、徐知仁、席豫、贺知章等人。崔禹锡亦能文，宋赵明诚《金石录》卷七："《唐百家岩寺记》，崔禹锡撰，刘轸行书。天宝七载九月。"②

历水部、虞部、考功、吏部四郎中。二年，掌小选。精理明断，闲练旧章，革弊创范，垂为故事。直道重于中朝，清声扬于四海。转洛阳宰。鸣琴不下，行马必知。扇淳和以变浇浮，俗自息讼矣；崇简易以济烦剧，吏自归闲矣。

"掌小选"是指崔翘开元二年（714）为吏部郎中时负责官吏选举事。"小选"指唐代在九流以外，兵部、礼部举人，郎官得以自主铨选。

三年，拜给事中，扈从祠汾阴后土。时肆赦海内，公述制立就，朝以为能。于是递相传写，帝用嘉之。乃命为中书舍人，知制诰。昔我烈考文公以春官郎中独知制诰，昔我元兄贞公以礼部员外郎兼知制诰，今我公能济其美，不陨其名，君子谓崔氏尽善矣。文宗不其然乎！

这里叙述崔翘中书舍人、知制诰事，是为皇帝起草诏书制诰的非常荣光的职务。而崔氏几代为之：一是崔融以春官郎中、知制诰；二是崔禹锡以中书舍人、知制诰；三是崔翘以中书舍人、知制诰。

时东郡岁旱，天子思良牧，乃诏为滑州刺史。于是扬仁恩以风之，敷惠化以雨之。人咸欢康，岁大丰稔。

孙逖《授崔翘等诸州刺史制》："门下：中散大夫前使持节滑州诸军事守滑州刺史上柱国崔翘等，词学为门，贞廉作吏，并久从官序，能效公心。礼及既祥，皆闻于俯就；才有所适，宜在于分官。可依前件。"③郁贤皓《唐刺史考全编》卷五七系崔翘为滑州刺史在开元二十三年（735）前后，并云："按崔翘开元二十七、二十八、二十九年为春官小宗伯，见《唐语林》卷八；

① ［宋］欧阳修、宋祁：《新唐书》卷一一四，第4196页。
② 金文明：《金石录校证》卷七，第135页。
③ ［清］董诰：《全唐文》卷三〇九，第1389页。

二十九年十月为大理卿，天宝五载三月为左丞，见《旧纪》。其刺滑当在此之前。按孙逖于开元二十四年始为中书舍人。"①

除大理少卿。天下用刑无滥。帝日咨二相："有能掌我贡品？"金曰我公，乃命为小宗伯。"往钦哉！惟尔代擅雕龙，克缵文公之业，尔其稽古是训，唯才是与。"公乃善诱在兹，奖劝在兹，风化天下，文体一变。帝谓有国家来，未之有也。乃命吏部、兵部选曹是则之。三载为大理，用休于前政。

《旧唐书·玄宗纪下》：开元二十九年（741）冬十月，"戊戌，分遣大理卿崔翘等八人往诸道黜陟官吏"。②《册府元龟》卷一六二：开元"二十九年五月，命大理卿崔翘……分行天下"。③《登科记考》卷八：开元二十九年（741），"知贡举：礼部侍郎崔翘。见《唐语林》。按《旧书》本纪，是年十月，遣大理卿崔翘等往诸道黜陟官吏。盖以知举后改官也"④。按，据《崔翘墓志》，崔翘先为大理少卿，三载后为大理卿。而为大理卿在开元二十九年（741）冬十月，逆推三年，其为大理少卿应在开元二十六年（738）。

寻而黜陟河北，作镇河东，兼采访使，澄清州郡，福蒙京师。

孙逖《授崔翘尚书右丞制》"大中大夫守河南郡太守本道采访处置使上柱国崔翘"⑤，是指其作镇河东事，"河南"应为"河东"之讹。其时在天宝五载（746）之前，详下条考证。

入为尚书左丞。台阁风生，章奏日减。帝曰："戴胄曷以尚兹。"寻封清河县开国男，邑三百户。

孙逖《授崔翘尚书右丞制》："门下：司会之府，尤重于纪纲；举能而官，必慎于名器。大中大夫守河南郡太守本道采访处置使上柱国崔翘，文儒缵业忠（阙六字）为徇公之节。历官滋久，更事亦多，南省缺员，中朝选旧，宜取才于揽辔，更驰名于握管。可守尚书右丞，散官如故。"⑥以墓志

①　郁贤皓：《唐刺史考全编》卷五七，第 788 页。
②　《旧唐书》卷九，第 214 页。
③　《册府元龟》卷一六二，第 1956 页。
④　［清］徐松：《登科记考》卷八，第 298 页。
⑤　［清］董诰：《全唐文》卷三〇八，第 1383 页。
⑥　［清］董诰：《全唐文》卷三〇八，第 1383 页。

证之,"右丞"应为"左丞"之讹。据《旧唐书·玄宗纪》:天宝五载(746)正月,"丙子,遣礼部尚书席豫、左丞崔翘、御史中丞王铁等七人分行天下,黜置官吏"①。严耕望《唐仆尚丞郎表》卷七:"崔翘,天宝四载春夏或上年,由右丞迁左丞。四年九月一日乙卯,见在任,时阶通议大夫。五载三月二十四丙子,以本官充黜陟使。盖七载,迁礼尚。"②又按,严耕望《唐仆尚丞郎表》卷八尚书右丞下又列崔翘,时间为天宝初,所据即孙逖所行之制。按据墓志,崔翘直接由河东采访使入为尚书左丞。右丞之说应误。

王昶《金石萃编》卷八七《石台孝经》末署:"天宝四载九月一日,银青光禄大夫国子祭酒上柱国臣李齐古上表。"所附诸臣题名有崔翘题名:"通议大夫守尚书左丞上柱国清水县开国男臣崔翘。"③是知崔翘天宝四载(745)九月一日已在尚书左丞任。

诏为剑南、山南西道黜陟宣尉使,如河北、河东之政。帝曰:"三载考绩三考,黜陟幽明,繄公是赖。"乃诏为京官考使,遂擢礼部尚书。继我伯夷,典我三礼,神人以理,天地同和。宠金紫于朝,罗启戟于第。岁十月,天子幸华清宫,诏公京师留镇。明年,行幸,复诏焉。及王归在镐,公又守成周。无何,寝疾不愈,抗疏辞官。天子优之,乃罢居守,全其禄秩,手诏勉劳,其宠贤有如此者。公享年四百有八甲子矣。唐天宝九载冬十二月三日,薨于洛师明教里之私第。

《册府元龟》卷三六《帝王部》:"天宝九载正月,文武百寮礼部尚书崔翘等累上表请封西岳,刻石纪荣号。帝固拒不许。翘等又奉表恳请曰。"④严耕望《唐仆尚丞郎表》卷一五:"崔翘,天宝八载六月,见在礼尚任。(《册府》一六)九载正月,仍在任。(《册府》三六)盖七年,由左丞迁。……[考证]据《册府》,翘官礼尚不能迟过八年夏。又按五载尚在左丞任。六载不见他人任左丞,七载不见他人任礼尚,或者即以七载由左丞

① [后晋]刘昫:《旧唐书》卷九,第219页。
② 严耕望:《唐仆尚丞郎表》卷七,第425页。
③ [清]王昶:《金石萃编》卷八七,《石刻史料新编》第1辑第2册,第1468页。
④ [宋]王钦若:《册府元龟》卷三六,第404页。

迁礼尚钦？《旧慎由传》：'曾祖翘，位终礼部尚书，东都留守。'《新融传》及《新》七二世表，同。"①

墓志言"公又守成周"，盖其终官为礼部尚书兼东京留守。这也可以在出土文献中证实，《唐代墓志汇编》天宝二七一《唐故朝散大夫太子左赞善大夫陇西李府君墓志铭并序》："除大理司直。时谏议大夫李麟充河西陇右道黜陟使，以公闲练章程，详明听断，乃奏公为判官，佐彼澄清，审于殿最，皇华之选，时论攸归，复命除本寺丞。东京留守、礼部尚书崔翘又奏为判官，寻迁太子舍人，判官如故。"②《全唐文补遗·千唐志斋新藏专辑》收崔忻《唐故太庙斋郎崔府君（彦崇）墓志铭并序》："曾祖翘，皇朝礼部尚书东都留守。"③《西安碑林博物馆新藏墓志续编》收严茂卿《唐大理司直严公夫人清河崔氏墓志铭并序》："曾祖翘，拔萃登科，筮仕名高，早登朝列，克绍雅望，拜中书舍人。时以为重德，复命为东西二京留守。"④

崔翘妻卢西华墓志亦已出土，卢西华后于崔翘两年卒。墓志题为《唐故范阳郡夫人卢氏墓志铭并序》，题署："夫之弟朝议郎行右补阙至撰。"志云："夫人姓卢氏，号西华，范阳人也。阳乌之七代孙，昌衡之五代孙，绵州长史安寿之孙，汝州司马正纪之子，故礼部尚书、赠江陵郡大都督、太子太傅崔成公翘之妻也。盛族高门，一时荣耀。衣冠礼乐，四海宗仰。……始，成公之下位也，不陨获于贱贫；及成公之尊官也，不骄矜于富贵。贤哉妇德，至矣淳仁。……居成公丧，因寝疾不念，乃召子秀、陟、同、异、或等，遗命薄葬。呜呼达哉！享年六十四，后成公二岁，以天宝十一载九月朔，薨于河南崇政里。呜呼哀哉！冬十月庚申，殡我夫人于公茔之西，权也。越贞元三祀二月甲申，季子尚书职方员外郎或，昊天罔极，触地无容，迁祔于成公之茔，礼也。"⑤

① 严耕望：《唐仆尚丞郎表》卷一五，第 830 页。
② 周绍良主编：《唐代墓志汇编》，第 1721 页。
③ 吴钢主编：《全唐文补遗·千唐志斋新藏专辑》，第 354 页。
④ 赵力光主编：《西安碑林博物馆新藏墓志续编》，陕西师范大学出版社 2014 年版，第 574 页。
⑤ 赵跟喜、张建华编：《新中国出土墓志》河南叁《千唐志斋壹》，第 219 页。

崔翘的文学贡献

墓志后半部分对崔翘作出了很高的评价,称其兼有五美,其中之一就是文学:"惟公读圣人之书,行先王之道,三叶掌诰,一家工文,代宗学府,人称墨妙。高风雅望,四海具瞻;逸韵清词,一时特绝。斯可谓文学矣。"我们对于崔翘文学创作与文学地位进行分析。

(一) 崔翘的诗歌创作

崔翘诗,《全唐诗》卷一二四收《奉和圣制答张说南出雀鼠谷》《送友人使夷陵》《郑郎中山亭》三首。这三首诗,一直没有引起唐诗研究者的注意,实际上这三首诗,在初唐时也是有所突破之作。三首诗代表三种类型,即应制诗、送别诗、题赠诗。第一首是应制诗,《奉和圣制答张说南出雀鼠谷》:"硖路绕河汾,晴光拂曙氛。笳吟中岭树,仗入半峰云。顿觉山原尽,平看邑里分。早行芳草迥,晚憩好风熏。嘉颂推英宰,春游扈圣君。共欣承睿渥,日月照天文。"①同时应制者还有徐安贞、赵冬曦、苏晋、梁昇卿、宋璟、张九龄、王光庭、王丘、席豫等。应制诗虽难有佳作,但这一群体唱和也表现了当时诗坛彬彬之盛的局面,而崔翘之所以能在诗歌创作上取得一定的成就,与其所处的宜于作诗的朝廷氛围是密切相关的。这首诗中间四句"笳吟中岭树,仗入半峰云。顿觉山原尽,平看邑里分",表现张说南出雀鼠谷的环境,宏阔壮远,写景与抒情又融合无间,在应制诗中也颇见艺术造诣。第二首是送别诗,《送友人使夷陵》:"猿鸣三峡里,行客旧沾裳。复道从兹去,思君不暂忘。开襟春叶短,分手夏条长。独有幽庭桂,年年空自芳。"②这是一首五律,诗前半抒情,后半写景,情与景融合无间。末句以物寓情,余味深远。第三首是题赠诗,《郑郎中山亭》:"篆笔飞章暇,园亭染翰游。地奇人境别,事远俗尘收。书阁山云起,琴斋涧月留。泉清鳞影见,树密鸟声幽。杜馥熏梅雨,荷香送麦秋。无劳置驿骑,文酒

---

① [清]彭定求:《全唐诗》卷一二四,第1229页。
② [清]彭定求:《全唐诗》卷一二四,第1230页。

可相求。"①这是一首五言排律,中间八句重于写景状物,尤其是"泉清鳞影见,树密鸟声幽",绘事如见,堪称佳句。

(二) 崔翘的散文创作

崔翘文,《全唐文》卷三二八收《上玄宗尊号表》《请封西岳纪荣号表》《请封西岳表》《对家僮视天判》《对伏日出何典宪判》《对县令不修桥判》《对祭器判》七篇。陈尚君《全唐文补编》卷三六又收《五台山清凉寺碑》一篇。加以新出土《崔尚墓志》与《崔偃墓志》②,崔翘文今存十篇。我们选取其碑志之文略作分析。

崔翘碑志之文三篇,《崔尚墓志》于上节专门讨论,《崔偃墓志》篇幅较短,这里讨论《五台山清凉寺碑》。该碑原误作李邕文,陈尚君《全唐文补编》卷三六移正为崔翘文。碑文云:"其山也,左溟渤,右孟津,恒岳揭其前,阴山屋其后。五峰对耸,四望崇崇,蓄阴阳之神秀,含造化之奇特。每至丹霄出日,俯拍云霞,清汉无波,下看星月,可以伴鹫岭,可以辟莲宫。"③描写五台山之形势,位于溟渤与孟津左右,处于恒岳与阴山之间,四望五峰对峙,故称五台山,蕴蓄着大自然的神秀奇特。又云:"夫其清凉之为状也,壮矣丽矣,高矣博矣,靡可得而详矣。赫奕奕而烛地,崒巍巍而翊天,寒暑隔阂于檐楣,雷风击薄于轩牖。星楼月殿,凭林跨谷;香窟花堂,枕峰卧岭。尊颜有睟,像设无声,观之者发惠而兴敬,居之者应如而合道。天花覆地,积雪交辉,梵响乘虚,远山相答。珍木灵草,仰施而纷荣;神钟异香,降祥而闻听。凄风烈烈,谁辨冬春? 奔溜潺潺,不知晨暮。经所谓吉祥之宅,岂虚也哉?"④形容清凉寺之状貌,总体在于壮丽高博,其间星楼月殿、香窟花堂,与山峰卧岭融为一体,加以天花积雪,珍木灵

---

① [清]彭定求:《全唐诗》卷一二四,第1230页。
② 按,《崔偃墓志》全称为《唐故右清道率府仓曹参军事崔君墓志铭》,题署:"族叔虞部郎中翘撰。"墓主葬于开元十二年闰十二月。该志拓片载赵君平、赵文成《秦晋豫新出墓志蒐佚》,第506—507页。
③ [清]董诰:《全唐文》卷二六四,第1183—1184页。
④ [清]董诰:《全唐文》卷二六四,第1184页。

草，梵响神钟与远山相答，以至于冬春不辨。又云："天宝七载，贵妃兄银青光禄大夫宏农县开国男上柱国鸿胪卿杨铦，奉为圣主写一切经五千四十八卷，般若四教天台疏论二千卷，俾镇寺焉。海墨树笔，竹纸花书，密藏妙论，千章万品，置之以宝案，盛之以玉箱，上祓祐于君亲，下泽润于黔庶。"①交代作碑之由来，是因为杨铦向清凉寺赠送了数千卷经籍，寺僧感激而修缮寺宇，以增其辉。这样的文章就成为碑记文章中的佳制。

(三) 崔翘的文学地位

因崔翘留下的诗文甚少，在墓志没有出土之前，他真正的文学地位，并没有全面的表现。墓志的出土，为我们了解当时文学家的原生状态与社会影响提供了不可多得的材料。

从墓志中看出，他在改变当时文风方面做出了重要贡献。《崔翘墓志》云："扈从祠汾阴后土。时肆赦海内，公述制立就，朝以为能，于是递相传写。帝用嘉之，乃命为中书舍人、知制诰。""'惟尔代擅雕龙，克缵文公之业，尔其稽古是训，唯才是与。'公乃善诱在兹，奖劝在兹，风化天下，文体一变。帝谓有国家来，未之有也。"从墓志所言及现存的文章来看，所谓"文体一变"指当时的朝廷应用文，即表制之类。今举其《请封西岳表》为例："且夫龟龙咸格，天意也；夷夏大同，人事也；时和年丰，太平也；无为清净，至理也。允应大典，岂谓轻修乎？奉若灵命，安可不为乎？臣等敢冒宸极，重明其义。窃以西岳华山，实镇京国，皇虞之所循省，灵仙之所依凭，固可封也。况金方正位，合陛下本命之符；白帝临坛，告陛下长生之箓。发祥作圣，抑有明征，又可封也。昔周成王以翦桐为戏，唐叔因是而定封。盖人君之言，动有成宪，斯事至细，犹不忽也。况陛下眷言封祀，宿著神明，道已洽于升平，事未符于琬炎，岂可抑至公于私让，弃诚信于神明乎？固不可得而辞也。"②这段文字，从说理

---

① ［清］董诰：《全唐文》卷二六四，第 1184 页。
② ［清］董诰：《全唐文》卷三二八，第 1469 页。

层面看，层层剥茧，步步紧逼，然用语稳健，合情合理，故能打动皇帝；从行文风格说，与唐初朝廷应用文惯用的四六骈体已有所不同，辞虽尚骈，而文气连贯，一张一弛，放得开，收得拢，又有散体的气势，从中透露出文章丕变的端倪。

卷三　中唐

一、李华墓志

墓志释文

唐故吏部员外郎李府君墓志铭　并序

检校仓部员外郎兼侍御史刘迺述

吏部员外郎李公，赵郡赞皇人，讳华，字遐叔。其先出自段干木，栖迟于魏，惟德动邻，秦兵不加。高大父孝威，隋尚书左丞。曾大父太冲，我祠部郎中。大父嗣业，同州司户参军。显考虚己，蒲州安邑县令。世滋丰懿，有干木之遗风焉。公即安邑府君第三子，志气薄于清穹，孝悌通于神明。艺文之美，郁郁难名。无紫色，无郑声。垂度照世，灿如恒星。所纂文凡数百篇。河南独孤及，河东柳识，渤海高参，分为三集，各冠之以序。其历官次第、沦胥幽遁之迹，独孤言之最详。冰夷从掇其遗事，著铭于穴尔。

公生五岁，丁太夫人忧，啼嚎之音，七日不衰，终三年皇皇焉。未常戏弄，此至性萌于自然也。年十岁，常侍安邑府君读书，府君授予《魏志》，公开卷流涕，手不供目，遂跪陈汉鼎轻重之惭，曹氏移夺之将，凡所于明，超出旧史，于以见王佐之风成也。

公为绣衣使者，出巡汧、陇，与李、郭二公定交于甲胄之中，乃上章称其材，社稷是依也。二公果能，张大六师，横扫氛秽，瀺瀺雨雪，消为清和。公高朗之鉴，拔乎群萃矣。初禄山以幽州叛，公劫在贼营，丸艾自烧，阴养间谋。时洛中有刺客，能言鸿宝苑秘之书者，力若貙虎。公与义士皇甫复歃盟结之，促行博狼沙之事，虽不及窃发，然其忠勇百夫之雄，于晚岁衮司上闻，宠光骤至。公深嘉范粲之节，不忍复践文明之延回，闭门自锢，委和待尽。季弟莙适宰丹徒，公爰居官舍，春秋六十有一，以大历九年青龙甲寅正月辛亥，终于正寝。

刘冰夷闻之，出涕曰：天之既丧元龟也，吾无与为善矣！是月丁卯，权窆于朱方北原，速也。传曰：圣人不出其间，必有命世者。公包元精之醇德，蹈夷晧之逸轨，正辞端委，有补于朝，岂近是乎？将殁之夕，有黄鹤山义琳禅师，叩关遽谒。公曰："师来何迟也？请问心生灭之法。"往复数百言，归于痴爱扶疏，而自性明脱。公稽首曰："法尽于此乎？逝将去师，期亿劫不能忘。"此又象外之说，非黭闇之所及。

悲夫！噫！丹徒悌弟也。其孤羔、启，纯孝之士也，欧血嗷咷，告哀于冰夷，池绹将行，而文友皆远，以冰夷词朴且近，俾铭诸旒旐。冰夷执简忸怩，愧文之辱，其辞曰：

公生不辰，逢世荡倾。云物浊乱，夏寒日青。天子西狩，百官賨零。惴惴遐叔，网罗是婴。

结客图敌，裂帛表诚。迹虽沉泥，行实鲜清。朝即昌矣，戢翼辞荣。浮云无蒂，幼士寓形。

四大吾家，神翔八溟。稽首琳公，谁灭谁生？来应期运，去随化并。德辉不泯，永世作程。

唐故吏部员外郎赠礼部侍郎赵郡李府君及范阳卢氏合葬墓志铭 并序

正议大夫、尚书兵部侍郎充集殿学士上柱国河东县
开国子食邑五百户赐紫金鱼袋薛放撰

有唐文章宗师、故尚书吏部员外郎赵郡李公讳华，字遐叔。昔以大历九年，终于润州。遂因权窆，故兵部侍郎刘迺为志焉。后廿二年，夫人范阳卢氏，从祔于其侧，今太子右庶子王仲周为志焉。蓍蔡不叶，寓而即安，

凡卌九年于今矣。

府君以宪宗朝追赠中书舍人,今上即位,加赠礼部侍郎,皆以子佶故左散骑常侍致仕时在朝列,推恩而及,是亦彰府君之文德也。

常侍无子,夫人范阳卢氏,当所天之丧,循顾托之重,竭家有无,泣血匍匐,自朱方奉舅姑之裳帷,归于成周。旧乡枳棘,瞻望不及,以长庆二年壬寅岁二月廿八日合葬于洛阳谷水之北原,从变礼也。其官族世德,二志存焉。今但记其所新卜迁祔之时岁而已。

常侍夫人于放,外姑也。奉命为志,辞不得已,故谨述之,铭曰:

齐封反葬为世经,龟筮即从斯可营。常侍无子承德馨,哀哀孝妇志切诚。远奉裳帷归洛京,鲁人之祔于以成。眷言乡井沦贼庭,呜呼此地永以宁。

三从侄孙、乡贡进士幼复谨奉命护葬并书。

李华(714—774),字遐叔,赵郡赞皇人。官至吏部员外郎。大历九年(774)正月卒,享年六十一岁。是月,权葬于丹徒。墓志出土于洛阳,拓片藏于洛阳某家。本书撰者专程赴洛阳访其拓片,得以寓目并抄录,但墓志原石与拓片迄今都未公布。李华家族墓志出土共有四方:即《李华墓志》《李华及夫人卢氏合附墓志》、李华之父《李虚己墓志》、李华叔父《李苔墓志》。李华是唐代大古文家,与萧颖士齐名,世称"萧李",其文对于中唐古文运动具有巨大的影响,著有《李遐叔文集》四卷。李华又是诗人,《全唐诗》卷一五二存诗一卷。从内容来看,两方墓志分别为李华权葬墓志以及李华与夫人范阳卢氏的合葬墓志,据合葬墓志记述,应当还有王仲周所撰李华夫人权葬志一方,惜未得见。就所见的两方墓志,大致可梳理李华夫妇的卒地、葬地以及迁葬情况。李华权葬志云:"季弟苔适宰丹徒,公爱居官舍,春秋六十有一,以大历九年,青龙甲寅,正月辛亥,终于正寝……是月丁卯,权窆于朱方北原,速也。"又合葬志:"昔以大历九年,终于润州。遂因权窆,故兵部侍郎刘迺为志焉。后廿二年,夫人范阳卢氏,从祔于其侧,今太子右庶子王仲周为志焉。著蔡不叶,寓而即安,凡卌九年,于今矣。……常侍无子,夫人范阳卢氏,当所天之丧……自朱方奉舅姑之裳帷,归于成周……以长庆二年壬寅岁二月廿八日合葬于洛阳谷水之北原,从变礼也。"记载李华夫人卢氏在李华去世22年后,即贞元十二年(795)去世,并与李华合葬。从"所天之丧""奉舅姑之裳帷"可以看出李华的媳妇范阳卢氏在丈夫去世之后主持了此次迁葬事宜，将公婆遗骸以及权葬墓志从润州迁至洛阳安葬，此时距离李华去世已有四十九年之久，即墓志所记迁祔之时长庆二年（822）。杨琼有《新见唐代文学家李华墓志考疏》，载《文献》2022 年第 1 期，第 155—167 页。

李华生卒年与家世婚姻

关于李华的生卒年和家族世系，传世文献记载较为简略，故歧误纷纭，新出墓志可补阙订误，起到正本清源之效。

（一）生卒年补订

李华生年未见诸史籍记载，关于其卒年，传世文献记载不一。《新唐书·李华传》仅言："大历初，卒。"[①]《文苑英华》《全唐文》所收梁肃《为常州独孤使君祭李员外文》系其卒年为大历元年（766）[②]。《唐文粹》亦收此文，作大历九年（774）[③]。闻一多《唐诗大系》从大历元年之说，然未提供依据。近人黄天朋《李华生卒考》提出李华生卒年约为开元初（715）至大历九年（774）[④]。岑仲勉《唐集质疑·中唐四李观》条转引黄文，认同此说。杨承祖《李华系年考证》就李华诗文作系年考证，略定其生年为玄宗开元五年（717）左右，卒于代宗大历九年或稍前[⑤]。此后，尹仲文、汪晚香、陈铁民、谢力、姜光斗诸先生皆认为"元年"当为"九年"之误[⑥]。日本学者河内昭圆《李华年谱稿》系李华卒于大历九年，享年五十八[⑦]。今据

---

① ［宋］欧阳修、宋祁：《新唐书》卷二〇三，第 5776 页。
② ［宋］李昉：《文苑英华》卷九八二，第 5166 页；《全唐文》卷五二二，第 2349 页。
③ 姚铉：《唐文粹》卷三三，《四部丛刊初编》第 1943 册，商务印书馆 1929 年版，第 27 页。
④ 黄天朋：《李华生卒考》，民国二十六年（1937）六月南京《中央日报》"文史"版第 28—29 期。
⑤ 杨承祖：《杨承祖文录》，华东师范大学出版社 2017 年版，第 264 页。
⑥ 参见尹仲文《李华卒年考辨》，《河北大学学报（哲学社会科学版）》1979 年第 2 期，第 85—89 页。汪晚香《李华卒年考》，《湖北师范学院学报（哲学社会科学版）》1989 年第 2 期，第 33—36 页。陈铁民《李华事迹考》，《文献》1990 年第 4 期，第 3—23 页。谢力《李华生平考略》，《唐代文学研究》，广西大学出版社 1990 年版，第 105—133 页。姜光斗《李华卒年补证》，《文学遗产》1991 年第 1 期，第 18 页。
⑦ 河内昭圆：《李华年谱稿》，《真宗総合研究所研究紀要》14，大谷大学真宗総合研究所 1996 年版，第 30 页。

墓志可知李华去世的确切时间为大历九年(774)正月十二日,享年六十一,反推得其生年为开元二年(714)。

(二) 家世婚姻考索

李华出身赵郡李氏。墓志云:"吏部员外郎李公,赵郡赞皇人,讳华,字遐叔。"《李公中集序》:"公名华,字遐叔,赵郡人。"①《旧唐书》本传:"李华,字遐叔,赵郡人。"②《新唐书》:"李华,字遐叔,赵州赞皇人。"③墓志与诸史籍记载相同。

李华之先世,墓志云:"其先出自段干木,栖迟于魏,惟德动邻,秦兵不加。"段干木,根据《古今姓氏书辩证》即干木大夫李宗,陇西李氏与赵郡李氏皆出于此。④ 以李华《送观往吴中序》⑤所叙先世,结合赵超《新唐书宰相世系表集校》,可知李华为赵郡李氏东祖房高平宣公李顺的后裔。自顺以下,分别为七世祖濮阳侯李式,六世祖文静公李宪,五世祖豫州刺史李希礼。⑥ 谢力《李华生平考略》亦作过详细考证,可一并参考。自希礼以下世系,据《新唐书·宰相世系表》为高祖隋大理少卿孝威,曾祖雍王友太冲,祖同州司功参军嗣业,父典设郎恕己,其中脱误尤多。笔者搜集到新出土的李华家族墓志四方,分别记载家世如下:

1.《李华墓志》:"高大父孝威,隋尚书左丞。曾大父太冲,我祠部郎中。大父嗣业,同州司户参军。显考虚己,蒲州安邑县令。世滋丰懿,有干木之遗风焉。公即安邑府君第三子,志气薄于清穹,孝悌通于神明。艺文之美,郁郁难名。"

2.《李虚己墓志》:"濮阳文侯希礼,生遂州总管孝威……遂州生

① [唐] 独孤及:《毗陵集》卷一三,《四部丛刊初编》本,商务印书馆 1929 年版,第 64 页。
② [后晋] 刘昫:《旧唐书》卷一九〇下,第 5047 页。
③ [宋] 欧阳修、宋祁:《新唐书》卷二〇三,第 5775 页。
④ [宋] 邓名世:《古今姓氏书辩证》卷二一,《景印文渊阁四库全书》第 922 册,台湾商务印书馆 1986 年版,第 212 页。
⑤ [宋] 李昉:《文苑英华》卷七二〇,第 3727 页。
⑥ 赵超:《新唐书宰相世系表集校》,中华书局 2018 年版,第 270 页。

我祠部郎中太冲、祠部生同州司户参军嗣业……府君盖司户之元子。"①

　　3.《李茗墓志》："公名茗，字季茂，赵郡赞皇人也……隋尚书左丞孝威，其高祖也。皇尚书祠部郎中太冲，其曾祖也。同州司户参军嗣业，其大父也。公即安邑府君虚己之幼子、尚书吏部郎华之季弟。"②

　　4.《李万墓志》："公讳万，字伯盈，赵郡赞皇人也……公□父太冲，有唐祠部郎中。烈祖嗣业，同州司户。皇考虚己，蒲州安邑令……有子二人，曰美，曰虞。"③

　　通过墓志，我们可以补正《新表》所载李华世系的几个问题：

　　一是李华先祖的职官问题。《新表》载高祖孝威为隋大理少卿，当为尚书左丞；曾祖太冲，未载官职，从墓志可知官终祠部郎中；祖父嗣业，官同州司户参军，而非司功参军。

　　二是李华父亲与诸兄弟的姓名问题。《新表》载李华父为典设郎恕己，与《李公中集序》所载"安邑令府君第三子"抵牾，今可知李华父亲确为虚己。《新表》载李虚己有三子：万、韶、茗，亦误。《李虚己墓志》："府君中子华字叔文……华之兄：曰万、曰歆。华之弟：曰韵、曰茗。"④《李华墓志》："季弟茗适宰丹徒。"李华《与弟茗书》⑤一文亦自称"三兄"，可知李虚己共有五子：李万、李歆、李华、李韵、李茗，李华排行第三，李茗排行第五。据墓志，"茗"为"茗"之形误，李华《与弟茗书》当作《与弟茗书》。此外，《李万墓志》记载兄弟诸人云："有弟曰歆，曰华，曰茗。"未见李韵，或因其与李华兄弟四人非一母所出。

---

①　［唐］萧颖士：《唐故蒲州安邑县令李府君墓志》，《书法丛刊》2014 年 6 期，第 26 页。
②　赵振华：《唐李茗墓志与徐珙书法》，《四川文物》2004 年第 3 期，第 68 页。
③　卢纵：《燕故莱州司仓参军李府君墓志铭并述》，浙江大学图书馆藏，编号 ZUL—LY01—047。
④　［唐］萧颖士：《唐故蒲州安邑县令李府君墓志》，《书法丛刊》2014 年第 6 期，第 26 页。
⑤　［宋］李昉：《文苑英华》卷六八七，第 3537 页。

　　三是李华子嗣问题。《新表》载李华有二子"鹗""肇",墓志则言"其孤羔、启,纯孝之士也",即二子名"羔""启"。独孤及《李公中集序》亦有:"公长子羔,字宗绪。"①与墓志所载相合,当以墓志为准。又李华与卢氏合葬志有:"府君以宪宗朝追赠中书舍人,今上即位,加赠礼部侍郎,皆以子佶故左散骑常侍致仕时在朝列,推恩而及,是亦彰府君之文德也。"则李华尚有一子李佶,未见载于史籍和李华权葬志,或与庶出身份有关。因李佶在朝中任官,故李华卒后在宪宗朝、穆宗朝分别被追赠中书舍人、礼部侍郎。宪宗、穆宗朝有过几次大规模的赠官活动,如宪宗改元元和赦②、宪宗元和二年南郊大赦③、穆宗即位赦④、穆宗长庆元年正月南郊改元赦⑤等。从墓志所载李佶官职来看,以左散骑常侍致仕,据《唐代中央重要文官迁转途径研究》统计,"中唐晚唐阶段,散骑常侍虽升为正三品,但中央官迁散骑常侍除太子宾客稍多之外,其余途径甚不固定,凡四品以上官都可入迁。大体散骑职位愈闲散,已成为四品以上官回翔之地。至于外官迁入的则以观察使为多"⑥。则其迁入左散骑常侍前为四品以上京官或诸道节度、观察、经略等使,故符合为父追赠官职的标准。

　　结合李华本人文章和新出墓志,我们还可以对关于李华家族的婚姻状况略作分析。李华有《李夫人传》,是其为外祖母赵郡李氏所作传记,记载李氏十三岁归于范阳卢善观,仅生一女归于安邑令赵郡李公,即李华父亲李虚己,有遗孤检校吏部员外华⑦,则李华生母为范阳卢氏。李华《与外孙崔氏二孩书》⑧,记载有一女嫁崔氏,几位姑姑分别嫁予裴氏、郑氏、崔氏,堂姑归于氏。从新出土墓志来看,《李苕墓志》记载夫人为范阳卢

① ［唐］独孤及:《毗陵集》卷一三,第68页。
② ［宋］宋敏求:《唐大诏令集》卷五,第29页。
③ ［宋］王钦若:《册府元龟》卷八九,第1067页。
④ ［宋］宋敏求:《唐大诏令集》卷二,第10—12页。
⑤ ［宋］宋敏求:《唐大诏令集》卷七十,第392—393页。
⑥ 孙国栋:《唐代中央重要文官迁转途径研究》,上海古籍出版社2009年版,第38页。
⑦ ［宋］李昉:《文苑英华》卷七九六,第4213页。
⑧ ［宋］姚铉:《唐文粹》卷九〇,《四部丛刊初编》第1951册,第60页。

氏①,李华与夫人范阳卢氏合葬志记载："常侍无子,夫人范阳卢氏,当所
天之丧,循顾托之重,竭家有无,泣血匍匐,自朱方奉舅姑之裳帷,归于成
周。"则李华与其子李佶亦娶范阳卢氏。由此可见李华父亲李虚己、李华
本人、弟弟李莒与儿子李佶皆娶范阳卢氏为妻,而家族中女性族人所嫁亦
为当时的高门著姓,可见李华家族作为山东旧族,在士族力量不断削弱的
情况下,依然顽固坚守门第婚姻的状况。

综合上述内容,我们可以梳理出李华家族的世系表如下：

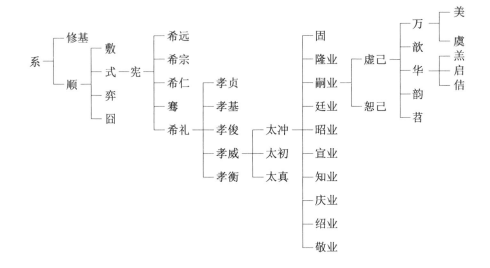

生 平 仕 历

从独孤及所撰《李公中集序》、李华权葬志、合葬志的内容来看,三者
存在互文关系。权葬志云："河南独孤及,河东柳识,渤海高参,分为三集,
各冠之以序。其历官次第、沦胥幽遁之迹,独孤言之最详。冰夷从掇其遗
事,著铭于穴尔。"可见刘迺为李华撰志时,尚有三篇集序文,其中独孤及
所撰《李公中集序》记载李华事迹最为详细,故墓志未对李华生平仕宦加
以铺陈,而是对生平经历的几大事件以及临终场景进行了补充。薛放所

---

① 赵振华：《唐李莒墓志与徐珙书法》,《四川文物》2004 年第 3 期,第 68 页。

作合葬志则在权葬志基础上补充了李华身后追赠以及迁葬事宜,由此形成了一个较为完整的李华传记体系。关于李华生平事迹,杨承祖《李华系年考证》①、陈铁民《李华事迹考》②、谢力《李华生平考略》③等都作过较为详细的考证,故笔者此处不对李华生平一一加以考述,主要通过墓志对李华生平事迹略作证补。

(一) 出使朔方,定交李郭

志云:"公为绣衣使者,出巡汧陇,与李、郭二公定交于甲胄之中,乃上章称其材,社稷是依也。"盖指其担任监察御史期间出使朔方一事。独孤及《李公中集序》云:"(天宝)十一年,拜监察御史。"④汧陇即汧水、陇山一带,往北可至朔陲,李、郭二公指李光弼与郭子仪。《旧唐书·李光弼传》记载李光弼天宝十一载(752)拜单于副使都护,天宝十三载(754)由朔方节度使安思顺奏为节度副使,不久辞官,随后在哥舒翰帮助下还京师。⑤《旧唐书·郭子仪传》载郭子仪于天宝八载任横塞军使,十三载(754),横塞军改天德军,郭子仪任天德军使,兼九原太守、朔方节度右兵马使。⑥ 故李华与郭、李定交一事发生于三人皆在朔方期间,即天宝十一载(752)至十三载(754)。

此事李华本人在诗文中曾多次涉及,如《韩公庙碑铭并序》:"天宝季岁,华奉使朔方,展敬祠下。……奉铭神宫。"⑦又《二孝赞并序》:"灵武二孝,……华奉使朔陲,欲亲往吊焉……冬十一月,浮冰塞津,吾将吊之。"⑧都提到了天宝年间奉使朔方的经历。又《卧疾舟中相里范二侍御先行赠别序》云:"天宝中,奉诏廉军政,北至朔陲,驻车山阴,辱司徒公、太尉公一

① 杨承祖:《杨承祖文录》,第 264—279 页。
② 陈铁民:《李华事迹考》,《文献》,1990 年第 4 期,第 3—23 页。
③ 谢力:《李华生平考略》,《唐代文学研究》,第 105—133 页。
④ [唐] 独孤及:《毗陵集》卷一三,第 65 页。
⑤ [后晋] 刘昫:《旧唐书》卷一一〇,第 3303 页。
⑥ [后晋] 刘昫:《旧唐书》卷一二〇,第 3449 页。
⑦ [宋] 姚铉:《唐文粹》卷五二,《四部丛刊初编》第 1945 册,第 129 页。
⑧ [宋] 姚铉:《唐文粹》卷二四,《四部丛刊初编》第 1941 册,第 19 页。

盼之恩。"①司徒公、太尉公即郭子仪、李光弼。另《奉使朔方赠郭都护》，郭都护亦为郭子仪。正史与《李公中集序》记载了李华出使朔方的经历，但未涉及与郭、李二公定交一事，墓志交代了三人交往关系，特别提到了李华曾上章称赞郭、李二人之材，可与李华诗文相印证并补充史书之阙载。

（二）身陷贼营，暗谋博浪

安史之乱爆发，李华为护继母避逃不及，被叛军俘虏并授以伪职，此事独孤及《李公中集序》记载甚详："时继太夫人在邺。初，潼关败书闻，或劝公走蜀诣行在所。公曰：'奈方寸何，不若间行问安否，然后辇母安舆而逃。'谋未果，为盗所获。"②又《旧唐书》本传云："禄山陷京师，玄宗出幸，华扈从不及，陷贼，伪署为凤阁舍人。"③新传同。李华《寄赵七侍御》诗："世故坠横流，与君哀路穷。"自注曰："逆胡陷两京，予与赵受辱贼中。"④记载了与赵骅陷贼受辱的经历。近年新出土的三方李华所撰墓志《唐吉居士墓志铭》⑤《燕故魏州刺史司马公（垂）志铭》⑥与《故殿中侍御史姚府君墓志铭并序》⑦，志主都葬于圣武二年（757），撰者皆署"中书舍人李华"，为李华陷贼任伪官时所作。

至德二载（757），唐军收复东京，李华被贬杭州司功参军。《旧唐书》本传："收城后，三司类例减等，从轻贬官，遂废于家，卒。"《新唐书》本传："贼平，贬杭州司户参军。"⑧据独孤及《李公中集序》，李华被贬杭州司功参军⑨

---

① ［宋］李昉：《文苑英华》卷七三四，第 3823 页。

② ［唐］独孤及：《毗陵集》卷一三，第 66 页。

③ ［后晋］刘昫：《旧唐书》卷一九〇，第 5048 页。

④ ［宋］姚铉：《唐文粹》卷一五下，《四部丛刊初编》第 1939 册，第 31 页。

⑤ ［唐］李华：《唐吉居士墓志铭》，《书法丛刊》2014 年第 6 期，第 26 页。

⑥ 陈尚君：《全唐文补编》，中华书局 2005 年版，第 2280 页。

⑦ 毛阳光、余扶危：《洛阳流散唐代墓志汇编》下册，第 393 页。

⑧ 据独孤及《李公中集序》，李华《云母泉诗》，当为杭州司功参军，见《新唐书》卷二〇三，第 5776 页。

⑨ 《新唐书·李华传》云："贼平，贬杭州司户参军。"据独孤及《李公中集序》"二京既复，坐谪杭州司功参军"以及李华《云母泉诗序》"乾元初……华贬杭州司功"，知《新唐书》记载李华被贬官职有误，当为杭州司功参军。

后,不久又被诏授左补阙、尚书司封员外郎并由宰相李岘表为从事,升检校吏部郎中。① 对于从轻贬官并在不久后又重获任用的原因,正史并未记载,从李华《祭刘左丞文》自述来看,乃是得益于房琯、刘秩和李岘的提携:"房公介然,明华于朝。兄志提挈,出泥登霄。言于宰司,大启学徒。陈沉泊华,可备师儒。"②"房公"为房琯,"兄"即刘秩,"宰司""相国李公岘"皆指李岘③。李华墓志又提供了一个新的视角,盖与其陷贼期间暗谋博浪之计以反抗叛军有关:"初禄山以幽州叛,公劫在贼营,丸艾自烧,阴养间谍。时洛中有刺客,能言鸿宝苑秘之书者,力若貙虎。公与义士皇甫复歃盟结之,促行博狼沙之事,虽不及窃发,然其忠勇百夫之雄,于晚岁衮司上闻,宠光骤至。"此事史籍无载,皇甫复其人亦无从考证。"博狼沙"即"博浪沙",指张良博浪沙锥秦王的典故。唐代文人对于张良颇有追慕之情,如李白《送张秀才谒高中丞》"壮士挥金槌,报仇六国闻。智勇冠终古,萧陈难与群"④,《经下邳圮桥怀张子房》"子房未虎啸,破产不为家。沧海得壮士,椎秦博浪沙。报韩虽不成,天地皆振动"⑤,皆在赞颂张良博浪沙椎杀秦始皇的勇气与谋略。刘迺撰写墓志时,运用这一典故,一方面生动地刻画出李华坚守气节、智勇双全的谋臣形象,与志文所述"府君授予《魏志》,公开卷流涕,手不供目,遂跪陈汉鼎轻重之惭,曹氏移夺之将,凡所于明,超出旧史,于以见王佐之风成也"相呼应,另一方面也为李华在安史之乱平定后被从轻处罚提供了一个合理合法的理由。对于陷贼伪官的判处,《资治通鉴》记载曰:"以六等定罪,重者刑之于市,次赐自尽,次重杖一

---

① [唐]独孤及:《毗陵集》卷一三,第67页。按,独孤及《李公中集序》"相国李公岘之领选江南也,表为从事,加检校吏部郎中",记载李华官职为"检校吏部郎中",盖误,当为检校吏部员外郎。

② [宋]李昉:《文苑英华》卷九八〇,第5158—5159页。

③ 杨承祖:《李华江南服官考》:"杭州地非远恶,可谓轻贬。而当时三司问狱,与御史中丞崔器守文刻深,岘力持平恕,论者美之。并详见《旧传》与《通鉴》卷二二〇……盖岘既持宽恕,又素知华立身本末,减等轻谪,实在情理之中;但以岘既为主司,转不便昌言感恩也。"(《杨承祖文录》,第285页)

④ [唐]李白:《李太白全集》卷一八,中华书局1977年版,第843页。

⑤ [唐]李白:《李太白全集》卷二二,第1036页。

百,次三等流、贬。"① 其中以弃市、自尽最重,主要处罚主动投降安禄山的官员;对于被胁迫任伪官的则以贬官为多;若在叛军中仍心系朝廷,或设法逃离,或暗中与朝廷联络的,则能被免于处罚,如王维被俘后"服药下痢,伪称瘖病"来逃避伪职,又作"万户伤心生野烟"一诗表明心志,故只被降职太子中允。从李华仅被贬杭州司功来看,墓志记载他暗谋博浪沙之计不单纯是处于美饰和避讳的考量,应该有一定的事实依据,至于未被记入史籍,盖因此事"不及窃发",也与后世对于出任伪官的否定立场有关。

(三) 晚居丹徒,临终问禅

李华的晚年经历,墓志以"公深嘉范粲之节,不忍复践文明之延回,闭门自锢,委和待尽"进行了简单的总结。就其晚年所居以及卒地而言,《李公中集序》所载:"明年,遇风痹,徙家于楚州。"《新唐书·李华传》:"苦风痹,去官客隐山阳。"故学者此前多认为李华卒于楚州,如河内昭圆《李华年谱稿》就记载李华卒地为楚州山阳县的寓所。今从墓志可知,李华晚年隐居楚州后,又迁居丹徒,最后卒于季弟李苕之官舍,权葬于丹徒北原。从志文所叙"丹徒悌弟也。其孤羔、启,纯孝之士也,欧血嗷咷。告哀于冰夷,池绎将行,而文友皆远",可见李华的身后事由弟弟李苕主持办理。《李苕墓志》言其"禄廪之奉,冬裘夏绤,束薪筥米,以赒亲戚,以煦孤贫"② 大抵可相印证。

除了所居之地与身后安排,墓志还花了较大篇幅记述了李华临终前与禅师的对话,从中可见李华与佛教信仰之关系。墓志云:"将殁之夕,有黄鹤山义琳禅师,叩关遽谒。公曰:'师来何迟也? 请问心生灭之法。'往复数百言,归于痴爱扶疏而自性明脱。公稽首曰:'法尽于此乎?'逝将去师,期亿劫不能忘,此又象外之说,非黯闇之所及。"黄鹤山义琳禅师,史籍未见。《太平寰宇记》卷八九"润州·丹徒县"下有:"黄鹤山,在县西南三

---

① ［宋］司马光：《资治通鉴》卷二二〇,第 7167 页。
② 赵振华：《唐李苕墓志与徐珙书法》,《四川文物》2004 年第 3 期,第 68 页。

里……常有黄鹤飞舞,因名黄鹤山,后改竹林寺为鹤林寺。"①李华曾为玄素禅师作《润州鹤林寺故径山大师碑铭》②,自称闻道于径山,李华与义琳禅师的渊源或出于鹤林寺。李华笃信佛教,《旧唐书》本传:"乃为《祭古战场文》,熏污之如故物,置于佛书之阁。华与颖士因阅佛书得之。"③可见其早年已研习佛法。又《新唐书》本传:"晚事浮图法。"④独孤及《序》:"雅好修无生法。"⑤《云母泉诗序》自陈:"支离多病,年齿始衰。愿药饵扶寿,以究无生之学。"⑥可见安史之乱后,政治上的"失节"与晚年的贫病交加,使李华更醉心佛法,以期从中获得心灵慰藉。墓志对于李华与义琳禅师探讨"心生灭之法"的记载,正是对"涅槃"真谛的终极探索,亦体现了李华临终心态,对于佛教的心灵依赖,希望通过佛教摆脱生死之苦。

文集编纂情况

李华的文学成就,墓志记述十分简略:"无紫色,无郑声。垂度照世,灿如恒星。所纂文凡数百篇。河南独孤及,河东柳识,渤海高参,分为三集,各冠之以序。"《旧唐书·李华传》载"有文集十卷,行于时"⑦,《新唐书·艺文志》则称有"《前集》十卷,《中集》二十卷"⑧,三者差异明显。《新书》所据当为独孤及《李公中集序》,但现存《李公中集序》,不同版本异文颇多。集本曰:"少时所著书多散落人间……名存而篇亡。自监察御史已后所作……凡一百四十三篇,公长子羔,字宗绪,编为二十卷,号《中集》。"⑨仅记李华任监察御史以后有著述二十卷为《中集》。《文苑英华》和《唐文粹》所收《李公中集序》则记录了前、中、后三集的情况:"自志学至

---

① [宋]乐史:《太平寰宇记》卷八九,第1761—1762页。
② [宋]姚铉:《唐文粹》卷六四,《四部丛刊初编》,第102页。
③ [后晋]刘昫:《旧唐书》卷一九〇,第5048页。
④ [宋]欧阳修、宋祁:《新唐书》卷二〇三,第5776页
⑤ [唐]独孤及:《毗陵集》卷一三,第67页。
⑥ [宋]李昉:《文苑英华》卷七一六,第3699页。
⑦ [后晋]刘昫:《旧唐书》卷一九〇,第5048页。
⑧ [宋]欧阳修、宋祁:《新唐书》卷六〇,第1603页。
⑨ [唐]独孤及:《毗陵集》卷一三,第68页。

校书郎已前八卷并《常山公主志》……并因乱而失之……断自监察御史已前十卷，号为《前集》；其后二十卷颂、赋、诗、碑、表、叙、论、志、记、赞、祭文凡一百四十四篇为《中集》……他日继于此而作者，当为《后集》。"①今据墓志可知，李华文集最终确实形成了前、中、后三集，《英华》与《唐文粹》所收《李公中集序》更接近李华文集的最终状态。

从墓志来看，为李华文集分集作序者分别为独孤及、柳识与高参，不仅补充了李华文集其他两篇集序的作者，同时也提供了李华文学交往关系之一隅。

独孤及是唐代重要散文家，与李华、萧颖士等人一起倡导古文运动，生平事迹见于《新唐书》卷一六二、梁肃《朝散大夫使持节常州诸军事守常州刺史赐紫金鱼袋独孤公行状》②与崔祐甫《故常州刺史独孤公（及）神道碑并序》③。梁肃《为常州独孤使君祭李员外文》自述与李华的关系云："某以蒙蔽，夙承眷惠。义均伯仲，合若符契。博约乎文章之间，优游乎性命之际。"④《李公中集序》亦有："及常游公之藩也久。"⑤可以说是李华的门人，两人长期保持亦师亦友的关系。柳识，字方明，代宗朝官左拾遗，与兄柳浑皆有才名。《旧唐书》卷一二五、《新唐书》卷一四二《柳浑传》后附有小传。据《新唐书·元德秀传》，柳识为元德秀门人，而李华兄事德秀⑥，李华《三贤论》亦载："河东柳识方明遒旷而才，是皆慕于元者也。"⑦《旧唐书·权德舆传》和《新唐书·权皋传》还记载了柳识兄弟与李华皆仰慕权皋之德行而友善之⑧。基于这层关系，李华对柳识也颇多奖掖："华爱奖士类，名随以重，若独孤及、韩云卿、韩会、李纾、柳识……后至执政显

①　［宋］李昉：《文苑英华》卷七〇二，第 3619 页。
②　［宋］李昉：《文苑英华》卷九七二，第 5115 页。
③　［清］董诰：《全唐文》卷四〇九，第 1857 页。
④　［宋］李昉：《文苑英华》卷九八二，第 5166—5167 页。
⑤　［宋］李昉：《文苑英华》卷七〇二，第 3619 页。
⑥　［宋］欧阳修、宋祁：《新唐书》卷一九四，第 5564—5565 页。
⑦　［宋］李昉：《文苑英华》卷七四四，第 3887 页。
⑧　［后晋］刘昫：《旧唐书》卷一四八，第 4002 页。［宋］欧阳修、宋祁：《新唐书》卷一九四，第 5567 页。

官。"①高参,建中年间任中书舍人,两《唐书》无传,从梁肃《独孤及行状》来看,高参为独孤及门人:"若艺文之士遭公发扬盛名,比肩于朝廷,则有故中书舍人吴郡朱巨川、中书舍人渤海高参……其章章者也。"②可见李华文集的三位作序者与他本人交游密切,这也符合中唐时期文集序撰写的普遍状况,即由亲属或门生整理文集,请当时交游圈中的名家来撰写序文,如独孤及《毗陵集》便是门生梁肃所编并撰写《后序》。

墓志撰写者考察

权葬志撰写者刘迺,《旧唐书》卷一五三有传:"刘迺,字永夷,洺州广平人。"③《太平御览》卷五九三引《唐书》曰:"刘迺,字冰夷,为司门员外。"④关于刘迺的字,因"冰""永"二字形近,不同文献记载存在出入。《李华墓志》中刘迺多次以字自称:"冰夷从掇其遗事……刘冰夷闻之出涕……告哀于冰夷……以冰夷词朴且近,俾铭诸旒旐,冰夷执简忸怩,愧文之辱",可知刘迺,字冰夷,《太平御览》记载不误。从墓志可以看出,刘迺为李华撰志是因二人的"文友"之谊。翻检传世文献,可推测二人的交往与刘晏颇有关联。李华《卧疾舟中相里范二侍御先行赠别序》:"先时为伊阙尉,忝相公尚书约子孙之契。不幸孤负所知,亏顿受污,流落江湖,于今六年。……天下衣冠谓华为相府故人,诏书屡下,促华赴职。"⑤此处"相公尚书"当指刘晏。李华在安史之乱后再次被征召,与刘晏提携亦颇有关系。而据《旧唐书·刘迺传》,刘迺大历年间亦曾见用于刘晏,且深得刘晏赞赏和信任:"转运使刘晏奏令巡覆江西,多所蠲免。改殿中侍御史、检校仓部员外、民部郎中,并充浙西留后。佐晏征赋,颇有裨益,晏甚任之。"⑥刘迺撰李华墓志时署"检校仓部员外郎兼侍御史刘迺述",知其任

① [宋]欧阳修、宋祁:《新唐书》卷二〇三,第5776页。
② [宋]李昉:《文苑英华》卷九七二,第5117页。
③ [后晋]刘昫:《旧唐书》卷一五三,第4083页。
④ [宋]李昉:《太平御览》卷五九三,第2671页。
⑤ [宋]李昉:《文苑英华》卷七三四,第3823页。
⑥ [后晋]刘昫:《旧唐书》卷一五三,第4084页。

殿中侍御史、检校仓部员外时间约在大历九年（774）前后。关于刘迺的文学创作，《旧唐书》本传云："迺少聪颖志学，暗记《六经》，日数千言。及长，文章清雅，为当时推重。"①《全唐文》存其《册郭子仪尚父文》《与宋昱论铨事书》二文，《李华墓志》为刘迺佚文。从墓志撰写来看，作者在简练的篇幅、严谨的结构中融入了生动的叙事乃至对话内容，相比一般唐人墓志更具艺术特色，可见刘迺作文水平之一斑。

合葬志撰写者薛放，《旧唐书》卷一五五、《新唐书》卷一六四有传②，与其兄薛戎俱有才名，穆宗为太子时，任侍读，深得穆宗信任。据墓志记载，薛放作此墓志乃是受其"外姑"即岳母范阳卢氏所托，则薛放之妻为李华孙女，由此可见李氏、卢氏、薛氏家族的姻亲关系。墓志题署"正议大夫、尚书兵部侍郎充集殿学士"，知其长庆二年（822）前后在兵部侍郎任。

李华夫人范阳卢氏权葬墓志，一并出土，惜未得见，据合葬志所言，为王仲周撰写。王仲周，两《唐书》无传。《原武县令京兆王公墓志铭并序》："祖讳仲周，进士及第，任利、明、台三州刺史，国子祭酒，□□州刺史。"③《旧唐书·王徽传》记载王仲周祖父为王易从，易从与弟择从，从弟明从、言从皆以进士擢第，开元年间三至凤阁舍人，时号"凤阁王家"。④ 权德舆《故太子右庶子集贤院学士赠左散骑常侍王公神道碑》亦载："长子逢以进士宏词甲科……幼子仲周亦以进士甲科。"⑤知其出身科举世家"凤阁王家"，以进士甲科登第，文学才能非同一般。王仲周的作品，现存十三篇，主要以奏状、表为主。近年来新出土的墓志中，有《李象古墓志铭》⑥《王绾墓志》⑦，皆署王仲周撰。王周仲与当时文人士大夫颇有交游，武元衡有《夏日寄陆三达陆四逢并王廿八仲周》诗，知王仲周排行二十八。又岑

① ［后晋］刘昫：《旧唐书》卷一五三，第 4083 页。
② ［后晋］刘昫：《旧唐书》卷一五五，第 4126—4127 页。欧阳修、宋祁：《新唐书》卷一六四，第 5047—5048 页。
③ 陈尚君：《全唐文补编》卷一〇〇，第 1244 页。
④ ［后晋］刘昫：《旧唐书》卷一七八，第 4639 页。
⑤ ［宋］李昉：《文苑英华》卷八九四，第 4705 页。
⑥ 周绍良主编：《唐代墓志汇编》长庆〇〇五，第 2061 页。
⑦ 吴钢主编：《全唐文补遗·千唐志斋新藏专辑》，第 280 页。

仲勉《唐人行第录》："王十八仲周……武元衡《酬王十八见招》,又《闻王仲周所居牡丹花发因戏赠》,两诗相应,当即其人。"①诗题"王十八"或为"王二十八"之误,盖即王仲周。

综上,新见的李华墓志为我们明确长久以来争议不断的李华生卒年,订正传世文献对于李华家族世系和婚姻状况的记载,补充李华交游关系和生平事迹,尤其是安史之乱中的表现以及晚年的徙居经历提供了新材料。李华作为唐代著名古文家,其作品大多散佚,今见《李遐叔文集》四卷为后人取《文苑英华》《唐文粹》所载李华诗文编纂而成,讹误甚多,通过李华墓志,可以明确其文集在当时的最终定型状态,这对于重新认识和整理李华文集也有一定的意义和价值。

二、李昂墓志

墓志释文

唐故检校仓部员外郎赵郡李府君墓志铭 并叙

朝议郎守仓部郎中赵骅撰

维唐大历十三年秋七月己巳,吾友李公殁,享龄七十有三。以明年秋八月甲寅安神于阙塞之西原,祔于先茔,从兆顺也。尝闻诸夫子曰:君子必得其位,必得其禄,必得其名,必得其寿。呜呼!李公位不过尚书郎,禄不过下大夫,有令名而无遐寿,圣人之言,蒙窃惑焉,洛中贤士伤者多矣。公讳昂,字季江,赵郡赞皇人,族冠北州,系分东卷,重轩累冕,百代可知。曾祖思谅,皇朝仓部郎中。祖敬忠,许王府参军。烈考崃,都水使者。传序及公,世有纯德。公少好学,无常师,十四经明升第,廿文显当时。其述作有《大雅》之风格,本于简要,不尚浮华,前达文宗。有若太子詹事齐公澣、北海太守李公邕深所赏异。起家补青州北海主簿,历汴州尉氏、河南

---

① 岑仲勉:《唐人行第录(外三种)》,中华书局 2004 年版,第 15 页。

府温县尉。陈留太守韦公镇抚百城也，命为支使。御史中丞卢公准绳东台也，请为判官。素难其人，皆不失举。兼云南之占募，都内之出纳，悉以委焉。天宝中执宪者多由此进。公峻节端操，群公每虚位以待之。属边将构逆，兵入洛阳，乃与族父收携手逃难，窜伏山谷，寻逢贼骑，竟陷虏庭。皇运中兴，贬虔州南康尉。于时天子欲行富国之术，且听用人之计，有荐公者，所在征还。复于河阴，专领邦赋。元帅太尉李公之专征也，士马数万，屯于孟津。资三军之馈粮，在一夕之漕运。骈舻接轴，趋涨凌涛。乱宵征以趣程，济晨炊之绝食。克期而至，实赖于公。公尚忧寇难，不乐吏职，遂解印绶，南适勾吴。浙江西观察使表公为苏州司马，以疾辞。转徙瓯越，浙江东观察使又表公为越州司马，谢病如初。归还故里，迁秘书丞，转著作郎。公曰："兰台石渠，是吾志也。"河南尹兼御史大夫张公保厘成周，引为宾佐，拜检校仓部员外郎。不以职事烦公，期于坐镇雅俗。后罢职屏居，卜于城隅，引流植果，用于舍下。常以经籍自娱，名教为乐。行和之暇，逍遥于门，非同志不相往来，见同声不隔前后。行危体正，怀道居贞，于名利澹如也。朝廷公卿以公旧望，宜在华省，屡荐于三事，时宰亦深纳之，然卒不见招。所谓戢鸳鸾使不飞，却骐骥使不御，此冯唐、贾谊之所叹息。文集殆卅余卷。永惟锐思研精，含毫吮墨，未尝暂废，以至于终。有子二人：长曰胄，河南府司录；幼曰伸，和州录事参军。并文擅甲科，孝极至性，其有后乎。呜呼！李公为不亡矣。其铭曰：

雍雍鸣凤，宜巢阿阁，以瑞吾君，曷栖林麓。郁郁乔松，宜构云台，见遗匠石，顿于岩隈。于惟我公，文实斯在，上凌九霄，横绝四海。道丧贤隐，退居园庐，刘桢卧病，杨雄著书。适来时也，适去顺也，非子之悲，谁当悲者。阙塞中断，伊川北流，埋魂此地，万古行楸。

子婿宣义郎前行河南府永宁县主簿韦翱书。

（以下文字刻于志盖左刹）

员外嗣子胄，服阕，授检校工部员外郎兼殿中侍御史，累迁户部员外、膳部郎中。次子伸，服阕，敕摄河南府陆浑县尉，又迁试大理评事。越以贞元五年岁次己巳十一月己亥朔十一日己酉，嗣子胄等奉员外之槥，迁于龙门西山中梁原，以夫人京兆韦氏祔焉，礼也。余具前志，以时日之故，不获重刊。

外孙□□□。

《李昂墓志》，李昂(706—778)，字季江，赵郡赞皇。官至仓部员外郎。大历十三年(778)七月己巳卒，享年七十三，十四年(779)八月甲寅葬，贞元五年(789)十一月十一日迁葬。墓志长58厘米、宽57厘米。志文31行，满行32字。正书。首题“唐故检校仓部员外郎赵郡李府君墓志铭并叙”，盖题“大唐故李府君墓志铭”，题署“朝议郎守仓部郎中赵骅撰”，末署“子婿宣义郎前行河南府永宁县主簿韦翻书”。墓志右刹志文为迁葬时补刻，正书。拓片图版，载于《洛阳新获七朝墓志》，第282页；《洛阳出土鸳鸯志辑录》，第143页。释文载于牛红广《唐李昂夫妻墓志考略》，《沧桑》2014年第2期，第51—54页。图版与释文载于徐俊《敦煌唐诗写本仓部李昂续考》，《庆贺饶宗颐先生95华诞敦煌学国际学术研讨会论文集》，中华书局2012年版，第691—693页。收入徐俊《鸣沙习学集》，中华书局2016年版，第308—310页。李昂夫人韦氏墓志亦同时出土。唐朝诗人李昂有二：一为仓部员外郎李昂，即本志志主，其诗敦煌遗书中留存有《驯鸽篇》和《塞上听弹胡笳作并序》的残篇；一为考功员外郎，其活动年代在盛唐时期，年辈早于仓部员外郎，其诗载于《全唐诗》卷一二〇，第1208页。

陈尚君补正《唐才子传校笺》卷一《李昂传》云：“今检《塞上听弹胡笳作序》云……前考李昂开元二十四年为考功员外郎，二十七年前为吏部郎中，岂至于十年以后，以六十之年，忝充监粜判官，远赴赤水军，且如此恭敬地‘谒诣’‘尚书郎苏公’，其作者为另一人，至为明白。今按此序及《训鸽篇》作者既为李昂，应即与考功李昂同时而年辈稍迟之仓部李昂。其生平可考者有：赵郡人，祖许王府参军李敬中，父都水使者李暕。大历三年(768)任著作郎，作《李邕墓志》。官至仓部员外郎。以文章家法为世祖尚。事见《新唐书·宰相世系表》及《千唐志斋藏志》收大历三年《李邕墓志》，《唐代墓志汇编》收元和九年《李方乂墓志》。”①是把同名之“李昂”厘清。陈氏还有《唐诗人李昂、綦毋潜、王仁裕生平补考》②，对于李昂有关史料又加考订，为我们提供了分辨不同李昂的线索。

---

① 傅璇琮主编：《唐才子传校笺》第5册，第30页。

② 陈尚君：《唐诗人李昂、綦毋潜、王仁裕生平补考》，《铁道师院学报》1993年第4期，第39—42页。

墓 志 疏 证

维唐大历十三年秋七月己巳,吾友李公殁,享龄七十有三。以明年秋八月甲寅安神于阙塞之西原,祔于先茔,从兆顺也。

徐俊《敦煌唐诗写本仓部李昂续考》(以下简称《续考》):"《李志》云'唐大历十三年(778)秋七月己巳,吾友李公殁,享龄七十有三',《韦志》云李昂'以大历十二年七月廿六日厌家,享龄七十三',二者相差一年,又七月己巳为二十五日,与《韦志》所记'七月廿六日'也相隔一天。《韦志》撰写时间上距李昂卒年历时已久,当以《李志》为是。由此推算,李昂生于唐中宗神龙二年(706)。"①

公讳昂,字季江,赵郡赞皇人,族冠北州,系分东卷,重轩累冕,百代可知。

李昂孙《李方乂墓志》:"文静公生豫州刺史讳希礼,与邢邵等议定礼律。豫州生北齐黄门侍郎、隋上仪同三司讳孝贞,黄门生赠散骑常侍讳来王,常侍生仓部郎中讳思谅。"②

曾祖思谅,皇朝仓部郎中。

《李昂夫人韦氏墓志》:"公讳昂,尚书仓部郎中思谅之曾孙。"③李昂弟《李震墓志》:"曾祖思谅,皇仓部郎中。"④李昂孙《李方乂墓志》:"常侍生仓部郎中讳思谅。"⑤

祖敬忠,许王府参军。

《李昂夫人韦氏墓志》:"公讳昂,尚书仓部郎中思谅之曾孙,许王府参军敬忠之孙。"⑥李昂弟《李震墓志》:"祖敬忠,许王府参军。"⑦李昂孙《李

---

① 徐俊:《敦煌唐诗写本仓部李昂续考》,《庆贺饶宗颐先生 95 华诞敦煌学国际学术研讨会论文集》,中华书局 2012 年版,第 687 页。
② 周绍良主编:《唐代墓志汇编》元和〇七九,第 2003 页。
③ 赵君平、赵文成:《秦晋豫新出墓志搜佚续编》,第 933 页。
④ 吴钢主编:《全唐文补遗》第 8 辑,第 70 页。
⑤ 周绍良主编:《唐代墓志汇编》元和〇七九,第 2003 页。
⑥ 赵君平、赵文成:《秦晋豫新出墓志搜佚续编》,第 933 页。
⑦ 吴钢主编:《全唐文补遗》第 8 辑,第 70 页。

方义墓志》："郎中生许王府参军讳敬中。"①

烈考暕，都水使者。

《李昂夫人韦氏墓志》："公讳昂，尚书仓部郎中思谅之曾孙，许王府参军敬忠之孙，正议大夫、都水使者暕之子。"②李昂弟《李震墓志》："父暕，同州司马、都水使者。"③李昂孙《李方义墓志》："参军生都水使者讳暕，都水生仓部员外郎讳昂，即公之大父也。"④李昂孙《李群墓志》："曾祖暕，同州刺史。"⑤李昂侄孙《李虞仲墓志》："曾祖暕，同州司马。"⑥

公少好学，无常师，十四经明升第，廿文显当时。其述作有《大雅》之风格，本于简要，不尚浮华，前达文宗。有若太子詹事齐公澣、北海太守李公邕深所赏异。起家补青州北海主簿，历汴州尉氏、河南府温县尉。

徐俊《续考》："志云'十四经明升第，廿文显当时'，知李昂十四岁明经及第，在玄宗开元七年(719)。徐松《登科记考》卷六著录开元七年是年有明经科，适相符。开元十九年(731)《贾季卿墓志》署'前乡贡进士李昂'，但《李志》无相关记载。二十岁(开元十三年，725)'文显当时'，志称'其述作有《大雅》之风格，本于简要，不尚浮华'，深得'前达文宗'太子詹事齐澣、北海太守李邕的赏识，'起家补青州北海主簿，历汴州尉氏、河南府温县尉'。齐澣、李邕，当时以文名为世所重，两《唐书》有传。据《旧唐书·齐澣传》，齐澣开元十二年(724)出为汴州刺史，次年离任。《旧唐书·李邕传》谓李邕'天宝初，为汲郡、北海二太守'，郁贤皓先生考为天宝四至六载(745—747)在任。李昂受齐澣、李邕赏拔，初官北海、汴州，应与二人有关。李邕卒于天宝六年(747)，大历三年(768)十一月与夫人温氏合葬于洛阳，李昂时在东都任著作郎，为撰墓志。"⑦

---

① 周绍良主编：《唐代墓志汇编》元和〇七九，第 2003 页。
② 赵君平、赵文成：《秦晋豫新出墓志搜佚续编》，第 933 页。
③ 吴钢主编：《全唐文补遗》第 8 辑，第 70 页。
④ 周绍良主编：《唐代墓志汇编》元和〇七九，第 2003 页。
⑤ 周绍良主编：《唐代墓志汇编续集》宝历〇〇八，第 875 页。
⑥ 赵君平、赵文成：《秦晋豫新出墓志搜佚续编》，第 1159 页。
⑦ 徐俊：《敦煌唐诗写本仓部李昂续考》，《庆贺饶宗颐先生 95 华诞敦煌学国际学术研讨会论文集》，第 687—688 页。

陈留太守韦公镇抚百城也，命为支使。御史中丞卢公准绳东台也，请为判官。

徐俊《续考》："考'陈留太守韦公'应为韦恒，《旧唐书·韦恒传》云：'恒，开元初为砀山令。为政宽惠，人吏爱之。会车驾东巡，县当供帐，时山东州县皆惧不办，务于鞭扑，恒独不杖罚而事皆济理，远近称焉。御史中丞宇文融，即恒之姑子也，尝密荐恒有经济之才，请以己之官秩回授，乃擢拜殿中侍御史。历度支左司等员外、太常少卿、给事中。（开元）二十九年（741），为陇右道河西黜陟使。恒至河西时，节度使盖嘉运恃托中贵，公为非法，兼伪叙功劳，恒抗表请劾之，人代其惧。因出为陈留太守，未行而卒，时人甚伤惜之。'郁贤皓先生考韦恒为陈留太守事约在天宝二年（743），未之任。墓志以韦恒终官指称，非谓李昂被'命为支使'事在韦恒陈留太守任上。又考'御史中丞卢公'应为卢奕，《旧唐书·卢杞传》云：'卢杞字子良……父奕，天宝末为东台御史中丞，洛城为安禄山所陷，奕守司而遇害。'东台指东都御史台。墓志所记韦、卢二公，与韦恒、卢奕的任职及时间均吻合，李昂在开元末至天宝年间，任支使和判官。"[1]牛红广《考略》："后'陈留太守韦公镇抚百城也，命为支使'，《新唐书》卷七四上《宰相世系四上》记韦嗣立子恒官陈留太守。韦恒，两《唐书》有传，开元初为砀山令，擢殿中侍御史，累转给事中。开元二十九年（741），韦恒为陇右道河西黜陟使，'时河西节度使盖嘉运恃左右援，横恣不法，妄列功状，恒劾奏之，人代其恐，出为陈留太守，卒'。李昂《塞上听弹胡笳作序》：'天子命我柱史韦公，括□□□，监统投籴。韦公谓我不忝，奏充判官。天宝七载十有一月，次于赤水军，将计□□。'柱史是'柱下史'的省称，但也用来代指御史。严维《剡中赠张卿侍御》诗：'早列月卿位，新参柱史班。'赤水军在甘肃武威城内。陈留太守韦公应是韦恒，天宝初年为陇右道河西黜陟使，李昂其属下任支使。志又云'御史中丞卢公准绳东台也，请为判官'。东台是东都御史台之省称。高宗、武则天以及玄宗初年经常留居东

---

① 徐俊：《敦煌唐诗写本仓部李昂续考》，《庆贺饶宗颐先生 95 华诞敦煌学国际学术研讨会论文集》，第 688 页。

都,长安百司均随皇帝东迁。玄宗及其后诸帝定居长安,百司亦随之迁回,御史台在东都只保留御史若干名,以御史中丞一人为主官,成为御史台在东都的分司机构,称为留台。天宝十一年(752),卢奕'为御史中丞。始怀慎及奂并为中丞,父子三继,清节不易,时人美之。奂留台东都,又分知东都武部选事'。李昂以才高被中丞卢奕选为东都御史台判官。"①

素难其人,皆不失举。兼云南之占募,都内之出纳,悉以委焉。天宝中执宪者多由此进。公峻节端操,群公每虚位以待之。

徐俊《续考》:"《李志》谓李昂在此期间'素难其人,皆不失举。兼云南之占募,都内之出纳,悉以委焉',伯二五六七、伯二五五二唐诗丛钞李昂《塞上听弹胡笳作并序》即写作于这一时段的天宝七载(748)十一月,序云:'□□□□达两蕃,常顿兵十万,裹粮坐甲,无粟不守。故天子命我柱史韦公,括□□□,监统收籴。韦公谓我不忝,奏充判官。天宝七载十有一月,次于赤水军,将计□□。时有若尚书郎苏公,专交兵使,处于别馆,是日也,余因从韦公相与谒诣,既尽筹画,且开樽俎。客有尹侯者,高冠长剑,尤善鼓琴。因接(按)弦奏《胡笳》之曲,摧藏哀抑,闻之忘味。''柱史'用周柱下史之典,唐人多用之称侍郎或侍御史。'柱史韦公'疑或指韦陟,《旧唐书》卷九二、《新唐书》卷一二二本传载韦陟任礼部侍郎事,《册府元龟》卷四五八、卷四七八载韦陟天宝初任吏部侍郎事。受天子之命负责'括□□□,监统收籴'的人或是韦陟,但因缺乏直接史料,尚不能确定。"②

属边将构逆,兵入洛阳,乃与族父收携手逃难,窜伏山谷,寻逢贼骑,竟陷虏庭。

徐俊《续考》:"《李志》云:'属边将构逆,兵入洛阳,乃与族父收携手逃难,窜伏山谷,寻逢贼骑,竟陷虏庭。'此指安史之乱,天宝十四载(755)十二月十二日,安禄山攻入洛阳。李昂与族父李收一同落入叛军之手。《李收墓志》于2002年11月出土,墓志记李收曾两次被俘:前一次,'剧贼炽

---

① 牛红广:《唐李昂夫妻墓志考略》,《沧桑》2014年第2期,第52—53页。
② 徐俊:《敦煌唐诗写本仓部李昂续考》,《庆贺饶宗颐先生95华诞敦煌学国际学术研讨会论文集》,第688—689页。

威，劫公从政，乃折臂自勉，奉身获归'；后一次，'属北胡嗣凶，东夏仍覆。公默明毁色，伏莽匿端。逆徒大搜，祸机潜及，伪书累至，假病自辞。与致贼庭，胁临兵刃……神实保持，虏亦宽纵。国朝重嘉大节，超拜司勋郎中，连授右司、考功、兵部'。后又迁谏议大夫，出为泽州刺史。《文苑英华》卷三八一常衮《授李收谏议大夫制》谓'中散大夫前行尚书兵部郎中赞皇县开国男李收，敏而好学，文以彰之，清澹寡欲，不以得丧千虑，往属时难，保兹艰贞，事君之节，足以存劝'，可略见其行实。"①

皇运中兴，贬虔州南康尉。于时天子欲行富国之术，且听用人之计，有荐公者，所在征还。复于河阴，专领邦赋。

徐俊《续考》："'皇运中兴''天子欲行富国之术'，当指肃宗即位（至德元年，756），李昂先遭贬虔州南康尉，后以荐征还，于河阴县领邦赋，负责地方税务。"②牛红广《考略》："天宝十四年（755），安禄山攻陷东都洛阳，卢奕在台独居，与东京留守李憕、河南访使判官蒋清一同被害。而李昂则与其族父李收窜逃山谷，并被叛军所擒，李昂也因此后来被贬至江南虔州任南康县尉。"③

元帅太尉李公之专征也。士马数万，屯于孟津。资三军之馈粮，在一夕之漕运。骈轳接轴，赵涨凌涛。乱宵征以趣程，济晨炊之绝食。克期而至，实赖于公。

徐俊《续考》："天宝七载（748），李昂远赴赤水军，此时任赤水平军使的是李光弼，即《李志》所记乾元二年（759）'元帅太尉李公之专征也。士马数万，屯于孟津'的李公。《旧唐书·李光弼传》云：'天宝初，累迁左清道率兼安北都护府、朔方都虞候。五载（746），河西节度王忠嗣补为兵马使，充赤水军使。'《资治通鉴》卷二一五唐玄宗天宝六载（747）下记云：'（十月）河西、陇右节度使王忠嗣以部将哥舒翰为大斗军副使，李光弼为

---

① 徐俊：《敦煌唐诗写本仓部李昂续考》，《庆贺饶宗颐先生95华诞敦煌学国际学术研讨会论文集》，第689页。
② 徐俊：《敦煌唐诗写本仓部李昂续考》，《庆贺饶宗颐先生95华诞敦煌学国际学术研讨会论文集》，第689页。
③ 牛红广：《唐李昂夫妻墓志考略》，《沧桑》2014年第2期，第53页。

河西兵马使,充赤水军使。'"①"考'元帅太尉李公'当为李光弼,李光弼于天宝十五载(756)由郭子仪荐为河东节度副使,乾元二年(759)七月,任天下兵马副元帅,为平定安史之乱的重要将领之一。《册府元龟》卷三五八记李光弼弃洛阳力保孟津事云:'安禄山,郝廷玉为太尉李光弼帐中爱将。乾元中,史思明再陷洛阳,光弼拔东都之师保河阳。时三城壁垒不完,刍粮不支旬日,贼将安太清等率军数万,四面急攻。光弼惧贼势西犯河潼,极力保孟津以掎其后,昼夜婴城,血战不解,将士夷伤。'据《旧唐书·肃宗纪》,李光弼守河阳事在乾元二年(759)九月。李昂素有'经济之才'(《旧唐书·韦恒传》),历年从事邦赋占募,为解决此役的粮草供给立有大功。"②牛红广《考略》:"肃宗乾元年间,天下兵马副元帅、太尉兼中书令李光弼对峙叛军史思明,时当用人际,李昂应征北还。上元二年(761),朝廷强令收复洛阳,李光弼不得已率五万河阳之军与叛军战于北邙,李昂应在这次北邙之战中负责兵马粮草。兵败后李昂'尚忧寇难',南适勾吴、转徙瓯越,这期间浙江观察使李峘、浙江东观察使薛兼训皆欲征辟李昂,其均以疾辞。"③

公尚忧寇难,不乐吏职,遂解印绶,南适勾吴。浙江西观察使表公为苏州司马,以疾辞。转徙瓯越,浙江东观察使又表公为越州司马,谢病如初。归还故里,迁秘书丞,转著作郎。公曰:"兰台石渠,是吾志也。"

徐俊《续考》:"案李昂大历三年(768)十一月撰《李邕墓志》,署'族子著作郎昂撰',知李昂至迟在大历三年(768)十一月之前,曾南游吴越,两辞表荐,北归故里,初迁秘书丞,转著作郎。"④牛红广《考略》:"安史之乱平定后,李昂自吴越之地'归还故里,迁秘书丞,转著作郎'。"⑤

---

① 徐俊:《敦煌唐诗写本仓部李昂续考》,《庆贺饶宗颐先生 95 华诞敦煌学国际学术研讨会论文集》,第 689 页。
② 徐俊:《敦煌唐诗写本仓部李昂续考》,《庆贺饶宗颐先生 95 华诞敦煌学国际学术研讨会论文集》,第 690 页。
③ 牛红广:《唐李昂夫妻墓志考略》,《沧桑》2014 年第 2 期,第 53 页。
④ 徐俊:《敦煌唐诗写本仓部李昂续考》,《庆贺饶宗颐先生 95 华诞敦煌学国际学术研讨会论文集》,第 690 页。
⑤ 牛红广:《唐李昂夫妻墓志考略》,《沧桑》2014 年第 2 期,第 53 页。

河南尹兼御史大夫张公保厘成周，引为宾佐，拜检校仓部员外郎。不以职事烦公，期于坐镇雅俗。

徐俊《续考》："案'保厘成周'用《尚书·毕命》语，'成周'即洛阳。考'河南尹兼御史大夫张公'当为张延赏，据《旧唐书·代宗纪》：大历二年（767）七月，'以中书舍人张延赏检校河南尹'；五年（770）正月，'河南尹张延赏为御史大夫'；六年（771）五月，'以河南尹张延赏为御史大夫'。'检校仓部员外郎'为李昂最终任职，大历八年（773）十二月李昂撰《李震及夫人王氏合葬墓志》，署'检校仓部员外郎李昂'，时尚在其任。《韦志》记李昂终官云：'官至尚书仓部员外郎，倅东都居镇之务'。所谓'东都居镇'也是就河南尹张延赏而言。"①牛红广《考略》："又被'河南尹兼御史大夫张公保厘成周，引为宾佐，拜检校仓部员外郎'。河南尹兼御史大夫盖为张延赏，其人《旧唐书》有传，嘉贞子，本名宝符，玄宗赐名延赏，历事玄宗、肃宗、代宗三朝，仕至中书侍郎、同中书门下平章事。谥曰成肃。大历五年（770）正月'壬申，河南尹张延赏兼御史大夫，充东都留守'。自天宝末年始，东都留守判尚书省事，成为东都百司官署的最高长官，并以东都尚书省长官的身份主持东都铨选，看来李昂担任的应该是检校东都户部仓部员外郎。他在之前所担任的御史台判官、秘书丞与著作郎也都是东都分司官。"②

后罢职屏居，卜于城隅，引流植果，用于舍下。常以经籍自娱，名教为乐。行和之暇，逍遥于门，非同志不相往来，见同声不隔前后。行危体正，怀道居贞，于名利澹如也。朝廷公卿以公旧望，宜在华省，屡荐于三事，时宰亦深纳之，然卒不见招。所谓戢鸳鸾使不飞，却骐骥使不御，此冯唐、贾谊之所叹息。文集殆卅余卷。永惟锐思研精，含毫吮墨，未尝暂废，以至于终。

徐俊《续考》："据《李志》，李昂'后罢职屏居，卜于城隅，引流植果，□

---

① 徐俊：《敦煌唐诗写本仓部李昂续考》，《庆贺饶宗颐先生 95 华诞敦煌学国际学术研讨会论文集》，第 690 页。
② 牛红广：《唐李昂夫妻墓志考略》，《沧桑》2014 年第 2 期，第 53 页。

于舍下。常以经籍自娱,名教为乐。行和之暇,逍遥于门',李昂以文章名世,《李志》称'永惟锐思研精,含毫吮墨,未尝暂废,以至于终',有'文集殆卅余卷'。李虞仲撰《李方义墓志》称李昂'天宝中以文章家法为世祖尚',《韦志》就并世两李昂及各自的文学特征,有一段专门叙述:'时宗有执宪者,与公名同,彼则诗闻,我则笔著,当代不呼姓于台省,盛辩名于诗笔。'所谓与公同名之'执宪者',即考功员外郎李昂。六朝以降,诗、笔对言,笔指无韵之文。考功李昂以'诗闻',仓部李昂以'笔著',以至于当时台省之内不称二人姓氏,从他们的诗笔作品就能区分是谁了。"①牛红广《考略》:"李昂大历十三年(778)卒,享龄七十有三,推其生年则为神龙二年(706),撰文者赵骅虽未提及李昂卒于何处,但'洛中贤士伤者多矣'之语透露出李昂应卒于洛阳。李昂夫人京兆韦氏,出自官宦之家,韦氏墓志记其'烈祖德敏,皇考功郎中、太府少卿。烈考玢,皇给事中、尚书左丞,赠扬州都督。(夫人左君之季女。)皇御史大夫、扬州长史、淮南节度观察等使、赠户部尚书元甫,夫人仲兄也',皆青史有名。"②

有子二人:长曰胃,河南府司录;幼曰伸,和州录事参军。并文擅甲科,孝极至性,其有后乎。

徐俊《续考》:"综合《李志》《韦志》,李昂有二子五女,长曰胃,历官河南府司录、检校工部员外郎、兼殿中侍御史,累迁户部员外郎、膳部郎中。幼曰伸,和州录事参军,敕摄河南府陆浑县尉,又迁试大理评事。李胃见于《新唐书·宰相世系表》及《李志》《韦志》《李震及夫人王氏合葬墓志》,均作'胃'。《全唐诗》卷七八二存《王宣王庙古松》诗一首,误作'李胄',小传云:'胄,官户部员外郎。'又《全唐诗》卷一八九韦应物《赋得暮雨送李胄》,'李胄'当也是李胃之误。"③牛红广《考略》:"仓外赵郡李昂有二子:嗣子胃,《新表》作'胃',比部郎中,而《全唐诗》卷七八二、《全唐文》卷七一

① 徐俊:《敦煌唐诗写本仓部李昂续考》,《庆贺饶宗颐先生 95 华诞敦煌学国际学术研讨会论文集》,第 690—691 页。
② 牛红广:《唐李昂夫妻墓志考略》,《沧桑》2014 年第 2 期,第 53 页。
③ 徐俊:《敦煌唐诗写本仓部李昂续考》,《庆贺饶宗颐先生 95 华诞敦煌学国际学术研讨会论文集》,第 691 页。

六及《唐尚书省郎官石柱题名考》卷一二均作'胄'，李昂夫妇墓志、李方义墓志的出土可证传世文献所记李昂长子名'胄'，当因胄、胃形近致讹。据墓志，李胄历任河南府司录、授检校工部员外郎兼殿中侍御史，累迁户部员外、膳部郎中。李胄也以诗文见长，《全唐文》卷七一六存其《冰井赋》一篇，《全唐诗》卷七八二记《文宣王庙古松》诗一首。次子伸，未见于传世文献，墓志记其曾任和州录事参军、河南府陆浑县尉，迁试大理评事。"①按，李胄事迹与名字，胡秋妍有《唐代诗人李胄名字辨疑与事迹钩沉》云："《唐故检校仓部员外郎赵郡李府君（昂）墓志铭并叙》拓片：'有子二人：长曰胄，河南府司录；幼曰伸，和州录事参军。'志盖拓片左刹题记：'员外嗣子胄，服阕，授检校工部员外郎兼殿中侍御史，累迁户部员外、膳部郎中。'……《唐故仓部员外郎赵郡李公（昂）夫人京兆韦氏墓志铭并序》拓片：'赐胤九子，早世六人。胄，承训登尚书省膳部郎。'再据《隋唐五代墓志汇编》（北京大学卷）所载《李方义墓志》拓片：'刑部郎中讳胄，公之烈考也。'以上诸条石刻文献记述李昂之子均作'李胄'，并无异词，这是证实'李胄'是而'李胄'非的铁证，无庸置疑。千百年间传世文献的纷纭情况，可以通过出土文献彻底解决。传世文献中《新唐书·宰相世系表》记载李昂世系，有子'胄'；宋蜀刻本及《四部丛刊》本《欧阳行周文集》卷十有《鲁山令李胄三月三日宴僚吏序》，《全唐文》所载与《文集》相同。这些典籍均作'李胄'，与出土文献可以相互比证。"②文章还进一步考证应该作李胄，"胄"又与星宿对应的李胄赵郡郡望相应。

员外嗣子胄，服阕，授检校工部员外郎兼殿中侍御史，累迁户部员外、膳部郎中。次子伸，服阕，敕摄河南府陆浑县尉，又迁试大理评事。越以贞元五年岁次己巳十一月己亥朔十一日己酉，嗣子胄等奉员外之榇，迁于龙门西山中梁原，以夫人京兆韦氏祔焉，礼也。余具前志，以时日之故，不获重刊。

李胄仕历，胡秋妍《唐代诗人李胄名字辨疑与事迹钩沉》考证较为全

①　牛红广：《唐李昂夫妻墓志考略》，《沧桑》2014年第2期，第53页。
②　胡秋妍：《唐代诗人李胄名字辨疑与事迹钩沉》，《文学遗产》2019年第6期，第174页。

面,主要有:一是河南府司录。《李昂墓志》所载其子"长曰胃,河南府司录"。李昂大历十三年(778)卒,李胃是年在河南府司录任。二是户部员外郎、膳部郎中。《李昂墓志铭》志盖拓片左刹题记云:"员外嗣子胃,服阕,授检校工部员外郎兼殿中侍御史,累迁户部员外、膳部郎中。……越以贞元五年岁次己巳十一月己亥朔十一日己酉,嗣子胃等奉员外之榇迁于龙门西山中梁原,以夫人京兆韦氏祔焉,礼也。"李昂妻《韦氏墓志铭》拓片:"赐胤九子,早世六人。胃,承训登尚书省膳部郎。"在为膳部郎中前,又曾任户部员外郎。三是鲁山县令。《欧阳行周文集》卷一〇《鲁山令李胃三月三日宴僚吏序》:"贞元十二年暮春,月哉生明一日。则其日也,临汝鲁山令赵郡李胃恭国令宴于县南湋滨。"四是刑部郎中兼侍御史知杂事。《李方义墓志》:"仓部员外郎讳昂,即公之大夫也。天宝中以文章家法为祖尚。员外生刑部郎中讳胃,公之烈考也。"《李群墓志》:"曾祖暕,同州刺史;祖印,尚书仓部员外郎;考胄,尚书刑部郎中兼侍御史知□。君即刑部之第二子也。"这段墓志录文"祖印"应该是"祖昂"之形误,"考胄"应该是"考胃"之形误。①

李昂家族世系梳理

李昂属于赵郡李氏,其族系墓志亦出土十一方,今就此亦考订一下李昂世系。墓志的出土情况及文献来源,见《李昂族系出土墓志一览表》。

李昂族系出土墓志一览表

1	李　昂	唐故检校仓部员外郎赵郡李府君墓志铭并叙	洛阳出土鸳鸯志辑录,第143页	李邕族子
2	韦　氏	唐故仓部员外郎赵郡李公夫人京兆韦氏墓志铭并序	秦晋豫新出墓志搜佚续编,第933页	李昂妻
3	李　节	唐故资州司仓参军李君墓志铭并序	全唐文补遗,第八辑,第325页	李昂叔父

---

① 胡秋妍:《唐代诗人李胃名字辨疑与事迹钩沉》,《文学遗产》2019年第6期,第175页。

续　表

4	李震	唐故朝议郎行大理寺丞李公墓志铭并序	全唐文补遗，第八辑，第70页	李昂弟
5	李震妻	唐故大理丞赵郡府君夫人太原王氏合葬铭并序	全唐文补遗，第八辑，第77页	李昂弟媳
6	郑氏	故刑部郎中兼侍御史知杂事（李胄）夫人荥阳郑氏改葬志	新出唐墓志百种，第254页	李昂媳
7	李戎	唐故太常寺协律郎赵郡李公墓志铭并序	全唐文补遗·千唐志斋新藏专辑，第291页	李震子李昂侄
8	李方乂	唐故试秘书省秘书郎兼河中府宝鼎县令赵郡李府君墓志铭并序	唐代墓志汇编，第2003页	李昂孙
9	李群	唐故亳州司兵参军赵郡李府君墓志铭	唐代墓志汇编续集，第875页	李昂孙
10	李虞仲	唐故正议大夫守尚书吏部侍郎赞皇县开国男食邑三百户赐紫金鱼袋赠吏部尚书赵郡李公墓志铭并序	秦晋豫新出墓志搜佚续编，第1159页	李昂侄孙
11	李氏	大唐郑氏（枢）故赵郡东祖李氏夫人墓志铭并序	全唐文补遗·千唐志斋新藏专辑，第407页	李虞仲女

李昂族系出土墓志中多有关于世系的记载，我们根据这些记载，梳理其家族世系。

《李昂墓志》云：“公讳昂，字季江，赵郡赞皇人，族冠北州，系分东眷，重轩累冕，百代可知。曾祖思谅，皇朝仓部郎中。祖敬忠，许王府参军。烈考暕，都水使者。”又墓志左刹补记云：“员外嗣子胄，服阕，授检校工部员外郎兼殿中侍御史，累迁户部员外、膳部郎中。次子伸，服阕，敕摄河南府陆浑县尉，又迁试大理评事。”

《李昂妻韦氏墓志》记李昂事云：“公讳昂，尚书仓部郎中思谅之曾孙，许王府骠军敬忠之孙，正议大夫都水使者暕之子。……锡胤九子，早世六人。胄承训登尚书省膳部郎；伸承训拜廷尉府评事。”[①]

---

① 赵君平、赵文成：《秦晋豫新出墓志搜佚续编》，第933页。

《李震墓志》:"曾祖思谅,皇仓部郎中。祖敬忠,许王府参军。父暕,同州司马、都水使者。"①

《李震妻王氏墓志》:"有男子女子九人,克传门风。……而大人第二息珉求禄乌程,东征之故,自此始也。后长息端吏弋阳,次息韶吏扬子,珉又淮阴长。"②

《李戎墓志》其族弟李伸撰,志云:"先伯父震,玄宗朝大理丞。公即丞之季子。……男子三人,曰殷正、周师、秦佐。"③

《李方乂墓志》:"文静公生豫州刺史讳希礼,与邢邵等议定礼律。豫州生北齐黄门侍郎、隋上仪同三司讳孝贞,黄门生赠散骑常侍讳来王,常侍生仓部郎中讳思谅,郎中生许王府参军讳敬中,参军生都水使者讳暕,都水生仓部员外郎讳昂,即公之大父也。天宝中,以文章家法为世祖尚。员外生刑部郎中讳胄,公之烈考也。……男长曰珣,次曰璋,曰邵,曰鄂。"④

《李群墓志》:"曾祖暕,同州刺史;祖印,尚书仓部员外郎;考胄,尚书刑部郎中、兼侍御史、知□。君即刑部之第二子也。"⑤

《李虞仲墓志》:"曾祖暕,同州司马。祖震,大理丞,赠礼部郎中。父端,杭州司兵,累赠兵部侍郎。"⑥

《郑枢夫人李氏墓志》:"夫人曾祖讳震,皇大理寺丞,累赠尚书礼部郎中。……祖讳端,皇杭州司兵参军,累赠尚书兵部侍郎。……父讳虞仲,皇尚书吏部侍郎,赠吏部尚书。"⑦

《李节墓志》:"祖来王,字归道,上开府仪同三司、员外散骑侍郎。言喻白珪,操符丹石。父思谅,唐通事舍人。频使吐蕃,戎虏悦服。累迁鸿

---

① 吴钢主编:《全唐文补遗》第8辑,第70页。
② 吴钢主编:《全唐文补遗》第8辑,第77页。
③ 吴钢主编:《全唐文补遗·千唐志斋新藏专辑》,第291—292页。
④ 周绍良主编:《唐代墓志汇编》元和〇七九,第2003—2004页。
⑤ 周绍良主编:《唐代墓志汇编续集》宝历〇〇八,第875页。
⑥ 赵君平、赵文成:《秦晋豫新出墓志搜佚续编》,第1159页。
⑦ 吴钢主编:《全唐文补遗·千唐志斋新藏专辑》,第407页。

胪寺丞、职方祠部员外郎、仓部郎中。……有子皓等。"①

是李昂一系世系可列为下表：

李昂族系世系表

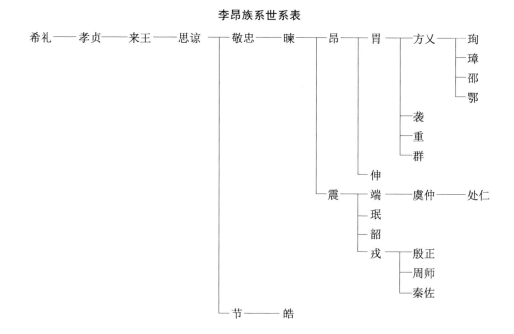

李昂与安史之乱

《李昂墓志》的重点是叙述李昂的政治生活和文学成就，其述及李昂安史之乱前后的经历云：

> 御史中丞卢公准绳东台也，请为判官。素难其人，皆不失举兼。云南之占募，都内之出纳，悉以委焉。天宝中执宪者多由此进。公峻节端操，群公每虚位以待之。属边将构逆，兵入洛阳，乃与族父收携手逃难，窜伏山谷，寻逢贼骑，竟陷虏庭。皇运中兴，贬虔州南康尉。于时天子欲行富国之术，且听用人之计，有荐公者，所在征还。复于河阴，专领邦赋。元帅太尉李公之专征也，士马数万，屯于孟津。资

---

① 吴钢主编：《全唐文补遗》第 8 辑，第 325 页。

三军之馈粮,在一夕之漕运。骈轳接轴,赵涨凌涛。乱宵征以趣程,
济晨炊之绝食。克期而至,实赖于公。公尚忧寇难,不乐吏职,遂解
印绶,南适勾吴。浙江西观察使表公为苏州司马,以疾辞。转徙瓯
越,浙江东观察使又表公为越州司马,谢病如初。

这里的"御史中丞卢公"是卢奕,天宝十一载,"为御史中丞。始怀慎
及奂并为中丞,父子三继,清节不易,时人美之。奂留台东都,又分知东都
武部选事"①。天宝十四载安禄山攻陷洛阳时,卢奕被害,李昂与族父李
收逃往山谷,为乱兵抓获,幽系于洛阳。其被陷洛阳事,新出土《李收墓
志》亦有所记载:"剧贼炽威,劫公从政,乃折臂自免,奉身获归。……避齐
兖佐戎之请,退居洛下。属北胡嗣凶,东夏仍覆。公默明毁色,伏莽匿端。
逆徒大搜,祸机潜及。伪书累至,假病自辞。舆至贼庭,胁临兵刃。洽暝
于一黉之内,誓死于万载之中。神实保持,虏亦宽纵。"②肃宗收复两京之
后,因其被判官所掳,贬为虔州南康尉。后来又随李光弼转运兵马粮草。
志中"元帅太尉李公"指李光弼,上元二年(675)保卫河阴之战,李昂因有
经济之才,故为光弼转运兵马粮草。而后则南适瓯越,罢职屏居,以文学
为事。

李昂家族文学

1. 李昂

李昂所撰《李邕墓志》,题署自称是李邕族侄。《李昂墓志》志称:"公
少好学,无常师,十四经明升第,廿文显当时。其述作有《大雅》之风格,本
于简要,不尚浮华,前达文宗。有若太子詹事齐公澣、北海太守李公邕深
所赏异。"是其年轻时因为文学优长,受到齐澣和李邕的赏异。墓志又云:
"后罢职屏居,卜于城隅,引流植果,用于舍下。常以经籍自娱,名教为乐。
行和之暇,逍遥于门,非同志不相往来,见同声不隔前后。行危体正,怀道

---

① 〔后晋〕刘昫:《旧唐书》卷一八七下,第 4894 页。
② 杨作龙、赵水森编著:《洛阳新出土墓志释录》,国家图书馆出版社 2004 年版,第 136 页。

居贞,于名利澹如也。朝廷公卿以公旧望,宜在华省,屡荐于三事,时宰亦深纳之,然卒不见招。所谓戢鸳鸾使不飞,却骐骥使不御,此冯唐、贾谊之所叹息。文集殆卅余卷。永惟锐思研精,含毫呮墨,未尝暂废,以至于终。"知其晚年罢职屏居,以读书撰述为乐,故留下文集三十余卷。

今敦煌诗卷伯二五五二《唐诗丛钞》收有李昂《驯鸽篇并序》,又有《塞上听弹胡笳作并序》,徐俊先生均考证为仓部员外郎李昂所作。①传世诗歌还有《题雍丘崔明府丹窖》《睢阳送韦参军还汾上》《从军行》《赋戚夫人楚舞歌》。其《塞上听弹胡笳作》所存残篇还记载自己从军时的经历,弥足珍贵,今录于下:"□□□□达两蕃,常顿兵十万,裹粮坐甲,无粟不守。故天子命我柱史韦公,括□□□,监统收籴。韦公谓我不忝,奏充判官。天宝七载十有一月,次于赤水军,将计□□。时有若尚书郎苏公,专交兵使,处于别馆,是日也,余因从韦公相与谒诣,既尽筹画,且开樽俎。客有尹侯者,高冠长剑,尤善鼓琴。因接(按)弦奏《胡笳》之曲,摧藏哀抑,闻之忘味。夫《胡笳》者首出蔡女,没于胡尘,泣胡霜而凄汉月,烦冤愁思之所作也,故有出塞入塞之声,清商清□之韵。其音苦,其调悲。况此地近胡(下缺)。"②

李昂当时以文章著名,新出土李昂夫人《唐故仓部员外郎赵郡李公夫人京兆韦氏墓志铭并序》记李昂事云:"官至尚书仓部员外郎,倅东都居镇之务。时宗有执宪者,与公名同,彼则诗闻,我则笔著,当代不呼姓于台省,盛辩名于诗笔。知名为才出,望由德白,名既过人,位不充量,亦犹物不两大耶。"③新出土李昂所撰墓志铭甚多,如《唐故处士贾公墓志文并序》,题署:"前乡贡进士李昂撰铭,前国子进士郑馥撰序。"④《唐故通议在夫守濮州刺史上柱国元氏县开国男赐金鱼袋李府君(粲)墓志铭并序》,题

---

① 见徐俊《敦煌唐诗写本仓部李昂续考》,《庆祝饶宗颐先生 95 华诞敦煌学国际研讨会论文集》,第 684—693 页。又参牛红广《唐李昂夫妻墓志考略》,《沧桑》2014 年第 2 期,第 51—54 页。
② 徐俊:《敦煌诗集残卷辑考》,中华书局 2000 年版,第 98 页。
③ 赵君平、赵文成:《秦晋豫新出墓志搜佚续编》,第 933 页。
④ 赵力光主编:《西安碑林博物新藏墓志汇编》,第 380 页。

署:"从侄著作郎昂撰。"①《唐故大理丞赵郡府君(李震)夫人太原王氏合葬铭并序》,题署:"检校仓部员外郎李昂撰。"②

2. 李端

新出土《李震墓志》和《李震夫人王氏墓志》是"大历十才子"李端父母的墓志。《李震墓志》全称为《唐故朝议郎行大理寺丞李公墓志铭并序》,题署:"光禄寺丞刘沛撰。"《王氏墓志》全称为《唐故大理丞赵郡府君夫人太原王氏合葬铭并序》,题署:"检校仓部员外郎李昂撰。"志云:"夫人王氏,余大嫂也。"是李端为李昂之侄,属于李邕的族侄孙辈。王氏墓志记载李端兄弟的情况说:"及中原盗贼,士多以江海为安,而夫人第二息珉求禄乌程,东征之故,自此始也。后长息端吏弋阳,次息韶吏扬子,珉又淮阴长。南浮北流,滞淹星岁。"③新出土《郑枢妻李氏墓志铭》:"夫人曾祖讳震,皇大理寺丞,累赠尚书礼部郎中。祖妣太原王氏,赠太原县太君。祖讳端,皇杭州司兵参军,累赠尚书兵部侍郎。祖妣太原王氏,赠太原县太君。父讳虞仲,皇尚书吏部侍郎,赠吏部尚书。"④《旧唐书·李虞仲传》:"李虞仲字见之,赵郡人。祖震,大理丞。父端,登进士第,工诗。大历中,与韩翃、钱起、卢纶等文咏唱和,驰名都下,号'大历十才子'"⑤作为"大历十才子"之一,李端的诗歌成就,前人论之颇多,本书不加赘述。

3. 李虞仲

李虞仲为李端之子,李昂侄孙。新出土《李虞仲墓志》:"公幼孤,依世父,勤学有立,长从乡赋,声振京洛中。故尝膺两都贡荐之首,擢进士第,举宏词,授弘文馆校书郎,改蓝田县尉。内史命公专择贡士,升奖咸当,近辅籍甚,奏监察御史,充潼关防御判官。"是其早年登进士,声名闻于近辅。

① 吴钢主编:《全唐文补遗》第8辑,第76页。
② 吴钢主编:《全唐文补遗》第8辑,第77页。
③ 吴钢主编:《全唐文补遗》第8辑,第77页。
④ 吴钢主编:《全唐文补遗·千唐志斋新藏专辑》,第407页。
⑤ [后晋]刘昫:《旧唐书》卷一六三,第4266页。

墓志又云："转司勋郎中。诏考制策，搜才果精，盛朝得人，不让晁郃。迁兵部郎中，寻知制诰，润色王度，辉焕人文，以能称官，复锡真袟。"①是其曾为制策考官，以考试选拔人才。迁兵部郎中后，又知制诰，以起草朝廷诏书文诰。这也可以从《册府元龟》卷六四四得到印证：宝历元年（825）三月辛未，"以中书舍人郑涵、吏部郎中李虞仲并充考制策官"②。

　　李虞仲是唐代诗人，《旧唐书·李虞仲传》："虞仲亦工诗。元和初，登进士第，又以制策登科，授弘文校书。从事荆南，入为太常博士，迁兵部员外、司勋郎中。宝历中，考制策甚精，转兵部郎中，知制诰，拜中书舍人。大和四年，出为华州刺史、兼御史大夫。入拜左散骑常侍，兼秘书监。八年，转尚书右丞。九年，为兵部侍郎，寻改吏部。……虞仲简澹寡欲，立性方雅，奕代文学，达而不矜，士友重之。"③而《全唐诗》仅存《初日照凤楼》诗一首："旭日烟云殿，朝阳烛帝居。断霞生峻宇，通阁丽晴虚。流彩连朱槛，腾辉照绮疏。曈昽晨景里，明灭晓光初。户牖仙山近，轩楹凤翼舒。还如王母过，遥度五云车。"④

　　李虞仲更长于作文，《新唐书·艺文志》著录"《李虞仲制集》四卷"。《全唐文》载有李虞仲《授学士王源中户部侍郎制》《授学士李让夷职主员外郎充职制》《授学士王源中等中书舍人制》《授学士路隋等中书舍人制》《授柏耆兵部郎中等制》《授王政雅等兵部郎中制》《授萧睦祠部员外郎制》《授李行修刑部员外郎制》《授张胜之比部员外郎制》等。有关李虞仲撰写制词之事，《南部新书》还记载了与李德裕贬谪相关的一件事："大中中，李太尉三贬至朱崖，时在两制者皆为拟制，用者乃令狐绹之词。李虞仲集中此制尤高，未知孰是。往往有俗传之制，云：'蛇用两头，狐摇九尾。鼻不正而身岂正，眼既斜而心亦斜。'此仇家谤也。"⑤说明李虞仲曾作贬谪李

————————————

①　赵君平、赵文成：《秦晋豫新出墓志搜佚续编》，第 1159 页。
②　［宋］王钦若：《册府元龟》卷六四四，第 7717—7718 页。
③　［后晋］刘昫：《旧唐书》卷一六三，第 4266—4267 页。
④　［清］彭定求：《全唐诗》卷四七九，第 5451 页。
⑤　［宋］钱易：《南部新书》卷丁，中华书局 2002 年，第 45 页。

德裕的制词,尽管这一制词可能是拟制①,但这则材料可说明了李虞仲撰制在当时具有较大的影响。

　　新出土文献还可见李虞仲撰文五篇:《李方乂墓志》,题署"再从弟京兆府兰田县尉武骑尉虞仲撰"②。《唐故昭义军节度巡官试太常寺协律郎赵郡李府君故夫人范阳卢氏墓志》,题署"侄荆南观察判官将仕郎监察御史里行武骑尉虞仲纂"③。《唐故太府少卿上护军赐绯鱼袋太原郭公墓志铭并序》,题署"朝议郎行太常博士上护军李虞仲撰"④。《唐京兆府仓曹太原郭公故夫人范阳卢氏墓志铭并序》,题署"崇文馆校书郎武骑尉李虞仲纂"⑤。《唐故检校司空兼太常卿赠司徒郭公墓志铭并序》,题署"正议大夫使持节华州诸军事守华州刺史兼御史中丞充潼关防御镇国军等使上柱国赞皇县开国男食邑三百户赐紫金鱼袋李虞仲撰"⑥。

　　李虞仲与著名诗人也有交往,杨巨源有《送李虞仲秀才归东都因寄元李二友》诗云:"高翼闲未倦,孤云旷无期。晴霞海西畔,秋草燕南时。邺中多上才,耿耿丹霞姿。顾我于逆旅,与君发光仪。同将儒者方,获忝携人知。幽兰与芳佩,寒玉锵美词。旧友在伊洛,鸣蝉思山陂。到来再春风,梦尽双琼枝。素业且无负,青冥殊未迟。南桥天气好,脉脉一相思。"⑦表现对于李虞仲的赞美、思念和期待。

① 参谢思炜《拟制考》,《文学遗产》2009年第1期。
② 周绍良主编:《唐代墓志汇编》元和〇七九,第2003页。
③ 吴钢主编:《全唐文补遗·千唐志斋新藏专辑》,第328页。
④ 西安市文物保护考古研究院:《唐太府少卿郭锜夫妇墓发掘简报》,《文博》2014年第2期,第13—14页。
⑤ 西安市文物保护考古研究院:《唐太府少卿郭锜夫妇墓发掘简报》,《文博》2014年第2期,第12页。
⑥ 郭钊墓志铭,题为《唐故检校司空兼太常卿赠司徒郭公墓志铭并序》,见于浙江大学图书馆古籍碑帖研究与保护中心收藏拓片,编号:ZUL-SX01-1-052。
⑦ [清]彭定求:《全唐诗》卷三三三,第3715页。

三、李幼卿墓志

墓志释文

唐中大夫检校太子右庶子兼滁州刺史扬州司马侍御史李公志铭 并序

尚书水部员外郎河东柳识述　第十侄前宣州参军襄书

大历十二年三月廿五日，公以痟疾终于官舍，时年五十。明年正月十四日，宅兆于京兆凤栖之原，从先茔，礼也。呜呼！逝川阅水，浮世阅人，人芳早凋，日昔伤叹。公讳幼卿，字长夫，陇西成纪人也。五代祖粲，后周和州刺史。高祖昂，随仓部侍郎。曾祖行匡，皇饶州司马。祖思惠，阆州录事参军、赠兵部郎中。父逵，河南府温县令、赠秘书少监。皆学行不替。公即少监第三子也。早孤，居贫自检。年十七，明经出身，立志修词，该览坟籍。天宝末，调补濮阳尉。值幽燕逆虏，兵犯瀍洛，其时河南汹汹，势似阃外。忽有铁甲数十骑宣逆命于濮上，乘危扇动，日享牛酒。公慨然愤激，以计诛之。客有尚衡，久论忠义，即日赞其才略，起领士卒，亦既闻奏，则其行事，机权合宜，远近向附，欲以城邑叛者，皆为受制之地。无何，有诏褒称，问其兵势，尚乃规画而言，公乃辞让而退。畀栖一命，奋此臣节，力遏鲸波，不惮虎口。所谓见危致命，仁者有勇，又让在其中也。自此后，诸道交辟，议及兵家，则曰本非所长，偶有往事。署盐官、奉化二邑令，迁歙州司马、长乐等五郡租庸判官，转吉州长史，知刺史事。乾元二年，自秘书郎授殿中侍御史、淄青节度判官。后兼江州长史、知州事。从殿中又权判信州，知衢、饶、信已来，水陆运潭州、婺州。既拜而改，因赐紫金鱼袋。广德二年，授饶州刺史。大历中，检校太子右庶子，兼领滁州本道副使。大历十一年，淮南节度使、御史大夫颍川陈公以公义高政著，奏兼扬州司马、侍御史、节度[行]军司马。鄱阳俗殷，法行而理；滁上人约，惠行而静；惟扬务繁，才剖多暇。皆因其宜也。公敦励士行，羁孤满室，与人交游，必侚投告。所至之邦,能使贫弱存活,奸豪敛迹。通方不失于简,善政不近于名,怀抱豁然,丈夫气概。所短者命也,悲夫! 有阳羡别墅,洞名玉溪,烟策未行,而泉扃遽闭。知其雅意,留恨此多。夫人范阳卢氏,主馈宜家,主丧合礼。长子劝,次子莒,毁皆过常。遗言令予撰述其志,伤恸直书。铭曰:

君自弱岁,其善日新。孝友承家,文学润身。时逢寇逆,野暗风尘。我奋义烈,河南气振。五佐使车,直言道申。六为郡政,俗异化均。怡悦林泉,唱和诗人。禄非独有,食必待宾。一言一笑,兴逸情真。不见玉溪,丹旐归秦。平生亲故,出涕沾巾。

《李幼卿墓志》,李幼卿(728—777),字长夫,陇西成纪人。官至检校太子右庶子兼滁州刺史扬州司马侍御史。大历十二年(777)三月二十五日卒,十三年(778)正月十四日,宅兆于京兆凤栖之原。墓志 1992 年 2 月出土于西安市长安区韦曲镇南里王村西南 7067 基地 103 厂 116 号厂房工地,现藏于陕西省考古研究院。墓志一合,志盖篆顶,长 74、宽 73、厚 12 厘米,盖文 3 行,满行 3 字,篆书;志长 72.5、宽 73、厚 13.5 厘米,志文 29 行,满行 29 字,正书。墓志拓片首次揭载于《新中国出土墓志》陕西肆,文物出版社 2021 年 10 月出版。墓志首题《唐中大夫检校太子右庶子兼滁州扬州司马侍御史李公志铭并序》,题署:“尚书水部员外郎河东柳识述,第十侄前宣州参军襄书。”王守芝、严寅春有《大历诗人李幼卿墓志考释》,载《滁州学院学报》2022 年第 3 期,第 1—6 页;胡可先有《〈唐李幼卿墓志〉及其相关问题谫论》,载《文学遗产》2023 年第 1 期,第 46—55 页。李幼卿是唐代安史之乱前后的重要诗人和散文家。现有《游烂柯山》诗等六首传世,他与当时文学家刘长卿、钱起、李华、萧颖士、独孤及等都有交游往还。

李幼卿与安史之乱

墓志云:“天宝末,调补濮阳尉。值幽燕逆虏,兵犯瀍洛,其时河南汹汹,势似阃外。忽有铁甲数十骑宣逆命于濮上,乘危扇动,日享牛酒。公慨然愤激,以计诛之。客有尚衡,久论忠义,即日赞其才略,起领士卒,亦既闻奏,则其行事,机权合宜,远近向附,欲以城邑叛者,皆为受制之地。

无何，有诏褒称，问其兵势，尚乃规画而言，公乃辞让而退。畀栖一命，奋
此臣节，力遏鲸波，不惮虎口。所谓见危致命，仁者有勇，又让在其中也。
自此后，诸道交辟，议及兵家，则曰本非所长，偶有往事。"这里描述了安史
之乱发生时李幼卿在濮阳时的行事。其时安史之乱爆发，濮上军士数十
人宣布叛变以投靠安禄山，李幼卿设计诛除之。当时的濮阳客尚衡，具有
坚定的忠义之心，即日称赞李幼卿的才略，并且率领士卒，诛除叛党，抵抗
安史之乱。濮阳之事闻奏于朝廷以后，得到朝廷认可，以为"机权合宜"，
故而远近向附，使得欲以城邑反叛者得到控制。这就是铭文所说的"时适
寇逆，野暗风尘。我奋义烈，河南气振"。这一行动得到了皇帝的诏书
褒奖。

　　墓志所记李幼卿与尚衡在安史之乱中的行事，与史籍相互印证，可以
揭示以李幼卿与尚衡为代表的唐代文士在安史之乱中的进身出处。尚
衡，新、旧《唐书》无传。《新唐书·玄宗纪》：天宝十四载(755)十二月，
"壬子，济南郡太守李随、单父尉贾贲、濮阳人尚衡以兵讨安禄山"①。《新
唐书·安禄山传》："会济南太守李随、单父尉贾贲、濮阳人尚衡、东平太守
嗣吴王祗、真源令张巡相继起兵，旬日众数万。"②均称尚衡为"濮阳人"。
《资治通鉴》记载：至德元载正月，"濮阳客尚衡起兵讨禄山，以郡人王栖
曜为衙前总管，攻拔济阴，杀禄山将邢超然"③。《旧唐书·王栖曜传》：
"天宝末，安禄山叛，尚衡起义兵讨之，以栖曜为牙将。"④又《资治通鉴》卷
二一九：至德二载(757)八月，"灵昌太守许叔冀为贼所围，救兵不至，拔
众奔彭城。……是时，许叔冀在谯郡，尚衡在彭城，贺兰进明在临淮，皆拥
兵不救"⑤。直接称"尚衡"而未言身份。又《资治通鉴》卷二二二：上元二
年(761)四月，"乙亥，青密节度使尚衡破史朝义兵，斩首五千余级"⑥。

①　[宋]欧阳修、宋祁：《新唐书》卷五，第151页。
②　[宋]欧阳修、宋祁：《新唐书》卷二二五上，第6418页。
③　[宋]司马光：《资治通鉴》卷二一七，第6951页。
④　[后晋]刘昫：《旧唐书》卷一五二，第4068页。
⑤　[宋]司马光：《资治通鉴》卷二一九，第7029页。
⑥　[宋]司马光：《资治通鉴》卷二二二，第7113页。

《旧唐书·肃宗纪》：乾元二年（759）三月辛卯，"以郓州刺史尚衡为徐州刺史，充亳、颍等州节度使"①。四月甲辰，"以徐州刺史尚衡为青州刺史，充青、淄、密、登、莱、沂、海等州节度使"②。《唐代墓志汇编》贞元〇七〇《唐故鸿胪少卿贬明州司马北平阳府君（济）墓志铭并序》："故御史大夫尚衡，仰公硕量，辟佑其幕焉。筹画必中，谋无遗策。……公以徐方许蔡当天下之咽喉，控江淮之转输，表请名将匪忠勿居。"③所言尚衡身份为"青密节度使""郓州节度使""徐州刺史""御史大夫"等。比较李幼卿墓志中"客有尚衡"，《资治通鉴》称"濮阳客尚衡"，《新唐书》纪、传都称"濮阳人尚衡"，参考安史之乱初发生时起兵者李随、贾贲、李祗、张巡等人都称官名，推知尚衡天宝末安史之乱初起时尚未任官，故被他人称"客"。遇安禄山起兵侵犯濮阳，故与李幼卿起兵讨伐，后来颇立战功，担任节度使，检校礼部尚书，兼御史大夫。只有唐昌生所撰《定命录》称"衡为濮阳丞，遇安禄山反，守节不受贼官"④，称"濮阳丞"，盖小说家言，难以遽信。安史之乱平定以后，尚衡又任职河右，见新出土《崔汉衡墓志》所记载"春官卿尚衡总戎河右，一见殊礼"⑤。安史之乱后事迹，李宗俊《法藏敦煌文书P.2942相关问题再考》和吴炯炯《和蕃使崔汉衡考——以新出土〈崔汉衡墓志〉为中心》⑥都有所考证，今不赘述。

值得重视的是，尚衡在安史之乱前的开元、天宝时期，也曾是一位古文家，现存《文道元龟》一篇。其《文道元龟并序》曰："天宝初，适于平阳。平阳太守稷山公，则衡之从考舅。雅好古道，门尚词客，当今文人，相与多矣。尝叹曰：'取士之道，才其难乎？或精文而薄于行，或敦行而浅于文，斯乃有失其道，一至于此。'顾衡曰：'吾尝谓尔知言，尔其言之。'衡私门以

① ［后晋］刘昫：《旧唐书》卷一〇，第255页。
② ［后晋］刘昫：《旧唐书》卷一〇，第256页。
③ 周绍良主编：《唐代墓志汇编》，第1887页。
④ ［宋］李昉：《太平广记》卷二二二，第1706页。
⑤ 毛阳光、余扶危：《洛阳流散唐代墓志汇编》，第470—471页。
⑥ 李宗俊：《法藏敦煌文书P.2942相关问题再考》，《敦煌研究》2014年第4期；吴炯炯：《和蕃使崔汉衡考——以新出土〈崔汉衡墓志〉为中心》，《中国藏学》2018年第2期。

文场而进五世,鄙虽不嗣,忝藉余训,敢著《元龟》,以叙其事。"①这篇文章具有重要的文学史意义,台湾学者罗联添评论说:"尚衡所论与萧、李、元结见解可谓大同小异,对中唐时代'文以贯道'理论的建立,当有引发之功。"②值得注意的是,萧颖士于天宝初"奉使括遗书赵、卫间,淹久不报,为有司劾免,留客濮阳。于是尹徵、王恒、卢异、卢士式、贾邕、赵匡、阎士和、柳并等皆执弟子礼,以次授业,号'萧夫子'"③。萧颖士的思想与文学在濮阳影响很大,尚衡天宝中在濮阳受其影响也是情理中事。加以尚衡自言"以文场而进五世,鄙虽不嗣,忝藉余训",知其在天宝中是以文事自许的。但尚衡在濮阳,积极参与平定安史之乱,大概因为征讨安禄山有功,就被擢拔为地方长官,直至被擢任节度使。

由上面的钩稽,我们可以看出,李幼卿与尚衡在安史之乱发生初期同在濮阳,正逢安史之乱爆发,李幼卿为濮阳尉,尚衡为濮阳客,李幼卿设计诛讨叛乱之事,为尚衡所称赞。当尚衡将李幼卿之策划上奏并将褒奖时,李幼卿则辞让而退。这段行事也得到当时诸道藩镇的重视,以至"诸道交辟",但李幼卿则"议及兵家。则曰本非所长",保持了文人的本色。"尚乃规画而言,公乃辞让而退",是说尚衡与李幼卿在濮阳抵抗安史之乱以后,尚衡对于安史之乱的平定有着总体的策划和长远的打算,而李幼卿从此就辞让褒奖,全身而退。二人在安史之乱前的天宝中都曾是古文家,而且同受大古文家萧颖士的影响,因为特殊的机缘,二人共同策划过征伐安史叛军之事,后来因为李幼卿逃避兵家之事,尚衡直接参与到平定安史之乱的主战场,完成了由文到武的转换。二人因为安史之乱而走上了不同的道路。

李幼卿的文学交游

李幼卿是唐代诗人,墓志非常清楚地体现了这一点。志文云:"年十

① ［清］董诰:《全唐文》卷三九四,第1776页。
② 罗联添:《隋唐五代文学批评资料汇编》"绪论——隋唐五代文学理论的发展与演变",台湾成文出版社1987年版,第12页。
③ ［宋］欧阳修、宋祁:《新唐书》卷二〇二,第5768页。

七,明经出身,立志修词,该览坟籍。"铭文云:"君自弱岁,其善日新。孝友承家,文学润身。……怡悦林泉,唱和诗人。"李幼卿从弱冠之后,一直从事文学活动,特别是与著名诗人往还唱和,而又集中于任职滁州时期。其文学交游,是"文学润身""唱和诗人"的重要方面。

1. 萧颖士

李幼卿年轻时受到大古文家萧颖士的提携。《新唐书·萧颖士传》:"以推引后进为己任,如李阳[冰]、李幼卿、皇甫冉、陆渭等数十人,由奖目,皆为名士。"①《唐诗纪事》卷二七《李幼卿》条:"萧颖士乐闻人善,以推引后进为己任,如李阳冰、李幼卿、皇甫冉、陆渭辈,由奖目皆为名士。"②受到萧颖士提携诸人,诗文创作都有成就,这对李幼卿而言,打下了很好的文学基础。

2. 钱起

钱起有《太子李舍人城东别业与二三文友逃暑》诗:"下马失炎暑,重门深绿筼。宫臣礼嘉客,林表开兰堂。兹夕兴难尽,澄罍照墨场。鲜风吹印绶,密坐皆馨香。美景惜文会,清吟迟羽觞。东林晚来好,目极趣何长。鸟道挂疏雨,人家残夕阳。城隅拥归骑,留醉恋琼芳。"③"太子李舍人"就是李幼卿,《宝刻丛编》卷八引《集古录目》"《唐石门汤泉记》,唐太子通事舍人李幼卿撰"④可证。李幼卿在城东别业招集文友避暑,钱起有感而作诗。诗言"美景惜文会,清吟迟羽觞",是文会时把酒吟诗,酬唱赠答。钱起另有《赠李十六》诗:"半面喜投分,数年钦盛名。常思梦颜色,谁忆访柴荆。忽听款扉响,欣然倒屣迎。蓬蒿驻驹驭,鸡犬傍簪缨。酌水即嘉宴,新知甚故情。仆夫视日色,栖鸟催车声。自尔宴言后,至今门馆清。何当更乘兴,林下已苔生。"⑤"李十六"亦为李幼卿,岑仲勉《唐人行第录》已作考证。诗言"半面喜投分,数年钦盛名",表现钱起对李幼卿非常仰慕。

① [宋]欧阳修、宋祁:《新唐书》卷二〇二,第5769页。
② [宋]计有功:《唐诗纪事》卷二七,第421页。
③ [清]彭定求:《全唐诗》卷二三八,第2664页。
④ [宋]陈思:《宝刻丛编》卷八,《丛书集成初编》本,第256页。
⑤ [清]彭定求:《全唐诗》卷二三八,第2665页。

"自尔宴言后,至今门馆清。何当更乘兴,林下已苔生",书写钱、李之间关系密切,希望李幼卿再来聚会。

3. 刘长卿

李幼卿担任滁州刺史时与著名诗人刘长卿交游。刘长卿《酬滁州李十六使君见赠》诗:"满镜悲华发,空山寄此身。白云家自有,黄卷业长贫。懒任垂竿老,狂因酿黍春。桃花迷圣代,桂树狎幽人。幢盖方临郡,柴荆忝作邻。但愁千骑至,石路却生尘。"①诗题自注:"李公与予俱于阳羡山中新营别墅,以其同志,因有此作。"诗为大历十年(775)秋日所作,储仲君《刘长卿诗编年笺注》有考证②。李幼卿别墅在义兴阳羡山中玉潭庄。李幼卿有《前年春,与独孤常州兄花时为别,倏已三年矣,今莺花又尔,睹物增怀,因之抒情,聊以奉寄》诗可以参证。刘长卿又有《宿双峰寺寄卢七李十六》诗:"寥寥禅诵处,满室虫丝结。独与山中人,无心生复灭。徘徊双峰下,惆怅双峰月。杳杳暮猿深,苍苍古松列。玩奇不可尽,渐远更幽绝。林暗僧独归,石寒泉且咽。竹房响轻吹,萝径阴余雪。卧涧晓何迟,背岩春未发。此游诚多趣,独往共谁阅。得意空自归,非君岂能说。"③诗为大历五年(770)所作,储仲君《刘长卿诗编年笺注》亦有考证。④ 双峰寺在蕲州,《太平寰宇记》卷一二七"蕲州黄梅县"载:"慈云塔,在县西北四十里双峰山。第四祖道信大师寂灭之所。"⑤是时刘长卿访问蕲州双峰寺,有感作诗,寄于卢七和李幼卿。

4. 李阳冰

李幼卿大历中以右庶子领滁州刺史,与著名文人与书家李阳冰交游。滁州有庶子泉,以幼卿得名,成为名胜之地,这与李阳冰关系密切。李阳冰《庶子泉铭》:"贤哉宫相,牧此滁上。政成务简,心闲迹放。探幽近郭,选奇叠嶂。疏石导泉,飞流泻涨。蓄泄潭洞,欱空演漾。澄注县瀑,千名

---

① [清]彭定求:《全唐诗》卷一四八,第1525页。
② 储仲君:《刘长卿诗编年笺注》,中华书局1996年版,第400页。
③ [清]彭定求:《全唐诗》卷一四九,第1543页。
④ 储仲君:《刘长卿诗编年笺注》,第370页。
⑤ [宋]乐史:《太平寰宇记》卷一二七,第2509页。

万状。能谐吏隐,吻合意匠。退食自公,尔和予唱。遗检舍局,体逸神王。勒铭层崖,来者斯尚。"①铭文所言"政成务简,心闲迹放"与墓志记载"滁上人约,惠行而静",都是表现李幼卿守滁州的行事与心境。"退食自公,尔和予唱",则表现了李幼卿与李阳冰相互唱和的情景。《庶子泉铭》盛称李幼卿在滁之功绩,为后世文人所推尊。《金石录》卷八:"《唐李庶子新泉铭》,李阳冰撰并篆书。大历六年三月。"②《唐诗纪事》卷二七《李幼卿》条:"滁州迨今有庶子泉,以幼卿得名也。"③欧阳修《集古录跋尾》卷七《唐李阳冰庶子泉铭(大历六年)》云:"右《庶子泉铭》,李阳冰撰并书。庆历五年,余自河北都转运使贬滁阳,屡至阳冰刻石处,未尝不裴回其下。庶子泉昔为流溪,今为山僧填为平地,起屋于其上。问其泉,则指一大井示余,曰'此庶子泉也'。可不惜哉!"④宋祝穆《方舆胜览》卷四七:"庶子泉,在琅琊山宝应寺。唐李幼卿守滁州,今有庶子泉。"⑤《万历滁阳志》记载:"庶子泉,在琅琊寺后,唐大历中,刺史李幼卿以太子庶子出知。故志载,其在郡与僧深(琛)建寺琅琊山中,于寺前得泉曰'庶子泉'。李阳冰为铭其篆,书为世贵。"⑥庶子泉以外,李阳冰还在琅琊泉题名,《金石录》卷八:"《唐李阳冰琅琊泉题名》,篆书,大历六年三月。"⑦盖李阳冰在滁州为李幼卿新泉作铭时,还游览了琅琊泉,并在此题名。

5. 独孤及

李幼卿与独孤及为至交,二人生前诗文往还甚多,李幼卿卒后,独孤及还撰写祭文表达深切的哀悼之情。

独孤及与李幼卿的交游,集中于李幼卿在滁州刺史任上。独孤及有《答李滁州题庭前石竹花见寄》《得李滁州书以玉潭庄见托因书春思以诗代答》《答李滁州见寄》《答李滁州忆玉潭新居见寄》诗四首,说明李幼卿与

①　[清] 董诰:《全唐文》卷四三七,第 1975 页。
②　金文明:《金石录校证》卷八,第 155 页。
③　[宋] 计有功:《唐诗纪事》卷二七,第 421 页。
④　[宋] 欧阳修:《欧阳修全集》卷一四〇,第 2243 页。
⑤　[宋] 祝穆:《方舆胜览》卷四七,第 835 页。
⑥　[明] 戴瑞卿:《万历滁阳志》卷三,《中国方志丛书》第 687 号,第 157 页。
⑦　金文明:《金石录校证》卷八,第 155 页。

独孤及平时往还甚多，而且大多是诗歌赠答酬唱。四首诗中，有两首涉及"玉潭庄"，《唐诗纪事》卷二七《李幼卿》条记载："大历中，以右庶子领滁州。别业在常州义兴，曰玉潭庄，在滁州时，以书托独孤至之。独孤以诗寄云：日日思琼树，书书话玉潭。知同百口累，曷日办抽簪。又至之《题玉潭》云：'碧玉徒强名，冰壶难比德。唯当寂照心，可并斋沧色。'幼卿所谓'故山寥落水斋沧'者也。"①此时独孤及为常州刺史，李幼卿之别业就在常州义兴，希望独孤及也能够比邻而居，即诗中所言"扫洒潭中月，他时望德邻"。

独孤及有《琅琊溪述》一文，专述李幼卿为滁州刺史时在琅琊溪凿石引泉的过程："陇西李幼卿，字长夫，以右庶子领滁州，而滁人之饥者粒，流者占，乃至无讼以听。故居多暇日，常寄傲此山之下。因凿石引泉，酾其流以为溪，溪左右建上下坊，作禅堂琴台以环之，探异好古故也。按《图经》，晋元帝之居琅琊邸而为镇东也，尝游息是山。厥迹犹存，故长夫名溪曰琅琊。他日赋八题，题于岸石，及亦状而述之。"文末记"是岁大历六年岁次辛亥春三月丙午日"。② 按琅琊溪在滁州琅琊山，李幼卿开辟之后，自赋八题于此，成为滁州的名胜，标志着李幼卿执政地方的重要贡献。宋代欧阳修知滁州时，还写了《琅琊山六题·琅琊溪》诗："空山雪消溪水涨，游客渡溪横古槎。不知溪源来远近，但见流出山中花。"③作为李幼卿之后数百年的滁州郡守，同样表现出对于琅琊溪的钟爱。

独孤及与李幼卿是至交，幼卿卒后，独孤及写了《祭滁州李庶子文》"官不展才，事不如志，奄谢昭世，溘归黄泉，虽欲茹哀，哀可茹乎"，对其赍志而殁怀着深切的哀悼；"追惟长夫，行茂神俊，孝爱友睦，谅直仁勇。卓荦夸迈，英明旷达，文武志略，邦家必闻"，对其性行声名进行了精当的概括；"为州治行，居百城之最；诗赋歌事，穷六义之美。休声喧于里巷，佳句被于管弦，珪璋令问，中外注耳"，对其政事与文学进行了热情的赞颂；"沧

---

① ［宋］计有功：《唐诗纪事》卷二七，第 421 页。
② ［清］董诰：《全唐文》卷三八九，第 1753 页。
③ ［宋］欧阳修：《欧阳修全集》卷三，第 57 页。

州长挹之谈,玉溪独往之兴,竟迫身世,永孤愿言,傥魂而有知,当饮痛泉下。往岁滁城之会,俱未以少别为戚,临歧道旧,坎坎鼓我,酒酣气振,言尽欢甚,孰知此际,以是永诀”①,因其逝去留下永远的感伤。这篇祭文,事实真切,情感真挚,堪称祭文中的佳制。

李幼卿的诗歌创作

根据文献记载,李幼卿诗文兼擅,为太子通事舍人时,创作《唐石门汤泉记》等文章。《宝刻丛编》卷八“蓝田县”引《集古录目》:“《唐石门汤泉记》,唐太子通事舍人李幼卿撰,太仆寺主簿文学直集贤殿修书院卫包八分书并篆额。”②又引《京兆金石录》:“《唐杨公修石门汤泉碑》,天宝八年立。”③又李华《李遐叔文钞》中收有《厨院新池记》一文,《文苑英华》卷八二八题作者为“李玄卿”。张晓芝、黄大宏《〈厨院新池记〉作者新考》推测该文作者应为李幼卿,“李玄卿”为“李幼卿”之误。④ 此可备一说,但尚未定论。李幼卿的文章都已散佚,无从窥其面貌。

李幼卿的诗歌现存三题六首,其中两首是在滁州刺史任上所作,四首是在衢州刺史任上所作。

滁州所作之一为《题琅邪山寺道摽道揖二上人东峰禅室时助成此官筑斯地》:“佛寺秋山里,僧堂绝顶边。同依妙乐土,别占净居天。转壁千林合,归房一径穿。豁心群壑尽,骇目半空悬。锡杖栖云湿,绳床挂月圆。经行蹋霞雨,跬步隔岚烟。地胜情非系,言忘意可传。凭虚堪喻道,封境自安禅。每贮归休愿,多惭爱染偏。助君成此地,一到一留连。”⑤这首诗是李幼卿担任滁州刺史时,帮助营建琅琊山东峰佛寺禅室落成后作。诗刻于摩崖,在滁州琅琊山上,长 60 厘米,宽 35 厘米,标题 4 行,诗文 12

---

①　[清]董诰:《全唐文》卷三九三,第 1771 页。
②　[宋]陈思:《宝刻丛编》卷八,《丛书集成初编》本,第 256 页。
③　[宋]陈思:《宝刻丛编》卷八,《丛书集成初编》本,第 256 页。
④　张晓芝、黄大宏:《〈厨院新池记〉作者新考》,《四川师范大学学报》2011 年第 2 期,第 103—105 页。
⑤　王浩远:《琅琊山石刻》,黄山书社 2011 年版,第 2 页。

行，每行 9 字。题署"刺史李幼卿"5 字。① 诗写佛堂筑于峰顶，林荫壁合，小径穿房，登堂眺望，群壑尽览，悬空骇目，僧人在此论道修禅，确是别有洞天，而自己助成此院，也常常往返留连。诗中"道标道挹二上人"为当时著名僧人，诗人皇甫曾有《题标上人房》诗："寂寞知成道，山林若有期。岚峰关掩后，微路□□时。壑谷闻泉近，云深得月迟。颓颜方问法，形影自堪悲。"② 柳遂有《题标上人房》诗："永日空持律，长年不下山。身依青嶂老，心与白云闲。童子添香毕，沙弥问□还。无人无我相，总在□乘间。"③ 这两首诗亦见于琅琊山摩崖，又同刻一处。"可见独孤及、皇甫兄弟与李幼卿既同为名士，又互相熟识，而独孤及、皇甫曾与李幼卿又是同在淮南道任职。皇甫曾应为李幼卿邀游琅琊，题诗崖壁之上。"④ 韦应物为滁州刺史时，亦与道标往还。应物有《怀琅琊深标二释子》诗云："白云埋大壑，阴崖滴夜泉。应居西石室，月照山苍然。"⑤ 韦应物为滁州刺史后于李幼卿十余年，两位郡守都视道标为高人，对于他们的修行充满赞赏。李幼卿助建的琅琊山寺，也成为中唐诗人探访滁州时游览的胜地，韦应物有《秋景诣琅琊精舍》，顾况有《题琅琊上方》等诗，在琅琊寺高秋幽赏，访迹尘外，暮瞰云壑，遥听晚钟，想南朝之往事，发思古之幽情。

　　滁州所作之二为《前年春，与独孤常州兄花时为别，倏已三年矣，今莺花又尔，睹物增怀，因之抒情，聊以奉寄》，题注："时蒙溪幽居在义兴，益增怀溯。"诗云："近日霜毛一番新，别时芳草两回春。不堪花落花开处，况是江南江北人。薄宦龙钟心懒慢，故山寥落水斋沦。缘君爱我疵瑕少，愿窃仁风寄老身。"⑥ 李幼卿与独孤及为至交，上文已述。这首诗是与独孤及别后三年之作，表现对于老友的思念之情。首联感慨时光流逝，年华渐

---

① 朱华东：《安徽文物》，安徽文艺出版社 2015 年版，第 235—236 页。
② 王浩远：《琅琊山石刻》，第 4—5 页。
③ 王浩远：《琅琊山石刻》，第 5 页。
④ 王浩远：《琅琊山石刻》，第 5 页。
⑤ ［清］彭定求：《全唐诗》卷一九一，第 1959 页。
⑥ ［清］彭定求：《全唐诗》卷三一二，第 3517 页。

老。领联面对花落花开,不禁思念友人,而相距于江南江北,不能见面,倍加感伤。是时独孤及为常州刺史,地处江南,李幼卿为滁州刺史,地处江北,故称"江南江北人"。颈联描写宦游之感,自己身处滁州小城,年已老态,心已懒慢,想念家山寥落,故水沉沦,只有感旧伤怀,思友以慰寂寥。尾联直抒友情,并将友情与仁风作为自己晚年的寄托。

衢州所作者,为《游烂柯山》组诗四首,其一云:"拂雾理孤策,薄霄眺层岑。迥升烟雾外,豁见天地心。物象不可及,迟回空咏吟。"其二云:"巨石何崔嵬,横桥架山顶。傍通日月过,仰望虹霓迥。圣者开津梁,谁能度兹岭。"其三云:"二仙自围棋,偶与樵夫会。仙家异人代,俄顷千年外。笙鹤何时还,仪形尚相对。"其四云:"石室过云外,二僧俨禅寂。不语对空山,无心向来客。作礼未及终,忘循旧形迹。"①烂柯山在衢州,陈思《宝刻丛编》卷一三"衢州"云:"《唐游石桥序并诗》,序谢良弼撰,诗刘迥、李幼卿、李涤、谢勮、羊滔撰,元和七年十二月十二日。"②按,其时薛戎为衢州刺史。《全唐诗》卷三一二刘迥诗题注:"按此诗见《信安志》烂柯山石刻,并见者,李幼卿、李深、谢勮、羊滔、薛戎五人,或一时同咏,或先后继唱,皆列于后。"③因为六位作者《游烂柯山》诗同刻于石,故而被怀疑为"一时同咏"或"先后继唱"之作。《李幼卿墓志》的发现,可以确证这组六位作者的诗歌并非"一时同咏"。因为刻石时间是薛戎元和七年(812)十二月担任衢州刺史时,而此时李幼卿已卒三十五年。根据墓志,李幼卿诗应是其担任衢州刺史时作。根据墓志的记载,李幼卿曾知衢州、饶州,而授饶州刺史在广德二年(764)。推知其为衢州刺史在广德元年(763)。李幼卿这四首诗在总体构思上有通盘的考虑,第一首总写烂柯山,第二首写山顶石桥,第三首写二仙对弈,第四首写山中石室。四首通览,将烂柯山的气势、风景、传说、佛道等情况都表现出来。

---

① ［清］彭定求:《全唐诗》卷三一二,第 3518 页。
② ［宋］陈思:《宝刻丛编》卷一三,《丛书集成初编》本,第 355 页。
③ ［清］彭定求:《全唐诗》卷三一二,第 3517 页。

墓志撰者柳识考索

墓志题署书者："尚书水部员外郎河东柳识述。"柳识是中唐前期的古文家，是萧颖士、李华文学集团到韩愈、柳宗元古文运动之间的重要人物，作为柳宗元的从祖父，其文学成就也是柳宗元家学渊源的一部分。但柳识的文学贡献，并没有得到学界的充分关注，故而本书对其生平事迹和文学贡献作力所能及的钩稽。

（一）柳识生平事迹

柳识，字方明，襄州襄阳人。《旧唐书》卷一二五、《新唐书》卷一四二附于其弟《柳浑传》，仅寥寥数语，且未叙其仕历，今略作叙述。

1. 大历二年(767)官左拾遗。柳识所撰《草堂记》末署："大历二年正月七日，左拾遗柳识述。"①

2. 大历七年(772)为秘书郎。故宫博物院藏元拓本《唐茅山紫阳观玄静先生碑并序》，题署："秘书郎河东柳识撰，大理司直吴郡张从申书。李阳冰篆额。"末署："大历七年八月十四日建。"②

3. 大历十三年(778)正月为水部员外郎。《六朝事迹编类》卷一四"碑刻门"载："《大唐祠宇宫白鹤庙记》，大历十三年三月立，尚书水部员外郎河东柳识文，华阳崖舍退士中山刘鸣素书，在鸿禧院。"③《李幼卿墓志》亦在水部员外郎任上所撰。

4. 建中二年(781)官至屯田郎中，卒于任。权德舆《祭屯田柳郎中文》："维建中二年岁次辛酉某月朔日，试右金吾卫兵曹参军权德舆，谨以清酌时羞之奠，敬祭于故屯田郎中柳公之灵。"④吕温《裴氏海昏集序》，记载柳识为"我外王父故屯田郎中、集贤殿学士河东柳公讳某"⑤。吕温《吕

渭夫人柳氏墓志铭》:"考识,屯田郎中集贤殿学士。"①吕焕《吕让墓志铭》:"先府君讳让……皇姚河东郡夫人柳氏。外祖识,屯田郎中集贤殿学士;名高四海。"②有关柳识为屯田郎中的记载,还见于林宝《元和姓纂》:"识,屯田郎中,征不起。"③《新唐书·宰相世系表》:"识,字方明,屯田郎中、集贤殿学士。"④《宋高僧传》卷一五《唐润州招隐寺朗然传》:"大历十二年冬癸卯,趺坐如常,恬然化灭……越十三年春辛酉,建塔于山西原……屯田员外郎柳识为碑颂焉。"⑤"屯田员外郎"疑为"屯田郎中"之误。《宝刻丛编》卷一四"润州"引《复斋碑录》载:"《唐招隐寺朗然律师碑》,唐柳识撰,释常静正书并篆额,建中三年撰文,贞元五年十一月七日树碑。"⑥"建中三年"应为"建中二年"。韦应物《酬柳郎中春日归扬州南郭见别之作》,"柳郎中"疑为柳识。权德舆《题柳郎中茅山故居》:"下马荒阶日欲曛,潺潺石溜静中闻。鸟啼花落人声绝,寂寞山窗掩白云。"⑦为柳识卒后,权德舆经过故居怀念之作。

(二) 柳识文学地位

柳识为开元、天宝以后的著名古文家,地位与萧颖士、元德秀、刘迅相当。《旧唐书·柳浑传》:"浑母兄识,笃意文章,有重名于开元、天宝间,与萧颖士、元德秀、刘迅相亚。其练理创端,往往诣极,当时作者,咸伏其简拔,而趣尚辨博。"⑧《新唐书·柳浑传》:"浑母兄识,字方明,知名士也。工文章,与萧颖士、元德秀、刘迅相上下,而识练理创端,往往诣极,虽趣尚

① [清]陆心源:《唐文拾遗》卷二七,第135页。
② 周绍良主编:《唐代墓志汇编》,第2334页。
③ [唐]林宝:《元和姓纂》卷七,第1113页。
④ [宋]欧阳修、宋祁:《新唐书》卷七三上,第2851页。
⑤ [宋]赞宁:《宋高僧传》卷一五,第361—362页。
⑥ [宋]陈思:《宝刻丛编》卷一四,《丛书集成初编》本,第371页。
⑦ [清]彭定求:《全唐诗》卷三二六,第3659页。按,诗题注:"一作柳谷浒故居。"又作李德裕诗,均误。
⑧ [后晋]刘昫:《旧唐书》卷一二五,第3555页。

非博，然当时作者伏其简拔。浑亦善属文，但沉思不逮于识云。"①萧颖士、元德秀、刘迅是开元、天宝时期最著名的人物，被推尊为"三贤"。李华《三贤论》云："余兄事元鲁山而友刘、萧二功曹。此三贤者，可谓之达矣。"②元德秀终官鲁山县尉，故称"元鲁山"，刘、萧二功曹就是刘迅和萧颖士。柳识在开元、天宝间即负重名，与三贤相亚，成为开元、天宝间古文群体的中坚人物之一。

　　柳识为大古文家李华所知，与元德秀为友。《唐诗纪事》卷二〇《柳识》条："识，字方明，工文章，最为李华所知。其文与萧颖士、元德秀、刘迅相上下，而识练理创端，往往诣极，虽趣向非博，然当时作者，服其简拔。"③这段文字来源于《新唐书·柳浑传》所附《柳识传》，但加上了"最为李华所知"一语。李华《三贤论》："三子者各有所与游乎？……河东柳识方明遐旷而才，是皆慕于元者也。"④说明柳识胸怀豁达，富有才学，是追慕元德秀的古文家之一。观其《草堂记》所述"仁德恤刑"，则本于儒家思想，同篇又有"予学史者也"，则其文又寓于史识，《茅山紫阳观玄静先生碑》又云"忝曾游道，敢述玄风"，则又呈现道家玄学之风。这些思想贯穿于他的文学创作之中，使其在这一古文群体当中又呈现出自己的特色。新出土刘迺撰《李华墓志铭》云："所纂文凡数百篇。河南独孤及，河东柳识，渤海高参，分为三集，各冠之以序。"⑤可见柳识曾为李华编纂文集并作序，说明李华将柳识视为文章知己。柳识撰《郑洵墓志铭》云："监察御史李华，雅有才望，知君文学政术，邀充河东道点骁骑使判官。"⑥述说郑洵受到李华的提携，实际上也是对于李华的称道。

　　柳识为文章家权德舆所称道。权德舆《祭屯田柳郎中文》："德充于中，用晦弥光。是非万殊，不滑其常。和易内蕴，发于文章。性命之际，希

①　[宋]欧阳修、宋祁：《新唐书》卷一四二，第4673页。
②　[清]董诰：《全唐文》卷三一七，第1421页。
③　[宋]计有功：《唐诗纪事》卷二〇，第298页。
④　[清]董诰：《全唐文》卷三一七，第1421页。
⑤　胡可先、杨琼：《唐代诗人墓志汇编·出土文献卷》，第224页。
⑥　中国社会科学院考古研究所：《偃师杏园唐墓》，科学出版社2001年版，第302页。

夷之域。理无不穷,言必冥极。救彼文胜,作为典式。扶教立言,实在清德。"①是对柳识文章与道德二者的称道,也衡定了柳识文章的"典式"地位。权德舆之所以推崇柳识,除了其文章地位之外,还与柳识与权德舆之父权皋交好有关。《旧唐书·权德舆传》:"父皋,字士繇,后秦尚书翼之后。……两京蹂于胡骑,士君子多以家渡江东,知名之士如李华、柳识兄弟者,皆仰皋之德而友善之。"②《新唐书·权皋传》:"自中原乱,士人率度江,李华、柳识、韩洄、王定皆仰皋节,与友善。"③从中也可推知柳识对于权德舆文学创作的影响。

柳识与柳宗元具有一定的家学渊源。柳宗元在《送表弟吕让将仕进序》《祭吕敬叔文》中称吕恭为"从内兄"。而据前引《吕让墓志》,证知吕让之母为柳识之女,是柳识为柳宗元从祖。柳宗元重视家学,其所撰《先君石表阴先友记》称:"柳氏兄弟者,先君族兄弟也。最大并,字伯存。为文学,至御史,病瘖遂废。次中庸、中行,皆名有文。……柳登、柳冕者,族子也。自其父芳,善文史,与冕并居集贤书府。冕文学益健,颇躁。"④所列其父友在家学传承中都更重文学。柳识为柳宗元的从祖,又是著名的古文家,对于柳宗元而言,无疑是深厚的家学渊源之一脉。柳宗元曾经为其从祖柳浑撰写行状,柳浑是柳识之弟。行状末自称"从孙",行状云:"凡为学,略章句之烦乱,采摭奥旨,以知道为宗;凡为文,去藻饰之华靡,汪洋自肆,以适己为用。"⑤,这是柳宗对其祖辈的评价。柳识为柳宗元"从祖",他的文章对于柳宗元也产生一定的影响。盖柳识之文体现出文道融合的宗旨,也是柳宗元古文的思想取向。前述柳识的文章具有"简拔"的特点,而柳宗元的散文,无论是论辩、碑铭、序记、书启,大多简洁凝练,清澈峭拔。

---

① [清]董诰:《全唐文》卷五〇八,第2288页。
② [后晋]刘昫:《旧唐书》卷一四八,第4001—4002页。
③ [宋]欧阳修、宋祁:《新唐书》卷一九四,第5567页。
④ [唐]柳宗元:《柳宗元集》卷一二,第306页。
⑤ [唐]柳宗元:《柳宗元集》卷八,第181页。

（三）柳识文学创作

柳识的文学创作，《全唐文》卷三七七收《为润州太守贺赦表》《草堂记》《新修四皓庙记》《琴会记》《茅山白鹤庙记》《茅山紫阳观玄静先生碑》《吊夷齐文》《许先生颍阳祠庭献爵文》八篇。新出土文献有《偃师杏园唐墓》所收《郑洵墓志》，加上《李幼卿墓志》，柳识文共有十篇。

柳识所存文章以《许先生颍阳祠庭献爵文》作年最早，该文序称："壬辰岁夏四月，客有自洛东游，至先生遗庙，而颍水古风，旧山岿然。追怀古踪，慕羡至道，以时酒敬爵于灵。"①是作于天宝十一载，其时柳识自洛阳东游至颍阳谒许由之庙。文中表现出对名器、感通、仁德、道功的追慕，许由的高风亮节也表露于字里行间。

柳识的文学成就主要表现在他的记体文和碑志文创作中。记体文如《琴会记》作于大历六年（771），这篇文章既是柳识文才的呈现，也透露出他对于道的尊崇。其描绘琴声熏陶："琴动人静，琴酣酒醒，清声向月，和气在堂，春风犹寒，是夜觉暖。"清旷简拔，沁人心脾。而又重在道的追求："见明珠者始贱鱼目，知雅乐者方鄙郑声。自朴散为器，真意在琴。与众乐同出于虚，独能致静；同韵五音，独能多感；同名为乐，独偶圣贤。是宜称德，切近于道。"②推崇雅乐，提倡真意，鄙弃郑声，切近于道。《草堂记》以萧氏草堂营建为契机，抒写自己对于史的尊崇，记载安史之乱前后草堂主人萧氏的立身行事，彰其仁德恤刑之义、生全爱养之心，体现出文与道融合的宗旨。《茅山白鹤庙记》作于大历十三年（778），这是一篇道教碑记，堪称柳识晚年的代表作品。柳识晚年成为茅山隐士，朝廷三征不起，庙记也表明圣人情忘爱存、真人玄功盛德，与日月星辰合而为一的情怀。

柳识的碑志文创作有《茅山紫阳观玄静先生碑》。这是一通著名的道教碑刻，原碑在明嘉靖三年（1524）毁于火灾，但有元拓本碑文传世，存于故宫博物院，题名《唐茅山紫阳观玄静先生碑并序》，题署："秘书郎柳识

---

① ［清］董诰：《全唐文》卷三七七，第 1695 页。
② ［清］董诰：《全唐文》卷三七七，第 1693 页。

撰,大理司直吴郡张从申书。李阳冰篆额。"①成为碑中三绝。就文章而言,柳识将"道门华阳"与"儒门洙泗"相提并论,提升了茅山道教的地位。碑赞玄静先生"动非用开,静非默闭,当吹万之会,若得一之初,应迹可名,常道不可名也",这就是道家迹可名、道不可名的宗旨。又阐述了"孕育生化,虚融一心,心一变至于学,学一变至于道"的学道关系。总体来看,柳识是主张道贯于文,人化于道的。出土文献中的碑志,一篇是《唐故朝议郎行监察御史上柱国郑府君(洵)墓志铭并序》,题署:"河东柳识述。"墓主葬于大历十三年(778)正月,志当此前不久所作。墓志称"监察御史李华雅有才望,知君文学政术,邀充河东道点骁骑使判官"②,墓主与古文家李华颇有渊源,同属于天宝以后的文学家。郑洵墓志用散体写作,对于郑洵事迹叙述精审,重其安史之乱时行踪以及其文学成就。墓志云:"[肃]宗初建储君,撰《东宫要录》十卷奉进,存于秘阁。琴者,正情辅性,君子所狎。君擅九弄,更修其谱。所著述及诗赋共成二十卷。"③这样就有助于我们加深对安史之乱前后的文学发展的认识。可以进行比较的是,郑洵墓志还有一方,题为《唐故监察御史贬岳州沅江县尉荥阳郑府君(洵)墓志铭并序》,题署:"河南府陆浑县丞郑深撰。"④对于郑洵平生中政治与文学的发明就逊于柳识撰写的墓志。

最后探讨一下柳识所撰《李幼卿墓志》的文学价值。这篇墓志是一篇典范的古文,在根据墓志的规范叙写墓主名字、家世、科第、历官、卒葬的基础上,着重于人物形象的塑造。突出表现有四点:一是通过李幼卿在安史之乱中的行事,表现他的文韬武略,而最终归于文的追求。二是表现李幼卿在担任地方官时因地制宜的治理方略,即墓志所云"鄱阳俗殷,法行而理;滁上人约,惠行而静;惟扬务繁,才剖多暇。皆因其宜也"。三是表现李幼卿"敦励士行"的品格,具有豁达简放的丈夫气概;与人相交,遵

---

① 施安昌:《名碑善本》,第 209 页。碑文又收入《全唐文》卷三七七,第 1694 页。
② 中国社会科学院考古研究所:《偃师杏园唐墓》,第 301—302 页。
③ 中国社会科学院考古研究所:《偃师杏园唐墓》,第 302—303 页。
④ 中国社会科学院考古研究所:《偃师杏园唐墓》,第 298 页。

从投告者的意旨；治理地方，重在打击奸豪，扶持贫弱。四是重在对李幼卿文学追求的表述，他在十七岁的少年时明经中第，就"立志修词，该览坟籍"，安史之乱以后因其武略受到地方镇帅的注意，以至"诸道交辟"，但他"议及兵家，则曰本非所长"，志在业文。晚年担任滁州刺史时，疏凿琅琊溪泉，建成阳羡别墅，也是意在营造浓厚的文学创作氛围，故而存留于今的交往诗文当中，有好几首涉及琅琊溪泉和阳羡别墅。也正因为如此，墓志的铭文就重在其文学成就的概括："孝友承家，文学润身""怡悦林泉，唱和诗人"。

四、韦应物墓志

墓志释文

唐故尚书左司郎中苏州刺史京兆韦君墓志铭 并序

守尚书祠部员外郎骑都尉赐绯鱼袋吴兴丘丹篆

君讳应物，字义博，京兆杜陵人也。其先高阳之孙，昌意之子，别封豕韦氏。汉初有韦孟者，孙贤为邹鲁大儒，累迁代蔡义为丞相。子玄成，学习父业，又代于定国为丞相。奕世继位，家于杜陵。后十七代至逍遥公夐，抗迹丘园，周明帝屡降玄纁之礼，竟不能屈，以全黄绮之志。公弟郧公孝宽，名著周随，爵位崇显，备于国史。逍遥公有子六人，俱为尚书。五子世冲，民部尚书、义丰公，则君之五代祖。皇刑部尚书兼御史大夫、黄门侍郎、扶阳公，君之高祖。皇尚书左仆射、同中书门下三品待价，[君]之曾祖。皇梁州都督令仪，君之烈祖。皇宣州司法参军銮，君之烈考。君司法之第三子也。门承台鼎，天资贞粹。毕角之年，已有不易之操。以荫补右千牛，改左羽林仓曹，授高陵尉、廷评、洛阳丞、河南兵曹、京兆功曹。朝廷以京畿为四方政本，精选令长，除鄠县、栎阳二县令，迁比部郎。诏以滁人雕残，领滁州刺史。负戴如归，加朝散大夫。寻迁江州刺史，如滁上之政。时廉使有从权之敛，君以调非明诏，悉无所供，因有是非之讼。有司详按,圣上以州疏端切,优诏赐封扶风县开国男,食邑三百户。征拜左司郎中,总辖六官,循举戴魏之法。寻领苏州刺史。下车周星,豪猾屏息,方欲陟明,遇疾终于官舍。池雁随丧,州人罢市。素车一乘,旋于逍遥故园。茅宇竹亭,用设灵几。历官一十三政,三领大藩。俭德如此,岂不谓贵而能贫者矣。所著诗赋、议论、铭颂、记序,凡六百余篇,行于当时。以贞元七年十一月八日窆于少陵原,礼也。夫人河南元氏,父挹,吏部员外郎。嘉姻柔则,君子是宜。先君即世,以龟筮不叶,未从合祔。以十二年十一月廿七日,嗣子庆复启举有时,方遂从夫人之礼。长女适大理评事杨凌。次女未笄,因父之丧,同月而逝。呜呼! 可谓孝矣。余,吴士也,尝忝州牧之旧,又辱诗人之目,登临酬和,动盈卷轴。公诗原于曹、刘,参于鲍、谢,加以变态,意凌丹霄,忽造佳境,别开户牖。惜夫位未崇,年不永,而殁乎泉扃,哀哉! 堂弟端,河南府功曹,以□孝承家。堂弟武,绛州刺史,以文学从政。庆复克荷遗训,词赋已工,乡举秀才,策居甲乙,泣血请铭,式昭幽壤。铭曰:

昌意本裔,豕韦别封。爰历殷周,实建勋庸。汉曰孟贤,时致熙雍。泊乎逍遥,独高其尚。六子八座,五宗四相。流庆左司,帝目贞亮。作牧江介,政惟龚黄。纲辖南宫,复举旧章。文变大雅,节贯秋霜。呜呼彼苍,歼我良牧。禁掖方拜,寝门遄哭。见托篆铭,永志陵谷。

《韦应物墓志》,韦应物,字义博,京兆杜陵人。官至左司郎中、苏州刺史。贞元七年(791)十一月八日葬于少陵原,十二年(796)十一月廿七日与妻元氏合祔。墓志青石质,高宽均 46 厘米、厚 9 厘米,志盖高宽均 47.5 厘米、厚 6.8 厘米。志石四侧饰团花纹,盖题四角饰几何纹,盖题四边及盖四刹均饰团花纹。志文楷书,30 行,满行30 字。首题"唐故尚书左司郎中苏州刺史京兆韦君墓志铭并序",题署"守尚书祠部员外郎骑都尉赐绯鱼袋吴兴丘丹篆"。2007 年初在西安市长安区韦曲镇东南少陵原出土,现藏西安碑林博物馆。墓志拓片图版,载于《纪念西安碑林九百二十周年华诞国际学术研讨会论文集》,文物出版社 2008 年版,第 311 页(按该书 311—314 页载有韦应物家族墓志及志盖拓片 8 张);《唐韦应物暨妻元𬞟墓志铭》,陕西人民出版社

2009 年版；《西安碑林博物馆新藏墓志续编》，陕西师范大学出版总社有限公司 2014 年版，第 419 页；《秦晋豫新出墓志搜佚》第 3 册，国家图书馆出版社 2012 年版，第 836 页。录文最早刊载于《文汇报》2007 年 11 月 4 日第 8 版；又载于马骥《新发现的唐韦应物夫妇及子韦庆复夫妇墓志考》，《纪念西安碑林九百二十周年华诞国际学术研讨会论文集》，第 307—308 页；《新出唐墓志百种》，西泠印社出版社 2010 年版，第 256 页；《西安碑林博物馆新藏墓志续编》，第 420—421 页。韦应物妻《元蘋墓志》，大历十一年（796），韦应物撰并书。青石质，长 42 厘米，宽 45.5 厘米，楷书，27 行，满行 27 字。与韦应物墓志同时出土。韦应物子《韦庆复墓志》，元和四年（809），杨敬之撰，楷书，27 行，满行 27 字。青石质，长 45.5 厘米，宽 46 厘米。韦庆复妻《裴棣墓志》，会昌六年（846），韦退之撰，楷书，25 行，满行 25 字。青石质，长、宽均 45 厘米。又韦应物父《韦銮墓志》亦出土，拓片载《金石拓本题跋集萃》，河北美术出版社 2012 年版，第 77 页。段志凌有《关于〈韦应物墓志〉中韦应物诗风"原于曹刘"一说的推证》，载《碑林集刊》第 14 辑，第 337—347 页。马骥《新发现的唐韦应物夫妇及子韦庆复夫妇墓志简考》，陈尚君《韦应物一家墓志的学术价值》，均载《文汇报》2007 年 11 月 4 日第 8 版。江锦世、王江《大唐诗豪亦书家，千年始得丹志传——新出土韦应物撰并书〈故夫人墓志铭〉考释》，载《中国书法》2008 年第 9 期，第 62—67 页；陈根远《文学史和书法史的重大收获——韦应物家族墓志特展在西安碑林举行》，《中国文物报》2008 年 3 月 12 日。西安碑林 2017 年 10 月 29 日开幕《桃花依旧——唐代诗人墓志特展》贰《青石不朽，斯人永恒：墓志上的诗人影像》展出韦应物家族墓志。韦应物诗载《全唐诗》卷一八六，第 1894 页。

墓 志 疏 证

君讳应物，字义博，京兆杜陵人也。

韦应物撰《元蘋墓志》自称："有唐京兆韦氏。"[1] 沈作喆《补韦应物传》："韦应物，京兆长安县人也。见《崔都水》及《休日还长安胄贵里》，及《岁日寄弟》并《答崔骑》诗。"[2] 辛文房《唐才子传》卷四《韦应物传》："应

---

[1]　胡可先、杨琼：《唐代诗人墓志汇编·出土文献卷》，第 243 页。本书下文所引《元蘋墓志》均据此，不再注明。

[2]　按沈作喆《补韦应物传》，陶敏、王友胜《韦应物集校注》（上海古籍出版社 1998 年版）附录二《传记资料》载之，见该书第 618—620 页。

物,京兆人也。"①陶敏《韦应物生平再考》则曰:"有关韦应物籍里尚有可补充者。韦应物《休沐东还胄贵里诗示端》:'宦游三十载,田园久已疏。休沐遂兹日,一来还故墟。'显然是还故乡所作。胄贵里究在何处?《全唐文》卷五三〇顾况《检校尚书左仆射同中书门下平章事上柱国晋国公赠太傅韩公(滉)行状》:'京兆府万年县洪固乡胄贵里韩滉。'知胄贵里在京兆府万年县。《唐代墓志汇编续集》会昌〇二八《唐故京兆府兵曹参军韦公(文度)墓志铭》:'……葬于万年县洪固乡韦曲胄贵里先夫人茔之西。'知胄贵里在万年县韦曲。韦曲为韦氏聚居之地,与杜曲相邻。……所以韦应物的籍贯应是京兆府万年县杜陵韦曲胄贵里,说京兆韦曲人、京兆杜陵人、京兆万年人都是可以的,说京兆长安人就错了。"②按,韦应物《温泉行》诗:"出身天宝今年几,顽钝如锤命如纸。作官不了却来归,还是杜陵一男子。"③即自称杜陵人。唐时杜陵樊川为韦、杜两大族聚居之地,杜甫《赠韦七赞善》诗:"乡里衣冠不乏贤,杜陵韦曲未央前。尔家最近魁三象,时论同归尺五天。"仇注:"俚语曰:城南韦杜,去天尺五。"④宋姚宽《书葛繁校韦苏州集后》:"刺史洛阳人,姓韦氏,名应物。"⑤盖误。

墓志称韦应物"字义博",传世诸书无记载,可补史阙。关于韦应物的取名,马骥先生说:"笔者联想到韦銮给儿子取名'应物'二字的来由。作为知名画家的韦銮,对于'谢赫六法'一定非常熟悉,'六法'中就有一条'应物象形'。我们现在虽然不能完全肯定韦应物的名字就是由此而来,但笔者推测这种可能性是很大的。否则,韦銮为何会给儿子取这样一个不同寻常的名字。"⑥

①　傅璇琮:《唐才子传校笺》卷四,第 163 页。
②　陶敏:《韦应物生平再考》,《文学遗产》2010 年第 1 期,第 136 页。
③　陶敏、王友胜:《韦应物集校注》卷九,第 556 页。
④　[清]仇兆鳌:《杜诗详注》卷二三,第 2064—2065 页。
⑤　陶敏、王友胜:《韦应物集校注》附录三,第 626 页。
⑥　马骥:《新发现的唐韦应物夫妇及子韦庆复夫妇墓志考》,《纪念西安碑林九百二十周年华诞国际学术研讨会论文集》,第 300 页。

其先高阳之孙，昌意之子，别封豕韦氏。

《元和姓纂》卷二"韦氏"："颛顼氏之后。大彭为夏诸侯，彭子受封豕韦，周赧王灭之，以国为氏，因家彭城。至孟，又迁鲁。【京兆杜陵】孟元孙贤，汉丞相、扶阳侯，徙京兆杜陵。"①《新唐书·宰相世系表》："韦氏出自风姓。颛顼孙大彭为夏诸侯，少康之世，封其别孙元哲于豕韦，其地滑州韦城是也。豕韦、大彭迭为商伯，周赧王时，始失国，徙居彭城，以国为氏。韦伯遐二十四世孙孟，为汉楚王傅，去位，徙居鲁国邹县。孟四世孙贤，汉丞相、扶阳节侯，又徙京兆杜陵。"②萧邺《岭南节度使韦公（正贯）神道碑》："韦氏之世系尚矣！陶唐氏之后，有国豕韦者，实为商伯。周衰，迁于楚之彭城。"③

汉初有韦孟者，孙贤为邹鲁大儒，累迁代蔡义为丞相。

《汉书·韦贤传》："韦贤字长孺，鲁国邹人也。其先韦孟，家本彭城，为楚元王傅，傅子夷王及孙王戊。戊荒淫不遵道，孟作诗风谏。后遂去位，徙家于邹。"④"自孟至贤五世。贤为人质朴少欲，笃志于学，兼通《礼》《尚书》，以《诗》教授，号称邹鲁大儒。征为博士、给事中，进授昭帝《诗》，稍迁光禄大夫詹事，至大鸿胪。……（孝宣）帝初即位，贤以与谋议，安宗庙，赐爵关内侯。……本始三年，代蔡义为丞相，封扶阳侯，食邑七百户。"⑤《元和姓纂》卷二："【京兆杜陵】孟元孙贤，汉丞相、扶阳侯，徙京兆杜陵，生元成。七代孙胄，魏安城侯；生二子，潜号'西眷'，穆号'东眷'。"⑥萧邺《岭南节度使韦公（正贯）神道碑》："汉兴，韦孟为楚元王傅。由孟五世至丞相贤，韦氏遂显大。贤封扶阳，后徙平陵，及子元成别徙杜陵，子孙家焉，遂为京兆人云。"⑦

子玄成，学习父业，又代于定国为丞相。奕世继位，家于杜陵。

《汉书·韦贤传》："玄成字少翁，以父任为郎，常侍骑。少好学，修父

① ［唐］林宝：《元和姓纂》（附《四校记》）卷二，第126页。
② ［宋］欧阳修、宋祁：《新唐书》卷七四，第3045页。
③ ［清］董诰：《全唐文》卷七六四，第3520页。
④ ［汉］班固：《汉书》卷七三，第3101页。
⑤ ［汉］班固：《汉书》卷七三，第3107页。
⑥ ［唐］林宝：《元和姓纂》卷二，第126页。
⑦ ［清］董诰：《全唐文》卷七六四，第3520页。

业,尤谦逊下士。……以明经擢为谏大夫,迁大河都尉。"①"元帝即位,以玄成为少府,迁太子太傅,至御史大夫。永光中,代于定国为丞相。贬黜十年之间,遂继父相位,封侯故国,荣当世焉。"②萧邺《岭南节度使韦公(正贯)神道碑》:"元成生宽,宽生育,育生后汉尚书令浚,浚生梓潼太守豹,豹生东海相著,著孙胄,仕魏为詹事。胄少子曰穆,后著号为东眷。"③

后十七代至逍遥公敻,抗迹丘园,周明帝屡降玄纁之礼,竟不能屈,以全黄绮之志。

韦氏著房为逍遥公房,是北周逍遥公韦敻之后。韦敻,《周书》卷三一、《北史》卷六四有传。字敬远,周时十见征辟而不应命,时号逍遥公。《新唐书·宰相世系表》:"逍遥公房出自阆弟子真嘉,后魏侍中、冯翊扶风二郡守。二子:旭、祉。旭,南幽州刺史、文惠公。二子:敻、叔裕。敻字敬远,后周逍遥公,号逍遥公房。"④

公弟郧公孝宽,名著周随,爵位崇显,备于国史。

韦孝宽,《周书》卷三一、《北史》卷六四有传。《周书·韦孝宽传》:"韦叔裕字孝宽,京兆杜陵人也,少以字行。世为三辅著姓。"⑤沈作喆《补韦应物传》:"其家世自宇文周时,孝宽以功名为将相,而其兄敻高尚不仕,号为逍遥公。"孝宽后封郧国公。

逍遥公有子六人,俱为尚书。

《新唐书·宰相世系表》四云:"敻字敬远,后周逍遥公,号逍遥公房。八子:世康、洸、瓘、颐、仁基、艺、冲、约。"⑥与墓志异。《元和姓纂》卷二:"东眷。穆八代孙旭,长子逍遥公敻,生康、洸、恭、艺、冲、约。"⑦与墓志同。

逍遥公房代有名人,故而《韦应物墓志》与《韦济墓志》均述及逍遥公。

---

① 〔汉〕班固:《汉书》卷七三,第 3108 页。
② 〔汉〕班固:《汉书》卷七三,第 3113 页。
③ 〔清〕董浩:《全唐文》卷七六四,第 3520 页。
④ 〔宋〕欧阳修、宋祁:《新唐书》卷七四上,第 3073 页。
⑤ 〔唐〕令狐德棻:《周书》卷三一,中华书局 1971 年版,第 535 页。
⑥ 〔宋〕欧阳修、宋祁:《新唐书》卷七四上,第 3073 页。
⑦ 〔唐〕林宝:《元和姓纂》卷二,第 128 页。

《韦济墓志》云："君讳济，字济，京兆杜陵人，纳言、博昌公之孙，中书令、逍遥孝公第三子也。"①逍遥孝公就是韦嗣立，可见此房人物，官高位隆者即可袭封为逍遥公。

五子世冲，民部尚书、义丰公，则君之五代祖。

《新唐书·宰相世系表》四云："夐字敬远，后周逍遥公，号逍遥公房。八子：世康、洸、瑾、颐、仁基、艺、冲、约。"②"冲字世冲，隋户部尚书、义丰公。"③《元和姓纂》卷二："冲，隋户部尚书、义丰公，聘陈，生挺、德运。"④又史籍为"冲，字世冲"，墓志为"世冲"，则推知韦冲当时以字行，而入唐避唐太宗李世民讳，又称其名。

皇刑部尚书兼御史大夫、黄门侍郎、扶阳公，君之高祖。

《旧唐书·韦挺传》："韦挺，雍州万年人，隋民部尚书冲子也。……太宗在东宫，征拜主爵郎中。贞观初，王珪数举之，由是迁尚书右丞，俄授吏部侍郎，转黄门侍郎，进拜御史大夫，封扶阳县男。太宗以挺女为齐王祐妃。常与房玄龄、王珪、魏徵、戴胄等俱承顾问，议以政事。又与高士廉、令狐德棻等同修《氏族志》，累承赏赍。……谪为象州刺史。岁余卒，年五十八。"⑤《新唐书·宰相世系表》四上："挺，象州刺史。"⑥据史籍记载，韦挺曾官刑部尚书，又因居官失职而被贬象州刺史。故墓志称其最高官，而《新表》著录其终官，二者体例不同。对于其贬象州刺史一事，马骥先生推测："很可能因'为尊者讳'而有意不提。"⑦

皇尚书左仆射、同中书门下三品待价，[君]之曾祖。

韦应物撰《元苹墓志》："有唐京兆韦氏，曾祖金紫光禄大夫、尚书右仆射、同中书门下三品、扶阳郡开国公讳待价。"吕温有《唐故银青光禄大夫

①　周绍良、赵超主编：《唐代墓志汇编续集》，第 654 页。
②　［宋］欧阳修、宋祁：《新唐书》卷七四上，第 3073 页。
③　［宋］欧阳修、宋祁：《新唐书》卷七四上，第 3082 页。
④　［唐］林宝：《元和姓纂》卷二，第 138 页。
⑤　［后晋］刘昫：《旧唐书》卷七七，第 2669—2671 页。
⑥　［宋］欧阳修、宋祁：《新唐书》卷七四上，第 3082 页。
⑦　马骥：《新发现的唐韦应物夫妇及子韦庆复夫妇墓志考》，《纪念西安碑林九百二十周年华诞国际学术研讨会论文集》，第 300 页。

京兆尹兼御史大夫上柱国赠吏部尚书京兆韦公神道碑铭并序》："公姓韦氏，讳武字某，京兆杜陵人也。……曾祖皇朝金紫光禄大夫、尚书左右仆射、同中书门下三品讳待价，致君皇极，时惮其正。"①《旧唐书·韦挺传》："子待价，初为左千牛备身。永徽中，江夏王道宗得罪，待价即道宗之婿也，缘坐左迁卢龙府果毅。……仪凤三年，吐蕃又犯塞。待价复以本官检校凉州都督，兼知镇守兵马事。俄又征还旧职，复封扶阳侯。则天临朝，拜吏部尚书，摄司空，营高宗山陵，功毕，加金紫光禄大夫，改为天官尚书、同凤阁鸾台三品。"②沈作喆《补韦应物传》："复之孙待价，仕隋为左仆射，封扶阳公。"又见《新唐书·韦挺传》。《元和姓纂》卷二："待价，左仆射、扶阳公。"③岑仲勉《四校记》："按待价所拜是文昌右相，此称'仆射'，乃举其通用之名……然右相应为右仆射，作'左'亦误。"④按，据墓志证之，岑说非是。但《韦应物墓志》称"左仆射"，《元蘋墓志》称"右仆射"，《韦武墓志》称"左右仆射"，同是石本，三者有异，则难定孰是。

皇梁州都督令仪，君之烈祖。

韦应物撰《元蘋墓志》："有唐京兆韦氏，……祖银青光禄大夫、梁州都督、袭扶阳公讳令仪。"吕温有《唐故银青光禄大夫京兆尹兼御史大夫上柱国赠吏部尚书京兆韦公神道碑铭并序》："公姓韦氏，讳武字某，京兆杜陵人也。……祖银青光禄大夫梁州都督讳令仪，布化南夏，民怀其惠。"⑤《新唐书·宰相世系表》四上："令仪，宗正少卿。"⑥《元和姓纂》卷二："令仪，司门郎中、梁州都督。"⑦沈作喆《补韦应物传》："待价生令仪，为唐司门郎中。"马骥《唐韦应物书〈元蘋墓志〉》："其祖父韦令仪，《新唐》表四说曾为宗正少卿，《元和姓纂》则记为司门郎中，而志文载为梁州都督。梁州，唐时为山南西道所辖，后因'梁'与'凉'声相近，曾几次更名。

---

① 〔清〕陆心源：《唐文拾遗》卷二七，第 134 页。
② 〔后晋〕刘昫：《旧唐书》卷七七，第 2671—2672 页。
③ 〔唐〕林宝：《元和姓纂》卷二，第 138 页。
④ 〔唐〕林宝：《元和姓纂》卷二，第 139 页。
⑤ 〔清〕陆心源：《唐文拾遗》卷二七，第 134 页。
⑥ 〔宋〕欧阳修、宋祁：《新唐书》卷七四上，第 3082 页。
⑦ 〔唐〕林宝：《元和姓纂》卷二，第 138 页。

梁州所管户数三万七千多户，应为中州，梁州都督应为中都督，品秩正三品。"①

皇宣州司法参军銮，君之烈考。

韦应物撰《元蘋墓志》："有唐京兆韦氏，……父宣州司法参军讳銮，乃生小子前京兆府功曹参军曰应物。"杨敬之撰《韦庆复墓志》云："皇朝梁州都督君讳令仪，生宣州司法参军讳銮，司法府君生左司郎中、苏州刺史讳应物，郎中府君娶河南元氏而生公。公讳庆复，字茂孙。"②韦应物的父亲韦銮，《元和姓纂》与《新唐书·宰相世系表》均未载其官职，而韦应物、元蘋、韦庆复三方墓志均称韦銮官"宣州司法参军"，可补史料之阙。马骥《唐韦应物书〈元蘋墓志〉》："韦应物的父亲韦銮，《新表》与《姓纂》均未载其官职。志文说韦銮官'宣州司法参军'，弥补了史料的不足。唐时宣州属江南西道所辖，管户十二万多，辖八县。按唐制，上州司法参军，从七品下。另据傅璇琮先生考证，韦銮在当时是一位善画花鸟、山水松石的知名画家，韦应物从小就生长在一个富有艺术修养的家庭。"③

君司法之第三子也。门承台鼎，天资贞粹。卝角之年，已有不易之操。以荫补右千牛。

此段记载韦应物早年历官侍从玄宗事。傅璇琮《韦应物系年考证》玄宗天宝十年谓："本年至天宝末，为玄宗侍卫（三卫），在长安。"④但并不明具体官职，而墓志则明言为"右千牛""左羽林仓曹"。按，《新唐书·仪卫志》上：皇帝上朝，"有千牛仗，以千牛备身、备身左右为之。千牛备身冠进德冠，服袴褶。……皆执御刀、弓箭，升殿列御座左右"⑤。皇帝出行，"千牛备身、备身左右二人，骑，居玉路后，带横刀，执御刀、弓箭。"⑥陶敏《韦应物生平再考》："千牛是皇帝贴身的侍卫。韦应物《温泉行》云：'身骑

① 马骥：《唐韦应物书〈元蘋墓志〉》，《书法丛刊》2007 年第 6 期，第 39 页。
② 胡可先、杨琼：《唐代诗人墓志汇编·出土文献卷》，第 244 页。
③ 马骥：《唐韦应物书〈元蘋墓志〉》，《书法丛刊》2007 年第 6 期，第 39 页。
④ 傅璇琮：《唐代诗人丛考》，中华书局 2003 年版，第 290 页。
⑤ ［宋］欧阳修、宋祁：《新唐书》卷二三上，第 482 页。
⑥ ［宋］欧阳修、宋祁：《新唐书》卷二三上，第 493 页。

厩马引天仗,直入华清列御前。'就正是说的任千牛时的情况。……《系年》引《新唐书·选举志上》指出,唐中宗时即已有诏令,'三卫番下日,愿入学者,听附国子学、太学及律馆习业'。《新唐书·选举志上》:'凡生,限年十四以上,十九以下。'所以,韦应物入太学只能在十九岁之前,自千牛退出后,即在玄宗天宝十载至十二载间,决不会如《补传》及《系年》所云晚至乾元、上元间。"①韦应物为右千牛,盖与其祖韦待价之官资相关,马骥先生言:"右千牛全称'右千牛备身',属左右千牛卫大将军所领。韦应物以资荫补右千牛,按唐制'三品以上荫曾孙'。韦应物曾祖韦待价,武后时宰相,正合此制。当时的门荫入卫,多选少年郎,一般在十三十四岁左右。所以韦应物墓志称:'丱角之年,已有不易之操。以荫补右千牛。改□林仓曹。'羽林仓曹,全称'羽林仓曹参军事',为左右羽林军卫大将军所领,正八品下。韦应物初为右千牛,后改为羽林仓曹,通称为所谓'三卫'。《韦苏州集》卷一《燕李录事》:'与君十五侍皇闱,晓拂炉烟上赤墀。花开汉苑经过处,雪下骊山沐浴时。'可知其 15 岁时为玄宗皇帝侍卫,因其资荫高,成为三卫中的亲卫。按时间推算,应在天宝十载左右。"②

韦应物为三卫郎及以后的经历,孙望《韦应物事迹考述》据韦应物诗定其游太学,并推定韦应物入太学在乾元二年:"《赠旧识》:'少年游太学,负气蔑诸生。蹉跎三十载,今日海隅行。'按此诗作于任苏州刺史时,据此上推三十年,则其游太学当在乾元二年至上元二年左右可知。《逢杨开府》云'武皇登仙去,憔悴被人欺'云云,可以推知自玄宗死,不久就被排挤出太学了。又按唐制:太学生限年十四以上、十九以下。但应物入太学时已经二十三岁,超过了规定的年龄。这大概是个特例。就像萧颖士十岁即补太学生,则又不够学龄,恐怕同样是个特例。"③录此存参。

---

① 陶敏:《韦应物生平再考》,《文学遗产》2010 年第 1 期,第 137 页。
② 马骥:《新发现的唐韦应物夫妇及子韦庆复夫妇墓志考》,《纪念西安碑林九百二十周年华诞国际学术研讨会论文集》,第 302—303 页。
③ 孙望:《蜗叟杂稿》,上海古籍出版社 1982 年版,第 32 页。

改左羽林仓曹，授高陵尉、廷评、洛阳丞、河南兵曹、京兆功曹。

陶敏《韦应物生平再考》："韦应物筮仕任'□羽林仓曹'。《新唐书·百官志四上》'左右羽林军'有'仓曹参军事各一人'，正八品下。所阙之字为'左'或'右'已不可考。大约，韦应物在入太学读书后，以荫参加吏部考试得官，得任此职，其时当在天宝末年了。其后任高陵尉一职，则当在肃宗至德、乾元中。《韦江州集》卷二有《高陵书情寄三原卢少府》诗，云：'直方难为进，守此微贱班。……兵凶久相践，赋徭岂得闲。'又有《假中对雨呈县中僚友》诗。二诗为该卷第三、四首，次永泰中洛阳丞任上之作前，当为在高陵尉任上所作。《系年》及《简谱》定《高陵书情寄三原卢少府》诗为大历中任京兆功曹摄高陵令时作，是因为不明韦应物在任洛阳丞前曾任高陵尉一职的缘故。"①

廷评及大理评事，置于为高陵尉后，陶敏以为是韦应物为河阳从事时所兼之职衔。存参。

其为洛阳丞、河南兵曹，孙望《韦应物事迹考述》曾作考证："大约在代宗广德二年，他就到洛阳谋到了县丞的职司。集中《广德中洛阳作》一诗说明了他到洛的年代。《千唐志斋藏石》收有《大唐故东平郡巨野县令顿丘李府君（按为李璀）墓志铭并序》拓片，署'朝请郎行河南府洛阳县丞韦应物撰'。据志文'明年，永泰元祀，瀚（璀之长子）始拜洛阳主簿，以其年十二月九日归葬（其父璀）于河南府河南县谷阳乡……'等语证之，可知永泰元年（765）韦应物正在洛阳丞任上。"②陶敏认为："其为洛阳丞在代宗广德、永泰中，见其《广德中洛阳作》及《示从子河南尉班·序》，又见《唐代墓志汇编》永泰〇〇三《大唐故东平郡巨野县令顿丘李府君（璀）墓志铭》。《新考》曾考证韦应物在洛阳丞任上请告闲居后，游扬州，至大历六年左右任河南府兵曹参军，八年去任。这一点已为《墓志》所证明。"③与孙望的推测大致相同。2005 年出土《随故永嘉郡松阳县令宇文府君（弁才）墓志

---

① 　陶敏：《韦应物生平再考》，《文学遗产》2010 年第 1 期，第 137—138 页。
② 　孙望：《蜗叟杂稿》，第 32—33 页。
③ 　陶敏：《韦应物生平再考》，《文学遗产》2010 年第 1 期，第 138 页。

铭并序》,末署:"朝请郎、行河南府洛阳县丞韦应物撰并书,于永泰元年、岁次乙巳、十月丁酉朔、十三日己酉迁记。"①亦可证其韦应物永泰元年在洛阳县丞任。

其为京兆功曹,傅璇琮《韦应物系年考证》以为大历九年(774)以后数年间任京兆府功曹,又摄高陵宰,在长安。至大历十三年(778)九月为鄠县令。据新出土韦应物撰《元蘋墓志》题署:"朝请郎前京兆府功曹参军韦应物撰并书。"而元蘋大历十一年(776)九月卒,十一月葬。是知韦应物大历十一年九月即丁内忧罢京兆府功曹,故十一月葬其妻时撰墓志自署称"前京兆府功曹参军"。《韦应物系年考证》微误。又《元蘋墓志》称:"疾终于功曹东厅内院之官舍。"可知唐时京兆府官衙和官舍是相联一起的。

其为京兆功曹时摄高陵令,韦应物《天长寺上方别子西有道》诗题注:"时任京兆府功曹、摄高陵宰。"②这时的京兆尹是黎幹,《旧唐书·代宗纪》:大历九年四月,"以桂管观察使黎幹为京兆尹、兼御史大夫"③。又同书《黎幹传》:"十三年,除兵部侍郎。"④韦应物有《秋集罢还途中作谨献寿春公黎公》诗,即与黎幹之作。

朝廷以京畿为四方政本,精选令长,除鄠县、栎阳二县令,迁比部郎。

韦应物为鄠县令,孙望《韦应物事迹考述》推断在大历十三年(778)的春间;傅璇琮《韦应物系年考证》定为大历十三年秋;陶敏、王友胜《韦应物简谱》定为大历十三年春末夏初。今参合诸家考证,定于春夏之间为宜。

韦应物转栎阳令,则见于其诗自述:《谢栎阳令归西郊赠别诸友生》诗:"独此抱微痾,颓然谢斯职。"自注:"大历十四年六月二十三日自鄠县制除栎阳令,以疾辞归善福精舍。七月二十日赋此诗。"⑤此后即闲居于善福精舍。

---

① 见《唐宇文弁才墓志》拓片单行本,河南人民出版社 2011 年版。又该志载于《中国书法》2011 年第 4 期,第 124—126 页。
② 陶敏、王友胜:《韦应物集校注》卷四,第 237 页。
③ [后晋]刘昫:《旧唐书》卷一一,第 304 页。
④ [后晋]刘昫:《旧唐书》卷一一八,第 3426 页。
⑤ 陶敏、王友胜:《韦应物集校注》卷四,第 251 页。

韦应物除比部员外郎在建中二年（781）。其《始除尚书郎别善福精舍》诗题注："建中二年四月十九日，自前栎阳令除尚书比部员外郎。"①《新唐书·百官志》："比部郎中、员外郎，各一人，掌句会内外赋敛、经费、俸禄、公廨、勋赐、赃赎、徒役课程、逋欠之物，及军资、械器、和籴、屯收所入。"②

诏以滁人雕残，领滁州刺史。负戴如归，加朝散大夫。

韦应物除滁州刺史时间，诸书考证有异。王钦臣《韦苏州集序》："建中二年，由前资除比部员外郎，出为滁州刺史。"③姚宽《西溪丛语》卷下："建中二年，由前资除比部员外郎，出为滁州。"④沈作喆《补韦应物传》："建中二年，拜尚书比部员外郎。明年，出为滁州刺史。"傅璇琮《韦应物系年考证》不同意沈说，而以为"夏，由尚书比部员外郎出为滁州刺史，秋至任"⑤。孙望《韦应物事迹考述》则以为："是年（建中二年）冬，仍在比部任，有《雪夜下朝呈省中一绝》为证。建中三年夏间始辞长安，秋间到达滁州，有《郡斋感秋寄诸弟》中'首夏辞旧国，穷秋卧滁城'云云，及《郊园闻蝉寄诸弟》中'去岁郊园别，闻蝉在兰省；今岁卧南谯，蝉鸣归路永'云云为证。因此，可以肯定应物在比部任前后计一年左右。"⑥陶敏、王友胜《韦应物简谱》又不同意傅说，转为论定沈说："卷三《郡斋感秋寄诸弟》：'首夏辞旧国，穷秋卧滁城。'《考证》以为时在建中四年。按若依《考证》，则同卷此诗后冬至、元日、社日、寒食日、三月三日等寄怀京师诸弟亲友诗，当作于建中四年冬及兴元元年春。但卷三《寄诸弟》题下注云：'建中四年十月三日，京师兵乱，自滁州间道遣使，明年兴元甲子岁五月九日使还作。'知建中四年冬，朱泚盗据长安称帝后，应物即与长安家人音问阻绝。前述诸诗丝毫未及朱泚之乱，当作于建中三年冬至四年春，其出守滁州当在本

① 陶敏、王友胜：《韦应物集校注》卷四，第 254 页。
② ［宋］欧阳修、宋祁：《新唐书》卷四六，第 1200 页。
③ 陶敏、王友胜：《韦应物集校注》附录三《序跋》，第 625 页。
④ ［宋］姚宽：《西溪丛语》卷下，中华书局 1993 年版，第 117 页。
⑤ 傅璇琮：《唐代诗人丛考》，第 316 页。
⑥ 孙望：《蜗叟杂稿》，第 43 页。

年。"①今从《考述》及《简谱》之说。其罢滁州刺史在兴元元年(784)冬,其后遂闲居于滁州西涧,至贞元元年(785)秋又为江州刺史。《年谱考证》及《简谱》均有考证,可从。韦应物在滁州所作诗颇多,不具录。

寻迁江州刺史,如滁上之政。时廉使有从权之敛,君以调非明诏,悉无所供。因有是非之讼,有司详按,圣上以州疏端切,优诏赐封扶风县开国男,食邑三百户。

韦应物除江州刺史在贞元元年(785)秋。韦应物《登郡楼寄京师诸季淮南子弟》诗:"始罢永阳守,复卧浔阳楼。悬槛飘寒雨,危堞侵江流。迨兹闻雁夜,重忆别离秋。徒有盈樽酒,镇此百端忧。"②"永阳"即滁州,是由滁州移江州在秋天。在江州曾作《春月观省属城始憩东西林精舍》《东林精舍见故殿中郑侍御题诗追旧书情涕泗横集因寄呈阆澧州冯少府》《发蒲塘驿沿路见泉谷村墅忽想京师旧居追怀昔年》《自蒲塘驿回驾经历山水》等诗。

征拜左司郎中,总辖六官,循举戴魏之法。

韦应物由江州刺史征拜左司郎中在贞元三年。王钦臣《韦苏州集序》:"改刺江州。追赴阙,改左司郎中。"③姚宽《西溪丛语》卷下:"改判江州,改左司郎中。"④沈作喆《补韦应物传》:"俄擢江州刺史。居二岁,召至京师。贞元二年,由左司郎中补外,得苏州刺史。"孙望《韦应物事迹考述》则又推定于贞元四年(788)初。傅璇琮《韦应物系年考证》则考证其入为左司郎中在贞元三年(787),其证确凿,可正沈氏、孙氏之误。又岑仲勉《郎官石柱题名新著录》左司郎中第八行有"□应物",应即韦应物。又韦应物《答河南李士巽题香山寺》诗:"前岁守九江,恩召赴咸京。……今兹守吴郡,绵思方未平。"⑤韦应物为苏州刺史在贞元五年(789),则其征拜

①　陶敏、王友胜:《韦应物集校注》,第 665 页。
②　陶敏、王友胜:《韦应物集校注》卷三,第 191 页。
③　陶敏、王友胜:《韦应物集校注》附录三《序跋》,第 625 页。
④　[宋] 姚宽:《西溪丛语》卷下,第 117 页。
⑤　陶敏、王友胜:《韦应物集校注》卷五,第 349 页。

左司郎中在贞元三年。

寻领苏州刺史。下车周星，豪猾屏息，方欲陟明，遇疾终于官舍。池雁随丧，州人罢市。素车一乘，旋于逍遥故园。茅宇竹亭，用设灵几。

韦应物为苏州刺史在贞元五年。傅璇琮《韦应物系年考证》辨析颇详，但亦尚有疑义。白居易《吴郡诗石纪》："贞元初，韦应物为苏州牧，房孺复为杭州牧，皆豪人也。韦嗜诗，房嗜酒，每与宾友一醉一咏，其风流雅韵，多播于吴中。或目韦、房为诗酒仙。时予始年十四五，旅二郡，以幼贱不得与游宴，尤觉其才调高而郡守尊。以当时心言异日苏、杭苟获一郡，足矣。及今自中书舍人间领二州，去年脱杭印，今年佩苏印，既醉于彼，又吟于此。酣歌狂什亦往往在人口中。则苏、杭之风景，韦、房之诗酒，兼有之矣。岂始愿及此哉？然二郡之物状人情，与曩时不异。前后相去三十七年，江山是而齿发非，又可嗟矣。韦在此州歌诗甚多，有《郡宴》诗云：'兵卫森画戟，燕寝凝清香。'最为警策。今刻此篇于石，传贻将来，因以予《旬宴》一章亦附于后。虽雅俗不类，各咏一时之志。偶书石背，且偿其初心焉。宝历元年七月二十日，苏州刺史白居易题。"[1]是其在苏州情状的描述，可以参证。

韦应物罢苏州刺史的时间，傅璇琮《韦应物系年考证》系于贞元四年至六年，郁贤皓《唐刺史考》卷一三九从之。陶敏、王友胜《简谱》则系于贞元七年（791），寓居苏州永定寺。约卒于贞元八年（792）或稍后。而据墓志下文贞元七年十一月葬，则其卒贞元七年之前无疑。则《简谱》之说并不可据。故陶敏《韦应物生平再考》又据墓志以更正其说，云："尽管《墓志》未载韦应物的卒年，但他的卒年实可据'下车周星'一语推定。据《系年》及《韦应物集校注》，韦应物贞元五年在苏州有与顾况等唱和，六年在苏州有与邹儒立唱和，所以他出守苏州当在贞元五年初，至贞元六年末去世。贞元五年至六年末，正一年多，可谓'下车周星'。如定其四年末任苏州，六年或七年卒，或者定五年任苏州，七年卒，都不能说'下车周星'而只

---

① 朱金城：《白居易集笺校》卷六八，第3663页。

能说'星岁再周'了。所以韦应物于贞元五年岁初来苏州、贞元六年卒,应当是没有疑问的。"①

韦应物去世时,家境已颇艰难,故出殡时仅"素车一乘,旋于逍遥故园。茅宇竹亭,用设灵几……俭德如此,岂不谓贵而能贫者矣"。这与《韦庆复墓志》"少孤终丧,家贫甚"可以相互比照。

历官一十三政,三领大藩。俭德如此,岂不谓贵而能贫者矣。

此处历官一十三政,指为羽林仓曹、授高陵尉、廷评、洛阳丞、河南兵曹、京兆功曹、鄠县县令、栎阳县令、比部员外郎、滁州刺史、江州刺史、左司郎中、苏州刺史。三领大藩指为滁州刺史、江州刺史、苏州刺史。

所著诗赋、议论、铭颂、记序,凡六百余篇,行于当时。

现存的《韦应物集》,存诗尚有六百余首,其文则大多失传了,仅《全唐文》卷三七五收其《冰赋》一篇。陶敏、王友胜所撰的《韦应物集校注》,仅辑得其《大唐故东平郡钜野县令顿丘李府君墓志铭并序》一篇。韦应物所撰《故夫人河南元氏墓志铭》,是新近出土的最重要的韦应物文章。

以贞元七年十一月八日窆于少陵原,礼也。

《长安志》卷一一"万年县":"少陵原在县南四十里,南接终南,北至浐水西,屈曲六十里,入长安县界,即汉鸿固原也。宣帝许后葬于此,俗号少陵原。"②《雍录》卷七:"少陵原在长安县南四十里。汉宣帝陵在杜陵县,许后葬杜陵南园。师古曰:'即今谓小陵者也,去杜陵十八里。'它书皆作少陵。杜甫家焉,故自称杜陵老,亦曰少陵也。"③

夫人河南元氏,父挹,吏部员外郎。嘉姻柔则,君子是宜。先君即世,以龟筮不叶,未从合祔。以十二年十一月廿七日,嗣子庆复启举有时,方遂从夫人之礼。

韦应物夫人《元蘋墓志》,与韦应物墓志同时出土,今略录于下:《故夫人河南元氏墓志铭》,题署:"朝请郎前京兆府功曹参军韦应物撰并书。"

① 　陶敏:《韦应物生平再考》,《文学遗产》2010 年第 1 期,第 136—137 页。
② 　[宋]宋敏求:《长安志》卷一一,《宋元方志丛刊》本,第 133 页。
③ 　[宋]程大昌:《雍录》卷七,中华书局 2002 年版,第 146 页。

志云："前京兆府功曹参军曰应物。娶河南元 氏 夫人讳蘋，字佛力，魏昭成皇帝之后，有尚舍奉御延祚，祚生简州别驾、赠太子宾客平叔，叔生尚书吏部员外郎捆。夫人吏部之长女。动止礼则，柔嘉端懿；顺以为妇，孝于奉亲。尝修理内事之余，则诵读诗书，翫习华墨。始以开元庚辰岁三月四日诞于相之内黄，次以天宝丙申八月廿二日配我于京兆之昭应，中以大历丙辰九月廿日癸时疾终于功曹东厅内院之官舍，永以即岁十一月五日祖载终于太平坊之假第，明日庚申巽时窆于万年县义善乡少陵原先茔外东之直南三百六十余步。"

韦应物卒于苏州，归葬于长安，这与唐代丧葬风俗和取向有关。毛汉光指出："归葬是中古士族的大事，客死他乡，其子孙负枢归葬成为当时重要的孝行，此事在拓片中屡见，如果客观形势无法归葬，拓片中有'权厝'，表示力有未及。士族归葬地的改变与籍贯的改变之间有重大关连……士族归葬地的改变也是反映该家族重心的转移，有许多墓志铭中可以看到在葬地附近城市有私第的记载，行宫于外者亦与归葬地息息相通。"[①]

长女适大理评事杨凌。次女未笄，因父之丧，同月而逝。呜呼！可谓孝矣。

杨氏的文学家中娶著名诗人之女而后文学传家者，则以杨凌娶韦应物之女最为典型。新出土《唐故监察御史里行河东节度判官赐绯鱼袋韦府君（庆复）墓志》，题撰人为："外生前乡贡进士杨敬之撰。"志云："杨氏甥小子敬之实闻太夫人及公夫人之词，遂刻于石。"[②]按，韦庆复为韦应物之子，则杨敬之是韦应物外甥。韦应物有《送杨氏女》诗："永日方戚戚，出门复悠悠。女子今有行，大江泝轻舟。尔辈况无恃，抚念益慈柔。幼为长所育，两别泣不休。对此结中肠，义往难复留。自小阙内训，事姑贻我忧。赖兹托令门，仁恤庶无尤。贫俭诚所尚，资从岂待周。孝恭遵妇道，容止

---

① 毛汉光：《中国中古社会史论》，上海书店出版社 2002 年版，第 246 页。此处亦可参李浩《唐代三大地域文学士族研究》（增订本）附论五之二《韦应物的归葬问题》，中华书局 2008 年版，第 287—289 页。

② 胡可先、杨琼：《唐代诗人墓志汇编·出土文献卷》，第 244—245 页。

顺其猷。别离在今晨,见尔当何秋。居闲始自遣,临感忽难收。归来视幼女,零泪缘缨流。"①可谓慈爱满眼,至情感人,以至于清人蘅塘退士《唐诗三百首》选入,章燮评其末四句云:"言未送女之始,闲居在家,无所感触,聊可自遣。忽逢送别,临岐伤感,潸潸掉泪,殊觉难收,直待归来,凄恻之情,或可缓矣。乃独相遇膝下幼女,迎笑于前,触动离情,不禁两泪更绕颈缨流矣。以为他日长成,亦如杨氏女也,不且为之伤极乎?"②正因如此,韦应物与杨凌往还之诗就颇多,如《郡中对雨赠元锡兼简杨凌》《送元锡杨凌》《寄杨协律》等。杨凌有《奉酬韦滁州寄示》诗,即酬答韦应物《郡中对雨赠元锡兼简杨凌》之作。

　　余,吴士也,尝忝州牧之旧,又辱诗人之目,登临酬和,动盈卷轴。公诗原于曹、刘,参于鲍、谢,加以变态,意凌丹霄,忽造佳境,别开户牖。惜夫位未崇,年不永,而殁乎泉局,哀哉!

　　韦应物墓志撰者丘丹情况,及其对于韦应物文学的评价,详下文中阐述。

　　堂弟端,河南府功曹,以□孝承家。堂弟武,绛州刺史,以文学从政。庆复克荷遗训,词赋已工,乡举秀才,策居甲乙,泣血请铭,式昭幽壤。

　　韦端,《元和姓纂》卷二京兆杜陵韦氏:"廉,考功员外。廉生肃、端。"③韦应物有《休沐东还胄贵里示端》诗:"宦游三十载,田野久已疏。休沐遂兹日,一来还故墟。山明宿雨霁,风暖百卉舒。泓泓野泉洁,熠熠林光初。竹木稍摧翳,园场亦荒芜。俯惊鬓已衰,周览昔所娱。存没恻私怀,迁变伤里闾。欲言少留心,中复畏简书。世道良自退,荣名亦空虚。与子终携手,岁晏当来居。"④按,《唐代墓志汇编》元和一四一收有《唐故朝散大夫秘书省著作郎致仕京兆韦公玄堂志》云:"唐元和十四年三月廿三日,公弃背于长安新昌里私第,享寿八十有三。……公讳端,字正礼,五

---

① 陶敏、王友胜:《韦应物集校注》卷四,第265页。
② [清]章燮:《唐诗三百首注疏》卷一,上海扫叶山房1930年版,第33页。
③ [唐]林宝:《元和姓纂》卷二,第150页。
④ 陶敏、王友胜:《韦应物集校注》卷二,第109页。

代祖孝宽，后周大司空郧襄公；高祖津，隋民部尚书；曾祖琬，皇成州刺史，赠礼部尚书；祖季弼，太仆寺主簿；烈考廉，尚书库部郎中。……公即郎中第二子也。……官历率更寺主簿。下邽县主簿，下邽、阳翟二县丞，国子监主簿。"①以此推之，韦应物卒时，韦端已五十四岁。《韦应物墓志》所载韦端贞元十二年（796）所任之"河南府功曹"，为《韦端墓志》之所缺载。

韦武，吕温有《唐故银青光禄大夫京兆尹兼御史大夫上柱国赠吏部尚书京兆韦公神道碑铭并序》："公姓韦氏，讳武，字某，京兆杜陵人也。……年十一，始以门第补右千牛，历京兆府参军，高陵、栎阳、万年三县尉，长安县丞。……擢为太常博士。……除殿中侍御史。……转礼部员外郎。……召拜户部郎中。……除万年令。……迁京兆少尹。……出为绛州刺史。因其岁歉，导以地利，凿汾而灌注者十有三渠，环绛而开辟者三千余顷，舄卤之地，京坻勃兴，课最屡闻，玺书降劳。迁晋慈隰等州都防御观察处置等使、晋州刺史、兼御史中丞，赐紫金鱼袋。自绛及晋，不三百里，惠泽旁浸，仁声先路者久矣。……居晋郡六年，顺宗就加左散骑常侍、银青光禄大夫，宠循政也。今上征为兵部侍郎，崇德□也。……拜京兆尹，兼御史大夫，充山陵桥道等使，公哀敬尽瘁，殆忘寝食，凡七十日，遇暴疾薨于长安通化里之私第，享年五十有五。"②韦应物有《沣上醉题寄涤武》诗："芳园知夕燕，西郊已独还。谁言不同赏，俱是醉花间。"③《元和姓纂》卷二京兆杜陵韦氏："挺，御史大夫，生待价、履冰、兴宗、万石。……兴宗生令望、令悌、令裕。令望生叔卿，丹州刺史。叔卿生澣、涤。"④陆贽《优恤畿内百姓并除十县令诏》："韦武可检校礼部员外郎，兼昭应县令……泾阳县令韦涤，洁已贞明，处事通敏，有御灾之术，有字物之方，人不流亡，事皆办集，惟是一邑之内，独无愁怨之声，古之循良，何以过此！就加宠秩，允叶前规，可检校工部员外郎。兼本官，仍赐绯鱼袋，并赐衣一

① 周绍良主编：《唐代墓志汇编》，第 2048—2049 页。
② ［清］陆心源：《唐文拾遗》卷二七，第 134 页。
③ 陶敏、王友胜：《韦应物集校注》卷二，第 131 页。
④ ［唐］林宝：《元和姓纂》卷二，第 138—141 页。

袭,绢百匹,马一匹。"①

韦庆复,其墓志与韦应物志一同出土。《唐故监察御史里行河东节度判官赐绯鱼袋韦府君墓志》,题署:"外生前乡贡进士杨敬之撰。"志云:"公讳庆复,字茂孙。……贞元十七年,举进士及第,时以为宜。二十年会选,明年以书词尤异,受集贤殿校书郎。顺宗皇帝元年召天下士,今上元年试于会府,时文当上心者十八人,公在其间,诏授京兆府渭南县主簿。二年,今兵部尚书、江夏公李鄘镇凤翔。四年,移镇于太原。二年□□公为里行御史,掌其文词。四年,奏公以本官加绯,参其节度。其年,江夏公罢镇归,公亦归。道得疾,至渭南灵岩寺而病。以七月十九日终寺之僧舍,春秋三十四。以其年十一月二十一日,祔于京兆府万年县凤栖乡少陵原苏州府君之墓之后。"②

韦应物家族墓志及其撰者

韦氏四方墓志的撰者,都是当时著名的人物。《韦应物墓志》题撰者:"守尚书祠部员外郎骑都尉赐绯鱼袋吴兴丘丹撰。"按,丘丹是唐代著名的诗人,并且也是文学世家。《元和姓纂》卷五:"邱俊居吴兴乌程。松江太守邱灵鞫生迟,梁永嘉太守。五代孙仲昇,唐武临尉。宋西卿侯邱道让,亦俊后。七代孙悦,岐王傅,昭文学。右常侍邱为,吴郡人;弟丹,仓部员外。"③《郎官石柱题名》仓部员外郎、祠部员外郎均有丘丹题名。《全唐诗》卷三〇七《丘丹小传》:"丘丹,苏州嘉兴人,诸暨令,历尚书郎,隐临平山,与韦应物、鲍防、吕渭诸牧守往还,存诗十一首。"④其与韦应物赠还诗

① [唐]陆贽:《陆贽集》卷四,中华书局 2006 年版,第 112—114 页。
② 胡可先、杨琼:《唐代诗人墓志汇编·出土文献卷》,第 244—245 页。
③ [唐]林宝:《元和姓纂》卷五,第 707 页。
④ [清]彭定求:《全唐诗》卷三〇七,第 3480 页。按,丘丹诗,《全唐诗》卷八八三《补遗》二尚存其《奉使过石门瀑布并序》《秋夕宿石门馆》二首。又王勇先生辑录的《延历僧录》所载《淡海居士传》云:"居士又作《北山赋》,至长安。大理评事丘丹见赋,再三叹仰:'曹子建之久事风云,失色不奇。日本亦有曹植耶。'自还使,便书兼诗曰:'(五言)儒林称祭酒,文籍号先生。不谓辽东土,还成俗下名。十年当甘物,四海本同声。绝域不相识,因答达此情。'"丘丹此佚诗,不仅《全唐诗》失载,即《全唐诗补编》亦失收。王勇称:"今据 (转下页)

有：《和韦使君秋夜见寄》《奉酬韦苏州使君》《和韦使君听江笛送陈侍御》《奉酬韦使君送归山之作》《奉酬重送归山》。而韦应物诗则有：《秋夜寄丘二十二员外》《赠丘员外二首》《复理西斋寄丘员外》《送丘员外还山》《重送丘二十二还临平山居》《送丘员外归山居》。丘丹贞元十二年（796）撰志时官职为"守尚书祠部员外郎骑都尉赐绯鱼袋"，亦可补《郎官石柱题名考》之缺。

《故夫人河南元氏墓志铭》，题署："朝请郎前京兆府功曹参军韦应物撰并书。"元氏葬于大历丙辰，即大历十一年（776），其时韦应物在京兆府功曹参军任上。傅璇琮先生《韦应物系年考证》以韦应物大历九年（774）至大历十二年（777）为京兆府功曹。[①] 与墓志题署吻合。《元蘋墓志》出土，更值得珍视的一个方面是我们对于韦应物的书法有了更进一步了解。马骥先生说："特别值得珍视的是，元蘋的墓志志文是韦应物亲自书写的，让我们首次欣赏到诗人工整自然、端庄凝重和带有明显魏碑风格的楷书作品。……诗人为唐代士族出身，其父又是知名画家，从小受到良好教育，而书翰之道又是必不可少的基本训练。我们从墓志文字的用笔和结体中可以看得非常清楚。"[②]

《唐故监察御史里行河东节度判官赐绯鱼袋韦府君墓志》，题署："外生前乡贡进士杨敬之撰。"杨敬之是唐代著名的文学家，并在科举与文学两方面，都取得了极大的成功。《新唐书·杨敬之传》："敬之字茂孝，元和初，擢进士第，平判入等，迁右卫胄曹参军。累迁屯田、户部二郎中。坐李宗闵党，贬连州刺史。文宗尚儒术，以宰相郑覃兼国子祭酒，俄以敬之代。未几，兼太常少卿。是日，二子戎、戴登科，时号'杨家三喜'。转大理卿，

（接上页）《淡海居士传》，可以确认布势清直一行入唐期间（779—781 年），丘丹担任大理评事（从八品下），在长安与遣唐使有过交往，并与淡海三船隔海唱和，谱写了中日文化交流史上的一段佳话。"（《唐代中日交流的新史料——〈延历僧录〉〈淡海居士传〉校读记》，载《河南师范大学学报》2004 年第 2 期，第 93—94 页）故而丘丹事迹和诗作，尚可据出土文献和域外文献进行深入详细的考订与辑集。如日僧布势清直入唐期间即大历十四年至建中二年（779—781），丘丹在长安为大理评事，而贞元十二年（796）丘丹为祠部员外郎。

① 傅璇琮：《唐代诗人丛考》，第 301—306 页。
② 马骥：《唐韦应物书元蘋墓志》，《书法丛刊》2007 年第 6 期，第 39 页。

检校工部尚书,兼祭酒,卒。敬之尝为《华山赋》示韩愈,愈称之,士林一时传布,李德裕尤咨赏。敬之爱士类,得其文章,孜孜玩讽,人以为癖。雅爱项斯为诗,所至称之,繇是擢上第。"①据清徐松《登科记考》卷一七:元和二年进士科:"杨敬之,《新书·杨凭传》:'敬之元和初擢进士第,平判入等。'柳宗元《与杨京兆凭书》童宗说注:'杨凌子敬之,字茂孝,常为《华山赋》,韩愈称之。中元和二年进士。'"②此志撰于元和四年(809),称"前乡贡进士",则是及第后尚未释褐之时,已露出文学才华。杨氏自称关西杨震的后代,为名门之后,是颇有声名的文学家族,因此韦、杨相互为姻亲,也是唐代士族风尚的一种表现。

《唐故河东节度判官监察御史京兆韦府君夫人闻喜县太君玄堂志》,题署:"孤子将仕郎前监察御史里行退之奉述。"韦退之是韦应物之孙,《新唐书·宰相世系表》四上有著录,但未署官职,此称其为"监察御史里行",是会昌六年(846)撰志时的官职,可补史书不足。又其在墓志中自述:"小子以明经换进士第,受业皆不出门内。"也可补《登科记考》之缺。

韦应物诗文评价

丘丹所撰《韦应物墓志》云:"所著诗赋、议论、铭颂、记序,凡六百余篇,行于当时。""公诗原于曹、刘,参于鲍、谢,加以变态,意凌丹霄,忽造佳境,别开户牖。"这一评价的内涵有两个主要方面:

其一是韦应物诗词及议论、铭颂等各种文体多所擅长。而现存的《韦应物集》,存诗尚有六百余首,其文则大多失传了,仅《全唐文》卷三七五收其《冰赋》一篇。陶敏、王友胜所撰的《韦应物集校注》,仅辑得其《大唐故东平郡钜野县令顿丘李府君墓志铭并序》一篇。韦应物佚文尚有《随故永嘉郡松阳县令宇文府君(弁才)墓志铭并序》,末署:"朝请郎、行河南府洛阳县丞韦应物撰并书,于永泰元年、岁次乙巳、十月丁酉朔、十三日己酉迁记。"①亦颇资于韦应物生平之考证。此外就是与《韦应物墓志》同时出土的韦应物所撰《故夫人河南元氏墓志铭》，弥足珍贵。这在下文论及。历代研究者对于韦诗颇为重视，而对韦文则知之甚少，今所见虽仅有三篇，难以窥见韦文之全豹，但对其文加以探讨，亦可在一定程度上补充这一研究领域的空白。

其二是论述了韦应物的诗歌渊源。"'原于曹刘'之'曹刘'，当指三国时期的曹植和刘桢，二人皆为建安作家中成就最高者。曹植为曹操之子。刘桢，字公幹，东平宁阳人，建安中为曹操军谋祭酒掾，建安二十二年卒，有集四卷。后人常'曹刘'并称。刘勰《文心雕龙·比兴》：'至于扬班之伦，曹刘以下，图状山川，影写云物。''参于鲍谢'之'鲍谢'，是指南朝刘宋时期的代表诗人鲍照和谢灵运。鲍谢二人皆为'元嘉三大家'中人，在中国文学史上皆有定评，不赘。丘丹的评价，对于我们现今研究韦诗艺术风格的形成，无疑有着非常重要的价值。"②韦应物墓志中的"原于曹刘，参于鲍谢"这一表述，实则上是说其诗主要渊源于汉魏，又有融会晋宋的长处。这一方面，前人也有一定的认识，且表现出三种趋向：

第一，渊源于汉魏。唐人李肇《唐国史补》称："韦应物立性高洁，鲜食寡欲，所坐焚香扫地而坐。其为诗驰骤建安以还，各得其风韵。"③明人陆时雍《唐诗镜》评《西郊燕集》诗："此诗气格加遒，便可追踪邺下。"④张谦宜在《絸斋诗谈》中评《郡斋雨中与诸文士燕集》诗："莽苍中森秀郁郁，便近汉、魏。"⑤

第二，渊源于晋宋。宋人包恢《敝帚稿略》言："唐称韦、柳有晋宋高风，而柳实学陶者。"⑥元人倪瓒在《谢仲野诗序》中言："韦柳冲淡萧散，皆

① 按该墓志 2005 年秋在洛阳邙山出土，载于《中国书法》2011 年第 4 期，第 124—126 页。
② 马骥：《新发现的唐韦应物夫妇及子韦庆复夫妇墓志简考》，《文汇报》2007 年 11 月 4 日，第 8 版。
③ ［唐］李肇：《唐国史补》卷下，上海古籍出版社 1979 年版，第 55 页。
④ ［明］陆时雍：《唐诗镜》卷三〇，《景印文渊阁四库全书》第 1411 册，第 609 页。
⑤ ［清］张谦宜：《絸斋诗谈》卷五，《清诗话续编》本，上海古籍出版社 1983 年版，第 850 页。
⑥ ［宋］包恢：《敝帚稿略》卷二，民国宜秋馆校刊本，第 2 页。

得陶之旨趣,下此则王摩诘矣。"①清人叶矫然《龙性堂诗话续集》云:"韦诗古澹见致,本之陶令,人所知也。集中实有蓝本大谢者,或不之觉,特为拈出。……则依依晋宋诸公佳致。"②

第三,渊源于汉魏晋宋。这一方面,唐人也已有所认识,孟郊《赠苏州韦郎中使君》诗:"谢客吟一声,霜落群听清。文含元气柔,鼓动万物轻。嘉木依性植,曲枝亦不生。尘埃徐庾词,金玉曹刘名。章句作雅正,江山益鲜明。蘋萍一浪草,菰蒲片池荣。曾是康乐咏,如今寨其英。顾惟菲薄质,亦愿将此并。"③孟郊指出韦应物摄取曹(曹植)刘(刘桢)、徐(徐陵)庾(庾信)和谢灵运之长而融化之。明人顾璘批点《唐音》言:"韦公古诗当独步唐室,以其得汉魏之质也,其下者亦在晋宋之间。"④清人林昌彝《海天琴思续录》称:"汉魏晋人诗气息渊永,风骨醇茂,唐人诗拟之惟苏州。"⑤

韦应物墓志中丘丹的评价,说明韦诗是转益多师的,其高处在追溯汉魏,并非模拟六朝。更重要的是,他在曹、刘、鲍、谢的基础上,"加以变态,意凌九霄,忽造佳境,别开户牖",这样才使得自己在诗坛上独树一帜。墓志评韦诗仅寥寥数语,却将其渊源、风格,与其推动诗坛风气转变的作用,都作了精当地概括,无疑对我们现在研究唐代诗歌史,具有很大的启迪意义。此外,墓志中评论韦应物诗者,还有一则,可供参考:《唐代墓志汇编》咸通〇二一《唐故处州刺史赵府君(璜)墓志》:"先君韦氏之出,堂舅苏州刺史应物,道义相契,篇什相知,舅甥之善,近世少比。佐盐铁府,官至监察御史里行。"⑥

惟韦应物墓志中称其"参于鲍谢",也就是就在一定程度上受到鲍照和谢灵运的影响。而韦诗与鲍诗的传承关系,一直没有受到后世研究者的重视,故这里拟作申论。韦应物墓志之所以评述韦应物"参于鲍谢",主

①　[元] 倪瓒:《清闷阁全集》卷一〇,《摘藻堂四库全书荟要》第 408 册,第 156 页。
②　[清] 叶矫然:《龙性堂诗话续集》,《清诗话续编》本,第 1008 页。
③　[唐] 孟郊:《孟东野诗集》卷六,人民文学出版社 1959 年版,第 99 页。
④　[明] 顾璘评点:《唐音评注》,河北大学出版社 2006 年版,第 150 页。
⑤　[清] 林昌彝:《海天琴思续录》,上海古籍出版社 1988 年版,第 459 页。
⑥　周绍良主编:《唐代墓志汇编》,第 2393—2394 页。

要有两个方面因素，一是鲍照和谢灵运在当时齐名，具有很高的诗坛地位，故而以之比拟韦应物；二是就山水诗而言，韦应物与鲍照、谢灵运也有共通之处。至于韦应物实受陶渊明的影响较大，而墓志中并没有提及，盖因为陶渊明在唐代以前，地位与影响并没有鲍谢二人尊崇。

先就第一方面看，"鲍谢"都是元嘉诗坛领袖。当时"元嘉三大家"，即指鲍照、谢灵运和颜延之。他们的诗风虽不尽相同，但在描写山川景物与讲究清新华美方面，亦有一致之处。《诗人玉屑》卷一二《评鲍谢诸诗》："为诗欲词格清美，当看鲍照、谢灵运。"①后人也往往将"鲍谢"并称，如杜甫《遣兴》诗："赋诗何必多，往往凌鲍谢。"②韩愈《荐士》诗："逶迤抵晋宋，气象日凋耗。中间数鲍谢，比近最清奥。"③鲍照和谢灵运各有特长。清人方东树《昭昧詹言》不仅将其并称，而较其异同："鲍、谢两雄并峙，难分优劣。谢之本领，名理境界，肃穆沉重，似稍胜之；然俊逸活泼，亦不逮明远。作诗文者，能寻求作者未尽之长，引而伸之，以益吾短，于鲍、谢两家尤宜。观之杜公可见。又明远时似有不亮之句，及冗剩语，康乐无之。"④

再从第二方面看，韦应物对鲍照也有承袭之处。其一是山水诗的继承。鲍照在晋宋之际"庄老告退，山水方滋"的诗坛背景之下，也是一位著名的山水诗人。钟嵘《诗品》"宋参军鲍照"条云："其源出于二张。善制形状写物之词。得景阳之诡诈，含茂先之靡嫚。骨节强于谢混，驱迈疾于颜延。总四家而擅美，跨两代而孤出。"⑤其中称其"善制形状写物之词"，主要是就其山水诗而言。只是与陶相比，在平淡之中加上了奇崛的特点；与谢相比，在状物之外加上了瑰丽的风格。这与韦应物诗自有相通之处。其二是平淡风格以外的诗歌，韦应物和鲍照一致的地方更多。如鲍照的诗风奇崛俊逸，这方面的代表诗作如《拟行路难》是人所共知的。而韦应物的诗如《寄畅当》："寇贼起东山，英俊方未闲。闻君新应募，籍籍动京

---

① 〔宋〕魏庆之：《诗人玉屑》卷一二，上海古籍出版社 1978 年版，第 250 页。
② 〔清〕仇兆鳌：《杜诗详注》卷七，第 565 页。
③ 钱仲联：《韩昌黎诗系年集释》卷五，第 527—528 页。
④ 〔清〕方东树：《昭昧詹言》卷六，人民文学出版社 1961 年版，第 169—170 页。
⑤ 陈廷杰：《诗品注》卷中，人民文学出版社 1961 年版，第 27 页。

关。出身文翰场,高步不可攀。青袍未及解,白羽插腰间。昔为琼树枝,今有风霜颜。秋郊细柳道,走马一夕还。丈夫当为国,破敌如摧山。何必事州府,坐使鬓毛斑。"①《送冯著受李广州署为录事》:"郁郁杨柳枝,萧萧征马悲。送君灞陵岸,纠郡南海湄。名在翰墨场,群公正追随。如何从此去,千里万里期。大海吞东南,横岭隔地维。建邦临日域,温燠御四时。百国共臻奏,珍奇献京师。富豪虞兴戎,绳墨不易持。州伯荷天宠,还当翊丹墀。子为门下生,终始岂见遗。所愿酌贪泉,心不为磷缁。上将酬国士,下以报渴饥。"②其俊逸的情调和凌厉的气势,足以和鲍照的名篇媲美。

《元蘋墓志》与韦应物悼亡诗

　　韦应物所撰的《元蘋墓志》,是韦应物的重要佚文。这篇墓志对于研究韦应物的诗文也具有重要意义,尤其是在研究悼亡诗方面。陈尚君云:"韦妻元蘋墓志,为韦应物亲自撰文并书写,抒写了对于亡妻的深切悼念,且留下了诗人的书迹。在韦应物诗集中,有十九首悼亡诗,历来为学者所重视,认为是潘岳《悼亡诗》以后最真切的追忆亡妻的作品。但存世文献中没有关于韦妻家世生平以及与其婚姻始末的具体记载。元蘋墓志以平实细腻的文笔写出妻亡后的悲痛心情,是唐人墓志中难得的抒情佳作,与其悼亡诸诗颇可印证,可以进一步解读的内容很丰富。"③马骥云:"志文格式打破常规,用大段篇幅来表达对夫人怀念和悲痛之情,共约七百字的志文,就有四百字用来悼亡,其中一些词句感人至深……由此使人联想到《韦应物诗集》中,有历来为学者所重视的悼亡诗十九首,感情诚挚感人。如《伤逝》诗中云:'念我室中人,逝去亦不回。结发二十载,宾敬如始来。'志文与悼亡诗可相互印证,是唐人墓志中难得的抒情佳作。"④

　　《韦应物集》卷六"伤逝"类原注:"此后叹逝哀伤十九首,尽同德精舍

---

①　陶敏、王友胜:《韦应物集校注》卷三,第163—164页。

②　陶敏、王友胜:《韦应物集校注》卷四,第215页。

③　陈尚君:《韦应物一家墓志的学术价值》,《文汇报》2007年11月4日,第8版。

④　马骥:《唐韦应物书元蘋墓志》,《书法丛刊》2007年第6期,第39页。

旧居伤怀时所作。"①即悼亡诗，其题为：《伤逝》《往富平伤怀》《出还》《冬夜》《送终》《除日》《对芳树》《月夜》《叹杨花》《过昭国里故第》《夏日端居感怀》《悲纨扇》《闲斋对雨》《林园晚霁》《秋夜二首》《感梦》《同德精舍旧居伤怀》。这十九首诗，自《伤逝》至《除日》，孙望《韦应物诗集系年校笺》卷三均系于大历十二年（777）；自《对芳树》至《感梦》系于大历十三年（778）；《同德精舍旧居伤怀》系于建中三年（782）。陶敏、王友胜《韦应物集校注》卷六与孙望编年相同。今据《元蘋墓志》："中以大历丙辰九月廿日癸时疾终于功曹东厅内院之官舍，永以即岁十一月五日祖载终于太平坊之假第，明日庚申巽时窆于万年县义善乡少陵原先茔外东之直南三百六十余步。"可知其卒于大历十一年（776）九月廿日，祖载于十一月五日，葬于十一月六日。《送终》诗有"晨迁俯玄庐，临诀但遑遑""俯仰遽终毕，封树已荒凉"语②，玄庐、封树都是指坟墓，则为安葬时作，即十一月六日。此前数首为十一月六日前作。《除日》一首为大历十一年除夕作。《对芳树》至《感梦》则均为大历十二年所作。

对于韦应物的悼亡诗，前人给予很高的评价。刘克庄曰："悼亡之作，前有潘骑省，后有韦苏州，又有李雁湖（璧），不可以复加矣。"③刘辰翁曰："唐人诗气短，苏州诗气平，短与平甚悬绝。及其悼亡，自不能不短耳。短者，使人不欲再读。"④乔亿《剑溪说诗》又辨曰："古今悼亡之作，惟韦公应物十数篇，澹缓凄楚，真切动人，不必语语沉痛，而幽忧郁堙之气，直灌输其中，诚绝调也。潘安仁气自苍浑，是汉京余烈，而此题精蕴，实自韦发之。"⑤

《元蘋墓志》最感人之处，在于流露出作者的真情。而这种真情又是通过两个情节所表现的，一是其女儿的感受："又可悲者，有小女年始五

---

① 陶敏、王友胜：《韦应物集校注》卷六，第393页。
② 陶敏、王友胜：《韦应物集校注》卷六，第398页。
③ 陶敏、王友胜：《韦应物集校注》卷六，第395页。
④ 陶敏、王友胜：《韦应物集校注》卷六，第396页。
⑤ ［清］乔亿：《剑溪说诗》，《清诗话续编》本，第1131页。

岁，以其惠淑，偏所恩爱，尝手教书札，口授《千文》。见余哀泣，亦复涕咽。试问知有所失，益不能胜。天乎忍此，夺去如弃。"二是韦应物自己的感受："余年过强仕，晚而易伤。每望昏入门，寒席无主，手泽衣腻，尚识平生，香奁粉囊，犹置故处，器用百物，不忍复视。又况生处贫约，殁无第宅，永以为负。日月行迈，云及大葬，虽百世之后，同归其穴，而先往之痛，玄泉一闭。"铭文又曰："憯不知兮中忽乖，母远女幼兮男在怀。不得久留兮与世辞，路经本家兮车迟迟。少陵原上兮霜断肌，晨起践之兮送长归。释空庄梦兮心所知，百年同穴兮当何悲。"这些感情也可以通过他的悼亡诗得到印证。其悼亡诗有《出还》一首云："昔出喜还家，今还独伤意。入室掩无光，衔哀写虚位。凄凄动幽幔，寂寂惊寒吹。幼女复何知，时来庭下戏。咨嗟日复老，错莫身如寄。家人劝我餐，对案空垂泪。"①清人沈德潜评"幼女"二句："因幼女之戏，而己之哀倍深。"又诗末评："比安仁《悼亡》较真。"②再如《伤逝》诗："染白一为黑，焚木尽成灰。念我室中人，逝去亦不回。结发二十载，宾敬如始来。提携属时屯，契阔忧患灾。柔素亮为表，礼章夙所该。仕公不及私，百事委令才。一旦入闺门，四屋满尘埃。斯人既已矣，触物但伤摧。单居移时节，泣涕抚婴孩。知妄谓当遣，临感要难裁。梦想忽如睹，惊起复徘徊。此心良无已，绕屋生蒿莱。"③明人袁宏道评曰："读之增伉俪之重，安仁诗讵能胜此。"④

尤其值得注意的是，《送终》诗之前五首，是元蘋之卒至于安葬之间的悼亡之作，与《元蘋墓志》作于同一时段。先看《送终》诗：

> 奄忽逾时节，日月获其良。萧萧车马悲，祖载发中堂。
> 生平同此居，一旦异存亡。斯须亦何益，终复委山冈。
> 行出国南门，南望郁苍苍。日入乃云造，恸哭宿风霜。

① 陶敏、王友胜：《韦应物集校注》卷六，第 396 页。
② ［清］沈德潜：《唐诗别裁集》卷三，第 99 页。
③ 陶敏、王友胜：《韦应物集校注》卷六，第 393—394 页。
④ 陶敏、王友胜：《韦应物集校注》卷六，第 395 页。

晨迁俯玄庐，临诀但遑遑。方当永潜翳，仰视白日光。
俯仰遽终毕，封树已荒凉。独留不得还，欲去结中肠。
童稚知所失，啼号捉我裳。即事犹苍卒，岁月始难忘。①

墓志言："以大历丙辰九月廿日癸时疾终于功曹东厅内院之官舍，永以即岁十一月五日祖载终于太平坊之假第，明日庚申巽时窆于万年县义善乡少陵原先茔外东之直南三百六十余步。"是元蘋卒于大历十一年九月廿日，安葬之日是十一月六日，而安葬之前一日为"祖载"之日。诗言"日月获其良""祖载发中堂"，指此。所谓中堂即指墓志所言之"假第"。"行出国南门，南望郁苍苍"，即指灵车由假第向少陵原出发的过程，少陵原在长安城南，需出国都之门，故称。刘辰翁评此诗曰："哀伤如此，岂有和声哉。而低黯条达，愈缓愈长。"②

五、耿 沣 墓 志

墓 志 释 文

唐故京兆府功曹参军耿君墓志铭 并序

前国子监主簿侯钊撰

禾之与与合其颖者，人则灵焉；木之森森连其理者，人瑞焉。钜鹿耿君，拔乎其萃者也。君讳沣，字公利。进士擢第，奏左卫率府仓曹。改盩厔尉，则相国第五公钦百行而荐之；迁左拾遗，则相国王公喜五言而达之。於戏！黄金见铄，口辞谁辩？贬许州司仓，量移郑州司仓、河中府兵曹，转京兆府功曹。时方用武，徒闻怀玉；岁如转轴，坐看去位。祭酒包公佶、兵部李公纾、吏部裴公谞、礼部刘公太真状献君于元辅，诺以尚书郎。顷急

---

① 陶敏、王友胜：《韦应物集校注》卷六，第398页。
② 陶敏、王友胜：《韦应物集校注》卷六，第399页。

戎略，未施朝命。以贞元三年[十]一月廿六日，暴殁于常乐里私第，享年五十有二。启手□暇，交臂相失。爱子搥心，莫展孝于尝药；哲妻泣血，俄缠毒于啥饭。曾祖暹，皇朝散大夫、彭州司马；祖钦，皇商州上洛县令；父琇，皇永王主簿。重芳叠业，特生才子；抱明禀秀，卓膺诗人。姿杂鸾凤，性鲜霜雪。其年十二月卅日葬于京兆府万年县义善乡清明里凤栖原，礼也。去华屋兮即荒野，哭青山兮嘶白马。坟寂寂兮万鬼邻，灯沉沉兮九泉下。铭曰：

彭殇共尽，今古皆空。高名早振，下俄终①。石火瞥灭，泉灯冥蒙。奇篇邃学，千载清风。

《耿湋墓志》，耿湋(736—787)，字公利，河东人。官至京兆府功曹参军。贞元三年(787)[十]一月廿六日暴殁于常乐里私第，享年五十二。其年十二月卅日葬于京兆府万年县义善乡清明里凤栖原。墓志拓片长、宽均 39 厘米，志文楷书，共 20 行，满行 22 字，全篇 386 字。志盖篆书"大唐故耿府君墓志铭"9 字。志题《唐故京兆府功曹参军耿君墓志铭并序》，题署："前国子监主簿侯钊撰。"《洛阳新获墓志百品》第 184 页载其拓片，185 页载其释文。耿湋是"大历十才子"之一，《全唐诗》卷二六八、卷二六九存诗二卷。

名字与生卒年

耿湋的生年，史籍没有确切记载，学者们做出了各种推测。闻一多《唐诗大系》定为公元七三四年，即唐玄宗开元二十二年，但没有提供证据。较早考证耿湋生平事迹者是傅璇琮的《耿湋考》，载于 1980 年出版的《唐代诗人丛考》中。该文对于耿湋的生年没有置词。但傅先生主编的《唐五代文学编年史》中唐卷则将耿湋生年定为开元二十一年(733)。依据耿湋《联句多暇赠陆三山人》诗"语默取同年"以证其与陆羽同年，而陆羽生于开元二十一年。李岚《耿湋诗歌研究》②赞同《唐五代文学编年史》

---

① 此句应漏刻一字。
② 李岚：《耿湋诗歌研究》，广西师范学院硕士学位论文，2012 年。

之说，万紫燕《耿湋生平事迹考》①赞同《唐诗大系》之说。根据新出《耿湋墓志》："以贞元三年[十]一月廿六日，暴殁于常乐里私第，享年五十有二。"逆推其生年应为开元二十四年（736），确凿无疑。

耿湋的卒年，傅璇琮根据卢纶与耿湋的交往推定说："从卢纶的诗中，可知耿湋在贞元三年以前尚在长安，为大理司法，大约贞元三年以后的数年间去世，确切的卒年无考。"②万紫燕认为："耿湋卒于贞元三年（787年）前后。"③李岚认为："耿湋卒年当在贞元三年（787）至四年（788）之间，由此可知，耿湋年约55或56岁逝世。"④今《耿湋墓志》出土，可以确证耿湋卒于贞元三年十一月廿六日，享年五十二岁。

耿湋的名字，历来也有争议。姚合《极玄集》卷上云："耿湋，或作纬。"⑤《直斋书录解题》卷一九："《耿湋集》二卷。唐右拾遗河东耿湋撰，宝应二年进士。《登科记》一作'纬'。"⑥《全唐诗》卷二六八"耿湋小传"云："耿湋，字洪源，河东人。"⑦按，《唐才子传》卷四《耿湋传》："宝应二年洪源榜进士。"⑧是《全唐诗》小传将与耿湋同科的状元名误为耿湋之字，实则大误。其他史籍记载未见耿湋之字，新出《耿湋墓志》言其"字公利"，可补史籍之阙载。

家 世 与 历 官

耿湋家世，历来无考。新出《耿湋墓志》云："曾祖暹，皇朝散大夫、彭州司马；祖钦，皇商州上洛县令；父琇，皇永王主簿。"这是研究耿湋最重要也是最原始的资料。从墓志的这一叙述，我们可以看到耿湋自曾祖以后，世代为官，其父还在朝廷王府任职，虽数代官位不高，而对耿湋的出身入

①　万紫燕：《耿湋生平事迹考》，湘潭大学硕士学位论文，2016年。
②　傅璇琮：《唐代诗人丛考》，第524页。
③　万紫燕：《耿湋生平事迹考》，第11页。
④　李岚：《耿湋诗歌研究》，第7页。
⑤　傅璇琮、陈尚君、徐俊：《唐人选唐诗新编》（增订本），第681页。
⑥　[宋]陈振孙：《直斋书录解题》卷一九，第563页。
⑦　[清]彭定求：《全唐诗》卷二六八，第2973页。
⑧　傅璇琮：《唐才子传校笺》卷四，第31页。

仕也应该是颇有影响的。

据《耿沣墓志》记载，其一生官历六任：左卫率府仓曹、盭厔尉、左拾遗、郑州司仓、河中府兵曹、京兆府功曹。对于这样的六次官历，学术界的研究大多较为缺乏。傅璇琮《耿沣考》着重考其为盭厔尉和左拾遗。万紫燕《耿沣生平事迹考》除盭厔尉、左拾遗外，还考证其为许州司法参军。而墓志并没有叙述其为司法事，仅言许州司仓。《耿沣墓志》的出土，既可以补充耿沣的仕历，又可以厘清耿沣研究的诸多阙误，大要有以下四个方面。

1. 耿沣向第五琦行卷问题。宋人计有功《唐诗纪事》卷五六"雍陶"条云："唐诗人最重行卷，陶首篇上裴度，或云耿沣行卷首篇上第五琦，遂指为二子邪正。虽然，方琦未有衅时，上诗亦何足多怪。"①按，耿沣有《得替后书怀上第五相公》《奉和第五相公登鄱阳城西楼》二诗，计有功所谓耿沣行卷者指此。然傅璇琮《耿沣考》对此已产生怀疑，并且推测诗中"得替"为罢盭厔尉后上呈第五琦之作。傅先生的考订是可信的。新出《耿沣墓志》称："改盭厔尉，则相国第五公钦百行而荐之。"也就是说耿沣由左卫率府仓曹改盭厔尉是由第五琦推荐的，而其罢盭厔尉升任左拾遗当然也要向第五琦说明致谢，因而作了这首诗。

2. 耿沣为"左拾遗"还是"右拾遗"问题。传统史籍记载耿沣历官"拾遗"，有"左"与"右"的不同，姚合《极玄集》卷上称"官至左拾遗"②，晁公武《郡斋读书志》卷四上称"为左拾遗"③，《唐才子传》卷四称"仕终左拾遗"④，而《新唐书·艺文志》称"沣，右拾遗"⑤，《直斋书录解题》卷一九称"《耿沣集》二卷，唐右拾遗河东耿沣撰"⑥，《全唐诗·耿沣小传》称"官右拾遗"⑦。今据新出《耿沣墓志》，可以确证"左拾遗"为是。

①　［宋］计有功：《唐诗纪事》卷五六，第 856 页。
②　傅璇琮、陈尚君、徐俊：《唐人选唐诗新编》（增订本），第 681 页。
③　孙猛：《郡斋读书志校证》卷一七，第 863 页。
④　傅璇琮：《唐才子传校笺》卷四，第 33 页。
⑤　［宋］欧阳修、宋祁：《新唐书》卷二〇三，第 5786 页。
⑥　［宋］陈振孙：《直斋书录解题》卷一九，第 563 页。
⑦　［清］彭定求：《全唐诗》卷二六八，第 2973 页。

3. 耿沣为大理司法问题。元人辛文房《唐才子传》卷四《耿沣传》："初为大理司法，充括图书使来江淮，穷山水之胜。仕终左拾遗。"①按，新出《耿沣墓志》并没有记载担任大理司法之职。追溯其源，盖因卢纶有《得耿沣司法书，因叙长安故友零落，兵部苗员外发、秘省李校书端相次倾逝，潞府崔功曹峒、长林司空丞曙俱谪远方，余以摇落之时，对书增叹，因呈河中郑仓曹、畅参军昆季》诗，卢纶诗中有"故友九泉留语别，逐臣千里寄书来"②之句，知此时耿沣仍在贬谪之中。而据新出墓志，耿沣在任拾遗之前并无贬谪之事，由拾遗被贬谪后亦无大理司法之仕历。细绎卢纶诗，当是得到耿沣书后而作诗酬答。诗题有"因呈河中郑仓曹、畅参军昆季"，可知卢纶在河中府任职，才能将诗兼呈河中郑仓曹、畅参军昆季。傅璇琮《卢纶考》考证这首诗作于"兴元元年（784）至贞元二年（786）秋之间"，时"耿沣则在长安为大理司法"③。又在《耿沣考》中认为"耿沣在贞元三年以前尚在长安，为大理司法"④。而又认为唐代中央各部及卿监，并无"司法"一职，就推测"大理寺所属有司直，官阶为从六品上。司直当即为司法"⑤。对于这一结论，陶敏作《耿沣未官大理司法》进行质疑，认为"耿沣晚年曾自左拾遗贬许州司法参军，而未曾在长安为大理司法"⑥。根据墓志，耿沣一生不可能达到大理司直或司法的官职，故陶敏考证耿沣未官大理司法是可信的。但陶氏结论为耿沣担任"许州司法参军"，则并不正确。因为根据墓志，耿沣被贬许州，官职是"司仓"而不是"司法"。又据卢纶在河中府作诗称"逐臣千里寄书来"，所谓"逐臣"是指被贬官而离开京城的人。耿沣自大历十二年（777）以后被贬，一直到贞元三年（787）卒于京兆府功曹（参见下文考证），墓志记载仕历清楚，则卢纶作诗时，耿沣如果不是在"许州司仓"之任，就是在"郑州司仓"之任。由此我们可以做这样的

---

①　傅璇琮：《唐才子传校笺》卷四，第 33 页。
②　［清］彭定求：《全唐诗》卷二七七，第 3145 页。
③　傅璇琮：《唐代诗人丛考》，第 508 页。
④　傅璇琮：《唐代诗人丛考》，第 524 页。
⑤　傅璇琮：《唐代诗人丛考》，第 523 页。
⑥　陶敏：《唐代文学与文献论集》，第 141 页。

推测：卢纶诗题中的"司法"应该是"司仓"之误。而辛文房作《唐才子传》时误读卢纶诗，将"司法"直接改为"大理司法"，故而失之毫厘，谬以千里了。

4. 耿㵧为河中府兵曹的时间。《耿㵧墓志》记载耿㵧的官职，许州司仓、郑州司仓、河中府兵曹、京兆府功曹都为史籍记载所阙，而墓志又没有标明诸官的迁转时间。墓志记载耿㵧贞元三年卒于京兆功曹任上，下文我们还可以考得耿㵧因王缙事被贬为许州司仓在大历十二年，则这里我们能够大致确定耿㵧担任河中府兵曹的时间，他的仕历线索也就基本清楚了。按，耿㵧有《奉和李观察登河中白楼》《贺李观察祷河神降雨》二诗，据吴廷燮《唐方镇年表》及郁贤皓《唐刺史考全编》，河中镇帅自大历末至贞元初有李怀光、李承、李齐运、李晟四人，其中李怀光担任两次。分别是大历十四年(779)闰五月，李怀光；建中二年(781)七月至九月，李承；建中二年十一月至四年十二月，李齐运；兴元元年(784)三月，李怀光；兴元元年，李晟。但李怀光兴元元年为"太子太保"，李晟加官为"检校右仆射"，都不应称"观察"。又据《奉和李观察登河中白楼》诗有"况复秋风闻战鼙"语，时令在秋天，则以建中二年至四年李齐运可能最大。耿㵧这两首诗应作于建中三年或四年的秋天。

根据墓志以及上面的考证，我们可以排列出耿㵧历官的时间节点：宝应二年(763)登进士第后，任左卫率府仓曹参军；约广德二年(764)因第五琦推荐为盩厔尉；约于大历初年得替(据傅璇琮《耿㵧考》)，经王缙推荐擢左拾遗；大历十二年(777)后坐元载、王缙事贬为许州司仓参军；量移郑州司仓参军；约建中三年(782)又在河中府兵曹参军任；后又转京兆府功曹参军，贞元三年(787)十一月卒于任。

升 迁 与 贬 谪

从新出《耿㵧墓志》看，耿㵧在登进士第之后，有升迁和贬谪截然不同的经历。这又以左拾遗作为前后的界标。考察耿㵧遭贬的原因，对于理解他的仕途沉沦和文学创作都具有重要意义。

　　《耿湋墓志》云："改盩厔尉，则相国第五公钦百行而荐之；迁左拾遗，则相国王公喜五言而达之。"这里的"第五公"是第五琦，上文已有考证。但第五琦为相时耿湋还没有及第，故而其推荐耿湋应该是他担任京兆尹时（除此第五琦都在外任，应无推荐之可能）。第五琦为京兆尹共有二次：一次是广德元年（763）十月壬辰，"朗州刺史第五琦为京兆尹"①；一次是广德二年（764）七月，"判度支第五琦兼京兆尹、御史大夫"②。据墓志，耿湋宝应二年及第后有左卫率府仓曹的经历，然后才为盩厔尉，故由第五琦推荐应在广德二年。"王公"是王缙，据《旧唐书·王缙传》，王缙大历三年（768）为幽州卢龙节度使兼太原尹，五年（770）归朝为门下侍郎同中书门下平章事。时元载用事，缙附之不敢忤。元载得罪，缙连坐贬括州刺史。③ 同书《代宗纪》：大历十二年三月，"庚辰，宰相元载、王缙得罪下狱，命吏部尚书刘晏讯鞫之。辛巳，制：中书侍郎、平章事元载赐自尽"④。则耿湋实际上应是卷入了当时政治斗争之中，因其担任左拾遗是王缙推荐，而随着王缙的贬官，耿湋也就由左拾遗被贬谪到许州司仓之任，其时间也应该在大历十二年（777）三月之后。此后虽量移数任而一直在贬谪之中。直至贞元三年（787）之卒，长达十年之久。同时，他也与元载有一定关系，其诗有《春日书情寄元校书伯和相国元子》，"相国"就是元载，元伯和为元载长子。

　　可以补充说明的是，耿湋在左拾遗任上，曾有往江淮充括图书使的经历。卢纶《送耿拾遗湋充括图书使往江淮》诗可证。梁肃有《送耿拾遗归朝廷序》，则是耿湋完成充括图书使命而将归朝廷，梁肃送别之作。这一段经历，傅璇琮《耿湋考》已做了切实的考证，时间在大历八年至十一年。大概也就是十一年由江淮充括图书使回长安的第二年就遇到了元载、王缙的政治风波，而被贬谪为许州司仓了。

① ［后晋］刘昫：《旧唐书》卷一一，第 273 页。
② ［后晋］刘昫：《旧唐书》卷一一，第 275 页。
③ ［后晋］刘昫：《旧唐书》卷一一八，第 3416—3418 页。
④ ［后晋］刘昫：《旧唐书》卷一一，第 311 页。

值得注意的是,与耿湋的情况类似,"大历十才子"中的卢纶也是由王缙推荐而后又随王缙被贬者。《旧唐书·卢简辞传》:"父纶,……大历初,还京师。宰相王缙奏为集贤学士、秘书省校书郎。王缙兄弟有诗名于世,缙既官重,凡所延辟,皆辞人名士,以纶能诗,礼待逾厚。会缙得罪,坐累。久之,调陕府户曹、河南密县令。"①还有一些文人也与王缙、元载关系密切,或许也会或深或浅地卷入元载之案当中。如崔峒有《咏门下画小松上元王杜三相公》,元即元载,王即王缙,杜即杜鸿渐。李端有《奉和王元二相公于中书东厅避暑凄然怀杜太尉》。韩翃有《奉和元相公家园即事寄王相公》《奉送王相公缙赴幽州巡边》。皇甫冉有《奉和王相公彭祖井》《奉和王相公早春登徐州城》《送王相公之幽州》。皇甫曾亦有《送王相公赴幽州》。郎士元有《和王相公题中书丛竹寄上元相公》,王相公即王缙,元相公即元载。钱起有《送王相公赴范阳》等。从文学与政治的关系看,"大历十才子"这一文学群体是受中唐时期的元载、王缙政治集团制约的,这一方面,查屏球教授已有专文进行论述,可以参考。② 因此,从总体上看,"大历十才子"虽然大多沉沦下僚,但也多数与上层的政治人物有着密切的关系,他们升沉不定的政治命运,实际上是与当时复杂的政治斗争密切相关的。

当然,以"大历十才子"为代表的一批文人,在代宗朝以至于德宗初年不被重用,甚至遭受贬谪而沉沦下潦,也与当时兴兵用武的政治形势密切关联。即《耿湋墓志》所言:"时方用武,徒闻怀玉;岁如转轴,坐看去位。"因为此时经过安史之乱,又值建中之乱。唐德宗都被围困在奉天达一月之久,文人在这样的环境之下,当然也就难以施展自己的才华了,不被重用也就会成为普遍的现象。

---

① ［后晋］刘昫:《旧唐书》卷一六三,第 4268 页。
② 查屏球:《元、王集团与大历京城诗风》,《文学遗产》1998 年第 3 期,第 24—33 页。

文学交游与文学定位

（一）文学交游

《耿沣墓志》云："祭酒包公佶、兵部李公纾、吏部裴公谞、礼部刘公太真状献君于元辅，诸以尚书郎。"①这里虽然说的是包佶等人推荐耿沣为尚书郎，但更值得关注的是耿沣的文学交游，因为包佶等人都是当时的著名文学家，甚至是文坛的领袖人物。《旧唐书·路恕传》记载："自贞元初李纾、包佶辈迄于元和末，仅四十年，朝之名卿，咸从之游，高歌纵酒，不屑外虑，未尝问家事，人亦以和易称之。"②这四位文人都是我们以前研究"大历十才子"时较少关注的人物。

包佶，字幼正，润州延陵人。天宝六载登进士第，累官谏议大夫，也因与元载友善而被贬岭南。刘晏奏起为汴东两税使，又充诸道盐铁轻货钱物使，迁刑部侍郎，改秘书监，封丹阳郡公。《新唐书》有传。据张贾《国子祭酒致仕包府君□（陈）墓志铭并序》："考讳佶，天宝中，以弱冠之年，升进士甲科。文章之奥府，人物之高选，当时俊贤，咸所景附。洎登朝右，蔚为名臣，历银青光禄大夫、尚书刑部侍郎、国子祭酒，掌礼部□举、秘书监、丹阳郡开国公，赠礼部尚书、太子少保。"③可知包佶既是一位政治人物，也是一位文学人物，他当年选拔的进士，据清徐松《登科记考》总共有二十七人，姓名可考者则有张正甫、窦牟、窦易直、李夷简、李俊、李稜、张贾、张署、齐据、刘闢、皇甫镛等十一人。其中大多数是有诗文传世的文士，他们不仅擅长诗文，而且与贞元以后的文学取向相一致。可见，包佶是由大历

---

① 《耿沣墓志》所言四人推荐耿沣，考之《唐仆尚丞郎表》，包佶贞元二年（786）正月十六丁未，以国子祭酒继（鲍）防知贡举；裴谞贞元初由千牛上将军迁吏侍，徙太子宾客；刘太真贞元三年（787）冬由秘书监迁礼侍，知四年、五年两春贡举；李纾兴元元年（784）冬，以兵侍兼知吏部选事，贞元四年（788）冬，由兵侍迁吏侍。参之《耿沣墓志》所载，诸人推荐耿沣的时间即是在贞元三年耿沣之卒的当年。

② ［后晋］刘昫：《旧唐书》卷一二二，第 3501 页。

③ 河南省文物研究所：《千唐志斋藏志》，第 1033 页。录文参周绍良主编：《唐代墓志汇编》大和〇一一，第 2102 页。

到贞元时期诗风转变的重要人物，他贞元三年(787)推荐耿沣，可能既有政治上的考量，也有文学上的影响。

李纾，字仲舒，赵郡人。大历初任左补阙，累迁司封员外郎、知制诰，改中书舍人。自虢州刺史征拜礼部侍郎。德宗幸奉天时择为同州刺史，拜兵部侍郎。卒于礼部侍郎任。新、旧《唐书》有传。与李纾交往且有诗传世者有司空曙、皎然、卢纶、包佶、郎士元、李嘉祐、戴叔伦、独孤及、刘长卿等人。包佶《酬兵部李侍郎晚过东厅之作》诗有"身在绛纱安""生徒跪席寒"①之句，是其门徒甚众，在大历、贞元初期诗坛上名望甚隆。他能够推荐耿沣是因为耿沣的文才和德宗贞元初期重文的环境。

裴谞，字士明，河东闻喜人。明经及第，安史之乱前为京兆府仓曹参军，襄邓营田判官。他很有经济才能，但与元载不协，因为元载的阻挠，他在肃宗、代宗时，只在地方担任过饶、亳、庐三州刺史。德宗时拜右庶子，改千牛上将军。会吐蕃入寇，拜吏部侍郎兼御史大夫，为吐蕃使，但未成行。转太子宾客、兵部侍郎、河南尹、东都副留守。新、旧《唐书》有传。裴谞存留下来的诗文不多，《全唐文》卷三七一收其文一篇。《耿沣墓志》称"吏部裴公谞"，是裴谞贞元三年(787)为吏部侍郎时推荐耿沣为郎官。

刘太真，字仲适，宣州人。少师兰陵萧颖士。举进士高第。兴元初，累迁刑部侍郎。贞元初，迁礼部侍郎。刘太真是德宗时与包佶、李纾地位相侔的著名文人。《旧唐书·刘太真传》记载："太真尤长于诗句，每出一篇，人皆讽诵。德宗文思俊拔，每有御制，即命朝臣毕和。贞元四年九月，赐宴曲江亭，帝为诗……由是百僚皆和。上自考其诗，以刘太真及李纾等四人为上等，鲍防、于邵等四人为次等，张濛、殷亮等二十三人为下等，而李晟、马燧、李泌三宰相之诗，不加考第。"②因为刘太真在礼部侍郎任，故能够推荐耿沣为"尚书郎"。

由上面的考述可知，德宗贞元初年，文学环境产生了变化，大历时期受元载、王缙影响的政治氛围逐渐褪去，代之而来的是德宗开启重文的局

---

① ［清］彭定求：《全唐诗》卷二〇五，第 2139 页。
② ［后晋］刘昫：《旧唐书》卷一三七，第 3762—2763 页。

面。因而以包佶、李纾、裴谞、刘太真为代表的官僚文人也得到了德宗的青睐，他们就有机会荐举像耿沣这样因王缙、元载案而被贬谪放逐的文人。由于诸人的荐举，当时元辅宰相允诺给予耿沣以尚书郎的朝廷显职①，但很可惜的是，"顷急戎略，未施朝命"，加以命运不济，耿沣于贞元三年（787）十一月暴卒于长安。

（二）文学定位

《耿沣墓志》涉及耿沣文学的叙述主要有两个方面：一是"迁左拾遗，则相国王公喜五言而达之"，说明他是因擅长五言诗而受王缙器重并推荐为左拾遗的；二是"重芳叠业，特生才子；抱明禀秀，卓膺诗人"，这是墓志末尾对于耿沣的评价。可见墓志对于耿沣的文学定位是"才子"和"诗人"，并且特别擅长于五言诗。

墓志的定位与耿沣的实际创作情况是非常吻合的。

首先，就"才子"而言，《新唐书·卢纶传》云："纶与吉中孚、韩翃、钱起、司空曙、苗发、崔峒、耿沣、夏侯审、李端皆能诗齐名，号'大历十才子'。"②宋计有功《唐诗纪事》卷三〇"李益"条："大历十才子，《唐书》不见人数。卢纶、钱起、郎士元、司空曙、李端、李益、苗发、皇甫曾、耿沣、李嘉祐。又云：吉顼、夏侯审亦是。或云：钱起、卢纶、司空曙、皇甫曾、李嘉祐、吉中孚、苗发、郎士元、李益、耿沣、李端。"③宋江休复《江邻幾杂志》："大历十才子：卢纶、钱起、郎士元、司空曙、李端、李益、李嘉祐、耿沣、苗发、皇甫曾、吉中孚，共十一人。或无吉中孚，有夏侯审。"④虽然诸书记载

---

① 《新唐书》卷六二《宰相表》：贞元三年"六月丙戌，陕虢观察使李泌为中书侍郎、同中书门下平章事"。（第1704页）是当时元辅宰相应为李泌。
② ［宋］欧阳修、宋祁：《新唐书》卷二〇三，第5785页。又姚合《极玄集》卷上"李端"条："与卢纶、吉中孚、韩翃、钱起、司空曙、苗发、崔洞（峒）、耿沣、夏侯审唱和，号'十才子'。"（《唐人选唐诗新编》增订本，第680页）亦将"耿沣"列入"十才子"之列。然陈尚君考订《极玄集》诗人小传乃南宋以后人采撷当时各家传记资料剪辑而成。（见《唐才子传校笺》卷四，第303—304页）因为该书提到"十才子"之名，故录之存参。
③ ［宋］计有功：《唐诗纪事》卷三〇，第463页。
④ ［宋］江休复：《江邻幾杂志》，《丛书集成初编》本，第1页。

"大历十才子"的名称与人数有所差异,但耿沩列于"才子"之中,则是毫无疑义的。

其次,就"诗人"而言,耿沩以五言诗著称,大要有四个方面:一是数量多。现存耿沩172首诗中,有五言诗150首,七言诗20首,杂言诗2首,五言诗占据绝对多数。二是佳句多。刘克庄《后村诗话后集》卷二云:"耿沩多佳句,《山行》云:'花落寻无径,鸡鸣觉有村。'《赠僧》云:'月上安禅久,苔生出院稀。'如'强饮沽来酒,羞看读了书',如'艰难为客惯,贫贱受恩多',皆可录。"①三是名篇多。即如《极玄集》所选《赠严维》《赠朗公》《早朝》《秋日》《书情逢故人》《沙上雁》《赠张将军》《酬畅当》八首都是五言诗。又如《唐诗别裁集》所选的《春日即事》:"数亩东皋宅,青春独屏居。家贫僮仆慢,官罢友朋疏。强饮沽来酒,羞看读破书。闲花更满地,惆怅复何如?"②不仅全篇感慨深沉,尤其是"羞看读破书"用杜甫"读书破万卷"事,更深一层。三四句表现当时人情,也能够入木三分,以至于《唐诗纪事》称"世多传之"③。四是影响大。他的五言诗不断受到后世诗家的模仿,陆游《老学庵笔记》卷四云:"唐拾遗耿纬(沩)《下邽喜叔孙主簿郑少府见过诗》云:'不是仇梅至,何人问百忧。'苏子由作绩溪令时,有《赠同官诗》云:'归报仇梅省文字,麦苗含穟欲蚕眠。'盖用纬(沩)语也。"④

墓志撰者考索

《耿沩墓志》题署:"前国子监主簿侯钊撰。"侯钊是大历时期的重要文学家,也是耿沩平生知己之一,因此考察侯钊的生平交游和文学情况,对于研究耿沩的立身行事和平生交游都有重要作用。

耿沩有《喜侯十七校书见访》诗,据岑仲勉《唐人行第录》:"侯十七钊。……盖侯释褐后初为校书,以后则迁侍御及仓曹,侯十七为钊无

---

① 〔宋〕刘克庄:《后村诗话》后集卷二,中华书局1983年版,第66页。
② 〔清〕沈德潜:《唐诗别裁集》卷一一,第380页。
③ 〔宋〕计有功:《唐诗纪事》卷三〇,第465页。
④ 〔宋〕陆游:《老学庵笔记》卷四,中华书局1979年版,第48页。

疑。"①这是现存耿沣与侯钊交往的唯一诗作。诗云："东城独屏居，有客到吾庐。发廪因春黍，开畦复剪蔬。许酤令乞酒，辞窭任无鱼。遍出新成句，更通未悟书。藤丝秋不长，竹粉雨仍余。谁为须张烛，凉空有望舒。"②诗写自己屏居东城时受到侯钊访问的情景。通过质朴的语言，写出了郊园闲居招待老友的景象：自己春的黍米，自己种的园蔬，有酒而无鱼，饭菜虽很简单，但充满友情的喜悦。文人相聚，学问的切磋是必不可少的，故而二人遍出新成的诗句，把悟未通的书籍，在藤丝竹粉、秋深雨余的环境之中隐然忘机，直至月上凉空，掌烛晤谈。我们再关联到耿沣卒后，侯钊为其撰写墓志，其毕生交契，无以为加。

在大历诗人群体当中，侯钊也是其他诗人经常提及的人物。卢纶有《留别耿沣侯钊冯著》《虢州逢侯钊同寻南观因赠别》《同柳侍郎题侯钊侍郎（御）新昌里》《陈翊郎中北亭送侯钊侍御赋得带冰流歌》，杨巨源有《赠侯侍御》诗。

尤其值得注意的是，卢纶有一首题目很长的诗《纶与吉侍郎中孚、司空郎中曙、苗员外发、崔补阙峒、耿拾遗沣、李校书端风尘追游向三十载，数公皆负当时盛称，荣耀未几，俱沉下泉，畅博士当感怀前踪，有五十韵见寄，辄有所酬，以申悲旧，兼寄夏侯侍御审、侯仓曹钊》③，诗题述及的诗人共有十位：卢纶、吉中孚、司空曙、苗发、崔峒、耿沣、李端、畅当、夏侯审、侯钊。诗中对于诸人的吟咏也体现他们在诗歌方面的相契。对于"大历十才子"，储仲君论述说："'十才子'并不是一个'游从习熟，唱和频仍'的诗人集团，他们一定是因为某种偶然的机缘走到一起，才被冠以'十才子'的佳名的。与卢纶等人过从甚密的畅当、侯钊，则因为没有遇到这种机缘，反而被排斥在才子之外了。但这并不是说'唱和'说不能成立；相反，它提示我们，《极玄集》所说的'唱和'，显然不是指一般的酬赠，而是指在某一特定场合的唱和活动。卢纶诗中所说的'共赋瑶台雪，同观金谷筝'

---

① 岑仲勉：《唐人行第录（外三种）》，第 73—74 页。
② ［清］彭定求：《全唐诗》卷二六九，第 2996 页。
③ ［清］彭定求：《全唐诗》卷二七七，第 3145 页。

云云,又提示我们这应该是发生在某一个豪华富贵人家的事。正因为如此,这些'唱和'才为世人所瞩目,才会流传四方。"①因此,我们放开一步看,侯钊也是"大历十才子"这一诗歌群体的核心成员之一,可惜的是"大历十才子"这一称号没有落到侯钊的头上。

有关侯钊,需要追溯者还有他的家世问题。唐林宝《元和姓纂》卷五侯氏:"绛郡,状云本上谷人。唐户部郎中侯师,夏官郎中侯昧处,或云安都后。国子祭酒侯峤,著作郎侯璬节,并河东人。节生刘,监察御史。刘生云长、云章。金部员外郎侯峤,京兆人。"②岑仲勉《元和姓纂四校记》:"节生刘监察御史。《全诗》五函二册卢纶有《留别侯钊》诗,《虢州逢侯钊》诗,《题侯钊侍郎(御?)新昌里》诗,《兼寄侯仓曹钊》诗,《送侯钊侍御歌》,时代相合,唐人写'刘'字与'钊'相近,惟未知孰是耳。"③由此我们知道侯钊是国子祭酒侯峤、著作郎侯璬的后代,这样的门第对于侯钊的文学创作也是会有很好的影响的。

由上面的考证,我们可以给侯钊作一个简略的传记:侯钊,京兆人。其祖父和父亲曾担任过国子祭酒,著作郎。侯钊排行十七,历官校书郎、监察御史、仓曹参军、国子监主簿。侯钊是大历诗人群体的重要成员之一,与耿沣、卢纶等交契深厚,从他们的交往诗当中,可以看出侯钊在当时文坛上也具有一定的影响,但侯钊的诗文在传世文献中却不存只字。新出土的《耿沣墓志》使得侯钊这一诗人兼文章家的面貌得到一定程度的呈现。

新出墓志与"大历十才子"研究

耿沣是"大历十才子"之一,也是中唐时期的重要诗人。其墓志的出土不仅解决了他家世生平的问题,而且使我们对他的文学成就有了更加全面的认识。从新出墓志入手研究耿沣,进而研究"大历十才子"乃至中

---

① 储仲君:《大历十才子的创作活动探索》,《文学遗产》1983 年第 4 期,第 60 页。
② [唐]林宝:《元和姓纂》卷五,第 724—725 页。
③ [唐]林宝:《元和姓纂》卷五,第 725 页。

唐文学问题，是我们可以进一步拓展的学术路径。就"大历十才子"而言，除了耿湋之外，新出墓志至少还涉及钱起、卢纶、李端、苗发、韩翃、夏侯审诸人，因而运用新出墓志以研究"大历十才子"，也是学术研究的重要课题。本书因为篇幅关系，只将与"大历十才子"相关的新出文献做一下简略的提示，这样既与耿湋墓志相互印证，又给学术界提供一系列引发思考的材料。

钱　起　新出土《唐故汴宋观察支使朝请郎殿中侍御史内供奉赐绯鱼袋崔府君（俌）墓志铭并序》："始年六七岁，善属五字篇，时为文者大异之。年十四五，闻江淮间善诗者钱起、韩翃之伦，□服其奇，与之属和。"①出土文献中所见钱起资料不多，这条资料说明钱起在当时诗坛的影响，弥足珍贵。崔俌是早慧的诗人，六七岁即能作五言诗，十四五岁就与钱起唱和。据墓志，崔俌永贞元年（805）正月卒，年五十二。逆推其十四五岁即在大历三四年。其时钱起以善诗闻名于江淮间，盖其有江淮之行迹。然而傅璇琮《钱起考》、蒋寅《大历诗人研究》有关钱起的考证，都没有涉及钱起与江淮的关系，故这篇墓志就提供了探讨钱起行踪的有益线索。我们从卢纶《送耿拾遗湋充括图书使往江淮》诗，李端有《送耿拾遗湋使江南括图书》诗，知耿湋曾充括图书使来江淮的经历。加以司空曙《送李嘉祐正字括图书兼往扬州觐省》诗，戴叔伦有《送崔拾遗峒江淮访图书》诗，钱起有《送集贤崔八叔承恩括图书》诗，"崔八叔"亦为崔峒。又马端临《文献通考》称："元载当国，亦命拾遗苗发等为江淮括图书使，每以千钱易书一卷。"②以此证之，"大历十才子"中至少有耿湋、李嘉祐、崔峒、苗发充括图书使至江淮，他们应该都是受到当时权相元载的派遣而赴江淮充括图书使。疑钱起、韩翃也有这样的经历，故而在江淮间诗名传播，但目前还缺乏可靠材料加以证明。

韩　翃　前引新出土《唐故汴宋观察支使朝请郎殿中侍御史内供奉赐绯鱼袋崔府君（俌）墓志铭并序》："年十四五，闻江淮间善诗者钱起、韩

---

① 杨作龙、赵水森：《洛阳新出土墓志释录》，第293页。
② ［元］马端临：《文献通考》卷一七四，中华书局1986年版，第1510页。

翃之伦，□服其奇，与之属和。"①与钱起类似，这里称韩翃亦为"江淮间善诗者"，则韩翃与钱起一样，在大历三四年间有当有江淮的行迹。但这一经历一直没有引起研究者的注意。

　　卢　纶　有关卢纶的新出文献，在"大历十才子"中最为丰富。卢纶家族迄今一共出土了七方墓志，即卢纶撰《唐故魏州临黄县尉范阳卢府君(之翰)玄堂记》②，卢之翰撰《唐魏郡临黄县尉卢之翰妻京兆韦氏墓志铭并序》③，卢简辞撰《大唐故卢府君(绥)墓志铭》④，卢简求撰《唐故河中府宝鼎县尉卢府君(绥)张夫人墓志铭并序》⑤，卢简求撰《卢弘本墓志》⑥，以及杨紫□撰的《唐故羽林军□银青光禄大夫行尚书兵部侍郎知制诰上柱国范阳县开国□食邑三百户卢公(文亮)权厝记并序》⑦，薛昭纬撰《唐故范阳卢夫人(虔懿)墓志铭并序》⑧。据悉，《卢纶墓志》也已经出土，提供了卢纶及其家族的更多信息。以新出土墓志为线索，链接卢氏各代的繁衍传承以及该族系人物的文学创作，我们可以考察卢纶一族绵延唐代三百年在文学方面所取得的突出成就，同时能够彰显与家世婚姻相关的家族文学特点。这七方墓志已经引起学术界的高度重视，傅璇琮《卢纶家世事迹石刻新证》⑨，戴应新《唐卢绥夫妇墓志铭考》⑩，戴应新《唐卢之翰夫妇墓志铭考》⑪，李举纲、穆晓军《唐大历诗人卢纶家族三方墓志及相关问题丛考》⑫，黄

①　杨作龙、赵水森：《洛阳新出土墓志释录》，第 293 页。
②　吴钢主编：《全唐文补遗》第 7 辑，三秦出版社 2000 年版，第 69 页。
③　吴钢主编：《全唐文补遗》第 7 辑，第 51—52 页。
④　吴钢主编：《全唐文补遗》第 3 辑，三秦出版社 1996 年版，第 155—156 页。
⑤　吴钢主编：《全唐文补遗》第 3 辑，第 209—210 页。
⑥　《卢弘本墓志》拓片见《西部考古》第 1 辑，三秦出版社 2006 年版，第 485 页。
⑦　吴钢主编：《全唐文补遗》第 7 辑，第 169 页。然录为"卢文亮"，陈尚君《旧五代史新辑会证》卷一二七以为墓主即卢文度，诸书"皆误录作'文亮'"（复旦大学出版社 2005 年版，第 3882 页）。
⑧　胡戟、荣新江主编：《大唐西市博物馆藏墓志》，第 1002 页。
⑨　《文学研究》第 1 辑，南京大学出版社 1992 年版，第 129—134 页。
⑩　《故宫学术季刊》第 9 卷 1992 年第 3 期，第 45—60 页。
⑪　《远望集：陕西省考古研究所华诞四十周年纪念文集》，陕西人民美术出版社 1998 年版，第 730—735 页。
⑫　《西部考古》第 1 辑，第 481—488 页。

清发《新出石刻与卢纶研究》①，对于卢纶研究具有持续推进的作用。

李　端　《旧唐书·李虞仲传》："李虞仲字见之，赵郡人。祖震，大理丞。父端，登进士第，工诗。大历中，与韩翃、钱起、卢纶等文咏唱和，驰名都下，号'大历十才子'。"②新出土《李虞仲墓志》详细记载了李端的家世信息："公讳虞仲，字见之，姓李氏，赵郡人。族望山东，世济仁义。曾祖暕，同州司马。祖震，大理丞，赠礼部郎中。父端，杭州司兵，累赠兵部侍郎。"③新出土《李震墓志》和《李震夫人王氏墓志》是李端父母的墓志，其家世方面可以与李虞仲墓志相印证，而王氏墓志记载李端兄弟安史之乱后南迁的情况，可以补充李端生平的重要经历："及中原盗贼，士多以江海为安。而夫人第二息珉求禄乌程，东征之故，自此始也。后长息端吏弋阳，次息韶吏扬子，珉又淮阴长。南浮北流，滞淹星岁。"④新出土《郑枢妻李氏墓志铭》，是李端孙女的墓志，也记载了家世情况："夫人曾祖讳震，皇大理寺丞，累赠尚书礼部郎中。祖妣太原王氏，赠太原县太君。祖讳端，皇杭州司兵参军，累赠尚书兵部侍郎。祖妣太原王氏，赠太原县太君。父讳虞仲，皇尚书吏部侍郎，赠吏部尚书。"⑤

苗　发　新出土《唐故银青光禄大夫行大理少卿冯翊县开国男韦府君墓志铭并序》，题撰人为："朝散大夫行尚书都官员外郎上柱国袭韩国公苗发撰。"⑥按，苗发任职都官员外郎，傅璇琮《唐代诗人丛考》在《卢纶考》中附考了苗发的事迹，以为其任都官员外郎在大历前期⑦；蒋寅《苗发历官及兄弟行序考》认为苗发为都官员外郎在大历二年（767）后不久⑧；储

① 《文学遗产》2016年第1期，第72—80页。
② ［后晋］刘昫：《旧唐书》卷一六三，第4266页。
③ 赵文成、赵君平：《秦晋豫新出墓志搜佚续编》，第1159页。
④ 吴钢主编：《全唐文补遗》第8辑，第77页。
⑤ 吴钢主编：《全唐文补遗·千唐志斋新藏专辑》，第407页。
⑥ 李举纲《唐大历才子苗发撰〈韦损墓志〉考释》，《碑林集刊》第13辑，陕西人民美术出版社2008年版，第105—108页。
⑦ 傅璇琮：《唐代诗人丛考》，第504页。
⑧ 蒋寅：《大历诗人研究》，中华书局1995年版，第758—759页。

仲君撰《苗发传笺证》推测苗发为都官员外郎在"当在大历五年前"①。根据新出土《韦府君(损)墓志铭》,墓主葬于大历六年(771)八月壬申日,志即撰于是时,是苗发大历六年在都官员外郎任上的确证,诸位学者的推测不仅可以坐实,更可以确定苗发任都官员外郎的具体年月。

　　夏侯审　新出土《唐故汾州灵石县主簿博陵崔君(贞道)墓志铭并叙》:"夫人谯郡夏侯氏,库部郎中讳审之次女。"②《唐故赠秘书郎崔公(贞道)夏侯夫人真源县太君墓志铭并序》:"夫人讳玫,谯郡人也。曾祖逸,沁州司马,赠给事中。祖封,相州临河县主簿,赠吏部尚书。考审,尚书库部郎中,赠司空。夫人乃长女也。相国赵郡李公绛之甥,今河中节度相国司空公孜之姊。"③这两篇墓志,黄清发博士已经关注,作有《夏侯审、夏侯孜家世事迹新考》④,可以参考。又新出土《唐故尚书库部郎中赠工部尚书谯郡夏侯府君夫人赵郡太夫人李氏归祔志》,题署:"男前陕虢等州都防御观察处置等使朝请大夫检校右散骑常侍兼陕州都督府长史御史中丞上柱国赐紫金鱼袋孤子孜谨撰。"⑤志题中"尚书库部郎中"即夏侯审。墓主为夏侯审之妻赵郡李氏,撰者为夏侯审之子夏侯孜。墓主与中唐宰相李绛是姊弟关系,因墓志云:"烈考讳元善,皇任襄州录事参军。"而《旧唐书·李绛传》云:"父元善,襄州录事参军。"⑥新出土《唐故同州白水县令夏侯府君(敏)墓志并序》:"府君讳敏,字好古,谯郡人也。祖封,皇任相州临河县主簿。父审,皇任尚书库部郎中。府君即库部之别子。府君将艹,库部方娶李氏为妻。慈孝日隆,爱倾己子。"⑦因为这四方墓志的出土,夏侯审的贯望与家世就非常清楚:夏侯审为谯郡人,曾祖逸,沁州司马;祖封,相州临河县主簿。夏侯审长子汶,早夭;次子敏,同州白水令;三子敬,

① 傅璇琮主编:《唐才子传校笺》第 2 册,第 58 页。
② 赵文成、赵君平:《秦晋豫新出墓志搜佚续编》,第 1076 页。
③ 赵文成、赵君平:《秦晋豫新出墓志搜佚续编》,第 1258 页。
④ 黄清发:《夏侯审、夏侯孜家世事迹新考》,《文学遗产》2018 年第 3 期,第 187—189 页。
⑤ 赵君平、赵文成:《河洛墓刻拾零》,第 584 页。
⑥ [后晋]刘昫:《旧唐书》卷一六四,第 4285 页。
⑦ 邓新波、梁浩:《唐代夏侯敏墓志研究》,《洛阳理工学院学报》2021 年第 6 期,第 9 页。

登进士第；季子敖，浙东观察判官、检校著作郎。其子中夏侯孜最著，唐宣宗时为相，懿宗时进位司空。墓志中更值得注意者是夏侯审的卒年和赠官。《李氏归祔志》云："贞元十六年，尚书府君即世。"[1]可以确证夏侯审卒于贞元十六年（800）。该志作于大中七年（853）十月，是时夏侯孜为陕虢观察使，夏侯审赠官为"工部尚书"。而《崔贞道夫人夏侯氏墓志铭》则称夏侯审"赠司空"，该志撰于咸通六年（865），是时夏侯孜已进位司空。从这里看，夏侯审的赠官，随着夏侯孜的官职晋升越来越高，直至"赠司空"。

六、席 夔 墓 志

墓 志 释 文

唐故朝散大夫尚书司勋员外郎知制诰安定
席君墓志铭并叙葬之月赠中书舍人

朝议郎守尚书司勋郎中赐绯鱼袋陈讽撰

有唐博文约礼，含章通理，为君子儒者，朝散大夫、尚书司勋员外郎、知制诰安定席君讳夔，字谟明，以元和十一年十二月廿一日终于永乐里之私第，享年五十。朝野轸悼，士友相吊。且哀夫良材颠拔，天球毁折，申寝门之恸者，泛澜涕濡。悼邓攸之无嗣，哀亭伯之不寿。呜呼！德辅义和，寖仁归厚，其为滋渐也如是。从父弟前鄜州直罗县令挚，创手足之凋殒，惧宗祀之殆忽，将导理命，以犹子主丧。衔恤襄事，粤明年二月卅日得龟蔡协吉，窆于万年县义善乡凤栖原。夫人吴郡陆氏，詹府司直位之女。江表伟望，柔嘉有芳。先公十载而殁，至是祔焉。君之先，劳彰于世功，得姓藉氏，晋谈之勋格诸侯，楚蒉之功翼霸主，避名改氏，始为席焉。岘首之下，代称名家。西汉徙豪杰于关中，始为安定人矣。广乘以名儒仕汉晋，

① 赵君平、赵文成：《河洛墓刻拾零》，第584页。

衡固以明略佐齐魏。素风旁流,清德下济。历随洎唐,炳烈前志。世称关
陇令族,代有其人。曾祖承恩,皇朝湖州司士,赠左司郎中。才命不协而
有考父之恭,故天爵集于后昆,漏泽贲于先子。祖豫,皇朝礼部尚书,赠江
陵郡大都督,谥曰文。涵泳峻德,炳耀人文。抗大节乎鞬匦之邦,叙彝伦
于人神之和。贞方昭融,文行光宣。启土于襄,易名曰文。余裕介祉,山
晖河润。烈考衮,皇朝京兆府士曹。直方清夷,简廉仁和。辟戎府,掾神
州,在邦必闻,教忠以训。公即士曹之元子。幼挺洵美,弱不好弄。复澈
风度,端庄襟灵,朗练孤映,兰芳玉色。识者知其振门风而绍祖德矣。既
游艺求试,张雄文以擅重价,抱良器而沽淑问。举进士高第,登博学宏词
首科,游疱刃而抚羿彀,皆投虚命中,时论有国华人瑞之叹。释褐授秘省
校书郎,慨然有慕扬云、班固述作之志。俄遭士曹府君捐馆,柴毁苫盖,几
至灭性。既阕,迫堂构之重,调补渭南尉。挥青萍而决浮云,叩夷玉而洞
清响。凡践此地,必以为栖高梧而梯青云,竦意腾凌,焰气芒射。公以才
运不相直,鳞羽不时化,而卷怀得丧,恬然中明。属成均阕曹,时宰注意,
除广文馆博士,且藉其名声以弘典教。故相袁公之镇滑台也,首当命介之
选,迁殿中侍御史内供奉。洎宪府慰荐以白简,领方书,郡国颁条,以朱轓
问凋瘵。朝廷克明峻德,以端化本,考历阳理行,累除右司、吏部二曹外
郎。纪纲之流略,奏议之重轻,得于性机,形于事业,足以裨故实而明损益
焉。无何,以人文清望,格于谟训,转司勋员外郎、知制诰。黄裳介圭,炳
文含华。黜时风之诡靡,致王度于金玉。每挥宸藻,发命书,必叩黄钟以
合词律,本天工而熙百志。推明劝诫,章叙淑慝,超然有两汉之风。议者
以公宽明忠敬,静深洁矩,洞然灵府,若蕴蓍蔡,可以扶佐大猷,景行后学。
而溘至朝露,天可问乎?君以贞俭克家,未跻贵位,历官十次而家无余财。
洎内外扫至即寿堂之日,皆平生故人相与营助。昔公卯岁,与余有畴年之
欢,均骨肉之爱,俱出蜀路,交臂文场,声尘荣瘁,相为引重,同籍登第,联
曹校文,相台推代,文昌同舍。理论之揣摩,翰墨之酬赠,清言在耳,华藻
犹湿。公爰始感疾,余奉职刊文,涉旬间言,存殁永诀。良友长逝,可胜恸
耶!承家藐孤,在室五女,天至之酷,茕然孝思。以余齿均分故,辞究行

实,见托纪事,以志幽窀。铭曰:

参墟晋封,伯靥卿宗。典司秘藉,葳蕤世功。谈聘东周,瑨征西楚。氏因讳易,爵以劳举。纷纶祖德,熏灼儒风。忠烈寖昌,格人文公。大节硕姿,博厚昭融。积庆隙祉,实生庄士。前修乃缵,家声克似。积和懿文,含章视履。怒飞词海,高步云衢。三握兰笔,再分竹符。芳留故事,绩茂来苏。视草便繁,司言咨诹。文蔚汉诏,词昌禹谟。人谓夫子,希古名儒。于嗟不淑,颠此中途。鳞摧剑折,玉碎兰枯。谢庭诸女,赵氏遗孤。亦有同气,护营涂荛。重岗鲜原,回阜丰址。神其宅真,古无不死。体魄从化,清明返始。悠悠令名,千载惇史。

朝议郎行左补阙裴潾书　　朝议郎行万年县丞韩晔八分额

《席夔墓志》,席夔(767—816),字谟明,安定人,其祖席豫居于襄阳。席夔官至司勋员外郎、知制诰。元和十一年十二月廿一日终于永乐里,享年五十,十二年二月三十日葬于万年县义善乡凤栖原。墓志高、宽均 60 厘米,37 行,满行 43 字。墓志首题《唐故朝散大夫尚书司勋员外郎知制诰安定席君墓志铭并叙》,题下有说明:"葬之月赠中书舍人。"题署:"朝议郎守尚书司勋郎中赐绯鱼袋陈讽撰。"末署:"朝议郎行左补阙裴潾书,朝议郎行万年县丞韩晔八分额。"浙江大学图书馆藏有拓片。席夔为唐代著名的文学家,《全唐诗》卷三六八存有《赋得竹箭有筠》《霜菊》诗二首;《文苑英华》卷一一八又载有席夔《披沙拣金赋》,另有《运金赋》《冬日可爱赋》。韩愈有《和席八十二韵》,旧注引《讳行录》:"席夔行八,贞元十年进士。"陆畅有《成都赠别席夔》诗。白居易有《东南行诗一百韵寄通州元九侍御澧州李十一舍人果州崔二十二使君开州韦大员外庾三十二补阙杜十四拾遗李二十助教员外窦七校书》诗,元稹《酬乐天东南行诗一百韵》自注:"本题云《寄澧州李十一舍人果州崔二十二员外开州韦大员外通州元九侍御庾三十二补阙杜十四拾遗李二十助教窦七校书兼投吊席八舍人》。"刘禹锡《答连州薛郎中论书仪书》云:"前年祇召抵京师,偶故人席夔谈。"席夔又为文学世家,其祖席豫为盛唐诗人,《唐诗纪事》卷一四记载:"与韩休、许景先、徐安正、孙逖名相甲乙,当时号为'席公'。帝尝登朝元阁赋诗,群臣属和,帝以豫诗最工,诏曰:'诗人之冠冕也。'"杨琼有《新发现唐代席夔墓志的文学研究价值》,载《浙江大学学报》2019 年第 3 期,第 83—96 页。

　　席夔的生平事迹,传世文献所载甚为简略,《全唐诗》小传:"席夔,贞元十二年宏词及第,诗二首。"①仅寥寥数语。墓志的出土,能够解决席夔家世、生平与文学创作的很多问题。如席夔的表字,《席夔墓志》记载其"字谟明",可补史籍之阙。席夔的生卒年,《五百家注韩昌黎集》卷一〇《和席八十二韵》诗樊汝霖注曰:"按《讳行录》:'席夔,行八,贞元十年进士。'……唯元微之和乐天诗有云:'寻伤掌诰殂。'其下笺云:'去年闻席八殁。'……公以元和十一年与之同掌诰,故有'倚市''吹竽'之句。十二年,夔卒。"②以席夔卒年为元和十二年(817)。陶敏据元稹《酬乐天东南行诗一百韵》及白居易《东南行一百韵》二诗创作时间,推断其卒年为元和十一年(816)③。由墓志可知陶敏所论不误。根据墓志所载席夔享年五十,逆推其生年应为大历二年(767)。

席夔的文学家世

　　席夔祖先为安定席氏。墓志云:"君之先,劳彰于世功,得姓藉氏,晋谈之勋格诸侯,楚瑾之功翼霸主,避名改氏,始为席焉。岷首之下,代称名家。西汉徙豪杰于关中,始为安定人矣。广乘以名儒仕汉晋,衡固以明略佐齐魏。素风旁流,清德下济。"《元和姓纂》卷一〇"席氏"条:"本姓藉,晋大夫藉谈之后也。谈十三代孙瓌④,避项羽名改为席氏。汉初,徙关东豪族,后徙安定临泾。"又"安定临泾席氏":"瓌十代孙广,后汉光禄勋;元孙允,魏酒泉郡守。允元孙保,苻秦尚书左丞;生衡,晋建威将军,寓居襄阳,仕南朝。四代衡孙固,归后魏,湖州刺史、靖安公;元孙君懿,唐侍御史。懿曾孙建(侯)⑤、涣、异、晋。建(侯),礼部尚书、襄阳文公。孙咎、夔。夔,中书舍人,生鸿。"⑥《周书·席固传》:"席固字子坚,其先安定人也,高

---

①　[清] 彭定求:《全唐诗》卷三六八,第 4146 页。
②　[宋] 魏仲举:《五百家注韩昌黎集》卷一〇,中华书局 2019 年版,第 617 页。
③　陶敏:《全唐诗作者小传补正》卷三六八,辽海出版社 2010 年版,第 688 页。
④　按,《元和姓纂》岑校曰:"'瓌'字,《备要》一八作'懷',《类稿》五二引作'瓌'。"(卷一〇,第 1597 页)《席夔墓志》作"瑾",古同"瓌",可知以"席瓌"为是。
⑤　按,《元和姓纂》岑校曰:"《旧书》一九〇中,席豫,湖州刺史固七世孙。又《新书》一二八,豫字建侯,今《精舍碑》称豫或建侯,《郎官柱》均称建侯,盖后来避讳,用其字也,此称建不合,应补'侯'字。"(卷一〇,第 1598 页)
⑥　[唐] 林宝:《元和姓纂(附《四校记》)》卷一〇,第 1597 页。

祖衡，因后秦之乱，寓居于襄阳。仕晋，为建威将军，遂为襄阳著姓。"①这段文字与墓志相印证，可知席豫先世在汉魏以后就代出名人，这在注重门第的中古时期是非常显耀之事。

　　墓志又云："曾祖承恩，皇朝湖州司士，赠左司郎中。……祖豫，皇朝礼部尚书，赠江陵郡大都督，谥曰文。……烈考衮，皇朝京兆府士曹。"其中曾祖席承恩、父亲席衮皆未见诸史籍，可补史阙。席氏在西汉迁徙至关中，望出安定临泾，后南下避乱，南北朝时在襄阳地区盛极一时。入唐后，官位不显，至席豫祖父辈，方在文学、政治上展现影响力，《旧唐书·席豫传》有"豫与弟晋，俱以词藻见称"②，知席豫、席晋在当时皆为诗文名士。席豫的文学成就与其科举、仕宦都颇有关联，更是影响席豫文学才能与立身行事的家世渊源。

　　席豫（680—748），字建侯，盛唐时期著名文学家。据《新唐书·席豫传》记载："长安中，举学兼流略、词擅文场科，擢上第，时年十六，以父丧罢。复举手笔俊拔科，中之。……俄举贤良方正异等。为阳翟尉。开元初，观察使荐豫贤，迁监察御史，出为乐寿令。"③知其擅长文学，在科举、制举考试中表现不俗。席豫入仕后三迁中书舍人，与韩休、许景先、徐安贞、孙逊相次掌制诰，后又得韩休举荐拜吏部侍郎，官终礼部尚书。史传还记载节愍太子兵败身亡后，安乐公主自请为皇太女，席豫挺身而出仗义执言。"豫曰：'昔梅福上书讥后族，彼何人哉！'乃上疏请立皇太子，语深切，人为寒惧。太平公主闻其名，将表为谏官，豫耻汙诐谒，遁去。"④墓志言其"抗大节乎虺虺之邦"盖指此事。

　　近年来新发现席豫撰写的墓志又有四方：开元八年（720）《大唐故通议大夫沂州司马清苑县开国子刘府君（敦行）神道记》，题署"堂外甥大理

① ［唐］令狐德棻：《周书》卷四四，第 798 页。
② ［后晋］刘昫：《旧唐书》卷一九〇中，第 5036 页。
③ ［宋］欧阳修、宋祁：《新唐书》卷一二八，第 4467 页。
④ ［宋］欧阳修、宋祁：《新唐书》卷一二八，第 4467 页。

寺丞席豫词"①；开元十年(722)《大唐故中散大夫守少府监上柱国赵郡李府君(述)墓志铭并序》，题署"户部侍郎席豫撰"②；开元二十三年(735)《唐故京兆府云阳县尉李君(滔)墓志铭并序》，题署"尚书吏部侍郎席豫撰"③；开元二十八年(740)《大唐故太子少师赠扬州大都督昌黎韩府君(休)墓志铭并序》，题署"中散大夫守尚书左丞上柱国安定席豫撰"④。这四方墓志不仅补充了席豫的文章作品，同时也为其生平仕历、交游关系提供了佐证以及系年线索。

席豫长于文学，诗文名动当朝。《全唐诗》存其诗五首，《全唐诗续拾》辑补二首，《全唐文》存其文三篇，加上新发现的四篇墓志，目前留存下来的诗文共有十四篇之多。《旧唐书·席豫传》："玄宗幸温泉宫，登朝元阁赋诗，群臣属和。帝以豫诗为工，手制褒美曰：'览卿所进，实诗人之首出，作者之冠冕也。'"⑤可见席豫的诗歌作品为玄宗所称道，在当时颇有影响力，唐人芮挺章《国秀集》就选录了其《蒲津迎驾》《奉和敕赐公主镜》诗⑥。就现存诗歌来看，天宝三载(744)贺知章归乡入道，唐玄宗君臣于长安饯行送别，有《送贺秘监归会稽》三十余首，其中即有席豫一首。再如《奉和圣制送张说巡边》《奉和圣制答张说扈从南出雀鼠谷》，同题唱和者有宋璟、苏颋、韩休、贺知章、王丘、苏晋、崔禹锡等著名文士，皆为玄宗宫廷中君臣唱和的活跃人物，加上张说、张九龄这样的文坛领袖人物，组成了开元中后期最高规格的文士群体。宰相李林甫也有投赠歌作，即《秋夜望月忆韩席等诸侍郎因以投赠》，其中席侍郎即为席豫，韩侍郎应为韩休。席豫的影响力还与他掌纶翰、典贡举有关，《新唐书》："豫典选六年，拔寒远士多至台阁，当时推知人，号'席公'云。"⑦言其知人善任，使得很多文士

---

① 吴钢主编：《全唐文补遗》第6辑，第35页。
② 吴钢主编：《全唐文补遗》第6辑，第36页。
③ 吴钢主编：《全唐文补遗·千唐志斋新藏专辑》，第170页。
④ 赵占锐、呼啸：《唐宰相韩休及夫人柳氏墓志考释》，《唐史论丛》第23辑，第249—253页。
⑤ ［后晋］刘昫：《旧唐书》卷一九〇，第5036页。
⑥ 傅璇琮、陈尚君、徐俊：《唐人选唐诗新编》(增订本)，第300—301页。
⑦ ［宋］欧阳修、宋祁：《新唐书》，卷一二八，第4468页。

脱颖而出。如颜真卿兄弟曾为席豫所赏识，颜真卿《摄常山郡太守卫尉卿兼御史中丞赠太子太保谥忠节京兆颜公神道碑铭》："公讳杲卿……开元与兄春卿、弟曜卿、从父弟允南俱从调吏部，皆以书判超等，同日于铨庭，为侍郎席建侯所赏，翰林拭目焉。"①又《新唐书·萧颖士传》："天宝初，颖士补秘书正字。于时裴耀卿、席豫、张均、宋遥、韦述皆先进，器其材，与钧礼，由是名播天下。"②知萧颖士扬名亦与席豫等人的器重分不开。

席豫的文学才能和政治地位对其子孙辈的文学成长产生了较大的影响。席豫外孙、席夔表兄李舟为唐代著名散文家、音韵学家。李舟，字公受，官处州刺史，《全唐文》存文七篇，《新唐书·艺文志》卷四七载有《切韵》十卷，为《广韵》所设韵部序次奠定了基础。事详梁肃撰《处州刺史李公墓志铭》。墓志载其家世曰："礼部尚书襄阳席豫，以大名谥文，实公之外祖。"③李舟与杜甫、岑参、刘长卿等诗人往来颇多。乾元元年（758），李舟授弘文馆校书郎，二年告归，迎母于荆州，杜甫作《送李校书二十六韵》相赠，岑参亦有《送弘文李校书往汉南拜亲》诗。上元二年（761），李舟为浙东节度使、越州刺史杜鸿渐从事，刘长卿有《送李校书赴东浙幕府》《送李校书适越谒杜中丞》诗。后李舟解官，赴西川拜谒张延赏，刘长卿又以《送李七之笮水谒张相公》诗相赠。杜甫诗曰"李舟名父子，清峻流辈伯。人间好少年，不必须白皙。十五富文史，十八足宾客。十九授校书，二十声辉赫。众中每一见，使我潜动魄"④，杜甫寥寥数句便点出了李舟的名声早著，并表达了对其父子二人的赞赏。李舟父李岑，官至眉州刺史，李舟《独孤常州集序》云："先大夫尝因讲文谓小子曰：'吾友兰陵萧茂挺、赵郡李遐叔、长乐贾幼几，泊所知河南独孤至之，皆宪章六艺，能探古人述作之旨。'"⑤知李岑与萧颖士、李华、贾至、独孤及等皆为好友，其中萧颖士尝为席豫提拔，李舟父子在文人中的声誉想必与席豫也颇有关系，故梁肃

---

①　［清］董诰：《全唐文》卷三四一，第1531页。
②　［宋］欧阳修、宋祁：《新唐书》卷二○二，第5767—5768页。
③　［清］董诰：《全唐文》卷五二一，第2343页。
④　［清］仇兆鳌：《杜诗详注》卷六，第462页。
⑤　［清］董诰：《全唐文》卷四四三，第2001页。

在叙述李舟家世时,专门提及了其外祖父。

由上可知,席夔祖父辈、同辈兄长皆以文学见长,活跃于当时的文人群体之中,往来者都是当时重要文人,这是席夔成为中唐重要文学家的家世渊源。

席夔与中唐文学

席夔为贞元十年陈讽榜进士,是年,知贡举为户部侍郎顾少连。吕温《祭座主故兵部尚书顾公文》:"维贞元十年岁次甲申月日①,门生侍御史王播,监察御史刘禹锡、陈讽、柳宗元,左拾遗吕温、李逢吉,右拾遗卢元辅,剑南西川观察支使李正叔,万年县主簿谈元茂,集贤殿校书郎王启,秘省校书郎李建,京兆府文学李逢,渭南县尉席夔,鄠县尉张隶初,奉礼郎独孤郁,协律郎萧节,奉礼郎时元佐,荥阳主薄李宗衡,前乡贡进士郑素等,谨以清酌之奠,祭于座主故兵部尚书东都留守顾公之灵。"②席夔与柳宗元、刘禹锡等人皆为顾少连门生,此前又有贞元八年(792)龙虎榜韩愈等人及第,可以说席夔所处乃中唐科场风习和文学理念变革之际。从席夔现存文学作品和墓志的评价来看,他的文学创作与其科举、仕宦经历息息相关;就其文学交往而言,所交者皆为中唐文坛扛鼎人物。考察其文学成就与文学交游,可以加深对席夔与中唐文学的认识。

(一)席夔的文学成就

席夔的文学才能首先表现在科考方面,墓志云:"举进士高第,登博学宏词首科,游疱刃而抚羿彀,皆投虚命中,时论有国华人瑞之叹。"贞元时期科举复兴,成为文人入仕的重要途径。唐人有"三十老明经,五十少进士"之说,言进士登第之难,而博学宏词科每年录取仅二三人,故席夔能得

---

① 按:杜黄裳撰《东都留守顾公神道碑》载,顾少连"贞元癸未年十月四日,薨于洛阳崇让里之私第"(《全唐文》卷四七八,第2162—2163页)。贞元癸未年为唐德宗贞元十九年(803),故吕温所撰祭文中"贞元十年"(794)当有脱字,依"岁次甲申",当为贞元二十年(804)。

② [清]董诰:《全唐文》卷六三一,第2822页。

博学宏词首科，其文学才能应在同时人之上。席夔现存作品亦以试帖诗和试帖赋为主。

《文苑英华》卷一八七所载"省试"诗中，存其《竹箭有筠》《霜菊》诗，皆为命题咏物之作，是试律诗主要题材。《竹箭有筠》有李程、张仲方同题诗，可对比参看：

> 共爱东南美，青青叹有筠。贞姿众木异，秀色四时均。
> 枝叶当无改，风霜岂惮频。虚心如待物，劲节自留春。
> 鲜润期栖凤，婵娟可并人。可怜初箨卷，粉泽更宜新。（席夔）
> 常爱凌寒竹，坚贞可喻人。能将先进礼，义与后雕邻。
> 冉冉犹全节，青青尚有筠。陶钧二仪内，柯叶四时春。
> 待凤花仍吐，停霜色更新。方持不易操，对此欲观身。（李程）
> 东南生绿竹，独美有筠箭。枝叶讵曾凋，风霜孰云变。
> 偏宜林表秀，多向岁寒见。碧色乍葱茏，青光常蒨练。
> 皮开凤彩出，节劲龙文见。爱此守坚贞，含歌属时彦。（张
> 仲方）①

清徐松《登科记考》卷一四考证《竹箭有筠》是贞元十二年（796）博学宏词科试题。从用韵来看，席夔、李程二诗押题中"筠"字韵，张仲方诗押题中"箭"字韵。其中席、李二诗句式如"青青叹有筠"与"青青尚有筠"，"婵娟可并人"与"坚贞可喻人"亦甚相似，李诗首联便拈出诗旨，赞颂竹子坚贞品格，最后又以竹喻人，警示自身，砥砺节操。席诗落笔始终在对竹的描写上，语言清丽，含蓄点出"有筠"之诗旨。就立意与内容来看，三首诗颇为一致，都是优秀的应试之作。《霜菊》诗，《文苑英华》卷一八七收席夔与无名氏同题诗二首，亦归于省试诗：

---

① ［宋］李昉：《文苑英华》卷一八七，第 917—918 页。

时令忽已变,行看被霜菊。可怜后时秀,当此凛风肃。

淅沥翠枝翻,凄清金蕊馥。凝姿节堪重,登(澄)艳景非淑。

宁祛青女威,愿盈君子掬。持来泛樽酒,永以照幽独。(席夔)

秋尽北风去,律移寒气肃。淅沥降繁霜,离披委残菊。

华滋尚照灼,幽气含纷郁。的的冒空园,萋萋被幽谷。

骚人有遗咏,陶令曾盈掬。傥使怀袖中,犹堪袭余馥。(失名)①

二诗同题,押题中"菊"字韵,颇符当时试律诗的用韵规律,然为何时试题则无从考知。细读之下,发现两首诗不仅用韵一致,且有"菊""肃""馥""掬"四处韵脚用字一致。创作手法上,头两联都是直接破题点明季节和所咏之物,第三联转入嗅觉描写,称赞秋菊的馥郁芬芳,第四联实赋菊花盛开之景,最后两联都采用陶渊明摘菊盈把的典故,表达愿效陶潜高洁品格的志向。从用韵、用典、创作手法上分析,两首诗歌颇为相似,席诗对仗尤为工整,如第三联淅沥对凄清,叠韵对双声,且皆从水部,实为佳句。

除了试律诗,席夔尚有三篇律赋,分别为《文苑英华》卷五《冬日可爱赋》,卷一〇一《运斤赋》以及卷一一八《披沙拣金赋》。赋是唐代科举考试中一项重要内容,所试之赋是格律赋,对仗工整、用韵严格,以其难度大,标准高,成为决定能否及第的关键因素。受到进士科试赋的影响,律赋是中唐时期博学宏词科的重点考察项目,但从博学宏词科的地位来看,试赋的考察侧重点和评价标准应比进士科试赋更为严格。从席夔现存的赋作来看,皆限定用韵。《登科记考》考定《披沙拣金赋》为贞元十二年博学宏词科考题,尚有李程、张仲方、柳宗元同题同韵赋。贞元年间,试赋趋向成熟,涌现出大量的律赋名家,与席夔同题试赋的李程更是律赋大家。唐人赵璘《因话录》卷三便云:"李相国程、王仆射起、白少傅居易兄弟、张舍人仲素为场中词赋之最,言程式者,宗此五人。"②席夔为当年博学宏词首科,可知其律赋才能亦当不俗。

---

① [宋]李昉:《文苑英华》卷一八七,第 918 页。
② [唐]赵璘:《因话录》卷三,第 82 页。

席夔留存诗赋皆有同题之作。《运斤赋》有独孤授同题同韵之作。又沈晦《四明新本河东先生集后序》："曾丞相家本，篇数不多于二本，而有刑郎中、杨常侍二行状，《冬日可爱》《平权衡》二赋，共四首，有其目而亡其文。"①知席夔、柳宗元皆有同题《冬日可爱赋》，只是柳赋已不存。陈讽贞元十年(794)博学宏词科考题有《冬日可爱》诗，席、柳二赋与该年宏词科试帖诗同题，盖为仿拟科考试题的练手之作。韩愈《答崔立之书》云："及来京师，见有举进士者，人多贵之。仆诚乐之，就求其术，或出礼部所试赋诗策等以相示，仆以为可无学而能，因诣州县求举。有司者好恶出于其心，四举而后有成，亦未即得仕。闻吏部有以博学宏词选者，人尤谓之才，且得美仕。就求其术，或出所试文章，亦礼部之类。"②白居易《策林序》："元和初，予罢校书郎，与元微之将应制举，退居于上都华阳观，闭户累月，揣摩当代之事，构成策目七十五门。"③可见当时应试文人围绕科考试题的拟作之风颇盛。

作为科举选拔中的精英，席夔的仕历与其文学才能息息相关。就传世文献和新出墓志所见，席夔的仕宦生涯十分简单，"释褐授秘省校书郎"，校书郎是大部分文官的起家良选，也最为清贵。后历父丧，守丧后"调补渭南尉"，吕温贞元二十年(804)作《祭座主故兵部尚书顾公文》时，席夔便在此任。墓志续言："属成均阕曹，时宰注意，除广文馆博士，且藉其名声以弘典教。故相袁公之镇滑台也，首当命介之选，迁殿中侍御史内供奉。"席夔在"时宰"的推荐之下任广文馆博士。唐代广文馆是教授学生六艺、诗赋以备进士之选的机构。天宝九年(750)"秋，七月，乙亥，置广文馆于国子监，以教诸生习进士者。"④韩愈《请上尊号表》曰："臣某言，臣得所管国子、太学、广文、四门及书、算、律等七馆学生沈周封六百人状，称身虽贱微，然皆以选择得备学生，读六艺之文，修先王之道，粗有知识，皆由

---

① 〔唐〕柳宗元：《柳宗元集》附录，第 1445 页。
② 〔清〕董诰：《全唐文》卷五五二，第 2474 页。
③ 朱金城：《白居易集笺校》卷六二，第 3436 页。
④ 〔宋〕司马光：《资治通鉴》卷二一六，第 6899 页。

上恩。"①可见广文馆对于教授者的素养要求甚高,唐玄宗钦点的第一任广文博士郑虔即诗、书、画皆精妙,被誉为"三绝"的著名文人。由此亦可知席夔在进士文人中的盛名。"故相袁公"当为袁滋,《旧唐书·宪宗纪》载其镇滑州为元和元年至七年②。袁滋为著名诗人元结内弟,由元结荐引入仕,官至宰相。尝奉使南诏经石门纪其行,今题记摩崖尚存,为全国重点文物保护单位。袁滋擅长书法,《旧唐书》称其"工篆籀书,雅有古法"③。中唐诗人权德舆、白居易、刘禹锡都有诗赠予袁滋。正因如此,他担任地方长官,能够辟召文人如席夔为其幕吏。

(二) 席夔的文学交游

席夔的文学交游十分广泛,墓志撰者陈讽便是其故交,文中叙述了与席夔亲密无间的友谊:"昔公卯岁,与余有畴年之欢,均骨肉之爱,俱出蜀路,交臂文场,声尘荣瘁,相为引重,同籍登第,联曹校文,相台推代,文昌同舍。理论之揣摩,翰墨之酬赠,清言在耳,华藻犹湿。公爰始感疾,余奉职刊文,涉旬间言,存殁永诀。良友长逝,可胜恸耶!"知二人曾同游蜀地,同登科第,为官之余常以诗文交往切磋。除墓志撰者陈讽,传世文献记载与席夔交游者主要有韩愈、白居易、元稹、刘禹锡、陆畅等,皆为唐代享有盛名的重要作家。

韩愈与席夔的交往主要在元和年间。韩愈有《和席八十二韵》诗赠予席夔,席夔的原作则已亡佚。诗言"绛阙银河曙,东风右掖春",这首诗当是元和十一年(816)前后两人同掌制诰时所作。开头以"右掖""春"交代了作诗的背景和时间,然后称赞友人官声及诗思,接着描述二人所见宫廷内外的景物变换,引出起草诏令为皇帝出谋划策的政事活动,又言"多情怀酒伴,余事作诗人。倚玉难藏拙,吹竽久混真"④,说明政事之余,两人

---

① 刘真伦、岳珍:《韩愈文集汇校笺注》卷二九,中华书局 2010 年版,第 2967 页。
② [后晋] 刘昫:《旧唐书》卷一四、一五,第 419—444 页。
③ [后晋] 刘昫:《旧唐书》卷一八五下,第 4831 页。
④ [清] 彭定求:《全唐诗》卷三四四,第 3853 页。

在中书省把酒言欢，赋诗唱咏。韩愈还以倚玉、吹竽自谦以衬托席夔的才能，对友人的赞赏之情溢于言表。

刘禹锡贞元九年（793）进士及第，据吕温《祭座主故兵部尚书顾公文》，与席夔皆为顾少连门生，二人亦是故交。刘禹锡《答道州薛郎中论书仪书》："及谪官十年，居僻陋不闻世论，所以书相问讯，皆昵亲密友，不容变更。而时态高下，无从知耳。前年祗召抵京师，偶故人席夔谈，因及是事，乃知与十年前大殊。至有同姓属尊，致书于属卑而贵者，其纸尾言起居新妇，夔独窃笑之而已，然犹不敢显言诋之。"①元和十年（815）刘禹锡承诏进京，与席夔相遇，谈论时下书仪失范之事，面对席夔不敢显言批判这一状况的行为，刘禹锡是颇不认同的。

但《刘宾客嘉话录》中的一条材料引发我们对席夔与韩愈、刘禹锡关系的思考。《太平广记》引《嘉话录》云：

> 韩愈初贬之制，舍人席夔为之词曰："早登科第，亦有声名。"席既物故，友人多言曰："席无令子弟，岂有病阴毒伤寒而与不洁。"韩曰："席不吃不洁太迟。"人曰："何也？"曰："出语不当。"岂有怨责词云"亦有声名"耳。（出《嘉话录》）②

这段文字需要作进一步辨析。《嘉话录》乃中唐人韦绚所撰，其自序言是追记穆宗长庆元年（821）刘禹锡在白帝城的谈话，故自名其书《刘公嘉话录》。岑仲勉先生《唐集质疑》对此条材料进行了考察，认为韩愈一生可称贬官者乃贞元十九年（803）冬贬阳山令，元和七年（812）春自职方员外郎为国子博士，元和十四年（819）春贬潮州刺史。贞元十九年席夔任渭南尉，元和十四年席夔已卒，此制可能作于元和七年贬官之时，《元和姓纂》修于元和七年，已称夔为中书舍人，然谓初贬，仍有未合之处③。朱金城

---

① 瞿蜕园：《刘禹锡集笺证》卷一〇，上海古籍出版社 1989 年版，第 277 页。
② ［宋］李昉：《太平广记》卷四九七，第 4081 页。
③ 岑仲勉：《唐集质疑》，《唐人行第录》（外三种），第 423 页。

则认为："韩愈贬潮州在元和十四年初，夔死已年余，岂能行制？《嘉话录》所记有误。"①。将这段材料与韩、席二人的唱和联系起来看，岑说以韩愈贬谪之制作于元和七年不甚合理。从墓志来看，席夔中书舍人一职乃是卒后赠官，且不说《元和姓纂》所载席夔官职有误，元和十一年韩诗还盛赞席夔，则席行制应在此后。《嘉话录》这段记载塑造了韩愈心胸狭窄的形象，而其忿责对象则是自己欣赏的友人，初贬时间又与席夔知制诰时间不合，其真实性暂无从考证。

席夔与白居易、元稹的关系主要见于白居易《东南行一百韵》及元稹《酬乐天东南行一百韵》。白诗"去夏微之疟，今春席八殂。天涯书达否，泉下哭知无？"句下有原注曰："去年，闻元九瘴疟，书去竟未报。今春，闻席八殁。久与还往，能无恸矣！"②诉二人往还多年，得知席夔去世消息，内心悲恸，语言平淡真挚，情深意切。元稹《酬乐天东南行诗一百韵并序》"近喜司戎健，寻伤掌诰殂"句下自注："今日得乐天书，去年闻席八殁。"③是此二句乃吊席八而作。

与席夔有交往者尚有诗人陆畅。陆畅，《全唐诗》小传曰："陆畅，字达夫，吴郡人。元和元年登进士第，为皇太子僚属，后官凤翔少尹，诗一卷。"④又《席夔墓志》云："夫人吴郡陆氏，詹府司直位之女。江表伟望，柔嘉有芳。"则陆畅与席夔夫人皆属吴郡陆氏，二人交游或与此有关。陆畅《成都赠别席夔》诗云："不值分流二江水，定应犹得且同行。三千里外情人别，更被子规啼数声。"⑤《席夔墓志》有"俱出蜀路"一句，知席夔与陈讽一起到过蜀地。《舆地纪胜》卷一五七："三仙磨崖题名，在资阳县三江镇。碑云：贞元十四年十月十日，杜锡、崔熊、席夔三人同游。"⑥则席夔贞元十四年（798）在蜀，与陆畅的交往即在此间。又《唐诗纪事》云："畅，字达夫，

① 朱金城：《白居易集笺校》卷一六，第 973—974 页。
② 谢思炜：《白居易诗集校注》卷一六，中华书局 2006 年版，第 1248 页。
③ ［唐］元稹：《元稹集》（修订本）卷一二，中华书局 2010 年版，第 158 页。
④ ［清］彭定求：《全唐诗》卷四七八，第 5441 页。
⑤ ［清］彭定求：《全唐诗》卷四七八，第 5443 页。
⑥ ［宋］王象之：《舆地纪胜》卷一五七，中华书局 1992 年版，第 4273 页。

吴郡人。韦皋雅所厚礼。天宝时，李白为《蜀道难》以斥严武，畅更为《蜀
道易》以美皋。……遇云阳公主下降，百僚举畅为傧相诗，皆顷刻而
成。……畅谒韦皋，作《蜀道易》诗云：'蜀道易，易于履平地。'皋大喜。"①
知陆畅作诗迅捷，且以《蜀道易》闻名。陆畅与当时的文人交往甚广。韩
愈《送陆畅归江南》首句便赞其诗名曰："举举江南子，名以能诗闻。"②孟
郊有《送陆畅归湖州因凭题故人皎然塔陆羽坟》："昔游诗会满，今游诗会
空。"③则陆畅、孟郊昔日与僧皎然、陆羽皆为诗友。姚合《送陆畅侍御归
扬州》、张籍《送陆畅》亦是赠别陆畅之作。就唱和而言，《全唐诗》尚载元
和内人《嘲陆畅》诗一首，又言为宋氏五姐妹之一的宋若华所作，而陆畅有
《解嘲诗》相和。

墓志撰书者的文学成就

　　《席夔墓志》题署"朝议郎守尚书司勋郎中赐绯鱼袋陈讽撰"，文末署
"朝议郎行左补阙裴潾书，朝议郎行万年县丞韩晤八分额"。其中撰者陈
讽与席夔是同年进士，更是席夔的知己好友，书者裴潾则文学、书法兼擅。
研究二人的文学成就对于理解席夔的立身行事、交往关系以及墓志的文学
价值亦有重要作用。

（一）撰者陈讽

　　陈讽，《全唐文》小传曰："讽，贞元十年进士。历官金部、吏部、司勋郎
中。"④陶敏《〈全唐诗〉作者小传补正》又对其生平进行了补正，可参考⑤。
陈讽与席夔同年登第，且为当年状元，《广卓异记》卷一九又言："右按《登
科记》，陈讽。贞元十年进士，状元及第，当年中词头登科。"⑥《文苑英华》

---

① ［宋］计有功：《唐诗纪事》卷三五，第532—533页。
② ［清］彭定求：《全唐诗》卷三四〇，第3813页。
③ ［清］彭定求：《全唐诗》卷三七九，第4252页。
④ ［清］董诰：《全唐文》卷六一四，第2748页。
⑤ 陶敏：《〈全唐诗〉作者小传补正》卷三六八，第688—689页。
⑥ ［宋］乐史：《广卓异记》卷一九，《四库全书存目丛书》史部第87册，齐鲁书社1996年版，
　　第581页。

存其《冬日可爱》诗一首,赋《新筑峨和城赋》《进善旌赋》《连理树赋》三篇。其中《冬日可爱诗》为当年博学宏词科试题,开头四句云:"寒日临清昼,寥天一望时。未消埋径雪,先暖读书帷。"①描写冬日之景,开阔清朗,于此读书天气,着实可爱。这样的诗作当然与"博学宏词"适相吻合,故能顺利及第。与陈讽同年登科的庾承宣也留下了《冬日可爱诗》一首,可以与陈讽诗比照参证。《进善旌赋》为当年博学宏词科赋题,尚有李逢吉、范传正、柳道伦、陈左流、窦从直等人同题赋,皆以"设之通衢,俾人进善"为韵。按《广卓异记》记载,陈讽为宏词头科。其试赋自有过人之处,观其《进善旌赋》曰:"示人有作,虚已无私。旌非善而罔进,国非贤而不厘。遵道员来,懋德音而亲问;择阴斯止,备献体以陈词。敷一德而见答,俾兆人而赖之。徒美夫因事立名,教人示信。略孤表以遥集,掩群才而得隽。无劳负笈而来,岂必系辕而进。"②反用典故,从"善旌"的对立面切入,提出对于"非善之旌""非贤之国"而言,臣子的进善不过是徒劳,人主只有真正做到善于纳谏、敢于建言,才能为"进善"提供良好的环境,达到君圣臣贤的效果。除了上述诗赋,《唐代墓志汇编续集》存陈讽所撰《故绵州西昌县令河内常府君夫人河南史氏墓志铭并序》③,撰此志时署"孙婿将仕郎守秘书省正字陈讽述",陈讽之所以能够撰写此志,是因为墓主之子常彩"谓讽业从文进,迹忝末姻,见托为铭"。墓志写于贞元十一年(795)二月,作此志时陈讽已登宏词科,释褐任秘书省正字。《席夔墓志》署"朝议郎守尚书司勋郎中赐绯鱼袋陈讽撰",是陈讽晚期所撰墓志,为席夔撰写墓志亦是出于故交友情。

(二)书者裴潾

裴潾,闻喜人,元和初以荫仕,累擢起居舍人,开成中官终兵部侍部。新、旧《唐书》有传。裴潾擅诗文,就文章而言,《全唐文》卷七一三有其疏

---

① 〔宋〕李昉:《文苑英华》卷一八一,第885页。
② 〔宋〕李昉:《文苑英华》卷六八,第308页。
③ 周绍良、赵超主编:《唐代墓志汇编续集》,第756页。

议三篇，为《谏信用方士疏》《请罢内官复充馆驿使疏》《曲元衡擅杀议》。据两《唐书》本传记载，宪宗好神仙不死之术，令方士于宫中炼长生不老金丹，裴潾因写《谏信用方士疏》极力谏阻，被贬为江陵令。新出土还有裴潾所撰的墓志铭四篇，分别为元和十年（815）《唐故汝州襄城县尉博陵崔府君墓志铭并序》，题署："子婿征事郎殿中侍御史内供奉河东裴潾撰。"①大和四年（830）《外姑唐故汝州襄城县尉崔府君夫人郑氏迁祔墓志铭并序》，题署："子婿正议大夫守沙州刺史兼御史中丞上柱国赐紫金鱼袋裴潾撰。"②元和十一年（816）《故陕州芮城县尉李公茂成夫人荥阳郑氏绚墓志铭》，题撰人为"征事郎守左补阙裴潾撰。"③元和八年（813）《（上缺）上塔铭并序》，末署："侄潾文。"④志云："□□□□□□，河东闻喜人。"则撰文者为裴潾。就诗歌创作而言，《全唐诗》有裴潾诗十五首，为《前相国赞皇公早葺平泉山居暂还憩旋起赴诏命作镇浙右辄抒怀赋四言诗十四首奉寄》以及《白牡丹》一首。《白牡丹》诗在当时颇有声名。《唐诗纪事》云："长安三月十五日，两街看牡丹甚盛。慈恩寺元果院花最先开，太平院开最后。潾作《白牡丹》诗题壁间。大和中，驾幸此寺，吟玩久之，因令宫嫔讽念。及暮归，则此诗满六宫矣。"⑤除了诗文作品，裴潾还编纂了《大和通选》献唐文宗。《唐会要》卷三六："（大和）八年四月，集贤学士裴潾撰《通选》三十卷。"⑥《旧唐书》言此事曰："（裴潾）充集贤殿学士。集历代文章，续梁昭明太子《文选》，成三十卷，目曰《大和通选》，并音义、目录一卷，上之。当时文士，非素与潾游者，其文章少在其选，时论咸薄之。"⑦此书现已亡佚。

　　裴潾与当时宰相兼文学家李德裕关系密切，其《白牡丹》以外的十四首四言诗，都是开成年间寄赠李德裕而作，诗注曰："开成九年九月，相公

① 赵君平、赵文成：《秦晋豫新出墓志搜佚》，第 889 页。
② 赵君平、赵文成：《秦晋豫新出墓志搜佚》，第 934 页。
③ 吴钢主编：《全唐文补遗·千唐志斋新藏专辑》，第 326 页。
④ 周绍良主编：《唐代墓志汇编》，第 1996—1997 页。
⑤ ［宋］计有功：《唐诗纪事》卷五二，第 786—787 页。
⑥ ［宋］王溥：《唐会要》卷三六，第 772 页。
⑦ ［后晋］刘昫：《旧唐书》卷一七一，第 4449 页。

以太子宾客分司东都。九月十九日达洛下，安居于平泉别墅。潾辄述公素尚，赋四言诗，兼述山泉之美。未及刻石。其年十一月二十一日，除浙西观察使，宠兼八座亚相之重。十二月四日发，赴任。开成二年，潾自兵部侍郎除河南尹，乃于河南廨中，自书于石，立于平泉之山居。开成二年九月二十五日，河南尹裴潾题。"①知是诗当有开成二年（837）裴潾亲自书写的诗碑，惜未见于世。裴潾还为李德裕所编《太和辨谤略》作序，宋人陈振孙记其事云："《太和辨谤略》三卷。唐宰相李德裕撰。……集贤学士裴潾为之序。"②由此可见，裴潾无论是在中晚唐诗坛还是政坛上，都是一位举足轻重的人物。

裴潾是《席夔墓志》的书丹者，我们还要集中讨论一下他的书法成就。《书小史》曰："裴潾，河东闻喜人，官至兵部侍郎。笃学，善隶书。"③《书史会要》卷五："裴潾，河东闻喜人，官至兵部侍郎。好直言极谏，隶书为时推右，晚岁行草尤胜，当是其耿耿流于豪端者，故笔不病而韵自高耳。"④裴潾以隶书见称，晚年的行草作品亦备受推崇。据史籍，裴潾书法作品甚多，除上文所及《白牡丹》题壁诗和赠李德裕诗诗碑，还多方碑文。《宝刻丛编》有《唐谏议大夫温府君碑》署"唐牛僧孺撰，裴潾书"⑤;《唐济祠亭记并诗》署"记朝阳之子蟠撰，诗李朝阳撰，裴潾书，郑冠篆额"⑥;《唐潊州刺史高承简德政碑》署"唐王起撰，裴潾书，长庆中立"⑦。《墨池编》可补《唐李众碑》《唐郑仲碑》《唐太子宾客吕元膺碑》《唐庆州刺史曹庆福修庙记》四篇。《六艺之一录》又有《唐薛平增修家庙碑》《歙州刺史卢瑗碑》《义武节度大使赠司徒韩充碑》《赵公拜墓碑》三篇。《关中金石记》卷四有华岳庙题名，署："参军事裴潾等题名，贞元九年七月刻，潾行书，在华岳庙。"⑧

① ［清］彭定求：《全唐诗》卷五〇七，第 5765—5766 页。
② ［宋］陈振孙：《直斋书录解题》卷五，第 159 页。
③ ［宋］陈思：《书小史》卷一〇，《景印文渊阁四库全书》第 814 册，第 278 页。
④ ［元］陶宗仪：《书史会要》卷五，第 152 页。
⑤ ［宋］陈思：《宝刻丛编》卷四，《丛书集成初编》本，第 93 页。
⑥ ［宋］陈思：《宝刻丛编》卷五，《丛书集成初编》本，第 114 页。
⑦ ［宋］陈思：《宝刻丛编》卷五，《丛书集成初编》本，第 117 页。
⑧ ［清］毕沅：《关中金石记》卷四，《丛书集成初编》本，第 62 页。

此外，《陶斋臧石记》有《□□和上塔铭》一方，下云："右铭文既简净，而书法秀整，在河南《圣教序》、平原《多宝塔》之间，致为可爱。石虽中断，然全体完好，未损锋芒。"①据端方考证，书者亦是裴漪。裴漪书迹现已难得一见，新出土《席夔墓志》为楷书，从中可一窥裴漪的书法风范，这篇墓志的书法艺术与文学价值相得益彰，成为中唐墓志的重要篇章之一。

余　　论

综上所述，我们可以看出，《席夔墓志》是唐代文学产生环境的一个缩影，呈现出唐代文学产生与发展的四个重要层面，而这四个层面又是相互融合的。

第一，家世因素。席夔之所以能够成为一位在当时具有一定影响的文学家，家世因素起了很大的作用。他的祖父席豫就是活跃在盛唐文坛上的一位诗人，诗文名重当朝，即如唐玄宗登朝元阁赋诗，群臣属和，以席豫之作为工，受到了玄宗的手制褒美，以为"作者之冠冕"。席豫的文学成就对其族人、子孙与亲属都影响很大，其外孙李舟也是唐代著名散文家，杜甫、岑参、刘长卿都送别李舟的诗作传世。梁肃所撰李舟墓志铭在叙述家世时，专门突出其外祖："礼部尚书襄阳席豫，以大名谥文，实公之外祖公。"席夔家族世代从文为官，席豫的文学成就与文坛地位是席夔成为文学家的家世渊源。

第二，科举环境。唐代科举与文学的关系，前贤述作颇丰，清人徐松所撰《登科记考》集唐代科第之大成，也成为唐代科举与文学的渊薮；今人程千帆《唐代进士行卷与文学》考察了作为科举风习之一的行卷风尚与文学发展关系的问题；傅璇琮《唐代科举与文学》通过科举展示唐代知识分子的生活道路与精神状态，进而探索唐代历史、文学的风貌。这些著作都从较为宏观的层面揭示了科举与唐代文学发展的关系，而《席夔墓志》则为唐代科举与文学研究提供了详尽切实的个案。席夔本人进士及第，又

---

① 〔清〕端方：《陶斋臧石记》卷二九，《续修四库全书》第 905 册，第 641 页。

登博学宏词科,他的应试诗赋都留存到现在,使我们看到了作为宏词首科的诗赋面貌。席夔的祖父席豫也是进士出身,又登文擅词场科,时年仅有十六岁,这样早慧的文士后来既是重要诗人,又官至礼部尚书,成为集政治与文学于一身的士大夫,他进身的基础就是科举。此外,这篇墓志的撰者陈讽与席夔同年登第,又为宏词科头,其省试诗赋《冬日可爱》诗与《进善旌赋》也都传留于今,成为我们考察科举与文学关系的重要文献。我们据吕温《祭座主故兵部尚书顾公文》考察,与席夔同门者就有王播、刘禹锡、陈讽、柳宗元、吕温、李逢吉、卢元辅、李正叔、谈元茂、王启、李建、李逢、张隶初、独孤郁、萧节、时元佐、李宗衡、郑素等,这些也都是当时的文学家,大多数都有作品传世。《席夔墓志》从一定程度上呈现了唐代文学得以发展与兴盛的科举环境。

第三,文学网络。《席夔墓志》值得重视的另一方面是其提供的信息启发我们探讨文学发生的相关网络。就席夔的文学网络而言,家世因素构成了席夔文学传承的纵向网络,文学交游则构成了席夔文学成长的横向网络。而其卒后,由同年及第的著名文人陈讽撰写墓志铭,裴潾书写墓志铭,亦是其文学网络的重要环节,为我们探讨席夔的文学观念提供了思路。墓志云:“无何,以人文清望,格于谟训,转司勋员外郎、知制诰。黄裳介圭,炳文含华。黜时风之诡靡,致王度于金玉。每挥宸藻,发命书,必叩黄钟以合词律,本天工而熙百志。推明劝诫,章叙淑慝,超然有两汉之风。”此处,陈讽总结了席夔的文学创作理念,言其制诰作文讲求声律,但摒弃奢华辞藻,强调政教之用,呈现出“文为时所用”“文以明道”的文章价值观,并且追踪前贤,“超然有两汉之风”,与古文运动的理念颇为一致。上文叙及席夔祖父席豫作为盛唐重要宫廷文人对萧颖士等人颇为推重,其表兄李舟之父李岑与萧颖士、李华、贾至、独孤及等人有交往,李舟墓志则是由梁肃所撰,所涉文人皆可视作古文运动的先驱,席夔本人与古文运动的倡导者韩愈既为同僚,又有文学唱和,这样纵横交错的文学网络,无疑是席夔文学创作观念的重要影响因素。

第四,个人经历。当然,一个文学家的成长与成熟,也与个人的经历有关。《席夔墓志》叙述他幼时的情况："幼挺洵美，弱不好弄。复澈风度，端庄襟灵。朗练孤映，兰芳玉色。"这是他能够成为文人的基本素质。而后再由科第出身，其应试诗赋也是一生中文学创作才能最集中的展示。"释褐授秘省校书郎，慨然有慕扬云、班固述作之志"，入仕以后，仍然以前代文人作为自己理想的目标。更为重要的是担任了广文馆博士的官职，"属成均阒曹，时宰注意，除广文馆博士，且藉其名声以弘典教"，这一官职以玄宗时诗、书、画"三绝"的郑虔首任，打开了贤者居馆、重视国学的先河，故为广文馆博士者都是著名文人。席夔莅任此职也与他的文学影响有关，反过来也一定程度上促进了他的文学创作，提升了他的文学地位。最后又担任了司勋员外郎、知制诰，参与朝廷政令发布，负责起草诏书制诰，注重当时铺陈功业的时文。而席夔在撰写制诰时能够"推明劝诫，章叙淑慝，超然有两汉之风"，体现出独具个性的文章理念。

七、吴颊墓志

墓志释文

唐故普安郡太守濮阳吴府君墓志铭 并序

　　　　从父弟朝请郎前行左监门卫录事参军吴居易撰兼书
　　普安太守之先，出自帝喾之后。播种百穀，命以为稷；能平九土，祀以为社。武王克商，追尊我王。奄有东土，无怠无荒；三让天下，仁德何长。降自秦汉，迄于晋魏。謇謇长沙，著之于忠；桓桓武阳，拊[附]凤攀龙。我文我武，昔周之度；我伯我季，光启我祖。炳兮焕兮，发迹岐下；凛凛清风，粲然可睹。皆□□□，宁不我穀。祖从谏，皇洪州高安县尉。父赓，皇尚舍直长。太守即尚舍之长子也。先太夫人弘农杨氏。今太守吴公，濮阳人，讳颊，字体仁。天不祐善，孑然早孤，野云无依，飘荡江湖。会帝元舅列公从祖，学诗学礼，以道以知，十年之间，名播京师。贞元初，起家参并州军事,令问令望,曰美曰彰。长源陆公作镇于汝,暗然上闻。屈迹于掾,俄迄数年。兴元相国严公奏天子,降赐诏兮冠绣服,委以军府,同舍外郎,罕出其右。监临二州,星回半纪。如风偃草,煦然若春。道之不行,出为台州司马。廉使叹其能,请遥倅戎事。元和初,拜洛州福昌令,又迁雍州兴平令。歌咏之声不绝,虽古之人,无以加也。荆州户计十万,控三江,扼五岭,方伯思其材,相国难其人。屈公之行,超以赤县,不言而化,长淮自清,颓纲一振,朝廷喧然,乃荷□之德。元和中,出刺于沔。龚黄之化,复见,前朝贡禹岂足名哉!才一二年,□复领剑州诸军事。剑阁之高可仰,如公之德不可仰也。元和末,不幸遘疾,终于剑州官舍,年将六十有二。呜呼哀哉!善人云亡,复何言哉!以元和十五年二月十八日归葬于长安县居安乡,祔大茔,礼也。夫人吴郡陆氏,携弱抱幼,还于旧里。一恸一绝,泪血如水。悠悠高天,无所依倚。夫人先府君讳质,皇给事中。太夫人琅耶王氏,皆盛德良家,四海仰止。有男五人,何其盛欤!泣血逾度,何其孝欤!野客最幼,何其悼欤!季弟居易奉嫂厚命,喻以慈分,遣□于文。惊沙暗飞,愁骨可断。文不尽言,言岂尽意。铭曰:

天色苍苍,善人云亡。白日西曛,热我中肠。贤愚一贯,善恶何臧。悲哉已矣,天道茫茫。

吴颜(758—819),字体仁,濮阳人。官至剑州刺史。墓志称元和末卒,年将六十二,元和十五年二月十八日归葬于长安县居安乡。其二月归葬,故其卒应在十四年。墓志首题《唐故普安郡太守濮阳吴府君墓志铭并序》,题署"从父弟朝请郎前行左监门卫录事参军吴居易撰兼书"。墓志青石质,志文二十八行,满行二十八字。高、宽皆六十厘米,行书。志盖正书"大唐故吴府君墓志铭"三行,行三字。宽六十厘米,高56厘米。墓志拓片见载于《荣宝斋》2021年第3期,第137—138页;志文载于第136—138页。赵文成有《一衣带水,文脉绵长——以新见〈吴颜墓志〉为中心》,载《荣宝斋》2021年第3期,第136—145页。《新出唐代诗人〈吴颜墓志〉考》,载《青少年书法》2021年第22期,第29—40页。《新见唐代诗人吴颜墓志与〈送最澄上人还日本国〉组诗研究》,载《惟学学刊》第1辑,浙江大学出版社2023年版,第105—114页。

吴颛曾为台州司马，当日澄上人回日本国时，台州官员相送，当由吴颛组织。其作《送最澄上人还日本国叙》一篇，又作送行诗一篇，连同台州官员所作诗九首，收录于《显戒论缘起》上卷。

外戚身份与早年成长

吴颛出身于濮阳吴氏，《元和姓纂》卷三吴姓"濮阳鄄城"条云："汉有长沙吴王芮，后汉有广平侯吴汉，南阳宛人也。桓帝时吴遵。遵孙质。质六代孙隐之，晋广州刺史。其先祖自濮阳过江，居丹阳，历仕江左。七代孙景达，唐尚药奉御。曾孙令珪，赠太尉，女即章敬皇太后也。珪子溆、澄、凑。"①是知吴氏在唐虽非显姓，但因出了唐肃宗章敬吴皇后，亦曾显贵一时。吴颛门第出身不高，祖父吴从谏仅官至县尉，父亲吴赍官终尚舍直长，在唐时属殿中省尚舍局，为正七品下②，故未见载诸史。又墓志云："今太守吴公，濮阳人，讳颛，字体仁。天不祐善，孑然早孤，野云无依，飘荡江湖。会帝元舅列公从祖，学诗学礼，以道以知，十年之间，名播京师。"可知吴颛父母在其年幼时便已逝世，未能给予更多的照拂，吴颛的成长和学习主要倚仗其从祖父一族。"帝元舅"即章敬皇后弟弟，唐代宗舅舅吴凑、吴溆、吴澄兄弟，事迹详见于《旧唐书》卷一八三《外戚传》。史书叙其家世云：

> 吴溆，章敬皇后之弟也，濮州濮阳人。祖神泉，位终县令。父令珪，益州郫县丞。宝历二年，代宗始封拜外族，赠神泉司徒，令珪太尉，令珪母弟前宣城令令瑶为开府仪同三司、太子家令，封濮阳郡公；中郎将令瑜为开府仪同三司、太子谕德、济阳郡公。溆时为盛王府录事参军，拜开府仪同三司、太子詹事、濮阳郡公。以元舅迁鸿胪少卿、金吾将军。建中初，迁大将军。……弟凑。凑，宝历中与兄溆同日开府，授太子詹事，俱封濮阳郡公。凑以兄弟三品，固辞太过，乞授卑官，乃以凑检

① ［唐］林宝：《元和姓纂（附四校记）》，第 283—284 页。
② ［唐］李林甫等：《唐六典》卷一一，中华书局 2014 年版，第 329 页。

校太子宾客,兼太子家令,充十王宅使。累转左金吾卫大将军……凑于德宗为老舅,汉魏故事,多退居散地,才免罪戾而已。凑自贞元已来,特承恩顾,历中外显贵,虽圣奖隆深,亦由凑小心办事,奉职有方故也。①

章敬皇后家族墓志,近年来多有出土,所载家族世系可补订史籍记载之缺误。崔德元所撰《唐秘书省校书郎薛公夫人濮阳吴氏墓志铭并序》云:

> 曾祖讳思训,皇汉州德阳县令。蹈道贞纯,不居显位,以贵孙章敬皇太后诞先元圣,追赠司徒。祖令珪,仕至益州郫县丞。秀钟河岳,气含精粹。以太后之灵,追赠太尉。夫人即兵部尚书、右金吾大将军凑之第二女也。尚书,帝之元舅,作圣股肱。允武允文,智周万物。娶河东裴氏,丰庆茂祉,而生夫人。②

志主为肃宗吴后弟吴凑之女,墓志记载其先世"不居显位"。曾祖吴思训仅官至县令,祖父吴令珪亦仅为县丞,因接姻皇家而渐次通显,被追赠太尉,父亲吴凑则官至兵部尚书、右金吾大将军,记载了这一外戚家庭显贵的过程。该墓志书者署"兄士矩",乃章敬皇后侄子,吴溆之子。陈鸿撰《唐故朝议郎行大理司直临濮县开国男吴君墓志铭并序》曰:

> 高祖绚,德阳县令,赠司空。曾祖训,神泉县令,赠司徒。祖珪,郫县丞,赠太尉。父溆,右金吾卫大将军,赠太子太傅。四代经明,藉在春官。人物公望,仪冠当时。才如命何,不为将相。代宗践祚,始以外戚受封。君讳士平,字贞之,太傅第三子。既生,食太官之膳,服御府之缯。伯父叔公,朱轮华毂。③

① ［后晋］刘昫:《旧唐书》卷一八三,第4746—4749页。
② 胡戟:《珍稀墓志百品》,陕西师范大学出版社2016年版,第164—165页。
③ 崔庚浩、王京阳:《唐高陵县尉吴士平夫妻墓志考释》,《陕西历史博物馆馆刊》第7辑,第222页。

志主吴士平为章敬皇后弟弟吴溆之子，尚有兄弟士则、士矩。又吴士范撰《唐陕虢都防御押衙朝议郎试抚州司马上柱国冯夫人吴氏阴堂志》云：

> 夫人讳甚，姓吴氏，濮阳人。……洎五代祖景达，随西阁祭酒；大王父思训，唐绵州神泉县令，□赠至太师；王父令瑜，开府仪同三司、光禄卿；皇考湾，朝议大夫、秘书郎、河中府田曹参军。……秘书即章敬皇太后之从父弟也。大历初，代宗皇帝以孝理，追升太后之族，次授五品阶，拜秘书郎。①

志主吴甚的祖父令瑜与章敬皇后父亲令珪为亲兄弟，故其祖、父皆因此显达。从已出土的三方墓志来看，章敬皇后祖父的名讳，史书、墓志皆有抵牾之处。史书记载为"神泉"，《吴士平墓志》记载为"训"，其他两方墓志则为"思训"，综合来看当以"思训"为准，其官至神泉县令，史书误将其官职记载为名字。《吴士平墓志》记载章敬皇后父亲名字为"珪"，亦误，当为"令珪"。

《吴颎墓志》记载志主与吴凑兄弟有从祖关系，然所言并不十分明确。从其先世名讳来看，吴颎祖父名"从谏"，吴凑祖父名"思训"，后字部首皆为"言"，词语结构与含义也颇为相合，可推测二人祖父辈为兄弟关系，故有"帝元舅列公从祖"之说。结合史籍与墓志，我们可以梳理出章敬皇后与吴颎家族世系表如下：

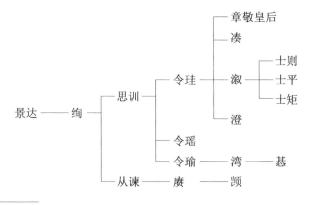

①   周绍良主编：《全唐文新编》，吉林文史出版社 2000 年版，第 8914 页。

　　从墓志与史籍记载来看,吴凑家族成员也是有一定的文学才能的。《吴士平墓志》专门提到了"君之元兄士则,季弟士矩,理行名节,标准衣冠。文学刀笔,波澜江海。后族不华,家风未改"。[①]《新唐书·吴士矩传》亦云:"淑子士矩,文学蚤就,喜与豪英游,故人人助为谈说。"[②]《全唐诗》卷八八七有吴士矩《饮后献时相》诗一首。同书卷四〇五元稹《开元观闲居酬吴士矩侍御三十韵》自注:"本句有'永惭沾药犬,多谢出囊锥'。"[③]当为吴士矩诗残句,是知《新唐书》本传言其早具文学不虚。元稹《开元观闲居酬吴士矩侍御三十韵》《元和五年予官不了罚俸西归三月六日至陕府与吴十一兄端公崔二十二院长思怆曩游因投五十韵》《寄吴士矩端公五十韵》,皆是酬吴士矩之作。白居易《京使回累得南省诸公书因以长句诗寄谢萧五刘二元八吴十一韦大陆郎中崔二十二牛二李七庾三十二李六李十杨三樊大杨十二员外》《雪中酒熟欲携访吴监先寄此诗》《吴秘监每有美酒独酌独醉但蒙诗报不以饮招辄此戏酬兼呈梦得》《懒放二首呈刘梦得吴方之》,诗中吴十一、吴监、吴秘监亦为吴士矩。刘禹锡有《秋斋独坐寄乐天兼呈吴方之大夫》《吴方之见示听江西故吏朱幼恭歌三篇颇有怀故林之思吟讽不足因而和之》《酬瑞(端)州吴大夫夜泊湘川见寄一绝》,诗中吴方之即吴士矩。可见吴士矩与当时文人交游之盛,大诗人元稹、白居易、刘禹锡皆为诗友,常在一起饮酒唱和。

　　由于和吴皇后家族的宗族关系,吴颛虽然早失怙恃,犹能"学诗学礼,以道以知,十年之间,名播京师"。而吴颛后来的仕途与婚姻,应该也与他的外戚身份颇有关系。

仕 宦 经 历

　　吴颛的入仕当是通过门荫,墓志亦未记载其科举经历,应该是没有参

①　崔庚浩、王京阳:《唐高陵县尉吴士平夫妻墓志考释》,《陕西历史博物馆馆刊》第7辑,第223页。
②　[宋]欧阳修、宋祁撰:《新唐书》卷一五九,第4956页。
③　[清]彭定求:《全唐诗》卷四〇五,第4518页。

加过科举考试。其解褐之职为并州军事,之后又在多个幕府中担任幕僚。

首先是汝州刺史陆长源幕。墓志云:"贞元初,起家参并州军事,令问令望,曰美曰彰。长源陆公作镇于汝,暗然上闻。屈迹于掾,俄迩数年。"长源陆公即陆长源。陆长源为唐代著名文人、书法家,《旧唐书》卷一四五与《新唐书》卷一五一皆有其传。陆长源先后在昭义军节度使薛嵩和浙西节度韩滉幕府中担任幕僚和转运副使,又担任过监察御史,建、信、汝等州刺史。贞元十二年(796),被授检校礼部尚书、宣武军行军司马,决断汴州政事。贞元十五年(799),朝廷又任命他宣武军节度使,结果遭遇军士哗变被害。陆长源刺汝州之事,大约在贞元五年(789)前后。欧阳修《集古录跋尾》卷六"唐流杯亭侍宴诗"云:

> 右《流杯亭侍宴诗》者,唐武后久视元年幸临汝温汤,留宴群臣应制诗也,李峤序,殷仲容书。开元十年,汝水坏亭,碑遂沉废。至贞元中,刺史陆长源以为峤之文、仲容之书,绝代之宝也,乃复立碑造亭,又自为记,刻其碑阴。武氏乱唐,毒流天下,其遗迹宜为唐人所弃。而长源当时号称贤者,乃独区区于此,何哉?然余今又录之,盖亦以仲容之书可惜,是以君子患乎多爱。①

赵明诚《金石录校证》卷五:"第八百五,周流杯亭碑阴。陆长源撰。八分书,无姓名。贞元五年立附。"②陆长源在汝州时曾为损毁的殷仲容书《流杯亭侍宴诗》造亭立碑,自记其事于碑阴,此碑重立于贞元五年,则其当时已在汝州刺史任上。陆长源博学擅书法,好褒扬贤能,曾撰东阳令戴叔伦《去思颂》及颜真卿《去思碑》。著述有《唐春秋》六十卷,小说《辨疑志》三卷,专斥神怪妖异迷信之说。与韩愈、李翱、封演及高僧皎然、澄观及茅山宗师韦景昭等交善,与孟郊交谊最为久切。陆长源被害后,众多文士有悼念之作。如李翱《故处士侯君墓志》:"侯高字元览,上谷人。少为道士,学

---

① ［宋］欧阳修:《欧阳修全集》卷一三九,第2206—2207页。
② 金文明:《金石录校证》卷五,第85页。

黄老练气保形之术,居庐山,号华阳居上。每激发则为文达意,其高处骎骎乎有汉魏之风。性刚劲,怀救物之略,自侪周昌、王陵,所如固不合,视贵善宦者如粪溲。与平昌孟郊东野、昌黎韩愈退之、陇西李渤濬之、河南独孤朗用晦、陇西李翱习之相往来。汴州乱,兵士杀留后陆长源,东取刘逸淮,乃作《吊汴州文》,投之大川以诉。"①叙述了侯高在陆长源被害后曾作《吊汴州文》,并投于大川以祭之。白居易《哀二良文并序》、韩愈《汴州乱》二首亦是为凭吊陆长源而作。陆长源在汝州时间较长,一直到贞元十二年方离开前往汴州,吴颎在陆长源幕担任掾官当在贞元五年到十二年之间。

其次是兴元节度使严震幕。墓志续云:"兴元相国严公奏天子,降赐诏兮冠绣服,委以军府,同舍外郎罕出其右。监临二州,星回半纪。如风偃草,煦然若春。"兴元相国严公即严震。《旧唐书》卷一三"本纪第十三":"(贞元)十二年春正月……乙丑,成德军节度使、检校司徒、兼侍中浑瑊兼中书令;兴元节度使严震、魏博田绪、西川韦皋并加检校左右仆射、同中书门下平章事。于是方镇皆叙进兼官。"②严震在贞元十二年拜相,同年,陆长源离开汝州,前往汴州任职,吴颎转而投入了严震府中担任幕僚。又《旧唐书》卷一三:"(贞元十五年)六月……癸巳,山南西道节度使、检校尚书左仆射、平章事严震卒。秋七月乙巳,以兴州刺史、兴元都虞候严砺为兴元尹、兼御史大夫、山南西道节度度支营田观察等使。"③贞元十五年,严震卒,从祖弟严砺继其位。据《新唐书·严砺传》:"砺在位,贪沓苟得,士民不胜其苦。素恶凤州刺史马勋,即诬奏,贬贺州司户参军。"④又《新唐书》卷一七四《元稹传》:"按狱东川,因劾奏节度使严砺违诏过赋数百万,没人涂山甫等八十余家田产奴婢。时砺已死,七刺史皆夺俸,砺党怒。俄分司东都。"⑤严砺去世后,元稹弹劾其生前贪腐之事,还因惹怒其党羽

① ［清］董诰:《全唐文》卷六三九,第 2860 页。
② ［后晋］刘昫:《旧唐书》卷一三,第 383 页。
③ ［后晋］刘昫:《旧唐书》卷一三,第 390 页。
④ ［宋］欧阳修、宋祁:《新唐书》卷一四四,第 4709 页。
⑤ ［宋］欧阳修、宋祁:《新唐书》卷一七四,第 5227 页。

被贬。《吴颙墓志》言："道之不行,出为台州司马。"盖亦因得罪了严砺而被贬斥到台州这样的偏远之地担任司马的闲职。从墓志"监临二州,星回半纪"来看,吴颙在山南西道的幕僚经历持续了六年,即贞元十二年至贞元十八年(802)。

　　再者是台州刺史陆质幕。墓志又云："廉使叹其能,请遥倅戎事。"此处廉使即台州刺史。据《千唐志斋藏志》载《唐故中散大夫使持节台州诸军事守台州刺史上柱国赐紫金鱼袋颍川陈公(皆)墓志铭并序》："贞元十四年迁台州刺史,十八年十二月十五日遘厉薨于郡之适寝,享年七十三。"①《嘉定赤城志》卷八《郡守》："贞元十八年,韦叶。"②则贞元十八年分别有陈皆、韦叶担任过台州刺史,韦叶之后是陆质。陆质,《旧唐书》本传云："陆质,吴郡人,本名淳,避宪宗名改之。质有经学,尤深于《春秋》,少师事赵匡,匡师啖助。助、匡皆为异儒,颇传其学,由是知名。陈少游镇扬州,爱其才,辟为从事。后荐于朝,拜左拾遗。转太常博士,累迁左司郎中,坐细故,改国子博士,历信、台二州刺史。"③陆质是唐代著名的经学家,学宗异儒啖助、赵匡,在综合啖、赵二人学说的基础上,著有《集注春秋》二十卷、《春秋集传纂例》十卷、《春秋微旨》二卷、《春秋集传辨疑》七卷等。陆质在当时长安的文人群体中颇有影响,如柳宗元即以于陆质执弟子礼为荣："恒愿扫于陆先生之门,及先生为给事中,与宗元入尚书同日,居又与先生同巷,始得执弟子礼。"④又称其学曰："有吴郡人陆先生质,与其师友天水啖助洎赵匡,能知圣人之旨。故《春秋》之言,及是而光明,使庸人、小童,皆可积学以入圣人之道,传圣人之教,是其德岂不侈大矣哉!"⑤当时在长安的青年子弟,竞相讲论陆质新学,并关联时政,形成了一个长安"新学"讨论圈。陆质在台州任上,曾接待过日本求法僧最澄,这也是中日关系史上的一件大事。日僧圆仁《入唐求法巡礼行记》："志远和

①　河南省文物研究所,河南省洛阳地区文管处编:《千唐志斋藏志》,第985页。
②　[宋]陈耆卿:《嘉定赤城志》卷八,《宋元方志丛刊》第7册,第7341—7342页。
③　[后晋]刘昫:《旧唐书》卷一八九,第4977页。
④　[唐]柳宗元:《柳宗元集》卷三一,第819页。
⑤　[唐]柳宗元:《柳宗元集》卷九,第208—209页。

上自说云:'日本国最澄三藏贞元廿年入天台求法,台州刺史陆公自出纸及书手,写数百卷与澄三藏。'"①《唐文续拾》卷五吴颐《送最澄上人还日本国诗序》:"以贞元二十年九月二十六日臻于海郡,谒太守陆公。……台州司马吴颐叙。"②《唐文续拾》卷四《印记》后题:"大唐贞元廿一年二月廿日,朝议大夫、持节台州诸军事、守台州刺史、上柱国陆淳给。"③综合上述几种文献来看,陆质最迟二十年(804)九月已在台州刺史任。吴颐与陈皆、韦叶的交往情况没有更多的记载,不过可以确定的是陆质有请吴颐"倅戎事"的经历。贞元二十一年(805)二月二十日,陆质给最澄发了印记,三月一日,又发了通关文牒。不久之后便被召还回京任给事中。同年四月,顺宗立广陵王李纯为皇太子,陆质旋即被征为太子侍读。

最后是荆南节度使赵宗儒或严绶幕。根据墓志记载,陆质离开台州不久,吴颐也随即北上了,并在元和初年先后担任了洛州福昌令和雍州兴平令,也都是下层官僚,故不久之后,他又前往荆南,墓志云:"荆州户计十万,控三江,扼五岭,方伯思其材,相国难其人。屈公之行,超以赤县,不言而化,长淮自清,颓纲一振,朝廷喧然,乃荷□之德。"查吴廷燮《唐方镇年表》卷五"荆南"条,元和年间担任过荆南节度使的主要有元和元年(806)至三年(808)的裴均,元和三年至四年(809)的赵昌,元和四年至六年(811)的赵宗儒,元和六年至九年(814)的严绶,元和九年至十一年(816)的袁滋以及元和十一年至长庆元年(821)的裴武④。从墓志下文来看,吴颐元和中便已出刺沔州,至其元和末年去世前又有剑州一任,从时间上来看,其在荆南应该是在元和前期。志文所言"方伯"可能是赵宗儒或严绶。相国则是李吉甫,《新唐书·李吉甫传》云:"德宗以来,姑息藩镇,有终身不易地者。吉甫为相岁余,凡易三十六镇,殿最分明。"⑤可见其当时是掌

① [日]圆仁著,白化文、李鼎霞、许德楠校注:《入唐求法巡礼行记校注》,花山文艺出版社2007年版,第269页。
② [清]陆心源:《唐文续拾》卷五,《全唐文》末附,第18—19页。
③ [清]陆心源:《唐文续拾》卷四,《全唐文》末附,第18页。
④ 吴廷燮:《唐方镇年表》卷五"荆南",中华书局1980年版,第689—691页。
⑤ [宋]欧阳修、宋祁:《新唐书》卷一四六,第4740页。

握方镇官员任命大权的主要人物。可以推论吴颢在荆南的时间大致为元和四年（809）到元和九年（814）之间。

离开荆南幕后，吴颢的仕途开始有所发展："元和中，出刺于沔，龚黄之化，复见前朝。贡禹岂足名哉！才一二年，□复领剑州诸军事。剑阁之高可仰，如公之德不可仰也。"则其在荆南后一直到去世前分别担任过沔州刺史和剑州刺史。《唐刺史考全编》对于沔、剑二州的记载较少，元和年间担任过沔州刺史的仅元和八年（813）的严公弼和元和中的崔元方①，剑州刺史则有元和元年（806）武德昭、元和二年（807）崔实成、元和中王潜②。吴颢墓志可以对元和中的沔州刺史与元和末的剑州刺史人员提供补充材料。剑州刺史为吴颢之终官，墓志首题以其官职为"普安郡太守"，盖因唐玄宗天宝元年（742），曾改剑州为普安郡，领普安、黄安、武连、梓潼、阴平、临津、永归、剑门八县，唐肃宗乾元元年（758）又复名剑州，之后便一直沿用"剑州"之名。据墓志，吴颢卒于元和末年，享年近六十二，于元和十五年（820）二月归葬长安，其卒年大致在元和十四年（819）末到元和十五年初，逆推其生年当在乾元元年（758）左右。

婚姻与永贞革新事件

值得注意的是，吴颢与永贞革新派人物的关系。据墓志记载："夫人吴郡陆氏，携弱抱幼，还于旧里。一恸一绝，泪血如水。悠悠高天，无所依倚。夫人先府君讳质，皇给事中。太夫人琅耶王氏，皆盛德良家，四海仰止。"可知吴颢与陆质不仅是上下级，还是翁婿关系。陆质是永贞革新派的重要人物之一。据《旧唐书》记载，陆质任太子侍读期间曾替革新派打探宪宗心意，因此遭到皇帝斥责："时（韦）执谊得幸，顺帝寝疾，与王叔文等窃弄权柄。上（指李纯）在春宫，执谊惧，质已用事，故令质入侍，而潜伺上意，因用解。及质发言，上果怒曰：'陛下令先生与寡人讲义，何得言

---

①　郁贤皓：《唐刺史考全编》卷一三六，第 1842 页。

②　郁贤皓：《唐刺史考全编》卷二二八，第 3014 页。

他.'质惶惧而出。"①这件事发生后不久,陆质便卧病不起。直至九月,王叔文领导的永贞革新彻底失败,九月十三日(己卯),柳宗元、刘禹锡等被唐宪宗贬官,逐出庙堂,两天之后陆质卒于长安。

从吴颢的仕宦梳理中可以看出,吴颢应该在陆质离开台州不久后便北返的,但北返后的吴颢在仕途上并没有多大的起色,仅担任了县令之职。这与永贞革新的失败以及陆质的去世应该是有一定关系的。但是相比"二王"黜往四川,柳宗元、韦执谊、刘禹锡、韩泰、凌准、陈谏、韩晔、程异等都远黜江南为州郡司马而言,吴颢受永贞革新事件的影响还是比较小的,甚至在事件平息之后步步升迁,最后官至州郡刺史。这一方面与陆质去世有关,另一方面与其吴皇后族人的身份也颇有关系,甚至以陆质在当时的身份地位,能将女儿嫁给"孑然早孤"的吴颢,想必也与其皇室外戚身份相关。

吴颢的文学才能与《送最澄上人还日本国》组诗考察

纵观吴颢的一生,出身寒微,孑然早孤,凭借与肃宗吴皇后同宗的亲缘关系得以接受教育并获门荫出仕,然仕途生涯的大部分时间都沉沦下僚。但从他辗转多次的幕僚经历来看,所从府主陆长源、陆质,皆为唐代著名文学家,严震等人亦为当代名臣,其中陆质更是与其有翁婿之谊,可知吴颢在当时是有一定声名的,墓志谓其"学诗学礼,以道以知,十年之间,名播京师",虽有一定的美饰成分,但也并非虚言。只是他的生平经历与文学才能多湮没于历史之尘埃中,仅有一篇诗序与一首赠别诗因日本遣唐僧人最澄保留了下来,正是这两篇作品展现了他的文学才能,也使后人得以窥见他人生最生动的一个片段和一场极具历史意义的中日交往活动。

最澄在唐求法结束,返回日本时曾带回了数量庞大的佛教典籍、文集

---

① [后晋]刘昫:《旧唐书》卷一八九,第4977页。

以及诗歌作品。就赠别诗而言，目前可见主要就是《送最澄上人还日本国叙》一篇，诗九首，收录于《显戒论缘起》上卷中，乃最澄离开台州返回明州前，由吴顗组织当地送别的官员、文士、僧人所作。值得注意的是，日本学者户崎哲彦在《唐代台州刺史陆淳与日僧最澄（上）》一文中曾做过梳理，指出《天台霞标》有《比叡山经藏目录》，载《大唐将来书》，其目录记载有"《天台师友相送诗集》四卷"；又今存《传教大师将来目录》一卷，载有"《相送集》四卷（一作七卷）百纸"。《将来目录》末有署名"大唐贞元贰拾壹年岁次乙酉，五月朔己巳，拾叁日辛巳，日本国求法僧最澄录"，可知最澄临归所编，有"《相送集》四卷（一作七卷）"者。此集亦最澄所将来，书名及卷数与《天台师友相送诗集》相符。从时间推考，先称《相送集》四卷（805年），后称《天台师友相送诗集》四卷（812年）。《台州相送诗》一卷，似专结集以州治送诗，《相送集》四卷则含越州、明州等地送诗，然而《天台师友相送诗集》作"七卷"，有改正，可置信。或归国后以《相送集》四卷改编为七卷。诗集所题"天台"，地名，限于天台山，则七卷太多，似应删改而未删①。也就是说，最澄归日后，编纂有《相送集》四卷，或后改为七卷，我们今日所见载入《显戒论缘起》上卷的九首《送最澄上人还日本国》，只是最澄所编《相送集》中的一部分，应当还有明州和越州送别诗。以此推论，则《送最澄上人还日本国》组诗，亦可能是台州相送诗的其中一部分。

诗叙和诗歌的文本，最早发现于最澄《显戒论缘起》上卷之中。《显戒论缘起》不同版本亦有差异，户崎哲彦在《唐代台州刺史陆淳与日僧最澄》一文对不同版本进行了细致的互校，今参合各家，移录如下。

送最澄上人还日本国叙

过去诸佛，为求法故，或碎身如尘，或捐躯强虎。尝闻其说，今睹其人。日本沙门最澄，宿植善根，早知幻影，处世界而不著，等虚空而不碍。于有为而证无为，在烦恼而得解脱。闻中国故大师智颛，传如

---

① ［日］户崎哲彦：《唐代台州刺史陆淳与日僧最澄（上）——唐诗在日本》，《台州学院学报》2019年第1期，第13—14页。

来心印于天台山，遂赍黄金，涉巨海，不悍滔天之骇浪，不怖映日之惊鳌，外其身而身存，思其法而法得，大哉其求法也。以贞元二十年九月二十六日，臻于临海郡，谒太守陆公，献金十五两、筑紫斐纸二百张、筑紫笔二管、筑紫墨四挺、刀子一、加斑组二、火铁二、加火石八、兰木九、水精珠一贯。陆公精孔门之奥旨，蕴经国之宏才，清比冰囊，明逾霜月，以纸等九物，达于庶使，返金于师。师译言请货金贸纸，用书《天台止观》。陆公从之，乃命大师门人之裔哲曰道邃，集工写之，逾月而毕。邃公亦开宗指审焉，最澄忻然瞻仰，作礼而去。三月初吉，遐方景浓，酌新茗以饯行，对春风以送远。上人还国谒奏，知我唐圣君之御宇也。

贞元二十一年巳日，台州司马吴顗叙

诗

重译越沧溟，来求观行经。问乡朝指日，寻路夜看星。
得法心愈喜，乘杯体自宁。扶桑一念到，风水岂劳形。

台州录事参军孟光

往岁来求请，新年受法归。众香随贝叶，一雨润禅衣。
素舸轻翻浪，征帆背落晖。遥知到本国，相见道流稀。

台州临海县令毛涣

万里求文教，王春怆别离。来传不住相，归集祖行诗。
举笔论蕃意，焚香问汉仪。莫言沧海阔，杯度自应知。

乡贡进士崔薰

一叶来自东，路在沧溟中。远思日边国，却逐波上风。
问法言语异，传经文字同。何当至本处，定作玄门宗。

广文馆进士全济时

家与扶桑近，烟波望不穷。来求贝叶偈，还过海龙宫。
流水随归处，征帆远向东。相思渺无畔，应使梦魂通。

天台沙门行满

异域乡音别，观心法性同。来时求半偈，去罢悟真空。
贝叶翻经疏，归程大海东。何当到本国，继踵大师风。

天台归真弟子许兰

道高心转实，德重意唯坚。不惧洪波远，中华访法缘。

精勤同慧可，广学等弥天。归到扶桑国，迎人拥海堧。

天台僧幻梦

却返扶桑路，还乘芦叶船。上潮看浸日，翻浪欲滔天。

求宿宁逾月，云行讵来年。远将乾竺法，归去化生缘。

前国子监明经林晕

求获真乘妙，言归倍有情。玄关心地得，乡思日边生。

作梵慈云布，浮杯涨海清。看看达彼岸，长老散华迎。

在这组送行诗中，吴颢的诗叙具有统摄作用。与一般诗序交代送行时间、地点、缘由不同，吴颢这篇诗叙着墨于最澄求法的全过程：首句揭示过去诸佛求法之艰难，次两句点明赠别的主体——日本沙门最澄，同时赞扬最澄早知佛理之道行以及不惧万里波涛前来天台求法之诚心。接着引入叙事，陈述最澄求法的具体经历。最澄入台后，首先拜谒了台州刺史陆淳，献上了随身携带的异域宝物与黄金。陆淳收下了纸、笔等九物，婉拒了黄金。最澄便提出以金换纸，抄写佛教典籍。陆淳遂安排龙兴寺和尚、天台宗师道邃用一个多月时间替最澄集工抄写智者大师《天台止观》并加以讲解，直至他"忻然瞻仰，作礼而去"。整个过程不仅清楚交代了最澄的求法过程，且突出了陆淳在弘扬天台佛法中的主导作用，同时展现了其"精孔门之奥旨，蕴经国之宏才，清比冰囊，明逾霜月"的品格。诗叙最后引出了送行的主题，点明了送行的时间、场景，并表达了对最澄回国后展现大唐国风的期待。整篇诗序以散句为主，偶尔夹杂骈句，在简短精练的篇幅中融入了层次丰富的叙事内容和颂扬之情。

从九首送行诗的创作来看，体裁统一，皆为五言律诗，内容上既与诗序有所关联，彼此之间亦多有呼应。如吴颢本人的诗歌，首联"重译越沧溟，来求观行经"，描写越洋求经之不易，颔联"问乡朝指日，寻路夜看星"，点明赠别对象日本僧人之身份，颈联"得法心愈喜，乘杯体自宁"写得法之后的愉悦之情,尾联"扶桑一念到,风水岂劳形"寄托最澄顺利回国的祝福,与其诗叙的论述次序基本一致。而对照诸人诗歌,我们亦能找到共同的内容和情感表达,如写求法路途遥远、艰难重重,有"一叶来自东,路在沧溟中""上潮看浸日,翻浪欲滔天""来求贝叶偈,还过海龙宫""不惧洪波远,中华访法缘";写求法成功之喜悦,有"往岁来求请,新年受法归""来时求半偈,去罢悟真空""求获真乘妙,言归倍有情";写送别最澄的不舍与思念之情,有"万里求文教,王春怆别离""遥知到本国,相见道流稀""莫言沧海阔,杯度自应知""相思渺无畔,应使梦魂通";最多的还是对最澄归国的祝福和期许,如"何当至本处,定作玄门宗""何当到本国,继踵大师风""归到扶桑国,迎人拥海堧""远将乾竺法,归去化生缘""看看达彼岸,长老散华迎"。凡此主题皆在诗序涵盖的范围之内,盖是先有吴顗之序,后有赠别之诗,序和诗都充分把握住了送别的要义与送别对象的特点。

值得注意的是,除了上述九首诗歌,《天台霞标》第四篇第一卷尚有陆淳诗一首,诗名题为《台州刺史陆淳送最澄阇梨还日本》,诗云:"海东国主尊台教,遣僧来听《妙法华》。归来香风满衣袨,讲堂日出映朝霞。"此诗未载于《天台相送诗》中,且为七言,体裁上亦与前诗不同,故学术界对此诗多抱有怀疑态度。据户崎哲彦《唐代台州刺史陆淳与日僧最澄(下)》:

> 此诗,未知出于何书。慈本获之希烈宿祢钞书中也。原本"海"作"汝","妙"作"于"。慈本依义改之。或曰:"此诗载在《禅宗日工集》,又改数字,载之《本朝高僧传》某传也。"……《禅宗日工集》者,禅僧义堂周信(1325—1388,号空华)所撰日记,别称《空华日用工夫集》,四十八卷……卷一"应安二年(1369)五月十四日"条云:"古天和尚(周誓)说话次,问《圆悟心要》载六祖怀集、四会之义。"又举台州太守《送传教大师诗》曰:"海东国主尊台教,故遣僧来听《法华》。皈去香风满衣袨,讲堂日出映朝霞。"乃最澄也。今比叡山中秘箧第一云云。[1]

---

[1] [日]户崎哲彦:《唐代台州刺史陆淳与日僧最澄(下)——唐诗在日本》,《台州学院学报》2019年第2期,第1—2页。

这是最早记载陆淳诗歌的文献。对比《天台霞标》本所录诗歌，除了"故遣僧来听《法华》"被改动之后，平仄失律，颔联"皈去"亦被改为"归来"，从作诗者的身份来看，前者较为恰当，且此诗收录时间亦早于《霞标》本，似更贴近诗歌原貌。结合前文所述《送最澄上人还日本国》组诗，极有可能只是最澄《相送集》四卷乃至《台州相送诗》的其中一部分，那么陆淳此诗体裁非五言律诗，且未与九首送别组诗编在一处，也是说得通的。从吴顗的身份背景、其与陆淳（即陆质）的翁婿关系以及诗叙的创作来看，这次送别茶会的组织者和主导者应该就是吴顗，陆淳并未参与，诗亦非同时创作。从最澄离开前，陆淳为其所作印记来看，作送别诗亦非只有三月上巳日这一个机会。

上述台州送别诗歌对于研究唐代中日交往活动无疑具有特殊的意义。一方面体现了中日物质文化的交流状况。吴顗《送最澄上人还日本国叙》云："以贞元二十年九月二十六日，臻于临海郡，谒太守陆公，献金十五两、筑紫斐纸二百张、筑紫笔二管、筑紫墨四挺、刀子一、加斑组二、火铁二、加火石八、兰木九、水精珠一贯。"筑紫是日本出产优良纸张笔墨的地区，据《延喜式》记载，太宰府每年要向朝廷进贡"笔一千一百二十管（兔毛、鹿毛各五百六十管）、墨四百五十挺、斐纸二百张、麻纸二百张"①，最澄带到大唐的筑紫斐纸、筑紫笔、筑紫墨皆为当地采用独特工艺所制质量上乘之物。从最澄明州到台州的过所记载来看，还有水精念珠十贯、檀龛水天菩萨一躯送往天台山供养。另一方面也促进了中日诗歌文化之交流。最澄回国后，日本嵯峨天皇、仲雄王等多有赠答最澄之作，就内容来看，多与天台宗有关。如嵯峨天皇有《答澄公奉献诗》②，诗中"远传南岳教，夏久老天台"直接点明求法之所为天台，又"羽客亲讲席，山精供茶杯"则是想象最澄聆听道邃亲自讲法的场景，"山精供茶杯"亦与天台产茶的特色相契合。最澄卧病，嵯峨天皇、仲雄王又有《和澄公卧病述怀之作》③

① ［日］藤原忠平：《延喜式》卷二三，仁孝天皇仁政十一年松平齐贵校勘本，第 16 页。
② ［日］小岛宪之校注：《文华秀丽集》，岩波书店 1964 年版，第 258 页。
③ ［日］小岛宪之校注：《文华秀丽集》，第 262 页。

同题诗,表达出对最澄高深佛法的赞美以及卧病的极大关怀。最澄去世后天皇又有《哭澄上人》诗云:"吁嗟双树下,摄化契如如。惠远名仍驻,支公业已虚。草深新庙塔,松掩旧禅居。灯焰残空座,香烟绕像炉。苍生稍集少,缁侣律仪疏。法体何久住,尘心伤有余。"[1]表达了对最澄创立传播天台宗这一功绩的肯定以及失去最澄的悲痛。这些诗歌体裁皆为五言诗,想必与当时送别诗中多为五律有关。

八、窦 牟 墓 志

墓 志 释 文

唐故朝散大夫守国子司业上柱国扶风窦公墓志铭 并序

通议大夫尚书兵部侍郎上柱国赐紫金鱼袋韩愈撰

第五弟朝议郎前使持节都督登州诸军事守登州刺史赐绯鱼袋庠书

国子司业窦公讳牟,字贻周。六代祖敬远,尝封西河公。至公大父同昌司马,比四代仍袭爵名。同昌讳胤,生皇考讳叔向,官至左拾遗、溧水令,赠工部尚书。尚书于大历初名,能为诗文,与李华善,后生归之。及公为文,亦最长于诗,孝谨厚重。举进士登第,佐六府五公,八迁至检校郎中。元和五年,真拜尚书虞部郎中。转洛阳令、都官郎中、泽州刺史,以至司业。年七十四,长庆二年二月丙寅,以疾卒。其年八月十四日,葬河南偃师先公尚书之兆次,祔以夫人裴氏。裴氏,怀州长史顼之女。顼,仆射冕昆弟之子。初公善事继母,家居未出,学问于江东,尚幼也。名声词章,行于京师,人迟其至。及公就进士,且试,其辈皆曰:莫先窦生。于时公舅袁高为给事中,方有重名,爱且贤公,然实未尝以干有司也。公一举成名,而东遇其党,必曰:非我之才,维吾舅之私。其佐昭义军也,遇其将死,公权代领,以定其危。后将卢从史重公不遣,奏进官职。公视从史益

---

① 〔日〕小岛宪之校注:《文华秀丽集》,第263页。

骄不逊，伪疾经年，與归东都。从史卒败死，公不以觉微避去为贤告人。公始佐崔大夫纵留守东都，后佐留守司徒馀庆，历六府五公，文武细粗不同，自始及终，于公无所悔望，有彼此言者，六府从事几且百人，有愿奸易险贤不肖不同，公一接以和与信，卒莫与公有怨嫌者。其为郎官令守，慎法宽惠不刻。教诲于国学也，严以有礼，扶善盖过，明上下之分，以躬先之，恂恂恺悌，得师之道。公一兄三弟，常、群、庠、巩。常，进士，水部员外郎，朗夔江抚四州刺史；群，以处士征，自吏部郎中拜御史中丞，出帅黔、容以卒；庠，三佐大府，自奉天令为登州刺史；巩亦进士，以御史佐淄青府。皆有才名。公子三人，长曰周馀，好善学文，能谨谨致孝，述父之志，曲而不黩。次曰全馀，曰成馀，皆以进士贡。女子子三人。愈少公十九岁，以童子得见，于今卅年，始以师视公，而终以兄事焉。公待我一以朋友，不以幼壮先后致异。公可谓笃厚文行君子矣。其铭曰：

后缗窦逃闵腹子，夏以再家窦为氏。圣愕旋河犊引比，相婴拨汉纳孔轨。后去观津，而家平陵。遥遥厥绪，夫子是承。我敬其人，我怀其德。作诗孔哀，质于幽刻。

《窦牟墓志》，窦牟（749—822），字贻周，扶风人。官至国子司业。长庆二年（822）二月丙寅卒，享年七十四岁，同年八月十四日葬于河南偃师。墓志高 75 厘米，宽 77 厘米，志文 28 行，满行 31 字。志盖篆书，高 82.5 厘米，宽 84.5 厘米；4 行，行 3 字。墓志首题"唐故朝散大夫守国子司业上柱国扶风窦公墓志铭并序"，题署"通议大夫尚书兵部侍郎上柱国赐紫金鱼袋韩愈撰，第五弟朝议郎前使持节都督登州诸军事守登州刺史赐绯鱼袋庠书"。盖题"唐故国子司业窦府君墓志铭"。墓志于 2005 年夏出土于河南洛阳偃师市首阳山，石藏洛阳民间人士。拓片图版载《河洛墓刻拾零》，第 513—514 页；《新出唐墓志百种》，第 270 页；《1996—2012 北京大学图书馆新藏金石拓本菁华》，第 217 页。扶风窦氏是中古知名的世家大族，中唐时期窦叔向五子更长于文学，著有《窦氏联珠集》。著名文人褚藏言为五窦分别作了传记。《窦牟墓志》为韩愈所撰，韩愈文集亦收录，然石本与集本颇多异文，墓志的题署也为集本所不载，这不仅对于研究唐代文章的流传颇有参考价值，而且可以了解墓志文体在纸上与石上因为不同载体而产生歧异的状态。窦牟是唐代著名诗人，诗存 21 首，载

《全唐诗》卷二七一,第 3035—3039 页。

墓 志 疏 证

国子司业窦公讳牟,字贻周。

《窦牟墓志》亦有集本传世,收录于《韩昌黎文集校注》卷七,上海古籍出版社 1986 年版第 524—528 页。集本云:"国子司业窦公讳牟,字某。"注云:"京兆金城人,或作'字贻周'。"①故知集本有不同的文本传世,作"字贻周"者,与出土墓志相合。

窦牟,《旧唐书》卷一五五、《新唐书》卷一七五有传。二传均称:"牟字贻周。"②

六代祖敬远,尝封西河公。至公大父同昌司马,比四代仍袭爵名,同昌讳胤,生皇考讳叔向,官至左拾遗、溧水令,赠工部尚书。

《旧传》:"窦群字丹列,扶风平陵人。祖宣,同昌郡司马。父叔向,以工诗称,代宗朝,官至左拾遗。"③《新传》:"窦群字丹列,京兆金城人。父叔向,以诗自名,代宗时,位左拾遗。"④唐林宝《元和姓纂》卷九窦氏:"唐左卫将军窦善衡,云扶风。巩,水部员外;牟,洛阳令;群,御史中丞,今开州刺史。庠,潼州刺史。叔向从父弟彧,庐州刺史,生易直、从直、敬直、兴公。易直,兵部郎中、御史中丞;从直,兼殿中御史;彧堂兄子端。"⑤岑仲勉《四校记》于窦牟世系考颇详,今备录以存参:"据《旧书》一五五《群传》称,扶风平陵人,则'扶风'下有夺文。沈炳震云:'《新书》,京兆金城人。案扶风无平陵,金城本始平,疑为始平,然不属扶风。'余按《叔向碑》尚存'居平陵'残字(《萃编》一○五),扶风举其望,平陵举其地也,沈说未谛。又依《碑》,叔向高祖善衡,曾祖元□(参《偃师金石遗文记》及《潜研堂金石

---

① 马其昶:《韩昌黎文集校注》卷七,上海古籍出版社 1986 年版,第 525 页。
② 〔后晋〕刘昫:《旧唐书》卷一五五,第 4122 页;〔宋〕欧阳修、宋祁:《新唐书》卷一七五,第 5245 页。
③ 〔后晋〕刘昫:《旧唐书》卷一五五,第 4120 页。
④ 〔宋〕欧阳修、宋祁:《新唐书》卷一七五,第 5243 页。
⑤ 〔唐〕林宝:《元和姓纂》卷九,第 1381—1382 页。

文跋》),《新表》以善衡为叔向曾祖,显有夺误。然《姓纂》下文著群父叔向,则群之上最少脱叔向一代。又《昌黎集》三三《窦牟志》云:'六代祖敬远,尝封西河公,大父同昌司马。……同昌讳胤,生皇考讳叔向,官至左拾遗、溧水令。'牟之六代祖,即叔向五代祖,由是知叔向一系,应为:'敬远生善衡,善衡生元□,元□生怀亶,怀亶生胤,胤生叔向。'《新表》以善衡为敬远孙,《旧书》一五五《群传》,'祖亶,同昌郡司马',皆误。复次,《全文》七六一褚藏言《窦常传》云:'祖亶,同昌郡司马。'考《千唐·茂州刺史窦季铨志》:'曾祖怀亶,皇朝洪州刺史、茌平县公,赠右仆射。祖昌,故彭州九陇长,(赠)工部尚书。父叔彦,故和州乌江丞。'可证群、常两传之'亶'应作'胤',同昌司马是胤所官也。颜师古《论薛子云等表》,有别将窦善卫(衡),与善衡名近,不知《全文》一四七所录误否。"①

《金石萃编》卷一〇五羊士谔撰《窦叔向碑》:"有唐左拾遗、赠使持节舒州诸军事、舒州刺史、扶风窦公,洎夫人汝南袁氏、继室赠临汝太君□,元和二年秋八月十七日,□启殡自丹扬郡覆釜山,克葬于河南之偃师北原。……居平陵,代缵勋□。……□代祖绍,左武卫大将军,改封茌平公。高祖善衡,□庆□郡守。□□玄□□□□□(下阙)□□茌平。烈考允,同昌□司马。……(叔向)诏授太子通事舍人。……于是征拜左拾遗内供奉。……殁于京口,春秋□□二。《文集》七卷,□于代。……有子曰常,殿中侍御史内供奉,赐绯鱼袋,湖南都团练判官。次曰牟(下阙)。继室□,临汝太君,有子曰群,御史大夫,赐紫金鱼袋。次曰庠,殿中侍御史内供奉,镇海(下阙)。"②是知窦牟兄弟五人,窦常与窦牟为叔向原配所生,窦群、窦庠、窦巩为继配所生。

又窦叔向之赠官,诸书记载有异。一为赠舒州刺史,《窦叔向碑》云:"赠使持节舒州诸军事、舒州刺史。"③二为赠工部尚书,白居易撰制,《白居易集》卷四九有《柳公绰父子温赠尚书右仆射窦牟父叔向赠工部尚

---

① 岑仲勉:《元和姓纂四校记》卷九,《元和姓纂(附四校记)》本,第1382页。
② 〔清〕王昶:《金石萃编》卷一〇五,第5页。
③ 〔清〕王昶:《金石萃编》卷一〇五,第5页。

书……八人亡父同制》。三为赠尚书右仆射,褚藏言《窦常传》言叔向:"赠尚书右仆射。"①按,唐朝赠官,非止一次,盖常因不同原因,累有所赠。叔向赠舒州刺史在元和三年(808)卒葬时;赠工部尚书,在长庆初年白居易为中书舍人撰制时;赠尚书右仆射为大中年间褚藏言作《窦常传》之前。

尚书于大历初名,能为诗文,与李华善,后生归之。

羊士谔《窦叔向碑》:"□而嘉谋泉基,□□而雅什风行。"②褚藏言《窦常传》称皇考叔向:"当代宗皇帝朝,善五言诗,名冠流辈。时属贞懿皇后山陵,上注意哀挽,即时进三章,内考首出,传诸人口者,有'礼逊生前贵,恩追殁后荣',又'命妇羞蘋叶,都人插柰花',又'禁兵环素帟,宫女哭寒云',备在文集,故刑部侍郎包佶制序。"③《唐才子传》卷四《窦叔向传》:"叔向,字遗直,扶风平陵人也。有卓绝之行。登第于大历初。远振佳名,为文物冠冕。诗法谨严,又非常格。一流才子,多仰飚尘。少与常衮同灯火,及衮相,引擢左拾遗内供奉。及坐贬,亦出为溧水令。卒赠工部尚书。"④洪迈《容斋四笔》卷六"窦叔向诗不存"条:"《窦氏联珠》序云:五窦之父叔向,当代宗朝,善五言诗,名冠流辈。时属贞懿皇后山陵,上注意哀挽,即时进三章,内考首出,传诸人口。有'命妇羞蘋叶,都人插柰花''禁兵环素帟,宫女哭寒云'之句,可谓佳唱,而略无一首存于今。荆公《百家诗选》亦无之,是可惜也。予尝得故吴良嗣家所抄唐诗,仅有叔向六篇,皆奇作。"⑤

窦叔向在大历中颇著诗名,与当时诗人多所往还。包佶有《答窦拾遗卧病见寄》诗云:"今春扶病移沧海,几度承恩对白花。送客屡闻帘外鹊,销愁已辨酒中蛇。瓶开枸杞悬泉水,鼎炼芙蓉伏火砂。误入尘埃牵吏役,羞将簿领到君家。"⑥崔峒有《赠窦十九》诗云:"灵台暮宿意多违,木落花

① [清]董诰:《全唐文》卷七六一,第3505页。
② [清]王昶:《金石萃编》卷一〇五,第5页。
③ [清]董诰:《全唐文》卷七六一,第3505页。
④ 傅璇琮:《唐才子传校笺》卷四,第82—84页。
⑤ [宋]洪迈:《容斋随笔》,第695页。
⑥ [清]彭定求:《全唐诗》卷二〇五,第2138—2139页。

开羡客归。江海几时传锦字，风尘不觉化缁衣。山阳会里同人少，灞曲农时故老稀。幸得汉皇容直谏，怜君未遇觉人非。"①皇甫冉《送窦十九叔向赴京》诗云："冰结杨柳津，从吴去入秦。徒云还上国，谁为作中人。驿树同霜霰，渔舟伴苦辛。相如求一谒，词赋远随身。"②皇甫冉又有《送窦叔向》诗云："楚客怨逢秋，闲吟兴非一。弃官守贫病，作赋推文律。樵径未经霜，茅檐初负日。今看泛月去，偶见乘潮出。卜地会为邻，还依仲长室。"③张继《送窦十九判官使江南》诗云："游客淹星纪，裁诗炼土风。今看乘传去，那与问津同。南郡迎徐子，临川谒谢公。思归一惆怅，於越古亭中。"④其下又有《酬张二十员外前国子博士窦叔向》诗云："故交日零落，心赏寄何人。幸与冯唐遇，心同迹复亲。语言未终夕，离别又伤春。结念溢城下，闻猿诗兴新。"⑤皇甫曾有《酬窦拾遗秋日见呈》诗云："孤城永巷时相见，衰柳闲门日半斜。欲送近臣朝魏阙，犹怜残菊在陶家。"⑥李嘉祐有《送窦拾遗赴朝因寄中书十七弟》诗，题注："窦拾遗叔向，其弟窦舒也。"诗云："自叹未沾黄纸诏，那堪远送赤墀人。老为侨客偏相恋，素是诗家倍益亲。妻儿共载无羁思，鸳鹭同行不负身。凭尔将书通令弟，唯论华发愧头巾。"⑦

窦叔向与李华之交往，现无资料以佐证。李华，《旧唐书》卷一九〇下、《新唐书》卷二〇三有传。《旧传》："李华字遐叔，赵郡人。开元二十三年进士擢第。天宝中，登朝为监察御史。累转侍御史，礼部、吏部二员外郎。华善属文，与兰陵萧颖士友善。华进士时，著《含元殿赋》万余言，颖

---

① ［清］彭定求：《全唐诗》卷二九四，第 3348 页。
② ［清］彭定求：《全唐诗》卷二四九，第 2806 页。
③ ［清］彭定求：《全唐诗》卷二五〇，第 2821 页。
④ ［清］彭定求：《全唐诗》卷二四二，第 2719—2720 页。
⑤ ［清］彭定求：《全唐诗》卷二四二，第 2720 页。储仲君先生云："此二诗实是一赠一答，前为张继赠诗，后为窦叔向酬诗。时张继分掌财赋于洪州，检校祠部员外郎，故叔向诗题作《酬张二十员外》。叔向自署'前国子博士'，则登第后尝为国子博士甚明。据张继诗，此时叔向已就任某使府判官，且曾奉使江南，途出洪州、抚州等地。"（《唐才子传校笺》卷四，第 84 页）
⑥ ［清］彭定求：《全唐诗》卷二一〇，第 2180 页。
⑦ ［清］彭定求：《全唐诗》卷二〇七，第 2162 页。

士见而赏之,曰:'《景福》之上,《灵光》之下。'华文体温丽,少宏杰之气,颖士词锋俊发,华自以所业过之,疑其诬词。乃为《祭古战场文》,熏汗之如故物,置于佛书之阁。华与颖士因阅佛书得之,华谓之曰:'此文何如?'颖士曰:'可矣。'华曰:'当代秉笔者,谁及于此?'颖士曰:'君稍精思,便可及此。'华愕然。华著论言龟卜可废,通人当其言。禄山陷京师,玄宗出幸,华扈从不及,陷贼,伪署为凤阁舍人。收城后,三司类例减等,从轻贬官,遂废于家,卒。华尝为《鲁山令元德秀墓碑》,颜真卿书,李阳冰篆额,后人争模写之,号为'四绝碑'。有文集十卷,行于时。"①

及公为文,亦最长于诗。

褚藏言《窦牟传》:"府君和粹积中,文华发外,惟琴与酒,克俭于家,时人以为有前古风韵。世为五言诗,加以笔述。"②《窦氏联珠集》载其诗,《全唐诗》卷二七一据之而录 21 首。是窦牟长于诗之证。

孝谨厚重,举进士登第,佐六府五公,八迁至检校郎中。

《韩昌黎文集校注》注:"'孝谨厚重'又作'孝爱谨厚'。"③

《旧传》:"牟字贻周,贞元二年登进士第。"④《韩昌黎文集校注》注:"贞元二年进士。"⑤褚藏言《窦牟传》:"府君讳牟,字贻周。家世所传,载于首序。府君贞元二年举进士,与从父弟故相赠司徒易直、故相赠少师李公夷简、故兵部侍郎张公贾、故工部侍郎张公正甫同年上第。"⑥《唐才子传》卷四《窦牟传》:"牟字贻周,贞元二年张正甫榜进士。"⑦以窦牟长庆二年卒,年七十八推之,及第之年为三十八岁。据清徐松《登科记考》卷一二,是年进士二十七人,可考者有张正甫、窦牟、窦易直、李夷简、李俊、李棱、张贾、张署、齐据、刘辟十人。⑧ 孟二冬《登科记考补正》卷一二补皇甫

① [后晋]刘昫:《旧唐书》卷一九〇下,第 5047—5048 页。
② [清]董诰:《全唐文》卷七六一,第 3505 页。
③ 马其昶:《韩昌黎文集校注》卷七,第 525 页。
④ [后晋]刘昫:《旧唐书》卷一五五,第 4122 页。
⑤ 马其昶:《韩昌黎文集校注》卷七,第 525 页。
⑥ [清]董诰:《全唐文》卷七六一,第 3505 页。
⑦ 傅璇琮:《唐才子传校笺》卷四,第 218 页。
⑧ [清]徐松:《登科记考》,第 438—441 页。

镛一人。① 是年知贡举为礼部侍郎鲍防，未毕事而改京兆尹，由国子祭酒包佶放榜。

《旧传》："试秘书省校书郎、东都留守巡官。历河阳、昭义从事，检校水部郎中，赐绯，再为留守判官。"②《新传》仅言"累佐节度府"③。褚藏言《窦牟传》："初授秘校，东都留守巡官。历河阳、昭义从事，累转协律郎、评事、监察御史里行。府罢，复为留守判官。转殿中侍御史，寻为昭义节度判官，累迁检校水部员外，转本司郎中，兼御史，赐绯鱼袋，后为留守判官，检校尚书都官郎中。"④其"佐六府五公"事，详下文所考。"八迁"则指褚藏言《窦牟传》所言秘校、协律郎、评事、监察御史里行、殿中侍御史、检校水部员外郎、检校水部郎中、检校都官郎中。均是为幕吏时加官或检校官之迁转。新出土《唐故河南府河南县尉袁府君（亮）墓志铭并序》，题署："外甥前检校水部员外郎兼殿中侍御史扶风窦牟撰。"末署："季甥扶风窦巩书。"⑤墓主贞元廿年（804）十二月廿日葬。

按集本作"八迁至检校虞部郎中"，注："或无'虞部'字。"⑥据出土墓志，应无"虞部"二字，集本盖涉下文"真拜尚书虞部郎中"而误。

元和五年，真拜尚书虞部郎中。转洛阳令、都官郎中、泽州刺史，以至司业。年七十四，长庆二年二月丙寅，以疾卒。

《旧传》："入为都官郎中，出为泽州刺史，入为国子祭酒。"⑦《新传》："位国子司业。"⑧褚藏言《窦牟传》："出为泽州刺史，改国子祭酒。"⑨按，韩愈《同窦牟韦执中寻刘尊师不遇》，此诗即载于《窦氏联珠集》，窦牟、韩愈、

---

①　孟二冬：《登科记考补正》，第 453 页。
②　[后晋] 刘昫：《旧唐书》卷一五五，第 4122 页。
③　[宋] 欧阳修、宋祁：《新唐书》卷一七五，第 5245 页。
④　[清] 董诰：《全唐文》卷七六一，第 3505 页。
⑤　吴钢主编：《全唐文补遗·千唐志斋新藏专辑》，第 304 页。
⑥　马其昶：《韩昌黎文集校注》卷七，第 525 页。
⑦　[后晋] 刘昫：《旧唐书》卷一五五，第 4122 页。
⑧　[宋] 欧阳修、宋祁：《新唐书》卷一七五，第 5245 页。
⑨　[清] 董诰：《全唐文》卷七六一，第 3505 页。

韦执中三人同题诗,署"都官员外郎韩愈"与"河南县令韦执中"①。朱熹《昌黎先生集考异》卷九云:"方云:此诗得于五窦《联珠集》,公时任都官外郎,同洛阳令窦牟、河南令韦执中以访之,元和五年也。诗以同寻师为韵,人各一首。"②岑仲勉《元和姓纂四校记》卷九:"牟洛阳令,《旧书》一五五、《新书》一七五均未详。《牟志》云:'元和五年,真拜尚书虞部郎中,转洛阳令、都官郎中、泽州刺史。'洛阳令,其见官也。《全文》七六一褚藏言《窦牟传》,亦失载洛阳令一官。"③储仲君考订云:"《窦牟志》未言牟于何时转洛阳令。今按韩愈《祭窦司业文》文云:'分宰河洛,愧立并躬。'窦牟任洛阳令时,正值韩愈任河南令。据洪兴祖《韩子年谱》,元和五年,愈为河南令,六年,入为职方员外郎。牟之始宰洛阳,或在五、六年间。窦牟、韩愈、韦执中三人有同寻刘尊师不遇诗,窦诗题作《陪韩院长韦河南同寻刘师不遇》,时河南令为韦执中。韦诗题作《陪韩退之窦贻周同寻刘尊师不遇得师字》(《全唐诗》卷三一三),诗云:'星郎同访道,羽客杳何之。'星郎当兼韩、窦二人而言:韩愈元和四年六月以都官员外郎分司东都,窦牟则于五年拜虞部郎中。据此则五年前期窦牟尚未宰洛。《祭文》又云:'乃令洛阳,岁且四终。'是窦牟为洛阳令近四载,以元和五年宰洛计,卸任当已至八年。窦牟有《秋日洛阳官舍寄上水部家兄》诗,诗云:'洛阳归老日,此县忽为君。'窦常元和六年除水部员外郎,八年春出为朗州刺史,窦牟此诗当作于六年或七年秋日,时任洛阳令。《元和姓纂》成书于元和七年,其卷九载牟之官职,亦为'洛阳令'。窦牟入京为都官郎中,已在元和八年(八一三)以后。牟有《早入朝书事》诗,诗云:'一生三不遇,今作老郎身。'当作于此时。至其何时出刺泽州,已难详考,只能粗定为元和后期。藏言《窦牟传》及《旧传》称牟仕终国子祭酒,而韩愈《窦牟志》及《祭窦司业文》

---

① 按,窦牟诗题为《陪韩院长韦河南同寻刘师不遇》。《窦氏联珠集》,《续古逸丛书》,江苏古籍出版社 2001 年版,第 576—577 页。
② [宋]朱熹:《昌黎先生集考异》卷九,上海古籍出版社 1985 年版,第 377 页。
③ 岑仲勉:《元和姓纂四校记》卷九,《元和姓纂(附四校记)》本,第 1383 页。

均云为国子司业,《新传》《新表》《直斋书录解题》同,当以《志》及《祭文》为是。"①

其年八月十四日葬河南偃师先公尚书之兆次。

《金石萃编》卷一〇五羊士谔撰《窦叔向碑》:"有唐左拾遗、赠使持节舒州诸军事、舒州刺史扶风窦公,泊夫人汝南袁氏、继室赠临汝太君□,元和二年秋八月十七日,□启殡自丹扬郡覆釜山,克葬于河南之偃师北原。"②《窦叔向碑》可与《窦牟墓志》相参证。

袝以夫人裴氏。裴氏怀州长史颛之女,仆射冕昆弟之子。

按此段文字为集本所无,墓志独有。按,裴冕,《旧唐书》卷一一三、《新唐书》卷一四〇有传。《旧传》:"裴冕,河东人也,为河东冠族。……肃宗即位,以定策功,迁中书侍郎、同中书门下平章事,倚以为政。冕性忠勤,悉心奉公,稍得人心。然不识大体,以聚人曰财,乃下令卖官鬻爵,度尼僧道士,以储积为务。人不愿者,科令就之,其价益贱,事转为弊。肃宗移幸凤翔,罢冕知政事,迁右仆射。"③其父颛,事迹无考。

初公善事继母,家居未出,学问于江东,尚幼也。名声词章,行于京师,人迟其至。及公就进士,且试,其辈皆曰:"莫先窦生。"于时公舅袁高为给事中,方有重名,爱且贤公,然实未尝以干有司也。公一举成名,而东遇其党,必曰:非我之才,维吾舅之私。

《唐才子传》卷四《窦牟传》:"初,学问于江东,家居孝谨,善事继母,奇文异行,闻于京师。舅给事中袁高,当时专重名,甄拔甚多,而牟未尝干谒,竟捷文场。"④即据《窦牟墓志》。按,袁高,《旧唐书》卷一五三、《新唐书》卷一二〇有传。《旧传》:"袁高字公颐,恕己之孙。少慷慨,慕名节。登进士第,累辟使府,有赞佐裨益之誉。代宗登极,征入朝,累官至给事中、御史中丞。建中二年,擢为京畿观察使。以论事失旨,贬韶州长史,复

---

① 傅璇琮:《唐才子传校笺》卷四,第 223—224 页。
② [清]王昶:《金石萃编》卷一〇五,北京市中国书店 1985 年版,第 5B 页。
③ [后晋]刘昫:《旧唐书》卷一一三,第 3353—3354 页。
④ 傅璇琮:《唐才子传校笺》卷四,第 219 页。

拜为给事中。"①据《旧唐书·德宗纪》：兴元元年（784）八月，"己未，前湖州刺史袁高为给事中"。②

其佐昭义军也，遇其将死，公权代领，以定其危。后将卢从史重公不遣，奏进官职，公视从史益骄不逊，伪疾经年，舆归东都。从史卒败死，公不以觉微避去为贤告人。

韩集注："贞元二十年六月，昭义军节度使李长荣卒。贞元二十年八月，以昭义兵马使卢从史为节度使。……元和五年六月，从史为其都知兵马使乌重胤所缚，送京师，贬骧州司马卒。"③褚藏言《窦牟传》："府君初授秘校，东都留守巡官。历河阳、昭义从事，累转协律郎、评事、监察御史里行。府罢，复为留守判官，转殿中侍御史。寻为昭义节度判官，累迁检校水部员外，转本司郎中，兼御史，赐绯鱼袋。"④按，窦牟曾两次入昭义幕，首次从昭义节度使李长荣，二次从昭义节度使卢从史，实际上二人是先后接替的，故而窦牟两次入幕之时间是连续的。储仲君考订云："《旧唐书·德宗纪》：贞元十五年（七九九）二月'戊辰，以河阳三城节度使李元淳为潞州长史、昭义军节度、泽潞磁邢洺观察使'。元淳卒于贞元二十年（八〇四）七月。同年八月，以卢从史为昭义军节度使。窦牟'伪疾经年'，其'舁归东都'，当已至永贞元年（八〇五）末或元和元年（八〇六）。昭义军节度治潞州，在今山西省长治市。"⑤

按，卢从史昭义之败，与唐宪宗对于藩镇的态度密切相关，是研究中唐藩镇割据的重要问题，也是本墓志政治内涵的关键所在。韩愈不仅在本墓志中述及此事，在《唐朝散大夫赠司勋员外郎孔君（戡）墓志铭》中也说："昭义节度卢从史有贤佐曰孔君，讳戡，字君胜。从史为不法，君阴争，不从，则于会肆言以折之，从史羞，面颈发赤，抑首伏气，不敢出一语以对，

① ［后晋］刘昫：《旧唐书》卷一五三，第 4086—4087 页。
② ［后晋］刘昫：《旧唐书》卷一二，第 346 页。
③ 马其昶：《韩昌黎文集校注》卷七，第 526 页。
④ ［清］董诰：《全唐文》卷七六一，第 3505 页。
⑤ 傅璇琮：《唐才子传校笺》卷四，第 222 页。

立为君更令改章辞者前彼累数十；坐则与从史说古今君臣父子道，顺则受成福，逆辄危辱诛死，曰：'公当为彼，不得为此。'从史常耸听喘汗。居五六岁，益骄，有悖语，君争，无改悔色，则悉引从事空一府往争之。从史虽羞，退益甚。君泣语其徒曰：'吾所为止于是，不能以有加矣！'遂以疾辞去，卧东都之城东，酒食伎乐之燕不与。当是时，天下以为贤，论士之宜在天子左右者，皆曰'孔君、孔君'云。"①孔戡佐昭义始于前将李长荣，长荣死后，又佐卢从史。其为昭义佐僚，与窦牟时间相当。韩愈所撰孔戡墓志言卢从史事较窦牟墓志更详，故可参证："始举进士第，自金吾卫录事为大理评事，佐昭义军。军帅死，从史自其军诸将代为帅，请君曰：'从史起此军行伍中。凡在幕府，唯公无分寸私。公苟留，唯公之所欲为。'君不得已，留一岁，再奏自监察御史至殿中侍御史。从史初听用其言，得不败；后不听信，恶益闻，君弃去，遂败。"②孔戡的经历与窦牟适相一致，当其谏阻从史不听后，与窦牟一样，都离开了昭义而归于东都。

　　但孔戡离开卢从史后，又受到卢从史的报复："会宰相李公镇扬州，首奏起君，君犹卧不应；从史读诏，曰：'是故舍我而从人耶！'即诬奏君前在军有某事。上曰：'吾知之矣。'奏三上，乃除君卫尉丞，分司东都。诏始下，门下给事中吕元膺封还诏书；上使谓吕君曰：'吾岂不知戡也，行用之矣。'明年，元和五年正月，将浴临汝之汤泉；壬子，至其县食，遂卒，年五十七。公卿大夫士相吊于朝，处士相吊于家。君卒之九十六日，诏缚从史送阙下，数以违命，流于日南。遂诏赠君尚书司勋员外郎，盖用尝欲以命君者信其志。"③由此可见，朝廷对于卢从史的处置，是宪宗的政治策略，也

①　马其昶：《韩昌黎文集校注》卷六，第 386—387 页。
②　马其昶：《韩昌黎文集校注》卷六，第 388 页。
③　马其昶：《韩昌黎文集校注》卷六，第 387 页。有关卢从史的忿嫉，《唐会要》卷五四"给事中"条也有记载："（元和）四年三月，以淮南节度判官孔戡为卫尉寺丞，分司东都。戡尝为佐昭义节度使卢从史，数以事争论不从，因谢病去。从史强以礼遣，而阴衔之。居东都，为淮南节度使李吉甫所辟，而从史忿嫉，累请贬降。始贞元中，姑息节将，其从事有不合意，或知其邪，心欲免去，则诬以他罪论奏，更不验理，或黜或徙。"（上海古籍出版社 1991 年版，第 1101 页）

是与唐宪宗在平定藩镇、用兵山东问题上的摇摆政策分不开的。① "孔戡从根本上说,也不主张卢从史对山东的用兵。在他的心目中,无论朝廷的哪种势力得势,像卢从史这样的人物,都是不能'益骄'的,欲扬威武力、逗留山东是莫大的失策。在这样的情况下,他一方面与李吉甫联系,另一方面则还是劝谏卢从史。当劝谏无效时,他也只能是一走了之。"② 与孔戡相比,窦牟的立身行事,基本相同,他也受到卢从史的重视,从史"重公不遣奏进官职",但他看到卢从史"益骄不逊"后,开始"伪迹经年",后来"舆归东都"。但与孔戡相比,孔戡对卢从史的行为是主动谏阻的,而窦牟对卢从史的行为是消极逃避的,故而舆论对孔戡颇多好评,而对于窦牟则少见提及。但也是因为孔戡与窦牟对于卢从史虽看法一致,而态度不同,故而二人的结局也不一样:孔戡虽受到舆论的褒扬,但至死没有被重用;窦牟则在卢从史死后又受到崔纵、郑馀庆等府帅的征辟,又入为郎署,出莅州郡,直至国子司业。

孔戡死后,白居易作诗哭之,其《哭孔戡》云:"洛阳谁不死?戡死闻长安。我是知戡者,闻之涕泫然。戡佐山东军,非义不可干。拂衣向西来,其道直如弦。从事得如此,人人以为难。人言明明代,合置在朝端。或望居谏司,有事戡必言。或望居宪府,有邪戡必弹。惜哉两不谐,没齿为闲官。竟不得一日,謇謇立君前。形骸随众人,敛葬北邙山。平生刚肠内,直气归其间。贤者为生民,生死悬在天。谓天不爱人,胡为生其贤?谓天果爱民,胡为夺其年?茫茫元化中,谁执如此权?"③ 不仅窦牟、孔戡如此,凡为卢从史官属者都对其行为表示不满,欧阳修《集古录跋尾》卷八《唐卢坝祷聪明山记》云:"右《祷聪明山记》,卢坝撰,乃卢从史祷山神之记也。阅从史官属题名,见孔戡与乌重胤俱列于后,而感韩退之记戡事云'戡屡

① 参卢向前:《卢从史出兵山东与唐宪宗用兵河朔三镇之关系》,载《中华文史论丛》2007年第3期,第323—353页。有关当时的政治局势,卢向前先生的文章论之颇详,本书不再重复。本书所重点关注的是窦牟、孔戡等文人在这场政治旋涡中的立身行事。
② 卢向前:《卢从史出兵山东与唐宪宗用兵河朔三镇之关系》,载《中华文史论丛》2007年第3期,第352页。
③ 朱金城:《白居易集笺校》卷一,第8页。

谏从史，不听，卒为重允(胤)所缚'，掩卷叹息者久之。呜呼！祸福成败之理甚明，而先事而言则罕见从，事至而言则不及矣。自古败乱之国，未始不如此也。"①

公始佐崔大夫纵留守东都，后佐留守司徒馀庆，历六府五公，文武细粗不同，自始及终，于公无所悔望，有彼此言者，六府从事几且百人，有愿奸易险贤不肖不同，公一接以和与信，卒莫与公有怨嫌者。

《唐才子传》卷四《窦牟传》："始佐六府五公，八迁至检校虞部。元和五年，拜尚书虞部郎中，转洛阳令、都官郎中。"②储仲君笺证云："概言之，自贞元初至元和初，二十余年间，窦牟尝一至河阳，再至昭义，三至东都，是为'六府'；尝事东都留守三、昭义节使二、河阳节使一，而昭义节度使李元淳本为河阳节度使，是为'五公'。"③又韩集注："牟初为东都留守巡官，历河阳、昭义从事，再为留守判官。[补注]曾国藩曰：六府五公，而仅叙崔、郑，余皆不叙；文所以贵简，正在此；而叙事简直有法，故文气遒而不冗。"④

崔纵，《旧唐书》卷一〇八、《新唐书》卷一二〇有传。《旧唐书·德宗纪上》：贞元二年(786)九月，"戊戌，以吏部侍郎崔纵检校礼部尚书、东都留守、东都畿唐邓汝防御观察使。"⑤同书《德宗纪下》：贞元五年(789)十二月，"辛未，以淮南节度使杜亚为东都留守、畿汝州都防御使。"⑥杜亚当即代崔纵。是窦牟从崔纵即应在贞元二年(786)至五年(789)间。韩集注："贞元二年九月，以吏部侍郎崔纵为东都留守，奏牟为府巡官。"⑦

郑馀庆，《旧唐书》卷一五八、《新唐书》卷一六五有传。《旧唐书·宪宗纪上》：元和三年六月，"甲戌，以河南尹郑馀庆为东都留守"。⑧ 六年十

---

① ［宋］欧阳修：《欧阳集全集》卷一四一，第 2275 页。
② 傅璇琮：《唐才子传校笺》卷四，第 219 页。
③ 傅璇琮：《唐才子传校笺》卷四，第 220 页。
④ 马其昶：《韩昌黎文集校注》卷七，第 526 页。
⑤ ［后晋］刘昫：《旧唐书》卷一二，第 354 页。
⑥ ［后晋］刘昫：《旧唐书》卷一三，第 368 页。
⑦ 马其昶：《韩昌黎文集校注》卷七，第 526 页。
⑧ ［后晋］刘昫：《旧唐书》卷一四，第 426 页。

月,"以东都留守郑馀庆为吏部尚书"。① 韩集注:"元和五年六月,以河南尹郑馀庆为东都留守,奏牟为府判官。"②是其为郑馀庆留守判官,是在卢从史贬谪之后。

李元淳,为窦牟所从"六府五公"之一,即李长荣,亦《窦牟墓志》所言之"其佐昭义军也,遇其将死"之"将"。长荣为河阳节度使时即辟署窦牟。《旧唐书·德宗纪下》:贞元十五年(799)三月,"戊辰,以河阳三城节度使李元[淳]为潞州长史、昭义军节度、泽潞磁邢洺观察使"③。李元淳又为河阳节度使,始于贞元四年(788),《旧唐书·德宗纪下》:贞元四年十一月,"丙戌,以右神策将军李长荣为河阳三城怀州团练使,仍赐名元[淳]"④。又《乾隆孟县志》卷四下引潘孟阳《祁连郡王李公(元淳)墓志》:"(贞元)四年,制除河阳三城怀州都团练使兼御史大夫。明年,兼怀州刺史,仍加管内营田使。……十二年,制除检校工部尚书、河阳三城怀州节度使。十五年,改昭义军节度、泽潞等州观察处置使、潞州大都督府长史、兼御史大夫。……以贞元二十年七月二十九日遇疾,一夕而薨,享年六十有六。"⑤

其为郎官令守,慎法宽惠不刻。

此指窦牟为虞部员外郎、洛阳令与泽州刺史而言。墓志上文言"元和五年,真拜尚书虞部郎中"。此一职,褚藏言《窦巩传》,两《唐书》本传皆未及。又韩集注:"'令守',疑当作'守令',谓守法令也。[补注]何焯曰:'令守',即上为洛阳泽州刺史。"⑥以出土墓志证之,作"令守"不误。

教诲于国学也,严以有礼,扶善盖过,明上下之分,以躬先之,恂恂恺悌,得师之道。

① [后晋]刘昫:《旧唐书》卷一四,第 437 页。
② 马其昶:《韩昌黎文集校注》卷七,第 526 页。
③ [后晋]刘昫:《旧唐书》卷一三,第 390 页。按,《旧唐书》书其名为"李元",乃避宪宗讳而省"淳"字。
④ [后晋]刘昫:《旧唐书》卷一三,第 367 页。
⑤ 郁贤皓:《唐刺史考全编》卷五二、卷八六,第 674、675、1239 页。
⑥ 马其昶:《韩昌黎文集校注》卷七,第 526 页。

此指窦牟为国子司业时事。窦牟卒于国子司业任，韩愈曾作《祭窦司业文》云："惟君文行夙成，有声江东，魁然厚重，长者之风。"①

公一兄三弟，常、群、庠、巩。常，进士，水部员外郎，朗夔江抚四州刺史；群，以处士征，自吏部郎中拜御史中丞，出帅黔容以卒；庠，三佐大府，自奉天令为登州刺史；巩亦进士，以御史佐淄青府。皆有才名。

窦常，韩集注："常字中行，大历十四年进士。"②褚藏言《窦常传》："府君讳常，字中行，扶风平陵人也。……府君大历十四年举进士，与故吏部侍郎奚陟、商州牧卞俛、秘校独孤授同年上第。……繇擢第至释褐凡二十年。洎贞元十四年秋，成德军节度使太尉王公命从事御史卢泚赆五百金辟为掌记，不就。其年，淮南节度左仆射霸陵杜公奏为参谋，授秘书省校书郎。厥后历泉府从事，繇协律郎迁监察御史里行。居无何，湘东倅戎，转殿中侍御史，赐绯鱼袋。元和六年，繇侍御史入为水部员外郎，亦既二岁，婚嫁未毕，求牧守之官，出为朗州刺史。转固陵、浔阳、临川三郡。既罢秩，东归旧业，时宰嘉招，固辞衰疾，因除国子祭酒致仕。宝历元年秋，寝疾告终于广陵之白沙别业，卒时年七十。"③

窦群，韩集注："群字丹列，以处士隐居毗陵，贞元十六年十月，吏部侍郎韦夏卿为京兆尹，荐群，征拜左拾遗。［补注］沈钦韩曰：贞元十年，诏征隐居邱园不求闻达之士，韦夏卿荐群表云：'受天清气，与道消遥。'独不除授。后韦又以其所著《史记名臣疏》进入，不报。韦入为侍郎，改京兆，复面荐，以白衣召见，授拾遗。元和二年正月，以武元衡同平章事，举群代己为御史中丞。元和三年十月，贬黔中观察使。八年四月，迁容管经略使。九年，召还，至衡州卒。"④褚藏言《窦群传》："府君讳群，字丹列。……由弱冠不乐进士之科，便于著书耕垦坟籍。既孤，以蔬素自适，著书于毗陵之西偏，给长兄之俸而与诸季安于膝下者十稔。洎再罹内艰，

---

① 马其昶：《韩昌黎文集校注》卷五，第 325 页。
② 马其昶：《韩昌黎文集校注》卷七，第 527 页。
③ ［清］董诰：《全唐文》卷七六一，第 3505 页。
④ 马其昶：《韩昌黎文集校注》卷七，第 527 页。

殆尽而复前者数四。厥后郡守给事中京兆韦公夏卿知公,以为江左文雅,无出其右,适贞元十年诏征天下隐居邱园,不求闻达之士,韦公遂荐焉。与桂山处士刘明素同表公之言云:'受天清气,与道逍遥。'时人以为孔北海拔祢衡之文,不之过也。其时天下慰荐九人,公独不除授。其后韦公移牧吴郡,又以公所著《史记名臣疏》三十四卷进入,皆寝而不报。人皆异之。公自以为通塞系于命,静而俟之。厥后韦公入为天官侍郎,改京兆命,中谢之日,德宗与之绪言,韦进曰:'臣忝居达官,而窃负其位。'上曰:'卿有何负?'奏曰:'臣守毗陵日,荐处士窦群,于时独蒙不录。后臣在苏州,又进窦群所著《名臣疏》,又蒙不答。臣以为以人而废,在臣则当然,言群则屈。'上乃惊曰:'卿之知人,固无疑,卒不问者,乃宰执之失也。'便宣即令召对。此贞元十八年也。公即日起于衡泌,白衣召见。上谓公曰:'夏卿知卿,卿有何蕴蓄,得以尽言。'公从容对曰:'臣无蕴蓄,第读书俟时,夫蕴蓄者,迹在近班,进有所不纳,谏有所不听,臣即蕴蓄。如臣处于草茅,但仰元化而已,实无蕴蓄。'上甚奇其对,便宣令付中书,即除谏官,释褐授右拾遗。居无何,秘监张公荐和蕃,请公为判官,因改侍御史。其后有故不行,请复本列,上不许,遂守侍御史。俄兼领杂务。德宗晏驾,改膳部员外郎,兼侍御史知杂事。出为唐州刺史。司空于公镇汉南,奏公为节度副使、检校兵部郎中兼中丞,加金紫,居无何,除吏部郎中,迁御史中丞。以举职太过,出为黔州观察使。后以十洞扰乱,准诏用兵翦伐,事平,公坐贬开州刺史,亦既周岁,除容管经略使。宪宗以公守官无隐,思欲大用,因急诏追入,中途遘疾,终于衡州旅馆,享年五十,赠左散骑常侍。"①

窦庠,韩集注:"庠字胄卿,贞元二十一年五月,韩皋出镇武昌,奏庠为推官。元和三年二月,皋移镇浙西,以庠为副使,又为宣歙副使。"②褚藏言《窦庠传》:"府君讳庠,字胄卿。……初应进士,感于知己一言,遂从事于商洛,授国子主簿,未几而罢。后吏部侍郎韩公出镇武昌,美公之才,辟为节度副使,迁监察御史,俄而昌黎移镇京口,用为节度副使,改殿中侍御

①　[清]董诰:《全唐文》卷七六一,第3505—3506页。
②　马其昶:《韩昌黎文集校注》卷七,第527页。

史。昌黎却入，公至辇下，迁泽州刺史。秩满，时光禄卿范公由吴郡领宛陵，奏公试太子中允兼侍御史，为团练副使，加章服。府罢，除奉天县令，迁登州刺史。昌黎公留守东都，又奏授公为汝州防御判官，改检校户部员外郎兼侍御史。后迁信州刺史，三载转婺州，亦既二载，遘疾告终于东阳之官舍，享年六十有三。"①《窦牟墓志》题书人为："第五弟朝议郎前使持节都督登州诸军事守登州刺史赐绯鱼袋庠书。"窦庠为登州刺史，又见《旧唐书》本传："（韦）皋移镇浙西，奏庠为节度副使、殿中侍御史，迁泽州刺史。又为宣歙副使，除奉天令、登州刺史、东都留守判官，历信、婺二州刺史。"②以墓志证之，其为登州刺史，在长庆二年。《唐才子传校笺》卷四储仲君撰《窦庠传》笺证云："藏言《窦庠传》云：'府罢，除奉天县令，迁登州刺史。'韩愈《窦牟志》亦云：'自奉先（应作天）令为登州刺史。'范传正宣歙府罢在元和十一年（816），以其年除奉天令计，秩满，亦当至元和十四、五年，始得迁登州。《窦牟志》作于长庆二年，称庠为登州刺史，则此时仍在登州任。"③

窦巩，韩集注："巩字友封，元和二年登第。元和十四年三月，以薛平为平卢淄青节度使，表巩自副。"④褚藏言《窦巩传》："府君讳巩，字友封。……元和二年举进士，与今东都留守左仆射孙公简、故吏部侍郎兴元节度使王公源中、中书舍人崔公咸、制诰李公正封同年上第。府君世传五言诗，颇得其妙。故相淮阳公镇滑台，辟为从事，释褐授秘校。淮阳移镇渚宫，迁岘首，改协律郎，二府专掌奏记。淮阳下世，司空薛公平镇青社，辟公为掌书记，又改节度判官、副使，累迁至大理评事、监察御史里行、殿中侍御史、检校祠部员外郎，加章服。后薛公入为民籍，府君除侍御史，转司勋员外郎，迁刑部郎中。文昌故事：文酒之为，由公复振也。故相左辖元稹观察浙东，固请公副戎，分实旧交，辞不能免，遂除秘书少监兼中丞，

---

① ［清］董诰：《全唐文》卷七六一，第 3506 页。
② ［后晋］刘昫：《旧唐书》卷一五五，第 4122 页。
③ 傅璇琮：《唐才子传校笺》卷四，第 239 页。
④ 马其昶：《韩昌黎文集校注》卷七，第 527 页。

加金紫。无何,元公下世,公亦北归,道途遘疾,迨至辇下,告终于崇德里之私第,享年六十。"①

公子三人:长曰周馀,好善学文,能谨谨致孝,述父之志,曲而不黩。次曰全馀,曰成馀,皆以进士贡。

集本云:"公子三人:长曰周馀,好善学文,能谨谨致孝,述父之志,曲而不黩;次曰某,曰某,皆以进士贡。"②褚藏言《窦牟传》:"嗣子周馀,任秘书监。"③《旧传》:"子周馀,大中年秘书监。"④《新唐书·宰相世系表》一下:"周馀,秘书监。"⑤窦牟次子全馀、成馀,事迹无考。

愈少公十九岁,以童子得见,于今册年,始以师视公,而终以兄事焉。公待我一以朋友,不以幼壮先后致异。公可谓笃厚文行君子矣。

韩集注:"公大历三年生,至是年五十五,故云'少公十九岁'。"⑥以此前推四十年,为德宗建中四年(783)。是时韩愈十六岁,故称"以童子得见"。韩愈与窦牟的关系,详见下文阐述。

其铭曰:后缗窦逃闵腹子,夏以再家窦为氏。圣愕旋河犊引比,相婴拨汉纳孔轨。后去观津,而家平陵。遥遥厥绪,夫子是承。 我 **敬其人,我怀其德。作诗孔哀,质于幽刻。**

顾炎武《日知录》卷二三云:"窦氏。古无所考,类族者不得其本,见《左传》有'后缗方娠,逃出自窦'之文,即为之说曰:'帝相妃有仍氏女,逃出自窦,奔归有仍,生少康,少康次子曰龙,留居有仍,遂为窦氏。'此与王莽引《易》'伏戎于莽,升其高陵','莽,皇帝名也;升,刘伯升也',何以异哉!乃韩文公作《窦牟墓志》:'后缗窦逃闵腹子,夏以再家窦为氏。'亦用此事。"⑦

① 〔清〕董诰:《全唐文》卷七六一,第3506页。
② 马其昶:《韩昌黎文集校注》卷七,第527页。
③ 〔清〕董诰:《全唐文》卷七六一,第3505页。
④ 〔后晋〕刘昫:《旧唐书》卷一五五,第4122页。
⑤ 〔宋〕欧阳修、宋祁:《新唐书》卷七一下,第2331页。
⑥ 马其昶:《韩昌黎文集校注》卷七,第528页。
⑦ 〔清〕顾炎武:《日知录集释》卷二三,上海古籍出版社1985年版,第1698—1699页。

韩愈与窦牟的关系

韩愈与窦牟是亦师亦友的关系，墓志中已说得比较清楚："愈少公十九岁，以童子得见，于今卅年，始以师视公，而终以兄事焉。公待我一以朋友，不以幼壮先后致异。公可谓笃厚文行君子矣。"据上文所考，其最早交往在建中四年韩愈十六岁时，其时窦牟已三十五岁。

韩愈《送窦从事序》云："皇帝临天下二十有二年，诏工部侍郎赵植为广州刺史，尽牧南海之民。署从事扶风窦平。平以文辞进。于其行也，其族人殿中侍御史牟合东都交游之能文者二十有八人，赋诗以赠之。于是昌黎韩愈嘉赵南海之能得人，壮从事之答于知我，不惮行之远也；又乐贻周之爱其族叔父，能合文辞以宠荣之，作《送窦从事少府平序》。"①贞元十七年（801），窦平赴广州为赵植幕僚，窦牟于东都设宴祖饯，同时进行诗酒文会，预其会者二十八人，同赋诗以相赠，韩愈预其会而作序。这是中唐时期一次较为盛大的诗酒文会活动，不仅是韩愈与窦牟交往的绝好记载，也是研究中唐时期诗人群体活动的重要文献。

韩愈有《同窦牟韦执中寻刘尊师不遇》云："秦客何年驻，仙源此地深。还随蹑凫骑，来访驭风襟。院闭青霞入，松高老鹤寻。犹疑隐形坐，敢起窃桃心。"②这首诗是元和五年所作。其时窦牟与韦执中亦各作一首，窦牟诗题为《陪韩院长韦河南同寻刘师不遇》，题注："以同寻师三字分韵，牟得同字。"诗云："仙客诚难访，吾人岂易同。独游应驻景，相顾且吟风。药畹琼枝秀，斋轩粉壁空。不题三五字，何以达壶公。"③韦执中诗题为《陪韩退之窦贻周同寻刘尊师不遇得师字》，诗云："早尚逍遥境，常怀汗漫期。星郎同访道，羽客杳何之。物外求仙侣，人间失我师。不知柯烂者，何处看围棋。"④

---

① 马其昶：《韩昌黎文集校注》卷四，第 238—239 页。
② 钱仲联：《韩昌黎诗系年集释》卷七，第 732—733 页。
③ ［清］彭定求：《全唐诗》卷二七一，第 3035 页。
④ ［清］彭定求：《全唐诗》卷三一三，第 3527 页。

宋洪迈《容斋四笔》卷六《韩文公逸诗》条:"唐五窦《联珠集》载,窦牟为东都判官,陪韩院长、韦河南同寻刘师,不遇,分韵赋诗。都官员外郎韩愈得寻字。……今诸本韩集皆不载。"①宋人对此搜访遗佚,得此诗以知韩愈与窦牟交往情况。朱熹《昌黎先生集考异》卷九则云:"《寻刘尊师不遇》,方云:此诗得于五窦《联珠集》。公时任都官员外郎,同洛阳令窦牟、河南令韦执中以访之,元和五年也。诗以同寻师为韵,人各一首。"②可知为元和五年所作,唯其时窦牟为东都判官抑或河南令,洪迈与朱熹的说法有所不同。

窦牟卒后,韩愈除撰写这一墓志外,还写了一篇祭文。韩愈《祭窦司业文》云:"维年月日,兵部侍郎韩愈谨以清酌庶羞之奠,祭于故国子司业窦君二兄之灵。惟君文行夙成,有声江东,魁然厚重,长者之风。一举于乡,遂收厥功;屡佐大侯,以调兵戎。诏曰予虞,汝为郎中;乃令洛阳,岁且四终。惟刑之慎,掌正隶僮。命守高平,命副儒宫。朱衣银鱼,象服以崇;锡荣考妣,孝道上穷。官不满能,亦云达通;逾七望八,年孰非翁:在君无憾,我意不充。君之昆弟,三以辞雄;刺史郎中,四继三同;于士大夫,可谓显融。我之获见,实自童蒙;既爱既劝,在麻之蓬。自视雏鷇,望君飞鸿;四十年余,事如梦中。分宰河洛,愧立并躬;俱官于学,以纤临洪;惠许不酬,报德以空;死生莫接,孰明我衷?于祭告情,文以自攻。呜呼哀哉,尚飨!"③文中不仅叙述了窦牟一生的经历,赞叹其文学成就,更处处体现出韩愈与窦牟亦师亦友的关系,情感颇为真切。

窦牟之交游圈

窦牟一生迁官频繁,交游广泛,除上面专门考察他与韩愈的关系以外,与其交往可论者尚多,大要可分为窦氏家族兄弟之间的交往,以及其他文人之间的交往两个方面,下面分别述之。

---

① [宋]洪迈:《容斋随笔》,第 695 页。
② [宋]朱熹:《昌黎先生集考异》卷九,第 377 页。
③ 马其昶:《韩昌黎文集校注》卷五,第 325—326 页。

（一）兄弟之间之文学交往

窦牟兄弟五人，都是唐代著名的文学家，其父窦叔向亦擅诗文，他们代表了唐诗繁盛时期体现的家族文学的特点。宋人葛立方《韵语阳秋》卷四："唐窦常、牟、群、庠、巩兄弟五人，四人擢进士，独群客隐毗陵，因韦夏卿屡荐，始入仕，皆诗人也。牟晚从昭义卢从史，从史寖骄，牟度不可谏，即移疾归东都。故其《秋夕闲居》诗云：'燕燕辞巢蝉蜕枝，穷居积雨坏藩篱。'群尝为黔中观察使，故其诗曰：'佩刀看日晒，赐马旁江调。言语多重译，壶觞每独谣。'而巩诗中乃有《自京师将赴黔南》之所，谓'风雨荆州二月天，问人初雇峡中船。西南一望云和水，犹道黔南有四千'。此诗疑群所作而误置巩集中尔。常历武陵、夔、江、抚四州刺史，所谓'看春又过清明节，算老重经癸巳年'者，将之武陵到松滋渡之所作也。庠诗不见，其巡内一绝云：'愁云漠漠草离离，太液钩陈处处疑。薄暮毁垣春雨里，残花犹发万年枝。'造句亦可谓秀整矣。兄弟中独群诗稍低，又不得举进士，而位反居上。巩诗有《放鱼诗》云：'好去长江千万里，不须辛苦上龙门。'岂非为群而言乎？史载：巩平居与人言，若不出口，世号'嗫嚅翁'，乃肯为是耶？"①元人辛文房《唐才子传》卷四《窦叔向传》评其五子云："五子：常、牟、群、庠、巩，俱能诗，咄咄有跨灶之誉，当时羡之。"②又《窦常传》云："常兄弟五人，联芳比藻，词价霭然，法度风流，相距不远。且俱陈力王事，膺宠清流，岂怀玉迷津，区区之比哉！"③则是对窦氏五兄弟诗风人品的综合评价。

1. 窦常

窦常，窦牟有《洛下闲居夜晴观雪寄四远诸兄弟》诗云："雪月相辉云四开，终风助冻不扬埃。万重琼树宫中接，一直银河天上来。荆楚岁时知染翰，湘吴醇酊忆衔杯。强题缣素无颜色，鸿雁南飞早晚回。"④储仲君

---

① ［宋］葛立方：《韵语阳秋》卷四，《历代诗话》本，中华书局1981年版，第515页。
② 傅璇琮：《唐才子传校笺》卷四，第86页。
③ 傅璇琮：《唐才子传校笺》卷四，第217页。
④ ［清］彭定求：《全唐诗》卷二七一，第3037页。

云:"'四远诸兄弟',指常、群、庠诸人。元和四年(八〇九)前后,窦常为湖南都团练判官,在潭州,窦庠为浙西节度判官,在润州,是谓'湘吴'。'荆楚'当指窦群所在之黔中,以其初遭贬逐,故末句以'鸿雁南飞'慰之。窦群于元和三年(八〇八)十月贬黔中,四年春赴任。是知元和四年春,窦牟尚未任职。"①又有《秋日洛阳官舍寄上水部家兄》诗云:"洛阳归老日,此县忽为君。白发兄仍见,丹诚帝岂闻。九衢横逝水,二室散浮云。屈指豪家尽,伤心要地分。禁中周几鼎,源上汉诸坟。貔虎今无半,狐狸宿有群。威声惭北部,仁化乐南薰。野槲饥来食,天香静处焚。壮年唯喜酒,幼学便诃文。及尔空衰暮,离忧讵可闻。"②窦常有《酬舍弟牟秋日洛阳官舍寄怀十韵》诗云:"幼为逃难者,才省用兵初。去国三苗外,全生四纪余。老头亲帝里,归处失吾庐。逝水犹鸣咽,祥云自卷舒。正郎曾首拜,亚尹未平除。几变陶家柳,空传魏阙书。思凌天际鹤,言甚辙中鱼。玉立知求己,金声乍起予。在朝鱼水分,多病雪霜居。忽报阳春曲,纵横恨不如。"③按窦常"元和六年除水部员外郎,八年春出为朗州刺史,窦牟此诗当作于六年或七年秋日,时任洛阳令"④。

2. 窦群

窦牟有《早赴临台立马待漏口号寄弟群》诗云:"上陌行初尽,严城立未开。人疑早朝去,客是远方来。伏奏徒将命,周行自引才。可怜霄汉曙,鸳鹭正徘徊。"⑤宋葛立方《韵语阳秋》卷四云:"兄弟中独群诗稍低,又不得举进士,而位反居上。"⑥

3. 窦庠

窦庠,窦牟有《酬舍弟庠罢举从州辟书》诗云:"之荆且愿依刘表,折桂终惭见郤诜。舍弟未应丝作鬓,园公不用印随身。"⑦窦庠有《奉酬侍御家

---

① 傅璇琮:《唐才子传校笺》卷四,第222—223页。
② 〔清〕彭定求:《全唐诗》卷二七一,第3038页。
③ 〔清〕彭定求:《全唐诗》卷二七一,第3033页。
④ 傅璇琮:《唐才子传校笺》卷四,第223页。
⑤ 〔清〕彭定求:《全唐诗》卷二七一,第3035页。
⑥ 〔宋〕葛立方:《韵语阳秋》卷四,第515页。
⑦ 〔清〕彭定求:《全唐诗》卷二七一,第3038页。

兄东洛闲居夜晴观雪之什》诗云："洛阳宫观与天齐,雪净云消月未西。清浅乍分银汉近,辉光渐觉玉绳低。绿醅乍熟堪聊酌,黄竹篇成好命题。应念武关山断处,空愁簿领候晨鸡。"①《窦牟墓志》题书人为："第五弟朝议郎前使持节都督登州诸军事守登州刺史赐绯鱼袋庠书。"宋葛立方《韵语阳秋》卷四云："唐窦常、牟、群、庠、巩兄弟五人,四人擢进士,独群客隐毗陵,因韦夏卿屡荐,始入仕,皆诗人也。……庠诗不见,其巡内一绝云:'愁云漠漠草离离,太乙钩陈处处疑。薄暮毁垣春雨里,残花犹发万年枝。'造句亦可谓秀整矣。"②

4. 窦巩

窦巩,窦牟有《洛下闲居夜晴观雪寄四远诸兄弟》诗,其舍弟之一即为窦巩。宋葛立方《韵语阳秋》卷四云："巩诗有《放鱼诗》云:'好去长江千万里,不须辛苦上龙门。'岂非为群而言乎? 史载巩平居与人言,若不出口,世号'嗫嚅翁',乃肯为是耶?"③

(二) 文人之间之文学交往

1. 卢坦

窦牟有《秋夕闲居对雨赠别卢七侍御坦》诗云："燕燕辞巢蝉蜕枝,穷居积雨坏藩篱。夜长檐霤寒无寝,日晏厨烟湿未炊。悟主一言那可学,从军五首竟徒为。故人骢马朝天使,洛下秋声恐要知。"④按,卢坦,字保衡,河南洛阳人。尝为义成军判官,寿安令。累迁至库部员外郎、兼侍御史知杂事。终于剑南东川节度使。《旧唐书》卷一五三,《新唐书》卷一五九有传。储仲君云:"语含希冀故人在京为之延誉援引之意。《旧唐书》卷一五三《卢坦传》:'(坦)累迁至库部员外郎、兼侍御史知杂事。会李锜反,有司请毁锜祖父庙墓。坦常为锜从事,乃上言……'据《旧唐书·宪宗纪》,元

---

①　[清] 彭定求:《全唐诗》卷二七一,第 3045 页。
②　[宋] 葛立方:《韵语阳秋》卷四,第 515 页。
③　[宋] 葛立方:《韵语阳秋》卷四,第 515 页。
④　[清] 彭定求:《全唐诗》卷二七一,第 3036 页。

和二年（八〇七）十一月削锜属籍，是知坦为侍御史在元和初，牟诗当作于此时。"①

2. 包佶

包佶为窦牟的座主，窦牟贞元二年及进士第，本由礼部侍郎鲍防知贡举，正月丁未，防拜京兆尹，继由国子祭酒包佶知贡举，放榜。《旧唐书·包佶传》：贞元二年正月，"丁未，以礼部侍郎鲍防为京兆尹，……国子祭酒包佶知礼部贡举。"②按，包佶，字幼正，天宝六载（747）登进士第，贞元二年知贡举，四年转秘书监，封丹阳郡公，八年（792）五月卒。事迹见《唐才子传》卷二《包佶传》。"包佶与窦叔向交好，曾为窦叔向文集作序，包佶乃窦氏昆仲长辈；另据《旧唐书·德宗纪》：贞元二年正月丁未，'国子祭酒包佶知礼部贡举。'此年窦牟中进士，乃包佶所擢，则包佶又是窦氏兄弟的尊师。"③也正因包佶是窦氏兄弟的尊师，故包佶死后，窦牟为其作挽歌，其《故秘监丹阳郡公延陵包公挽歌》云："台鼎尝虚位，夔龙莫致尧。德音冥秘府，风韵散清朝。天上文星落，林端玉树凋。有吴君子墓，返葬故山遥。"④除窦牟此首外，窦常亦有《故秘监丹阳郡公延陵包公挽歌词》："卓绝明时第，孤贞贵后贫。郤诜为胄子，季札是乡人。笔下调金石，花开领搢绅。那堪归葬日，哭渡柳杨津。"⑤

3. 李康

窦牟有《奉使至邢州赠李八使君》云："独占龙冈部，深持虎节居。尽心敷吏术，含笑掩兵书。礼饰华缨重，才牟雅制余。茂阴延驿路，温液逗官渠。南亩行春罢，西楼待客初。瓮头开绿蚁，砧下落红鱼。牧伯风流足，辎轩若［苦］涩虚。今宵铃阁内，醉舞复何如。"⑥按，符载《江州录事参军厅壁记》："是时郡守李公，以钜鹿超异之政，来领此郡。"⑦又郑素卿《西

① 傅璇琮：《唐才子传校笺》卷四，第 222 页。
② ［后晋］刘昫：《旧唐书》卷一二，第 352 页。
③ 雷恩海、田玉芳：《"五窦"交游考》，《文献》2007 年第 4 期，第 31 页。
④ ［清］彭定求：《全唐诗》卷二七一，第 3036 页。
⑤ ［清］彭定求：《全唐诗》卷二七一，第 3031 页。
⑥ ［清］彭定求：《全唐诗》卷二七一，第 3038 页。
⑦ ［清］董诰：《全唐文》卷六八九，第 3127 页。

林寺水阁院律大德齐朗和尚碑并序》：“大师号齐朗，生报身于寻阳陶氏。……［贞元］十四年，郡守李公康兴甘露之会。”①故郁贤皓先生《唐刺史考全编》卷一〇三疑窦牟诗之李八使君为李康，今从之。②

4. 李益

窦牟有《缑氏拜陵回道中呈李舍人少尹》云：“忽忝诸卿位，仍陪长者车。礼容皆若旧，名籍自凭虚。上路花偏早，空山云甚余。却愁新咏发，酬和不相如。”③李益有《答窦二曹长留酒还榼》：“榼小非由榼，星郎是酒星。解酲元有数，不用吓刘伶。”④李益，字君虞，陇西姑臧人。大历四年(769)进士，建中四年登书判拔萃科。因仕途失意，曾客游燕赵。元和后入朝，历秘书少监、集贤学士、左散骑常侍等职。大和元年(827)以礼部尚书致仕。李益是中唐边塞诗的代表诗人。“李益诗名早著，与窦牟有共事之谊。元和五年李益任河南少尹，时窦牟为洛阳令，二人同在洛阳共事，往来较多。窦牟初到洛阳时作《缑氏拜陵回道中呈李舍人少尹》，……此诗用语甚为恭谨，很有分寸地表达了对李益的尊敬。而随着二人友情的逐步深化，诗的表现方式也有了明显的不同：李益赠酒与窦牟，窦牟作《李舍人少尹惠家酝一小榼立书绝句》酬谢，……窦牟戏言如此美酒仅赠一小榼，岂能一醉，似在嗔怪李益小气。于是李益作《答窦二曹长留酒还榼一绝》答之，诗云：‘榼小非由榼，星郎是酒星。解酲元有数，不用吓刘伶。’调侃窦牟酒量太大，而非自己小气。二诗多戏语，谐谑谈笑，轻松欢快，则知此时二人的关系已非比寻常。”⑤

5. 韦执中

窦牟有《陪韩院长韦河南同寻刘师不遇》诗，题注：“以同寻师三字分韵，牟得同字。”诗云：“仙客诚难访，吾人岂易同。独游应驻景，相顾且吟

---

① ［清］董浩：《全唐文》卷七四七，第3428—3429页。

② 郁贤皓：《唐刺史考全编》卷一〇八，第1444页。

③ ［清］彭定求：《全唐诗》卷二七一，第3035页。

④ ［清］彭定求：《全唐诗》卷三八三，第3222页。

⑤ 雷恩海、田玉芳：《“五窦”交游考》，《文献》2007年第4期，第31—32页。

风。药畹琼枝秀,斋轩粉壁空。不题三五字,何以达壶公。"①韦执中诗题为《陪韩退之宴赠周同寻刘尊师不遇得师字》,诗云:"早尚逍遥境,常怀汗漫期。星郎同访道,羽客杳何之。物外求仙侣,人间失我师。不知柯烂者,何处看围棋。"②按,韦执中,京兆人,中唐宰相韦执谊之兄,历河南县令、殿中侍御史、泉州刺史。事迹略见《元和姓纂》卷二、《唐诗纪事》卷三〇。新出土墓志有韦执中撰《大唐故扬府户曹参军河东裴君墓志铭并序》,题署:"殿中侍御史赐绯鱼袋韦执中撰。"③墓主以贞元九年(793)八月二十四日葬。

6. 刘公达

窦牟有《送刘公达判官赴天德军幕》云:"特建青油幕,量分紫禁师。自然知召子,不用问从谁。文武轻车少,腥膻左衽衰。北风如有寄,画取受降时。"④

7. 杨凭

杨凭有《赠窦牟》诗,题一作《窦洛阳牟见简篇章,偶赠绝句》,诗云:"直用天才众却瞋,应欺李杜久为尘。南荒不死中华老,别玉翻同西国人。"⑤按,杨凭,字虚受,大历九年(774)状元及第。历佐节度使府,后为恭王傅、分司东都。事迹见《旧唐书》卷一六四、《新唐书》卷一六〇本传。杨凭与弟凝、凌皆有文名,时称"三杨"。窦牟有《奉酬杨侍郎十兄见赠之作》云:"翠羽雕虫日日新,翰林工部欲何神。自悲由瑟无弹处,今作关西门下人。"⑥杨十即杨凭,陶敏《〈唐人行第录〉正补》云:"此杨十乃杨凭,有《赠窦牟》诗。《窦氏联珠集·窦牟卷》中,杨凭诗即附窦牟诗后,题作《窦洛阳牟见简篇章偶赠绝句》,署衔为'恭王傅杨凭'。……知凭后移杭州,

① [清]彭定求:《全唐诗》卷二七一,第3035页。
② [清]彭定求:《全唐诗》卷三一三,第3527页。
③ 赵君平、赵文成:《河洛墓刻拾零》,第467页。
④ [清]彭定求:《全唐诗》卷二七一,第3036页。
⑤ [清]彭定求:《全唐诗》卷二八九,第3297页。
⑥ [清]彭定求:《全唐诗》卷二七一,第3038页。

返洛阳为王傅,故与窦牟同在洛阳。'侍郎',称杨凭被贬前之官职也。"①

雷恩海、田玉芳云:"三杨与五窦齐名,杨氏自称关西杨震的后代,窦氏自称窦宪后代,均为名门之后,且两家都是颇有声名的文学家族,因此杨、窦互有往来。元和六年左右,时任恭王傅的杨凭作《窦洛阳见简篇章偶赠绝句》赠窦牟。……将窦牟比作李杜,评价很高。窦牟作《奉酬杨侍郎十兄见赠之作》,'自悲由瑟无弹处,今作关西门下人',表达了对这一文学华胄家族的倾慕。此时杨凭、窦牟都在东都任职,故有诗歌酬和,不无借家族声名而互相倚重的嫌疑。"②

窦　牟　著　述

褚藏言《窦牟传》:"府君和粹积中,文华发外,惟琴与酒,克俭于家,时人以为有前古风韵。世为五言诗,加以笔述,文集十卷,未暇编录。"③两《唐书》本传均未言其著述,宋人书目亦未载其诗文集。惟《窦氏联珠集》载其诗,《全唐诗》卷二七一据之而录21首。

褚藏言称窦牟有"笔述",即善于作文,但《全唐文》未见一篇,所幸近年出土窦牟所撰袁亮墓志,弥足珍贵。该志题为《唐故河南府河南县尉袁府君(亮)墓志铭并序》,题署:"外甥、前检校水部员外郎兼殿中侍御史扶风窦牟撰。"末署:"季甥扶风窦巩书。刻字人韩义昌。"今备录于下:"府君讳亮,字公素,其先汝南人也。皇朝中书令、南阳王讳恕己之孙。太府卿讳建康之第五子也。南阳忠为世家,勋在王室。故其嫡长孙讳高,负盛名于天下,倚以为相,官止于给事中。能尊本朝,无忝厥位。良史氏渭南阳复存。公即小南阳之爱弟也。有温良恭俭让之德,而友悌纯至,且难其兄。成童罹丧乱,强仕无禄秩。天伦色养,吾道内融。后历官外台,三命于监察御史。梁王之馆,宾客为盛。从时甚乐,率性能贤。骎骎骅骝之足,谓云路可以一骋也。既而罢去。本爱江泽岁收秔稻之美,日果醇醪之

---

① 陶敏:《〈唐人行第录〉正补》,《文史》第31辑,中华书局1988年版,第243页。
② 雷恩海、田玉芳:《"五窦"交游考》,《文献》2007年第4期,第27页。
③ [清]董浩:《全唐文》卷七六一,第3505页。

富,不我□已,孰知其他。朝廷举旧章,用清议,无何,补尉于东周河南,宠王孙而称京邑也。位卑道广,莫见其适。解绶复去,远身而游,出苍梧而临紫塞。暨此,亦一星终矣。遘疠何许,良图眇然,弊裘折剑,竟我先弃。乌呼! 以贞元甲申岁秋八月二日,告终于上党开元之精舍,享年六十有四。遘回曲践,沉瘁不返。理命之夕,弥留积旬。非叔舅之为恸而谁为? 乌呼痛哉! 夫人赵郡李氏,德门清范,越在千里。令子奉丧,不敢逾制。既卒哭,遂以贞元廿年十二月廿日,迁祔于龙门原之先茔,礼也。牟不敏,敬铭三章,永闷幽宅。铭曰: 天爵在身,世禄在家,所希有。而无斯年,而有斯疾,将焉咎。伊洛悠悠,松柏萧萧,斯不朽。"①

九、独孤申叔墓志

墓 志 释 文

故秘书省校书郎独孤君墓志

承务郎行京兆府蓝田县尉柳宗元纂

呜呼! 有唐仁人独孤君之墓,祔于其父太子舍人讳助之墓之后。自其祖赠太子少保讳问俗而上,其墓皆灞水之左,今上王后营陵于其侧,故再世在此。呜呼! 独孤君之道和而纯,其用端而明。内之为孝,外之为仁,默而智,言而信,其穷也不忧,其乐也不淫。读书推孔子之道,必求诸其中。其为文深而厚,尤慕古雅,善赋颂,其要咸归于道。昔孔子之世,有颜回者,能得于孔子,后之仰而望者,譬之如日月,而莫有议者焉。呜呼! 独孤君之明且仁,而遭孔子,是有两颜氏也。今之世有知其然者乎? 知之者其信于天下乎? 使夫人也夭而不嗣,世之惑者,犹曰尚有天道。嘻,其甚耶! 君讳申叔,字子重,年廿二举进士。又二年,由博学宏词为校书郎。又三年,居父丧,未练而没,盖贞元十八年四月五日也。是年七月七日而

---

① 吴钢主编:《全唐文补遗·千唐志斋新藏专辑》,第304—305页。

葬万年县凤栖原义善乡。呜呼！君之寿，廿有七，行道之日未久，故其道信于其友，而未信于天下。今记其知君者于墓：左司员外郎李君直方贞白，陇西人；韩泰安平，南阳人；李行纯元固，其弟行敏中明，赵郡赞皇人；柳宗元子厚，河东解人；韩愈退之，昌黎人；王涯广津，太原人；吕温和叔，东平人；刘禹锡梦得，中山人；李景俭致用，陇西人；韦词默用，京兆杜陵人。

《独孤申叔墓志》，独孤申叔（776—802），字子重，官至校书郎。贞元十八年（802）四月五日卒，享年二十七。墓志高、宽均 40 厘米，厚 11 厘米。四侧线刻阔叶团花纹饰。志文 21 行，满行 22 字。楷书。首题"故秘书省校书郎独孤君墓志"，题署"承务郎行京兆府蓝田县尉柳宗元纂"。墓志出土于西安市南郊的长安县大兆乡三益村，现藏西安碑林博物馆。拓片图版，载于《西安碑林博物馆新藏墓志汇编》，线装书局 2007 年版，第 602 页；周晓薇《新出土柳宗元撰〈独孤申叔墓志〉勘证》，《中国典籍与文化》2002 年第 3 期，第 36 页。《1996—2012 北京大学图书馆新藏金石拓本菁华》，北京大学出版社 2012 年版，第 208 页。西安碑林 2017 年 10 月 29 日开幕《桃花依旧——唐代诗人墓志特展》贰《青石不朽，斯人永恒：墓志上的诗人影像》展出。《独孤申叔墓志》已收入《柳宗元集》，但与新出土石本在文字上有较大差异，周晓薇《新出土柳宗元撰〈独孤申叔墓志〉勘证》，列出 19 处异文，总体以为石本文字优于集本流传文字。因独孤申叔卒时仅二十七岁，故其仕历可堪书写者不多，柳宗元为其撰写墓志，重视两个方面，一是对独孤申叔才学的评价，二是记载生前的朋友。其记载生前的朋友部分，石本与集本差异尤大。今以石本与集本合勘，共得十四人，都是与独孤申叔及柳宗元交游甚密的文人。独孤申叔诗，载《全唐诗》卷四七〇，第5343 页。

墓 志 疏 证

有唐仁人独孤君之墓，祔于其父太子舍人讳助之墓之后。自其祖赠太子少保讳问俗而上，其墓皆灞水之左，今上王后营陵于其侧，故再世在此。

独孤及之父独孤助，岑仲勉《元和姓纂四校记》卷一〇引《姓纂》逸文：

"（独孤）宾庭，左金吾兵曹；生问俗，鄂州刺史、团练观察，生勉、勋、助、劝。勉，扬子令。助，太子舍人，生申叔、遐叔。"①与诗人顾况为友。顾况《黄鹄楼歌送独孤助》："故人西去黄鹄楼，西江之水上天流，黄鹄杳杳江悠悠。黄鹄徘徊故人别，离壶酒尽清丝绝。绿屿没余烟，白沙连晓月。"②

独孤及之祖父独孤问俗，曾经陷入安史之乱，并且担任伪官。唐姚汝能《安禄山事迹》卷下："张万顷、独孤问俗、张休并复旧官。禄山令问俗坏太庙，问俗迁延，终以获全。"③虽然陷入安史之乱，但因保全了太庙，故而长安收复后还能够官复原职。曾为扬州司马，转寿州刺史，李华有《寿州刺史厅壁记》："寿春郡在淮南，隶扬州，其风俗山川，可得而知也。某年，以兼侍御史扬州司马独孤问俗为寿州刺史。公有德政，理外如内，易不遗物，周不害通，忠孝简于王室，廉平闻于天下，刚克以顺，柔谨而肃。公理州三年，迁御史中丞，镇江夏。工部郎中楚州张纬之代公为州牧，某部郎中韦延安代张典此州。"④转鄂州刺史，《新唐书·宰相世系表》独孤氏："问俗，鄂州刺史。"⑤常衮有《授独孤问俗鄂岳等州团练使制》："荆吴边带之口，江汉朝宗之会，尚有戎备，难于任人。外攘内抚，文武迭用。银青光禄大夫试秘书监寿州刺史兼侍御史本州团练守捉使及诸道营田使知本州营田事上柱国独孤问俗，……可使持节都督鄂州诸军事鄂州刺史兼御史中丞充鄂岳沔等三州都团练守捉使，散官勋如故。"⑥李纾《故中书舍人吴郡朱府君神道碑》："濠州独孤及悬托文契，举授钟离县令兼大理评事，沔鄂联帅独孤问俗忻慕士程，表为从事。"⑦又为明州刺史，独孤及有《为明州独孤使君祭员郎中文》，蒋寅《独孤及文系年补正》"上元二年（761）辛丑"："《为明州独孤使君祭员郎中文》（卷一九）。按独孤使君，名问俗；员郎中，名锡。据郁贤皓《唐刺史考》，独孤问俗任明州刺史在上元元年至宝

① 岑仲勉：《元和姓纂四校记》卷一〇，《元和姓纂（附四校记）》本，第1464页。
② ［清］彭定求：《全唐诗》卷二六五，第2949页。
③ ［唐］姚汝能：《安禄山事迹》卷下，中华书局2006年版，第101页。
④ ［清］董诰：《全唐文》卷三一六，第1418页。
⑤ ［宋］欧阳修、宋祁：《新唐书》卷七五下，第3440页。
⑥ ［清］董诰：《全唐文》卷四一三，第1874页。
⑦ ［清］董诰：《全唐文》卷三九五，第1779页。

应元年间，文应作于此时，今姑系于此。"①由明州刺史转湖州刺史，《嘉泰吴兴志》卷一四《郡守题名》："独孤问俗，上元三年自明州刺史授，迁秘书监、检校扬州大都督司马。《统纪》云：宝应二年。"②《全唐文》卷九一七清昼《唐湖州佛川寺故大师塔铭并序》："刺史卢公幼平、颜公真卿、独孤问俗、杜公位、裴公清，惟彼数公，深于禅者也。"③《宋高僧传》卷二六《唐湖州佛川寺慧明传》："菩萨戒弟子，刺史卢幼平、颜真卿、独孤问俗、杜位、裴清，深于禅味。俾昼公为塔铭焉。"④《太平广记》卷一五二引《嘉话录》："赵璟，……盖为是姚旷女婿，姚与独孤问俗善，因托之，得湖南判官。累奏官至监察。萧相复代问俗为潭州。"⑤是独孤问俗又曾为潭州刺史。

君讳申叔，字子重。

柳宗元《祭独孤氏丈母文》云："维年月日，某以清酌之奠祭于独孤氏丈母之灵。惟灵育德涵仁，克生贤子。生而不淑，未壮而死。"百家注引孙汝听曰："独孤申叔，字子重。贞元十八年四月五日卒，年二十七。"⑥

年廿二举进士。又二年，由博学宏词为校书郎。又三年，居父丧，未练而没，盖贞元十八年四月五日也。是年七月七日而葬万年县凤栖原义善乡。

清徐松《登科记考》卷一四贞元十三年"进士科"："独孤申叔，柳宗元《独孤申叔墓碣》：'君讳申叔，字于重，年二十二举进士。'韩注：'贞元十三年，申叔中进士。'"⑦贞元十五年"博学宏词科"："独孤申叔，柳宗元《独孤申叔墓碣》：'年二十二，举进士。又二年，用博学宏词为校书郎。'"⑧《全唐文》卷六一七有独孤申叔《乐理心赋》，题注"以'易直子谅，油然而生'为韵"⑨，

①　蒋寅：《大历诗人研究》下编，中华书局 1995 年版，第 557 页。
②　［宋］谈钥：《嘉泰吴兴志》卷一四，《宋元方志丛刊》第 5 册，第 4773 页。
③　［清］董诰：《全唐文》卷九一七，第 4238 页。
④　［宋］赞宁：《宋高僧传》卷二六，第 665 页。
⑤　［宋］李昉：《太平广记》卷一五二，第 1091 页。
⑥　［唐］柳宗元：《柳宗元集》卷四一，第 1097 页。
⑦　［清］徐松：《登科记考》卷一四，第 514 页。
⑧　［清］徐松：《登科记考》卷一四，第 525 页。
⑨　［清］董诰：《全唐文》卷六一七，第 2759 页。

为该年博学宏词科赋题。《全唐诗》有独孤申叔《终南精舍月中闻磬》诗，为本年宏词诗题，诗云："精庐残夜景，天宇灭埃氛。幽磬此时击，馀音几处闻。随风树杪去，支策月中分。断绝如残漏，凄清不隔云。羁人方罢梦，独雁忽迷群。响尽河汉落，千山空纠纷。"①

按，集本云："君讳申叔，字子重，年二十二举进士，又二年，用博学宏词为校书郎，又三年，居父丧，未练而没，盖贞元十八年四月五日也。是年七月十日而葬，乡曰某乡。原曰某原。"②末句与石本稍异。

《唐国史补》卷下还记载了这样一件事："贞元十二年，驸马王士平与义阳公主反目。蔡南史、独孤申叔播为乐曲，号义阳子，有团雪散云之歌。德宗闻之怒，欲废科举，后但流斥南史、申叔而止。"③这也是独孤申叔登第前后发生之事。

独孤申叔卒后，柳宗元出于朋友之义，照顾独孤申叔的母亲。而柳宗元被贬柳州，尽管无法进一步照顾，仍然非常挂念。独孤之母死后，柳宗元又作了《祭独孤氏丈母文》云："维年月日，某以清酌之奠祭于独孤氏丈母之灵。惟灵育德涵仁，克生贤子。生而不淑，未壮而死。名播九围，望高群士，虽微禄位，人羡其美。在抱无孙，承家乏祀，孝女良婿，式遵燕喜。某曩与子重，道契义均，知心为贵，实在斯人。奉养宜继，将致其勤，竟罹祸谪，逾纪漂沦。夙志斯阻，微衷莫申，冀荣末路，私愿获陈。遽此承讣，天胡不仁？呜呼哀哉！昔也高堂，世悲其独，今兹玄室，孝道当复。神感昭融，不疾而速，灵识逾浚，承欢载穆。式致其安，宁置其毒！愿言有知，以慰幽躅。"④情辞恳切，感人至深。

独孤申叔卒后，柳宗元作了墓碣外，韩愈作了《独孤申叔哀词》，皇甫湜作了《伤独孤赋》。韩愈文见下所引，皇甫湜《伤独孤赋》序云："伤独孤者，伤君子也，盖伤君子有道而无命也。河南独孤申步胜冠举进士，博学

① ［清］彭定求：《全唐诗》卷四七〇，第5343页。
② ［唐］柳宗元：《柳宗元集》卷一一，第277页。
③ ［唐］李肇：《唐国史补》卷下，第56页。
④ ［唐］柳宗元：《柳宗元集》卷四一，第1097页。

宏辞登科，典校秘书，不幸短命无后。其人也，君子也，天厚之才而啬之年，又亡其家，伤哉！余获知于君也久，而叨磨渐之益焉。不幸沦丧所知，追想其人，作赋伤之也。"①说明皇甫湜为独孤申叔知交之一，故于独孤之卒，非常哀痛。但柳宗元于墓碣后所列交游者不及皇甫湜。

左司员外郎李君直方贞白，陇西人。

《勘证》云："集本无此句。推之，或为刊石前临时添加，或为结集后脱误。"②按李直方事迹可考者：其排行第十，见《全唐诗》卷二三一权德舆《李十韶州寄途中绝句使者取报修书之际口号酬赠》；贞元元年(785)登贤良方正能直方极谏科，见《唐会要》卷一六、《登科记考》卷一二；贞元十八年(802)，为司勋员外郎，见石本；贞元二十一年(805)自韶州刺史移赣州，见《全唐文》卷六一八小传及《同治韶州府志》卷三；元和二年(807)为司勋郎中，见《全唐文》卷六三宪宗《赠高崇文司徒册文》；元和十三年(818)为大理少卿，见《全唐文》卷六一八李直方《祭权少监文》。《新唐书》卷七〇上《宗室世系表》又载："大理少卿直方。"③又《勘证》云："《全唐诗》卷870收李贞白诗六首，以石本证之，此李贞白当即李直方。"④然《五代诗话》卷二，却将《全唐诗》所载李贞白本事系于王贞白名下，则其为五代人，与柳文之李直方不相涉。俟再考。

韩泰安平，南阳人。

新、旧《唐书·王叔文传》附载韩泰事迹，未言其郡望与籍贯，考唐林宝《元和姓纂》，知为南阳人。贞元十一年(795)，韩泰登进士第，又中吏部取士科，见柳宗元《送韩丰群公诗后序》孙注；贞元二十年(804)，韩泰在监察御史任，见柳宗元《祭李中丞文》；永贞元年(805)五月，韩泰为行营兵马节度行军司马，见《顺宗实录》卷三；九月，韩泰贬抚州刺史，见《旧唐书》卷一四；十一月，韩泰被贬为虔州司马，见《资治通鉴》卷二三六；元和十年

① ［清］董诰：《全唐文》卷六八五，第 3106 页。

② 周晓薇：《新出土柳宗元撰〈独孤申叔墓志〉勘证》，《中国典籍与文化》2002 年第 3 期，第 40 页。

③ ［宋］欧阳修、宋祁：《新唐书》卷七〇上，第 1959 页。

④ 周晓薇：《新出土柳宗元撰〈独孤申叔墓志〉勘证》，第 40 页。

(815)三月,韩泰复出为漳州刺史。长庆元年(821)三月,由漳州刺史移郴州刺史,见岑仲勉《元和姓纂四校记》卷四引韩泰题名;长庆四年(824)六月,韩泰移睦州刺史,见《淳熙严州图经》卷一;大和元年(827)七月,韩泰为湖州刺史,大和四年(830)五月,韩泰由湖州刺史转常州刺史,见《嘉泰吴兴志》卷一四。

李行纯元固,其弟行敏中明,赵郡赞皇人。

石本与集本有异,集本作"李行谌元固,其弟行敏中明,赵郡赞皇人"①。《勘证》云:"石本何以书作'行纯',析其原由,乃是避宪宗名讳而改'纯'为'谌'。因石本刊刻于德宗贞元十八年,此时李行纯尚无需改名,五年之后宪宗即位,李行纯的名字便因犯讳而不得不改为'行谌',以至元和以后'行纯'之名不彰于世。"②可见石本为原始面貌,而集本为后来改动的情况。此例对于研究唐代避讳情况颇为有用。然李行纯改名行谌,宋时学者已注意到。王楙《野客丛书》卷九《古人避讳》条:"李行纯改名'行谌'。"③然亦有传世典籍未作改动者。柳宗元《送班孝廉擢第归东川觐省序》:"故我与河南独孤申叔、赵郡李行纯、行敏等若干人,皆歌之矣。"④陈景云《柳集点勘》云:"李行谌元固,其弟行敏中明:以《世系表》考之,二李盖御史大夫栖筠之孙,元和宰相吉甫从子,而谏议大夫叔度之子也。观集中《祭中明文》,乃已仕而以贬死者,表既不著其兄弟之官位,莫得而详矣。"⑤

李行敏,《全唐诗》卷三六八收其诗一首。其贞元十二年(796)登博学宏词科,《唐摭言》卷四《师友》云:"贞元十二年,李挚以大宏词振名,与李敏同姓,同年,同登第,又同甲子(及第时俱二十五岁),又同门。挚尝答行敏诗曰:'因缘三纪异,契分四般同。'"⑥

①　[唐]柳宗元:《柳宗元集》卷一一,第277页。
②　周晓薇:《新出土柳宗元撰〈独孤申叔墓志〉勘证》,第43页。
③　[宋]王楙:《野客丛书》卷九,上海古籍出版社1991年版,第124页。
④　[唐]柳宗元:《柳宗元集》卷二二,第604页。
⑤　[清]陈景云:《柳集点勘》卷一,《续修四库全书》1311册,第8页。
⑥　[五代]王定保:《唐摭言》卷四,第48页。

柳宗元子厚，河东解人。

撰志时为"承务郎行京兆府蓝田县尉"，其为河东解人的记载，《旧唐书·柳宗元传》："柳宗元字子厚，河东人。"①柳宗元《送独孤申叔侍亲往河东序》："河东，古吾土也。家世迁徙，莫能就绪。闻其间有大河、条山，气盖关左，文士往往仿佯临望，坐得胜概焉。吾固翘翘褰裳，奋怀旧都，日以滋甚。"②然宗元先世实已迁吴，故河东仅为其郡望。详全祖望《鲒埼亭集》外编卷三一《河东柳氏迁吴考》。柳宗元文中提及独孤申叔者，还有《送班孝廉擢第归东川觐省序》："陇西辛殆庶，猥称吾文宜叙事，晨持缣素，以班孝廉之行为请。且曰：'……今又将呕驾省谒，从容燕喜，是又可歌也。故我与河南独孤申叔、赵郡李行纯、行敏等若干人，皆歌之矣。若乃序者，固吾子宜之。'柳子曰：'吾尝读《王命论》及《汉书》，嘉其立言。彼生彪、固之胄欤？相国冯翊王公，功在社稷，德在生人。其门子弟游文章之府者，吾尝与之齿。彼生严氏之出欤？承世家之儒风，沐外族之休光。彼生专圣人之书，而趋君子之林，宜矣哉！'遂如辛氏之谈，濡翰于素，因寓于辞曰：为我谢子之舅氏，珠玉将至，得无修容乎！"③

韩愈退之，昌黎人。

韩愈贞元十八年为四门博士。程俱《韩文公历官记》附注云："计愈去徐，贞元十六年也。《施士丐墓志》云：'贞元十八年，太学博士施士丐卒，其僚韩愈为之辞。'则公为（四门）博士，当是十七、十八年。"④又韩愈《祭河南张员外文》："贞元十九，君为御史；余以无能，同诏并跱。"⑤则贞元十九年（803）已由四门博士转监察御史。称韩愈为昌黎人，当指其郡望。《旧唐书·韩愈传》："韩愈字退之，昌黎人。"⑥李翱《故正议大夫行尚书吏部侍郎上柱国赐紫金鱼袋赠礼部尚书韩公（愈）行状》："公讳愈，字退之，

① ［后晋］刘昫：《旧唐书》卷一六〇，第 4213 页。
② ［唐］柳宗元：《柳宗元集》卷二二，第 606 页。
③ ［唐］柳宗元：《柳宗元集》卷二二，第 603—604 页。
④ ［宋］程俱：《韩文公历官记》，《韩愈年谱》本，中华书局 1991 年版，第 9 页。
⑤ 马其昶：《韩昌黎文集校注》卷五，第 312 页。
⑥ ［后晋］刘昫：《旧唐书》卷一六〇，第 4195 页。

昌黎人。"①李汉所编韩愈文集,则题《唐故吏部侍郎昌黎先生韩愈文集序》,刘禹锡《唐故尚书礼部员外郎柳君集纪》:"子厚之丧,昌黎韩退之志其墓。"②韩愈亦自称昌黎人,《送李愿归盘谷序》:"昌黎韩愈闻其言而壮之。"③《送陆歙州诗序》:"于是昌黎韩愈道愿留者之心泄其思。"④然有关韩愈的郡望与籍贯,古今说法颇有不同,参《唐才子传校笺》卷五《韩愈传笺证》。韩愈有《独孤申叔哀辞》云:"众万之生,谁非天邪? 明昭昏蒙,谁使然邪? 行何为而怒,居何故而怜邪? 胡喜厚其所可薄,而恒不足于贤邪? 将下民之好恶与彼苍悬邪,抑苍茫无端而暂寓其间邪? 死者无知,吾为子恸而已矣! 如有知也,子其自知之矣! 濯濯其英,晔晔其光。如闻其声,如见其容。乌虖远矣,何日而忘!"⑤

王涯广津,太原人。

《旧唐书·王涯传》:"王涯字广津,太原人。"⑥《新唐书·王涯传》:"王涯字广津,其先本太原人。"⑦《刘禹锡集》卷二《代郡开国公王氏先庙碑》:"东汉有征君霸,霸孙甲亦号征君,徙居祁县,为著姓,故至于今为太原人。"⑧故柳宗元此处称其郡望。涯贞元十八年登博学宏词科,后为蓝田尉,见《登科记考》卷一五及《翰苑群书》上《重修承旨学士壁记》。

吕温和叔,东平人。

《旧唐书·吕温传》:"温字化光。"⑨《新唐书·吕温传》:"温字和叔,一字化光。"⑩《柳宗元集》卷四〇《祭吕衡州温文》称"吕八兄化光"⑪。温之籍贯,《唐才子传校笺》卷五:"温之籍贯,两《唐书》依其父渭作'河中

---

① [清] 董诰:《全唐文》卷六三九,第 2861 页。
② [唐] 刘禹锡:《刘禹锡集》卷一九,第 237 页。
③ 马其昶:《韩昌黎文集校注》卷四,第 245 页。
④ 马其昶:《韩昌黎文集校注》卷四,第 231 页。
⑤ 马其昶:《韩昌黎文集校注》卷五,第 305—306 页。
⑥ [后晋] 刘昫:《旧唐书》卷一六九,第 4401 页。
⑦ [宋] 欧阳修、宋祁:《新唐书》卷一七九,第 5317 页。
⑧ [唐] 刘禹锡:《刘禹锡集》卷二,第 20 页。
⑨ [后晋] 刘昫:《旧唐书》卷一三七,第 3769 页。
⑩ [宋] 欧阳修、宋祁:《新唐书》卷一六〇,第 4967 页。
⑪ [唐] 柳宗元:《柳宗元集》卷四〇,第 1053 页。

人'。温自称'东平吕某'，又称'河东男子'（温集卷八《华山醉王景略文》），其称房叔吕沆亦作'河东人'（同上卷七《唐故福建观察巡官前侯官县尉东平吕府君权殡记》）。按，东平（今属山东）当为吕氏郡望。……《元和姓纂》卷六'东平吕氏'后亦有'河东吕氏'，延之、渭、温皆列名其中。则河东吕氏当为东平吕氏之分支。……则河东、河中实为一地而异名。"①按吕温贞元十四年（798）及进士第后，又中宏词科。其后于贞元十六年（800）六月丁母忧，七月又丁父忧，守制在家。至贞元十九年（803）除左拾遗，见《吕温集》卷四《谢拾遗表》。

刘禹锡梦得，中山人。

此指禹锡郡望。《刘禹锡集》卷三九《子刘子自传》："子刘子，名禹锡，字梦得，其先汉景帝贾夫人子胜，封中山王，谥曰靖。子孙因封为中山人也。"②柳宗元所述，与刘禹锡自撰《子刘子自传》合。然禹锡郡望与籍贯，诸书记载，歧异甚多，今略录于下，以存参。《新唐书·刘禹锡传》称："自言系出中山。"③而《旧唐书·刘禹锡传》："刘禹锡字梦得，彭城人。"④又《白居易集》卷六九《刘白唱和集解》："彭城刘梦得，诗豪者也。"⑤《元和姓纂》卷五《庐陵》："汉长沙定王后，生安成侯仓，子孙徙焉。梁安成内史刘元偃，代居吉州，云其后也。曾孙绍荣，吉州刺史。孙行昌，左司员外。孙淑，殿中御史。淑生禹锡，屯田员外郎。"⑥与刘禹锡自述不合，似不可取。岑仲勉《元和姓纂四校记》卷五："（禹锡）自传称中山，《旧传》称彭城，殆皆指其郡望耳。"⑦刘禹锡贞元十八年（802）在渭南县尉任，见卞孝萱《刘禹锡年谱》所考。

李景俭致用，陇西人。

李景俭之字，诸书记载不同。《旧唐书·李景俭传》："李景俭字宽中，

① 傅璇琮：《唐才子传校笺》卷五，第538—539页。
② ［唐］刘禹锡：《刘禹锡集》卷三九，第590页。
③ ［宋］欧阳修、宋祁：《新唐书》卷一六〇，第5128页。
④ ［后晋］刘昫：《旧唐书》卷一六八，第4210页。
⑤ 朱金城：《白居易集笺校》卷六九，第3711页。
⑥ ［唐］林宝：《元和姓纂》卷五，第692页。
⑦ 岑仲勉：《元和姓纂四校记》卷五，《元和姓纂（附四校记）》本，第693页。

汉中王瑀之孙。父褚。"①《新唐书·李景俭传》："景俭字宽中。"②贞元十五年(799)及进士第,及第后数年,事迹未详,贞元二十年为王叔文、韦执谊所用。其事迹详见胡可先《中唐政治与文学》第五章《永贞革新主要人物考》。

韦词默用,京兆杜陵人。

石本与集本有异,集本作"韦词致用"③。章士钊云："韦词致用,京兆杜陵人:韦词事殊少见,元和初,杨於陵为岭南节度使,词与李翱同辟在幕府,咨访得失,教民陶瓦,易蒲屋,以绝火患,语见《於陵传》。"④中华书局本《柳宗元集》校勘记云："陈景云《柳集点勘》:'韦词致用。按:词字践之,《旧传》及《新史·世系表》并同。而此作致用,盖唐人有两字者甚多。'章士钊《柳文指要》则云此致用乃李景俭字,非韦词字。"⑤《勘证》云："今得石本,可知韦词字默用,并非与李景俭表字相同,集本乃误'默'为'致'。又《旧唐书》卷 160《韦辞传》、《旧唐书》卷 17 上《文宗纪上》及《旧唐书》卷 17 下《文宗纪下》皆作'韦辞',而《新唐书》卷 74 上《宰相世系四上》、《新唐书》卷 119《白行简传》及《新唐书》卷 163《杨於陵传》则皆作'韦词'。检《郎官石柱题名》及元和十三年《修浯溪记》(韦词撰文)两石刻均作'韦词',而《元和姓纂》《金石录》《墨池编》《太平广记》等亦俱作'韦词'。虽《全唐文》卷 717 所收《修浯溪记》录作'韦辞',但岑仲勉《读全唐文札记》已经指出:'按辞,唯《旧唐》卷 160 如此写法,他皆作词,即所收《修浯溪记》石刻亦作词也。'今得《独孤申叔墓志》石本,更能铁证'韦词'之不误。"⑥

崔群敦诗,清河人。

《旧唐书·崔群传》："崔群字敦诗,清河武城人,山东著姓。十九登进

①　[后晋]刘昫:《旧唐书》卷一七一,第 4455 页。
②　[宋]欧阳修、宋祁:《新唐书》卷八一,第 3600 页。
③　[唐]柳宗元:《柳宗元集》卷一一,第 278 页。
④　章士钊:《柳文指要》上《体要之部》卷一一,中华书局 1971 年版,第 333 页。
⑤　[唐]柳宗元:《柳宗元集》卷一一,第 278 页。
⑥　周晓薇:《新出土柳宗元撰〈独孤申叔墓志〉勘证》,第 41 页。

士第，又制策登科，授秘书省校书郎，累迁右补阙。元和初，召为翰林学士。"①《新唐书·崔群传》："崔群字敦诗，贝州武城人。未冠，举进士，陆贽主贡举，梁肃荐其有公辅才，擢甲科，举贤良方正，授秘书省校书郎。累迁右补阙、翰林学士、中书舍人。"②是其贞元十八年（802）当在右补阙任。

崔广略，清河人。

陈景云《柳集点勘》云："崔广略，旧注：余人皆有名字，此独言广略，当有脱误。案：此崔郾也。郾字广略，唐史有传，名臣也。"③《勘证》云："推究集本与石本之互异，当有两种可能，或为刻石前临时删夺，或为整理结集时所增添。"④章士钊云："崔广略，清河人：旧注失考，此崔郾也，唐史有传，《樊川集》亦称之。"⑤按，崔郾字广略，清河武城人，崔郇之弟，《旧唐书》卷一五五、《新唐书》卷一六三有传。杜牧《樊川文集》卷一四有《唐故银青光禄大夫检校礼部尚书御史大夫充浙江西道都团练观察处置等使上柱国清河郡开国公食邑二千户赠吏部尚书崔公（郾）行状》，称："贞元十二年，进士中第。十六年，平判入等，授集贤殿校书郎。陕虢观察使崔公琮愿公为宾，而不乐之，挈辞载币，使者数返。公徐为起之，且曰：'不关上闻，摄职可也。'受署为观察巡官。"⑥崔琮为陕虢观察使在贞元十四年至元和元年（806），见郁贤皓《唐刺史考全编》卷五一。是贞元十八年崔郾在陕虢观察推官任。

严休复玄锡，冯翊人。

王楙《野客丛书》卷九《古人避讳》条："严纯改名休复。"⑦元和十二年（817）为杭州刺史，长庆四年为吏部郎中，见元稹《永福寺石壁法华经记》；大和二年（828）为给事中，见《旧唐书·杨虞卿传》；大和四年（830）三月，

① ［后晋］刘昫：《旧唐书》卷一五九，第4187页。
② ［宋］欧阳修、宋祁：《新唐书》卷一六五，第5080页。
③ ［清］陈景云：《柳集点勘》卷一，《续修四库全书》1311册，第8页。
④ 周晓薇：《新出土柳宗元撰〈独孤申叔墓志〉勘证》，第41页。
⑤ 章士钊：《柳文指要》上《体要之部》卷一一，第332页。
⑥ ［唐］杜牧：《樊川文集》卷一四，第207页。
⑦ ［宋］王楙：《野客丛书》卷九，第124页。

休复由华州刺史迁右散骑常侍,七年(833)三月又为河南尹,十二月迁平卢节度使,见《旧唐书·文宗纪》下。

独孤申叔的诗赋创作

独孤申叔工诗文,长于赋颂,是韩愈、柳宗元古文集团的人物。但其年仅二十七岁去世,作品没有编集,故多有散佚,流传于今的作品只有诗一首,赋六篇。

(一) 独孤申叔的诗篇

独孤申叔传世的诗篇是《终南精舍月中闻磬》:"精庐残夜景,天宇灭埃氛。幽磬此时击,余音几处闻。随风树杪去,支策月中分。断绝如残漏,凄清不隔云。羁人方罢梦,独雁忽迷群。响尽河汉落,千山空纠纷。"①据徐松《登科记考》卷一四贞元十五年"诸科四人":"博学宏词科二人:试题为《乐理心赋》,以'易直子谅,油然而生'为韵,《终南精舍月中闻磬诗》,题中用韵六十字成,见《吕衡州集》。"②是这首诗为贞元十五年独孤申叔应博学宏词科所作。第一联点明终南精舍,时属残夜,天宇澄清,不见一丝尘埃。第二联点出幽磬,在静夜中听到几处磬声,时断时续,余音袅袅。第三联点出月中,是说超绝的磬声略过树杪,飘拂到空中月下。第四联承接第三联,是说磬声的隐约与凄清,断断续续如同残漏,凄凉清爽飘拂云端。第五联是说磬声魅力,打断了羁旅之人的归乡之梦,触动了离群独飞的孤雁,人与物都受到磬声的感染。第六联是说磬声结束的情景,似乎银河从天上落下,千山也为之纷据杂乱。全诗层层递进,环环紧扣,在应试诗中,不失为佳作。有关这首诗,还有两点需要说明:一是诗中"支策"用《庄子·齐物论》的典故:"昭文之鼓琴也,师旷之枝策也,惠子之据梧也,三子之知几乎,皆其盛者也,故载之末年。"③这样更增加了磬

①　[清]彭定求:《全唐诗》卷四七〇,第5343页。
②　[清]徐松:《登科记考》卷一四,第525页。
③　[清]郭庆藩:《庄子集释》卷一下,第74页。

音高雅的内涵。二是首句"精庐残夜景"，是《全唐诗》所收的文本，而《登科记考》引此诗作"精庐惭夜景"，"惭"下注"疑"①。而诗的第七句"断绝如残漏"，则知首句"残"字必误。若作"惭"则以精庐与月中景色相衬，突出月中闻磬，其义更长。

与独孤申叔同应博学宏词科的吕温，其应试诗也流传下来。吕温《终南精舍月中闻磬声诗》题注："题中用韵，六十字成。"诗云："月峰禅室掩，幽磬静昏氛。思入空门妙，声从觉路闻。泠泠满虚壑，杳杳出寒云。天籁疑难辨，霜钟谁可分。偶来游法界，便欲谢人群。竟夕听真响，尘心自解纷。"②诗的每句均切题旨，但稍嫌直露，就意境方面来看，不及独孤申叔诗深邃。

独孤申叔于贞元十三年（797）应进士中第，是年诗赋之题，据徐松《登科记考》卷一四："试《西掖瑞柳赋》，以'应时呈祥，圣德昭感'为韵，见《旧书》本传。《文苑英华》又载《龙池春草诗》，当是此年试题。"③是知独孤申叔曾作有《西掖瑞柳赋》和《龙池春草》诗，惜已散佚不存。

（二）独孤申叔的赋作

独孤申叔赋作六首，全部是律赋。这是由独孤申叔的身份所决定的。因为唐代律赋主要为科举考试所用，而独孤申叔既考取进士，又宏词登科，故而对于律赋训练有素，再加以登科后三年即去世，故而撰写别的赋作可能很少，以至没有一首传世。

独孤申叔是韩柳古文运动集团的人物，受到许多著名文人的重视，故墓志评论说"其为文深而厚，尤慕古雅，善颂赋，其要咸归于道"。《乐理心赋》，题注"以'易直子谅，油然而生'为韵"，是贞元十五年（799）博学宏词科试题。独孤申叔论乐主正"心为灵府，乐有正声，感通而调畅之理自得，沂合而邪僻之虑不生"，赋中将"乐"与"仁""礼"结合起来论述："将欲革骄

---

① ［清］徐松：《登科记考》卷一四，第529页。
② ［清］彭定求：《全唐诗》卷三七〇，第4157页。
③ ［清］徐松：《登科记考》卷一四，第514页。

志以纯仁,化贪心为贞谅。在乎思不惑兮心不流,安至乐兮优而柔。顺至性之荡荡,符大道之油油。纯如皦如,足养浩然之气;融融泄泄,宁抱悄尔之忧。是知以德音为音,则合于仁义。"①詹杭伦《唐代科举与试赋》云:"此赋押韵实际以'生直然谅油易而子'为序,遵循平仄相间而行的范式。赋作强调以乐治心,必须区分乐有正声与邪声之分,以正声感人,则可培养正气。"②以乐治心,区别正邪,培养正气,正合韩愈古文运动的旨趣。同类的赋作还有《审乐知政赋》,将审乐与知政融合在一起,"虽寻源沂异,而致用是同。故政行而乐作,而乐在其中。是以重华昭昭兮箫韶若此,独夫靡靡兮颠沛如彼。郑卫作而濮上慄焉,弦歌闻而武城乐只。故为政之善否,实由乐之张弛"③,也是表现儒家的儒家乐论的雅正观,贯穿了"文以载道"的儒家传统。

独孤申步之赋或以古事为题,如《却千里马赋》,源于《汉书·贾捐之传》载贾捐之问对曰:"至孝文皇帝,闵中国未安,偃武行文,则断狱数百,民赋四十,丁男三年而一事。时有献千里马者,诏曰:'鸾旗在前,属车在后,吉行日五十里,师行〔三〕十里,朕乘千里之马,独先安之?'于是还马,与道里费,而下诏曰:'朕不受献也,其令四方毋求来献。'当此之时,逸游之乐绝,奇丽之赂塞,郑卫之倡微矣。"④当然这篇赋也具有讽谕意义,其赋末尾云:"同越地之放象,似桃林之罢牛。岂比骅骝,卒见羁于造父;宁同屈产,终服御于晋侯。是知汉文之德弥尊,归马之献克中。示后之立国者,尽规矩之以却远方之贡。"⑤就是运用汉文帝却马事来讽谕唐德宗广受地方献纳之举。这样的作文宗旨当然也符合儒家的传统。

独孤申叔《处囊锥赋》则是一篇托物言志之作。通过锥处囊中的处境,比喻人们处世之进退显隐,并且发出感叹说:"嗟乎! 道之将行也,必有用我者。彼贤未达,虽执鞭而尚从;我道有庸,宁补履而为下。向使无

① ［清］董诰:《全唐文》卷六一七,第 2759 页。
② 詹杭伦:《唐代科举与试赋》,武汉大学出版社 2015 年版,第 213 页。
③ ［清］董诰:《全唐文》卷六一七,第 2759 页。
④ ［汉］班固:《汉书》卷六四下,第 2832 页。
⑤ ［清］董诰:《全唐文》卷六一七,第 2759 页。

铦锷之珍，为铅刀之伦。缩劲挺于囊橐，受顽钝于陶钧。复何异恍忽之内物，鸱夷之中人。君子曰：是事也，可以为鉴戒，可以明进退。岂独美于一时，盖垂规于百代。"①尹占华《律赋论稿》说："此赋语意幽默似李程，但风格之快捷犀利却为李程所无；语言豪健似元稹，但篇幅之凝炼精悍却又是元稹所无。据《唐国史补》所载，独孤申叔好嘲讽，性豪爽，他的律赋作品也有这种个性的烙印。"②说明独孤申叔的咏物赋作语意幽默诙谐，语言豪健，风格犀利快捷，篇幅凝练精悍，这在唐代律赋中是非常独到的。《资州献白龟赋》也是一篇咏物小赋，是有感于资州献白龟之作。赋称"皇帝在位十五载，西人献异龟于王庭"，唐德宗大历十四年（779）即位，下延十五年是贞元十年（794），是时独孤申叔十九岁。这篇赋主要是吟咏资州献龟之事，献龟是地方向朝廷进奉土贡之事，以状物为主。"匪青黑以饰体，特洁白而成形。融彩可嘉，且不溷於五色；呈祥有异，讵止齐乎四灵。""矧乎禀殊姿，体异貌。陋三足之为美，匪六眸以是效。"③咏物中突出唐廷之四方来服。与《处囊锥赋》相较，咏物之外，言志的成分较少，颂德之成分较多。《服苍玉赋》所咏为苍玉，但由苍玉延伸到天地、人事、德行。"天配五色，惟春也苍然。地孕万物，惟玉也坚焉"，以玉色比天，以玉质比地。"玉可久持，故君子比德于玉；苍实正色，盖圣人形象于天"，④苍翠为天空之正色，持久为君子之德行。

　　独孤申叔传世的六篇赋作，形式上都是典范的律赋，或称骈赋，用韵都有严格的限制，并在题下标明。《审乐知政赋》"以'同彼吴札，观乐于鲁'为韵，依次用"⑤，《乐理心赋》，题注"以'易直子谅，油然而生'为韵"⑥，《资州献白龟赋》"以'泰平将洽，神物效灵'为韵"⑦，《却千里马赋》"以'上

---

① ［清］董诰：《全唐文》卷六一七，第2759页。
② 尹占华：《律赋论稿》，巴蜀书社2001年版，第227页。
③ ［清］董诰：《全唐文》卷六一七，第2759页。
④ ［清］董诰：《全唐文》卷六一七，第2760页。
⑤ ［清］董诰：《全唐文》卷六一七，第2759页。
⑥ ［清］董诰：《全唐文》卷六一七，第2759页。
⑦ ［清］董诰：《全唐文》卷六一七，第2759页。

之所班,诸侯不贡'为韵"①,《处囊锥赋》"以'贤者处代,必闻其人'为韵"②,《服苍玉赋》"以'天子之服,从此方色'为韵"③。声调谐调,平仄相间,对偶工稳,用典精切。

十、崔元略墓志

墓志释文

唐故银青光禄大夫检校吏部尚书义成军节度郑滑颍等州观察处置等使使持节滑州诸军事兼滑州刺史御史大夫上柱国博陵郡开国公食邑二千户赠尚书右仆射崔公墓志铭 并序

外表生兖海沂密等州节度观察处置等使银青光禄大夫检校户部尚书使持节都督兖州诸军事兼兖州刺史御史大夫上柱国南阳县开国侯食邑一千户庾承宣撰

有唐大和四年庚戌岁,斗建于丑,辰直于卯,郑滑驲骑上闻曰:守臣崔元略薨于镇。前时以病告,中使、御医骆驿于路,传置须急,俟其有瘳。及是闻也,天子加悼,为之废朝;群公咨嗟,相顾失声。翌日,赠尚书右仆射,赙赗之礼,吊恤之使,无不毕备,君臣之恩至矣。其孤铉护丧归于东京,卜得明年建巳之月十有七日,祔葬于河南府河南县伊汭乡先左丞之茔,礼也。公讳元略,字弘运,博陵安平人。代为著姓,世有贤德。五代祖公牧,隋左武常侍。高祖玄亮,皇雍州泾阳县丞。曾祖无纵,洛州广武令。祖混之,同州司士参军,累赠左散骑常侍。烈考儆,有文学才识,为名臣于代宗、德宗之朝,位终尚书左丞,赠太子太傅,谥曰昭。公即昭公之第二子。仪表峻峙,才识通敏,居家以孝友闻达,定交以久敬知显。用文章弱冠举进士,藉甚于公卿间。丁先左丞忧,服除,调补太子正字,判入高等,

---

① 〔清〕董诰:《全唐文》卷六一七,第 2759 页。
② 〔清〕董诰:《全唐文》卷六一七,第 2759 页。
③ 〔清〕董诰:《全唐文》卷六一七,第 2760 页。

授渭南尉。再丁内艰，免丧犹忧，陕虢观察房公式辟为从事，拜监察御史里行。其后户部侍郎张公弘靖代房，而廉勤请旧职。及张公节制蒲津，又礼致焉。转殿中，直己行道，竭心奉知，朝廷嘉焉。真拜归台，转刑部员外郎、长安令。中谢之日，特赐绯鱼。今相国河中节度使李公程之为中丞也，奏为刑部郎中兼侍御史知杂事。及李公改为京兆尹，宪宗问之曰："孰可以代卿？"李公奏言："臣在宪司，纪刚粗举，岂臣之能，崔之力焉。"即日，制授御史中丞。公善于敷奏，明白利害，外动人听，中回主心，根于至公，群议归重，论奸僧文淑，宪宗为之改虑。及李少师夷简拜大夫，近例大夫与中丞互为台长，不并置焉，乃分政东洛。旋除京兆少尹知府事，宠以金紫，旬月真授，复以能政，兼御史大夫。辇毂之下，权豪交错，触禁败法，日干有司，自古所难，于今尤甚，退坐选软，进多侵伤，除左朝骑常侍。时宰旧嫌，从而媒孽，遂廉于黔中，兼御史大夫。三年政成，受代归阙。除鄂岳观察兼大夫，寻拜大理卿。时属穆皇晏驾，园寝事重，亟换京尹，人忧不堪，藉公旧闻，是用再授，果济大事，朝廷与能，迁户部侍郎。时代公为尹京者，搜摘纤介之失，遏公升腾之势。累月无得，顾待益崇。属沧景有征，供馈困竭，微户部之借助，王师无以集事焉。特加御史大夫。在官五年，勤悴斯积。度支经费所在，物力久屈，主是司者罕闻在公，日减月耗，几于不济。敬宗思革前弊，假侍中裴公以领之，及沧景兵罢，裴公告劳，命裴选代，以公为请，遂除户部尚书，判度支，亲友谓之忧曰："以裴公之望之位，尚有不获，公无党无位，其何以济乎？"公当官独立，辞绝请托，荡涤浮费，事归根源。虽公议日休，而盗憎益甚。曾未半岁，除检校吏部尚书、东都留守，崇其位而夺其权也。议者惜之。数月之后，迁检校吏部尚书兼御史大夫、郑滑节度观察处置等使，未展才术，未施政化，天夺之遽，可胜恸欤！享年六十。公才无不适，器无不周，用多而铦刃不顿，任重而材力尤举。幽践必延其足迹，权贵尽得其肺肝，人之不能，我有余地。其在宪司，凡请僚属，唯善所在，必归至公，当时美谈，前后无继。今之尚书左丞王公璠、吏部侍郎高公钛、户部侍郎杨公嗣复、故中书舍人李公肇，皆所举也，朝廷谓之知人。公常以智周身，用和同物。鄙圭角以掠美，不矫激以立名，时见其备历清显,声问休洽,而未知者窃有疑焉。及要之以终,考其所履,则临事无变,介然不回。为君子之儒,有大臣之节,故不可造次而测量也。夫人江夏李氏,北海太守邕之曾孙、大理卿正臣之女,先公而殁。有子三人,长曰铉,登进士宏词科,为泾阳尉、集贤校理。次曰鏚,京兆府文学。次曰锬,弘文馆明经。并克有令名,继美无替。予之于公,中外之亲也。少而爱狎,长而敬慕,规过讲艺,推美让位。终始之分,雪霜松筠,襟怀之中,无有隐事,今则已矣,谁其与言? 抚鸣琴而绝弦,望寝门而加恸。爱弟金部郎元式纂录行实,俾予铭墓。知公者也,其敢辞乎? 写悲抒诚,亦在于此。铭曰:

　　峨峨巍巍,崇山峻峰。揭此奇表,揖公之容。为时而生,实天所钟。华茂外发,清和内融。履道有常,安仁靡悔。定交唯敬,睦亲兼爱。闻斯行诸,唯义所在。谦以受益,务远图大。砺金琢玉,全器已成。鸣鹤鼓钟,闻天之声。骋力高衢,群公莫京。不惧有犯,当官必行。正直为徒,操割无滞。奸顽斤斧,疲羸仁惠。计司难处,我革其弊。丑正则多,我心不替。排霄羽翮,照电锋铓。大志经略,壮心激扬。天乎天乎,命何不长! 万古流恨,九原苍苍。

　　嗣子宣义郎前行京兆府泾阳县尉充集贤校理清河县开国男食邑三百户铉书。

　　《崔元略墓志》,崔元略(771—830),字弘运,博陵安平人。官至滑州刺史、义成军节度使。大和四年(830)十二月卒,享年六十,大和五年(831)四月十七日祔葬于河南府河南县伊汭乡。墓志青石质,方形。志盖均为盝顶形,顶部阴刻篆书,四刹阴线浅刻四神图案,四侧线刻兽首人身宽袍抱笏的十二生肖像。墓志边长93.5厘米、厚17.5厘米,志文楷书,42行,满行43字,共1617字。首题“唐故银青光禄大夫检校吏部尚书义成军节度郑滑颍等州观察处置等使使持节滑州诸军事兼滑州刺史御史大夫上柱国博陵郡开国公食邑二千户赠尚书右仆射崔公墓志铭并序”,题署“外表生充海沂密等州节度观察处置等使银青光禄大夫检校户部尚书使持节都督兗州诸军事兼兗州刺史御史大夫上柱国南阳县开国侯食邑一千户庾承宣撰”,末署“嗣子宣义郎前行京兆府汉阳县尉充集贤校理清河县开国男食邑三百户铉书"。墓志于 2003 年 5 月出土于伊川县彭婆乡范仲淹墓南 0.5 里、许营村西北 3 里处。墓志拓片，载《文物》2005 年第 2 期，第 57 页。洛阳市第二文物工作队有《唐崔元略夫妇合葬墓》，载《文物》2005 年第 2 期，第 52—61 页。崔元略夫人李氏志同时出土。高 76.5 厘米、宽 74.5 厘米、厚 12.5 厘米，志文楷书 35 行，满行 35 字，共 1204 字。又新出土《唐故兴元元从正议大夫行内侍省内侍知省事上柱国赐紫金鱼袋赠特进左武卫大将军李公墓志铭并序》，题署："朝议郎行尚书刑部员外郎崔元略撰。"①崔元略诗，载于《全唐诗》卷五四二，第 6266—6267 页。

墓 志 疏 证

有唐大和四年庚戌岁，斗建于丑，辰直于卯，郑滑驲骑上闻曰：守臣崔元略薨于镇。

崔元略，《旧唐书》卷一六三、《新唐书》卷一六〇有传。《旧唐书·文宗纪》下：大和四年十月，"戊申，以东都留守崔元略检校吏部尚书，兼滑州刺史、义成军节度使，代李德裕"。十二月，"己酉，义成军节度使崔元略卒"②。《新传》："大和三年，以户部尚书判度支，出为东都留守，改义成节度使。卒，赠尚书左仆射。"③《旧传》："（大和）五年，检校吏部尚书。出为东都留守、畿汝等防御使。是岁，又迁滑州刺史、义成军节度使。十二月卒，废朝三日，赠尚书左仆射。"④谓大和五年十二月卒，误。

公讳元略，字弘运，博陵安平人。代为著姓，世有贤德。

新出土崔倣撰《大唐故同州司士参军先府君（崔混之）墓志铭并序》："先府君讳混之，姓崔氏。裔祖仲侔，以汉兴徙封汶阳，因家于涿，今为博陵人也。自四皓黄公，至后魏龙骧将军仲哲，或显名将相，或高蹈林泉。其独传雄文，存乎代史。世世不绝，迄于周隋。"⑤阙名《唐故奉议郎行充

① 北京图书馆金石组：《北京图书馆藏中国历代石刻拓本汇编》第 29 册，第 99 页。
② ［后晋］刘昫：《旧唐书》卷一七下，第 539 页。
③ ［宋］欧阳修、宋祁：《新唐书》卷一六〇，第 4974 页。
④ ［后晋］刘昫：《旧唐书》卷一六三，第 4262 页。
⑤ 吴钢主编：《全唐文补遗·千唐志斋新藏专辑》，第 257 页。

州博城县令崔君（无竞）墓志铭并序》："君讳无竞，字从让。博陵安平人也。粤若齐都鼎族，营丘分政令之源；汉代文林，商雒综知机之首。黄星膺运，名理允谐于光禄；玄石发祥，志行独推于仆射。门风祖德，是八方之楷模；国史家声，为四海之冠冕。详乎简牍，生气凛然。"①又庾承恭《唐故朝散大夫使持节郴州诸军事守郴州刺史博陵崔公（侠）墓志铭并叙》："山东之姓，崔为大，仍世以门阀与卢、王、郑、李雄冠天下。自后魏及圣朝，钟鼎轩裳，贤良忠孝，四百余年。浚哲之祥，发于后胤，复能弘烈祖之明德，应皇代为正人。业配家声，事惊耳目。"②可与本志"代为著姓，世有贤德"参证。

《旧传》："崔元略，博陵人。"③《新传》："崔元略，博州人。"④《新唐书·宰相世系表》二下："博陵安平崔氏：仲牟生融。融生石。石生廓，字少通，生寂。寂生钦。钦生朝，汉侍御史。生舒，汉四郡太守。二子：发、篆。篆，郡文学，生毅。毅生骃，字亭伯，长岑长。二子：盘、寔。盘生烈，后汉太尉、城门校尉。生钧，字州平，西河太守。十世孙昂。"⑤"大房崔氏：骃少子寔，字子真，后汉尚书，生皓。皓生质。质生赞。赞生洪，字良夫，晋大司农。生廓。廓生遄。遄生懿，字世茂。五子：连、琨、格、邈、殊，又三子：怡、豹、偘为一房，号'六房'。连字景遇，钜鹿令，号'大房'。生郡功曹绰。二子：标、鉴。"⑥"鉴字神具，后魏东徐州刺史、安平康侯。三子：含、秉德、习。秉德，骠骑大将军，谥曰靖穆。子忻、君哲、仲哲。"⑦元略即仲哲后。

五代祖公牧，隋左武常侍。

崔元略世系，还可以上溯。《河洛墓刻拾零》一一〇《唐崔玄亮墓志》："公讳玄亮，字景彻，博陵安平人也。……四代祖秉，魏奉朝请、司空府司

① 赵跟喜、张建华编：《新中国出土墓志》河南叁《千唐志斋壹》，第56页。
② 吴钢主编：《全唐文补遗·千唐志斋新藏专辑》，第313页。
③ ［后晋］刘昫：《旧唐书》卷一六三，第4260页。
④ ［宋］欧阳修、宋祁：《新唐书》卷一六〇，第4973页。
⑤ ［宋］欧阳修、宋祁：《新唐书》卷七二下，第2773页。
⑥ ［宋］欧阳修、宋祁：《新唐书》卷七二下，第2778—2779页。
⑦ ［宋］欧阳修、宋祁：《新唐书》卷七二下，第2786页。

马、辅国将军、抚州刺史、广平郡太守、司徒佐长史、金紫光禄大夫、冀州刺史、左光禄大夫、骠骑将军、仪同三司，薨赠使持节都督冀定瀛三州诸军事、定州刺史、司徒公、尚书令，谥曰静穆公。高祖仲哲，魏司徒府参军、龙骧将军、营冀沧瀛定使持节五州诸军事、营州刺史、安平男，谥曰忠。……祖君昭，周开府参军、明威将军、龙泉、清腾、郃阳三县令。父公牧，随左翊卫。"① 庾承恭《唐崔侠墓志》："公讳侠，字虚己，博陵人。九世祖鉴，后魏中书侍郎、奋威将军、东徐州刺史。鉴生秉，镇东将军、北燕州刺史。父子俱以才名志气，昭显魏朝，焜耀简册。秉生仲哲，以宏谋硕略复为魏龙骧将军。自仲哲四世，至皇朝泾阳丞讳玄亮。泾阳生汜水令讳无纵。汜水生朝请大夫、膳部员外郎讳藏之，公则膳部之子。"② 按，《新唐书·宰相世系表》二下，谓仲哲生长瑜、仲琰；仲琰生君昭；君昭生播；播生玄亮；玄亮生无纵、无固、无怠；无纵生望之、释之、藏之、浑之、琨之、温之；浑之生徽；徽生元略。③ 而据两方墓志参证，《新表》之误有二处：其一是将玄亮四代祖"秉"误为"秉德"。考《魏书》卷四九《崔秉传》："合弟秉，少有志气。……太昌中，除骠骑大将军、仪同三司，常侍、左光禄如故。频以老病乞解。永熙三年去职。天平四年薨，年七十八。赠使持节、侍中、都督定瀛沧三州诸军事、本将军、尚书令、司徒公、定州刺史，谥曰靖穆。"④ 其二是将玄亮父"公牧"误为"播"。崔玄亮墓志亦缺叙曾祖一代。又阙名《唐故奉议郎行兖州博城县令崔君墓志铭并序》："君讳无竞，字从让。博陵安平人也。……曾祖君昭，齐明威将军、隰州龙泉县令、同州郃阳县令。……祖公牧，时属乱离，高尚不仕。……父玄亮，唐察孝廉秀才，并州祁县丞、雍州泾阳县丞。"⑤ 徐浩《唐故朝议大夫行尚书膳部员外郎上柱国

① 赵君平、赵文成：《河洛墓刻拾零》，第 135 页。
② 吴钢主编：《全唐文补遗·千唐志斋新藏专辑》，第 313 页。
③ ［宋］欧阳修、宋祁：《新唐书》卷七二下，第 2786—2791 页。
④ ［北齐］魏收：《魏书》卷四九，第 1104—1105 页。按，《北史》卷三二《崔鉴传》："合弟康，少有志气。"（第 1160 页）中华书局本校勘记："合弟康，南、北、汲、殿四本及《魏书》卷四九《崔鉴传》'康'作'秉'，百衲本及《通志》卷一四八《崔鉴传》作'康'。按《北史》避李昞嫌名，人名作'秉'者，每改作'康'。"（中华书局 1983 年版，第 1192 页）
⑤ 赵跟喜、张建华编：《新中国出土墓志》河南叁《千唐志斋壹》，第 56 页。

崔府君墓志铭并序》："崔氏之先,太岳之裔。齐丁公子,受姓因封。秦司徒家,徙居为族。博陵之后,不乏贤才。自魏司工尚书、幽并二大都督、恭懿公讳秉府君,生北齐赵定二州刺史讳仲琰府君,生梁袭定州刺史、博陵公讳仲哲府君,生隋处士讳公牧府君,生皇朝朝散大夫、雍州泾阳县丞讳玄亮府君,生朝请大夫、洛州广武县令、上柱国讳无纵府君。六代无违德,一行无伐善。庆积有征,源长流衍。是生府君讳藏之,字含光。"①

高祖玄亮,皇雍州泾阳县丞。曾祖无纵,洛州广武令。祖混之,同州司士参军,累赠左散骑常侍。烈考儆,有文学才识,为名臣于代宗、德宗之朝,位终尚书左丞,赠太子太傅,谥曰昭。

《崔玄亮墓志》已经出土,见上条所引。《崔混之墓志》："曾祖讳玄亮,泾阳县丞。大父讳无纵,氾水县令。府君幼孤家贫,年十一,思及亲之禄,补太庙斋郎。年廿一常调,授陈留主簿。……一选授河南府参军。……调补同州司士参军。"②又崔沆撰《唐故朝请大夫使持节宋州诸军事守宋州刺史兼御史中丞充本州团练镇遏使上柱国博陵县开国男食邑三百户赠左散骑常侍崔府君(镟)墓志铭并叙》："府君讳镟,字节卿,其先博陵安平人也。曾祖混之,皇同州司士参军、赠司空。祖儆,皇尚书左丞、赠太师。皇考元略,检校吏部尚书、兼御史大夫、义成军节度使,赠太师。……府君即太师府君第四子也。"③又崔鉅《唐故比部郎中博陵崔府君(镇)墓志铭并序》："府君讳镇,字重威,其先博陵人也。自宗周分封,至于国朝,绳绳婚宦,具载国史家谍,故不备书。曾祖混之,皇任同州司士参军,赠司空。祖儆,皇任尚书左丞,赠太师。皇考元式,检校尚书右仆射、兼户部尚书、门下侍郎平章事,册赠司空,累赠司徒。"④又崔冀《故乡贡进士博陵崔公墓志铭并叙》："公讳元立,字善长,故河南府氾水令无纵之曾孙,膳部员外郎藏之之孙,郴州使君侠之季子。"⑤

① 赵跟喜、张建华编:《新中国出土墓志》河南叁《千唐志斋壹》,第173页。
② 赵跟喜、张建华编:《新中国出土墓志》河南叁《千唐志斋壹》,第207页。
③ 吴钢主编:《全唐文补遗·千唐志斋新藏专辑》,第403页。
④ 赵跟喜、张建华编:《新中国出土墓志》河南叁《千唐志斋壹》,第335页。
⑤ 赵跟喜、张建华编:《新中国出土墓志》河南叁《千唐志斋壹》,第281页。

有关崔元略祖、父之姓名字号及官中，史传记载尚有疑义者。《旧传》："崔元略，博陵人。祖浑之。父儆，贞元中官至尚书左丞。"①《新传》："崔元略，博州人。父儆，贞元时终尚书左丞。"②其祖"浑之"名亦与墓志不同，盖当从墓志。又严耕望《唐仆尚丞郎表》卷八《右丞》："崔儆，贞元十一年或明年，由大理卿迁右丞。……《旧传》：'父儆，贞元中，官至尚书左丞。'《新传》同，惟名作敬。而《新》七二下世表：博陵大房崔氏'儆，尚书右丞'。《旧》一三八《赵憬传》：'崔儆，……及憬为相，拔儆自大理卿为尚书右丞。'《新》一五〇《赵憬传》亦同。作右作左不同，今姑作右。按赵憬以贞元八年四月相，十二年八月薨，十一年正月以前卢迈在右丞任，则儆当在十一二年矣。"③据《崔元略墓志》证之，新、旧《唐书》本传作"尚书左丞"不误，而严氏所考则误。

用文章弱冠举进士，藉甚于公卿间。

以崔元略以大和四年卒，年六十推之，其弱冠在贞元六年（790）。按《登科记考》卷二七《附考》："崔元略，《旧书》本传：'博陵人。祖浑之。父儆，贞元中官至尚书左丞。元略举进士第。'"④应移正。

丁先左丞忧，服除，调补太子正字，判入高等，授渭南尉。再丁内艰，免丧犹忧，陕虢观察房公式辟为从事，拜监察御史里行。其后户部侍郎张公弘靖代房，而廉勤请旧职。及张公节制蒲津，又礼致焉。

《旧传》："元略举进士，历佐使府。"⑤《新传》："元略第进士，更辟诸府。"⑥按，陕虢观察使房公即房式，后受代于张弘靖。《旧唐书·宪宗纪上》：元和四年（809），"十二月壬申朔，以户部侍郎张弘靖为陕府长史、陕虢观察陆运等使，赐金紫。以陕虢观察使房式为河南尹。"⑦房式始任陕虢观察使约元和三年（808），见郁贤皓《唐刺史考全编》卷五一。而张弘靖

① ［后晋］刘昫：《旧唐书》卷一六三，第 4260 页。
② ［宋］欧阳修、宋祁：《新唐书》卷一六〇，第 4973 页。
③ 严耕望：《唐仆尚丞郎表》卷八，第 474 页。
④ ［清］徐松：《登科记考》卷二七，第 1048 页。
⑤ ［后晋］刘昫：《旧唐书》卷一六三，第 4260 页。
⑥ ［宋］欧阳修、宋祁：《新唐书》卷一六〇，第 4973 页。
⑦ ［后晋］刘昫：《旧唐书》卷一四，第 429—430 页。

罢任则在元和六年(811)。《旧唐书·宪宗纪上》：元和六年二月，"癸巳，以陕虢观察使张弘靖检校礼部尚书、河中尹、晋绛慈等州节度使。"①是崔元略为陕虢幕吏在元和三年至元和六年。

元和六年后，又为张弘靖河中府幕吏，八年(813)入朝为殿中侍御史。《旧唐书·宪宗纪下》：元和九年六月，"壬寅，制河中晋绛慈隰等州节度使张弘靖守刑部尚书、同中书门下平章事"。②

崔元略丁忧的情况，又载于《崔元略夫人江夏李氏墓志》："时太保博陵昭公左辖中台，余伯仲以世亲得游门馆，昭公仲子元略艺贯隼埤，称问甚休。伯氏语余曰：'观崔氏仲子，吐论多长者言，器度践履，居然有别，可以托女弟矣。'未复严命，意不敢泄。其年余伯仲俱失太常鹄，东归山阳，具以启陈，颇惬先意，属崔君宅太保忧，三载哀麻外变，方得以山稽之旧，叙潘杨之亲，故夫人逾笄年二岁归于崔氏，枣修及幸，苹蘩荐敬，环悦问安，妇道尽礼。"③

转殿中，直己行道，竭心奉知，朝廷嘉焉。真拜归台，转刑部员外郎、长安令。中谢之日，特赐绯鱼。今相国河中节度使李公程之为中丞也，奏为刑部郎中兼侍御史知杂事。及李公改为京兆尹，宪宗问之曰："孰可以代卿？"李公奏言："臣在宪司，纪刚粗举，岂臣之能，崔之力焉。"即日，制授御史中丞。

《旧传》："元和八年，拜殿中侍御史。十二年，迁刑部郎中、知台杂事，擢拜御史中丞。"④《新传》："迁累殿中侍御史，以刑部郎中知御史杂事，进拜中丞。"⑤

按，李程，《旧唐书》卷一六七、《新唐书》卷一三一有传。《新传》："以兵部郎中入知制诰。韩弘为都统，命程宣慰汴州。历御史中丞、鄂岳观察

---

① ［后晋］刘昫：《旧唐书》卷一四，第 434 页。
② ［后晋］刘昫：《旧唐书》卷一五，第 450 页。
③ 洛阳市第二文物工作队：《唐崔元略夫妇合葬墓》，《文物》2005 年第 2 期，第 61 页。
④ ［后晋］刘昫：《旧唐书》卷一六三，第 4260 页。
⑤ ［宋］欧阳修、宋祁：《新唐书》卷一六〇，第 4973 页。

使，还为吏部侍郎。"①《旧传》缺载李程为御史中丞事，而载其为京兆尹事："（元和）十年，入为兵部郎中，寻知制诰。……明年，拜中书舍人，权知京兆尹事。十二年，权知礼部贡举。"②其为京兆尹在元和十一年（816）。其权知礼部贡举在元和十二年（817），亦见徐松《登科记考》卷一八。

及李少师夷简拜大夫，近例大夫与中丞互为台长，不并置焉，乃分政东洛。旋除京兆少尹知府事，宠以金紫，旬月真授，复以能政，兼御史大夫。

《旧传》："元和十三年，以李夷简自西川征拜御史大夫，乃命元略留司东台。寻除京兆少尹，知府事，仍加金紫。数月，真拜京兆尹。"③《新传》："时李夷简召为大夫，故诏元略留司东台。改京兆少尹，行府事，数月，迁为尹。"④按，《资治通鉴》卷二四一《唐纪》：元和十四年（819），"秋，七月，丁丑朔，田弘正送杀武元衡贼王士元等十六人，诏使内京兆府、御史台遍鞫之；皆款服。京兆尹崔元略以元衡物色询之，则多异同"。⑤

除左朝骑常侍。时宰旧嫌，从而媒孽，遂廉于黔中，兼御史大夫。三年政成，受代归阙。

《旧传》："明年，改左散骑常侍。穆宗即位，命元略使党项宣抚，辞疾不行，出为黔南观察使、兼御史中丞。初，元略受命使党项，意宰臣以私憾排斥，颇出怨言。宰相崔植奏曰：'比以圣意切在安抚党项，乃差元略往使，受命之后，苦不乐行，言辞之间，颇乖去就。岂有身忝重恩，不思报效，苟非便己，即不肯行。须有薄惩，以肃在位，请出为黔中观察使。'初，崔植任吏部郎中，元略任刑部郎中知杂。时中丞改京兆尹，物议以植有风宪之望。元略因入阁，妄称植失仪，命御史弹之。时二人皆进拟为中丞，中旨果授元略，植深衔之。及植为相，元略以左散骑常侍使于党项，元略意植

①　［宋］欧阳修、宋祁：《新唐书》卷一三一，第 4511 页。
②　［后晋］刘昫：《旧唐书》卷一六七，第 4373 页。
③　［后晋］刘昫：《旧唐书》卷一六三，第 4260 页。
④　［宋］欧阳修、宋祁：《新唐书》卷一六〇，第 4973 页。
⑤　［宋］司马光：《资治通鉴》卷二四一，第 7769 页。

之见排,辞疾不行,被谴出。"①《新传》:"徙左散骑常侍。初,中丞缺,议者属崔植,而元略谬谓植入阁不如仪,使御史弹治。及宰相以二人进,元略果得之。植恨怅。既当国,以元略为宣抚党项使。辞疾不行。植奏:'不少责,无以示群臣。'乃出为黔南观察使。"②

按崔元略夫人李氏墓志,与崔元略墓志一起出土,题为《前黔中经略观察等使检校左散骑常侍兼御史大夫崔公故夫人博陵县君江夏李氏墓志铭》,志称"长庆二年三月三日终于黔州之官舍,享年卅六。……用是年秋八月甲申卜宅兆于伊汭乡万安山南原。"是知长庆二年(822)崔元略尚在黔南。

除鄂岳观察兼大夫,寻拜大理卿。

《旧唐书·穆宗纪》:长庆二年十二月癸丑,"以前黔中观察使崔元略为鄂岳蕲黄安等州观察使"。③《旧唐书·敬宗纪》:长庆四年(824)七月,"辛未,以大理卿崔元略为京兆尹、兼御史大夫"。④《旧书》本传:"逾年,转鄂州刺史、鄂岳都团练观察使。长庆四年,入为大理卿。敬宗即位,复为京兆尹,寻兼御史大夫。"⑤《新书》本传:"乃出为黔南观察使,徙鄂岳。久乃拜大理卿。敬宗初,还京兆尹,兼御史大夫。"⑥

时属穆皇晏驾,园寝事重,亟换京尹,人忧不堪,藉公旧闻,是用再授,果济大事,朝廷与能,迁户部侍郎。时代公为尹京者,搜摘纤介之失,遏公升腾之势。累月无得,顾待益崇。属沧景有征,供馈困竭,微户部之借助,王师无以集事焉。特加御史大夫。在官五年,勤悴斯积。

《旧传》:"敬宗即位,复为京兆尹,寻兼御史大夫。以悮征畿甸经赦免放缗钱万七千贯,为侍御史萧澈弹劾。有诏刑部郎中赵元亮、大理正元从质、侍御史温造充三司覆理。元略有中助,止于削兼大夫。初,元略有宰

① [后晋]刘昫:《旧唐书》卷一六三,第4260—4261页。
② [宋]欧阳修、宋祁:《新唐书》卷一六〇,第4973页。
③ [后晋]刘昫:《旧唐书》卷一六,第501页。
④ [后晋]刘昫:《旧唐书》卷一七上,第511页。
⑤ [后晋]刘昫:《旧唐书》卷一六三,第4261页。
⑥ [宋]欧阳修、宋祁:《新唐书》卷一六〇,第4973—4974页。

相望，及是事，望益减。宝历元年，迁户部侍郎。议者以元略版图之拜，出
于宣授。时谏官有疏，指言内常侍崔潭峻方有权宠，元略以诸父事之，故
虽被弹劾，而遽迁显要。元略亦上章自辨，且曰：'一昨府县条疏，台司举
劾，孤立无党，谤言益彰，不谓诏出宸衷，恩延望外。处南宫之重位，列左
户之清班，岂臣庸虚，敢自干冒。天心所择，虽惊特进之恩；众口相非，乃
致因缘之说。'诏答之曰：'朕所命官，岂非公选？卿能称职，奚恤人言！'然
元略终不能逃父事潭峻之名。宝历二年四月，京兆府以元略前任尹日为
桥道使，造东渭桥时，被本典郑位、判官郑复虚长物价，抬估给用，不还人
工价直，率敛工匠破用，计赃二万一千七百九贯。敕云：'元略不能检下，
有涉慢官，罚一月俸料。'时刘栖楚自为京兆尹，有觊觎相位之意。元略方
在次对，又多游裴度门，栖楚恐碍己，以计摧之，乃按举山陵时钱物以污
之。"①《新传》："敬宗初，还京兆尹，兼御史大夫。收贷钱万七千缗，为御
史劾奏，诏刑部郎中赵元亮、大理正元从质、侍御史温造以三司杂治。元
略素事宦人崔潭峻，颇左右之，狱具，削兼秩而已。俄授户部侍郎，讥谤大
兴，谏官斥元略方劾而迁，有助力，元略自解辨，乃止。京兆刘栖楚又劾元
略前造东渭桥，纵吏增估物不偿直，取工徒赃二万缗。诏夺一月俸。于是
栖楚规相位，疑元略妨己路，故举疑似蔑染之。"②《旧唐书·敬宗纪》：长
庆四年七月辛未，"以大理卿崔元略为京兆尹、兼御史大夫"。③ 同书同
卷：宝历元年（825）七月丁卯，"京兆尹崔元略为户部侍郎"。④《资治通
鉴》卷二四三《唐纪》：宝历元年七月，"谏官言京兆尹崔元略以诸父事内
常侍崔潭峻；丁卯，元略迁户部侍郎"。⑤ 严耕望《唐仆尚丞郎表》卷一二
《尚书户部侍郎》："崔元略，宝历元年七月二十五丁卯，由京兆尹迁户侍，
判本司事。大和三年十月十六癸亥，迁户尚、判度支。……《旧传》，上章
辩谤有云：'位列左户之清班。'按《新书·孟简传》：'户部有二员，判使案

①　［后晋］刘昫：《旧唐书》卷一六三，第4261—4262页。
②　［宋］欧阳修、宋祁：《新唐书》卷一六〇，第4974页。
③　［后晋］刘昫：《旧唐书》卷一七上，第511页。
④　［后晋］刘昫：《旧唐书》卷一七上，第516页。
⑤　［宋］司马光：《资治通鉴》卷二四三，第7844页。

者居别一署,谓之左户,元和后选委华重。'元略自称左户,则判本司必矣。又考《旧》一八七下《庾敬休传》,奏称:'大和元年,户部侍郎崔元略……奏请茶税事,使司自勾当。'云云。《册府》五〇四同。又《会要》五八户侍条:'宝历二年正月,户部侍郎崔元略奏请一切合免课役,须准户部文符。'此尤元略实判本司之强证。"①

敬宗思革前弊,假侍中裴公以领之,及沧景兵罢,裴公告劳,命裴选代,以公为请,遂除户部尚书,判度支,亲友谓之忧曰:"以裴公之望之位,尚有不获,公无党无位,其何以济乎?"公当官独立,辞绝请托,荡涤浮费,事归根源。虽公议日休,而盗憎益甚。曾未半岁,除检校吏部尚书、东都留守,崇其位而夺其权也。

《旧传》:"大和三年,转户部尚书。四年,判度支。五年,检校吏部尚书。出为东都留守、畿汝等防御使。"②《新传》:"大和三年,以户部尚书判度支,出为东都留守。"③按,《旧传》年月误。严耕望《唐仆尚丞郎表》卷一一《户部尚书》:"崔元略,大和三年十月十六癸亥,由户侍迁户尚。同日,判度支。四年四月十六庚申,出为检校吏尚、东都留守。……《旧纪》:大和四年四月,'庚申,以尚书左丞王起为户部尚书、判度支,代崔元略;以元略检校吏部尚书,为东都留守'。而《旧传》:'大和三年,转户部尚书。四年,判度支。五年,检校吏部尚书。出为东都留守、畿汝等防御使。'视《旧纪》差后一年。按《旧》一六四《王起传》:'(大和)四年,入拜尚书左丞,居播之丧,号毁过礼,友悌尤至,迁户部尚书、判度支。'此尚不能断定迁户尚判度支即在四年。复考《全唐文》七一四李宗闵《故丞相王公(播)神道碑》云:'上即位五年(大和四年)正月,丞相左仆射太原王公以癸巳发疾,其明日遂薨于位。(《旧纪》正是大和四年正月甲午薨)''公殁不几日,而起以户部尚书司国之计,门阀之士咸来哭贺。'此与《旧纪》四年四月迁户尚判度支事绝合,足证《旧纪》书事年月极正确。《旧传》元略至五年始卸户尚

① 严耕望:《唐仆尚丞郎表》卷一二,第710页。
② [后晋]刘昫:《旧唐书》卷一六三,第4262页。
③ [宋]欧阳修、宋祁:《新唐书》卷一六〇,第4974页。

罢度支，误也。"①

数月之后，迁检校吏部尚书兼御史大夫、郑滑节度观察处置等使，未展才术，未施政化，天夺之遽，可胜恸欤！享年六十。

《旧唐书·文宗纪》下：大和四年十月，"戊申，以东都留守崔元略检校吏部尚书，兼滑州刺史、义成军节度使，代李德裕"。十二月，"己酉，义成军节度使崔元略卒。"②参上文疏证。

其在宪司，凡请僚属，唯善所在，必归至公，当时美谈，前后无继。今之尚书左丞王公璠、吏部侍郎高公铢、户部侍郎杨公嗣复、故中书舍人李公肇，皆所举也，朝廷谓之知人。

崔元略所举之数人，王璠，《旧唐书》卷一六九、《新唐书》卷一七九有传。《旧传》："元和中，入朝为监察御史，再迁起居舍人，副郑覃宣慰于镇州。……宝历元年二月，转御史中丞。……（大和）四年七月，拜京兆尹、兼御史大夫。十二月，迁左丞，判太常卿事。"③

高铢，《旧唐书》卷一六八、《新唐书》卷一七七有传。《旧传》："大和三年七月，授刑部侍郎。四年冬，迁吏部侍郎。铨综之司，官业振举。"④

杨嗣复，《旧唐书》卷一七六、《新唐书》卷一七四有传。《旧传》："文宗即位，拜户部侍郎。以父於陵太子少傅致仕，年高多疾，恳辞侍养，不之许。大和四年，丁父忧免。"⑤

李肇，新、旧《唐书》无传。《翰苑群书》上《重修承旨学士壁记》："李肇，元和十三年七月十六日自监察御史充。十四年四月五日，迁右补阙。五月二十四日，赐绯。十五年闰正月一日，赐紫。二十一日，加司勋员外郎。长庆元年正月十三日，出守本官。"⑥《新唐书·艺文志》："李肇《国史

---

① 严耕望：《唐仆尚丞郎表》卷一一，第 652 页。
② ［后晋］刘昫：《旧唐书》卷一七下，第 539 页。
③ ［后晋］刘昫：《旧唐书》卷一六九，第 4405—4406 页。
④ ［后晋］刘昫：《旧唐书》卷一六八，第 4387 页。
⑤ ［后晋］刘昫：《旧唐书》卷一七六，第 4556 页。
⑥ 岑仲勉：《郎官石柱题名新考订》（外三种），上海古籍出版社 1984 年版，第 262—263 页。

补》三卷。翰林学士，坐荐柏耆，自中书舍人左迁将作少监。"①有关李肇事迹，傅璇琮先生《唐翰林学士传论》下编《宪宗朝翰林学士传·李肇》②考证颇详，可参看。

夫人江夏李氏，北海太守邕之曾孙、大理卿正臣之女，先公而殁。

李邕，《旧唐书》卷一九〇中、《新唐书》卷二〇二有传。《旧传》："天宝初，为汲郡、北海二太守。邕性豪侈，不拘细行，所在纵求财货，驰猎自恣。五载，奸赃事发。又尝与左骁卫兵曹柳勣马一匹，及勣下狱，吉温令勣引邕议及休咎，厚相赂遗，词状连引，敕刑部员外郎祁顺之、监察御史罗希奭驰往就郡决杀之，时年七十余。"③又新出土李昂撰有《唐故北海郡守赠秘书监江夏李公墓志铭并序》。《河南碑志叙录》："《李邕墓志》。全称《唐故北海郡守赠秘书监江夏李公墓志铭并序》，洛阳出土，现存新安县铁门镇千唐志斋。唐大历三年（768）十一月刻。……志载：李邕为兰台郎李善之子，学识渊博，曾注《文选》，官至汲郡、北流（海）太守，故人称'李北海'。为唐代著名书法家，工文，善书，尤其擅长以行楷写碑，取法二王（羲之、献之）并有所创造，对后世影响颇大。"④

李正臣，《旧唐书·德宗纪下》：贞元十八年（802）"十二月乙巳，贬大理卿李正臣为卫尉少卿。"⑤《新表二上》江夏李氏："正臣，大理卿。"⑥乃北海太守李邕孙，岐子。

按崔元略夫人李氏墓志与崔元略墓志一起出土。志题为《前黔中经略观察等使检校左散骑常侍兼御史大夫崔公故夫人博陵县君江夏李氏墓志铭》，志云："夫人讳保真，其先大赵人也。远祖通，曹魏时著节忠义，立功淮汝，封侯江夏，食户四百，其后族望遂归江夏焉。高祖讳善，皇朝秘书郎，崇文、弘文两馆学士。曾祖讳邕，北海郡太守，赠秘书监。王父讳岐，

① ［宋］欧阳修、宋祁：《新唐书》卷五八，第 1467 页。
② 傅璇琮：《唐翰林学士传论》，辽海出版社 2005 年版，第 533—542 页。
③ ［后晋］刘昫：《旧唐书》卷一九〇中，第 5043 页。
④ 河南省文物局：《河南碑志叙录》，中州古籍出版社 1992 年版，第 206 页。
⑤ ［后晋］刘昫：《旧唐书》卷一三，第 397 页。
⑥ ［宋］欧阳修、宋祁：《新唐书》卷七二上，第 2596 页。

秘书省校书郎。皇考讳正臣，大理卿。夫人，大理府君之女也。……长庆二年三月三日终于黔州之官舍，享年卅六。……用是年秋八月甲申卜宅兆于伊汭乡万安山南原。”

有子三人，长曰铉，登进士宏词科，为泾阳尉、集贤校理。次曰镦，京兆府文学。次曰锁，弘文馆明经。

《崔元略夫人江夏李氏墓志》：“有子五人，女二人。长子铉，业文志学，尝荐名春闱。次子锷，仆寺进马。二男一女偕幼。仲子鉄，自太学诸生经明中第，长女未笄，俱不幸短夭，先于夫人四三岁卒于西都。”按，崔沆撰《崔府君（镦）墓志铭并叙》：“府君讳镦，字节卿，其先博陵安平人也。曾祖混之，皇同州司士参军、赠司空。祖俶，皇尚书左丞，赠太师。皇考元略，检校吏部尚书、兼御史大夫、义成军节度使、赠太师。在宪宗朝早领权重，历事四帝，委遇益隆，前后欲付以政柄者不可悉记。道直多梗，竟殁外蕃。至今贤士大夫，每用痛惜。府君即太师府君第四子也。”①故《崔元略墓志》称“有子三人”应为“有子五人”。

崔铉，两《唐书》均附《崔元略传》。《旧传》：“铉字台硕，登进士第，三辟诸侯府，荆南、西蜀掌书记。会昌初，入为左拾遗，再迁员外郎，知制诰，召入翰林，充学士。累迁户部侍郎承旨。会昌末，以本官同平章事。”②又《崔元略墓志》末署：“嗣子宣义郎前行京兆府泾阳县尉充集贤校理清河县开国男食邑三百户铉书。”为崔铉大和四年见官，为两《唐书》所不载。又崔铉大和元年（827）及进士第，《太平广记》卷一七五引《南楚新闻》云：“魏公崔相铉，元略之子也。为童儿时，随父访于韩公滉，滉见而怜之。父曰：‘此子尔来诗道颇长。’滉乃指驾上鹰令咏焉。遂命笺笔，略无伫思，于是进曰：‘天边心性架头身，欲拟飞腾未有因。万里碧霄终一去，不知谁是解绦人。’滉益奇之。叹曰：‘此儿可谓前程万里也。’大历三年，侍郎崔郾下及第。果久居廊庙，三拥节旄。大中咸通之中，时推清名重德。”③“大历

---

① 吴钢主编：《全唐文补遗·千唐志斋新藏专辑》，第 403 页。
② ［后晋］刘昫：《旧唐书》卷一六三，第 4262 页。
③ ［宋］李昉：《太平广记》卷一七五，第 1303 页。

三年"应为"宝历三年"之误。《唐诗纪事》卷五一《崔铉》条所引即作"宝历三年"①。宝历三年即大和元年,是年知贡举为崔郾。

崔锬,按《新唐书·宰相世系表》载崔元略有二子,长子为铉,次子为锬。以墓志证之,"锬"或为"锬"之误。

崔鏚,新出土有崔沆撰《唐故朝请大夫使持节宋州诸军事守宋州刺史兼御史中丞充本州团练镇遏使上柱国博陵县开国男食邑三百户赠左散骑常侍崔府君(鏚)墓志铭并叙》②,记载崔鏚事迹颇详,文长不录。

崔元略及夫人李氏的家世

崔元略及其夫人李保真两方墓志,在近年出土墓志中无论是史料价值,还是文学价值,都是很高的。从家世来说,他们都是文学世家。崔元略的家世:"代为著姓,世有贤德。五代祖公牧,隋左武常侍。高祖玄亮,皇雍州泾阳县丞。曾祖无纵,洛州广武令。祖混之,同州司士参军,累赠左散骑常侍。烈考儆,有文学才识,为名臣于代宗、德宗之朝,位终尚书左丞,赠太子太傅,谥曰昭。公即昭公之第二子。"李保真的家世则更具有代表性:"远祖通,曹魏时著节忠义,立功淮汝,封侯江夏,食户四百,其后族望遂归江夏焉。高祖讳善,皇朝秘书郎,崇文、弘文两馆学士。曾祖讳邕,北海郡太守,赠秘书监。王父讳岐,秘书省校书郎。皇考讳正臣,大理卿。"李善是唐代著名的学问家,曾以注《文选》名世,对后世影响至大,至今仍为从事古典文学研究的必读书目。李邕不仅诗文兼擅,而且是一位著名的书法家,是集官僚、文学家与艺术家于一身的著名人物。因此这两方墓志的出土无疑是李善及《文选》研究的绝好的材料。

崔氏作为唐代望族,无论在士族的演进、政治的影响,还是文学的成就方面,都对于有唐一代的发展起着至关重要的作用。本书第二章中从家族的层面选取了崔尚、崔翘家族进行了个案分析,而崔元略家族的文学虽没有崔尚一族之繁盛,但也是值得注意的。故而本节可以作为崔氏家

---

① ［宋］计有功:《唐诗纪事》卷五一,第772页。
② 吴钢主编:《全唐文补遗·千唐志斋新藏专辑》,第403页。

族文学的一个补充。

有关崔元略一族的墓志，近年来多有出土，就笔者所见，列表如下：

崔元略家族墓碑墓志出土情况表

序号	墓主姓名	字号	墓 志 名 称	出 土 地 点	收 录 典 籍
1	崔玄亮	景彻	唐故雍州泾阳县丞博陵崔公墓志铭并序	伊川县彭婆乡许营村	《河洛墓刻拾零》，上册，第135页
2	崔无竞	从让	唐故奉议郎行兖州博城县令崔君墓志铭并序	伊川县彭婆乡许营村	《新中国出土墓志·河南叁》，第56页
3	崔无固	通理	大周故朝议大夫行汴州司马上柱国崔府君墓志并序	伊川县彭婆乡许营村	《洛阳新获墓志续编》，第69页
4	崔藏之	含光	唐故朝议大夫行尚书膳部员外郎上柱国崔府君墓志铭并序	伊川县彭婆乡袁庄村	《新中国出土墓志·河南叁》，第173页
5	崔混之		大唐故同州司士参军先府君墓志铭并序	伊川县彭婆乡万安山	《新中国出土墓志·河南叁》，第207页
6	崔侠	虚己	唐故朝散大夫使持节郴州诸军事守郴州刺史博陵崔公墓志铭并叙	伊川县彭婆乡万安山	《全唐文补遗·千唐志斋新藏专辑》，第313页
7	崔镇	重威	唐故比部郎中博陵崔府君墓志铭并序	伊川县彭婆乡赵沟村	《新中国出土墓志·河南叁》，第335页
8	崔鏻	节卿	唐故朝请大夫使持节宋州诸军事守宋州刺史兼御史中丞充本州团练镇遏使上柱国博陵县开国男食邑三百户赠左散骑常侍崔府君墓志铭并叙	伊川县彭婆乡许营村万安山	《全唐文补遗·千唐志斋新藏专辑》，第403页
9	崔锷		唐故仆寺进马博陵崔府君墓志铭并序	伊川县彭婆乡许营村	《洛阳新获墓志续编》，第220页
10	崔鈇		唐故前明经博陵崔府君墓志	伊川县彭婆乡许营村	《洛阳新获墓志续编》，第221页

序号	墓主姓名	字号	墓 志 名 称	出 土 地 点	收 录 典 籍
11	崔元立	善长	故乡贡进士博陵崔公墓志铭并叙	伊川县彭婆乡许营村	《新中国出土墓志·河南叁》，第 281 页
12	崔元夫	大端	唐故大理评事博陵崔府君墓志铭并序	伊川县彭婆乡许营村	《洛阳新获墓志续编》，第 232 页

崔元略的交游

　　崔元略是中晚唐之交历官多任的官僚士大夫，其交游广泛是可想而知的。从墓志中可以看出，与其交游者有：房式、李夷简、李程、裴度、王璠、高钛、杨嗣复、李肇等。与诸人交游的大致情况，已见上节疏证。尤其值得注意的是，他们大部分都是著名的文学家，现将与崔元略交游之人（包括其家世与妻族）传世之作品统计如下。

崔元略交游简表

姓　名	存诗数量	出　处	存文数量	出　处	其　他
李夷简	1	全诗三〇九	4	全文六九四、拾遗二八	旧一七六、新一三一有传
李　程	5	全诗三六八	26	全文六三二	旧一六七、新一三一有传
裴　度	22	全诗三三五、补逸六、续拾二七	33	全文五三七、全文五三八、拾遗二五	旧一七〇、新一七三有传
高　钛			1	全文七二五	旧一六八、新一七七有传
杨嗣复	6	全诗四六四、七九〇	7	全文六一一、拾遗二五	旧一七六、新一七四有传
李　肇			2	全文七二一	

续　表

姓　名	存诗数量	出　处	存文数量	出　处	其　他
李　善			1	全文一八七	旧一八九上有传
李　邕	12	全诗一一五、补诗、续拾一二	64	全文二六一、拾遗一六	旧一九〇中、新二〇二有传
崔　铉	2	全诗五四七	1	全文七五九	旧一六三、新一六〇有传
刘栖楚			1	拾遗二七	旧一五四、新一七五有传

上表中所列诸人，除刘栖楚是作为崔元略的对立面外，其他诸人都是与其有交情者。这些文人当中，诸如身兼官僚与文学家的裴度、李程等，留存下来的诗文甚多，对当时的文学产生一定的影响是毋庸置疑的。墓志虽然没有叙述通过交往而对于其文学创作产生影响，但唐人交往作用的广泛却在这里表现得非常清楚。有的是就官场升迁而拜谒者，有的是幕府长官提携者，又有的是崔元略官显之后所任用的下属与提携的后进。可见，交往不必都是为了诗，而诗与交往则有着密切的关系，唐人交往或直接或间接地对于诗歌的发展起着重要的作用，因而唐人交往及交往诗研究，是唐代文学研究的重要课题。

墓志撰者考索

崔元略墓志及夫人李氏墓志的撰者都是当时著名的文人，又与墓主有亲属关系。

《崔元略墓志》题撰人为："外表生充海沂密等州节度观察处置等使、银青光禄大夫、检校户部尚书、使持节都督兖州诸军事、兼兖州刺史、御史大夫、上柱国、南阳县开国侯、食邑一千户庾承宣撰。"

庾承宣，是唐代著名的文学家。贞元十年（794）及进士第，大和中终检校吏部尚书、天平军节度使。所存《赋得冬日可爱》诗一首："宿雾开天霁,寒郊见初日。林疏照逾远,冰轻影微出。岂假阳和气,暂忘玄冬律。愁抱望自宽,羁情就如失。欣欣事几许,曈曈状非一。倾心倘知期,良愿自兹毕。"①这是庾承宣贞元十年应进士试时的省试诗。《全唐文》卷六一五还载其《朱丝绳赋》《无垢净光塔铭并序》《唐前义成军节度郑滑等州观察使检校吏部尚书兼御史大夫李公二州慰思述》《魏博节度使田布碑》文四篇。可见他对于诗、赋与文都是擅长的。而其所撰的《崔元略墓志》,《全唐文》失收,可以作为补遗的重要材料。又新出土《唐故大理司直杜陵史公墓志铭并序》,题署:"内弟宣义郎行秘书省校书郎庾承宣撰。"②墓主贞元十二年(796)九月二十八日卒,十四年(798)八月十三日葬。此文亦为《全唐文》所失收。其文石本可以考见者尚有:《宝刻丛编》卷八引《集古录目》:"《唐魏博节度田布碑》,唐陕州大都督府长史、陕虢观察使庾承宣撰,前乡贡进士吕价书。布字敦礼,官至魏博节度使。碑以长庆四年立。"③同书卷五引《集古录目》:"《唐岭南节度郑权碑》,唐陕州大都督府长史庾承宣撰,万年县令姚向书。权字复道,荥阳人。官至岭南节度使。碑以宝历二年立。"④

　　庾承宣撰志时为兖海沂密观察使,考《旧唐书·文宗纪下》:大和四年十一月,"癸巳,以左丞康[庾]承宣为兖海沂密等州节度使。"⑤则撰志时,庾承宣刚莅任此职一个月。庾承宣,两《唐书》无传,其仕历尚有可考者:《旧唐书·穆宗纪》:长庆二年十一月,"丁卯,尚书左丞庾承宣为陕虢观察使"。⑥《旧唐书·文宗纪上》:大和元年正月,"癸未,以吏部侍郎庾承宣为京兆尹、兼御史大夫"。⑦《旧唐书·文宗纪下》:大和七年(833)二月,"己巳,以吏部侍郎庾承宣为太常卿"。⑧ 八年(834)正月,"令太常卿

---

① ［清］彭定求:《全唐诗》卷三六八,第 4140 页。
② 张安兴、李雪芳:《唐〈史承式墓志〉考释》,《文博》2006 年第 6 期,第 62 页。
③ ［宋］陈思:《宝刻丛编》卷八,《丛书集成初编》本,第 256—257 页。
④ ［宋］陈思:《宝刻丛编》卷五,《丛书集成初编》本,第 114 页。
⑤ ［后晋］刘昫:《旧唐书》卷一七下,第 539 页。
⑥ ［后晋］刘昫:《旧唐书》卷一六,第 500 页。
⑦ ［后晋］刘昫:《旧唐书》卷一七上,第 525 页。
⑧ ［后晋］刘昫:《旧唐书》卷一七下,第 548 页。

庾承宣摄太尉,遍告九室,迁神主于便殿"。① 九年(835)正月,"以太常卿庾成(承)宣检校吏部尚书,充天平军节度使,代殷侑"。②

《崔元略夫人江夏李氏墓志》题署:"仲兄前监察御史里行师稷撰。"按,李师稷,两《唐书》亦无传,《全唐文》亦未载其文。其所撰文除本篇墓志外,近年出土还有:《唐故朝散大夫试大理司直兼曹州考城县令柳府君(均)灵表》(贞元十八年七月癸酉),题:"外孙江夏李师稷述。"③李师稷曾为楚州刺史,见《楚州金石录·楚州官属题名幢》:"使朝请大夫使持节楚州诸军事守楚州刺史(阙)充本(阙)金鱼袋李师稷:开成四年三月□四日。"④又为浙东观察使,《会稽掇英总集》卷一八《唐太守题名记》:"李师稷,会昌二年二月自楚州团练使兼淮南营田副使授。"⑤

李师稷当时亦颇有文名,白居易曾有诗与其交往,其《客有说》云:"近有人从海上回,海山深处见楼台。中有仙龛虚一室,多传此待乐天来。"题注:"客即李浙东也,所说不能具录其事。"⑥又有《答客说》云:"吾学空门非学仙,恐君此说是虚传。海山不是我归处,归即应归兜率天。"末注:"予晚年结弥勒上生业,故云。"⑦有关李师稷与白居易的关系,还有一则逸事流传:《太平广记》卷四八"白乐天"条引《逸史》云:"唐会昌元年,李师稷中丞为浙东观察使,有商客遭风飘荡,不知所止。月余,至一大山,瑞云奇花,白鹤异树,尽非人间所睹。山侧有人迎问曰:'安得至此?'具言之。令维舟上岸,云:'须谒天师。'遂引至一处,若大寺观,通一道入,道士须眉悉白,侍卫数十,坐大殿上,与语曰:'汝中国人,兹地有缘方得一到,此蓬莱山也。既至,莫要看否?'遣左右引于宫内游观,玉台翠树,光彩夺目。院宇数十,皆有名号。至一院,扃锁甚严,因窥之,众花满庭,堂有裀褥,焚香

① [后晋]刘昫:《旧唐书》卷一七下,第553页。
② [后晋]刘昫:《旧唐书》卷一七下,第557页。
③ 周绍良主编:《唐代墓志汇编》,第1922页。
④ 罗振玉:《楚州金石录·楚州官属题名幢》,《罗雪堂合集》第26函第1册,西泠印社2004年版,第7页。
⑤ [宋]孔延之:《会稽掇英总集》卷一八,《景印文渊阁四库全书》第1345册,第152页。
⑥ 朱金城:《白居易集笺校》卷三六,第2538页。
⑦ 朱金城:《白居易集笺校》卷三六,第2541页。

阶下。客问之,答曰:'此是白乐天院,乐天在中国未来耳。'乃潜记之,遂别之归。旬日至越,具白廉使。李公尽录以报白公。先是,白公平生唯修上坐业,及览李公所报,乃自为诗二首,以记其事。及答李浙东云:'近有人从海上回,海山深处见楼台。中有仙笼开一室,皆言此待乐天来。'又曰:'吾学空门不学仙,恐君此语是虚传。海山不是吾归处,归即应归兜率天。'然白公脱屣烟埃,投弃轩冕,与夫昧昧者固不同也,安知非谪仙哉?"①此段记述颇多荒诞,然白诗自是听此传说而作,故题作《客有说》和《答客说》,以此亦可窥见李师稷与白居易特殊的交往。

---

① [宋]李昉:《太平广记》卷四八,第 299 页。

卷四 晚 唐

一、姚 合 墓 志

墓 志 释 文

唐故朝请大夫守秘书监赠礼部尚书吴兴姚府君墓铭 并序

族子朝议郎守尚书右司郎中上柱国赐紫金鱼袋勖撰

公讳合，字大凝。惟姚氏由吴郎中讳敷，始渡江居吴兴，五世至宋渤海太守五城侯讳裡之，生后魏祠部郎中讳滂，七世至我唐初巂州都督赠吏部尚书、长沙文献公讳善意，文献公生宗正少卿赠博州刺史讳元景，即开元初中书令、梁国文贞公之母弟，而公之曾王父也。汝州别驾讳算，公之王父也。相州临河令赠右庶子讳闬，公之烈考也。起居舍人太原郭公讳润，公之外王父也。中外显德，萃庆于公。公性仁义而朴直，度量宽阔，临事能断，在丑不争，遗小节，去机巧，衿灵洞达，浩然冲和，与物接士，遂服群心。少耽书，识圣人旨，行止无违道，动必中礼。元和中，以进士随贡来京师就春闱试，而能诗，声振辇下。为诗脱俗韵，如洗尘滓，旨义必辅教化，学诗者望门而趋，若奔洙泗然。数岁登第。田令公镇魏，辟为节度巡官。始命试秘省校书，转节度参谋，改协律，为观察支使。中令入觐，公随之，授武功主簿。韩文公尹京兆，爱清才，奏为万年尉。入台为监察，改殿中侍御史，转侍御史。寻迁户部外郎，出刺金州。仁泽惠风，到今歌咏不息。不满岁，征为刑部郎中，持法唯公，吏不敢舞文，国无滥刑。复刺徐杭。岁余，入为户部郎中，迁谏议大夫。直道遂振，朝廷万务稍不便者，未尝缄默，谏疏无虚月日，惟直是守，不敢私身以旷官。开成初，豫章帅有费官藏纳私室者，灵武帅有以官骑入私厩，而以暴水溺闻者。公一日伏紫宸龙墀下，请降御史鞠之。上未听，公伏不退。时大臣互谓虚诞，奏请不从。公伏净之，引故事，言国体，喉舌明朗，无所忌畏，上从之。出御史鞠，果得情伪，符所奏。迁给事中。直气益振，制书有不便于时者，官人有不得其才者，辄封进焉。奸邪詟怯，君子道长。数岁复出，廉问陕服，兼御史中丞，赐金章紫绶，甘棠之化再兴焉。逾年入觐，拜秘书监，优硕儒也。会昌二年壬戌夏五月，辞以目视不明，颐摄私第。冬十二月，寝疾旬余，是月廿有五日乙酉，启手足于靖恭里第，享年六十有六。呜呼！天摧哲士，国丧直臣，士林赍咨，里巷涕洟。上增悼惜，为之一不视朝，诏赠礼部尚书。公娶相州内黄丞范阳卢公肇之女，生一子一女。子曰覃，女适进士河东节度推官、试协律郎太原郭图。别女二人，俱稚年。嗣子覃，前数年已明二经中第，性厚而文，不陨先业。将应宗伯试而家不造，号慕陨塞，血脸濡黄。以会昌三年正月廿三日，护辒舆归东周，以其年八月二十有八日甲申，窆于河南府河南县伊汭乡万安山南原，祔皇祖茔，礼也。始问蓍龟得日，其孤覃哭踊再拜，谓勋曰："志事当铭，覃于兄，五世之昆弟也，厥铭其可俟他族乎？"勋才陋识短，不宜以文字宣重德，迫于勤请，不敢辞，哭而铭曰：

烨烨我宗，盛烈元功，简册昭晰。冠仁服义，竭忠尽瘁，代有清哲。洎公司谏，有直无讪，群奸迹灭。伏奏清蒲，指滥祛谀，显见劲节。温饱三族，家无私蓄，声飞有截。雅韵清词，沥胆搜脂，如冰斯洁。文海滔滔，澜起风高，洪流靡咽。直躬不苟，神祜其后，遗风未绝。内孝外忠，厥道孔隆，正德罔缺。万安南原，一闷泉门，平生永诀。

《姚合墓志》，姚合（777—842），字大凝，吴兴人。官至秘书监。会昌二年（842）十二月廿五日卒，享年六十六，会昌三年（843）八月二十八日葬于河南府河南县伊汭乡万安山南原。志石高、宽均 76 厘米。志文正书，34 行，行 34 字。墓志首题"唐故朝请大夫守秘书监赠礼部尚书吴兴姚府君墓铭并序"，题署"族子朝议郎守尚书右司郎中上柱国赐紫金鱼袋勋撰"。志盖正书，题曰"唐故朝请大夫秘书监礼部尚书吴兴

姚府君墓铭"，4 行 16 字。姚合夫人卢绮墓志亦同时出土。为私人收藏。拓片载于
《书法丛刊》2009 年第 1 期，第 34—35 页；赵君平、赵文成编《秦晋豫新出墓志搜佚》
第 4 册，第 984 页。陶敏有《读姚合、卢绮二志札记》，载于《文史》2011 年第 1 期，第
245—255 页。姚合诗载《全唐诗》卷四九六至五〇二，第 5615—5715 页。

墓 志 疏 证

公讳合，字大凝。

姚合之字，诸书无记载。此志可以补史之阙文。

惟姚氏由吴郎中讳敷始渡江居吴兴。

姚合先祖居于吴兴，新出土《唐故濮州临濮县令赵郡李公夫人吴兴姚
氏（品）墓铭并序》："夫人讳品，□为吴兴□族。"①即姚合之妹。新出土常
鏚《唐故摄河东节度推官前试大理评事吴兴姚公（潜）墓志铭并序》："公讳
潜，字居明，汝州别驾算之曾孙，相州临河县令、赠右庶子闿之孙，秘书监、
赠礼部尚书合之子。"②均证姚合为吴兴人。然《唐才子传》卷六《姚合
传》："合，陕州人。"③康海《武功县志》卷二："姚合，陕州硖石人。"④均误。
《唐才子传校笺》吴企明笺证："然详考姚合及同时代人之诗文，则知其实
为吴兴人。"⑤

姚勗自撰《唐故通议大夫守夔王傅分司东都上柱国赐紫金鱼袋吴兴
姚府君墓志》："叙宗族：勗本吴兴人，始虞帝生姚墟得姓。后裔遏父封陈
为氏，至厉公之子完仕齐为田，后有其地。齐太公和十四代，至西汉执金
吾代睦侯讳丰，生东汉散骑常侍讳邕，避新室乱，遂家吴兴武康成山，五代
至吴郎中讳敷，举家复姚氏。"⑥

---

① 孙兰风、胡海帆：《隋唐五代墓志汇编》（北京大学卷）第 2 册，第 133 页。
② 吴钢主编：《全唐文补遗》第 8 辑，第 204 页。
③ 傅璇琮：《唐才子传校笺》卷六，第 114 页。
④ ［清］康海：《武功县志》卷二，《中国地方志丛书》，台湾成文出版社有限公司 1976 年版，第
　 52 页。
⑤ 傅璇琮：《唐才子传校笺》卷六，第 116 页。
⑥ 墓志拓片及录文载张应桥《唐名相姚崇五世孙姚勗自撰墓志简释》，《河南科技大学学报》
　 2010 年第 5 期，第 10—11 页。

姚敫，《元和姓纂》卷五姚氏："虞舜生于姚墟，子孙以姚为氏。《左传》，郑大夫姚句耳。汉有谏议大夫姚平。舜后胡公封陈，至敬仲仕齐，又为田氏。至田丰，王莽封为代睦侯，奉舜后。子恢，避王莽乱，过江居吴郡，改妫氏；五代孙敫，又立姚氏。"①

五世至宋渤海大守五城侯讳禋之，生后魏祠部郎中讳滂，七世至我唐初巂州都督赠吏部尚书、长沙文献公讳善意，文献公生宗正少卿赠博州刺史讳元景，即开元初中书令梁国文贞公之母弟，而公之曾王父也。

姚合之世系，诸书记载颇有歧异。新、旧《唐书》本传皆以合为姚崇之玄孙，《唐诗纪事》卷四九、《唐才子传》卷六皆以为是姚崇曾孙。然罗振玉《贞松老人遗稿·丁戊稿》载《李公夫人吴兴姚氏墓志跋》："此志夫人从子乡贡进士潜撰。称夫人为宗正少卿府君讳元景之的曾孙，汝州司马府君讳算之孙，相州临河县令赠太子右庶子府君之季女也，秘书监赠礼部尚书我府君之女弟也。案《唐书·宰相世系表》陕郡姚氏：元景潭州刺史，生孝孙，壶关令，不及其孙曾。而载元景弟元素子算，鄢陵令，孙闲，临河令，曾孙合，秘书监。今以志证之，则算为元景子，闲为元景孙，合为元景曾孙，《表》误以此三世错列元素系也。合子潜，《表》亦失书。"②常鐬《唐故摄河东节度推官前试大理评事吴兴姚公（潜）墓志铭并序》："公讳潜，字居明，汝州别驾算之曾孙，相州临河县令、赠右庶子闲之孙，秘书监、赠礼部尚书合之子。外王父范阳卢肇。公出于庆门，聪敏淑茂，辩数好学，未冠有文。"③又《姚勖墓志》："又五代至晋渤海太守五城侯，讳禋之，侯孙讳仲和，入后魏为步兵校尉秘书监，封吴兴公，遂居陕之硖石。由秘书五代至隋函谷关都尉讳祥，都尉生唐幽、巂都督，赠吏部尚书府君讳善懿，谥文献，实勖五代祖也。高王父府君，皇中书令、梁国公，谥文贞。"④是知《姚合墓志》与新出土的《李夫人墓志》《姚潜墓志》相互吻合，可以订史之误。

① ［唐］林宝：《元和姓纂》卷五，第557页。
② 罗振玉：《罗雪堂合集》第3函第3册，第38A页。
③ 吴钢主编：《全唐文补遗》第8辑，第204页。
④ 张应桥《唐名相姚崇五世孙姚勖自撰墓志简释》，《河南科技大学学报》2010年第5期，第10页。

　　姚合世系，《古今姓氏书辩证》卷一〇所载较详："五世孙敷，复改姓姚，居吴兴武康。敷生信，吴选曹尚书。……陕郡姚氏，亦出自武康。梁有征东将军、吴兴郡公宣业，生安仁，隋汾州刺史。生祥，隋怀州长史，检校函谷都尉。祥生懿，字善意，巂州都督、文献公。生元景、元之、元素。元景，潭州刺史。元之名崇，相武后、中宗、睿宗、明皇，世称姚梁公。生邓州刺史彝，大理卿异，永阳太守弈。元素，宗正少卿，生楚州刺史弇，通事舍人潓，鄢陵令算。孙九人，曾孙二十人，四世孙七人，五世孙五人。彝生阊、阆、闛、闵、闢，异生闶、闬、阀，弈生闡。阊生係、俟，阆生倍、伦，闛生侑、伕，闢生俏、偕，闶生恃、悟、憺、惇、惕，闬生恬、憕，闡生恒、协、恓。其显者，俏之子勉，为谏议大夫。元素五孙、三曾孙。弇生润州司户参军闲，睢阳太守、右金吾将军闾。潓生闻、论。算生闬。闬子秘书监合，世所谓'姚武功'者。"①

　　汝州别驾讳算，公之王父也。相州临河令赠右庶子讳闬，公之烈考也。

　　常镳《姚潜墓志》："公讳潜，字居明，汝州别驾算之曾孙，相州临河县令、赠右庶子闬之孙，秘书监、赠礼部尚书合之子。"②姚合子潜撰《姚品墓志》："汝州司马府君讳算之孙，相州临河县令赠太子右庶子府君之季女也。……秘书监赠礼部尚书我府君之女弟也。"③

　　按，《新唐书·宰相世系表》载："算，鄢陵令。"④《古今姓氏书辩证》载："鄢陵令算。"⑤与此异。又姚合之父闬，《宰相世系表》作"闬"⑥，今以《姚合墓志》和《姚潜墓志》证之，作"闬"是。

　　起居舍人太原郭公讳润，公之外王父也。

　　《姚品墓志》："起居舍人郭公润之外孙女也。"⑦唐林宝《元和姓纂》卷

① ［宋］邓名世：《古今姓氏书辩证》卷一〇，第150页。
② 吴钢主编：《全唐文补遗》第8辑，第204页。
③ 孙兰风、胡海帆：《隋唐五代墓志汇编》（北京大学卷）第2册，133页。
④ ［宋］欧阳修、宋祁：《新唐书》卷七四下，第3178页。
⑤ ［宋］邓名世：《古今姓氏书辩证》卷一〇，第150页。
⑥ ［宋］欧阳修、宋祁：《新唐书》卷七四下，第3178页。
⑦ 孙兰风、胡海帆：《隋唐五代墓志汇编》（北京大学卷）第2册，133页。

一〇"颍川郭氏"："北齐黄门侍郎。平章事举,生秦方。兄子秦初,生润、纳。润,起居舍人。纳,给事中、陈留采访使。生贲、谟、霸。纳兄孙,监察御史。"①又姚合有《寄陕府内兄郭同端公》诗："蹇钝无大计,酷嗜进士名。为文性不高,三年住西京。相府执文柄,念其心专精。薄艺不退辱,特列为门生。事出自非意,喜常少于惊。春榜四散飞,数日遍八纮。眼始见花发,耳得闻鸟鸣。免同去年春,兀兀聋与盲。家寄河朔间,道路出陕城。暌违逾十年,一会豁素诚。同游山水穷,狂饮飞大觥。起坐不相离,有若亲弟兄。中外无亲疏,所算在其情。久客贵优饶,一醉旧疾平。家远归思切,风雨甚亦行。到兹恋仁贤,淹滞一月程。新诗忽见示,气逸言纵横。缠绵意千里,骚雅文发明。永昼吟不休,咽喉干无声。羁贫重金玉,今日金玉轻。"②所谓内兄,当即郭润之孙或从孙。《元和姓纂》所载"纳兄孙,监察御史",当即郭同。岑仲勉《元和姓纂四校记》："'兄孙'之下夺名,依《新表》七四下,知为同也。以今人之眼光读《新表》,则同为纳孙而缺其父,但依《姓纂》之叙述读之,则同为纳兄孙而缺其父、祖也。不善读书者辄谓《新表》与《姓纂》异,岂其然。"③

元和中,以进士随贡来京师,就春闱试而能诗,声振辇下。为诗脱俗韵,如洗尘滓,旨义必辅教化,学诗者望门而趋,若奔洙泗然。数岁登第。

姚合及第事,诸书均有记载。晁公武《郡斋读书志》："姚合,……元和十一年,李逢吉知举进士。"④陈振孙《直斋书录解题》卷一九："《姚少监集》十卷。唐秘书少监姚合撰。崇之曾孙也。元和十一年进士。"⑤《唐才子传》卷六《姚合传》："元和十一年,李逢吉知贡举,有夙好,因拔泥涂,郑解榜及第。"⑥《旧唐书·姚合传》："登进士第,授武功尉。"⑦《新唐书·姚

① [唐]林宝:《元和姓纂》卷一〇,第 1550 页。
② [清]彭定求:《全唐诗》卷四九七,第 5647 页。
③ 岑仲勉:《元和姓纂四校记》卷一〇,《元和姓纂(附四校记)》本,第 1552 页。
④ 孙猛:《郡斋读书志校证》卷一八,第 903 页。
⑤ [宋]陈振孙:《直斋书录解题》卷一九,第 568 页。
⑥ 傅璇琮:《唐才子传校笺》卷六,第 117 页。
⑦ [后晋]刘昫:《旧唐书》卷九六,第 3029 页。

合传》："元和中进士及第，调武功尉，善诗，世号姚武功者。"①姚合《赠任士曹》诗："宪皇十一祀，共得春闱书。"②是姚合及第在元和十一年（816）。清徐松《登科记考》卷一八考证颇详，可参考。

　　又姚合在及第前曾有三次下第的经历，其首次入京赴举在元和八年（813）冬天。有关此事，陶敏先生《姚合年谱》、朱关田先生《姚合、卢绮夫妇墓志题记》考订颇详，可参看。姚合入京赴举是以乡贡进士的身份，即墓志所言"以进士随贡来京师"。姚合《下第》诗云："枉为乡里举，射鹄艺浑疏。归路羞人问，春城赁舍居。"③亦可证其乡贡的身份。然姚合虽下第，但在京城颇有文学声名。其《寄杨茂卿校书》诗云："去年别君时，同宿黎阳城。黄河冻欲合，船入冰罅行。君为使滑州，我来西入京。丈夫不泣别，旁人叹无情。到京就省试，落籍先有名。惭辱乡荐书，忽欲自受刑。还家岂无路，羞为路人轻。决心住城中，百败望一成。腐草众所弃，犹能化为萤。岂我愚暗身，终久不发明。所悲道路长，亲爱难合并。还如舟与车，奔走各异程。耳目甚短狭，背面若聋盲。安得学白日，远见君仪形。"④是其落第心情的真实写照。其中"到京就省试，落籍先有名"，又《亲仁里居》诗："轩车无路通门巷，亲友因诗道姓名。"⑤与墓志所言其在京声名颇相吻合。

　　田令公镇魏，辟为节度巡官。始命试秘省校书，转节度参谋，改协律，为观察支使。中令入觐，公随之授武功主簿。

　　田令公即田弘正，《旧唐书》卷一五《宪宗纪》下：元和七年（812）十月，"甲辰，以魏博都知兵马使、兼御史中丞、沂国公田兴为银青光禄大夫、检校工部尚书，兼魏州大都督府长史，充魏博节度使"。⑥姚合入田弘正幕应在其及进士第后，即元和十一年之后。

①　[宋]欧阳修、宋祁：《新唐书》卷一二四，第4388页。
②　[清]彭定求：《全唐诗》卷四九七，第5651页。
③　[清]彭定求：《全唐诗》卷五〇二，第5713页。
④　[清]彭定求：《全唐诗》卷四九七，第5634页。
⑤　[清]彭定求：《全唐诗》卷四九八，第5661页。
⑥　[后晋]刘昫：《旧唐书》卷一五，第443页。

　　贾岛有《酬姚合校书》诗，即姚合在魏博幕试秘省校书时，贾岛寄赠之作。姚合原诗当即《喜贾岛至》诗。又姚合有《寄狄拾遗时为魏州从事》诗，即姚合在田弘正幕府与狄兼谟交游之作。

　　姚合授武功主簿在元和十四年（819），《旧唐书》卷一四一《田弘正传》："是年（元和十四年）八月，弘正入觐，宪宗待之隆异，对于麟德殿，参佐将校二百余人皆有颁锡。"①是姚合改武功主簿在元和十四年八月。新旧《唐书·姚合传》交称姚合为"武功尉"，不确。朱庆馀亦有《夏日题武功姚主簿》诗，贾岛亦有《寄武功姚主簿》诗，均可证。姚合与田弘正的关系，陶敏《读姚合、卢绮二志札记》，考述较为详细②，可以参考。

　　韩文公尹京兆，爱清才，奏为万年尉。

　　姚合曾任万年尉，文献中有所记载，晁公武《郡斋读书志》："历武功主簿，富平、万年尉。"③姚合有《万年县中雨夜会宿寄皇甫甸》，朱庆馀有《与贾岛顾非熊无可上人宿万年姚少府宅》等诗。但未见有韩愈奏荐姚合的记载。按韩愈为京兆尹，在长庆三年（823）六月至十月，见《旧唐书·穆宗纪》。其奏荐姚合即当在本年。其详参下"姚合与韩孟诗派"。

　　入台为监察，改殿中侍御史，转侍御史。

　　《册府元龟》卷一三一《帝王部·延赏二》："（宝历）二年四月，以姚元崇玄孙前京兆府富平县尉合为监察御史。"④《郡斋读书志》谓姚合："宝应中，监察、殿中御史。"⑤"宝应"为"宝历"之误。《全唐诗》卷五五六马戴有《集宿姚侍御宅怀永乐宰殷侍御》诗，卷八一四无可有《冬中与诸公会宿姚端公宅怀永乐殷侍御》诗。唐人监察御史即称"侍御"，侍御史称"端公"。诸诗为姚合任监察御史时作，作"端公"非是。又《册府元龟》载其由富平县尉为监察御史，实误。"盖姚合以前万年县尉授监察御史。因同时有宋

①　［后晋］刘昫：《旧唐书》卷一四一，第 3851 页。
②　陶敏：《读姚合、卢绮二志札记》，《文史》2011 年第 1 期，第 249—251 页。
③　孙猛：《郡斋读书志校证》卷一八，第 903 页。
④　［宋］王钦若：《册府元龟》卷一三一，第 1580 页。
⑤　孙猛：《郡斋读书志校证》卷一八，第 903 页。

坚授富平县尉，《元龟》遂连类而误"①。

姚合为监察御史后不久又分司东都，白居易有《姚侍御见过戏赠》诗云："东台御史多提举，莫按金章系布裘。"②《全唐诗》卷五五六马戴又有《雒中寒夜姚侍御宅怀贾岛》诗，亦是姚合为监察御史分司东都时马戴在其寓所之作。

姚合为监察御史分司东都后，又回长安任殿中侍御史，并知巡察。《唐会要》卷四四："大和二年十一月，禁中昭德宫火，延烧宣政殿之东垣及门下省。至晡，北风起，火势益甚，迨暮方息。初火发，上命神策兵士救之，公卿内臣集于日华门外，御史中丞温造不到，与两巡使崔蠡、姚合等各罚一月俸。"③又《旧唐书·温造传》："大和二年十一月，宫中昭德寺火。寺在宣政殿东隔垣，火势将及，宰臣、两省、京兆尹、中尉、枢密皆环立于日华门外，令神策兵士救之，晡后稍息。是日，唯台官不到，造奏曰：'昨宫中遗火，缘台有系囚，恐缘为奸，追集人吏堤防，所以至朝堂在后，臣请自罚三十直。其两巡使崔蠡、姚合火灭方到，请别议责罚。'敕曰：'……温造、姚合、崔蠡各罚一月俸料。'"④张籍《赠姚合》诗："丹凤城门向晓开，千官相次入朝来。唯君独走冲尘土，下马桥边报直回。"⑤即为殿中侍御史时巡察京城之事。马戴又有《集宿姚殿中宅期僧无可不至》诗："殿中日相命，开尊话旧时。余钟催鸟绝，积雪阻僧期。"⑥述合为殿中侍御史时事，时在冬日。《因话录》卷五："御史台三院，一曰台院。其僚曰侍御史，众呼为端公。见宰相及台长，则曰某姓侍御。……二曰殿院。其僚曰殿中侍御史，众呼为侍御。……最新入，知右巡；已次知左巡，号两巡使。所主繁剧。……三曰察院，其僚曰监察御史，众呼亦曰侍御。"⑦

---

① 陶敏：《读姚合、卢绮二志札记》，第 248 页。
② 朱金城：《白居易集笺校》卷二五，第 1743 页。
③ ［宋］王溥：《唐会要》卷四四，第 922 页。
④ ［后晋］刘昫：《旧唐书》卷一六五，第 4316 页。
⑤ ［清］彭定求：《全唐诗》卷三八六，第 4355 页。
⑥ ［清］彭定求：《全唐诗》卷五五六，第 6445 页。
⑦ ［唐］赵璘：《因话录》卷五，第 101—102 页。

姚合为侍御史,诸书无载,唯无可与姚合唱和之诗人述及:《全唐诗》卷八一四无可有《秋暮与诸文士集宿姚端公所居》《冬中与诸公会宿姚端公宅怀永乐殷侍御》诗,即是姚合为侍御史之证。

寻迁户部外郎,出刺金州。仁泽惠风,到今歌咏不息。

《郎官石柱题名》户部员外郎第十五行有姚合题名,在崔蠡、李景信后,杜忱前。《唐才子传》卷六《姚合传》:"宝历中,除监察御史,迁户部员外郎,出为金、杭二州刺史。"①方干有《送姚合员外赴金州》诗:"受诏从华省,开旗发帝州。野烟新驿曙,残照古山秋。"②又《全唐诗》卷五四三喻凫有《送贾岛往金州谒姚员外》,卷五五六马戴有《寄金州姚使君员外》,卷八一三无可有《陪姚合游金州南池》等诗,知姚合以员外郎出守金州。所谓"员外"即墓志所言之"户部员外"。

不满岁,征为刑部郎中,持法唯公,吏不敢舞文,国无滥刑。

《郡斋读书志》:"为刑、户二部郎中。"③马戴有《酬刑部姚郎中》诗:"路岐人不见,尚得记心中。月忆潇湘渚,春生兰杜丛。鸟啼花半落,人散爵方空。所赠诚难答,泠然一雅风。"④姚合原诗即《送马戴下第客游》:"昨来送君处,亦是九衢中。此日殷懃别,前时寂寞同。鸟啼寒食雨,花落暮春风。向晚离人起,筵收罇未空。"⑤

复刺馀杭。

姚合为杭州刺史在大和九年(835),接替前任杭州刺史裴弘泰。姚合有《送裴大夫赴亳州》诗:"杭人遮道路,垂泣浙江前。谯国迎舟舰,行歌汴水边。周旋君量远,交代我才偏。寒日严旌戟,晴风出管弦。一杯诚淡薄,四坐愿留连。异政承殊泽,应为天下先。"⑥据"交代我才偏"语,知诗作于裴弘泰罢杭州赴亳州,姚合接任之时。白居易有《送姚杭州赴任因思

① 傅璇琮:《唐才子传校笺》卷六,第119页。
② [清]彭定求:《全唐诗》卷六四九,第7460页。
③ 孙猛:《郡斋读书志校证》卷一八,第903页。
④ [清]彭定求:《全唐诗》卷五五六,第6453—6454页。
⑤ [清]彭定求:《全唐诗》卷四九六,第5632页。
⑥ [清]彭定求:《全唐诗》卷四九六,第5616页。

旧游二首》，刘得仁有《送姚合郎中任杭州》诗："水陆中分程，看花一月行。会稽山隔浪，天竺树连城。候吏赍鱼印，迎船载旆旌。渡江春始半，列屿草初生。"①据知姚合出任杭州在春天。郁贤皓先生《唐刺史考全编》卷一四一系于大和九年，并云："按姚合于开成四年由给事中为陕虢观察，其刺杭必在大和末至开成初。《唐才子传》卷八《郑巢传》称姚合大中间为杭州刺史，劳《考》谓姚合刺杭在宝历间，皆误。岑仲勉《唐集质疑》谓姚合刺杭应在大和六、七年，又疑'似在会昌时代'，朱金城《白居易年谱》系白诗于大和七年，亦未允。"②然墓志下文称岁余入为户部郎中，《唐刺史考全编》仅系姚合大和九年为杭州刺史而未及开成元年（836），微误。陶敏先生《姚合年谱》系姚合出任杭州在大和八年（834）冬，罢任在开成元年春③，不确。

岁余，入为户部郎中。

《郎官石柱题名》户部郎中第十五行有姚合名，在韦力仁后，韦纾前。《郡斋读书志》："为刑、户二部郎中。"④据贾岛《喜姚郎中自杭州回》诗："东省期司谏，云门悔不寻。"⑤东省即门下省，唐朝官制，门下省有谏议大夫四人，故知姚合盖以户部郎中召入，到京不久即改任左谏议大夫。

迁谏议大夫。直道遂振，朝廷万务稍不便者，未尝缄默，谏疏无虚月日，惟直是守，不敢私身以旷官。

刘得仁有《寄姚谏议》诗："鸣鞭静路尘，籍籍谏垣臣。函疏封还密，炉香侍立亲。箧多临水作，窗宿卧云人。危坐开寒纸，灯前起草频。"⑥又有《上姚谏议》诗："高文与盛德，皆谓古无伦。圣代生才子，明庭有谏臣。已瞻龙衮近，渐向凤池新。却忆波涛郡，来时岛屿春。名因诗句大，家似布衣贫。曾暗投新轴，频闻奖滞身。照吟清夕月，送药紫霞人。终计依门

---

① ［清］彭定求：《全唐诗》卷五四四，第6283页。
② 郁贤皓：《唐刺史考全编》卷一四一，第1985页。
③ 陶敏：《唐代文学与文献论集》，第302—305页。又见陶敏《读姚合、卢绮二志札记》，第248页。
④ 孙猛：《郡斋读书志校证》卷一八，第903页。
⑤ ［清］彭定求：《全唐诗》卷五七二，第6649页。
⑥ ［清］彭定求：《全唐诗》卷五四四，第6286页。按本诗亦见《全唐诗》卷八一三无可诗卷。

馆,何疑不化鳞。"①可与墓志相参证。

　　姚合在谏议大夫任上,曾选编《极玄集》。《唐才子传校笺》卷六《姚合传》吴企明校笺:"元至元刊本《极玄集》,下署'唐谏议大夫姚合选',则极玄集恰在右谏议大夫任上选定。"②

　　开成初,豫章帅有费官藏纳私室者,灵武帅有以官骑入私厩,而以暴水溺闻者,公一日伏紫宸龙墀下,请降御史鞫之。上未听,公伏不退。时大臣互谓虚诞,奏请不从。公伏诤之,引故事,言国体,喉舌明朗,无所忌畏。上从之。出御史鞫,果得情伪,符所奏。

　　"豫章帅"应指吴士矩,《旧唐书·狄兼谟传》:开成初,"会江西观察使吴士矩违额加给军士,破官钱数十万计,……士矩坐贬蔡州别驾。"③《新唐书·狄兼谟传》:"江西观察使吴士矩加给其军,擅用上供钱数十万。兼谟劾奏,……士矩繇是贬蔡州别驾。"④《新唐书·吴士矩传》:"开成初,为江西观察使,飨宴侈纵,一日费凡十数万。初至,库钱二十七万缗,晚年才九万,军用单匮,无所仰。事闻,中外共申解,得以亲议,文宗弗穷治也,贬蔡州别驾。谏官执处其罪,不纳。"⑤

　　"灵武帅"应指王晏平,杜牧《唐故宣州观察使御史大夫韦公(温)墓志铭并序》:"灵武节度使王晏平罢灵武,以战马四百匹、兵器数万事去,罪成,贬康州司户。不旬日,改抚州司马。……公皆封诏书上还。"⑥《新唐书·韦温传》:"王晏平罢灵武节度使,以马及铠仗自随,贬康州司户参军,厚赂贵近,浃日,改抚州司马,乐工尉迟璋授光州长史,温悉封上诏书。"⑦

　　迁给事中。直气益振,制书有不便于时者,官人有不得其才者,辄封进焉。奸邪詟怯,君子道长。

　　①　[清]彭定求:《全唐诗》卷五四五,第6301页。
　　②　傅璇琮:《唐才子传校笺》卷六,第122页。
　　③　[后晋]刘昫:《旧唐书》卷八九,第2896页。
　　④　[宋]欧阳修、宋祁:《新唐书》卷一一五,第4215页。
　　⑤　[宋]欧阳修、宋祁:《新唐书》卷一五九,第4956页。
　　⑥　[唐]杜牧:《樊川文集》卷八,第129页。
　　⑦　[宋]欧阳修、宋祁:《新唐书》卷一六九,第5159页。

《新唐书·姚合传》："累转给事中。"①《册府元龟》卷七〇七："朱侑为京兆府美原县主簿，文宗开成三年十二月贬为衡州衡山县尉。初，奉先、冯翊等县百姓为牛羊使占其田产，侑奉使推鞫，尽以百姓田归牛羊司。给事姚合列疏其事，遂贬之。"②宋叶梦得《石林燕语》卷五："谏议大夫班本在给舍上，其迁转则谏议岁满方迁给事中，自给事中迁舍人。"③是姚合由谏议大夫迁给事中，正是唐代迁官之常例。

数岁复出，廉问陕服，兼御史中丞，赐金章紫绶，甘棠之化再兴焉。

《旧唐书·文宗纪》下：开成四年（839），"八月庚戌朔，以给事中姚合为陕虢观察使。"④无可有《送姚中丞赴陕州》诗："二陕周分地，恩除左掖臣。门阑开幕重，枪甲下天新。夹道行霜骑，迎风满草人。河流银汉水，城赛铁牛神。意气思高谢，依违许上陈。何妨向红旆，自与白云亲。"⑤

姚合在陕虢观察使任，为李商隐活狱事申谕。《新唐书·李商隐传》："开成二年，高锴知贡举，令狐绹雅善锴，奖誉甚力，故擢进士第。调弘农尉，以活狱忤观察使孙简，将罢去，会姚合代简，谕使还官。"⑥李商隐《与陶进士书》："求尉于虢。……始至官，以活狱不合人意，辄退去。将遂脱衣置笏，永夷农牧，会今太守怜之，催去复任，径使不为升斗汲汲，疲瘁低儒耳。"⑦李频《陕府上姚中丞》诗："关东领藩镇，（关）［阙］下授旄旌。觅句秋吟苦，酬恩夜坐劳。天开吹角出，木落上楼高。闲话钱塘郡，半年听海潮。"⑧周贺《上陕府姚中丞》诗："此心长爱狎禽鱼，仍候登封独著书。领郡只嫌生药少，在官长恨与山疏。成家尽是经纶后，得句应多谏净余。见说养真求退静，溪南泉石许同居。"⑨

---

① ［宋］欧阳修、宋祁：《新唐书》卷一二四，第 4388 页。
② ［宋］王钦若：《册府元龟》卷七〇七，第 8415 页。
③ ［宋］叶梦得：《石林燕语》卷五，第 71 页。
④ ［后晋］刘昫：《旧唐书》卷一七下，第 578 页。
⑤ ［清］彭定求：《全唐诗》卷八一四，第 9166 页。
⑥ ［宋］欧阳修、宋祁：《新唐书》卷二〇三，第 5792 页。
⑦ ［唐］李商隐：《樊南文集》卷八，上海古籍出版社 1988 年版，第 444—445 页。
⑧ ［清］彭定求：《全唐诗》卷五八九，第 6838—6839 页。
⑨ ［清］彭定求：《全唐诗》卷五〇三，第 5730 页。

逾年入觐,拜秘书监,优硕儒也。

姚合终官,诸书记载有所不同,《新唐书·姚合传》:"终秘书监。"①《郡斋读书志》:"终秘书监。"②《旧唐书·姚合传》:"位终给事中。"③陈振孙《直斋书录解题》:"《姚少监集》十卷。唐秘书少监姚合撰。……开成末终秘书监。"④《古今姓氏书辩证》称:"秘书监合。"⑤《全唐诗》卷五八七李频有《夏日宿秘书姚监宅》诗,《文苑英华》卷三〇四方干有《哭秘书姚监》诗⑥。以墓志证之,作秘书监是。

会昌二年壬戌夏五月,辞以目视不明,颐摄私第。冬十二月,寝疾旬余,是月廿有五日乙酉,启手足于靖恭里第,享年六十有六。

姚合卒年,诸书记载歧异甚大,今此墓志出土,可以定谳。《新唐书·姚合传》:"终秘书监。"⑦闻一多《唐诗大系》定姚合卒于大中九年(855)。陶敏《姚合年谱》考证姚合卒于会昌六年(846)。均不确。陶敏《读姚合、卢绮二志札记》已订正姚合生年为大历十二年(777),卒年为会昌二年⑧。

靖恭里,位于长安朱雀门街第四街街东自北向南第七坊。见《长安志》卷九、《唐两京城坊考》卷三。

上增悼惜,为之一不视朝,诏赠礼部尚书。

姚合卒赠礼部尚书,未见传世文献记载,而出土文献材料颇可参证。姚合子姚潜撰《姚品墓志》:"秘书监、赠礼部尚书我府君之女弟也。"⑨常鏚《姚潜墓志》:"秘书监、赠礼部尚书合之子。"⑩

公娶相州内黄丞范阳卢公肇之女,生一子一女。子曰覃,女适进士河

① [宋]欧阳修、宋祁:《新唐书》卷一二四,第4388页。
② 孙猛:《郡斋读书志校证》卷一八,第903页。
③ [后晋]刘昫:《旧唐书》卷九六,第3029页。
④ [宋]陈振孙:《直斋书录解题》卷一九,第568页。
⑤ [宋]邓名世:《古今姓氏书辩证》卷一〇,第150页。
⑥ [清]彭定求《全唐诗》卷六五〇方干诗卷题作《哭秘书姚少监》,方干《玄英集》卷四题作《哭秘书姚监丞》,均当为传刻之误。
⑦ [宋]欧阳修、宋祁:《新唐书》卷一二四,第4388页。
⑧ 陶敏:《唐姚合、卢绮二志札记》,第247页。
⑨ 吴钢主编:《全唐文补遗》第6辑,第170页。
⑩ 吴钢主编:《全唐文补遗》第8辑,第204页。

东节度推官、试协律郎太原郭图。别女二人，俱稚年。嗣子覃，前数年已明二经中第，性厚而文，不陨先业。将应宗伯试而家不造，号慕陨塞，血睑濡黄。

常鐬《姚潜墓志》："公讳潜，字居明，……秘书监、赠礼部尚书合之子。外王父范阳卢肇。"①姚潜撰《卢绮墓志》："夫人讳绮，其先范阳人也。……曾王父讳子真，皇袁州刺史。王父讳森，皇汝州司法参军。烈考讳肇，皇相州内黄县丞。才高位卑，钟庆于后。夫人生有异姿淑德，孤于龆龀中，外族郭氏，怜而鞠之。……外氏不敢妄许人，已而归我先府君。……一女适太原郭图，官卒于易定观察支使、监察御史。二女将及笄。一子曰潜，既婚而未仕。"②卢绮为姚合妻，大中四年（850）九月二十四日卒，十一月十一日葬。

以会昌三年正月廿三日，护輴舆归东周，以其年八月二十有八日甲申，窆于河南府河南县伊汭乡万安山南原，祔皇祖茔，礼也。

姚合葬于祖茔，可由其家族墓志证之。姚合妻卢绮墓志："以其年十一月十一日乙酉，号奉輴舆归东周。是月廿二日丙申，窆于河南府河南县伊汭乡万安山南原，启祔先府君茔。"③姚合子姚潜墓志："归葬于河南府河南县伊汭乡万安山南原、列考尚书茔之侧。"④姚潜妻马琬墓志："窆于河南府河南县伊汭乡尹樊里万安山南原。"⑤

始问蓍龟得日，其孤覃哭踊再拜，谓勖曰："志事当铭，覃于兄五世之曩，弟也，厥铭其可俟他族乎？"勖才隘识短，不宜以文字宣重德，迫于勤请，不敢辞。

姚合墓志撰者姚勖，见于本志题署："族子朝议郎守尚书右司郎中上柱国赐紫金鱼袋勖撰。"姚勖事迹，见于《新唐书·姚崇传》："字斯勤。长庆初擢进士第，数为使府表辟，进监察御史，佐盐铁使务。累迁谏议大夫，

① 吴钢主编：《全唐文补遗》第8辑，第204页。
② 《卢绮墓志》拓片图版，载于《书法丛刊》2009年第1期，第36—37页。
③ 《书法丛刊》2009年第1期，第37页。
④ 吴钢主编：《全唐文补遗》第8辑，第205页。
⑤ 吴钢主编：《全唐文补遗》第8辑，第195页。

更湖、常二州刺史。……终夔王傅。自作寿藏于万安山南原崇茔之旁,署兆曰'寂居穴',坟曰'复真堂',中剗土为床曰'化台',而刻石告后世。"①宋谈钥《嘉泰吴兴志》卷一四《郡守题名》:"姚勖,会昌三年六月二十九日自尚书左司郎中授,后迁吏部郎中。"②由墓志证之,"左司"为"右司"之误。

又姚合子姚潜墓志,也已出土。但该志未述姚潜曾名姚覃之事。然参合姚合、卢绮、姚潜等墓志,姚合仅一子,则潜与覃为一人无疑。朱关田云:"覃、潜盖同一人,覃乃潜之初名,先以明二经为乡贡进士,初试,因父丧未克,后屡试不第,至大中丁丑岁(十一年)始上第。"③可参。

姚合家族墓志及文学情况的记载

《姚合墓志》的出土,为我们研究中晚唐文学打开了一窗口,在此前,姚合之子潜,姚潜之妻马琬墓志亦已出土,另有姚合之妹姚品墓志,则近年来姚氏家族墓志出土了一批墓志,这又为我们研究家族文学提供了原典材料。

姚氏家族墓碑墓志出土情况表

序号	墓主姓名	字号	墓志名称	与姚合关系	出土地点	收录典籍
1	姚懿	善意	唐故银青光禄大夫巂州都督长沙郡公赠□州都督吏部尚书文献公姚府君玄堂记	五世祖	陕县张茅乡西崖村	《新中国出土墓志·河南一》上册,第432页
2	姚懿	善意	大唐故幽州都督姚府君墓志铭并序	五世祖		《全唐文补遗·千唐志斋新藏专辑》,第104—105页
3	姚懿	善意	大唐故巂州都督赠幽州都督吏部尚书文献公姚府君碑铭	姚合五世祖		清拓本

① 〔宋〕欧阳修、宋祁:《新唐书》卷一二四,第4388—4389页。
② 〔宋〕谈钥:《嘉泰吴兴志》卷一四,《宋元方志丛刊》第5册,第4776页。
③ 朱关田:《姚合、卢绮夫妇墓志题记》,《书法丛刊》2009年第1期,第31页。

序号	墓主姓名	字号	墓志名称	与姚合关系	出土地点	收录典籍
4	姚香		唐台登县令李君故夫人姚氏墓志铭并序	姚合族人	洛阳市偃师市	《河洛墓刻拾零》，上册，第82页
5	姚景之	元昭	大唐故中散大夫宗正少卿上柱国魏县开国子吴兴姚君墓志铭并序	姚合从曾祖	伊川县彭婆乡	《秦晋豫新出墓志搜佚续编》，第2册，第512页
6	姚崇	元之	故开府仪同三司上柱国赠扬州刺史大都督梁国公姚文贞公神道碑奉敕撰	姚合从曾祖	传世文献记载	《全唐文》，卷二三〇，第1027—1028页
7	刘氏		大唐开府仪同三司紫微令梁国公姚公夫人沛国夫人刘氏墓志铭并序	姚合从曾祖母	伊川县彭婆乡许营村	《洛阳新获墓志续编》，第95页
8	姚崇	元之	姚元景造像铭	姚合从曾祖		《金石萃编》，卷六五，第6B页
9	姚彝	德常	大唐正议大夫光禄少卿虢县开国子□□姚府君神道之碑并序	姚合族祖	伊川县彭婆乡许营村万安山	《洛阳新获墓志》，第56页
10	姚彝	德常	唐故光禄少卿上柱国虢县开国子姚君墓志铭并序	姚合族祖	伊川县彭婆乡许营村万安山	《中国典籍与文化》2012年第4期，第72页
11	李媛	媛	唐故正议大夫行光禄少卿上柱国虢县开国子姚府君夫人陇西郡君李氏墓志铭并序	姚合族祖母	伊川县万安山南原	《秦晋豫新出墓志搜佚续编》，第3册，第772页
12	姚异	谦光	大唐银青光禄大夫许州诸军事许州刺史上柱国郑县开国伯姚府君志铭并序	姚合族祖	伊川县万安山南	《黑龙江史志》2014年第3期，第772页
13	姚辩义	玄载	大唐故朝请大夫齐州临济县令吴兴姚君墓志铭并序	姚合族祖	伊川县彭婆乡许营村	《洛阳新获墓志续编》，第99页

续 表

序号	墓主姓名	字号	墓志名称	与姚合关系	出土地点	收录典籍
14	姚爱同	爱同	故朝议大夫守绥州刺史姚府君墓志铭并序	姚合族祖	洛阳孟津县	《河洛墓刻拾零》，上册，第247页
15	姚闿	闿	大唐故魏郡贵乡县令姚府君墓志铭并序	姚合族父	伊川县彭婆乡	《秦晋豫新出墓志搜佚》，第3册，第729页
16	姚合	大凝	唐故朝请大夫守秘书监赠礼部尚书吴兴姚府君墓铭并序		伊川县彭婆乡许营村万安山	《书法丛刊》2009年第1期，第34—35页
17	卢绮		唐故秘书监姚府君夫人范阳县君卢氏墓铭并序	姚合妻	伊川县彭婆乡许营村万安山	《书法丛刊》2009年第1期，第36—37页
18	姚侑	百华	唐故朝散郎前试詹事府司直兼蕲州黄梅县令姚公墓志铭并序	姚合族兄弟		《全唐文补遗·千唐志斋新藏专辑》，第298—299页
19	姚伾		吴兴姚氏殇子墓志铭并序	姚合族兄弟		《全唐文补遗·千唐志斋新藏专辑》，第242页
20	姚潜	居明	唐故摄河东节度推官前试大理评事吴兴姚公墓铭并序	姚合子	伊川县彭婆乡柏树沟	《洛阳新获墓志续编》，第258页
21	马琬	德卿	唐姚氏故夫人扶风马氏墓志铭并序	姚合媳	伊川县彭婆乡柏树沟	《洛阳新获墓志续编》，第250页
22	姚品		唐故濮州临濮县令赠赵郡李公夫人吴兴姚氏墓铭并序	姚合妹	洛阳市	《隋唐五代墓志汇编》（北京大学卷），第2册，第133页
23	姚偁	偁	唐故宣州泾县主簿吴兴姚府君故夫人祁县王氏合祔玄堂记	姚合族兄弟	伊川县彭婆乡许营村万安山	《洛阳流散唐代墓志汇编续集》，下册，第614页

序号	墓主姓名	字号	墓　志　名　称	与姚合关系	出土地点	收　录　典　籍
24	姚栖云		唐节士姚君墓铭并叙	姚合侄	伊川县彭婆乡许营村万安山	《洛阳新出土墓志释录》，第 165 页
25	姚　勖	斯勤	唐故通议大夫守虁王傅分司东都上柱国赐紫金鱼袋吴兴姚府君墓志	姚合族侄	伊川县彭婆乡许营村万安山	《河南科技大学学报》2010 年第 5 期，第 10—11 页
26	姚　氏		唐故河南采访汴州刺史徐公夫人嘉兴县君墓志铭并序	姚合族人	伊川县彭婆乡许营村万安山	《中原文物》2000 年第 6 期，第 48 页
27	姚　缙	饰之	唐故虁王傅分司东都吴兴姚府君室女墓志铭并序	姚合族侄孙女	洛阳市伊川县	《秦晋豫新出墓志搜佚》，第 4 册，第 1062 页
28	姚　辟	辟	故殿中侍御史姚府君墓志铭并序	姚合族父		《洛阳流散唐代墓志汇编》，下册，第 392 页
29	李行止	行止	唐故朝议大夫亳州别驾李府君墓志铭并叙	姚崇妹婿	洛阳市孟津县	《河洛墓刻拾零》上册第 270 页
30	徐　放	达夫	唐故朝散大夫守衢州刺史上柱国徐君墓志铭并序	姚崇外曾孙	伊川县彭婆乡许营村东北	《新中国出土墓志·河南叁·千唐志斋壹》，第 268 页

　　姚氏家族墓志的出土，对于我们研究姚氏族系、婚姻与文学传家的关系具有一定的启发作用。这几篇墓志当中，都不同程度地记载了墓主的文学情况。《姚合墓志》云：“元和中，以进士随贡来京师，就春闱试而能诗，声振辇下。为诗脱俗韵，如洗尘滓，旨义必辅教化，学诗者望门而趋，若奔洙泗然。数岁登第。……韩文公尹京兆，爱清才，奏为万年尉。”《卢绮墓志》云：“幼聪秀，长明婉，雅多才艺。能讽古歌诗、杂记数万言。凡组

绣弦乐,运指致思,必到其微。"①《姚潜墓志》云:"公出于庆门,聪敏淑茂,辩数好学,未冠有文。……(大中)五年甲申十一月,北都留守刘公辟为节度推官,旌其强识多艺,而服膺于天爵也。时以戎府乂安,宾席无事。或一博一弈以游意,或话文讲古以终日。"②《马琬墓志》云:"始太夫人为世女师,夫人能□其性,强记夙成。读《论语》《诗》《礼》、浮图、老子书,博观史传,皆略通大指。又杂讽诸诗数百篇。学柳氏书,笔力遒劲。龆龀中,闻人读陈思王《公宴》诗,诗叙夜景云:'好鸟鸣高枝。'发难曰:'夜中鸟鸣,讵是善句。'闻者惊服其天然慧悟如此。潜少学古今诗,实自克苦,每成篇,为夫人所佳者,果为高识赏异。斯非学所能致也。善丝桐曲,多古雅声。"③《姚品墓志》云:"然自龆岁,即若成人,不以娇稚自处。明秀婉悟,进止闲淑。常咏讽歌诗,以自怡怿。先府君益器怜之。"④从诸人墓志所记载的文学情况,可以看出姚氏家族的文学渊源以及姚合作为著名诗人得以成长的家庭环境。

姚合与韩孟诗派

《姚合墓志》:"韩文公尹京兆,爱清才,奏为万年尉。"姚合曾任万年尉,文献中有所记载,晁公武《郡斋读书志》云:"历武功主簿,富平、万年尉。"⑤姚合有《万年县中雨夜会宿寄皇甫甸》,朱庆馀有《与贾岛顾非熊无可上人宿万年姚少府宅》等诗。但未见有韩愈奏荐姚合的记载。按韩愈为京兆尹,在长庆三年六月至十月,见《旧唐书·穆宗纪》。其奏荐姚合即当在本年。姚合与韩愈有诗歌唱酬,姚合有《和前吏部韩侍郎夜泛南溪》诗云:"辞得官来疾渐平,世间难有此高情。新秋月满南溪里,引客乘船处处行。"⑥韩愈原诗为《南溪始泛三首》,魏本引樊汝霖曰:"公长庆四年八

① 《书法丛刊》2009 年第 1 期,第 37 页。
② 吴钢主编:《全唐文补遗》第 8 辑,第 204 页。
③ 吴钢主编:《全唐文补遗》第 8 辑,第 195 页。
④ 《隋唐五代墓志汇编》(北京大学卷)第 2 册,第 133 页。
⑤ 孙猛:《郡斋读书志校证》卷一八,第 903 页。
⑥ [清]彭定求:《全唐诗》卷五〇一,第 5696 页。

月,病满百日假。既罢,十二月,薨于靖安里第。"①同赋诗者,除姚合外,张籍有《同韩侍郎南溪夜赏》篇,贾岛有《和韩吏部泛南溪》诗。这是韩愈临终前最后一次文人集会。由《姚合墓志》记载其由韩愈所擢拔,以及与韩愈集会和诗的情况,可知姚合与韩孟诗派群体联系密切,这对于姚合诗风的形成具有一定的影响,故而这一墓志是我们研究姚合与韩孟诗派关系的重要材料。姚合《天竺寺殿前立石》诗云:"补天残片女娲抛,扑落禅门压地坳。霹雳划深龙旧攫,屈盘痕浅虎新抓。苔黏月眼风挑剔,尘结云头雨磕敲。秋至莫言长矻立,春来自有薜萝交。"②宋人方回评曰:"押险韵而加以剜剔之工,殆亦戏笔。"③又姚合在万年县尉任上所作的《万年县中雨夜会宿寄皇甫甸》诗,方回评曰:"五、六言雨事巧。虫上阶近人,雨中多有之。客起到门,始知有雨而还,则人之所难言者,故曰巧。"④就是受韩愈诗风影响的典型例证。姚合有诗描述韩门弟子的形象,也惟妙惟肖。如《赠刘叉》诗:"自君离海上,垂钓更何人。独宿空堂雨,闲行九陌尘。避时曾变姓,救难似嫌身。何处相期宿,咸阳酒市春。"⑤宋方回《瀛奎律髓》评曰:"刘叉豪侠之士,尝杀人亡命,此诗殆叉之真像也。"⑥此外,姚合与韩孟诗一派的诗人多所交往,如贾岛,姚合有《送贾岛及锺浑》《别贾岛》《寄贾岛》《寄贾岛时任普州司仓》等诗多达14首;贾岛亦有《重酬姚少府》等诗12首。张籍,姚合有《寄主客张郎中》《赠张籍太祝》《酬张籍司业见寄》等诗;张籍亦有《赠姚合少府》《寒食夜寄姚侍郎(一作御)》《赠姚合》等诗。刘叉,姚合有《赠刘叉》诗;刘叉则有《自古无长生劝姚合酒》《姚秀才爱予小剑因赠》诗。又姚合有《答韩湘》诗:"昨闻过春关,名系吏部籍。三十登高科,前涂浩难测。"⑦据韩愈《示爽》诗注:"有侄孙湘者,字北渚,老

① 钱仲联:《韩昌黎诗系年集释》卷一二,第1278页。
② [清]彭定求:《全唐诗》卷四九九,第5677页。
③ 李庆甲:《瀛奎律髓汇评》卷三三,上海古籍出版社2005年版,第1383页。
④ 李庆甲:《瀛奎律髓汇评》卷八,第299页。
⑤ [清]彭定求:《全唐诗》卷四九七,第5652页。
⑥ 李庆甲:《瀛奎律髓汇评》卷四二,第1492页。
⑦ [清]彭定求:《全唐诗》卷五〇一,第5703页。

成长子,登长庆三年进士第。"①姚合又有《送韩湘赴江西从事》等。盖姚合与韩愈家族的人物,以及韩门弟子,关系都甚为密切。

二、李郃墓志

墓 志 释 文

唐故贺州刺史李府君墓志铭 并序

吾痛吾兄赋命不年,享禄不丰,以促以刻,不果贵,大茹其毒。将葬,欲铭其墓,宜有文乎。呜呼!吾兄之道塞于时,名可耀万古,而年位偕不至。俾及夫子之门,德行不愧颜、闵,文学不愧游、夏。遭其用,术业不愧伊、咎、稷、契。扬吾兄之道,冀传于世,传于家,宜吻其毒而文于铭也。吾名不高,道不光,文不售于时,宜有文乎?苟为之,则翳吾兄之德,且卑吾兄之道。是吾之文冀传于世,不可也。然吾之文,信于吾兄,著于吾家。吾冀吾兄之道,不朽于吾家而传于吾子孙。则又宜文于铭也。呜呼!其序云:

会昌三年正月廿七日,贺州告刺史亡。府君大和九年由监察御史贬端州员外司户。开成三年十二月,天子以投荒冤殁者动念,诏量移朗州司马。四年,岭南节度卢公钧奏为副经略使,报可。五年十一月除贺州刺史。人不知所出,或云:府君留南土久,熟其风俗,朝廷欲苏息蛮夷蠢类,故选才人为牧。不知此真朝廷旨否?府君生五年,能念诗书。九年,有文章。历落沉厚,举止器度,必见远大。十五年,则以生物为己任。廿七年,举进士,文压流辈,敌乞避路。再试京兆府,以殊等荐。会礼部题目有家讳,其日径出。主司留试不得。明年就试,主司考第,擢居第一。后应能直言极谏。天子读其策,诏在三等。时友生刘蕡对诏,尽所欲言,乞上放左右贵幸,复家人指役。自艰难已来,左右贵幸主禁中事者皆立使目,权

---

① 钱仲联:《韩昌黎诗系年集释》卷一二,第 1275—1276 页。

势日大。近者耳目相接，无所经怪。蕡一旦独轩，讦当世难发事。时俗骇动，丛□诼讪。考司虑不合旨，即罢去。然蕡策高甚，人间喧然传写，不旬日，满京师。稍稍入左右贵幸耳。左右意不平，欲害蕡者绝多，语颇漏泄。府君虑祸卒起，不可解，欲发其事，俾阴毒不能中，乃亟上疏，言蕡策可用，乞以第以官让蕡，冀上知其事本末，即蕡得不死。疏奏，天子以为于古未有，召宰相问：宜何如？宰相奏不可许。由此上尽知蕡策中语。蕡祸卒解。府君犹左授河南府参军。尚书韦公弘景为河南尹，雅知才术，事有细大皆委之，无不适所。韦公主诺而已。韦公除东都留守，署推官，奏大理评事。府变，温公造为河阳节度，奏为掌记。居二年，转里行监察。其年十月，温公除御史大夫，请为监察御史。明年七月，由御史谪官。府君重然诺，守信义，尝以不欺闇室为心。与交友之分，爵位必相先，患难必相死。此亦天性所长也。居常自负，意豁如也。及处闺门，敬长行，友昆弟，抚生侄，临事精细周密，人莫有及者。百行必具，百善无缺。塞于其生，岂司善恶者舞夭寿之权以欺生人乎？吾观天赋生物，多穷薄之。自古理日常少，则善人良士振滞之数可知也。俾善人良士皆不得时，是天意果穷薄于生物不疑也。不如是，何夺吾兄之速乎？府君娶河东裴氏夫人，皇潞州大都督府户曹参军渐之孙，前大理评事溱之女。夫人则卢滑州群之外孙女也。高明淑干，妇其家，和其长幼。其家皆贤之。先府君一年而殁，年卅。生二男子，一女子。男曰小经，曰龙郎。女曰秦来子。府君皇御史中丞、赠兵部侍郎怀让之曾孙，皇户部侍郎、同州刺史、山南西道采访使、赠户部尚书揖之孙，皇饶州乐平县尉严之子。会昌二年十二月十五日殁于贺州刺史宅。年卅五。三年八月廿八日，与夫人偕葬于河南府偃师县亳邑乡土娄南管之原。府君姓李氏，名郃，字子玄。弟鄂泣血为铭以志云：

　　名不必高兮，行不必膻。苟熏灼甚兮，掇其生之蹇连。丰恶刻善兮，何为则然？丰恶刻善兮何？

　　《李郃墓志铭》，李郃（798—842），字子玄。官至贺州刺史。会昌二年（842）十二月十五日卒，三年八月廿八日葬。志盖长、宽均60厘米，高10厘米。志石长、宽均

59 厘米,高 10 厘米。主要纹饰:盖顶,几何纹;四刹,牡丹花;盖边,几何纹;志边,牡丹花。墓志首题"唐故贺州刺史李府君墓志铭并序",其弟李鄂撰。洛阳偃师杏园出土。墓志拓片图版,载于中国社会科学院考古研究所《偃师杏园唐墓》,科学出版社 2001 年版,第 334 页。录文载《全唐文补遗》第 8 辑,第 165—166 页。王勋成有《李郃年谱稿》,载《中国典籍与文化论丛》第 8 辑,北京大学出版社 2005 年版,第 102—109 页;李文初、周松芳有《晚唐诗人李郃的籍贯问题》,载《中国典籍与文化》2009 年第 3 期,第 30—32 页;均可参看。李郃诗,载《全唐诗补编》,第 409 页,又第 1045 页。

墓 志 疏 证

会昌三年正月廿七日,贺州告刺史亡。府君大和九年由监察御史贬端州员外司户,开成三年十二月,天子以投荒冤殁者动念,诏量移朗州司马。四年,岭南节度卢公钧奏为副经略使,报可。五年十一月除贺州刺史。人不知所出,或云:府君留南土久,熟其风俗,朝廷欲苏息蛮夷蠢类,故选才人为牧。不知此真朝廷旨否?

李郃由于史书无传,故墓志当中的仕历,可以补史之阙,正史之误,价值自不待言。此外,还可以为我们今天的学术研究提供重要的资料。如李郃为贺州刺史,不少文献都有记载与考证,《南部新书》卷乙:"李郃除贺州,人言不熟台阁,故著《骰子选格》。"①《新书·艺文志三·杂艺术类》:"李郃《骰子选格》三卷。"注:"字中玄,贺州刺史。"②《舆地碑记目》卷三《贺州碑记》有《幽山丹甑记》,注:"太和五年,李郃撰。"③《广西通志》谓鄱山在平乐府贺县西十里,唐刺史李郃见有彩烟不散,更名曰瑞云。大和四年,庆云见丹甑山,是年李郃来任。郁贤皓先生《唐刺史考全编》卷二六二系于大和四、五年。而据墓志称:"会昌三年正月廿七日,贺州告刺史亡。……(开成)五年十一月除贺州刺史。……会昌二年十二月十五日殁于贺州刺史宅,年卅五。"知李郃为贺州刺史在开成五年至会昌二年。可订正诸传世文献与研究论著的错误。

---

① 〔宋〕钱易:《南部新书》卷乙,第 20 页。
② 〔宋〕欧阳修、宋祁:《新唐书》卷五九,第 1561 页。
③ 〔宋〕王象之:《舆地碑记目》卷三,《丛书集成初编》本,第 74 页。

志中卢钧，《旧唐书》卷一七七、《新唐书》卷一八二有传。《旧唐书》卷一七下《文宗纪》下：开成元年十二月，"庚戌，以华州刺史卢钧为广州刺史，充岭南节度使"①。陆增祥《八琼室金石补正》卷六一《卢钧赴阙题名》："户部侍郎卢钧，开成五年十二月十一日，赴阙过此。"②知卢钧开成二年始为岭南节度使，五年末内迁为户部侍郎。

贺州，《元和郡县图志》卷三七《岭南道》四《贺州》："汉苍梧郡地，今州即苍梧郡之临贺县也。吴黄武五年，割苍梧置临贺郡。贺水出州东北界，西流，又注临水，郡对临、贺二水，故取名焉。吴属荆州，晋属广州。隋开皇元年，以郡为贺州，大业二年废州，以县属苍梧郡。武德五年，复置贺州。州境：东西三百七十里，南北四百一十里。八到：西北至上都三千八百五十五里。西北至东都三千五百九十五里。西至昭州三百里。西南至富州三百一十里。南至封州三百六十里。西南至梧州四百一十里。东至连州二百七十里。"③

府君生五年，能念诗书。九年，有文章。历落沉厚，举止器度，必见远大。十五年，则以生物为己任。廿七年，举进士，文压流辈，敌乞避路。再试京兆府，以殊等荐。会礼部题目有家讳，其日径出。主司留试不得。明年就试，主司考第擢居第一。

这里涉及唐时避家讳甚严，以至于考进士时遇有家讳而不参加考试。这对于了解唐代习俗很有作用。这种情况还不止李郜一人。故《南部新书》卷丙称："凡进士入试，遇题目有家讳（谓之"文字不便"），即托疾，下将息状求出，云：'牒某，忽患心痛，请出试院将息，谨牒如的。'暴疾亦如是。"④著名诗人李贺也是如此。王定保《唐摭言》卷一〇称："李贺，字长吉，唐诸王孙也，父瑨肃，边上从事。贺年七岁，以长短之制，名动京华。……年未弱冠，丁内艰。他日举进士，或谤贺不避家讳，文公特著《讳

① ［后晋］刘昫：《旧唐书》卷一七下，第567页。
② ［清］陆增祥：《八琼室金石补正》卷六一，第423页。
③ ［唐］李吉甫：《元和郡县图志》卷三七，第921页。
④ ［宋］钱易：《南部新书》卷丙，第35页。

辨》一篇,不幸未登壮室而卒。"①韩愈《韩昌黎集》卷一二《讳辨》:"愈与李贺书,劝贺举进士。贺举进士有名,与贺争名者毁之,曰:'贺父名晋肃,贺不举进士为是,劝之举者为非。'听者不察也,和而唱之,同然一辞。"②尽管韩愈为其辩论,而李贺始终没有举进士。通过与《李郃墓志铭》相参证。我们也可以从更深一层理解李贺避家讳而不参加考试的原因。

后应能直言极谏。天子读其策,诏在三等。时友生刘蕡对诏,尽所欲言,乞上放左右贵幸,复家人指役。自艰难已来,左右贵幸主禁中事者皆立使目,权势日大。近者耳目相接,无所经怪。蕡一旦独轩,讦当世难发事。时俗骇动,丛口谤讪。考司虑不合旨,即罢去。然蕡策高甚,人间喧然传写,不旬日,满京师。稍稍入左右贵幸耳。左右意不平,欲害蕡者绝多,语颇漏泄。府君虑祸卒起,不可解,欲发其事,俾阴毒不能中,乃亟上疏,言蕡策可用,乞以第以官让蕡,冀上知其事本末,即蕡得不死。疏奏,天子以为于古未有,召宰相问:宜何如? 宰相奏不可许。由此上尽知蕡策中语。蕡祸卒解。府君犹左授河南府参军。

墓志记载大和二年刘蕡应制举情况颇为详尽,可与史籍互证,详下文"李郃与晚唐党争"部分论述。

李郃被贬河南府参军事,史籍亦有记载。

尚书韦公弘景为河南尹,雅知才术,事有细大皆委之,无不适所。韦公主诺而已。韦公除东都留守,署推官,奏大理评事。

韦弘景,京兆人。贞元中及进士第。为汴州、浙东从事。元和三年拜左拾遗,改司门员外郎,转吏部员外、左司郎中,改吏部、度支郎中。出为绵州刺史,入为京兆少尹,迁给事中。穆宗时为太仆卿,迁刑部侍郎,转吏部侍郎。改陕虢观察使,征拜尚书左丞。转礼部尚书,充东都留守。新、旧《唐书》均有传。弘景为河南尹在大和四年(830),同年十二月改东都留守,次年五月卒。《旧唐书》卷一七下《文宗纪》下:大和四年十二月"戊

---

① [五代]王定保:《唐摭言》卷一〇,第116—117页。
② 马其昶:《韩昌黎文集校注》卷一,第61页。

辰，以太子宾客分司白居易为河南尹，以代韦弘景；以弘景守刑部尚书、东都留守"①。五年五月"辛酉，东都留守、刑部尚书韦弘景卒。"②

府变，温公造为河阳节度，奏为掌记。居二年，转里行监察。其年十月，温公除御史大夫，请为监察御史。明年七月，由御史谪官。

温造，字简舆，并州祁县人。穆宗长庆元年为京兆府司录参军，二年出为朗州刺史。入为侍御史，迁左司郎中，拜御史中丞。大和四年为兴元尹、山南东道节度使。五年改任兵部侍郎。七月，检校户部尚书、东都留守、判东都尚书省事。九月，制改授河阳、怀州节度观察等使。七年为御史大夫，九年转礼部尚书，其年六月病卒。据《旧唐书》卷一七下《文宗纪》下：大和五年八月壬申，"以温造为河阳三城怀州节度使"③。八年十一月癸丑，"以前河阳节度使温造为御史大夫"④。史书"十一月"与墓志"十一月"不同，盖作墓志时偶然误记。

府君娶河东裴氏夫人，皇潞州大都督府户曹参军渐之孙，前大理评事溱之女。

裴渐，《新唐书》卷七一上《宰相世系表》，河内太守恂子渐，无官历。与墓志之裴渐非一人。裴溱，史籍无考。

夫人则卢滑州群之外孙女也。高明淑干，妇其家，和其长幼。其家皆贤之。先府君一年而殁，年卅。生二男子，一女子。男曰小经，曰龙郎。女曰泰来子。

卢群，墓志言："夫人则卢滑州群之外孙女也。"卢群，《旧唐书》卷一四〇、《新唐书》卷一四七有传。《旧唐书》卷一三《德宗纪》下：贞元十六年四月，"辛卯，以义成军行军司马卢群为滑州刺史、兼御史中丞、义成军节度使"⑤。九月，"义成军节度使卢群卒"⑥。

---

① ［后晋］刘昫：《旧唐书》卷一七下，第 540 页。
② ［后晋］刘昫：《旧唐书》卷一七下，第 542 页。
③ ［后晋］刘昫：《旧唐书》卷一七下，第 543 页。
④ ［后晋］刘昫：《旧唐书》卷一七下，第 556 页。
⑤ ［后晋］刘昫：《旧唐书》卷一三，第 392 页。
⑥ ［后晋］刘昫：《旧唐书》卷一三，第 393 页。

府君皇御史中丞、赠兵部侍郎怀让之曾孙，皇户部侍郎、同州刺史、山南西道采访使、赠户部尚书揖之孙，皇饶州乐平县尉严之子。

李郃世系相关者，唐有两个李怀让，其一为同华节度使。《旧唐书》卷一一《代宗纪》：宝应二年六月，"同华节度使李怀让自杀，为程元振所构"[①]。显然不是李郃之曾祖。二为蒋国公。《新唐书》卷七〇上《宗室世系表》上：梁王澄孙"温州刺史、蒋国公怀让"[②]。其时代与李郃的曾祖亦不相当，官历亦不合。故李郃曾祖御史中丞之怀让，可补史书所缺载。李揖，《旧唐书》卷一一一《房琯传》："琯请自选参佐，乃以御史中丞邓景山为副，户部侍郎李揖为行军司马。"[③]即此人。其为同州刺史，亦为史所缺载。同为杏园出土的《唐孝子故庐州参军李府君（存）墓志铭》："大王〔父〕揖，皇户部侍郎、同州刺史、山南西道采访使，赠户部尚书。"[④]又《李郁墓志》（会昌三年二月一日）："祖揖，皇户部侍郎、同州刺史、山南西道采访使、赠户部尚书。"[⑤]《李廿五娘墓志》（会昌五年四月廿一日）："曾祖揖，皇户部侍郎、同州刺史、山南西道采访使、赠礼部尚书。"[⑥]《李端友墓志》："曾祖揖，户部侍郎，赠本曹尚书。"[⑦]可与本墓志参证。李严，唐史所载李严有二人，一为贞观中史官，《旧唐书》卷一八九上《儒学传》，与此时代不合。一为元和中邯郸人，与此籍贯不合。只有《唐孝子故庐州参军李府君（存）墓志铭》所载："王父严，皇饶州乐平县尉。"[⑧]又《李端友墓志》："祖严，饶州乐平令。王父郁，历筦榷，累官至殿中。章绶银鱼。"[⑨]由此亦可知李郃与李存、李郁为兄弟。

会昌二年十二月十五日殁于贺州刺史宅。年卅五。三年八月廿八

① ［后晋］刘昫：《旧唐书》卷一一，第272页。
② ［宋］欧阳修、宋祁：《新唐书》卷七〇上，第2024页。
③ ［后晋］刘昫：《旧唐书》卷一一一，第3321页。
④ 中国社会科学院考古研究所：《偃师杏园唐墓》，第345页。
⑤ 中国社会科学院考古研究所：《偃师杏园唐墓》，第336页。
⑥ 中国社会科学院考古研究所：《偃师杏园唐墓》，第346页。
⑦ 中国社会科学院考古研究所：《偃师杏园唐墓》，第351页。
⑧ 中国社会科学院考古研究所：《偃师杏园唐墓》，第344页。
⑨ 中国社会科学院考古研究所：《偃师杏园唐墓》，第351页。

日，与夫人偕葬于河南府偃师县亳邑乡土娄南管之原。

　　唐代有归葬之习俗，故李郜卒于贺州，而归葬于河南偃师。据《元和郡县图志》卷五《河南道》一《河南府》："偃师县，畿，西南至府七十里。本汉旧县，帝喾及汤盘庚并都之。商有三亳，成汤居西亳，即此是也。至盘庚又自河北徙理于亳，商家从此而改号曰殷。武王伐纣，于此筑城，息偃戎师，因以名焉。"①

　　府君姓李氏，名郜，字子玄。

　　《新唐书·刘蕡传》："郜字子玄，后历贺州刺史。"②《全唐文》卷七四四《李郜小传》："李郜字子玄，举太和二年贤良方正能直言极谏科。调河南府参军，历贺州刺史。"③

　　弟鄠泣血为铭以志云。

　　本墓志撰者为李郜之弟李鄠。据《李郁墓志铭》所载："其所抚弟曰郜，曰鄠。郜刺贺，鄠为宪府簿书吏。""鄠且哭且述，其忍铭乎？"④李郁葬于会昌三年（843），知李鄠会昌三年为御史台主簿。检《资治通鉴》卷二五〇《唐纪》：咸通元年十月，"安南都护李鄠复取播州"⑤。十二月戊申，"安南土蛮引南诏兵合三万余人乘虚攻交趾，陷之。都护李鄠与监军奔武州"⑥。咸通二年，李鄠"贬儋州司户"。"再举鄠杀守澄之罪，长流崖州。"⑦会昌三年至咸通元年（860），为十七年，李鄠由御史台主簿至安南都护，是符合情理的，故此与墓志撰者当为一人。有关李鄠的记载，还见于出土的其他墓志，如《唐孝子故庐州参军李府君（存）墓志铭》："其叔鄠衔哀志其行于石。"⑧《李郁夫人崔氏墓志》："李氏之叔鄠为铭以志。"⑨

①　[唐]李吉甫：《元和郡县图志》卷五，第 132 页。
②　[宋]欧阳修、宋祁：《新唐书》卷一七八，第 5306 页。
③　[清]董诰：《全唐文》卷七四四，第 3412 页。
④　中国社会科学院考古研究所：《偃师杏园唐墓》，第 339 页。
⑤　[宋]司马光：《资治通鉴》卷二五〇，第 8091 页。
⑥　[宋]司马光：《资治通鉴》卷二五〇，第 8092 页。
⑦　[宋]司马光：《资治通鉴》卷二五〇，第 8094 页。
⑧　中国社会科学院考古研究所：《偃师杏园唐墓》，第 345 页。
⑨　中国社会科学院考古研究所：《偃师杏园唐墓》，第 342 页。

李郃与晚唐党争

唐文宗大和二年(828)的制科举,以刘蕡对策反对宦官而名闻朝野,当时及第者李郃,也因上疏皇帝论刘蕡的率直,而受到士林的推重,但他的言论并没有受到皇帝的采纳,反而对自己的仕途产生了不利的影响。因此研究大和二年的制科举,对于了解晚唐政治的特征,有着重要的意义。在这一年制科举中,刘蕡和李郃是最关键的人物。刘蕡,新、旧《唐书》列有详细传记,记载其事迹与对策,因而引起文史研究者的注意。而李郃,史书并没有为李郃立传,人们仅仅知道他上书为刘蕡鸣不平,而自己对策不如刘蕡却升第"内怀愧耻"。所以近千年来,李郃的身世及其在晚唐政治变迁中的作用,一直是待发之覆。最近,李郃墓志的发现,不仅可以补史之阙,订史之误,更为重要的是对我们研究晚唐宦官专权与牛李党争的政局,有着重要的作用。

(一) 李郃与刘蕡

史书没有给李郃立传,有关李郃的文献记载,主要见于《新唐书》卷一七八《刘蕡传》。该传在记载刘蕡上对策后说:"是时,第策官左散骑常侍冯宿、太常少卿贾𬸦、库部郎中庞严见蕡对嗟伏,以为过古晁、董,而畏中官眦睨,不敢取。士人读其辞,至感概流涕者。谏官御史交章论其直。于时,被选者二十有三人,所言皆冗琐常务,类得优调。河南府参军事李郃曰:'蕡逐我留,吾颜其厚邪!'乃上疏曰:'陛下御正殿求直言,使人得自奋。臣才志懦劣,不能质今古是非,使陛下闻未闻之言,行未行之事,忽忽内思,愧羞神明。今蕡所对,敢空臆尽言,至皇王之成败,陛下所防闲,时政之安危,不私所料。……况臣所对,不及蕡远甚,内怀愧耻,自谓贤良,奈人言何!乞回臣所授,以旌蕡直。臣逃苟且之惭,朝有公正之路,陛下免天下之疑,顾不美哉!'帝不纳。郃字子玄,后历贺州刺史。"[1]

---

[1] 〔宋〕欧阳修、宋祁:《新唐书》卷一七八,第5305—5306页。

这篇墓志记载李郃的立身行事，要比史书记载详细得多，全面得多。墓志的主干部分是李郃在大和二年(828)的制科情况，以及他与刘蕡的关系。从墓志中，我们不仅可以了解到大和二年制科的重要情况，而且对于研究晚唐的宦官专权与牛李党争具有重要的意义。

墓志的主体部分是说李郃与刘蕡的关系，并揭示了晚唐宦官专权的真实情况。第一，刘蕡是指斥宦官而落第的，李郃为刘蕡落第而鸣不平，表现了他的正直、无私与勇敢。也说明了刘蕡的对策颇能切中时弊。第二，墓志揭示了李郃上奏疏的真正目的。新旧《唐书·刘蕡传》称李郃上奏疏是为刘蕡鸣不平及自己感到内疚两方面内容。故历代研究者每谈到唐代科举时，也往往从这两个方面着眼。而据墓志，则上疏的主要目的是为了救援刘蕡。因为刘蕡的对策触犯了宦官，宦官对他切齿痛恨，欲置之于死地而后快。李郃知道这种情况，故想方设法援救。援救最有效的途径是通过上疏而使这件事让皇帝知道。即墓志所说："左右意不平，欲害蕡者绝多，语颇漏泄。府君虑祸卒起，不可解，欲发其事，俾阴毒不能中，乃亟上疏，言蕡策可用，乞以第以官让蕡，冀上知其事本末，即蕡得不死。疏奏，天子以为于古未有，召宰相问：宜何如？宰相奏不可许。由此上尽知蕡策中语。蕡祸卒解。"第三，墓志揭示了中晚唐时期宦官专权日渐炽烈，以至于举世习以为常的政治环境，从中可以看出唐代政治的腐败及其病根之一。"自艰难以来，左右贵幸主禁中事者皆立使目，权势日大。近者耳目相接，无所经怪。蕡一旦独轩，讦当世难发事。时俗骇动，丛口谤讪。考司虑不合旨，即罢去。然蕡策高甚，人间喧然传写，不旬日，满京师。稍稍入左右贵幸耳。"宦官专权这一积重难返的政治毒瘤，被刘蕡所触及，当然会激起宦官的愤怒。刘蕡的对策，发当世最难发之事，时俗骇动，考官尽管对他的对策非常赞赏，但"虑不合旨，即罢去"，实际上是害怕宦官报复。当皇帝知道这件事后，召宰相问如何处置这件事，宰相也认为"不可许"。皇帝虽然尽知蕡策中语，蕡得不死，但宦官之祸并没有因此得到遏制，刘蕡的命运仍然是不幸的。第四，李郃受到这件事的牵连，也使得以后的仕途不畅。李郃奏疏上达皇帝，皇帝也大加称赏，以为"于古未有",而终究"府君犹左授河南府参军"。可见朝廷对李郃的处置也是颇费一番周折的。因为这件事,皇帝称赏,宰相嘉许,本来应该优加奖赏,结果却被"左授",这里明确地透露出皇帝、宰相与宦官的矛盾,以及宦官势力的强大。

(二) 李郃与晚唐党争

这篇墓志对于研究晚唐党争也具有重要意义。《墓志铭》称李郃为刘蕡鸣不平后,"左授河南府参军。尚书韦公弘景为河南尹,雅知才术,事有细大皆委之,无不适所。韦公主诺而已。韦公除东都留守,署推官,奏大理评事。府变,温公造为河阳节度,奏掌书记。居二年,转里行监察。其年十月,温公除御史大夫,请为监察御史"。这里提到的韦弘景与温造,史书虽没有明言他们是否属于牛党或李党,但据史料进行考察,他们也是偏向于牛党的。韦弘景大和四年(830)为河南尹,同年十二月改东都留守,次年五月卒。温造为河阳节度使在大和五年(831),至八年(834)入为御史大夫。我们看这时的宰相,据《新唐书·宰相表》,大和四年(830)正月辛卯,牛僧孺以兵部侍郎同平章事;六月,李宗闵为中书侍郎;九月,宰相裴度罢为山南东道节度使;六年(832),僧孺出为淮南节度使;七年(833)二月,李德裕以兵部侍郎同平章事;宗闵出为兴元节度使;八年(834)十月,李德裕出为兴元节度使,李宗闵为同平章事。韦弘景为东都留守及温造入朝为御史大夫,都是牛党要人执政的时候,故我们有理由说,李郃在大和中是与牛党人物接近的。李郃贬官,也当与党争有关。"李郃在大和九年由监察御史被贬为端州员外司户,反映出他的政治活动中可能与牛、李党争有关。大和九年,李德裕先遭贬黜,而后李宗闵一党又遭到贬斥,有关大批官员被贬至边远地方任职。《旧唐书·文宗纪下》称:'奸臣李训、郑注用事,不附己者,实时贬黜,朝廷悚震,人不自安。'李郃在这时被贬,很可能是受到党争的牵连。"①但其详情,很难考知。

---

① 中国社会科学院考古研究所:《偃师杏园唐墓》,第 336 页《考释》。

三、卢公亮墓志

墓 志 释 文

唐故集贤殿校理京兆府万年县尉范阳卢公墓志铭 并序

永乐县令殷尧藩撰，再从弟前乡贡进士罕书

公讳公亮，字子佑，范阳涿人也。婚姻礼乐之盛，自晋魏已来，常为山东诸姓之冠，纂序之美，由歌尧咏禹，故可略而不书也。曾祖府君讳朓，终深州司马。祖府君讳瀗，终祠部郎中，累赠至太子少保。烈（者）[考]府君讳士珵，终彭州刺史。公即彭州之长子也。孝友生知，贞和表性，而夷旷有度，魁博不机，恬淡于进取声利之间，未尝苟合。早以文学从乡里之赋。长庆元年，得高第于宗伯钱公。钱公与时之内庭臣不协，诬以选第与夺先定。穆宗命重试，公与时之名声显白等十人受黜，而钱公就贬江州。物论冤塞，公处之恬然，曰："顾道何如耳？"属迎侍季父于北边，因优游于云、代之间，以诗酒自适。公虚怀与物，于人无所不容，故所至为闻人。一二年间，飚风声于朝野。时张将军之在单于，聆公之休，厚礼嘉辟，署观察推官。不数月，奏授太常寺奉礼郎，实掌管记之任。公嘉猷令谋，竭诚奉主，广开运漕，移筑受降城，大小之政，必公之由。故张将军之经略闻于当时，以公之在其府也。后将公事朝京师，张将军在镇，与戎落豪长高下不等，诸酋帅率众叛振武。公闻之，驰往复命。时北边骚然，将军之存亡声问不至。或劝公缓赴以免祸。公以为从知报德之赴夷险一致，去乃穷日之力，与将军相见于城下，君子以为贞。裴侍中之在中书，以公美学行业，宜在清列，由是授国子监四门馆博士，充集贤殿校理。声华弥大，朋游益附。后三年，今相国李公之为大学士，奏改万年县尉，雠校之职仍旧。时议以为柏台谏署之拜，期在旬朔。不幸婴疾，大和六年二月廿三日，终于京师安仁里之寓居，春秋五十。呜呼！天负善人，卒无胤嗣。夫人清河崔氏，与公之令弟公实、公廙，奉公之裳帷归东周，以其年七月十二日，葬于河南

府河南县万安山之南原,从先大夫之茔,礼也。小子于公为从祖弟,承友爱之分于等伦,雪涕铭之,以志陵谷。铭曰:

　　於维君子,德盛业优。取友策名,令问垂休。得实已致,失非我尤。秉彝不惑,乐道忘忧。佐我朔垂,其声益遒。来仕上京,书殿优游。令德无嗣,流恨千秋。实虞陵谷,铭此山丘。

　　《卢公亮墓志》,卢公亮(783—832),字子佑,范阳涿人。官至集贤校理、京兆府万年县尉。大和六年(832)二月二十三日,终于京师安仁里之寓居,春秋五十,同年七月十二日,葬于河南府河南县万安山之南原。卢公亮墓志为虎头龟身形,长 118 厘米,宽 75 厘米,龟座为卢公亮志文,龟内背文为卢公亮夫人志文。这合墓志是目前国内仅存的四合龟墓志之一,而且是鸳鸯墓志,属于国宝级文物。其妻崔氏墓志也同时出土。现藏于千唐志斋博物馆。笔者于 2016 年 8 月 4 日考察千唐志斋,得以拍摄并加以录文。录文又见马雯《我亦不死,与尔始终——唐代卢公亮夫妻墓志及相关问题考证》,载于中州古籍出版社 2015 年版《志海探秘——千唐志斋历史文化研讨会论文集》。卢公亮能诗,墓志称其"优游于云、代之间,以诗酒自适"。《洛阳新获墓志》载有卢震撰《卢轺墓志》:"公于余为仲兄,幼而歧嶷,季父故集贤校理公亮尝赠诗以嘉之。"然卢公亮诗今已不存于世。毛阳光《唐代墓志整理中的伪品与辨伪问题》一文,刊于《光明日报》2022 年 9 月 28 日。以为《卢公亮墓志》是据原石翻刻者。

墓 志 疏 证

　　公讳公亮,字子佑,范阳涿人也。婚姻礼乐之盛,自晋魏已来,常为山东诸姓之冠,纂序之美,由歌尧咏禹,故可略而不书也。

　　卢公亮出范阳卢氏,为山东士族之冠,《新唐书·柳冲传》载柳芳论氏族曰:"过江则为'侨姓',王、谢、袁、萧为大;东南则为'吴姓',朱、张、顾、陆为大;山东则为'郡姓',王、崔、卢、李、郑为大;关中亦号'郡姓',韦、裴、柳、薛、杨、杜首之;代北则为'虏姓',元、长孙、宇文、于、陆、源、窦首之。"①则卢氏为山东五姓之一。新出土墓志中对于范阳卢氏作为山东冠

---

① ［宋］欧阳修、宋祁:《新唐书》卷 199,第 5677—5678 页。

族的记载很多，现举三例加以印证：《唐故汴州雍丘县尉清河崔府君夫人范阳卢氏合祔墓志铭兼序》："卢氏与崔、王等五姓联于天下，而夫人之家，又一宗之冠焉。故论道德，辨族氏者，必以为称者。"①《□□□□□使持节曹州诸军事守曹州刺史赐紫金鱼袋清河崔府君墓志铭并序》："君出于王，太原上族。……夫人荥阳郑氏，……生一子崇，……崇娶范阳卢氏女。……王、郑、卢皆山东鼎族，宦媾之盛，时无与伦。"②卢𫐐撰《唐故进士卢府君墓志铭》："秀才名衢，字子重，范阳涿人也。上世多以儒学识度，为时羽仪，或有服食得道，志在轻举，代以玄寂为事。秦时，使敖入海求仙，君即其后也。洎晋魏已降，衣冠氏族，累叶重光，世不乏人。逮于隋唐，即清浊异流，大启阀阅，分为四姓。卢氏之族，独雄冠于其上矣。"③

曾祖府君讳朓，终深州司马。祖府君讳瀹，终祠部郎中，累赠至太子少保。烈（者）[考]府君讳士珵，终彭州刺史。公即彭州之长子也。

范阳卢氏家族墓志，近年出土七十余方，其中多方为卢公亮一系。胡可先《新出石刻与唐代文学家族研究》第八章《新出石刻与唐代范阳卢氏文学家族研究》进行专门研究，可以参考。这里选取卢公亮之妹卢公寀墓志以相印证。而其家世与婚姻，将在下一部分中专门论证。卢公亮之妹《卢公寀墓志》："夫人讳公寀，其源范阳涿郡人也。阀阅婚媾，历世济美。曾祖朓，皇深州司马。开元中以文律振燿，声逸区夏。祖瀹，皇检校祠部郎中，赠太子少保。醇深清夷，志恬物表。以射策应诏，为弘礼令，实膺致理之右选。父士珵，皇彭州刺史。粹仁积行，博通大要。寿止中年，官未充量。故道屈当世，不能大明于后，君子之所叹也。娶检校左庶子清河崔公朝之女，实生夫人。"④

早以文学从乡里之赋。长庆元年，得高第于宗伯钱公。钱公与时之

① 周绍良主编：《唐代墓志汇编》，第2309页。
② 周绍良主编：《唐代墓志汇编》，第2319页。
③ 赵根喜、张建华编：《新中国出土墓志》河南叁《千唐志斋壹》，第325页。
④ 西安市长安博物编：《长安新出墓志》，第273页。

内庭臣不协,诬以选第与夺先定。穆宗命重试,公与时之名声显白等十人受黜,而钱公就贬江州。物论冤塞,公处之恬然,曰:"顾道何如耳?"属迎侍季父于北边,因优游于云、代之间,以诗酒自适。公虚怀与物,于人无所不容,故所至为闻人。一二年间,飔风声于朝野。

墓志这一段涉及唐穆宗长庆元年科举大案,与传世史料相印证,可以发中晚唐政治之覆。我们将在下一部分专门探讨。

时张将军之在单于,聆公之休,厚礼嘉辟,署观察推官。不数月,奏授太常寺奉礼郎,实掌管记之任。公嘉猷令谋,竭诚奉主,广开运漕,移筑受降城,大小之政,必公之由。故张将军之经略闻于当时,以公之在其府也。后将公事朝京师,张将军在镇,与戎落豪长高下不等,诸酋帅率众叛振武。公闻之,驰往复命。时北边骚然,将军之存亡声问不至。或劝公缓赴以免祸。公以为从知报德之赴夷险一致,去乃穷日之力,与将军相见于城下,君子以为贞。

这里的"张将军"是指张惟清,其名或作"张维清"。《旧唐书·穆宗纪》:元和十五年(820)正月,"丙寅,以右神策大将军张维清为单于大都护,充振武麟胜节度使"[1]。同书《敬宗纪》:宝历元年(825)十月,"丁巳,振武节度使张惟清以东受降城滨河,岁久雉堞摧坏,乃移置于绥远烽南,及是功成"[2]。《新唐书·地理志一》:丰州九原郡,"东受降城,景云三年,朔方军总管张仁愿筑三受降城。宝历元年,振武节度使张惟清以东城滨河,徙置绥远烽南"[3]。《山右金石记》载有《唐振武节度使单于大都护张维清政绩碑》,宝历二年(826)高钺撰。根据墓志记载,卢公亮受张惟清辟署在长庆元年进士覆落后一二年间,而史载张惟清移置东受降城完成于宝历元年十月。故知卢公亮应为长庆三年(823)受辟,直至宝历二年因裴度擢置四门馆博士时,卢公亮一直为张惟清振武幕吏。晚唐以后,史籍对于受降城的记载甚少,墓志详细记载了卢公亮辅助张惟清广开漕运,移筑

---

① 〔后晋〕刘昫:《旧唐书》卷一六,第476页。
② 〔后晋〕刘昫:《旧唐书》卷一七上,第517页。
③ 〔宋〕欧阳修、宋祁:《新唐书》卷三七,第976页。

受降城的经过，对于唐代北方边事的研究具有重要意义。

裴侍中之在中书，以公美学行业，宜在清列，由是授国子监四门馆博士，充集贤殿校理。声华弥大，朋游益附。

这里的"裴侍中"为裴度。《旧唐书·敬宗纪》：宝历二年二月，"丁未，以山南西道节度观察处置等使、光禄大夫、守司空、同中书门下平章事、兴元尹、上柱国、晋国公裴度守司空、同平章事，复知政事。"①墓志又称"后三年"因李宗闵为大学士，而奏改卢公亮为万年尉。而宗闵为集贤殿大学士在大和四年（830）为中书侍郎后。因此裴度荐卢公亮为四门馆博士应在大和初年。

后三年，今相国李公之为大学士，奏改万年县尉，雠校之职仍旧。时议以为柏台谏署之拜，期在旬朔。

这里的"相国李公"是指李宗闵。李宗闵也是与长庆元年科举案相关的重要人物，因为是年其子婿苏巢亦应进士举，宗闵请托于知贡举钱徽，而后苏巢在重试时被覆落，宗闵涉嫌请托，也被贬为剑州刺史。《旧唐书·李宗闵传》称"比相嫌恶，因是列为朋党，皆挟邪取权，两相倾轧。自是纷纭排陷，垂四十年"②。《新唐书·李宗闵传》亦言："长庆初，钱徽典贡举，宗闵托所亲于徽，而李德裕、李绅、元稹在翰林，有宠于帝，共白徽纳干丐，取士不以实，宗闵坐贬剑州刺史。由是嫌忌显结，树党相磨轧，凡四十年，搢绅之祸不能解。"③在这样的朋党之争中，李宗闵成为牛党的重要人物。

《新唐书·宰相表下》：大和三年，"八月甲戌，吏部侍郎李宗闵同中书门下平章事"④。大和四年六月己酉，"宗闵为中书侍郎"⑤。李宗闵在朝四年，大和七年六月，"乙亥，以中书侍郎、平章事李宗闵检校礼部尚书、

---

① ［后晋］刘昫：《旧唐书》卷一七上，第518—519页。
② ［后晋］刘昫：《旧唐书》卷一七六，第4552页。
③ ［宋］欧阳修、宋祁：《新唐书》卷一七四，第5235页。
④ ［宋］欧阳修、宋祁：《新唐书》卷六三，第1720页。
⑤ ［宋］欧阳修、宋祁：《新唐书》卷六三，第1721页。

同平章事,兼兴元尹、山南西道节度使"①。墓志称李宗闵为大学士,是指其为中书侍郎后,为集贤大学士。即《旧唐书·李宗闵传》所称"(大和)三年八月,以本官同平章事。……累转中书侍郎,集贤大学士"②。可知卢公亮由李宗闵奏改万年县尉应该在大和四年或稍后。

不幸婴疾,大和六年二月廿三日,终于京师安仁里之寓居,春秋五十。呜呼！天负善人,卒无胤嗣。

由其记载可知,卢公亮任职万年县尉,官位较低,家境不佳,故仅在长安安仁坊租住,没有私宅。这方面,同时出土其妻《崔氏墓志》亦可以印证:"良人位止一尉,寿未始满。卒以孀独,滨于零丁。苍苍者天,竟何言耶！夫人衣服将改,意切归宁,十六七年,承顺慈旨,未尝一日废其寝兴,仁孝天与,常人所难。"③据知卢公亮卒后,其妻就离开长安,回到娘家居住。

夫人清河崔氏,与公之令弟公实、公廙,奉公之裳帷归东周,以其年七月十二日,葬于河南府河南县万安山之南原,从先大夫之茔,礼也。

卢公亮夫人墓志也同时出土,卢颖撰《唐故万年县尉集贤校理范阳卢公夫人清河崔氏合祔墓志铭并序》:"夫人姓崔氏,清河东武城人。始笄而许嫁,十八而归吾从父兄校理房也。夫人又吾兄堂舅之女……吾兄始以单于部从事娶夫人,历万年尉,校理书府。丹墀清切,缓步可践,天不宠祐,哲人其萎,先夫人十九年而殁。夫人……以大中五年四月廿六日,终于渑池县女氏之第,享年卌二。太夫人羸老在堂,悲伤荐及,祔膺长噭,冤哀讵胜！久尝子犹子小宝,孜孜训导,未曾少息,慈爱允属,宝亦甚孝。以明年二月廿三日,龟筮告吉,窀穸有终。"④据知崔氏在卢公亮卒后十九年即大中五年而卒。据墓志记载,卢公亮卒后,崔氏先是回到娘家居住,后来其兄亦亡于渑池县尉之任,崔氏则依其女儿之家,并卒于渑池县女氏

① ［后晋］刘昫：《旧唐书》卷一七下,第550页。
② ［后晋］刘昫：《旧唐书》卷一七六,第4552页。
③ 胡可先、杨琼：《唐代诗人墓志汇编·出土文献卷》,第304页。
④ 胡可先、杨琼：《唐代诗人墓志汇编·出土文献卷》,第304页。

之第。

卢公亮的家世与婚姻

　　唐代是家族重谱系婚姻重阀阅的时代，魏晋南北朝时期积淀下来的名家大族文化传统在唐代仍然有所传承，并在新的时代环境下转型和超越。据《隋唐嘉话》记载："高宗朝，以太原王、范阳卢、荥阳郑、清河博陵二崔、陇西赵郡二李等七姓，恃其族望，耻与他姓为婚，乃禁其自姻娶。"①新出土《□□□□□使持节曹州诸军事守曹州刺史赐紫金鱼袋清河崔府君（翚）墓志铭并序》："王郑卢皆山东鼎族，宦媾之盛，时无与伦。"②据知，高门世族之五姓七家相互通婚成为普遍的社会现象。因此，家世和婚姻是联系在一起的。卢公亮夫妇墓志是唐代望族家世和望族婚姻的集中体现。

（一）家世

　　《卢公亮墓志》云："曾祖府君讳朓，终深州司马。祖府君讳灏，终祠部郎中，累赠至太子少保，烈（者）[考]府君讳士珵，终彭州刺史。公即彭州之长子也。"卢朓一族，新出土墓志较多，对于卢公亮家世颇有印证作用。今不一一胪列，仅择录数则体现望族阀阅的墓志于下。卢公亮曾祖《卢朓墓志》：

　　　　代祖道虔，魏七兵尚书，右仆射，司空公。高祖昌衡，随祠部侍郎，左庶子。曾祖宝素，随晋州别驾。大父志安，皇协律郎，荥泽令。烈考正言，皇右监门卫将军，赠银青光禄大夫，兖州刺史，谥曰光。天地降灵，生此多士。钟鼎弈世，咸有一德。君则光侯之长子也。……令子五人。西华主簿浚，汝阳尉况，新乡尉溉，灵昌参军

---

① ［唐］刘𫗧：《隋唐嘉话》卷中，第33页。
② 周绍良主编：《唐代墓志汇编》，第2319页。

澍,莘县主簿清。①

卢公亮伯父《卢士珩墓志》:

> 公讳士珩,字景瑜,其先范阳人也。远祖秦博士敖,得高奔日月之道,化为云仙。绵绵子孙,为世鼎甲。至唐故右监门卫将军光侯讳正言,公之曾祖也。文武兼资,勋庸冠代,统领环卫,中外荣之。唐故朝散大夫、深州司马府君讳朓,公之大父也。天纵高文,为世师表。龙门篇之什,人到于今称之。唐故朝议大夫、尚书祠部郎中、赠兵部尚书府君讳澍,公之皇考也。盛业充内,高文发外,而全德懿范,于时宗之。公即尚书府君之第六子也。②

卢公亮之妹《卢公宲墓志》:

> 夫人讳公宲,其源范阳涿郡人也。阀阅婚媾,历世济美。曾祖朓,皇深州司马。开元中以文律振燿,声逸区夏。祖澍,皇检校祠部郎中,赠太子少保。醇深清夷,志恬物表。以射策应诏,为弘礼令,实膺致理之右选。父士珵,皇彭州刺史。粹仁积行,博通大要。寿止中年,官未充量。故道屈当世,不能大明于后,君子之所叹也。娶检校左庶子清河崔公朝之女,实生夫人。③

范阳卢氏家族是"勋荣冠代""钟鼎弈世""阀阅婚媾,历世济美"的世家望族。"唐有四姓大族,冠冕相继,凡百千代,位崇显达,皆推范阳卢氏

① 胡戟、荣新江主编:《大唐西市博物馆藏墓志》,第579页。又据张文规撰《唐故朝散大夫守郑州长史范阳卢府君(士巩)墓志铭并序》:"烈祖府君讳朓,终深州司马,赵郡李华为之志,皆以雄文茂行,彰于当代。"(《洛阳新获墓志续编》,第208页)知《卢朓墓志》撰者为盛唐文坛的领袖人物、中唐"古文运动"的先驱者李华。
② 吴钢主编:《全唐文补遗·千唐志斋新藏专辑》,三秦出版社2006年版,第336页。
③ 西安市长安博物编:《长安新出墓志》,第273页。

之先"①，到唐代也一直保持世家大族的地位。而与此相关的重要方面是以门第相当的大族联姻作为保持望族地位的重要支柱。其家族的先世甚至卢公亮本人虽然官职并不很高，但因名门望族的家族文化和纯正家风的传承，得以获得重要的社会地位和稳定的婚姻关系。

（二）婚姻

卢公亮夫人《崔氏墓志》对于卢、崔两个望族的婚姻状况记述得非常详细："夫人姓崔氏，清河东武城人。始笄而许嫁，十八而归吾从父兄校理房也。夫人又吾兄堂舅之女，姬嬴配美鸾皇，比德河鲂宋子，有自来矣。烈祖郑州长史，赠本州刺史，名与宝历皇帝庙讳同。实隆盛德，积为庆绪，门甲而闳闳益高，鼎盛而子孙杰出。有若膺梦卜，掌纶诰，叠武明廷，第握荆玉，焜耀当代，未尝无人。大父讳虔，终大理评事，守道贞固，不失恭俭。烈考讳秤，释褐陕州参军，终怀州纠曹掾。文学政事，于是乎在。夫人即纠曹之长女。外族范阳卢氏，由吾家也。曾祖讳泽，官之著者，太常博士。烈祖讳俠，登孝廉第，历龙兴、夏县尉。山东冠族，时谓德门。非我园曲而言婚娶者，犹鳞介朋龟龙，堆垤肩嵩华，抑不自量也。"

卢公亮家族相互联姻者大都为名门望族，卢公亮之妻为崔氏，我们这里就集中考察其家族与崔氏联姻的情况。卢氏家族出土墓志多达七十余方，诗人卢士玫为其妻崔氏所作的墓志铭，起首即对卢氏与崔氏的婚姻加以称扬："余之亡夫人崔氏，其先贯于清河，世为鼎族。肇自虞夏，迄于随唐，世有仁贤，其礼乐官婚，标映图史。搢绅之徒知士大夫之氏族者，以其首出。庶姓辨其宗系，端如贯珠，资为谈端。皆心藏一谱矣，故不备书。曾祖行温，皇朝秘书监。祖参，皇朝大理评事。父包，前寿州安丰县令。皆冠冕道德，簪屡仁义。山东之阀，唯余之家与安丰实霸诸姓。"②《洛阳新获墓志续编》载张文规撰《唐故朝散大夫守郑州长史范阳卢府君（士巩）

①　韦同恕：《唐京兆韦君故夫人范阳卢氏墓志铭并序》，《西安新获墓志集萃》，文物出版社2016年版，第197页。
②　郭茂育、赵水森：《洛阳出土鸳鸯志辑录》，第209页。

墓志铭并序》："公讳士巩,字从真,姓卢氏,其先燕人也。……后娶博陵崔氏。崔夫人既奉祭祀,以明婉承六姻,六姻知敬,以仁爱抚公前夫人之二女,皆成妇而卒。"①卢士琼一生两娶,前为郑氏,后为崔氏,都是"山东五姓"之一。卢正言之曾孙卢殷长女适晚唐名相崔铉,《全唐文补遗》第 8 辑崔铉撰《唐故陕州平陆县尉卢府君(殷)荥阳郑夫人合祔墓志铭并序》："长女适河东裴诩,幼女适博陵崔铉。"铉撰志时题署："子婿银青光禄大夫、守中书侍郎、同中书门下平章事、监修国史、上柱国、博陵郡开国公、食邑二千户崔铉撰。"②还值得注意的是《卢处约妻李氏墓志》载："长女适清河崔彦方。"③《唐故朝请大夫前守太子詹事柱国清河崔公(敬嗣)墓志铭并序》载："父讳彦方,皇任河南寿安县尉,赠右谏议大夫。娶范阳卢处约之女,生公。"④诸志合参,卢氏与崔氏家族,代代联姻,建立起以婚姻与家族一体非常稳固的社会组织形态。裴垍撰《唐故桂州刺史兼御史中丞孙府君故夫人范阳郡君卢氏墓志铭并序》："夫人范阳人也,其先有若北中郎植以经术重东汉,固安公度世以才业翊元魏。自固安至夫人十一代,皆出于崔李郑三族。"⑤这样的望族联姻,具有连环性,以至十余代不断。

还值得注意的是,卢公亮和崔氏属于表兄妹结婚,这在唐代望族婚姻中也颇具代表性。《崔氏墓志》称："夫人姓崔氏,清河东武城人。始笄而许嫁,十八而归吾从父兄校理房也。夫人又吾兄堂舅之女。"崔氏之父为崔秄,新出土崔岘撰《崔秄后夫人卢氏墓志》："曾祖景明,王屋令;曾妣清河崔氏。……元女适故集贤校理范阳卢公亮,早殁。"⑥这是新出土文献中对于卢公亮的另一处记载,而这一墓志昭示出卢公亮一族数代与崔氏联姻的情况。卢公亮妻《崔氏墓志》又云："崔氏姊以颖校理诸弟,雅闻令则,泣令志石,谓无愧词,诚非他人,承命心恻。"墓志撰者为卢颖,这里说

①　乔栋、李献奇、史家珍编著:《洛阳新获墓志续编》,第 208 页。
②　吴钢主编:《全唐文补遗》第 8 辑,第 183 页。
③　宋云涛:《唐卢处约及妻李氏墓志考释》,《耕耘论丛(一)》,科学出版社 1999 年版,第 153 页。
④　宋云涛:《唐卢处约及妻李氏墓志考释》,《耕耘论丛(一)》,第 160 页。
⑤　周绍良主编:《唐代墓志汇编》,第 1945 页。
⑥　河南省文物研究所编:《千唐志斋藏志》,第 1157 页。

卢颖之姊也嫁与崔氏。

　　实际上，这里涉及到唐代望族婚姻常见的"姻不失亲"的近亲结婚模式。即如卢士玫所撰其妻崔氏墓志："父包，前寿州安丰县令。皆冠冕道德，簪屦仁义。山东之阀，唯余之家与安丰实霸诸姓。安丰又余之族舅也，其夫人又余之族姊也。潘杨旧好，秦晋良匹，其来尚矣。故夫人以贞元十一年冬，来归于我，姻不失亲也。"①如卢士玫从兄弟卢峤，其妻墓志题署为"子婿再从侄前潞州长子县尉延贽撰"②，是知崔延贽既是卢峤的女婿，又是卢峤的再从侄。卢纶后裔卢文度也是如此，杨紫晔所撰《卢文亮（度）权厝记》称："外族清河崔氏，累追封晋国太夫人。公两娶清河崔氏，其继室者，封本邑县君，皆姻不失其亲也。"③这也是卢氏与崔氏既是望族也是近亲联姻的实例。郑嗣恭撰《唐故卢氏夫人墓志铭》对于唐代卢、郑、崔氏婚姻的情况叙述尤其详尽："夫人荥阳郑氏，……袭冠冕，修婚姻，至今为天下最。……夫人生于崔氏，亦蝉联之盛族。及既笄之年，适嗣恭外祖范杨（阳）卢公讳子谟，盖门地之相称，重叠之旧姻。"④可见以范阳卢氏为代表的高门士族，相互之间婚姻重叠乃至近亲结婚的情况非常普遍。更有一门诸女同嫁于卢氏的事例，如崔岘撰《唐故怀州录事参军清河崔府君（稃）后夫人范阳卢氏墓志铭并序》："曾祖景明，王屋令；曾妣清河崔氏。祖泽，殿中侍御史、华州判官；祖妣荥阳郑氏，故刑部侍郎少微之女也。父佽，陕州夏县尉；妣郑氏，少微之孙，大理正朝之女。……怀州有别子肇，……娶故礼部尚书致仕范阳卢公载之女。……元女适故集贤校理范阳卢公亮，早殁；次女适故大学助教陇西李充；少女适前雅州刺史范阳卢审矩，无匪姻族，金得其人，美哉。"⑤这里的"崔稃"就是卢公亮的岳父。甚至有亲姊妹或堂姊妹同嫁于卢氏一人者，成为"姻不失亲"的特殊事例。如卢顼撰《剑南东川节度推官殿中侍御史内供奉卢公夫人崔氏墓

①　郭茂育、赵水森编：《洛阳出土鸳鸯志辑录》，第 209 页。
②　周绍良主编：《唐代墓志汇编》，第 1874—1875 页。
③　吴钢主编：《全唐文补遗》第 7 辑，第 170 页。
④　周绍良主编：《唐代墓志汇编》，第 2328 页。
⑤　河南省文物研究所：《千唐志斋藏志》，第 1157 页。

志铭并序》："夫人讳元二,姓崔氏,清河贝人氏。……夫人卢氏之出也,外祖进贤,皇河南府户曹参军,德表东海,世为望族,绵历千祀,比肩闻人,玉山崇崇,峻趾连起,辉动简谍,时无与京。夫人生知礼则,性禀淑顺,四德咸备,六姻所称。年廿一,归我仲兄殿中侍御史璠。吾兄前室即夫人之姊也。"①这篇墓志记载崔元二之母为卢氏,崔元二之姊嫁于卢璠,其姊卒后,元二又嫁于卢璠,这是崔氏亲姊妹嫁与卢璠一人之例。再如李璋撰《唐范阳卢夫人墓志铭》："父匡伯,河南府洛阳县丞,丞即璋之亲舅也。以宿敦世亲,许垂婚媾,谬奖魏舒之贤,遂申戴侯之眷,既荣旧好,克修前德。"②是知李璋的岳父卢氏也是其亲舅。新出土《唐故监察御史弘农杨君(筹)墓志铭并叙》："夫人荥阳郑氏,即君内妹。"③也是表兄妹结婚的实例。

卢公亮与长庆元年科举案

《卢公亮墓志》云:"早以文学从乡里之赋。长庆元年,得高第于宗伯钱公。钱公与时之内庭臣不协,诬以选第与夺先定。穆宗命重试,公与时之名声显白等十人受黜,而钱公就贬江州。物论冤塞,公处之恬然,曰:'顾道何如耳?'"这里涉及长庆元年影响甚大的科举案,需要结合史籍以进一步考证。

《旧唐书·穆宗纪》记载:长庆元年四月,"丁丑,诏:'国家设文学之科,本求才实,苟容侥幸,则异至公。访闻近日浮薄之徒,扇为朋党,谓之关节,干扰主司,每岁策名,无不先定。永言败俗,深用兴怀。郑朗等昨令重试,意在精核艺能,不于异常之中,固求深僻题目,贵令所试成就,以观学艺浅深。孤竹管是祭天之乐,出于《周礼》正经,阅其呈试之文,都不知其本事。辞律鄙浅,芜累何多。亦令宣示钱徽,庶其深自怀愧。诚宜尽

---

① 周绍良主编:《唐代墓志汇编》,第 1986 页。
② 河南省文物研究所:《千唐志斋藏志》,第 1156 页。
③ 西安市文物保护考古研究院:《西安曲江缪家寨唐代杨筹墓发掘简报》,《文物》2016 年第 7 期,第 20—21 页。

弃，以警将来。但以四海无虞，人心方泰，用弘宽假，式示殊恩。孔温业、赵存约、窦洵直所试粗通，与及第；卢公亮等十一人可落下。自今后礼部举人，宜准开元二十五年敕，及第人所试杂文并策，送中书门下详覆。'贬礼部侍郎钱徽为江州刺史，中书舍人李宗闵为剑州刺史，右补阙杨汝士为开州开江令。"①至于其年进士试的详情，《旧唐书·钱徽传》记载：

> 长庆元年，为礼部侍郎。时宰相段文昌出镇蜀川。文昌好学，尤喜图书古画。故刑部侍郎杨凭兄弟，以文学知名，家多书画，钟、王、张、郑之迹在《书断》《画品》者，兼而有之。凭子浑之求进，尽以家藏书画献文昌，求致进士第。文昌将发，面托钱徽，继以私书保荐。翰林学士李绅亦托举子周汉宾于徽。及榜出，浑之、汉宾皆不中选。李宗闵与元稹素相厚善。初稹以直道谴逐久之，及得还朝，大改前志。由径以徽进达，宗闵亦急于进取，二人遂有嫌隙。杨汝士与徽有旧。是岁，宗闵子婿苏巢及汝士季弟殷士俱及第。故文昌、李绅大怒。文昌赴镇。辞日，内殿面奏，言徽所放进士郑朗等十四人，皆子弟艺薄，不当在选中。穆宗以其事访于学士元稹、李绅，二人对与文昌同。遂命中书舍人王起、主客郎中知制诰白居易，于子亭重试，内出题目《孤竹管赋》《鸟散馀花落》诗，而十人不中选。诏曰：……寻贬徽为江州刺史，中书舍人李宗闵剑州刺史，右补阙杨汝士开江令。初议贬徽，宗闵、汝士令徽以文昌、李绅私书进呈，上必开悟。徽曰："不然。苟无愧心，得丧一致，修身慎行，安可以私书相证耶？"令子弟焚之，人士称徽长者。②

从《旧唐书》所载长庆元年进士科第详情，知其初试并无明显不公之处，因为钱徽知贡举，虽有官僚请托，但段文昌、李绅请托之人并没有擢

---

① ［后晋］刘昫：《旧唐书》卷一六，第 488—489 页。长庆元年重试诏书，《册府元龟》《唐会要》《全唐文》等典籍都有记载，大体与《旧唐书》本纪相同。
② ［后晋］刘昫：《旧唐书》卷一六八，第 4383—4384 页。

第,因此本年的重试是由段文昌等请托未成而迁怒于钱徽,再加以朋党之争造成的。这与墓志记载钱徽受朋党所诬颇相一致。但既令重试,而落下之人也必定会有受屈者,卢公亮就是其中之一。因为据史籍记载,涉嫌请托者有苏巢和杨殷士等。《旧唐书·李宗闵传》:"长庆元年,(宗闵)子婿苏巢于钱徽下进士及第。其年巢覆落,宗闵涉请托,贬剑州刺史。"①同书《杨汝士传》:"(杨汝士)长庆元年为右补阙,坐弟殷士贡举覆落,贬开江令。……鲁士字宗尹,本名殷士。长庆元年,进士擢第。其年诏翰林覆试,殷士与郑朗等覆落,因改名鲁士。复登制科,位不达而卒。"②然长庆元年亦有才能杰出而被覆落者,即如《旧唐书·柳公绰传》所载:"钱徽掌贡之年,郑朗覆落。公绰将赴襄阳,首辟之。朗竟为名相。"③当时覆试,著名诗人白居易也参与其中。《旧唐书·白居易传》:"长庆元年三月,受诏与中书舍人王起覆试礼部侍郎钱徽下及第人郑朗等一十四人。"④白居易还有《论重考试进士事宜状》,意欲对于长庆元年之进士作从宽处理。而陈寅恪与岑仲勉则根据本年进士覆落情况以判别白居易的党援关系,陈认为白居易为牛党,岑则认为白居易非牛党。⑤ 为避免论题扩散,不再展开论述。

卢公亮的文学创作

卢公亮是一位诗人,墓志叙述其长庆元年进士被覆落之后,"属迎侍季父于北边,因优游于云、代之间,以诗酒自适。公虚怀与物,于人无所不容,故所至为闻人。一二年间,飙风声于朝野"。可见卢公亮在当时颇有诗名。《洛阳新获墓志》还记载卢震撰《卢辂墓志》:"公于余为仲兄,幼而歧嶷,季父故集贤校理公亮尝赠诗以嘉之。"⑥据知卢公亮曾经作诗赠送

① 〔后晋〕刘昫:《旧唐书》卷一七六,第 4552 页。
② 〔后晋〕刘昫:《旧唐书》卷一七六,第 4564—4565 页。
③ 〔后晋〕刘昫:《旧唐书》卷一六五,第 4305 页。
④ 〔后晋〕刘昫:《旧唐书》卷一六六,第 4353 页。
⑤ 参陈寅恪《唐代政治史述论稿》,上海古籍出版社 1980 年版,第 90 页;岑仲勉《隋唐史》,第 404 页。
⑥ 李献奇、郭引强编:《洛阳新获墓志》,文物出版社 1996 年版,第 124 页。

过其侄儿卢轺。

但卢公亮的作品今已只字不存，甚为可惜。而我们还可以通过他参加科举推测其诗文创作之一斑。根据前引《旧唐书·钱徽传》所载：长庆元年重试进士时，内出题目为《孤竹管赋》和《鸟散馀花落》诗。宋洪迈《容斋随笔》卷三《进士试题》条："唐穆宗长庆元年，礼部侍郎钱徽知举，放进士郑朗等三十三人，后以段文昌言其不公，诏中书舍人王起、知制诰白居易重试，驳放卢公亮等十人，贬徽江州刺史。白公集有奏状论此事，大略云：'伏料自欲重试进士以来论奏者甚众。盖以礼部试进士，例许用书策，兼得通宵，得通宵则思虑必周，用书册则文字不错。昨重试之日，书策不容一字，木烛只许两条，迫促惊忙，幸皆成就，若比礼部所试事校不同。'及驳放公亮等敕文，以为《孤竹管赋》出于《周礼》正经，阅其程试之文，多是不知本末。乃知唐试进士许挟书及见烛如此。"①《文苑英华》尚存有孔温业、赵存约、窦洵直《鸟散馀花落》诗三首。是知卢公亮作过《孤竹管赋》和《鸟散馀花落》诗。而据《容斋随笔》所述，卢公亮所作《孤竹管赋》并不很理想，故其被覆落应该与此相关。

墓志的特殊形制

1. 龟形墓志

卢公亮夫妇墓志是迄至出土的最为特殊的墓志形制之一。它由一方墓志盖下叠合一对鸳鸯墓志构成。古代墓葬，墓前立神道碑，其碑身撰写碑文，而碑座造型以龟形居多。龟形墓志或即截取碑座造型而成。目前存世的龟形墓志，卢公亮夫妇墓志之外，仅有四合：

其一是北魏元显隽墓志。现藏于国家图书馆。墓志形制是志盖为龟背形，盖题"魏故处士元君墓志"八字，墓志方形座为龟腹，龟腹平面刻有志文。

其二是隋浩喆墓志。2001 年出土于山西省襄垣县。志为龟形，而龟

---

① ［宋］洪迈：《容斋随笔》卷三，第 31 页。

背又刻一浮雕异兽,同时作为志盖,盖题"隋故魏郡太守浩府君墓志铭"十二字。龟体内凿有方形凹槽,两方志石又置于槽中,实际上是凿一龟身空腹而将志石置于龟腹之中。

其三是唐靖王李寿龟形墓志。现藏于西安碑林博物馆。这方墓志于1973年出土于陕西省三原县万寿原。墓志形体硕大,长达166厘米,宽96厘米,高64厘米。亦为兽首龟身。龟背兼作志盖,题刻"大唐故司空公上柱国淮安靖王墓志铭"十六字。因为李寿封为唐淮安靖王,故其墓志石质精良,形体硕大,雕刻精美,规格极高。

其四是唐冯廓龟形墓志。据2015年2月3日《西部商报》记载:"近日,靖远县一施工地在施工时,挖出一组唐代墓志铭石碑。该组石碑由两块石碑合并而成,墓志铭碑分为上盖下底两块石碑,个体略呈正方形,边长58公分,底稍大于盖。底碑一边中间伸出部分雕刻成之头部,指向南方。盖碑表面凸起为背部,其上雕刻有朱雀、龟蛇缠绕、男童骑龙、女童骑虎表示方位的图案及如意云锦等。墓志铭文字则刻在碑底和碑盖内侧。"

与前面四合龟形墓志相较,卢公亮夫妇墓志的特殊性在于:龟形墓志盖上刻有"大唐故范阳卢府君墓志铭"两行楷书和"唐故清河崔夫人墓铭"两行篆书;卢公亮墓志刻于龟座之上,字面朝上;卢公亮夫人崔氏墓志刻于龟内背文,也就是志盖的背面,字面朝下。而据墓志记载,卢公亮大和六年(832)二月二十三日卒于京师安仁里之寓居,同年七月十二日葬于万安山。其夫人崔氏大中二年(848)四月二十六日卒于渑池县,三年(849)二月廿三日葬于万安山。是知这一合墓志的文字并非一时所刻,卢公亮墓志刻于大和六年,崔氏墓志及龟形志盖刻于大中三年。又因这合墓志的龟背和龟身浑然一体,推知在卢公亮卒时,已经将整个一合龟形墓志的石头选好。志盖上两个墓主的四行题名运用不同的字体撰写,也不是同时所刻。而墓门题额为"大唐集贤殿校理卢公亮之墓",并没有涉及其夫人崔氏。推知是先刻了卢公亮墓志,待到夫人崔氏卒时,才完成整合墓志的制作。此外,不仅卢公亮龟形墓志完整出土,而且他的墓门也保存完好,墓门题刻"大唐故集贤殿校理卢公亮之墓"十三字。也因为这样的特殊形制,故这方墓志被国家文物局定为国宝级珍品文物。

　　2. 鸳鸯墓志

　　除了龟形墓志之外,这方墓志又是鸳鸯墓志。所谓鸳鸯墓志,是指同时出土的夫妻二人的两方墓志,特殊情况下也会有三方墓志,还有个别夫妻墓志属于两篇志文而同刻于一石者。鸳鸯墓志蕴涵着家族关系、婚姻情况、伦理观念、丧葬习俗等内容,具有重要的文献信息、文化价值和文学意义。

　　唐人具有夫妇合葬的习俗,而且将死后合葬与生前一家同等看待的,即白居易《赠内》诗所言"生为同室亲,死为同穴尘"①。《和微之听妻弹别鹤操因为解释其义依韵加四句》"义重莫若妻,生离不如死。誓将死同穴,其奈生无子"②。元稹《遣悲怀》诗所言"同穴窅冥何所望? 他生缘会更难期"③。鸳鸯墓志是随着夫妇合葬的习俗而产生的一种现象,往往是埋在同一墓穴之中但并不是刻于同一时间的墓志。其中多数是一方先卒,卒葬时已经有了一方墓志,另一方后卒,安葬时又刻了一方墓志埋于穴中。这样就有两方墓志。④ 卢公亮夫妇墓志是较为典型的鸳鸯墓志。属于卢公亮先卒,已有一方墓志,待到其妻崔氏卒时,又将志文刻在志盖的背面,并将志盖的正面合刻盖题,从而形成这样的鸳鸯墓志。这也与其他鸳鸯墓志夫妻双方各自都有墓志、志盖者有所不同。

卢公亮墓志的撰书者

　　《卢公亮墓志》题署:"永乐县令殷尧藩撰,再从弟前乡贡进士

---

① 朱金城:《白居易集笺校》卷一,第42页。
② 朱金城:《白居易集笺校》卷二一,第1428页。
③ [唐] 元稹:《元稹集》(修订本)卷九,中华书局2010年版,第112页。
④ 中国文物研究所《新中国出土墓志》整理组:《总叙》:"形成鸳鸯墓志的原因,一般为夫妻一方先卒,葬时有志,待合葬时另刻新志,旧志附置新穴。又或卒者祔葬旧穴,葬时新制墓志,形成一穴两志;或夫妻分葬两地,各有墓志;或一夫多妻,卒葬时间不一,葬时各有墓志。……两志合二为一,所记人事、子嗣、葬地互证互补,对了解志主家世大有裨益。"文物出版社2008年版,第13页。

罕书。"

　　殷尧藩是中晚唐时期著名诗人。其事迹《唐才子传》卷六《殷尧藩传》记载较详:"尧藩,秀州人。为性简静,眉目如画。工诗文,耽丘壑之趣。尝曰:'吾一日不见山水,与俗人谈,便觉胸次尘土堆积,急呼浊醪浇之,聊解秽耳。'元和九年韦贯之放榜,尧藩落第,杨尚书大为称屈料理,因擢进士。数年,为永乐县令。一舸之官,弹琴不下堂,而人不忍欺。雍陶寄诗曰:'古县萧条秋景晚,昔时陶令亦如君。头巾漉酒临黄菊,手板支颐向白云。百里岂能容骥足,九霄终自别鸡群。相思不恨书来少,佳句多从阙下闻。'及与沈亚之、马戴为诗友,赠答甚多。后仕终侍御史。尧藩初游韦应物门墙,分契莫逆。及来长沙,尚书李翱席上有舞柘枝者,容语凄恻,因感而赋诗以赠曰:'姑苏太守青娥女,流落长沙舞柘枝。满座绣衣皆不识,可怜红粉泪双垂。'众客惊问之,果韦公爱姬所生女也,相与吁叹。翱即命削丹书,于宾馆中擢士嫁之。今有集一卷传世,皆铿锵蕴藉之作也。"①这段文字大体将殷尧藩的风度性情和文学成就表现出来。

　　殷尧藩撰志时为永乐县令,考之《全唐诗》卷四九七姚合有《寄永乐长官殷尧藩》,卷五一八雍陶有《永乐殷尧藩明府县池嘉莲咏》《寄永乐殷尧藩明府》诗,卷五五六马戴有《集宿姚侍御宅怀永乐宰殷侍御》,卷八一四无可有《冬中与诸公会宿姚端公宅怀永乐殷侍御》诗。诸人之诗,陶敏《姚合年谱》均系于宝历二年冬天②。今据《卢公亮墓志》题署,知殷尧藩大和六年(832)七月尚在永乐县令任,可知陶敏所考不确。

　　殷尧藩与中晚唐著名诗人多有交往,白居易有《别杨颖士卢克柔殷尧藩》《醉后狂言酬赠萧殷二协律》《和殷协律琴思》《醉中酬殷协律》《寄殷协律》《见殷尧藩侍御忆江南诗三十首诗中多叙苏杭胜事余尝典二郡因继和之》《九日宴集醉题郡楼兼呈周殷二判官》《齐云楼晚望偶题十韵兼呈冯侍御周殷二协律》《日渐长赠周殷二判官》诗,鲍溶有《寄福州从事殷尧藩》诗,贾岛有《送殷侍御赴同州》诗,许浑有《寄殷尧藩》(一作《再寄殷尧藩秀

①　傅璇琮主编:《唐才子传校笺》卷六,第64—70页。
②　陶敏:《唐代文学与文献论集》,第293—294页。

才》)、《酬殷尧藩》《寄殷尧藩先辈》诗，沈亚之有《答殷尧藩赠罢泾源记室》诗等。

新出土《唐故监察御史弘农杨君（筹）墓志铭并叙》："君幼无童心，寺必机砚。元和中，有殷尧藩由进士科历柱下史，从君伯氏游，善章句于五七言，往往流于群唱，雅有遗君诗，其大略曰：'假如不共儿童戏，争肯长将笔砚亲。'自尔炯然有名字骧首于弟兄间。"①按，杨筹之父为杨汉公，这里所称"伯氏"就是杨虞卿。杨虞卿为中唐诗人，现有《过小妓英英墓》等诗作传世。

殷尧藩著有诗集，《新唐书·艺文志》载："《殷尧藩诗》一卷，元和进士第。"②《直斋书录解题》卷一九："《殷尧藩集》一卷，唐侍御史殷尧藩撰。元和元（九）年进士。"③

然而，这篇墓志的序文是殷尧藩所撰，而其铭文则为卢罕所撰。墓志云："小子于公为从祖弟，承友爱之分于等伦，雪涕铭之，以志陵谷。"参之题署"再从弟前乡贡进士罕书"，再从弟就是从祖弟，根据其世系，卢罕和卢公亮是同高祖，都是卢正言，曾祖而下才不相同，公亮曾祖为卢胱，卢罕曾祖为卢先之。卢罕既是撰铭者又是书丹者，而墓志的序文为殷尧藩所撰，这也是唐代墓志中志与铭分撰的一个例证。卢罕所撰的墓志，新出土还有《唐故杭州馀杭县尉范阳卢府君（厚）墓志文并序》题署："四从兄尚书兵部郎中上柱国赐绯鱼袋罕撰。"④可知卢罕既擅长撰文，又擅长书法。

---

① 西安市文物保护考古研究院：《西安曲江缪家寨唐代杨筹墓发掘简报》，《文物》2016 年第 7 期，第 20 页。
② ［宋］欧阳修、宋祁：《新唐书》卷六〇，第 1611 页。
③ ［宋］陈振孙：《直斋书录解题》卷一九，第 569 页。
④ 吴钢主编：《全唐文补遗·千唐志斋新藏专辑》，第 380 页。

四、韦元甫墓志

墓志释文

大唐故金紫光禄大夫扬州大都督府长史兼御史大夫淮南节度观察处置使彭城郡开国公赠户部尚书韦公墓志铭 并序

银青光禄大夫守中书侍郎同中书门下平章事集贤殿崇文馆大学士
兼修国史上柱国颍川郡开国公元载撰

维唐大历六年七月乙酉，淮南节度观察处置使、扬州长史、御史大夫韦公享年六十有二，薨于位。天子思刘馥东南之事，惜当阳镇守之功，下诏追赠户部尚书。明年正月乙酉，葬于杜陵之南原。夫通方与权之谓仁，交辟乐贤之谓义，作伯专征之谓任，勤人活国之谓忠。斯彭城所以道适群公，无甘辛之忌。志通三后，寄风化之门。理变讹俗，事勤厄运，树勋建社，终始全名。公讳元甫，字宣宪，京兆杜陵人也。曾祖文宗，隋左千牛。祖德敏，皇太府卿，赠邓州刺史。父玢，皇尚书左丞，赠扬州大都督。外祖赵郡李峤，特进、中书令。公传邹鲁述圣之言，缵中外世家之庆，被服先训，立于童年。解褐白马尉。郭虚己黜陟河南，表公正可以措枉，明可以处烦，扬于中朝，声动百辟，授浚仪主簿。无何，齐平阳瀚、张襄州九皋、中丞徐恽、张利贞、尚书张倚、韦陟，次居方牧，交致礼命，课绩闻于所至，荆河几于变风。吏始以廉易贪，人为之勤无怨。累迁监察、殿中侍御史，尚书司勋、司库郎，拜洪州刺史、江西观察使，历太府、大理二少卿，润州刺史转左庶子，迁苏州刺史、御史中丞、浙西观察使，入为尚书右丞，骤拜淮南观察节度使、御史大夫。间岁入觐，封彭城郡开国公。初，公与河南员锡咸以精断继登宪府，杂理诏狱，详评法家。去苛吏之舞文，为后来之公式。当时奏议，多所裁审。其后联南阳七军之势，罢河上六月之餫。服山越以静吴人，灌陂塘以漕东国。功业茂著，颂声流闻。尚书考课，为四方首。上将倚任，而命夺其时。维公刚柔驰张，明白四达，被人伦之风教，通国典之质文。其从事也，群萃与能，机运独远。好直而不居悔累，多闻而独解危疑。其告终也，义训归全，纯精无爽，返葬以述前志，破产以厚诸孤。噫！远图未终，梁木其坏。宜揔徽烈，用传铭志。词曰：

矫矫韦公，内精外朗。理通事至，神辩心广。求仁思达，闻义独往。黄鹤高翔，洪钟遗响。邦国是宪，典礼是扬。上纂祖宗，高门有光。建旗海淮，静固封疆。道著身殁，宠延勋藏。韩侯往勤，荀偃其亡。终南峨峨，澧渭通波。北望九门，上连山阿。阴堂一闭，万古谁过。

朝散大夫守都水使者集贤殿学士上柱国史惟则书并篆盖。

《韦元甫墓志》，韦元甫（710—771），字宣宪，京兆杜陵人。官至中书侍郎、同中书门下平章事。大历六年（771）七月乙酉终于淮南节度使任，享年六十二。七年正月乙酉，葬于杜陵之南原。墓志长宽均80厘米。盖题"大唐赠户部尚书韦公墓志铭"十二字。墓志题名"大唐故金紫光禄大夫扬州大都督府长史兼御史大夫淮南节度观察处置使彭城郡开国公赠户部尚书韦公墓志铭并序"，题署"银青光禄大夫守中书侍郎同中书门下平章事集贤殿崇文馆大学士兼修国史上柱国颍川郡开国公元载撰"，末署"朝散大夫守都水使者集贤殿学士上柱国史惟则书并篆盖"。《洛阳新获墓志百品》第176页载其拓片，177页载其释文。金鑫《新见唐史惟则书〈韦元甫墓志〉〈辛杲墓志〉考释》，载《中国书法》2017年第6期，第86页。韦元甫为唐代诗人，《全唐诗》存其《木兰歌》一首。

志主韦元甫，《旧唐书》卷一一五有传："韦元甫，少修谨，敏于学行。初任滑州白马尉，以吏术知名。本道采访使韦（涉）[陟]深器之，奏充支使，与同幕判官员锡齐名。元甫精于简牍，锡详于讯覆，陟推诚待之，时谓'员推韦状'。元甫有器局，所莅有声，累迁苏州刺史、浙江西道都团练观察等使。大历初，宰臣杜鸿渐首荐之，征为尚书右丞，会淮南节度使缺，鸿渐又荐堪当重寄，遂授扬州长史、兼御史大夫、淮南节度观察等使。在扬州三年，政尚不扰，事亦粗理。大历六年八月，以疾卒于位。"[1]传记仅对其任官经历进行了大致勾勒，新出土《韦元甫墓志》则详细记录了其名字、生卒、籍贯、家世、仕宦和交游情况。从志文可知，韦元甫的外祖父李峤是唐代著名宰相、文学家；韦元甫受齐澣、张九皋、徐恽、张利贞、张倚、韦陟诸人器重，这几个人在

---

① ［后晋］刘昫：《旧唐书》卷一一五，第3376页。

当时都是有较高地位的文官。墓志有关韦元甫事迹的记载也具有较高的文献价值，可补正《唐九卿考》《唐刺史考全编》二书。此外，韦元甫与当时重要的文人杜佑、皇甫曾、李嘉祐等有交往关系，而他本人也是重要的诗歌《木兰诗》的疑似作者，对于《木兰诗》创作年代和作者的讨论自宋代以来就未曾间断，通过对韦元甫官职的梳理，可以为研究《木兰诗》的文献记载提供一些新的思路。

韦元甫的家世

韦元甫，字宣宪，京兆杜陵人。传世史料对于其字以及籍贯失载，墓志可作补充。至于其生卒年，本传仅记载其卒年为大历六年(771)，与墓志记载一致，只是在具体时间上稍有出入。据墓志所载，其卒于大历六年七月乙酉，而本传则言其卒于大历六年八月，当以墓志为准。据享年为六十二岁推算，其生年当是唐景龙四年(710)。

长安杜陵韦氏乃是北周以来世代簪缨的豪门大族，唐代便有俚语曰："城南韦杜，去天尺五。"①韦元甫家族亦是数代都有人在朝中担任要职。关于韦元甫的家世，墓志云："曾祖文宗，隋左千牛。祖德敏，皇太府卿，赠邓州刺史。父玢，皇尚书左丞，赠扬州大都督。外祖赵郡李峤，特进、中书令。"

《北史》卷二六《韦子粲传》载："(韦)荣亮，字子昱，博学有文才，德行仁孝，为时所重。历谏议大夫、卫大将军。卒，赠河州刺史。子纲，字世纪，有操行，才学见称，领袖本州，调为中正。开皇中，位赵州长史。有子文宗、文英，并知名。"②可知韦元甫一脉出自韦氏阆公房，曾祖韦文宗亦知名于当时，然《北史》与《新唐书·宰相世系表》③皆未载其官职，据墓志可知其在隋代任左千牛一职。

祖父韦德敏，墓志言其官至太府卿，《新表》载其为太府少卿④，《唐尚书省郎官石柱提名考》"考功郎中"条有："新表东眷韦氏阆公房：文宗子

---

① ［清］仇兆鳌：《杜诗详注》卷二三，第 2065 页。
② ［唐］李延寿：《北史》卷二六，第 956—957 页。
③ ［宋］欧阳修、宋祁：《新唐书》卷七四上，第 3052 页。
④ ［宋］欧阳修、宋祁：《新唐书》卷七四上，第 3052 页。

德敏，太府少卿。《元和姓纂》：‘德敏’考功司郎中、太府少卿’。"①又王颜《唐故仓部员外郎赵郡李公（昂）夫人京兆韦氏墓志铭并序》有："夫人京兆韦氏，烈祖德敏，皇考功郎中，太府少卿。烈考玢，皇给事中，尚书左丞，赠扬州都督。"②传世与出土文献相互参证，或以太府少卿一职为是。

　　韦元甫的父亲韦玢亦在玄宗朝担任要职。《新表》载"玢，司农卿"③，《全唐文》有苏颋《授韦玢司农少卿制》："黄门正议大夫行太常少卿上柱国薛县开国男韦玢，励精正己，力行徇公，从务表其清白，干时允其文采。故以台阁褒称，缙绅甄奖。盛礼兴乐，望虽重于执珪；八政一农，事尤殷于理粟。况洛京转漕，淮海通波，宜任牟融之能，迁改郑庄之弊。可兼司农少卿，散官勋封如旧，仍分司东都，主者施行。"④可知韦玢当时为太常少卿，兼任司农少卿，而非《新表》所言司农卿。另，韦玢还在两地担任过刺史，一是饶州刺史，《元和郡县志》卷二九"饶州"下有："浮梁县，上。西南至州二百二十里。武德五年析鄱阳东界置新平县，寻废。开元四年，刺史韦玢再置，改名新昌，天宝元年改名浮梁。每岁出茶七百万驮，税十五余万贯。"⑤一是冀州刺史，《资治通鉴》卷二一一："尚书左丞韦玢奏：‘郎官多不举职，请沙汰，改授他官。’玢寻出为刺史，宰相奏拟冀州，敕改小州。姚崇奏言：‘台郎宽怠及不称职，玢请沙汰，乃是奉公。台郎甫尔改官，玢即贬黜于外，议者皆谓郎官谤伤；臣恐后来左右丞指以为戒，则省事何从而举矣！伏望圣慈详察，使当官者无所疑惧。’乃除冀州刺史。"⑥从中可知韦玢是玄宗时沙汰郎官的建议者和执行者，在整顿吏治的过程中发挥了重要的作用。墓志所载"尚书左丞"一职亦可得到印证。

　　韦元甫的外祖父乃是初唐著名诗人、宰相李峤，以文辞著称，与苏味

---

①　［清］劳格、赵钺：《唐尚书省郎官石柱题名考》卷九，中华书局 1992 年版，第 466 页。按《元和姓纂》载："德敏，考功郎中、太府少卿。"（［唐］林宝：《元和姓纂》（附《四校记》）卷二，第 153 页），并无"司"字。

②　赵文成《秦晋豫新出墓志搜佚续编》第 4 册，第 933 页。

③　［宋］欧阳修、宋祁：《新唐书》卷七四上，第 3053 页。

④　［清］董诰：《全唐文》卷二五一，第 1122 页。

⑤　［唐］李吉甫：《元和郡县图志》卷二九，第 672 页。

⑥　［宋］司马光：《资治通鉴》卷二一一，第 6714 页。

道并称"苏李",又与苏味道、杜审言、崔融合称"文章四友",《新唐书》有："仕前与王勃、杨盈川接,中与崔融、苏味道齐名,晚诸人没,而为文章宿老,一时学者取法焉。"①其在当时文坛的地位可见一斑。值得注意的是李峤与唐代著名书法家、文学家李邕亦有渊源,李邕深得李峤赏识,入仕便是得李峤与张廷珪所荐："峤为内史,与监察御史张廷珪荐邕文高气方直,才任谏诤,乃召拜左拾遗。"②李邕外出戍边,李峤还作《送李邕》一诗相赠："落日荒郊外,风景正凄凄。离人席上起,征马路傍嘶。别酒倾壶赠,行书掩泪题。殷勤御沟水,从此各东西。"③作为早期的送别作品,在唐代送别诗中有重要的地位,也说明了二人关系之密切。又《唐故北海郡守赠秘书监江夏李公(邕)墓志铭并序》："罹祸之后,边将作乱,故留于郓东卅里,未及归葬。先帝克平,幽显皆复,尚书卢公讼理,追赠秘书监。公之胤曰颖、曰岐、曰翘。家之窜也,而岐死矣。二孤流落,未遑窆岁。戊申之年,葬者通岁。御史大夫、扬州长史韦公遇公从子暄,谋葬有阙,以钱廿万鬻灵之物备用。"④据墓志所言,李邕死后正逢战乱,遗孤流散,不得归葬。后经韦元甫供钱二十万,才得以迁葬。同时,《李邕墓志》的撰写者李昂又是李邕之族子,韦元甫的妹夫。《唐故仓部员外郎赵郡李公(昂)夫人京兆韦氏墓志铭并序》有："夫人京兆韦氏……皇御史大夫、扬州长史、淮南节度观察等使、赠户部尚书元甫,夫人仲兄也。"⑤可想李邕得韦元甫供钱二十万迁葬,与两家的渊源和交往是分不开的。

韦元甫的仕宦经历与交游

从墓志和传世史料来看,并无韦元甫参加科举考试的记录,其解褐之职为滑州白马尉,结合其家世,韦元甫应是以门荫入仕。

墓志云："郭虚己黜陟河南,表公正可以措枉,明可以处烦,扬于中朝,

① 〔宋〕欧阳修、宋祁:《新唐书》卷一二三,第4371页。
② 〔宋〕欧阳修、宋祁:《新唐书》卷二〇二,第5754页。
③ 〔清〕彭定求:《全唐诗》卷五八,第695页。
④ 周绍良主编:《唐代墓志汇编》,第1766页。
⑤ 赵文成:《秦晋豫新出墓志搜佚续编》第4册,第933页。

声动百僚,授浚仪主簿。"郭虚己任河南黜陟使一事未见于诸史料,然《郭虚己墓志》已于 1997 年在河南洛阳偃师出土,对于该使职,墓志载:"数年,迁工部侍郎。顷之,充河南道黜陟使,转户部侍郎,赐紫金鱼袋。天宝五载,以本官兼御史大夫、蜀郡长史、剑南节度支度营田副大使、本道并山南西道采访处置使。"①则河南黜陟使、户部侍郎都在天宝五载之前。又严耕望先生《唐仆尚丞郎表》"宋鼎"条下考证曰:"《全唐文》三〇八孙逖《授宋鼎尚书右丞郭虚己户部侍郎制》:'纪纲一台,爰资右辖。……通议大夫、尚书刑部侍郎、借紫金鱼袋宋鼎……可守尚书右丞,……散官如故。'此制在授张绍贞右丞制后,授崔翘右丞制前。按鼎与虚己皆见石台孝经后题名,时在四年秋冬,鼎衔已进为正议大夫、行兵部侍郎,虚己仍官户部侍郎,惟散官由朝议大夫进中散大夫。则此当作于天宝初,不能迟过三年。"②可从。由此知郭虚己黜陟河南一事当在天宝三载或稍前,韦元甫受郭虚己上表担任浚仪主簿亦在此时。史传并未记载此事,墓志可补史阙。

墓志又云:"无何,齐平阳瀚、张襄州九皋、中丞徐恽、张利贞、尚书张倚、韦陟,次居方牧,交致礼命,课绩闻于所至,荆河几于变风。"其中涉及了齐瀚、张九皋、徐恽、张利贞、张倚、韦陟等人在河南任刺史诸事。齐瀚曾两度任汴州刺史,第一次发生在开元十二年,《旧唐书·齐瀚传》:"(开元)十二年,出为汴州刺史。"③第二次据郁贤皓先生《唐刺史考全编》可知在开元二十七年到天宝元年之间:"《旧书·玄宗纪下》:开元二十七年九月,'汴州刺史齐瀚请开汴河下流,自虹县至淮阴北合于淮'。《通鉴·天宝元年》:四月壬寅,'又以汴州刺史,河南采访使齐瀚为少詹事'。"④则上文所考郭虚己黜河南以及韦元甫担任浚仪主簿的时间可提前至天宝元年

① 赵君平:《邙洛碑志三百种》,中华书局 2004 年版,第 211 页
② 严耕望:《唐仆尚丞郎表》卷八,第 465 页。按,李献奇、周铮《颜真卿撰书郭虚己墓志考述》认为:"《旧唐书·玄宗纪》:'(天宝五载正月)丙子,遣礼部尚书席豫、左丞崔翘、御史中丞王鉷等七人分行天下,黜陟官吏。'因知郭虚己乃七人之一,其巡查地点为河南道。"与墓志所载不符。
③ 〔后晋〕刘昫:《旧唐书》卷一九〇中,第 5037 页。
④ 郁贤皓:《唐刺史考全编》卷五五"河南道·汴州"条,第 740 页。

及稍前。张九皋曾任睢阳太守,萧昕《殿中监察张公(九皋)神道碑》有:"及元昆出牧荆镇,公亦随贬外台。遂历安康淮安彭城睢阳四郡守。所莅之邦,必闻其政。"①傅璇琮先生《唐代诗人丛考》据张九皋之兄张九龄的仕历及高适之行迹,考得张九皋任宋州时间为天宝八载前后②,实则,据《张九皋神道碑》所载其本人仕历,参照传世文献可知其在宋州时间应在天宝五载之前。史载天宝五载七月,"中外争献器服珍玩,岭南经略使张九章、广陵长史王翼以所献精美,九章加三品,翼入为户部侍郎,天下从风而靡。"③《新唐书·后妃传》:"岭南节度使张九章、广陵长史王翼,以所献最,进九章银青阶,擢翼户部侍郎。"④然《容斋随笔》则认为此处的岭南经略使加进银青阶的是张九皋而非张九章:"中外争献服器珍玩,岭南经略使张九皋、广陵长史王翼以所献精靡,九皋加三品,翼入为户部侍郎,天下从风而靡。"⑤《张九皋神道碑》载其仕历曰:"乃除南海太守兼五府节度经略采访处置等使……天子嘉之,特赐银青光禄大夫。"⑥从中看时任广州刺史兼岭南经略使的是张九皋而非张九章,从任职时间来看,睢阳刺史在襄州刺史以及岭南经略使之前,大约在天宝三、四载之间。再看徐恽,《唐刺史考全编》以为其任汴州刺史时间为天宝四载⑦,根据《徐恽墓志》所载,其"以天宝四载十月七日薨于五桥里之私第"⑧,去世时仍在河南采访使任上,则其在汴州刺史任上时间应在天宝三载到四载之间。再者,据《唐刺史考全编》,张利贞于天宝二年至三年继裴敦复、韦恒任汴州刺史兼河南采访使,韦陟于天宝五载继徐恽任汴州刺史,张倚于天宝二载任淮阳刺史⑨,皆可信。另,《唐会要》卷四一:"天宝五载七月二十三日,河南采

① [清]董诰:《全唐文》卷三五五,第 1592 页。
② 傅璇琮:《唐代诗人丛考》,中华书局 2003 年版,第 167 页。
③ [宋]司马光:《资治通鉴》卷二一五,第 6872 页。
④ [宋]欧阳修、宋祁:《新唐书》卷七六,第 3494 页。
⑤ [宋]洪迈:《容斋随笔·续笔》卷一六,第 420 页。
⑥ [清]董诰:《全唐文》卷三五五,第 1592 页。
⑦ 郁贤皓:《唐刺史考全编》卷五五"河南道·汴州"条,第 741 页。
⑧ 李献奇、周铮:《唐徐恽及夫人姚氏墓志考述》,《中原文物》2000 年第 6 期,第 46 页。
⑨ 参见《唐刺史考全编》,第 741、742、860 页。

访使张倚奏：'诸州府，今后应援春秋二时私社，望请不得宰杀，如犯者请科违勒罪。'从之。"①可知张倚在天宝五载亦在河南采访使任上。

综上，可知几任河南地方长官任职时间在天宝元年到天宝五载之间，韦元甫在河南的任职亦在此间。

此后，韦元甫又屡次经历升迁："累迁监察、殿中侍御史，尚书司勋、司库郎，拜洪州刺史、江西观察使，历太府、大理二少卿，润州刺史转左庶子，迁苏州刺史、御史中丞、浙西观察使，入为尚书右丞，骤拜淮南观察节度使、御史大夫。间岁入觐，封彭城郡开国公。"

其中监察、殿中侍御史，尚书司勋、司库郎等职并未见史料记载，可补史阙。而据郁贤皓先生《唐刺史考全编》所考，韦元甫任洪州刺史之前还曾担任荆州刺史："韦元甫，约至德二载（约 757）《全文》卷四三四韦元甫《谢加银青光禄大夫表》：'先帝委臣以荆南江西之寄，特加朝散，廉察两道。'按乾元二年韦元甫已在江西任。"②然而，除了《谢加银青光禄大夫表》提及韦元甫曾刺荆州，该事迹并未见于墓志与诸史、地方志记载，郁先生所考其任荆州刺史亦只一年，韦元甫是否确实到任荆州，还需存疑。

韦元甫在洪州、润州、苏州以及官拜尚书右丞、淮南观察节度使、御史大夫诸事则皆见于史传。据郁先生考证，其在洪州时间约为乾元二年到上元二年③，在润州时间为宝应元年到广德二年④，在苏州的时间为永泰元年到大历三年⑤。其中较为明确的是上元二年在洪州一事，独孤及《豫章冠盖盛集记》："岁次辛丑春正月，东诸侯之师有事于淮西。是役也，以蜂虿窃发，华夷震惊，执事者匪遑启居，亦既播越。我都督防御观察处置使兼御史中丞韦公元甫，克振远略，殷为长城……"⑥辛丑岁为上元二年。而其任洪州刺史的起始年，则有待商榷，郁贤皓先生《唐刺史考全编》以韦

① ［宋］王溥：《唐会要》卷四一，第 857 页。
② 郁贤皓：《唐刺史考全编》卷一九五"山南东道·荆州"条，第 2674 页。
③ 郁贤皓：《唐刺史考全编》卷一五七"江南西道·洪州"条，第 2252 页。
④ 郁贤皓：《唐刺史考全编》卷一三七"江南东道·润州"条，第 1857 页。
⑤ 郁贤皓：《唐刺史考全编》卷一三九"江南东道·苏州"条，第 1912 页。
⑥ ［清］董诰：《全唐文》卷三八九，第 1749 页。

元甫在韦儇之后任,考得韦儇在任时间约乾元元年到乾元二年间。而据所引《旧唐书·赵晔[骅]传》:"及安禄山陷陈留,因没于贼。时有京兆韦氏,夫任畿官,以不供贼军遇害,韦被逆贼没入为婢。江西观察使韦儇,族兄弟也。晔哀其冤抑,以钱赎之,俾其妻置之别院,厚供衣食,而晔竟不面其人。明年,收复东都,晔以家财资给,而访其亲属归之,识者咸重焉。"① 可知安禄山陷陈留在天宝十四载,收复东都在至德二载,则韦儇在天宝十四载前后便已在江西观察使任上。故韦元甫在江西任职的起始时间还有待进一步考察。与此同时,根据墓志记载,韦元甫在任洪州、润州二刺史之间,还历任太府少卿和大理少卿,二职未见于诸史,可补充《唐九卿考》一书。据李华《润州丹阳县复练塘颂》:"(永泰元年)十一月二十三日拜常州刺史京兆韦公损为润州……以礼乃白本道观察使兼御史中丞韦公元甫……"② 可知永泰元年韦元甫已任浙江西道观察使,当时治所在苏州,则其任太府、大理二少卿以及润州刺史的时间在上元二年之后,永泰二年之前。韦元甫拜尚书右丞、淮南观察节度使、御史大夫的时间可见于《旧唐书·代宗本纪》:"(大历)三年……浙西团练观察使、苏州刺史韦元甫为尚书右丞……以尚书右丞韦元甫扬州大都督府长史、兼御史大夫,充淮南节度观察等使。"③ 知其在苏州任职时间为永泰元年到大历三年。据《旧唐书》本传记载,韦元甫在大历六年八月卒于扬州任上。而墓志首句言"维唐大历六年七月乙酉,淮南节度观察处置使、扬州长史、御史大夫韦公享年六十有二,薨于位",据此知韦元甫卒于大历六年七月,与《旧唐书》稍有出入。而据墓志记载,韦元甫在担任淮南节度观察使的第二年,还被加封彭城郡开国公。

　　墓志又言:"初,公与河南员锡咸以精断继登宪府,杂理诏狱,详评法家。去苛吏之舞文,为后来之公式。当时奏议,多所裁审。"《旧唐书》记载了韦元甫在韦陟幕下与判官员锡以"员推韦状"闻名当时:"本道采访使韦

① ［后晋］刘昫:《旧唐书》卷一八七下,第 4906 页。
② ［清］董诰:《全唐文》卷三一四,第 1411 页。
③ ［后晋］刘昫:《旧唐书》卷一一,第 288—290 页。

陟深器之，奏充支使。与同幕判官员锡齐名。元甫精于简牍，锡详于讯覆，陟推诚待之，时谓'员推韦状'。"①两者对读，可见韦元甫确与员锡齐名，然墓志所叙乃二人皆长于精断，且未言及同在韦陟幕下，相比之下，《唐书》所叙更为详细，且多了"员推韦状"一说②。

韦元甫在江淮任职期间，正值长江中下游地区遭遇严重战祸——刘展之乱。对此，独孤及《豫章冠盖盛集记》记之甚详："岁次辛丑春正月，东诸侯之师有事于淮西。是役也，以蜂虿窃发，华夷震惊。执事者匪遑启居，亦既播越。我都督防御观察处置使兼御史中丞韦公元甫，克振远略，殷为长城。且修好于邻侯，从交相见。敦同盟戮力之义，图靖难勤王之举。故三吴舟车，八使冠盖，名公髦士，群后庶尹，辐辏鳞集，其来如归。于是户部尚书兼御史大夫李公峘至自广陵，越州刺史兼御史中丞杜公鸿渐至自会稽，润州刺史试鸿胪少卿韦公儇至自京口，苏州刺史韦公之晋至自吴，庐州刺史、前尚书右丞徐公浩至自合淝。由是越人、吴人、荆人、徐人，以其孥行，络绎荐至大江之涯。"③可知该集会由韦元甫所主持，邀请了李峘、杜鸿渐、韦儇、韦之晋、徐浩等人至豫章，目的是"敦同盟戮力之义，图靖难勤王之举"，反抗刘展之乱。然"岁二月，楚氛扫除，江介底定，然后皆整归旆，分镳言旋"，仅两个月，刘展之乱被平，豫章之集也仅止议会。然刘展之乱前后江淮地区民生凋敝，疫病流行，独孤及《吊道殣文并序》曰："辛丑岁大旱，三吴饥甚，人相食。明年大疫，死者十七八，城郭邑居，为之空虚。而存者无食，亡者无棺殡悲哀之送。大抵虽其父母妻子，亦啖其肉而弃其骸于田野，由是道路积骨，相支撑枕藉者，弥二千里。春秋已来不书，或谓县官处师旅饥馑之弊，宜禳灾于未然。既将不时赈恤，又苦之以杼轴，故及是。及以为不然，当阳九之厄，阴阳错而灾沴降，天也非人也。"④墓志对此作了如下记载："其后联南阳七军

①　[后晋]刘昫：《旧唐书》卷一一五，第 3376 页。
②　按，该说最早见于李肇《唐国史补》，以"员"为员结，今可知不确。李肇著《唐国史补》卷下，上海古籍出版社 1979 年版，第 54 页。
③　[清]董诰：《全唐文》卷三八九，第 1749 页。
④　[清]董诰：《全唐文》卷三九三，第 1772 页。

之势,罢河上六月之繇。服山越以静吴人,灌陂塘以漕东国。功业茂著,颂声流闻。尚书考课,为四方首。"虽未详细记录当时的战乱情况,但可见韦元甫时在江淮一带任刺史,对恢复当地的人口、经济作出了较大的贡献。

韦元甫在润州、苏州任职期间,与杜佑、皇甫曾、李嘉祐等文人也有诸多交往。杜佑,字君卿,唐代著名政治家和史学家,《通典》的编纂者,韦元甫出任润州刺史,尝辟其为幕僚,《新唐书·杜佑传》:"佑以荫补济南参军事、剡县丞。尝过润州刺史韦元甫,元甫以故人子待之,不加礼。它日,元甫有疑狱不能决,试讯佑,佑为辨处契要无不尽,元甫奇之,署司法参军,府徙浙西、淮南,皆表置幕府。"①作为一名以"吏术""精断"闻名的上司,韦元甫对青年杜佑的影响应是颇为深远的。皇甫曾留有两首诗歌与韦元甫有关,其一是《韦使君宅海榴咏》,诗云:"淮阳卧理有清风,腊月榴花带雪红。闭阁寂寥常对此,江湖心在数枝中。"②首句便用典,借西汉时汲黯被汉武帝召为淮阳太守,卧而治之一事,喻指当时韦元甫在润州治理有方,声望很高。其二是《奉陪韦中丞使君游鹤林寺》,诗云:"古寺传灯久,层城闭阁闲。香花同法侣,旌旆入深山。寒磬虚空里,孤云起灭间。谢公忆高卧,徒御欲东还。"③此诗当是皇甫曾陪韦元甫游览鹤林寺时所作,或与李嘉祐《奉陪韦润州游鹤林寺》一诗同时,李诗云:"野寺江城近,双旌五马过。禅心超忍辱,梵语问多罗。松竹闲僧老,云烟晚日和。寒塘归路转,清磬隔微波。"④"双旌五马",汉代太守驾五马,立双旌,此处即指当时任润州刺史的韦元甫,颔联则写韦润州询问佛经的禅心。

此外,新出土《唐故金州刺史赠吏部郎中高邑公墓志》有:"时中州丧乱之后,人士多奔江浙间,游公之门,称为食客者十余人,皆名士也。公之所从,有若李公栖筠、韦公元甫、独孤公及,皆贤侯也。"⑤墓志志主为李

① [宋]欧阳修、宋祁:《新唐书》卷一六六,第5085—5086页。
② [清]彭定求:《全唐诗》卷二一〇,第2180页。
③ [清]彭定求:《全唐诗》卷二一〇,第2179页。
④ [清]彭定求:《全唐诗》卷二〇六,第2156页。
⑤ 毛阳光、余扶危:《洛阳流散唐代墓志汇编》下,第543页。

纵,唐代诗人,李希言之子,李纾之兄,从志文来看,李纵在江浙时曾在韦元甫处担任幕僚,将其与李栖筠、独孤及放在一起,也说明了韦元甫在当时的政坛和文人群体中具有比较大的影响力。

墓志撰书者

《韦元甫墓志》题署:"银青光禄大夫守中书侍郎同中书门下平章事集贤殿崇文馆大学士兼修国史上柱国颍川郡开国公元载撰。"知墓志撰者正是中唐前期有名的权臣宰相元载。元载(713—777),字公辅,凤翔岐山人。大历十二年三月廿八日卒,时年六十五。代宗时官至中书侍郎、同中书门平章事。关于他的生平,两《唐书》所记甚详。近年来,《元载墓志》也已经出土,墓志原题为"唐故中书侍郎平章事颍川郡公元府君墓志铭并序",题署"银青光禄大夫行兵部侍郎李纾撰,朝议郎前行扬州大都督府户曹参军阴冬曦书"。墓志言其"素工于文,度越均检,放词宏达,属意瑰奇,亦常人不之至也。少以制举登第,授邠州新平县尉,以至于御史中丞、户部侍郎,皆连辟盛府,由其损益,擢岂清朝,咨以匡拂,举其大者,故略而不书"。可与两《唐书·元载传》相印证,知其确实有文学专长。就其文章来说,《全唐文》卷存其文六篇,武亿《授堂金石跋》载:"《唐王忠嗣神道碑》,正书,唐元载撰,王缙书,大历十年,今在渭南县乡贤祠。"①《韦元甫墓志》是新见的由元载撰写的文章,具有一定的文献价值。此外,元载亦为诗人,《全唐诗》卷一二一载其《别妻王韫秀》诗一首:"年来谁不厌龙钟,虽在侯门似不容。看取海山寒翠树,苦遭霜霰到秦封。"②王韫秀即王忠嗣之女。关于元载,近几年新见的材料颇多,除了其本人的墓志,新出土的《严厚本墓志》中也有与其相关的一段材料,其中记录了元载被定"忠"这一谥号的过程:"元载、杨炎之谥,纷而□□有三十余年,公谥元为忠,杨为厉。相国郑公覃问曰:'元载贪冒有状,而恣其悍妻恶子,奈何以忠相之。'公抗辞曰:'元载赃罪盈亿,斯可恶也,

---

① [清]武亿:《授堂金石跋》,《石刻史料新编》,第一辑,第25册,第19134页。
② [清]彭定求:《全唐诗》卷一二一,第1214页。

然当代宗朝有将不利于东宫者,载有翊戴德宗之功。□欲□之,其可得乎?'其议遂定。"①陈尚君先生有《元载的平反》②一文对该墓志作过论述,可参考。至此,关于元载的材料越来越丰富,有望于学者对其进行更加深入的研究。

墓志书者史惟则,唐代著名的八分书书法家,两《唐书》无传,传世文献对于其生平事迹记录不甚详细,《书小史》卷一〇有其小传:"史惟则,字子华,白之子。官至殿中侍御史。工八分,颇近钟书,发笔方广,字形峻美,亦为时所重。尤善篆籀、飞白。弟怀则,亦善八分。《书赋》云:'史侍御惟则,必优世业,阶乎籀篆,古今折衷,大小应变,如因高而瞩远,俯川陆而必见。'"③今传史惟则所书之碑存目年代最早者为开元二十一年《京兆尹张公德政碑》,署"孟匡朝撰,史惟则八分书"④。该碑未记其官职,三年后《大智禅师碑》署"右羽林军陆事参军集贤院待制兼校理史惟则书并篆额"⑤,始知其早年曾任右羽林军陆事参军。此外,据史惟则所书的其他碑刻,我们可以大致知道其任官情况,对此,熊飞《唐代八分书家史惟则生平考略》⑥一文已进行了详细的梳理,此处不再赘述。新出土《韦元甫墓志》题署"朝散大夫守都水使者集贤殿学士上柱国史惟则书并篆盖",知该志乃是其在都水使者任上所书,金鑫《新见史惟则书〈韦元甫墓志〉〈辛旻墓志〉考释》⑦一文中《辛旻墓志》亦为史惟则在该任上所书,二志可作为补充。

①　陕西省文物缉私队编:《西安新获墓志集萃》,第212—213页。
②　《文汇读书周报》"书人茶话",2016年11月7日。
③　[宋]陈思:《书小史》卷一〇,《景印文渊阁四库全书》第814册,第273—274页。
④　[宋]赵明诚撰,金文明校证:《金石录校证》,第681册,第112页。
⑤　[宋]赵明诚撰,金文明校证:《金石录校证》,第681册,第115页。
⑥　熊飞:《唐代八分书家史惟则生平考略》,《咸宁师专学报》1995年第4期,第51—54页。
⑦　金鑫:《新见唐史惟则书〈韦元甫墓志〉〈辛旻墓志〉考释》,《中国书法》2017年第6期,第86—91页。仅见于中国知网,未见纸质本。

五、韦瓘墓志

墓志释文

大唐故通议大夫守秘书监上柱国赐紫金鱼袋
赠工部尚书韦公墓志铭 并序

朝议大夫守尚书左丞上柱国东莞县开国子食邑五百户
赐紫金鱼袋徐商撰

　　唐大中六年十一月廿二日，秘书监京兆韦公薨于位，明年将祔于先茔，嗣子劳谦等顾商奉姻旧之私，以其志为托，再让不获，敢铭而序之。公讳瓘，字茂弘，京兆人也。颛顼之后，因夏封得姓，居彭城，世为商伯。自商伯廿四代至楚太傅孟，迁于鲁。太傅玄孙汉丞相贤，始居京兆杜陵。及玄成嗣位，族望弥高。绂冕迭兴，房户派别，龙门公有高尚之德，继别分宗。公实龙门公之后，三世至祖迢，都官员外郎。咸积行成，家庆宜荐。及果生公世父，东都留守、赠太子少保公夏卿；公之皇考，赠司空公正卿。大历六年同时制科高第，门籍事望，归美当时。公即司空公第三子。幼挺材器，大振家声。少保公当代儒宗，文学独步，尝定十友，推重一时。每举酒赋诗，公常在侧，顾谓硕友曰："真可为吾家千里驹也。"元和四年，张相国知贡举，佳公文术，伟公人材，擢居甲科，首统群彦，时公年廿三矣。间二岁，中博学宏词科，授校书弘文馆。雠讹刊谬，鱼鲁必分；叩玉雕金，声价增大。孟简尚书出廉欧越，藉甚芳名，奏备宾僚，试授协律。及使更府罢，将舣归舟，薛戎中丞一揖光仪，复以团练判官职维絷。东杨地胜，上介礼优。方以道安，旋降征命，除大理评事，充集贤校理。前府孟公领镇岘首，再以上介请公，奏授观察判官、里行、监察，旋拜左拾遗，转右补阙，充史馆修撰。挥毫史阁，举职谏垣，方欲骋力康庄，追踪霄汉，丁先大人忧，殆于毁灭。服阕，除殿中御史。公以身经茹苦，家就速贫，以骨肉支离，就淮南太尉王公奏请观察判官、检校职方外郎，赐鱼袋。又以盐铁转运判官,知上都务为请。公辞疾不赴,留止东都,除仓部员外,再授颍州刺史,允所便也。分符一岁,时大和元年,拜刑部员外,转兵部员外,兼集贤直学士,判院事。三年,迁本司郎中,仍书殿职。骞骞清近,陟历华资。学望与能,钟悬待扣。改司勋郎中,知制诰。明年,拜中书舍人。公学彩词锋,超今迈古。患多应用,叠五立成。时人叹其艺能,方之贾马,而或旷怀不有,逐胜逍遥,善谑一时,高谈两掖,人以为过,公实不知。既操柄护权,群邪用事,加诸细故,斥我遐方,出明州长史,再贬康州端溪尉,赦移虔、寿二州司马。公襟灵疏达,物理通明。诗酒自娱,不介于抱。除太子少詹事,分司东都。朝廷以公久处寂寥,期渐升用,授蕲州刺史。公乃推公励己,酌事便人。增陂渎,尽浍溉之功;设庠序,导孝悌之化。由是岁就登稔,俗耻为非。郡吏邑人,咸以惜留上请。迁楚州刺史、兼淮南营田副使。山阳居饶沃之地,倍溉种之功,煮海为盐,犯盗者众,公用蕲春增渎之术,广淮阳禁暴之方,初则惮其威,终乃感其惠。一年报令,五县昭苏。诣使乞留,朝止夕继。相国李公深知郡化,录状上闻,就锡金章,官兼中宪。替罢,迁桂州观察。公到任,苦心为理,事简人安,众愿莫从,无何除替,桂人欲刊碑纪德,请监军使上闻,祖道惜留,弥江络野。除太仆卿分司,复授太子宾客。公以才高援寡,洁重家贫,不以归朝陟用为荣,但坚外任便安为请。圣君方悬旌待旧,置鼓思贤,籍公儒名,授秘书监。公既承命,赴阙召对。及蒲,人望郁然,谓公荐有非常之拜。公曰:受遣出外一十九年,同辈罕存,衰残何望,但幸归乡国耳。实则朝廷已议重任,俾前屈有伸,暮归升平里,寓居遘疾,一夕薨谢,享年六十有六。惊悼班列,痛沮交亲,当宁兴嗟,罢朝轸惜,赠工部尚书。夫人河东裴氏,先公卅二年殁。冢妇阳平路氏,和敏干事,孝淑承家,丧制所营,一以济办,即以大中七年正月十八日祔于万年县神禾乡神禾原,归先茔也。有子十五人,长曰劳谦,京兆参军;次曰益谦,四卫佐;次曰崇节,曰牧谦,并举进士。自牧谦之下,皆幼未仕。有女九人,从人者四人,许嫁者一人,已下四人未笄。呜呼!天道有数也,人命有分也,昼夜不息,存殁何常。公官列上卿,年逾中寿,赋命之分,不为薄矣。然而有才不当大任,无疾奄忽长归,人共惋焉。在志何述,铭曰:

蓼龙垂祉兮世绪延昌，源流自远兮作伯于商。洎周浃汉兮簪裾益盛。笏传离继兮鼎铉相望。枝分派别兮降及龙门，礼乐百代兮德音孔彰。儒风载振兮才学双茂，科名叠中兮棣萼连芳。惟公嗣业兮杰出前修，翘英错桂兮再刈其楚。名高日下兮贽币交驰，望居人表兮华资荐处。丝纶奉命兮直道受诬，噂沓兴谤兮忠言莫拒。一罹播越兮牵复十年，两郡化理兮廉风再举。怀贤道旧兮访自东周，以学膺用兮归于秘丘。□□□望兮方谐大任，一夕奄忽兮永隔千秋。恩荣礼备兮卜宅有期，□□□□兮刊德是谋。南山不移兮鸿名长在，孤坟封耸兮白云悠悠。

《韦瓘墓志》，韦瓘(787—852)，字茂弘，京兆人。官至通议大夫、秘书监。大中六年(852)十一月廿二日卒，享年六十六岁，大中七年正月十八日葬于万年县神禾乡神禾原。墓志长78、宽75.5厘米，志盖长79、宽80厘米。志文正书，42行，行42字；盖篆书，4行，行4字。首题"大唐故通议大夫守秘书监上柱国赐紫金鱼袋赠工部尚书韦公墓志铭并序"，题署"朝议大夫守尚书左丞上柱国东莞县开国子食邑五百户赐紫金鱼袋徐商撰"。陕西西安出土。拓片图版，载《书法丛刊》2014年第4期，74—75页。刘强有《新见唐代状元韦瓘墓志考释》，载《书法丛刊》2014年第4期，第68—75页。韦瓘诗，载于《全唐诗》卷五〇七，第5766页。

从墓志所载韦瓘家世来看，其祖父韦迢、伯父韦夏卿、父亲韦正卿皆有文学专长，且均在科举考试中表现不俗，韦瓘一系实是典型的文学家族。通过墓志传达的信息，我们还可以考察韦瓘的科举经历、仕宦生涯、交游情况和文学成就。韦瓘还牵涉到历史上著名的政治事件——牛李党争。关于韦瓘与李党首脑李德裕的关系，传奇作品《周秦行纪》是否为其构陷牛党党魁牛僧孺之作，已有学者加以考察；以其墓志与传世文献相印证，可为研究这些问题提供新的思路。

韦瓘文学家世发微

韦瓘出身于京兆韦氏龙门公房。京兆韦氏乃唐代著名士族家族，也是源远流长的文学世家之一。通过墓志提供的信息，佐证传世文献，我们知道韦瓘的祖父韦迢、伯父韦夏卿、父亲韦正卿与兄长韦珩皆以政事与文学兼长；从交往情况来看，他们与同时代知名文人往来甚多：韦迢与杜甫

交谊深厚;韦夏卿与元稹有翁婿之宜,且为文人团体"洛中十友"之一;韦
珩与韩愈、柳宗元皆有文学往来。

(一) 韦璀祖辈的文学成就

《韦璀墓志》云:"公实龙门公之后,三世至祖迢,都官员外郎。咸积行
成,家庆宜荐。"参以《元和姓纂》的记载:"伯阳,仓部郎中,生建、迢、
造。"①还知道韦迢有兄韦建和弟韦造。

韦迢是一位文学家,而且与大诗人杜甫具有密切的关系。韦迢有《潭
州留别杜员外院长》诗:"江畔长沙驿,相逢缆客船。大名诗独步,小郡海
西偏。地湿愁飞鹏,天炎畏跕鸢。去留俱失意,把臂共潸然。"②这里的
"杜员外院长"就是杜甫。诗为大历四年秋天韦迢由员外郎出任韶州刺
史,赴任途中经过潭州与杜甫交往之作。诗称杜甫"大名诗独步",应该是
最早肯定杜甫地位的人物之一,可见韦迢独到的文学眼光。杜甫以《潭州
送韦员外迢牧韶州》作答:"炎海韶州牧,风流汉署郎。分符先令望,同舍
有辉光。白首多年疾,秋天昨夜凉。洞庭无过雁,书疏莫相忘。"③韦迢离
开潭州时,又作《早发湘潭寄杜员外院长》诗云:"北风昨夜雨,江上早来
凉。楚岫千峰翠,湘潭一叶黄。故人湖外客,白首尚为郎。相忆无南雁,
何时有报章。"④杜甫也作《酬韦韶州见寄》诗作答:"养拙江湖外,朝廷记
忆疏。深惭长者辙,重得故人书。白发丝难理,新诗锦不如。虽无南去
雁,看取北来鱼。"⑤杜甫在回赠的诗中称"新诗锦不如",对韦迢诗歌评价
颇高。韦迢到韶州后,杜甫友人魏某充任岭南掌选,杜甫送其赴任作诗还
兼寄韦迢,即《送魏二十四司直充岭南掌选崔郎中判官兼寄韦韶州》诗,有
"凭报韶州牧,新诗昨寄将"之句,卢元昌《杜诗阐》云:"此处有韦迢,为韶
州牧,曾寄新诗,今凭判官往报。前所云'虽无南过雁,看取北来鱼'者,此

① [唐]林宝:《元和姓纂》(附《四校记》)卷二,第186页。
② [清]彭定求:《全唐诗》卷二六一,第2908页。
③ [唐]杜甫撰、[清]仇兆鳌注:《杜诗详注》卷二二,第1996页。
④ [清]彭定求:《全唐诗》卷二六一,第2908页。
⑤ [清]彭定求:《全唐诗》卷二三三,第2570页。

其验矣。'新诗'即'养拙江湖外'一篇。"①宋人洪迈在《容斋随笔》说："予观少陵集中所载韦迢、郭受诗，少陵酬答至有'新诗锦不如'、'自得随珠觉夜明'之语，则二人诗名可知矣，然非编之杜集，几于无传焉。"②可见韦迢与杜甫的往来之作不仅见证了二人深厚的友谊，亦体现了韦迢杰出的文学素养和才能。

更值得注意的是，在杜甫与韦迢往还的四十余年以后，元稹写了《唐故工部员外郎杜君墓系铭》，其缘由也应该与韦迢有一些联系。墓志铭云："嗣子曰宗武，病不克葬，殁，命其子嗣业。嗣业贫，无以给丧，收拾乞丐，焦劳昼夜，去子美殁后余四十年，然后卒先人之志，亦足为难矣。"③因为墓系铭是杜甫之孙杜嗣业请求元稹撰写的，而元稹的妻子韦丛则是韦夏卿的女儿、韦迢的孙女。吕温《故太子少保赠尚书左仆射京兆韦府君（夏卿）神道碑铭并序》："大王父讳某，皇朝主客郎中，莱、济、商三州刺史，王父讳某，仓部郎中、太原少尹、赠秘书监，烈考讳某，检校都官郎中、岭南节度行军司马，赠同州刺史。"④韩愈《监察御史元君妻京兆韦氏夫人（丛）墓志铭》："夫人曾祖父讳伯阳，自万年令为太原少尹、副留守北都，卒赠秘书监。其大王父迢，以都官郎为岭南军司马，卒赠同州刺史。"⑤元稹能接受"无以给丧，收拾乞丐"的杜嗣业之请为杜甫撰写墓系铭，如果不是杜甫与韦迢的一层关系，是很难想象出其他缘由的。

还值得注意的是，作为韦瓘的文学世家而言，韦瓘祖父一辈除了韦迢与杜甫酬答之外，韦迢之兄韦建与其弟韦造也都有文学成就。李华《三贤

① ［清］卢元昌：《杜诗阐》卷三三，《续修四库全书》第 1308 册，第 733 页。
② ［宋］洪迈：《容斋随笔》卷一五，第 194 页。
③ ［唐］元稹：《元稹集》（修订本）卷五六，第 692 页。
④ ［唐］吕温：《吕衡州文集（附考证）》卷六，《丛书集成初编》本，中华书局 1985 年，第 60 页。《韦瓘墓志》记载韦迢的官职是"都官员外郎"，而前引《韦夏卿神道碑》《韦丛墓志》都记载为"岭南行军司马"。《新唐书·宰相世系表》："迢，岭南节度行军司马。"（第 3108 页）《旧唐书·韦夏卿传》："父迢，检校都官郎中、岭南行军司马。"（第 4297 页）亦复如此。按，《新唐书·宰相世系表》及韦夏卿传所称，应当为韦迢的终官。但唐代重内官而轻外任，且尤其重视郎官，故《韦瓘墓志》则称其"都官员外郎"一职。
⑤ 马其昶：《韩昌黎文集校注》卷二四，第 363 页。

论》称萧颖士友人"京兆韦建士经中明外纯"①。《文苑英华》卷九二四载有韦建《黔州刺史薛舒神道碑》一篇。刘长卿有《客舍赠别韦九建赴任河南韦十七造赴任郑县就便觐省》诗,有"与子颇畴昔,常时仰英髦。弟兄尽公器,诗赋凌风骚"之句,足证韦建、韦造二人都是擅长诗赋的。高适亦有《留别郑三韦九兼洛下诸公》,是天宝八载高适辞别封丘尉之后赠别韦建之作。诗云:"忆昨相逢论久要,顾君哂我轻常调。羁旅虽同白社游,诗书已作青云料。蹇质蹉跎竟不成,年过四十尚躬耕。长歌达者杯中物,大笑前人身后名。"②这是一首难得的与韦建论诗述志之作。人在羁旅之中,而相互论及"久要"之国事,身虽隐于白社,情则期待招隐,而这些情怀也都是通过诗歌表达出来的。

(二) 韦瓘父辈的文学成就

《韦瓘墓志》云:"及果生公世父,东都留守、赠太子少保公夏卿;公之皇考,赠司空公正卿。大历六年同时制科高第,门籍事望,归美当时。"是韦瓘的父亲是韦正卿,其伯父是韦夏卿。

韦正卿,韦瓘之父。关于其事迹,墓志与诸史仅记与其兄韦夏卿同时制举高第,下文将专辟一节考察韦氏科举内涵,此处不加赘述。传世文献未见收录其文学作品,目前仅留存其撰写墓志铭一篇,题为《唐故朝议大夫河南府法曹参军韩公(涤)墓志铭并序》,题署"前京兆府奉天县尉韦正卿撰"③。墓志作于建中二年,知韦正卿曾担任京兆府奉天县尉一职,可补史阙。这篇墓志也足证韦正卿是一位能文之士。

韦夏卿,韦瓘伯父。是中唐时期著名的政治家兼文学家,又是著名诗人元稹的岳父。韩愈《监察御史元君妻京兆韦氏夫人墓志铭》:云:"夫人讳丛,字茂之,姓韦氏。……王考夏卿以太子少保卒赠左仆射。……夫人于仆射为季女,爱之,选婿得今御史河南元稹。稹时始以

---

① [唐] 李华:《三贤论》,《文苑英华》卷七四四,第 3887 页。
② [清] 彭定求:《全唐诗》卷二一三,第 2218 页。
③ 张永华、赵文成、赵君平:《秦晋豫新出墓志搜佚三编》,第 758 页。

选校书秘书省中。"①可见元稹在授校书郎不久后便迎娶韦夏卿之女韦丛为妻。韦夏卿现存文学作品未见与元稹有涉者，从元稹的诗歌中，我们却可窥得韦夏卿痕迹。"（贞元十九年）十月，岳父韦夏卿授东都留守，赴洛阳上任，由于韦丛是'谢公最小偏怜女'，割舍不下，于是元稹、韦丛夫妇一同侍从韦夏卿赴洛阳。元氏在洛阳没有住宅，元稹夫妇就住在履信坊韦宅。"②对此，元稹《陪韦尚书丈归履信宅因赠韦氏兄弟》诗可加佐证："紫垣驺骑入华居，公子文衣护锦舆。眠阁书生复何事，也骑羸马从尚书。"③其《追昔游》则记述了在韦宅优渥的生活："谢傅堂前音乐和，狗儿吹笛胆娘歌。花园欲盛千场饮，水阁初成百度过。醉摘樱桃投小玉，懒梳丛鬓舞曹婆。"④《梦游春七十韵》更直言："当年二纪初，嘉节三星度。朝荠玉佩迎，高松女萝附。韦门正全盛，出入多欢裕。甲第涨清池，鸣驺引朱辂。广榭舞蓁蓊，长筵宾杂厝。青春讵几日，华实潜幽蠹。秋月照潘郎，空山怀谢傅。"⑤《新唐书》载韦夏卿"晚岁将罢归，署其居曰'大隐洞'"⑥，元稹尝作《韦居守晚岁常言退休之志因署其居曰大隐洞命予赋诗因赠绝句》赠韦夏卿："谢公潜有东山意，已向朱门启洞门。大隐犹疑恋朝市，不如名作罢归园。"⑦从上述诗歌来看，元稹对其岳父韦夏卿颇为敬重与感念。

韦夏卿文学才华出众，诗文兼长。墓志言及其文学才能曰："少保公当代儒宗，文学独步，尝定十友，推重一时。"《新唐书》言其："通简好古，有远韵，谈说多闻。"⑧《吟窗杂录》卷二五"韦夏卿"下云："韦夏卿，字云客，善文辞。"⑨柳宗元《为韦京兆祭太常崔少卿文》亦云："往佐居守，及

① 马其昶：《韩昌黎文集校注》卷六，第 363—364 页。
② 周相录：《元稹生平与作品考索》，陕西师范大学学位论文 2001 年，第 11 页。
③ ［清］彭定求：《全唐诗》卷四一二，第 4566 页。
④ ［清］彭定求：《全唐诗》卷四〇四，第 4508 页。
⑤ ［清］彭定求：《全唐诗》卷四二二，第 4635 页。
⑥ ［宋］欧阳修、宋祁：《新唐书》卷一六二，第 4996 页。
⑦ ［清］彭定求：《全唐诗》卷四一二，第 4566 页。
⑧ ［宋］欧阳修、宋祁：《新唐书》卷一六二，第 4996 页。
⑨ ［宋］陈应行：《吟窗杂录》卷二五，中华书局 1997 年，第 734 页。

尔同僚,笑遨交欢,匪夕则朝。入同其室,出联其镳。投文报章,既歌且谣。"①《全唐诗》卷二七二收其诗三首:《别张贾》《送顾况归茅山》《和丘员外题湛长史旧居》②。另存文二篇:《东山记》《东都留守顾公神道碑铭》③。其所存诗作皆为送别唱和之作,可见其与同时期文人与交游与诗文往来频繁。

关于墓志所言的文学"十友",可与柳宗元《为韦京兆祭太常崔少卿文》印证:"夙岁同道,从容洛师。接袂交襟,以遨以嬉。策驾嵩少,泝舟瀍伊。笑咏周星,其乐熙熙。丹霄可望,青云可期。洛中十友,谈者荣之。"④墓志所言"十友",应是"洛中十友"无疑。"洛中十友"成员,柳宗元《为韦京兆祭太常崔少卿文》记载除崔少卿外,还有郑馀庆、齐映二人:"惟郑洎齐,各登鼎司。或丧或存,山川是违。繄我夫子,宜相清时。命之不遗,孰不凄悲?呜呼哀哉!"⑤吕温《故太子少保赠尚书左仆射京兆韦府君神道碑》记载有齐映、穆赞、穆员三人:"与故相国齐江西映、穆宣州赞、赞弟侍御史员,为文章道义之友。"⑥故传世文献可见有韦夏卿、崔少卿、郑馀庆、齐映、穆赞、穆员六人,其余四人尚未见记载。崔少卿,即崔溆。陈景云《柳集点勘》"为韦京兆祭太常崔少卿文"条下云:"韩醇曰:'以世系考之,当是崔溆。'按韩说得之,但语犹未详耳。文中言'惟郑洎齐,各登鼎司',谓齐映、郑馀庆二相国也。'或丧或存,山川是违',韦夏卿以贞元十七年除京兆尹时,齐已下世,郑方远谪,故云尔。又穆员作溆母卢夫人志云:'今之宰政与贤卿大夫,多溆之游。'宰政即谓齐相,时方秉政,以此证之,则少卿为溆无疑矣。韦尝为留守从事,家居东都。员与其兄赞,皆崔韦深交。盖洛中十友之二人也。"⑦郑馀庆,字居业,郑州荥阳人,位至宰

---

① 〔清〕董诰:《全唐文》卷五九三,第 2657 页。
② 〔清〕彭定求:《全唐诗》卷二七二,第 3057—3058 页。
③ 〔清〕董诰:《全唐文》卷四三八,第 1980—1981 页。
④ 〔清〕董诰:《全唐文》卷五九三,第 2657 页。
⑤ 〔清〕董诰:《全唐文》卷五九三,第 2657 页。
⑥ 〔清〕董诰:《全唐文》卷六三〇,第 2816 页。
⑦ 〔清〕陈景云:《柳集点勘》卷三,《续修四库全书》1311 册,第 29—30 页。

相,两《唐书》有传①。《全唐诗》收录有其诗二首:《和黄门相公诏还题石门洞》《享太庙乐章》②。《全唐文》收录有其文四篇:《请抽京外官俸料修孔子庙堂奏》《请定五六品官祭服奏》《左仆射贾耽神道碑》《祭杜佑太保文》③。齐映,瀛州高阳人,举进士博学宏词,官至监察御史。两唐书有传④。《全唐文》收录其文十四篇⑤。穆赞,字相明,河内人,官至御史中丞,暂未见诗文传世。穆员,字与直,穆赞弟,工于文章,有《穆公集》十卷。

(三) 韦瓘同辈的文学成就

韦瓘同辈的文学成就,墓志中虽未有提及,但我们还是可以通过相关文献的参证加以钩稽的,其突出者是韦瓘之兄韦珩的成就。

《新唐书·宰相世系表》与《元和姓纂》皆载韦正卿有二子:珩、瓘。韩愈《与祠部陆员外书》云:“有韦群玉者,京兆之从子。”⑥清方成珪《韩集笺正》:

> “有韦群玉者”注:《摭言》云:“韦纾即群玉也。”韦纾为郧公房丹之同姓兄弟,其诸父无为京尹者。夏卿乃龙门公房,以世系次之,与纾亦兄弟行。《摭言》之说误也。方氏增考《洪谱》云:“韦群玉即韦珩,夏卿弟正卿之子,曰珩、曰瓘。”柳子厚有寄珩诗云:“回眸炫晃别群玉,独赴异域穿蓬蒿。”群玉盖珩之字,公岂有所避而以字行耶? 珩亦二十一年进士。⑦

---

① ［后晋］刘昫:《旧唐书》卷一五八,第 4163—4166 页;［宋］欧阳修、宋祁:《新唐书》卷一六五,第 5059—5061 页。
② ［清］彭定求:《全唐诗》卷三一八,第 3582—3583 页。
③ ［清］董诰:《全唐文》卷四七八,第 2164—2166 页。
④ ［后晋］刘昫:《旧唐书》卷一三六,第 3750—3751 页;［宋］欧阳修、宋祁:《新唐书》卷一五〇,第 4814—4815 页。
⑤ ［清］董诰:《全唐文》卷四五〇,第 2038—2041 页。
⑥ 马其昶:《韩昌黎文集校注》卷三,第 199 页。
⑦ ［清］方成珪:《韩集笺正》卷三,《续修四库全书》1310 册,第 617 页。

可从。据此可知,韦珩,字群玉,有文才,与韩愈、柳宗元皆有往来。

韩愈有《与祠部陆员外书》一文,作于贞元十八年,韩愈借此文给当时知贡举的陆傪写信,推荐十人,韦珩便是其中之一。韩愈十分赏识韦珩,评价其曰:"其文有可取者,其进而未止者也。其为人贤而有材,志刚而气和,乐于荐贤为善,其在家无子弟之过。居京兆之侧,遇事辄争,不从其令而从其义。求子弟之贤而能业其家者,群玉是也。"①韦珩曾向韩愈请教写作,韩愈推荐他找柳宗元,柳宗元为此作《答韦珩示韩愈相推以文墨事书》一文。柳文对韦珩亦是颇为肯定:

> 且足下志气高,好读《南》《北》史书,通国朝事,穿穴古今,后来无能和。而仆稚駿,卒无所为,但赵趄文墨笔砚浅事。今退之不以吾子励仆,而反以仆励吾子,愈非所宜。然卒篇欲足下自挫抑,合当世事以固当,虽仆亦知无出此。吾子年甚少,知己者如麻,不患不显,患道不立尔。此仆以自励,亦以佐退之励足下。②

此后,韦珩与柳宗元亦有交往,柳宗元贬柳州,韦珩曾相送,诗人到柳州后作了《寄韦珩》一诗,向韦珩叙述了贬谪途中的辛劳以及在贬地的苦况。诗中"君今矻矻又窜逐,辞赋已复穷诗骚"一句,奖誉了韦珩的文才,认为其辞赋作品已达到了诗骚的高峰,同时也表达了对其被贬经历的同情。

韦瓘的文学成就和文学交游

就韦瓘自身而言,他也是一位著名的文学家,在诗歌和文章上皆有建树。这与他所处的文学环境和自己的文学经历是密切相关的。

从上文可知,韦瓘出生并成长在一个数代相传的文学世家,从小接受文学熏陶,这一点在墓志中有直接的体现:"少保公当代儒宗,文学独步,尝定十友,推重一时。每举酒赋诗,公常在侧,顾谓硕友曰:'真可为吾家

---

① 马其昶:《韩昌黎文集校注》卷三,第 198 页。
② [唐]柳宗元:《柳河东集》卷三四,上海古籍出版社 2008 年版,第 548—549 页。

千里驹也。'"可见韦夏卿对这位侄儿既器重又期待。墓志更记载了韦瓘具有较高的文学成就："公学彩词锋，超今迈古。患多应用，叠五立成。时人叹其艺能，方之贾马，而或旷怀不有，逐胜逍遥，善谑一时，高谈两掖，人以为过，公实不知。"言其文采出众，笔锋犀利，时人以其与贾谊、司马相如相媲美。韦瓘作品虽大多散佚，然参证传世文献，尚可勾勒出其文学创作的成就和文学交游的轮廓。

诗歌方面，《全唐诗》虽然仅存《留题桂州碧浔亭》诗一首，但从这一首诗中，我们可以看出其才华和心志，诗云："半年领郡固无劳，一日为心素所操。轮奂未成绳墨在，规模已壮阃闳高。理人虽切才常短，薄宦都缘命不遭。从此归耕洛川上，大千江路任风涛。"①韦瓘有科举的经历，而且在元和四年成为状元。唐代进士要考试诗赋，诗赋若非卓异者很难达到状元的位置。韦瓘中状元之年二十三岁。据清人徐松《登科记考》所载，当年进士及第者二十人，可考的十一人都具有文学才能，如鲍溶、杨汝士、赵蕃、卢钧、范传质、陈至、张彻都有诗作存世，郭承嘏、卢商、李行修、王陟亦有文章传世。知贡举张弘靖也是中唐时期著名的文学家，尚有多篇诗文传世。又《登科记考》引《文苑英华》，当年进士试题是《荐冰诗》。由此可以确定韦瓘失传的诗中有《荐冰诗》一首。此外，《全唐诗续拾》还有韦瓘残句一则②，《金石录》言其有《椒陵陂诗》一首③。尤其幸运的是，日本学者户崎哲彦在桂林摩崖石刻中发现韦瓘《游三乳洞》一诗：

> 尝闻三乳洞，地远□容□。巧施造化力，宛与人世殊。偶此奉明诏，因兹契凤图。深沉窥水府，莹静适仙都。□□□寒气，石床迸碎珠。□□□□□，淅沥坠珊瑚。□□□□□，神□怪异□。兴□□□□，薄暮势称扶。□缚如初□，蒸烦得暂苏。终当辞薄宦，遁世

---

① ［清］彭定求：《全唐诗》卷五〇七，第5766—5767页。
② 陈尚君：《全唐诗续拾》卷二九，《全唐诗补编》，第1098页。
③ ［宋］赵明诚撰，金文明校证：《金石录校证》，第209页。

侣樵夫。①

题下有"五月廿日。桂管观察使兼御史中丞韦瓘"题署。这是一首五言十韵的古体诗,在韦瓘诗仅存一首的情况之下,发现这样的长诗至为珍贵,这为我们研究韦瓘的诗歌成就提供了难得的原始文本材料。

文章方面,《全唐文》收其文三篇:《宣州南陵县大农陂记》《修汉太守马君庙记》《浯溪题壁记》②,《全唐文补编》对《浯溪题名》(即《浯溪题壁记》)有增补,并将《大唐传载序》《周秦行纪》二文收于韦瓘名下③。《宝刻丛编》引《京兆金石录》有《唐赠太尉会稽郡公康志睦碑》:"唐韦瓘撰,归融正书,杨述篆额,咸通二年。"④此外,《周秦行纪》前人或以为是韦瓘托名牛僧孺所作,涉及到牛李党争时期的一段公案。但目前,还没有直接的证据以否定韦瓘的著作权。

交游方面,韦瓘一生具有较为广泛的文学交游。据墓志记载,韦瓘为地方幕吏时,曾从孟简、王播两任府主,此二人皆擅长诗文创作。孟简,《全唐诗》卷四七三存诗七首,其中《咏欧阳行周事并序》,叙写欧阳詹与太原妓恋爱事迹,诗序结合,颇为动人,也体现了中唐时期诗歌与小说文体相互渗透、相互影响的特点。王播,《全唐诗》卷四六六存诗三首,《全唐文》卷六一五、《唐文拾遗》卷二六、《全唐文补编》卷六七共收其文十三篇。如其《题木兰院诗二首》其一:"三十年前此院游,木兰花发院新修。如今再到经行处,树老无花僧白头。"⑤堪称佳制。韦瓘担任楚州刺史时,经常和诗人张祜、赵嘏诗歌往还。张祜有《楚州韦中丞箜篌》《观楚州韦舍人新

---

① 户崎哲彦:《唐代岭南文学与石刻考》,中华书局 2014 年版,第 268—269 页。按,户崎哲彦该书有《韦瓘佚诗〈游三乳洞〉及其事迹考辨》,涉及"韦瓘佚诗〈游三乳洞〉之复原""韦瓘事迹考辨"两个方面。陈尚君《最近二十年新见之唐佚诗》(《东方早报》2013 年 9 月 29 日)根据户崎哲彦《中国乳洞岩石刻の研究》,辑录此诗,然缺字过多,不如户崎氏新著之完整。
② 《全唐文》卷六九五,第 3164 页。
③ 陈尚君:《全唐文补编》卷七六,第 935 页。
④ [宋]陈思:《宝刻丛编》卷七,第 214 页。
⑤ [清]彭定求:《全唐诗》卷四六六,第 5303 页。

筑河堤兼建两闸门》《陪楚州韦舍人北闸门游宴》《又陪楚州韦舍人闸门游宴次韵北闸门》①，赵嘏有《陪韦中丞宴扈都头花园》《花园即事呈常中丞》《山阳韦中丞罢郡因献》②等诗，皆是在韦瓘任楚州刺史期间的寄赠之作。此外，墓志撰者徐商，在志文中自述"奉姻旧之私，以其志为托"，可见其与韦瓘具有姻亲的特殊关系。徐商亦长于文学，在任襄州刺史与山南东道节度使期间，尝辟文士在其幕府进行诗文唱和，并编有《汉上题襟集》。《全唐诗》卷五九七收其诗一首，残句一句。

韦瓘墓志的科举内涵

韦氏家族以科举兴家。据统计，韦氏人物进士、明经和制科三科共登第约一百一十人，其登科率为百分之二十五，即见于史籍的韦氏人物中每四人中就约有一人登科。③ 韦瓘家族的科举表现同样十分辉煌。韦瓘父亲与伯父在大历中同年制举高第，而他本人更是以状元身份及第，皆可见诸史料。然对比韦瓘墓志与传世史料，可发现两者在其父辈与其本人的科举经历记载上存在些许差异，笔者在此就韦瓘墓志的科举内涵略加论述，并对传世文献记载失误和缺漏之处加以补正。

（一）韦瓘父辈的科举经历

《韦瓘墓志》云："及果生公世父，东都留守、赠太子少保公夏卿。公之皇考，赠司空公正卿，大历六年同时制科高第，门籍事望，归美当时。"记载了韦瓘父亲韦正卿和伯父韦夏卿的登科情况。

韦正卿、韦夏卿同时登科，在当时是传为美谈之事。吕温《故太子少保赠尚书左仆射京兆韦府君神道碑铭并序》载："释褐太子正字，与仲弟正卿以贤良偕征策入异等，鸿冥双举，当代荣之。"④《册府元龟》云："韦夏

---

①　〔唐〕张祜：《张承吉文集》卷五、卷七、卷九，《宋蜀刻本唐人集丛刊》，上海古籍出版社1994年版，第84—85、112、162—163页。

②　〔清〕彭定求：《全唐诗》卷五四九，第6353—6359页。

③　王伟：《唐代京兆韦氏家族与文学研究》，北京大学出版社2015年版，第102—105页。

④　〔唐〕吕温：《吕衡州文集（附考证）》卷六，第61页。

卿,字云客,少习文学,大历中与弟正卿应制举,同时策入高第,授高陵主簿。"①又《南部新书》云:"韦夏卿与弟正卿,大历中同日登制科。皆曰:今日盛事,全归二难之手。"②新、旧《唐书》韦夏卿本传对此皆有记载。可见韦氏兄弟二人于同时制举高第一事,墓志所述内容与传世文献记载基本相符。又《登科记考》"大历二年"下:"茂才异行科:韦夏卿、韦正卿。"③柳宗元《为韦京兆祭杜河中文》韩注:"大历二年,夏卿与弟正卿及(杜)确同举贤良方正高第。"④从二人制举的时间看,墓志所载为大历六年,清以前传世文献所载时间均为大历中,较为模糊,大历二年这一说法仅见于清人著述。一般来说,《韦瓘墓志》记载其父、伯的情况应该是准确的,应以墓志为准,此条亦可纠正传世文献所载时间之误。

(二) 韦瓘本人的科举经历

韦瓘的科举经历有举进士和应博学宏词两科,墓志都有记载,而且以墓志记载与史籍参证,可以订正史籍之误。

就进士科而言,《韦瓘墓志》云:"元和四年,张相国知贡举,佳公文术,伟公人材,擢居甲科,首统群彦,时公年廿三矣。"《新唐书》本传亦载其进士及第,然未言明其及第时间。清代徐松《登科记考》"元和四年"下有韦瓘:

> 四年己丑四月丙申……进士二十人。《文苑英华》有《荐冰诗》,当是此年试题。韦瓘状元。《桂林风土记》:"韦舍人瓘,年十九入关应进士举,二十一进士状头。敕下除左拾遗。"按此与韦珩之弟同名,别是一人。⑤

---

① 〔宋〕王钦若:《册府元龟》卷六五〇,第 7797 页。
② 〔宋〕钱易:《南部新书》卷甲,中华书局 2002 年版,第 1 页。
③ 〔清〕徐松:《登科记考》卷一〇,第 367 页。
④ 〔唐〕柳宗元:《柳河东集》卷四〇,第 647 页。
⑤ 〔清〕徐松:《登科记考》卷一七,第 643 页。

传世文献记录较为详细的还有两条。除上文所及莫休符《桂林风土记》①，《登科记考补正》据《唐宋科场异闻录》卷一引《续定命录》亦有：

> 太原王陟，贞元初应进士举。时京师有善筮者，号垣下生。陟从筮焉。卦成，久不言，又大嗟异，谓陟曰：'据此，郎君后二十三年及第，是岁状头后两年而生，郎君待此人同年及第，某故讶之。'后及第，谒主司，各通姓名。韦瓘直立，陟忽忆垣下生言，问之，韦答曰：'某年一十九岁。'陟遽谓曰：'先辈贞元四年生，所隐只二年，何不诚若是？'乃取垣下生所记示众，众大惊，瓘由此以实告。②

就宏辞科而言，《韦瓘墓志》云："间二岁，中博学宏词科，授校弘文馆。雠讹刊谬，鱼鲁必分；叩玉雕金，声价增大。"博学宏词科是唐代的重要科举科目之一，一直受到士人们的重视。韩愈《答崔立之书》有言：

> 闻吏部有以博学宏辞选者，人尤谓之才，且得美仕，就求其术，或出所试文章，亦礼部之类，私怪其故，然犹乐其名。因又诣州府求举，凡二试于吏部，一既得之，而又黜于中书，虽不得仕，人或谓之能焉。③

李商隐《与陶进士书》亦有：

> 尔后两应科目者，又以应举时与一裴生者善，复与其挽泻，不得已而入耳。前年乃为吏部上之中书，归自惊笑，又复懊恨周、李二学士以大法加我。夫所谓博学宏辞者，岂容易哉？④

① ［唐］莫休符：《桂林风土记》，《丛书集成初编》本，中华书局1985年版，第4页。
② 孟二冬：《登科记考补正》，第731页。
③ 马其昶：《韩昌黎文集校注》卷二四，第166—167页。
④ ［清］董浩：《全唐文》卷七七六，第3587页。

韦瓘既登进士第，又登宏词科，堪称是在唐代科举方面较为典型的文人之一。

对比墓志与传世文献对韦瓘科举经历的记载，还有两个问题值得注意。其一是韦瓘登第的年龄问题。韦瓘及第时间，墓志与《桂林风土记》《续定命录》相合，皆为元和四年。然及第年龄有别，传世文献记言其二十一岁及第，墓志则记录为二十三岁。据墓志上下文可知其薨于大中六年，享年六十有六，据此推算其生年为贞元三年①，元和四年正值二十三岁。韦瓘及第年岁应以墓志为准，可订正史料之误。

其二是状元韦瓘与韦玠之弟是否为同一人。徐松《登科记考》注曰："《桂林风土记》：'韦舍人瓘，年十九入关应进士举，二十一进士状头。敕下除左拾遗。'按此与韦玠之弟同名，别是一人。"②鲁迅《唐宋传奇集·稗边小缀》也有：

> 是时有两韦瓘，皆尝为中书舍人。一年十九入关，应进士举，二十一进士状头，榜下除左拾遗，大中初任廉察桂林，寻除主客分司。见莫休符《桂林风土记》。一字茂宏，京兆万年人，韦夏卿弟正卿之子也。"及进士第，仕累中书舍人，与李德裕善。……李宗闵恶之，德裕罢，贬为明州长史。"见《新唐书》（一六二）《夏卿传》，则为作《周秦行纪》者。③

然岑仲勉先生在《隋唐史》一书中提出了不同意见，见于"刘轲"条注："《唐宋传奇集》将《桂林风土记》之韦瓘与《新书》一六二之韦瓘分作两人，实一时失察，《新书》韦瓘传末明言其官终桂管观察，固与《桂林风土记》所

---

① 按，王伟《〈周秦行纪〉作者及其相关问题考论》（《西北大学学报（哲学社会科学版）》2011年11月第6期，第65页。又见《唐代京兆韦氏家族与文学研究》，西北大学博士学位论文2009年，第195页。）与孟祥娟《隋唐京兆韦氏家族文学论考》（吉林大学博士学位论文2010年，第147页）皆依韦瓘元和四年二十一岁进士及第，得其生年为贞元五年，当误。

② ［清］徐松：《登科记考》卷一七，中华书局1984年，第643页。

③ 鲁迅：《鲁迅全集》第10卷，人民文学出版社2005年版，第112页。

叙无异。"①

联系墓志下文所载"元和四年擢居甲科""迁桂州观察"诸事，可以确定韦正卿之子、韦玠之弟与《桂林风土记》所载状元韦瓘系同一人无疑。

韦瓘的仕宦经历

（一）入幕

据《韦瓘墓志》所载，韦瓘曾担任四任幕僚，所从府主有孟简、薛戎和王播三人，所莅之地有越州和襄州。及第后多次担任地方幕僚之事，在唐代士人中也是较为普遍的现象，而韦瓘从三任幕僚，府主则为二人，地方也仅有二地，也呈现出自身的特点，进一步考察这种现象，有助于了解唐代文人立身行事和仕宦出处的特点。

首先看韦瓘从孟简在越州。墓志云："孟简尚书出廉欧越，籍甚芳名，奏备宾僚，试授协律。"据《旧唐书·孟简传》："孟简，字幾道，平昌人。天后时同州刺史诜之孙。工诗有名。擢进士第，登宏辞科，累官至仓部员外郎。……（元和）九年，出为越州刺史、兼御史中丞、浙东观察使。"②《旧唐书·宪宗本纪》"元和九年"载："孟简为越州刺史，浙东观察使。"③又"元和十二年"："孟简为户部侍郎。"④孟简撰《建南镇碣记》亦有："元和甲午，简自给事中蒙恩授浙东道都团练观察处置使。"⑤又韦瓘所撰《修汉太守马君庙记》云："今皇帝后元九年，观察使平昌孟公。"文末注"二十年二月三日记"。⑥"平昌孟公"即为孟简。孟简担任"浙东观察使"为元和九年到十二年。韦瓘元和七年被授弘文馆校书郎，从时间上来看，元和九年到

---

① 岑仲勉：《隋唐史》，中华书局 1982 年，第 438 页。
② ［后晋］刘昫：《旧唐书》卷一六三，第 4257—4258 页。
③ ［后晋］刘昫：《旧唐书》卷一五，第 450 页。
④ ［后晋］刘昫：《旧唐书》卷一五，第 460 页。
⑤ ［清］董诰：《全唐文》卷六一六，第 2756 页。
⑥ ［清］董诰：《全唐文》卷六九五，第 3164 页。

十二年间被征辟为幕僚亦无违和。而韦文末尾所言"二十年"应是"十二年"之乙文。

其次看韦瓘从薛戎在越州。墓志又言:"及使更府罢,将舣归舟,薛戎中丞一揖光仪,复以团练判官职维絷。东杨地胜,上介礼优。方以道安,旋降征命,除大理评事,充集贤校理。"薛戎,两《唐书》有传。《旧唐书·薛戎传》:"出为河南令,累改衢、湖、常三州刺史,迁浙东观察使。"①韩愈《朝散大夫越州刺史薛公墓志铭》:"元和四年,征拜尚书刑部员外郎,迁河南令,历衢、湖、常三州刺史,所至以廉直宽大为称,朝廷嘉之。某年,拜越州刺史兼御史中丞、浙东观察使。"②《(嘉泰)会稽志》"观察使":"孟简,元和九年九月自给事中授……薛戎,元和十二年正月自常州刺史授。"③由此可知,薛戎于元和十二年继孟简担任越州刺史兼御史中丞、浙东观察使一职,又辟韦瓘为幕僚,授以团练判官职。据墓志所言,韦瓘在薛戎幕中时间极短,不久之便授大理评事、集贤校理二职。再看韦瓘在襄州一事。

再者看韦瓘从孟简在襄州。墓志还记载:"前府孟公领镇岘首,再以上介请公,奏授观察判官、里行、监察。"前府孟公即孟简。据《旧唐书·孟简传》:"十三年,代崔元略为御史中丞,仍兼户部侍郎。是岁,出为襄州刺史、山南东道节度使。十四年,敕于穀城县置群牧,命曰临汉监,令简充使。简奏请均州郧乡县镇遏使赵洁充本县令。台司奏有亏刑典,罚一月俸。是岁,改授太子宾客,分司东都。十五年,穆宗即位,贬吉州司马员外置同正员。"④《旧唐书·宪宗本纪》:"(十三年五月)丙午,以户部侍郎孟简检校工部尚书、襄州刺史、山南东道节度使。"⑤孟公"领镇岘首"应该就是其出任襄州刺史、山南东道节度使一事。由此可知韦瓘再次充孟简幕府时间在元和十三年五月至十四年期间。按,刘强《新见唐代状元韦瓘墓志考释》认为:"孟简元和九年出为越州刺史兼御史中丞、浙东观察使,十

① [后晋]刘昫:《旧唐书》卷一五五,第4126页。
② [清]董诰:《全唐文》卷五六三,第2525页。
③ [宋]沈作宾:《嘉泰会稽志》卷二,《宋元方志丛刊》第7册,第6750页。
④ [后晋]刘昫:《旧唐书》卷一六三,第4258页。
⑤ [后晋]刘昫:《旧唐书》卷一五,第463页。

二年入为户部侍郎,孟简领镇时向朝廷推荐韦瓘,可知韦瓘充任幕府观察判官当在元和九年,任职左拾遗亦当距此时不远。"①盖误。

最后看韦瓘从王播在扬州。墓志云:"公以身经茹苦,家就速贫,以骨肉支离,就淮南太尉王公奏请观察判官,检校职方外郎,赐鱼袋。又以盐铁转运判官,知上都务为请,公辞疾不赴,留止东都。"这是韦瓘经历丁忧之痛后求职之举。淮南太尉王公即王播。《旧唐书·王播传》:"长庆元年七月,征还,拜刑部尚书,复领盐铁转运等使。……明年三月,留度复知政事,以播代度为淮南节度使、检校右仆射,领使如故。仍请携盐铁印赴镇,上都院印,请别给赐,从之。……敬宗即位,就加银青光禄大夫、检校司空,罢盐铁转运使。"②又《唐会要》:"(长庆)二年三月,王播为淮南节度使,兼领盐铁转运。播请携盐铁印赴镇,上都院请别给赐,从之。"③可知王播自长庆二年三月至长庆四年在淮南节度使任上,兼任盐铁转运使。韦瓘于长庆三年至四年再次出仕,出任殿中御史一职,并充王播幕府,任观察判官、检校职方外郎二职。王播又请韦瓘担任盐铁转运判官、知上都务二职,韦瓘以病推辞不赴,居于东都。

(二) 升迁

韦瓘在襄州充任孟简幕府不久后便被授左拾遗一职。墓志云:"旋拜左拾遗,转右补阙,充史馆修撰。挥毫史阁,举职谏垣,方欲骋力康庄,追踪霄汉,丁先大人忧,殆于毁灭。服阕,除殿中御史。"《新唐书·李珏传》记载:"穆宗即位,荒酒色,景陵始复土,即召李光颜于邠宁,李愬于徐州,期九月九日大宴群臣。珏与宇文鼎、温畲、韦瓘、冯约同进曰:'道路皆言陛下追光颜等,将与百官高会。'"④《唐会要》系此事于元和十五年八月:"十五年八月,山陵始复土,先是,追邠宁节度使李光颜、徐泗节度使李愬

---

① 刘强:《新见唐代状元韦瓘墓志考释》,《书法丛刊》2014年第4期,第71页。
② [后晋]刘昫:《旧唐书》卷一六四,第4276—4277页。
③ [宋]王溥:《唐会要》卷八八,第1904页。
④ [宋]欧阳修、宋祁:《新唐书》卷一八二,第5359页。

赴阙,或言欲及重阳节与百寮内宴。拾遗李珏、宇文鼎、温会、韦瓘、冯约等上疏。"①又:"十五年十月,谏议大夫郑覃、崔郾,右补阙辛丘度,左拾遗韦瓘、温会于阁中奏事,谏以上宴乐过度。"②据上文可知,韦瓘在元和十三年五月后还曾在襄州任孟简幕僚,故其入朝为左拾遗,应在元和十三年五月之后,且元和十五年十月仍在左拾遗位上。《桂林风土记》谓其"榜下除左拾遗"的说法不确。又《全唐文》卷六四九元稹《授独孤朗尚书都官员郎韦瓘守右补阙同充史馆修撰制》:"左拾遗韦瓘……尝旅进廷争,极言无隐。求所以补朕过失,从而记之。而又书丞相已下百执事举措,以为来代法,非尔而谁?是用命尔递迁谏列,次补外郎。审定阙文,裁成义类,此仲尼春秋之职业也。……可守右补阙充史馆修撰,余如故。"③元稹于元和十五年自膳部员外郎迁祠部郎中,知制诰,次年二月授翰林学士、中书舍人。又据《唐会要》所载韦瓘元和十五年十月仍任左拾遗,故其迁右补阙,充史馆修撰的时间应在元和十五年十月至长庆元年二月之间。

墓志言其担任史馆修撰、右补阙后不久就丁先忧,根据古代礼法,韦瓘需居丧尽礼三年,礼毕后再出仕。故其出任殿中御史一职,当在长庆三年或四年左右。

墓志又云:"除仓部员外,再授颍州刺史,允所便也。分符一岁,时大和元年,拜刑部员外,转兵部员外,兼集贤直学士,判院事。三年,迁本司郎中,仍书殿职。骞蕤清近,陟历华资。学望与能,钟悬待扣。改司勋郎中,知制诰。明年,拜中书舍人。"《唐尚书省郎官石柱题名考》"仓部员外郎"条下有韦瓘题名④,据墓志可知,其任颍州刺史的时间为敬宗宝历二年,仓部员外郎时间则在此之前不久。刘强《新见唐代状元韦瓘墓志考释》认为淮南太尉王公指的是王锷,据其卒于元和十年,推论韦瓘这段经历的时间在元和十年左右⑤,盖误。墓志所言韦瓘于大和元年任刑部员

---

① 〔宋〕王溥:《唐会要》卷五六,第1140页。
② 〔宋〕王溥:《唐会要》卷五五,第1118—1119页。
③ 〔清〕董诰:《全唐文》卷六四九,第2914页。
④ 〔清〕劳格:《唐尚书省郎官石柱题名考》卷一八,第816页。
⑤ 刘强:《新见唐代状元韦瓘墓志考释》,《书法丛刊》2014年第4期,第72页。

外、兵部员外,兼集贤直学士、判院事以及大和三年任本司郎中之事,皆未见诸史记载,此志可补史阙。其任司勋郎中一事可见于《唐尚书省郎官石柱题名考》"司勋郎中"条①。又《新唐书·韦夏卿传》谓韦瓘:"仕累中书舍人。"②根据墓志可知,其任中书舍人一职时间在大和四年。

墓志又言:"替罢,迁桂州观察。公到任,苦心为理,事简人安,众愿莫从,无何除替,桂人欲刊碑纪德,请监军使上闻,阻道惜留,弥江络野。除太仆卿分司,复授太子宾客。"韦瓘任桂州观察使一事可与《浯溪题名》及《新唐书》本传相印证。根据《浯溪题名》可知韦瓘迁桂州观察使的时间是大中二年三月。按,《容斋随笔》"浯溪留题"记载为大中二年二月③。《浯溪题名》署名曰"太仆卿分司东都韦瓘",墓志亦言其"除太仆卿分司,复授太子宾客"。从时间上来看,韦瓘担任桂州观察使数月即被除替,在大中二年十二月便已在太仆卿分司东都任上。关于韦瓘被除替桂管观察使一职,据《桂林风土记》所载与马植有关:"韦舍人,年十九入阙选进士举,二十一进士状头,榜下除左拾遗。于时,名重缙绅,指期直上。马相为长安令,二十八度候谒不蒙一见。后任廉察桂林,才半岁而马相执大政,寻追怀旧事,非时除宾客分司。"④

(三) 贬谪

《新唐书·韦夏卿传》云:"正卿子瓘,字茂弘,及进士第,仕累中书舍人,与李德裕善。德裕任宰相,罕接士,唯瓘往请无间也。李宗闵恶之,德裕罢,贬为明州长史。会昌末,累迁楚州刺史,终桂管观察使。"⑤据本传所言,韦瓘因与李德裕交好,在李德裕罢相后被贬明州长史。对于韦瓘遭遇贬谪一事,墓志载:"既操柄护权,群邪用事,加诸细故,斥我遐方,出明州长史,再贬康州端溪尉,敕移虔、寿二州司马。"关于韦瓘贬官缘由,墓志

① 〔清〕劳格:《唐尚书省郎官石柱题名考》卷七,第372—373页。
② 〔宋〕欧阳修、宋祁:《新唐书》卷一六二,第4996页。
③ 〔宋〕洪迈:《容斋随笔》卷八,第105页。
④ 〔唐〕莫休符:《桂林风土记》,《丛书集成初编》本,第4—5页。
⑤ 〔宋〕欧阳修、宋祁:《新唐书》卷一六二,第4996页。

仅以"操柄获权,群邪用事"带过。《湖南通志》录韦瓘《浯溪题名》有云:

> 太仆卿分司东都韦瓘,大中二年十二月七日过此。余大和中以
> 中书舍人谪官康州,逮今十六年。去冬罢楚州刺史,□次泗上□□□
> □今年三月有桂林之命。□□□□绕□一千余□□□□□□桂阳,
> 才经数月□□无□。又蒙除替。行次灵川,闻改此官。①

据《浯溪题名》所叙,大中二年(848)前推十六年即大和七年(833),是年韦瓘由中书舍人谪官康州,据墓志所言,其贬明州长史应在此之前。李德裕大和七年二月拜相,大和八年十月罢相,《新唐书》本传记载韦瓘在李德裕罢相后被贬明州长史,失实。郁贤皓先生《唐刺史考全编》"康州"条下载韦瓘大和七年任康州刺史②,盖误,其官职应是康州端溪尉。康州任后,韦瓘遇赦任虔、寿二州司马,时间应在大和七年之后。

(四) 擢用

韦瓘为中书舍人时因事贬谪,后又被重新擢用。墓志云:"除太子少詹事,分司东都。朝廷以公久处寂寥,期渐升用,授蕲州刺史。公乃推公励己,酌事便人。增陂渎,尽浍溉之功;设庠序,导孝悌之化。由是岁就登稔,欲耻为非。郡吏邑人,咸以惜留上请。迁楚州刺史、淮南营田副使。山阳居饶沃之地,倍溉种之功,煮海为盐,犯盗者众,公用蕲春增渎之术,广淮阳禁暴之方,初则惮其威,终乃感其惠。一年报令,五县昭苏。诣使乞留,朝止夕继。相国李公深知郡化,录状上闻,就赐金章,官兼中宪。"本传载其在会昌末迁楚州刺史,《淮安府志》"武宗会昌四年"下有"楚州刺史韦瓘"③。则韦瓘迁楚州刺史时间为会昌四年。《浯溪题名》又言:"太仆

---

① [清]卞宝第、李瀚章等:《(光绪)湖南通志》卷二六五,《续修四库全书》第 668 册,第 123—124 页。
② 郁贤皓:《唐刺史考全编》卷二六五"岭南道·康州"条,第 3215 页。
③ [明]陈文烛:《(万历)淮安府志》卷二,天一阁藏明代方志选刊续编本第八册,上海书店 1990 年版,第 86 页。

卿分司东都韦瓘，大中二年十二月七日过此……去冬罢楚州刺史。"①则其罢楚州刺史时间为大中元年冬。韦瓘出任楚州刺史一年后便有了出色的政绩，并得相国李公提拔，赐金章，官兼中宪。相国李公应即李德裕，中宪即中丞御史。德裕于开成五年曾相武宗，至会昌六年宣宗即位被罢，结合墓志，韦瓘得李德裕提拔官兼中宪当在会昌五年。据墓志所言，在楚州刺史任前，韦瓘曾先后除太子少詹事分司东都及蕲州刺史之职，传世文献未有与此相印证者，其任职时间大致可推，当在大和七年至会昌四年之间。

韦瓘与牛李党争

　　韦瓘的仕途生涯之中，历代存在着争议，其中争议最大者便是他与牛李党争的关系。撮其要者有截然相反的两种说法：一是或言韦瓘与李德裕亲善，为李党中坚人物；二是韦瓘与李党无关。

　　就第一种说法而言，《新唐书》卷一六二："德裕任宰相，罕接士，唯瓘往请无间也。李宗闵恶之，德裕罢，贬为明州长史。"部分文献甚至将韦瓘定位为李德裕门人，并以为《周秦行纪》乃韦瓘假托牛僧孺之名而作，用以陷害牛僧孺。如五代张洎《贾氏谭录》云："世传《周秦行纪》，非僧孺所作，是德裕门人韦瓘所撰。"②宋晁公武《郡斋读书志》卷一三亦从此说。近代鲁迅《中国小说史略》亦沿袭前人说法："牛僧孺在朝，与李德裕各立门户，为党争，以其好作小说，李之门客韦瓘遂托僧孺名撰《周秦行纪》以诬之。"③今人王伟还撰写专文《〈周秦行纪〉作者及其相关问题考论》认为，韦瓘自幼与李德裕亲善，于牛李党争中属李党骨干，《周秦行纪》是其对牛党党魁牛僧孺的构陷之作。④ 日本学者户崎哲彦则就韦瓘的贬谪经历与

① ［清］卞宝第、李瀚章等：《（光绪）湖南通志》卷二六五，《续修四库全书》第 668 册，第 123—124 页。
② ［宋］张洎：《贾氏谭录》，上海古籍出版社 2012 年版，第 8 页。
③ 鲁迅：《中国小说史略》，《鲁迅全集》第 9 卷，第 97 页。
④ 参见王伟《〈周秦行纪〉作者及其相关问题考论》，《西北大学学报（哲学社会科学版）》2011 年第 6 期，第 63—67 页。

贬谪时间认为韦瓘若贬于"大中初",又事与李德裕有关,则当在"大中二年二月"。韦瓘"会昌末,累迁楚州刺史",盖与对李德裕处分同出一辙,在会昌六年四月或稍后。① 无论其推论的时间节点是否可靠,户崎先生认为韦瓘与李德裕同党则是可以确定的。

与此同时,也有些学者认为韦瓘与李党无涉,《周秦行纪》亦非出自韦瓘之手。如岑仲勉《隋唐史》云:

> 《容斋随笔·八》评新传云:"以题名证之,乃自中书谪康州,又不终于桂,史之误如此。瓘所称十六年前,正当大和七年,是时德裕方在相位,八年十一月始罢,然则瓘之去国,果不知坐何事也。"余按大和七年二月德裕始入相,同年六月宗闵方罢相,瓘固可因宗闵而去,《新传》谓贬在德裕罢相后,许有错误。洪迈之意无非坐实瓘为德裕党,故有此疑;然德裕柄国五年余,瓘未内召,位不过刺史,擢桂管反在德裕失势之后,改分司只因马植报复旧恨(见莫休符《桂林风土记》),瓘与德裕之关系,从可知矣。瓘以元和四年状头及第,榜下即除左拾遗,行辈还在德裕先,《读书后志·二》竟谓瓘"李德裕门人,以此(《周秦行纪》——原注)诬牛僧孺",所谓拾人牙慧不加深考者。②

傅璇琮《李德裕年谱》亦持与岑仲勉相似的看法,称韦瓘"与德裕同时,仕宦还比德裕为早,绝不可能是李德裕的门生"③。

关于韦瓘与党争的关系,《韦瓘墓志》并无直接记载。然从韦瓘的贬谪、升迁经历中,我们还是可以看出一些党争的痕迹。韦瓘墓志透露的信息有以下几点。

其一,韦瓘为李德裕门人的说法不确。韦瓘与李德裕生年均为贞元三年,对比韦瓘与李德裕仕历,可以发现韦瓘于元和四年及进士第,出仕

---

① 参见户崎哲彦:《唐代岭南文学与石刻考》,第 274 页。
② 岑仲勉:《隋唐史》,第 438 页。
③ 傅璇琮:《李德裕年谱》,河北教育出版社 2001 年版,第 533 页。

时间要略早于李德裕。李德裕于元和十四年五月入朝为监察御史，在此之前，其因父亲李吉甫拜相，为避嫌多到地方藩镇担任从事。韦瓘的任职与其类似，据上文考察，韦瓘在元和七年考中博学宏词科之后，从孟简、薛戎、王播三人担任越州、襄州和淮南等地幕僚，直到元和十三年之后才入朝为左拾遗。且据史料来看，在李德裕拜相前，二人关系并不亲密。《旧唐书》卷一七六《李宗闵传》云："（大和）三年八月，以本官同平章事。时裴度荐李德裕，将大用。德裕自浙西入朝，为中人助宗闵者所沮，复出镇。寻引牛僧孺同知政事，二人唱和，凡德裕之党皆逐之。"①《旧唐书》卷一七四《李德裕传》亦有相似描述："（大和三年）九月……宗闵寻引牛僧孺同知政事，二憾相结，凡德裕之善者，皆斥之于外。"②而据墓志所言，韦瓘自大和元年开始获得拔擢，并于大和四年官拜中书舍人，若与李德裕交善，则应遭打压而非升迁。韦瓘在这期间获得升迁应与其前任幕主王播有关，据《旧唐书》卷一六四《王播传》记载，王播于大和元年拜相至大和四年去世："（大和元年）六月，拜尚书左仆射、同平章事，领使如故……四年正月，患喉肿暴卒。"③如上所考，在大和四年之前，韦瓘未受李德裕拔擢，亦未因李遭受贬斥，其为李德裕门人一说并无根据。

其二，韦瓘后期贬明州长史、康州端溪尉确与党争有关。对于韦瓘的贬谪缘由，墓志云："既操柄护权，群邪用事，加诸细故，斥我遐方，出明州长史，再贬康州端溪尉。"据《浯溪题名》，韦瓘于大和七年谪官康州，其贬明州长史应在此稍前。从墓志下文看，韦瓘于会昌五年受李德裕提拔，官兼中宪，则"群邪"更有可能指的是牛党成员。据上文所考，大和四年之前韦瓘升任中书舍人乃受王播提拔，王播于大和四年去世，韦瓘很有可能在这之后成为李党成员之一，并因此在党争激烈之际遭贬。李德裕入相后，李宗闵至同年六月方罢相，期间二党之争并未平息，加李德裕初登相位，韦瓘在此情况下遭牛党构陷被贬亦属合理。

①　［后晋］刘昫：《旧唐书》卷一七六，第 4552 页。
②　［后晋］刘昫：《旧唐书》卷一七四，第 4518 页。
③　［后晋］刘昫：《旧唐书》卷一六四，第 4277 页。

其三,韦瓘确与李德裕有过交集,并于会昌末年受其拔擢。岑仲勉否定韦瓘为李党的依据之一是李德裕柄国五年,韦瓘未被内召,位不过刺史。李德裕自开成五年再度拜相,一直到会昌六年方罢相。据墓志所载,韦瓘自贬康州后再无贬谪经历,相反,在开成、会昌年间,"朝廷以公久处寂寥,期渐升用",授蕲州刺史,并于会昌四年迁楚州刺史,会昌五年又得李德裕提拔官兼中宪。可知在李德裕柄国期间,韦瓘虽未被内召,但一直受拔擢。

其四,从墓志撰者徐商考察,与李德裕也有一定的关系。墓志题署撰者:"朝议大夫守尚书左丞上柱国东莞县开国子食邑五百户赐紫金鱼袋徐商撰。"徐商,新、旧《唐书》均有传,其事迹翔实,不烦赘述。他在韦瓘墓志开篇即言与韦氏有姻旧之私,可见关系密切。与此同时,我们也注意到徐商与李德裕颇有关联,"李德裕有《授徐商礼部员外郎制》,此为李德裕于武宗会昌任相时作,当在会昌元年、二年间(841、842)。此制称徐商于礼部员外郎前任为殿中侍御史,有云:'尔风度粹和,文词温丽,列于清宪,雅有贞标。'对其文词甚为称赏。又据《徐襄州碑》,徐商之由殿中侍御史改迁为礼部员外郎,乃受到'执政'者之关注。此时执政者亦当为时任宰相的李德裕。"[1]这样,我们可以看出徐商与韦瓘在受到李德裕器重这一点上是颇为一致的。

综上可知,韦瓘一生宦海沉浮与牛李党争不无关系。从墓志来看,韦瓘虽非李德裕门人,然其确为李党成员。至于《周秦行纪》是否为韦瓘所作,墓志的发现虽然给予学者们更多的期待,但并没有呈现相关的信息和线索,已有史料又颇多失实失载之处,故笔者以为,这一问题还待解决。

---

① 傅璇琮:《唐翰林学士传论·晚唐卷》,第 176 页。

六、裴夷直墓志

墓志释文

唐故朝散大夫守左散骑常侍赠工部尚书裴公墓铭 并叙

银青光禄大夫前剑南西川节度观察处置等使检校
尚书右仆射兼成都尹御史大夫酒泉县男李景让撰

大中之十有三岁，岁在己卯秋七月二十日癸酉，唐社稷端臣、骑省裴公薨于安邑里故友之室，享年七十有三。先皇帝罢朝一日，诏赠工部尚书。夫人李氏，哭不胜哀，与其孤虔馀等五子，护丧归于洛邑。九月初，殡康俗里第。其年十月十二日甲午，归葬于偃师县亳邑乡先茔。其孤托景让为志，力而文之。公讳夷直，字礼卿，河东人。五代祖监察御史讳世则，而下四代至讳敬信，三代至讳祥，皆闻人也。大父讳仲堪，凉王府长史，赠绛州刺史。烈考讳成甫，左监门卫兵曹，赠刑部侍郎。公少孤，抱志业，名闻江左，随计长安。文学之誉，振于远迩。故相国崔公讳群掌贡院，授公高第。公年始二十九，使相李公愬以平淮右，辟公为山东从事。复随镇徐方，授秘书省校书郎。俄丁先太夫人忧，仅将灭性。服阕，会相国崔公出镇丰沛，表为掌书记。转试太常寺协律。职罢，随调授河南寿安尉。尚书庾公承宣请公为陕虢支使、试大理评事，转监察御史、观察判官。庾公归朝，四镇交辟，遂拜左拾遗。以正道忤权势，出为凤翔府兵曹参军。丞相、凉国李公逢吉镇汉南，奏为掌书记，改殿中侍御史。复徙镇大梁，充节度判官、侍御史，赐绯鱼袋。凉公守东郊，又为判官、检校司勋员外郎。使罢，未几，拜侍御史，归台，分务洛邑。相国牛公僧孺镇淮海，复奉为节度判官、检校职方郎中。俄入拜刑部员外，转左司员外，迁刑部郎中。文宗皇帝重文学端鲠之士，公特受宸眷，迁谏议大夫。旋兼知制诰，遽拜中书舍人。补衮之职，倚用山甫。公感激弥切，屡启忠尽，为邪臣所恶。无何，文宗升遐，奸人得志，遂以矫妄陷公。开成五年，出为杭州刺史。寻窜逐南裔,无所不及。十年之间,恬然处顺,戮辱之地,澹乎忘忧。有以见贤达所难也。洎大中皇帝即位,荡雪冤抑,征于崇山,且以潮、循、韶、江四授郡佐,换硖州刺史,转历阳、姑苏。三郡人悉戴公如父母,皆诣廉使乞留。大中十一年,征拜华州刺史、兼御史中丞,赐紫金鱼袋。理郡再岁,仁化益茂,郡人诣阙,乞不迁去。俄拜左散骑常侍,华民拥辕遮道,不得进。既至京师,先皇帝召见,必将擢用,才间月而薨。呜呼哀哉! 夫人陇西县君、凤翔节度使赠仆射李公逊长女。明德宜家,中外则之。长子虔馀,进士及第,方为孟怀等道观察判官、试大理评事,积朝望。次虔裕,举进士,有盛名。次虔章、虔诲,未弱冠。其幼曰小师,年四岁。女子子一人,适泾州从事、殿中郑邕。皆能显扬于后者。景让辱公之相知,分逾骨肉,忘形久矣,又陪出相国崔公门下。今老且病,无以哭公。为文叙德,千古不尽。向风洒泪,其可止耶? 乃作铭曰:

相别几时,二十年多。相见几回,两驾来过。君方朝请,我困沉痾。谁言一旦,君逐逝波。惟德之隆,正人少比。惟官之盛,何暂而止? 天不可问,时不可逃。谁言分屈,空有名高。呜呼哀哉! 独思君兮一号。

　　　　佺前陕虢等州防御巡官、试秘书省校书郎晔书

　　《裴夷直墓志》,裴夷直(787—859),字礼卿,河东人。官至朝散大夫、守左散骑常侍。大中十三年(859)七月二十日卒,享年七十三岁,同年十月十二日归葬于偃师县亳邑乡。拓片高 73 厘米、宽 70.5 厘米。志文正书,36 行,行 37 字。首题"唐故朝散大夫守左散骑常侍赠工部尚书裴公墓铭并叙",题署"银青光禄大夫前剑南西川节度观察处置等使检校尚书右仆射兼成都尹御史大夫酒泉县男李景让撰"。河南洛阳偃师出土,现藏河南新安铁门镇千唐志斋博物馆。录文载于《全唐文补遗·千唐志斋新藏专辑》,第 397—399 页。裴夷直所书墓志近年也有出土,《大唐西市博物馆藏墓志》载有开成三年《唐故银青光禄大夫广州刺史兼御史大夫岭南节度观察处置等使上柱国袭魏郡开国公食邑二千户赠工部尚书陇西李公(从易)墓志铭并序》,题署"朝议郎行尚书左司员外郎上柱国赐绯鱼袋裴夷直书"。裴夷直夫人李弘墓志《唐故

左散骑常侍赠工部尚书河东裴公夫人陇西郡太君墓志》亦已出土，拓片载于《新中国出土墓志》河南叁《千唐志斋壹》上册，第 332 页。裴夷直诗，载于《全唐诗》卷五一三，第 5856 页。

墓 志 疏 证

　　大中之十有三岁，岁在己卯秋七月二十日癸酉，唐社稷端臣、骑省裴公薨于安邑里故友之室，享年七十有三。先皇帝罢朝一日，诏赠工部尚书。

　　安邑里，杨鸿年《唐两京坊里谱》："安邑坊，乃朱雀门街之东第三街街东自北向南之第七坊，《城坊考》所记与五图所画均同。"①

　　先皇帝指唐宣宗，宣宗卒于大中十三年八月，故七月二十日可下诏赠裴夷直为工部尚书。而安葬与撰写墓志则在十月，宣宗已卒。

　　夫人李氏，哭不胜哀，与其孤虔馀等五子，护丧归于洛邑。九月初，殡康俗里第。其年十月十二日甲午，归葬于偃师县亳邑乡先茔。

　　裴夷直夫人李氏为李弘，李弘墓志与裴夷直墓志一同出土，可以参证："夫人族陇西李氏，讳弘，字思仁。……洎大中十三年，裴公自华州入为骑省，夫人始还帝里。未几，而裴公薨谢。夫人衔哀茹蓼，抚育诸孤，训以慈义。雍睦闺门，肃如也。长子虔馀，孝敬自天，能以文学立身显名，服阕，除监察御史。自东洛侍板舆归上京。"②

　　康俗里，杨鸿年《唐两京坊里谱》："康俗坊，乃洛阳定鼎门街之东第三街街东自南向北之第二坊，《城坊考》卷五所记与徐松《洛阳城图》所画均同。"③

　　偃师县亳邑乡，据《元和郡县图志》卷五《河南道》一《河南府》："偃师县，畿，西南至府七十里。本汉旧县，帝喾及汤盘庚并都之。商有三亳，成汤居西亳，即此是也。至盘庚又自河北徙理于亳，商家从此而改号曰殷。

---

①　杨鸿年：《隋唐两京坊里谱》，上海古籍出版社 1999 年版，第 81 页。
②　赵跟喜、张建华编：《新中国出土墓志》河南叁《千唐志斋壹》上册，第 332 页。
③　杨鸿年：《隋唐两京坊里谱》，第 237 页。

武王伐纣,于此筑城,息偃戎师,因以名焉。"①偃师县有亳邑乡,新出土《李郜墓志》:"会昌二年十二月十五日殁于贺州刺史宅。年卅五。三年八月廿八日,与夫人偕葬于河南府偃师县亳邑乡土娄南管之原。"可以参证。

其孤托景让为志,力而文之。

李景让,《裴夷直墓志》署"银青光禄大夫、前剑南西川节度观察处置等使、检校尚书右仆射、兼成都尹、御史大夫、酒泉县男李景让撰"②,又墓志末云:"景让辱公之相知,分逾骨肉,忘形久矣,又陪出相国崔公门下。今老且病,无以哭公。为文叙德,千古不尽。向风洒泪,其可止耶?乃作铭曰⋯⋯"裴夷直卒时,李景让已达显宦,他能为裴夷直撰志,说明二人关系非同一般。据《新唐书·李景让传》:"所善苏涤、裴夷直皆为李宗闵、杨嗣复所擢,故景让在会昌时,抑厌不迁。"③《唐诗纪事》卷五〇"李景让"条:"景让,字后己,赠太尉憕孙也。大中中,进御史大夫,威肃当朝。为大夫三月,蒋伸辅政,宣宗尽书群臣名内器中,祷宪宗神前射取之,而景让名不得。乃见宰相,自陈考深当代,即拜西川节度使。景让好奖寒士,如李蔚、杨知退,所善苏涤、裴夷直。"④

公讳夷直,字礼卿,河东人。

《新唐书·裴夷直传》:"夷直字礼卿,亦婵亮,第进士。"⑤《唐诗纪事》卷五一"裴夷直"条:"夷直,字礼卿,文宗时,为右拾遗。"⑥《唐才子传》卷三《裴夷直传》:"夷直,字礼卿,吴人。"⑦吴企明校笺:"《新唐书》卷一六四《王质传》称裴夷直为'河东'人,此乃著郡望,《才子传》云夷直为吴人,是。按夷直《秦中卧病思归》(《全唐诗》卷五一三):'病身归处吴江上,一寸心中万里愁。'此乃吴人之一证,然范成大《吴郡志》未提及其为郡人,辛《传》

---

① [唐]李吉甫:《元和郡县图志》卷五,第132页。
② 吴钢主编:《全唐文补遗·千唐志斋新藏专辑》,第397页。
③ [宋]欧阳修、宋祁:《新唐书》卷一七七,第5291页。
④ [宋]计有功:《唐诗纪事》卷五〇,第765页。
⑤ [宋]欧阳修、宋祁:《新唐书》卷一四八,第4772页。
⑥ [宋]计有功:《唐诗纪事》卷五一,第775页。
⑦ 傅璇琮主编:《唐才子传校笺》第3册,第98页。

所据或即夷直此诗。"①

今按，墓志沿袭唐人称郡望的习惯，如裴夷直子裴虔馀为其堂弟所撰
《裴岩墓志》："君讳岩，字梦得，河东闻喜人。"②又裴宪孙撰《裴恭孙墓
志》："君讳恭孙，河东人也。"③

**五代祖监察御史讳世则，而下四代至讳敬信，三代至讳祥，皆闻人也。
大父讳仲堪，凉王府长史，赠绛州刺史。烈考讳成甫，左监门卫兵曹，赠刑
部侍郎。**

裴虔馀撰《裴岩墓志》："君讳岩，字梦得，河东闻喜人。历世冠冕，显
于士林。曾大父，赠绛州刺史。王父，赠给事中。"④裴宪孙撰《裴恭孙墓
志》："君讳恭孙，河东人也。曾祖成甫，皇绛州刺史，赠刑部侍郎。祖夷
直，皇左散骑常侍，赠司空。"⑤裴夷直之先世裴世则、裴敬信、裴祥、裴仲
堪均未见记载，墓志可补史缺。

**公少孤，抱志业，名闻江左，随计长安。文学之誉，振于远迩。故相国
崔公讳群掌贡院，授公高第。公年始二十九。**

《唐才子传》卷六《裴夷直传》："元和十年礼部侍郎崔群下进士，仕为
中书舍人。"⑥是年试题为《春色满皇州》诗、《乡老献贤能书赋》，以"行艺
昭洽，可升王庭"为韵。是年及第者三十人，可考者有沈亚之、滕迈、裴夷
直、封敖、张嗣初、任畹、庞严、胡□、韩复、张正谟、纥干臮、刘岩夫、李干、
吕让、卢宗回、李景让。⑦

崔群，字敦诗，清河武城人，山东著姓。十九岁登进士第，又制策登
科，授秘书省校书郎，累迁右补阙。元和初，召为翰林学士，历中书舍人。
官至中书侍郎、同中书门下平章事。《旧唐书》卷一五九、《新唐书》卷一六

① 傅璇琮主编：《唐才子传校笺》第3册，第99页。
② 吴钢主编：《全唐文补遗·千唐志斋新藏专辑》，第394页。
③ 吴钢主编：《全唐文补遗·千唐志斋新藏专辑》，第421页。
④ 吴钢主编：《全唐文补遗·千唐志斋新藏专辑》，第394页。
⑤ 吴钢主编：《全唐文补遗·千唐志斋新藏专辑》，第421页。
⑥ 傅璇琮主编：《唐才子传校笺》第3册，第98页。
⑦ 参清徐松《登科记考》卷一八、孟二冬《登科记考补正》卷一八、陈尚君《登科记考正补》(《唐
代文学研究》第4辑)、魏娜《登科记考续补》(《中国典籍与文化》2010年第1期)。

五有传。崔群元和十年(815)以礼部侍郎知贡举,选进士三十人,裴夷直及第。后来又在元和末、长庆初为武宁军节度使,辟裴夷直为幕吏。宋钱易《南部新书》卷己:"崔群,是贞元八年陆贽门生。群,元和十年典贡,放三十人,而黜陆简礼。时群夫人李氏谓之曰:'君子弟成长,合置庄园乎?'对曰:'今年已置三十所矣。'夫人曰:'陆氏门生知礼,陆氏子无一得事者,是陆氏一庄荒矣。'群无以对。"①

使相李公愬以平淮右,辟公为山东从事。复随镇徐方,授秘书省校书郎。

李愬,西平王李晟子,以父荫起家,授太常寺协律郎,迁卫尉少卿。元和十二年(817),因随裴度平淮西,雪夜入蔡州,功勋卓著。后官至山南东道节度使、武宁军节度使等。《旧唐书》卷一三三、《新唐书》卷一五四有传。裴夷直曾在元和十二年(817)至十五年(820)相继入李愬山南东道及武宁节度使幕府。

俄丁先太夫人忧,仅将灭性。服阕,会相国崔公出镇丰沛,表为掌书记。转试太常寺协律。职罢,随调授河南寿安尉。

崔群出镇丰沛即担任武宁节度使,在元和十五年九月至长庆二年三月元和十五年九月至长庆二年三月。见《旧唐书》卷一六《穆宗纪》。

尚书庾公承宣请公为陕虢支使、试大理评事,转监察御史、观察判官。庾公归朝,四镇交辟,遂拜左拾遗。以正道忤权势,出为凤翔府兵曹参军。

庾承宣,贞元八年(792)及进士第,与崔群同榜,当时号"龙虎榜"。大和中官终检校吏部尚书、天平军节度使。新、旧《唐书》无传。裴夷直曾在长庆二年(822)至宝历二年(826)间入庾承宣陕虢观察使幕府。

丞相、凉国李公逢吉镇汉南,奏为掌书记,改殿中侍御史。复徙镇大梁,充节度判官、侍御史,赐绯鱼袋。凉公守东郊,又为判官、检校司勋员外郎。使罢,未几,拜侍御史,归台,分务洛邑。

李逢吉,字虚舟,陇西人。登进士第。元和中,为祠部郎中、给事中、

① ［宋］钱易:《南部新书》卷己,第84页。

中书舍人。十一年（816）二月，权知礼部贡举。四月为门下侍郎、同平章事。罢相后为剑南东川节度使。穆宗即位，移山南东道节度使。裴夷直曾在宝历二年（826）十一月至大和八年（834）三月三入李逢吉幕府。自此以后，夷直方与党争发生了重要联系，而此前跟从崔群、李愬、庾承宣等，尚未有足够的证据以证明其与党争的关系。裴夷直与李逢吉关系甚深，除入其幕府外，尚有两事需要叙述：一是与李逢吉诗歌交往。裴夷直有《奉和大梁相公重九日军中宴会之什》："今古同嘉节，欢娱但异名。陶公缘绿醑，谢傅为苍生。酒泛金英丽，诗通玉律清。何言辞物累，方系万人情。"①又《奉和大梁相公同张员外重九日宴集》："重九思嘉节，追欢从谢公。酒清欺玉露，菊盛愧金风。不待秋蟾白，须沉落照红。更将门下客，酬和管弦中。"②又《奉和大梁相公送人二首》："谢公日日伤离别，又向西堂送阿连。想到越中秋已尽，镜河应羡月团圆。""北津杨柳迎烟绿，南岸阑干映水红。君到襄阳渡江处，始应回首忆羊公。"③二是为《断金集》作序。宋晁公武《郡斋读书志》卷一八："《断金集》一卷，右唐李逢吉、令狐楚自未第至贵显所唱和诗也。后逢吉卒，楚编次之，得六十余篇，裴夷直名曰《断金集》，为之序。"④又同书卷二〇重出："《断金集》一卷，右唐令狐楚辑其与李逢吉酬唱诗什。开成初，裴夷直序之。"⑤又计有功《唐诗纪事》卷四七"李逢吉"条："逢吉与令狐楚有唱和诗，曰《断金集》，裴夷直为之序云：'二相未遇时，每有所作，必惊流辈，不数年，遂压秉笔之士。及入官登朝，益复隆高，我不求异，他人自远。'逢吉卒，楚有《题断金集》诗云：'一览《断金集》，载悲埋玉人。牙弦千古绝，珠泪万行新。'"⑥

相国牛公僧孺镇淮海，复奉为节度判官、检校职方郎中。俄入拜刑部

---

① ［清］彭定求：《全唐诗》卷五一三，第 5856 页。
② ［清］彭定求：《全唐诗》卷五一三，第 5856 页。
③ ［清］彭定求：《全唐诗》卷五一三，第 5859 页。
④ 孙猛：《郡斋读书志校正》卷一八，第 907 页。
⑤ 孙猛：《郡斋读书志校正》卷二〇，第 1062 页。
⑥ ［宋］计有功：《唐诗纪事》卷四七，第 722 页。按，《题断金集》诗，《全唐诗》卷五一三裴夷直诗卷亦收入，"确乃令狐楚诗而混入裴集中者"（《唐才子传校笺》卷六《裴夷直传》，中华书局 1990 年版，第 102 页）。

员外,转左司员外,迁刑部郎中。

牛僧孺,字思黯,隋仆射牛弘之后。进士擢第,贤良登科。元和中累官至考功员外郎,充集贤直学士。穆宗长庆三年(823),以户部侍郎同平章事。敬宗时出为武昌军节度使。文宗大和四年(830)召还,守兵部尚书、同中书门平章事。大和六年(832)十二月,为淮南节度副大使、知节度事。《旧唐书》卷一七二、《新唐书》卷一七四有传,杜牧《樊川文集》卷七有《唐故太子少师奇章郡开国公赠太尉牛公墓志铭》,《文苑英华》卷八八八李珏有《故丞相太子少师赠太尉牛公神道碑》。牛僧孺在淮南节度使任,辟裴夷直为节度判官、检校职方郎中。

文宗皇帝重文学端鲠之士,公特受宸眷,迁谏议大夫。旋兼知制诰,遽拜中书舍人。补衮之职,倚用山甫。公感激弥切,屡启忠荩,为邪臣所恶。无何,文宗升遐,奸人得志,遂以矫妄陷公。开成五年,出为杭州刺史。寻窜逐南裔,无所不及。十年之间,恬然处顺,戮辱之地,澹乎忘忧。有以见贤达所难也。

他的这段经历,在其夫人李弘的墓志中也有详细的记载:"裴公当文宗朝,宠遇特异,旦夕将大用。时相每欲敷奏政事,必倚以为援。持权者由是多忌之。及武宗即位,李德裕任用,斥逐忠贤,故说正之徒,罕在朝列。裴公自中书舍人牧馀杭,未几,中以非罪流播九真。夫人不以万里为远,区区劝导保护,裴公不知谪逐之苦,嬉怡自适,无所憾焉。十年海壖,方遂归北。水陆崎岖,未尝疲厌。"余待后文详述。

洎大中皇帝即位,荡雪冤抑,征于崇山,且以潮、循、韶、江四授郡佐,换硖州刺史,转历阳、姑苏。三郡人悉戴公如父母,皆诣廉使乞留。

《新唐书·裴夷直传》:"宣宗初内徙,复拜江、华等州刺史。终散骑常侍。"[1]郁贤皓先生《唐刺史考全编》卷一五八据此系裴夷直为江州刺史在"大中时",并云:"按大中十年六月裴夷直为苏州刺史,十一年十月移华州刺史。"[2]刘学锴先生并据李商隐《哭刘蕡》诗"黄陵别后春涛隔,湓浦书来

① [宋]欧阳修、宋祁:《新唐书》卷一四八,第4772页。
② 郁贤皓:《唐刺史考全编》卷一五八"江南西道·江州"条,第2288页。

秋雨翻"句,以为刘蕡与李商隐晤别的时间及《赠刘司户蕡》诗的作时便只能在大中二年(848)正初商隐自江陵返桂林的途中。而裴夷直大中二年(848)二月后任江州刺史的推断还可以说明翌年刘蕡的讣音何以从溢浦(江州)传来的原因。杨嗣复离江州刺史任及道卒后,刘蕡前往江州依托昔日同罪被贬的裴夷直,直至客死溢浦,是符合他们的交情的。① 今据《裴夷直墓志》,知其并没有任过江州刺史,仅为江州郡佐,具体何职也难以确考。墓志又言:"寻窜逐南裔,无所不及。十年之间,恬然处顺,戮辱之地,澹乎忘忧。"又据其夫人《李弘墓志》:"裴公自中书舍人牧馀杭,未几,中以非罪,流播九真。夫人不以万里为远,区区劝导保护,裴公不知谪逐之苦,嬉怡自适,无所憾焉。十年海壖,方遂归北。水陆崎岖,未尝疲厌。"其被贬海壖十年,方才归北。即以江州为归北之始,亦应在大中四年(830)。若以"十年"为约数,不必过于坐实而言,亦最早在大中三年(849),故刘学锴先生推测大中二年(848)为李商隐与刘蕡晤别的时间,而刘赴江州的目的是依托当时身为江州刺史的往日座主杨嗣复,还是可信的。但刘先生以为杨嗣复离江州任后,裴夷直即为江州刺史,盖误;再以刘蕡至江州依托裴夷直,证据亦嫌不足。

又史籍在裴夷直出任江、华之间,曾有为兵部郎中、苏州刺史的记载。《唐才子传校笺》卷六《裴夷直传》笺证:"出任江、华州之间,裴尝先后任兵部郎中、苏州刺史。《旧唐书》卷一八下《宣宗纪》云:'(大中十年)六月,以兵部郎中裴夷直为苏州刺史。''(大中十一年)十月,以苏州刺史裴夷直为华州刺史、潼关防御、镇国军等使。'明王鏊《吴县志》卷七《职官》表六载裴彝直大中十年六月任苏州刺史。《同治苏州府志》卷五二《职官》云:'裴彝直(《姑苏志》作夷)大中十年六月,以兵部郎中任。十一年十月,迁华州潼关防御镇国军等使。'两《志》所记,均本于两《唐书》。"②以墓志证之,其曾为苏州刺史不误。之前为和州刺史事,仅见墓志记载,郁贤皓先生《唐刺

---

① 刘学锴:《李商隐开成五年九月至会昌元年正月行踪考述》,《文学遗产》2002 年第 2 期,第 52 页。
② 傅璇琮主编:《唐才子传校笺》卷六,第 101 页。

史考全编》亦缺载,可补入。

大中十一年,征拜华州刺史、兼御史中丞,赐紫金鱼袋。理郡再岁,仁化益茂,郡人诣阙,乞不迁去。

郁贤皓先生《唐刺史考全编》卷三《华州》:"裴夷直,大中十一年(857)。《旧书·宣宗纪》:大中十一年十月,'以苏州刺史裴夷直为华州刺史、潼关防御、镇国军等使'。《新书》本传:'宣宗初内徙,复拜江、华等州刺史。终散骑常侍。'"①按,《裴夷直墓志》:"大中十一年,征拜华州刺史、兼御史中丞,赐紫金鱼袋。理郡再岁,仁化益茂,郡人诣阙,乞不迁去。俄拜左散骑常侍。"又裴夷直子裴虔馀撰《裴岩墓志》:"大中十一年,我家君为苏州刺史,迁华州刺史,虔馀时自吴门从职于河阳。"②可证《旧唐书》的记载是正确的。又《李弘墓志》:"洎大中十三年,裴公自华州入为骑省,夫人始还帝里。未几,而裴公薨谢。"则裴夷直罢华州刺史为左散骑常侍在大中十三年(859),为《唐刺史考全编》所缺,应补入。

俄拜左散骑常侍,华民拥辕遮道,不得进。既至京师,先皇帝召见,必将擢用,才间月而薨。呜呼哀哉!

《新传》:"宣宗初内徙,复拜江、华等州刺史,终散骑常侍。"③《唐才子传》卷六《裴夷直传》:"宣宗初,为江、华二州刺史,终尚书左司员外郎,散骑常侍。"④

夫人陇西县君、凤翔节度使赠仆射李公逊长女。明德宜家,中外则之。

新出土裴虔馀撰《唐故左散骑常侍赠工部尚书河东裴公夫人陇西郡太君墓志文唐故左散骑常侍赠工部尚书河东裴公夫人陇西郡太君墓志文》:"夫人族陇西李氏,讳弘,字思仁。曾王父讳珍,皇朝绵州昌明县令。王父讳震,雅州别驾,累赠右仆射。祖妣博陵崔氏,追封赵国太夫人。先

① 郁贤皓:《唐刺史考全编》卷三"京畿道·华州"条,第99页。
② 吴钢主编:《全唐文补遗·千唐志斋新藏专辑》,第394页。
③ [宋]欧阳修、宋祁:《新唐书》卷一四八,第4772页。
④ 傅璇琮主编:《唐才子传校笺》卷六,第101页。

公讳逊，刑部尚书，累赠太尉，谥贞公。先夫人荥阳郑氏，追封郑国太夫人。夫人以永贞元年生于濠州。长庆四年，归于故华州刺史、左散骑常侍、累赠右仆裴公。夫人植性端厚仁慈，婉懿之德，贞高之操，出于伦表，不可备举。裴公当文宗朝，宠遇特异，旦夕将大用。时相每欲敷奏政事，必倚以为援。持权者由是多忌之。及武宗即位，李德裕任用，斥逐忠贤，故说正之徒，罕在朝列。裴公自中书舍人牧馀杭，未几，中以非罪流播九真。夫人不以万里为远，区区劝导保护，裴公不知谪逐之苦，嬉怡自适，无所憾焉。十年海峤，方遂归北。水陆崎岖，未尝疲厌。裴公始卒，口体无恙，夫人之力焉。洎大中十三年，裴公自华州入为骑省，夫人始还帝里。未几，而裴公薨谢。夫人衔哀茹蓼，抚育诸孤，训以慈义。雍睦闺门，肃如也。长子虔馀，孝敬自天，能以文学立身显名。服阕，除监察御史。自东洛侍板舆归上京。既至，改左拾遗，俄转殿中，修撰史馆，迁户部员外。宰相杜公悰之镇歧下，辟为从事。入拜右司员外。咸通八年丁亥，夫人以子贵恩例进封陇西郡太君。其年十二月十四日，启手足于靖安里第。是日，夫人庆诞之辰，弟侄携酒食宴集，欢笑竟日，昏暮方散。是昔遘疾，遽归长夜，享年六十有三。呜呼！夫人生于德门，媲于贤人。执妇道三十年，比尝人家，不为不贵盛矣。所可叹者，诸子方进修，享旨甘，为日不永而已。咏，幼钟难衅，中年手足凋丧，姊弟二人，形影相依，垂廿年。一旦独存，哀痛何甚！明年七月，将祔仆射府君之茔于河南府偃师县界。”

长子虔馀，进士及第，方为孟怀等道观察判官、试大理评事，积朝望。次虔裕，举进士，有盛名。次虔章、虔诲，未弱冠。其幼曰小师，年四岁。女子子一人，适泾州从事、殿中郑邕。皆能显扬于后者。

裴虔馀，《裴夷直墓志》记载："长子虔馀，进士及第，方为孟怀等道观察判官、试大理评事，积朝望。"徐松《登科记考》卷一八据《文苑英华》载裴乾馀《早春残雪》诗，定乾馀登进士第在元和十五年（820）。孟二冬《登科记考补正》卷一八元和十五年（820）进士科："赵校：'《全诗》卷五九七作裴虔馀。'陈补：'今检《北里志》、《唐摭言》卷十三、《唐诗纪事》卷六十皆引作虔馀。《文苑英华》作乾馀，因音同而讹；《增订诗话总龟》卷四引作庆馀，则因形近而误。当改正。'"①今按,据墓志,将"裴乾餘"正作"裴虔餘",是。又《全唐文补遗·千唐志斋新藏专辑》载有《裴岩墓志》题署:"堂弟、孟怀泽等州观察判官、将仕郎、试大理评事虔馀纂。"②亦可证。然将其登第年定为元和十五年(820),则非是。因其父元和十年(815)登第,时年二十九岁。

裴夷直仕宦生涯的考察

《全唐文补遗·千唐志斋新藏专辑》收录的《唐故朝散大夫守左散骑常侍赠工部尚书裴公(夷直)墓志并叙》,是近年出土的较为重要的中晚唐诗人墓志。从墓志记载的官职升迁与朝野变换来看,裴夷直与中晚唐政局相关的宗室斗争、宦官专权、牛李党争、幕府辟署、科举制度等,都有紧密的联系。而墓志集中表现的是他入幕与贬谪情况,在诗人墓志中较有典型性。裴夷直夫人《唐故左常侍赠工部尚书河东裴公夫人陇西郡太君(李弘)墓志文》亦同时出土,对于研究裴夷直生平经历、政治生涯与文学表现也有一定的意义。此外,裴夷直家族的墓志还有裴夷直子裴虔馀为其堂弟所作《唐故秀才河东裴府君(岩)墓志铭并序》,以及裴夷直孙裴宪孙为其兄所作《唐故孝廉河东裴君(恭孙)墓志铭》,有助于对裴夷直生平氏族的考证。下文以裴夷直入幕与贬谪为切入点,对其卷入宗室斗争、宦官之争以及牛李党争的诸种情事加以考察,进而阐发裴夷直贬谪诗的深层内涵,对墓志中涉及的其他重要问题也加以说明。

(一)裴夷直幕吏生涯的考察

裴夷直,《新唐书》卷一四八附于《张孝忠传》,然甚为简略:"夷直字礼卿,亦婞亮,第进士,历右拾遗,累进中书舍人。武宗立,夷直视册牒,不肯署,乃出为杭州刺史,斥驩州司户参军。宣宗初内徙,复拜江、华等州刺

---

① 孟二冬:《登科记考补正》卷一八,第684页。
② 吴钢主编:《全唐文补遗·千唐志斋新藏专辑》,第394页。

史。终散骑常侍"①。对其入幕之事，并未记述。而新出土《裴夷直墓志》，则记载颇详，尤其对裴夷直入地方幕府共记有九次："公年始二十九，使相李公愬以平淮右，辟公为山东从事。复随镇徐方，授秘书省校书郎。俄丁先太夫人忧，仅将灭性。服阕，会相国崔公出镇丰沛，表为掌书记。转试太常寺协律。职罢，随调授河南寿安尉。尚书庾公承宣请公为陕虢支使、试大理评事，转监察御史、观察判官。庾公归朝，四镇交辟，遂拜左拾遗。以正道忤权势，出为凤翔府兵曹参军。丞相、凉国李公逢吉镇汉南，奏为掌书记，改殿中侍御史。复徙镇大梁，充节度判官、侍御史，赐绯鱼袋。凉公守东郊，又为判官、检校司勋员外郎。使罢，未几，拜侍御史，归台，分务洛邑。相国牛公僧孺镇淮海，复奉为节度判官、检校职方郎中。"对其入幕，我们依据墓志的线索，再参证传世文献的相关记载，列表于下：

序号	府　名	府　主	府主作镇时间	裴夷直入幕时间	任　职	数据源
1	山南东道	李　愬	元和十二年十一月至元和十三年五月	元和十二年十一月至元和十三年五月	从事	《旧书·宪宗纪》
2	武宁	李　愬	元和十三年七月至元和十五年九月	元和十三年七月至元和十五年九月	从事	《旧书·宪宗纪》《穆宗纪》
3	武宁	崔　群	元和十五年九月至长庆二年三月	元和十五年九月至长庆二年三月	掌书记	《旧书·穆宗纪》
4	陕虢	庾承宣	长庆二年十一月至宝历二年	长庆二年十一月至宝历二年	支使、观察判官	《旧书·穆宗纪》、《宝刻丛编》卷五
5	凤翔	王承元	长庆二年三月至大和五年十一月	宝历二年十一月前	兵曹参军	《旧书·敬宗纪》

---

① ［宋］欧阳修、宋祁：《新唐书》卷一四八，第4772页。

续 表

序号	府 名	府 主	府主作镇时间	裴夷直入幕时间	任 职	数据源
6	山南东道	李逢吉	宝历二年十一月至大和二年十月	宝历二年十一月至大和二年十月	掌书记	《旧书·文宗纪》
7	宣武	李逢吉	大和二年十月至大和五年八月	大和二年十月至大和五年八月	节度判官	《旧书·文宗纪》
8	东都	李逢吉	大和五年八月至大和八年三月	大和五年八月至大和八年三月	判官	《旧书·文宗纪》
9	淮南	牛僧孺	大和六年十二月至开成二年五月	约大和八年三月至九月	节度判官	《旧书·文宗纪》
10	宣歙	王质	大和八年九月至开成元年底	大和八年九月至开成元年底	从事	详下考证

以上列裴夷直曾十次入幕,墓志记载了九次,另一次是受王质宣州之辟,可据史料补之。刘禹锡《唐故宣歙池等州都团练观察处置使宣州刺史兼御史中丞赠左散骑常侍王公神道碑》:"其在宣州,李公再入相,议以第一官处之,牢让不取。羔雁所礼则河东裴夷直、天水赵晢、陇西李行方、吴郡陆绍、梁国刘蕡、博陵崔珦,人咸曰得士。"①《旧唐书·王质传》:"在宣城辟崔珦、刘蕡、裴夷直、赵(皙)[晢]为从事,皆一代名流。视其所与,人士重之。"②《册府元龟·幕府部》:"崔珦,博陆人。王质为宣州观察使,辟珦及刘蕡、裴夷直、赵晢为从事,皆一代名流。"③考《旧唐书·文宗纪》下:大和八年(834)九月,"辛酉,以权知河南尹王质为宣歙观察使"④。开成二年(837)正月,"丙寅,宣州观察使王质卒。乙亥,以吏部侍郎崔郸为宣歙观察使。"⑤是裴夷直大和八年(834)九月至开成元年(836)底在宣州幕。

从上面对裴夷直入幕情况的考察,可以看出他与李逢吉的关系极为

① [唐]刘禹锡:《刘禹锡集》卷三,中华书局1990年版,第45页。
② [后晋]刘昫:《旧唐书》卷一六三,第4268页。
③ [宋]王钦若:《册府元龟》卷七二九,第8397页。
④ [后晋]刘昫:《旧唐书》卷一七下,第555页。
⑤ [后晋]刘昫:《旧唐书》卷一七下,第567页。

密切，而且裴夷直在文宗朝，一直是仕途颇顺的。因为李逢吉是中晚唐牛李党争中的重要骨干，故而注定了裴夷直在武宗朝牛党失势后、李党执政时被贬谪的命运。而这一巨大落差，也直接影响到他的文章创作。

（二）裴夷直贬谪的原因与过程

《裴夷直墓志》的后半，主要叙述唐武宗即位前后，其由受重用到被贬谪的过程，以及宣宗即位，政治翻覆，又受到重用的经过。墓志云："文宗皇帝重文学端鲠之士，公特受宸眷，迁谏议大夫。旋兼知制诰，遽拜中书舍人。补衮之职，倚用山甫。公感激弥切，屡启忠尽，为邪臣所恶。无何，文宗升遐，奸人得志，遂以矫妄陷公。开成五年，出为杭州刺史。寻窜逐南裔，无所不及。十年之间，恬然处顺，戮辱之地，澹乎忘忧。有以见贤达所难也。洎大中皇帝即位，荡雪冤抑，征于崇山，且以潮、循、韶、江四授郡佐，换硖州刺史，转历阳、姑苏。三郡人悉戴公如父母，皆诣廉使乞留。大中十一年，征拜华州刺史、兼御史中丞，赐紫金鱼袋。理郡再岁，仁化益茂，郡人诣阙，乞不迁去。俄拜左散骑常侍，华民拥辕遮道，不得进。既至京师，先皇帝召见，必将擢用，才间月而薨。"这段文字，叙述了裴夷直一生当中最重要的经历。他的这段经历，在其夫人李弘的墓志中也有详细的记载："裴公当文宗朝，宠遇特异，旦夕将大用。时相每欲敷奏政事，必倚以为援。持权者由是多忌之。及武宗即位，李德裕任用，斥逐忠贤，故说正之徒，罕在朝列。裴公自中书舍人牧馀杭，未几，中以非罪流播九真。夫人不以万里为远，区区劝导保护，裴公不知谪逐之苦，嬉怡自适，无所憾焉。十年海壖，方遂归北。水陆崎岖，未尝疲厌。裴公始卒，口体无恙，夫人之力焉。洎大中十三年，裴公自华州入为骑省，夫人始还帝里。未几，而裴公薨谢。"裴夷直被贬时，其亲族也受到牵连，裴夷直子裴虔馀撰《裴岩墓志》："严父，今见任侍御史、知盐铁江陵院。会昌元年，我家君以直道被谗，谴于海外。江陵叔父君以季弟之故，亦贬为睦州建德尉。"①

---

① 吴钢主编：《全唐文补遗·千唐志斋新藏专辑》，第 394 页。

　　裴夷直的贬谪是墓志记载的重要内容，也是晚唐时期党派之争中的一个重要事件。裴夷直在武宗即位以后，连贬两次，一次是杭州刺史，一次是骥州司户。《裴夷直墓志》有关这方面的记载，较为笼统，未言具体原因。《李弘墓志》则明确说明是李德裕一手造成的。关于这一事件，需要根据史料以作进一步分析。

　　据《旧唐书·武宗纪》载：开成五年，"八月十七日，葬文宗皇帝于章陵。知枢密刘弘逸、薛季棱率禁军护灵驾至陵所，二人素为文宗奖遇，仇士良恶之，心不自安，因是掌兵，欲倒戈诛士良、弘志。卤簿使兵部尚书王起、山陵使崔棱觉其谋，先谕卤簿诸军。是日弘逸、季棱伏诛。门下侍郎、同平章事杨嗣复检校吏部尚书、潭州刺史，充湖南都团练观察使；中书侍郎、同平章事李珏检校兵部尚书、桂州刺史，充桂管防御观察等使；御史中丞裴夷直为杭州刺史：皆坐弘逸、季棱党也。"[1]而李德裕由淮南入朝在本年九月。故裴夷直贬杭州刺史应与李德裕无关。其出为杭州刺史的具体原因，《资治通鉴·唐纪》："故事：新天子即位，两省官同署名。上之即位也，谏议大夫裴夷直漏名，由是出为杭州刺史。"《考异》曰："《新传》曰：'武宗立，夷直视册牒不肯署。'今从《武宗实录》。"[2]实际上，这是宦官出贬裴夷直时所找的借口。

　　裴夷直由杭州刺史再贬骥州司户，在会昌元年（841），这主要是李德裕的原因。《资治通鉴·唐纪》记载此事，以为：武宗贬杨嗣复为湖南观察使、李珏为桂管观察使后，又听信仇士良谮言，想遣中使就潭、桂诛嗣复及珏。此时李德裕与崔珙、崔郸、陈夷行三宰相入奏阻止，武宗才有所变化："叹曰：'朕嗣位之际，宰相何尝比数！李珏、季棱志在陈王，嗣复、弘逸志在安王。陈王犹是文宗遗意，安王则专附杨妃。嗣复仍与妃书云：姑何不效则天临朝！向使安王得志，朕那复有今日？'德裕曰：'兹事暧昧，虚实难知。'……更贬嗣复为潮州刺史，李珏为昭州刺史，裴夷直为骥州司

①　［后晋］刘昫：《旧唐书》卷一八上，第 585 页。
②　［宋］司马光：《资治通鉴》卷二四六，第 7948 页。

户。"①今人傅璇琮先生以为："宦官仇士良谮杨嗣复、李珏于武宗，劝武宗诛杀之。李德裕极力为之营救，杨、李得免于死，三月，杨贬为潮州刺史，李贬为昭州刺史。"②又曰："鉴于这次武宗欲诛杀杨、李是受宦官谮害之故，故仍据理力争，可以见李德裕释私怨、存大体的政治家风度。"③按，当时与裴夷直同时被贬官者，还有刘蕡等人。刘学锴先生说："结合杨、李、裴的贬潮、贬昭、贬骧，以及裴、刘与杨的人事关系来考察，刘蕡的被贬为柳州司户，当是宦人诬以党附杨、裴之罪的结果，时间当在会昌元年三月或稍后。"④墓志、《通鉴》记载及今人对李德裕贬杨、李、裴的看法分歧甚大，故此问题较为复杂，需要进一步深入探讨。但墓志的发现，至少为我们提供了新的材料与新的视角。

（三）裴夷直与文宗、武宗时期的政局

据上面的钩稽与叙述，可知裴夷直的经历主要在大和至大中时。其间升沉，与文宗、武宗易代之际的宗室斗争、宦官之争及牛李党争都发生了重要的联系。对其发生重要影响的人物有崔群、庚承宣、李逢吉、王质、李景让、杜悰、李宗闵、杨嗣复等。对诸人事迹及相关具体事件的考察，有助于对裴夷直政治命运与文学创作的研究，也可表现出晚唐诗人所处的政治空间的一些侧面。

王质，是被李德裕器重之人，但他在党争中保持中立的态度。《新唐书·王质传》："质清白畏慎，为政必先究风俗，所至有惠爱。虽与德裕厚善，而中立自将，不为党。奏署幕府者，若河东裴夷直、天水赵晢、陇西李行方、梁国刘蕡，皆一时选云。"⑤墓志在叙述裴夷直官历时，于大和时入幕记载颇详，而独缺入王质幕事，推其原因，盖墓志撰于大中末牛党得势

---

① ［宋］司马光：《资治通鉴》卷二四六，第 7949—7950 页。
② 傅璇琮：《李德裕年谱》，河北教育出版社 2001 年版，第 304 页。
③ 傅璇琮：《李德裕年谱》，第 306 页。
④ 刘学锴：《李商隐开成五年九月至会昌元年正月行踪考述》，《文学遗产》2002 年第 2 期，第 52 页。
⑤ ［宋］欧阳修、宋祁：《新唐书》卷一六四，5053 页。

之时,故李景让抹去了这一经历。

　　杜悰,《李弘墓志》记载裴夷直子裴虔馀的经历云:"宰相杜公悰之镇岐下,辟为从事。入拜右司员外。"前面所引《资治通鉴》已揭载,会昌元年(841)武宗皇帝要杀杨嗣复与李珏时,李德裕与杜悰一起上奏求情事。而《资治通鉴》还有这样一段文字:"三月……乙未,赐弘逸、季棱死,遣中使就潭、桂州诛嗣复及珏。户部尚书杜悰奔马见李德裕曰:'天子年少,新即位,兹事不宜手滑。'"①故而"更贬嗣复为潮州刺史,李珏为昭州刺史,裴夷直为驩州司户"②。可知救嗣复诸人的主要人物是杜悰。盖杜悰在文宗、武宗时就与裴夷直交好,一直到咸通时,还对裴夷直之子裴虔馀多加提携与照顾。

　　从墓志记载裴夷直所结交的诸人情况,以及时间先后看,裴在元和中主要结交崔群、李愬、庾承宣等人,尚未表现出与党争牵连的迹象,至唐文宗于宝历二年(826)即位以后,裴夷直三入李逢吉幕府,又入牛僧孺淮南幕府,就卷入了党争的漩涡当中,并倒向了牛党一边,而且随着党争的此起彼伏,一直影响其后半生的政治命运。墓志中并未言及裴夷直和李宗闵、杨嗣复的关系,然前引《新唐书·李景让传》却给我们透露了消息。谓裴夷直为李宗闵、杨嗣复所擢。那么,李宗闵与杨嗣复何时擢拔裴夷直的呢?刘学锴先生曾作过论述说:"裴夷直与开成三年正月起就担任宰相之职的杨嗣复确有人事上的特殊关系。……裴夷直既曾受到杨嗣复的擢拔,又在文宗卒时两次上奏,触怒宦官仇士良,加以未在武宗即位的册牒上署名,故始则出为杭州刺史,继又被作为刘弘逸、薛季棱及杨嗣复、李珏等拥立太子成美或安王溶的党羽被远贬到驩州。"③刘先生的推论基本是符合事实的。

　　从以上分析与考证看,《裴夷直墓志》以及其妻《李弘墓志》,集中表现

① ［宋］司马光:《资治通鉴》卷二四六,第 7949 页。
② ［宋］司马光:《资治通鉴》卷二四六,第 7950 页。
③ 刘学锴:《李商隐开成五年九月至会昌元年正月行踪考述》,《文学遗产》2002 年第 2 期,第 51—52 页。

了裴夷直与晚唐牛李党争的关系问题,而与史料参证,还可以看出裴夷直与唐代文宗、武宗朝的政局有着复杂的关系,因此解读这篇墓志,对于了解晚唐诗人所处的特定的政治环境,具有重要作用。唐文宗朝是牛李党争此起彼伏的时期,唐武宗朝是李党专政、牛党失势的时期,唐宣宗朝是牛党全胜、李党惨败的时期,裴夷直一生的主要经历,与牛李党争相始终。他作为牛党器重的重要人物,在李党专政时,被贬谪南方,也是必然的。党争关系到他的政治命运,也影响了他的文学创作。

(四) 为吏部员外郎时间

《裴夷直墓志》的出土,还可订正史传的错误与后世研究的一些结论,具有重要的文献价值。如其为吏部员外郎时间题就是如此。

《旧唐书·张克勤传》:"小男克勤,长庆中左武卫大将军。时有赦文许一子五品官,克勤以子幼,请准近例回授外甥。状至中书,下吏部员外郎判废置,裴夷直断曰:'……望宜不允。'"①《新唐书·张茂昭传》:"克勤以息幼,推与其甥,吏部员外郎裴夷直劾曰:'克勤歆有司法,引庇它族,开后日卖爵之端,不可许。'诏听,遂著于令。"②《唐会要》卷五八《吏部员外郎》云:"长庆元年正月,左武卫大将军张克勤奏:'近准赦文,许五品官一子官恩。今臣子幼,请回授外甥。'状至中书,下吏部,员外郎判废置裴夷直奏曰:'一子官恩,在念功,贵于廷赏。若无己子,许及宗男。张克勤自有息男,妄以外甥奏请,苟涉卖官,实为乱法,所请望宜不许。仍永为定例。'从之。"③裴夷直有《张克勤恩荫请回与外甥判》④,今尚传世,故应实有其事。然具体时间,则有疑问。《唐才子传校笺》卷六《裴夷直传》笺证云:"《唐会要》卷五八载其事在长庆元年,与《旧唐书》合,《新唐书·张茂昭传》谓其事在'开成中'误。《唐诗纪事》卷五一谓其时夷直任礼部外郎,

---

① [后晋] 刘昫:《旧唐书》卷一四一,第 3859—3860 页。
② [宋] 欧阳修、宋祁:《新唐书》卷一四八,第 4771—4772 页。
③ [宋] 王溥:《唐会要》卷五八,第 1007 页。
④ [清] 董诰:《全唐文》卷七五九,第 3497 页。

非是。劳格《唐尚书省郎官石柱题名考》卷四'吏外'有夷直名,即据唐史。"①按,《裴夷直墓志》没有记载其为吏部员外郎事,盖叙事时省略了。然据上文所考,裴夷直元和十五年(820)至长庆二年(822)间,从崔群为徐州从事,转试太常寺协律。职罢,随调授河南寿安尉。故而长庆间仅为河南寿安尉之类的微官,与吏部员外郎之显职相距甚远。可证《旧唐书》《唐会要》等书,记其长庆元年(821)为吏部员外郎,非是。墓志又载其罢李逢吉幕后入为刑部员外,据上文所考,其罢李逢吉幕在大和八年(834),而最迟罢幕则为王质幕,应为开成元年(836)底或二年(837)初。又刑部员外郎品级与吏部员外郎同,然吏部员外郎更为显要,由此推知,裴夷直任吏部员外郎,应在刑部员外郎之后,其时间当从《新唐书》在"开成中"。

裴夷直贬谪诗解读

裴夷直诗,《全唐诗》卷五一三收录一卷,计57首。学者们对此并没有专门的研究。其实,我们如果联系新出土墓志,与裴夷直的交游情况,再考察相关的政治背景,就可以揭示出他的诗作中丰富而深刻的政治内涵。本书拟截取裴夷直贬谪时期的诗作,并结合其实际经历加以讨论。

首先,裴夷直贬谪时期的诗作,是他贬谪环境的记述与逐臣心情的表现。

裴夷直有一首《崇山郡》诗,记载了贬所偏远的环境:"地尽炎荒瘴海头,圣朝今又放驩兜。交州已在南天外,更过交州四五州。"②裴夷直的贬谪,因其先出为杭州刺史,再贬为驩州司户,故其赴驩州,应该是由杭州启程的。曾经过桂江,有诗《题江上柳寄李使君》:"桂江南渡无杨柳,见此令人眼暂明。应学郡中贤太守,依依相向许多情。"③《江上见月怀古》诗:"月上江平夜不风,伏波遗迹半成空。今宵倍欲悲陵谷,铜柱分明在水

① 傅璇琮:《唐才子传校笺》卷六,第99页。
② 〔清〕彭定求:《全唐诗》卷五一三,第5862页。
③ 〔清〕彭定求:《全唐诗》卷五一三,第5862页。

中。"①《临水》："一见心原断百忧，益知身世两悠悠。江亭独倚阑干处，人亦无言水自流。"②在海南的荒凉僻远之地，有时不免与往日的京华相比："六眸龟北凉应早，三足乌南日正长。常记京关怨摇落，如今目断满林霜。"③又《病中知皇子陂荷花盛发寄王缋》："十里莲塘路不赊，病来帘外是天涯。烦君四句遥相寄，应得诗中便看花。"④皇子陂在长安樊川，而诗则是在贬所之作，故有"病来帘外是天涯"之句。愁苦悲伤之际，有时更会忆念家乡，《忆家》诗云："天海相连无尽处，梦魂来往尚应难。谁言南海无霜雪，试向愁人两鬓看。"⑤

　　值得注意的是，裴夷直的诗，有些是在岭南所作的，却并不是在驩州贬所，这当与他的量移有关。如《将发循州社日于所居馆宴送》诗："浪花如雪叠江风，社过高秋万恨中。明日便随江燕去，依依俱是故巢空。"⑥裴夷直被贬之后的量移过程，史传失载。刘学锴先生曾经推测说："裴夷直在'复拜江、华等州刺史'之前，应有一次'量移'的经历。"⑦其推论颇为合理，然裴夷直内迁前，曾不止一次量移。据墓志："洎大中皇帝即位，荡雪冤抑，征于崇山，且以潮、循、韶、江四授郡佐，换硖州刺史，转历阳、姑苏。三郡人悉戴公如父母，皆诣廉使乞留。大中十一年，征拜华州刺史、兼御史中丞，赐紫金鱼袋。"知其量移之地颇多，计有潮、循、韶、江四州郡佐，后又为硖州、和州及苏州刺史。

　　裴夷直有《发交州日留题解炼师房》："久喜房廊接，今成道路赊。明

---

① ［清］彭定求：《全唐诗》卷五一三，第 5862 页。
② ［清］彭定求：《全唐诗》卷五一三，第 5862 页。
③ ［唐］彭定求：《全唐诗》卷五一三，第 5862 页。
④ ［清］彭定求：《全唐诗》卷五一三，第 5860 页。
⑤ ［清］彭定求：《全唐诗》卷五一三，第 5863 页。
⑥ ［清］彭定求：《全唐诗》卷五一三，第 5863 页。按，这首诗于赵嘏诗卷重出。刘学锴以为："《古今岁时杂咏》卷二八收此诗，亦署裴夷直，题作《循州社日留题馆壁》。曰'故巢'，似在此有过较长时间居留。故循州有可能是裴自驩量移之地。"（《李商隐开成五年九月至会昌元年正月行踪考述》，《文学遗产》2002 年第 2 期，第 53 页）刘先生的推测是正确的。
⑦ 刘学锴：《李商隐开成五年九月至会昌元年正月行踪考述》，《文学遗产》2002 年第 2 期，第 52 页。

朝回首处,此地是天涯。"①应是初离贬所量移经过交州时作,与前引《崇山郡》诗经过交州,乃一进一出,两次经过交州。《别蕲春王判官》诗:"四十年来[真](贞)久故,三千里外暂相逢。今日一杯成远别,烟波眇眇恨重重。"②当为赴硖州经蕲春时所作。又有《令和州买松》诗:"好觅凌霜质,仍须带雨栽。须知剖竹日,便是看松来。"③则是在和州任所之作。

其次,从裴夷直赠刘蕡、李中敏诗考察贬谪诗人的交往。

1. 裴夷直与刘蕡

裴夷直有《献岁书情》(一作《献刘蕡》)诗云:"白发添双鬓,空宫(一作过)又一年。音书鸿不到,梦寐兔空悬。地远星辰侧,天高雨露偏。圣期(一作朝)知有感,云海漫相连。"④这首诗是裴夷直赠其好友刘蕡之作,此时刘蕡被贬为柳州司户。"柳州、骧州均在岭南,两地相距七千里,故云'音书鸿不到''云海漫相连'。骧州距长安一万二千四百五十二里,故云'地远星辰侧'。会昌元年三月下制贬裴夷直为骧州司户,裴接到贬制自杭赴骧,到达贬所当已是年秋甚至更晚。据'空宫又一年'之句,诗应为会昌三年初作(元年秋抵骧州,至二年初为一年,至三年初为又一年),可证其时刘蕡仍在柳州贬所。骧、柳二地相距如此遥远,如果裴、刘二人不是同时先后因同'罪'远贬,很可能裴连刘被贬柳州的消息都不知道。"⑤有关裴夷直与刘蕡同被贬谪的具体过程,刘先生已作过较为详细的考证,这里不再详述。

与裴夷直同罪贬谪的刘蕡,后来死于贬所,大诗人李商隐有诗多首,叙其生前交游与卒后哀伤。其《赠刘司户蕡》云:"江风吹浪动云根,重碰危樯白日昏。已断燕鸿初起势,更惊骚客后归魂。汉廷急诏谁先入,楚路

---

① [清]彭定求:《全唐诗》卷五一三,第 5859 页。
② [清]彭定求:《全唐诗》卷五一三,第 5863 页。
③ [清]彭定求:《全唐诗》卷五一三,第 5859 页。
④ [清]彭定求:《全唐诗》卷五一三,第 5856 页。
⑤ 刘学锴:《李商隐开成五年九月至会昌元年正月行踪考述》,《文学遗产》2002 年第 2 期,第 52 页。

高歌自欲翻。万里相逢欢复泣,凤巢西隔九重门。"①汪辟疆评论说："此义山于武宗会昌元年游江潭时,遇刘去华所赠之诗也。义山与刘去华,意气相投,相聚未久,遽尔离别,则胸中一段忠愤之情,真有不择地而涌出者。此诗起首二句,是比时局,盖江风吹浪,而山为之动,日为之昏。只此十四字,将当日北司专恣,威柄凌夷,一齐写出。三四则追溯去华于太和二年被摈,遂致流落江潭而不得归,谓运贬也。五六则言汉廷终有宣室之召,楚地欲翻接舆之歌,则括两人言之耳。末句则直以两人作收,悲喜交集,喜者万里相逢,悲者惜'凤巢西隔九重门'耳。"②又有《哭刘蕡》《哭刘司户二首》《哭刘司户蕡》诸诗,都表现了李商隐对刘蕡被贬至死的同情。其《哭刘蕡》诗堪称感情真挚的佳制："上帝深宫闭九阍,巫咸不下问衔冤。黄陵别后春涛隔,溢浦书来秋雨翻。只有安仁能作诔,何曾宋玉解招魂?平生风义兼师友,不敢同君哭寝门。"③汪辟疆亦评论说："此亦痛忠直之不见容于世而终流窜以致死也。义山之于去华,有气谊之感。于其死,哭之又哭,无诗不工。此诗尤沉郁矣。首二句上帝深居,巫阳不问,而沉冤莫白矣。黄陵一别,溢浦讣音,而去华已矣。虽有安仁、宋玉,不能使之复生。然与君义兼师友,不敢仅哭于寝门外之友朋相等也。"④

　　有关李商隐《哭刘蕡》诗,与裴夷直有着直接的关系,盖其诗中有"溢浦书来秋雨翻"之句,最近刘学锴先生作了《李商隐〈哭刘蕡〉"溢浦书来"补笺》,考证出大中三年刘蕡卒于澧州贬所,而裴夷直于大中三年量移江州司马,自长江而下,"澧州在洞庭西北澧水将入湖处,离长江很近,顺流而至江州,路程也不长,故能较早得知刘蕡卒于澧州贬所的消息,遂将噩耗驰书告知远在长安的李商隐。此时正值秋雨翻飞之日,故有'溢浦书来秋雨翻'的著名诗句,仿佛那翻飞的秋雨都化作了两位才人的凄其悲愤情

---

① [清]彭定求:《全唐诗》卷五三九,第6148页。
② 汪辟疆:《〈玉溪诗笺举例〉补录》,《中华文史论丛》2007年第3期,第125—126页。
③ [清]彭定求:《全唐诗》卷五三九,第6157页。
④ 汪辟疆:《〈玉溪诗笺举例〉补录》,《中华文史论丛》2007年第3期,第133页。

思和泪雨"①。这一考证也订正了《新唐书·裴夷直传》的误载,对于李商隐诗与裴夷直经历中的悬而未决的问题做出了澄清。

2. 裴夷直与李中敏

裴夷直有《寄婺州李给事二首》诗云:"心尽玉皇恩已远,迹留江郡宦应孤。不知壮气今何似,犹得凌云贯日无。""瘴鬼翻能念直心,五年相遇不相侵。目前唯有思君病,无底沧溟未是深。"②按,李给事即李中敏,是与裴夷直同时贬谪之人。据《资治通鉴》卷二四六《唐纪》:开成五年(840)十一月,"开府仪同三司、左卫上将军兼内谒者监仇士良请以开府荫其子为千牛,给事中李中敏判曰:'开府阶诚宜荫子,谒者监何由有儿?'士良惭恚。李德裕亦以中敏为杨嗣复之党,恶之,出为婺州刺史"③。是李中敏之贬谪,与宦官和党争也有密切的关系,故而出为婺州刺史。但他没有参与宫廷事件,也就没有像裴夷直那样再次贬谪。裴诗有"瘴鬼翻能念直心,五年相遇不相侵"之句,所谓"五年",应是裴夷直被贬骦州后的第五个年头,也就是会昌五年(845)所作。杜牧亦有《李给事中敏》二首诗:"一章缄拜皂囊中,憬憬朝廷有古风。元礼去归缑氏学,江充来见犬台宫。纷纭白昼惊千古,铁锁朱殷几一空。曲突徙薪人不会,海边今作钓鱼翁。""晚发闷还梳,忆君秋醉余。可怜刘校尉,曾讼石中书。消长虽殊事,仁贤每自如。因看鲁褒论,何处是吾庐。"④相互参证可知,在晚唐宦官专权与牛李党争交错复杂的背景下,诗人的遭遇是极其悲惨的。

这里需要进一步考证的是裴夷直和李中敏被贬官的背景,与朝政起伏、朋党相争、宦官专权具有密切关联。《资治通鉴》开成五年记载:"春,正月,己卯,诏立颍王瀍为皇太弟,应军国事权令句当。且言太子成美年尚冲幼,未渐师资,可复封陈王。时上疾甚,命知枢密刘弘逸、薛季稜引杨

---

① 刘学锴:《李商隐〈哭刘蕡〉"溢浦书来"补笺》,《安徽师范大学学报》2021 年第 5 期,第 15 页。
② [清]彭定求:《全唐诗》卷五一三,第 5862 页。
③ [宋]司马光:《资治通鉴》卷二四六,第 7948 页。
④ [清]彭定求:《全唐诗》卷五二一,第 5952 页。

嗣复、李珏至禁中，欲奉太子监国。中尉仇士良、鱼弘志以太子之立，功不在己，乃言太子幼，且有疾，更议所立。李珏曰：'太子位已定，岂得中变！'士良、弘志遂矫诏立瀍为太弟。是日，士良、弘志将兵诣十六宅，迎颍王至少阳院，百官谒见于思贤殿。瀍沉毅有断，喜愠不形于色。与安王溶皆素为上所厚，异于诸王。辛巳，上崩于太和殿。以杨嗣复摄冢宰。癸未，仇士良说太弟赐杨贤妃、安王溶、陈王成美死。敕大行以十四日殡，成服。谏议大夫裴夷直上言期日太远，不听。时仇士良等追怨文宗，凡乐工及内侍得幸于文宗者，诛贬相继。夷直复上言：'陛下自藩维继统，是宜俨然在疚，以哀慕为心，速行丧礼，早议大政，以慰天下。而未及数日，屡诛戮先帝近臣，惊率土之视听，伤先帝之神灵，人情何瞻！国体至重，若使此辈无罪，固不可刑；若其有罪，彼已在天网之内，无所逃伏，旬日之外行之何晚！'不听。"①其后，裴夷直被贬为杭州刺史，李中敏也在此时得罪了宦官被贬为婺州刺史。《通鉴》又曰：开成五年，"十一月，癸酉朔，上幸云阳校猎。故事，新天子即位，两省官同署名。上之即位也，谏议大夫裴夷直漏名，由是出为杭州刺史。开府仪同三司、左卫上将军兼内谒者监仇士良请以开府荫其子为千牛，给事中李中敏判曰：'开府阶诚宜荫子，谒者监何由有儿？'士良惭恚。李德裕亦以中敏为杨嗣复之党，恶之，出为婺州刺史"②。因为朝政的翻覆加以宦官的专权，杨嗣复受到唐武宗和宦官仇士良的嫉恨，先贬为湖南观察使，再贬为潮州司马；裴夷直先贬为杭州刺史，再贬为骦州司马；李中敏被贬为婺州刺史。因此，裴夷直、杜牧之诗，关联着朝廷的重在政治内幕。而对于被贬的官员而言，东南一带往往是先贬的处所，岭南以至越南则是对于朝廷官员重贬的处所。裴夷直与李中敏属于同因政治事件又同年被贬之人，同命相怜，故而再贬骦州司马五年，仍然寄诗于当时的密友。杜牧与李中敏气节相当，也于李中敏为婺州刺史时作诗远相寄赠。浙东唐诗之路也是一条贬谪之路，于此可见一斑。

---

① ［宋］司马光：《资治通鉴》卷二四六，第 7943—7944 页。
② ［宋］司马光：《资治通鉴》卷二四六，第 7947—7948 页。

七、廖 有 方 墓 志

墓 志 释 文

唐故京兆府云阳县令廖君墓铭

前监察（以下缺）

序曰：君讳游卿，字秦都。本讳有方，字游卿，□□□□□□更名者，时政咸许，故君得以字为名，而新其字。□□临湘□寻其乡贯，今户籍既易，君有顷田于杜陵南一里，父母□□葬其中实曰□原，虽板图无等，是宜为京兆人也。曾祖怀恩，潮州刺史。祖芬，衡阳□□。父伯元，严州刺史。君严州次子。严州大历以还，宦于广州，君自婴抱，值哥舒晃、吕太一之乱。逮弱冠，始事宗人廖从政于□□□既习通经传，后有谈于廉郡者，遂馆于郡学，由是仍振文笔，闻□交趾。次游太学，知文战可必，故南启二亲，尽室而北。元和十一年岁①，岁次景申，今太师李公掌贡，果登名天子，为进士及第。明年诛蔡州叛逆，宰相督军，供刍食者请于宰相。俾君分其劳，劳成得推于家君，由是家君有裕德之宠。自十三年以降，历同、泗二州从事、试太子正字、太常寺协律郎，后为夏州节度掌书记，改判官。入奏天子，天子嘉其封，授大理评事。党项交恶，有中郎将选其介和之，君特充诏讫事，达于天子，天子赐章服焉。丁家君忧，服除。佐邠州幕。罢府，调太子文学，迁殿中御史、充沧州佐府，移郓州，仍其本役。无何，除云阳令。大和六年十月三日，卒于官。前娶支氏，杜相国黄裳之亲。君尚未□，杜公异之而说其姻。有子曰群，实□宗也。继娶段氏，男子曰阁老、律律、刘七。女子曰正正、评评、梁七。於嗟，共七孤。享畴与君同年忝第，寝相情好，睹君孝悌材度四者甚熟，勒石铭记，无愧今昔。铭曰：

孝而父母，悌而兄姊。立身扬名，事无□止。九原朱绂，从先君子。

---

① "岁"字衍。

祥光蔼蔼，汉陵孔迩。

《廖有方墓志》，廖有方，字游卿，交趾人。官至云阳令。大和六年（832）十月三日卒。该志是 2006 年 1 月西安碑林博物馆在西安东郊征集到的一方唐代墓志。长、宽均 44 厘米。盖题四周及盖四杀均饰云纹。首题"唐故京兆府云阳县令廖君墓铭"，盖题"唐故廖端公府君墓铭"，题署泐蚀仅剩"前监察"三字。志盖楷书，3 行，行3 字。志文楷书，23 行，满行 26 字。墓志拓片，载《西安碑林博物馆新藏墓志汇编》，第 690—691 页，同书 692 页有录文；《碑林集刊》第 13 辑，第 64 页。这篇墓志不仅为我们提供了廖有方生平事迹的诸多信息，对于研究诗人的名字与籍贯，科举与仕宦，婚姻与家庭，交游与经历等情况，具有重要价值，而且涉及多种政治事件，有助于我们对于中唐政治背景的认识。尤其是墓主为交州人，故而墓志对于了解与研究南裔人物在唐代的进身出处、家族迁移等方面，都有着较大的启发意义。交州地处今越南河内，唐代隶属安南都护府，属于内地。其文士在唐学习与获取科名，与当时的两浙、两广无异，而与新罗、高丽、渤海等不同，往来和仕宦于内地都较为自由，这在《廖有方墓志》中都有所体现。张安兴《诗人、义士、交趾人廖有方——从一方新出土唐墓志说起》，载《碑林集刊》第 13 辑，第 64—69 页；唐雯有《〈廖游卿墓志〉补考》，载《碑林集刊》第 14 辑，第 20—25 页。西安碑林 2017 年 10 月 29 日开幕《桃花依旧——唐代诗人墓志特展》贰《青石不朽，斯人永恒：墓志上的诗人影像》展出。廖有方诗载于《全唐诗》卷四九○，第 5550 页。

墓 志 疏 证

序曰：君讳游卿，字秦都。本讳有方，字游卿，□□□□□□更名者，时政咸许，故君得以字为名，而新其字。

《廖有方墓志》载其名字的改易过程："君讳游卿，字秦都。本讳有方，字游卿，□□□□□□更名者，时政咸许，故君得以字为名，而新其字。"张安兴先生云："根据史书所记，这应该是元和十一年中了进士之后才改了名，'游'者，怕是说其每从岭南而来，道路遥远之游；'卿'者，对义士之敬称。"①按，据《云溪友议》记载，其在中进士第后改名自

---

① 西安碑林博物馆：《碑林集刊》第 13 辑，陕西美术出版社 2008 年版，第 66 页。

无可疑①，但张先生对于"游卿"的释义，则尚需商榷。因为墓志记载其本名有方，字游卿，改名后只是以字为名，而另取字。也就是说，他在没有北上之前就字"游卿"，因而其义与元和十一年以后改名关系并不大。实则上，他本来的名字关系，相当密切，章士钊曾将其内涵揭出："改名游卿，盖取《论语》'游必有方'之义。"②考《论语·里仁》："父母在，不远游，游必有方。""方"训为"常"。刘宝楠《论语正义》卷五引吴嘉宾说："必有方者，亦非远游也。虽近且必有其所常至，使家人知之，《曲礼》曰'所游必有常'是也。"③是知廖有方取名字的本义，是表示对于父母的孝敬，也说明中国古代的伦理道德，已经风化于南方。至于其改字"秦都"，则与后来定居京兆长安相关，也就是墓志下文所说的"是宜为京兆人也"。

　　□□临湘□□寻其乡贯，今户籍既易，君有项田于杜陵南一里，父母□□葬其中，实曰□原，虽板图无等，是宜为京兆人也。

　　《廖有方墓志》对于墓主的现有籍贯，记载为京兆人，而又称"寻其曩贯，今户籍既易"，则原有的籍贯，因为墓志磨损的原因，并不清楚。张安兴之文仅引录《全唐诗》以考证其为"交趾人"，结论虽然正确，但还需参证他书，以进一步证实。

　　宋计有功《唐诗纪事》卷四九"廖有方"条："有方，交州人。"④又黎崱《安南志略》卷一五云："廖有方，交州人。"⑤《安南志略》是现存较早的一部越南历史典籍，作者黎崱，越南陈朝人，相当于中国的元朝时期。柳宗元有《送诗人廖有方序》云："交州多南金、珠玑、瑇瑁、象犀，其产皆奇怪，至于草木亦殊异。吾尝怪阳德之炳燿，独发于纷葩瑰丽，而罕钟乎人。今廖生刚健重厚，孝悌信让，以质乎中而文乎外。为唐诗有大雅之道，夫固

① 廖有方元和十一年登进士后改名，还见于多种文献记载：柳宗元《答贡士廖有方论文书》，孙注云："元和十一年，有方中进士第，改名游卿。"（《柳宗元集》卷三四，第884页）《唐诗纪事》卷四九"廖有方"条："李逢吉擢有方及第，改名游卿。"（第747页）
② 章士钊：《柳文指要》卷二五，第751页。
③ ［清］刘宝楠：《论语正义》卷五，第157页。
④ ［宋］计有功：《唐诗纪事》卷四九，第747页。
⑤ ［元］黎崱：《安南志略》卷一五，中华书局2008年版，第349页。

钟于阳德者耶？是世之所罕也。今之世,恒人其于纷葩瑰丽,则凡知贵之矣,其亦有贵廖生者耶？果能是,则吾不谓之恒人也,实亦世之所罕也。"①细味文义,则柳宗元即以廖有方为交州人。清人陈鸿墀《全唐文纪事》亦云："(有方)交州人,柳子厚以序送之。"②墓志称"馆于郡学,由是声振文笔,闻□交趾",亦可证其为交趾人。廖有方的本贯为安南交州,应无可疑。

按,唐朝在交州设置安南都护府。据《旧唐书·地理志》,交州隋为交趾郡,唐武德五年改为交州总管府,治所在交州,领交趾、怀德、安定、宋平四县。至德二年改为镇南府,大历三年复为安南。天宝时领县七：宋平、交趾、朱鸢、龙编、平道、武平、太平。安南都护府治所在交州,属于岭南道,即今越南河内市。

都护府下的州县设置和管理方式与内地基本相同。这些地方在政治、经济、文化等方面,与内地州郡都有着广泛的交流,文人向内地流动,也是很频繁的。廖有方由交州人,后来改易其籍贯为京兆人,就是典型的例子。据墓志,廖有方的父祖辈都宦于南方潮州、衡阳、严州、广州等地,至廖有方时,于京兆府治田产,故而定居京兆,其父母死后,也葬于京兆府长安城南杜陵。

曾祖怀恩,潮州刺史。祖芬,衡阳□□。父伯元,严州刺史。

廖有方曾祖怀恩为潮州刺史,祖父廖芬为衡阳隐士,其父伯元为严州刺史,史籍都不见记载。这里可以补正郁贤皓先生《唐刺史考全编》。

君严州次子。严州大历以还,宦于广州,君自婴抱,值哥舒晃、吕太一之乱。

对于廖有方来说,其父亲宦于广州时遇到的两次动乱,影响是很大的。墓志云："严州大历以还,宦于广州,君自婴抱,值哥舒晃、吕太一之乱。"一是哥舒晃之乱,《旧唐书·代宗纪》云：大历八年九月,"壬午,岭南

① 〔唐〕柳宗元：《柳宗元集》卷二五,第661页。
② 〔清〕陈鸿墀：《全唐文纪事》卷二八,中华书局上海编辑所1959年版,第365页。

节度使、广州刺史吕崇贲为部将哥舒晃所杀"①。同书《路嗣恭传》："大历八年,岭南将哥舒晃杀节度使吕崇贲反,五岭骚扰,诏加嗣恭兼岭南节度观察使。嗣恭擢流人孟瑶、敬冕,使分其务:瑶主大军,当其冲;冕自间道轻入,招集义勇,得八千人,以挠其心腹。二人皆有全策诡计,出其不意,遂斩晃及诛其同恶万余人,筑为京观。俚洞之宿恶者皆族诛之,五岭削平。拜检校兵部尚书,知省事。"②二是吕太一之乱,《资治通鉴》卷二二三:广德元年十一月,"宦官广州市舶使吕太一发兵作乱,节度使张休弃城奔端州。太一纵兵焚掠,官军讨平之"③。《全唐文》卷四三九豆卢诜《岭南节度判官宗公神道碑》:"杨公(慎微)拜御史中丞、岭南节度,乃谘参公谋,授以参军。时宦官吕太一怙恃宠灵,凌虐神主,前节度使张休为之弃甲。"④但这两次动乱,仅一次与廖有方有关,这将在下文中考证。

逮弱冠,始事宗人廖从政于□□,□习通经传,后有谈于廉郡者,遂馆于郡学,由是仍振文笔,闻□交趾。次游太学,知文战可必,故南启二亲,尽室而北。

墓志这段文字叙述其弱冠后从学于郡中馆学的情况。这里的郡中应为其祖父所任官的广州,故而廖有方的文名能够闻于交趾。再因为其游于太学,感到通过科举出身是进身之通途,故而说服其父母将家室移于北方。墓志中的这段叙事暂未稽出史籍可以参证,俟再考。

元和十一年岁,岁次景申,今太师李公掌贡,果登名天子,为进士及第。

廖有方作为安南籍文士,元和中登进士第,这在唐代科举史上也是独特的情况。张安兴先生云:"唐王朝的科举制度范围之广,影响之深远,即使在遥远的岭南之地,科举考试制度也得到了贯彻施行,显庆四年,韶州始兴人张宏雅进士及第,为粤北历史上第一个进士。长安二年,张宏雅的

① ［后晋］刘昫:《旧唐书》卷一一,第302页。
② ［后晋］刘昫:《旧唐书》卷一二二,第3500页。
③ ［宋］司马光:《资治通鉴》卷二二三,第7157页。
④ ［清］董诰:《全唐文》四三九,第4482页。

侄子张九龄登进士第。后来做了一代名相。"①廖有方及第，较之张宏雅与张九龄更为特殊，因为张宏雅与张九龄是广州人，而廖友方是交州人，即安南都护府所在地，当时处于唐代统治的最南端，现在已位于越南的河内。墓志记载："逮弱冠，始事宗人廖从政于□□，□习通经传，后有谈于廉郡者，遂馆于郡学，由是仍振文笔，闻□交趾。次游太学，知文战可必，故南启二亲，尽室而北。元和十一年岁，岁次景申，今太师李公掌贡，果登名天子，为进士及第。"也就是廖有方以文笔闻名于交趾后，才再游太学，举家北迁，接着应进士举的。廖有方及进士第的情况，传世文献中也有记载。柳宗元《答贡士廖有方论文书》，孙注云："元和十一年，有方中进士第，改名游卿。"②《唐诗纪事》卷四九"廖有方"条："李逢吉擢有方及第，改名游卿。"③墓志称"今太师李公掌贡"，指廖有方卒葬之年李逢吉为太师，而逢吉知贡举时实为中书舍人。《旧唐书·李逢吉传》："（元和）九年，改中书舍人。十一年二月，权知礼部贡举、骑都尉，赐绯。四月，加朝议大夫、门下侍郎、同平章事，赐金紫；其贡院事，仍委礼部尚书王播署榜。……（大和）五年八月，入为太子太师、东都留守、东畿汝防御使，加开府仪同三司。八年，李训用事。三月，征拜左仆射，兼守司徒。"④《唐摭言》卷一四云："元和十一年，中书舍人权知贡举李逢吉下及第三十三人，试策后拜相，令礼部尚书王播署榜，其日午后放榜。"⑤又《因话录》卷二云："李太师逢吉知贡举，榜成未放而入相，礼部王尚书播代放榜。及第人就中书见座主，时谓'好脚迹门生'，前世未有。"⑥

　　廖有方在科场上也并不是一举得中的，元和十年曾应举不第，下第后做了一件举世称道的义举，对于次年的及第应该是不无帮助的。《云溪友议》卷下《名义士》云：

---

①　西安碑林博物馆：《碑林集刊》第 13 辑，第 66 页。
②　［唐］柳宗元：《柳宗元集》卷三四，第 884 页。
③　［宋］计有功：《唐诗纪事》卷四九，第 747 页。
④　［后晋］刘昫：《旧唐书》卷一六七，第 4365—4368 页。
⑤　［五代］王定保：《唐摭言》卷一四，第 154 页。
⑥　［唐］赵璘：《因话录》卷二，第 79 页。

廖有方校书,元和十年失意后游蜀,至宝鸡西界馆,窆旅逝之人,天下誉为君子之道也。书板为其记耳:"余元和乙未岁落第西征,适此公署,闻呻吟之声,潜听而微惙也。乃于暗室之内,残见一贫病儿郎,问其疾苦行止。强而对曰:'辛勤数举,未偶知音眄睐。'叩头,久而复语,唯以残骸相托,余不能言。拟求救疗,是人俄忽而逝。余遂贱鬻所乘鞍马于村豪,备棺瘗之礼,恨不知其姓字。苟为金门同人,临歧凄断,复为铭曰:'嗟君没世委空囊,几度劳心翰墨场。半面为君申一恸,不知何处是家乡!'"廖君自西蜀取东川路还,至灵龛驿,驿将迎归私第。及见其妻,素衣,再拜呜咽,情不可任,徘徊设辞,有同亲懿。淹留半月,仆马皆饫啜熊鹿之珍,极宾主之分。有方不测何缘如此,悚惕尤甚。临别,其妻又至,相别悲啼,又赠赆缯锦一驮,其价直数百千。驿将曰:"郎君今春所埋胡绾秀才,即某妻室之季兄也。"始知亡者姓字,复叙平生之吊,所遗之物,终不纳焉。少妇及夫坚意拜上,有方又曰:"仆为男子,粗察古今,偶然葬一同流,不可当兹厚惠。"遂促辔而前,驿将奔骑而送,逾一驿,尚未分离。廖君不顾其物,驿将竟不挈还,执袂各恨东西,物乃弃于林野。乡老以义事申州,州以表奏中朝。其于文武宰寮,愿识有方,共为导引。明年,李侍郎逢吉放有方及第,改名游卿,声动华夷,皇唐之义士也。其主驿戴克勤,堂牒本道节度,甄升至于极职,克勤名义,与廖君同述焉。①

这一段文字不仅记载了廖有方的义举,还记述了他下第的过程,这些情况为墓志所未载,可以相互参证。至于廖有方改名的情况,则可以与墓志相发明。上文已作考证。

明年诛蔡州叛逆,宰相督军,供刍食者,请于宰相。俾君分其劳,劳成得推于家君,由是家君有裕德之宠。

张安兴先生对这段文字亦有论说:"元和十一年,终得高中进士,志文

---

① 唐雯:《云溪友议校笺》卷下,中华书局 2017 年版,第 158—159 页。

中所称太师李公,应就是当时宰相李逢吉。志文后面提到的'宰相督军'也是指的李逢吉,这里多次提到李逢吉,可见李逢吉对廖有方有知遇之恩。"①今按,言太师为李逢吉,是;言宰相督军也是李逢吉,则非。《旧唐书·李逢吉传》:"逢吉天与奸回,妒贤伤善。时用兵讨淮、蔡,宪宗以兵机委裴度,逢吉虑其成功,密沮之,由是相恶。及度亲征,学士令狐楚为度制辞,言不合旨,楚与逢吉相善,帝皆黜之,罢楚学士,罢逢吉政事,出为剑南东川节度使、检校兵部尚书。"②实则"宰相督军"之宰相是裴度,裴度带相印平定淮西,是唐代政治史上的一件大事,这在新、旧《唐书·裴度传》等诸多典籍中都有记载,兹不赘述。

自十三年以降,历同泗二州从事、试太子正字、太常寺协律郎,后为夏州节度掌书记,改判官。入奏天子,天子嘉其封,授大理评事。党项交恶,有中郎将选其介和之,君特充诏,讦事,达于天子,天子赐章服焉。

这里叙述廖有方元和十三年以后历官。其中特别提到"党项交恶"事,《旧唐书·党项羌传》:"大和、开成之际,其藩镇统领无绪,恣其贪婪,不顾危亡,或强市其羊马,不酬其直,以是部落苦之,遂相率为盗,灵、盐之路小梗。"③可与墓志相参证。

丁家君忧,服除。佐邠州幕。罢府,调太子文学,迁殿中御史、充沧州佐,府移郓州,仍其本役。无何,除云阳令。

廖有方最终的官职只有云阳令,对于这种情况,张安兴先生以为:"廖有方一生虽然很有名声,也不乏才能,但由于没有家庭背景,更主要的是,作为一个纯粹的文人,对唐朝官场的风气知之甚少,所以进士出身的他仕途却很一般,仅仅做了一些闲官,如'州从事''太常寺协律郎''夏州节度掌书记''大理寺评事''太子正字'等官职。其主要职责多为做文字秘书之类,这些官职很适应一个诗人、文学家的身份及特长。"④今按,这一解

---

① 　西安碑林博物馆:《碑林集刊》第 13 辑,第 67 页。
② 　[后晋]刘昫:《旧唐书》卷一六七,第 4365 页。
③ 　[后晋]刘昫:《旧唐书》卷一九八,第 5293 页。
④ 　西安碑林博物馆:《碑林集刊》第 13 辑,第 67—68 页。

释并不确切。实际上,廖有方元和十一年进士及第,到他大和六年卒官,仅十六年时间,做到云阳令也是很正常的,并不能说其仕途很一般。所任的一些职务大多是幕职,也不是闲职。我们以与廖有方同时登进士第者的仕历相比较,最能说明这一点。元和十一年登进士第可考者有郑澥、姚合、任畴、周匡物、令狐定、皇甫曙、刘端夫、李行方、周师厚、陈传十人。姚合本年任刑部郎中,陶敏《姚合年谱》考证颇详[①];任畴撰此志时署"前监察",大概就是监察御史之类的职务,会昌六年也才官至太常博士,详下文所考。又据《新唐书·地理志》与《百官志》,廖有方所宰的云阳县为京赤县,县令职级为正五品上。其品级与姚合刑部郎中相等(姚合任郎官更为显要一些),而高于任畴的官职。廖有方没有达到更为显要的官职,主要是入仕时间太短,卒年过早。

大和六年十月三日,卒于官。

墓志记载其卒年而未记载其卒岁,给生年的推定带来难处。但志文称其父"大历以还,宦于广州,君自婴抱,值哥舒晃、吕太一之乱"语,婴抱即当刚出生时,最多一两岁。上文已考证哥舒晃之乱在大历八年(773),吕太乙之乱在广德元年(763)。按其行文顺序,既称"大历",又将哥舒晃置于吕太一之前,则自婴抱应在大历八年哥舒晃之乱时,吕太乙之乱则是叙述廖有方父亲之事连带述及。参以柳宗元《送诗人廖有方序》与《答贡士廖有方论文书》两篇文章,廖有方对柳宗元是尊之以师长的,柳宗元通过论师道关系对其揄扬,推知廖有方不可能生于广德元年(763)比柳宗元长十岁。如果定其生于大历八年(773),与柳宗元年齿相同,而柳宗元名声远大于廖有方,对其揄扬也就是情理中事了。

前娶支氏,杜相国黄裳之亲。君尚未□,杜公异之而说其姻。有子曰群,实□宗也。继娶段氏,男子曰阁老、律律、刘七。女子曰正正、评评、梁七。于嗟,共七孤。

廖有方的婚姻,与杜黄裳有密切的关系,据新、旧《唐书·杜黄裳传》,

---

① 陶敏:《姚合年谱》,《文史》2008 年第 2 期,第 175 页。

杜黄裳字遵素，京兆杜陵人。登进士第，为郭子仪朔方从事。后入为侍御史，为裴延龄所恶，十年不迁。贞元末为太子宾客，迁太常卿，后拜平章事。辅佐宪宗平夏，翦齐，灭蔡，复两河，以达中兴。元和二年为河中节度使，三年卒。杜黄裳是经历德宗、顺宗、宪宗三朝的著名宰相之一，故而廖有方作为安南交州籍人士，能在北方立足，与杜黄裳的亲戚牵连应该也不无关系。杜黄裳堪称中晚唐的官宦世家，其子杜载也"为太子仆，长庆中，迁太仆少卿、兼御史中丞，充入吐蕃使。载弟胜，登进士第，大中朝位给事中。胜子庭坚，亦进士擢第"①。从廖有方的婚姻情况，我们可以了解唐代外族人士迁移内地甚至京城以后，与汉族融合的情况，借以考察唐代南北交流，各族融合的兼容并包，自由开明的政治文化环境与氛围。惜廖有方娶支氏，为杜黄裳之亲，仅见于墓志记载，而无法与传世史籍参证。至于后娶段氏，就更难以考证了。

享畴与君同年忝第，寝相情好，睹君孝悌材度，四者甚熟，勒石铭记，无愧今昔。

这里是"畴"是墓志撰者自述，其与廖有方是同年及第的人物。但墓志题款已泐蚀，仅见"题监察"三字，而据这里的自述，可以考证其名为"任畴"。其详细情况见本章第四部分"墓志撰书者"考证。

廖有方与柳宗元

廖有方一生，踪迹遍历南北，又有举世闻名的义举，并入京城取得进士科名，从而走上仕途，其交游是非常广泛的。在诸多的交游者当中，他与柳宗元的交游最值得重视，因为这对于科名的获得与文学的成就，影响都很大。墓志云："逮弱冠，始事宗人廖从正于□□，□习通经传，后有谈于廉郡者，遂馆于郡学，由是仍振文笔，闻□交趾。次游太学，知文战可必，故南启二亲，尽室而北。"墓志中虽没有直接述及与柳宗元的交游，但他在博取科名之前，具有北游与北迁的经历，其间与柳宗元交游往还，从

---

① ［后晋］刘昫：《旧唐书》卷一四七，第3975页。

柳宗元的文章中可以得到证实。

柳宗元有两篇文章与廖有方相关，其一是《送诗人廖有方序》，其中有"质乎中而文乎外。为唐诗有大雅之道，夫固钟于阳德者耶？是世之所罕也"等语，是对廖有方文学成就的揄扬。惜廖有方诗，仅存《云溪友议》所载的《题旅榇》一首。其二是《答贡士廖有方论文书》，这是廖有方由地方入贡朝廷礼部应进士举时，与柳宗元赠答之作，是柳宗元的重要文章之一，今备录于下：

> 三日，宗元白：自得秀才书，知欲仆为序。然吾为文，非苟然易也。于秀才，则吾不敢爱。吾在京都时，好以文宠后辈，后辈由吾文知名者，亦为不少焉。自遭斥逐禁锢，益为轻薄小儿哗嚣，群朋增饰无状，当途人卒谓仆垢污重厚，举将去而远之。今不自料而序秀才，秀才无乃未得向时之益，而受后事之累，吾是以惧。洁然盛服而与负途者处，而又何赖焉？然观秀才勤恳，意甚久远，不为顷刻私利，欲以就文雅，则吾曷敢以让？当为秀才言之。然而无显出于今之世，视不为流俗所扇动者，乃以示之。既无以累秀才，亦不增仆之诟骂也，计无宜于此。若果能是，则吾之荒言出矣。宗元白。[1]

柳集题下韩醇注："廖生书欲求公为序，其端见于此。公既许之，故集有《送诗人廖有方序》。"[2]题称"贡士"，而前考廖有方元和十年即在长安应举而不第，直至十一年才及第，故其入贡时间应在元和九年或稍前。这篇文章与前引《送诗人廖有方序》，都是作于元和九年[3]，其时柳宗元在永州贬所。参以《廖有方墓志》称"□□临湘□□"语，这里"临湘"，应该与永州相关。由此推论，廖有方应进士举，是由地方入贡的。为贡士后北行赴举，经过柳宗元贬所，故柳有序文之作。则其所贡之地应该是原籍交州。

① ［唐］柳宗元：《柳宗元集》卷三四，第 884 页。
② ［唐］柳宗元：《柳宗元集》卷三四，第 883 页。
③ 参见霍旭东：《柳文系年补正》，《山东大学学报》1988 年第 3 期，第 115 页。

柳宗元的文章主要叙述三方面内容：一是自己的处境。文云："自遭斥逐禁锢，为轻薄小儿哗嚣，群朋增饰无状，当途人卒谓仆垢污重厚，举将去而远之。"这是指柳宗元参加永贞革新失败后，被贬南荒的艰难处境。二是师道问题。文云："吾在京都时，好为文宠后辈，由吾文知名者亦不为少焉。"说明宗元未被贬斥之前，一直以提携后进为己任。即使在贬斥之后，对于南方的文化发展也起着很大的促进作用。其表现之一就是南方的士子很多以柳宗元为师，并且得到柳宗元的指点揄扬后，或为文法度可观，或入京猎取科名。韩愈《柳子厚墓志铭》云："衡湘以南为进士者，皆以子厚为师。其经承子厚口讲指画为文词者，悉有法度可观。"①而在师道方面，柳宗元是避师之名而行师之实。其《答严厚舆秀才论为师道书》云："仆之所避者名也，所忧者其实也，实不可一日忘。""言道、讲古、穷文辞以为师，则固吾属事。""仆之所拒，拒为师弟子名，而不敢当其礼者也。若言道，讲古，穷文辞，有来问我者，吾岂尝瞑目闭口耶？"②三是对廖有方的揄扬。文云："得秀才书，知欲仆为序，然吾为文非苟然易也。于秀才则吾不敢爱。"自己不轻易作文，而对廖有方又不吝惜作文，说明对廖是非常器重的。文又云："然观秀才勤恳，意甚久远，不为顷刻私利，欲以就文雅，则吾曷敢以让。"称赞廖有方为人为文之勤恳宏雅。柳宗元的另一篇文章《送诗人廖有方序》，也是对于廖有方的品德、文才的赞赏，与本文立意相类。实际上，柳宗元之称道，对于士子科名的取得是颇有作用的，他元和九年为廖有方作序，廖于元和十一年登进士第。此外，宗元还有《答韦中立论师道书》，中立后于元和十四年登进士第；至于其与贡士赠答之文，还有《答贡士元公瑾论仕进书》《答贡士萧纂欲相师书》等，都可与答廖有方书相参证。

因为柳宗元的称道，廖有方对后世产生了很大的影响，以至于人们评论岭南诗，将其与盛唐张九龄和晚唐邵谒并提。明人黄佐《诗人邵谒传》云："邵谒者，翁源人。诗道大昌于唐，而中原荆蜀多名家者。五岭以南，

---

① 马其昶：《韩昌黎文集校注》卷七，第 512 页。
② ［唐］柳宗元：《柳宗元集》卷三四，第 878—879 页。

当开元盛时,以诗文鸣者曲江公张九龄一人而已。柳宗元以谓九龄兼攻诗文,但不能究其极,顾于南士独称诗人廖有方焉。……宗元之贵有方者,其言如此,而又于世之贵有方者加厚望焉,必其诗之果当乎其心也,其为人之果足贵于世也!然有方之诗与其为人之详,不可得而传也,后世所录唐诗以传者,独偈与曲江公岿然并存,然则岭南诗人,如有方而不传者不知凡几,而可谓粤无人哉!"①黄佐惜廖有方有诗名而其诗其人之详不可得而详,今有方墓志出土,对于岭南文学研究,无疑是一件意义重大的事情。

墓志撰书者

《廖有方墓志》的撰者,因为墓志磨损较重,姓名全泐,题款仅存"前监察"三字。张安兴先生则云:"墓志中有关撰书人处磨损严重,具体人已经不清,但志文中多次自称廖有方为家君,这一称谓过去曾用为子女称呼父亲,不知撰书者可曾是否与廖有方有父子之关系。"②这一推理并不符合事实,因为志文中所言家君,是就墓主廖有方之口而称其父的,而并非称廖有方,尤其"丁家君忧,服除,佐邻州幕",很明显是廖有方的经历和仕历,家君就是廖有方之父。

据志文云:"畴与君同年忝第,最相情好,睹君孝悌材度,四者甚熟,勒石铭记,无愧今昔。"可知撰志者名畴,与廖有方同年进士,故熟悉其事迹,又情义相得,因而为其撰志。廖有方元和十一年及进士第,而检清徐松《登科记考》卷一八,元和十一年进士科及第者并未见名"畴"者。考姚合有《赠任士曹》诗,陶敏《全唐诗人名汇考》云:"《赠任士曹》,任士曹,任畴。诗云:'宪皇十一祀,共得春闱书。'知任乃元和十一年姚合同年进士。《全唐文》卷七三五沈亚之《送同年任畹归蜀序》:'(元和)九年,生与其兄试贡京兆。京兆籍贡名,生名为亚首,生之兄亦在列下。十年,礼部第士,生名在甲乙。'《蜀中名胜记》卷二四保宁府引《南部县志》:'新井县有二龙里,唐任畹、任畴之所居也。'既称'二龙',畴当亦登进士第,盖唐人呼进士及第为'登龙门'。畹元

① [清]黄宗羲:《明文海》卷三九五,中华书局1987年版,第4086—4087页。
② 西安碑林博物馆:《碑林集刊》第13辑,第68页。

和十年进士，畴及第或在十一年。"①参照《廖友方墓志》所言与其同登进士第者名"畴"，则任畴在元和十一年及第无疑。

姚合又有《酬任畴协律夏中苦雨见寄》诗，知任畴及进士第后，曾为协律郎。诗云："酒思凄方罢，诗情耿始抽。下床先仗屐，汲井恐飘瓯。危坐徒相忆，佳期未有由。劳君寄新什，终日不能酬。"②任畴也是一位诗人，此前先寄诗给姚合，故姚合作诗酬答，惜任诗已佚。

任畴会昌元年曾为太子舍人，新出土《大唐故右威卫将军昌龙茂兴四州刺史兼御史中丞魏公墓铭并序》，题署："文林郎前守太子舍人阆中汉充国任畴纂。"墓主魏纶，会昌元年八月葬于长安县义阳乡平原里宋满村高阳原。③题署"阆中汉充国"是署任畴籍贯，东汉永元二年分阆中置充国县。据《蜀中广记》"保宁府·南部县"载："南部本充国地，……新井县有二龙里，唐任畹、任畴之所居也。"④

任畴会昌三年曾与吕述充吊祭使至河阳吊祭王茂元，李商隐有《为王侍御瓘谢宣吊并赙赠表》："草土臣瓘言：今月某日某官吕述，某官任畴等至。"⑤任畴会昌六年官至太常博士，《旧唐书·礼仪志》云："会昌六年十一月，太常博士任畴上言……。其月，畴又奏曰……。其事遂行。"⑥其所上奏的两篇文章，《全唐文》卷七六二亦收入。

任畴又是唐代著名的书法家，《宣和书谱》卷一〇云："任畴，不知何许人也。颇工行书，其步骤类欧阳询，得险劲斌媚之妙。大抵唐人多宗欧、虞、褚、柳，不知书法成于王氏羲、献父子，散于百家。家自为学，各持一体，语其大成，则无有也。故昔之为论者，谓欧阳真行本出献之，及其成就，则别成一家。于是风流则严于释智永，而润色则寡于虞世南，其优劣不能不与诸子相后先耳。

① 陶敏：《全唐诗人名汇考》，辽海出版社 2006 年版，第 945—946 页。
② ［清］彭定求：《全唐诗》卷四九八，第 5671 页。
③ 李彦峰、马金磊：《唐魏纶夫妇合葬墓的发现与墓志考释》，《文博》2019 年第 6 期，第 77—83 页。
④ ［明］曹学佺：《蜀中广记》，上海古籍出版社 1993 年版，第 311—312 页。
⑤ ［唐］李商隐：《樊南文集》卷一，第 73 页。
⑥ ［后晋］刘昫：《旧唐书》卷二五，第 966—968 页。

如畴者,又得询之一体,而非询之比,其品第固自可见。盖以志其上者不可得,而乃得其次也。今御府所藏行书一:《郎中帖》。"①又陶宗仪《书史会要》卷五云:"任畴,不知何许人。颇工行书,其步骤类欧阳询,得险劲妩媚之妙。盖得其一体,而非询之比。其品第固自可见。"②因任畴善书,故亦可推测新出土的《廖有方墓志》墓志的书者也是任畴,但传统上墓志楷书居多,而行书极为少见,故该志亦用楷书书写,其书迹险劲严谨,亦有欧阳询之风韵。志题所署撰书人仅一行,因上面考证,推测文字可能为:"前监察(下泐) 任畴撰并书 。"

八、白敏中墓志

墓志释文

唐故开府仪同三司守太傅致仕上柱国太原郡开国公食邑二千户赠太尉白公墓志铭 并序

门吏翰林学士承旨朝议郎守尚书工部侍郎知制诰柱国
赐紫金鱼袋高璩撰

初,宰相被戊戌诏:太傅丧至白凤翔府。宜以朝班奠永宁里第。序吊哭礼。璩适提笔参密,命直内殿,旁用承旨结衔。故事,非大朝会,不得与外廷通。次独明日,得素服入谒,如平生。既申一恸,忽不知身世在所。其孙昭应县尉夷道译卫国夫人语,且置璩曰:太傅前立家国事,复苦夷远,为不磨灭计,今畦町不当理,即困秃自泥,不能惊耸来者。子实太傅记室,从两镇五年,宜乎味髓魄而登峰峦也。璩惶恐不敢让。谨按:白氏受姓于楚,本公子胜理白邑,有大功德,民怀之,推为白公。其后徙居秦,实生武安君,太史公有传,遂为望族。元魏初,因阳邑侯包为太原太守,子孙因家焉,逮今为太原人也。公讳敏中,字用晦,树忠孝为根本,灌以道德,而培以词学。钩深决圻,阳倚阴伏。捉古抵今,三光瘦缩。以艺补乡籍,

---

① [宋]佚名:《宣和书谱》卷一〇,上海书画出版社 2019 年版,第 80 页。
② [元]陶宗仪:《书史会要》卷五,上海书店 1984 年版,第 156 页。

不中。时穆宗皇帝以尚书第业取浮誉，俾后生裁出风态，拱折谭吐，如一手出，即扬鞭劳问，以疏数致规模，声容定流品。临卷隐机，号曰顽朽，尚不揖，唾去。中外厌怒，坐有司不当职，责出而被籍者，索索坠地。文场一洗，唯精确不流者，得负气岳立，如霜杀百卉，而桂桧始相望，故公高揖殊等。李司徒听为义成军节度使，闻公善名，召补从事，奏试秘书省校书郎，移府邠州，历协律评事，专奏记。罢职，丁郑国太夫人忧。服满，有亲交望拜者，亦不能如灰槁矣。坐久得真粹，方忆故时，标格里巷，唱出崛行，则颜丁麼默在下。俄拜右拾遗内供奉。上读书爱谳法，惩劝最尽。坐宰相索太常博士，唯公称旨。以劳迁殿中侍御史。苻澈临邠，诏公以侍御史衣朱衣银印，为节度副使。凡兵赋虚实，风俗制度，问公不问澈。时璩先司徒公职中丞事，前御史有帖削近俗，悉解去。上章请公真为侍御史，寻治留台事，改户部右司员外郎。武宗皇帝破回鹘，裂潞军，擒太原反者，召公承诏意，铅黄策画，进兵部员外郎，充翰林学士，寻加职方郎中、知制诰，赐紫，充承旨、中书舍人、户部、兵部侍郎。时权臣有乘时得君，谓天下可以喜怒制而人皆销死泥下者。公横身守正，有不合理，即欲呵叱，由是明廷仪物，多士修整，宛有栖息处。先皇帝藉会昌语兵后，思得贞观理平事，补报庙社。首命公入相，以兵部侍郎同中书门下平章事。是日，当延英抗言曰：今岭表穷民，实前朝旧相。当事主时，轻家族如毛缕。及为奸人所得，顾柄任乃焚溺之本耳。此非必有缺陷，假令小不直，亦未伤大体。且今日隳前日，岂继圣所宜言耶？上惊喜，即日诏还五宰相。俄兼刑部尚书、右仆射、司空、门下侍郎，历集贤大学士、监修国史、太清宫使。属吐蕃有大丧，大臣争废立事，纪律四坏。有兵众者，相起为盗，蔓延波泊，亭障失措。论者以朝廷久无边患，缘镇因循，不事粮甲，若一日问罪，必取笑奴虏。公奉神算，征天下兵，捉险徼利，纳七关与秦、武、渭三州，度陇山还为内地，降男女羊马无多少。理□州，立天雄军，置威州。先是，故老望西郡县，皆冤痛泣血。及是，谓开元风日，可屈指取。时内外畏公之大勋，因间言玉蒙与恐热□□争。内附三部落，强脆系朝廷，恩与即输贡。落后闻羞愧，如出股鞭于市。今各拥兵自大，若乘忿驰突，肯不为烽戍忧。况党项摇西北边，县道梗噎。上果忆公威惠韬略，可整顿穷寇，遂拜司空兼门下侍郎平章事，充招讨都统、邠宁节度使，治宁州。师行，上御安福楼，临轩劳送，锡以宸翰、通天带。用神策常扈跸，兵士搀左右队属马鞯下。又命供奉乐官张鼓吹于锡宴所，优宠徽数，人臣第一。幕吏取侍臣，皆衔真秩去。公始以智谋会上意，复日揣磨机要，器使杰俊，故得功用神速。既握兵外去，每一事，非关请不得专，则素有寻丈，无所施设。党羌平，让都统事，专治幽土。募新卒七千人，增堡戍四十二所。换检校司徒平章事，充西川节度使。砭灼民害，屏除戎心，宜增耀前史。以官移荆南节使，加太子太师，用军仪见。岭南节度使李承勋，指麾湖南叛将，即日承诏，遣骑卒迎处置使，以故绵湖岭啸聚者，乞不相保。今上以孝德正位，思掌出祖宗重业。诏追入册司徒、兼门下侍郎平章事。对回，切齿党比，朝野震慑。寻充太清宫使、弘文馆大学士。上全以升平迟公，公非理具不举意。既为忤气注膝，得关中恶寒，疾势壮大，进攻股膂，步趋皆失力。上举苗晋公优礼，许坐灵芝殿。公辞避宠渥，联拜四章。上爱惜愈牢，听公立中书受旨。进开府仪同三司、行中书令，又还司徒，且上相不面天子。仅满岁，虽剪刻万目，条疏群萃，而议论丛杂，物不宁适。竟得凤翔节度使。未数月，以疾乞骸骨。上縻以东都留守，坚不可起，从太傅致仕。宣麻日，哀问至。以咸通二年七月十五日，薨于凤翔府公馆，享年七十。上废朝二日，诏赠太尉，行册告第，赙布帛，命使吊祭，申优典也。曾祖温，皇检校尚书都官郎中，赠给事中；祖镣，皇扬州录事参军，赠左仆射；烈考季康，皇宣州溧水县令，赠司徒。前娶河东薛氏，封河东郡太夫人。有子二人：长曰阐，杭州於潜尉。次曰幼文，睦州遂安尉。再娶平阳敬氏，累封郑国太夫人。皇绥州刺史令琬之女。公即司徒公第三子，郑国太夫人之出也。公前娶博陵崔夫人，解县令宽第五女。有女三人，二人早殁，一人适今主客员外郎皇甫炜，亦殁。后娶今卫国夫人韦氏，秘书少监同靖之女。时公已承天旨，方振国勋。夫人整将相之风，建闺闱之教。勤雍和理，凡十八年。洎于营奉襄事，咸遵古典。呜呼！荣贵辉㸌，严明修检，无以加矣。有女二人，皆早世。男曰徵复，秘书省著作郎；次曰崇儒，秘书省校书郎：皆先公而殁。

女二人，一人继归今主客员外郎皇甫炜，亦殁。一人归前集贤校理张温士，亦殁。主祭男曰可久，京兆府参军。年在童丱，宛有成人风彩。女曰锦儿。徵复娶博陵崔氏，有男曰承孙，见任秘书省校书郎。公岩谷峭澹，声律冲秀。穷虑而尽遗细故，畏名而不近大节。不以位踞，不以困迁。烹恶如破雠，种善如引嗜。不理堂庑，不饰服靘。进才叙德，不记亲嫌。无私托，无夙忧。参总教化，整三朝二十年；享羔雁者，自宰相而下三十人。世以文儒进至公相者，无以肩比。临镇以瑞称，猷钮以机折。载在图记，故不书。以其年十月三十日，归葬于华州下邽县义津乡洪义原。前崔夫人合祔，从先茔，礼也。璩实以文从公。公加太师，复入相，复大司徒，璩忝职内廷，皆获视草。则铭勋撰世，承卫国夫人请，其何以辞。铭曰：

惟唐受命，奕代启圣。条覆八纮，芒开庶政。得禹身律，传尧心镜。由乎硕臣，继升大柄。（其一）硕臣伊何，孤标粹和。道跂忠甲，气横笔戈。三光借朗，万象婴罗。蟠作瑞物，散为赓歌。（其二）杓以定位，握帷济德。爱日可亲，颓波自息。邹郓序管，贲育贾力。冲斗内明，测景中植。（其三）白玉任璞，黄钟本宫。天爵攸富，人文可宗。自抑迅羽，难攀逸踪。斥去浮态，提来古风。（其四）首恢帝图，言翔天路。鬼识机兆，神夸理具。符晋运昌，安刘计树。劲节不挠，宸心所注。（其五）丙魏唾掌，韩彭振衣。台阶益峻，将剑增威。鼎鼐勋著，山河誓归。彤墀泽润，青史云飞。（其六）术本销兵，功全去害。将澄滓粃，尽芟翳荟。我疆既圭，虏首尽脍。耻刷九庙，魂招四外。（其七）波驱大业，焰引皇纲。斡排二气，接迹三王。国宝云辍，民妖忽翔。紫微耀掩，苍阙悲长。（其八）草树积惨，昆虫茹毒。大君震悼，百辟序哭。风号雨凄，自晦而伏。方赞时休，宁堪电速。（其九）南瞻太华，北迤渭川。崇岗虎踞，拱木星连。道仰朝旭，勋铭夜泉。终古不泯，芳猷自传。（其十）

　　　　　　　门吏朝议郎行侍御史柱国于璩书

《白敏中墓志》，白敏中（792—861），字用晦，太原人。官至开府仪同三司守太傅致仕。咸通二年（861）七月十五日卒，享年七十，同年十月三十日归葬于华州下邽县义津乡洪义原。墓志长89厘米、宽89厘米。志文正书，52行，满行51字。首题"唐故开府仪同三司守太傅致仕上柱国太原郡开国公食邑二千户赠太尉白公墓志铭并序",题署"门吏翰林学士承旨朝议郎守尚书工部侍郎知制诰柱国赐紫金鱼袋高璩撰",末署"门吏朝议郎行侍御史柱国于瓌书"。1955 年渭南县辛市乡北程村出土。现藏西安碑林博物馆。拓片图版,载于《隋唐五代墓志汇编》(陕西卷)第二册,第 100 页;又载于《新中国出土墓志》陕西二,第 278 页;《西安碑林全集》第九十卷,第 4142 页。录文载于《全唐文补遗》第 3 辑,第 244—247 页;《唐代墓志汇编续集》咸通〇〇五,第 1033—1035 页。武伯纶有《白敏中墓志跋》,载于《文博》1990 年第 2 期,第 82—83 页。牛致功有《有关白敏中的几个问题》,载《唐代碑石与文化研究》三秦出版社 2002 年第 159—172 页。可以参考。西安碑林 2017 年 10 月 29 日开幕《桃花依旧——唐代诗人墓志特展》二《青石不朽,斯人永恒:墓志上的诗人影像》展出。白敏中诗载于《全唐诗》卷五〇八,第 5773 页。

墓 志 疏 证

初,宰相被戊戌诏:太傅丧至自凤翔府。宜以朝班奠永宁里第。序吊哭礼。璩适提笔参密,命直内殿,旁用承旨结衔。故事,非大朝会,不得与外廷通。次独明日,得素服入谒,如平生。既申一恸,忽不知身世在所。

白敏中以咸通二年七月十五日卒于凤翔节度使任所,其时高璩在翰林学士任。《重修承旨学士壁记》:"高璩,大中十三年四月二十三日自右拾遗内供奉充。其年九月三日,召对,赐绯。十一月三日,特恩迁起居郎、知制诰,依前充。十四年十月六日,特恩拜右谏议大夫,依前充。二十六日,召对,赐紫。咸通二年七月十九日,加承旨。八月七日,迁工部侍郎,依前充。三年二月二十日,特恩加朝散大夫、兵部侍郎,依前充。八月十九日,加检校礼部尚书、□川节度使。"[1]

其孙昭应县尉夷道译卫国夫人语,且置璩曰:太傅前立家国事,夐苦夷远,为不磨灭计,今畦町不当理,即困秃自泥,不能惊耸来者。子实太傅记室,从两镇五年,宜乎味髓魄而登峰峦也。璩惶恐不敢让。

高璩从白敏中两镇五年,新出土《高璩墓志》有所记载:"丁贞公悯凶,

① 岑仲勉:《翰林学士壁记注补》,《郎官石柱题名新考订》(外三种),第 350—351 页。

毁将灭性。衣裳外除，聘币交至，时中书令太原白公按节西蜀，以安抚之目，表公为从事，朝命俞之。改太常寺协律郎，使车至止，太原公一觌而神耸，一言而道合，不逾旬朔，超处记室，笺奏簿书，细大咨禀，故得羌蛮怗息，不敢萌乱常心、犯边意。太原公移镇荆门，厥职仍旧，太冲之笔，孔璋之词，清议多之，遂除右拾遗内供奉。”

墓志载白敏中孙昭应县尉夷道，检《新唐书·宰相世系表》没有著录白敏中孙辈，墓志可补史阙。

谨按：白氏受姓于楚，本公子胜理白邑，有大功德，民怀之，推为白公。其后徙居秦，实生武安君，太史公有传，遂为望族。元魏初，因阳邑侯包为太原太守，子孙因家焉，逮今为太原人也。

《旧唐书·白居易传》："白居易字乐天，太原人。北齐五兵尚书建之仍孙。建生士通，皇朝利州都督。士通生志善，尚衣奉御。志善生温，检校都官郎中。"①《新唐书·白居易传》云："白居易字乐天，其先盖太原人。北齐五兵尚书建，有功于时，赐田韩城，子孙家焉。又徙下邽。父季庚，为彭城令。李正己之叛，说刺史李洧自归，累擢襄州别驾。"②皇甫炜撰《皇甫炜妻白氏墓志》："夫人姓白氏，其先代太原人也。在春秋时，胜以勇果著；当战国际，起以英武闻。暨我唐受命，孝德以破虏安边，军功为最，则史籍之内，代济其名矣。"③即白敏中之女墓志。

白敏中墓志所记其氏族的渊源，可以用白居易撰述其家世的文字相参证。《故巩县令白府君事状》："白氏芈姓，楚公族也。楚熊居太子建奔郑，建之子胜居于吴、楚间，号白公，因氏焉。楚杀白公，其子奔秦，代为名将，乙丙已降是也。裔孙曰起，有大功于秦，封武安君，后非其罪，赐死杜邮，秦人怜之，立祠庙于咸阳，至今存焉。及始皇思武安之功，封其子仲于太原，子孙因家焉，故今为太原人。"④白居易《楚王白胜迁神碑》："公讳

---

① ［后晋］刘昫：《旧唐书》卷一六六，第 4340 页。
② ［宋］欧阳修、宋祁：《新唐书》卷一一九，第 4300 页。
③ 吴钢主编：《全唐文补遗》第 7 辑，第 134 页。
④ 朱金城：《白居易集笺校》卷四六，第 2832 页。

胜,其先芈姓,楚公族也。楚平王太子建,遭谗奔郑,郑人误杀之。建子胜,与伍员奔吴。惠王立,诏公返楚,以为巢大夫,封白邑,号白公,因氏焉。公思报父仇,请兵伐郑,惠王许之。而兵未起,适晋伐郑,郑求救于楚。令尹子西受赂与郑盟,公乃大怒。及周敬王四十一年七月,遣部将石乞袭杀子西于朝,劫惠王,踞郢都,立为王。会叶子高救楚,公兵败,殒于山,石乞葬之,其地无知之者。公享年五十五,子五:曰乙丙,已降张;四子奔秦,咸为名将。幼子居楚,湮祀焉。……裔孙白居易拜撰,微之书,铭石以志。"①

公讳敏中,字用晦,树忠孝为根本,灌以道德,而培以词学。钩深决坼,阳倚阴伏。捉古抵今,三光瘦缩。以艺补乡籍,不中。时穆宗皇帝以尚书第业取浮誉,俾后生裁出风态,拱折谭吐,如一手出,即扬鞭劳问,以疏数致规模,声容定流品。临卷隐机,号曰顽朽,尚不揖,唾去。中外厌怒,坐有司不当职,责出而被籍者,索索坠地。文场一洗,唯精确不流者,得负气岳立,如霜杀百卉,而桂桧始相望,故公高揖殊等。

这一段叙写白敏中早年登科之事。《旧唐书·白敏中传》云:"长庆初,登进士第。"②《新唐书·白敏中传》云:"长庆初,第进士。"③白居易《唐故溧水县令太原白府君墓志铭并序》:"后夫人高阳敬氏……子曰敏中,进士出身。前试大理评事,历河东、郑滑、邠宁三府掌记。……夫人……以慈正训子为贤母,故敏中遵其教,饬其身,升名甲科。"④新出土皇甫炜撰《皇甫氏夫人墓志铭》:"夫人姓白氏,其先代太原人也。……父敏中,即今相国节制荆门司徒公也。司徒岳降神姿,天生伟器。幼而聪娱,乡党称奇。长庆二年,登进士甲科。"⑤清徐松《登科记考》卷一九、孟二冬《登科记考补正》卷一九,均系白敏中登进士第于长庆二年。白居易《喜敏中及

① 张乃翥:《记洛阳出土的两件唐代石刻》,《河南科技大学学报》2005 年第 1 期,第 20—21 页。
② [后晋]刘昫:《旧唐书》卷一六六,第 4358 页。
③ [宋]欧阳修、宋祁:《新唐书》卷一一九,第 4305 页。
④ 朱金城:《白居易集笺校》卷七〇,第 3754 页。
⑤ 吴钢主编:《全唐文补遗》第 7 辑,第 134 页。

第偶示所怀》诗云："自知群从为儒少,岂料词场中第频。桂折一枝先许我,杨穿三叶尽惊人。转于文墨须留意,贵向烟霄早致身。莫学尔兄年五十,蹉跎始得掌丝纶。"①

李司徒听为义成军节度使,闻公善名,召补从事,奏试秘书省校书郎,移府郑州,历协律评事,专奏记。

《旧唐书·白敏中传》云："佐李听,历河东、郑滑、邠宁三府节度掌书记,试大理评事。"②《新唐书·白敏中传》云："辟义成节度使李听府,听一见,许其远到。"③

考李听为河东节度使在长庆二年二月至宝历元年闰七月,为郑滑节度使在宝历元年闰七月至大和三年六月,为邠宁节度使在大和三年六月至大和六年三月。《旧唐书》卷一六《穆宗纪》:长庆二年二月丁亥,"以前灵武节度使李听为太原尹、北都留守、河东节度使"④。卷一七上《敬宗纪》:宝历元年闰七月,"壬辰,以前河东节度使李听为义成军节度使"⑤。《旧唐书》卷一七上《文宗纪上》:大和三年六月辛亥,"以义成军节度使李听兼充魏博节度使"⑥。又十二月,"辛未,以太子少师李听为邠宁节度使"⑦。又卷一七下《文宗纪下》:大和六年三月辛丑,"以邠宁节度使李听为武宁军节度、徐泗濠观察等使"⑧。是知白敏中长庆二年登第后即受李听辟召入其河东幕府,李听移镇郑滑、邠宁,白敏中随之前往。

罢职,丁郑国太夫人忧。服满,有亲交望拜者,亦不能如灰槁矣。坐久得真粹,方忆故时,标格里巷,唱出崛行,则颜丁麽默在下。俄拜右拾遗内供奉。上读书爱谊法,惩劝最尽。坐宰相索太常博士,唯公称旨。

---

①　朱金城:《白居易集笺校》卷一九,第 1272 页。
②　[后晋]刘昫:《旧唐书》卷一六六,第 4358 页。
③　[宋]欧阳修、宋祁:《新唐书》卷一一九,第 4305—4306 页。
④　[后晋]刘昫:《旧唐书》卷一六,第 495 页。
⑤　[后晋]刘昫:《旧唐书》卷一七上,第 516 页。
⑥　[后晋]刘昫:《旧唐书》卷一七上,第 531 页。
⑦　[后晋]刘昫:《旧唐书》卷一七上,第 534 页。
⑧　[后晋]刘昫:《旧唐书》卷一七下,第 545 页。

《旧唐书·白敏中传》云："大和七年丁母忧,退居下邽。"①《新唐书·白敏中传》云："迁右拾遗,改殿中侍御史。"②

以劳迁殿中侍御史。符澈临邠,诏公以侍御史衣朱衣银印,为节度副使。凡兵赋虚实,风俗制度,问公不问澈。

《旧唐书·白敏中传》云："会昌初,为殿中侍御史、分司东都。寻除户部员外郎,还京。"③《新唐书·白敏中传》云："改殿中侍御史。为符澈邠宁副使,澈卒以能政闻。"④

时璟先司徒公职中丞事,前御史有帖削近俗,悉解去。上章请公真为侍御史,寻治留台事,改户部右司员外郎。

《新唐书·白敏中传》云："御史中丞高元裕荐为侍御史,再转左司员外郎。"⑤《旧唐书·白敏中传》缺载高元裕推荐敏中为殿中侍御史事。

武宗皇帝破回鹘,裂潞军,擒太原反者,召公承诏意,铅黄策画,进兵部员外郎,充翰林学士,寻加职方郎中、知制诰,赐紫,充承旨、中书舍人,户部、兵部侍郎。时权臣有乘时得君,谓天下可以喜怒制而人皆销死泥下者。公横身守正,有不合理,即欲呵叱,由是明廷仪物,多士修整,宛有栖息处。

《旧唐书·白敏中传》云："武宗皇帝素闻居易之名,及即位,欲征用之,宰相李德裕言居易衰病不任朝谒,因言从弟敏中辞艺类居易,即日知制诰,召入翰林充学士,迁中书舍人。累至兵部侍郎、学士承旨。"⑥《新唐书·白敏中传》云："武宗雅闻居易名,欲召用之,是时居易足病发,宰相李德裕言其衰荼不任事,即荐敏中文词类其兄而有器识。即日知制诰,召入翰林为学士,进承旨。"⑦《翰苑群书》上《重修承旨学士壁记》:"白敏中,会

① [后晋]刘昫:《旧唐书》卷一六六,第4358页。
② [宋]欧阳修、宋祁:《新唐书》卷一一九,第4306页。
③ [后晋]刘昫:《旧唐书》卷一六六,第4358页。
④ [宋]欧阳修、宋祁:《新唐书》卷一一九,第4306页。
⑤ [宋]欧阳修、宋祁:《新唐书》卷一一九,第4306页。
⑥ [后晋]刘昫:《旧唐书》卷一六六,第4358—4359页。
⑦ [宋]欧阳修、宋祁:《新唐书》卷一一九,第4306页。

昌二年九月十三日自右司员外郎充。其月十五日，改兵部员外郎。十月二十九日，加知制诰。三年五月二十九日，转职方郎中。十二月七日，加承旨，赐紫。四年四月十五日，拜中书舍人。九月四日，迁户部侍郎知制诰，并依前充。"①

先皇帝藉会昌语兵后，思得贞观理平事，补报庙社。首命公入相，以兵部侍郎同中书门下平章事。

《旧唐书·白敏中传》云："会昌末，同平章事，兼刑部尚书、集贤史馆大学士。"②《新唐书·白敏中传》云："宣宗立，以兵部侍郎同中书门下平章事，迁中书侍郎，兼刑部尚书。"③按，《旧唐书》以白敏中入相在宣宗即位前，非是。《新唐书》书写正确。

是日，当延英抗言曰：今岭表穷民，实前朝旧相。当事主时，轻家族如毛缕。及为奸人所得，顾柄任乃焚溺之本耳。此非必有缺陷，假令小不直，亦未伤大体。且今日瘝前日，岂继圣所宜言耶？上惊喜，即日诏还五宰相。

这里称"召还五宰相"，是指牛僧孺、李宗闵、崔珙、杨嗣复、李珏。这件事《资治通鉴》也有记载：会昌六年八月，"以循州司马牛僧孺为衡州长史，封州流人李宗闵为郴州司马，恩州司马崔珙为安州长史，潮州刺史杨嗣复为江州刺史，昭州刺史李珏为郴州刺史。僧孺等五相皆武宗所贬逐，至是，同日北迁"④。可作参证。具体辨证参见下文。

俄兼刑部尚书、右仆射、司空、门下侍郎，历集贤大学士、监修国史、太清宫使。

《旧唐书·白敏中传》云："宣宗即位，加右仆射、金紫光禄大夫、太清宫使、太原郡开国公、食邑二千户。"⑤《新唐书·白敏中传》云："宣宗立，

①　岑仲仲勉：《翰林学士壁记注补》，《郎官石柱题名新著录》外三种，第 320 页。
②　［后晋］刘昫：《旧唐书》卷一六六，第 4359 页。
③　［宋］欧阳修、宋祁：《新唐书》卷一一九，第 4306 页。
④　［宋］司马光：《资治通鉴》卷二四八，第 8026 页。
⑤　［后晋］刘昫：《旧唐书》卷一六六，第 4359 页。

以兵部侍郎同中书门下平章事,迁中书侍郎,兼刑部尚书。"①按,《旧唐书》以白敏中入相在宣宗即位前,非是。《新唐书》书写正确。

唐懿宗《授白敏中宏文馆大学士等制》:"特进守司徒兼门下侍郎同中书门下平章事上柱国太原郡开国公食邑二千户白敏中,气禀岳灵,道洽王佐,致君之志,发於深诚。……敏中可兼充太清宫使宏文馆大学士。"②

属吐蕃有大丧,大臣争废立事,纪律四坏。有兵众者,相起为盗,蔓延波泊,亭障失措。论者以朝廷久无边患,缘镇因循,不事粮甲,若一日问罪,必取笑奴虏。公奉神算,征天下兵,捉险微利,纳七关与秦、武、渭三州,度陇山还为内地,降男女羊马无多少。理□州,立天雄军,置威州。先是,故老望西郡县,皆冤痛泣血。及是,谓开元风日,可屈指取。

这一段着重表彰白敏中收复河湟之事,晚唐康骈《剧谈录》卷上记载可与此参证:"大中初,边鄙不宁,吐蕃尤甚。恣其倔强。宣宗欲致讨伐,遂于延英殿先问宰臣。公首奏兴师,请为统帅,沿边藩镇兵士数万,鼓行而前。时犬戎列阵平川,以生骑数千伏藏山谷,既而得于谍者,遂设奇兵待之。有蕃中酋帅,衣绯茸裘,系宝装带,所乘白马,骏异无比,锋镝未交,扬鞭出于阵面者数四,频召汉军斗将,白公诫兵士无得应之。俄而驻军指挥,背我师百余步而立,有潞州小将骁勇善射,驰快马弯弧而出,连发两矢,皆中其项,跃马而前,抽短剑踏于鞍上,以手扶挟,如斗殴之状,蕃将士卒但呼噪助之。于是脱绯裘,解金带,夺马而还,师旅无不奋勇。既大战沙漠,虏阵瓦解,乘胜追奔,几及黑山之下。所获驼马辎重,不可胜计,束手而降三四千人。先是,河湟郡界在匈奴者,自此悉为内地。宣皇初览捷书,云:'我知敏中必殄凶丑。'白公凯旋,与同列宰相进诗云:'一诏皇城四海颁,丑戎无数束身还。戍楼吹笛人休战,牧野嘶风马自闲。河水九盘收数曲,陇山千里锁诸关。西边北塞今无事,为报东南夷与蛮。'马相植诗云:'舜德尧仁化犬戎,许提河陇款皇风。指挥貔武皆神算,开拓乾坤是圣

① [宋]欧阳修、宋祁:《新唐书》卷一一九,第4306页。
② [清]董诰:《全唐文》卷八三,第378页。

功。四师有征无汗马，七关虽戍已弢弓。天留此事还英主，不在他年在大中。'魏相扶诗云：'萧关新复旧山川，古戍秦原景象鲜。戎虏乞降归惠化，皇威渐被慑腥膻。穹庐远戍烟尘灭，神武光扬竹帛传。左衽尽知歌帝泽，从兹不更备三边。'崔相铉诗云：'边陲万里注恩波，宇宙群方洽凯歌。右地名王争解辫，远方戎垒尽投戈。烟尘永息三秋戍，瑞气遥清九折河。共偶圣明千载运，更观俗阜与时和。'"①

晚唐诗人杜牧等也有诗文称颂，其称颂收复河湟诗有《今皇帝陛下一诏征兵不日功集河湟诸郡次第归降臣获睹圣功辄献歌咏》："捷书皆应睿谋期，十万曾无一镞遗。汉武惭夸朔方地，宣王休道太原师。威加塞外寒来早，恩入河源冻合迟。听取满城歌舞曲，凉州声韵喜参差。"②称颂白敏中诗有《奉和白相公圣德和平致兹休运岁终功就合咏盛明呈上三相公长句四韵》诗云："行看腊破好年光，万寿南山对未央。黠戛可汗修职贡，文思天子复河湟。应须日驭西巡狩，不假星弧北射狼。吉甫裁诗歌盛业，一篇江汉美宣王。"③郑处海《邠州节度使厅记》："今天子三年，西戎款关，献河湟数州故地。西鄙益拓，邠为近蕃，上念兵戎方息，边备愈远，始诏司空白公由丞相府持节来镇。"④

时内外畏公了大勋，因间言玉蒙与恐热□□争。内附三部落，强脆系朝廷，恩与即输贡。落后闻羞愧，如出股鞭于市。今各拥兵自大，若乘忿驰突，肯不为烽戍忧。况党项摇西北边，县道梗噎。上果忆公威惠韬略，可整顿穷寇，遂拜司空兼门下侍郎平章事，充招讨都统、邠宁节度使，治宁州。师行，上御安福楼，临轩劳送，锡以宸翰、通天带。用神策常扈跸，兵士擒左右队属马鞍下。又命供奉乐官张鼓吹于锡宴所，优宠徽数，人臣第一。幕吏取侍臣，皆衔真秩去。

《旧唐书·宣宗纪》：大中五年五月，"守司空、门下侍郎、太原郡开国

---

① ［唐］康骈：《剧谈录》卷上，古典文学出版社 1958 年版，第 29—31 页。
② ［唐］杜牧：《樊川文集》卷二，第 27 页。
③ ［唐］杜牧：《樊川文集》卷二，第 27 页。
④ ［清］董诰：《全唐文》卷七六一，第 3504 页。

伯、食邑一千户白敏中检校司徒、同平章事、邠州刺史,充邠宁节度观察、东面招讨党项等使"①。《旧唐书·白敏中传》云:"五年,罢相,检校司空,出为邠州刺史、邠宁节度、招抚党项都制置等使。"②《新唐书·白敏中传》云:"崔铉辅政,欲专任,患敏中居右。会党项数寇边,铉言宜得大臣镇抚,天子向其言,故敏中以司空、平章事兼邠宁节度、招抚、制置使。……及行,帝御安福楼以饯,颁玺书谕慰,赐通天带,卫以神策兵,开府辟士,礼如裴度讨淮西时。次宁州,诸将已破羌贼,敏中即说谕其众,众皆弃兵为业,乃自南山并河按屯保,回绕千里。又规萧关通灵威路,使为耕战具。"③《全唐文》卷七六三沈珣《授白敏中邠宁节度使制》:"特进守司空兼门下侍郎同中书门下平章事充招讨山南平夏招抚党项兵马都统制置等使白敏中,……可守司空同中书门下平章事充邠宁节度观察使。"④

公始以智谋会上意,复日揣磨机要,器使杰俊,故得功用神速。既握兵外去,每一事,非关请不得专,则素有寻丈,无所施设。党羌平,让都统事,专治幽土。募新卒七千人,增堡戍四十二所。换检校司徒平章事,充西川节度使。砭灼民害,屏除戎心,宜增耀前史。

卢求《成都记序》:"大中六年四月,诏以丞相、太原公有驱制羌戎之成绩,由邠宁节度拜司徒同平章事镇蜀。"⑤《旧唐书·白敏中传》云:"七年,进位特进、成都尹、剑南西川节度副大使、知节度等事。"⑥《新唐书·白敏中传》云:"逾年,检校司徒,徙剑南西川,增骡军,完创关壁。治蜀五年,有劳,加兼太子太师。"⑦《全唐文》卷七六三沈珣《授白敏中西川节度使制》:"邠宁节度使白敏中,岳降英灵,时推才杰。……懋哉懋哉,服我成命。"⑧

以官移荆南节使,加太子太师,用军仪见。岭南节度使李承勋,指麾

① 〔后晋〕刘昫:《旧唐书》卷一八下,第628页。
② 〔后晋〕刘昫:《旧唐书》卷一六六,第4359页。
③ 〔宋〕欧阳修、宋祁:《新唐书》卷一一九,第4306页。
④ 〔清〕董诰:《全唐文》卷七六三,第3513页。
⑤ 〔清〕董诰:《全唐文》卷七四四,第3414页。
⑥ 〔后晋〕刘昫:《旧唐书》卷一六六,第4359页。
⑦ 〔宋〕欧阳修、宋祁:《新唐书》卷一一九,第4306页。
⑧ 〔清〕董诰:《全唐文》卷七六三,第3514页。

湖南叛将，即日承诏，遣骑卒迎处置使，以故绵湖岭啸聚者，乞不相保。今上以孝德正位，思掌出祖宗重业。诏追入册司徒、兼门下侍郎平章事。对回，切齿党比，朝野震慑。

《旧唐书·宣宗纪》：大中十一年正月，"以剑南西川节度副大使、知节度事、管内观察处置统押近界诸蛮及西山八国云南安抚等使、特进、检校司徒、同中书门下平章事、兼成都尹、上柱国、太原郡开国公、食邑二千户白敏中以本官兼江陵尹，充荆南节度、管内观察处置等使"①。《旧唐书·白敏中传》云："十一年二月，检校司徒、平章事、江陵尹、荆南节度使。"②《新唐书·白敏中传》云："治蜀五年，有劳，加太子太师。徙荆南。"③《新唐书·宰相表》下：大中十三年"十二月丁酉，检校司徒兼太子太师、同平章事、荆南节度使白敏中守司徒"④。

寻充太清宫使、弘文馆大学士。上全以升平迟公，公非理具不举意。既为忤气注膝，得关中恶寒，疾势壮大，进攻股臂，步趋皆失力。上举苗晋公优礼，许坐灵芝殿。公辞避宠渥，联拜四章。上爱惜愈牢，听公立中书受旨。

《旧唐书·白敏中传》云："懿宗即位，征拜司徒、门下侍郎、平章事，复辅政。寻加侍中。"⑤《新唐书·白敏中传》云："懿宗立，召拜司徒、门下侍郎，还平章事。数月，足病不任谒，固求避位，不许，中使者劳问，俾对别殿，毋拜。右补阙王谱奏言：'敏中病四月，陛下坐朝，与他宰相语不三刻，安暇论天下事？愿听其请，无使有持宠旷贵之讥。'书闻，帝怒，斥谱阳翟令。给事中郑公舆申救，不听。谱者，侍中珪之远裔。"⑥

进开府仪同三司、行中书令，又还司徒，且上相不面天子。仅满岁，虽剪刻万目，条疏群萃，而议论丛杂，物不宁适。

---

① ［后晋］刘昫：《旧唐书》卷一八下，第 636 页。
② ［后晋］刘昫：《旧唐书》卷一六六，第 4359 页。
③ ［宋］欧阳修、宋祁：《新唐书》卷一一九，第 4306 页。
④ ［宋］欧阳修、宋祁：《新唐书》卷六三，第 1735 页。
⑤ ［后晋］刘昫：《旧唐书》卷一六六，第 4359 页。
⑥ ［宋］欧阳修、宋祁：《新唐书》卷一一九，第 4306—4307 页。

《旧唐书·白敏中传》云："三年，罢相，为河中尹、河中晋绛节度使，累迁中书令。"①《新唐书·白敏中传》云："咸通二年，南蛮扰边，召敏中入议，许挟扶升殿。固求免，乃出为凤翔节度使。"②

竟得凤翔节度使。未数月，以疾乞骸骨。上縻以东都留守，坚不可起，从太傅致仕。宣麻日，哀问至。以咸通二年七月十五日，薨于凤翔府公馆，享年七十。上废朝二日，诏赠太尉，行册告第，赙布帛，命使吊祭，申优典也。

《新唐书·宰相表》下：咸通二年二月，"庚戌，敏中检校司徒兼中书令、凤翔节度使"③。《旧唐书·白敏中传》云："累迁中书令。太子太师致仕卒。"④《新唐书·白敏中传》云："三奏愿归守坟墓，除东都留守，不敢拜，许以太傅致仕。……卒，册赠太尉。"⑤

曾祖温，皇检校尚书都官郎中，赠给事中；

《旧唐书·白居易传》："白居易字乐天，太原人。北齐五兵尚书建之仍孙。建生士通，皇朝利州都督。士通生志善，尚衣奉御。志善生温，检校都官郎中。"⑥白居易《唐故溧水县令太原白府君墓志铭并序》："公讳季康，字某，太原人，秦武安君起之裔胄，北齐五兵尚书建之五代孙也。曾祖讳士通，皇朝利州都督；祖讳志善，尚衣奉御。"⑦

祖镳，皇扬州录事参军，赠左仆射；

《旧唐书·白敏中传》云："祖镳，位终扬府录事参军。"⑧白居易《唐故溧水县令太原白府君墓志铭并序》："父讳镳，扬州录事参军。公即录事府君次子。"⑨皇甫炜撰《皇甫炜妻白氏墓志》："曾祖镳，皇扬州录事参军，累

① ［后晋］刘昫：《旧唐书》卷一六六，第4359页。
② ［宋］欧阳修、宋祁：《新唐书》卷一一九，第4307页。
③ ［宋］欧阳修、宋祁：《新唐书》卷六三，第1736页。
④ ［后晋］刘昫：《旧唐书》卷一六六，第4359页。
⑤ ［宋］欧阳修、宋祁：《新唐书》卷一一九，第4307页。
⑥ ［后晋］刘昫：《旧唐书》卷一六六，第4340页。
⑦ 朱金城：《白居易集笺校》卷七〇，第3754页。
⑧ ［后晋］刘昫：《旧唐书》卷一六六，第4358页。
⑨ 朱金城：《白居易集笺校》卷七〇，第3754页。

赠至尚书左仆射。"①

烈考季康，皇宣州溧水县令，赠司徒。

《旧唐书·白敏中传》云："父季康，溧阳令。"②白居易《唐故溧水县令太原白府君墓志铭并序》："公讳季康，字某，太原人。……历华州下邽尉、怀州河内丞、徐州彭城令、江州寻阳令、宿州虹县令、宣州溧水令，殁于官舍。明年某月某日，归葬于华州下邽县某乡某原，享年若干。"③皇甫炜撰《皇甫炜妻白氏墓志》："祖季康，皇宣州溧水县令，累赠至司空。"④

前娶河东薛氏，封河东郡太夫人。有子二人：长曰阐，杭州於潜尉。次曰幼文，睦州遂安尉。再聚平阳敬氏，累封郑国太夫人。皇绥州刺史令琬之女。公即司徒公第三子，郑国太夫人之出也。

白居易《唐故溧水县令太原白府君墓志铭并序》："公前夫人河东薛氏，先公若干年而殁。生二子一女：女号鉴虚，未笄出家；长子某，杭州於潜尉；次子某，睦州遂安尉。后夫人高阳敬氏，父讳某，某官。生一子二女，女皆早夭，子曰敏中，进士出身，前试大理评事，历河东、郑滑、邠宁三府掌记。"⑤

公前娶博陵崔夫人，解县令宽第五女。有女三人，二人早殁，一人适今主客员外郎皇甫炜，亦殁。后娶今卫国夫人韦氏，秘书少监同靖之女。时公已承天旨，方振国勋。夫人整将相之风，建闺闱之教。勤雍和理，凡十八年。洎于营奉襄事，咸遵古典。呜呼！荣贵辉赫，严明修检，无以加矣。有女二人，皆早世。男曰徵复，秘书省著作郎；次曰崇儒，秘书省校书郎：皆先公而殁。女二人，一人继归今主客员外郎皇甫炜，亦殁。一人归前集贤校理张温士，亦殁。主祭男曰可久，京兆府参军。年在童丱，宛有成人风彩。女曰锦儿。徵复娶博陵崔氏，有男曰承孙，见任秘书省校书郎。

皇甫炜及其妻白氏墓志近年都已出土，可以印证白敏中之女的情况。

---

① 吴钢主编：《全唐文补遗》第 7 辑，第 134 页。
② ［后晋］刘昫：《旧唐书》卷一六六，第 4358 页。
③ 朱金城：《白居易集笺校》卷七〇，第 3754 页。
④ 吴钢主编：《全唐文补遗》第 7 辑，第 134 页。
⑤ 朱金城：《白居易集笺校》卷七〇，第 3754 页。

刘玄章撰《皇甫炜墓志》："讳炜，字重光。爰在童艸，即耽典坟。下帷而园囿不窥，嗜学而萤雪助照。穷经暇日，工为八韵；前后所缀，逾数百篇。体物清新，属词雅正，虽士衡称其浏亮，玄晏为之丽则，不是过也。大中二年，故仆射封公敖之主春闱也，负至公之鉴，擢居上第。三年，故尚书敬公晦之绾铜盐也，求刘楚之才，辟为从事，奏授秘书省校书郎。又明年，故相国裴公休继领重务，藉公声猷，复留为转运巡官，换太常寺协律。牢盆佐理，吏不能欺。六年，丁右丞之忧，痛深骨髓，孝齐闵参，栾棘在心，癯瘁改貌。丧复常，故尚书高公少逸廉问陕郛，熟公德行，奏授大理评事，充都防御判官。俄而府移华州，又请为上介。……遂擢为右拾遗。……久之，迁太常博士。……今岐相司徒杜公之总邦计也，奏充主客员外郎，判度支案。旋改仓部员外郎。……无何，出为抚州刺史。……以咸通六年十月二十二日，捐馆于抚州官舍，享年五十三。"①

皇甫炜撰《皇甫炜妻白氏墓志》："夫人姓白氏，其先代太原人也。……父敏中，即今相国节制荆门司徒公也。……长庆二年登进士甲科。由是声华藉藉，为诸侯之灵珠矣。大和三年，婚博陵崔氏宽第五女。开成五年生夫人。自是升践朝伦，参掌宥密。今上登极之始，首命台衡，弘益苍生，荡涤耶秽。皆曰宰辅图中为警策矣。大中二年，以长女归于炜。大中五年，司徒守司空兼门下侍郎同中书门下平章事、兼邠宁节度使京西诸军都统，镇抚党羌，廓清边鄙。大中六年，以检校司徒平章事移镇西蜀，炜寻与前夫人同归于洛。前夫人寝疾，炜方茕茕在疚，不克省亲。以大中七年二月八日前夫人殁于东都。及炜再齿人伦，从事分陕。九年十一月□假，匍匐诉于司徒公。公以炜早忝科第，柔而自立，遂继姻好。十年二月廿五日，又以夫人归于炜。其年四月，与夫人自蜀归陕，六月府移三峰，炜以大理评事为防御判官。十一年二月，司徒公移镇荆门，八月遣长男著作征复迎夫人归宁。夫人方娠，因道途得疾。明年正月十日诞一子，数日不育。夫人以悲伤疾笃，享年十九，二月十三日殁于荆南官舍正室之西策。"②

① 吴钢主编：《全唐文补遗》第 4 辑，第 233 页。
② 吴钢主编：《全唐文补遗》第 7 辑，第 134 页。

以其年十月三十日,归葬于华州下邽县义津乡洪义原。前崔夫人合
祔,从先茔,礼也。

白敏中家族在下邽县义津乡有祖茔,白居易所作其族人墓志亦曾提
及。白居易为祖父所撰《故巩县令白府君事状》:"以其年权窆厝于新郑县
临洧里。"①为其父所撰《襄州别驾府君事状》:"其年权窆襄阳县东津乡南
原。至元和六年十月八日,嗣子居易等迁护于下邽县义津乡北原。"②

璩实以文从公。公加太师,复入相,复大司徒,璩忝职内廷,皆获视
草。则铭勋撰世,承卫国夫人请,其何以辞。

此为高璩自述撰述之由。墓志题撰人为"门吏翰林学士承旨朝议郎
守尚书工部侍郎知制诰柱国赐紫金鱼袋高璩撰",自称为白敏中"门吏"。
按,白敏中咸通二年七月十五日卒,十月三十日葬。墓志作于期间,其时
高璩在翰林承旨学士任上。正是"忝职内廷"。

白敏中系李德裕引荐而非李党

白敏中的升迁,是由于李德裕的引荐。《旧唐书·白敏中传》云:"武
宗皇帝素闻居易之名,及即位,欲征用之,宰相李德裕言居易衰病不任朝
谒,因言从弟敏中辞艺类居易,即日知制诰,召入翰林充学士,迁中书舍
人。"③晚唐康骈《剧谈录》卷上《李朱崖知白令公》条:"白中书方居郎署,
未有知者,唯朱崖李相国器之,许于搢绅间多所延誉。"④从《旧唐书》本传
的记载看出,唐武宗对白居易颇为器重,即位之后就想重用他,但作为宰
相的李德裕非常厌恶白居易,而又不能完全违背唐武宗的意图,就避重就
轻,推荐白居易的从弟白敏中为翰林学士。实则上这是李德裕的一种政
治手段。我们知道,唐武宗是开成五年(840)即位的,是时白居易已经官
至太子少傅,这时再重用的话,则非宰相莫属,而李德裕对白居易素来就

---

① 朱金城:《白居易集笺校》卷四六,第 2833 页。
② 朱金城:《白居易集笺校》卷四六,第 2837 页。
③ [后晋]刘昫:《旧唐书》卷一六六,第 4358—4359 页。
④ [唐]康骈:《剧谈录》卷上,第 28 页。

是不喜欢的,《北梦琐言》卷一中记载刘禹锡大和中为宾客时,谒见李德裕:"'近曾得白居易文集否?'德裕曰:'累有相示,别令收贮,然未一披。今日为吾子览之。'及取看,盈其箱笥,没于尘坌。既启之而复卷之,谓禹锡曰:'吾于此人不足久矣,其文章精绝,何必览焉。但恐回吾之心,所以不欲观览。'其见抑也如此。"孙光宪并在其后加评语说:"李卫公之抑忌白少傅,举类而知也。初,文宗命德裕论朝中朋党,首以杨虞卿、牛僧孺为言。杨、牛,即白公密友也。其不引翼,义在于斯。非抑文章也,虑其朋比而掣肘也。"①此事宋钱易《南部新书》卷乙也有记载,但稍有不同:"白傅与赞皇不协,白每有所寄文章,李缄之一箧,未尝开,刘三复或请之,曰:'见词翰,则回吾心矣。'"②可知李德裕怀疑白居易是牛党人物,而这时如果被任用为相,与之分权的话,则会构成极大的威胁,故而以推荐白敏中来搪塞唐武宗。因为这时白敏中仅是一个右司员外郎③,无论如何是不会对李德裕构成威胁的。"这就是说,李德裕是为了抵制白居易为相才起

① [五代]孙光宪:《北梦琐言》卷一,中华书局 2002 年版,第 24 页。
② [宋]钱易:《南部新书》卷乙,中华书局 2002 年版,第 24—25 页。按《北梦琐言》之记载,卞孝萱《刘禹锡年谱》开成元年(836)据李德裕、刘禹锡的事迹加以考证,以为所记错误。"况且禹锡与居易、僧孺皆是至交,德裕也不便于在禹锡面前,赤裸裸地暴露出对居易'不足久矣'的心情。"(中华书局 1963 年版,第 201 页)而对《南部新书》所记,则认为:"三复在德裕幕府多年,感情甚为融洽,又与居易无关系,德裕对三复偶然流露出一点心腹话,或有此可能。"(同前)傅璇琮:《李德裕年谱》开成元年(836)则称:"开成元年秋冬,刘、李、白均在洛阳,刘与白、李与刘,都有诗什唱和,而李与白则无任何交往。……白居易与杨虞卿家有亲戚关系,经过大和时的朋党纷争,白居易更不欲夹杂其中,因此他对于李德裕可能是有意避开;李德裕大约也有鉴于此,因此与白氏也无文字交往。"(第 261 页)是白、李有朋党之嫌,当是事实。然傅先生又说:"但绝不是如《北梦琐言》等书所附会的那样,对白居易寄赠的'词翰'竟不看一眼,置于'箱笥'之中,以致'没于尘坌',如此不合情理,岂是德裕之所为?"(同前)但无论此则材料是真实,抑或传闻,都是我们考察白居易与牛李党争关系的重要材料。综合《北梦琐言》《南部新书》《五总志》三处记载,参以《旧唐书》所言白居易事,及中晚唐党争剧烈的情况,李德裕不看白氏文集也不为无因。只是笔记记载,于年月或有差误,或误记人名。但此则记载,一言刘禹锡,一言刘三复,皆姓刘。盖此事乃德裕与刘姓者言之,非必禹锡也。又牛李党争时,李党门人韦瓘撰《周秦行纪》,托名牛僧孺,李德裕又撰《周秦行纪论》,与韦唱双簧戏,对牛进行大肆漫骂,此较不看白氏文集更甚。故《北梦琐言》记载,亦与情理不悖。
③ 《翰苑群书》上《重修承旨学士壁记》:"[相]白敏中,会昌二年九月十三日自右司员外郎充。其月十五日,改兵部员外郎。十一月二十九日,加知制诰。三年五月二十九日,转职方郎中。十二月七日,加承旨,赐紫。四年四月十五日,拜中书舍人。九月四日,迁户部侍郎、知制诰,并依前充。"(《郎官石柱题名新考订》外三种本,第 320 页)

用白敏中的。本来，武宗欲以白居易为宰相，李德裕推荐白敏中只是当了翰林学士。翰林学士原名翰林贡奉，是帮助皇帝起草诏令的文人，没有什么实权。所以，虽号为'内相'，'又以为天子私人'，但和宰相还有很大差别。"①司马光《资治通鉴》卷二四六则言："（李德裕）素恶居易，乃言居易衰病，不任朝谒。其从父弟左司员外郎敏中，辞学不减居易，且有器识。"②故牛致功先生说："白敏中在政治上显露头角，一是靠白居易的社会影响，二是由于李德裕的推荐。"③

《白敏中墓志》对于李德裕推荐白敏中为翰林学士后的情况，有这样一段记载："武宗皇帝破回鹘，裂潞军，擒太原反者，召公承诏意，铅黄策画，进兵部员外郎，充翰林学士，寻加职方郎中、知制诰，赐紫，充承旨，中书舍人，户部、兵部侍郎。时权臣有乘时得君，谓天下可以喜怒制而人皆销死泥下者。公横身守正，有不可理，即欲呵叱，由是明廷仪物，多土修整。宛有栖息处。"这里透露出两个问题，第一是白敏中利用任翰林学士，能接近唐武宗的机会，向武宗献谋略，以打通自己的上升之路；第二，这里的"权臣"明显是指李德裕，推知白敏中即使在会昌时，对李德裕也不是绝对忠诚的。他只是利用接近武宗的机会与李德裕的权势来谋求自己的利益者。白敏中品质，与前面所论述的刘栖楚与令狐梅亦不可同日而语。

打击李德裕召还牛党人物

白敏中在武宗卒，宣宗即位后，主要做了两件事，一是召还牛党人物。

① 牛致功：《唐代碑石与文化研究》，三秦出版社 2002 年版，第 164 页。
② ［宋］司马光：《资治通鉴》卷二四六，第 7967 页。对于《通鉴》的记载，傅璇琮先生以为会昌二年（842）白居易已七十一岁，按惯例是不能再召入为相的，加以李德裕所说白居易"衰病不任朝谒"，足病残，完全符合事实。故云："《通鉴》所谓武宗欲召白居易为相，也不合情理的。而李德裕仍荐白居易从弟白敏中入为翰林学士，也可见李德裕之器识。"（傅璇琮：《唐翰林学士传论·晚唐卷》，第 166 页）按《旧唐书·白敏中传》及《通鉴》等书记载李德裕素恶白居易与引荐白敏中，是一事的两个方面。即使德裕所言白居易"衰病不任朝谒"确是事实，但这样的事实揭示，也是素恶白居易的表现之一。故有关白敏中的出身进退，仍应遵从《旧唐书》及《通鉴》等书的记载。其过程可能甚为复杂，当作进一步考证。
③ 牛致功：《唐代碑石与文化研究》，第 163 页。

墓志记载："先皇帝藉会昌语兵后，思得贞观理平事，补报庙社。首命公入相，以兵部侍郎同中书门下平章事。是日，当延英抗言曰：今岭表穷民，实前朝旧相。当事主时，轻家族如毛缕。及为奸人所得，顾柄任乃焚溺之本耳。此非必有缺陷，假若小不直，亦未伤大体。且今日隳前日，岂继圣所宜言耶？上惊喜，即诏还五宰相。"按，这件事《资治通鉴》也有记载：会昌六年八月，"以循州司马牛僧孺为衡州长史，封州流人李宗闵为郴州司马，恩州司马崔珙为安州长史，潮州刺史杨嗣复为江州刺史，昭州刺史李珏为郴州刺史。僧孺等五相皆武宗所贬逐，至是，同日北迁"[①]。然而，这一记载是颇令人怀疑的。《桂林石刻》上《唐李珏元允□等三人华景洞题名》云："郴州刺史李珏、桂管都防御巡官试秘书省校书郎元允□，会昌五年五月二十六日同游，时珏蒙恩移郡，之任桂阳，校书以京国之旧，邀引寻胜，男前京兆府参军阶、进士潜、谱、楷从行。"[②]此题刻又见谢启昆《广西通志》卷二一五《李珏题名》。此处记载李珏为郴州刺史的时间，与《通鉴》相差一年多，而《李珏题名》的拓片今尚存于北京图书馆，所记时间当毋庸置疑，这就需要加以进一步研究。日本学者户崎哲彦作《许浑与李珏：对桂林华景洞石刻许浑〈寄李相公〉两首诗及"牛李党争"研究的启示》一文，作了深入系统的考证，以为《通鉴》所记有误。而李珏等五相的量移是在武宗朝发生的，"此次量移与白敏中的进退有关。……会昌五年中，白敏中拜相，李德裕罢相，李珏的量移正在此间"[③]。户崎哲彦先生的考证颇为详明可靠，读者可以参看。由此可知，五相的量移与北还，是两次政治事件，都与白敏中有关，但一次是发生在武宗朝，一次是发生在宣宗朝。发生在武宗朝者，是白敏中利用李德裕罢相并出任地方官的时机，以拉拢

---

① ［宋］司马光：《资治通鉴》卷二四八，第8026页。
② 桂林文物管理委员会：《桂林石刻》，1977年内部印行，第20页，并云："右摩崖在宝积山华景洞。真书径一寸，石刻已毁，兹据谢通志录文。"又钱大昕《潜研堂金石文跋尾》卷九，《嘉定钱大昕全集》本，第235页；［清］陆增祥：《八琼室金石补正》卷七四，第510—511页；《北京图书馆藏中国历代石刻拓本汇编》第31册，第140—141页。
③ ［日］户崎哲彦：《许浑与李珏：对桂林华景洞石刻许浑〈寄李相公〉两首诗及"牛李党争"研究的启示》，《社会科学家》2001年第6期，第93页。参［日］户崎哲彦：《桂林唐代石刻の研究》，［日本］白帝社2005年版，第124页。

牛党要人，使其量移，也由此透露出李德裕在武宗朝，地位也有动摇的时候，越是到后来，武宗的信任越减弱，白敏中就是利用这些机会，拉拢牛党旧人，树立自己党羽的；发生在宣宗朝者，则当李德裕失势之时，以召还牛党要人，以打击李德裕的。故而五相召还之前的量移一节，对于研究牛李党争，是一个至关重要的情节。《通鉴》实将量移与召还二事合为一事叙述，故与《李珏题名》相互矛盾。墓志所言"即日诏还五相"，亦可为户崎哲彦之说提供新的证据。二是打击李德裕。这件事墓志没有明确说明，但可以通过史料考证出来。《旧唐书·白敏中传》："及李德裕再贬岭南，敏中居四辅之首，雷同毁誉，无一言伸理，物论罪之。"①《新唐书·白敏中传》："德裕贬，敏中抵之甚力，议者訾恶。德裕著书亦言'惟以怨报德为不可测'，盖斥敏中云。"②《旧唐书·李德裕传》："白敏中、令狐绹，在会昌中德裕不以朋党疑之，置之台阁，顾待甚优。及德裕失势，抵掌戟手，同谋斥逐，而崔铉亦以会昌末罢相怨德裕。大中初，敏中复荐铉在中书，乃相与揭撼构致，令其党人李咸者，讼德裕辅政时阴事。乃罢德裕留守，以太子少保分司东都，时大中元年秋。寻再贬潮州司马。敏中等又令前永宁县尉吴汝纳进状，讼李绅镇扬州时谬断刑狱。明年冬，又贬潮州司户。德裕既贬，大中二年，自洛阳水路经江、淮赴潮州。其年冬，至潮阳，又贬崖州司户。"③这方面的情况，墓志并没有直接记载。但我们考察史实，还是可以看出白敏中打击李德裕的过程的。他一方面利用宣宗对于武宗旧相的忿恨，贬谪李德裕，另一方面任用牛党被贬逐的人物，以扩充自己的势力。在五相北迁之后，李德裕就再被贬谪。《资治通鉴》又云：会昌六年，"九月，以荆南节度使李德裕为东都留守，解平章事"④。白敏中是一个睚眦必报之人，这从新出土的其他墓志中也可以表现出来。《唐代墓志汇编续集》咸通〇八九《唐故御史中丞汀州刺史孙公（瑝）墓志并序》（咸通十三年

---

① ［后晋］刘昫：《旧唐书》卷一六六，第 4359 页。
② ［宋］欧阳修、宋祁：《新唐书》卷一一九，第 4306 页。
③ ［后晋］刘昫：《旧唐书》卷一七四，第 4527—4528 页。
④ ［宋］司马光：《资治通鉴》卷二四八，第 8026 页。

十二月五日）："宣宗皇帝朝，崔丞相慎由方枢造物权，望压天下，凡所登用，拟第一流，因起公为小谏。俄而内署缺学士，萧丞相邺默上公名。公造门色沮，俯首卑谢，且曰：某诚无似。誓不以苟进自许。丞相不能抑。未几，御史中丞李公稹始提宪印，风棱大张，欲其望者，辉我寮伍。遂寮为殿内。厥后黜刺武当。以前时不从辟于白相国敏中故也。"①

李德裕昭雪与白敏中的关系

《资治通鉴》咸通元年九月："右拾遗句容刘邺上言：'李德裕父子为相，有声迹功效，窜逐以来，血属将尽，生涯已空，宜赐哀闵，赠以一官。'冬，十月，丁亥，敕复李德裕太子少保、卫国公，赠左仆射。"②《考异》云："裴旦《李太尉南行录》，载咸通二年九月二十六日右拾遗内供奉刘邺表，略云：'子烨，贬立山尉，去年获遇陛下惟新之命，覃作解之恩，移授郴县尉，今已没于贬所。'又曰：'血属已尽，生涯悉空。'又曰：'枯骨未归于茔域，一男又陨于江、湘。'又曰：'其李德裕，请特赐赠官。'敕依奏。"③因为宣宗去世，懿宗即位，政治形势有了很大的转变，这时牛党要人也相继去位，故而昭雪李德裕之事被提上了议事日程。《新唐书·刘邺传》云："邺伤德裕以朋党抱诬死海上，令狐绹久当国，更数赦，不为还官爵，至懿宗立，绹去位，邺乃申直其冤，复官爵，世高其义。"④而在李德裕昭雪问题上，白敏中也做了一件不很光彩的事。《通鉴考异》云："《实录》注又云：白敏中为中书令，时与右庶子段全纬书云：'故卫公、太尉，灾兴鵩鸟，怨结江鱼，亲交雨散于西园，子弟蓬飘于南土。尝蒙一顾，继履三台，保持获尽于天年，论请爰加于宠赠。'全纬尝为德裕西川从军，故敏中语及云。按此似由敏中开发，而数本追复赠官，多连邺奏。德裕素有恩于敏中，敏中前作相，既远贬之，至此又掠其美，鄙哉！"⑤这段文字又可以看出，懿宗即

---

①　周绍良、赵超主编：《唐代墓志汇编续集》，第1102页。
②　[宋] 司马光：《资治通鉴》卷二五〇，第8090页。
③　[宋] 司马光：《资治通鉴》卷二五〇，第8090页。
④　[宋] 欧阳修、宋祁：《新唐书》卷一八三，第5382页。
⑤　[宋] 司马光：《资治通鉴》卷二五〇，第8091页。

位，令狐绹去位后，依靠宣宗的一党也逐渐失势，为李德裕昭雪已势在必行，故白敏中又重新提起为李德裕引荐之事，并将追赠李德裕官职作为自己的功劳，其人品确实不足称道。学术界一般认为，牛李党争以大中三年(849)李德裕贬死崖州，李党彻底失败而告终，而实际上，对李德裕的评价问题，也是牛李党争的继续，故而牛李党争应以懿宗即位后咸通元年(860)昭雪李德裕，咸通二年(861)白敏中之死，作为最后结束的标志。

白敏中碑、志撰书者考察

1. 白敏中与高璩

《白敏中墓志铭》题撰人为："门吏翰林学士承旨朝议郎守尚书□部侍郎知制诰柱国赐紫金鱼袋高璩撰。"《白敏中神道碑》则云："翰林承旨学士兵部侍郎高［璩］为之志，已载于石，此不复云。"①考《翰苑群书》上《重修承旨学士壁记》："高璩，大中十三年四月二十三日自右拾遗内供奉充。其年九月三日，召对，赐绯。十一月三日，特恩迁起居郎知制诰，依前充。十四年十月六日，特恩拜右谏议大夫，依前充。二十六日，召对，赐紫。咸通二年七月十九日，加承旨。八月七日，迁工部侍郎，依前充。三年二月十二日，特恩加朝散大夫、兵部侍郎，依前充。八月十九日，加检校礼部尚书、□川节度使。"②墓志为咸通二年(861)十月撰，其时正为翰林学士、工部侍郎，壁记与墓志吻合。高璩为高元裕之子，元裕曾推荐白敏中为御史③，故白敏中显贵时对高璩尤为眷顾。高璩成为白敏中门吏，懿宗时官至宰相，但其人品也与白敏中一样受到当时与后人的非议。《新唐书·白敏中传》："许以太傅致仕。诏书未至，卒，册赠太尉。博士曹邺责其病不坚退，且逐谏臣，举怙威肆行，谥曰'丑'。"④《新唐书·高元裕传》云："子

---

① 西安碑林博物馆：《碑林集刊》第 10 辑，陕西人民美术出版社 2004 年版，第 147 页。

② 岑仲勉：《郎官石柱题名新考订》外三种本，第 350—351 页。

③ ［宋］欧阳修、宋祁：《新唐书·白敏中传》："御史中丞高元裕荐为侍御史。"(第 4306 页)《白敏中墓志铭》亦云："时璩先司徒公职中丞事，前御史有帖削近俗，悉解去。上章请公真为侍御史，寻治留台事，改户部右司员外郎。"

④ ［宋］欧阳修、宋祁：《新唐书》卷一一九，第 4307 页。

璩,字莹之。第进士,累佐使府。以左拾遗为翰林学士,擢谏议大夫。近世学士超省郎进官者,惟郑颢以尚主,而璩以宠升云。懿宗时,拜剑南东川节度使,召拜中书侍郎、同中书门下平章事。阅月卒,赠司空。太常博士曹邺建言:'璩,宰相,交游丑杂,取多蹊径,谥法不思妄爱曰刺,请谥为刺。'从之。"①明张鸣凤《桂胜》卷六:"曹邺,字邺之。……邺始为太常博士,时相高璩、白敏中相继薨。邺建言:'璩交游丑杂,进取多蹊径,谥法:"不思妄爱曰刺[剌]。"请谥为"刺[剌]"'。又责敏中'病不坚退,且逐谏臣,举怙威肆行,谥曰"丑"'。邺之持论不阿,略见两人传。"②《唐诗纪事》卷六〇"曹邺"条:"邺能文,有特操,咸通初,为太常博士,白敏中卒,议谥,邺责其病不坚退,且逐谏臣,举怙威肆行,谥曰'丑'。高元裕子璩,懿宗时为相,卒。邺建言,璩为宰相,交游丑杂,进取多蹊径。谥法:不思妄爱曰刺,请谥为刺。'"③

2. 白敏中与毕諴

《白敏中神道碑》现存撰人题署为"朝议大夫守中书侍郎兼兵部尚书同中书门"十八字④,撰人姓名已泐,考欧阳修《集古录跋尾》卷九云:"右《白敏中碑》,毕諴撰。其事与《唐书》列传多同。而传载敏中由李德裕荐进以获用,及德裕贬,抵之甚力,以此为甚恶。而碑云:'会昌中,德裕起刑狱,陷五宰相,窜之岭外。公承是之,后一年,冤者皆复其位。'以此为能。其为毁誉难信盖如此,故余于碑志,惟取其世次、官寿、乡里为正,至于功过善恶,未尝为据者以此也。"⑤按,现存《白敏中神道碑》云:"会昌李德裕不以□道,用天□柄,起刑狱陷,……吴□之□,郎官御史,放逐[万]里,海□□山,公□□之不一年,□冤者□□,其仁人之心□然。天下无事,两京故宦,亲爱欢会。[仕]南而归者以生还为乐。公立性坦荡,无细故,虽时态……心□□无不重之南山!"⑥碑文虽泐蚀甚多,但与《集古录跋尾》所

---

① 〔宋〕欧阳修、宋祁:《新唐书》卷一七七,第5286—5287页。
② 〔明〕张鸣凤:《桂胜》卷六,中华书局2016年版,第320—321页。
③ 〔宋〕计有功:《唐诗纪事》卷六〇,第918页。
④ 西安碑林博物馆:《碑林集刊》第10辑,第145页。
⑤ 〔宋〕欧阳修:《集古录跋尾》卷九,《欧阳修全集》,第2301页。
⑥ 西安碑林博物馆:《碑林集刊》第10辑,第146页。

录相参证,还是可以看出毕諴对白敏中在党争中的态度的。

毕諴,字存之,郓州须昌人。早年受牛党骨干杜悰的器重,李德裕执政时,又受到排挤而贬官。《旧唐书》本传云:"尚书杜悰镇许昌,辟为从事。悰领度支,諴为巡官。悰镇扬州,又从之。悰入相,諴为监察,转侍御史。武宗朝,宰相李德裕专政,出悰为东蜀节度。悰之故吏,莫敢饯送问讯,唯諴无所顾虑,问遗不绝。德裕怒,出諴为磁州刺史。宣宗即位,德裕得罪,凡被谴者皆征还。諴入为户部员外郎,分司东都。"①从这里可以看出,毕諴正是在李德裕执政时受到打击,而李德裕贬后,白敏中召还的南贬官吏之一,故其后期当一直得到白敏中的惠顾,白敏中卒后,毕諴为其撰写神道碑,不仅是朝廷的委托,更重要者是对白敏中感恩的表现。

3. 白敏中与王铎

《白敏中神道碑》题署书者为"故吏朝三(散?)大夫守中书舍人上柱国□□书"②。王铎,字昭范,宰相王播昆弟之子。《新唐书》本传称:"会昌初,擢进士第,累迁右补阙、集贤殿直学士。白敏中辟署西川幕府。咸通后,仕寖显,历中书舍人、礼部侍郎。"③《旧唐书》本传亦云:"咸通初,由驾部郎中知制诰,拜中书舍人。五年,转礼部侍郎。"④正切王铎为白敏中故吏,又在撰碑之咸通三年为中书舍人事。

4. 白敏中与于瓖

《白敏中墓志》末署书者云:"门吏朝议郎行侍御史上柱国于瓖书。"于瓖,字正德,于敖之子。大中七年进士第一人。曾为校书书。其为白敏中门吏及为官历侍御史事,均未见记载,故墓志可补之之阙遗。然考《旧唐书·于敖传》云:"李逢吉用事,与翰林学士李绅素不叶,遂诬绅以不测之罪,逐于岭外。绅同职驾部郎中知制诰庞严、司封员外郎知制诰蒋防坐绅党,左迁信、汀等州刺史。黜诏下,敖封还诏书。时人以为与严相善,诉其非罪,皆

①　[后晋]刘昫:《旧唐书》卷一七七,第4609页。
②　西安碑林博物馆:《碑林集刊》第10辑,第145页。
③　[宋]欧阳修、宋祁:《新唐书》卷一八五,第5406页。
④　[后晋]刘昫:《旧唐书》卷一六四,第4282页。

曰：'于给事犯宰执之怒，伸庞、蒋之屈，不亦仁乎?'及驳奏出，乃是论庞严贬黜太轻，中外无不大嗟，而逢吉由是奖之。"[1]则知于敖是牛党李逢吉引用而与李党对立的人物，因为家庭背景，其子于璄则与牛李党争有着紧密的牵连。这样，在后来的牛党争中，白敏中引以为门吏，也就是顺理成章的事了。

九、杨汉公墓志

墓 志 释 文

唐故银青光禄大夫检校户部尚书使持节郓州诸军事守郓州刺史充天平军节度郓曹濮等州观察处置等使御史大夫上柱国弘农郡开国公食邑二千户弘农杨公墓志铭 并序

正议大夫守尚书刑部侍郎上柱国赐紫金鱼袋郑薰撰

噫！寄重邦阃而不尽其才，位崇六卿而不充其德，年及下寿而亲友嗟其短，禄食千钟而屋室无以润，难乎哉！余于尚书杨公见之矣。公讳汉公，字用乂，弘农华阴人也。杨氏之先，与周同姓，自文王昌之子唐叔虞，虞生燮父，燮父生六。当昭王时，以六月六日生，故以六名之。生而有文在其手，左曰杨，右曰侯。昭王曰：其祖有之，天所命也。遂封六为杨侯，国于河洛之间，字之曰君牙，为穆王司徒。书曰：穆王命君牙为周大司徒。此得姓之源也。君牙十六世孙伯乔，就封于杨，杨氏始大。自伯乔四十一世而震生焉，为汉太尉，所谓四代五公者。震十三世生钧，后魏司空、临贞郡公。生俭，后魏黄门侍郎、夏阳公。俭侄孙素，隋室之元勋，封越国公。故临贞之子孙，皆以越公为房，号夏阳。次子曰文异，即公之七代祖也。派蔓千祀，哲贤相望，宜乎光耀于当时矣。曾祖隐朝，皇同州郃阳县令，夫人京兆杜氏。祖燕客，皇汝州临汝县令，赠工部尚书。皆以贞遁养志，自肥其家，故位不称德。夫人南阳张氏，即大儒硕德司业张公参之妹

---

① ［后晋］刘昫：《旧唐书》卷一四九，第4009—4010页。

也。烈考讳宁，皇国子祭酒，赠太尉，始用经学入仕，尝游阳谏议城之门，执弟子礼，洁白端介，为诸儒所称。其舅司业公尤所嗟赏。夫人长孙氏，长安令繏之女也。闺范庄整，为士林之表。公出于长孙夫人，即太尉府君第三子也。幼禀和粹，生知孝友，十余岁，丁长孙夫人忧，号慕泣血，有老成之致。既长，顺两兄，抚爱弟，得古人之操焉。廿九，登进士第，时故相国韦公贯之主贡士，以鲠直公正称。谓人曰：杨生之清规懿行，又有《梦鲁赋》之瑰丽，宜其首选，屈居三人之下，非至公也。其秋，辟鄜坊裴大夫武府，得试秘书省校书郎。罢归，就吏部选判，考入第四等，与故相国郑公肃同送名，而郑公居其首。阁下众覆以为公之书判精甚，改就首选，而郑公次之。授秘书省校书郎。裴大夫守华州，以试协律署镇国军判官。裴大夫移镇荆南，以节度掌书记请之。公曰：膝下之应不可以适远，遂免归。朝夕怡悦，在太尉府君之侧，不以荣进屑于胸襟。又选授鄠县尉。京兆尹始见公，谓之曰："闻名久矣，何相见之晚也。"且曰："邑中有滞狱，假公之平心高见，为我鞫之。"到县领狱，则邑民煞妻事。初邑民之妻以岁首归省其父母，逾期不返，邑民疑之。及归，醉而杀之。夜奔告于里尹曰：妻风恙，自以刃断其喉死矣。里尹执之诣县，桎梏而鞫焉。讯问百端，妻自刑无疑者。而妻之父母冤之，哭诉不已。四年，狱不决。公既领事，即时客系，而去其械，间数日，引问曰："死者首何指？"曰："东。"又数日，引问曰："自刑者刃之靶何向？"曰："南。"又数日，引问曰："死者仰耶？覆耶？"曰："仰。"又数日，引问曰："死者所用之手左耶？右耶？"曰："右。"即诘之曰："是则果非自刑也。如尔之说，即刃之靶当在北矣。"民叩头曰："死罪，实某煞之，不敢隐。"遂以具狱，正其刑名焉。丁太尉府君忧，号慕泣血如前丧，而毁瘠有加焉，成人之心也。服阕，荆南裴大夫复请为从事，除大理评事兼监察御史。府罢，入故相国郑公东都留守幕。后故相国李公绛代郑公居守，留公仍旧职，转殿中侍御史，赐绯鱼袋。移府，又以旧秩署华州防御判官。李公入拜大兵部，故相国崔公群替守华下，喜曰：吾真得杨侍御矣。又署旧职，府移宣城，以礼部员外郎副团练使，三州之重事，一以委之。公亦备竭心力，用酬所遇。崔公当代贤相，匡赞清直之外，尤以文雅风流自处，一觞一咏，莫有俦比。唯公能对之。以此益厚。征侍御史，转起居舍人。长庆初，段相文昌与故相国萧公俛论事穆宗之前，段曲而辩，萧公拂衣谢病去，除同州刺史。闻其风者，懦夫有立志。当时修起居注者，段之党也，诡其词而挫萧公焉。公及此见之，叹曰："吁！贤相之美，其可诬乎！予不正之，是无用史笔也。"于是重注萧公事迹，人到于今 称 之。授司勋员外郎，复从相国李公绛兴元节度之请，除检校户部郎中、摄御史中丞，充其军倅。李公素刚直，尤憎恶宦者，不能容之。监军使积怨，因构扇军中凶辈作乱。李公与僚佐登城楼避其锋，贼势益凌炽。公执李公之手，誓以同死。俄而贼刃中李公之臂，公犹换其手而执之。公之竖銮铃号于公曰：相公臂断矣，不可执也，不如逃而免之。公不可。铃救之急，乃用力抱公，投于女墙之外，遂折左足。及归京师，呻痛羸卧，每亲交会话，唯以不与李公同死为恨，未尝言及折足事。朝廷多之，拜户部郎中，寻帖史馆修撰，由起居之直笔也。文宗好读《左氏传》，而病杜解太简，特诏公演注之，儒者称其美。转司封郎中。是时郑注以奸诈惑乱文宗皇帝，用事禁中。公仲兄虔州府君时为京兆尹，显不附会。注因中以危法。帝怒，将必煞之，系御史府。公泥首跣足，与诸子侄挝登闻鼓诉冤，备奏郑注奸诈状，文宗稍悟。虔州府君翌日自御史狱贬虔州司马，公友爱之效也。公亦以忤奸党出为舒州刺史。在郡苦节，以安人为己任，百姓歌之。转湖州、亳州、苏州，理行一贯，结课第考，年年称最。迁桂州观察使兼御史中丞。廉问峻整，部内清肃。转浙东观察使、御史大夫。始至之日，按监军使部将取受事，正其重刑，宦竖屏息，时论以为难。入拜给事中，迁户部侍郎，出为荆南节度、检校礼部尚书。奉公以勤，待物以弘。常轸恤人之虑，不萌利己之念。苟须坚守，不惧流谤。监军使段归文小使取索无节，公悉禁绝之。其后归毁于宣宗皇帝，虽不之信，犹罢镇，征入为工部尚书。未几，除秘书监，又改检校工部尚书、国子祭酒。闲秩七载，恬澹安逸，未尝以退落介意。复授同州刺史。到郡，计日受俸，生生之具，不取于官。岁时伏腊，属邑之馈献者，虽鱼雉之微不复受。迁宣武军节度使，检校户部尚书。汴州频易主帅，府库空 虚 。公至之日，苦志□壁，阜安军伍。未周岁报政，政成而受代，迁天平军节度使。道病，归于东都。以咸通二年七月十日，薨于宣教坊之私第。讣及阙下。皇帝罢朝一日，赠右仆射。呜呼哀哉！公在家称其孝悌，取友尚于信实。虔州府君与崔行检善，行检没，公探虔州之□，养其子，立其家，至于成人。公与故翰林学士路公群有深契，路公病累月，公躬亲省视，备其医药。路公之没，公亲临之，始终无恨焉。斯可谓士林之仁人，朝右之耆德。且又天付济活之才，而不登三事，岂命也夫！前夫人郑氏，后魏中书令義十代孙，初定氏族，甲于众姓；北齐尚书令、平简公述祖八代孙，皇秘书少监繇曾孙，秘书监审之孙。先公以雄文硕学，洁行全德，不求闻达，屈居下位，至抚王府长史，赠右仆射。夫人即仆射之幼女，余之姊也。以婉顺闲淑，归于公之室，十有一年，主中馈之理。公亦以清阀鼎望，敬之加隆。先公三十有九年而没。生二子：曰筹，曰范，皆登进士第，有令名于当时。筹长安尉，范今襄州节度蒋公系从事，试大理评事。公之长子思愿，郑夫人鞠之同于己子，有清文懿行，今为国子周易博士。继夫人韦氏，开元宰相安石之玄孙，歙州刺史同则之女也。贤德令范，达于六姻。生二子：曰符，曰篆。皆禀训端悫，以文学举进士。一女适前进士周慎辞。又别四女，长适前凤翔从事、检校礼部员外张温，其三女未笄。别七子曰諲，以志学取礼科，今为著作佐郎；曰郡，曰同，曰艮，曰巽，曰涣，曰升。皆用和敏孝敬，率诸兄之教导，萼不之列，熙熙然无尤违焉，亦可谓余庆之门矣。以其年十一月廿日，归葬于河南县金谷乡尹村北邙山之南麓，列于累代旧卜之域，郑夫人祔焉，礼也。将葬，其孤思愿、筹、范等号踊崩擗，收涕告于其舅薰曰："先公之盛德大业，布于寰中，然莫如舅知之备。流美万祀，愿假刀札。"余实能详之，著录不让，非敢以文。其铭曰：

洛北溪兮邙岗墥，柏梢梢兮杨氏阡。积德行兮当英贤，垄域接兮楸檟连。公之道兮清白传，名振古兮身闷泉。逝不可逃丘与渊，始终无恨胡为冤？孝悌报施诚动天，子子孙孙千万年。噫！

将仕郎监察御史里行郑繁书。

《杨汉公墓志》，杨汉公（784—861），字用乂，唐虢州弘农华阴人。官至天平军节度使。咸通二年(861)七月十日卒于宣教坊,同年十一月廿日归葬于河南县金谷乡尹村北邙山之南麓。墓志青石质,方形,志四侧线刻变形莲海石榴纹饰。高 87 厘米、宽 90 厘米。志文楷书,31 行,满行 31 字,共计 876 字。首题"唐故银青光禄大夫检校户部尚书使持节郓州诸军事守郓州刺史充天平军节度郓曹濮等州观察处置等使御史大夫上柱国弘农郡开国公食邑二千户弘农杨公墓志铭并序",题署"正议大夫守尚书刑部侍郎上柱国赐紫金鱼袋郑薰撰",末署"将仕郎监察御史里行郑繁书"。志石现藏洛阳古代艺术馆。拓片图版,载于《洛阳出土历代墓志辑绳》,第 699 页;录文载于《唐代墓志汇编续集》第 1036—1039 页,又见于《全唐文补遗》第 6 辑,第 178—181 页。与杨汉公墓志同时出土有《唐华州潼关防御判官朝请郎殿中侍御史内供奉骁骑尉赐绯鱼袋杨汉公故夫人荥阳郑氏(本柔)墓志铭并叙》。李献奇、周铮有《唐杨汉公及妻郑本柔继室韦媛墓志综考》,载《碑林集刊》第 9 辑,陕西人民美术出版社 2003 年版,第 16—26 页。高桥继男、玉野卓也、竹内洋介有《唐〈楊漢公墓誌〉考釈》,载《アジア文化研究所研究年報》2005、2006 年号(第 40、41 号),东洋大学アジア文化研究所 2006、2007 年发行,第 37—49 页。杨汉公诗,载于《全唐诗》卷五一六,第 5899 页。

文 学 家 世

弘农杨氏是汉代曾显赫一时的大家族,出现过杨恽、杨喜、杨震这样影响当时及后世的重要人物。适应汉代经学的发展,杨恽精研儒学,为其家族奠定了甚为稳定的家学传统,因而在东汉时以杨震为代表的杨氏的声望达到峰巅。但到了魏晋南北朝时期,随着与政治的疏离以及儒学衰微的社会政治环境,杨氏一族也走上了衰落的道路。隋朝弘农杨氏开国,结束了南北朝分裂的局面,弘农杨氏与皇族合而为一,一时鼎盛,气象非凡。然国祚短暂,不久即更替易主。初唐以后,李武韦杨虽形成了婚姻集团,对于唐代政治的发展具有重大的影响,但这到盛唐时的杨国忠而终结。而这一集团中的杨氏与中晚唐时期的通过科举等途径进入政治舞台的杨氏颇不相同。《杨汉公墓志》于其家世渊源叙述得颇为详尽:

公讳汉公,字用乂,弘农华阴人也。杨氏之先,与周同姓,自文王昌之子唐叔虞,虞生燮父,燮父生六。当昭王时,以六月六日生,故以六名之。生而有文在其手，左曰杨，右曰侯。昭王曰：其祖有之，天所命也。遂封六为杨侯，国于河洛之间，字之曰君牙，为穆王司徒。书曰：穆王命君牙为周大司徒。此得姓之源也。君牙十六世孙伯乔，就封于杨，杨氏始大。自伯乔四十一世而震生焉，为汉太尉，所谓四代五公者。震十三世生钧，后魏司空、临贞郡公。生俭，后魏黄门侍郎、夏阳公。俭侄孙素，隋室之元勋，封越国公。故临贞之子孙，皆以越公为房，号夏阳。次子曰文异，即公之七代祖也。派蔓千祀，哲贤相望，宜乎光耀于当时矣。曾祖隐朝，皇同州郃阳县令，夫人京兆杜氏。祖燕客，皇汝州临汝县令，赠工部尚书。皆以贞遁养志，自肥其家，故位不称德。夫人南阳张氏，即大儒硕德司业张公参之妹也。烈考讳宁，皇国子祭酒，赠太尉，始用经学入仕，尝游阳谏议城之门，执弟子礼，洁白端介，为诸儒所称。其舅司业公尤所嗟赏。……前夫人郑氏，……生二子：曰筹，曰范，皆登进士第，有令名于当时。筹长安尉，范今襄州节度蒋公系从事，试大理评事。公之长子思愿，郑夫人鞠之同于己子，有清文懿行，今为国子周易博士。继夫人韦氏，……生二子：曰符，曰篆，皆禀训端悫，以文学举进士。……别七子曰讔，以志学取礼科，今为著作佐郎；曰郡，曰同，曰艮，曰巽，曰涣，曰升。[①]

新出土《杨宁墓志》也有所记述：

本盖姬姓，周宣王之子曰尚父，邑诸杨，得氏于后。至汉赤泉侯喜、安平侯敞，征君宝继家华，下为关西令族焉。公而上六代隋内史令曰文异，五代皇朝银青光禄大夫瀛州刺史曰峻，高祖贺州临贺令讳德立，大王父檀州长史讳徐庆，大父同州郃阳令隐朝，王考汝州临汝令赠华州刺史讳燕客。[②]

---

① 洛阳市文物工作队：《洛阳出土历代墓志辑绳》，中国社会科学出版社 1991 年版，第 699 页。
② 周绍良主编：《唐代墓志汇编》，第 2023 页。

新出土《杨思立墓志》也有所记述：

> 东汉太尉震，儒学之宗，时人号为关西孔子，即其后也。曾祖讳燕客，汝州临汝县令，赠工部尚书；大父讳宁，国子祭酒，赠太尉；先考虞卿，京兆尹，赠太尉；先妣江夏李氏，赠赵国太夫人。外祖郾，门下侍郎平章事。君即太尉第六子也。①

关于杨汉公之子，汉公子杨篆所撰杨汉公妻《韦媛墓志》则言：

> 余之昆姊弟妹二十有一人焉。其五夫人所出也：一兄一姊皆早世。次兄符，皇盐铁巡官、监察御史，从今河中相国李公都之重府也。……兄筹，进士及第，皇监察御史；範，进士及第，皇历太常博士、虞祠金职方四外郎。别十三人，其九：即长兄思愿，前韶州刺史；次兄諲，前洺州刺史，俱拖金紫。知章，前京兆府昭应令。弟筠，进士及第，摄荆南支使。思厚，前陕府士曹。……弟曰籛、曰篯。②

　　就这些墓志而言，这一支杨氏，在隋朝越国公之前尚较显耀，然进入唐朝，就甚少闻人，直到杨宁一代始又发迹，至汉公一世，更为强盛。邓名世《古今姓氏书辩证》卷一三："汝士兄弟四人，共有二十七子、三十六孙，其间多知名者。"③杨氏兴盛之后，居于长安的靖恭、新昌、修行、永宁等坊，并相传数世，以至于时人以坊里代称家族。其宗族家风，颇能恢复汉代以后的声望，追溯其始，亦源远而流长。
　　唐代越国公房一系，文化发达，文学鼎盛，大要分支有三个族系：一是杨汉公一系，一是杨嗣复一系，一是杨收一系。这里我们将杨汉公与杨

---

① 吴钢主编：《全唐文补遗》第 1 辑，第 419 页。
② 吴钢主编：《全唐文补遗》第 6 辑，第 199—200 页。
③ ［宋］邓名世：《古今姓氏书辩证》卷一三，《景印文渊阁四库全书》第 922 册，第 137 页。

嗣复族系列出《杨汉公家族世系表》《杨嗣复家族世系表》①。

杨汉公家族世系表

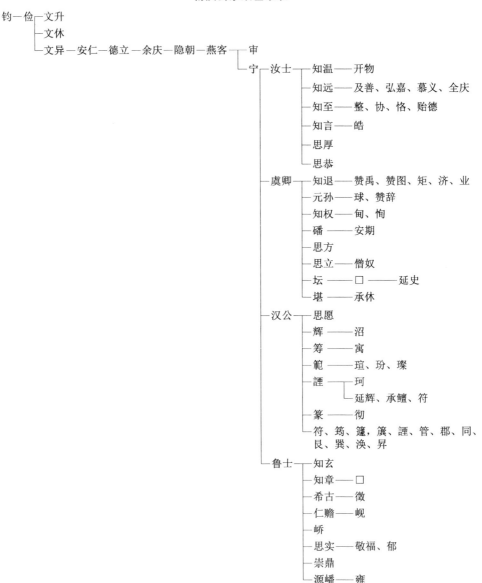

①   本表据《新唐书·宰相世系表》、新出土墓志，参考赵超《新唐书宰相世系表集校》、王静《靖
恭杨家——唐中后期长安官僚家族之个案研究》之《靖恭杨家谱系》（《唐研究》第 11 卷，第
396—397 页）制成。

杨嗣复家族世系表

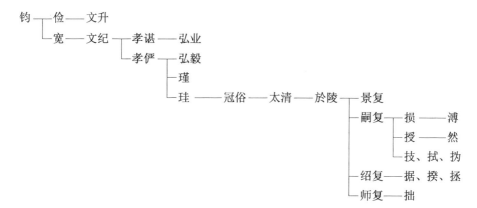

由于杨氏家族在当时政治舞台上具有重要地位,且文化底蕴与政治
地位又相适应,故而杨氏家族也就出现了很多著名的文学家,诸如靖恭一
系自杨宁以后数代,每代都有文学名人出现,杨汝士兄弟四人都以文学著
名,并有作品流传于后世。

杨汝士,字慕巢,杨汉公之兄。唐穆宗长庆四年(824)登进士第。牛
僧孺、李宗闵待之甚善,引为中书舍人。开成元年(836),由兵部侍郎出镇
东川。入为吏部侍郎,终刑部尚书。两《唐书》有传。《全唐诗》卷四八四
存诗七首另一句,《全唐文》卷七二三收其文二篇。杨汝士在中唐时期具
有较大的影响,五代王定保《唐摭言》记载了两件事,一是该书卷三云:"宝
历年中,杨嗣复相公具庆下继放两榜。时先仆射(按,指杨於陵)自东洛入
觐,嗣复率生徒迎于潼关。既而大宴于新昌里第,仆射与所执坐于正寝,
公领诸生翼坐于两序。时元、白俱在,皆赋诗于席上,唯刑部杨汝士侍郎
诗后成,元、白览之失色。诗曰:'隔坐应须赐御屏,尽将仙翰入高冥。文
章旧价留鸾掖,桃李新阴在鲤庭。再岁生徒陈贺宴,一时良史尽传馨。当
年疏传虽云盛,讵有兹筵醉酕醄!'汝士其日大醉,归谓子弟曰:'我今日压
倒元、白。'"[1]二是该书卷一三云:"裴令公居守东洛,夜宴半酣,公索联
句,元白有得色。时公为破题,次至杨侍郎(汝士,或曰非也)曰:'昔日兰

---

① ［五代］王定保:《唐摭言》卷三,第32页。

亭无艳质，此时金谷有高人。'白知不能加，遽裂之曰：'笙歌鼎沸，勿作此冷淡生活！'元顾曰：'白乐天所谓能全其名者也。'"①杨汝士在中唐诗坛上颇为活跃，与之唱和者就有白居易、贾岛、刘禹锡、姚合、李商隐、杨汉公、柳棠等，现存交往诗多达 42 首。

杨虞卿，字师皋，杨汉公之兄。元和五年进士，又应博学宏辞科，为校书郎，擢监察御史，历官弘文馆学士、给事中、工部侍郎，官至京兆尹。因事贬虔州司马，卒于任。两《唐书》有传。《全唐诗》卷四八四存《过小妓英英墓》诗一首及《过华作》残句一则。《全唐文》卷七一七收文一篇。杨虞卿与唐代诗人颇有还往，白居易有《赴杭州重宿棣华驿见杨八旧诗感题一绝》《和杨师皋伤小姬英英》《送杨八给事赴常州》《晚春闲居杨工部寄诗杨常州寄茶同到因以长句答之》《和杨同州寒食乾坑会后闻杨工部欲到知予与工部有宿醒》等，杨虞卿卒后，白居易还有《哭师皋》诗。刘禹锡有《和杨师皋给事伤小姬英英》《和浙西尚书闻常州杨给事制新楼因寄之作》《寄毗陵杨给事三首》。姚合有《寄杨工部闻毗陵舍弟自罨溪入茶山》《杨给事师皋哭亡爱姬英英窃闻诗人多赋因而继和》。李商隐有《哭虔州杨侍郎》诗。张又新《牡丹》诗："牡丹一朵直千金，将谓从来色最深。今日满栏开似雪，一生辜负看花心。"②还暗含着与杨虞卿诗歌交往的逸事③。

杨鲁士，字宗尹，本名殷士。白居易妻兄。长庆元年进士擢第，其年诏翰林覆试，殷士与郑朗等覆落，因改名鲁士。复登制科，曾为检校礼部员外郎，水部员外郎分司东都。出土文献有杨鲁士为其夫人所撰《唐故濮阳郡夫人吴氏墓志并铭》，题署官职为"朝议郎行尚书水部员外郎分司东

① ［五代］王定保：《唐摭言》卷一三，第 149 页。
② ［清］彭定求：《全唐诗》卷四七九，第 5452 页。
③ ［唐］孟棨《本事诗》还记载杨虞卿与另一位诗人张又新交往时的逸事："张郎中又新，……张与杨虔州齐名友善，杨妻李氏，即郎相之女，有德无容，杨未尝言（按，此版本无介字），敬待特甚。张尝谓杨曰：'我少年成美名，不忧仕矣。唯得美室，平生之望斯足。'杨曰：'必求是，但与我同好，必谐君心。'张深信之。既婚，殊不惬心。杨以笏触之曰：'君何大痴！'言之数四，张不胜其忿，回应之曰：'与君无间，以情告君，君误我如是，何谓痴？'杨历数求名从宦之由曰：'岂不与君皆同邪？'曰：'然。''然则我得丑妇，君讵不闻我邪？'张色解，问：'君室何如？'曰：'特甚。'张大笑，遂如初。张既成家，乃诗曰：'牡丹一朵直千金，将谓从来色最深。今日满阑开似雪，一生辜负看花心。'"（《历代诗话续编》，第 9 页）

都上柱国赐绯鱼袋"①。白居易与其有诗歌往还,如《和杨六尚书喜两弟汉公转吴兴鲁士赐章服命宾开宴用庆恩荣赋长句见示》。开成二年三月三日,以裴度为首的洛阳被禊聚会,也有白居易和杨鲁士参加,极一时之盛事②。杨鲁士还与其兄汝士等同尚佛教,宋沙门戒珠《净土往生传》载:"释知玄,字后觉,姓陈氏,眉州洪雅人也。……杨刑部汝士、高左丞元裕、长安杨鲁士,咸造门拟结莲社。"③

杨知温,汝士子,以礼部郎中充翰林学士,拜中书舍人,转工部侍郎,尚书左丞,河南尹,吏部侍郎,江陵节度使。新、旧《唐书》有传。《大唐西市博物馆藏墓志》四五〇载《唐故正议大夫守河南尹柱国赐紫金鱼袋赠礼部尚书武阳李公墓志铭并序》,题署"中大夫守河南尹柱国赐紫金鱼袋杨知温撰,中散大夫使持节常州诸军事权知常州刺史柱国杨知至书"④。

杨知远,汝士子,曾官职方郎中。《大唐西市博物馆藏墓志》四五一载《唐故河南尹赠礼部尚书李公夫人弘农郡君杨氏墓志铭并叙》,题署"仲兄朝散大夫尚书职方郎中柱国知远撰,季兄中散大夫使持节常州诸军事权知常州刺史柱国知至书"⑤。

杨知至,字幾之,汝士之子,登进士第。初为浙东团练判官,历户部员外郎,比部郎中、知制诰,终户部侍郎。《全唐诗》卷五六三存诗二首。唐范摅《云溪友议》卷上《钱歌序》记载其为浙西团练判官时唱和的场面,唱

① 吴钢主编:《全唐文补遗》第4辑,第152页。按,志称"生子三人:曰知玄、知晦、知章",与《新唐书·宰相世系表》不合。
② 白居易《三月三日被禊洛滨》诗序云:"河南尹李待价以人和岁稔,将禊于洛滨。前一日,启留守裴令公。令公明日召太子少傅白居易、太子宾客萧籍、李仍叔、刘禹锡、前中书舍人郑居中、国子司业裴恽、河南少尹李道枢、仓部郎中崔晋、司封员外郎张可续、驾部员外郎卢言、虞部员外郎苗愔、和州刺史裴俦、淄州刺史裴洽、检校礼部员外郎杨鲁士、四门博士谈弘谟等一十五人,合宴于舟中。由斗亭,历魏堤,抵津桥,登临溯沿,自晨及暮,簪组交映,歌笑间发,前水嬉而后妓乐,左笔砚而右壶觞,望之若仙,观者如堵。尽风光之赏,极游泛之娱。美景良辰,赏心乐事,尽得于今日矣。"(《白居易集笺校》卷三三,第2298—2299页)
③ 〔宋〕赞宁:《宋高僧传》卷六,第129—130页。
④ 胡戟、荣新江:《大唐西市博物馆藏墓志》,第968页。
⑤ 胡戟、荣新江:《大唐西市博物馆藏墓志》,第973页。

和者有诗人李讷、崔元范、封彦冲、卢邺、高湘、卢潈等①。

　　杨知退，字先之，杨虞卿之子。为郓曹濮等州观察判官，亳州刺史，官至左散骑常侍。新出土墓志有杨知退撰《唐故范阳卢氏夫人墓志铭并序》②，《唐故朝议大夫前凤翔节度副使检校尚书兵部郎中兼御史中丞上柱国赐紫金鱼袋弘农杨府君（思立）墓志铭并序》，志云："吾弟兄八人，实谬专祭，凋落乃半，诉天何阶？"③

　　杨篆，新出土墓志有杨知退撰《唐故朝议大夫前凤翔节度副使检校尚书兵部郎中兼御史中丞上柱国赐紫金鱼袋弘农杨府君（思立）墓志铭并序》，志云："吾弟兄八人，实谬专祭，凋落乃半，诉天何阶？"末署"仲父弟、山南东道节度判官、将仕郎、殿中侍御史内供奉、赐绯鱼袋篆书"④。杨篆，杨知章子，杨汉公孙。新出土墓志有杨篆撰《我大唐故天平军节度副大使知节度事郓曹濮等州观察处置等使银青光□□夫检校户部尚书使持节郓州诸军事兼郓州刺史御史大夫上柱国弘农郡开国公食邑二千户赠司徒杨公（汉公）夫人越国太夫人韦氏（媛）墓志铭并序》，题署"孤子篆泣血撰奉"⑤。

---

① ［唐］范摅：《云溪友议》卷上《钱歌序》条："李尚书讷夜登越城楼，闻歌曰'雁门山上雁初飞'，其声激切，召至，曰：'去籍之妓盛小丛也。'曰：'汝歌何善乎？'曰：'小丛是梨园供奉南不嫌女甥也。所唱之音，乃不嫌之授也。今色将衰，歌当废矣！'时察院崔侍御元范，自府幕而拜，即赴阙庭，李公连夕钱崔君于镜湖光候亭。屡命小丛歌钱，在座各为一绝句赠送之。亚相为首唱矣，崔下句云：'独向柏台为老吏。'皆曰：'侍御凤阁中书即其程也，何以老于柏台？'众请改之。崔让曰：'某但止于此任，宁望九迁乎？'是年秋，崔君鞠狱于谯中，乃终于柏台之任矣。杨、封、卢、高数篇，亦其次也。《听盛小丛歌送崔侍御》，浙东廉使李讷：'绣衣奔命去情多，南国佳人敛翠蛾。曾向教坊听国乐，为君重唱盛丛歌。'《奉和亚台》，御史崔元范：'杨公留宴岘山亭，洛浦高歌五夜情。独向柏台为老吏，可怜林木响余声。'团练判官杨知至：'燕赵能歌有几人，落花回雪似含嚬。声随御史西归去，谁伴文翁怨九春？'观察判官封彦冲：'莲府才为绿水宾（庚杲之在王俭府，似芙蓉泛绿水，故有此句），忽乘骏马入咸秦。为君唱作西河调，日暮偏伤去住人。'观察支使卢邺：'何郎戴笏别贤侯，更吐歌珠宴庾楼。莫道江南不同醉，即陪舟楫上京游。'前进士高湘：'谢安春渚钱袁宏，千里仁风一扇清。歌黛惨时方酩酊，不知公子重飞觥。'处士卢潈：'乌台上客紫髯公，共捧天书静镜中。桃叶不须歌白苎，耶溪暮雨起樵风。'"（《云溪友议校笺》，第47—48页。）
② 周绍良主编：《唐代墓志汇编》，第2477页。
③ 吴钢主编：《全唐文补遗》第1辑，第420页。
④ 吴钢主编：《全唐文补遗》第1辑，第420页。
⑤ 吴钢主编：《全唐文补遗》第6辑，第199页。

　　杨汉公宗人杨於陵、杨嗣复是中晚唐时重要的政治家和文学家,他的一支也出现了一些文学人物。

　　杨於陵(753—830),字达夫,嗣复之父。擢进士第,授润州句容主簿。贞元八年,入朝为膳部员外郎。历官吏部郎中、中书舍人、华州刺史、浙东观察使,入为京兆尹,官至户部侍郎。两《唐书》有传。《全唐诗》卷三三〇存其诗三首。近年新出土唐碑又发现杨於陵诗一首①。《全唐文》卷五二三收其文十二篇,《唐文拾遗》卷二四补其文二篇,《全唐文补编》卷六七补其文二篇。杨於陵与中晚唐诗人刘长卿、权德舆、武元衡、白居易、刘禹锡、柳宗元、许浑都有唱和之作。

　　杨嗣复(783—848),字继之,又字庆门,贞元十九年进士,二十年登博学宏辞科,进右拾遗,累迁中书舍人。开成初以户部侍郎同中书门下平章事。武宗朝贬为潮州刺史。宣宗立,起为江州刺史,以吏部尚书召还,道于岳州卒。嗣复曾两知贡举,取士六十八人,后多显达。两《唐书》有传。《全唐诗》卷四六四存诗五首,《全唐文》卷六一一收其文六篇,《唐文拾遗》卷二五补一篇。杨嗣复曾与李绛、刘禹锡、白居易、庾承宣作《花下醉》联句。杨汝士有《和宗人尚书嗣复祠祭武侯毕题临淮公旧碑》诗:"古柏森然地,修严蜀相祠。一过荣异代,三顾盛当时。功德流何远,馨香荐未衰。敬名探国志,饰像慰甿思。昔谒从征盖,今闻拥信旗。固宜光宠下,有泪刻前碑。"②白居易与杨嗣复交往诗多达十一首。《大唐西市博物馆藏墓志》三八八《唐故尚书左仆射赠太子太保颍川韩贞公夫人陇西郡夫人李氏墓志铭并序》,题署"正议大夫尚书吏部侍郎上柱国弘农县开国伯赐紫金鱼袋杨嗣复撰"③。

————————

①　据《洛阳晚报》公布,2010 年 9 月 29 日,西气东输工程洛宁气站在洛宁县东宋乡官庄村西施工现场出土唐碑一通,碑文为:"赴东都知选,睹裴阁老曹长旧题,率然纪列:'寥落卸亭秋树中,晓霜寒吹转朦胧。前山灵药讵可问,马迹悠悠西复东。'元和五年九月二十七日吏部侍郎杨。先祖司空元和中题诗在临泉驿梁上,岁月寖远,文字湮暗,难予披寻。乾符五年十月三日赴镇平卢,命仲弟河南尹授刻石致于垣墙,传于永久。平卢军节度使检校左散骑常侍兼御史大夫赐紫金鱼袋杨损记。"(《洛阳晚报》2010 年 10 月 13 日第 A06 版)
②　[清]彭定求:《全唐诗》卷四八四,第 5499 页。
③　胡戟、荣新江:《大唐西市博物馆藏墓志》,第 836—837 页。

杨绍复，字绍之，进士出身，宏辞登科，曾修《续会要》。《新唐书·艺文志》："《续会要》四十卷，杨绍复、裴德融、崔瑑、薛逢、郑言、周肤敏、薛廷望、于珪、于球等撰。"①《全唐文》卷七三三收其文一篇，《全唐文补编》卷七八补其文一篇。

杨损，字子默，以荫受官，为蓝田尉。三迁京兆府司录参军，入为殿中侍御史。改户部员外郎、洛阳县令。入为吏部员外，出为绛州刺史。路岩罢相，征拜给事中，迁京兆尹。卢携作相，有宿憾，复拜给事中，出为陕虢观察使。逾年，改青州刺史、御史大夫、淄青节度使。又检校刑部尚书、郓州刺史、天平军节度使。未赴郓，复留青州，卒于镇。前条杨于陵下所引新出土碑刻，即有杨损题记："先祖司空元和中题诗在临泉驿梁上，岁月寖远，文字湮暗，难予披寻。乾符五年十月三日赴镇平卢，命仲弟河南尹授刻石致于垣墙，传于永久。平卢军节度使检校左散骑常侍兼御史大夫赐紫金鱼袋杨损记。"②

士 族 婚 姻

（一）杨汉公婚姻

《杨汉公墓志》记载杨汉公的婚姻："前夫人郑氏，后魏中书令義十代孙，初定氏族，甲于众姓；北齐尚书令、平简公述祖八代孙，皇秘书少监繇曾孙，秘书监审之孙。先公以雄文硕学，洁行全德，不求闻达，屈居下位，至抚王府长史，赠右仆射。夫人即仆射之幼女，余之姊也。以婉顺闲淑，归于公之室，十有一年，主中馈之理。公亦以清阀鼎望，敬之加隆。先公三十有九年而没。……继夫人韦氏，开元宰相安石之玄孙，歙州刺史同则之女也。贤德令范，达于六姻。……以其年十一月廿日，归葬于河南县金谷乡尹村北邙山之南麓，列于累代旧卜之域，郑夫人祔焉，礼也。"

韦氏和郑氏都是唐朝的望族，这两个家族从汉代以后经历过兴起、壮大和鼎盛的过程,成了一个绵延数百年,文化传承不断的冠盖士族。北朝时期,郑氏就被定为和崔氏、王氏、卢氏并列的四大著姓,唐代韦氏和杜氏则被誉为"城南韦杜,去天尺五",因而《杨汉公墓志》记载的与郑氏、韦氏的婚姻,对于研究唐代的文学家族具有重要意义。

郑氏,杨汉公的首任妻子郑本柔墓志已经出土,题署"鳏夫弘农杨汉公撰"。志云:"夫人讳本柔,字本柔,荥阳人也。清白继代,礼法传家。时称德门,望冠他族。曾祖繇,皇博州刺史。祖审,皇秘书监。皆学深壶奥,文得精华。儒林宗师,士族领袖。烈考逢,皇抚王府长史。天与孝友,性根仁义。公材见于行事,文学止于饰身。不耀声光,终亦沉屈。积德储庆,钟于夫人。夫人即长史之第二女。……夫人出博陵崔氏,外祖鹏,鄜坊殿中侍御史,以清直称。夫人从母故工部尚书裴公佶之夫人,爱隆诸甥,情若己子。"①郑本柔墓志,为杨汉公亲自所撰,值得注意的是,叙述郑本柔的家世,注重其族望,即"清白继代,礼法传家。时称德门,望冠他族"。同时墓志的后半部分,叙述了郑本柔的母系出于博陵崔氏和从母河东裴氏。这就清楚地说明杨氏、郑氏、裴氏几个望族之间的婚姻关系。又《杨汉公墓志》云:"夫人即仆射之幼女,余之姊也。"撰人题署"正议大夫守尚书刑部侍郎上柱国赐紫金鱼袋郑薰撰"。则郑薰与杨汉公是子舅的关系。郑薰与杨汉公的交往,还可见于《古刻丛钞·张公洞壁记》:"前检校户部郎中、兼兴元少尹、摄御史中丞、赐紫金鱼袋杨汉公,岭南观察推官、试秘书省校书郎郑薰。"②可与墓志"复从相国李公绛兴元节度之请,除检校户部郎中、摄御史中丞,充其军倅"相发明。

韦氏,杨汉公的继任妻子韦媛墓志也已出土,为其子杨篆所撰,志文于其家世记载极为详尽:"夫百氏之源,得姓各异。或因官著,或由地称。于再于三,改易乃定。唯韦始定氏,便为赫族。组接蝉联,累叶叠庆,代有显德,不可胜言。周大司空、郧国公讳孝宽,谥曰忠孝。贞亮拔俗,文武全功,盛烈殊勋,著在简册。旌德定谥,前史不诬。洎于我开元丞相讳安石

① 吴钢主编:《全唐文补遗》第8辑,第132—133页。
② [明]陶宗仪:《古刻丛钞》,第88页。

郇国公,逐霸子于临博,折易之之怙权。正直之规,今古无对。始封郿国公,故言韦氏者,尤以郿公称。夫人即其后也。曾王父讳斌,皇任中书舍人、临汝郡太守,赠太子太保。大王父讳沨,皇任洛阳县令、华州司马,赠工部尚书。烈考讳同则,皇任大理卿致仕,赠右仆射。先夫人河东裴氏。外祖讳通,以儒术著世,清规素范,表率士风。夫人讳媛,释号圆明性,仆射公之长女也。特禀异气,实为间生。况乎籍中外之基,极见闻之本,未笄而四德备矣。我外族与京兆杜氏俱世家于长安城南。谚有云：'城南韦杜,去天尺五。'望之比也。所居别墅,一水西注,占者以为多贵婿之象。其实姻妻之盛,他家不侔。"①这里对于韦媛家族的叙述,也极重族望。韦孝宽在北周时官至骠骑大将军、司空、上柱国。《周书》《北史》均有传。韦安石是唐代武则天、中宗、睿宗三朝宰相。新、旧《唐书》皆有传。其父韦同则,也是唐代一位诗人,《全唐诗》卷三〇九存其《仲月赏花》诗一首："梅花似雪柳含烟,南地风光腊月前。把酒且须拚却醉,风流何必待歌筵。"②墓志除了注重韦氏外,还特地叙述了其外族河东裴氏。这与杨汉公所撰《郑本柔墓志》同样是重视婚姻中的族望联姻的。

（二）杨汉公家族婚姻

《杨汉公墓志》记载他及其前几世的婚姻情况："曾祖隐朝,皇同州郃阳县令,夫人京兆杜氏。祖燕客,皇汝州临汝县令,赠工部尚书。皆以贞遁养志,自肥其家,故位不称德。夫人南阳张氏,即大儒硕德司业张公参之妹也。烈考讳宁,皇国子祭酒,赠太尉,始用经学入仕,尝游阳谏议城之门,执弟子礼,洁白端介,为诸儒所称。其舅司业公尤所嗟赏。夫人长孙氏,长安令纁之女也。闺范庄整,为士林之表。公出于长孙夫人,即太尉府君第三子也。"

京兆杜氏,杨汉公曾祖母为京兆杜氏,杜氏为唐代京兆极为鼎盛的望

---

① 吴钢主编：《全唐文补遗》第 6 辑,第 199—200 页。又见陈长安主编：《隋唐五代墓志汇编》(洛阳卷)第 14 册,第 191 页。

② ［清］彭定求：《全唐诗》卷三〇九,第 3494 页。

族，前引《韦媛墓志》即记载当时俗谚称为"城南韦杜，去天尺五"。宋邓名世《古今姓氏书辩证》卷二四："隋唐都京兆，杜氏、韦氏皆以衣冠名位显，故当时语曰：'城南韦杜，去天尺五。'二家各名其乡，谓之'杜曲''韦曲'。自汉至唐，未尝不为大族。"①但汉公墓志没有记载其曾祖母先世之名，故出于杜氏哪一支，尚待详考。

南阳张氏，杨汉公祖母为南阳张参之妹。张参为国子司业，撰有《五经文字》。《四库全书总目》卷四一称："《五经文字》三卷（两淮马裕家藏本）。唐张参撰。参里贯未详。《自序》题'大历十一年六月七日'，结衔称'司业'，盖代宗时人。《唐书·儒学传序》，称文宗定《五经》劖之石，张参等是正讹文，误也。考《后汉书》，熹平四年春三月，诏诸儒正《五经》文字，刻石立于太学门外。参书立名，盖取诸此。凡三千二百三十五字，依偏旁为百六十部。刘禹锡《国学新修五经壁记》云：'大历中名儒张参，为国子司业，始详定《五经》，书于讲论堂东、西厢之壁。积六十余载，祭酒皞、博士公肃再新壁书，乃析坚木负墉而比之。其制如版牍而高广，背施阴关，使众如一。'"②孟浩然有《送张参明经举兼向泾州觐省》诗，钱起有《送张参及第还家》，又《郎官石柱题名》户部郎中下有张参名，知张参曾明经及第，官至户部郎中，大历中授国子司业。

长孙氏，杨汉公之母长孙氏，是长安令长孙缤之女。杨汉公之父《杨宁墓志》："夫人故长安县令缤之女。"③长孙本为北魏拓拔氏，后改为长孙氏。在唐代因为唐太宗长孙皇后以及功臣长孙无忌而族望甚隆。据《元和姓纂》卷七"长孙氏"："稚三子澄，周秦州刺史、义文公，生嵘、纬、轨、始、恺。嵘生绩。绩生和人，司农少卿。纬曾孙贞隐，太常博士。轨元孙端，梁州司农，生缤、全绪。缤，长安令。"④岑仲勉校记："缤，长安令。按《旧书》一一四有鄠县令长孙演（宝应二年），时代相合，疑即是，例如卷二之徐

① ［宋］邓名世：《古今姓氏书辩证》卷二四，《景印文渊阁四库全书》第922册，第243页。
② ［清］永瑢等：《四库全书总目》卷四一，第347—348页。
③ 周绍良主编：《唐代墓志汇编》，第2024页。
④ ［唐］林宝：《元和姓纂》卷七，第1079页。

繉，今《旧书》作'徐璜'也。《千唐·杨宁志》，夫人长孙氏，'故长安县令繉之女'。又杨宁妻长孙氏残志：'王考讳繉，……累迁长安县令。'"①又《千唐志斋藏志》钱徽撰《(上阙)大理司直兼殿中侍御史赐绯鱼袋弘农杨公(中阙)志铭并序》，实为杨宁妻长孙氏残志，志云："大父讳揣，历官至□□司法参军。盛业不臻于大任，积庆用发其余荣，泊殁世，追赠太子赞善。王考讳繉，似续家训，施于政经，历职成能，累迁长安县令。"又曰："而伯姊故已适司徒杨公绾矣。"②是知杨氏一族娶长孙氏为妻者至少有杨宁和杨绾二人。

博陵崔氏，杨知远撰《唐故河南尹赠礼部尚书李公(朋)夫人弘农郡君杨氏墓志铭并叙》："恭惟远祖东刘太尉震，有灵鳢之瑞，四代五公，自是以来，尤为望族。曾祖汝州临汝县③、赠工部尚书讳燕客，祖国子祭酒累赠太尉讳宁，显考刑部尚书赠太尉讳汝士，妣赵国太夫人博陵崔氏，法字大乐性。"④知杨汝士娶博陵崔氏。

范阳卢氏，杨知退撰《唐故范阳卢氏夫人墓志铭并序》："曾祖衍，亳州穀孰丞；祖顼，太常寺奉礼；父传素，京兆府法曹。皆以名检礼节称之乡党。……会昌二年适于弘农杨知退。"⑤知杨知退娶范阳卢氏。

陇西李氏，杨知远撰《唐故河南尹赠礼部尚书李公(朋)夫人弘农郡君杨氏墓志铭并叙》，谓杨氏嫁于河南尹李朋为妻。⑥杨知温撰《唐故正议大夫守河南尹柱国赐紫金鱼袋赠礼部尚书武阳李公(朋)墓志铭并序》："柱史廿五代孙(梁)[凉]武昭王暠特为宗表慎婚姻、袭礼法者分为四公子，即绛郡、敦煌、姑臧、武阳是也。今公实武阳房之令胤。"⑦武阳房即陇西李氏分支。

赵郡李氏，杨知退撰《杨思立墓志》："先考虞卿，京兆尹，赠太尉；先妣

①　[唐]林宝：《元和姓纂》卷七，第1080页。
②　周绍良主编：《唐代墓志汇编》，第2555页。
③　原书校记："'县'下，疑有脱字。"
④　胡戟、荣新江：《大唐西市博物馆藏墓志》，第974页。
⑤　周绍良主编：《唐代墓志汇编》，第2477页。
⑥　胡戟、荣新江：《大唐西市博物馆藏墓志》，第973页。
⑦　胡戟、荣新江：《大唐西市博物馆藏墓志》，第968页。

江夏李氏,赠赵国太夫人。外祖郿,门下侍郎平章事。君即太尉第六子也。"①知杨虞卿娶江夏李氏,江夏李氏为赵郡之分支。又杨坛撰《唐故杨秀士墓铭并序》:"秀士讳皓,小字肩目,生于吾家十九年而终。吾家东汉太尉震之后,清业素风,炯灼前史。洎我先公皇京兆尹赠户部尚书讳虞卿,生我仲兄知言,京兆府司录、赐绯鱼袋;仲兄生秀士,实元子也。秀士厥出母姓李氏。"②知杨知言娶李氏。然此未知属于陇西抑或赵郡李氏,附此俟考。

京兆韦氏,杨知退撰《杨思立墓志》:"先考虞卿,京兆尹,赠太尉;先妣江夏李氏,赠赵国太夫人。外祖郿,门下侍郎平章事。君即太尉第六子也。……君娶京兆韦氏,实华族鼎贵,少有伦拟。韦氏妇懿范令仪,可为内则。"③是杨思立娶京兆韦氏。

弘农杨氏自汉代就成为非常显赫的名门望族,隋代又由杨氏建立一代政权,唐朝初年李武韦杨结成婚姻集团,左右着政治的格局。安史之乱以后虽有一段低沉,到中唐又逐渐转盛。表现在婚姻上,以杨汉公一族甚为典型,虽不像山东禁婚士族崔、卢、李、郑、王五姓相互通婚,但也以名门望族为多。诸如京兆韦氏、荥阳郑氏、陇西李氏、赵郡李氏、范阳卢氏,都是名门。从杨汉公家族婚姻的考察可以看出,唐代重要家族的仕宦情况和文化的传承,也是由婚姻结构支撑的。

唐代社会特别重视婚姻观念,与杨氏家族结为婚姻的著名文人不少,具有代表性的人物至少有三人:一是白居易,其妻是杨汝士从父妹。白居易的一生,不仅在政治仕途方面与杨氏家族有着千丝万缕的关系,文学创作上也与杨氏家族往还甚多,在白氏诗文中占有相当的比例。二是柳宗元,其妻是杨凭之女。杨氏本与柳氏有通家之好,柳宗元又娶杨氏为妻,故而文中对杨凭曾经贬谪的遭遇深表同情与不平,并对自己的贬谪南荒而生发感慨,表现同命相怜之感。三是杨凌,娶中唐著名诗人韦应物之

① 吴钢主编:《全唐文补遗》第1辑,第419页。
② 周绍良主编:《唐代墓志汇编》,第2386页。
③ 吴钢主编:《全唐文补遗》第1辑,第419—420页。

女。这对提升杨氏家族的文学地位也具有重要意义。

科 第 出 身

《杨汉公墓志》对其科第出身有所记载："廿九，登进士第，时故相国韦公贯之主贡士，以鲠直公正称。谓人曰：杨生之清规懿行，又有《梦鲁赋》之璟丽，宜其首选，屈居三人之下，非至公也。其秋，辟鄜坊裴大夫武府，得试秘书省校书郎。罢归，就吏部选判，考入第四等，与故相国郑公肃同送名，而郑公居其首。阁下众覆以为公之书判精甚，改就首选，而郑公次之。授秘书省校书郎。"

（一）进士及第

杨汉公二十九岁是元和八年，本年知贡举者为韦贯之。见宋王谠《唐语林》及清徐松《登科记考》卷一八。韦贯之，本名纯，以宪宗庙讳，遂以字称。少举进士。贞元初，登贤良科，授校书郎。秩满，从调判入等，再转长安县丞。改为秘书丞。后与中书舍人张弘靖考制策，第其名者十八人，其后多以文称。转礼部员外郎。改吏部员外郎。元和三年，复策贤良之士，又命贯之与户部侍郎杨於陵、左司郎中郑敬、都官郎中李益同为考策官。贯之奏居上第者三人，言实指切时病，不顾忌讳，虽同考策者皆难其词直，贯之独署其奏。遂出为果州刺史，道中黜巴州刺史。俄征为都官郎中、知制诰。"逾年，拜中书舍人，改礼部侍郎。凡二年，所选士大抵抑浮华，先行实，由是趋竞者稍息。转尚书右丞"①。本年及进士第者，据清徐松《登科记考》卷一八："进士三十人：《文苑英华》有《履春冰诗》，是此年试题。是年唐炎以府元落，张俣、韦元佐以等第罢举，见《摭言》。"②可考者有尹极、舒元舆、张萧远、王含、杨汉公。《旧唐书·杨虞卿传》："弟汉公，……大和八年擢进士第。"③显然有误，而后世典籍多沿袭此误，《全唐诗》卷五

---

① ［后晋］刘昫：《旧唐书》卷一五八，第4174页。
② ［清］徐松：《登科记考》卷一八，第654页。
③ ［后晋］刘昫：《旧唐书》卷一七六，第4563—4564页。

一六:"杨汉公,字用乂,虞卿之弟,(太)[大]和八年擢进士第。"①《全唐文》卷七六〇:"汉公字用乂,虢州宏农人,大和八年进士。"②

(二) 选判入等

杨汉公吏部选判事,《旧唐书·杨虞卿传》载汉公"又书判拔萃"③。墓志记载其书判拔萃前后与两个人有关:一是裴武,因其及第后受裴武之辟为其幕吏并奏授试秘书省校书郎。据《旧唐书·宪宗纪》下:元和八年八月,"丁亥,以司农卿裴武为鄜坊观察使"④,十二月庚辰,"以京兆尹李铦为鄜坊观察使,以代裴武入为京兆尹"⑤。是其受裴武之辟即在元和八年八月至十二月。二是郑肃,郑肃与杨汉公同以书判拔萃。据《旧唐书·郑肃传》,郑肃,荥阳人。元和三年,擢进士第,又以书判拔萃,历佐使府⑥。而墓志记载较史传更为详尽,可以相互参证。

仕 宦 交 游

《杨汉公墓志》记载其一生仕宦经历,尤其是在叙述重要经历的时候,涉及不少政治人物,颇有助于我们对于杨汉公一生立身行事的了解。

裴武,杨汉公早年的经历,与裴武关系很大。首先是登进士第后入裴武的鄜坊幕府,时在元和八年八月至十二月,见上文所考。其次是"裴大夫守华州,以试协律署镇国军判官"。据《旧唐书·宪宗纪下》,元和十一年秋七月丁丑,"以华州刺史裴武为江陵尹,充荆南节度使"⑦。元稹有《裴武授司农卿》制:"自华至荆,无非剧地。钤辖豪右,衣食茕嫠。"⑧因元

---

① 〔清〕彭定求:《全唐诗》卷五一六,第5899页。
② 〔清〕董诰:《全唐文》卷七六〇,第3501页。按,杨汉公登第时间,朱玉麒有《杨汉公进士及第年考辨》一文,载于《江海学刊》1996年第4期,第68页。
③ 〔后晋〕刘昫:《旧唐书》卷一七六,第4564页。
④ 〔后晋〕刘昫:《旧唐书》卷一五,第447页。
⑤ 〔后晋〕刘昫:《旧唐书》卷一五,第448页。
⑥ 〔后晋〕刘昫:《旧唐书》卷一七六,第4573页。
⑦ 〔后晋〕刘昫:《旧唐书》卷一五,第456页。
⑧ 〔唐〕元稹:《元稹集》(修订本)卷四五,第567页。

和十一年二月李绛由华州刺史入为兵部尚书，故杨汉公从裴武华州之辟只能在元和十一年二月至七月之间。再次是裴武镇荆南，以节度掌书记请其入幕，而杨汉公未应。即《墓志》所言"裴大夫移镇荆南，以节度掌书记请之。公曰：膝下之应不可以适远，遂免归。朝夕怡悦，在太尉府君之侧，不以荣进屑于胸襟"。最后是杨汉公丁忧后复入裴武荆南幕府。即《墓志》所言"丁太尉府君忧，号慕泣血如前丧，而毁瘠有加焉，成人之心也。服阕，荆南裴大夫复请为从事，除大理评事兼监察御史"。据新出土《杨宁墓志》，杨宁卒于元和丁酉夏四月，即元和十二年。唐人丁忧三年，然实际是二十五个月。是其从裴武荆南之辟召应在元和十四年五月之后。又元和十五年正月，荆南节度使已由王潜接替。故杨汉公为荆南从事只能在元和十四年。

李翛，《墓志》记载："又选授鄠县尉。京兆尹始见公，谓之曰：'闻名久矣，何相见之晚也。'"在元和十一年五月至元和十二年四月之间，为京兆尹者有李翛、柳公绰、李程三人。据《杨汉公墓志》记载，裴武要辟其为荆南幕吏而汉公不应，理应在关内有其他辟召，才在裴武由华州移荆南时另谋他任，因而这里的京兆尹以李翛最合适当之。《旧唐书·宪宗纪下》：元和十一年十月庚午，"以京兆尹李翛为润州刺史、浙西观察使"[①]。

郑絪，《杨汉公墓志》言："府罢，入故相国郑公东都留守幕。"郑公即郑絪，《旧唐书·宪宗纪下》：元和十三年三月丙申，"以同州刺史郑絪为东都留守"[②]。按，其入郑絪幕是在罢裴武荆南幕后，裴武罢荆南府在元和十五年正月，是其入郑絪幕在元和十五年初。

李绛，杨汉公有两件重要的事与李绛相关：其一是李绛辟署杨汉公为东都留守幕以及华州防御判官。《杨汉公墓志》言："后故相国李公绛代郑公居守，留公仍旧职，转殿中侍御史，赐绯鱼袋。移府，又以旧秩署华州防御判官。"李绛为东都留守的时间，《旧唐书·穆宗纪》：长庆元年十月壬申，"以吏部尚书李绛检校右仆射，判东都尚书省事、东都留守、都畿防

①　［后晋］刘昫：《旧唐书》卷一五，第 457 页。
②　［后晋］刘昫：《旧唐书》卷一五，第 462 页。

御使"①。长庆二年八月丁丑,"以前东都留守李绛为华州刺史,充潼关防御、镇国军等使"②。其二是为兴元军倅时急李绛之难。《杨汉公墓志》言:"授司勋员外郎,复从相国李公绛兴元节度之请,除检校户部郎中、摄御史中丞,充其军倅。李公素刚直,尤憎恶宦者,不能容之。监军使积怨,因构扇军中凶辈作乱。李公与僚佐登城楼避其锋,贼势益凌炽。公执李公之手,誓以同死。俄而贼刃中李公之臂,公犹换其手而执之。公之竖銮铃号于公曰:相公臂断矣,不可执也,不如逃而免之。公不可。铃救之急,乃用力抱公,投于女墙之外,遂折左足。及归京师,呻痛羸卧,每亲交会话,唯以不与李公同死为恨,未尝言及折足事。朝廷多之,拜户部郎中。"考之《旧唐书·李绛传》:"文宗即位,征为太常卿。二年,检校司空,出为兴元尹、山南西道节度使。三年冬,南蛮寇西蜀,诏征赴援。绛于本道募兵千人赴蜀,及中路,蛮军已退,所募皆还。兴元兵额素定,募卒悉令罢归。四年二月十日,绛晨兴视事,召募卒,以诏旨喻而遣之,仍给以廪麦,皆怏怏而退。监军使杨叔元贪财怙宠,怨绛不奉己,乃因募卒赏薄,众辞之际,以言激之,欲其为乱,以逞私憾。募卒因监军之言,怒气益甚,乃噪聚趋府,劫库兵以入使衙。绛方与宾僚会宴,不及设备。闻乱北走登陴,衙将王景延力战以御之。兵折矢穷,景延死,绛乃为乱兵所害,时年六十七。"③可与墓志相印证。

崔群,《杨汉公墓志》:"李公入拜大兵部,故相国崔公群替守华下,喜曰:吾真得杨侍御矣。又署旧职,府移宣城,以礼部员外郎副团练使,三州之重事,一以委之。公亦备竭心力,用酬所遇。崔公当代贤相,匡赞清直之外,尤以文雅风流自处,一觞一咏,莫有俦比。唯公能对之。以此益厚。"崔群为华州刺史以代李绛,在长庆二年。《旧唐书·穆宗纪》:长庆二年八月丁丑,"以前东都留守李绛为华州刺史,充潼关防御、镇国军等

① 〔后晋〕刘昫:《旧唐书》卷一五,第491页。
② 〔后晋〕刘昫:《旧唐书》卷一六,第499页。
③ 〔后晋〕刘昫:《旧唐书》卷一六四,第4291页。

使"①。《旧唐书·崔群传》："授秘书监，分司东都。未几，改华州刺史、兼御史大夫，复改宣州刺史、歙池等州都团练观察等使。"②崔群又是中唐时期的文学家，《全唐诗》卷七九〇收其与裴度、刘禹锡、张籍、贾𫗧联句，元稹、白居易、韩愈、刘禹锡诗中涉及崔群者尚有多首，以此参证，墓志称崔群"文雅风流自处，一觞一咏，莫有俦比"，信实不虚。

萧俛，《杨汉公墓志》："长庆初，段相文昌与故相国萧公俛论事穆宗之前，段曲而辩，萧公拂衣谢病去，除同州刺史。闻其风者，懦夫有立志。当时修起居注者，段之党也，诡其词而挫萧公焉。公及此见之，叹曰：'吁！贤相之美，其可诬乎！予不正之，是无用史笔也。'于是重注萧公事迹，人到于今称之。"这里虽然不是直接交游，但颇能昭示杨汉公的政治立场，尤其与晚唐牛李党争相关，但墓志文字简单而隐讳，故考史传以证之。《旧唐书·萧俛传》记载："穆宗即位之月，议命宰相，令狐楚援之，拜中书侍郎、平章事，仍赐金紫之服。八月，转门下侍郎。十月，吐蕃寇泾原，命中使以禁军援之。穆宗谓宰臣曰：'用兵有必胜之法乎？'俛对曰：'兵者凶器，战者危事，圣主不得已而用之。以仁讨不仁，以义讨不义，先务招怀，不为掩袭。古之用兵，不斩祀，不杀厉，不擒二毛，不犯田稼。安人禁暴，师之上也。如救之甚于水火。故王者之师，有征无战，此必胜之道也。如或纵肆小忿，轻动干戈，使敌人怨结，师出无名，非惟不胜，乃自危之道也。固宜深慎！'帝然之。时令狐楚左迁西川节度使，王播广以货币赂中人权幸，求为宰相，而宰相段文昌复左右之。俛性嫉恶，延英面言播之纤邪纳贿，喧于中外，不可以污台司。事已垂成，帝不之省，俛三上章求罢相任。长庆元年正月，守左仆射，进封徐国公，罢知政事。俛居相位，孜孜正道，重慎名器。每除一官，常虑乖当，故鲜有简拔而涉克深，然志嫉奸邪，脱屣重位，时论称之。……俛性介独，持法守正。以己辅政日浅，超擢太骤，三上章恳辞仆射，不拜。诏曰：'萧俛以勤事国，以疾退身，本末初终，不失其

---

① ［后晋］刘昫：《旧唐书》卷一六，第 499 页。
② ［后晋］刘昫：《旧唐书》卷一五九，第 4189—4190 页。

道,既罢枢务,俾居端揆。朕欲加恩超等,复吾前言。而继有让章,至于三四,敦谕颇切,陈乞弥坚。成尔谦光,移之选部,可吏部尚书。'俄又以选曹簿书烦杂,非摄生之道,乞换散秩。其年十月,改兵部尚书。二年,以疾表求分司,不许。三月,改太子少保,寻授同州刺史。"①此即是具体过程。

杨虞卿,《杨汉公墓志》:"是时郑注以奸诈惑乱文宗皇帝,用事禁中。公仲兄虔州府君时为京兆尹,显不附会。注因中以危法。帝怒,将必煞之,系御史府。公泥首跣足,与诸子侄挝登闻鼓诉冤,备奏郑注奸诈状,文宗稍悟。虔州府君翌日自御史狱贬虔州司马,公友爱之效也。公亦以忤奸党出为舒州刺史。在郡苦节,以安人为己任,百姓歌之。"《旧唐书·杨虞卿传》可与墓志记载相印证:"(大和)九年四月,拜京兆尹。其年六月,京师讹言郑注为上合金丹,须小儿心肝,密旨捕小儿无算。民间相告语,扃锁小儿甚密,街肆忉忉。上闻之不悦,郑注颇不自安。御史大夫李固言素嫉虞卿朋党,乃奏曰:'臣昨穷问其由,此语出于京兆尹从人,因此扇于都下。'上怒,即令收虞卿下狱。虞卿弟汉公并男知进等八人自系,挝鼓诉冤,诏虞卿归私第。翌日,贬虔州司马,再贬虔州司户,卒于贬所。"②

路群,《杨汉公墓志》:"公与故翰林学士路公群有深契,路公病累月,公躬亲省视,备其医药。路公之没,公亲临之,始终无恨焉。斯可谓士林之仁人,朝右之耆德。"按,《翰苑群书》上《重修承旨学士壁记》:"路群,大和三年九月二十一日自右谏议大夫充侍讲学士。四年八月二十七日,改充学士。五年九月五日,改中书舍人。七年十二月十七日,出守本官。"③

文 学 成 就

杨汉公是唐代文学家,《墓志》记载其擅长诗文仅有入崔群华州幕下任职的一段:"崔公当代贤相,匡赞清直之外,尤以文雅风流自处,一觞一咏,莫有俦比。唯公能对之。以此益厚。"有关他的文学成就,我们可以从

---

① [后晋]刘昫:《旧唐书》卷一七二,第4477—4478页。
② [后晋]刘昫:《旧唐书》卷一七六,第4563页。
③ 岑仲勉:《翰林学士壁记注补》,《郎官石柱题名新考订(外三种)》本,第290—291页。

以下两个方面加以考察：一是所存诗文的情况；二是与文学家往还的情况。

（一）杨汉公诗文的成就

杨汉公之诗，《全唐诗》卷五一六存有二首。一首是《登郡中销暑楼寄东川汝士》："岧峣下瞰雪溪流，极目烟波望梓州。虽有清风当夏景，只能销暑不销忧。"①另一首是《明月楼》："吴兴城阙水云中，画舫青帘处处通。溪上玉楼楼上月，清光合作水晶宫。"②这两首诗都是杨汉公在湖州时所作。销暑楼和明月楼都在浙江湖州③，杨汉公为湖州刺史在开成三年至会昌元年。《嘉泰吴兴志》卷一四《郡守题名》："杨汉公，开成三年三月二十自舒州刺史拜，迁亳州刺史，充本道团练镇遏使。……张文规，会昌元年七月十五日自安州刺史授，迁国子司业。"④又《两浙金石志》载杨汉公《顾渚山题名》："湖州刺史杨汉公，前试太子通事舍人崔行章，军事衙推马枳，州衙推康从礼，乡贡进士郑□，乡贡进士贾□，开成四年□月十五日同游，进士杨知本，进士杨知范，进士杨知俭侍从行。"⑤杨汉公在湖州所作的这两首诗，确实写出了湖州的楼台胜景。吴兴地处太湖之滨，天下水国，莫过于此，故画舫青帘，随处可见。溪上一楼，在溪光之上，月光之下，相互辉映，确实如水晶宫一般，写景中透露出作者的倾爱之情。此《明月楼》诗之情韵。而同样处于郡治的销暑楼，下瞰溪流，清风徐来，可以销

---

① ［清］彭定求：《全唐诗》卷五一六，第 5899 页。
② ［清］彭定求：《全唐诗》卷五一六，第 5899 页。
③ ［宋］谈钥：《嘉泰吴兴志》卷一三《宫室》："销暑楼在谯门东，唐贞元十五年李词建有诗四韵，给事中韦某等诗六首，开成中刺史杨汉公重修毕工，在中秋日有诗四首，大中间刺史苏时有销暑楼八韵，杜牧、顾况亦有诗。"（《宋元方志丛刊》，第 4737 页）同卷记载："明月楼，在子城西南隅，知州事徐仲谋《会景楼记》云：由台门而西至明月楼，建已久矣，自谯门火止存旧址。旧编载唐人范传正《正月十五夜玩月》诗有'风凄城上楼''月满庚公楼''夕照下西楼'之句，指言此楼。盖杨汉公《八月十五日夜销暑楼玩月》有'人在虚空月在溪，溪上玉楼，楼上月沉，城上十楼'，未有确据也。又云：旧传郡治大厅居中，谯门翼其前，卞苍拥其后，清风会景，销暑蜿蜒于左，有青龙象。明月一楼，独峙西南隅，为虎踞之形，合阴阳家之说。"（同前）
④ ［宋］谈钥：《嘉泰吴兴志》卷一四，第 4775—4776 页。
⑤ ［清］阮元：《两浙金石志》卷二，《石刻史料新编》第 1 辑第 14 册，第 10232 页。

暑,然作者登上斯楼,有怀东川家兄,故西望梓州,唯见烟波浩渺,不禁忧从中来,故自然道出"虽有清风当夏景,只能销暑不销忧"的名句。

杨汉公之文,《全唐文》卷七六〇收其《干禄字书后记》一篇,《全唐文补编》卷七九收题名二则,《全唐文补遗》第 8 辑收汉公撰其妻《郑本柔墓志》。如墓志中的一段:"夫人以孝奉上,而尊颜悦和;如宾敬夫,而琴瑟谐协。以己之能为不能,处于娣姒;以己之欲为人欲,均于幼贱。外无矫饰,洞启真诚。十年之间,行若始至。汉公身位未偶,东西从人。家常空虚,门足宾友。馨竭供待,饮食躬亲。不惮己劳,克修内事。从爵未贵,衣弊食贫。尝谓余曰:身履正道,只此为荣;行无欺心,只此为贵。内省无慊足矣,岂以外物为得丧哉! 故浮名世荣,不到心虑。必谓保正,可期永年。"①这是墓志的主体部分,将其妻的德行、性格都表现出来,更重要的是通过妻子的告诫写出了夫妻二人情谊的深厚。

(二) 杨汉公的文学交游

杨汉公诗文兼擅,与中晚唐文人交往频繁,较著者有他和杨汝士、白居易、赵嘏、李郢、许浑、姚鹄、李群玉等人的交游。

杨汝士,汝士是汉公之兄。汉公有《登郡中销暑楼寄东川汝士》诗,作于湖州,时杨汝士为东川节度使。杨汝士在东川,时常组织诗歌唱酬之会。姚合有《和郑相演杨尚书蜀中唱和诗》,所谓"蜀中唱和"即指杨嗣复《丁巳岁八月祭武侯祠堂因题临淮公旧碑》诗,及杨汝士《和宗人尚书嗣复祠祭武侯毕题临淮公旧碑》,杨汉公《登郡中销暑楼寄东川汝士》,刘禹锡《寄和东川杨尚书慕巢兼寄西川继之二公近从弟兄情分偏睦早忝游旧因成是诗》,贾岛《观冬设上东川杨尚书》等诗。汉公此诗乃在湖州时遥寄东川杨汝士之作,推测也应该是"蜀中唱和诗"的一部分。

白居易,居易有《重过寿泉忆与杨九别时因题店壁》《和杨六尚书喜两弟汉公转吴兴鲁士赐章服命宾开宴用庆恩荣赋长句见示》《得杨湖州书颇

① 吴钢主编:《全唐文补遗》第 8 辑,第 133 页。

夸抚名接宾纵酒题诗因以绝句戏之》诸诗。据岑仲勉《唐人行第录》："杨九汉公，《白氏集》一一《重过寿泉忆与杨九别时因题店壁》。按此诗系元和十五年白由忠州回京作，结联云：'他日君过此，殷勤吟此篇。'则此之杨九非弘贞。考《全诗》七函白居易《和东川杨慕巢尚书府中独坐感戚在怀见寄十四韵》，其'行断风惊雁'句原注，'慕巢及杨九、杨十，前年来兄弟三人，各在一处'，此杨九为汉公，可由白诗注自证之。汉公字用乂，《新》一七五有传，但以为虞卿子则大误。"①

赵嘏，嘏有《十无诗寄桂府杨中丞》诗，杨中丞即杨汉公。据《新唐书·杨汉公传》："下除舒州刺史，徙湖、亳、苏三州，擢桂管、浙东观察使。"②《嘉泰会稽志》卷二《太守》："杨汉公，大中元年五月自桂管观察使授，二年二月追赴阙。"③《杨汉公墓志》："迁桂州观察使兼御史中丞。廉问峻整，部内清肃。转浙东观察使、御史大夫。"

李郢，郢有《阙下献杨侍郎》，诗云："沧洲垂钓本无名，十月风霜偶到京。""心苦篇章头早白，十年江汉忆先生。"④乃李郢初赴京应举时作。郢大中五年在湖州与杜牧有唱和，见《和湖州杜员外冬至日白苹洲见忆》诗。大中十年擢进士第，见《唐才子传》⑤。大中五年至十年杨氏为侍郎者仅汉公一人，故此杨侍郎疑即杨汉公。据《唐仆尚丞郎表》卷三，汉公大中六年或前后数月由户部侍郎出为荆南节度使⑥。

许浑，浑有《宴饯李员外》诗，序云："李群之员外从事荆南，尚书杨公诏征赴阙，俄为淮南相国杜公辟命。"⑦杨公即杨汉公。《新唐书·杨汉公传》："繇户部侍郎拜荆南节度使，召为工部尚书。"⑧据吴廷燮《唐方镇年

① 岑仲勉：《唐人行第录》，第138—139页。
② ［宋］欧阳修、宋祁：《新唐书》卷一七五，第5249页。
③ ［宋］施宿：《嘉泰会稽志》卷二，《宋元方志丛刊》第7册，第6751页。
④ 陈尚君：《全唐诗补编》，第432页。
⑤ 傅璇琮主编：《唐才子传校笺》卷八，第401页。
⑥ 严耕望：《唐仆尚丞郎表》卷三，第187页。
⑦ ［清］彭定求：《全唐诗》卷五三五，第6107页。
⑧ ［宋］欧阳修、宋祁：《新唐书》卷一七五，第5249页。

表》卷五,杨汉公为荆南节度使,大中八年五月为苏涤所代①。姚鹄,鹄有《和工部杨尚书重送绝句》:"桂枝攀得献庭闱,何似空怀楚橘归。好控扶摇早回首,人人思看大鹏飞。"②杨尚书即杨汉公。严耕望《唐仆尚丞郎表》卷二一《工部尚书》:"杨汉公,大中八年,由荆南节度使入迁工尚。是年,转秘书监。"③

李群玉,群玉有《重阳日上渚宫杨尚书》诗:"落帽台边菊半黄,行人惆怅对重阳。荆州一见桓宣武,为趁悲秋入帝乡。"④《新唐书·杨汉公传》:"繇户部侍郎拜荆南节度使,召为工部尚书。"⑤

墓 志 撰 者

《杨汉公墓志》题撰者:"正议大夫守尚书刑部侍郎上柱国赐紫金鱼袋郑薰撰。"按,郑薰,字子溥,唐文宗大和二年登进士第。武宗会昌六年,任台州刺史。入为户部员外郎。大中三年在漳州刺史任。九月由考功郎中充翰林学士,拜中书舍人。转工、礼二部侍郎。十年,自河南尹改宣歙观察使。为将吏所逐,遂奔之扬州。贬棣王府长史,分司东都。懿宗立,召为太常少卿,累擢吏部侍郎,久之进尚书左丞。以太子少师致仕,号"七松处士"。《新唐书》有传,颜亚玉有《〈新唐书·郑薰传〉考补》⑥,可以参考。

杨汉公与郑薰是子舅的关系,上文已作考述。墓志题署"正议大夫守尚书刑部侍郎上柱国赐紫金鱼袋郑薰撰",杨汉公咸通二年七月十日卒,十一月廿日葬,墓志即作于此数月间。郑薰为刑部侍郎的经历,为史籍所未载,严耕望《唐仆尚丞郎表》、颜亚玉《〈新唐书·郑薰传〉考补》也都没有考出。这些都可以补充史书之缺误。我们这里重点考察郑薰的文学成就。

① 吴廷燮:《唐方镇年表》卷五,第 697 页。
② [清]彭定求:《全唐诗》卷五五三,第 6406 页。
③ 严耕望:《唐仆尚丞郎表》卷二一,第 1059 页。
④ [清]彭定求:《全唐诗》卷五七〇,第 6614 页。
⑤ [宋]欧阳修、宋祁:《新唐书》卷一七五,第 5249 页。
⑥ 《厦门大学学报(哲社版)》1993 年第 1 期,第 82—85 页。

（一）散文成就

郑薰既是晚唐的政治人物，也是诗文兼擅的文学家。他有担任翰林承旨学士的经历，是朝廷颇为重用的散文作家。其文《全唐文》收录三篇：《移颜鲁公诗记》《内侍省监楚国公仇士良神道碑》《祭梓华府君神文》。如《移颜鲁公诗记》："颜鲁公既用贞鲠为元载所忌，由刑部尚书贬夷陵郡别驾。大历六年，又以前秩转庐陵郡，道出宣州之溧水县。县之南经古烈士左伯桃墓，节概交感，即于墓下作诗一首，自题于蒲塘之客舍。词韵凄激，点画崭壮，穷国艺之奇事。"①发掘颜真卿诗因政治失意有感而发、具有"词韵凄激"的艺术特点和"点画崭壮"的书法特点，很有启示性。《祭梓华府君神文》是其在宣歙观察使任上所作，也是体现郑薰为政与文学才能的典型文字。杜宣猷《郑左丞祭梓华府君碑阴记》言其为政："今左丞郑公之廉宣城也。视人如子，洁已奉公。为政指归，则以抑强扶弱为意。操断之下，邪正别白。"又赞其文学："宣猷故与郑公游，详熟理行，仁谊廉白，是其佩服，文章学艺，乃其缘饰。"②新出土的《杨汉公墓志》更是一篇精心结撰的文学佳制，如其中一段：

> 又选授鄠县尉。京兆尹始见公，谓之曰："闻名久矣，何相见之晚也。"且曰："邑中有滞狱，假公之平心高见，为我鞠之。"到县领狱，则邑民煞妻事。初邑民之妻以岁首归省其父母，逾期不返。邑民疑之。及归，醉而杀之。夜奔告于里尹曰：妻风恙，自以刃断其喉死矣。里尹执之诣县，桎梏而鞫焉。讯问百端，妻自刑无疑者。而妻之父母冤之，哭诉不已。四年，狱不决。公既领事，即时客系，而去其械，间数日，引问曰："死者首何指？"曰："东。"又数日，引问曰："自刑者刃之靶何向？"曰："南。"又数日，引问曰："死者仰耶？覆耶？"曰："仰。"又数日，引问曰："死者所用之手左耶？右耶？"曰："右。"即诘之曰："是则

---

① ［清］董诰：《全唐文》卷七九〇，第 3666 页。
② ［清］董诰：《全唐文》卷七六五，第 3525 页。

果非自刑也。如尔之说，即刃之靶当在北矣。"民叩头曰："死罪，实某煞之，不敢隐。"遂以具狱，正其刑名焉。

这段文字描写杨汉公审案的细节，栩栩如生。参以前后有关杨汉公身世的叙述，都以散体为之，既富于变化，又文气一贯。新出土郑薰所撰的另一篇墓志是《唐故中散大夫守给事中柱国赐紫金鱼袋赠刑部侍郎皇甫公（鈺）墓志铭并序》，题署"正议大夫、守尚书刑部侍郎、上柱国、赐紫金鱼袋郑薰撰"①。亦是全篇散体叙事，平易晓畅。综合传世与新出土的郑薰文章，在一定程度上体现了中唐古文运动以后散文演变的特点。

（二）诗歌成就

郑薰的诗歌，《全唐诗》存其《赠巩畴》诗一首，《全唐诗补编》补诗一首。《赠巩畴》是一首五言古诗，描述巩畴所居环境的清静幽寂，以及在此境修身读书的高洁情怀。巩畴，字禹锡，秋浦人，号九华处士。诗序云："九华处士巩畴，擅玄言之要，通《易》《老》，其于《净名》、《僧肇》尤精达。余在句溪时，重其能，车币而致之。及到官舍，再说《易》，一说《老氏》，将儿侄辈执卷列坐而传之。《老氏》毕业，而寇难作，与巩各散去，不知其何如，存耶亡耶？余既休居洛师，锁扉独静。己卯冬十一月半，雪中有客叩柴门，樵童视之，走复曰：'巩处士。'遽下榻开关，执手话艰苦。巩背簦笈，草履，杖灵寿，下笠，且哈笑曰：'闻公恬养淡逸，不屑于荣悴，故以玄成来助成之。'升榻解笈，散四书，即《易》《老》《净》《肇》也。明日讲《肇论》，阶前多偃松高桂，冰冻堕落，有琴瑟金石声。理致明妙，神骨超爽，自谓一时之遇。曰与故人为徒，又意此乐之难偕也。遂成二十韵赠之。"②从中可知郑薰与崇道人物的往还情况。诗写巩畴居所的清幽："密雪松桂寒，书窗导余清。风撼冰玉碎，阶前琴磬声。榻静几砚洁，帙散缣缃明。"巩畴境界的高远："高论展僧肇，精言资巩生。立意加玄虚，析理分纵横。万化悉

① 吴钢主编：《全唐文补遗·千唐志斋新藏专辑》，第 405 页。
② ［清］彭定求：《全唐诗》卷五四七，第 6317 页。

在我，一物安能惊。江海何所动，丘山常自平。迟速不相阁，后先徒起争。"巩畴性情的平淡："镜照分妍丑，秤称分重轻。颜容宁入鉴，铢两岂关衡。蕴微道超忽，剖鐙音泠泠。纸上掔牢键，舌端摇利兵。圆澈保直性，客尘排妄情。有住即非住，无行即是行。疏越舍朱弦，哇淫鄙秦筝。淡薄贵无味，羊斟惭大羹。"巩畴对佛理的崇尚："洪远包乾坤，幽窅潜沉冥。罔烦跬步举，顿达万里程。庐远尚莫晓，隐留曾误听。直须持妙说，共诣毗耶城。"这样的一首诗，将其友人的性格、性情、心态、崇尚等都惟妙惟肖地表现出来。尽管总体上有些浅显直露，但在晚唐诗人总体才短的情况下能写出这样的长篇，还是难能可贵的。

《全唐诗补编》补其《桐柏观》一首："深山桐柏观，残雪路犹分。数里踏红叶，全家穿白云。月寒岩障晓，风远蕙兰芬。明日出云去，吹笙不可闻。"[①]该诗《天台前集》题作《冬暮挈家宿桐柏观》，描写桐柏观周遭天台山的景色，很富画意。诗的前六句是实景的描写，"数里踏红叶，全家穿白云"，景与人已融合无间。后二句是虚景的衬托，"明日出云去，吹笙不可闻"，给人以余韵袅袅的想象空间。

十、程 修 己 墓 志

墓 志 释 文

唐故集贤直院官荣王府长史程公墓志铭 并叙

乡贡进士温宪撰男进思书男再思篆盖

程氏之先，出自伯休甫。其后程婴，春秋时存赵孤，以节义称，故弈世有令闻。公讳修己，字景立。曾祖仁福，左金吾卫将军；祖凤，婺州文学；父仪，苏州医博士。公幼而专固，通《左氏春秋》，举孝廉，来京师，游公卿名人间，能言齐梁故实。而于六法特异，禀天锡。自顾、陆以来，复绝独

---

①　陈尚君：《全唐诗补编》，第414页。

出,唯公一人而已。大和中,陈丞相言公于昭献,因授浮梁尉,赐绯鱼袋,直集贤殿。累迁至太子中舍,凡七为王府长史。赵郡李弘庆有盛名,常有斗鸡,击其对,伤首。异日,公图其胜者,而其对因坏笼怒出,击伤其画。李抚掌大骇。昭献常所幸犬名卢儿,一旦有弊盖之叹。上命公图其形,宫中畋犬见者皆俯伏。上宠礼特厚,留于秘院凡九年。问民间事,公钳口不对,唯取内府法书名画,日夕指摘利病。上又令作竹障数十幅,既成,因自为诗,命翰林学士陈夷行等和之,盛传于世。公于草隶亦精绝,章陵玉册及懿安太后谥册,皆公之书也。丞相卫国公闻有客藏右军书帖三幅,卫公购以千金,因持以示公。公曰:"此修己给彼而为,非真也。"因以水濡纸,抉起,果有公之姓字。其为桃杏、百卉、蜂蝶、蝉雀,造物者不能争其妙,于其际仍备尽法则,笔不妄下。世人有得公片迹者,其缄宝耽玩乎方古。昔公尝云:"周侈伤其峻(周昉),张鲜累其澹(张太府萱),尽之其唯韩乎。"又曰:"吴怪逸玄通,陈象似幽恚,杨若痿人强起(庭光),许若市中鬻食(琨)。"性夷雅疏澹,白皙美风姿。赵郡李远见之,以为沈约、谢朓之流。大中初,词人李商隐每从公游,以为清言玄味,可雪缁垢。宪严君有盛名于世,亦朝夕与公申莫逆之契。高游胜引,非公不得预其伍。公又为昭宪画《毛诗疏图》,藏于内府。以咸通四年二月一日遘疾,殁于昭国里第,享年五十九。先娶叶氏,有子三人:长曰进思,鄜州甘泉主簿;次曰退思,品致尤高妙,与乃公迹殆相乱;又其次曰再思,于小学靡不通,工篆籀,其为状澹古遒健。后娶石氏,有女二人:长适滑州韦城县尉景绍;一女幼。石氏亦先公而亡。以其年四月十七日,葬于京兆府万年县姜尹村。宪尝为咏蛱蝶诗,公称其句,因作竹映杏花,画三蝶相从,以写其思。其孤以宪辱公之昒,遂泣血请铭。铭曰:

　　五曜垂晶,群山降灵。钟兹间气,瑞我昌庭。遇物生象,乘机肖形。情通胕蟹,思入微冥。顾陆遗踪,曹张旧辙。芳尘寂寥,妙迹芜绝。故笔空存,神毫永辍。千龄万祀,惨澹夷灭。

　　《程修己墓志》,程修己(805—863),字景立,官至集贤直院官、荣王府长史。咸通四年(863)二月一日卒，享年五十九，同年四月十七日，葬于京兆府万年县姜尹村。拓片志长、宽均 53 厘米；盖长 32 厘米，宽 25 厘米。首题"唐故集贤直院官荣王府长史程公墓志铭并叙"，题署"乡贡进士温宪撰，男进思书，男再思篆盖"。拓片载《北京图书馆藏中国历代石刻拓本汇编》第 33 册，第 27 页。释文见于清人黄本骥《古志石华》卷二一；清人陆耀遹《金石续编》卷一一；清人陆增祥《八琼室金石补正》卷七八；陆心源《唐文拾遗》卷三二，第 163 页；岑仲勉《金石论丛》，第 72—74 页；金维诺《晚唐画家程修己墓志》，《文物》1963 年 4 期，第 39—43 页；牛志平《程修己墓志考释》，《文博》1986 年第 1 期，第 51—53 页；周绍良《唐代墓志汇编》，第 2398 页；朱关田《唐画家程修己墓志考释》，载《初果集：朱关田论书文集》，第 220—224 页。李万康有《〈唐程修己墓志〉与程修己生平考释》，载《南京美术学院学报（美术设计版）》2015 年第 5 期，第 40—46 页。程修己是晚唐著名的书画家和诗人。墓志称"上又令作竹障数十幅，既成，因自为诗，命翰林学士陈夷行等和之，盛传于世"。然其诗今已不传。

墓志的绘画史价值

（一）程修己的绘画渊源与成就

　　程修己是唐代著名的宫廷画师，墓志记载其"通《左氏春秋》，举孝廉，来京师，游公卿名人间，能言齐梁故实。而于六法特异，禀天锡。自顾、陆以来，复绝独出，唯公一人而已。大和中，陈丞相言公于昭献，因授浮梁尉，赐绯鱼袋，直集贤殿。累迁至太子中舍，凡七为王府长史"。是程修己一生基本都在宫廷度过，主要担任王府长史的官职。他成为宫廷画师，缘于陈夷行的推荐，其时应在大和八年(834)①。墓志记载其文宗朝画事有三件：一是为文宗画《毛诗疏图》。"公又为昭献画《毛诗疏图》，藏于内

---

① 据《翰苑群书》上《重修承旨学士壁记》称："陈夷行大和七年□月自吏部员外郎充。八月二十三日，授著作郎知制诰兼皇太子侍读。八年九月六日，赐绯。七日，迁谏议大夫。九年二月十六日，罢侍读。开成元年五月二十二日，改太常少卿。二十九日，兼太子侍读。开成元年五月二十三日，加承旨。六月二十四日，迁工部侍郎知制诰。八月七日，赐紫。二年四月五日，出守本官平章事。"(岑仲勉《郎官石柱题名新考订》（外三种），第 293—295 页)《旧唐书》卷一七三《陈夷行传》："八年，兼充皇太子侍读，诏五日一度入长生院侍太子讲经。上召对，面赐绯衣牙笏。"(第 4495 页)推知程修己受陈夷行推荐为浮梁尉，应在受文宗召对时，即大和八年。

府。"宋王应麟《困学纪闻》记载："《唐志》：《毛诗草木虫鱼图》二十卷，开成中文宗命集贤院修撰并绘物象，学士杨嗣复、张次宗上之。按《名贤画录》，大和中，文宗好古重道，以晋明帝朝卫协画《毛诗图》草木鸟兽、古贤君臣之像，不得其真，召程修己图之，皆据经定名，任意采掇，由是冠冕之制，生植之姿，远无不详，幽无不显。然则所图非止草木虫鱼也。"①二是画李弘庆《斗鸡图》。"赵郡李弘庆有盛名，常有斗鸡，击其对，伤首。异日，公图其胜者，而其对因坏笼怒出，击伤其画。李抚掌大骇。"三是为文宗画犬。"昭献常所幸犬名卢儿，一旦有弊盖之叹。上命公图其形，宫中畎犬见者皆俯伏。"

　　程修己绘画之渊源，墓志与传世记载有所不同。朱景玄《唐朝名画录》云："程修己，其先冀州人。祖大历中任越州医博士。父伯仪少有文学。时周昉任越州长史，遂令修己师事，凡二十年中，师其画至六十。画中有数十病，既皆一一口授，以传其妙诀。"②但墓志并未言程修己与周昉的关系，所记其世系为："祖凤，婺州文学；父仪，苏州医博士。"又据《唐朝名画录》："能品中……高云、卫宪、程伯仪，并师周昉，尽造其妙，冠于当时。"③是师事周昉者为修己之父伯仪。《画断》等书有关程修己直接师事周昉的记载是错误的④。但因为其父的关系，程修己仍然受到周昉的影响，周昉是著名的人物画家，程修己于人物之画亦颇为擅长。《唐朝名画录》称："尤精山水、竹石、花鸟、人物、古贤、功德、异兽等，首冠于时，可居

---

① ［宋］王应麟：《困学纪闻》卷三，商务印书馆1959年版，第298—299页。程修己受到唐文宗的重视，［唐］李濬《松窗杂录》亦有记载："自大和乙卯岁后，上不乐事，稍（闻）［闲］则必有叹息之音。会幸三殿东亭，因见横廊架巨轴于其上，上谓修己曰：'斯《开元东封图》也。'因命内巨轴悬于东庑下。上举白玉如意指张说辈数人叹曰：'使吾得其中一人来，则吾可见开元矣。'由是惋惜之意见于颜色，遂命进美酎尽爵，促步辇归寝殿。"（［唐］李濬等：《松窗杂录 杜阳杂编 桂苑丛谈》，中华书局上海编辑所1958年版，第9页）
② ［唐］朱景玄：《唐朝名画录》，《景印文渊阁四库全书》第812册，第369—370页。
③ ［唐］朱景玄：《唐朝名画录》，《景印文渊阁四库全书》第812册，第371—372页。
④ ［宋］李昉：《太平广记》卷二一三《程修己》条引《画断》："唐程修己，其先冀州人。性好学，时周昉任赵州长史，遂师事焉。二十年，凡画之六十病，一一口授，以传其妙。宝历中，修己应明经举，以昉所授付之。"（中华书局1961年版，第1632页）又《图绘宝鉴》卷二："程修己，其先冀州人。祖大历中任越州医学博士。时周昉任越州长史，遂令修己师事之，尽得其画人物口授之妙。"（［元］夏文彦：《图绘宝鉴》，商务印书馆1937年版，第20页）

妙品也。"①然程修己对于周昉画之长短，是认识清楚的，即墓志所言"周佟伤其峻（周昉）"，是说周昉之画过于浓艳而有伤峻秀，当然这应该主要集中于人物画。人物画以外，程修己更着力于花鸟和山水画，大概也汲取了周昉的长处，即墓志称："其为桃杏、百卉、蜂蝶、蝉雀，造物者不能争其妙，于其际仍备尽法则，笔不妄下。"

（二）墓志的绘画史价值

《墓志》的另一个方面，是有关唐朝绘画史的重要内容。《墓志》云："公尝云：'周佟伤其峻（周昉），张鲜累其澹（张太府萱），尽之其唯韩乎。'又曰：'吴怪逸玄通，陈象似幽恚，杨若痿人强起（庭光），许若市中鬻食（琨）。'"这是从程修己之口，道出了唐代一系列著名画家的特点。

周　昉　程修己称其"佟伤其峻"。周昉，字景玄，京兆人。唐代著名人物花鸟画家。《历代名画记》称："初效张萱画，后则小异，颇极风姿。全法衣冠，不近闾里，衣裳劲简，彩色柔丽。菩萨端严，妙创水月之体。"②《宣和画谱》称："世谓昉画妇女，多为丰厚态度者，亦是一蔽。此无他，昉贵游子弟，多见贵而美者，故以丰厚为体，而又关中妇人，纤弱者为少。至其意秾态远，宜览者得之也。此与韩幹不画瘦马同意。"③知周昉之画"佟伤其峻"也与其生活经历和艺术追求相关。但晚唐以后，审美取向发生变化，描摹人物"多为丰厚态度者"，不仅不为社会崇尚，甚至以为是一种缺陷。"修己评画，于周、张、杨、许皆有微词，后人以为学昉，殆非所愿耳"④。就周昉存世之画而言，"《挥扇仕女图》情景极佳，人物各有情思；传为周昉的《簪花仕女图》技巧很高，人物亦艳丽，从画面反映的适合于当时一般贵族与世俗审美观点的丰肥情趣，显然也是程修己所不满的"⑤。

---

① ［唐］朱景玄：《唐朝名画录》，《景印文渊阁四库全书》第 812 册，第 370 页。
② ［唐］张彦远：《历代名画记》卷一〇，第 201 页。
③ ［宋］阙名：《宣和画谱》卷六，《丛书集成初编》本，第 168 页。
④ ［清］陆耀遹：《金石续编》卷一一，《石刻史料新编》本第 1 辑第 5 册，第 3237 页。
⑤ 金维诺：《晚唐画家程修己墓志》，《文物》1963 年第 4 期，第 42 页。

　　张　萱　程修己称其"鲜累其澹"。张萱,京兆人。唐朝著名人物画家。《宣和画谱》称:"善画人物,而于贵公子与闺房之秀最工,其为花蹊竹榭,点缀皆极妍巧。以'金井梧桐秋叶黄'之句画《长门怨》,甚有思致。又能写婴儿,此尤为难。盖婴儿形貌态度,自是一家,要于大小岁数间,定其面目髫稚。世之画者,不失之于身小而貌壮,则失之于似妇人。又贵贱气调与骨法,尤须各别。"①程修己称其"鲜",即谓张萱之画重"妍巧",而有失于澹雅。张萱之画,今尚有真迹或摹本存世,如《捣练图》《虢国夫人游春图》,"技巧是熟练的,色彩也极绚烂,形象生动感人,而整个作品确实趋于鲜丽,不重澹雅之趣"②。

　　韩　滉　程修己称其"尽之其唯韩乎"。也就是说韩能集周昉和张萱之长而弃其短。此处之韩,岑仲勉以为是"韩滉"③,陆耀遹、金维诺以为是"韩幹"④,实则应为韩滉。韩滉,字太冲,长安人。朱景玄《唐朝名画录》称:"尝以公退之暇,雅爱丹青,词高格逸,在僧繇、子云之上。又学书与画,画则师于陆,书则师于张,画体生成之踪,书合自然之理。时车驾南狩,征天下兵,虽两浙兴师,暂劳心计,而六法之妙,无逃笔精。能图田家风俗,人物水牛,曲尽其妙。议者谓驴、牛虽目前之畜,状最难图也,惟晋公于此工之,能绝其妙。"⑤参照《程修己墓志》所言:"来京师,游公卿名人间。能言齐梁故实,而于六法特异,禀天赐。自顾、陆以来,复绝独出,唯公一人而已。"足证程修己的画风与韩滉是一致的,故而极道其所长,以其长处兼综周昉和张萱。

　　吴道子　程修己称其"怪逸玄通"。吴道玄,字道子,阳翟人。《历代名画记》称:"唯观吴道玄之迹,可谓六法俱全,万象必尽,神人假手,穷极造化也。所以气韵雄状,几不容于缣素;笔迹磊落,遂恣意于壁墙,其细画

①　[宋]阙名:《宣和画谱》卷五,《丛书集成初编》本,第155—156页。
②　金维诺:《晚唐画家程修己墓志》,《文物》1963年第4期,第42页。
③　岑仲勉:《隋唐史》卷下,第662页。
④　[清]陆耀遹:《金石续编》卷一一,《石刻史料新编》本第1辑第5册,第3236页;金维诺:《晚唐画家程修己墓志》,《文物》1963年第4期,第43页。
⑤　[唐]朱景玄:《唐朝名画录》,《景印文渊阁四库全书》第812册,第368—369页。

又甚稠密,此神异也。"①《宣和画谱》则称："议者谓有唐之盛,文至于韩愈,诗至于杜甫,书至于颜真卿,画至于吴道元,天下之能事毕矣。世所共传而知者,惟《地狱变相》,观其命意,得阴骘阳授、阳作阴报之理,故画或以金胄杂于桎梏,固不可以体与迹论,当以情考而理推也。"②是知吴道子画的风格确实是"怪逸玄通"的。

　　陈　闳　程修己称其"象似幽恚"。陈闳,会稽人。《唐朝名画录》称："明皇开元中召入供奉,每令写御容,冠绝当代。又画明皇射猪鹿兔雁并按舞图,及御容,皆承诏写焉。又写太清宫肃宗御容,龙颜凤态,日角月轮之状,而笔力滋润,风彩英奇,若符合瑞应,实天假其能也。国朝阎令公之后一人而已。今咸宜观内天尊殿中画上仙,及图当时供奉道士、庖丁等真容,皆奇绝。……惟写真有入神,人物士女,可居妙品。"③是知陈闳之画,长于人物鞍马,善于写真,程修己称其"象似幽恚"。"幽恚"是指心中隐藏的郁悒情绪,盖与修己追求的雅澹峻洁的风尚不相一致。

　　杨庭光　程修己称其"痿人强起"。杨庭光,与吴道子同时。《宣和画谱》称："善写释氏像与经变相,旁工杂画山水等,皆极其妙。时谓颇有吴生体,但行笔差细,以此不同。要之行笔细,则所以劣于吴生也。"④行笔细则缺少气派,缺乏吴道子一日绘成嘉陵江山水的恢宏气象,故程修己称其"痿人强起"。

　　许　琨　程修己称其"市中鬻食"。许琨,开元中画家。《历代名画记》称："殷敪殷季友、许琨、同州僧法明。已上四人,并开元中善写貌,常在内庭画人物,海内知名。"⑤但又称殷敪、季友等："粉本既成,迟回未上绢,张燕公以画人手杂,图不甚精,乃奏追法明令独貌诸学士。"⑥是知许琨虽长于写貌,然其画则较为驳杂,故程修己评其如"市中鬻食"。

---

① 〔唐〕张彦远：《历代名画记》卷一,第14—15页。
② 〔宋〕阙名：《宣和画谱》卷二,《丛书集成初编》本,第69页。
③ 〔唐〕朱景玄：《唐朝名画录》,《景印文渊阁四库全书》第812册,第369页。
④ 〔宋〕阙名：《宣和画谱》卷二,《丛书集成初编》本,第74页。
⑤ 〔唐〕张彦远：《历代名画记》卷九,第174页。
⑥ 〔唐〕张彦远：《历代名画记》卷九,第175页。

　　以上是程修己对于唐代著名画家的评判,各有优劣,盖周昉、张萱过于浓艳、重于妍巧,故有失自然之趣;吴道子之失于"怪",陈闳之失于"幽",杨庭光之失于"瘦",许琨之失于"下",所缺者为器识和气象;只有韩滉气象和自然融为一体,最受程修己推崇。值得注意的是程修己评判的画家都是宫廷画家,对其优劣的衡定既符合程修己的绘画特点,也与晚唐总体艺术审美取向一致。因为晚唐绘画的审美情趣,更重自然,强调淡雅。中唐那种以丰腴、豪华、张扬见长的画风已经不为晚唐画家所接受,其时所追求的是真实,所致力的是精思,所崇尚的是传神。唐文宗称道程修己的竹障画诗"良工运精思,巧极似有神。临窗忽睹繁阴合,再盼真假殊未分"①,既是对程修己的极高评价,也是对晚唐画风的概括。程修己墓志所举的画鸡与画犬,形象逼真,再如边鸾、滕昌佑的传世花鸟画亦工细无比,风格疏淡简洁,这些都标志着画风的新转向。此外,程修己对其前辈画家稍有微词的原因,在于所评判之人都是以人物画见长的,而程修己本身,据墓志提供的信息看,是以花鸟画擅长的,取向不一,故评判也会自有长短。

墓志的书法史价值

　　《墓志》记载程修己绘画成就之外,亦擅长于书法,并举了实例:"公于草隶亦精绝,章陵玉册及懿安太后谥册,皆公之书也。丞相卫国公闻有客藏右军书帖三幅,卫公购以千金,因持以示公。公曰:'此修己绐彼而为,非真也。'因以水濡纸,抶起,果有公之姓字。"这是程修己精于书法的重要见证,其中有两个问题非常值得关注。

(一) 皇帝玉册和皇后谥册的书写

　　皇帝的玉册有即位玉册、哀册和谥册几种,玉制哀册和谥册限于皇帝、皇后、太子等高级皇室贵族使用。具有这样身份的人死后不用墓志

----

① 〔清〕彭定求:《全唐诗》卷四,第48页。

铭，而是将哀悼之文刻于玉册之上，埋于陵墓之中。目前出土的哀册有让皇帝李宪哀册、恭皇后元氏哀册、节愍太子李重俊哀册、惠昭太子李宁哀册、懿德太子李重润哀册、惠庄太子李㧑哀册、唐僖宗李儇哀册等，另有五代前蜀君主王建哀册。根据出土的哀册推测，"太子及以上等级人物墓内随葬哀册，规格大致为：每简长 28.5 厘米左右，宽 2.8—3.2 厘米，厚 1—1.2 厘米，正反面抛光，正面阴刻楷书，字迹内填金或描金，满行 9—10 字"①。而前蜀王建的哀册则为长 33 厘米，宽 3.5 厘米，规格要大一些②。

《墓志》所言的玉册指唐文宗的哀册和懿安太后谥册。唐文宗死于开成五年，其时程修己正在宫廷为王府长史。程修己所书的玉册因为文宗之墓没有发掘，我们目前无从见到，但从已经出土唐代皇帝和太子的哀册来看，"哀册内容的作者多为德高望重的重臣，语言流畅，字句精练，读来确是一种美的感受，特别是镌刻在哀册上的文字，或描金，或填色，字形饱满，刚劲有力，端庄大方，从字体来看均为隶书或楷书，这也许是这种字体本身的结构和特点，运用在哀册上，使其显得更加庄严、厚实和神圣，不失为书法史上的精品。"③懿安皇太后为武宗之祖母，大中二年六月死于兴庆宫，谥曰"懿安皇太后"，葬于景陵。其时程修己仍在宫廷为王府长史。《程修己墓志》称其"草隶亦精绝"，盖其所撰写的唐文宗哀册和懿安太后谥册，都是用隶书书写的。

从《程修己墓志》的记载，我们也可以推测哀册和谥册书写者的身份，应该为朝廷的翰林待诏。目前已出土的哀册，因其体例的限制，没有署明书者，我们从身份仅次于太子后妃的诸王公主墓志加以考察。《故庆王墓志铭》，题署："翰林学士将仕郎右拾遗内供奉赐绯鱼袋臣李骘奉敕撰，翰林待诏朝议郎守率更寺丞上柱国臣董景仁奉敕书，翰林待诏承奉郎行阆州司户参军臣董咸奉敕篆盖。"④又《唐故昭王墓志铭并序》，题署："翰林

---

① 陕西省考古研究所：《唐李宪墓发掘报告》，科学出版社 2005 年版，第 243 页。
② 冯汉骥：《前蜀王建墓发掘报告》，文物出版社 1964 年版，第 87 页。
③ 王育龙、程蕊萍：《唐代哀册发现述要》，《文博》1996 年第 6 期，第 55 页。
④ 赵力光主编：《西安碑林博物馆新藏墓志汇编》，线装书局 2007 年版，第 811 页。

学士朝散大夫守中书舍人上柱国赐紫金鱼袋臣徐仁嗣奉敕撰，翰林待诏朝请郎前行少府监丞上柱国赐绯鱼袋臣郭弘范奉敕书，翰林待诏朝议郎守左司御率府兵曹参军上柱国臣董瓌奉敕篆盖。”[①]又《唐故广王墓志铭并序》，题署：“翰林学士朝议郎守尚书礼部员外郎柱国赐绯鱼袋臣裴澈奉敕撰，翰林待诏朝议郎前守光州光山县主簿柱国臣牛德殷奉敕书，翰林待诏朝议郎守殿中省尚舍奉御柱国赐紫金鱼袋臣邢希言奉敕篆盖。”[②]又《唐故康王墓志铭并序》，题署：“翰林学士朝议郎守中书舍人柱国赐紫金鱼袋臣萧遘奉敕撰，翰林待诏朝议郎前守光州光山县主簿柱国臣牛德殷奉敕书，翰林待诏朝议郎守殿中□□□□□赐紫金鱼袋臣邢希言奉敕篆盖。”[③]又《唐故凉王墓志铭并序》，题署：“翰林学士朝议郎守中书舍人柱国赐紫金鱼袋臣裴澈奉敕撰，翰林待诏朝议郎行虔州宁都县主簿柱国臣姜仁表奉敕书，翰林待诏朝议郎守都水监丞上柱国臣董瓌奉敕篆盖。”[④]从程修己翰林待诏的身份及其所擅长的书体而言，其撰写文宗哀册是颇为吻合的。

（二）唐人书法的收藏和作伪问题

《程修己墓志》还记载了程修己伪制王羲之书帖事。李德裕用千金购买的王羲之三帖，却是程修己伪制以骗客者：“因以水濡纸，抉起，果有公之姓字。”这段文字说明两个问题：一是程修己书法的价值极高，以至于被李德裕千金购得以收藏；二是在唐代即如程修己这样身份和地位的书画家，也是具有作伪经历的，只是在作伪过程中为了证明最终是自己所作，故在作品中留下了暗记。当然这一暗记是非常隐蔽的，以至骗过了李德裕。尽管这一事实温宪是以佳话的口吻写入墓志的，却为我国书画作伪提供了最早的例证。

---

① 赵力光主编：《西安碑林博物馆新藏墓志汇编》，第887页。
② 周绍良、赵超主编：《唐代墓志汇编续集》，第1125页。
③ 周绍良、赵超主编：《唐代墓志汇编续集》，第1125页。
④ 余华青、张廷皓：《陕西碑石精华》，第203页。

程修己所伪造的"右军三帖"，几乎乱真，说明其书法是学习王羲之的。王羲之隶、草、正、行各体皆精，称为"书圣"。因为传世的《丧乱帖》《二谢帖》《得示帖》连为一纸，故称"右军三帖"。该帖现藏于日本帝室，且有"延历敕定"印章，延历相当于唐德宗建中三年至唐顺宗永贞元年，说明唐时即流传此帖，并传入了日本。三帖都是行草书体，字迹遒丽，风韵秀发，提按顿挫，变化多端。又王羲之还有"平安三帖"，即《平安帖》《何如帖》《奉橘帖》，也是行草书体，现藏于台北故宫博物院。《墓志》所言其擅长草隶，其草书盖即渊源于王羲之者。

李德裕酷爱收藏，不慎购入赝品，而这一赝品却是著名书画家程修己所制，这也无疑成为中国书法史上的一段佳话。李德裕是晚唐著名的宰相，也是一位古物收藏家，其收藏奇木怪石，古砚珍画，文献多所记载，惟收藏书法作品，仅见于《程修己墓志》，故这一记载对于了解李德裕私人生活，也是很有意义的。

墓志的文学史价值

《墓志》不仅叙述了程修己与文学家的一些交往，而且记载了一些重要的文学现象，这不仅是研究晚唐文学的一手原典材料，而且具有多方面的认识意义。

（一）程修己画与唐文宗君臣唱和

《墓志》云："上又令作竹障数十幅，既成，因自为诗，命翰林学士陈夷行等贺之，盛传于世。"唐文宗之诗，《唐朝名画录》有载："尝画竹障于文思殿，文宗有歌云：'良工运精思，巧极似有神。临窗时乍睹，繁阴合再明。'"[1]《全唐诗》卷四唐文宗诗卷亦收入，题为《题程修己竹障》，诗云："良工运精思，巧极似有神。临窗忽睹繁阴合，再盼真假殊未分。"[2]陈夷行等人的唱和诗，现已散佚，无从得知其详。陈夷行诗迄今亦不存一首，

① ［唐］朱景玄：《唐朝名画录》，《景印文渊阁四库全书》第812册，第370页。
② ［清］彭定求：《全唐诗》卷四，第48页。

如果不是这篇墓志的出土，我们压根儿就不知陈夷行也是晚唐的一位诗人。

程修己与唐文宗的文学交流，还见于李濬《松窗杂录》的记载："大和、开成中，有程修己者，以善画得进谒。修己始以孝廉召入籍，故上不甚以画者流视之。会春暮，内殿赏牡丹花，上颇好诗，因问修己曰：'今京邑传唱牡丹花诗，谁为首出？'修己对曰：'臣尝闻公卿间多吟赏中书舍人李正封诗，曰：天香夜染衣，国色朝酣酒。'上闻之，嗟赏移时。杨妃方恃恩宠，上笑谓贤妃曰：'妆镜台前宜饮以一紫金盏酒，则正封之诗见矣。'"①

（二）程修己与晚唐文士

李　远　《墓志》称："性夷雅疏澹，白皙美风姿。赵郡李远见之，以为沈约、谢朓之流。"李远，字求古，赵郡人。晚唐诗人，大和五年进士，曾为御史，历忠、建、江三州刺史。《全唐诗》存其诗一卷。李远与程修己何时往还，难以确考，但从现存诗中，可以找到李远与宫廷画家交游的线索，以作佐证。李远《赠写御容李长史》诗云："玉座尘消砚水清，龙髯不动彩毫轻。初分隆准山河秀，乍点重瞳日月明。宫女卷帘皆暗认，侍臣开殿尽遥惊。三朝供奉无人敌，始觉僧繇浪得名。"②李远与温庭筠、李商隐、杜牧、许浑颇有交往。温庭筠有《春日寄岳州从事李员外二首》《寄岳州李外郎远》《送襄州李中丞赴从事》等诗，"李员外""李外郎""李中丞"都是李远。李商隐有《怀求古翁》诗。杜牧有《早春寄岳州李使君李善棋爱酒情地闲雅》诗，李远亦有《赠弘文杜校书》诗，即与杜牧往还之作。许浑有《寄当涂李远》诗。李远与温庭筠还往颇为密切，无怪庭筠子温宪作《程修己墓志》于此大书一笔了。

李商隐　《墓志》称："大中初，词人李商隐每从公游，以为清言玄味，可雪缁垢。"志称"大中初"，应为李商隐在长安为朝官时。按之李商隐事迹，大中三年京兆尹卢弘止辟为掾曹，四年又应卢弘止辟为武宁军节度掌

① ［唐］李濬等：《松窗杂录 杜阳杂编 桂苑丛谈》，第9页。
② ［清］彭定求：《全唐诗》卷五一九，第5933页。

书记，五年入朝为太学博士。参照杜牧大中五年至六年所撰《张幼彰程修己除诸卫将军翰林待诏等制》，李商隐从程修己游应在大中五年或六年为宜。《宣和书谱》卷三《寄蜀人诗》条："李商隐，字义山，……复佐令狐楚，授以章奏之学，遂得名一时。当时工章奏者如温庭筠之徒，俱以是相夸，号三十六体，盖其为文瑰迈奇古，不可跂及。观其四六稿草，方其刻意致思，排比声律，笔画虽真，亦本非用意，然字体妍媚，意气飞动，亦可尚也，今御府所藏二：正书：《月赋》，行书：《四六本稿草》。"①温宪作《程修己墓志》称颂李商隐，除了李商隐从程修己游之外，还因李商隐诗文之名颇盛，又擅长书法，更与温宪之父温庭筠游从相关。

温庭筠 《墓志》称："宪严君有盛名于世，亦朝夕与公申莫逆之契。高游胜引，非公不得预其伍。"程修己与温庭筠过从甚密，堪称知交，盖与温庭筠接近宫秘相关。温庭筠《庄恪太子挽歌词二首》："叠鼓辞宫殿，悲笳降杳冥。影离云外日，光灭火前星。邺客瞻秦苑，商公下汉庭。依依陵树色，空绕古原青。""东府虚容卫，西园寄梦思。凤悬吹曲夜，鸡断问安时。尘陌都人恨，霜郊赗马悲。唯余埋璧地，烟草近丹墀。"②据《旧唐书·庄恪太子传》："（大和六年）十月，降诏册为皇太子。……开成三年，上以皇太子宴游败度，不可教导，将议废黜。"③《新唐书·庄恪太子传》："开成三年，诏宫臣诣崇明门谒朔望，侍读偶日入对。太子稍事燕豫，不能壹循法，保傅戒告，愁不纳。又母爱弛，杨贤妃方幸，数谮之。帝它日震怒，御延英，引见群臣，诏曰：'太子多过失，不可属天下，其议废之。'……太子终不能自白其诬，而行己亦不加修也。是年暴薨，帝悔之。"④而温庭筠从游庄恪太子之起始时间，诸家说法不一，牟怀川以为不早于开成二年三月，黄震云以为在大和末，陈尚君以为当始于开成元年⑤。要在开成初

---

① ［宋］佚名：《宣和书谱》卷三，上海书画出版社 2019 年版，第 32—33 页。
② ［明］曾益：《温飞卿诗集笺注》卷三，上海古籍出版社 1980 年版，第 71—72 页。
③ ［后晋］刘昫：《旧唐书》卷一七五，第 4540 页。
④ ［宋］欧阳修、宋祁：《新唐书》卷八二，第 3633 页。
⑤ 参牟怀川《温庭筠从游庄恪太子考论》，《唐代文学研究》第 1 辑，第 346 页；黄震云《温庭筠籍贯及生卒年》，《徐州师范学院学报》1982 年第 3 期，第 41—44 页；陈尚君《温庭筠早年事迹考辨》，《中华文史论丛》1981 年第 2 辑，第 245—270 页。

年为是。

程修己咸通四年二月一日卒,同年四月十七日葬。《墓志》应作于卒后葬前。温庭筠咸通七年尚在国子助教任,作有《榜国子监》文[1]。是知温宪作《程修己墓志》时,温庭筠还健在,故所谓"莫逆之契",至死不渝。

杜　牧　《墓志》没有涉及杜牧事,然杜牧《樊川文集》卷一九有《张幼彰程修己除诸卫将军翰林待诏等制》:"幼彰、修己,鸿都奏伎,攻于丹青,用志不分,与古争品。审以武进,晚能知书,屡以辞章,上干丞相。知实以谨良绾务,师儒以详练守职。或艺或劳,或迁或拔。将军佐寮,皆为宠擢。各守职秩,无忘专慎。可依前件。"[2]该书作于杜牧大中五年九月为考功郎中知制诰及六年为中书舍人期间。现存史料之中,虽未见杜牧与程修己有直接交往之事,但从大中五年至六年杜牧入为朝官且掌制诰,参与密命,曾撰写程修己之任命诏书,故与时为翰林待诏、王府长史之程修己过从,乃是情理中事。

(三)《墓志》撰者及文体意义

《墓志》撰者为温庭筠之子温宪。志云:"宪尝为咏蛱蝶诗,公称其句,因作竹映杏花,画三蝶相从,以写其思。其孤以宪辱公之眄,遂泣血请铭。"是知温宪为程修己撰写墓志,一方面修己是其父执,另一方面因为自己曾经受到程修己的器重,再一方面是因为修己之子的请求。

据《唐诗纪事》记载,温宪于龙纪元年(889)李瀚榜进士及第。则其撰写此志时尚未及第,然其诗名已著。《唐摭言》卷一〇《海叙不遇》条:"张乔,池州九华人也,诗句清雅,复无与伦。咸通末,京兆府解,李建州时为京兆参军主试,同时有许棠与乔,及俞坦之、剧燕、任涛、吴罕、张蟠、周繇、

---

① 刘学锴:《温庭筠文笺证暨庭筠晚年事迹考辨》:"《榜国子监》是咸通七年十月六月庭筠任国子助教主持国子监秋试后,将经过考试报送到礼部参加明春进士试者所作的诗张榜公示而写的榜文。此事胡宾王《邵谒诗序》、《唐诗纪事》卷六七李涛下均有记载。此后不久,庭筠即贬方山尉,旋即辞世。"(《文学遗产》2006年第3期,第47页)
② 〔唐〕杜牧:《樊川文集》卷一九,第285页。

郑谷、李栖远、温宪、李昌符，谓之'十哲'。"①温宪自咸通末年应举，直接龙纪元年才登进士第，其间蹭蹬了近二十年。其在咸通时，虽是布衣，然已被时人称为"咸通十哲"，举运不佳，却已名满天下。

尽管温宪在当时颇有诗名，然作品多不传于世。《全唐诗》仅存其诗四首，即《郊居》《杏花》《春鸠》《题崇庆寺壁》。《全唐诗补编》又收《梨花》一首。

温宪之文仅存《程修己墓志》一篇。我们以这篇文章与温庭筠传世之文相较，知温宪之文实撇开其父而另辟一路。温庭筠以骈文为主，与李商隐、段成式齐名，且三人都排行十六，故称"三十六体"。今存庭筠之文，包括赋、状、书、启、榜文共三十四篇，无一例外都是骈体。温宪之文全篇都用散体，除了形成自身的风格外，盖或事出有因。据《唐诗纪事》卷七〇《温宪》条记载："温宪员外，庭筠子也。僖、昭之间，就试于有司，值郑相延昌掌邦贡也，以其父文多刺时，复傲毁朝士，抑而不录。既不第，遂题一绝于崇庆寺壁。后荥阳公登大用，因国忌行香，见之悯然动容。暮归宅，已除赵崇知举，即召之，谓曰：'某顷主文衡，以温宪庭筠之子，深怒嫉之。今日见一绝，令人恻然，幸勿遗也。'于是成名。"②可知温庭筠之文，在当时颇产生了一些负面影响，作为其子之温宪，为科名与前程考虑，也就以写散体文为主了。然温宪存于今之文仅此一篇，亦并不能代表全貌。

这篇散体墓志，以叙述事实为主。除开头叙其家世，末尾述其卒葬以及子女之外，重在叙述绘画与书法成就，且以描述细节居多。"赵郡李弘庆有盛名，常有斗鸡，击其对，伤首。异日，公图其胜者，而其对因坏笼怒出，击伤其画。李抚掌大骇。昭献常所幸犬名卢儿，一旦有弊盖之叹。上命公图其形，宫中畋犬见者皆俯伏。"这两个细节的描写，真是生动逼真，足证程修己绘画造诣已臻极境。如果说以上两段事实的描写重在突出程修己的绘画实践，那么墓志中引用程修己评论唐朝画家的文字则体现他

---

① ［五代］王定保：《唐摭言》卷一〇，第114页。
② ［宋］计有功：《唐诗纪事》卷七〇，第1042页。

对于绘画艺术认识的理论高度："公尝云：'周侈伤其峻（周昉），张鲜累其澹（张太府萱），尽之其唯韩乎。'又曰：'吴怪逸玄通，陈象似幽恚，杨若痿人强起（庭光），许若市中鬻食（琨）。'"其所论之人，都是唐朝极为著名的画家，程修己既肯定其所长，也批评其所短，这是自己长期进行绘画体验的结果，说明他的绘画善于汲取前人的长处，又不拘泥于前人形迹，这样推陈出新，以形成独特的风格。墓志的后半叙述程修己与文士的交游，突出李远、李商隐与温庭筠三人，叙事亦自然流畅。总体而言，这一墓志的撰写，不拘程式，挥洒自如。我们知道，古文发展至中唐形成运动，达到高峰，但韩、柳去世之后，古文渐歇，骈文复兴，墓志亦以骈体居多，即或以散体写作，亦时杂骈句，而温宪此志，全用散体，无一骈句，既异其父之风，又异当时之调，在晚唐碑志当中，也算是非常独特的。

十一、高　璩　墓　志

墓 志 释 文

唐故中大夫守中书侍郎同中书门下平章事柱国赐紫金鱼袋赠司空高公墓志铭 并序

门吏朝散大夫守尚书户部侍郎充诸道盐铁转运等使柱
国赐紫金鱼袋刘邺撰
翰林学士朝议郎守尚书户部郎中知制诰赐绯鱼袋裴璩书

夫提权衡，列岩庙，以宏图达识佐佑神化，道彰于埏垠，诚贯于天地，岂不盛欤！然而抱文武之业，出杖玉节，入调金鼎，信才当贵也；系修短之分，生如梦幻，去若风电，胡仁不寿也。福善祸淫，报施安在？知与不知，掩泣相吊。

公讳璩，字莹之，望渤海，姓高氏，澄源洁派，延祥济美。曾祖魁，皇秘书省著作佐郎、赠右谏议大夫。藻缋其文，珪璧其行，位不充量，庆贻后裔。祖集，皇河东节度副使、检校尚书吏部郎中、太原少尹、兼御史中丞、赠太尉。冲澹夷雅，贞庄静深，温良而行己，明敏而赞画。父元裕，皇吏部尚书、赠司徒、谥曰贞。贞公词锋学海，冠于当世，密行正气，臻于古贤。锵珮峨冠，不仁者远。贞公娶李氏，封陇西郡太夫人。公即贞公之冢息也。生知孝友，神付聪哲，标格峻整，风容美秀。埃尘之外，片玉长寒；霄汉之间，孤峰迥拔。究典谟之旨，通教化之源。学富儒林，名高士范。曾参至性，本于天资；卫玠玄谭，克传家法。髫龀之岁，援毫赋诗。贞公几欲抉去瑕颣，吟味久之，竟不能点窜一字，故得小号奇童，长为才子。既而就试于神州，主文者以缘情体物之妙，特用高等荐名，声华时论，辉动京国。陇西李公褒励公平掇翘秀，擢于群萃之中，升于甲乙之选。会张公讽践列曹，掌大计，急时之贤彦，以巡官奏授秘书省校书郎，旋为武昌军节度掌书记。丁贞公悯凶，毁将灭性。衣裳外除，聘币交至，时中书令太原白公按节西蜀，以安抚之目，表公为从事，朝命俞之。改太常寺协律郎，使车至止，太原公一觌而神耸，一言而道合，不逾旬朔，超处记室，笺奏簿书，细大咨禀，故得羌蛮怗息，不敢萌乱常心、犯边意。太原公移镇荆门，厥职仍旧，太冲之笔，孔璋之词，清议多之，遂除右拾遗内供奉。慎修官业，不畏权右，朱云旧风，自公而还。一日，宣宗皇帝召入金马门，以本官为翰林学士，朝仪之重轻，时政之得失，赖公密赞其事，非独草一书、裁一诏而已。迁起居郎、知制诰，浴堂敷奏，宠锡银印。岁满，改右谏议大夫，赐金龟紫绶于麟德殿下，迁工部侍郎、承旨学士。未几，转兵部侍郎，西署异渥，公为第一。王褒词赋，已满六宫；韩信坛场，忽临千乘。出为剑南东川节度观察处置等使、检校礼部尚书、兼御史大夫。东蜀奥区，临制八郡，据梁益之重地，接巴庸之旧封。贼垒犹高，戎车尚驾。苟非奇略，不建殊勋。公严以练兵，和而煦物，拓其襟带，扼彼咽喉。境内置平戎栅、大硐栅，分布骁雄之士，共御奔冲之患。搜卒以殄寇，贡金而赡军。皇情既安，公望弥显。乃捧征诏，还于京师，俄拜兵部侍郎、同中书门下平章事，翊亮皇极，昭宣帝图。心惟在于致君，道每形于匡国。时初议铸监军使印，公紫宸面诤，词旨深切，吾君为之感动，良直之史，岂无可书。洎于扬清激浊，起幽振滞，谓周之申甫，汉之萧曹，不难到也。上意自谓高祖、太宗赉予良弼，

乃授中书侍郎、平章事。方开社稷之基,遽迫阴阳之沴。以咸通五年九月
廿日薨于位,享年四十七。天子震悼,废朝三日,命刑部侍郎王铎赙吊,有
加常等。工部侍郎王渢持节备礼,册为司空,识者荣之。公夙禀粹灵,素
为重器。侔子孺之默识,类王粲之宿构。闺门常保于雍和,朋友不渝于久
要。疏通有守,和粹积中。历试诸难,昭宣懿效。出镇则子牟之心,常怀
魏阙;立朝则汲黯之志,唯在汉庭。本于吐凤之才,终见问牛之喘。圣日
方永,台星遽沉。浮生溘然,万事皆毕。凡著诏诰、诗赋、赞述、表檄三十
卷。夫人韦氏,封扶风郡君,温柔令德,著范族姻,妇道母仪,腾芳图史。
有子二人,长曰龟年,乡贡进士,神闲而气和,笔健而词丽。幼曰松年,千
牛备身,殊姿异彩,秀出伦类。女一人,曰迁娘,年未及笄。明年正月十五
日,龟年号奉輴舆,归于洛师,其年二月廿一日葬于伊阙县何晏乡范村白
沙原,次贞公之茔,礼也。邺与公实通家之旧,大中甲戌岁,公世父仆射公
驾廉车于傅岩之侧,以弓旌重礼置愚于幕下,公不鄙庸陋,许以始终。及
夫叨居禁近,获接行缀。追南巷之素分,深北门之密契。道则交友,情同
弟昆。终天之别,今则已矣。抚吾兄之孤,铭吾兄之墓。搜罗遗美,穷极
菲词。竟何为哉! 竟何为哉! 铭曰:

　　天垂景觇兮,岳降英灵。作瑞闺门兮,振耀簪缨。心游霄汉兮,迹造
蓬瀛。白玉光寒兮,朱弦韵清。凤推吞鸟兮,早逐迁莺。五府交辟兮,万
里前程。宾筵素重兮,相阁殊荣。徊翔谏署兮,薰灼令名。金峦入对兮,
琼珮玲玲。网索归来兮,琪树亭亭。峨冠就列兮,紫绶晶荧。垂帘草诏
兮,彩笔纵横。丝纶四掌兮,再历贰卿。山川一去兮,独对双旌。仁霑阃
境兮,威肃连营。朝轩才至兮,宠命俄行。方期翊圣兮,德被八纮。如何
梦奠兮,悲深两楹。九原茫茫兮,洛邑之形。千古潺潺兮,洛水之声。凤
池故事兮,奄若前生。空余陇月兮,夜夜长明。

　　《高璩墓志》,高璩(818—864),字莹之,渤海蓚人。官至中书侍郎同中书门下平
章事。咸通五年(864)九月廿日卒,享年四十七,六年(865)二月廿一日葬于伊阙县
何晏乡范村白沙原。正文 39 行,满行 48 字。志题"唐故中大夫守中书侍郎同中书

门下平章事柱国赐紫金鱼袋赠司空高公墓志铭并序",题署"门吏朝散大夫守尚书户部侍郎充诸道盐铁转运等使柱国赐紫金鱼袋刘邺撰,翰林学士朝议郎守尚书户部郎中知制诰赐绯鱼袋裴璩书"。志称"凡著诏诰、诗赋、赞述、表檄三十卷",是高璩能诗善文,故有文集三十卷。宋计有功《唐诗纪事》卷五三记载其与薛逢相互唱和。《全唐诗》卷五九七收其诗1首及残句1则。

高璩,《旧唐书》卷一七一、《新唐书》卷一七七均附于其父《高元裕传》之后,非常简略。晚唐史籍,歧误纷纭,墓志的出土,对于传世文献的记载,可以起到正本清源之效。即如高璩为宰相时间及卒年,《旧唐书》《新唐书》《资治通鉴》等均记载为咸通六年,而墓志则明确写明咸通五年九月廿日卒于相位,足证诸书均误。而墓志对于高璩生平履历、仕宦出处的记载,与传世文献比照印证,补阙订误之处更多。

墓 志 疏 证

公讳璩,字莹之,望渤海,姓高氏,澄源洁派,延祥济美。

《旧唐书・高元裕传》:"高元裕,字景圭,渤海人。"①《新唐书・高元裕传》:"高元裕,字景圭,其先盖渤海人。"②《大唐故吏部尚书赠尚书右仆射渤海高公神道碑》(以下简称《高元裕碑》):"公讳元裕,字景圭。六代祖申国公讳士廉,皇朝为侍中、尚书右仆射,有佐命之勋,谥文献公。与房玄龄、魏徵等□□□□□□□烈山氏之苗裔也。在陶唐氏为著姓,□未尝以隐德起为周文王师者,号为太公望,始受封于吕,子孙世仕于齐。八世孙公子高□孙傒,与管敬仲俱为齐上卿,合诸侯有功,□族命位,以王父字□氏。□廿七世孙淇,后汉末为渤海太守,因家焉。高氏故著为渤海□□。"③

曾祖鉅,皇秘书省著作佐郎、赠右谏议大夫。藻缋其文,珪球其行,位不充量,庆贻后裔。

《旧唐书・高元裕传》:"祖鉅,父集,官卑。"④《高元裕碑》:"大父讳

① ［后晋］刘昫:《旧唐书》卷一七一,第4452页。
② ［宋］欧阳修、宋祁:《新唐书》卷一七七,第5285页。
③ 陈尚君:《全唐文补编》卷八一,第995页。
④ ［后晋］刘昫:《旧唐书》卷一七一,第4452页。

魁,秘书省著作郎,赠右谏议大夫。"①新出土《高少逸墓志》:"户部生赠右谏议大夫魁。"

祖集,皇河东节度副使、检校尚书吏部郎中、太原少尹、兼御史中丞、赠太尉。冲澹夷雅,贞庄静深,温良而行己,明敏而赞画。

《旧唐书·高元裕传》:"祖魁,父集,官卑。"②《高元裕碑》:"皇考讳集,太原少尹兼御史中丞,赠司徒。公即司徒府君之少子也。"③新出土《高少逸墓志》:"谏议生赠太尉集。"

父元裕,皇吏部尚书、赠司徒、谥曰贞。贞公词锋学海,冠于当世,密行正气,臻于古贤。锵珮峨冠,不仁者远。贞公娶李氏,封陇西郡太夫人。

《高元裕碑》:"自元和以来,惟公为称首。进尚书右丞,改京兆尹。未几,授左散骑常侍,迁兵部侍郎,转尚书左丞,知吏部尚书铨事。……寻改宣歙池观察使兼御史大夫,入拜吏部尚书。……迁检校吏部尚书山南西道节度观察等使。……大中六年夏六月廿日,次于邓,无疾暴薨于南阳县之官舍,享年七十六。上闻,抚机震悼,废朝一日,赠尚书右仆射。其年十一月十日,归葬于河南府伊阙县白沙之南原。以李夫人合窆。从祔于先府君之兆次,礼也。公前娶陇西李氏,吉州刺史宣之女也。再娶京兆韦氏,郑国公孝宽七代孙也,皆一时冠族,□行壸则。先考司徒府君才高位屈,□国太夫人□氏阴教修备。……□子□一人,曰璩,李出也。"④

髫龀之岁,援毫赋诗。贞公几欲抉去瑕颣,吟味久之,竟不能点爨一字,故得小号奇童,长为才子。既而就试于神州,主文者以缘情体物之妙,特用高等荐名,声华时论,辉动京国。陇西李公褒励公平掇翘秀,擢于群萃之中,升于甲乙之选。

《新唐书·高元裕传》:"元裕子璩,字莹之。第进士,累佐使府。"⑤高

① 陈尚君:《全唐文补编》卷八一,第 996 页。
② [后晋]刘昫:《旧唐书》卷一七一,第 4452 页。
③ 陈尚君:《全唐文补编》卷八一,第 996 页。
④ 陈尚君:《全唐文补编》卷八一,第 996—997 页。
⑤ [宋]欧阳修、宋祁:《新唐书》卷一七七,第 5286 页。

璩登进士第事，张祜《孟才人叹》诗序云："武宗皇帝疾笃，迁便殿。孟才人以歌笙获宠者，密侍其右。上目之曰：'吾当不讳，尔何为哉？'指笙囊泣曰：'请以此就缢。'上悯然。复曰：'妾尝艺歌，请对上歌一曲，以泄其愤。'上以恳许之。乃歌一声《河满子》，气呕立殒。上令医候之，曰：'脉尚温，而肠已绝。'及帝崩，枢重不可举。议者曰：'非俟才人乎？'爰命其榇。榇至乃举。嗟夫！才人以诚死，上以诚命，虽古之义激，无以过也。进士高璩登第年宴，传于禁伶。明年秋，贡士文多以为之目。大中三年，遇高于由拳，哀话于余，聊为兴叹。"①徐松《登科记考》卷二二系于大中三年，并云："按此，璩似于元年登第。考孙樵《故仓部郎中康公墓志铭序》：'会昌五年调，再授秘书省校书郎。大中二年复调，授京兆府参军。其年冬，为进士试官，故中书侍郎高公璩、尚书仓部郎中崔亚、前左拾遗陈画泊樵十辈，皆出其等列。'璩盖于大中二年入等，三年登第也。萧邺《高元裕碑》：'子曰璩，进士擢第。'"②是徐松考定高璩于大中三年擢第，与墓志参证，良是。

大中三年知贡举者为礼部侍郎李褒。《唐语林》卷七："大中三年，李褒侍郎知举，试《尧仁如天》赋。宿州李使君弟渎不识题，讯同铺，或曰：'止于"尧之如天"耳。'渎不悟，乃为句曰：'云攒八彩之眉，电闪重瞳之目。'赋成将写，以字数不足，忧甚。同辈给之曰：'但一联下添一"者也"，当足矣。'褒览之大笑。"③这段记载与《高璩墓志》非常吻合。李褒知贡举，又见于新出土《唐故御史中丞汀州刺史孙公（瑝）墓志铭并序》："公庄重粹和，秀融眉睫。自冠岁笃于孝悌，声鼓搢绅，郁为名人之所器仰，若兰牙挂颖，香泄人间，故搴芳者争取。繇是一贡第进士于李公褒，议者不以为速。"④

会张公讽践列曹，掌大计，急时之贤彦，以巡官奏授秘书省校书郎，旋

---

①　［清］彭定求：《全唐诗》卷五一一，第 5849 页。
②　［清］徐松：《登科记考》卷二二，第 813 页。
③　周勋初：《唐语林校证》卷七，第 638 页。
④　吴钢主编：《全唐文补遗》第 5 辑，第 46 页。

为武昌军节度掌书记。

张讽,登进士第,曾为义成军都知兵马使,白居易有《张讽等四人可兼御史中丞侍御史监察御史同制》:"敕:义成军节度马步都知兵马使、光禄大夫、检校太子詹事、兼侍御史、上柱国张讽等。"①为吏部郎中,贬夔州刺史。《旧唐书·文宗纪下》:大和九年七月戊午,"贬吏部郎中张讽夔州刺史"。②

丁贞公悯凶,毁将灭性。衣裳外除,聘币交至,时中书令太原白公按节西蜀,以安抚之目,表公为从事,朝命俞之。改太常寺协律郎,使车至止,太原公一觌而神耸,一言而道合,不逾旬朔,超处记室,笺奏簿书,细大咨禀,故得羌蛮怗息,不敢萌乱常心、犯边意。

白敏中镇西蜀事,卢求《成都记序》:"大中六年四月,诏以丞相、太原公有驱制羌戎之成绩,由邠宁节度拜司徒同平章事镇蜀。……大中九年八月五日叙。"③高璩《白敏中墓志铭》:"其孙昭应县尉夷道译卫国夫人语,且置璩曰:'太傅前立家国事,夐苦夷远,为不磨灭计,今畦町不当理,即困秃自泥,不能惊耸来者。子实太傅记室,从两镇五年,宜乎味髓魄而登峰峦也。'璩惶恐不敢让,谨按。"④《新唐书·白敏中传》:"徙剑南西川,增骒军,完创关壁。治蜀五年,有劳,加兼太子太师,徙荆南。"⑤《全唐文》卷七六三沈珣有《授白敏中西川节度使制》:"门下。寅亮天工,既称星珇;茸宁戎塞,颇茂功庸。信出入之有劳,顾优崇而宜及。况梁岷巨镇,全蜀奥区。有彭濮之富饶,带巴峡之险要。非图旧德,难洽新恩。邠宁节度使白敏中,岳降英灵,时推才杰。周旋文雅,城府宽宏。久侍禁闱,备流声绩;及居钧轴,颇茂芳猷。朕起滞淹,网罗贤彦。外野无孤鸿之响,归轩有连茹之征。扬于王庭,郁矣皇土。莫匪尔绩,动契予衷。洎羌寇凭陵,殿兹西土。戎丑敛路,栅堡相望。既收功于郁邠,宜移旆于井络。於戏!勿

① [唐]白居易著,朱金城笺校:《白居易集笺校》卷五一,第2991页。
② [后晋]刘昫:《旧唐书》卷一七下,第559页。
③ [清]董诰:《全唐文》卷七四四,第3413—3414页。
④ 周绍良、赵超主编:《唐代墓志汇编续集》,第1033页。
⑤ [宋]欧阳修、宋祁:《新唐书》卷一一九,第4306页。

以地远而怠于躬亲，无以位高而忽于微细。勖思后效，无替前劳。懋哉懋哉，服我成命。"①

　　太原公移镇荆门，厥职仍旧，太冲之笔，孔璋之词，清议多之，遂除右拾遗内供奉。慎修官业，不畏权右，朱云旧风，自公而还。

　　白敏中移荆门事，《旧唐书·宣宗纪》：大中十一年正月，"以剑南西川节度副大使、知节度事、管内观察处置统押近界诸蛮及西山八国云南安抚等使、特进、检校司徒、同中书门下平章事、兼成都尹、上柱国、太原郡开国公、食邑二千户白敏中以本官兼江陵尹，充荆南节度、管内观察处置等使"②。同书《白敏中传》："十一年二月，检校司徒、平章事、江陵尹、荆南节度使。懿宗即位，征拜司徒、门下侍郎、平章事，复辅政。"③《唐诗纪事》卷五三"高璩"条："白敏中自剑南节度移荆南，经忠州，追寻乐天遗迹，有诗云：南浦花临水，东楼月映风。璩时为书记，有诗云：'公斋一到人非旧，诗板重寻墨尚新。'"④高璩入朝担任右拾遗之时间，据吴在庆《唐五代文史丛考》所考，在大中十二年⑤。

　　一日，宣宗皇帝召入金马门，以本官为翰林学士，朝仪之重轻，时政之得失，赖公密赞其事，非独草一书、裁一诏而已。迁起居郎、知制诰，浴堂敷奏，宠锡银印。岁满，改右谏议大夫，赐金龟紫绶于麟德殿下，迁工部侍郎、承旨学士。未几，转兵部侍郎，西署异渥，公为第一。王褒词赋，已满六宫；韩信坛场，忽临千乘。

　　高璩撰《白敏中墓志铭》，题署"门吏翰林学士承旨朝议郎守尚书工部侍郎知制诰柱国赐紫金鱼袋高璩撰"，志云："初，宰相被戊戌诏：太傅丧至自凤翔府。宜以朝班奠永宁里第。序吊哭礼。璩适提笔参密，命直内殿，旁用承旨结衔。故事，非大朝会，不得与外廷通。次独明日，得素服入谒，如平生。既申一恸，忽不知身世在所。"按，白敏中咸通二年七月十五

---

① ［清］董诰：《全唐文》卷七六三，第3513—3514页。
② ［后晋］刘昫：《旧唐书》卷一八下，第636页。
③ ［后晋］刘昫：《旧唐书》卷一六六，第4359页。
④ ［宋］计有功：《唐诗纪事》卷五三，第808页。
⑤ 吴在庆：《唐五代文史丛考》，黄山书社2006年版，第192—193页。

日卒,十月三十日葬。墓志作于期间,其时高璩在翰林承旨学士任上。《重修承旨学士壁记》:"高璩,大中十三年四月二十三日自右拾遗内供奉充。其年九月三日,召对,赐绯。十一月三日,特恩迁起居郎知制诰,依前充。十四年十月六日,特恩拜右谏议大夫,依前充。二十六日,召对,赐紫。咸通二年七月十九日,加承旨。八月七日,迁工部侍郎,依前充。三年二月二十日,特恩加朝散大夫、兵部侍郎,依前充。八月十九日,加检校礼部尚书、□川节度使。"①

出为剑南东川节度观察处置等使、检校礼部尚书、兼御史大夫。东蜀奥区,临制八郡,据梁益之重地,接巴庸之旧封。贼垒犹高,戎车尚驾。苟非奇略,不建殊勋。公严以练兵,和而煦物,拓其襟带,扼彼咽喉。境内置平戎栅、大硐栅,分布骁雄之士,共御奔冲之患。搜卒以殄寇,贡金而赡军。皇情既安,公望弥显。

高璩出镇东川在咸通三年,《重修承旨学士壁记》:"高璩,……(咸通三年)八月十九日,加检校礼部尚书、□川节度使。"《新唐书·宰相表下》:咸通六年"四月,剑南东川节度使高璩为兵部侍郎、同中书门下平章事"②。《全唐文》卷八三懿宗有《授高璩剑南东川节度使制》:"门下:南荆旧俗,政美刘公;西陕芳阴,勋传召伯。我用时杰,思齐昔人。况梓潼奥区,贤彦徊翔之地也。稽玉堂之显效,授黄钺之殊荣。辍诸禁林,允叶令典。翰林学士承旨、朝议大夫、守尚书金部侍郎、知制诰、上柱国、赐紫金鱼袋高璩,潘陆重价,曾颜上流。机神粹和,道业坚白。呈瑞质而凤离丹穴,耸孤标而鹗骞青天。合珪璧之寒辉,咸资逸韵;聚云霞之秀色,并在高文。光映古今,羽仪中外。顷者名场颉颃,早振词科;桐阁从容,长专奏记。乃升华贯,爰近赤墀。青琐闼中,封章不屈;紫微天上,诏令无双。王褒真侍从之才,徐邈擅文儒之誉。亲提史笔,首列谏垣。俄参起部之荣,遂陟夏官之贵。郁有公望,称于朕心。虽密赞大猷,诚资敏识,而将图善政,亦藉长材。眷彼左绵,实为雄镇,旁控巴峡,高抗蜀门。前以幢盖剧

---

① 岑仲勉:《翰林学士壁记补注》,《郎官石柱题名新考订(外三种)》,第350—351页。
② [宋]欧阳修、宋祁:《新唐书》卷六三,第1738页。

权,委任岩廊旧德,岁久而功懋,军严而吏安。改命廷臣,俾嗣仁化,按节而去,自春徂秋,既以疾闻,则宜代用。尔之俞往,得于金言,勉竭公忠,用酬倚注。予欲成尔美志,故授以仪曹八座之尊;予欲壮尔威声,故帖以宪闼亚相之秩。红旌启路,紫绶登坛。当年得之,别是殊宠。勉务勋业,副予意焉。可检校礼部尚书、兼梓州刺史、御史大夫、充剑南东川节度副使、知节度事、管内观察处置等使,散官勋如故。"①

乃捧征诏,还于京师,俄拜兵部侍郎、同中书门下平章事,翊亮皇极,昭宣帝图。心惟在于致君,道每形于匡国。时初议铸监军使印,公紫宸面诤,词旨深切,吾君为之感动,良直之史,岂无可书。洎于扬清激浊,起幽振滞,谓周之申甫,汉之萧曹,不难到也。上意自谓高祖、太宗赉予良弼,乃授中书侍郎、平章事。方开社稷之基,遽迫阴阳之沴。以咸通五年九月廿日薨于位,享年四十七。

高璩为宰相及卒年,诸书记载与墓志互异。《旧唐书·懿宗纪》:咸通四年十一月,"以兵部侍郎高璩本官同平章事"②。五年六月,"壬寅,制以……兵部侍郎、平章事高璩为中书侍郎、知政事,余并如故"③。六年二月,"高璩罢知政事"④。《新唐书·宰相表下》:咸通六年"四月,剑南东川节度使高璩为兵部侍郎、同中书门下平章事"⑤。《资治通鉴》卷二五〇《唐纪》:咸通六年,"夏,四月,以前东川节度使高璩为兵部侍郎、同平章事"⑥。"六月,高璩薨"⑦。当今学者对于高璩由东川入相时间,大都根据《新唐书》与《资治通鉴》,如郁贤皓先生《唐刺史考全编》卷二二九"梓州"。而根据新出土高璩墓志,则高璩由东川入相时间,《旧唐书》记载较为切近事实。但《旧唐书》记载其咸通六年二月罢知政事,不确。

天子震悼,废朝三日,命刑部侍郎王铎赗吊,有加常等。工部侍郎王

① 〔清〕董诰:《全唐文》卷八三,第 383 页。
② 〔后晋〕刘昫:《旧唐书》卷一九上,第 655 页。
③ 〔后晋〕刘昫:《旧唐书》卷一九上,第 657 页。
④ 〔后晋〕刘昫:《旧唐书》卷一九上,第 658 页。
⑤ 〔宋〕欧阳修、宋祁:《新唐书》卷六三,第 1738 页。
⑥ 〔宋〕司马光:《资治通鉴》卷二五〇,第 8111 页。
⑦ 〔宋〕司马光:《资治通鉴》卷二五〇,第 8111 页。

汎持节备礼,册为司空,识者荣之。

王铎,《旧唐书·王铎传》:"拜中书舍人。(咸通)五年,转礼部侍郎,典贡士两岁,时称得人。七年,以户部侍郎、判度支迁礼部尚书。"①《旧唐书·懿宗纪》:咸通四年十一月,"以中书舍人王铎权知礼部贡举";五年四月,"以中书舍人王铎为礼部侍郎"②。据《登科记考》卷二三,王铎惟咸通五年知贡举③,《旧唐书》称"典贡士两岁"不确。又严耕望《唐仆尚丞郎表》卷一六《礼侍》:"王铎,咸通四年十一月,以中书舍人权知礼部贡举,放五年春榜。四月,正拜礼侍。是年,盖迁吏侍。"④按,传世典籍未见有王铎为刑部侍郎之记载,由墓志证之,王铎为礼侍后又有刑侍一转,其时即在咸通五年九月之前。故高璩九月廿日卒时,命刑部侍郎王铎赗吊。

王汎,为工部侍郎亦未见典籍记载。据严耕望《唐仆尚丞郎表》卷一二,其为户部侍郎在咸通七年⑤,为吏部侍郎在咸通十三年⑥。据高璩墓志,王汎咸通五年九月在工部侍郎任,故有赗吊高璩之事。

夫人韦氏,封扶风郡君,温柔令德,著范族姻,妇道母仪,腾芳图史。有子二人,长曰龟年,乡贡进士,神闲而气和,笔健而词丽。幼曰松年,千牛备身,殊姿异彩,秀出伦类。女一人,曰迁娘,年未及笄。

《长安新出墓志》有高璩撰于大中二年七月二十五日的《唐故昭义军节度判官检校尚书主客员外郎兼侍御史韦府君夫人河东薛氏墓志铭并序》:"有唐河东薛夫人,生于永贞元年正月十三日,终于大中二年五月二十六日,享年四十四。其年七月二十五日,权窆于京兆府万年县洪固乡毕原,从韦氏先茔,礼也。子婿渤海高璩刻石志于墓。"又言:"长女适堂外甥高璩。"该志题署:"子婿乡贡进士高璩撰。"⑦是知高璩之父母及高璩两代

---

①　[后晋]刘昫:《旧唐书》卷一六四,第 4282 页。
②　[后晋]刘昫:《旧唐书》卷一九上,第 655—656 页。
③　徐松:《登科记考》卷二三,第 849 页。
④　严耕望:《唐仆尚丞郎表》卷一六,第 885 页。
⑤　严耕望:《唐仆尚丞郎表》卷一二,第 739 页。按,严耕望认为"王汎"当作"王讽",据墓志与《资治通鉴》,当以"王汎"为是。
⑥　严耕望:《唐仆尚丞郎表》卷一〇,第 615 页。
⑦　西安市长安博物馆编:《长安新出墓志》,第 279 页。

之姻亲关系，属于近亲婚姻。

高璩家族世系考索

高璩出身渤海高氏，为唐初开国功臣高士廉七世孙。关于渤海高氏在入唐前的世系情况，《新唐书·宰相世系表》记之甚详：

> 高氏出自姜姓，齐太公六世孙文公赤，生公子高，孙傒，为齐上卿，与管仲合诸侯有功，桓公命傒以王父字为氏，食采于卢，谥曰敬仲，世为上卿。敬仲生庄子虎，虎生倾子，倾子生宣子固，固生厚，厚生子丽，子丽生止，奔燕。十世孙量，为宋司城，后入楚。十世孙洪，后汉渤海太守，因居渤海蓚县。洪四世孙褒，字宣仁，太子太傅。褒孙承，字文休，国子祭酒、东莞太守。生延，字庆寿，汉中太守。延生纳，字孝才，魏尚书郎、东莞太守。纳生达，字式远，吏部郎中、江夏太守。四子：约、乂、隐、汉。隐，晋玄菟太守。生庆，北燕太子詹事、司空。三子：展、敬、泰。①

对此，仇鹿鸣先生有专文论述，认为渤海高氏本非汉晋旧族，见诸正史的记载最早只追溯到西晋末年的高瞻、高隐，但是通过攀附陈留高氏和齐国高氏，成功将其家族先世追溯到春秋时期。②《新表》对于高瞻未作记载，但高隐之后的线索甚为清晰：泰，北燕吏部尚书、中书令。二子韬、湖。湖生子谧，谧生树生和翻。树生有二子，长为高欢，即北齐高祖神武帝。翻生子岳，生劢，生士宁和士廉。关于高湖、高谧、高欢的族属问题，前人讨论颇多，此处不加赘述，本书主要关注高士廉一支入唐后的世系脉络。《新表》对于高士廉家族世系有颇多失载或讹误之处，如《新表》载士廉生四子，依次为履行、质行、真行、审行，两《唐书》皆言其有履行、至行、纯行、

---

① ［宋］欧阳修、宋祁：《新唐书》卷七一下，第 2387 页。
② 详见仇鹿鸣《"攀附先世"与"伪冒士籍"——以渤海高氏为中心的研究》，《历史研究》2008年第 2 期，第 60—74 页。

真行、审行、慎行六子。随着高氏家族墓志的大量出土,高士廉家族世系情况已基本明晰。笔者搜集的高士廉及子孙墓志有十三方,志文所载世系情况如下:

1.《大唐故开府仪同三司尚书右仆射上柱国赠司徒并州都督申文献公之茔兆记》:"公讳俭,字士廉,渤海蓨人也。……曾祖翻,后魏侍中、太尉、假黄钺、录尚书事、齐清河孝宣帝即神武帝□□□□。……祖岳,尚书令、太尉、录尚书、京畿大都督、太宰、假黄钺、清河昭武王。……父劢,袭爵清河王,改封乐安国、北□州行台侍中、尚书右仆射,入隋,历扬、楚、光、洮四州刺史。"题署:"(阙)上柱国高阳县开国公许敬宗撰。"[1]记其世系甚为清晰。

2.《大唐故前□□□□□安州高府君墓志铭并序》:"公讳真行,字处道,渤海蓨人也。……曾祖讳岳,神武之堂弟,东魏侍中、太尉、清河郡公。齐国初建,改封清河王,拜尚书令,京畿大都督、太保宗师。……祖 劢 ,清河王,徙封乐安王,渤海太守、北朔道行台武卫大将军、侍中、开府仪同三司、尚书右仆射。入随为楚、光、洮、并四州刺史。皇朝赠定州都督,总定、恒、赵、并四州诸军事。……父士廉,即文德圣皇后之亲舅,皇朝大将军、太子右庶子、吏部尚书、侍中,封许国公,拜安、洪、广、高、循五都督府,总三州诸军事,安州刺史,除特进、尚书右仆射、太傅、太师、开府仪同三司、上柱国,改封申国公,赠并州大都督、司徒,诏谥曰文献公。……公长子岐,先任东宫典膳丞。"[2]志主为高士廉子高真行,志文祖父名字漫漶不清,据他志可补为"劢"。

3.《大唐故扬州都督府兵曹参军高君墓志铭并序》:"君讳昱,字至行,渤海人也。……曾祖岳,齐神武皇帝从父弟,拜开府仪同三司,侍中,太保,大宗师,清河昭武王,赠假黄越(钺),太宰,太师。祖劢,袭爵清河王,开府仪同三司,改封乐安王,武卫大将军,尚书右仆射,随扬、楚、光、洮四州刺史。皇朝赠都督定、恒、赵、并四州诸军事,定州刺史。……父廉,

---

① 张沛:《昭陵碑石》,三秦出版社1993年版,第125页。
② 赵君平、赵文成:《河洛墓刻拾零》,北京图书馆出版社2007年版,第121页。

太子右庶子，侍中，安州大都督，左光禄大夫，吏部尚书，开府仪同三司，尚书右仆射，上柱国，中国文献公，赠司徒。"①志作"父廉"，盖因与唐太宗李世民讳同音而略"士"字。《宰相世系表》置"昱"于士廉之父"劢"名下，此志称劢为其祖，可纠《宰相世系表》之缪。

4.《高怀义墓志》："公讳怀义，字仙客，渤海蓚人也。……五代祖翻，后魏侍中、太尉、假黄钺、录尚书事，齐清河孝宣王，即神武皇帝季父也。高祖岳，齐尚书令、太尉、录尚书事、京畿大都督、太宰、假黄钺、清河昭武王。……曾祖劢，袭爵清河王，改封乐安王、北朔州行台、侍中、尚书右仆射、开府仪同三司、随扬楚光洮四州刺［史］、皇朝赠定恒赵并四州刺史……祖士廉，皇朝雍州司马、太子右庶子、侍中、特进、吏部尚书、开府仪同三司、尚书右仆射、太子太傅、上柱国、中国公、食真封九百户、安州大都督、图形阁阁、赠司徒、并汾箕岚四州诸军事、并州都督。诏谥文献公，配享太宗文武圣皇帝庙庭……父至行，尚辇直长、扬州都督府兵曹参军。……君即公之长子也。"②志主为高士廉孙、高至行子高怀义。

5.《唐故洛州巩县令高府君墓志新铭并序》："公讳瑾，字□，渤海蓚人也。其先备载史牒，曾祖劢，齐侍中、右仆射、乐安王。王父士廉，皇侍中、右仆射、中国公。皇考履行，皇户部尚书、驸马都尉，尚东阳公主。……嗣子故东阳太守迁，年方弱冠。……次子升，千牛中郎。次子简，栖越府户曹。"③志主为高士廉孙、高履行子高瑾，有子迁、升、简。

6.《唐故循州司马申国公高君墓志》："君讳某，字某，渤海蓚人也。……曾祖劢［劢］，字敬德，北齐朔州大行台仆射，袭爵清河王，改封乐安王；周授开府；隋授扬、楚、洮三州刺史，我唐有命，崇宠典章，贞观初赠恒、定、并、赵四州刺史，垂拱中又赠特进，非明德上公，孰享之哉？祖宗俭，字士廉，皇朝太子太傅、上柱国、中国公，食邑三千户，赠司徒并州刺史，永徽初赠太尉，配享太宗文皇帝庙庭，谥曰文献。……父慭，字履行，

---

①　胡戟、荣新江：《大唐西市博物馆藏墓志》，第 95 页。
②　毛远明：《西南大学新藏墓志集释》，第 299 页。
③　赵文成、赵君平：《秦晋豫新出墓志搜佚续编》，第 925 页。

秦府军直千牛、滑州刺史、将作大匠、金紫光禄大夫、太常卿、洪州都督、上柱国、中国公,尚东阳长公主驸马都尉。……公则驸马之元子也。……嗣子绍等,追惟永终,仰遵先志。"①此志为陈子昂所撰,志主是高士廉孙、高履行子高璇。

7.《大唐故承议郎行彭州参军骑都尉高君墓志铭并序》:"君讳遏,字日用,渤海蓨人也。……曾祖劢,北齐尚书左仆射、尚书令、清河王,随楚洮扬光四州刺史,皇朝赠定州刺史。祖士廉,皇朝则天皇太后特进、左庶子、吏部尚书、侍中、特进、开府仪同三司、尚书右仆射、司徒、中国公、赠太尉、并汾(其)[箕]岚四州刺史,谥文献公,配太宗庙庭,图形麟阁,景龙二年三月,赐太尉、扬州大都督,余如故。……父慎行,起家通事舍人兼城门郎,朝请大夫,行宁□二州司马。"②志主为高士廉孙、高慎行子高遏。

8.《大唐故右监门卫中郎将高府君墓志铭并序》:"君讳嵘,字若山,渤海人也。其先周太公之后。高祖岳,北齐清河王。曾祖劢,北齐乐安王、尚书右仆射。祖士廉,皇朝开府仪同三司、尚书右仆射、中国公,图形麟阁,赠太尉、并州都督,制谥曰文献,配太宗文武圣皇帝庙飨。父审行,皇尚书右丞、雍州长史、户部侍郎、渝州刺史。"③志主为高士廉孙、高审行子高嵘。

9.《大唐中国公第三子高君墓志》:"君讳续,字奉先,渤海蓨人也。曾祖士廉,皇朝开府仪同三司、尚书右仆射、赠司徒、申文献公。祖履行,户部尚书、上柱国、中国公。父琁,尚衣奉御、中国公。妣申国夫人京兆韦氏。……兄子受益为嗣。"④志主高续,为高士廉曾孙、高履行孙、高璇之子,"琁"为"璇"之异体。

10.《大唐朝议郎前行婺州义乌县令窦公故夫人(高态)墓志铭并序》:"夫人姓高氏,讳态,字淑,渤海蓨人也。……曾祖士廉,皇尚书右仆

① [清]董诰:《全唐文》卷二一五,第961页。
② 《唐志六十四品》,岭南美术出版社2019年版,第59页。
③ 周绍良主编:《唐代墓志汇编》,第1359页。
④ 胡戟、荣新江:《大唐西市博物馆藏墓志》,第267页。

射,赠太尉,谥曰文献。祖真行,右卫大将军、乐安公。父岫,右卫郎将。……夫人即郎将之第五子也。"①志主高态,为高士廉曾孙女,高真行孙女、高岫之女。

11.《唐故宣州宣城县令渤海高公并夫人京兆韦氏合葬墓志铭并序》："公讳宗彝,字表正,其先得氏于姜姓。……曾祖讳迥,皇朝散大夫、杭州馀杭县令。祖讳熊,皇朝散大夫、和州刺史。考讳晊,皇门下省城门郎。……公有令弟二人:仲曰弘彝,见任冯翊掾;季曰遵彝,见修词艺。……公有子五人,女四人。长子续,察明经上第,不幸未禄云逝。长女方笄,已蕣华先落。次子缅,奏授前涿州范阳县尉。次曰黯郎,次曰歙郎,次曰宰郎,皆伏膺儒业,缵承昌绪。三女尚稚。"②志主高宗彝为高士廉六世孙,高真行五世孙。

12.《大唐故吏部尚书赠尚书右仆射渤海高公神道碑》："公讳元裕,字景圭。六代祖申国公讳士廉,皇朝为侍中、尚书右仆射,有佐命之勋,谥文献公。与房玄龄、魏徵等□□□□□□烈山氏之苗裔也。……高氏故著为渤海□□十五世孙□□,后魏太尉录尚书事生岳,北齐侍中,封清河王。生敬德,开府仪同三司,改封乐安王。申公即乐安之令子,□□□□□□。高祖讳峻,皇朝蒲州长史,撰《小史》行于代。曾祖讳迥,杭州馀杭令,赠尚书户部员外郎。大父讳虬,秘书省著作郎,赠右谏议大夫。皇考讳集,太原少尹兼御史中丞,赠司徒。公即司徒府君之少子也。……□子□一人,曰璩,李出也。进士擢第,试秘书省校书郎。文行修洁,纂服无坠。"③志主高元裕,为高士廉六世孙,高璩之父。

13.《唐故银青光禄大夫守兵部尚书致仕上柱国渤海郡开国公食邑二千户赠尚书右仆射高府君(少逸)墓志铭并序》："公讳少逸,字子遄,渤海蓚县人。……蒲州生赠户部员外迥,户部生赠右谏议大夫虬,谏议生赠太尉集。公即太尉第四子也。出于齐国太夫人卢氏。太尉、齐国太夫人

① 中国文物研究所、千唐志斋博物馆:《新中国出土墓志》河南叁,第129页。
② 吴钢主编:《全唐文补遗》第6辑,第186页。
③ 陈尚君:《全唐文补编》卷八一,第995—997页。

皆早世,公同气五人,栖阳翟故居。……子三人:长曰厚,以明经累官入朝班,朱绂赤县,丛萃在手,士人指为荣羡。次曰虔海,以明经中专《易》科,卒奉礼郎。次曰弘谅,用千牛补右龙武军胄曹,卒。"

14.《高璩墓志》:"望渤海,姓高氏,澄源洁派,延祥济美。曾祖魁,皇秘书省著作佐郎、赠右谏议大夫。……祖集,皇河东节度副使、检校尚书吏部郎中、太原少尹、兼御史中丞、赠太尉。……父元裕,皇吏部尚书、赠司徒、谥曰贞。"志主高璩,为高士廉七世孙,高元裕之子。

将以上内容结合《新唐书·宰相世系表》、赵超《新唐书宰相世系表集校》、王蕾《唐代渤海高氏家族研究》①、黄子玲《〈新唐书·宰相世系表〉校补二则》②,可以梳理高士廉一族世系情况如下:

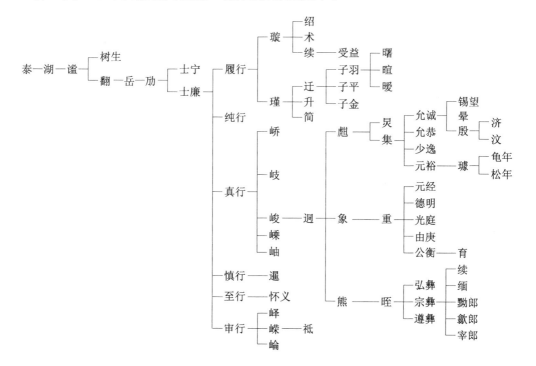

---

① 王蕾:《唐代渤海高氏家族研究》,陕西师范大学硕士学位论文,2007 年。
② 黄子玲:《〈新唐书·宰相世系表〉校补二则》,《集宁师范学院学报》2018 年第 5 期,第 17—20 页。

家族政治生涯与高璩的仕宦道路

高璩家族在唐代最显赫者无疑是高士廉，不仅是开国功臣，还是太宗文德皇后的亲舅舅，位列凌烟阁，陪葬昭陵，配享太庙，在当时是无上的政治荣耀，对于高氏一族在唐代的官僚化有着重要意义。这里我们重点讨论高真行到高璩的政治活动。

（一）高璩先世的宦海浮沉

作为皇族外戚，高士廉的几个儿子年纪轻轻就享有崇高的政治和社会地位，《高真行墓志》云："年四岁封乐安公，食邑一千户。……公长兄驸马都尉，先为率更令，又诏公两弟并事春宫。"其早逝之子高昱也依制陪葬昭陵："粤以二年岁次辛亥二月乙丑朔廿六日庚寅，窆乎雍州醴泉县安乐乡里昭陵之侧，礼也。"然而随着朝堂形势变化，高士廉家族的恩宠并未能延续下去，主要与两场政治风波有关。对此，《高真行墓志》都有所记载，可与史籍相印证。一是"以薄昭戾起，家延素服之辜；□骏灾兴，室遘丹门之祸"。墓志引用汉文帝诛杀舅舅薄昭的典故，暗示显庆三年长孙无忌为许敬宗所诬，被削爵流放黔州一事。此次事件高真行兄弟都受到牵累，真行"由斯左授，转为文州刺史"，其兄高履行"坐与长孙无忌亲累，左授洪州都督，转永州刺史，卒于官"[1]。二是"公长子岐，先任东宫典膳丞，□少海沸流，前星悖道，缘斯负谴，遂寘严科。公以方回暮年，更累郄超之罪。子真洁已翻，婴刘夏之愆，降为睦州刺史"。指高真行之子高岐牵涉章怀太子李贤谋反案，被家人所杀一事。此事《资治通鉴》卷二〇二有记载："左卫将军高真行之子政为太子典膳丞，事与贤连，上以付其父，使自训责。政入门，真行以佩刀刺其喉，真行兄户部侍郎审行又刺其腹，真行兄子璇断其首，弃之道中。上闻之，不悦，贬真行为睦州刺史，审行为渝州刺史。"[2]对此，孟宪实先生有专门研究："这件令人发指的家庭惨剧，根源还

---

① ［后晋］刘昫：《旧唐书》卷六五，第 2445 页。
② ［宋］司马光：《资治通鉴》卷二〇二，第 6398 页。

是政治斗争的残酷。家中有人参与了太子的重大阴谋，一定使全家紧张万分，而不愿家族受到牵连成为最大的自保理由。既然皇帝交给家里处分，全家认为这是皇帝的考验而不是宽大，所以要大义凛然地接受考验。如何应对考验，那就是大义灭亲，坚决划清界限。所以高岐进入家中，还没有尝到一点温暖就撞上了父亲残酷的佩刀。按照一般常识，高真行一刀断喉，高岐定死无疑，为什么伯父和堂兄还要继续挥刀呢？既然是考验，就要人人过关，这根本不是为了杀人，而是要在杀人中显示立场和态度。这绝对是家族商议后的有计划行动，有福同享，有难同当。"①这一事件发生在永淳元年，尽管是大义灭亲，但并没有使高宗高兴，高真行、高审行、高璇都遭受了贬官处置，也使得高真行一族数代官场不显。从《高元裕神道碑》载其祖辈、父辈职官来看，高祖仅位至蒲州长史，曾祖亦不过馀杭令，祖父、父亲仕途稍显，分列秘书省著作郎和太原少尹兼御史中丞。

（二）高璩父辈的政治复兴

高氏一族发展到高元裕一代，在政治上又有了振兴。元裕兄弟三人，高允恭，官位不高。元稹有《授高允恭尚书户部郎中判度支案制》，又有《授高允恭侍御史知杂事制》，知其官至郎中、御史。相比之下，高元裕、高少逸的政治成就则出色得多。

高少逸，《旧唐书·高元裕传》后附其传云："少逸，长庆末为侍御史，坐弟元裕贬官，左授赞善大夫②，累迁左司郎中。元裕为中丞，少逸迁谏

---

① 孟宪实：《出土文献与中古史研究》，中华书局 2017 年版，第 407 页。
② 按，关于高少逸贬官一事，史书记载有误。傅璇琮《唐翰林学士传论·晚唐卷》云："高元裕早年仕迹，于穆宗、敬宗朝均未有贬责事，其贬责乃于文宗大和九年(835)八月，因受李宗闵之累由中书舍人出贬为阆州刺史，非穆宗长庆末(824)。"(傅璇琮：《唐翰林学士传论·晚唐卷》，辽海出版社 2007 年版，第 128 页)高少逸左授赞善大夫，在宝历二年(826)，《旧唐书·独孤郁传》详细记载了高少逸被贬时间、缘由："其年十月，高少逸入阁失仪，(独孤)朗不弹奏，宰相衔阻崔冕事，左授少逸赞善大夫，朗亦罚俸。"(《旧唐书》卷一六八，第 4382 页)《新唐书·高元裕传》言其"长庆末为侍御史，坐失举劾，贬赞善大夫"(卷一七七，第 5286 页)，亦误。

议大夫，代元裕为侍讲学士①。兄弟迭处禁密，时人荣之。会昌中，为给事中，多所封奏。大中初，检校礼部尚书、华州刺史、潼关防御、镇国军使。入为左散骑常侍、工部尚书，卒。"②是高少逸官至工部尚书，且在晚唐时曾与高元裕先后居翰林。《新唐书·高元裕传》："元裕性勤约，通经术，敏于为吏，岩岩有风采，推重于时。自侍讲为中丞，文宗难其代，元裕表言兄少逸才可任，因以命之，世荣其迁。"③《高元裕神道碑》亦有："初，公自侍讲为御史中丞，文宗久难其□，公内举母兄少逸，上喜纳而遂其志。少逸果能以二帝三王之业，发明□□。上益敬重，当时议者咸谓公以诚事君者也。爱□不忘举其亲，举其亲不忘存其义。"可见兄弟二人皆受皇帝青睐，又为时人所荣，在晚唐政坛具有举足轻重的地位。

值得注意的是，高元裕还与晚唐的政治事件牛李党争、庄恪太子事件和甘露之变有着密切关系。《旧唐书·高元裕传》："李宗闵作相，用为谏议大夫，寻改中书舍人。九年，宗闵得罪南迁，元裕出城饯送，为李训所怒，出为阆州刺史。时郑注入翰林，元裕草注制辞，言注以医药奉君亲，注怒，会送宗闵，乃贬之。训、注既诛，复征为谏议大夫。"④《新唐书·高元裕传》："李宗闵高其节，擢谏议大夫，进中书舍人。郑注入翰林，元裕当书命，乃言'以医术侍'，注愧憾。及宗闵得罪，元裕坐出饯，贬阆州刺史。注死，复授谏议大夫、翰林侍讲学士。"⑤大和末年，高元裕受牛党骨干李宗闵的器重，因触犯了甘露之变发动者李训、郑注而被贬。甘露之变失败后，元裕才重新恢复官职，被召回朝廷，入翰林为学士，改御史中丞。会昌

---

① 按，丁居晦《重修承旨学士壁记》云："高元裕开成三年五月五日自谏议大夫充侍讲学士。八月十日，出守本官兼光禄大夫。""高少逸开成四年闰正月十一日自左司郎中充侍讲学士，其年八月一日，迁谏议大夫。五年正月二十七日，赐紫，守本官出院。"（岑仲勉：《郎官石柱题名新考订》（外三种），上海古籍出版社 1984 年版，第 309、311 页）是元裕与少逸有先后入翰林相替代一事。然高少逸入翰林官职记载稍有出入，据《壁记》，高少逸先以左司郎中入院，后半年，迁谏议大夫。是翰林侍讲学士在先，谏议大夫在后。

② ［后晋］刘昫：《旧唐书》卷一七一，第 4453 页。

③ ［宋］欧阳修、宋祁：《新唐书》卷一七七，第 5286 页。

④ ［后晋］刘昫：《旧唐书》卷一七一，第 4452 页。

⑤ ［宋］欧阳修、宋祁：《新唐书》卷一七七，第 5285 页。

中,历任尚书右丞、京兆尹、兵部侍郎,转尚书左丞,出为宣歙观察使。宣宗即位后,牛党掌权,又入为刑部尚书,并两任吏部尚书要职,可见他与牛党关系很深。高元裕还与庄恪太子案有关。《旧唐书·高元裕传》:"开成三年,充翰林侍讲学士。文宗宠庄恪太子,欲正人为师友,乃兼太子宾客。四年,改御史中丞,风望峻整。"①《新唐书·高元裕传》:"授谏议大夫、翰林侍讲学士。庄恪太子立,择可辅导者,乃兼宾客。进御史中丞。"②是高元裕在庄恪太子初立时以其"风望"为太子宾客。又《新唐书·庄恪太子传》:

> 太子稍事燕豫,不能壹循法,保傅戒告,愁不纳。又母爱弛,杨贤妃方幸,数谮之。帝它日震怒,御延英,引见群臣,诏曰:"太子多过失,不可属天下,其议废之。"群臣顿首言:"太子春秋盛,虽有过,尚可改。且天下本,不可轻动,惟陛下幸赦。"御史中丞狄兼謩流涕固争,帝未决,罢。群臣又连章论救,意稍释,诏太子还少阳院,以中人护视,诛倖昵数十人,敕侍读窦宗直、周敬复诣院授经。然太子终不能自白其谗,而行己亦不加修也。是年暴薨,帝悔之。③

据《庄恪太子哀册文》"维大唐开成三年岁次戊午十月乙酉朔十六日庚子,皇太子薨于少阳院"④,知庄恪太子开成三年十月薨逝,高元裕不仅没有受到庄恪太子案牵连,还在开成四年升任御史中丞,应该是得益于他与牛党的亲密关系。

(三) 高璩的仕宦道路

高氏自唐初高士廉之后,仕途畅顺者首推高璩。《新唐书·高元裕

---

① ［后晋］刘昫:《旧唐书》卷一七一,第 4452 页。
② ［宋］欧阳修、宋祁:《新唐书》卷一七七,第 5285 页。
③ ［宋］欧阳修、宋祁:《新唐书》卷八二,第 3633 页。
④ ［宋］宋敏求:《唐大诏令集》卷三二,第 132 页。

传》云："子璩，字莹之。第进士，累佐使府。以左拾遗为翰林学士，擢谏议大夫。近世学士超省郎进官者，惟郑颢以尚主，而璩以宠升云。懿宗时，拜剑南东川节度使，召拜中书侍郎、同中书门下平章事。阅月卒，赠司空。"①与墓志相印证，可对高璩的仕宦生涯略作疏证。

墓志云："陇西李公褒励公平掇翘秀，擢于群萃之中，升于甲乙之选。"《唐语林》："大中三年，李褒侍郎知举，试《尧仁如天赋》。"②徐松《登科记考》云："考孙樵《故仓部郎中康公墓志铭序》：'会昌五年调，再授秘书省校书郎。大中二年复调，授京兆府参军。其年冬，为进士试官，故中书侍郎高公璩、尚书仓部郎中崔亚、前左拾遗陈画泊樵十辈，皆出其等列。'璩盖于大中二年入等，三年登第也。萧邺《高元裕碑》：'子曰璩，进士擢第。'"③是考定高璩于大中三年（849）擢第。高璩在及第后并未守选，而是在张讽推荐下在藩镇担任幕僚，墓志云："会张公讽践列曹，掌大计，急时之贤彦，以巡官奏授秘书省校书郎，旋为武昌军节度掌书记。"张讽，登进士第，白居易有《张讽等四人可兼御史中丞侍御史监察御史同制》："敕：义成军节度马步都知兵马使、光禄大夫、检校太子詹事、兼侍御史、上柱国张讽等。"④又《旧唐书·文宗纪》下：大和九年七月，"戊午……贬吏部郎中张讽夔州刺史。"⑤知其历任义成军都知兵马使、吏部侍郎和夔州刺史。

墓志续云："丁贞公悯凶，毁将灭性。衣裳外除，聘币交至，时中书令太原白公按节西蜀，以安抚之目，表公为从事，朝命俞之。改太常寺协律郎，使车至止，太原公一觌而神耸，一言而道合，不逾旬朔，超处记室，笺奏簿书，细大咨禀，故得羌蛮怗息，不敢萌乱常心、犯边意。"则高璩在父亲高元裕去世后，由白敏中上表辟为西蜀幕吏。白敏中镇西蜀事见沈珣《授白敏中西川节度使制》⑥，又卢求《成都记序》："大中六年四月，诏以丞相、太

① ［宋］欧阳修、宋祁：《新唐书》卷一七七，第5286页。
② 周勋初：《唐语林校证》卷七，第638页。
③ ［清］徐松：《登科记考》卷二二，第813页。
④ 朱金城：《白居易集笺校》卷五一，第2991页。
⑤ ［后晋］刘昫：《旧唐书》卷一七下，第559页。
⑥ ［清］董诰：《全唐文》卷七六三，第3513页。

原公有驱制羌戎之成绩,由邠宁节度拜司徒同平章事镇蜀。……大中九年八月五日叙。"①据《高元裕碑》:"大中四年夏六月廿日,次于邓,无疾暴薨于南阳县之官舍,享年七十六。"高元裕大中四年(850)卒,高璩依制需守丧三年,则其入白敏中西蜀幕当在大中七年(853)左右。又《新唐书·白敏中传》:"徙剑南西川,增骡军,完创关壁。治蜀五年,有劳,加兼太子太师,徙荆南。"②《旧唐书·宣宗纪》:大中十一年正月,"以剑南西川节度副大使、知节度事、管内观察处置统押近界诸蛮及西山八国云南安抚等使、特进、检校司徒、同中书门下平章事、兼成都尹、上柱国、太原郡开国公、食邑二千户白敏中以本官兼江陵尹,充荆南节度、管内观察处置等使"③。同书《白敏中传》:"十一年二月,检校司徒、平章事、江陵尹、荆南节度使。懿宗即位,征拜司徒、门下侍郎、平章事,复辅政。"④盖白敏中大中十一年(857)自西蜀转荆南节度使,至大中十三年(859)返京。墓志云:"太原公移镇荆门,厥职仍旧,太冲之笔,孔璋之词,清议多之,遂除右拾遗内供奉。"是知高璩随白敏中入荆门幕,不久之后除右拾遗内供奉,《新唐书》言其"以左拾遗为翰林学士",误。高璩担任右拾遗的时间,据吴在庆先生考证,为大中十二年(858)⑤。高璩撰《白敏中墓志铭》云:"子实太傅记室,从两镇五年,宜乎味髓魄而登峰峦也。"⑥盖高璩大中七年入白敏中西蜀幕至大中十二年去荆门幕任右拾遗,恰为五年,与吴先生所论相合。高璩在右拾遗任上仅一年,便得宣宗器重,充任翰林学士。墓志云:"一日,宣宗皇帝召入金马门,以本官为翰林学士,朝仪之重轻,时政之得失,赖公密赞其事,非独草一书、裁一诏而已。"考《重修承旨学士壁记》:"高璩大中十三年四月二十三日自右拾遗内供奉充。"⑦入院不久,宣宗便病重不治:"五月,上不豫,月余不能视朝。八月七日,宣遗诏立郓王为皇太子,

① [清]董诰:《全唐文》卷七四四,第3413—3414页。
② [宋]欧阳修、宋祁:《新唐书》卷一一九,第4306页。
③ [后晋]刘昫:《旧唐书》卷一八下,第636页。
④ [后晋]刘昫:《旧唐书》卷一六六,第4359页。
⑤ 吴在庆:《增补唐五代文史丛考》,第192—193页。
⑥ 周绍良、赵超主编:《唐代墓志汇编续集》,第1033页。
⑦ 岑仲勉:《翰林学士壁记注补》,《郎官石柱题名新考订》(外三种),第350页。

勾当军国事。是日，崩于大明宫，圣寿五十。"①随后懿宗即位，高璩再次升迁："迁起居郎、知制诰，浴堂敷奏，宠锡银印。岁满，改右谏议大夫，赐金龟紫绶于麟德殿下，迁工部侍郎、承旨学士。"《重修承旨学士壁记》记其事："其年九月三日，召对，赐绯。十一月三日，特恩迁起居郎、知制诰，依前充。十四年十月六日，特恩拜右谏议大夫，依前充。二十六日，召对，赐紫。咸通二年七月十九日，加承旨。八月七日，迁工部侍郎，依前充。"②自大中十三年(859)至咸通二年(861)，仅三年时间，高璩便以从八品右拾遗升任正四品工部侍郎并为翰林学士承旨，故《新唐书》本传称"近世学士超省郎进官者，惟郑颢以尚主，而璩以宠升云"③。

此后，高璩继续沿着唐人仕宦升迁的理想路线拾级而上，最终位至宰相，墓志云："未几，转兵部侍郎，西署异渥，公为第一。……出为剑南东川节度观察处置等使、检校礼部尚书、兼御史大夫。……俄拜兵部侍郎、同中书门下平章事……上意自谓高祖、太宗赍予良弼，乃授中书侍郎、平章事。……以咸通五年九月廿日薨于位，享年四十七。"《重修承旨学士壁记》："(咸通)三年二月二十日特恩加朝散大夫、兵部侍郎，依前充。八月十九日，加检校礼部尚书、□川节度使。"④而高璩为宰相的时间及卒年，诸书记载与墓志互异。《旧唐书·懿宗纪》：咸通四年十一月，"以兵部侍郎高璩本官同平章事"⑤。五年六月，"壬寅，制以……兵部侍郎、平章事高璩为中书侍郎、知政事，余并如故"⑥。六年二月，"高璩罢知政事"⑦。《新唐书·懿宗纪》：咸通六年"四月，剑南东川节度使高璩为兵部侍郎、同中书门下平章事。……六月，高璩薨"⑧。《资治通鉴》卷二五〇《唐纪》：咸通六年，"夏四月，以前东川节度使高璩为兵部侍郎、同平章事"，

---

① ［后晋］刘昫：《旧唐书》卷一八下，第 645 页。
② 岑仲勉：《翰林学士壁记注补》，《郎官石柱题名新考订（外三种）》，第 351 页。
③ ［宋］欧阳修、宋祁：《新唐书》卷一七七，第 5286 页。
④ 岑仲勉：《翰林学士壁记注补》，《郎官石柱题名新考订（外三种）》，第 351 页。
⑤ ［后晋］刘昫：《旧唐书》卷一九上，第 655 页。
⑥ ［后晋］刘昫：《旧唐书》卷一九上，第 657 页。
⑦ ［后晋］刘昫：《旧唐书》卷一九上，第 658 页。
⑧ ［宋］欧阳修、宋祁：《新唐书》卷九，第 259 页。

"六月,高璩薨"。① 当今学者对于高璩由东川入相时间,大都根据《新唐书》与《资治通鉴》,如郁贤皓先生《唐刺史考全编》卷二二九"梓州"。根据新出土高璩墓志,高璩由东川入相时间,《旧唐书》记载较为切近事实,但《旧唐书》记载其咸通六年二月罢知政事,亦不确。

通过梳理高璩的仕宦经历,可以看出,高璩大中三年(849)高中进士至咸通五年(864)卒于相位,仅用了十五年时间。而他能超迁进入最核心的中枢机构参与密命,皆得益于白敏中。高璩为高元裕之子,元裕曾推荐白敏中为御史。《新唐书·白敏中传》:"御史中丞高元裕荐为侍御史。"②《白敏中墓志铭》云:"时璩先司徒公职中丞事,前御史有怗削近俗,悉解去。上章请公真为侍御史,寻治留台事,改户部右司员外郎。"③故白敏中显贵时便对故人之子尤为眷顾提携。唐懿宗继位后,白敏中回朝,任门下侍郎、同平章事,又升侍中、中书令,至咸通二年(861年)病逝,恰是高璩以右拾遗入翰林院,然后一路升迁的阶段。高璩对于白敏中也尽力赞扬,《广卓异记》卷一三引《唐书》云:"大中年中,白敏中为荆南节度使,高璩试大理评事,为敏中掌书记。寻入拜右拾遗。间一岁,充翰林学士,草敏中加太子太傅制,乃贺敏中。状云:'去年草檄,犹依刘表之门;今日挥毫,获叙周公之德。'时人以为盛事。"④白敏中死后,高璩为其撰写墓志铭,表现出门生报主之诚。高璩作为白敏中门吏,其人品也与白敏中一样受到当时与后人的非议。《新唐书·白敏中传》:"许以太傅致仕。诏书未至,卒,册赠太尉。博士曹邺责其病不坚退,且逐谏臣,举怗威肆行,谥曰'丑'。"⑤《新唐书·高元裕传》云:"太常博士曹邺建言:'璩,宰相,交游丑杂,取多蹊径,谥法'不思妄爱曰刺',请谥为刺。'从之。"⑥《唐诗纪事》卷

① ［宋］司马光:《资治通鉴》卷二五〇,第8111页。
② ［宋］欧阳修、宋祁:《新唐书》卷一一九,第4306页。
③ 周绍良、赵超主编:《唐代墓志汇编续集》,第1033页。
④ ［宋］乐史:《广卓异记》卷一三,《四库全书存目丛书·史部》第87册,济南:齐鲁书社1996年版,第566—567页。
⑤ ［宋］欧阳修、宋祁:《新唐书》卷一一九,第4307页。
⑥ ［宋］欧阳修、宋祁:《新唐书》卷一七七,第5286—5287页。

六〇《曹邺》条："邺能文，有特操。咸通初，为太常博士，白敏中卒，议谥，邺责其病不坚退，且逐谏臣，举怙威肆行，谥曰'丑'。高元裕子璩，懿宗时为相，卒。邺建言，璩为宰相，交游丑杂，进取多蹊径。谥法：不思妄爱曰刺，请谥为刺。'"①从这里看出，白敏中与高璩死后，声名颇有不佳的一面，故而使得曹邺建言谥号时，都给了恶谥。但我们现在除了见到《新唐书》有这样的记载外，尚未见到其他记载。而根据曹邺的性格，他对官僚特别以讽刺见长。如给白敏中定谥号为"丑"，就是如此。

据墓志所言，高璩死后颇有殊荣："天子震悼，废朝三日，命刑部侍郎王铎赙吊，有加常等。工部侍郎王沨持节备礼，册为司空，识者荣之。"王铎，《旧唐书·王铎传》："拜中书舍人。（咸通）五年，转礼部侍郎，典贡士两岁，时称得人。七年，以户部侍郎、判度支迁礼部尚书。"②《旧唐书·懿宗纪》：咸通四年十一月，"以中书舍人王铎权知礼部贡举"；五年四月，"以中书舍人王铎为礼部侍郎"③。据《登科记考》卷二三，王铎惟咸通五年知贡举④，《旧唐书》称"典贡士两岁"不确。又严耕望《唐仆尚丞郎表》卷一六《礼侍》："王铎，咸通四年十一月，以中书舍人权知礼部贡举，放五年春榜。四月，正拜礼侍。是年，盖迁吏侍。"⑤按，传世典籍未见有王铎为刑部侍郎之记载，由墓志证之，王铎为礼侍后又有刑侍一转，其时即在咸通五年九月之前。故高璩九月廿日卒时，命刑部侍郎王铎赙吊。王沨为工部侍郎亦未见典籍记载。据严耕望《唐仆尚丞郎表》卷一二，其为户部侍郎在咸通七年，为吏部侍郎在咸通十三年。据高璩墓志，王沨咸通五年九月在工部侍郎任，故有赙吊高璩之事。

家族文学传统与高璩的文学成就

高璩一族在唐代不仅是一个绵延数代的政治家族，还是一个传承百

---

① ［宋］计有功：《唐诗纪事》卷六〇，第918页。
② ［后晋］刘昫：《旧唐书》卷一六四，第4282页。
③ ［后晋］刘昫：《旧唐书》卷一九上，第655—656页。
④ ［清］徐松：《登科记考》，第849页。
⑤ 严耕望：《唐仆尚丞郎表》卷一六，第885页。

年的文学家族,其间产生了不少文人,在诗文创作和史学著述上都颇有建树,对高璩的文学发展产生了重要影响。

(一)高璩的家族文学渊源

高璩的先世大多擅长文学,作品传世者有高士廉、高瑾、高峤、高峻、高绍、高少逸、高元裕,通过梳理他们的诗文著作,可对高璩的家族文学传统作一呈现。

高璩太祖高士廉,本名高俭,以字行,隋代文帝仁寿年间进士。武德九年,因协助参谋玄武门之变,拜太子右庶子。唐太宗即位,拜侍中,封义兴郡公,又为吏部尚书,封许国公,寻同中书门下三品。官至尚书右仆射、开府仪同三司,图形凌烟阁。许敬宗为其撰写《茔兆记》,称其少时"起居舍人崔祖濬学富扬班,中书侍郎薛道衡文繁张左。莫不闻风扼腕,申以忘年之交;承闲载酒,服其后生之义",任吏部尚书时为"《大唐氏族志》,合百廿卷。诏颁四海",后来又"奉敕撰著《文思博要》……千二百卷"。① 其奉太宗之命修《大唐氏族志》,《全唐文补编》卷四尚载其《上天下姓望氏族谱状》一篇。又《唐会要》卷三六:"(贞观十五年)十月二十五日,尚书左(右)仆射,申国公士廉等撰《文思博要》成,凡一千二百卷。诏藏之秘府。"②《全唐文》卷一三四载其《文思博要序》:"大矣哉,文籍之盛也。范围天地,幽赞神明,用之邦国,则百官以义,用之乡人,则万姓以察。……义出六经,事兼百氏……斯固坟素之苑囿,文章之江海也。是为国者尚其道德,为家者尚其变通,纬文者尚其溥博,谅足以仰观千古。"③此书以儒家经典为准绳,兼收百家之说,为初唐文教提供了重要支持。《全唐文》还收其《请诛元昌奏》一篇,以简练的文笔揭示元昌与太子李承乾企图谋反的罪行以及必须诛杀之缘由,表现出敢于直谏、忠于职守的人臣形象。此外,《全唐诗补编》收《五言春日侍宴次望海应诏》诗一首,此诗为应和太宗《春

---

① 张沛:《昭陵碑石》,第 125—126 页。
② [宋]王溥:《唐会要》卷三六,第 765 页。
③ [清]董诰:《全唐文》卷一三四,第 596—597 页。

日望海（以光为韵）》而作，同题应制者还有长孙无忌、杨师道、岑文本、褚遂良、许敬宗、上官仪、郑仁轨等人。诗有"三韩沐醇化，四郡伫唯良。深仁苞动植，神武詟遐荒。愿草登封礼，簪绂奉周行"①之句，表达了对太平盛世的歌颂以及渴望为制定封禅礼仪做贡献的愿望。

高士廉的后代中，不乏像高璩一样文史兼擅者。《高元裕碑》："高祖讳峻，皇朝蒲州长史，撰《小史》行于代。"②《高宗彝墓志》："公德门胤昌，锺庆绵远，爰自国朝，尊曜台鼎，洪勋翊圣，著在竹帛。或删披述作，覃研简要，纂成《高氏小史》，为代宝之。繇是儒林文囿，推公祖祢为领袖焉。"③高峻为高真行之子，高士廉孙，撰有《高氏小史》，在当时颇为盛行，故高元裕、高宗彝墓志都特别加以记录。关于此书，李裕民、张固也都作过专门考察，孙猛《日本国见在书目录详考》④考证最详，认为此书在宋代依然流行，且为世所重，被史家用以补充正史缺漏。此外，高峻胞兄高峤也曾注《后汉书》九十五卷奏以上闻，事见《封氏闻见记》⑤。高峤，官司门郎，湖州司仓。除了注《后汉书》，还作《大唐故洛州司户高府君（缵）墓志铭并序》一文，题署："族父绛州曲沃县令、乐安县开国公峤撰文。"⑥《宝刻丛编》卷八引《集古录目》："《唐怀州司兵参军魏载墓志》，唐湖州司仓高峤撰。……碑以垂拱四年立。"⑦高峤同时也是《高氏三宴诗集》作者之一，其诗现存《晦日宴高氏林亭》《晦日重宴》二首。除了高峤，参与高氏宴会的还有高瑾与高绍。高瑾与高峤同辈，为高士廉之孙，高履行之子，其母为太宗第九女东阳公主。《高瑾墓志》近年出土，据墓志记载，高瑾为咸亨元年进士，官至洛州巩县令⑧。其诗现存四首，两首为高峤同题诗，另有《三月三日宴王明府山亭（得哉字）》《上元夜效小庾体》。高绍为高士廉曾

①　陈尚君：《全唐诗补编》，第 658 页。
②　陈尚君：《全唐诗补编》卷八一，第 996 页。
③　吴钢主编：《全唐文补遗》第 6 辑，第 186 页。
④　孙猛：《日本国见在书目录详考》，第 646—648 页。
⑤　赵贞信：《封氏闻见记校注》卷三，第 20 页。
⑥　周绍良：《全唐文新编》，第 3044—3045 页。
⑦　[宋] 陈思：《宝刻丛编》卷八，《丛书集成初编》本，第 323 页。
⑧　赵文成、赵君平：《秦晋豫新出墓志搜佚续编》，第 925 页。

孙,高履行之孙,高璇之子。先天元年以工部郎中为剑南道宣劳使①,开元七年自长安令左迁润州长史②,后又由商州刺史入为主爵郎中③。高绍诗仅存一首,即《晦日宴高氏林亭》,另有《重修吴季子庙记》文一篇。高峤、高瑾、高绍诗歌大都因《高氏三宴诗集》得以保存,《高氏三宴诗集》编纂和成书过程尚存疑义,但三人为高正臣宴会的座上宾则无争议,这些作品不仅记录了当时的游赏、宴饮场面,同时也透露出文人通过诗酒宴会交结名人的目的。高峤、高瑾、高绍作为高士廉后代,又是皇族姻亲,应该也是当时文人结交对象,如《岁时杂咏》载陈子昂《晦日高文学置酒外事》序言"有渤海之英宗,是平阳之贵戚"④,用以指代高氏族人十分贴切。载初元年(689),高绍为父亲高璇迁葬,陈子昂为高璇撰写墓志铭,想必与高绍、高瑾叔侄的交往颇有关联。

高氏一族发展到中唐,文学才能突出者主要有高少逸、高元裕兄弟。《全唐文补编》卷七六有高少逸《高士廉茔兆记碑侧题记》⑤,《新唐书·艺文志》载其《四夷朝贡录》十卷⑥。《直斋书录解题》:"《四夷朝贡录》十卷。唐给事中渤海高少逸撰。会昌中,宰相李德裕以黠戛斯朝贡,莫知其国本原,诏为此书。凡二百一十国,本二十卷,合之为十卷。"⑦。高元裕,《高璩墓志》言其:"词锋学海,冠于当世,密行正气,臻于古贤。"元裕贞元十八年(802)登进士第,大和年间由李宗闵推荐任谏议大夫和中书舍人,开成三年诏入翰林为侍讲学士,故其所存文章多为奏疏。《全唐文》卷六九四有《请外台御史振举旧章奏》《请将贺兰进兴等重付台司覆勘疏》⑧。《唐

①　[宋]王钦若:《册府元龟》卷一六二:"玄宗先天元年,太上皇诏曰:'……宜以……工部郎中高绍为剑南道宣劳使。'"(《册府元龟》卷一六二,第1950—1951页。)
②　高绍:《重修吴季子庙记》:"绍以开元七年,自长安令左迁润州长史,爰泊十年,太岁壬戌,因巡属县庙于延陵。"(《全唐文》卷二九四,第1319页。)
③　[唐]苏颋:《授慕容珣吏部郎中等制》:"正议大夫、行商州刺史、上柱国、申国公高绍……可行尚书主爵郎中。"(《全唐文》卷二五一,第1120页。)
④　[宋]蒲积中:《岁时杂咏》卷九,《景印文渊阁四库全书》第1348册,第277页。
⑤　陈尚君:《全唐文补编》卷七六,第944页。
⑥　[宋]欧阳修、宋祁:《新唐书》卷五八,第1508页。
⑦　[宋]陈振孙:《直斋书录解题》卷五,第147页。
⑧　[清]董诰:《全唐文》卷六九四,第3155页。

文拾遗》卷二八收《丞郎拜食先牒台司奏》①。《全唐文补编》卷七六有《上敬宗疏》《高士廉茔兆记碑侧》②。又《登科记考》卷二二引《永乐大典》引《秋浦新志》云："会昌五年，高元裕以诗简知举陈商云：'中丞为国拔英才，寒畯欣逢藻鉴开。九朵莲花秋浦隔，两枝丹桂一时开。'为江东佳话。"③是目前可见高元裕唯一存世诗歌。《登科记考》引《永乐大典》所引《池州府志》："孟迟字须仲，青阳人。卢嗣立字敏绍，秋浦人。杜牧守池州，同举于朝，同登进士第。"④会昌五年，高元裕任宣歙观察使，杜牧在其属下任池州刺史，杜牧举荐孟、卢二人应该得到了高元裕的支持，故高元裕在两人同登进士后写诗答谢陈商，"九朵莲花秋浦隔，两枝丹桂一时开"，以九朵莲花比喻九华山，暗示孟、卢池州学子身份，以两支丹桂点明二人同时蟾宫折桂，饶有意味。

高元裕与中晚唐诗人往还颇多。任宣歙观察使期间，杜牧有《上宣州高大夫书》，讨论士庶科举之争，对当时科举排斥子弟现象表示不满。自宣歙观察使入吏部尚书后，杜牧又作《上吏部高尚书状》，据状文"敢望尊严，特自褒举，手示远降，羁魂震惊，感激彷徨，涕泪迸落"⑤，知高元裕曾欲提拔杜牧，杜牧对此感激涕零。杜牧还有《高元裕除吏部尚书制》是为高元裕第二次授官吏部尚书所作。除了杜牧，刘禹锡《和令狐相公晚泛汉江书怀寄洋州崔侍郎阆州高舍人二曹长》，姚合《病中辱谏议惠甘菊药苗因以诗赠》《和高谏议蒙兼宾客时入翰苑》，许浑有《蒙宾客相国李公见示和宣武卢尚书以吏部高尚书自江南赴阙赆大梨重以将雏白鹇因赠五言六韵之什辄敢献和》⑥"高舍人""高谏议""高尚书"皆指高元裕，可知高元裕在当时文人群体中声望颇高。

此外，从墓志来看，高元裕非常重视对高璩文学素养的培养："髫龀之

---

①　［清］陆心源：《唐文拾遗》卷二八，第 138 页。
②　陈尚君：《全唐文补编》卷七六，第 943 页。
③　［清］徐松：《登科记考》卷二二，第 805 页。
④　［清］徐松：《登科记考》卷二二，第 805 页。
⑤　［唐］杜牧：《樊川文集》卷一六，第 238 页。
⑥　罗时进：《丁卯集笺证》卷一〇，第 687 页。

岁,援毫赋诗。贞公几欲抉去瑕颣,吟味久之,竟不能点斁一字,故得小号奇童,长为才子。"正是受家族文学传统与家学教育影响,高璩从小具备诗歌创作的天赋和才能,这也为他日后的科举与仕途奠定了基础。

(二) 高璩的文学实绩

高璩的文学才能首先表现在科举选拔上。墓志云:"既而就试于神州,主文者以缘情体物之妙,特用高等荐名,声华时论,辉动京国。陇西李公褒励公平掇翘秀,擢于群萃之中,升于甲乙之选。"大中三年知贡举者为礼部侍郎李褒。《唐语林》卷七:"大中三年,李褒侍郎知举,试《尧仁如天赋》。宿州李使君弟渎不识题,讯同铺,或曰:'止于尧之如天耳。'渎不悟,乃为句曰:'云攒八彩之眉,电闪重瞳之目。'赋成将写,以字数不足,忧甚。同辈给之曰:'但一联下添一者也,当足矣。'褒览之大笑。"①这段记载与《高璩墓志》非常吻合。是知高璩此年试赋为《尧仁如天赋》,墓志称"缘情体物之妙",是说李褒对于高璩的诗和赋都非常赞赏,故而得了选中高第,并且在京城产生了巨大的影响。但高璩的应试诗赋没有流传下来,故而我们只能从墓志及传世典籍的记载推知其一二。

墓志言高璩"凡著诏诰、诗赋、赞述、表檄三十卷",然传世典籍未见著录。就文章来看,新出土文献中所见有三篇,都是他撰写的墓志。《唐故昭义军节度判官检校尚书主客员外郎兼侍御史韦府君夫人河东薛氏墓志铭并序》:"有唐河东薛夫人,生于永贞元年正月十三日,终于大中二年五月二十六日,享年四十四。其年七月二十五日,权窆于京兆府万年县洪固乡毕原,从韦氏先茔,礼也。子婿渤海高璩刻石志于墓。"该志题署:"子婿乡贡进士高璩撰。"②高璩大中三年及第,此为及第前一年所作,是时高璩三十岁。墓志又言:"夫人之季弟廷望,以璩谬忝嘉姻,宜熟令问,使志金石。"而薛廷望也是晚唐的著名文学家。这篇墓志是目前所见高璩所撰写时代较早的墓志。

───────────────

① 周勋初:《唐语林校证》卷七,第 638 页。
② 西安市长安博物馆编:《长安新出墓志》,第 279 页。

高璩大中七年七月撰《唐故郓州寿张县尉李珣墓志铭并序》，墓主为李珣，墓志述及与墓主的关系："璩于公外兄也，方当危瘵之日，全忘笔砚之功，奉命纪述，无所辞让，但直书其事，用虞陵谷之变而已。"①墓志题署"外兄孤子高璩撰"，说明其时高璩进士及第后还没有正式为官，而大中六年其父高元裕已卒，故自称"孤子"。这篇墓志较为简短，基本上叙述墓主家世事迹经历，无多文学润色，体现了直朴真率的特点。

高璩最值得重视的文章是《白敏中墓志》。该墓志是一篇三千字的鸿篇巨制。将白敏中的家世、科第、生平、功绩都较为细致地表现出来，体现他在文章制作方面的大手笔。此志较前面所作的薛氏墓志铭，在艺术上有着较大的悬殊。这是因为前者是高璩尚未及第时所作，而后者经过了进士考试的锻炼，再因白敏中推荐入翰林院为学士并升任承旨，执掌皇帝密命的撰写，他的文章逐渐达到了较高的境界。首先，墓志叙述自己与白敏中的关系，以增加墓志表现的真实感。墓志题署："门吏翰林学士承旨朝议郎守尚书工部侍郎知制诰柱国赐紫金鱼袋高璩撰。"叙写撰写缘起云："其孙昭应县尉夷道译卫国夫人语，且置璩曰：'太傅前立家国事，复苦夷远，为不磨灭计，今畦町不当理，即困秃自泥，不能惊耸来者。子实太傅记室，从两镇五年，宜乎味髓魄而登峰峦也。'璩惶恐不敢让。"将高璩作为白敏中门吏的关系托出。在墓志叙写过程中，还适当点明了白敏中与高璩先世的关系："以劳迁殿中侍御史。苻澈临邠，诏公以侍御史衣朱衣银印，为节度副使。凡兵赋虚实，风俗制度，问公不问澈。时璩先司徒公职中丞事，前御史有帖削近俗，悉解去。上章请公真为侍御史，寻治留台事，改户部右司员外郎。"白敏中曾在邠州幕府，以功加殿中侍御史之衔，而此时高璩之父高元裕为御史中丞，将白敏中调到京城为真御史，并且留台知杂事，表明高元裕对白敏中非常器重。墓志末尾又云："璩实以文从公。公加太师，复入相，复大司徒，璩忝职内廷，皆获视草。则铭勋撰世，承卫国夫人请，其何以辞？"进一步申述撰写墓志的缘由，特别强调了白敏中对

①　周绍良主编：《唐代墓志汇编》，第 2309 页。

自己文学方面的影响以及入翰林院所起的关键作用。其次,突出表现一
生中最重要功绩。白敏中寿命较长,且一生官历较多,一般的官历略而叙
之,对于重要的贡献则不惜笔墨进行叙写。如叙述白敏中为宰相时,因吐
蕃内乱而收三州七关,使得沦陷百年的失地归唐,振兴了士人的志气,使
得唐朝有望恢复开元时的盛况。再如叙述白敏中平党项事,也是晚唐时
期的重要事件。这些方面,都是突出了白敏中对于国家的贡献,而墓志作
为人物传记撰写能够从大处着笔,显得格局广大,气宇恢弘。

　　高璩是一位诗人,尚有一首诗和一则残句留存于今。《和薛逢赠别》
见于《唐诗纪事》卷五三"高璩"条:"璩自梓州刺史入朝,经绵州,与刺史薛
逢登越王楼,逢以诗赠别云:乘递初登剑外州,倾心喜事富人侯。方当游
艺依仁日,便到攀辕卧辙秋。客听巴歌消子夜,许陪仙躅上危楼。欲知恨
恋情深处,听取长江旦暮流。璩和云:剑外绵州第一州,樽前偏喜接君
侯。歌声婉转添长恨,管色凄凉似到秋。但务欢娱思晓角,独耽云水上高
楼。莫言此去难相见,怨别征黄是顺流。"①这是薛逢与高璩在绵州登越
王楼的唱和之作。薛逢为晚唐著名诗人,字陶臣,会昌元年(841)崔岘榜
进士,两《唐书》有传,《全唐诗》收其诗一卷。此诗《全唐诗》题作《越王楼
送高梓州入朝》。薛逢曾任绵州刺史,绵州属于东川节度使管辖,故薛逢
诗有"方当游艺依仁日"之语。薛逢作为绵州的主人起唱,表现对于高璩
的称赞和眷恋。高璩和作既是对薛逢的感谢,又是对薛逢的称颂。首联
在感激之中称赞绵州的山川形势,颔联表现绵州的人物风光,前者突出歌
声,后者突出秋色,颈联回转到目前的登楼,流露出欢愉之感,尾联对于来
日相见的期待。相较而言,高璩的诗作比薛逢还要略胜一筹。只是高璩
之诗留存甚少,我们无法勾勒其诗歌全貌。高璩留下的诗歌残句是"公斋
一到人非旧,诗板重寻墨尚新"。这也收录于《唐诗纪事》卷五三"高璩"
条:"白敏中自剑南节度移荆南,经忠州,追寻乐天遗迹,有诗云:南浦花
临水,东楼月映风。璩时为书记,有诗云:公斋一到人非旧,诗板重寻墨

① [宋]计有功:《唐诗纪事》卷五三,第808页。

尚新。"①这是高璩从白敏中赴荆南经忠州时所感于白居易时所作。实际带有与白敏中唱和的性质，共同表现对于白居易的景仰，也是高璩"以文从公"的印证。白居易为忠州刺史是他由贬谪到回归朝廷的过渡，在忠州产生了极大的影响，也留下了很多诗作。故高璩诗突出了诗板的重寻，也就是注重对于白居易诗歌的赞赏，与白敏中对于白居易遗迹风光的赞赏正好形成不同程度的比照。宋代梅尧臣曾作《宣州杂诗二十首》，其一云："每见昭亭壁，高璩笔墨存。丹青虚格里，云雾碧纱痕。鸟屎常愁污，虫丝几为扪。贵来曾改观，世故有谁论。"②按，高璩之父高元裕会昌五年为宣歙观察使，高璩侍父在宣州游敬亭山，留下题咏，刻于昭亭，至北宋梅尧臣时还可以见到。

墓志撰书者及与高璩家族的关系

《高璩墓志》题署"门吏朝散大夫守尚书户部侍郎充诸道盐铁转运等使柱国赐紫金鱼袋刘邺撰，翰林学士朝议郎守尚书户部郎中知制诰赐绯鱼袋裴璩书"，是墓志撰者为晚唐宰相刘邺，书者为裴璩，将墓志记载与传世文献相印证，可订补相关史实，也可探讨与高璩的关系。

（一）墓志撰者刘邺

刘邺，两《唐书》有传，然讹误众多，关于他的生平，吴其煜《〈甘棠集〉与〈刘邺传〉研究》、赵和平《敦煌本〈甘棠集〉研究》《刘邺年谱简编》皆据敦煌本《甘棠集》作过校证。高璩墓志又为解决刘邺生平仕宦的争议问题提供了新材料。

一是充盐铁转运使的时间。《重修承旨学士壁记》："刘邺大中十四年十月十二日自左拾遗充。其月二十六日，召对，赐绯。咸通二年九月二十七日，迁起居舍人，依前充。三年二月二十一日，加兵部员外郎知制诰，依

---

①　[宋]计有功：《唐诗纪事》卷五三，第 808 页。

②　朱东润：《梅尧臣集编年校注》卷二五，上海古籍出版社 2006 年版，第 769 页。

前充。七月二十九日,召对,赐紫。十一月八日,迁中书舍人充。五年九月五日,迁户部侍郎,依前充知制诰。十一年十一月二十二日,加承旨。十二月二十三日,守本官充诸道盐铁等使。"①记载刘邺为户部侍郎时还在翰林院,而其充诸道盐铁转运使在咸通十一年十二月二十三日。根据墓志题署以及撰写时间,刘邺应该咸通五年(864)九月五日已迁户部侍郎充诸道盐铁转运使,疑《翰林承旨学士壁记》所载"十一年"三字为衍文。

二是刘邺的幕僚经历。《旧唐书·刘邺传》:"邺六七岁能赋诗,李德裕尤怜之,与诸子同砚席师学。大中初,德裕贬逐,邺无所依,以文章客游江、浙。每有制作,人皆称诵。高元裕廉察陕虢,署为团练推官,得秘书省校书郎。"②《新唐书·刘邺传》:"陕虢高元裕表署推官,高少逸又辟镇国幕府。"③言其大中年间曾被高元裕辟为幕僚。根据墓志记载:"邺与公实通家之旧,大中甲戌岁,公世父仆射公驾廉车于傅岩之侧,以弓旌重礼置愚于幕下,公不鄙庸陋,许以始终。及夫叨居禁近,获接行缀。追南巷之素分,深北门之密契。道则交友,情同弟昆。终天之别,今则已矣。抚吾兄之孤,铭吾兄之墓。搜罗遗美,穷极菲词。竟何为哉!竟何为哉!"按,"大中甲戌岁"为大中八年,"世父"即伯父,这里指高璩伯父高少逸。《资治通鉴》:大中八年,"九月丙戌,以右散骑常侍高少逸为陕虢观察使。有敕使过硖石。怒饼黑,鞭驿吏见血,少逸封其饼以进。"④从高元裕历任官职来看,并没有记载其担作过陕虢观察使。据墓志,是高少逸出守华州,辟刘邺为幕僚,故而成为刘邺为高璩撰写墓志的契机。盖两《唐书》"高元裕"为高少逸之误无疑。刘邺文集有《上高尚书启》云:"某艺本荒芜,性唯愚僻,但甘幽蛰,岂望超升。曾无进取之门,实有退藏之愿。伏遇尚书三十三丈询求幕吏,信任门人,容弱羽于邓林,置纤鲜于嘉沼。庆同毛义,空铭报德之心;荣过穆生,无限感恩之泪。身轻草芥,施重丘山。誓毕微生,

---

① 岑仲勉:《翰林学士壁记注补》,《郎官石柱题名新考订》(外三种),第352—353页。
② [后晋]刘昫:《旧唐书》卷一七七,第4617—4618页。
③ [宋]欧阳修、宋祁:《新唐书》卷一八三,第5382页。
④ [宋]司马光:《资治通鉴》卷二四九,第8054页。

仰酬殊造。下情无任感激惭惶之至。"①《又上高尚书启》云："伏蒙慈造，奏授试太子正字充防御巡官者。伏以礼优悬榻，荣重起家，荷宠增惭，有躬弥惧。……骅骝之逸步交驰，鸾鹤之清标互映。某才非杰俊，志切退藏。烟霞之野性方深，江海之恩流忽及。才趋俭府，宛是膺门……百生多幸，万殒难酬。空推贯日之诚，少助宣风之化。铭肌以誓，沥血而书。特冀悯怜，俯垂矜鉴。下情无任感恩激切之至。"②即上高璩之伯父高少逸者，讲述了自己在进取无门之时受高尚书赏识，内心的感恩之情，表达情辞恳切。

三是刘瞻、高璩荐为左拾遗一事。《旧唐书·刘邺传》："咸通初，刘瞻、高璩居要职，以故人子荐为左拾遗，召充翰林学士，转尚书郎中知制诰，正拜中书舍人、户部侍郎、学士承旨。"③刘邺大中十四年（860）以左拾遗充翰林学士，是年八月宣宗去世，懿宗即位，书为"咸通初"亦无不可。其时高璩在翰林院，超迁为右谏议大夫，可以说是"居要职"，但《旧传》称其与高璩的关系为"故人子"，不甚合理。刘邺在墓志题署自称为高璩"门吏"盖其时高璩为宰相，而其为户部尚书，即为高璩门下办事之人。而他在志文中描述与高璩的关系："及夫叨居禁近，获接行缀。追南巷之素分，深北门之密契。道则交友，情同弟昆。"是介于密友与兄弟之间，与《旧唐书》"故人子"的描述不符。高璩如果为刘邺之父"故人"，则墓志中当会直接说明，不致仅说其与高璩世父高少逸之关系。而《旧传》所言刘瞻荐刘邺为左拾遗事，更不合史实。盖《翰林承旨学士壁记》云："刘瞻咸通六年十月八日自太常博士入。其月二十六日，加工部员外郎，依前充。七年三月九日，授太原少尹出院。"④其仕历较刘邺既晚且微，《旧唐书》必误无疑。

刘邺同时也是晚唐重要文人，诗文兼擅，《全唐诗》卷六〇七存诗二

① 陈尚君：《全唐文补编》卷八五，第1049页。
② 陈尚君：《全唐文补编》卷八五，第1049页。
③ ［后晋］刘昫：《旧唐书》卷一七七，第4618页。
④ 岑仲勉：《翰林学士壁记注补》，《郎官石柱题名新考订（外三种）》，第360—361页。

首,今敦煌遗书出土其《甘棠集》四卷。《翰林作》诗云:"曾是江波垂钓人,
自怜深厌九衢尘。浮生渐老年随水,往事曾闻泪满巾。已觉远天秋色动,
不堪闲夜雨声频。多惭不是相如笔,虚直金銮接侍臣。"①《待漏院吟》诗
云:"玉堂帘外独迟迟,明月初沉勘契时。闲听景阳钟尽后,两莺飞上万年
枝。"②都是充任翰林学士时所作。与高璩一样,刘邺入翰林院也是受白
敏中的提携。刘邺《谢赐绯上白令公及三相状》云:"右今月日。某殿对特
蒙圣慈赐绯鱼袋者。某才不过人,智非周物。因缘门宇,骤出泥涂。始则
列在宾筵,升于文馆;次则荣参谏署,超处禁闱。微才方忝于玉堂,陋质忽
及于银印。乍执如霜之简,宠渥天庭;回看似草之袍,喜施尘世。但感非
常之赐,深怀不称之虞。每降皇私,尽是丹青之力;全逾素望,实惭朱紫之
班。惟誓煞身,何堪报德。"③又《上白相公》云:"右今日奉宣守本官充翰
林学士者,兼赐告身一通,恩赐进士出身。……此皆相公曲全旧分,特赐
深知。"④刘邺与当时诗人亦有往还,薛能有《谢刘相寄天柱茶》⑤即是答谢
刘邺赠茶而作。《高璩墓志》此前未见,为刘邺佚文,亦可见其作文水平之
一斑。

(二)墓志书者裴璩

裴璩,字挺秀,代宗时东都副留守裴谞的曾侄孙。据《重修承旨学士
壁记》:"裴璩咸通五年六月六日自兵部员外郎入。六年正月九日,加户部
郎中知制诰充。五月九日,三殿召对,赐紫。九月十七日,加朝散大夫、中
书舍人充。八年正月二十七日,迁水部侍郎知制诰,依前充。其年九月二
十三日,除同州刺史。"⑥高璩咸通六年二月葬,与裴璩官职适相吻合。裴
璩不仅是书家,也有作文才能。《唐故赠魏国夫人(崔氏)墓志铭并序》题

---

① [清]彭定求:《全唐诗》卷六〇七,第 7006 页。
② [清]彭定求:《全唐诗》卷六〇七,第 7006 页。
③ 陈尚君:《全唐文补编》卷八五,第 1053 页。
④ 陈尚君:《全唐文补编》卷八五,第 1052 页。
⑤ [宋]计有功:《唐诗纪事》卷六〇,第 916—917 页。
⑥ 岑仲勉:《翰林学士壁记注补》,《郎官石柱题名新考订(外三种)》,第 359 页。

署："翰林学士朝议郎守尚书户部郎中知制诰柱国赐紫金鱼袋臣裴璩奉敕撰。"①裴璩后来官位升迁颇为顺达，咸通八年（867）出为同州刺史，九年任宣歙观察使，僖宗乾符四年（877）任浙西观察使，随驾入蜀拜尚书右仆射。光启二年（886）十月，朱玫胁迫长安百官太子太师裴璩等奉笺劝进襄王李煴称帝，改年号为建贞，隔地尊奉唐僖宗为太上元皇圣帝。李煴失败后，出任岭南节度使。

余　论

通过《高璩墓志》勾勒人物关系和仕宦经历，我们可以发现《高璩墓志》不仅为研究高氏家族的发展提供了材料，更是晚唐政治生态面貌的一个缩影。

首先，高璩家族的政治和文学情况，展示了唐代士族发展之一隅。初唐高士廉图形凌烟阁，晚唐高璩位至宰辅，虽然都处于中央政权的核心地位，但并非线性发展的结果，而是在唐代各种政治风波冲击下，经历了沉沦下僚到重新崛起，最终重返权力中心的过程。作为皇族外戚，高氏家族一度享受最高的政治待遇，子弟多凭门荫入仕，更有"四岁封乐安公""两弟并事春宫"的恩宠。随着高士廉与长孙无忌的共同掌权威胁李唐政权，以高岐坐章怀太子乱为导火索，高氏一族从此由盛转衰。至中唐高元裕凭科举进身，又得牛党党魁李宗闵器重，方再次进入权力核心。这固然与中晚唐崇尚进士的社会状况以及党争激烈的政治环境有关，但高氏　族的家学传统亦不可忽视。高氏家族在文学和史学上都有不俗的成就，而且得到了很好的传承。高元裕贞元年间进士及第，又与兄长高少逸同入翰林，都需要较高的文学才能。同时，高元裕也重视对高璩文学素质的培养，故高璩不仅凭借科举名噪一时，还入翰林，加承旨，得以位至宰相。高氏先世的政治经历以及史学才能使高元裕兄弟善于洞悉时事，并作出准确判断。高元裕依附李宗闵拜谏议大夫和中书舍人，开启仕宦升迁道路。

---

① 吴钢主编：《全唐文补遗》第 2 辑，第 68 页。

而从高少逸受李德裕之诏撰写《四夷朝贡录》,后又征辟李德裕门人刘三复之子刘邺为幕僚,可知其早年与李德裕颇有往还。兄弟二人在担任基础官僚阶段并未因上级的政治立场进行严格的党派区分,反而与两党都有往来,一定程度上也降低了党争带来的政治风险。从中可以看出高氏家族在维持家族文化传统基础上,利用自身优势不断自我调整来适应政治环境的一面。

其次,通过对比高璩本人及其周边人物的仕宦经历,可以考察中晚唐仕宦升迁的内在机制。高元裕、高少逸、白敏中、高璩以及墓志撰者刘邺都是唐代高级文官且在仕途上表现出一定程度的相似性。一是科举经历,科举是中晚唐仕宦的重要环节,"中晚唐进士出身在诸色出身中仕宦尤为迅捷,多历次清官、清望官,逐渐成为宰相等清望官的主要后备人选"①。故五人中,除了高少逸未见有科举信息记载,其他几人都为进士。其中刘邺并未参加科举,而是在入翰林院后被恩赐进士,其《上白相公》状云:"右今日奉宣守本官充翰林学士者,兼赐告身一通,恩赐进士出身。"②阮阅《诗话总龟》前集卷一〇引《抒情诗》云:"刘相公邺,因白令公维持,方入翰苑,仍赐及第,为同列所轻。"③可见进士出身在时人眼中的重要性。二是幕僚经历,中晚唐使府大兴,鼓励文人入幕积累从政经验,使得大量文人将入幕作为仕途的首选。白敏中早年受李听之聘担任幕僚,先后移镇河东、义成、邠宁,长达十年;高璩在白敏中西川、荆南幕任职五年;刘邺曾在高少逸陕虢幕担任团练使,而据赵和平《刘邺年谱简编》,其在大中十二、十三年改入荆南白敏中幕。文人入幕后的迁升与使府的强弱、府主地位高低有着直接联系。白敏中、高璩、刘邺入朝后仕途亨通,与府主不无关系,如高璩、刘邺都是在白敏中推荐下进入翰林院,开启超迁之路。三是从历官来看,前述五人以及墓志书者裴璩都曾入翰林院。唐代翰林学士历来被认为是"清要之极选",翰林院在唐人眼中,不啻储相之所,如唐

① 金滢坤:《唐五代科举的世界》,复旦大学出版社2014年版,第159页。
② 陈尚君:《全唐文补编》卷八五,第1052页。
③ 〔宋〕阮阅:《诗话总龟》前集卷一〇,人民文学出版社1987年版,第116页。

诗中就有"已见差肩趋翰苑,更期连步掌台衡"之句。白敏中、高璩、刘邺都位至宰相,高元裕兄弟分别官至吏部、工部尚书,裴璩亦位至重要方镇节度使,可见翰林院确为涵养高级文官的重要场所。

再者,晚唐仕宦流动与人际网络亦有密切关系。《唐语林》卷三"赏誉"条有:"宣宗舅郑仆射光,镇河中。封其妾为夫人,不受,表曰:'白屋同愁,已失凤鸣之侣;朱门自乐,难容乌合之人。'上大喜,问左右曰:'谁教阿舅作此好语?'对曰:'光多任一判官田询者掌书记。'上曰:'表语尤佳,便好与翰林一官。'论者以为不由进士,又寒士,无引援,遂止。"①可见除了科举、门第,政治延引对于仕宦亦有重要影响。通过考证高璩诸人的入仕、升迁经历以及援引关系,我们知道每位人物背后都有强有力的政治奥援,且以血缘、门第、家族以及府主、幕僚等关系为纽带形成政治网络。

唐代士人升迁机制一直是学界关注的热点话题,就中晚唐而言,科举及第、入幕经历、翰林供职、政治奥援可以说是文人升迁的几个重要影响因素,《高璩墓志》为我们剖析这几个因素的内在运作机制提供了典型案例。

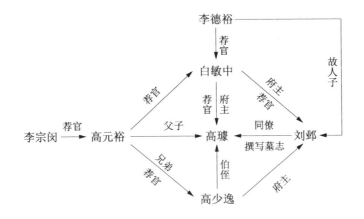

---

① 周勋初:《唐语林校证》卷三,第 282 页。

十二、杨 收 墓 志

墓 志 释 文

唐故特进门下侍郎兼尚书右仆射同中书门下平章事弘文馆大学士太清太微宫使晋阳县开国男食邑三百户冯翊杨公墓志铭 并序

东都留守东都畿汝州都防御使银青光禄大夫检校刑部尚书

兼判东都尚书省事御史大夫裴坦撰

我唐受命二百有余载,庙堂之上,群公间出,房、魏行之于前,姚、宋继之于后,故有贞观、开元,声明礼乐,文物之盛,辉赫千古。暨于我皇,承十七叶之丕烈,帝家天下,光宅四海,厥有贤辅,冯翊杨公则其人欤! 公讳收,字成之。得姓于周,伯侨昌有姬之胤,赤泉启大汉之封。自皇祖始居同州,循诸土断,今为同州冯翊人。汉太尉廿二代孙,隋越公素之仍孙也。高祖讳悟虚,登制策极谏科,授杭州钱唐令,终朔州司马。曾祖讳幼烈,官至宁州司马。祖妣河南于氏。皇祖讳藏器,邠州三水县丞。娶伯舅日用之女,是生皇考讳遗直。贞元中献封章,拜婺州兰溪县丞,转濠州录事参军,累赠尚书工部侍郎。娶河南元氏,父游道,登进士第,夫人追封河南郡太君。生公伯兄广州节度使发,仲兄常州刺史假。长孙夫人生公及前中书舍人、浙东观察使,今任汝州员外司马严。公伯仲叔季,皆以人物、至行、孝睦、文章、礼乐,推重于时,譬犹珪璋琮璧,无有瑕砌,光明特达,各擅其美。公未龀喜学,一览无遗,五行俱下。洎丱而贯通百家,傍精六艺,至于礼仪乐律,星算卜祝,靡不究穷奥妙。宿儒老生,唇腐齿脱,洎星翁乐师辈,皆见而心服,自以为不可偕。为儿时,已有章句传咏于江南,为闻人矣。以伯仲未捷,誓不议乡赋,尚积廿年,涵泳霶渍于文学百家之说。洎伯氏仲氏各登高科后,公乃跃而喜曰:吾今而后,知不免矣。亦犹谢文靖在江东之旨,时人莫可量也。将随计吏,以乡先生书至有司,阅公名且喜。未至京师,群公卿士交口称赞,荐章叠委,唯恐后时。至有北省谏官始三日以补衮举公自代,时未之有也。由是一上而登甲科。同升名者,皆闻公之声华而未面,牓下跂踵,叠足相押,于万众中争望见之。公幼不饮酒,不茹薰血,清入神骨,皎如冰珪,咸疑仙鹤云鸾,降为人瑞,澹然无隅,洁而不染。始也,同门生或就而亲焉,则貌温言厉,煦然而和潜,皆动魄而敬慕之。久而归宁江南,东诸侯挹公之名,皆虚上馆以俟之。故丞相汝南公时在华州,先迟于客馆,劳无苦外,延入州,引于内阁,独设二榻,问公匡济之术。公抑谦而谢,久而不已。后对榻高话达旦,汝南得之心服,如饵玉膏,饱不能已。至于大梁,时太原王公尚书彦威在镇,素闻公学识深博,先未面,一见后,与之探讨。王公礼学经术该通,近古无比,著《曲台新礼》初成,尽以缃帙全示。公详焉,因述礼意及曲台之本义。王公敬服,命袍简以谢。其为前辈推重如此。过淮南,今江陵司徒杜公在镇,一见唯恐失之,遽请为节度推官,授秘书省校书郎。杜公入判度支,旋平章大政,皆以公佐理。杜公出镇东蜀,表掌书奏。转协律郎,后移镇西川,复以为观察判官。时公季弟严在东川,佐故丞相汝南公幕。汝南未几薨于镇,杜公复邀置在西蜀。时公伯兄仲兄皆已在台省,公与季弟奉板舆在丞相幕中,入则并謍归侍,出则合食公堂,荣庆之盛,举世无比。入拜监察御史,转太常博士。丁太夫人忧,公天性至孝,殆不胜丧。始生七年,钟濠州府君之丧,不食五日,昼夜哭不绝声,目赤不开,泪胶其睑。人畏其遂将失明,欲傅之药,则曰:"安有无天而忍视日月乎?得瞽为幸。"长孙夫人博通经史,志尚真寂,一章一句,皆教导之。公始孤,得经史之文于夫人之训,求经史之意于伯仲之诲,然天资悟达,盖生而知之。服既除,故丞相魏国崔公镇淮南,奏在幕中,授检校尚书司勋员外郎,征入西台为侍御史,迁职方员外郎,改司勋员外判盐铁案。除长安县令,拜吏部员外郎。未几,召入内廷为学士,兼尚书库部郎中,知制,迁中书舍人。旋授尚书兵部侍郎,充承旨学士。恩意日隆,未周星,拜银青光禄大夫、中书侍郎同中书门下平章事,俄加金紫光禄大夫,改门下侍郎。时圣主留心政事,求理意切,喜得新相,虽旧人皆在列,独属目焉。公于理道相业,军国之机,出于天资,人之所难,析若斤斧,内有刀尺,外无锋铓,落笔如神,率皆破的。时也南蛮攻陷邕、交,官军屡有败失,征发挽运,远迩艰虞。上意切在攻讨,督战益急,公奏于江西建置镇南军以统之,稍减北兵,独以洪、虔等州强弩三万人,皆劲卒锐师,习于土风,始至邕南,大破蛮寇,奔北眚窜,如山摧地陷,煞戮数十万,威声大振,驿骑以闻。上大喜,嘉公之谋,阶升特进,拜尚书右仆射,依前门下侍郎平章事。既而自推忠正,体国意深,颇露真刚,善善恶恶,稍渐分白,始为亵近者之所疑矣。时有侍从大臣上议宗祧如汉匡衡事,上未之许而下其事。公以为非礼,因独上疏,恳陈所议,上以公居宰辅,当与百寮定议,不膺独疏,由是不悦,后数日罢相,出为宣州观察使。未期月,重贬端州司马。又明年,徙于骧州。方理舟抵日南,三月望薨于端溪,享年五十有五。海内士人惨然相吊。公夫人京兆韦氏,封韩国夫人。父审规,皇寿州刺史兼御史中丞,赠左散骑常侍,族望高华,缨绂百世,女仪妇道,为时表则,克尽孝敬,以奉尊嫜,鸾凤协德,和鸣喈喈。自居公丧,惊惶泣血,哀哭日夜,号不绝音,后数月竟殁于公丧侧。男子五人,长曰鉴,至性孝悌,袭于门风,礼乐儒范,不学而至矣。次曰钜,曰锷,曰镰,曰镐。女子四人,长女嫁进士张恽,今为连州桂阳县尉员外同正。余未笄。公昆弟四人,率用文华,声光友睦,次第取殊科,赫弈当代。公生而才智有异,二昆奇之,尝私曰:我家汉代四世五公,历魏晋及隋,蔚有光耀,将绍继者,其在此子乎!公既登台辅,器局恢弘,能断大事,当轴奉公,不顾细忌。已为近臣侧目,公犹不悟,日就月将,罙其深矣,至于是而无怨,乃曰:萧长蒨有师资之重,陈仲举居太傅之尊,犹不克免,我生平为善,尚不蒙报,况不为善,其能免乎?公玉季自服公丧,衔哀茹毒,昼夜啜泣,过时衣服不除,恒如在丧纪。进状乞解官亲奉丧事,会有恩制自浔阳移官汝海,爰自沅江,迎护丧槥,抵于汝洛,果蒙皇泽,昭洗克复,官勋爵秩,一以还之,舍人抚视诸孤,且慰且号,哀哀衔恤,克用咸通十四年二月廿五日,与韩国夫人同归窆于河南府巩县巩川乡桥西村,用古法袝于先公侍郎墓左,礼也。坦早与公伯仲游友,遂皆兄余而加敬焉。以愚尝铭广州之墓详实,乃与其孤鉴等议文志,而哀号泣余而请,固谢不敢当。使者往复四三,讫让不获,又以世系历官行事功状而至,是何敢辞!谨序而为铭曰:

清浊始分，有乱有理。兴替在运，决不以义。治具既设，将奋而否。时之未泰，匪我之踬。抑抑相君，生而特异。学授慈亲，文通伯氏。嶷然既成，杰为庙器。兆兴爵祥，昌于鱼瑞。厥初有光，在汉太尉。关西右族，焕乎秉赐。耿耿烈烈，莫克终既。刚正之风，贯于万祀。珪璧琳琅，伯仲叔季。满室芝兰，盈庭朱紫。泊公入相，恩洽鱼水。侃然庙朝，山苞岳峙。忠正有依，黠吏知畏。人皆向方，大君注意。建军镇南，折冲万里。强弩三万，刷国之耻。蛮蜓摧败，势沮气死。狙狨奢窜，黎元悦喜。决败算成，效于屈指。惟帝念功，特进端揆。奏疏引经，宗祧大事。理宜据古，勿容轻议。正言不入，大道多訾。公胡不悟，如簧深矣。弘博闶达，不获细忌。追踪远祖，焜耀青史。盛德大业，未极斯已。道固难行，恩胡可恃。殁无怨色，言必及义。儒苑伟人，庙堂君子。所不尽者，昌于令嗣。

《杨收墓志》，杨收（814—870），字成之，同州冯翊人。官至特进、门下侍郎、兼尚书右仆射、同中书门下平章事、弘文馆大学士、太清太微宫使。咸通九年（868）三月十五日卒，享年五十五岁，十四年（873）二月二十五日合葬。墓志高、宽均 89.5 厘米；志盖高 49.5 厘米，宽 50.5 厘米。志盖篆书，4 行，行 4 字；志文正书，51 行，满行 50 字。首题"唐故特进门下侍郎兼尚书右仆射同中书门下平章事弘文馆大学士太清太微宫使晋阳县开国男食邑三百户冯翊杨公墓志铭并序"，盖题"唐故相国特进右仆射弘农杨公墓志铭"，题署"东都留守东都畿汝州都防御使银青光禄大夫检校刑部尚书兼判东都尚书省事御史大夫裴坦撰"。墓志 2007 年春河南省巩义市出土。拓片载于《秦晋豫新出墓志搜佚》第 4 册，国家图书馆出版社 2011 年版，第 1065 页。张应桥有《唐杨收及妻韦东真墓志研究》，载《洛阳理工学院学报》2011 年第 2 期；毛阳光《晚唐宰相杨收及其妻韦东真墓志发微》，载《唐史论丛》第 14 辑，三秦出版社 2012 年版。可以参考。杨收诗，《全唐诗》卷五一七，第 5906 页，存 3 首；《全唐诗逸》卷上，第 10185 页，又补 1 首。

墓 志 疏 证

公讳收，字成之。

《旧唐书·杨收传》："杨收字藏之。"①《新唐书·杨收传》："杨收字藏

---

① ［后晋］刘昫：《旧唐书》卷一七七，第 4595 页。

之。"①同书《宰相世系表》："收字藏之,相懿宗。"②与墓志均不同。按古人名与字大多在文义上具有一定的关联性,或相应,或相反,无论"字成之"还是"字藏之"都与"收"有一定的关系,故而是史传之误,还是杨收一生曾有两个字号,尚待详考。张应桥和毛阳光之文,均相信墓志而以史传为误,如毛氏言:"'成''藏'二字字形接近,应是传世文献传抄过程中错误所致,当以墓志为准。"③实则"成""藏"二字,古代书写并不是形近的,加以二字均与"收"字字义有关,故不能仅据石刻简单判断其错误。

得姓于周,伯侨昌有姬之胤,赤泉启大汉之封。

杨氏之由来,《元和姓纂》卷五"杨":"周武王第三子唐叔虞之后。至晋出公逊于齐,生伯侨,归周,天子封为杨侯,子孙以国为氏。一云周宣王曾孙封杨,为晋所灭,其后为氏焉。或曰,周景王之后。杨雄自叙云,伯侨不知周何别也。"④按,《汉书·扬雄传》:"其先出自有周伯侨者,以支庶初食采于晋之扬,因氏焉,不知伯侨周何别也。"⑤扬雄《反离骚》自述其家世:"有周氏之蝉嫣兮,或鼻祖于汾隅;灵宗初谋伯侨兮,流于末之扬侯。"⑥上溯其世系源于周之伯侨,注引晋灼曰:"《汉名臣奏》载张衡说,云晋大夫食采于扬,为扬氏,食我有罪而扬氏灭。无扬侯。有扬侯则非六卿所逼也。"师古曰:"晋说是也。雄之自序谱谍盖为疏谬,范、中行不与知伯同时灭,何得言当是时逼扬侯乎?"⑦《新唐书·宰相世系表》所载杨氏之上世较为详尽:"杨氏出自姬姓,周宣王子尚父封为杨侯。一云晋武公子伯侨生文,文生突,羊舌大夫也。又云晋之公族食邑于羊舌,凡三县:一曰铜鞮,二曰杨氏,三曰平阳。……有杨章者,生苞、朗、款。苞为韩襄王将,守修武,子孙因居河内。朗为秦将,封临晋君,子孙因居冯翊。款为秦

① [宋]欧阳修、宋祁:《新唐书》卷一八四,第5392页。按,《新唐书·杨收传》载于第5392—5396页。
② [宋]欧阳修、宋祁:《新唐书》卷七一下,第2366页。
③ 《唐史论丛》第14辑,第96页。
④ [唐]林宝:《元和姓纂》卷五,第581—582页。
⑤ [汉]班固:《汉书》卷八七上,第3513页。
⑥ [汉]班固:《汉书》卷八七上,第3516页。
⑦ [汉]班固:《汉书》卷八七上,第3514页。

上卿，生硕，字太初，从沛公征伐，为太史。八子：鹗、奋、魁、儵、熊、喜、鹬、魋。喜字幼罗，汉赤泉严侯。生敷，字伯宗，赤泉定侯。生胤，字毋害。胤生敞，字君平，丞相、安平敬侯。二子：忠、恽。忠，安平顷侯。生谭，属国、安平侯。二子：宝、并。宝字稚渊。二子：震、衡。震字伯起，太尉。"①宋邓名世《古今姓氏书辩证》卷一三所载与《新唐书·宰相世系表》相同。

自皇祖始居同州，循诸土断，今为同州冯翊人。

前揭《新唐书·宰相世系表》杨氏之祖始迁冯翊者为杨朗："朗为秦将，封临晋君，子孙因居冯翊。"《旧唐书·杨收传》谓："杨收字藏之，同州冯翊人。"②《新唐书·杨收传》："杨收字藏之，自言隋越国公素之裔，世居冯翊。"③按，冯翊，据《元和郡县图志》卷二《同州》："冯翊县，望，郭下。本汉临晋县，故大荔城，秦获之，更名。旧说秦筑高垒以临晋国，故曰临晋。晋武帝改为大荔县，后魏改为华阴县，后以名重，改为武乡。隋大业三年改为冯翊县。冯，辅也；翊，佐也。义取辅佐京师。"④但杨收之望贯亦有异说，《北梦琐言》卷一二《杨收不学仙》条："唐相国杨收，江州人。祖为本州都押衙。"⑤盖因其祖曾任江州都押衙，故孙光宪将杨收祖父为官寓居之地作为籍贯了。

汉太尉廿二代孙。

汉太尉即杨震，《后汉书·杨震传》："杨震字伯起，弘农华阴人也。八世祖喜，高祖时有功，封赤泉侯。高祖敞，昭帝时为丞相，封安平侯。父宝，习《欧阳尚书》。哀、平之世，隐居教授。""震少好学"⑥，"年五十，乃始仕州郡。大将军邓骘闻其贤而辟之，举茂才，四迁荆州刺史、东莱太守"⑦，

---

① ［宋］欧阳修、宋祁：《新唐书》卷七一下，第 2346—2347 页。
② ［后晋］刘昫：《旧唐书》卷一七七，第 4595 页。
③ ［宋］欧阳修、宋祁：《新唐书》卷一八四，第 5392 页。
④ ［唐］李吉甫：《元和郡县图志》卷二，第 37 页。
⑤ ［五代］孙光宪：《北梦琐言》卷一二，第 249 页。
⑥ ［南朝宋］范晔：《后汉书》卷五四，第 1759 页。
⑦ ［南朝宋］范晔：《后汉书》卷五四，第 1760 页。

"永宁元年,代刘恺为司徒"①,"延光二年,代刘恺为太尉"②。震后因被谮,饮鸩而卒,时年七十余。至顺帝即位,诏雪其冤。

所谓"廿二代孙",据《新唐书·宰相世系表》:"太尉震子奉,字季叔,后汉城门校尉、中书侍郎。八世孙结,仕慕容氏中山相。二子:珍、继。至顺,徙居河中永乐,岐徙居原武。"③"越公房本出中山相结次子继。生晖,洛州刺史,谥曰简。生河间太守恩,恩生越恭公钧,号越公房。"④从震以后世系为:

震—(八世)—结—继—晖—恩—钧—暄—敷—素—玄奖·积善—? —悟虚—幼烈—藏器—遗直—收

这里有两个地方需要进一步考订:一是震后的八世。据《后汉书·杨震传》:"震五子。长子牧,富波相。牧孙奇,灵帝时为侍中。"⑤"震少子奉,奉子敷,笃志博闻,议者以为能世其家。敷早卒,子众,亦传先业。……震中子秉。"⑥秉"子赐"⑦,赐"子彪"⑧,彪"子修"⑨。杨收出于杨震五子之哪一子,尚待详考。二是杨收高祖悟虚之父,《新唐书·宰相世系表》,杨素子有玄奖、积善二人,而积善之下空一格接悟灵(虚之误),玄奖之下接崇本,崇本之下又不接悟灵。故杨收是玄奖之裔孙,抑或积善之裔孙,《新唐书》并未厘清。然据《古今姓氏书辩证》卷一三:"积善,上仪同,其孙悟灵,唐钱塘令。"⑩是杨收世系,越国公以下就较为清楚了。

① [南朝宋]范晔:《后汉书》卷五四,第1761页。
② [南朝宋]范晔:《后汉书》卷五四,第1763页。
③ [宋]欧阳修、宋祁:《新唐书》卷七一下,第2360页。
④ [宋]欧阳修、宋祁:《新唐书》卷七一下,第2365页。
⑤ [南朝宋]范晔:《后汉书》卷五四,第1768页。
⑥ [南朝宋]范晔:《后汉书》卷五四,第1769页。
⑦ [南朝宋]范晔:《后汉书》卷五四,第1775页。
⑧ [南朝宋]范晔:《后汉书》卷五四,第1785页。
⑨ [南朝宋]范晔:《后汉书》卷五四,第1789页。
⑩ [宋]邓名世:《古今姓氏书辩证》卷一三,《景印文渊阁四库全书》第922册,第136页。

隋越公素之仍孙也。

《隋书·杨素传》："杨素字处道，弘农华阴人也。祖暄，魏辅国将军、谏议大夫。父敷，周汾州刺史，没于齐。"①"及高祖为丞相，素深自结纳。高祖甚器之，以素为汴州刺史。……迁徐州总管，进位柱国，封清河郡公，邑二千户。以弟岳为临贞公。高祖受禅，加上柱国。开皇四年，拜御史大夫。"②"改封越国公。寻拜纳言。岁余，转内史令。"③"大业元年，迁尚书令，赐东京甲第一区，物二千段。寻拜太子太师，余官如故。前后赏锡，不可胜计。明年，拜司徒，改封楚公，真食二千五百户。其年，卒官。谥曰景武，赠光禄大夫、太尉公。"④"仍孙"为七代孙，《尔雅·释亲》："子之子为孙，孙之子为曾孙，曾孙之子为玄孙，玄孙之子为来孙，来孙之子为昆孙，昆孙之子为仍孙，仍孙之子为云孙。"⑤

又按，《旧传》："自言隋越公素之后。"⑥《新唐书·杨收传》："自言隋越国公素之裔，世居冯翊。"⑦盖《宰相世系表》杨收世系于"悟灵"之上，未直接衔接上一代，难以确定其一贯世系，故称其"自言"也。杨检撰《唐故岭南节度使右常侍杨公女子书墓志》："□□讳芸，字子书，隋越国公素之裔。"⑧杨检即杨收兄杨发之子。

宋张世南《游宦纪闻》卷一〇据杨氏家族载其出越国公一系云："唐修行杨氏，系出越公房，本出中山相结。次子继，生洛州刺史晖，晖生河间太守恩，恩生越恭公钧，出居冯翊。至藏器，徙浔阳。唐相杨收之父曰遗直，生四子，名皆从'启'，曰：发、假、收、严，以四时为义；故发之诸子名，皆从'木'，假之子从'火'，收之子从'金'，严之子从'水'。严生涉，涉生凝式。

① ［唐］魏徵：《隋书》卷四八，第 1281 页。
② ［唐］魏徵：《隋书》卷四八，第 1282 页。
③ ［唐］魏徵：《隋书》卷四八，第 1284 页。
④ ［唐］魏徵：《隋书》卷四八，第 1291—1292 页。
⑤ 《尔雅》卷四，《十三经注疏》本，中华书局 1980 年版，第 2592 页。
⑥ ［后晋］刘昫：《旧唐书》卷一七七，第 4595 页。
⑦ ［宋］欧阳修、宋祁：《新唐书》卷一八四，第 5392 页。
⑧ 周绍良主编：《唐代墓志汇编》，第 2490—2491 页。

而收乃藏器之兄,涉之伯也。"①

高祖讳悟虚,登制策极谏科,授杭州钱唐令,终朔州司马。

《旧传》:"高祖悟虚,应贤良制科擢第,位终朔州司马。"②《新表》:"悟灵,钱塘令。"③"灵"盖"虚"形近而误。

曾祖讳幼烈,官至宁州司马。祖妣河南于氏。

《旧传》:"曾祖幼烈,位终宁州司马。"④《新表》:"幼烈,宁州司马。"⑤

皇祖讳藏器,邠州三水县丞。娶伯舅日用之女。

《旧传》:"祖藏器,邠州三水丞。"⑥《新表》:"藏器,三水丞。"⑦《北梦琐言》卷一二"杨收不学仙"条:"唐相国杨收,江州人。祖为本州都押衙。"⑧盖藏器为三水丞前,曾为江州都押衙。杨检《唐故岭南节度使右常侍杨公女子书墓志》:"曾祖公讳藏器,邠州三水丞。"⑨

是生皇考讳遗直。贞元中献封章,拜婺州兰溪县丞,转濠州录事参军,累赠尚书工部侍郎。娶河南元氏,父游道,登进士第,夫人追封河南郡太君。

《旧传》:"父遗直,位终濠州录事参军。家世为儒,遗直客于苏州,讲学为事,因家于吴。"⑩《新传》:"父遗直,德宗时,以上书阙下,仕为濠州录事参军,客死姑苏。收七岁而孤,处丧若成人。母长孙亲授经。"⑪杨检《唐故岭南节度使右常侍杨公女子书墓志》:"显祖公讳遗直,赠右仆射。"⑫《北梦琐言》卷一二"杨收不学仙"条:"唐相国杨收,江州人。祖为

①　[宋]张世南:《游宦纪闻》卷一〇,中华书局1981年版,第87页。
②　[后晋]刘昫:《旧唐书》卷一七七,第4595页。
③　[宋]欧阳修、宋祁:《新唐书》卷七一下,第2365页。
④　[后晋]刘昫:《旧唐书》卷一七七,第4595页。
⑤　[宋]欧阳修、宋祁:《新唐书》卷七一下,第2365页。
⑥　[后晋]刘昫:《旧唐书》卷一七七,第4595页。
⑦　[宋]欧阳修、宋祁:《新唐书》卷七一下,第2365页。
⑧　[五代]孙光宪:《北梦琐言》卷一二,第249页。
⑨　周绍良主编:《唐代墓志汇编》,第2491页。
⑩　[后晋]刘昫:《旧唐书》卷一七七,第4595页。
⑪　[宋]欧阳修、宋祁:《新唐书》卷一八四,第5392页。
⑫　周绍良主编:《唐代墓志汇编》,第2491页。

本州都押衙。父直，为兰溪县主簿。"①"直"即为"遗直"之省文，唐代书写人名常如此。

元游道，仅见于此墓志记载。其登进士第，清人徐松《登科记考》亦缺载，可补入。

生公伯兄广州节度使发，仲兄常州刺史假。长孙夫人生公及前中书舍人、浙东观察使，今任汝州员外司马严。公伯仲叔季，皆以人物、至行、孝睦、文章、礼乐，推重于时，譬犹珪璋琮璧，无有瑕玷，光明特达，各擅其美。

《旧传》："遗直生四子：发、假、收、严。"②《北梦琐言》卷一二"杨收不学仙"条："父直，为兰溪县主簿。生四子：发、嘏、收、严。皆登进士第。收即大拜，发以下皆至丞郎。发以春为义，其房子以枞、以乘为名；嘏以夏为义，其房子以煚为名；收以秋为义，其房子以钜、镳、镶、鉴为名；严以冬为义，其房子以注、涉、洞为名。尽有文学，登高第，号曰修竹（行）杨家，与静恭诸杨，比于华盛。"③

杨发，字至之，大和四年登进士第，官至广州刺史、岭南节度使。以"前政不率，蛮夏咸怨"，以至军乱，并为所因，坐贬婺州刺史。事见新、旧《唐书》本传。

杨假，字仁之，进士擢第，故相郑覃刺华州，署为从事，入为监察御史，累转太常少卿，出为常州刺史。事见新、旧《唐书》本传。

杨严，字凛之，会昌四年进士擢第。咸通中累迁吏部员外，转郎中，拜给事中、工部侍郎，寻以本官充翰林学士。出为越州刺史、浙东观察使。杨收罢相，坐贬邵州刺史。收昭雪，量移吉王傅。乾符四年，官至兵部侍郎。事见新、旧《唐书》本传。

公未龀喜学，一览无遗，五行俱下。洎丱而贯通百家，傍精六艺，至于礼仪乐律，星算卜祝，靡不究穷奥妙。宿儒老生，唇腐齿脱，洎星

---

① ［五代］孙光宪：《北梦琐言》卷一二，第 249 页。
② ［后晋］刘昫：《旧唐书》卷一七七，第 4595 页。
③ ［五代］孙光宪：《北梦琐言》卷一二，第 249 页。

翁乐师辈,皆见而心服,自以为不可偕。为儿时,已有章句传咏于江南,为闻人矣。以伯仲未捷,誓不议乡赋,尚积廿年,涵泳霂渍于文学百家之说。

这里是叙说杨收的文学成就,杨收是当时的文学家,少年时即擅长于作诗,但其诗大多散佚无存,《全唐诗》收其诗三首,本于《旧唐书·杨收传》所载。其具体情况,详参下一部分论述。

洎伯氏仲氏各登高科后,公乃跃而喜曰:吾今而后,知不免矣。亦犹谢文靖在江东之旨,时人莫可量也。将随计吏,以乡先生书至有司,阅公名且喜。未至京师,群公卿士交口称赞,荐章叠委,唯恐后时。至有北省谏官始三日以补衮举公自代,时未之有也。由是一上而登甲科。同升名者,皆闻公之声华而未面,榜下跋踬,叠足相押,于万众中争望见之。公幼不饮酒,不茹薰血,清入神骨,皎如冰珪,咸疑仙鹤云鸾,降为人瑞,澹然无隅,洁而不染。始也,同门生或就而亲焉,则貌温言厉,煦然而和潜,皆动魄而敬慕之。

《旧传》:"收以仲兄假未登第,久之不从乡赋。开成末,假擢第;是冬,收之长安,明年,一举登第,年才二十六。"①《新传》略同。《永乐大典》引《苏州府志》:"杨收,会昌元年登第。"②又元刊本《新编排韵增广事类氏族大全》丁集《金印朝天》条:"杨收字藏之,与王铎、薛逢同年,唐咸通中拜相。"③是年知贡举为礼部侍郎柳璟,同年及第可考者有崔岘、薛逢、沈询、王铎、李蝘、谈铢、康僚、谢防、苗绅。

久而归宁江南,东诸侯挹公之名,皆虚上馆以俟之。故丞相汝南公时在华州,先迓于客馆,劳无苦外,延入州,引于内阁,独设二榻,问公匡济之术。公抑谦而谢,久而不已。后对榻高话达旦,汝南得之心服,如饵玉膏,饱不能已。

故丞相汝南公为周墀,杜牧《唐故东川节度使检校右仆射兼御史大夫

① ［后晋］刘昫:《旧唐书》卷一七七,第 4598 页。
② ［清］徐松:《登科记考》卷二二引,第 786 页。
③ 孟二冬:《登科记考补正》卷二二引,第 782 页。

赠司徒周公（墀）墓志铭》："武宗即位，以疾辞，出为工部侍郎、华州刺史。……李太尉德裕伺公纤失，四年不得，知愈治不可盖抑，迁公江西观察使。"①《旧唐书·周墀传》："武宗即位，出为华州刺史、镇国军潼关防御等使，改鄂州刺史。"②郁贤皓先生《唐刺史考全编》卷三系周墀为华州刺史在开成五年至会昌三年。杨收及第为会昌元年，东归经过汝州亦当即在会昌元年。

至于大梁，时太原王公尚书彦威在镇，素闻公学识深博，先未面，一见后，与之探讨。王公礼学经术该通，近古无比，著《曲台新礼》初成，尽以缃帙全示。公详焉，因述礼意及曲台之本义。王公敬服，命袍简以谢。其为前辈推重如此。

《新唐书·王彦威传》："俄检校礼部尚书，为忠武节度使。……徙节宣武，封北海县子。"③吴廷燮《唐方镇年表》、郁贤皓《唐刺史考全编》卷五五均系王彦威为宣武军节度使在开成五年至会昌五年。杨收自长安归宁苏州，经汝州再至汴州，当亦在会昌元年之当年。

王彦威经学及著《曲台新礼》的情况，《旧唐书·王彦威传》载："王彦威，太原人。世儒家，少孤贫，苦学，尤通《三礼》。无由自达，元和中游京师，求为太常散史。卿知其书生，补充检讨官。彦威于礼阁掇拾自隋已来朝廷沿革、吉凶五礼，以类区分，成三十卷献之，号曰《元和新礼》，由是知名，特授太常博士。"④《新传》略同。《新唐书·礼乐志序》："贞元中，太常礼院修撰王泾考次历代郊庙沿革之制及其工歌祝号，而图其坛屋陟降之序，为《郊祀录》十卷。元和十一年，秘书郎、修撰韦公肃又录开元已后礼文，损益为《礼阁新仪》三十卷。十三年，太常博士王彦威为《曲台新礼》三十卷，又采元和以来王公士民昏祭丧葬之礼为《续曲台礼》三十卷。呜呼，考其文记，可谓备矣，以之施于贞观、开元之间，亦可谓盛矣，而不能至三

---

① ［唐］杜牧：《樊川文集》卷七，第120页。
② ［后晋］刘昫：《旧唐书》卷一七六，第4571页。
③ ［宋］欧阳修、宋祁：《新唐书》卷一六四，第5058页。
④ ［后晋］刘昫：《旧唐书》卷一五七，第4154页。

代之隆者,具其文而意不在焉,此所谓'礼乐为虚名'也哉!"①《唐会要》卷三七《五礼篇目》记载较详:"元和十三年八月。礼官王彦威集开元二十一年已后至元和十三年五礼裁制敕格,为《曲台新礼》。上疏曰:'臣闻礼之所始及损益之文,布于前书,不敢悉数。开元中,命礼官大臣改撰新礼,五礼之仪始备。又按自开元二十一年已后,迄于圣朝,垂九十余年矣。法通沿革,礼有废兴,或后敕已更裁成,或当寺别禀诏命,贵从权变,以就便宜。又国家每有礼仪大事,则命礼官博士约旧为之损益,修撰仪注,以合时变,然后宣行。即臣今所集开元以后至元和十三年奏定仪制,不惟与古礼有异,与开元仪礼已自不同矣。又检修礼官故事,每详定仪制讫,则约文为之礼科,以移责于百司,又约之以供备,然后礼事毕举。礼科者,名数之总。与仪注相扶而行者也,阙一不可。臣今所集,备礼科之单复,具供给之司存,欲使谒者赞引之徒,官长辟除之吏,开卷尽在,按文易征。其他五礼之仪式,或旧仪所不载,而与新创不同者,莫不次第编录。窃以圣朝典礼,于元和中集录,又曲台者,实礼之义疏,故名曰《元和曲台新礼》,并目录勒成三十卷,谨诣光顺门奉表以闻,伏乞裁下。'从之。"②王彦威《曲台新礼》的编纂,具有重大意义,正如吴羽所言:"王彦威编修《曲台礼》,其实是对与已行之礼有关的案牍的编类,这在唐代国家礼书编撰乃至学术发展史上是一个具有里程碑意义的事件,标志着礼书的案牍化正式形成,也标志着仪注之学和礼书编撰之学正式分途。"③

按,墓志这里的记载,时间有所差池。盖王彦威著《曲台新礼》完成于宪宗元和十三年为礼官时,距杨收归宁之会昌元年已达二十三年之久。是时王彦威出镇宣武,盖以以前所著之《曲台新礼》以示杨收并与之讨论则可,而称"著《曲台新礼》初成"则在时间上不合。或为王彦威所撰之《续曲台礼》,待考。有关《曲台新礼》,宋人陈振孙《直斋书录解题》卷六载:

① [宋]欧阳修、宋祁:《新唐书》卷一一,第309页。
② [宋]王溥:《唐会要》卷三七,第783—784页。
③ 吴羽:《论中晚唐国家礼书编撰的新动向对宋代的影响——以〈元和曲台新礼〉〈中兴礼书〉为中心》,《学术研究》2008年第6期,第105页。

"《续曲台礼》三十卷。唐太常博士太原王彦威撰。元和十三年，尝献《曲台新礼》三十卷，至长庆中，又自元和之末次第编录，下及公卿、士庶昏姻、丧祭之礼，并目录为三十卷，通前为六十一卷。案此惟续书，而亦无目录，全书则未之见也。《馆阁书目》亦无之。文宗朝，彦威仕为尚书节度使。"①王彦威的这部书，对于以后各朝的礼书编纂产生了巨大影响。宋叶宗鲁《中兴礼书续编序》："元和郅隆，礼官所续《曲台新礼》，自长庆以后莫不次第编录，以是朝仪国范，粲然复振。然则圣明继述，上以恢一代之典章，下以垂万世之法式，载之简策，倘或未备。……谨用采摭，续成八十卷。"②

有关"曲台"之本义，《汉书·儒林传·孟卿》："（后）仓说《礼》数万言，号曰《后氏曲台记》。"颜师古注引服虔曰："在曲台校书著记，因以为名。"③盖本谓著述校书为曲台，而溯其源又因后仓说《礼》，故王彦威《曲台新礼》，特指《礼》学著述。

过淮南，今江陵司徒杜公在镇，一见唯恐失之，遽请为节度推官，授秘书省校书郎。杜公入判度支，旋平章大政，皆以公佐理。

《旧传》："时发为润州从事，因家金陵。收得第东归，路由淮右，故相司徒杜悰镇扬州，延收署节度推官，奏授校书郎。悰领度支，以收为巡官。悰罢相镇东蜀，奏授掌书记，得协律郎。"④《新传》："明年，擢进士，杜悰表署淮南推官。"⑤

杜公出镇东蜀，表掌书奏。转协律郎，后移镇西川，复以为观察判官。时公季弟严在东川，佐故丞相汝南公幕。汝南未几薨于镇，杜公复邀置在西蜀。时公伯兄仲兄皆已在台省，公与季弟奉板舆在丞相幕中，入则并辔归侍，出则合食公堂，荣庆之盛，举世无比。

《旧传》："悰罢相镇东蜀，奏授掌书记，得协律郎。悰移镇西川，复管

---

① ［宋］陈振孙：《直斋书录解题》卷六，上海古籍出版社 1987 年版，第 183 页。
② ［清］徐松辑：《中兴礼书续编》，《续修四库全书》第 823 册，第 473 页。
③ ［汉］班固：《汉书》卷八八，第 3615 页。
④ ［后晋］刘昫：《旧唐书》卷一七七，第 4598 页。
⑤ ［宋］欧阳修、宋祁：《新唐书》卷一八四，第 5393 页。

记室。宰相马植奏授渭南尉,充集贤校理,改监察御史。收辞曰:'仆兄弟进退以义。顷仲兄假乡赋未第,收不出衡门。今假从事侯府,仆不忍先为御史。相公必欲振恤孤生,俟仆禀兄旨命可也。'马公嘉之。收即密达意于西蜀杜公,愿复为参佐,悰即表为节度判官。马公乃以收弟严为渭南尉、集贤校理,代收之任。周墀罢相,镇东蜀,表严为掌书记。墀至镇而卒,悰乃辟严为观察判官。兄弟同幕,为两使判官,时人荣之。俄而假自浙西观察判官入为监察御史,收亦自西川入为监察。兄弟并居宪府,特为新例。"①《新传》略同。

入拜监察御史,转太常博士。

《旧传》:"裴休作相,以收深于礼学,用为太常博士。时收弟严亦自扬州从事入为监察。"②《新传》:"以详礼学改太常博士,而严亦自扬州召为监察御史。收因建言:'汉制,总群官而听曰省,分务而专治曰寺。太常,分务专治者也,所以藏天子之旌常。今旌常因车饰隶太仆,非是。'"③

为太学博士前,杨收曾为集贤校理。《唐会要》卷六四《集贤院》:"大中五年正月,校理杨收逢侍御史冯缄与三院退朝入台,收不为之却,乃追捕仆人笞之。时宰臣大学士马植论奏,始著令。三馆学士不避行台,自植始也。"④

丁太夫人忧,公天性至孝,殆不胜丧。始生七年,钟濠州府君之丧,不食五日,昼夜哭不绝声,目赤不开,泪胶其睑。人畏其遂将失明,欲傅之药,则曰:"安有无天而忍视日月乎?得瞽为幸。"长孙夫人博通经史,志尚真寂,一章一句,皆教导之。公始孤,得经史之文于夫人之训,求经史之意于伯仲之诲,然天资悟达,盖生而知之。

《旧传》:"收长六尺二寸,广颡深颐,疏眉秀目,寡言笑,方于事上,博

---

① 〔后晋〕刘昫:《旧唐书》卷一七七,第4598页。
② 〔后晋〕刘昫:《旧唐书》卷一七七,第4599页。
③ 〔宋〕欧阳修、宋祁:《新唐书》卷一八四,第5394页。
④ 〔宋〕王溥:《唐会要》卷六四,第1324页。

闻强记。初家寄浔阳，甚贫。收七岁丧父，居丧有如成人，而长孙夫人知书，亲自教授。"①

服既除，故丞相魏国崔公镇淮南，奏在幕中，授检校尚书司勋员外郎，征入西台为侍御史，迁职方员外郎，改司勋员外判盐铁案。除长安县令，拜吏部员外郎。

《旧传》："寻丁母丧，归苏州。既除，崔珙罢相，镇淮南，以收为观察支使。入为侍御史，改职方员外郎，分司东都。宰相夏侯孜领度支，用收为判官。罢职，改司勋员外郎、长安令。"②《新传》："未及行，以母丧免。服除，从淮南崔铉府为支使。还，拜侍御史。夏侯孜以宰相领度支，引判度支案。迁长安令。"③二传记载，一为崔珙，一为崔铉。检《唐刺史考全编》卷一二三"扬州"，崔珙没有镇淮南的经历。而崔铉则于大中九年至咸通三年镇淮南。《旧唐书·崔铉传》："（大中）九年，检校司徒、扬州大都督长史，进封魏国公、淮南节度使。……咸通初，移镇襄州。"④《新唐书·崔铉传》："出为淮南节度使。……居九年，……咸通初，徙山南东道、荆南二镇。"⑤《全唐文》卷七九有《授崔铉淮南节度使平章事制》。

《唐诗纪事》卷六〇《崔澹》条："大中末，崔铉自平章事镇淮海，杨收为支使，收状云：'前时里巷，初迎避马之威；今日藩垣，便仰问牛之代。'澹之词也。澹终于吏部侍郎。"⑥

未几，召入内廷为学士，兼尚书库部郎中，知制，迁中书舍人。旋授尚书兵部侍郎，充承旨学士。

《旧传》："秩满，改吏部员外郎。上言先人未葬，旅殡毗陵，拟迁卜于河南之偃师，请兄弟自往，从之。及葬东周，会葬者千人。时故府杜悰、夏

①　［后晋］刘昫：《旧唐书》卷一七七，第 4597 页。
②　［后晋］刘昫：《旧唐书》卷一七七，第 4599 页。
③　［宋］欧阳修、宋祁：《新唐书》卷一八四，第 5394 页。
④　［后晋］刘昫：《旧唐书》卷一六三，第 4262 页。
⑤　［宋］欧阳修、宋祁：《新唐书》卷一六〇，第 4975 页。
⑥　［宋］计有功：《唐诗纪事》卷六〇，第 912 页。

侯孜皆在洛,二公联荐收于执政。宰相令狐绹用收为翰林学士,以库部郎中知制诰,正拜中书舍人,赐金紫,转兵部侍郎、学士承旨。"①《新传》稍略。《翰苑群书》上《重修承旨学士壁记》:"[相]杨收,咸通二年四月十八日自吏部员外郎充。其月二十一日加库部郎中,依前充。七月八日,加知制诰。十月十六日,三殿召对,赐紫。三年二月二十日,特恩迁中书舍人充。九月二十三日,加承旨。其月二十六日,迁兵部侍郎充,兼知制诰。四年五月七日,以本官同中书门下平章事。"②岑仲勉云:"按,令狐绹之出镇河中,杜悰之相,旧、新《唐书》虽有不同,然收入翰林时固悰执政而绹居外也,传文不尽信。"③

杨收家族为翰林学士者,先后有四人。《山堂肆考》卷八二《两世四学士》条:"唐杨收字藏之,与子钜、弟严、严子注两世四人为翰林学士。"④

恩意日隆,未周星,拜银青光禄大夫、中书侍郎同中书门下平章事,俄加金紫光禄大夫,改门下侍郎。

《翰苑群书》上《重修承旨学士壁记》:"[相]杨收,……迁兵部侍郎充,兼知制诰。(咸通)四年五月七日,以本官同中书门下平章事。"⑤按,懿宗有《授杨收平章事制》:"翰林学士承旨、朝议大夫、守尚书兵部侍郎、知制诰、上柱国、赐紫金鱼袋杨收,……可守本官同中书门下平章事。"⑥《新唐书·懿宗纪》《宰相表》载杨收入相在咸通四年五月己巳,即五月七日,与《壁记》合。《通鉴》载于五月戊辰,则稍有不同。杨收作相,与宦官杨玄价有关,《资治通鉴》记载:"五月,戊辰,以翰林学士承旨、兵部侍郎杨收同平章事。收,发之弟也。与左军中尉杨玄价叙同宗相结,故得为相。"⑦

---

① [后晋]刘昫:《旧唐书》卷一七七,第4599页。
② 岑仲勉:《郎官石柱题名新考订》(外三种),第354页。
③ 岑仲勉:《郎官石柱题名新考订》(外三种),第354页。
④ [明]彭大翼:《山堂肆考》卷八二,《景印文渊阁四库全书》第975册,第541页。
⑤ 岑仲勉:《郎官石柱题名新考订》(外三种),第354页。
⑥ [清]董诰:《全唐文》卷八三,第379—380页。
⑦ [宋]司马光:《资治通鉴》卷二五〇,第8104页。

薛逢《贺杨收作相》诗："阙下憧憧车马尘，沉浮相次宦游身。须知金印朝天客，同是沙堤避路人。威凤偶时因瑞圣，应龙无水谩通神。立门不是趋时客，始向穷途学问津。"①然杨收对于薛逢并未多加眷顾，《新唐书·薛逢传》载："出为巴州刺史。而杨收、王铎同牒署第，收辅政，逢有诗微辞讥讪，收衔之，复斥蓬、绵二州刺史。收罢，以太常少卿召还，历给事中。铎为宰相，逢又以诗訾铎，铎怒，中外亦鄙逢褊傲，故不见齿。"②宋晁公武《郡斋读书志》云："《薛逢歌诗》二卷。右唐薛逢陶臣也。河东人。会昌元年进士。终秘书监。逢持论鲠切，以谋略高自标显。与杨收、王铎同年登第，而逢文艺最优。收作相，逢有诗云：'谁知金印朝天客，同是沙堤避路人。'铎作相，逢又有诗云：'昨日鸿毛万钧重，今朝山岳一毫轻。'二人皆怒，故不见齿。"③

时圣主留心政事，求理意切，喜得新相，虽旧人皆在列，独属目焉。公于理道相业，军国之机，出于天资，人之所难，析若斤斧，内有刀尺，外无锋铓，落笔如神，率皆破的。时也南蛮攻陷邕、交，官军屡有败失，征发挽运，远迩艰虞。上意切在攻讨，督战益急，公奏于江西建置镇南军以统之，稍减北兵，独以洪、虔等州强弩三万人，皆劲卒锐师，习于土风，始至邕南，大破蛮寇，奔北奢窜，如山摧地陷，煞戮数十万，威声大振，驿骑以闻。上大喜，嘉公之谋，阶升特进，拜尚书右仆射，依前门下侍郎平章事。既而自推忠正，体国意深，颇露真刚，善善恶恶，稍渐分白，始为亵近者之所疑矣。

《旧传》："收以交址未复，南蛮扰乱，请治军江西，以壮出岭之师。乃于洪州置镇南军，屯兵积粟，以饷南海。天子嘉之，进位尚书右仆射、太清太微宫使、弘文馆大学士、晋阳县男、食邑三百户。收居位稍务华靡，颇为名辈所讥。而门吏僮奴，倚为奸利。时杨玄价弟兄掌机务，招来方镇之

---

① ［清］彭定求：《全唐诗》卷五四八，第6331页。
② ［宋］欧阳修、宋祁：《新唐书》卷二〇三，第5793—5794页。
③ 孙猛：《郡斋读书志校证》卷一八，第915页。

赂,屡有请托,收不能尽从。玄价以为背己,由是倾之。"①《新传》:"始,南蛮自大中以来,火邕州,掠交趾,调华人往屯,涉氛瘴死者十七,战无功,蛮势益张。收议豫章募士三万,置镇南军以拒蛮。悉教蹋张,战必注满,蛮不能支。又崎食泛舟饷南海。天子嘉其功,进尚书右仆射,封晋阳县男。既益贵,稍自盛满,为夸侈,门吏童客倚为奸。中尉杨玄价得君,而收与之厚,收之相,玄价实左右之;乃招四方赆饷,数千逯,收不能从,玄价以负己,大恚,阴加毁短。知政凡五年。"②

时有侍从大臣上议宗祧如汉匡衡事,上未之许而下其事。公以为非礼,因独上疏,恳陈所议,上以公居宰辅,当与百寮定议,不膺独疏,由是不悦,后数日罢相,出为宣州观察使。

《旧传》:"八年十月,罢知政事,检校工部尚书,出为宣歙观察使。"③《新传》:"知政凡五年,罢为宣歙观察使,不敢当两使禀料,但受刺史俸,留公藏钱七百万。"④《新唐书·宰相表》:七年"十月壬申,收检校工部尚书、宣歙池观察使"。与《旧传》异。又据《资治通鉴》记载:"冬,十月,甲申,以门下侍郎、同平章事杨收为宣歙观察使。收性侈靡,门吏僮奴多倚为奸利。杨玄价兄弟受方镇之赂,屡有请托,收不能尽从;玄价怒,以为叛己,故出之。"⑤

未期月,重贬端州司马。又明年,徙于骧州。方理舟抵日南,三月望薨于端溪,享年五十有五。海内士人惨然相吊。

《旧传》:"韦保衡作相,又发收阴事,言前用严譔为江西节度,纳赂百万。明年八月,贬为端州司马,寻尽削官封,长流骧州。又令内养郭全穆赍诏赐死。九年三月十五日,全穆追及之,宣诏讫,收谓全穆曰:'收为宰相无状,得死为幸。心所悲者,弟兄沦丧将尽,只有弟严一人,以奉先人之

① [后晋]刘昫:《旧唐书》卷一七七,第4599页。
② [宋]欧阳修、宋祁:《新唐书》卷一八四,第5394—5395页。
③ [后晋]刘昫:《旧唐书》卷一七七,第4599页。
④ [宋]欧阳修、宋祁:《新唐书》卷一八四,第4599页。
⑤ [宋]司马光:《资治通鉴》卷二五〇,第8115页。

祀。予欲昧死上尘天听，可容一刻之命，以俟秉笔乎？'全穆许之。收自书曰：'臣眇庙下才，谬当委任。心乖报国，罪积弥天，特举朝章，赐之显戮。臣诚悲诚感，顿首死罪。臣出自寒门，旁无势援，幸逢休运，累污清资。圣奖曲流，遂叨重任。上不能罄输臣节，以答宠光；下不能回避祸胎，以延俊乂。苟利尸素，频历岁时，果至圣朝，难宽大典。诚知一死未塞深愆，固不合将泉壤之词，上尘天听。伏乞陛下哀臣愚蠢，稍缓雷霆。臣顷蒙擢在台衡，不敢令弟严守官阙下，旋蒙圣造，令刺浙东。所有罪愆，是臣自负，伏乞圣慈，贷严微命。臣血属皆幼，更无近亲，只有弟严，才力尫悴。家族所恃，在严一人，俾存殁曲全，在陛下弘覆。臣无任魂魄望恩之至。'全穆复奏，懿宗愍然宥严。判官朱侃、常滁、阎均，族人杨公庆、严季实、杨全益、何师玄、李孟勋、马全祐、李羽、王彦复等，皆配流岭表。"①《新传》略同。按，杨收罢相贬死，其招权纳贿或有其实，故成为被贬的导火线，而称韦保衡陷害，则与史实不合。说详下文所论。

杨收之死，又有为路岩所陷之说，《清波杂志》记载："唐路岩为相，密奏：'应臣下有罪赐死，皆令使者剔取结喉三寸以进，验其实。'至是岩死，乃自罹其酷。行刑之处，乃杨收死所，盖收为岩所陷者。"②录之存参。

公夫人京兆韦氏，封韩国夫人。父审规，皇寿州刺史兼御史中丞，赠左散骑常侍，族望高华，缨绥百世。

新出土杨收夫人《故韩国夫人韦氏墓志铭并序》："国夫人讳东真，其先自彭城徙京兆，从汉丞相扶阳侯七世至魏安城侯之胤，曰潜曰穆，始有东西眷之号。潜八世孙瑱在宇文周朝，以翦高齐第一勋封平齐公，即夫人六代祖也。曾大父讳澹，皇晋州临汾县主簿，赠给事中。王父讳渐，皇陵州刺史，赠太子少师。烈考讳审规，皇御史中丞，寿州刺史，赠左散骑常侍。韦氏之锺鼎轩裳，休功茂烈，世济其美，古无与邻。惟散骑府君畏忌

---

① ［后晋］刘昫：《旧唐书》卷一七七，第 4599—4600 页。
② 刘永翔：《清波杂志校注》卷一○，中华书局 1994 年版，第 440 页。校注并云："杨收非路岩所陷，辉误也。"

盛大，敦尚谦约，不却傥来之贵，而高秉哲之规，故能以关中之华显，兼山东之仪范。则氏族之所贵者。吾首出于其间矣。"①新出土《皇朝故河中少尹检校尚书司封郎中兼侍御史柱国赐绯鱼袋韦府君墓志并序》，墓主韦询为韦东真之族侄，该志所述世系亦可与《韦东真墓志》参证："韦氏出自轩辕，在夏后世封于豕韦，代为商伯。厥后因国命氏，遂为著族。周秦以降，源流益盛。洎西汉楚太傅孟自齐徙家京兆，至丞相贤及玄成，皆以德行文学著称，为汉名臣。两汉以降，子孙繁昌，派散脉分，轩冕弈代。九代祖讳瑱，字世珍，《周书》有传，仕后周有平齐之勋，因封为平齐惠公，遂首立房。从曾祖府君讳澹，皇朝晋州临汾县主簿，赠大理卿。皇祖府君讳渐，皇朝陵州刺史，累赠太子少师。显考府君讳宗礼，皇任陕州观察判官、监察御史里行，赐绯鱼袋，赠著作郎。询即监察府君第四子也。"②

女仪妇道，为时表则，克尽孝敬，以奉尊嫜，鸾凤协德，和鸣喈喈。自居公丧，惊惶泣血，哀哭日夜，号不绝音，后数月竟殁于公丧侧。

新出土《故韩国夫人韦氏墓志铭并序》："总是群懿，诞钟淑德，故夫人孝慈恭俭，冲顺柔明，得于生知，炯然异禀，令问既洽于闺壸，和鸣必俟于英贤。追笄而归我弘农公焉。以肃雍之姿，辅廊庙之器，宜乎正家道而昌帝国者矣。若乃动循法度，玄合典经，稽于四德，四德有融，纳于九族，九族咸义，信可以体坤厚而扬风教矣。惟弘农公用文雅通籍金门，以谟明登庸玉铉。敷演皇泽，涵泳颢元，理化浃于方夏，礼让兴于私室。实赖宜家之美，弼成匡国之志，故得赏延从爵，秩盛分封，象服交辉，鱼轩骈轨。既启邑而疏郡，洊朝天而开国。享有全福，祝无愧词，允所谓炳阴灵而称邦媛矣。惟夫人晚息晨妆，怡声下气，蠲洁苹藻之荐，周旋疏远之亲，仁诚必通，谦德弥劭。是宜保无疆之祚，叶偕老之荣。呜嘻！相国以道不苟合，忠不违难，谁为虺蜴，蠚我夔龙，屡降秩于方州，俄谴居于裔土，生民失望，天意难忱，竟罹无妄之冤，徒结有情之愤。呜呼哀哉！夫人所天云圮，触

① 赵君平、赵文成编：《秦晋豫新出墓志搜佚》，第 1067 页。
② 西安市长安博物馆：《长安新出墓志》，第 314 页。

地何容，不胜哀而几绝，称未亡而全礼，首戴刲木之栉，身被大丝之衣，施珍玩以奉佛，糜糠粒以接气。动思冥祐，誓不生还。一日即其子而命曰：承家事死之道，尔宜保其旧；积善流庆之报，庶可濯吾冤。有生必谢，吾奚独存于是？击心而嗥，一往不返。咸通十一年十月十二日薨于端州，实相国帷堂之次。"①

男子五人，长曰鉴，至性孝悌，袭于门风，礼乐儒范，不学而至矣。次曰钜，曰锷，曰鏻，曰镐。

新出土《故韩国夫人韦氏墓志铭并序》："嗣子五人，三人韦氏之自出，曰鉴，曰钜，曰镐。"②《旧传》："收子鉴、钜、鏻，皆登进士第。钜，乾宁初以尚书郎知制诰，召充翰林学士，拜中书舍人、户部侍郎，封晋阳男、食邑三百户。从昭宗东迁，为左散骑常侍，卒。鏻，登第后补集贤校理，蓝田尉。乾宁中，累迁尚书郎。"③《新传》："子钜、鏻。钜，乾宁初为翰林学士，从入洛，终散骑常侍。鏻至户部尚书。"④《北梦琐言》卷一二"杨收不学仙"条："收以秋为义，其房子以钜、鏻、镰、鑑为名。……尽有文学，登高第，号曰修竹（行）杨家，与静恭诸杨，比于华盛。"⑤

女子四人，长女嫁进士张恽，今为连州桂阳县尉员外同正。余未笄。

新出土《故韩国夫人韦氏墓志铭并序》："女子四人，长适高平张恽，三人未笄，皆以纯至之性，罹创钜之酷，迫将毁灭者终日，不茹盐酪者五年，虔写佛经，率刺肌血，积垢成痏，旁恻路人，有以知缵丕范而昭世嗣者不疑矣。"⑥

公昆弟四人，率用文华，声光友睦，次第取殊科，赫弈当代。

杨收兄弟四人都进士及第。杨发大和四年及第，杨假开成五年及第，

---

① 赵君平、赵文成编：《秦晋豫新出墓志搜佚》，第 1067 页。
② 赵君平、赵文成编：《秦晋豫新出墓志搜佚》，第 1067 页。
③ ［后晋］刘昫：《旧唐书》卷一七七，第 4600 页。
④ ［宋］欧阳修、宋祁：《新唐书》卷一八四，第 5395 页。
⑤ ［五代］孙光宪：《北梦琐言》卷一二，第 249 页。
⑥ 赵君平、赵文成编：《秦晋豫新出墓志搜佚》，第 1067 页。

杨收会昌元年及第,杨严会昌四年及第。说详下文所论。

公生而才智有异,二昆奇之,尝私曰:我家汉代四世五公,历魏晋及隋,蔚有光耀,将绍继者,其在此子乎!

杨氏家族是自汉代以后源远流长的高门士族,汉代的"四世五公"指赤泉严侯杨喜、赤泉定侯杨敷、安平敬侯杨敞、安平侯杨谭、太尉杨震。

公既登台辅,器局恢弘,能断大事,当轴奉公,不顾细忌。已为近臣侧目,公犹不悟,日就月将,罙其深矣,至于是而无怨,乃曰:萧长蒨有师资之重,陈仲举居太傅之尊,犹不克免,我生平为善,尚不蒙报,况不为善,其能免乎?

这里所谓"近臣侧目",应指其得罪了宦官。《旧传》:"收居位稍务华靡,颇为名辈所讥。而门吏僮奴,倚为奸利。时杨玄价弟兄掌机务,招来方镇之赂,屡有请托,收不能尽从。玄价以为背己,由是倾之。八年十月,罢知政事,检校工部尚书,出为宣歙观察使。"①

公玉季自服公丧,衔哀茹毒,昼夜啜泣,过时衣服不除,恒如在丧纪。进状乞解官亲奉丧事,会有恩制自涔阳移官汝海,爰自沅江,迎护丧槥,抵于汝洛,果蒙皇泽,昭洗克复,官勋爵秩,一以还之。

杨收得罪,其弟杨严亦被贬谪,《旧传》:"兄收作相,封章请外职,拜越州刺史、御史中丞、浙东团练观察使。收罢相贬官,严坐贬邵州刺史。收得雪,严量移吉王傅。"②《新传》:"收知政,请补外,拜浙东观察使。收贬,严亦斥为邵州刺史,徙吉王傅。"③而墓志称"会有恩制自涔阳移官汝海",为史传所未载。

新出土《故韩国夫人韦氏墓志铭并序》:"今相国司空公实夫人之从子也。降神叶庆,入梦济时,代天而物被清风,布惠而俗跻寿域。追鲁姑公

---

① 　[后晋]刘昫:《旧唐书》卷一七七,第4599页。
② 　[后晋]刘昫:《旧唐书》卷一七七,第4601页。
③ 　[宋]欧阳修、宋祁:《新唐书》卷一八四,第5396页。

义之重，怀萧公垂露之法，且痛殄瘁，本于谗邪，是用闻天，焕然昭雪。"①是昭雪杨收之冤者，为当时宰相韦保衡。

舍人抚视诸孤，且慰且号，哀哀衔恤，克用咸通十四年二月廿五日，与韩国夫人同归窆于河南府巩县巩川乡桥西村，用古法祔于先公侍郎墓左，礼也。

新出土《故韩国夫人韦氏墓志铭并序》："先是相国爱弟中书舍人湔水东道观察中丞公，亦坐贬中，至是自澧阳移佐临汝，因得护二輤由湘南归于伊洛，乘檛绝嵊，飞帆怒涛，缠历周星，跋涉万里，非友爱薰动于夷貊，哀敬感通于神明，则何以远集旧封，永叶吉卜。于戏，微司空相国之恩涤，未克返葬；微舍人中丞之诚义，莫或宁止。则夫人所谓善庆濯冤之报者，岂虚也哉！即以咸通十四年二月廿五日葬我小君合祔相国于巩县，从先茔兆次，礼也。"②

《旧传》云："改吏部员外郎。上言先人未葬，旅殡毗陵，拟迁卜于河南之偃师，请兄弟自往。从之。及葬东周，会葬者千人。"③所言之先人即杨收之父杨遗直，本来遗直旅殡于毗陵，在杨收为吏部员外郎时，迁葬于河南府巩川乡桥西村。故而至咸通十四年杨收昭雪后即葬于杨遗直墓之侧。

杨收的家族与婚姻

（一）家族

杨氏家族具有源远流长的历史，尤其是由汉到唐的中古时期，经历了整合和分化的复杂过程。杨收先世，在隋朝以前，具有两个最显赫的高峰，一是汉代所产生的四世五公，墓志称其为"汉太尉廿二代孙，隋越公素之仍孙也"，"公生而才智有异，二昆奇之，尝私曰：我家汉代四世五公，历

① 赵君平、赵文成编：《秦晋豫新出墓志搜佚》，第 1067 页。
② 赵君平、赵文成编：《秦晋豫新出墓志搜佚》，第 1067 页。
③ ［后晋］刘昫：《旧唐书》卷一七七，第 4599 页。

魏晋及隋，蔚有光耀，将绍继者，其在此子乎！"杨氏家族是自汉代以后源远流长的高门士族，汉代的"四世五公"指赤泉严侯杨喜、赤泉定侯杨敷、安平敬侯杨敞、安平侯杨谭、太尉杨震。隋代越国公杨素则是当朝最为鼎赫的人物，杨收为其"仍孙"即七代孙，这在唐代仍然重视士族风尚的情况下，杨收的家世仍然在高门士族的行列。

但杨收一族，自其高祖以下，官位并不高，墓志称："高祖讳悟虚，登制策极谏科，授杭州钱唐令，终朔州司马。曾祖讳幼烈，官至宁州司马。祖妣河南于氏。皇祖讳藏器，邠州三水县丞。娶伯舅日用之女，是生皇考讳遗直。贞元中献封章，拜婺州兰溪县丞，转濠州录事参军，累赠尚书工部侍郎。"杨收在《自书表》中所言"臣出自寒门，旁无势援，幸逢休运，累污清资"当即指高祖以下无登高位者而言①。而墓志所载其家世变迁，称扬汉代之四世五公和隋朝之越国公杨素，则是唐代重视传统望族声望和社会影响的具体表现。

杨氏冯翊一系在唐末杨收之时，得到了振兴，这表现在这一族系在科举与政治方面都进入了唐朝统治集团的核心，故而和中唐以后的另外几个家族并称。宋人钱易《南部新书》卷乙于杨氏靖恭、新昌、修行三房自唐至宋的世家传承作了大略的记述：

> 杨氏于靖恭一房犹盛，汝士、虞卿、汉公、鲁士是也。虞卿生知退，知退生堪，堪生承休，承休生岩，岩生郁，郁生覃。覃，太平兴国八年成名，近为谏议大夫，知广州，卒。堪为翰林承旨学士，随僖皇幸蜀，真在中和院。承休自刑部员外郎使浙右，值多难，水陆相阻，遂不归。岩侍行，十六矣，我曾门武肃辟之幕下。先人承袭，岩已为丞相。及叔父西上，岩以图籍入觐，卒于秀州，年八十余。今刑部郎中直集

---

① ［唐］尹璞：《题杨收相公宅》诗："祸福从来路不遥，偶然平地上烟霄。烟霄未稳还平地，门对孤峰占寂寥。"注："《抒情录》作江遵诗云：'倚仗从来事不遥，无何平地起青霄。才到青霄却平地，门对古槐空寂寥。'与此小异。"（《全唐诗》卷五一七，第5908—5909页）所谓"偶然平地上烟霄"即指杨收家境贫寒，旁无势援，而自致宰相事。

贤院侃,亦岩之第三子邺孙也,螟之子。司封员外郎蜕,即岩第三子
邺之子。邺入京为员外郎分司,判西台,卒。侃,端拱二年成名。蜕,
淳化三年登科。修行即四季也,发、假、收、岩。履道即凭、凌、凝也。
新昌即於陵也。后涉入相,即修行房也。制下之日,母氏垂泣不悦,
以收故也。①

　　修行坊本名修华坊,武则天时避讳改为修行坊。此坊在长安朱雀门
街东第四街。这里居住达官贵人颇多,有赠太子少保郑宜尊、工部尚书李
建、宰相贬端州司马杨收、赠凉州都督右威卫大将军睦王傅尉迟胜、吏部
尚书同中书门下平章事刘晏等。②　其时官僚显贵常于修行坊建造林亭,
以供游览,并待宾客。《旧唐书·尉迟胜传》云:“胜乃于京师修行里盛饰
林亭,以待宾客,好事者多访之。”③中晚唐诗人有不少诗作描述了此坊的
大体环境。顾非熊《夏日会修行段将军宅》:“爱君书院静,莎覆藓阶浓。
连穗古藤暗,领雏幽鸟重。樽前迎远客,林杪见晴峰。谁谓朱门内,云山
满座逢。”④姚合《题刑部马员外修行里南街新居》:“帝里谁无宅,青山只
属君。闲窗连竹色,幽砌上苔文。远近高低树,东西南北云。朝朝常独
见,免被四邻分。”⑤刘得仁《初夏题段郎中修(竹)[行]里南园》:“高人游
息处,与此曲池连。密树才春后,深山在目前。远峰初绝雨,片石欲生烟。
数有僧来宿,应缘静好禅。”⑥杨收一系的宅第就坐落在此坊,《长安志》卷
八载:“崔[端]州司马杨收宅。收兄发、假,弟严皆显贵,号修行杨家,与靖
恭诸杨相比。”⑦《北梦琐言》卷一二“杨收不学仙”条:“唐杨相国收,……
号曰修(竹)[行]杨家,与靖恭诸杨,比于华盛。”⑧

①　[宋]钱易:《南部新书》卷乙,第 16 页。
②　参李健超《增订唐两京城坊考》卷三,三秦出版社 2006 年版,第 140—141 页。
③　[后晋]刘昫:《旧唐书》卷一四四,第 3925 页。
④　[清]彭定求:《全唐诗》卷五〇九,第 5782 页。
⑤　[清]彭定求:《全唐诗》卷四九九,第 5678 页。
⑥　[清]彭定求:《全唐诗》卷五四四,第 6295—6296 页。
⑦　[宋]宋敏求:《长安志》卷八,《宋元方志丛刊》第 1 册,第 119 页。
⑧　[五代]孙光宪:《北梦琐言》卷一二,第 249 页。

杨收世系表

杨震以后至杨收一系：

震——（八世）——结——继——晖——恩——均——暄——敷——素——玄奖·积善——？——悟虚——幼烈——藏器——遗直——收

杨收族系：

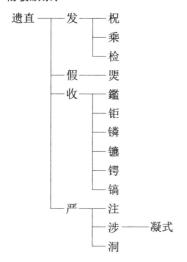

（二）科举

《杨收墓志》云："公昆弟四人，率用文华，声光友睦，次第取殊科，赫弈当代。"说明杨收兄弟四人都进士及第，在当时颇著声华。《旧传》："发，字至之，大和四年登进士第，又以书判拔萃，释褐校书郎、湖南观察推官。"[1]"假，字仁之，进士擢第。故相郑覃刺华州，署为从事。"[2]"严，字凛之，会昌四年进士擢第。是岁仆射王起典贡部，选士三十人，严与杨知至、窦缄、源重、郑朴五人试文合格，物议以子弟非之，起覆奏。武宗敕曰：'杨严一人可及第，余四人落下。'"[3]是兄弟四人都登进士科，在当代是非常显赫之事。杨收家族进士登第及知举者，为晚唐显赫之家。我们还可以根据传世文献将杨收兄弟及杨收后裔及第者进行考察，借以说明晚唐名门望

---

[1] ［后晋］刘昫：《旧唐书》卷一七七，第4595页。
[2] ［后晋］刘昫：《旧唐书》卷一七七，第4597页。
[3] ［后晋］刘昫：《旧唐书》卷一七七，第4601页。

族科举与政治的关系。

杨收家族科第出身情况表

年　号	公元	姓名	科举身份	出　　处	备　注
大和四年	830	杨发	进士	《唐才子传》	
开成五年	840	杨假	进士	《旧唐书·杨收传》	
会昌元年	841	杨收	进士	《旧唐书·杨收传》	
会昌四年	844	杨严	进士	《旧唐书·杨收传》	
大中元年	847	杨乘	进士	《永乐大典》引《苏州府志》	杨收子
乾符二年	875	杨涉	进士	《旧唐书·杨收传》	杨严子
广明元年	880	杨钜	进士	《永乐大典》引《苏州府志》	杨收子
中和二年	882	杨注	进士	《旧唐书·杨收传》	杨严子
乾宁元年	894	杨涉	知贡举	《登科记考》	杨严子
乾宁三年	896	杨镣	进士	《旧唐书·杨收传》	杨收子
天祐元年	904	杨涉	知贡举	《唐摭言》	杨严子
乾化二年	912	杨涉	知贡举	《册府元龟》	杨严子

　　《北梦琐言》卷一二"杨收不学仙"条："父直，为兰溪县主簿。生四子：发、碬（假）、收、严。皆登进士第。收即大拜，发以下皆至丞郎。发以春为义，其房子以枳、以乘为名；碬（假）以夏为义，其房子以煚为名；收以秋为义，其房子以钜、镣、镳、鑑为名；严以冬为义，其房子以注、涉、洞为名。尽有文学，登高第，号曰修竹（行）杨家，与静恭诸杨，比于华盛。"①宋人钱易《南部新书》卷乙于杨氏靖恭、新昌、修行三房自唐至宋的世家传承作了大略的记述："杨氏于静恭一房犹盛，汝士、虞卿、汉公、鲁士是也。虞卿生知退，知退生堪，堪生承休，承休生岩，岩生郁，郁生覃。覃，太平兴国八年成

---

① ［五代］孙光宪：《北梦琐言》卷一二，第249页。

名,近为谏议大夫,知广州,卒。堪为翰林承旨学士,随僖皇幸蜀,真在中和院。承休自刑部员外郎使浙右,值多难,水陆相阻,遂不归。岩侍行,十六矣,我曾门武肃辟之幕下。先人承袭,岩已为丞相。及叔父西上,岩以图籍入觐,卒于秀州,年八十余。今刑部郎中直集贤院侃,亦岩之第三子郾孙也,蟓之子。司封员外郎蜕,即岩第三子郾之子。郾入京为员外郎分司,判西台,卒。侃,端拱二年成名。蜕,淳化三年登科。修行即四季也,发、假、收、岩。履道即凭、凌、凝也。新昌即於陵也。后涉入相,即修行房也。制下之日,母氏垂泣不悦,以收故也。"①杨氏修行一房一直到五代时仍然活跃于科场和政治舞台之上。故《全唐诗话》卷五《司空图》条引《五代史阙文》还有对于杨涉的记载:"按梁室大臣,乃至有如敬翔、李振、杜晓、杨涉等,皆唐朝旧族,本以忠义立身,重侯累将,三百余年。一旦委质朱梁,其甚者,赞成弑逆。惟图以清直避世,终身不仕梁祖,故《梁史》拾图小瑕以泯大节者,良有以夫!"②

(三) 婚姻

因为杨收和其夫人韦东真墓志同时出土,为我们研究其婚姻情况提供了很多的信息。首先,杨氏和韦氏联姻,是唐代政治格局的重要方面。陈寅恪先生在二十世纪五十年代就写了《记唐代之李武韦杨婚姻集团》一文,对于唐代初期李武韦杨的婚姻集团作出了精辟的论述。他认为唐代自高宗初年至玄宗末年一百多年间,可以"视为一牢固之复合团体,李、武为其核心,韦、杨助之粘合",而这一格局在婚姻组成方面具有明显的表现:"此李、武、韦、杨四大家族最高统治集团之组成实由于婚姻之关系。"最后在时间上得出结论:"此一集团武曌创组于大帝之初,杨玉环结束于明皇之末者也。"③然而,自安史之乱以后,李武韦杨婚姻集团在政治上作为核心之关系虽不复存在,而杨氏家族和韦氏家族的婚姻仍然为社会所认同

---

① [宋] 钱易:《南部新书》卷乙,第 16 页。
② [宋] 尤袤:《全唐诗话》卷五,《历代诗话》本,中华书局 1981 年版,第 209 页。
③ 陈寅恪:《金明馆丛稿初编》,第 266—295 页。

和重视,杨收与韦东真的婚姻就是晚唐时典型的事例。《杨收墓志》云:

> 公夫人京兆韦氏,封韩国夫人。父审规,皇寿州刺史兼御史中丞,赠左散骑常侍,族望高华,缨绥百世,女仪妇道,为时表则,克尽孝敬,以奉尊嫜,鸾凤协德,和鸣喈喈。

《韦东真墓志》云:

> 从汉丞相扶阳侯七世至魏安城侯之胤,曰潜曰穆,始有东西眷之号。潜八世孙瑱在宇文周朝,以翦高齐第一勋封平齐公,即夫人六代祖也。曾大父讳澹,皇晋州临汾县主簿,赠给事中。王父讳渐,皇陵州刺史,赠太子少师。烈考讳审规,皇御史中丞,寿州刺史,赠左散骑常侍。韦氏之钟鼎轩裳,休功茂烈,世济其美,古无与邻。惟散骑府君畏忌盛大,敦尚谦约,不却傥来之贵,而高秉哲之规,故能以关中之华显,兼山东之仪范。则氏族之所贵者。吾首出于其间矣。①

“族望高华,缨绥百世”,“钟鼎轩裳,休功茂烈,世济其美,古无与邻”是对韦氏家族鼎盛于唐的概括。值得注意的是,从安史之乱一直到晚唐时期,韦氏在政治舞台上一直还有着举足轻重的地位。为了与初盛唐时期对比起见,我们将唐代韦氏宰相列表如下。

唐代韦氏宰相一览表

序号	姓　名	房　系	朝　代	出　处
1	韦承庆	小逍遥公房	武后	宰相世系表
2	韦弘敏	平齐公房	武后	宰相世系表

---

① 赵君平、赵文成编:《秦晋豫新出墓志搜佚》,第1067页。

序号	姓 名	房 系	朝 代	出 处
3	韦方直	韦氏	武后	宰相世系表
4	韦待价	逍遥公房	武后	宰相世系表
5	韦方质	东眷韦氏	武后	宰相世系表
6	韦思谦	襄阳韦氏	武后	宰相世系表
7	韦嗣立	小逍遥公房	武后、中宗	宰相世系表
8	韦巨源	郿公房	武后、中宗	宰相世系表
9	韦安石	郿公房	武后、中宗、睿宗	宰相世系表
10	韦 温	驸马房	中宗、殇帝	宰相世系表
11	韦见素	南皮公房	玄宗	宰相世系表
12	韦执谊	东眷龙门公房	顺宗、宪宗	宰相世系表
13	韦贯之	逍遥公房	宪宗	宰相世系表
14	韦处厚	逍遥公房	文宗	宰相世系表
15	韦保衡	平齐公房	懿宗	宰相世系表
16	韦昭度	京兆韦氏	僖宗	宰相世系表
17	韦贻范	京兆韦氏	昭宗	宰相世系表

以上统计结果表明,韦氏宰相武后时即有九位,占了绝对多数,故陈寅恪称武则天用李武韦杨作为政治集团以统治天下,是颇为精辟的。但这一格局玄宗时已发生变化,因为玄宗即位之前,朝廷就发生过韦氏和太平公主之乱,因而任用韦氏在玄宗朝就远非武后时期。但韦氏毕竟是唐代极为显赫的大族,故而中晚唐仍在政治舞台上占有重要地位。就是玄宗以后也还有六位宰相。

新出土杨收夫人《韦东真墓志》,就记载了当时宰相韦保衡是她的从子,也正是如此,才在杨收的平反过程中使上一把力:"今相国司空公实夫人之从子也。降神叶庆，入梦济时，代天而物被清风，布惠而俗跻寿域。追鲁姑公义之重，怀萧公垂露之法，且痛殄瘁，本于谗邪，是用闻天，焕然昭雪。先是相国爱弟中书舍人浰水东道观察中丞公，亦坐贬中，至是自澧阳移佐临汝，因得护二輀由湘南归于伊洛，乘樏绝嵲，飞帆怒涛，缠历周星，跋涉万里，非友爱薰动于夷貊，哀敬感通于神明，则何以远集旧封，永叶吉卜。於戏，微司空相国之恩涤，未克返葬；微舍人中丞之诚义，莫或宁止。则夫人所谓善庆濯冤之报者，岂虚也哉！"从这一点上来说，韦杨联姻，一直到晚唐时，还是具有一定的政治影响的，并不是像陈寅恪先生所说到了杨贵妃死后就结束了。

　　杨收之兄杨发女还嫁与韦东真之族侄，新出土《皇朝故河中少尹检校尚书司封郎中兼侍御史柱国赐绯鱼袋韦府君墓志并序》，墓主韦询是韦东真之族侄，志云："询婚弘农杨氏，即故广南尚书发第三女，妻甚贤明，其夫困病，杨氏博求医药，无不必至。厥疾不瘳，得非命乎？"①②

　　我们还可举出安史之乱以后韦杨联姻的实例，如韦应物之女嫁与杨凌。新出土丘丹撰《唐故尚书左司郎中苏州刺史京兆韦君（应物）墓志铭并序》："长女适大理评事杨凌。"③又新出土《唐故监察御史里行河东节度判官赐绯鱼袋韦府君（庆复）墓志》，题撰人为："外生前乡贡进士杨敬之撰。"志云："杨氏甥小子敬之实闻太夫人及公夫人之词，遂刻于石。"④按，韦庆复为韦应物之子，则杨敬之是韦应物外甥。韦应物有《送杨氏女》诗："永日方戚戚，出门复悠悠。女子今有行，大江溯轻舟。尔辈况无恃，抚念益慈柔。幼为长所育，两别泣不休。对此结中肠，义往难复留。自小阙内训，事姑贻我忧。赖兹托令门，仁恤庶无尤。贫俭诚所尚，资从岂待周。孝恭遵妇道，容止顺其猷。别离在今晨，见尔当何秋。居闲始自遣，临感忽难收。归来视幼女，零泪缘缨流。"⑤

① 西安市长安博物馆：《长安新出墓志》，第 314 页。
② 赵君平、赵文成编：《秦晋豫新出墓志搜佚》，第 1067 页。
③ 《文汇报》2007 年 11 月 4 日第 8 版。
④ 《文汇报》2007 年 11 月 4 日第 8 版。
⑤ 陶敏、王友胜：《韦应物集校注》卷四，第 265 页。

杨氏族人联姻的家族，以当时的望族为主，如杨发娶元氏之女为妻，新出土杨发所撰《唐故衢州刺史徐公夫人晋陵县君河南元氏墓志》，题署"子婿湖南观察推官、试秘书省校书郎杨发述"①。杨发之女嫁与裴氏，新出土杨收所撰《唐故泗州团练判官殿中侍御史内供奉裴君（诰）夫人弘农杨氏墓铭》："夫人杨氏，岭南节度使、检校左散骑常侍、御史大夫公讳发之长女也。"②裴诰为唐代宰相裴遵庆之孙，陕虢观察使裴向之子。新出土裴格所撰《唐故朝议大夫检校左散骑常侍河南少尹上柱国赐紫金鱼袋裴公（谣）墓铭并序》："妣弘农杨氏，公即故广州节度使发之外孙也。"③裴谣为裴遵庆曾孙，裴向之孙，裴浩之子。

杨 收 的 贬 死

由于杨收一生复杂的遭遇，传世文献的记载多有歧异。新出土的《杨收墓志》因为尊体之故，对于相关的负面事实也多加隐讳，这方面就要通过出土文献和传世文献的对比印证，才能逐渐得出接近于事实的结论。这在杨收贬死以及与此相关的昭雪问题上表现得最为突出。张应桥《唐杨收及妻韦东真墓志研究》④和毛阳光《晚唐宰相杨收及其妻韦东真墓志发微》⑤两篇文章，在杨收仕宦的研究方面颇多致力，具有一定的创见，但二文既论点不同，也还没有把相关的问题研究清楚，故本书结合二位先生的论点，加以个人的体会，以阐述杨收仕宦中的几个问题。

1. 贬死

《杨收墓志》记载了杨收罢相后贬死的过程："拜尚书右仆射，依前门下侍郎平章事。既而自推忠正，体国意深，颇露真刚，善善恶恶，稍渐分白，始为亵近者之所疑矣。时有侍从大臣上议宗祧如汉匡衡事，上未之

---

① 吴钢主编：《全唐文补遗·千唐志斋新藏专辑》，第 359 页。
② 吴钢主编：《全唐文补遗》第 8 辑，第 205 页。
③ 吴钢主编：《全唐文补遗》第 8 辑，第 234 页。
④ 张应桥：《唐杨收及妻韦东真墓志研究》，《洛阳理工学院学报（社会科学版）》2011 年第 2 期，第 68—75 页。
⑤ 毛阳光：《晚唐宰相杨收及其妻韦东真墓志发微》，《唐史论丛》第 14 辑，陕西师范大学出版社有限公司 2012 年版，第 89—102 页。

许，而下其事。公以为非礼，因独上疏，恳陈所议，上以公居宰辅，当与百寮定议，不膺独疏，由是不悦，后数日罢相，出为宣州观察使。未期月，重贬端州司马。又明年，徙于骥州。方理舟抵日南，三月望薨于端溪。"这里对于贬死的原因，主要是说杨收议宗祧之事，不合懿宗皇帝之议而贬死。而揆之史传和制文，则不尽相同。如《旧传》：

> 韦保衡作相，又发收阴事，言前用严譔为江西节度，纳赂百万。明年八月，贬为端州司马，寻尽削官封，长流骥州。又令内养郭全穆赍诏赐死。[1]

《新传》：

> 韦保衡又劾收前用严譔为江西节度使，受谢百万，及它隐盗。明年，贬端州司马。吏具大舟以须，收不从，曰："方谪去，可乎？"以二小舸趋官。又明年，流骥州，俄诏内养追赐死。收得诏，谢曰："辅政无状，固宜死。今独一弟严以奉先人之祀，使者能假须臾使秉笔乎？"使者从之。[2]

懿宗《贬杨收端州司马制》：

> 始以文章，选在宥密，才历二岁，擢升台衡。谓其发自寒门，必有操守，行孤贞之道报国，用恭俭之理化时，夙夜励精，以酬恩遇。而乃贪黩为业，沟壑难盈，逞其私怀，盗我名器，以官常为货利之径，持僭侈为暴横之资。田产遍于四海，台榭拟于中禁，而又结连奸党，听任憸人。险诈千端，回邪万状，欺罔弥甚，顾虑蔑闻。谓日月之照临，或所隐漏；意天地之奸慝，可以包容。殊不知过既不悛，孽无以逭。去

---

① ［后晋］刘昫：《旧唐书》卷一七七，第4599页。
② ［宋］欧阳修、宋祁：《新唐书》卷一八四，第5395页。

岁验其事迹,未忍揭扬,委以察廉,冀塞愆咎。时闻缙绅之内,物论喧然,班列之中,怨讼未息。朕以宽恕驭下,仁闵为心,中外臣寮,悉明此志。负我既甚,其法何如? 窜于遐陬,式示严宪。尔惟自弃,无或尤人。①

懿宗《杨收长流骧州制》:

起自孤寒,猥承委任,罔思报效,惟恣奸欺。心每挟邪,言常近利。江西置节制之额,务在虚兵;浙右创造船之名,便其盗用。两地推覆,按验分明,岂可尚佐专城,犹居仕籍,俾投荒裔,用塞愆尤。中外臣僚,各体朕意。②

懿宗《赐杨收自尽敕》:

骧州流人杨收,谬承奖擢,任以台衡。志每构其贪叨,迹颇章于黩货,欺天罔上,罪不可赦。俾其全生,是为妄贷,宜令内养郭全穆所在赐自尽。③

懿宗《赐严譔自尽敕》亦涉及杨收之事:

又因榷使罔奏阙庭,欲以资财用为排却。杨收既当极典,(中阙)严刑,将令肃振朝纲,贵免紊乱邦宪。④

钱易《南部新书》卷甲:

---

① 〔清〕董诰:《全唐文》卷八三,第381页。
② 〔清〕董诰:《全唐文》卷八三,第381页。
③ 〔清〕董诰:《全唐文》卷八四,第386页。
④ 〔清〕董诰:《全唐文》卷八四,第386页。

> 曹确、杨收、徐商、路岩同秉政，外有嘲之曰："确确无余事，钱财
> 总被收。商人都不管，货路几时休。"①

　　从以上各种材料看，杨收贬死，似乎是杨收招权纳贿，由严譔事发，加以宰相韦保衡落井下石，至使杨收罢相后短时间内，先贬宣歙观察使，再贬端州司马，更长流于驩州，并令内养郭全穆所在赐自尽。

　　针对这样的情况，张应桥与毛阳光的观点并不一致，张氏以为"说杨收性奢华纳贿纯属捏造"，而毛氏则以为应实有其事，故成为其被贬死的导火线。今按，韦保衡是杨收夫人韦东真之从子，其入相时间与《旧唐书》所记发杨收阴事亦不合，知《旧唐书》记载或有错误。首先，据新出土杨收夫人《故韩国夫人韦氏墓志铭并序》记载，韦保衡是其从子，加以杨收之案亦由韦保衡得到昭雪，以常理推，他不会向杨收发难，至使被流端州。其次，《旧传》记载韦保衡作相发杨收阴事，收明年八月贬端州司马。考《新唐书·宰相表》，韦保衡作相在咸通十一年四月丙午，以翰林学士承旨、兵部侍郎、驸马都尉的身份同中书门下平章事。《翰苑群书》上《重修承旨学士壁记》记载其入相时间在咸通十一年四月二十五，与"丙午"仅相差一日。知诸书所记大致可靠。懿宗《贬杨收端州司马制》："宣歙观察使检校工部尚书宣州刺史兼御史大夫杨收，……可守端州司马员外置同正员。"②综上所考，杨收之贬端州司马，与韦保衡没有关系。

　　那么，杨收被贬的主要原因是什么呢？这也还要从墓志中找线索。墓志说杨收为相后，"善善恶恶，稍渐分白，始为褻近者之所疑矣。时有侍从大臣上议宗祧如汉匡衡事，上未之许，而下其事。公以为非礼，因独上疏，恳陈所议，上以公居宰辅，当与百僚定议，不膺独疏，由是不悦，后数日罢相，出为宣州观察使"，则"为褻近者所疑"和因议宗祧事为懿宗所不悦，为两个重要原因，但"褻近者"为谁？议宗祧的背景是什么，墓志并没有说明，故而还要从传世史料中寻找答案。

---

① ［宋］钱易：《南部新书》卷甲，第3页。
② ［清］董诰：《全唐文》卷八三，第381页。

　　先从第一个问题来看,《韦东真墓志》称:"相国以道不苟合,忠不违难,谁为虺蜴,蠚我夔龙,屡降秩于方州,俄谴居于裔土,生民失望,天意难忱,竟罹无妄之冤,徒结有情之愤。"①"谁为虺蜴,蠚我夔龙"似乎有难言之隐,这里的"虺蜴"即《杨收墓志》所说的"亵近者"。而考之史传,这个"亵近者"应该就是杨玄价。《旧传》:"时杨玄价弟兄掌机务,招来方镇之赂,屡有请托,收不能尽从。玄价以为背己,由是倾之。"②《新传》略同。也就是说,杨收在当时得罪了杨玄价,而宦官杨氏家族是唐代后期著名的权阉家族,自杨志廉以来,已有多人担任过神策军中尉、枢密使之要职,如杨复恭、杨钦义、杨玄价、杨玄略、杨玄翼、杨复光等。杨玄价在当时的显赫地位,还可以从新出土的《杨玄价夫人党氏墓志铭》中窥见一斑③。孙光宪《北梦琐言》卷九"杨收相报杨元价"条还记载了这样一件事:"唐杨相国收,贬死岭外。于时郑愚尚书镇南海,忽一日,客将报云:'杨相公在客次,欲见郑尚书。'八座惊骇,以弘农近有后命,安得此来?乃接延之。杨相国曰:'某为军容使杨玄价所谮,不幸遭害。今已得请于上帝,赐阴兵以复仇,欲托尚书宴犒,兼借钱十万缗。'荥阳诺之,唯钱辞以军府事多,许其半。杨相曰:'非铜钱也,烧时幸勿著地。'荥阳曰:'若此则固得遵副。'从容间长揖而灭。荥阳令于北郊具酒馔素钱以祭之。杨相犹子有典寿阳者,见相国乘白马,臂朱弓,捻彤矢,有朱衣天吏控马,谓之曰:'上帝许我仇杀杨玄价,我射著其脚,必死也。'俄而杨中尉暴染脚疾而殂。蜀毛文锡司徒先德前潮牧龟范,曾趋事郑尚书,熟详其事。愚于毛氏子闻之。"④这样的因果报应之事,虽是孙光宪得自口耳相传之结果,没有信实的文献作证,但也可见在当时官僚间相传的杨收被贬死之由是杨玄价所谮的结果。

　　再看第二个问题,即议宗祧之事。根据墓志之意,如同汉代匡衡事。

① 赵君平、赵文成编:《秦晋豫新出墓志搜佚》,第1067页。
② [后晋]刘昫:《旧唐书》卷一七七,第4599页。
③ 有关唐代权阉杨玄价夫人墓志情况,可参杜文玉《唐代权阉杨玄价夫人党氏墓志铭考略》,《唐史论丛》第14辑,第44—51页;《唐代权阉杨氏家族考》,《法门寺唐文化国际学术讨论会论文集》,陕西人民出版社2000年版,第370—377页。
④ [五代]孙光宪:《北梦琐言》卷九,第185页。

匡衡在西汉元帝时为相，在皇帝议论是事恢复宗庙的时候，匡衡主张撤销宗庙。故西汉一代，宗庙之议变化很大。《汉书·韦贤传赞》引用班彪之语说："汉承亡秦绝学之后，祖宗之制因时施宜。自元、成后学者蕃滋，贡禹毁宗庙，匡衡改郊兆，何武定三公，后皆数复，故纷纷不定。何者？礼文缺微，古今异制，各为一家，未易可偏定也。"①则是当时有罢宗庙之议，懿宗下群僚合议而杨收单独上疏得罪了懿宗，故而有罢相之事。考察《杨收墓志》的铭文有"奏疏引经，宗祧大事。理宜据古，勿容轻议"，则杨收是主张古制而不加更改的，独上疏的目的是"勿容轻议"，而这与懿宗"下其事"相违。再看懿宗遗诏中有"朕只事九庙，君临四海"之语则杨收之议与懿宗之意并不矛盾，故而懿宗不悦主要在于杨收独自上疏的武断之举。故杨收被贬的两个原因，相较而言，得罪宦官杨玄价应该是最深层的原因。②

　　2. 昭雪

　　杨收贬死后三年，至咸通十四年朝廷又有昭雪之举。杨收夫妇的两方墓志中都有所记载，《杨收墓志》载："公玉季自服公丧，衔哀茹毒，昼夜啜泣，过时衣服不除，恒如在丧纪，进状乞解官亲奉丧事，会有恩制自浔阳移官汝海，爰自沅江，迎护丧櫬，抵于汝洛，果蒙皇泽，昭洗克复，官勋爵秩，一以还之。"玉季即是杨收之弟杨严，其迎护丧櫬抵于汝洛时，得到昭雪的诏书。《韦东真墓志》记载昭雪事件更为详尽："今相国司空公实夫人之从子也。降神叶庆，入梦济时，代天而物被清风，布惠而俗跻寿域。追鲁姑公义之重，怀萧公垂露之法，且痛殄瘁，本于逸邪，是用闻天，焕然昭雪。先是相国爱弟中书舍人溍水东道观察中丞公，亦坐贬中，至是自澧阳移佐临汝，因得护二輀由湘南归于伊洛，乘槎绝嵝，飞帆怒涛，缠历周星，跋涉万里，非友爱薰动于夷貊，哀敬感通于神明，则何以远集旧封，永叶吉卜。于戏，微司空相国之恩涤，未克返葬；微舍人中丞之诚义，莫或宁止。则夫人所谓善庆濯冤之报者，岂虚也哉！"③其顺序是先得到昭雪，而后由

---

①　［汉］班固：《汉书》卷七三，第 3130—3131 页。
②　参毛阳光：《晚唐宰相杨收及其妻韦东真墓志发微》，《唐史论丛》第 14 辑，第 96—97 页。
③　赵君平、赵文成编：《秦晋豫新出墓志搜佚》，第 1067 页。

其弟杨严护丧返葬。而其昭雪主要在于韦东真从子韦保衡的帮助。

杨收的学术与文学

(一) 学术

杨收还是一位擅长于礼学,并对于中晚唐礼学发展具有一定推动作用的人物。其贡献表现在两个方面:一是与礼学家王彦威切磋《曲台新礼》。墓志云:"至于大梁,时太原王公尚书彦威在镇,素闻公学识深博,先未面,一见后,与之探讨。王公礼学经术该通,近古无比,著《曲台新礼》初成,尽以缃帙全示。公详焉,因述礼意及曲台之本义。王公敬服,命袍简以谢。其为前辈推重如此。"王彦威撰著《曲台新礼》的具体情况,可参上文疏证。但杨收与王彦威切磋礼学的情况,并不见于他书之记载,故而详情也不得而知。二是议宗祧事的过程中得罪了皇帝。墓志云:"时有侍从大臣上议宗祧如汉匡衡事,上未之许,而下其事。公以为非礼,因独上疏,恳陈所议,上以公居宰辅,当与百寮定议,不膺独疏,由是不悦,后数日罢相,出为宣州观察使。未期月,重贬端州司马。又明年,徙于骧州。"有关礼学的两个方面,一是因礼学而得名,一是因礼学而被贬,对于杨收命运来说,都是忧戚相关之事。《唐才子传·杨发传》论杨发、杨收兄弟礼乐之学云:"论曰:礼乐之学,何世无之?周罗睺,虎将也,而能不失事旧主之仪;杨发,健吏也,而能抗改作神主之议。杨收博学精辨,其议音律之变与旂常之藏,诚不谬于古。然运丁叔季,制行出处,皆不能尽合中道,位愈高则祸愈大。古称知礼乐之情者能作,知礼乐之文者能述。夫皆知礼乐之文者欤?"①

(二) 文学

1. 杨收的文学成就

杨收是晚唐时期重要的文学家,墓志对其文学才能即有所记载。志

---

① 傅璇琮:《唐才子传校笺》卷七,第217页。

云：“公未龀喜学，一览无遗，五行俱下，洎丱而贯通百家，傍精六艺，至于礼仪乐律，星算卜祝，靡不究穷奥妙。宿儒老生，唇腐齿脱，洎星翁乐师辈，皆见而心服，自以为不可偕。为儿时已有章句传咏于江南，为闻人矣。以伯仲未捷，誓不议乡赋，尚积廿年涵泳，蕩渍于文学百家之说。”这一段记载，我们可以用史传作印证，《旧传》云：

> 十三，略通诸经义，善于文咏，吴人呼为“神童”。兄发戏令咏蛙，即曰：“兔边分玉树，龙底耀铜仪。会当同鼓吹，不复问官私。”又令咏笔，仍赋钻字，即曰：“虽匪囊中物，何坚不可钻？一朝操政事，定使冠三端。”每良辰美景，吴人造门观神童，请为诗什，观者压败其藩。收嘲曰：“尔幸无羸角，何用触吾藩。若是升堂者，还应自得门。”①

《新传》所记事与《旧传》略同，并言另外一件事：

> 浚阳耕得古钟，高尺余，收扣之，曰：“此姑洗角也。”既劀拭，有刻在两栾，果然。尝言：“琴通黄钟、姑洗、无射三均，侧出诸调，由罗蔦附灌木然。”时有安兊者，世称善琴，且知音。收问：“五弦外，其二云何？”兊曰：“世谓周文、武二王所加者。”收曰：“能为《文王操》乎？”兊即以黄钟为宫而奏之，以少商应大弦，收曰：“止！如子之言，少商，武弦也。且文世安得武声乎？”兊大惊，因问乐意，收曰：“乐亡久矣。上古祀天地宗庙，皆不用商。周人歌大吕、舞《云门》以俟天神，歌太蔟、舞《咸池》以俟地祇。大吕、黄钟之合，阳声之首。而《云门》，黄帝乐也；《咸池》，尧乐也。不敢用黄钟，而以太蔟次之。然则祭天者，圜钟为宫，黄钟为角，太蔟为徵，姑洗为羽；祭地者，函钟为宫，太蔟为角，姑洗为徵，南吕为羽。讫不用商及二少。盖商声刚而二少声下，所以取其正、裁其繁也。汉祭天则用商，而宗庙不用，谓鬼神畏商之刚。

---

① ［后晋］刘昫：《旧唐书》卷一七七，第4597—4598页。

西京诸儒惑圜钟、函钟之说，故其自受命，郊祀、宗庙乐，唯用黄钟一均。章帝时，太常丞鲍业始旋十二宫。夫旋宫以七声为均，均言韵也，古无韵字，犹言一韵声也。始以某律为宫，某律为商，某律为角，某律为徵，某律为羽，某律少宫，某律少徵，亦曰'变'，曰'比'。一均成则五声为之节族，此旋宫也。"乃取律次之以示浣。浣时七十余，以为未始闻，而收未冠也。①

杨收是当时的文学家，少年时即擅长于作诗，但其诗大多散佚无存，《全唐诗》收其诗三首，本于《旧唐书·杨收传》所载。《全唐文》又录杨收文二篇，即《与安浣论乐意》及《乞贷弟严死罪疏》。新出土文献中有杨收文一篇，即杨收为其侄女所撰的墓志，裴诰为唐代宰相裴遵庆之孙，陕虢观察使裴向之子。这篇墓志文字简短，故先抄录于下。《唐故泗州团练判官殿中侍御史内供奉裴君(诰)夫人弘农杨氏墓铭》：

> 夫人杨氏，岭南节度使、检校左散骑常侍、御史大夫公讳发之长女也。既笄，适于泗州团练判官、殿中侍御史内供奉河东裴君诰，丞相仆射公讳遵庆之孙，陕虢观察使常侍公讳向之第七子。其世谍门德，茂实懿行，备于前志。夫人四德齐备，六姻表式。神襟超晤，仁爱渊敏。总集高妙，臻于全德。辅佐君子，宜人宜家。天不祐善，既娄其生，复夺其寿。大中庚午岁夏，裴君殁于泗滨。夫人号奉辖袯，葬于洛师。提其孤，归上京。后五年岁在癸酉，以疾逝于新昌里第，享年卅七。权窆于都城之东。咸通六年，殿内之元昆御史大夫公薨位，夫人之子卫尉主簿昕，启引以东。其年九月壬寅，祔于先君之墓。叔父特进、右仆射、兼门下侍郎收，识其日于贞石，悲且铭云：
> 睦睦令仪，潭渟胇清。不俾昌大，竟伤其生。有洛之原，四序之中。郁郁佳气，贤人之封。②

---

① ［宋］欧阳修、宋祁：《新唐书》卷一八四，第5393页。
② 吴钢主编：《全唐文补遗》第8辑，第205页。

杨收为其侄女作志,因其侄女寿命短促,只活了三十七岁,加以可书之事迹甚少,故而杨收在以下几个方面下功夫：一是杨氏和裴诰世系的叙写,二是杨氏妇德的评价,三是杨氏卒葬的说明,四是自己和杨氏的关系。墓志虽仅有283字,但各方面的交代非常清楚。同时叙述的文字用散体,评价的文字用骈体,亦在文字上富于变化。

2. 杨收家族的文学成就

杨收一族,以文学传家,族人均有文才,今有诗文传世者尚有杨发和杨乘、杨钜、杨检、杨凝式四人：

1) 杨发。杨收之兄。《唐才子传》卷七《杨发传》："发,太和四年礼部侍郎郑澣下第二人及第。工诗,亦当时声韵之伟者。略举一篇,《宿黄花馆》云：'孤馆萧条槐叶稀,暮蝉声隔水声微。年年为客路长在,日日送人身未归。何处离鸿迷浦月,谁家愁妇捣寒衣? 夜深不卧帘犹卷,数点残萤入户飞。'俱浏亮清新,颇惊凡听。恨其出处事迹不得而知也。有诗传世尚多。"[1]杨发诗现存14首,其中13首载于《全唐诗》卷五一七,有《南溪书院》《春园醉醒闲卧小斋》《小园秋兴》《与诸公池上待月》《檐雀》《残花》《山泉》《秋晚日少陵原游山泉之什》《秋晴独立南亭》《宿黄花馆》《南野逢田客》《东斋夜宴酬绍之起居见赠》《玩残花》。童养年《全唐诗续补遗》卷九又据《舆地纪胜》辑得《和李卫公漳浦驿留题》一首。如《南溪书院》诗："茅屋住来久,山深不置门。草生垂井口,花发接篱根。入院将雏鸟,攀萝抱子猿。曾逢异人说,风景似桃源。"[2]描写清幽的环境,如同世外桃源,久住的茅屋,垂草的井口,篱边的野花,院中的雏鸟,攀萝的子猿(将雏之鸟、抱子之猿),表现的都是闲逸的环境,足以怡养心怀。又如前引《唐才子传》所载《宿黄花馆》诗,描写了诗人长年离家在外,秋夜不寐的孤馆寂寥,捕捉的风景是稀疏的槐叶、离群的孤鸿、数点的残萤,暮蝉的啼鸣、捣衣的砧声,无一不是表现客居的愁绪。《全闽诗话》卷一"李德裕"条："盘陀岭,梁山岭也,丛薄崎峻,盘桓可十里,入潮、广道也。岭有巡检司在焉,汉南

---

① 傅璇琮：《唐才子传校笺》卷七,第211—216页。
② ［清］彭定求：《全唐诗》卷五一七,第5904页。

越曰'蒲葵关'。唐大中十二载,岭南节度使杨发诗:'南尽封陲见好山,苍苍松桂类商颜。谁怜后夜思乡处,白草黄茅旧汉关。'按唐李卫公德裕贬岭南,《次漳浦驿》诗:'嵩少心期杳莫攀,好山聊复一开颜。明朝便是南荒路,更上层楼望故关。'发移镇南海,道出漳浦,寓止驿楼,闻卫公旧题,寻访不得,翌日得本于士人,爰饬驿史,更属其诗。发诗盖次李韵也。"①

　　杨发现存文章 5 篇,其中《全唐文》收录 4 篇,即《太阳合朔不亏赋》(以"圣德元通,阳精通照"为韵)、《大音希声赋》(以"希则能大,物理之常"为韵)、《庆云抱日赋》(以"云日晖映,精彩相耀"为韵)、《加谥追尊改主重题议》。新出土文章 1 篇,即杨发为其岳母元氏撰写《唐故衢州刺史徐公夫人晋陵县君河南元氏墓志》,载于《全唐文补遗·千唐志斋新藏专辑》。现存的 5 篇文章,兼具三种文体,说明杨发是诗文兼擅,众体皆备的。

　　杜牧《唐故平卢军节度巡官陇西李府君墓志铭》:"因集国朝已来类于古诗得若干首,编为三卷,目为《唐诗》,为序以导其志。居江南,秀人张知实、萧寘、韩乂、崔寿、宋邢、杨发、王广,皆趋君交之,后皆得进士第,有名声官职。"②宋岳珂《宝真斋法书赞》卷六《许浑乌丝栏诗真迹》载《送杨发东归一首》:"江花半落燕雏飞,同客长安今独归。一纸乡书报兄弟,还家羞着别时衣。"③林嵩《周朴诗集序》称:"闽之廉问杨公发、李公诲,中朝重德,羽翼词人,奇君之诗,召而不往。"④是杨发与诗人颇有交往之证。杨检撰《唐故岭南节度使右常侍杨公(发)女子书墓志》:"府君名重于时,德□于世。子书之诸姊皆托华胄,如户部侍郎、翰林学士刘公承雍五朝达,皆子书之姊婿。"⑤刘承雍为著名诗人刘禹锡之子,所娶应为杨发之女,故可推知杨发与刘禹锡、刘承雍父子亦关系密切。

　　2) 杨乘。杨发之子。《旧传》称:"乘,亦登进士第,有俊才,尤能为歌

① [清] 郑方坤:《全闽诗话》卷一,福建人民出版社 2006 年版,第 15 页。
② [唐] 杜牧:《樊川文集》卷九,第 137 页。
③ [宋] 岳珂:《宝真斋法书赞》卷六,《景印文渊阁四库全书》第 813 册,第 632 页。
④ [唐] 林嵩:《周朴诗集序》,《全唐文》卷八二九,第 3875 页。
⑤ 周绍良主编:《唐代墓志汇编》,第 2491 页。

诗,历显职。"①杨乘及第在大中元年,见《永乐大典》引《苏州府志》②。杨乘在当时应是颇有影响的诗人。杨乘存诗5首,载于《全唐诗》卷五一七。杨乘在当时很有诗名,诗人赵嘏作《成名年献座主仆射兼呈同年》："贾嵩词赋相如手,杨乘歌篇李白身。除却今年仙侣外,堂堂又见两三春。"③他存留的五首诗中,有三首是书事体,其中两首是古体诗,都堪称佳制。即《甲子岁书事》《南徐春日怀古》《吴中书事》《建邺怀古》《榜句》。唐人张为《诗人主客图》特别标举《甲子岁书事》诗,并列杨乘为"广大教化主"之上入室者。《唐诗纪事》卷六五"张为"条:"为作《诗人主客图序》曰:若主人门下处其客者,以法度一则也。以白居易为广大教化主,上入室,杨乘;入室,张祜、羊士谔、元稹;升堂,卢仝、顾况、沈亚之;及门,费冠卿、皇甫松、殷尧藩、施肩吾、周元范、祝元膺、徐凝、朱可名、陈标、童翰卿。"④王梦鸥《唐〈诗人主客图〉试析》称:"稽之林嵩序文,谓周朴在闽甚得福州观察使杨发之赏识。《北梦琐言》卷十二谓杨乘即杨发之次子。张为于长沙病愈之日,正当杨发廉问福州之时,疑即以此因缘,《甲子岁书事》诗先受知于周朴,遂亦受张为所共赏。"⑤

再如《吴中书事》诗,也是七律中的名作:"十万人家天堑东,管弦台榭满春风。名归范蠡五湖上,国破西施一笑中。香径自生兰叶小,响廊深映月华空。尊前多暇但怀古,尽日愁吟谁与同。"⑥清人黄叔灿则对其《吴中书事》诗进行了较为详细的分析:"'十万人家',生齿不可谓[不]繁,封疆不可谓不广;'天堑东'即子胥所谓'三江环之,民无所移。有吴则无越,有越则无吴矣'也。君兹土者,宜如何忧勤,如何惕励,乃至于'管弦台榭满春风',其尚可与图治哉? 于是而'名归范蠡',范蠡者,越臣也;'国破西施',西施者,越女也。祸则吴当之,利则越收之,有由然矣。'五湖上',写

---

① [后晋]刘昫:《旧唐书》卷一七七,第4597页。
② [清]徐松:《登科记考》卷二二,第809页。
③ [清]彭定求:《全唐诗》卷五四九,第6359页。
④ [宋]计有功:《唐诗纪事》卷六五,第976页。
⑤ 王梦鸥:《传统文学论衡》,(台北)时报文化出版公司1987年版,第211页。
⑥ [清]彭定求:《全唐诗》卷五一七,第5908页。

范蠡之得名在功成身退，为千古人臣贪恋爵禄者戒；‘一笑中’，写西施之破国在惑志丧心，为千古人君晏安鸩毒者戒。以上写往年。以下写今日：虽‘香径’尚存，‘屧廊’犹在，然兰叶自生而已矣，月华深映而已矣。试问‘管弦台榭’其果可为治国之具否耶？殆不得不动怀古之心，而费我愁吟也已。"①

总体而言，杨乘现存的五首诗，"从诗题看，《甲子岁书事》和《吴中书事》题为‘书事’，《南徐春日怀古》和《建邺怀古》名为‘怀古’。从内容看，‘书事’中亦有‘怀古’，‘怀古’中亦有‘书事’。而《榜句》者，则贴于布告栏上的诗句也。从诗体看，《甲子岁书事》和《南徐春日怀古》乃五古，《吴中书事》为七律，其他一为七绝，一为断句。从写作地点看，有长安（今陕西西安）、南徐（今江苏镇江）、吴中（今江苏吴县一带）、建邺（今江苏南京）。从风格看，两首五古均由慷慨雄浑转为悲凉落寞，七律则流利明朗，有乐天、梦得之风，七绝浅显平淡，亦深得元白‘元和体’小诗之髓。平心而论，其诗品尚能入流。尤其是其中《吴中书事》一首，置于刘禹锡、杜牧、许浑集中，亦堪称佳作。"②杨乘亦擅长文章，新出土墓志中有杨乘所撰《唐故泗州团练判官朝议郎试秘书省秘书郎柱国裴君（诰）墓志铭并序》③，志称"君夫人惟乘之姊氏"，知裴诰是杨乘的姊夫。

3）杨钜。杨收次子。《全唐文》收其所撰《唐御史里行虞鼎墓志铭》，载虞鼎生于会昌元年九月九日，卒于同光元年十月十六日，葬于其年十月十八日。志述虞鼎遇黄巢起义的过程以及以后对其影响，行文颇富变化："乾符二年，黄巢寇饶州，公出御之，战甚力。贼益至，势不能支，城遂陷。公及刘、郑二马衔出奔，夜宿芝山祠，梦神曰：‘一马之前，锦然之田。逢禾即止，遇旱即迁。’既觉，莫喻其意。次日，道由馀干政新乡，马爪石而伏，公登山祷曰：‘天其或者欲谋居此乎？’马乃起，腾至锦田旱禾源，与梦适

① 陈伯海：《唐诗汇评》（增订本），第 3500 页。
② 陈才智：《元白诗派研究》，社会科学文献出版社 2007 年版，第 103—104 页。有关杨乘诗歌的情况，可参赵目珍《〈诗人主客图〉白派弟子杨乘考论》，《华中师范大学研究生学报》2010 年第 2 期，第 57—60 页。
③ 乔栋、李献奇、史家珍：《洛阳新获墓志续编》，科学出版社 2008 年版，第 241 页。

符,遂家焉。公遭时艰,不克居其乡,因见山水清秀,洎田宅为休老计。闻人道国事升降消息,即喟然长叹,不食竟日。无事与山翁野老相往返,历历谈桑麻事,意泊如也。"①在现存唐末五代的墓志当中,属于文学性较强的佳作。又《宣和书谱》卷四收杨钜《赠彦光草书诗序》:"习而无性者,其失也俗;性而无习者,其失也狂。羲之七子,独献之能嗣其学。则知用此以求古人。庶几天下书眼同一纲纽耳。"②参之《全唐诗》所收吴融《赠彦光上人草书歌》,贯休《彦光大师草书歌》,张颛《赠彦光》残句,司空图《赠彦光》残句,罗隐《送彦光大师》,陆希声《寄彦光上人》,知当时杨钜、吴融等人同作诗,以成一组,最后由杨钜作序。此为杨钜与唐末诗人吴融、司空图、贯休、罗隐、陆希声等诗歌唱和往还之一证。

4）杨检。杨发之子。《唐代墓志汇编》收有杨检撰杨发女墓志,《唐故岭南节度使右常侍杨公女子书墓志》:"□□讳芸,字子书,隋越国公素之裔。显考公常□□□讳发第七女。"文中描述子书作为文史兼通的才女形象,用了下面的一段话:"自童年则不随稚辈戏游,端默静虑,有成人量。不甚赏丝竹,寡玩好,诸兄所习史氏经籍、子籍文选,必从授之,览不再绎,尽得理义。勤于隶学,巧于女功。"③

5）杨凝式。杨严之孙,杨涉之子。字景度,号虚白,华阴人。凝式富有文藻,并工草书,大为时辈所推。唐昭宗时登进士第。梁开平中,为殿中侍御史、礼部员外郎,改考功员外郎。后唐同光初,以比部郎中知制诰,改给事中、史馆修撰。明宗立,拜中书舍人。长兴中,历右散骑常侍,工、礼、户三侍郎,改秘书监。清泰初,迁兵部侍郎。晋天福中,迁太子宾客,寻除礼部尚书致仕。汉乾祐中,历少傅、少师。周广顺中,以尚书右仆射致仕。显德初,改左仆射,太子太保。年八十二薨于洛阳。新、旧《五代史》均有传。

---

① ［清］董皓:《全唐文》卷八一九,第3825页。
② ［宋］佚名:《宣和书谱》卷四。按此文《全唐文》失收,见陈尚君《全唐文补编》卷九一,第1111页。
③ 周绍良主编:《唐代墓志汇编》,第2491页。

杨凝式以诗与书著称于世,《旧五代史》本传称:"凝式长于歌诗,善于笔札,洛川寺观蓝墙粉壁之上,题纪殆遍。时人以其纵诞,有'风子'之号焉。"①宋张世南《游宦纪闻》称:"凝式虽仕历五代,以心疾闲居,故时人目以'风子'。其笔迹遒放,宗师欧阳询与颜真卿,而加以纵逸。既久居洛,多遨游佛道祠,遇山水胜概,辄留连赏咏。有垣墙圭缺处,顾视引笔,且吟且书,若与神会,率宝护之。……其所题后,或真或草,或不可原诘。而论者,谓其书自颜中书后,一人而已。"②《洛阳搢绅旧闻记》卷一"少师佯狂"条:"杨少师凝式,正史有传。博总经籍,能文工书,其笔力健,自成一家体。襟量恢廓,居常自负,既不登大用,多佯狂以自秽(时班行潜目之为杨风子)。在洛多游僧寺道观,遇水石松竹清凉幽胜之地,必逍遥畅适,吟咏忘归,故寺观墙壁之上,笔迹多满,僧道等护而宝之。院僧有少师未留题咏之处,必先粉饰其壁,洁其下,俟其至。若入院见其壁上光洁可爱,即箕踞顾视,似若发狂,引笔挥洒,且吟且书,笔与神会,书其壁尽方罢,略无倦怠之色。游客睹之,无不叹赏。"③

杨凝式诗以诙谐清丽著称,《游宦纪闻》又称:"凝式诗什,亦多杂以恢谐。……然凝式诗句自佳,及至洛后,以诗赠从恩云。其题壁有'院似禅心静,花如觉性圆。自然知了义,争官学神仙。'清丽可喜也。"④他的诗和书往往取材于同一对象,这就是洛阳的佛道祠。然总体而言,他的书名大于诗名。杨凝式诗,《全唐诗》卷七一五存《题壁》《赠张全义》《题怀素酒狂帖后》3首,及残诗《归洛寄尹张从恩,时蝗适至》《洛阳》;卷八八六收其《雪晴》1首。童养年《全唐诗续补遗》卷一〇补其《上张相》1首。陈尚君《全唐诗续拾》卷四二又补其《起居帖》1首。总计存诗包括残句共7首。

杨凝式亦长于文,《全唐文》卷八五八收其《料度斋宫事件奏》《韭花

① [宋]薛居正:《旧五代史》卷一二八,中华书局1976年版,第1684—1685页。
② [宋]张世南:《游宦纪闻》卷一〇,第88—89页。
③ [宋]张齐贤:《洛阳搢绅旧闻记》卷一,《知不足斋丛书》本,第5页。
④ [宋]张世南:《游宦纪闻》卷一〇,第89页。

帖《大唐故天下兵马都元帅尚父吴越国王谥武肃神道碑铭并序》3篇。《唐文拾遗》卷四七收其《西京置留台省奏》1篇。《全唐文补编》又收杨凝式《卢鸿草堂十志图跋》《夏热帖》《华岳题名》《书精舍老尼壁》4篇。新出土有《张季澄墓志》，题署"门吏中大夫尚书兵部侍郎柱国赐紫金鱼袋弘农杨凝式撰"①。《唐故礼部尚书致仕赠太子少保赵郡李公（德休）墓志铭并序》，题署"朝散大夫守右散骑常侍柱国赐紫金鱼袋杨凝式撰"②。其所撰碑志文，"行文流畅，语言质朴无华，于平淡中寄无限哀思，实乃一篇难得的人物传记。杨凝式所撰诗文传世不多，该文甚为珍贵"③。

墓志撰者考索

《杨收墓志》题署"东都留守东都畿汝州都防御使银青光禄大夫检校刑部尚书兼判东都尚书省事御史大夫裴坦撰"。即为咸通十四年撰志时官职。又志云："坦早与公伯仲游友，遂皆兄余而加敬焉。以愚尝铭广州之墓详实，乃与其孤鉴等议文志，而哀号泣余而请，固谢不敢当。使者往复四三，讫让不获，又以世系历官行事功状而至，是何敢辞！"

据《新唐书·裴坦传》："裴坦，字知进。……坦及进士第，沈传师表置宣州观察府，召拜左拾遗、史馆修撰。历楚州刺史。令狐绹当国，荐为职方郎中，知制诰。……再进礼部侍郎，拜江西观察使、华州刺史。召为中书侍郎、同中书门下平章事，不数月卒。坦性简俭，子娶杨收女，赍具多饰金玉，坦命撤去，曰：'乱我家法。'世清其概。"④其为东都留守为史传所缺载，郁贤皓先生《唐刺史考全编》亦尚未考出，可以增补。

志云："以愚尝铭广州之墓详实。"铭广州之墓是指裴坦尝为杨发撰写墓志铭。据《旧唐书·宣宗纪》：大中十二年正月，"以太中大夫、福州刺史、御史中丞、上柱国、赐紫金鱼袋杨发检校右散骑常侍、广州刺史、御史

① 李献奇、郭引强编：《洛阳新获墓志》，文物出版社1996年版，第135页。
② 《耕耘论丛（一）》，科学出版社1999年版，第171—172页。
③ 李春敏：《五代后唐杨凝式撰〈李德休墓志〉考释》，载《耕耘论丛（一）》，第174页。
④ ［宋］欧阳修、宋祁：《新唐书》卷一八二，第5375—5376页。

大夫、充岭南东道节度观察处置等使。"①《唐代墓志汇编》收有杨检撰杨发女墓志,《唐故岭南节度使右常侍杨公女子书墓志》:"□□讳芸,字子书,隋越国公素之裔。显考公常□□□讳发第七女。……府君名重於时,德□于世。子书之诸姊皆托华胄,如户部侍郎、翰林学士刘公承雍五朝达,皆子书之姊婿。"②然裴坦所撰之杨发墓志铭,今已不传于世。

需要进一步申述的是,史传记载杨收女嫁裴坦子的事情,《新唐书·裴坦传》:"坦性简俭,子娶杨收女,赍具多饰金玉,坦命撤去,曰:'乱我家法。'世清其概。"③《资治通鉴》咸通十年二月记载:"初,尚书右丞裴坦子娶收女,资送甚盛,器用饰以犀玉;坦见之,怒曰:'破我家矣!'立命坏之。已而收竟以贿败。"④《北梦琐言》卷九《裴杨操尚》条记载:"唐杨收、段文昌皆以孤进贵为宰相,率爱奢侈。杨相女适裴坦长子,嫁资丰厚,什器多用金银。坦尚俭,闻之不乐。一日,与国号及儿女辈到新妇院,台上用碟盛果实,坦欣然,视碟子内,乃卧鱼犀。坦盛怒,遽推倒茶台,拂袖而出,乃曰:'破我家也。'他日收相果以纳赂,竟至不令,宜哉。"⑤作为唐代史料加以补充者,还有《卢氏杂说》记载崔安潜到杨收家作客,"见厅馆铺陈华焕,左右执事皆双鬟珠翠,崔公不乐。饮馔及水陆之珍。台盘前置香一炉,烟出成楼阁之状。崔别闻一香气,似非烟炉及珠翠所有者。心异之,时时四顾,终不谕香气。移时,杨曰:'相公意似别有所瞩?'崔公曰:'某觉一香气异常酷烈。'杨顾左右,令于厅东间阁子内缕金案上,取一白角碟子,盛一漆球子。呈崔公曰:'此是罽宾国香。'崔大奇之。"⑥也是杨收生活奢华的一条佐证史料。

---

① ［后晋］刘昫:《旧唐书》卷一八下,第 642 页。
② 周绍良主编:《唐代墓志汇编》,第 2490—2491 页。
③ ［宋］欧阳修、宋祁:《新唐书》卷一八二,第 5376 页。
④ ［宋］司马光:《资治通鉴》卷二五一,第 8140 页。
⑤ ［五代］孙光宪:《北梦琐言》卷九,第 202 页。
⑥ ［宋］李昉:《太平广记》卷二三七,第 1825 页。

十三、李 当 墓 志

墓 志 释 文

唐故金紫光禄大夫刑部尚书上柱国陇西县开国子食邑五百户
赠尚书左仆射姑臧李公墓志铭 并序

从侄中大夫权知尚书礼部侍郎上柱国赐紫金鱼袋昭撰

公讳当，字子仁，世为陇西狄道人。十三代祖讳暠，西晋末以雄才英略，割据河右，国号西凉，谥武昭王，《晋史》有传。昭王再世失国，曾孙讳承，仕元魏为龙骧将军，荥阳郡太守，因徙家，贯郑州原武县。六代祖讳玄道，武德中为秦府学士，与杜如晦等同号十八学士，位至给事中。开元中，诏隶属籍，今为宗正寺姑臧公房。高祖亶，皇朝给事中，赠兵部尚书。曾祖成绩，皇尚书虞部郎中。王父存，皇大理司直，累赠太子少师。自武昭而下，世有贤哲，以文儒礼乐为海内冠冕。其婚阀衣缨之盛，举时无伦，故搢绅间语族望者，我为称首。烈考益，大历中四登文科，贞元、元和间以歌诗擅名，为一时独步。其所赋咏，流在人口，播为乐章。德宗、宪宗尝命中使取去，仍诏以副本置于集贤阁。元和中，参掌纶诰，焕发书命，位至礼部尚书致政，赠太子少师，谥文公。以公之贵，累赠太傅。皇姚范阳卢氏，追封魏国太夫人。公钟间气之美，禀挺生之秀。望之俨然，若钟磬瑚琏之陈于清庙，天球河图之列于东序。其清德茂范，为一代仪表。生三岁而丁魏国夫人忧，六岁见夫人箱箧故物，哀感孺慕，有如成人，姻族异之。八岁能属文，弱冠嗜学，博极群书。大和二年，擢进士第。明年，丁文公忧，哀毁过礼，几至于不胜。丧既除，释褐授试秘省校书郎、浙西团练巡官。俄又丁继太夫人艰，免丧，除京兆府兴平尉，直弘文馆。旋拜右拾遗，转右补阙。武宗皇帝富于春秋，屡以宴幸不坐朝，百执事无敢进谏者。时李朱崖持政柄，席宠固位，亦惮言之。尝一日，诏开延英，宰臣序立于外屏，而天子病醒，有诏中辍，中外相顾，以朝廷为忧。公于是上章极谏，信宿不报，又抗疏，其言多激切。因止谏省以俟命。时日已逾午，忽有急宣。翌日启便殿，李朱崖遽命召公，深加奖叹，且握公手曰："斯乃简册盛事，岂独钦咏而已哉！"满岁，转尚书主客员外郎，从班列也。时议以为非公雅望所宜处，俄改起居郎。会丞相崔公郸自西蜀入拜左揆，以都坐纲领群司，宜重曹郎之选，因请命公为左司员外郎，寻转考功外郎兼集贤殿直学士。大中四年，迁礼部郎中，旋以本官知制诰。周岁转库部郎中充职。时有内官刘行深，以恩例宜进阶秩，上以其已至仪同，遂命移宠于其子，且语宰臣曰："纶綍之中，宜道吾旨。"公因为之词云："崇高已极于信臣，庆赏宜延于爱子。"上顾谓宰臣曰："李当为行深子词，说尽吾意。"金口朗咏者数四。七年，拜中书舍人。有王端章者，尝刺安州，其政大不理。执事者私其人，复命以郡。公袖制目以论执政，极言端章不可再理郡状。执政大怒，且曰："司言者但宜书词，何预于此？"公正色抗辞以折之，由是中辍。及公去，西掖而授端章以亚卿，俾使边境，果以败累坐贬，时政尚因循，舍人久无纳词者。及公首举故事，时论翕然称之。会长沙议易帅，公雅乐分寄于外，遂拜湖南观察使，兼御史中丞。潭之境介荆蛮零桂之间，其俗犷悍，至有亲戚昆弟相讼者，公既至，为之兴叹，亲加勖谕，然后渐以德化，渍以仁义，未几，其俗革而人知敬让焉。入拜右侍极，迁户部侍郎。出为三川守，尹政称理。周岁，改宣歙观察使。时属哀牢入寇，诏征天下兵聚交广间，不啻数万人。馈饷之用，国力为屈。公至镇，首贡十五万缗以助经费，人不加赋，而公用以饶。优诏嘉奖。咸通六年征还，道拜山南西道节度使、检校工部尚书，用宣潭之政，抚巴梁之俗，一部之人，如蒙膏雨焉。时复属蛮寇陷越巂，诏征山东兵为之援，自梁抵蜀门传舍，皆崎岖山阻间，其居民闻东师之至，皆将弃其室而遁。公使县吏谕之，且先为之立规制，设储峙，俾无苛扰。居六年，凡过戍卒者五万，而山剑之民，无一逃去者。十一年，入拜吏部侍郎。铨藻之下，轮辕毕适；清通之称，形于讴咏。十三年春，迁尚书左丞。盖南宫万务之本，执事者藉公威望，以镇重之。无何，倖臣专权，恶直丑正，凡朝之硕德伟望，必罹谴逐。由是出为道州刺史。公怡然即路，曾不以得丧形于色。既至，问人所疾苦，其求理之意，若临大邦。先是，郡境山谷之民，群聚为盗，假都府及邻州兵二千为之防，盗未息而客兵且为乡间之患，人为之不聊生。公既至，严设禁令，且曰："有犯者死。"由是戍卒不敢动而贼之魁率其徒以甲楯三千来降。公即慰勉之，各俾复其业，一郡之人歌舞之。明年，今上御极，诏殛佞臣于荒裔，其被遣逐者，悉命还之。公初移申州，旋拜右常侍。未及阙，复为尚书左丞。会天子有事郊庙，凡赞导之礼，皆属于奉常，以公朝之宿望，宜居是任，遂命以检校兵部尚书兼太常卿。旋属朝廷用礼卿命相，因受代。不数月，复检校右仆射兼太常卿。既而谓诸子曰："吾儒家子，以文墨自致，出为侯伯，入践公卿，所得不为不多矣。况迫钟漏，宜其知止足，绝意乎宠荣之事矣。"因长告杜门。四年二月，复拜刑部尚书，又固辞不拜。以其年五月廿六日遘疾薨于上都永宁里第，享年七十九。上闻轸悼，废朝一日，赠尚书左仆射，优旧德也。惟公星辰毓粹，山岳降祥，负经天纬地之才，蕴匡国致君之业，宜乎执魁柄，司化权，代天之工，为国之纪，岂徒备公卿之位，羽仪一时而已哉！竟以道屈于时，位不称德，此生人之不幸也，吾何慊然！公接士尽盛德之容，其在藩府，多所鉴拔，故登二府洎三馆之选者，多出公门下。府幕之盛，为一时美谭，异时必有树功名极尊显者矣。先是，藩镇成例，咸以制下日受俸。公以为未视公牍，不宜坐尸厚禄，由是所至皆命以莅事日为始，而深以蓄积为戒。其所得奉赐，多所振施，家无余资，士君子钦慕焉。前后赋诗七百篇，并制诰表疏碑志，勒成四十卷，行于世。夫人范阳卢氏，皇鸿胪少卿讳词之长女，累封范阳郡夫人。前公二岁即世，生男子三人：曰藻，曰拯，咸以清行远识为德门令器，以文章升上第，由书府登谏垣，君子谓公之门世不乏贤矣；中子贻休，既冠而夭。女子二人，长适荥阳郑彦持，亦以见憎权倖，自左拾遗谪义州掾，既偕行而俱殁于谪所；次适清河崔墀，有行，再岁而逝；别一女始笄。以其年八月四日，藻等号护輀翣，归于东都。以十月十八日，合祔于河南府偃师县亳邑乡北原，从先太傅于九原，礼也。诸孤以昭忝游公之门，尝叨一顾之重，猥以刊述重事，属于芜鄙。永惟见托之旨，诚不在于斯文，庸可辞乎！铭曰：

猗欤盛德，邈尔贞规。鹤性松操，龙章凤姿。文儒匠石，礼乐宗师。

羽仪所寄,衡石攸资。雅裁孤标,琦行瑰意。璞玉不雕,大羹忘味。含章秉哲,孕和毓粹。端若蓍龟,直如弦矢。四朝颉颃,三纪雍容。时瞻师表,朝仰宗公。仁操政柄,克致时雍。人望未谐,天禄遽终。余庆所钟,钟于令嗣。谢氏芝兰,王庭杞梓。克昌厥后,能济其美。素业清风,传之无已。

嗣子藻书。亲侄朝议郎前使持节复州诸军事守复州刺史柱国诲题讳。处士崔循篆盖。

《李当墓志》,李当(799—877),字子仁,世为陇西狄道人。中唐著名诗人李益之子。官至刑部尚书。乾符四年(877)五月廿六日遘疾薨于上都永宁里第,享年七十九。同年十月十八日,合祔于河南府偃师县亳邑乡北原。墓志共 51 行,满行 51 字。长、宽均为 91 厘米。首题:"唐故金紫光禄大夫刑部尚书上柱国陇西县开国子食邑五百户赠尚书左仆射姑臧李公墓志铭并序。"题署:"从侄中大夫权知尚书礼部侍郎上柱国赐紫金鱼袋昭撰。"末署:"嗣子藻书。亲侄朝议郎前使持节复州诸军事守复州刺史柱国诲题讳。处士崔循篆盖。"墓志据言出土于河南省偃师市。墓志拓片,载《秦晋豫新出墓志搜佚续编》,第 1312 页;《洛阳流散唐代墓志汇编续集》,第 798 页。李当为唐代诗人,墓志称:"前后赋诗七百篇,并制诰表疏碑志,勒成四十卷,行于世。"今湖南永州零陵朝阳岩尚有咸通十四年李当诗刻。李当夫人墓志业已出土,题为《唐故范阳郡夫人卢氏墓志铭并序》,题署:"夫金紫光禄大夫检校尚书右仆射兼太常卿上柱国陇西县开国子食邑五百户李当撰。"

李当的籍贯族系

(一) 郡望与祖籍

李当为著名诗人李益之子,传世典籍对于其籍贯之记,颇有歧异。王胜明将李益籍贯概括为"陇西姑臧""陇西成纪""陇西狄道""家于郑州"四说,并以为"四说中,除佘(正松)、王(胜明)主张的陇西狄道说之外,其他三种皆有问题"①。《李当墓志》的出土,为这一问题提供了第一手资料,

---

① 参佘正松、王胜明《李益生平及诗歌研究辨正》,《文学遗产》2004 年第 3 期,第 43—53 页;王胜明《新发现的崔�佚文〈李益墓志铭〉及其文献价值》,《文学遗产》2009 年第 5 期,第 130—133 页。

从而可以证实"陇西姑臧""陇西成纪""陇西狄道""家于郑州"四说之间是可以相通并不矛盾的。

1. 陇西狄道说

《李当墓志》称："公讳当，字子仁，世为陇西狄道人。十三代祖讳暠，西晋末以雄才英略，割据河右，国号西凉，谥武昭王，《晋史》有传。昭王再世失国，曾孙讳承，仕元魏为龙骧将军，荥阳郡太守，因徙家，贯郑州原武县。"参证新出土《李益墓志》："公讳益，字君虞，陇西狄道人。凉武昭王十二代孙。"①其父子墓志均称"陇西狄道人"并无异词，"望高陇右"则又指明陇西为其郡望。按，公元前二七九年，秦昭王设陇西郡，治所在狄道，这是李氏家族郡望为陇西狄道的最早来源。狄道位于今甘肃省临洮县地。《新唐书·宗室世系表》载汉大将军李超次子："仲翔，河东太守、征西将军，讨叛羌于素昌，战没，赠太尉，葬陇西狄道东川，因家焉。"②这是李当家族郡望为陇西狄道的具体记载。

2. 陇西姑臧说

柳宗元《先君石表阴先友记》："李益，陇西姑臧人。"③计有功《唐诗纪事》卷三〇《李益传》："益，姑臧人，字君虞。"④晁公武《郡斋读书志》卷四："李益，君虞也，姑臧人。"⑤辛文房《唐才子传》卷四："李益，字君虞，陇西姑臧人。"⑥这里的"姑臧人"实则又涉及陇西李氏的房支划分问题。陇西李氏分支，姑臧为大房。正因为如此，唐人经常将"陇西"与"姑臧"合而述之，如新出土杨隰撰《崔公夫人墓志》题为"前河南府河阳县丞崔公夫人陇西姑臧李氏墓志铭并序"即为显例。也正因为如此，《李当墓志》就在志文中称李当为"陇西狄道人"，而在志题中则标明"姑臧李公"。

追溯李当为"姑臧李氏"的由来，有两个方面的因素：一与其先祖李

① 《书法丛刊》2009 年第 5 期，第 38—39 页。
② ［宋］欧阳修、宋祁：《新唐书》卷七〇上，第 1956 页。
③ ［唐］柳宗元：《柳宗元集》卷一二，第 303 页。
④ ［宋］计有功《唐诗纪事》卷三〇，第 461 页。
⑤ ［宋］晁公武《郡斋读书志》卷四，四部丛刊三编，第 23 页。
⑥ 傅璇琮：《唐才子传校笺》卷四，第 91 页。

承有关,《魏书·李承传》:"世祖深相器异,礼遇甚优,赐爵姑臧侯。"①这一房支新出土墓志如:王台撰《李荣初墓志》:"公讳荣初,字,陇西成纪人也。……后魏龙骧将军、雍州刺史姑臧公承之八代孙也。"②二是开元时期"诏隶属籍"之故,即《李当墓志》所言"开元中,诏隶属籍,今为宗正寺姑臧公房",实际上是由唐朝皇帝将同姓入籍造成的。③ 李承为姑臧房始祖,故唐玄宗诏姑臧房入属籍,是与李承密切相关的。

3. 陇西成纪说

《旧唐书·李益传》载其为李揆族子。而《李揆传》云:"陇西成纪人。而家于郑州,代为冠族。"④按,《旧唐书》称李揆为"陇西成纪人",狄道与成纪的关系,据《新唐书·宗室世系表》载汉大将军李超次子:"仲翔,河东太守、征西将军,讨叛羌于素昌,战没,赠太尉,葬陇西狄道东川,因家焉。生伯考,陇西、河东二郡太守。生尚,成纪令,因居成纪。"⑤因此,"狄道"与"成纪"是不矛盾的。

4. 郑州原武说

《李当墓志》对其先祖迁徙记载较为清楚:"承,仕元魏为龙骧将军,荥阳郡太守,因徙家,贯郑州原武县。"知其先祖李承在元魏时徙家至郑州原武县,此为李当祖籍之由来。李益族叔《李揆传》云:"陇西成纪人。而家于郑州,代为冠族。"⑥同书《李玄道传》:"本陇西人也,世居郑州,为山东冠族。"⑦是其先祖由陇西徙居郑州后,发展为山东冠族。如新出土李仲

① [北齐]魏收:《魏书》卷三九,第886页。
② 吴钢主编:《全唐文补遗》第8辑,第100页。
③ [宋]王钦若:《册府元龟》卷六二一《卿监部·司宗》载天宝元年七月二十三日诏:"自今以后,梁[凉]武昭王孙宝已下,绛郡、姑臧、敦煌、武阳等四房子孙,并宜隶入宗正,编诸属籍,以明尊本之道,用广亲亲之化。"(中华书局1960年版,第7470页)新出土墓志于此亦有所记载,如《李弘亮墓志》:"今陇西李公其人也。公讳弘亮,字广成,四公姑臧之后,世胄洪懋,门绪清劭,银黄命服,辉映伦等。……四公之胄,姑藏[臧]其首,地贯宗正,望雄陇右。"(《唐代墓志汇编》,第2037—2038页)
④ [后晋]刘昫:《旧唐书》卷一二六,第3559页。
⑤ [宋]欧阳修、宋祁:《新唐书》卷七〇上,第1956页。
⑥ [后晋]刘昫:《旧唐书》卷一二六,第3559页。
⑦ [后晋]刘昫:《旧唐书》卷七二,第2583页。

言撰《李士华墓志》称："惟我祖武昭王土于梁，建盛德，嗣休烈，至于我祖姑臧公，咸彰闻于天下。当时第百氏，俾居实品。故以我族及山东他族凡五为天下甲氏。"①也是说到了李承徙居郑州，封为姑臧公，遂成为山东冠族，与山东五姓相伴。

（二）世系

《李当墓志》对于李当家世具有较为详细的叙述：

> 六代祖讳玄道，武德中为秦府学士，与杜如晦等同号十八学士，位至给事中。开元中，诏隶属籍，今为宗正寺姑臧公房。高祖亶，皇朝给事中，赠兵部尚书。曾祖成绩，皇尚书虞部郎中。王父存，皇大理司直，累赠太子少师。自武昭而下，世有贤哲，以文儒礼乐为海内冠冕。其婚阀衣缨之盛，举时无伦，故搢绅间语族望者，我为称首。烈考益，大历中四登文科，贞元、元和间以歌诗擅名，为一时独步。其所赋咏，流在人口，播为乐章。德宗、宪宗尝命中使取去，仍诏以副本寘于集贤阁。元和中，参掌纶诰，焕发书命，位至礼部尚书致政，赠太子少师，谥文公。以公之贵，累赠太傅。皇妣范阳卢氏，追封魏国太夫人。

李当之祖李存墓志也已出土，述其家世稍简而与李当墓志一致。《唐故朝议郎大理司直陇西李府君玄堂志》，题署："嗣子通直郎检校尚书考功郎中兼侍御史幽州营田副使赐紫金鱼袋益述，次子承务郎涿州范阳县丞节书。"志云："府君讳存，世为陇西狄道人。曾祖皇朝太子中允正基，祖给事中亶，烈考虞部郎中成绩。府君即虞部长子。……二子曰益，曰节。"②李存以建中四年六月十一日卒，享年五十二，贞元十八年十二月十三日葬。

李当之父李益墓志也已出土，述其家世稍简而亦与李当墓志一致。

---

① 吴钢主编：《全唐文补遗》第 8 辑，第 125 页。
② 张永华、赵文成、赵君平：《秦晋豫新出墓志蒐佚三编》，国家图书馆出版社 2020 年版，第 826 页。

《唐故银青光禄大夫守礼部尚书致仕上轻车都尉安城县开国伯食邑七百户赠太子少师陇西李府君墓志铭并序》（以下称《李益墓志》）："公讳益，字君虞，陇西狄道人。凉武昭王十二代孙。尔后龙骧列郡于荥阳，学士显名于秦府，中允翱翔于宫署，给事论驳于黄门，皆重芳累叶，迭代辉焯，焕乎史策，为时休光。给事赠兵部尚书讳亶，即公之曾王父也。皇朝虞部郎中讳成绩，即公之大父也。烈考讳存，皇大理司直赠太子少师。"①

李当家世，《新唐书》卷七二上《宰相世系表》有记载，自李暠而后至李亶世系：

暠—翻—宝—承—韶—瑾—行之—玄道—正基—亶

亶子有成裕、成式，成裕子揆、衡、均、毖、皆、成绩，成绩错一格下有虬，虬子益，益子当、敞、崇、奕，当子藻、拯。

而据李益和李当墓志，亶之下应为：

亶—成绩—存—益—当—藻、拯

而对于其家世，《李当墓志》记载较《李益墓志》更为详尽，现参合史料以考其家世节点者四人：

李 暠 李当十三世祖，为李当贯望之由来。《晋书·凉武昭王李玄盛传》："武昭王讳暠，字玄盛，小字长生，陇西成纪人。姓李氏，汉前将军广之十六世孙也。广曾祖仲翔，汉初为将军，讨叛羌于素昌，素昌即狄道也，众寡不敌，死之。仲翔子伯考奔丧，因葬于狄道之东川，遂家焉。世为西州右姓。高祖雍，曾祖柔，仕晋并历位郡守。祖弇，仕张轨为武卫将军、安世亭侯。父昶，幼有令名，早卒，遗腹生玄盛。"②由李暠可以追溯李当更早的家世渊源，直至李暠的高祖李雍，即李当的十七世祖。

---

① 赵君平、赵文成：《秦晋豫新出墓志蒐佚》，第 931 页。
② 〔唐〕房玄龄：《晋书》卷八七，第 2257 页。

李　承　李当十世祖，为李当徙家郑州之祖。《李益墓志》所称"尔后龙骧列郡于荥阳"指此。《魏书·李承传》："承字伯业，少有策略。初，宝欲谋归款，民僚多有异议，承时年十三，劝宝速定大计，于是遂决。仍令承随表入质。世祖深相器异，礼遇其优，赐爵姑臧侯。后遭父忧，居丧以孝闻。承应传先封，以自有爵，乃让弟茂，时论多之。承方裕有鉴裁，为时所重。高宗末，以姑臧侯出为龙骧将军、荥阳太守。为政严明，甚著声称。延兴五年卒，时年四十五。"①

李玄道　李当六世祖，为唐朝开国十八学士之一。《李益墓志》所称"学士显名于秦府"指此。《唐会要》卷六四《文学馆》条："武德四年十月，秦王既平天下，乃锐意经籍，于宫城之西开文学馆，以待四方之士。于是以僚属大行台司勋郎中杜如晦，记室、考功郎中房玄龄及于志宁，……主簿李元[玄]道，……军谘典签苏勖等，并以本官兼文学馆学士。及薛收卒，征东虞州录事参军刘孝孙入馆，令库直阎立本图其状，具题其爵里，命褚亮为文赞，号曰《十八学士写真图》。藏之书府，用彰礼贤之重也。诸学士食五品珍膳，分为三番，更直宿阁下。每日引见，讨论文典。得入馆者，时人谓之登瀛洲。"②

李　益　李当之父，唐代著名诗人。《李益墓志》近年亦出土。志称其文学才华云："地望清华，推鼎甲之族；天才秀出，为文章之杰。尤以缘情绮靡、吟咏情性为意。自典谟绝，风雅缺，作者之制稍稍而变，公未尝不根六律，正五声，以古之比兴，合今之律度，涵孕风骚，宪章颜谢，一赋一咏，必腾于众口。大历四年，年始弱冠，进士登第。其年，联中超绝科。间岁，天子坐明庭，策贤俊，临轩试问，以主文谲谏为目。公词藻清丽，入第三等，授河南府参军。府司籍公盛名，命典贡士，抡次差等，所奖者八人，其年皆擢太常第。精鉴朗识，遐迩攸伏。""元和中，因张广乐，赏丽曲，问其所自，知公属词，又两征文集，一见别殿。子虚入听，喜相如同时；宣室

---

①　[北齐]魏收：《魏书》卷三九，第 886 页。
②　[宋]王溥：《唐会要》卷六四，第 1319 页。有关"十八学士"，又载于《旧唐书》卷七二、《历代名画记》卷九、《资治通鉴》一八九。

延召,恨贾生来晚。由是有卫尉之命。"①李益官至礼部尚书。

李当的仕宦经历

李当享年七十九岁,是其大和二年进士及第时三十岁。其后仕历长达五十年,经事五位皇帝,历官二十六任,在晚唐官僚兼文人中属于典型的人物。我们先将其莅任官职列表于下,然后就重要的几任官职加以考证。

序号	官　　职	时　　间	序号	官　　职	时　　间
1	试秘省校书郎、浙西团练巡官		14	户部侍郎	
2	京兆府兴平尉,直弘文馆		15	三川守(河南尹)	
3	右拾遗		16	宣歙观察使	
4	右补阙		17	山南西道节度使、检校工部尚书	咸通六年
5	尚书主客员外郎		18	吏部侍郎	咸通十一年
6	起居郎		19	尚书左丞	咸通十三年春
7	左司员外郎		20	道州刺史	
8	考功外郎兼集贤殿直学士		21	申州刺史	
9	礼部郎中、知制诰	大中四年	22	右常侍	
10	库部郎中充职。	大中五年	23	尚书左丞	
11	中书舍人	大中七年	24	检校兵部尚书兼太常卿	
12	湖南观察使兼御史中丞		25	检校右仆射兼太常卿	
13	右侍极(右散骑常侍)		26	刑部尚书	乾符四年二月

---

① 赵君平、赵文成:《秦晋豫新出墓志搜佚》,第931页。

（一）秘书省校书郎、浙西团练巡官

这是李当的初官，是在他登进士第后，丁父丧之后的官职。墓志云："大和二年，擢进士第。明年，丁文公忧，哀毁过礼，几至于不胜。丧既除，释褐授试秘省校书郎、浙西团练巡官。"按《李益墓志》载："以大和三年八月廿一日全归于东都宣教里之私第，享寿八十四。"李当丁忧即始于大和三年八月廿一日。唐时丁忧守丧三年。以此推算，李当为浙西团练巡官在大和六年。是时浙西观察使为王璠，《旧唐书·文宗纪下》：大和六年八月，"乙丑，以尚书右丞、判太常卿王璠检校礼部尚书、润州刺史、浙西观察使"①。王璠为李逢吉故吏，自是牛党骨干，故知李当一入仕就受到牛党官僚亲善。杜牧作《邢群墓志铭》称自己和邢群及第后都为幕府吏，"牧于宣州事吏部沈公，涣思于京口事王并州，俱为幕府吏。二府相去三百里，日夕闻涣思佽助并州，钜细合宜"。"王并州"即为王璠。墓志又云："会昌五年，涣思由户部员外郎出为处州。时某守黄州，岁满转池州，与京师人事离阔四五年矣，闻涣思出，大喜曰：'涣思果不容于会昌中，不辱吾御史举矣。'"②是入王璠幕府的邢群也属牛党人物。

（二）山南西道节度使

李当担任山南西道节度使，颇著政绩，墓志所举典型一例，而传世文献尚可参证补充者。《李当墓志》云："咸通六年征还，道拜山南西道节度使、检校工部尚书，用宣潭之政，抚巴梁之俗，一部之人，如蒙膏雨焉。时复属蛮寇陷越巂，诏征山东兵为之援，自梁抵蜀门传舍，皆崎岖山阻间，其居民闻东师之至，皆将弃其室而遁。公使县吏谕之，且先为之立规制，设储峙，俾无苛扰。居六年，凡过戍卒者五万，而山剑之民，无一逃去者。"这段文字可以与传世史料相参证。其在山南西道之其他政绩，传世典籍亦有所记载。五代孙光宪《北梦琐言》卷三"李当尚书竹笼"条："唐李当尚书

① ［后晋］刘昫：《旧唐书》卷一七下，第 546 页。
② ［唐］杜牧：《樊川文集》卷八，第 132—133 页。

镇南梁日,境内多有朝士庄产,子孙侨寓其间,而不肖者相效为非。前政以其各有阶缘,弗克禁止,闾巷苦之。八座严明有断,处分宽织篾笼,召其尤者,诘其家世谱第,在朝姻亲。乃曰:'郎君籍如是地望,作如此行止,无乃辱于存亡乎?今日所惩,贤亲眷闻之,必赏老夫。勉旃!'遽命盛以竹笼,沉于汉江。由是其侪惕息,各务戢敛也。"①

(三)吏部侍郎

李当咸通十一年曾为吏部侍郎,考宏词选人。《李当墓志》云:"十一年,入拜吏部侍郎。铨藻之下,轮辕毕适;清通之称,形于讴咏。"这件事《旧唐书·懿宗纪》亦有记载:咸通十二年,"三月,以吏部尚书萧邺、吏部侍郎归仁晦、李当考官;司封郎中郑绍业、兵部员外郎陆勋等考试宏词选人"②。这件事《册府元龟》卷六四四亦言:"(咸通)十二年三月,以吏部尚书萧邺、吏部侍郎归仁晦、李当考官,司郎中郑绍业、兵部员外郎陆勋等试宏词选人。"③

这里值得注意的是李当为吏部侍郎时考宏词选人一事。晚唐博学宏词科是吏部选人的一种方式,而其选以文才为主。如《唐摭言》卷一○"载应不捷声价益振"条记载:"乾符中,蒋凝应宏辞,为赋止及四韵,遂曳白而去。试官不之信,逼请所试,凝以实告。既而比之诸公,凝有得色,试官叹息久之。顷刻之间,播于人口。或称之曰:'白头花钿满面,不若徐妃半妆。'"④蒋凝应宏词虽不捷,然其文才出众,故试官为未能录取而叹息,结果仍是文名播于人口。

作为宏词考试的试官,也是既有吏才又有文才的官员,与李当同时考宏词选人者萧邺、归仁晦、郑绍业、陆勋等也都是当时较为著名的文人官僚。如萧邺,本身为出身进士,官至监察御史、翰林学士,拜中书舍人,迁

---

① [五代]孙光宪:《北梦琐言》卷三,第55页。
② [后晋]刘昫:《旧唐书》卷一九上,第680页。
③ [宋]王钦若:《册府元龟》卷六四四,第7719页。
④ [五代]王定保:《唐摭言》卷一○,第105页。

户部侍郎。大中十一年，由工部尚书同中书门下平章事。后又为吏部尚书，其时充吏部宏词考官。萧邺有文章传世，《全唐文》卷七六四有萧邺《大唐故吏部尚书赠尚书右仆射渤海高公神道碑》《岭南节度使韦公神道碑》；《全唐文补编》卷八一有萧邺《举刘瞻自代表》《广成先生碑》。萧邺与文人亦有所交往，温庭筠有《投翰林萧舍人》诗，即是投谒萧之作。新出土文献中也有归仁晦的文章，如《全唐文补遗》第 7 辑有归仁晦所撰《归仁晦妻支氏墓志》①。

（四）道州刺史

李当因贬谪而为道州刺史，但在道州任上，颇有政绩，可以参证典籍，加以揭示。《李当墓志》云："倖臣专权，恶直丑正，凡朝之硕德伟望，必罢遣逐。由是出为道州刺史。公怡然即路，曾不以得丧形于色。既至，问人所疾苦，其求理之意，若临大邦。先是，郡境山谷之民，群聚为盗，假都府及邻州兵二千为之防，盗未息而客兵且为乡闾之患，人为之不聊生。公既至，严设禁令，且曰：'有犯者死。'由是戍卒不敢动而贼之魁率其徒以甲楯三千来降。公即慰勉之，各俾复其业，一郡之人歌舞之。明年，今上御极，诏殛倖臣于荒裔，其被谴逐者，悉命还之。公初移申州，旋拜右常侍。未及阙，复为尚书左丞。"咸通十三年五月，李当因于琮事被贬。《旧唐书·懿宗纪》云：咸通十三年五月，"辛巳，敕尚书左丞李当贬道州刺史。……自李当已下，皆于琮之亲党也，为韦保衡所逐"②。《资治通鉴》卷二五二云：咸通十三年五月，"丙子，贬山南东道节度使于琮为普王傅、分司，韦保衡潜之也。辛巳，贬尚书左丞李当……癸未，贬工部尚书严祁、给事中李贶、给事中张铎……皆处之湖、岭之南，坐与琮厚善故也"③。

湖南永州朝阳岩摩崖石载李当诗魏深书事，对于李当被贬道州经过

① 吴钢主编：《全唐文补遗》第 7 辑，第 129 页。
② ［后晋］刘昫：《旧唐书》卷一九上，第 680 页。
③ ［宋］司马光：《资治通鉴》卷二五二，第 8163—8164 页。

及其在道州政绩记述颇详。《八琼室金石补正》载《李当等诗并魏深书事》云："公尝自中书舍人兼廉车问俗湖南，他日宣皇帝注意急征，值公南风中足，不克见。久之，乃有金貂之拜。洎足力如常，除户部侍郎。寻出尹河南，移宣□，镇褒斜。蔼然龚黄之理，为天下最。士君子莫不延颈企踵，日望霈然，为时霖雨。先帝知之，征拜天官氏。岁余，除尚书左丞。于时奸臣窃国柄，凡以直道事主，不附于己者，悉去之，由是出牧于道。道人比岁阳九之灾，山民蚁聚为贼，且起三州之兵以蔪之。于是公以书先谕而招之。洎到郡之日，则遣使以逆顺之理告之，祸福之门纳之。不劳尺刃，而山贼革面，皆得保生生之福，耕于野而岁再稔。道人由是不闻夜吠之犬。今则四凶已去，八元□用之□，请书其事，敢为前贺。时自道移申及此。拜常侍归西掖。咸通十四年十一月廿五日。魏深题。进士崔鹏书。零陵县令李玙镌辶（造）。处士唐元真看题□□陈楚。"①墓志称李当被贬的原因是"幸臣专权，恶直丑正"，题刻亦称"奸臣窃国柄，凡以直道事主，不附于己者，悉去之。由是出牧于道"。而《金石审》跋魏深书事称："盖指路岩、韦保衡诸人。《新唐书·路岩传》云：'王政秕僻，宰相得用事。岩顾天子荒暗，以政委己，乃通赂遗，奢肆不法。与韦保衡同当国，二人势论天下，时目其党为牛头阿旁。言如鬼，阴恶可畏也。保衡恃恩据权，所悦即擢，不悦挤之。僖宗立，为怨家白发阴罪贬死。'此书事在十一月，僖宗立以七月，与史正合。魏深虽当私亲，所言不妄，则其谕贼之功，亦可信征矣。"②墓志、书事和史传三者参之，李当任职道州之政绩更能够揭示详悉。

（五）太常卿

李当在乾符中曾两次担任太常卿，史书或缺载，或误载。墓志云："会天子有事郊庙，凡赞导之礼，皆属于奉常，以公朝之宿望，宜居是任，遂命以检校兵部尚书兼太常卿。旋属朝廷用礼卿命相，因受代。不数月，复检

---

① ［清］陆增祥：《八琼室金石补正》卷六〇，第414页。
② ［清］陆增祥：《八琼室金石补正》卷六〇，第415页。

校右仆射兼太常卿。"按，《旧唐书·僖宗纪》：乾符三年九月，"兵部尚书兼太常卿李珰检校尚书右仆射、太常［卿］"[1]。《唐仆尚丞郎表》卷一七《兵尚》："李珰，乾符三年九月，由兵尚兼太常卿徙检校右仆，仍兼太常卿。（《旧纪》）［可能即李当］。"[2]又同书卷一九《刑尚》："李当，盖乾符中或稍后，官至刑尚。……新七二上世表：姑臧大房李氏：'当，刑部尚书。'据《八琼》六〇《朝阳洞李当等诗并魏深书事》，当由中舍观察湖南，入为户侍，出尹河南，历宣歙、褒斜、吏侍、左丞，咸通十四年十一月在散骑常侍任。则官刑尚必在乾符中或稍后。又按：《旧纪》乾符三年九月书事有兵部尚书李珰，盖即一人。"[3]今以墓志证之，《旧纪》"李珰"确为"李当"之误。墓志记载李当由太常卿转刑部尚书而未之任，在乾符四年二月。可补正《唐仆尚丞郎表》之不足。又据《新唐书·僖宗纪》：乾符二年正月，"辛卯，有事于南郊，大赦。赐文武官阶、勋、爵，文宣王及二王后、三恪一子官"[4]。即应是墓志所言"天子有事郊庙"事，是李当为检校兵部侍郎兼太常卿始于乾符二年正月。

李当的科第情况与党援特点

（一）科第情况

《李当墓志》："大和二年，擢进士第。明年，丁文公忧，哀毁过礼，几至于不胜。丧既除，释褐授试秘省校书郎、浙西团练巡官。"李当大和二年擢第的情况，未见于史籍载录，是唐代科举史的重要信息。因为大和二年的科举是唐代科举史上的重要转折。

清人徐松的《登科记考》，根据《文献通考》所载《唐登科记总目》及杜牧《及第后寄长安故人》诗，考出本年登第进士数目为三十三人。但具体

---

① ［后晋］刘昫：《旧唐书》卷一九下，第 697 页。
② 严耕望：《唐仆尚丞郎表》卷一七，第 924 页。
③ 严耕望：《唐仆尚丞郎表》卷一九，第 1005 页。
④ ［宋］欧阳修、宋祁：《新唐书》卷九，第 265 页。

人物仅考出韦筹、厉玄、钟辂、杜牧、崔黯、郑溥六人①。岑仲勉《唐史馀瀋》②和罗继祖《登科记考补》③又考出郑薰和孙景商二人。

大和二年知贡举为礼部侍郎崔郾。《旧唐书·崔郾传》:"转礼部侍郎,东都试举人,凡两岁掌贡士。平心阅试,赏拔艺能,所擢者无非名士。"④杜牧《崔郾行状》:"礼部缺侍郎,上曰:'公可也。'遂以命之。二年选士七十余人,大抵后浮华,先材实。转兵部侍郎。"⑤

值得注意的是,这一年的进士科正月开考,二月放榜后,紧接着就是三月份的制科考试。而制科考试因为刘蕡的贤良方正对策触犯宦官而使得这一年的科举成为晚唐时期重要的政治事件,自此以后,制科考试就不再举行。而重要的是本年的科举也与中晚唐党争发生了重要的联系。而且关涉到进士及第者、制科及第者,以及知贡举与门生的党援关系,这些都是值得探讨的。我们将在下文展开论述。

大和二年前后,李益的行踪。据《李益墓志》:"今天子即位之始,公被鹤发,珥貂冠,辞荣盛时,抗疏长往,优诏特许,由是有大宗伯之拜。""大宗伯"即礼部尚书。是李益于大和初为拜礼部尚书致仕。而据墓志,李益大和三年八月卒。是李当及第前后,李益正在礼部尚书任。当时知贡举崔郾,与李当是上下级关系。推知李当及进士第,与李益处于礼部尚书之职具有一定的关系。因为唐代应进士举,个人声望与家族背景都很重要。同为大和二年进士的杜牧在《投知己书》中道:"大和二年,小生应进士举。当其时,先进之士以小生行可与进,业可益修,喧而誉之,争为知己者,不啻二十人。"⑥《唐摭言》记载杜牧通过吴武陵将《阿房宫赋》行卷于崔郾,终得第五名事⑦。虽未必可靠,但亦可见当时的科场风气。

---

① [清]徐松:《登科记考》,第 744—745 页。
② 岑仲勉:《唐史馀瀋》,第 168—170 页。
③ 罗继祖《登科记考补》,《东方学报》1943 年第 13 册第 4 分册,第 91—127 页。
④ [后晋]刘昫:《旧唐书》卷一五五,第 4118 页。
⑤ [唐]杜牧:《樊川文集》卷一四,第 208 页。
⑥ [唐]杜牧:《樊川文集》卷一三,第 193 页。
⑦ [五代]王定保:《唐摭言》卷六,第 63 页。

（二）党援特点

《李当墓志》："武宗皇帝富于春秋，屡以宴幸不坐朝，百执事无敢进谏者。时李朱崖持政柄，席宠固位，亦惮言之。尝一日，诏开延英，宰臣序立于外屏，而天子病醒，有诏中辍，中外相顾，以朝廷为忧。公于是上章极谏，信宿不报，又抗疏，其言多激切。因止谏省以俟命。时日已逾午，忽有急宣。翌日启便殿，李朱崖遽命召公，深加奖叹，且握公手曰：'斯乃简册盛事，岂独钦咏而已哉！'满岁，转尚书主客员外郎，从班列也。时议以为非公雅望所宜处，俄改起居郎。会丞相崔公郸自西蜀入拜左揆，以都坐纲领群司，宜重曹郎之选，因请命公为左司员外郎，寻转考功外郎兼集贤殿直学士。"这一段文字是明显带有党援倾向的，涉及的人物主要有李德裕和崔郸。

先看李德裕，墓志对于李德裕的描写非常特殊，"时李朱崖持政柄，席宠固位，亦惮言之。"是说李德裕在武宗时极度专权。但在李德裕秉政之时，李当还是升迁和转官的。墓志则言："翌日启便殿，李朱崖遽命召公，深加奖叹，且握公手曰：'斯乃简册盛事，岂独钦咏而已哉！'满岁，转尚书主客员外郎，从班列也。时议以为非公雅望所宜处，俄改起居郎。"则李德裕秉政时李当的官职迁转说成是"从班列"，也就是说是因为李当突出的政绩而不得不迁转的。

再看崔郸，崔郸则是牛党人物。墓志言及崔郸时，口气与描写李德裕完全不同。称"会丞相崔公郸自西蜀入拜左揆，以都坐纲领群司，宜重曹郎之选，因请命公为左司员外郎，寻转考功外郎兼集贤殿直学士"。按崔郸墓志近年已出土，为令狐绹撰，志云："时李宰相德裕方固权稔奸，惮公之正，且嫉其恩隆。公以明哲之道，坚词乞免，三进方遂，乃命为剑南西川节度使、检校吏部尚书、平章事。人皆惜其去而执柄者益横。"①可知崔郸

---

① 《崔郸墓志》载于《秦晋豫新出墓志搜佚》，第 992 页。全题为《唐故淮南节度副大使知节度事管内营田观察处置等使金紫光禄大夫检校司空兼扬州大都督府长史御史大夫上柱国清河郡开国公食邑二千户赠司徒崔公墓志铭并叙》。《旧唐书·崔郸传》云："会昌初，李德裕用事，与郸弟兄素善。"（卷一五五，第 4120 页）记载并不确切。

在会昌中与李德裕不协，故而请求外任为西川节度使。《李当墓志》对李德裕与崔郸二人措辞不同，益见出李当在晚唐党争剧烈的环境中的牛党立场。

唐代党援关系，往往与科场中的座主门生有关。我们再回过头来考察一下李当的座主崔郾。崔郾是崔郸之兄，卒于开成元年，因其享年未及于会昌时，故两《唐书》本传以及杜牧所撰《行状》都未及其与党争的关系，但我们从大和二年的门生情况还是可以看出端倪的。这一年进士登第的七人中，杜牧与牛党牵连较大，孙景商亦偏于牛党。新出土《孙景商墓志》："转度支郎中。时宰相李德裕专国柄，忿公不依己，黜为温州刺史。"①而现有材料考证未见有偏向于李党的人物。而在制科登第的二十二人中，与牛党牵连较大的人物就有李郜、杜牧、马植、裴素、苗愔诸人，而与李党牵连较大者仅有郑亚一人。因而从崔郾这些门生后来的仕途立场推测，崔郾是偏向于牛党的。

李当的文学成就与文人交游

（一）诗歌成就

《李当墓志》称："前后赋诗七百篇，并制诰表疏碑志，勒成四十卷，行于世。"李当诗存世甚少，今朝阳岩石刻载有其题诗一首。《题朝阳洞》诗题署："义阳守李当。"诗云："江上朝阳洞，无人肯暂过。今来惬心赏，回首恋烟萝。"魏浣《奉和左丞八舅题朝阳洞》，题署"从甥前高州军事推官乡贡进士魏浣"。诗云："北阙飞新诏，东山喜更过。文星动岩梦，章句别杉萝。"诗后还有魏浣的长篇叙事云：

公尝自中书舍人乘廉车问俗湖南，他日，宣皇帝注意急征，值公南风中足，不克见。久之，乃有金貂之拜。泊足力如常，除户部侍郎，

① 周绍良主编：《唐代墓志汇编》，第 2345 页。

寻出尹河南，移宣歙，镇褒斜，蔼然龚黄之理，为天下最，士君子莫不延颈企踵，日望霈然，为时霖雨。先帝知之，征拜天官氏。岁余，除尚书左丞。于时奸臣窃国柄，凡以直道事主，不附于己者，悉去之，由是出牧于道。道人比岁阳九之灾，山民蚁聚为贼，且起三州之兵以翦之。于是公以书先谕而招之。洎到郡之日，则遣使以逆顺之理告之，祸福之门纳之。不劳尺刃，而山贼革面，皆得保生生之福。耕于野而岁再稔，道人由是不闻夜吠之犬。今则四凶已去，八元□用之，□请书其事，敢为前贺。时自道移申，及此，拜常侍，归西掖。①

述说李当自中书舍人出为湖南观察使，除户部侍郎，出为河南尹，又移宣歙观察使、山南西道节度使，征拜吏部侍郎、尚书左丞，出为道州刺史。在道州平定山贼，安定百姓。后自道州移守申州，到了朝阳岩，游览朝阳洞而题诗。这与李当诗题署"义阳守李当"适相吻合，因义阳就是申州。魏淙文末署记："咸通十四年十一日廿五日，魏淙题，进士崔鹏书。零陵县令李玙镌之，处士唐元真看题，判官陈楚。"②李当作诗时为申州刺史，在赴任途中。这一题刻，清人陆增祥《八琼室金石补正》卷六〇已经著录，惟将"魏淙"误录为"魏深"，孙望《全唐诗补逸》卷一三因之。张京华等《湖南朝阳岩石刻考释》考订应作"魏淙"③。魏淙为李当外甥，二人都能诗，朝阳岩恰留二人唱和题刻。

《全唐诗续拾》卷三二还根据《舆地纪胜》辑录李当《遇信美台诗》："零陵郡北云帆落，信美台前江月明。石浅风高滩濑急，孤舟一夜听寒声。"④这也是李当赴申州任时经过零陵之作。"信美台"来源于屈原《离骚》："虽

---

① 张京华、侯永慧、汤军：《湖南朝阳岩石刻考释》，中国社会科学出版社 2018 年版，第 78 页。
② 张京华、侯永慧、汤军：《湖南朝阳岩石刻考释》，第 78 页；王春法：《摩崖上的中兴颂：永州摩崖石刻拓片展》，北京时代华文书局 2021 年版，第 91 页。
③ ［清］陆增祥：《八琼室金石补正》卷六〇，第 414 页。
④ ［宋］王象之《舆地纪胜》称"右常侍李当《遇信美台》诗"。（卷五六，中华书局本第 2058 页）"遇"，疑应为"过"。而《全宋诗》第 72 册收此诗为李当遇《信美台》诗，盖将诗题误标为人名，遂将唐人"李当"误为子虚乌有之宋人"李当遇"。

信美而无礼兮,来违弃而改求。"王粲的《登楼赋》:"虽信美而非吾土兮,曾何足以少留!""信美"的源头文献就寓有怀乡之意。李当赴任途中登上信美台,作为过客,其思乡之情当然是题中之意。故四句虽然都在写景,而最后"孤舟一夜听寒声"一句,于写景中透露出深沉的思乡情怀。

(二) 文章成就

墓志记载李当曾为库部郎中、知制诰,又为中书舍人。故其于文章方面擅长于制诰表疏碑志,当时有四十卷行于世,而今碑志仅见其所撰墓志一篇,另外是墓志中记载其知制诰时撰志的片段。

《李当墓志》云:"大中四年,迁礼部郎中,旋以本官知制诰。周岁,转库部郎中充职。时有内官刘行深,以恩例宜进阶秩,上以其已至仪同,遂命移宠于其子,且语宰臣曰:'纶綍之中,宜道吾旨。'公因为之词云:'崇高已极于信臣,庆赏宜延于爱子。'上顾谓宰臣曰:'李当为行深子词,说尽吾意。'金口朗咏者数四。"此为大中五年事。墓志的这一段话提供了至少两方面的重要信息:一是李当非常擅长于撰写制诰,他撰写的制诰得到了唐宣宗的赞赏。制词的两句"崇高已极于信臣,庆赏宜延于爱子",成为李当重要的佚文片段。因为李光的文章,传世文献只字不存。除了和《李当墓志》一起出土的《李当妻卢鉌墓志》之外,李当的文章也就仅存此二句。二是提供了唐朝宫廷宦官官高宠子的制度。因为刘行深官阶已经达到仪同三司,按例可以加官,但已不能再高,可以转移给他的儿子。这对于我们研究唐代官制颇为有用。

李当夫人墓志业已出土,题为《唐故范阳郡夫人卢氏墓志铭并序》,题署:"夫金紫光禄大夫检校尚书右仆射兼太常卿上柱国陇西县开国子食邑五百户李当撰。"志文云:

> 夫人讳鉌,字子颖,其先涿郡人也。皇台州乐安令讳福之曾孙,皇太原晋阳令讳服之孙,皇鸿胪少卿讳词之子。外族清河崔氏,曾王父讳恭,尚书工部员外郎、东都留守判官。王父讳郢,华州下邽尉。

两代皆娶于姑臧李氏。夫人生知孝敬，幼挺淑仪。年十有七归于我。婉嫕淑慎，宗姻推重。亦既诞育，初多夭失。生子男成人者三，女二人。中男贻休，不幸早世。长男曰藻，擢进士上第，以秘省校书由书府升谏垣，历拾遗、补阙，今从汉南相府辟命，除检校礼部员外充观察判官，锡朱绂银印。幼曰拯，一举得进士高第，今检校左揆太子少师李公之镇甸服，请为判官，授试秘省校书，俄以本官直弘文馆，转京兆蓝田尉，直馆如故，拜左拾遗内供奉，加集贤殿直学士。咸孺慕充穷，哀震行路。长女适荣阳郑彦持。彦持非罪自左拾遗贬义州掾，其妻不幸终于谪所。彦持北归，寻转左补阙，又殁于江陵旅次。有外孙一男二女，皆孩稚孤藐，见者伤嗟。幼女适清河崔氏之子墀，又不幸夭逝。既皆有行，俱不永年。呜呼痛哉！

　　夫人德本于俭，贵而不渝，谦冲自束，处躬过约，挺检洁简澹之规，鄙流俗浮华之饰。加以精言诣理，雅度韬光，闻之者可垂箴诫，仰之者孰知涯涘。夫人以予爵品初封范阳县君，俄则进加邑号，封范阳郡君，既而肇启山河之国，进封范阳郡夫人。所谓夫贵妻尊，实山东之盛美，可以辉焕图谍，昭示来裔，宜乎降以永年，久享丰禄，曾不及于下寿，曷云常与善人？天乎天乎，报施之道，何其谬盭耶！岁在乙未，皇上改元乾符，二载遘疾弥月，仲冬十有八日，终于上都永宁里之私第，享年五十有九。明年二月，长子藻护奉帷裳，归于东都，用其年五月二十日，窆于偃师县北原先茔之次，礼也。予终期同穴，何晚何蚤，以此忍哀，遂为铭曰：

　　双栖玉林，璇源之浔。凄风欻起，一剑先沉。大暮同期，泉穴偕归。虽如昏旦，难遽忘悲。

　　长子藻书。处士吕玄篆额。①

　　这是李当为其夫人撰写的墓志，重在叙其家世和述其子嗣，实而不

①　赵文成、赵君平：《秦晋豫新出墓志搜佚续编》，第1303页。

华,质而不俚,对于我们进一步了解李当家世颇为有用。虽然墓志较少注重文学性的表现,但毕竟是李当存留于今的唯一一篇散文,还是值得我们注意的。

(三) 文人交游

李当与文人交游,除了上面所言与魏淙唱和之外。还可以考证的诗人有许浑和李频。

许浑有《酬李当》诗:"知有瑶华手自开,巴人虚唱懒封回。山阴一夜满溪雪,借问扁舟来不来。"①按,许浑,字用晦,润州人。晚唐著名诗人。有"江南才子"之称。唐文宗大和六年(832)进士及第,任当涂、太平令。宣州大中时为监察御史,后为润州司马。历虞部员外郎,转睦、郢二州刺史。晚年居润州丁卯桥,自编诗集为《丁卯集》。事迹见《唐才子传》卷七《许浑传》。许浑《酬李当》诗,借咏雪以表现自己与李当的友情,同时赞美李当的诗才。首句"瑶华"即喻雪,张九龄《立春日晨起对积雪》诗:"忽对林亭雪,瑶华处处开。"②同时又比喻诗才,储光羲《酬李处士山中见赠》诗:"引领迟芳信,果枉瑶华篇。"③"山阴一夜满溪雪"二句,用戴安道的典故,以比拟二人的友情。《世说新语·任诞篇》云:"王子猷居山阴。夜大雪,眠觉,开室命酌酒,四望皎然;因起彷徨,咏左思《招隐》诗,忽忆戴安道。时戴在剡,即便夜乘小船就之,经宿方至,造门不前而返。人问其故,王曰:'吾本乘兴而行,兴尽而返,何必见戴!'"④

李频有《宣州献从叔大夫》诗:"清时选地任贤明,从此观风辍尹京。日月天中辞洛邑,云山江上领宣城。万家闾井俱安寝,千里农桑竞起耕。闻说圣朝同汉代,已愁征入拜公卿。"⑤据《李当墓志》记载,李当于三川守

---

① 〔清〕彭定求:《全唐诗》卷五三八,第6136页。
② 〔清〕彭定求:《全唐诗》卷四八,第581页。
③ 〔清〕彭定求:《全唐诗》卷一三八,第1397页。
④ 余嘉锡:《世说新语笺疏》,中华书局1983年版,第760页。
⑤ 〔清〕彭定求:《全唐诗》卷五八七,第6811页。

即河南尹后转为宣歙观察使,咸通六年征还为山南西道节度使。是其始莅宣州在咸通五年。诗云"日月天中辞洛邑,云山江上领宣城",正切李当由河南尹转任宣歙观察使事。诗歌赞美李当作为贤明的官吏在宣州时政绩,使得百姓安康,农桑竟茂,并期望李当入朝征拜公卿。这些都与《李当墓志》"时属哀牢入寇,诏征天下兵聚交广间,不啻数万人。馈饷之用,国力为屈。公至镇,首贡十五万缗以助经费,人不加赋,而公用以饶"吻合。李频,字德新,睦州寿昌人。大中八年(854)进士及第,调秘书郎,为南陵主簿,迁武功令。擢侍御史,迁都官员外郎。后表乞建州刺史,卒于官。事迹见《新唐书·文艺传》。按,乾元元年,唐置宣歙观察使,领宣、歙、池三州,共辖宣城、南陵、泾、当涂等二十县。李频向李当献诗当为其任南陵主簿时。

主要参考文献

一、著作类

B

白居易：《白居易集》，北京：中华书局，1979年。

白居易著，谢思炜校注：《白居易诗集校注》，北京：中华书局，2006年。

白居易撰，朱金城笺注：《白居易集笺校》，上海：上海古籍出版社，1988年。

白立献、梁德水编：《唐宇文弁才墓志》，郑州：河南人民出版社，2011年。

班固撰，颜师古注：《汉书》，北京：中华书局，1962年。

包恢：《敝帚稿略》，南城李之鼎宜秋馆刻本，民国。

北京大学古文献研究所：《全宋诗》，北京：北京大学出版社，1991年。

北京图书馆金石组：《北京图书馆藏中国历代石刻拓本汇编》，郑州：中州古籍出版社，1989年。

卞宝第、李瀚章等：《（光绪）湖南通志》，《续修四库全书》，上海：上海古籍出版社，2002年。

毕沅：《关中金石记》，《丛书集成初编》，北京：中华书局，1985年。

卞孝萱：《刘禹锡年谱》，北京：中华书局，1963年。

C

曹学佺：《蜀中广记》，上海：上海古籍出版社，1993年。

岑仲勉：《金石论丛》，上海：上海古籍出版社，1981年。

岑仲勉：《郎官石柱题名新考订（外三种）》，上海：上海古籍出版社，1984年。

岑仲勉：《隋唐史》，北京：中华书局，1982 年。

岑仲勉：《唐人行第录（外三种）》，北京：中华书局，2004 年。

岑仲勉：《唐史馀瀋》，北京：中华书局，2004 年。

岑仲勉：《突厥集史》，北京：中华书局，1958 年。

曾慥：《类说》，《景印文渊阁四库全书》，台北：台湾商务印书馆，1986 年。

晁公武：《郡斋读书志》，《四部丛刊三编》，上海：上海书店，1985 年。

晁公武撰，孙猛校证：《郡斋读书志校证》，上海：上海古籍出版社，1990 年。

陈伯海：《唐诗汇评》（增订本），上海：上海古籍出版社，2015 年。

陈才智：《元白诗派研究》，北京：社会科学文献出版社，2007 年。

陈长安：《隋唐五代墓志汇编》（洛阳卷），天津：天津古籍出版社，1991 年。

陈冠明、孙愫婷：《杜甫亲眷交游行年考（外一种）》，上海：上海古籍出版社，
　　2006 年。

陈鸿墀：《全唐文纪事》，上海：中华书局上海编辑所，1959 年。

陈景云撰：《柳集点勘》，《续修四库全书》，上海：上海古籍出版社，2002 年。

陈耆卿：《嘉定赤城志》，《宋元方志丛刊》，北京：中华书局，1990 年。

陈尚君：《陈尚君自选集》，桂林：广西师范大学出版社，2000 年。

陈尚君：《旧五代史新辑会证》，上海：复旦大学出版社，2005 年。

陈尚君：《全唐诗补编》，北京：中华书局，1992 年。

陈尚君：《全唐诗续拾》，北京：中华书局，1999 年。

陈尚君：《全唐文补编》，北京：中华书局，2005 年。

陈尚君：《唐代文学丛考》，北京：中国社会科学出版社，1997 年。

陈尚君：《唐诗求是》，上海：上海古籍出版社，2018 年。

陈思：《宝刻丛编》，《丛书集成初编》，北京：中华书局，1985 年。

陈思：《书小史》，《景印文渊阁四库全书》，台北：台湾商务印书馆，1986 年。

陈思编，崔尔平校注：《书苑菁华校注》，上海：上海辞书出版社，2013 年。

陈铁民：《王维新论》，北京：北京师范学院出版社，1990 年。

陈廷杰：《诗品注》，北京：人民文学出版社，1961 年。

陈文烛纂，郭大纶修：《（万历）淮安府志》，《天一阁藏明代方志选刊续编》，上海：
　　上海书店，1990 年。

陈寅恪：《金明馆丛稿初编》，北京：三联书店，2001年。

陈寅恪：《唐代政治史述论稿》，上海：上海古籍出版社，1982年。

陈应行：《吟窗杂录》，北京：中华书局，1997年。

陈垣编纂，陈智超、曾庆瑛校补：《道家金石略》，北京：文物出版社，1988年。

程大昌：《雍录》，北京：中华书局，2002年。

陈振孙：《直斋书录解题》，上海：上海古籍出版社，1987年。

陈子昂：《陈子昂集》（修订版），上海：上海古籍出版社，2013年。

储仲君：《刘长卿诗编年笺注》，北京：中华书局，1996年。

陈祖言：《张说年谱》，香港：香港中文大学出版社，1984年。

崔瑞德：《剑桥中国隋唐史》，北京：中国社会科学出版社，1990年。

D

戴瑞卿：《万历滁阳志》，刻本，《中国方志丛书》本。

邓名世：《古今姓氏书辩证》，《景印文渊阁四库全书》，台北：商务印书馆，1986年。

董诰：《全唐文》，上海：上海古籍出版社，1990年。

都穆：《金薤琳琅》，《历代碑志丛书》，南京：江苏古籍出版社，1998年。

窦常等：《窦氏联珠集》，《续古逸丛书》，南京：江苏古籍出版社，2001年。

窦臮撰，窦蒙注：《述书赋》，《景印文渊阁四库全书》，台北：台湾商务印书馆，1986年。

独孤及：《毗陵集》，《四部丛刊初编》，上海：商务印书馆，1929年。

杜甫注，仇兆鳌注：《杜诗详注》，北京：中华书局，1979年。

杜牧：《樊川文集》，上海：上海古籍出版社，1978年。

杜佑：《通典》，北京：中华书局，1988年。

端方：《陶斋臧石记》，《续修四库全书》，上海：上海古籍出版社，1996年。

F

范摅撰，唐雯校笺：《云溪友议校笺》，北京：中华书局，2017年。

范温：《潜溪诗眼》，《宋诗话辑佚》，北京：中华书局，1980年。

范晔撰，李贤等注：《后汉书》，北京：中华书局，1965 年。

方成珪：《韩集笺正》，《续修四库全书》，上海：上海古籍出版社，2002 年。

方东树：《昭昧詹言》，北京：人民文学出版社，1961 年。

方干：《玄英集》，《景印文渊阁四库全书》，台北：台湾商务印书馆，1986 年。

方回选评，李庆甲集评校点：《瀛奎律髓汇评》，上海：上海古籍出版社，2005 年。

房玄龄：《晋书》，北京：中华书局，1974 年。

封演撰，赵贞信校注：《封氏闻见记校注》，北京：中华书局，2005 年。

冯汉骥：《前蜀王建墓发掘报告》，北京：文物出版社，1964 年。

傅璇琮、陈尚君、徐俊：《唐人选唐诗新编》（增订本），北京：中华书局，2014 年。

傅璇琮、张忱石、许逸民：《唐五代人物传记资料综合索引》，北京：中华书局，1982 年。

傅璇琮：《李德裕年谱》，北京：中华书局，2013 年。

傅璇琮：《唐才子传校笺》（1—5 册），北京：中华书局，1987—1995 年。

傅璇琮：《唐代诗人丛考》，北京：中华书局，2003 年。

傅璇琮：《唐翰林学士传论》，沈阳：辽海出版社，2005 年。

傅璇琮：《唐翰林学士传论·晚唐卷》，沈阳：辽海出版社，2007 年。

傅璇琮：《唐五代文学编年史（中唐卷）》，沈阳：辽海出版社，1998 年。

G

高步瀛：《唐宋文举要》，上海：上海古籍出版社，1982 年。

高适著，孙钦善校注：《高适集校注》，上海：上海古籍出版社，1984 年。

葛立方：《韵语阳秋》，《历代诗话》，北京：中华书局，1981 年。

顾炎武：《日知录》，上海：上海古籍出版社，1985 年。

郭茂育、赵水森：《洛阳出土鸳鸯志辑录》，北京：国家图书馆出版社，2012 年。

郭璞注，邢昺疏：《尔雅注疏》，《十三经注疏》，北京：中华书局，1980 年。

郭庆藩撰，王孝渔点校：《庄子集释》，北京：中华书局，1961 年。

H

韩愈著，刘真伦、岳珍校注：《韩愈文集汇校笺注》，北京：中华书局，2010 年。

韩愈著,钱仲联集释:《韩昌黎诗系年集释》,上海:上海古籍出版社,1984 年。

韩愈撰,马其昶校注:《韩昌黎文集校注》,上海:上海古籍出版社,1986 年。

河南省文物局:《河南碑志叙录》,郑州:中州古籍出版社,1992 年。

河南省文物研究所,河南省洛阳地区文管处:《千唐志斋藏志》,文物出版社,
　　1984 年。

〔日〕弘法大师撰,王利器校注:《文镜秘府论校注》,北京:中国社会科学出版
　　社,1983 年。

洪迈:《容斋随笔》,北京:中华书局,2005 年。

洪若皋等:《临海县志》,《中国方志丛书》,台北:成文出版社,1983 年。

胡海帆、汤燕:《北京大学图书馆新藏金石拓本菁华: 1996—2012》,北京:北京
　　大学出版社,2012 年。

胡戟、荣新江:《大唐西市博物馆藏墓志》,北京:北京大学出版社,2012 年。

胡戟著:《珍稀墓志百品》,西安:陕西师范大学出版社,2016 年。

胡可先:《出土文献与唐代诗学研究》,北京:中华书局,2012 年。

胡可先:《新出石刻与唐代文学家族研究》,北京:北京大学出版社,2017 年。

胡可先、杨琼:《唐代诗人墓志汇编·出土文献卷》,上海:上海古籍出版社,
　　2021 年。

胡震亨:《唐音癸签》,上海:上海古籍出版社,1981 年。

〔日〕户崎哲彦:《桂林唐代石刻の研究》,东京:白帝社,2005 年。

〔日〕户崎哲彦:《中国乳洞巖石刻の研究》,东京:白帝社,2007 年。

〔日〕户崎哲彦:《唐代岭南文学与石刻考》,北京:中华书局,2014 年。

黄朝英:《靖康缃素杂记》,上海:上海古籍出版社,1986 年。

黄宗羲:《明文海》,北京:中华书局,1987 年。

黄佐:《泰泉集》,《明别集丛刊》第 2 辑,合肥:黄山书社,2016 年。

J

计有功:《唐诗纪事》,上海:上海古籍出版社,1987 年。

贾晋华:《唐代集会总集与诗人群研究》,北京:北京大学出版社,2001 年。

江休复:《江邻幾杂志》,《丛书集成初编》,北京:中华书局,1991 年。

姜宸英：《湛园札记》，《景印文渊阁四库全书》，台北：台湾商务印书馆，1986年。

蒋寅：《大历诗人研究》，北京：中华书局，1995年。

金滢坤：《唐五代科举的世界》，上海：复旦大学出版社，2014年。

K

康海：《武功县志》，《中国方志丛书》，台北：成文出版社，1976年。

康骈：《剧谈录》，上海：古典文学出版社，1958年。

孔平仲：《珩璜新论》，上海：商务印书馆，1925年。

孔延之：《会稽掇英总集》，《景印文渊阁四库全书》，台北：台湾商务印书馆，
　　1986年。

L

劳格、赵钺著，徐敏霞、王桂珍点校：《唐尚书省郎官石柱题名考》，北京：中华书
　　局，1992年。

乐史：《广卓异记》，《四库全书存目丛书·史部》，济南：齐鲁书社，1996年。

乐史：《太平寰宇记》，北京：中华书局，2007年。

黎崱、大汕：《安南志略·海外纪事》，北京：中华书局，2000年。

李白撰，王琦注：《李太白全集》，北京：中华书局，1977年。

李百药：《北齐书》，北京：中华书局，1972年。

李绰：《尚书故实》，《大唐传载（外三种）》，北京：中华书局，2019年。

李昉：《太平广记》，北京：中华书局，1961年。

李昉：《太平御览》，北京：中华书局，1960年。

李昉：《文苑英华》，北京：中华书局，1966年。

李浩：《唐代三大地域文学士族研究》（增订本），北京：中华书局，2008年。

李吉甫：《元和郡县图志》，北京：中华书局，1983年。

李林甫等撰，陈仲夫点校：《唐六典》，北京：中华书局，2014年。

李明、刘呆运、李举纲主编：《长安高阳原新出土隋唐墓志》，文物出版社，
　　2016年。

李商隐：《樊南文集》，上海：上海古籍出版社，1988年。

李希泌：《曲石精庐藏唐墓志》，济南：齐鲁书社，1986 年。

李濬：《松窗杂录》，《大唐传载（外三种）》，北京：中华书局，2019 年。

李献奇、郭引强：《洛阳新获墓志》，北京：文物出版社，1996 年。

李延寿：《北史》，北京：中华书局，1974 年。

李肇等：《唐国史补・因话录》，上海：上海古籍出版社，1979 年。

厉鹗：《宋诗纪事》，上海：上海古籍出版社，1983 年。

林宝撰，岑仲勉校记：《元和姓纂（附四校记）》，北京：中华书局，1994 年。

林昌彝：《海天琴思录・海天琴思续录》，上海：上海古籍出版社，1983 年。

令狐德棻等：《周书》，北京：中华书局，1971 年。

刘宝楠：《论语正义》，北京：中华书局，1990 年。

刘开扬：《高适诗集编年笺注》，北京：中华书局，1981 年。

刘开扬：《唐诗论文集》，上海：上海古籍出版社，1979 年。

刘克庄：《后村诗话》，北京：中华书局，1983 年。

刘肃：《大唐新语》，北京：中华书局，1984 年。

刘𫗧：《隋唐嘉话》，北京：中华书局，1979 年。

刘勰著，黄叔琳等注：《增订文心雕龙校注》，北京：中华书局，2012 年。

刘昫：《旧唐书》，北京：中华书局，1975 年。

刘禹锡：《刘禹锡集》，北京：中华书局，1990 年。

刘禹锡著，瞿蜕园笺证：《刘禹锡集笺证》，上海：上海古籍出版社，1989 年。

刘昼：《刘子校释》，北京：中华书局，1998 年。

柳宗元：《柳河东集》，上海：上海古籍出版社，2008 年。

柳宗元：《柳宗元集》，北京：中华书局，1979 年。

柳宗元：《龙城录》，《景印文渊阁四库全书》，台北：台湾商务印书馆，1986 年。

卢宪：《嘉定镇江志》，《宋元方志丛刊》，北京：中华书局，1990 年。

卢元昌：《杜诗阐》，《续修四库全书》，上海：上海古籍出版社，2002 年。

卢照邻、杨炯：《卢照邻集・杨炯集》，北京：中华书局，1980 年。

卢照邻著，任国绪笺注：《卢照邻集编年笺注》，哈尔滨：黑龙江人民出版社，
　1989 年。

卢照邻著，祝尚书笺注：《卢照邻集笺注》，上海：上海古籍出版社，1994 年。

鲁迅：《鲁迅全集》，北京：人民文学出版社，2005 年。

鲁迅：《中国小说史略》，《鲁迅全集》，北京：人民文学出版社，1981 年。

陆时雍：《唐诗镜》，《景印文渊阁四库全书》，台北：台湾商务印书馆，1986 年。

陆心源：《唐文拾遗》，《全唐文》末附，北京：中华书局，1983 年。

陆耀遹：《金石续编》，《石刻资料新编》，台北：新文丰出版股份有限公司，
　　1979 年。

陆游：《老学庵笔记》，北京：中华书局，1979 年。

陆增祥：《八琼室金石补正》，北京：文物出版社，1985 年。

陆贽：《陆贽集》，北京：中华书局，2006 年。

罗振玉：《楚州金石录·楚州官属题名幢》，《罗雪堂合集》，杭州：西泠印社，
　　2005 年。

罗振玉：《贞松老人遗稿·丁戊稿》，《罗雪堂合集》，杭州：西泠印社，2005 年。

洛阳市文物工作队：《洛阳出土历代墓志辑绳》，北京：中国社会科学出版社，
　　1991 年。

洛阳市文物局：《耕耘论丛》（一），北京：科学出版社，1999 年。

吕大防等撰，徐敏霞校辑：《韩愈年谱》，北京：中华书局，1991 年。

吕温：《吕衡州文集（附考证）》，《丛书集成初编》，北京：中华书局，1985 年。

吕玉华：《唐人选唐诗述论》，北京：文津出版社，2004 年。

M

马端临：《文献通考》，北京：中华书局，1986 年。

毛汉光：《唐代墓志铭汇编附考》第 16 册，台北："中央研究院"历史语言研究所，
　　1994 年。

毛汉光：《唐代墓志铭汇编附考》第 17 册，台北："中央研究院"历史语言研究所，
　　1994 年。

毛汉光：《中国中古社会史论》，上海：上海书店出版社，2002 年。

毛阳光、余扶危：《洛阳流散唐代墓志汇编》，北京：国家图书馆出版社，2013 年。

毛阳光：《洛阳流散唐代墓志汇编续集》，北京：国家图书馆出版社，2018 年。

毛远明：《西南大学新藏墓志集释》，南京：凤凰出版社，2018 年。

孟郊：《孟东野诗集》，北京：人民文学出版社，1959 年。

孟棨：《本事诗》，《历代诗话续编》，北京：中华书局，1983 年。

孟宪实：《出土文献与中古史研究》，北京：中华书局，2017 年。

莫休符：《桂林风土记》，《丛书集成初编》，北京：中华书局，1985 年。

N

倪瓒：《清閟阁全集》，《景印摛藻堂四库全书荟要》，台北：世界书局，1988 年。

牛致功：《唐代碑石与文化研究》，西安：三秦出版社，2002 年。

O

欧阳修、宋祁：《新唐书》，北京：中华书局，1975 年。

欧阳修著，李逸安点校：《欧阳修全集》，北京：中华书局，2001 年。

欧阳询：《艺文类聚》，上海：上海古籍出版社，1982 年。

P

彭大翼：《山堂肆考》，《景印文渊阁四库全书》，台北：台湾商务印书馆，1986 年。

彭定求：《全唐诗》，北京：中华书局，1960 年。

蒲积中：《岁时杂咏》，《景印文渊阁四库全书》，台北：台湾商务印书馆，
　1986 年。

Q

齐运通：《洛阳新获七朝墓志》，北京：中华书局，2012 年。

钱大昕：《潜研堂金石文跋尾》，《嘉定钱大昕全集》，南京：江苏古籍出版社，
　1997 年。

钱易撰，黄寿成点校：《南部新书》，北京：中华书局，2002 年。

乔亿：《剑溪说诗》，《清诗话续编》，上海：上海古籍出版社，1983 年。

乔栋、李献奇、史家珍：《洛阳新获墓志续编》，北京：科学出版社，2008 年。

秦建中、林锋：《唐志六十四品》，广州：岭南美术出版社，2019 年。

R

饶宗颐：《饶宗颐 20 世纪学术文集》，北京：中国人民大学出版社，2009 年。

阮元：《两浙金石志》，《石刻资料新编》，台北：新文丰出版股份有限公司，
　　1979 年。

阮阅：《诗话总龟》，人民文学出版社，1987 年。

S

陕西历史博物馆等编著：《花舞大唐春——何家村遗宝精粹》，北京：文物出版
　　社，2003 年。

陕西省考古研究所：《唐李宪墓发掘报告》，北京：科学出版社，2005 年。

陕西省考古研究所：《远望集：陕西省考古研究所华诞四十周年纪念文集》，西
　　安：陕西人民美术出版社，1998 年。

陕西省文物缉私队：《西安新获墓志集萃》，北京：文物出版社，2016 年。

沈德潜：《唐诗别裁集》，上海：上海古籍出版社，1979 年。

沈作宾：《嘉泰会稽志》，《宋元方志丛刊》，北京：中华书局，1990 年。

史能之：《咸淳毗陵志》，《宋元方志丛刊》，北京：中华书局，1990 年。

司马光：《资治通鉴》，北京：中华书局，1956 年。

司马迁：《史记》，北京：中华书局，1959 年。

宋敏求：《唐大诏令集》，北京：商务印书馆，1959 年。

宋敏求：《长安志》，《宋元方志丛刊》，北京：中华书局，1990 年。

孙昌武：《唐代文学与佛教》，西安：陕西人民出版社，1985 年。

孙逢吉：《职官分纪》，北京：中华书局，1988 年。

孙光宪：《北梦琐言》，北京：中华书局，2002 年。

孙国栋：《唐代中央重要文官迁转途径研究》，上海：上海古籍出版社，2009 年。

孙兰风、胡海帆：《隋唐五代墓志汇编》（北京大学卷），天津：天津古籍出版社，
　　1991 年。

孙猛：《日本国见在书目录详考》，上海：上海古籍出版社，2015 年。

孙望：《蜗叟杂稿》，上海：上海古籍出版社，1982 年。

孙希旦著，沈啸寰、王星贤点校：《礼记集解》，北京：中华书局，1989 年。

T

谈钥:《嘉泰吴兴志》,《宋元方志丛刊》,北京:中华书局,1990 年。

陶敏:《〈全唐诗〉作者小传补正》,沈阳:辽海出版社,2010 年。

陶敏:《全唐诗人名汇考》,沈阳:辽海出版社,2006 年。

陶敏:《唐代文学与文献论集》,北京:中华书局,2010 年。

陶宗仪:《古刻丛钞》,上海:商务印书馆,1936 年。

陶宗仪:《南村辍耕录》,北京:中华书局,1959 年。

陶宗仪:《书史会要》,上海:上海书店,1984 年。

〔日〕藤原忠平编:《延喜式》,仁孝天皇仁政十一年松平齐贵校勘本。

脱脱等:《宋史》,北京:中华书局,1985 年。

W

王昶:《金石萃编》,《续修四库全书》,上海:上海古籍出版社,2002 年。

王春法:《摩崖上的中兴颂:永州摩崖石刻拓片展》,北京:北京时代华文书局,
　2021 年。

王谠撰,周勋初校证:《唐语林校证》,北京:中华书局,1987 年。

王定保:《唐摭言》,上海:上海古籍出版社,1978 年。

王浩远:《琅琊山石刻》,合肥:黄山书社,2011 年。

王楙:《野客丛书》,上海:上海古籍出版社,1991 年。

王梦鸥:《初唐诗学著述考》,台北:台湾商务印书馆,1977 年。

王梦鸥:《传统文学论衡》,台北:时报文化出版公司,1987 年。

王溥:《唐会要》,上海:上海古籍出版社,1991 年。

王钦若:《册府元龟》,北京:中华书局,1960 年。

王仁波:《隋唐五代墓志汇编》(陕西卷),天津:天津古籍出版社,1991 年。

王仁裕:《开元天宝遗事十种》,上海:上海古籍出版社,1985 年。

王士禛:《古诗笺》,上海:上海古籍出版社,1980 年。

王世贞:《弇州山人四部稿》,《明别集丛刊》,合肥:黄山书社,2016 年。

王世贞:《艺苑卮言》,《历代诗话续编》,北京:中华书局,1983 年。

王澍:《虚舟题跋》,刻本,清乾隆(1736—1795)。

王嗣奭：《杜臆》，上海：上海古籍出版社，1983 年。

王晚霞：《郑广文祠集》，临海：临海市地方志编纂办公室、临海市郑广文纪念馆，1992 年。

王晚霞：《郑虔研究》，杭州：浙江古籍出版社，1990 年。

王维撰，陈铁民校注：《王维集校注》，北京：中华书局，1997 年。

王伟：《唐代京兆韦氏家族与文学研究》，北京大学出版社，2015 年。

王象之：《舆地碑记目》，《丛书集成初编》，北京：中华书局，1985 年。

王象之：《舆地纪胜》，北京：中华书局，1992 年。

王轩、杨笃：《光绪山西通志》，《续修四库全书》，上海：上海古籍出版社，1996 年。

王应麟：《困学纪闻》，北京：商务印书馆，1959 年。

王应麟：《玉海》，京都：中文出版社，1986 年。

王重民辑录，陈尚君修订：《补全唐诗》，北京：中华书局，1999 年。

韦应物著，陶敏、王友胜校注：《韦应物集校注》，上海：上海古籍出版社，1998 年。

魏庆之：《诗人玉屑》，上海：上海古籍出版社，1978 年。

魏收：《魏书》，北京：中华书局，1974 年。

魏锡曾：《绩语堂碑录》，《石刻资料新编》，台北：新文丰出版股份有限公司，1979 年。

魏徵、令狐德棻：《隋书》，北京：中华书局，1973 年。

魏仲举编，郝润华、王东峰整理：《五百家注韩昌黎集》，北京：中华书局，2019 年。

温庭筠著，曾益等笺注：《温飞卿诗集笺注》，上海：上海古籍出版社，1980 年。

闻一多：《唐诗杂论》，上海：上海古籍出版社，1998 年。

翁方纲：《石洲诗话》，北京：人民文学出版社，1981 年。

吴曾：《能改斋漫录》，上海：上海古籍出版社，1979 年。

吴枋等：《宜斋野乘·五总志·石林燕语辨》，《丛书集成初编》，北京：中华书局，1985 年。

吴钢：《全唐文补遗》，西安：三秦出版社，1994—2007 年。

吴钢:《全唐文补遗·千唐志斋新藏专辑》,西安:三秦出版社,2006 年。

吴廷燮:《唐方镇年表》,北京:中华书局,1980 年。

吴在庆:《增补唐五代文史丛考》,合肥:黄山书社,2006 年。

武亿:《授堂金石跋》,《石刻史料新编》,台北:新文丰出版股份有限公司,
　　1986 年。

X

西安碑林博物馆:《纪念西安碑林九百二十周年华诞国际学术研讨会论文集》,
　　北京:文物出版社,2008 年。

西安市长安博物馆编:《长安新出墓志》,北京:文物出版社,2011 年。

夏文彦:《图绘宝鉴》,上海:商务印书馆,1937 年。

萧嵩:《大唐开元礼》,北京:民族出版社,2000 年。

萧统编,李善等注:《六臣注文选》,北京:中华书局,1987 年。

[日]小岛宪之校注:《文华秀丽集》,东京:岩波书店,1964 年。

徐松:《登科记考》,北京:中华书局,1984 年。

徐松:《唐两京城坊考》,《丛书集成初编》,北京:中华书局,1985 年。

徐松撰,李健超增订:《增订唐两京城坊考(修订版)》,西安:三秦出版社,
　　2006 年。

徐松撰,孟二冬补正:《登科记考补正》,北京:中华书局,2019 年。

许浑撰,罗时进笺证:《丁卯集笺证》,北京:中华书局,2012 年。

薛居正等:《旧五代史》,北京:中华书局,1976 年。

Y

严耕望:《唐仆尚丞郎表》,北京:中华书局,1986 年。

羊列荣编:《诗书薪火——复旦大学中文系教授荣休纪念文丛·蒋凡卷》,上海:
　　上海古籍出版社,2006 年。

杨承祖:《杨承祖文录》,上海:华东师范大学出版社,2017 年。

杨鸿年:《隋唐两京坊里谱》,上海:上海古籍出版社,1999 年。

杨士弘编选,张震辑注,顾璘评点:《唐音评注》,保定:河北大学出版社,

2006 年。

杨作龙、赵水森：《洛阳新出土墓志释录》，北京：北京图书出版社，2004 年。

姚宽：《西溪丛语》，北京：中华书局，1993 年。

姚思廉：《陈书》，北京：中华书局，1972 年。

姚铉：《唐文粹》，《四部丛刊初编》，上海：商务印书馆，1929 年。

叶国良：《石学续探》，台北：大安出版社，1999 年。

叶矫然：《龙性堂诗话》，《清诗话全编》，上海：上海古籍出版社，2018 年。

叶矫然：《龙性堂诗话续集》，《清诗话续编》，上海：上海古籍出版社，1983 年。

叶梦得：《石林燕语》，北京：中华书局，1984 年。

叶奕苞：《金石录补》，《丛书集成初编》，北京：中华书局，1985 年。

叶宗鲁纂修，徐松辑：《中兴礼书续编》，《续修四库全书》，上海：上海古籍出版
　　社，1996 年。

佚名：《绀珠集》，《景印文渊阁四库全书》，台北：台湾商务印书馆，1986 年。

佚名：《锦绣万花谷》，上海：上海辞书出版社，1992 年。

佚名：《宣和画谱》，《丛书集成初编》，北京：中华书局，1985 年。

佚名：《宣和书谱》，上海：上海书画出版社，2019 年。

尹占华：《律赋论稿》，成都：巴蜀书社，2001 年。

永瑢等：《四库全书总目》，北京：中华书局，1965 年。

尤袤：《全唐诗话》，《历代诗话》，北京：中华书局，1981 年。

余华青、张廷皓主编：《陕西碑石精华》，西安：三秦出版社，2006 年。

余嘉锡：《世说新语笺疏》，上海：上海古籍出版社，1993 年。

俞陛云：《诗境浅说续编》，上海：上海书店，1984 年。

俞希鲁：《至顺镇江志》，《宋元方志丛刊》，北京：中华书局，1990 年。

郁贤皓：《唐刺史考全编》，合肥：安徽大学出版社，2000 年。

［日］圆仁著，白化文、李鼎霞、许德楠校注：《入唐求法巡礼行记校注》，石家庄：
　　花山文艺出版社，2007 年。

元稹著，冀勤点校：《元稹集（修订本）》，北京：中华书局，2010 年。

岳珂：《宝真斋法书赞》，《景印文渊阁四库全书》，台北：台湾商务印书馆，
　　1986 年。

Z

赞宁：《宋高僧传》，北京：中华书局，1987 年。

詹杭伦：《唐代科举与试赋》，武汉：武汉大学出版社，2015 年。

张敦颐：《六朝事迹编类》，南京：南京出版社，1989 年。

郑玄注，王锷点校：《礼记注》，北京：中华书局，2001 年。

张祜：《张承吉文集》，《宋蜀刻本唐人集丛刊》，上海：上海古籍出版社，1994 年。

张洎撰，孔一点校：《贾氏谭录》，《贾氏谭录·涑水记闻》，上海：上海古籍出版
　社，2012 年。

张京华、侯永慧、汤军：《湖南朝阳岩石刻考释》，北京：中国社会科学出版社，
　2018 年。

张九龄撰，熊飞校注：《张九龄集校注》，北京：中华书局，2008 年。

张鸣凤著，杜海军、阎春点校：《桂胜·桂故》，北京：中华书局，2016 年。

张沛：《昭陵碑石》，西安：三秦出版社，1993 年。

张齐贤：《洛阳缙绅旧闻记》，《知不足斋丛书》，北京：中华书局，1999 年。

张谦宜：《絸斋诗谈》，《清诗话续编》，上海：上海古籍出版社，1983 年。

张清华：《王维年谱》，上海：学林出版社，1988 年。

张世南：《游宦纪闻》，北京：中华书局，1981 年。

张说著，熊飞校注：《张说集校注》，北京：中华书局，2013 年。

张彦远：《法书要录》，北京：人民美术出版社，1984 年。

张彦远：《历代名画记》，北京：人民美术出版社，1964 年。

张益桂、刘寿保：《桂林石刻》，桂林：桂林市文物管理委员会，1979 年。

张永华、赵文成、赵君平：《秦晋豫新出墓志搜佚三编》，北京：国家图书馆出版
　社，2020 年。

张志烈：《初唐四杰年谱》，成都：巴蜀书社，1993 年。

张鷟：《朝野佥载》，北京：中华书局，1979 年。

章懋：《枫山集》，《景印文渊阁四库全书》，台北：台湾商务印书馆，1986 年。

章如愚：《群书考索》，《景印文渊阁四库全书》，台北：台湾商务印书馆，1986 年。

章士钊：《柳文指要》，北京：中华书局，1971 年。

章燮：《唐诗三百首注疏》，上海：上海扫叶山房，1930 年。

赵超：《新唐书宰相世系表集校》，北京：中华书局，2018 年。

赵嵫：《石墨镌华》，上海：商务印书馆，1936 年。

赵君平、赵文成：《河洛墓刻拾零》，北京：北京图书馆出版社，2007 年。

赵君平、赵文成：《秦晋豫新出墓志搜佚》，北京：国家图书馆出版社，2012 年。

赵君平：《邙洛碑志三百种》，北京：中华书局，2004 年。

赵力光主编：《西安碑林博物馆新藏墓志汇编》，北京：线装书局，2007 年。

赵力光主编：《西安碑林博物馆新藏墓志续编》，西安：陕西师范大学出版社，
    2014 年。

赵璘：《因话录》，上海：上海古籍出版社，1979 年。

赵明诚：《宋本金石录》，北京：中华书局，1991 年。

赵明诚撰，金文明校证：《金石录校证》，北京：中华书局，2019 年。

赵文成、赵君平：《秦晋豫新出墓志搜佚续编》，北京：国家图书馆出版社，
    2015 年。

赵彦卫：《云麓漫钞》，北京：中华书局，1996 年。

郑处海：《明皇杂录》，《开元天宝遗事十种》，上海：上海古籍出版社，1985 年。

郑方坤：《全闽诗话》，福州：福建人民出版社，2006 年。

郑刚中：《北山文集》，《丛书集成初编》，北京：中华书局，1985 年。

郑樵：《通志》，北京：中华书局，1987 年。

郑玄注，贾公彦疏：《周礼注疏》，《十三经注疏（清嘉庆刊本）》，北京：中华书局，
    2009 年。

中国社会科学院考古研究所：《偃师杏园唐墓》，北京：科学出版社，2001 年。

中国文物研究所、河南文物研究所：《新中国出土墓志·河南二》，北京：文物出
    版社，2002 年。

中国文物研究所、千唐志斋博物馆：《新中国出土墓志·河南三·千唐志斋壹》，
    北京：文物出版社，2008 年。

周必大：《文忠集》，《景印文渊阁四库全书》，台北：台湾商务印书馆，1986 年。

周辉撰，刘永翔校注：《清波杂志校注》，北京：中华书局，1994 年。

周绍良、赵超：《唐代墓志汇编续集》，上海：上海古籍出版社，2001 年。

周绍良：《全唐文新编》，长春：吉林文史出版社，2000 年。

周绍良：《唐代墓志汇编》，上海：上海古籍出版社，1992 年。

朱东润：《梅尧臣集编年校注》，上海：上海古籍出版社，2006 年。

朱关田：《唐代书法家年谱》，南京：江苏教育出版社，2001 年。

朱华东：《安徽文物》，合肥：安徽文艺出版社，2015 年。

朱景玄：《唐朝名画录》，《景印文渊阁四库全书》，台北：台湾商务印书馆，
　　1986 年。

朱熹：《昌黎先生集考异》，上海：上海古籍出版社，1985 年。

祝穆：《方舆胜览》，北京：中华书局，2003 年。

祝穆：《古今事文类聚》，《景印文渊阁四库全书》，台北：台湾商务印书馆，
　　1986 年。

二、论文类

C

蔡川右：《杜甫和郑虔》，《昆明师范学院学报》，1982 年第 1 期。

陈尚君：《〈登科记考〉正补》，《唐代文学研究》第 4 辑，广西师范大学出版社，
　　1993 年。

陈尚君：《〈郑虔墓志〉考释》，《传统中国研究集刊》第 3 辑，上海人民出版社，
　　2007 年。

陈尚君：《跋王之涣祖父王德表、妻李氏墓志》，《文学遗产》，1987 年第 6 期。

陈尚君：《石刻所见唐代诗人资料零札》，《唐代文学研究》第 1 辑，山西人民出版
　　社，1988 年。

陈尚君：《石刻所见唐人著述辑考》，《出土文献研究》第 4 辑，中华书局，1998 年。

陈尚君：《唐诗人李昂、綦毋潜、王仁裕生平补考》，《铁道师院学报》，1993 年第
　　4 期。

陈尚君：《韦应物一家墓志的学术价值》，《文汇报》，2007 年 11 月 4 日，第 8 版。

陈尚君：《温庭筠早年事迹考辨》，《中华文史论丛》，1981 年第 2 辑。

陈尚君：《殷璠〈丹阳集〉辑考》，《唐代文学论丛》第 8 辑，陕西人民出版社，
　　1986 年。

陈尚君：《元载的平反》，《文汇读书周报》，2016 年 11 月 7 日第 1639 号，第 3 版。

陈尚君：《最近二十年新见之唐佚诗》，《东方早报》，2013 年 9 月 29 日，第 B10 版。
陈铁民：《储光羲生平事迹考辨》，《文史》第 12 辑，中华书局，1981 年。
陈铁民：《从王维的交游看他的志趣和政治态度》，《王维新论》，北京师范学院出版社，1990 年。
陈铁民：《李华事迹考》，《文献》，1990 年第 4 期。
陈忠凯：《唐韦承庆及继母王婉两方墓志铭文释读》，《出土文献研究》第 7 辑，上海古籍出版社，2005 年。
程章灿：《陆广成墓志考》，《考古》，1995 年第 10 期。
储仲君：《大历十才子的创作活动探索》，《文学遗产》，1983 年第 4 期。
丛思飞：《〈蔡希周墓志〉与蔡希综〈法书论〉相关问题》，《中国书画》，2012 年第 5 期。
崔庚浩、王京阳：《唐高陵县尉吴士平夫妻墓志考释》，《陕西历史博物馆馆刊》第 7 辑，三秦出版社，2000 年。
崔郾：《李益墓志》，《书法丛刊》，2009 年第 5 期。

D

戴伟华：《开元及天宝初诗坛的主流诗歌创作》，《华南师范大学学报》，2013 年第 5 期。
戴应新：《唐卢绶夫妇墓志铭考》，《故宫学术季刊》，1992 年第 9 卷第 3 期。
邓新波、梁浩：《唐代夏侯敏墓志研究》，《洛阳理工学院学报》，2021 年第 6 期。
丁放、袁行霈：《李林甫与盛唐诗坛》，《文学遗产》，2004 年第 5 期。
杜文玉：《关于薛元超几个问题的考证》，《渭南师专学报》，1996 年第 1 期。
杜文玉：《唐代权阉杨氏家族考》，《'98 法门寺唐文化国际学术讨论会论文集》，陕西人民出版社，2000 年。
杜文玉：《唐代权阉杨玄价夫人党氏墓志铭考略》，《唐史论丛》第 14 辑，陕西师范大学出版社，2012 年。

F

［日］福山敏男：《校注两京新记卷第三及解说》，《中国建築と金石文の研究（福

山敏男著作集 6)》,中央公论美术出版,1983 年。

傅璇琮:《卢纶家世事迹石刻新证》,《文学研究》第 1 辑,南京大学出版社,
　　1992 年。

傅璇琮:《卢照邻杨炯简谱》,《卢照邻集·杨炯集》附录,中华书局,1980 年。

樊英峰:《唐薛元超墓志考述》,《人文杂志》,1995 年第 3 期。

G

高峡:《西安碑林十碑评略》,《碑林集刊》第 3 辑,陕西人民美术出版社,1995 年。

郭绍林:《解读盛唐须区分李林甫的小节和大节》,《河南大学学报》,2005 年第
　　1 期。

郭文镐:《千唐志斋唐志年号纪年考》,《文博》,1987 年第 5 期。

H

韩若春:《陕西兴平发现唐郭英奇墓志》,《文博》,1998 年第 3 期。

何德章:《伪托望族与冒袭先祖:以北族出身者墓志为中心——读北朝碑志札记
　　之二》,《魏晋南北朝隋唐史资料》第 17 辑,武汉大学出版社,2000 年。

〔日〕河内昭圆:《李华年谱稿》,《真宗综合研究所研究纪要》14,大谷大学真宗综
　　合研究所,1996 年。

胡秋妍:《唐代诗人李胄名字辨疑与事迹钩沉》,《文学遗产》,2019 年第 6 期。

胡正武:《郑虔杜甫与台州》,《台州学院学报》,2007 年第 2 期。

〔日〕户崎哲彦:《唐代台州刺史陆淳与日僧最澄(上)——唐诗在日本》,《台州学
　　院学报》,2019 年第 1 期。

〔日〕户崎哲彦:《唐代台州刺史陆淳与日僧最澄(下)——唐诗在日本》,《台州学
　　院学报》,2019 年第 2 期。

〔日〕户崎哲彦:《许浑与李珏——对桂林华景洞石刻许浑〈寄李相公〉两首诗及
　　"牛李党争"研究的启示》,《社会科学家》,2001 年第 6 期。

黄清发:《〈王洛客墓志〉考》,《纪念西安碑林九百二十周年华诞国际学术研讨会
　　论文集》,文物出版社,2008 年。

黄清发:《夏侯审、夏侯孜家世事迹新考》,《文学遗产》,2018 年第 3 期。

黄清发：《新出石刻与卢纶研究》，《文学遗产》，2016 年第 1 期。

黄天朋：《李华生卒考》，《中央日报》"文史"版，民国二十六年（1937）六月，第 28—29 期。

黄震云：《温庭筠籍贯及生卒年》，《徐州师范学院学报》，1982 年第 3 期。

黄子玲：《〈新唐书·宰相世系表〉校补二则》，《集宁师范学院学报》，2018 年第 5 期。

霍旭东：《柳文系年补正》，《山东大学学报》，1988 年第 3 期。

J

姜光斗：《李华卒年补证》，《文学遗产》，1991 年第 1 期。

金维诺：《晚唐画家程修己墓志》，《文物》，1963 年第 4 期。

金鑫：《新见唐史惟则书〈韦元甫墓志〉〈辛旻墓志〉考释》，《中国书法》，2017 年第 12 期。

L

雷恩海、田玉芳：《"五窦"交游考》，《文献》，2007 年第 4 期。

李春敏：《五代后唐杨凝式撰〈李德休墓志〉考释》，《耕耘论丛（一）》，科学出版社，1999 年。

李华：《唐吉居士墓志》，《书法丛刊》，2014 年第 6 期。

李举纲、穆晓军：《唐大历诗人卢纶家族三方墓志及相关问题丛考》，《西部考古》第 1 辑，三秦出版社，2006 年。

李举纲：《唐大历才子苗发撰〈韦损墓志〉考释》，《碑林集刊》第 13 辑，陕西人民美术出版社，2008 年。

李岚：《耿㳑诗歌研究》，广西师范学院硕士学位论文，2012 年。

李明、耿庆刚：《〈唐昭容上官氏墓志〉笺释——兼谈唐昭容上官氏墓相关问题》，《考古与文物》，2013 年第 6 期。

李希泌：《盛唐诗人王之涣家世与事迹考》，《晋阳学刊》，1988 年第 3 期。

李献奇、周铮：《唐徐恽及夫人姚氏墓志考述》，《中原文物》，2000 年第 6 期。

李献奇、周铮：《颜真卿撰书郭虚己墓志考述》，《中原文物考古研究》，大象出版社,2003年。
李彦峰、马金磊:《唐魏纶夫妇合葬墓的发现与墓志考释》,《文博》,2019年第6期。
李阳:《唐〈韦济墓志〉考略》,《碑林集刊》第6辑,陕西人民美术出版社,2000年。
李云逸:《关于卢照邻生平的若干问题》,《西北大学学报》,1988年第2期。
李云逸:《卢照邻年谱》,《卢照邻集校注》附录,中华书局,1998年。
梁继:《唐梁昇卿书〈张说墓志〉考略》,《鞍山师范学院学报》,2007年第5期。
刘建:《唐阆州奉国县令郑融墓志考释》,《书法丛刊》,2003年第4期。
刘强:《新见唐代状元韦瓘墓志考释》,《书法丛刊》,2014年第4期。
刘顺安、欧阳春:《从郑虔撰文墓志探郑氏家族根源》,《史学月刊》,1994年第6期。
刘学锴:《李商隐〈哭刘蕡〉"湓浦书来"补笺》,《安徽师范大学学报》,2021年第5期。
刘学锴:《李商隐开成五年九月至会昌元年正月行踪考述——对李商隐开成末南游江乡说的续辨正》,《文学遗产》,2002年第2期。
刘学锴:《温庭筠文笺证暨庭筠晚年事迹考辨》,《文学遗产》,2006年第3期。
卢向前:《卢从史出兵山东与唐宪宗用兵河朔三镇之关系》,《中华文史论丛》,2007年第3期。
罗继祖《登科记考补》,《东方学报》,1943年第13册第4分册。
洛阳市第二文物工作队:《唐崔元略夫妇合葬墓》,《文物》,2005年第2期。
吕玉华:《〈丹阳集〉考辨》,《文献》,2003年第2期。

M

马骥:《唐韦应物书〈元蘋墓志〉》,《书法丛刊》,2007年第6期。
马骥:《新发现的唐韦应物夫妇及子韦庆复夫妇墓志简考》,《文汇报》,2007年11月4日,第8版。
马骥:《新发现的唐韦应物夫妇及子韦庆复夫妇墓志考》,《纪念西安碑林九百二十周年华诞国际学术研讨会论文集》,文物出版社,2008年。
马克麐:《唐〈王洛客墓志〉》,《书法丛刊》,2002年第3期。

马茂元：《读两〈唐书·文艺（苑）传〉札记》，《文史》第 8 辑，中华书局，1980 年。

毛阳光：《洛阳新出土唐〈刘祎之墓志〉及其史料价值》，《史学史研究》，2012 年第 3 期。

毛阳光：《晚唐宰相杨收及其妻韦东真墓志发微》，《唐史论丛》第 14 辑，陕西师范大学出版社，2012 年。

［日］妹尾达彦：《韦述的〈两京新记〉与八世纪前叶的长安》，《唐研究》第 9 卷，北京大学出版社，2003 年。

孟宪实：《〈安乐公主墓志〉初探》，《纪念西安碑林九百二十周年华诞国际学术研讨会论文集》，文物出版社，2008 年。

孟祥娟：《隋唐京兆韦氏家族文学论考》，吉林大学博士学位论文，2010 年。

牟怀川：《温庭筠从游庄恪太子考论》，《唐代文学研究》第 1 辑，山西人民出版社，1988 年。

缪韵：《唐〈卢胐墓志〉的史料价值》，《河洛文化论丛》第 4 辑，北京图书馆出版社，2008 年。

N

牛红广：《唐李昂夫妻墓志考略》，《沧桑》，2014 年第 2 期。

牛致功：《薛元超与武则天——读〈薛元超墓志铭〉》，《碑林集刊》第 6 辑，陕西人民美术出版社，2000 年。

牛致功：《有功于唐代史学的韦述》，《史学史研究》，1986 年第 2 期。

Q

乔长阜：《蔡希周兄弟事迹与〈丹阳集〉成书时间考》，《镇江高专学报》，2004 年第 17 卷第 4 期。

仇鹿鸣：《"攀附先世"与"伪冒士籍"——以渤海高氏为中心的研究》，《历史研究》，2008 年第 2 期。

仇鹿鸣：《制作郡望：中古南阳张氏的形成》，《历史研究》，2016 年第 3 期。

瞿林东：《韦述史学的成就与风格》，《唐代史学论稿》，北京师范大学出版社，1989 年。

R

荣新江、王静：《韦述及其〈两京新记〉》，《文献》，2004 年第 2 期。

S

佘正松、王胜明：《李益生平及诗歌研究辨正》，《文学遗产》，2004 年第 3 期。

宋英：《唐韦愔墓志考述》，《考古与文物》，1996 年第 3 期。

宋云涛：《唐卢处约及妻李氏墓志考释》，《耕耘论丛（一）》，科学出版社，1999 年。

孙芬惠：《渭南发现唐〈白敏中神道碑〉》，《碑林集刊》第 10 辑，陕西人民美术出版社，2004 年。

T

唐兰：《〈刘宾客嘉话录〉的校辑与辨伪》，《文史》第 4 辑，中华书局，1965 年。

陶敏：《〈景龙文馆记〉考》，《文史》，1999 年第 3 期。

陶敏：《〈唐人行第录〉正补》，《文史》第 31 辑，中华书局，1988 年。

陶敏：《出土墓志中所见之"斯文崔魏徒"》，《傅璇琮先生八十寿庆论文集》，中华书局，2012 年。

陶敏：《初唐文坛盟主薛元超》，《古典文学知识》，2000 年第 5 期。

陶敏：《唐姚合、卢绮二志札记》，《文史》，2011 年第 1 期。

陶敏：《韦应物生平再考》，《文学遗产》，2010 年第 1 期。

陶敏：《吴钢主编〈全唐文补遗·千唐志斋新藏专辑〉》（书评），《唐研究》第 14 卷，北京大学出版社，2008 年。

陶敏：《姚合年谱》，《文史》，2008 年第 2 期。

W

万紫燕：《耿沣生平事迹考》，湘潭大学硕士学位论文，2016 年。

汪篯：《唐玄宗时期吏治与文学之争——玄宗朝政治史发微之二》，《汪篯隋唐史论稿》，中国社会科学出版社，1981 年。

汪辟疆：《〈玉溪诗笺举例〉补录》，《中华文史论丛》，2007 年第 3 期。

汪晚香：《李华卒年考》，《湖北师范学院学报（哲学社会科学版）》，1989 年第

2 期。

王关成、刘占成、吴晓丛：《〈郑公墓志铭〉及其史料价值》，《文博》，1989 年第
　　4 期。

王静：《靖恭杨家——唐中后期长安官僚家族之个案研究》，《唐研究》第 11 卷，
　　北京大学出版社，2005 年。

王蕾：《唐代渤海高氏家族研究》，陕西师范大学硕士学位论文，2007 年。

王胜明：《新发现的崔郾佚文〈李益墓志铭〉及其文献价值》，《文学遗产》，2009 年
　　第 5 期。

王晚霞、郑文伟：《郑虔著〈荟蕞〉考》，《杜甫研究学刊》，1992 年第 1 期。

王伟：《〈周秦行纪〉作者及其相关问题考论》，《西北大学学报（哲学社会科学
　　版）》，2011 年第 6 期。

王伟：《唐代京兆韦氏家族与文学研究》，西北大学博士学位论文，2009 年。

王学春、赵振华：《唐皇甫澈、崔遂墓志研究》，《碑林集刊》第 9 辑，陕西人民美术
　　出版社，2004 年。

王雪玲、王梓奕：《唐萧璿墓志考释》，《唐史论丛》第 18 辑，陕西师范大学出版
　　社，2014 年。

王勇、［日］半田晴久：《唐代中日交流的新史料——〈延历僧录〉〈淡海居士传〉校
　　读记》，《河南师范大学学报》，2004 年第 2 期。

王育龙、程蕊萍：《唐代哀册发现述要》，《文博》，1996 年第 6 期。

王月华、陈根远：《唐〈郭英奇墓志〉考释》，《碑林集刊》第 6 辑，陕西人民美术出
　　版社，2000 年。

王子君、冯合理：《洛宁发现一唐代石碑——为"丝绸之路过永宁"再添新证》，
　　《洛阳晚报》，2010 年 10 月 13 日，第 A06 版。

魏娜：《〈登科记考〉续补》，《中国典籍与文化》，2010 年第 1 期。

吴羽：《论中晚唐国家礼书编撰的新动向对宋代的影响——以〈元和曲台新礼〉
　　〈中兴礼书〉为中心》，《学术研究》，2008 年第 6 期。

武伯纶：《唐永泰公主墓志铭》，《文物》，1963 年第 1 期。

X

西安市文物保护考古研究院：《唐太府少卿郭锜夫妇墓发掘简报》，《文博》，2014
　　年第 2 期。

西安市文物保护考古研究院：《西安曲江缪家寨唐代杨筹墓发掘简报》，《文物》，
　　2016 年第 7 期。

萧颖士：《唐故蒲州安邑县令李府君墓志》，《书法丛刊》，2014 年 6 期。

谢力：《李华生平考略》，《唐代文学研究》，广西师范大学出版社，1990 年。

谢思炜：《拟制考》，《文学遗产》，2009 年第 1 期。

熊飞：《唐八分书家蔡有邻、梁昇卿、韩择木生平考略》，《辽宁师范大学学报》，
　　1996 年第 6 期。

熊飞：《唐代八分书家史惟则生平考略》，《咸宁师专学报》，1995 年第 4 期。

徐俊：《敦煌唐诗写本仓部李昂续考》，《庆贺饶宗颐先生九十五华诞敦煌学国际
　　学术研讨会论文集》，中华书局，2012 年。

Y

颜亚玉：《〈新唐书·郑薰传〉考补》，《厦门大学学报（哲学社会科学版）》，1993 年
　　第 1 期。

姚潜：《唐卢绮墓志》，《书法丛刊》，2009 年第 1 期。

姚勖：《唐姚合墓志》，《书法丛刊》，2009 年第 1 期。

叶国良：《唐代墓志考释八则》，《台大中文学报》第 7 期，1995 年。

尹仲文：《李华卒年考辨》，《河北大学学报（哲学社会科学版）》，1979 年第 2 期。

Z

查屏球：《元、王集团与大历京城诗风》，《文学遗产》，1998 年第 3 期。

张安兴、李雪芳：《唐〈史承式墓志〉考释》，《文博》，2006 年第 6 期。

张安兴：《诗人、义士、交趾人廖有方——从一方新出土唐墓志说起》，《碑林集
　　刊》第 13 辑，陕西人民美术出版社，2008 年。

张丹阳、龙成松：《新见〈李浑金墓志〉及其家族书法考——兼论唐代前期"弘文
　　体"问题》，《南京艺术学院学报》，2021 年第 3 期。

张福庆：《关于王维"趋附"李林甫一说的考辨》，《华东师范大学学报》，1999 年第
　　4 期。

张默涵：《唐八分书家梁昪卿散论——从夫人薛氏墓志的发现说起》，《书法》，
　　2018 年第 5 期。

张晓芝、黄大宏：《〈厨院新池记〉作者新考》，《四川师范大学学报》，2011 年第
　　2 期。

张应桥：《唐名相姚崇五世孙姚勖自撰墓志简释》，《河南科技大学学报》，2010 年
　　第 5 期。

张应桥：《唐杨收及妻韦东真墓志研究》，《洛阳理工学院学报》，2011 年第 2 期。

张永华：《诗情翰墨追建安——唐韦应物撰书〈宇文弁才墓志〉》，《中国书法》，
　　2011 年第 4 期。

张越祺：《唐天宝时期东京留守及河南尹考——以〈大唐嵩阳观纪圣德感应之
　　颂〉为线索》，《唐研究》第 26 卷，北京大学出版社，2021 年。

赵昌平：《初唐七律的成熟及其风格溯源》，《中华文史论丛》，1986 年第 4 辑。

赵剑敏：《唐代一场被历史湮没的法制运动——李林甫执政性质新探》，《学术月
　　刊》，2004 年第 2 期。

赵君平：《唐〈徐浚墓志〉概述》，《书法丛刊》，1999 年第 4 期。

赵力光：《唐襄城县主李令晖墓志》，《碑林集刊》第 9 辑，陕西人民美术出版社，
　　2003 年。

赵力光：《新出唐丁元裕墓志研究》，《唐研究》第 19 卷，北京大学出版社，
　　2013 年。

赵目珍：《〈诗人主客图〉白派弟子杨乘考论》，《华中师范大学研究生学报》，2010
　　年第 2 期。

赵占锐、呼啸：《唐宰相韩休及夫人柳氏墓志考释》，《唐史论丛》第 23 辑，三秦出
　　版社，2016 年。

赵振华：《唐李苕墓志与徐珙书法》，《四川文物》，2004 年 3 期。

钟来茵：《杜诗〈上韦见素〉考》，《福建论坛》，1982 年第 5 期。

钟来茵：《再论"下笔如有神"是杜甫赠韦见素的诗》，《杜甫研究学刊》，1995 年第
　　4 期。

周相录:《元稹生平与作品考索》,陕西师范大学博士学位论文,2001 年。

周晓薇:《新出土柳宗元撰〈独孤申叔墓志〉勘证》,《中国典籍与文化》,2002 年第 3 期。

周正:《〈刘颙墓志〉考释》,《书法研究》,2017 年第 2 期。

朱关田:《〈唐郑虔墓志〉浅释》,《书法丛刊》,2007 年第 6 期。

朱关田:《姚合、卢绮夫妇墓志题记》,《书法丛刊》,2009 年第 1 期。

朱玉麒:《〈登科记考〉补遗、订正》,《文献》,1994 年第 3 期。

朱玉麒:《杨汉公进士及第年考辨》,《江海学刊》,1996 年第 4 期。

祝尚书:《卢照邻年谱》,《卢照邻集笺注》附录,上海古籍出版社,1994 年。

左汉林:《论郑虔事件对杜甫诗歌创作的影响》,《杜甫研究学刊》,2004 年第 2 期。

三、著者发表诗人墓志研究的论文

胡可先:《新出土徐浚墓志考述》,《吉首大学学报》,2000 年第 4 期。

胡可先:《新出土李郜墓志铭发隐》,《中国典籍与文化》,2003 年第 1 期。

胡可先:《新出土郑虔墓志考论——兼及郑虔与杜甫的关系》,《杜甫研究学刊》2008 年第 1 期。

胡可先:《新出土卢照己墓志及相关问题研究》,《中国典籍与文化》,2008 年第 2 期。

胡可先:《新出土苑咸墓志及相关问题研究》,《清华大学学报》,2009 年第 4 期。

胡可先:《新出土唐代诗人廖有方墓志考论》,《中山大学学报》,2009 年第 5 期。

胡可先:《新出土裴夷直墓志考论》,《中国典籍与文化论丛》,第 11 辑,江苏古籍出版社 2009 年版。

胡可先:《薛元超墓志与初唐宫廷文学述论》,《唐代文学研究》,第 13 辑,广西师范大学出版 2010 年版。

胡可先:《韩愈窦牟墓志考论》,《中国古代文章学的成立与展开:中国古代文章学论集》,复旦大学出版社 2011 年版。

胡可先:《唐程修己墓志的文本释读与价值论衡》,《中文学术前沿》,第 3 辑,浙江大学出版社 2011 年版。

胡可先：《新出土唐代诗人杨收墓志考论》，《中国古代文章学的衍化与异形：中国古代文章学二集》，复旦大学出版社 2014 年版。

杨琼、胡可先：《新出墓志与〈丹阳集〉诗人考辨》，《陕西师范大学学报》，2014 年第 3 期。

胡可先：《上官氏家族与初唐文学——兼论新出土上官婉儿墓志的文学价值》，《求是学刊》，2014 年第 5 期。

胡可先：《洛阳出土杨汉公墓志考论》，《古文献整理与研究》，第 1 辑，中华书局 2015 年版。

胡可先、徐焕：《新出土唐代卢公亮夫妇墓志考疏》，《浙江大学学报》2017 年第 1 期。

杨琼：《新出土唐代文学家韦璀墓志考论》，《文学遗产》，2017 年第 3 期。

胡可先：《新出土"大历十才子"耿沣墓志及其学术价值》，《文学遗产》，2018 年第 6 期。

胡可先：《新出土唐代文学家李当墓志考索》，《陕西师范大学学报》，2018 年第 1 期。

杨琼：《新发现唐代席夔墓志的文学研究价值》，《浙江大学学报》，2019 年第 3 期。

杨琼：《〈丹阳集〉诗人丁仙之墓志考释》，《中华文史论丛》，2020 年第 1 期。

胡可先、杨琼：《新发现唐代宰相高璩墓志发覆》，《浙江大学学报》，2021 年第 2 期。

杨琼：《新见唐代文学家李华墓志考疏》，《文献》，2022 年第 1 期。

杨琼：《新见唐代诗人吴颎墓志与〈送最澄上人还日本国〉组诗研究》，《惟学学刊》，第 1 辑，浙江大学出版社 2022 年版。

胡可先：《李幼卿墓志及相关问题谫论》，《文学遗产》，2023 年第 1 期。

后　记

　　出土文献中的唐代诗人墓志,是文学研究领域具有核心价值的原始文献。多年来,我们致力于唐代诗人墓志的汇集整理与疏证研究,试图为唐代文学研究贡献绵薄之力。2021 年 5 月,出版了《唐代诗人墓志汇编·出土文献卷》,现在又推出《贞石留芳:唐代诗人四十家墓志疏证与研究》。

　　对于新出唐代诗人墓志的考证与研究,我们着手较早。唐代诗人徐浚墓志出土后,《书法丛刊》1999 年第 4 期首次公布拓片,我就撰写了《新出土徐浚墓志考述》一文,刊载于《吉首大学学报》2000 年第 4 期,迄今已有二十多年的历史。进入新世纪以来,我的研究重心就转到了出土墓志,2005 年在《文学遗产》第 1 期发表了《出土文献与唐代文学史新视野》,由诗人墓志的个案研究进入综合研究,并且随着时间的推移与研究的积累,形成三个重点:一是出土文献与唐代诗学研究,二是新出石刻与唐代文学家族研究,三是考古发现与中古文学研究。这三个重点也分别申请到两项国家社科基金一般项目和一项重大项目,并且都顺利完成结项。在视野逐渐扩大的过程中,唐代诗人墓志的专题研究,一直放在重要位置,其间就单篇诗人墓志写成专题论文的有《薛元超墓志》《上官婉儿墓志》《崔元略墓志》《裴夷直墓志》《杨汉公墓志》《杨收墓志》等。

　　2013 年,杨琼博士以优异成绩免试推荐为浙江大学直博生,在我指导下攻读博士学位。她对出土文献十分感兴趣,将唐代墓志作为博士期间的研究重点,逐渐聚焦于新出唐代诗人墓志研究,以其扎实的功底与敏捷的思力逐渐崭露头角,顺利完成了博士学位论文《新出唐代诗人墓志研究》。博士后阶段,她继续从事出土文献研究,并以突出成果留校,成为浙江大学中国古代文学特聘副研究员。近两年在研究方面不断获得突破，不仅在《文献》《文学遗产》《中华文史论丛》《浙江大学学报》上发表重要论文，而且获得国家社科基金青年项目《唐代鸳鸯墓志整理与研究》。

本书撰写的大致分工情况：

导言：胡可先撰写。

卷一：胡可先撰写。

卷二：张说、王之涣、苑咸、徐浚、韦济、郑虔、崔翘墓志的疏证与研究，胡可先撰写；马挺、蔡希周、丁仙之、崔尚墓志的疏证与研究，杨琼撰写。

卷三：李昂、李幼卿、韦应物、耿沣、窦牟、独孤申叔、崔元略墓志的疏证与研究，胡可先撰写；李华、席夔、吴颢墓志的疏证与研究，杨琼撰写。

卷四：姚合、李郃、卢公亮、裴夷直、廖有方、白敏中、杨汉公、程修己、杨收、李当墓志的疏证与研究，胡可先撰写；韦元甫、韦瓘、高璩墓志的疏证与研究，杨琼撰写。

在撰写与成书的过程中，我们不断相互讨论、切磋与修改，每一方诗人墓志的疏证与研究，都倾注了两位作者的心力。

本书能够出版，得到多方面的支持与帮助，浙江大学图书馆古籍部与碑帖保护中心为我们提供了丰富的拓片和图书资源，我们的研究团队和图书馆还联合策划了"昨夜星辰：浙江大学图书馆藏唐代诗人墓志拓片作品展"，使得诗人墓志的研究价值得到进一步彰显；《文献》《文学遗产》《复旦学报》《北京大学学报》《清华大学学报》《中山大学学报》《浙江大学学报》《陕西师范大学学报》《文史哲》《中华文史论丛》《江海学刊》《求是学刊》《中国典籍与文化丛刊》《中国文学研究（辑刊）》《唐研究》《唐代文学研究》《杜甫研究学刊》等都先期发表了我们研究诗人墓志的论文，使得部分成果及时得到学术界的批评；上海古籍出版社责任编辑张旭东先生审读书稿认真细致，对书稿错误多有匡正，查明昊先生在策划书稿过程中也提供了诸多帮助，促成了书稿的出版，对此，我们都表示衷心的感谢！

胡可先

2023 年 11 月写于浙江大学文学院

图书在版编目(CIP)数据

贞石留芳：唐代诗人四十家墓志疏证与研究 / 胡可先,杨琼著. —上海：上海古籍出版社，2023.12
ISBN 978-7-5732-0921-4

Ⅰ.①贞… Ⅱ.①胡… ②杨… Ⅲ.①墓志-研究-中国-唐代 Ⅳ.①K877.454

中国国家版本馆 CIP 数据核字(2023)第 199080 号

贞石留芳：唐代诗人四十家墓志疏证与研究

胡可先 杨 琼 著

上海古籍出版社出版发行

(上海市闵行区号景路 159 弄 1-5 号 A 座 5F 邮政编码 201101)

(1) 网址：www.guji.com.cn

(2) E-mail：guji1@guji.com.cn

(3) 易文网网址：www.ewen.co

商务印书馆上海印刷有限公司印刷

开本 787×1092 1/16 印张 57.5 插页 7 字数 799,000

2023 年 12 月第 1 版 2023 年 12 月第 1 次印刷

ISBN 978-7-5732-0921-4

K·3496 定价：238.00 元

如有质量问题,请与承印公司联系